Legislação Penal Especial

VOLUME 1

Legislação Penal Especial

VOLUME 1

Coordenadores: Christiano Jorge Santos · Gustavo Octaviano Diniz Junqueira

Antônio Sergio Cordeiro Piedade
Arthur Pinto de Lemos Júnior
Bruno Ricardo Cogan
Caio Marcio Loureiro
Everton Luiz Zanella
Fausto Junqueira de Paula
Fernando Antunes Soubhia
Jamil Chaim Alves
Maria Paes Barreto de Araújo Carvalho
Orly Kibrit
Paulo Henrique Aranda Fuller

Comentários sobre as leis:

- Lei n. 2.889/1956 - Genocídio
- Lei n. 6.001/1973 - Estatuto do Índio
- Lei n. 6.385/1976 - Lei do Mercado de Valores Mobiliários
- Lei n. 7.960/1989 - Prisão Temporária
- Lei n. 8.069/1990 - Aspectos Penais do ECA
- Lei n. 8.137/1990 - Crimes contra a Ordem Tributária
- Lei n. 8.072/1990 - Lei dos Crimes Hediondos
- Lei n. 9.455/1997 - Lei de Tortura
- Lei n. 9.503/1997 - Código de Trânsito Brasileiro

ALMEDINA
BRASIL

Rio de Janeiro, 2025

Legislação penal especial

ALMEDINA é uma empresa do Grupo Editorial Alta Books (Starlin Alta Editora e Consultoria LTDA).

ISBN: 978-85-8493-833-9

Impresso no Brasil — 1ª Edição, 2025 — Edição revisada conforme o Acordo Ortográfico da Língua Portuguesa de 2009.

Dados Internacionais de Catalogação na Publicação (CIP)
(BENITEZ Catalogação Ass. Editorial, MS, Brasil)

L514
1.ed. Legislação penal especial / coordenadores Christiano Jorge Santos, Gustavo Octaviano Diniz Junqueira. - 1.ed. - Rio de Janeiro : Almedina Brasil, 2025. 752 p.; 15,7 x 23 cm. - (Coleção obras coletivas)

Vários autores.
Bibliografia.
ISBN 978-85-8493-833-9

1. Crimes contra indígenas. 2. Direito penal - Brasil. 3. Genocídio. 4. Indígenas - Direitos fundamentais. 5. Indígenas - Leis e legislação. 6. Indígenas - História social. I. Santos, Christiano Jorge. II. Junqueira, Gustavo Octaviano Diniz. III. Série.

04-2025/134 CDD 323.4

Índice para catálogo sistemático:
1. Brasil : Povos indígenas : Direitos civis e políticos 323.4
Aline Graziele Benitez - Bibliotecária - CRB-1/3129

Grupo Editorial Alta Books

Produção Editorial: Grupo Editorial Alta Books
Diretor Editorial: Anderson Vieira
Editora-Chefe: Manuella Santos de Castro
Editor Pleno: Aurélio Nogueira
Vendas Governamentais: Cristiane Mutüs
Gerência Comercial: Claudio Lima

Produtora Editorial: Andreza Moraes
Diagramação: Joyce Matos
Revisão: João Paulo Guterres

ALTA BOOKS
GRUPO EDITORIAL

Rua Viúva Cláudio, 291 — Bairro Industrial do Jacaré
CEP: 20.970-031 — Rio de Janeiro (RJ)
Tels.: (21) 3278-8069 / 3278-8419
www.altabooks.com.br — altabooks@altabooks.com.br
Ouvidoria: ouvidoria@altabooks.com.br

Editora **afiliada à:**
ASSOCIADO

SOBRE OS COORDENADORES

CHRISTIANO JORGE SANTOS

Graduado em Direito na Pontifícia Universidade Católica de São Paulo. Doutor em Direito Penal pela mesma instituição de ensino. Professor da Faculdade de Direito da PUC-SP (graduação e pós-graduação). Desembargador do Tribunal de Justiça do Estado de São Paulo.

GUSTAVO OCTAVIANO DINIZ JUNQUEIRA

Especialista em Direito Penal pela Universidade de Salamanca. Mestre e Doutor em Direito Penal pela PUC-SP. Pós-Doutorado pela Universidade de Coimbra. Professor de Direito Penal na graduação e no pós-graduação *lato* e *stricto sensu* da Faculdade de Direito da PUC-SP. Professor do Curso Damásio. Defensor Público no Estado de São Paulo, foi Diretor da Escola da Defensoria Pública por três mandatos.

SOBRE OS AUTORES

Antonio Sergio Cordeiro Piedade

Graduado em Direito pela Universidade Estadual de Londrina (UEL). Doutor em Direito pela Pontifícia Universidade Católica de São Paulo (PUC/SP). Professor Adjunto da Faculdade de Direito da Universidade Federal de Mato Grosso (UFMT). Promotor de Justiça do Ministério Público do Estado de Mato Grosso.

Arthur Pinto de Lemos Júnior

Graduado em Direito pela Pontifícia Universidade Católica de Campinas. Mestre em Ciências Jurídico Criminais pela Faculdade de Direito da Universidade de Coimbra, Portugal. Procurador de Justiça do Ministério Público de São Paulo.

Bruno Ricardo Cogan

Graduado em Direito pela Universidade de São Paulo. Doutor em Processo Penal pela PUC/SP. Professor da Faculdade de Direito da PUC/SP. Delegado de Polícia da Polícia Civil do Estado de São Paulo.

Caio Marcio Loureiro

Graduado em Direito pela Fundação de Ensino Eurípides Soares da Rocha (UNIVEM). Mestre em Direito pela Universidade Estadual de Londrina (UEL). Professor do Curso de Pós-Graduação da Escola Superior do Ministério Público de Mato Grosso. Promotor de Justiça no Ministério Público do Estado de Mato Grosso.

Everton Luiz Zanella

Graduado em Direito pela Universidade Presbiteriana Mackenzie. Doutor em Direito Penal pela Pontifícia Universidade Católica de São Paulo. Professor de Direito Penal e Processo Penal na Faculdade de Direito da Universidade Presbiteriana Mackenzie. Promotor de Justiça do Ministério Público de São Paulo.

Fausto Junqueira de Paula

Graduado em Direito pela Universidade do Vale do Paraíba. Doutor em Direito das Relações Sociais pela PUC/SP. Professor na Universidade do Vale do Paraíba. Procurador de Justiça do Ministério Público do Estado de São Paulo.

Fernando Antunes Soubhia

Graduado em Direito pela Pontifícia Universidade Católica de São Paulo (2003-2008). Pós-graduado em Direito Penal e Processual Penal pela Pontifícia Universidade Católica de São Paulo / COGEAE (2008-2010). Mestre em Criminologia e Sistema de Justiça pela City, University of London (2017-2018). Bolsista Chevening 2017-2018. Professor de Direito Penal, Processo Penal e Criminologia. Defensor Público Diretor da Escola da Defensoria Pública do Estado do Mato Grasso.

Jamil Chaim Alves

Graduado em Direito pela Universidade Presbiteriana Mackenzie. Doutor em Direito Penal pela Pontifícia Universidade Católica de São Paulo. Juiz de Direito do Tribunal de Justiça do Estado de São Paulo.

Maria Paes Barreto de Araújo Carvalho

Graduada pela Faculdade de Direito da Pontifícia Universidade Católica (PUC-SP). Mestre em Direito Processual Penal pela Universidade de São Paulo (USP/SP). Advogada criminalista.

Orly Kibrit

Mestra e Doutora em Direito Político e Econômico pela Universidade Presbiteriana Mackenzie. Professora da Faculdade de Direito da Universidade Presbiteriana Mackenzie. Integrante dos grupos de pesquisa (CNPQ) "Modernas Tendências da Teoria do Delito" e "Segurança Pública e Cidadania". Líder do grupo de pesquisa (CNPQ) "Sistema Interamericano de Direitos Humanos". Professora do Programa de Mestrado em Direito da UNIFIEO. Assessora na Procuradoria Regional da República da 3ª Região.

Paulo Henrique Aranda Fuller

Doutor em Direito Penal pela Pontifícia Universidade Católica de São Paulo (2019-2022). Possui Mestrado em Direito Penal pela Pontifícia Universidade Católica de São Paulo (2010). Graduação em Direito pela Pontifícia Universidade Católica de São Paulo (1999). Professor de Processo Penal, Legislação Penal Especial e Direito da Criança e do Adolescente no Damásio Educacional. Juiz de Direito (2005-2014). Advogado.

Sumário

1.

LEI N. 2.889/1956 - GENOCÍDIO

Orly Kibrit

INTRODUÇÃO

O presente texto traz comentários à Lei 2.889/56, tratando dos aspectos referentes ao crime de genocídio, considerado hediondo (artigo 1º, parágrafo único, inciso I, da Lei 8.072/90) e cujo combate é de interesse transnacional, dadas suas importantes repercussões. Apesar de, em um primeiro momento, parecer ser um crime distante da realidade brasileira, pretende-se demonstrar que, em verdade, o seu delineamento é de grande relevância em nosso cenário, inclusive, exemplificativamente, em relação aos indígenas e à possibilidade de sua configuração na modalidade omissiva, como se verá ao longo do texto.

Nesse contexto, o delito de genocídio é aqui analisado não apenas a partir da perspectiva de seu tratamento pelo ordenamento jurídico interno, mas, também, em atenção a seu enquadramento no direito internacional, passando-se por sua origem, os elementos dos respectivos tipos penais, a competência para seu processo e julgamento e sua imprescritibilidade, dentre outros aspectos que tangenciam o delito e são importantes para a sua compreensão integral e para a correta aplicação do direito penal neste ponto.

Passa-se, então, a seguir, ao exame, artigo a artigo, dessa importante Lei e de suas repercussões, a fim de guiar o/a leitor/a no seu estudo, seja para fins de aplicação prática, seja para fins acadêmicos, não com a pretensão de esgotamento do tema, senão como forma de chamar a atenção para os principais pontos a serem discutidos a respeito do delito de genocídio.

DESENVOLVIMENTO:

> *Art. 1º Quem, com a intenção de destruir, no todo ou em parte, grupo nacional, étnico, racial ou religioso, como tal:*
> *a) matar membros do grupo;*
> *b) causar lesão grave à integridade física ou mental de membros do grupo;*
> *c) submeter intencionalmente o grupo a condições de existência capazes de ocasionar-lhe a destruição física total ou parcial;*
> *d) adotar medidas destinadas a impedir os nascimentos no seio do grupo;*
> *e) efetuar a transferência forçada de crianças do grupo para outro grupo;*
> *Será punido:*
> *Com as penas do art. 121, § 2º, do Código Penal, no caso da letra a;*
> *Com as penas do art. 129, § 2º, no caso da letra b;*
> *Com as penas do art. 270, no caso da letra c;*
> *Com as penas do art. 125, no caso da letra d;*
> *Com as penas do art. 148, no caso da letra e;*

Comentário:

1. A origem da expressão "genocídio":

A expressão "genocídio" surgiu em 1944, a partir de uma obra de Lemkin (Axis Rule in Occupied Europe), que, "pela junção do prefixo grego genos em referência à raça, tribo ou nação com o sufixo cide derivado do verbo em latim caedere que significa matar"[1].

Especialmente em alusão aos crimes cometidos pelo Estado Nazista contra os judeus, definiu-o como um "crime especial, consistente em destruir intencionalmente grupos humanos raciais, religiosos ou nacionais, e, como o homicídio singular, pode ser cometido tanto em tempo de paz como um tempo de guerra". Nessa linha, destacou que "o crime de genocídio acha-se composto por vários atos subordinados todos ao dolo específico de destruir um grupo humano"[2].

Para Celso Lafer, a base inicial da tipificação do genocídio como crime contra a humanidade, "que assinala a especificidade da ruptura totalitária, que pôs o mundo às avessas"[3] na 2ª Guerra Mundial, encontra-se no ato constitutivo

1 SANTOS, Marco Aurelio Moura dos. Genocídio no direito internacional, p. 85.

2 Heleno Claudio Fragoso, Genocídio, p. 3.

3 Celso Lafer, A reconstrução dos Direitos Humanos: um diálogo com o pensamento de Hannah Arendt, p. 167.

Tribunal de Nuremberg, de 8 de agosto de 1945. A mesma base, segundo o autor, é encontrada no Tribunal de Tóquio, criado em 1946 para julgar os criminosos da Guerra do Extremo Oriente.

Em suas palavras, "a aspiração de fazer desaparecer da face da terra um grupo, antes de ser um delito que fere os direitos das minorias é um crime contra a humanidade e a ordem internacional". Assim o é "porque visa eliminar a diversidade e a pluralidade que caracterizam o gênero humano, que Kant pretende preservar falando do direito à hospitalidade universal e apontando que a violação dos direitos de uns alcança a todos"[4].

Lemkin, nesse sentido, a justificar o caráter de crime internacional do genocídio, aponta que, "ainda que a vítima material seja um grupo em particular, as perdas são sofridas por toda a humanidade, privada da diversidade cultural que a engrandece e que é parte constitutiva das bases dos relacionamentos sociais"[5].

Em 1948, foi aprovada, no âmbito da Organização das Nações Unidas, a Convenção para a Prevenção e Repressão do Crime de Genocídio, a qual entrou em vigor em 12 de janeiro de 1951, mediante a ratificação por 22 países.

Tal Convenção foi elaborada em consideração à Declaração da Assembleia Geral da Organização das Nações Unidas, na sua Resolução 96, de 11 de dezembro de 1946, de que o genocídio "é um crime contra o Direito Internacional, contrário ao espírito e aos fins das Nações Unidas e que o mundo civilizado condena". Ainda, considerou-se, em sua elaboração, que "em todos os períodos da história o genocídio causou grandes perdas à humanidade", bem como que, "para libertar a humanidade de flagelo tão odioso, a cooperação internacional é necessária"[6].

A respeito do conceito firmado na Convenção e daquele elaborado por Lemkin, como alerta Flávio de Leão Bastos Pereira,

> O confronto entre os limites jurídicos da visão de Lemkin e da Convenção de 1948 não passou incólume às aludidas críticas por parte de especialistas, na medida em que os processos políticos dos quais resultaram os termos da Convenção das Nações Unidas tiveram por objetivo exatamente restringir e limitar os casos sobre os quais deveria incidir o reconhecimento de processos efetivamente genocidários, de modo a evitar a responsabilização de Estados que, no período das discussões sobre os parâmetros de ordem legal e ditarem a redação da Convenção, eram aqueles que determinavam a nova

4 Celso Lafer, A reconstrução dos Direitos Humanos: um diálogo com o pensamento de Hannah Arendt, p. 183.

5 SANTOS, Marco Aurelio Moura dos. Genocídio no direito internacional, p. 89.

6 Íntegra da Convenção disponível em <http://www.planalto.gov.br/ccivil_03/Atos/decretos/1952/D30822.html>. Acesso em 4 maio 2023.

ordem mundial no pós-guerra. Assim, se, por um lado, a União das Repúblicas Socialistas Soviéticas (URSS) buscava afastar a incidência do crime de genocídio sobre extermínios em massa motivados por questões políticas, de outro, os Estados Unidos da América (EUA) atuaram enfaticamente no sentido de afastar o reconhecimento do extermínio cultural (etnocídio), na medida em que o seu passado também é marcado por tal processo.[7]

A partir dessa Convenção, o crime de genocídio como crime internacional ganhou uma dimensão de *hard law*, a qual foi reiterada na Convenção sobre a Imprescritibilidade dos Crimes de Guerra e dos Crimes Contra a Humanidade, de 1968, em seu artigo 1º, "b", bem como reafirmada, em duas ocasiões, pela Corte Internacional de Justiça (em seu parecer sobre a admissibilidade de reservas à Convenção para a Prevenção e Repressão do Crime de Genocídio, de 28 de maio de 1951 e na sentença do caso *Barcelona Traction*, de 5 de fevereiro de 1970).[8]

O Brasil ratificou a Convenção para a Prevenção e Repressão do Crime de Genocídio em 15 de abril de 1952, internalizando-a a partir do Decreto 30.822, de 6 de maio de 1952.

Em cumprimento aos compromissos assumidos em decorrência dessa ratificação e da internalização, adveio, em 1º de outubro de 1956, a Lei 2.889, ora em estudo.

Percebe-se, assim, que a promulgação da Lei em questão decorre de uma percepção transnacional da proteção aos direitos da cidadania[9], especificamente no que diz respeito à proteção dos agrupamentos humanos.

2. Hipótese de extraterritorialidade:

Conforme se verifica do artigo 7º, inciso I, alínea "d", do Código Penal, o crime de genocídio atrai a incidência da lei penal brasileira mesmo se cometido no exterior, desde que o agente seja brasileiro ou domiciliado no Brasil.

Neste caso, tem-se que "a extraterritorialidade é incondicionada embora seja exigido, para a aplicação da lei brasileira, um requisito: que o agente seja brasileiro ou domiciliado no Brasil"[10].

[7] Flávio de Leão Bastos Pereira, Genocídio Indígena no Brasil: o desenvolvimentismo entre 1964 e 1985, p. 56.

[8] Celso Lafer, A reconstrução dos Direitos Humanos: um diálogo com o pensamento de Hannah Arendt, p. 170.

[9] A respeito do tema: Orly Kibrit, Atuação contenciosa da Corte Interamericana de Direitos Humanos no Contexto Brasileiro, 2018.

[10] Gustavo Junqueira e Patrícia Vanzolini, Manual de Direito Penal, p. 112.

Sendo o caso de extraterritorialidade incondicionada, o artigo 7º, §1º, do Código Penal prevê que "o agente é punido segundo a lei brasileira, ainda que absolvido ou condenado no estrangeiro".

Nesse sentido, a fim de evitar a ocorrência de *bis in idem*, em caso de eventual condenação também no exterior, prevê o artigo 8º do Código Penal que "a pena cumprida no estrangeiro atenua a pena imposta no Brasil pelo mesmo crime, quando diversas, ou nela é computada, quando idênticas". A aplicação dessa previsão legal, no entanto, é criticada, de um modo geral, em razão da proibição de *bis in idem* decorrente dos artigos 14.7 do Pacto Internacional sobre Direitos Civis e Políticos e 8.4 da Convenção Americana de Direitos Humanos, proibição essa que impediria não somente o duplo cumprimento de pena, mas, também, a própria duplicidade na persecução penal, conforme decisão proferida pela 2ª Turma do Supremo Tribunal Federal no julgamento do *Habeas Corpus* 171.118/SP[11].

O que fundamenta essa hipótese de extraterritorialidade é o princípio da Justiça Universal, já que, como visto, trata-se de delito cuja repressão é de interesse internacional[12].

A esse respeito, o Tribunal Regional Federal da 1ª Região, ao julgar a Apelação Criminal 0015050-09.1997.4.01.0000, referente ao genocídio de índios na Venezuela, decidiu pela incidência da lei penal brasileira, já que os agentes eram brasileiros e domiciliados no Brasil[13].

É importante consignar, ainda a esse respeito, que o genocídio também está previsto como um crime sob a jurisdição do Tribunal Penal Internacional, conforme o artigo 5º do Estatuto de Roma, promulgado no Brasil pelo Decreto 4.388/2002.

Destaca-se, por oportuno, que "a criação de tribunais internacionais penais e a adoção do princípio da jurisdição universal representam um triunfo da Justiça sobre a situação de impunidade que até recentemente beneficiava os mais sanguinários ditadores"[14].

Obviamente, tal competência não afasta a aplicação da lei penal brasileira, já que, nos termos do artigo 20 do Estatuto de Roma, a jurisdição do Tribunal Penal Internacional é subsidiária, seguindo o princípio da complementariedade, de modo que não pode ser acionado nos casos em que o direito doméstico tenha

11 Íntegra do acórdão disponível em: <https://redir.stf.jus.br/paginadorpub/paginador.jsp?docTP=TP&docID=753484978>. Acesso em 4 maio 2023.

12 Humberto Barrionuevo Fabretti e Gianpaolo Poggio Smanio, Direito Penal: parte geral, p. 186.

13 Íntegra do acórdão disponível em: <https://arquivo.trf1.jus.br/PesquisaMenuArquivo.asp?p1=00150500919974010000>. Acesso em 4 maio 2023.

14 José Cretella Neto, Curso de Direito Internacional Penal, p. 316.

atuado de forma eficiente e imparcial na apuração no julgamento do crime de genocídio[15].

Assim, "a aceitação da competência do TPI, pelo Brasil, não invalida nem revoga a norma contida no Código Penal a respeito do genocídio"[16].

Neste ponto, por fim, cumpre mencionar que, conforme a previsão do artigo 89 do Estatuto de Roma, o Tribunal Penal Internacional poderá realizar um pedido de entrega a qualquer Estado onde determinada pessoa possa ser encontrada.

Já nos termos do artigo 5º, inciso LI, da Constituição da República, é vedada a extradição de brasileiro nato ou naturalizado, salvo, neste último caso, quanto a crimes praticados antes da naturalização ou de tráfico ilícito de entorpecentes. Tal previsão, em um primeiro momento, poderia indicar a impossibilidade de entrega, ao Tribunal Penal Internacional, de brasileiros natos e naturalizados.

Ocorre que os institutos da entrega e da extradição não se confundem, como bem explicado por Flávia Piovesan no trecho abaixo:

> [...] a extradição implica a rendição de uma pessoa por um Estado a outro Estado, enquanto a entrega importa na rendição de uma pessoa por um Estado a um tribunal internacional, cuja jurisdição esse Estado tenha reconhecido. Parece clara a diferença entre a rendição a um Estado soberano e a rendição a um tribunal internacional. Se, na primeira hipótese, existe uma preocupação de se impedir a rendição de nacionais a fim de se resguardar o princípio de igualdade entre dois Estados soberanos, na segunda hipótese essa preocupação perde o sentido. Um Estado, ao reconhecer a jurisdição de um tribunal internacional, não está formando uma nova entidade soberana e autônoma, perante a qual terá que se proteger, como o faz diante de outro Estado. Estará, ao contrário, formando uma entidade que consistirá em uma extensão de seu poder soberano e que refletirá a intenção conjunta de vários Estado em colaborar para a consecução de um escopo comum, tangente à realização da justiça. O próprio Tratado esclarece, nessa linha, que os termos entrega e extradição referem-se a institutos diversos.[17]

Vê-se, assim, que as previsões do direito interno e internacional, quanto ao crime de genocídio e a competência para o seu processamento e julgamento são complementares, em atenção ao já mencionado princípio da Justiça Universal.

15 Wagner Menezes, Tribunais internacionais, p. 219.

16 Gustavo Junqueira e Patrícia Vanzolini, Manual de Direito Penal, p. 112.

17 Flávia Piovesan, Temas de direitos humanos, pp. 302-303.

3. Competência:

No Brasil, um importante caso de genocídio é o chamado "massacre de Haximu", em Roraima, na fronteira com a Venezuela, em área de garimpo.

Nesse caso, houve denúncia pelos crimes de genocídio e associação para o genocídio, dentre outros, pois, em 23 de julho de 1993, garimpeiros mataram 12 indígenas (1 homem adulto, 2 mulheres, 1 idosa cega, 3 moças e 5 crianças) e feriram outros 3 (dentre os quais 2 crianças) a tiros e golpes de facão.

Inicialmente, quanto a esse caso, cumpre destacar que, tratando-se de crimes de genocídio de indígenas, firmou-se a competência da Justiça Federal, nos termos do artigo 109, inciso XI, da Constituição Federal.

A discussão quanto à competência cingiu-se ao fato de ter ocorrido o genocídio mediante o homicídio de integrantes da tribo Haximu, dos Yanomâmi, e a consequente atração, ou não, da competência do Tribunal do Júri, nos termos do artigo 5º, inciso XXXVIII, alínea "d", da Constituição Federal.

Em um primeiro momento, adotou-se o procedimento comum. Todavia, ao analisar recurso de apelação interposto contra a sentença de primeiro grau, o E. Tribunal Regional Federal da 1ª Região entendeu pela incidência da competência do Tribunal do Júri, ao fundamento de que, "tendo sido imputada aos apelantes a prática de crimes dolosos contra a vida, tendo índios como vítimas, em conexão com outros delitos, competente para o julgamento de todos eles é o júri popular federal".

Em face do acórdão proferido, o Ministério Público Federal interpôs Recurso Especial, alegando, em suma, que, é "o genocídio uma espécie de crime contra etnia, não podendo, à míngua de lei específica, ser incluído entre as hipóteses de crime contra a vida".

Ao julgar o Recurso Especial (nº 222.653/RR[18]), em 12 de setembro de 2000, a 5ª Turma do C. Superior Tribunal de Justiça afirmou que as ações que configuram o crime de genocídio não estão subordinadas ao Tribunal do Júri, por não se dirigirem somente contra a vida do indivíduo, mas, sim, contra um grupo ou parte de um grupo de pessoas, tendo objetividade jurídica, tipos objetivos e subjetivos e sujeito passivo diferentes daqueles referentes aos crimes contra a vida.

Ademais, ressaltou que a submissão do crime de genocídio ao Tribunal de Júri encontra óbice, também, no próprio artigo 74 do Código Penal, que não traz a previsão do crime de genocídio dentre aqueles que ensejam a competência do Tribunal do Júri.

[18] Inteiro teor do acórdão disponível em: <https://scon.stj.jus.br/SCON/GetInteiroTeorDoAcordao?num_registro=199900617339&dt_publicacao=30/10/2000>. Acesso em 4 maio 2023.

A defesa, então, interpôs Recurso Extraordinário (nº 351.487/RR[19]), por meio do qual o E. Ministro Relator reconheceu a competência do Tribunal do Júri, não pelo entendimento de que o genocídio, por si só, determinaria essa competência, mas, sim, pela conexão (artigo 78, I, do CPP), em razão do reconhecimento do concurso de crimes, naquele caso, entre o crime de genocídio e os de homicídio (a questão do concurso de crimes será tratada mais à frente).

Ocorre que, como os recorrentes haviam sido condenados somente pelo crime de genocídio e sendo o recurso exclusivo da defesa, negou-se provimento ao Recurso Extraordinário, em atenção à vedação de *reformatio in pejus*.

4. Bem jurídico tutelado:

Como explica Heleno Claudio Fragoso, "o bem jurídico tutelado no crime de genocídio reside em ideais humanitários: o entendimento de que todos os povos e grupos de pessoas, não obstante suas diferenças, têm pretensão ao reconhecimento de sua dignidade humana e existência"[20].

A respeito, no voto proferido pelo E. Ministro Relator no julgamento do mencionado Recurso Extraordinário 351.487, assentou-se o entendimento de que "o tipo penal de genocídio protege, em todas as suas modalidades, bem jurídico coletivo ou transindividual, figurado na existência do grupo racial, étnico ou religioso, a qual é posta em risco por ações que podem também ser ofensivas a bens jurídicos individuais, como o direito à vida, a integridade física ou mental, a liberdade de locomoção etc."[21].

Já no âmbito do Superior Tribunal de Justiça, no julgamento do Recurso Especial 222.653/RR, consignou-se que

> [...] garante- se como bem jurídico os ideais humanitários de que todos os povos ou grupo de pessoas, entre eles os silvícolas, não obstante suas diferenças, têm a pretensão ao reconhecimento de sua dignidade humana e existência. Não se trata, logicamente, de considerar a humanidade como bem jurídico tutelado, o que dificultaria qualquer pretensa punibilidade dos atos praticados, mas, sim, de identificar valores particularmente dignos de proteção jurídica no respeito humano das pessoas que integram certos

19 Inteiro teor do acórdão disponível em: <https://redir.stf.jus.br/paginadorpub/paginador.jsp?docTP=AC&docID=390746>. Acesso em 4 maio 2023.

20 Heleno Claudio Fragoso, Genocídio, p. 6.

21 Inteiro teor do acórdão disponível em: <https://redir.stf.jus.br/paginadorpub/paginador.jsp?docTP=AC&docID=390746>. Acesso em 4 maio 2023.

> grupos que de outros se destacam apenas por sua raça, nacionalidade ou religião.[22]

Em suma, diferentemente dos crimes referentes às condutas por meio das quais pode ser praticado o genocídio, neste, defende-se, especificamente, a existência do grupo racial, étnico ou religioso.

5. Tipo objetivo:

São as condutas previstas nas alíneas "a" a "e", em consonância com as previsões da Convenção para Prevenção e Repressão do Genocídio.

Salienta-se que "essas condutas podem ser praticadas isoladamente ou em conjunto", sendo mais comum, inclusive, a segunda situação[23], caso em que, tratando-se do mesmo contexto de genocídio, haverá apenas uma imputação desse crime.

É importante destacar o tipo penal do artigo 17 da Lei 9.263/96, que traz a conduta de induzir ou instigar dolosamente a prática de esterilização cirúrgica. No seu parágrafo único, tipifica-se a conduta de genocídio biológico pela esterilização, com a previsão de aplicação da Lei de Genocídio "se o crime for cometido contra a coletividade".

Ainda, deve-se pontuar a existência de figuras de genocídio no Código Penal Militar, mais especificamente em seus artigos 208, 401 e 402.

O artigo 208, como crime militar em tempo de paz, traz a seguinte tipificação:

> Genocídio
>
> Art. 208. Matar membros de um grupo nacional, étnico, religioso ou pertencente a determinada raça, com o fim de destruição total ou parcial dêsse grupo:
>
> Pena - reclusão, de quinze a trinta anos.
>
> Casos assimilados
>
> Parágrafo único. Será punido com reclusão, de quatro a quinze anos, quem, com o mesmo fim:
>
> I - inflige lesões graves a membros do grupo;

22 Inteiro teor do acórdão disponível em: <https://scon.stj.jus.br/SCON/GetInteiroTeorDoAcordao?num_registro=199900617339&dt_publicacao=30/10/2000>. Acesso em 4 maio 2023.

23 José Cretella Neto, Curso de Direito Internacional Penal, p. 315.

> II - submete o grupo a condições de existência, físicas ou morais, capazes de ocasionar a eliminação de todos os seus membros ou parte dêles;
>
> III - força o grupo à sua dispersão;
>
> IV - impõe medidas destinadas a impedir os nascimentos no seio do grupo;
>
> V - efetua coativamente a transferência de crianças do grupo para outro grupo.

De seu turno, os artigos 401 e 402 constituem crimes militares em tempo de guerra e consistem, respectivamente, em praticar, em zona militarmente ocupada, o crime previsto no art. 208, e em praticar, com o mesmo fim e na zona referida no artigo anterior, qualquer dos atos previstos nos ns. I, II, III, IV ou V, do parágrafo único, do art. 208.

6. Genocídio por omissão:

O crime de genocídio é um crime comissivo, expresso a partir de uma norma proibitiva. Assim, a sua configuração depende de uma ação do agente, que, especificamente, seja equivalente a um dos delitos listado no tipo penal em questão.

O debate, aqui, então, envolve a possibilidade de configuração do genocídio não só partir de uma ação do agente, mas, também, por sua omissão, no que se chama de crime comissivo por omissão ou crime omissivo impróprio, nos termos do artigo 13, §2º, do Código Penal:

> § 2º - A omissão é penalmente relevante quando o omitente devia e podia agir para evitar o resultado. O dever de agir incumbe a quem:
>
> a) tenha por lei obrigação de cuidado, proteção ou vigilância;
>
> b) de outra forma, assumiu a responsabilidade de impedir o resultado;
>
> c) com seu comportamento anterior, criou o risco da ocorrência do resultado.

A partir da disposição acima transcrita, entende-se que "a comissão por omissão somente ocorre quando há um dever de agir originado de uma vinculação especial entre o sujeito e a vítima (hipóteses das alíneas a e b) ou entre o sujeito e a fonte produtora do perigo (hipótese da alínea c)"[24].

[24] Cláudio Brandão, Teoria jurídica do crime, pp. 88-89.

A obrigação de impedir o resultado surge a partir da posição de "garantidor", configurando-se a comissão por omissão nos casos em que o agente não realiza uma ação que era capaz de realizar, constatando-se que o resultado poderia ter sido evitado a partir da prática dessa conduta[25].

Nesse sentido, é possível sustentar a possibilidade de configuração do crime de genocídio por omissão pelo "garantidor", desde que configurada hipótese do artigo 13, §2º, do Código Penal e desde que devidamente demonstrada a presença do dolo específico.

7. Concurso de crimes:

Questão interessante diz respeito à possibilidade de se considerar o concurso de crimes entre o genocídio e aqueles correspondentes à conduta praticada com tal finalidade.

A questão foi tangenciada no âmbito do Supremo Tribunal Federal, no julgamento do Recurso Extraordinário 351.487/RR, em caso que envolvia o cometimento de 12 homicídios no contexto do genocídio.

O E. Ministro Relator entendeu pela impossibilidade de absorção dos demais delitos pelo crime de genocídio, pois este corporifica crime autônomo, contra bem jurídico coletivo, diverso dos ataques individuais que pratica para a execução do crime. Nesse sentido, ressaltou que "o desvalor do crime de genocídio não absorve nem dilui o desvalor dos crimes contra bens jurídicos individuais ofendidos na prática dos atos próprios de cada modalidade de sua execução", consignando que, "fosse outra a conclusão, à prática do crime mais grave corresponderia [...] pena mais branda"[26].

Segundo o E. Ministro, a conclusão seria decorrente da própria forma de cominação de pena na lei. Com base nos ensinamentos de Alicia Gil Gil, consignou que "não se pode enxergar unidade de ação delituosa contra bens eminentemente pessoais (vida, integridade pessoal, liberdade individual, honra ou liberdade sexual) de diversos sujeitos passivos"[27].

Haveria, então, de acordo com o seu entendimento, concurso formal entre os crimes decorrentes das condutas praticados e o delito de genocídio.

25 Alexis Couto de Brito (et. all.), Direito penal brasileiro, p. 305.

26 Inteiro teor do acórdão disponível em: <https://redir.stf.jus.br/paginadorpub/paginador.jsp?docTP=AC&docID=390746>. Acesso em 4 maio 2023.

27 Inteiro teor do acórdão disponível em: <https://redir.stf.jus.br/paginadorpub/paginador.jsp?docTP=AC&docID=390746>. Acesso em 4 maio 2023.

8. Tipo subjetivo:

É o dolo, com elemento subjetivo especial do injusto, ou seja, um ânimo específico que limita a intervenção penal[28], de forma a delimitar a caracterização do genocídio. Esse elemento consiste, nos termos do caput deste artigo, na "intenção de destruir, no todo ou em parte, grupo nacional, étnico, racial ou religioso, como tal".

Diante disso, pode-se afirmar que "não é o ato em si, portanto, que define o genocídio, mas a intenção de destruir ou danificar as condições de existência do grupo, e não somente do indivíduo"[29].

9. Sujeito ativo:

Sujeito ativo é qualquer pessoa, incidindo causa de aumento, nos termos do artigo 4º desta Lei, quando cometido o crime por governante ou funcionário público.

10. Sujeito passivo:

Trata-se de grupo nacional, étnico, racial ou religioso.

Como alerta Flávio de Leão Bastos Pereira, "estabelecer que apenas certas categorias de grupos humanos possam ser vítimas do crime de genocídio" acaba por "transmitir a ideia de que os grupos excluídos podem ser exterminados sem que aos seus perpetradores seja imputada a prática do referido crime", além de violar "frontalmente determinados princípios caros ao próprio Direito", de modo que "a caracterização (ou tipificação) do crime de genocídio não deve ser condicionada ao perfil de certos grupos escolhidos, com a exclusão de todos os demais; deve sem, ser inferida, pela análise de elementos objetivos e subjetivos, à dinâmica e ao *modus operandi* do processo genocidário"[30].

Ainda a respeito do sujeito passivo, importantes são as lições de Heleno Cláudio Fragoso:

> A referência a grupos *nacionais* é relativa aos casos de países em que há minorias pertencentes a nações diversas, como ocorre, por exemplo, com certos países africanos, formados com a aglutinação de tribos distintas. É também o caso dos boêmios na Checoslováquia, vítimas de atos de genocídio, praticados pelos nazistas, durante a Segunda Guerra Mundial.

[28] Alexis Couto de Brito (et. all.), Direito penal brasileiro, p. 342.

[29] SANTOS, Marco Aurelio Moura dos. Genocídio no direito internacional, p. 90.

[30] Flávio de Leão Bastos Pereira, Genocídio Indígena no Brasil: o desenvolvimentismo entre 1964 e 1985, p. 82.

Étnico é o que se refere ao povo, como grupo biológico e culturalmente homogêneo.

O conceito de raça tem sido submetido, nos últimos tempos, a certas dúvidas e excessos, precisamente em face do surgimento de posições políticas extremadas ante as diferenças raciais, o que tem levado a conclusões precipitadas quanto à falácia do conceito. Nesse sentido foi o primeiro projeto de declaração da UNESCO, de 1952. As propostas sobre os aspectos biológicos de raça, aprovadas pelo mesmo órgão em Moscou, no ano de 1964, estão, ao contrário, firmemente baseadas na realidade. O conceito de raça é puramente biológico. De acordo com o antropólogo francês HENRI VALLOIS, entende-se por *raça* um grupo natural de homens que apresentam um conjunto particular de características hereditárias.

Afirmam os especialistas que na espécie humana não existem raças puras, no sentido de populações geneticamente homogêneas. Não existe grupo nacional, religioso, geográfico, lingüístico ou cultural que constitua *ipso facto* uma raça.

As diferenças entre os indivíduos dentro de uma mesma raça ou população são freqüentemente maiores do que as diferenças médias entre raças e populações distintas.

O conceito de raça é, no entanto, mais importante como fato social do que como conjunto de características biológicas de um povo. O que importa é considerar a raça como base do estabelecimento de categorias e discriminação, com a criação de estereótipos que conduzem ao ódio e à desigualdade social, e, pois, à violência. Os acontecimentos da Segunda Guerra Mundial permanecerão para sempre como página negra na história da humanidade.

A ação no crime de genocídio pode também ser praticada quanto a grupos religiosos, quaisquer que sejam, independentemente da nacionalidade ou da raça das pessoas que o compõem.[31]

Assim, tem-se que o genocídio é praticado contra grupos nacional, étnico, racial ou religioso, não sendo possível excluir qualquer categoria de grupo da definição de sujeito passivo.

[31] Heleno Claudio Fragoso, Genocídio, pp. 7-8.

11. (Im)Prescritibilidade:

De acordo com a nossa Constituição da República, são imprescritíveis os crimes de racismo (artigo 5º, inciso XLII) e a ação de grupos armados, civis ou militares, contra a ordem constitucional e o estado democrático (artigo 5º, inciso XLIV).

Assim, de acordo com o nosso ordenamento jurídico interno, o crime de genocídio estaria sujeito às regras de prescrição do Código Penal.

Todavia, surge uma controvérsia neste ponto, decorrente da classificação do genocídio como crime contra a humanidade.

A esse respeito, já decidiu o Supremo Tribunal Federal (Extradição 1362[32] e Arguição de Descumprimento de Preceito Fundamental 153[33]) que somente a lei interna pode dispor sobre eventual imprescritibilidade da pretensão punitiva. Ainda, justificou-se o não acolhimento da tese de imprescritibilidade do genocídio no fato de que o Brasil não subscreveu a Convenção sobre a Imprescritibilidade dos Crimes de Guerra e dos Crimes contra a Humanidade, tampouco aderiu a essa Convenção.

Já a Corte Interamericana de Direitos Humanos reconhece a imprescritibilidade dos crimes contra a humanidade e crimes internacionais, tendo determinado, inclusive, que o Brasil adeque o seu ordenamento jurídico com tal previsão[34].

Independentemente de uma previsão interna específica a respeito da imprescritibilidade de tais crimes e mesmo que o Brasil não seja parte da Convenção Internacional sobre a Imprescritibilidade dos Crimes de Guerra e dos Crimes Contra a Humanidade, há entendimento de que a regra em questão possui caráter consuetudinário, com caráter de *jus cogens* já reconhecido não só pela Corte Interamericana de Direitos Humanos, como, também, pela Organização das Nações Unidas[35].

Especificamente quanto ao genocídio, como já estudado, tem-se que tal crime está previsto no Estatuto de Roma, ao qual o Brasil aderiu e que integra nosso ordenamento jurídico interno.

Tal estatuto, em seu artigo 29, determina que os crimes nele previstos são imprescritíveis.

32 Inteiro teor do acórdão disponível em: <https://redir.stf.jus.br/paginadorpub/paginador.jsp?docTP=TP&docID=13525350>. Acesso em 4 maio 2023.

33 Inteiro teor do acórdão disponível em: <https://redir.stf.jus.br/paginadorpub/paginador.jsp?docTP=AC&docID=612960>. Acesso em 4 maio 2023.

34 Essa determinação foi proferida na sentença do caso Herzog e outros vs. Brasil. Disponível em: <https://www.corteidh.or.cr/docs/casos/articulos/seriec_353_por.pdf>. Acesso em 4 maio 2023.

35 Caio Paiva e Thimotie Aragon Heemann, Jurisprudência internacional de direitos humanos, pp. 381-382.

Essa previsão, apesar de sua redação aparentemente clara e simples, dá azo a diversos questionamentos[36], especialmente quanto a sua aplicabilidade interna pelos Estados.

Nesse sentido, há quem sustente, de um lado, que a imprescritibilidade seria apenas perante o Tribunal Penal Internacional; de outro lado, há posicionamento de que essa previsão obrigaria os Estados a adotarem a imprescritibilidade também no âmbito interno ou, ainda, de que vincularia os Estados a adequarem seus ordenamentos com a previsão de imprescritibilidade de tais crimes.

Partindo-se da ideia de proteção unitária à cidadania transnacional[37], é cabível afirmar que o Brasil está vinculado à aplicação da regra de imprescritibilidade dos crimes contra a humanidade e de guerra, assim como do crime de genocídio.

Nessa linha, entendendo-se que tais delitos são de gravidade exacerbada e envolvem profunda violação a direitos humanos, devem ser aplicados, em simbiose, o direito interno e o direito internacional, para que incida, de maneira excepcional em nosso ordenamento jurídico, mais estas hipóteses de imprescritibilidade.

Todavia, em consideração a essa necessária simbiose, é preciso ponderar que a imprescritibilidade deve ser aplicada com atenção a cada caso, impedindo-se, por exemplo, indevida retroatividade ou uma ampliação injustificada a casos que não se enquadrem, de fato, em tais conceitos.

Inclusive, nesse sentido, o Tribunal Regional da 1ª Região, ao julgar o *Habeas Corpus* 1008743-16.2020.4.01.0000, referente ao crime de genocídio, apontou a sua imprescritibilidade, nos termos do Estatuto de Roma. Entretanto, entendeu pela prescritibilidade do delito de genocídio no caso concreto, já que este "somente pode ser considerando imprescritível na nossa legislação pátria após a publicação do decreto do Decreto Federal 4.338 de 25/09/2002, pelo qual foi ratificado tratado internacional denominado Estatuto de Roma"[38].

> *Art. 2º Associarem-se mais de 3 (três) pessoas para prática dos crimes mencionados no artigo anterior:*
>
> *Pena: Metade da cominada aos crimes ali previstos.*

36 Ana Flávia Penna Velloso, A imprescritibilidade dos crimes internacionais, p. 11.

37 Orly Kibrit, Atuação contenciosa da Corte Interamericana de Direitos Humanos no Contexto Brasileiro, 2018.

38 Íntegra do acórdão disponível em: <https://pje2g.trf1.jus.br/consultapublica/ConsultaPublica/DetalheProcessoConsultaPublica/documentoSemLoginHTML.seam?ca=9edaea91403ee38ef8257d25f602be90e6180801787bf00f83e5f8afce08461dfc7e2a9cd7f1e4043553bbf630ce1193904937c6aa3f38e3&idProcessoDoc=69229104>. Acesso em 4 maio 2023.

Comentário:

Este artigo tipifica a conduta de associação para o genocídio.

Diante da previsão de tipicidade pela associação de mais de 3 pessoas, entende-se que, para a configuração do delito, é necessária a reunião de, ao menos, 4 pessoas.

Além disso, tal qual no crime de associação criminosa (artigo 288 do Código Penal), exige-se que essa associação seja permanente e estável, não bastando o mero concurso de agentes para que se impute este delito. Todavia, ainda que conste que a associação deve ser destinada à prática de crimes de genocídio (no plural), tal previsão significa, em verdade, que a reunião ocorre para a prática de atos voltados ao genocídio, não se exigindo efetiva prática de mais de um genocídio.

Com efeito, como verificado acima, o crime de genocídio envolve a prática de diversos atos, nos termos do artigo 1º desta Lei, voltados à intenção de destruir, no todo ou em parte, grupo nacional, étnico, racial ou religioso, como tal, de modo que a exigência da pluralidade de genocídios para a configuração do tipo penal de associação acabaria por esvaziá-lo.

É de se considerar, ainda, que, havendo a associação e a efetiva prática do delito de genocídio, restará configurado, entre tais delitos, o concurso material, nos termos do artigo 69 do Código Penal[39].

Art. 3º Incitar, direta e publicamente alguém a cometer qualquer dos crimes de que trata o art. 1º:
Pena: Metade das penas ali cominadas.
§ 1º A pena pelo crime de incitação será a mesma de crime incitado, se este se consumar.
§ 2º A pena será aumentada de 1/3 (um terço), quando a incitação for cometida pela imprensa.

Comentário:

A tipificação da incitação é uma antecipação punitiva, justamente com a finalidade de se evitar o efetivo cometimento do genocídio.

[39] A respeito do tema: Tribunal Regional Federal da 1ª Região. Apelação criminal 0015050-09.1997.4.01.0000. Íntegra do acórdão disponível em: <https://arquivo.trf1.jus.br/PesquisaMenuArquivo.asp?p1=00150500919974010000>. Acesso em 4 maio 2023.

Como alerta José Cretella Júnior é preciso estabelecer com cuidado a intensidade do incitamento que leva à responsabilização penal, já que, de um lado, "meras expressões provocativas são consideradas insuficientes para o enquadramento na conduta", mas, de outro, "não é necessário utilizar expressamente a palavra 'genocídio', podendo ser empregados eufemismos ou metáforas, mas cujo significado é perfeitamente claro para a audiência"[40].

De todo modo, a incitação deve ser feita *publicamente*, ou seja, dirigida a uma audiência não individualizada, em local público ou dirigida ao público.

Ademais, para que haja a punição pela incitação não é necessário que o genocídio de fato ocorra. Nesse sentido, ao jugar a ocorrência de incitação ao genocídio em Ruanda durante a guerra civil de 1994, o Tribunal Penal Internacional condenou uma pessoa simplesmente por suas declarações.

Inclusive, nos termos do §1° do presente artigo, a incitação passa a ter a mesma pena do genocídio, se este se consumar. Ainda, tem-se o aumento da pena em 1/3 (a ser aplicado na terceira fase da dosimetria), se a incitação ocorrer pela imprensa.

Entende-se, neste ponto, pela necessidade de atualização da lei, para que seja incluído aumento da pena, também, pela utilização de internet aberta ou outro meio de comunicação em massa, já que a ideia da exasperação é o alcance a um maior número de pessoas.

> *Art. 4º A pena será agravada de 1/3 (um terço), no caso dos arts. 1º, 2º e 3º, quando cometido o crime por governante ou funcionário público.*

Comentário:

Trata-se de causa de aumento, a ser aplicada, portanto, na terceira fase da dosimetria da pena, decorrente da qualidade do sujeito ativo de qualquer dos crimes anteriores.

O conceito de funcionário público, aqui, deve ser entendido nos mesmos termos do artigo 327 do CP. Já os governantes são aqueles que detenham controle do poder estatal.

> *Art. 5º Será punida com 2/3 (dois terços) das respectivas penas a tentativa dos crimes definidos nesta lei.*

[40] José Cretella Neto, Curso de Direito Internacional Penal, p. 318.

Comentário:

Nos termos do artigo 14, inciso II, do CP, a tentativa ocorre nos casos em que, iniciada a execução, não seja alcançada a consumação do delito, por circunstâncias alheias à vontade do agente.

Já em conformidade com a previsão do parágrafo único de tal dispositivo, nos casos de tentativa, a pena do crime será reduzida de 1 a 2/3, salvo disposição em contrário.

Tem-se, aqui, portanto, disposição específica que prevalece sobre aquela do CP, determinando a aplicação da pena do crime de genocídio em 2/3 no caso de tentativa dos crimes previstos nesta lei.

> *Art. 6º Os crimes de que trata esta lei não serão considerados crimes políticos para efeitos de extradição.*

Comentário:

A extradição é um ato de cooperação jurídica internacional, que consiste na "entrega de um criminoso – ou suposto criminoso – por parte do Estado no qual se refugiou a outro Estado que é o competente para julgá-lo ou executar uma pena ou medida de segurança previamente imposta"[41].

A ressalva feita neste artigo é importante em razão da negativa de entrega para extradição por crimes políticos ou de opinião, nos termos do artigo 5º, inciso LII, da Constituição da República, impedindo-se, assim, óbice de tal natureza à extradição de um agente de genocídio.

> *Art. 7º Revogam-se as disposições em contrário.*

REFERÊNCIAS:

BRANDÃO, Cláudio. **Teoria jurídica do crime**. Coleção: Ciência criminal contemporânea – vol. 1. Coordenação: Cláudio Brandão. Belo Horizonte: D'Plácido, 2019.

BRITO, Alexis Couto de. **Direito penal brasileiro**. São Paulo: Revista dos Tribunais, 2011.

[41] Alexis Couto de Brito (et. all.), Direito penal brasileiro, p. 773.

CORTE INTERAMERICANA DE DIREITOS HUMANOS. **Sentença do caso Herzog e outros vs. Brasil.** Disponível em: <https://www.corteidh.or.cr/docs/casos/articulos/seriec_353_por.pdf>. Acesso em 4 maio 2023.

FABRETTI, Humberto Barrionuevo; SMANIO, Gianpaolo Poggio. **Direito penal**: parte geral. São Paulo: Atlas, 2019.

FRAGOSO, Heleno Claudio. **Genocídio.** Disponível em: <http://www.fragoso.com.br/wp-content/uploads/2017/10/20171003005009-genocidio.pdf>. Acesso em 4 maio 2023.

JUNQUEIRA, Gustavo; VANZOLINI, Patrícia. **Manual de Direito Penal**. São Paulo: Saraiva, 2013.

KIBRIT, Orly. **Atuação contenciosa da Corte Interamericana de Direitos Humanos no Contexto Brasileiro**. São Paulo: Lumen Juris, 2018.

LAFER, Celso. **A reconstrução dos Direitos Humanos**: um diálogo com o pensamento de Hannah Arendt. São Paulo: Companhia das Letras, 1998.

MENEZES, Wagner. **Tribunais internacionais**: jurisdição e competência. São Paulo: Saraiva, 2013.

NETO, José Cretella. **Curso de Direito Internacional Penal**. 2. ed. São Paulo: Saraiva, 2014.

PAIVA, Caio; HEEMANN, Thimotie Aragon. **Jurisprudência internacional de direitos humanos**. 3. ed. Belo Horizonte: CEI, 2020.

PEREIRA, Flávio de Leão Bastos. **Genocídio indígena no Brasil**: o desenvolvimentismo entre 1964 e 1985. Curitiba: Juruá, 2018.

PIOVESAN, Flávia. **Temas de direitos humanos**. 7. ed. São Paulo: Saraiva, 2014.

RAMOS, André de Carvalho. **Curso de direitos humanos**. 3. ed. São Paulo: Saraiva, 2016.

SANTOS, Marco Aurelio Moura dos. **Genocídio no direito internacional: procedimentos retóricos**. São Paulo: Editora Dialética, 2023.

SUPERIOR TRIBUNAL DE JUSTIÇA. **Recurso Especial 222.653**. Inteiro teor do acórdão disponível em: <https://redir.stf.jus.br/paginadorpub/paginador.jsp?docTP=AC&docID=390746>. Acesso em 4 maio 2023.

SUPREMO TRIBUNAL FEDERAL. **Recurso Extraordinário 351.487**. Inteiro teor do acórdão disponível em: <https://redir.stf.jus.br/

paginadorpub/paginador.jsp?docTP=AC&docID=390746>. Acesso em 4 maio 2023.

_____. **Extradição 1362**. Inteiro teor do acórdão disponível em: <https://redir.stf.jus.br/paginadorpub/paginador.jsp?docTP=TP&docID=13525350>. Acesso em 4 maio 2023.

_____. **Arguição de Descumprimento de Preceito Fundamental 153**. Inteiro teor do acórdão disponível em: <https://redir.stf.jus.br/paginadorpub/paginador.jsp?docTP=AC&docID=612960>. Acesso em 4 maio 2023.

_____. ***Habeas corpus* 171.118**. Inteiro teor do acórdão disponível em: <https://redir.stf.jus.br/paginadorpub/paginador.jsp?docTP=TP&docID=753484978>. Acesso em 4 maio 2023.

TRIBUNAL REGIONAL FEDERAL DA 1ª REGIÃO. ***Habeas Corpus* 1008743-16.2020.4.01.0000**. Íntegra do acórdão disponível em: <https://pje2g.trf1.jus.br/consultapublica/ConsultaPublica/DetalheProcessoConsultaPublica/documentoSemLoginHTML.seam?ca=9edaea91403ee38ef8257d25f602be90e6180801787bf00f83e5f8afce08461dfc7e2a9cd7f1e4043553bbf630ce1193904937c6aa3f38e3&idProcessoDoc=69229104>. Acesso em 4 maio 2023.

_____. **Apelação criminal 0015050-09.1997.4.01.0000**. Íntegra do acórdão disponível em: <https://arquivo.trf1.jus.br/PesquisaMenuArquivo.asp?p1=00150500919974010000>. Acesso em 4 maio 2023.

VELLOSO, Ana Flávia Penna. A imprescritibilidade dos crimes internacionais. **III Anuário brasileiro de direito internacional**. Vol. 1. Disponível em: <https://www.corteidh.or.cr/tablas/r27118.pdf>. Acesso em 4 maio 2023.

2.

LEI N. 6.001/1973 - ESTATUTO DO ÍNDIO

Fernando Antunes Soubhia

Do integracionismo ao multiculturalismo e o pluralismo jurídico

Quando de sua publicação, o Estatuto do Índio estava sob a égide da Constituição de 1967, cujas poucas menções aos então referidos como 'silvícolas' se limitava à titularidade da União sobre suas terras (art. 4, IV), assegurando a eles a mera posse permanente destas, reconhecido o seu direito ao usufruto exclusivo dos recursos naturais e de todas as utilidades nelas existentes (art. 186). Quanto às especificidades do tratamento normativo dos povos indígenas, o texto constitucional encaminhava a tarefa ao legislador infraconstitucional, especificando tratar-se de competência da União (art. 8, XVII, 'o')

Internacionalmente, por sua vez, vigia a Convenção nº 107 da OIT, de 05 de junho de 1957, estabelecendo em seu art. 2, item 1, que competiria aos governos *pôr em prática programas coordenados e sistemáticos com vistas à proteção das populações interessadas e sua integração progressiva na vida dos respectivos países.*

Obedecendo ao mandamento constitucional e demonstrando a influência do supracitado documento internacional, a Lei 6.001/73 abraçou o chamado paradigma integracionista, fixando logo em seu art. 1 que ela se destinava *a regular a situação jurídica dos índios ou silvícolas e das comunidades indígenas, com o propósito de preservar a sua cultura e integrá-los, progressiva e harmoniosamente, à comunhão nacional.*

Mais à frente, continuando a dar centralidade à integração ou não integração do indígena, o seu art. 4 estabelece uma ordem classificatória dos indígenas brasileiros, ordenando-os de acordo com o grau de integração, começando pelo '*isolado*' e, na outra ponta do espectro, o '*integrado*', passando, no meio do caminho, pelo indígena '*em vias de integração*':

> Art 4° Os índios são considerados:
>
> I - Isolados - Quando vivem em grupos desconhecidos ou de que se possuem poucos e vagos informes através de contatos eventuais com elementos da comunhão nacional;
>
> II - Em vias de integração - Quando, em contato intermitente ou permanente com grupos estranhos, conservam menor ou maior parte das condições de sua vida nativa, mas aceitam algumas práticas e modos de existência comuns aos demais setores da comunhão nacional, da qual vão necessitando cada vez mais para o próprio sustento;
>
> III - Integrados - Quando incorporados à comunhão nacional e reconhecidos no pleno exercício dos direitos civis, ainda que conservem usos, costumes e tradições característicos da sua cultura.

Essa lógica, segundo a qual as comunidades indígenas pararam no tempo, vivendo em um estágio de desenvolvimento inferior e que, por isso, deveriam ser assimiladas à cultura dominante, constitui o que se convencionou chamar de **paradigma integracionista ou assimilacionista**, cuja noção etnocêntrica, refletiria inclusive, na capacidade civil e imputabilidade penal do indígena.

No âmbito civil, o então vigente Código Civil de 1916 estabelecia expressamente que os índios eram relativamente incapazes (art. 6°, inciso III), necessitando de representação do órgão competente (no caso, a FUNAI - art. 7° a 11, da Lei 6.001/1973). O 'novo' Código Civil, por outro lado, deixou de estabelecer expressamente a capacidade ou incapacidade civil do indígena, remetendo o assunto à legislação especial (artigo 4°, parágrafo único).

Já no que tange à imputabilidade penal, nada mudou com o passar dos anos. O rótulo de não integrado, de acordo com a doutrina ainda majoritária, tem como consequência o reconhecimento de seu '*desenvolvimento mental incompleto*' e, portanto, sua inimputabilidade ou semi-imputabilidade nos termos do art. 26 do Código Penal.

Da forma como previsto originalmente, é possível argumentar que a Lei 6.001/73 tentou transformar a condição de indígena em uma categoria social transitória, algo que seria extinto se o Estado fosse bem-sucedido em implementar políticas públicas destinadas à assimilação dos povos indígenas à cultura dominante.

Felizmente, a **Constituição Federal de 1988** abandonou o paradigma integracionista, adotando de forma bastante clara o multiculturalismo, a plurietnicidade e o pluralismo jurídico ao estabelecer em seu art. 231 que ***são reconhecidos aos índios sua organização social, costumes, línguas, crenças e tradições,*** *e os direitos originários sobre as terras que tradicionalmente ocupam, competindo à União demarcá-las, proteger e fazer respeitar todos os seus bens.* A respeito, pontua Juliana de Azevedo Santa Rosa Câmara (2016, p. 77):

> A constituição cidadã rompeu com o tradicional programa integracionista, o qual, sob uma ótica etnocêntrica, estava ancorado na ideia de que os índios viviam em um estágio de desenvolvimento inferior e que, com o tempo, seriam assimilados pela "sociedade civilizada". Varrido para fora do ordenamento jurídico pátrio, integracionismo deu lugar ao princípio da proteção da identidade, típico do multiculturalismo, divorciando-se das táticas de homogeneização cultural.

Internacionalmente o destino do paradigma integracionista não foi diferente, sendo a Convenção 107 da Organização Internacional do Trabalho substituída pela **Convenção 169**[1] do mesmo corpo internacional. Esta, abraçando o multiculturalismo e o pluralismo jurídico, determina o reconhecimento das instituições indígenas paralelamente às da sociedade dominante:

> Artigo 4, 1. Deverão ser adotadas as medidas especiais que sejam necessárias para salvaguardar as pessoas, as instituições, os bens, as culturas e o meio ambiente dos povos interessados.
>
> Artigo 5º - Ao se aplicar as disposições da presente Convenção:
>
> a) deverão ser reconhecidos e protegidos os valores e práticas sociais, culturais religiosos e espirituais próprios dos povos mencionados e dever-se-á levar na devida consideração a natureza dos problemas que lhes sejam apresentados, tanto coletiva como individualmente;
>
> b) deverá ser respeitada a integridade dos valores, práticas e instituições desses povos;

[1] Internalizada pelo Decreto 5.051/2004, posteriormente incorporada pela Consolidação de Atos Normativos realizada pelo Decreto 10.088/19.

> (...)
>
> Artigo 8, 2. Esses povos deverão ter o direito de conservar seus costumes e instituições próprias, desde que eles não sejam incompatíveis com os direitos fundamentais definidos pelo sistema jurídico nacional nem com os direitos humanos internacionalmente reconhecidos
>
> Artigo 9, 1, Na medida em que isso for compatível com o sistema jurídico nacional e com os direitos humanos internacionalmente reconhecidos, deverão ser respeitados os métodos aos quais os povos interessados recorrem tradicionalmente para a repressão dos delitos cometidos pelos seus membros.

Ainda no âmbito internacional, destaca-se a **Declaração das Nações Unidas sobre os Direitos dos Povos Indígenas** de 2008, que reconhece o direito de os povos conservarem e reforçarem suas próprias instituições políticas, jurídicas, econômicas, sociais e culturais[2]. No mesmo sentido, a **Declaração Americana sobre os Direitos dos Povos Indígenas**, aprovada em 2016, estabelece textualmente o Repúdio à assimilação em seu art. X[3], *in verbis*:

> **1.** Os povos indígenas têm o direito de manter, expressar e desenvolver livremente sua identidade cultural em todos os seus aspectos, livre de toda intenção externa de assimilação
>
> **2.** Os Estados não deverão desenvolver, adotar, apoiar ou favorecer política alguma de assimilação dos povos indígenas nem de destruição de suas culturas

Mais além, a **Convenção Sobre a Proteção e Promoção da Diversidade das Expressões Culturais da UNESCO**, incorporada ao nosso ordenamento pelo Decreto 6.177/07, estabelece como um de seus princípios diretores o *princípio da igual dignidade e do respeito por todas as culturas*, prevendo que a *proteção e a*

[2] Veja, por exemplo, a redação do art. 5 e do art. 34 do referido diploma: Artigo 5 - Os povos indígenas têm o direito de conservar e reforçar suas próprias instituições políticas, jurídicas, econômicas, sociais e culturais, mantendo ao mesmo tempo seu direito de participar plenamente, caso o desejem, da vida política, econômica, social e cultural do Estado. Artigo 34 - Os povos indígenas têm o direito de promover, desenvolver e manter suas estruturas institucionais e seus próprios costumes, espiritualidade, tradições, procedimentos, práticas e, quando existam, costumes ou sistema jurídicos, em conformidade com as normas internacionais de direitos humanos

[3] O art. XIII do mesmo diploma também traz norma protetiva à identidade e integridade cultural para que as comunidades indígenas possam transmitir esse patrimônio cultural às gerações futuras: *Os povos indígenas têm direito a sua própria identidade e integridade cultural e a seu patrimônio cultural, tangível e intangível, inclusive o histórico e ancestral, bem como à proteção, preservação, manutenção e desenvolvimento desse patrimônio cultural para sua continuidade coletiva e a de seus membros, e para transmiti-lo às gerações futura'*

promoção da diversidade das expressões culturais pressupõem o reconhecimento da igual dignidade e o respeito por todas as culturas, incluindo as das pessoas pertencentes a minorias e as dos povos indígenas (art. 2, item 3).

De volta ao âmbito interno, destaca-se, a recente edição da **Resolução n. 454/2022 do Conselho Nacional de Justiça**, que estabelece diretrizes e procedimentos para efetivar a garantia do direito ao acesso ao Judiciário de pessoas e povos indígenas, tendo como princípios, entre outros, a autoidentificação dos povos e o diálogo interétnico e intercultural, o reconhecimento da organização social e das formas próprias de cada povo indígena para resolução de conflitos e a vedação da aplicação do regime tutelar (art.2, I e II, IV e V).

No mesmo sentido, mas focada no sistema de justiça criminal, a **Resolução 287/2019**, também do Conselho Nacional de Justiça, aponta para o reconhecimento do multiculturalismo quando determina que *a responsabilização de pessoas indígenas deverá considerar os mecanismos próprios da comunidade indígena a que pertença a pessoa acusada, mediante consulta prévia* (art. 7º).

Finalmente, temos também a **Resolução 44/2020 do Conselho Nacional dos Direitos Humanos** que, durante a pandemia do COVID-19, apresentou uma série de recomendações para a proteção dos direitos dos povos indígenas isolados, destacando, a importância do respeito ao direito dos povos indígenas à autodeterminação e à consulta prévia, livre e informada em todas as decisões que afetem suas vidas e seus territórios.

Assim, diante desse novo e farto panorama normativo, **é pelas lentes do multiculturalismo que devem ser lidas as previsões da Lei 6.001/73**, adequando seus anacronismos quando possível e, quando impossível, promovendo o devido controle de constitucionalidade e de convencionalidade.

Atenuante e Grau de Integração

> Art. 56. No caso de condenação de índio por infração penal, a pena deverá ser atenuada e na sua aplicação o Juiz atenderá também ao grau de integração do silvícola.

Como antecipado, ao determinar que o Juiz deverá atender ao grau de integração do indígena no momento da aplicação da pena, o artigo 56 da Lei 6.001/73 se refere à inimputabilidade ou semi-imputabilidade decorrente de um suposto déficit de integração do sujeito ativo da conduta criminalizada.

Pelos parâmetros existentes na Lei 6.001/73 (art. 4, já transcrito acima), os indígenas *'isolados'* ou *'em vias de integração'* poderão ser considerados inimputáveis ou semi-imputáveis, a depender do caso concreto. Os indígenas, integrados, por sua vez, serão considerados plenamente imputáveis, independentemente da manutenção dos seus costumes ou local de residência.

Crítica ao critério legal

A vinculação da imputabilidade do indígena ao seu nível de integração se radica na já mencionada proposta etnocêntrica de que os indígenas que não abandonam sua cultura para abraçar a cultura dominante possuem desenvolvimento mental incompleto. Se tal percepção já era absurda durante a colonização, hoje ela flerta com a discriminação e com a ignorância.

Aliás, a própria existência da locução 'desenvolvimento mental incompleto' é criticada por alguns autores, já que, em tese, se aplicaria somente aos menores de 18 anos e estes já seriam, necessariamente, inimputáveis em razão do critério biológico. Sobre o tema, Gustavo Junqueira e Patrícia Vanzolini (2020, p. 444) destacam a excepcional franqueza de Nelson Hungria – sintomática da normalidade da visão etnocêntrica de sua época – ao comentar a dispensabilidade do termo 'desenvolvimento mental incompleto' no art. 26 do Código Penal:

> (...) se do conceito de desenvolvimento mental incompleto constante do art. 26 fica excluída a menoridade, não seria então inútil a previsão? A resposta oferecida por Nelson Hungria é das mais curiosas. Segundo nos conta o autor, o motivo da manutenção no texto do art. 26 foi que "a Comissão Revisora entendeu que sob tal rubrica entrariam, por interpretação extensiva, os silvícolas, evitando-se que uma expressa alusão a estes fizesse supor falsamente, no estrangeiro, que ainda somos um país infestados de gentio (Nelson Hungria e Heleno Cláudio Fragoso, Comentários ao Código Penal, p. 271)"

Imputabilidade do indígena no panorama multiculturalista

Diante da mudança de paradigma, superando-se o integracionismo e adotando o multiculturalismo, não há fundamento para avaliação da imputabilidade do indígena a partir do seu nível de integração à cultura dominante. Repito para ser claro: a adoção do paradigma multiculturalista impede que se reconheça o desenvolvimento mental do indígena como incompleto com base em sua integração.

A conduta do indígena que se encontrar em conflito com a lei penal da sociedade dominante não deve ser analisada pelos filtros da imputabilidade biológica (desenvolvimento mental incompleto ou retardado), mas pela sua capacidade de compreensão dos valores violados pela sua conduta e pela internalização dos seus valores culturais específicos. Mais uma vez, destaco a lição de Gustavo Junqueira e Patrícia Vanzolini (2020, p. 374):

> A nós parece resquício inaceitável de uma arcaica perspectiva cultural etnocêntrica (que já se entrevê na pitoresca justificativa da Comissão Revisora) considerar que o índio (como no passado foi também considerado o negro, sobretudo por certa linhagem da criminologia de base biológica muito em voga no Brasil no começo do século XX) pertence a uma categoria de homens "inferiores" ou "menos evoluídos", como claramente denota a expressão "desenvolvimento mental incompleto", num misto de complacência e desprezo absolutamente incompatível com qualquer noção de multiculturalismo. Está claro que indígenas não portam qualquer problema ou deficiência, seja no nível biológico, seja no psicológico, seja no cognitivo, seja no cultural. **Se a pertença a outra cultura lhes impede de apreender os valores éticos e jurídicos da nossa sociedade, trata-se de clara hipótese de erro de proibição.** (grifo nosso)

Trilhando um caminho semelhante, Eugenio Raul Zaffaroni, Nilo Batista, Alejandro Alagia e Alejandro Slokar (2017, p. 407) trabalham a ideia de um **Erro Culturalmente Condicionado**. Nesses casos, o sujeito pode até conhecer a norma, mas é incapaz de internalizá-la por pertencer a cultura ou subcultura diferenciada, impedindo-o de agir com consciência da ilicitude. Para os autores, essa barreira cultural teria efeitos exculpantes *sempre que o condicionamento cultural turvar irremediavelmente a possibilidade de compreensão da ilicitude, passando a configurar pois um erro invencível de proibição.*[4]

O Conselho Nacional de Justiça, no entanto, parece ter escolhido outro caminho analisar o tema. De acordo com o Manual de Aplicação da Resolução 287/2019 (CNJ, 2019) elaborado pelo próprio órgão, essa é *uma hipótese de* ***exclusão da culpabilidade*** *e que não se confunde com o erro sobre ilicitude, que é uma situação*

[4] Sobre explicações alternativas do erro culturalmente condicionado, os autores, reconhecendo que outros caminhos dogmáticos parecem apontar uma resistência político-criminal ao reconhecimento do multiculturalismo em nome da defesa de um eficientismo afirmam que *trabalhar esses casos como inexigibilidade não ajuda muito, porque a inexigibilidade caracteriza todas as exculpantes porém não configura autonomamente uma delas. Haverá, sim, inexigibilidade, mas só quando o erro de compreensão for invencível. A partir do preventivismo pretendeu-se escusar apenas quando tolerável segundo a perspectiva da prevenção, o que expressa um critério político pouco claro que, no fundo, recupera o velho argumento que nutria o error iuris nocet: exculpar-se desde que a sentença não represente estímulo a desobedecer à voz do Estado. Sustentou-se ainda que seria inadmissível para os bens jurídicos fundamentais. É certo que quando se trata da vida ou da integridade física das pessoas a solução se complica, mas tampouco a interdição proposta pode ser absolutizada. É claro que quanto maior a lesão jurídica maior a circulação cultural da norma e mais facilitada sua compreensão.* (Ibidem, p.408)

na qual o sujeito pratica a conduta sem sabê-la criminosa. O fundamento para o afastamento da culpabilidade, portanto, seria que *a Constituição reconhece e respeita os costumes indígenas, não podendo a autoridade judicial considerar criminosa uma conduta que seja praticada em conformidade com esses valores* (CNJ, 2019, p. 28).

Seja pela via do erro de proibição, seja pela via da causa supralegal de exclusão da culpabilidade, o fato é que a prática da conduta ilícita e as ramificações do controle social formal não possuem qualquer relação com o desenvolvimento mental do indígena, de modo que o único entendimento viável sobre o tema dentro do paradigma do multiculturalismo e plurietnicidade, parece ser a impossibilidade de aplicação da sanção penal.

Atente-se, contudo, que **não é o conhecimento ou desconhecimento do texto da lei penal em si, mas a identificação do valor subjacente à norma penal que deve orientar o reconhecimento da culpabilidade do indígena**. Em outras palavras, *não se trata apenas de conhecer a lei penal – que nesse contexto é o menor dos problemas, mas da absorção ou não dos valores que são subjacentes à norma jurídico penal* (RODRIGUEZ, 2010, p. 284).

Destarte, não é o grau de integração do indígena, tampouco seu conhecimento da lei, mas **seu grau de compreensão dos valores da sociedade dominante que deverá servir como métrica para aferição de sua culpabilidade dentro do paradigma multiculturalista**.

Considerando o exposto, quando um indígena praticar uma conduta criminalizada pela lei penal da sociedade dominante, é indispensável aferir a correspondência entre a conduta praticada e os valores da comunidade a que o indígena pertence. Afinal, é plenamente possível que uma conduta considerada reprovável para a cultura dominante seja aceitável ou justificada para a cultura indígena.

Imagine, por exemplo, o '*Waumat*' ou 'ritual da tucandeira ou tocandira' que marca simbolicamente a passagem da puberdade para a idade adulta para os indígenas da etnia *Sateré-mawé*. Nesse ritual, o adolescente coloca a sua mão em uma luva de cipó repleta de formigas tucandeiras (também chamada 'formiga-bala', em razão de sua picada ser tão dolorosa quanto um disparo de arma de fogo), devendo ficar com a mão dentro da luva pelo maior tempo possível sem demonstrar seu sofrimento. A submissão de um adolescente à dor excruciante da picada de dezenas de formigas tucandeiras, certamente seria considerado tortura ou, no mínimo, maus-tratos para a cultura dominante. Já para os *Sateré-mawé*, o ritual é essencial para a mudança de status de criança para a categoria de jovem, que implica tanto a transformação em caçador e, tradicionalmente, em guerreiro, como a entrada na categoria de homens que podem se casar e formar uma nova família (ALVAREZ, 2005, p. 15). Se aplicadas as regras dogmáticas do sistema penal da sociedade envolvente, retirar-se-ia desses indígenas um ritual que é essencial para sua cultura, apenas e tão somente em nome da legitimação do exercício do poder punitivo.

Em excelente síntese, Ela Wiecko Volkmer de Castilho e Paula Bajer Fernandes Martins da Costa (2009, p. 60) explicam:

> No paradigma da plurietnicidade o grau maior de integração do indígena à sociedade nacional não o descaracteriza como indígena, tampouco exclui a imputabilidade penal. 'Os índios têm o direito de permanecerem como índios, mesmo que saiam de seus territórios ou percam parte de suas características étnicas' (VILLARES, 2009, p. 63). É a consequência do reconhecimento de que não há uma escala de desenvolvimento de grupos étnicos. Eles apenas são diferentes. A inimputabilidade dos indígenas segue as regras gerais aplicáveis a todas as pessoas maiores de 18 anos. Todavia, é possível excluir a culpabilidade pelo reconhecimento do erro de proibição ou da inexigibilidade de conduta diversa.

Da perícia antropológica

Sempre que um indígena estiver envolvido em um conflito penal, o julgador deverá determinar se existe ou não uma barreira entre os valores da cultura da sociedade envolvente e os valores da cultura daquele indígena específico durante o processo de subsunção do fato à norma. Por essa razão que, reiterando o paradigma multiculturalista, a Convenção 169 da OIT estabelece em seu art. 9, item 2, que *as autoridades e os tribunais solicitados para se pronunciarem sobre questões penais deverão levar em conta os costumes dos povos mencionados a respeito do assunto.* Para tanto, deve ser determinada a realização de uma Perícia Antropológica.

Mas atenção! A Perícia Antropológica deverá ser realizada não para aferir o grau de integração do indígena e muito menos seu desenvolvimento mental, mas a assimilação ou não dos valores que fundamentam a norma proibitiva ou mandamental a ponto de impactar os processos cognitivos que influenciaram a prática da conduta. Nesses casos, *o antropólogo funciona como um tradutor cultural, que vai explicar aos operadores do direito o padrão cultural do índio e sua compreensão interna dos padrões ético-culturais da sociedade envolvente* (CÂMARA, 2016, p. 85).

É seguindo essa perspectiva que, apesar do substrato normativo infraconstitucional deficitário, a Resolução 287/2019 do CNJ estabelece em seu art. 6 que durante a persecução penal deve ser determinada a realização de Perícia

Antropológica **quando do recebimento da denúncia** em desfavor de pessoa indígena, estabelecendo como conteúdo mínimo desse meio de prova:

> I - a qualificação, a etnia e a língua falada pela pessoa acusada;
>
> II - as circunstâncias pessoais, culturais, sociais e econômicas da pessoa acusada;
>
> III - os usos, os costumes e as tradições da comunidade indígena a qual se vincula;
>
> IV - o entendimento da comunidade indígena em relação à conduta típica imputada, bem como os mecanismos próprios de julgamento e punição adotados para seus membros.

No mesmo sentido, a Resolução n. 454/2022 esclarece que as perícias antropológicas devem respeitar as peculiaridades do processo intercultural (art. 3, V), recomendando de forma explícita que **a admissibilidade do exame técnico-antropológico não seja fundamentada em supostos graus de integração de pessoas e comunidades indígenas à comunhão nacional** (art. 14, §5).

Infelizmente, apesar dessas previsões, a perícia antropológica não é realizada na grande maioria dos casos de indígenas em conflito com a lei penal. Destaca-se, a respeito, a pesquisa realizada pela Defensoria Pública do Mato Grosso do Sul e pela Defensoria Pública da União (OLIVEIRA, SALLET, *et al.*, 2023), onde foram entrevistados 206 indígenas encarcerados, constatando-se que desse total, apenas 5 foram submetidos a perícia antropológica durante o processo ou durante a execução da pena. Em outras palavras, **98% dos 206 indígenas encarcerados entrevistados não foram submetidos a perícia antropológica**.

Posicionamento das Cortes

Entre as Cortes Superiores, o Superior Tribunal de Justiça parece adotar acriticamente o texto da Lei 6.001/73, confirmando reiteradamente o critério 'integração' como aferidor de imputabilidade, dispensando, inclusive, a necessidade de perícia antropológica quando elementos dos autos, tais como demonstração de que o indígena possui CNH, Carteira de Trabalho, fluência na língua portuguesa, permitirem constatar que se trata de pessoa integrada à comunhão nacional.[5]

[5] Veja, a respeito, este recente julgado da Quinta Turma: *(...) o réu está perfeitamente adaptado à sociedade civil, tendo suficiente compreensão dos usos e costumes nacionais, possuindo fluência na língua portuguesa, circunstância que reforça sua plena integração social, tornando desnecessária a realização de laudo antropológico e afasta a necessidade de intérprete para a sua inquirição* (RHC 141.827/MS, Rel. Ministro RIBEIRO DANTAS, QUINTA TURMA, julgado em 13/04/2021, DJe 16/04/2021). No mesmo sentido, a sexta turma decidiu mais recentemente: (AgRg no AREsp n. 2.132.094/

O STF, na mesma linha, possui precedentes estabelecendo a dispensabilidade da perícia antropológica desde que haja elementos válidos nos autos que demonstrem a integração do indígena sob julgamento.[6]

Em recente decisão monocrática, no entanto, a Ministra Carmén Lúcia acena uma importante viragem jurisprudencial quando destaca que *a perícia antropológica não se restringe à análise do entendimento do acusado sobre os fatos delituosos praticados, mas também se destina a uma perspectiva multiculturalista para perfeito enquadramento do fato criminoso no contexto completo para perfeita compreensão dos julgadores.*[7]

Por ora, no entanto, é possível dizer que **nas cortes superiores e na doutrina dominante o paradigma integracionista permanece intacto**, apesar dos mais de trinta anos de vigência da Constituição Federal e da edição de Resoluções específicas pelo CNJ adotando o paradigma multiculturalista.

Cumprimento de Pena - Regime de Semiliberdade

> Art. 56, Parágrafo único. As penas de reclusão e de detenção serão cumpridas, se possível, em regime especial de semiliberdade, no local de funcionamento do órgão federal de assistência aos índios mais próximos da habitação do condenado

De acordo com a lei ora comentada, uma vez condenado pela justiça estatal, o indígena tem o direito de cumprir sua reprimenda, se privativa de liberdade, em regime especial de semiliberdade, no local de funcionamento do órgão federal de assistência aos índios mais próximos de seu local de habitação. Assim, ao invés de cumprir a pena imposta no estabelecimento penitenciário compatível apenas com o regime de pena fixado na sentença (CP, art. 33 e LEP, arts. 87, 91, 93 e 102), o indígena condenado a pena privativa de liberdade a cumprirá na sede FUNAI mais próxima de sua habitação, de acordo com as diretrizes deste órgão.

A finalidade dessa disposição é permitir que a cultura do indígena condenado não se perca nos processos de desaculturação típicos do encarceramento. Como ensina Juliana de Azevedo Santa Rosa Câmara (2016, p. 89), *o intento do legislador ao esculpir uma disciplina legal desse jaez foi preservar a cultura do índio, evitando a sua exposição forçada a outros condenados não índios.* Assim como aqui defendemos,

MS, relator Ministro Olindo Menezes (Desembargador Convocado do TRF 1ª Região), Sexta Turma, julgado em 22/11/2022, DJe de 25/11/2022.)

6 RHC 84308, Relator(a): SEPÚLVEDA PERTENCE, Primeira Turma, julgado em 15/12/2005. No mesmo sentido: HC 85.198/MA, Rel.: EROS GRAU, Segunda Turma, DJ 9.12.2005

7 RHC 199360 MC. Decisão Monocrática. Julgamento: **06/04/2021**

a autora também destaca que *a lei não exige, para incidência da norma, a avaliação do 'grau de integração' do indígena.*

Nesse contexto, o ideal é que todos os indígenas condenados ao cumprimento de uma pena privativa de liberdade possam cumpri-la em regime especial de semiliberdade, na sede da FUNAI mais próxima de sua habitação para que, mesmo durante o cumprimento de uma sanção penal, possam manter seus vínculos ancestrais e sua identidade cultural.

Necessidade de consulta à comunidade de origem

Mais uma vez, a legislação se encontra em descompasso com as práticas mais adequadas ao paradigma do multiculturalismo. Também nesse tópico devemos seguir o disposto na Resolução 287/2019 do CNJ, que estabelece de forma clara que *a responsabilização de pessoas indígenas deverá considerar os mecanismos próprios da comunidade indígena a que pertença a pessoa acusada, mediante consulta prévia* (Art. 7°).

Assim, mesmo na hipótese de condenação proferida pelo Poder Judiciário, a comunidade indígena de origem do condenado deverá ser consultada sobre a melhor forma de puni-lo pela conduta desviante. Se isso não for viável, a autoridade judicial deverá, após uma análise detalhada baseada em laudos antropológicos e consultas com a comunidade, priorizar as penas restritivas de direitos adaptadas às condições e prazos compatíveis com os costumes, local de residência e tradições da pessoa indígena (art. 9°).

Apenas na impossibilidade de aplicação desses mecanismos comunitários *a autoridade judicial deverá aplicar, sempre que possível e mediante consulta à comunidade indígena, o regime especial de semiliberdade para condenação a penas de reclusão e de detenção* (art.10, caput). No entanto, mais do que simplesmente determinar o cumprimento da pena na sede da FUNAI mais próxima à residência do condenado, *a autoridade judicial poderá buscar articulação com as autoridades comunitárias indígenas da Comarca ou Seção Judiciária, bem como estabelecer parceria com a Funai ou outras instituições, com vistas à qualificação de fluxos e procedimentos* (art.10, parágrafo único).

A privação total de liberdade em um estabelecimento penal convencional é considerada apenas quando a comunidade indígena expressa tal preferência, ou quando existir fundamentação sólida por parte da autoridade judicial que justifique essa medida. Ainda assim, neste caso absolutamente subsidiário, o juiz responsável pela execução da pena deverá observar rigorosamente as obrigações específicas que protegem os direitos dos indígenas encarcerados detalhadas no artigo 14 da Resolução 287/2019, abaixo transcrito:

Art. 14. Nos estabelecimentos penais onde houver pessoas indígenas privadas de liberdade, o juízo de execução penal, no exercício de sua competência de fiscalização, zelará que seja garantida à pessoa indígena assistência material, à saúde, jurídica, educacional, social e religiosa, prestada conforme sua especificidade cultural, devendo levar em consideração, especialmente:

I - Para a realização de visitas sociais:

a) as formas de parentesco reconhecidas pela etnia a que pertence a pessoa indígena presa;

b) visitas em dias diferenciados, considerando os costumes indígenas; e

c) o respeito à cultura dos visitantes da respectiva comunidade.

II - Para a alimentação em conformidade com os costumes alimentares da respectiva comunidade indígena:

a) o fornecimento regular pela administração prisional; e

b) o acesso de alimentação vinda do meio externo, com seus próprios recursos, de suas famílias, comunidades ou instituições indigenistas.

III - Para a assistência à saúde: os parâmetros nacionais da política para atenção à saúde dos povos indígenas;

IV - Para a assistência religiosa: o acesso de representante qualificado da respectiva religião indígena, inclusive em dias diferenciados;

V - Para o trabalho: o respeito à cultura e aos costumes indígenas; e

VI - Para a educação e a remição por leitura: o respeito ao idioma da pessoa indígena.

Penas Restritivas de Direitos

Especificamente em relação às penas restritivas de direitos, a Lei 6.001/73 nada diz, mas, como dito, o art. 9 da já referida Resolução 287/2019 estabelece que, nesses casos, a autoridade judicial deverá considerar as características culturais, sociais e econômicas, as declarações do indígena e a perícia antropológica quando da definição da pena e do regime de cumprimento, de modo a:

I - aplicar penas restritivas de direitos adaptadas às condições e prazos compatíveis com os costumes, local de residência e tradições da pessoa indígena;

II - considerar a conversão da multa pecuniária em prestação de serviços à comunidade, nos termos previstos em lei; e

III - determinar o cumprimento da prestação de serviços à comunidade, sempre que possível e mediante consulta prévia, em comunidade indígena.

Como se nota, não há qualquer referência ao grau de integração do indígena para aplicação de tais normas, até mesmo porque, em um paradigma multiculturalista e pluriétnico, o nível de integração do indígena à sociedade dominante não faz parte da equação.

Posicionamento das cortes

Mais uma vez o entendimento da doutrina dominante[8], das Cortes Estaduais[9] e das Cortes Superiores parece ignorar a adoção do paradigma multiculturalista pela Constituição Federal e, partindo de um paradigma integracionista, concluem que **o regime de semiliberdade estabelecido no art. 56, parágrafo único, se aplica apenas aos indígenas não integrados**[10, 11] **condenados por crimes não hediondo.**[12]

8 A respeito, destaco o escólio de Guilherme de Souza Nucci, para quem *tal dispositivo* [art. 56, parágrafo único] *somente deve ter aplicação ao silvícola isolado ou em vias de integração, quando não receberem medida de segurança, de acordo com a análise do caso concreto. O índio integrado deve ser equiparado, completamente, até por uma questão de isonomia, ao cidadão comum. Encaixando-se, pois, no preceituado neste artigo (isolado ou em vias de integração), por mais grave tenha sido o delito, cumprirá a pena em regime de semiliberdade, o que equivale ao regime semiaberto.* (Lei Penais e Processuais Penais Comentadas - Volume 2, 2012, p. 421)

9 *A aplicabilidade do regime de semiliberdade e o direito dos povos indígenas no Brasil. Online. Disponível em* https://evento.ufmt.br/download/sub_28040043d2adf5d8144e012a27c7f9ec.pdf. Acesso em 12.07.2021.

10 Nesse sentido, destaca-se o seguinte julgado da Sexta Turma: Não prospera o pleito subsidiário de autorização de semiliberdade (art. 56 do Estatuto do Índio), porquanto, segundo as instâncias ordinárias, o réu já se encontra integrado à sociedade, possuindo carteira de trabalho e de identidade, vínculo empregatício, com fluência na língua portuguesa, o que **afasta a incidência do benefício**, conforme reiterada jurisprudência desta Corte. (RHC 122.923/PR, Rel. Ministro SEBASTIÃO REIS JÚNIOR, SEXTA TURMA, julgado em 26/05/2020, DJe 23/06/2020)

11 No STF há precedente reconhecendo que o cumprimento de pena em regime de semiliberdade é conferido pela simples condição de se tratar de indígena (HC 85198-MA), mas as decisões mais recentes seguem no mesmo caminho integracionista do STJ (RExt 1.232.329-SC).

12 Novamente, destaca-se um julgado da Sexta Turma: Esta Corte Federal Superior registra já entendimento no sentido de que, por força mesmo do disposto no parágrafo 1º do artigo 2º da Lei nº 8.072/90, **não se aplica o regime de semiliberdade estatuído pela Lei nº 6.001/73 ao indígena condenado por delito hediondo ou equiparado**. Precedente. (REsp 555.151/RS, Rel. Ministro HAMILTON CARVALHIDO, SEXTA TURMA, julgado em 18/11/2004, DJ 01/02/2005, p. 633)

Aplicação das Sanções Tribais

> **Art. 57.** Será tolerada a aplicação, pelos grupos tribais, de acordo com as instituições próprias, de sanções penais ou disciplinares contra os seus membros, desde que não revistam caráter cruel ou infamante, proibida em qualquer caso a pena de morte.

Como destaca Paulo Queiroz (2014), o direito indígena constitui um dos elementos essenciais de sua organização social, costumes, crenças e tradições, razão pela qual reconhecê-lo é assegurar o poder de autodeterminação ou autogoverno dos povos indígenas.[13]

Também abordando o tema, Thaís Maria Lutterback Saporetti Azevedo (2019, p. 120) destaca que o reconhecimento das especificidades indígenas (e das populações tradicionais em sentindo ampliado) envolve *noções peculiares que não se amoldam nas configurações jurídicas formais e demandam o direito à diferença, o que representa uma grande dificuldade no campo jurídico estruturado.*

Ciente dessa necessidade - apesar de tudo o que foi dito em relação à adoção do paradigma integracionista pela Lei 6.001/73 – o estatuto do Índio trouxe em seu corpo uma previsão que, ainda hoje, encontra-se no centro do reconhecimento do multiculturalismo e do pluralismo jurídico: a legitimidade dos '*grupos tribais*' aplicarem suas próprias sanções.

Quando se soma a previsão legal ao paradigma multiculturalista, a plurietnicidade e o decorrente pluralismo jurídico adotado pela Constituição Federal em seu art. 231 e pelo art. 9° da Convenção 169 da OIT, **o protagonismo do direito de punir indígena sobre o poder punitivo estatal se torna absolutamente claro**. Assim, como ensina Antônio Carlos Wolkmer (2001, p. 354), no conflito entre o Direito Estatal e o Direito Comunitário, *deve prevalecer o Direito mais justo, definindo o "justo" como aquilo que corresponde às aspirações legítimas e à satisfação das necessidades estabelecidas democraticamente pela própria Sociedade. O Direito comunitário*, conclui, *expressa diretamente as aspirações da sociedade como um todo e o Direito estatal defende os intentos de grupos privilegiados e de minorias elitistas, não há dúvida de qual deva prevalecer.*

[13] No mesmo sentido, Danilo Pereira (2021, p. 4) complementa: *Trata-se de verdadeira ação afirmativa em razão de sua vulnerabilidade, ensejando proteção contra intolerância, preservação de identidade histórica e cultural, eficácia ao direito de diferença dos povos indígenas, de modo a garantir sua autonomia, autodeterminação e existência.*

Em outras palavras, havendo aplicação da sanção tribal – cuja prioridade deve ser reconhecida sobre a sanção estatal -, não há legitimidade na imposição de qualquer outra sanção, sob pena de se incorrer em *bis in idem*.[14]

Mais uma vez, apesar dos registros normativos multiculturalistas já apontados nesta análise, volto a fazer menção à pesquisa realizada pela Defensoria Pública do Mato Grosso do Sul e pela Defensoria Pública da União (OLIVEIRA, SALLET, *et al.*, 2023), onde se destaca que **dos 206 indígenas encarcerados ouvidos, 31 já haviam sofrido alguma punição por sua comunidade**, o que os deixaria em uma situação de claro *bis in idem*.

Limites jurídicos das sanções tribais

O exercício de pretensão punitiva com fundamento em regras ancestrais das comunidades indígenas não é ilimitado, tampouco limitado apenas por suas próprias regras.

O art. 57 da Lei 6.001/73 estabelece expressamente que as sanções penais ou disciplinares dos grupos tribais será tolerada na medida em que *não se revistam de caráter cruel ou infamante, proibida em qualquer caso a pena de morte*. A previsão originária do Estatuto, por sinal, encontra-se em perfeita sintonia com o Art. 9 da Convenção 169 da OIT, que estabelece que os métodos aos quais os povos indígenas recorrem tradicionalmente para a repressão dos delitos cometidos pelos seus membros serão reconhecidos apenas *enquanto compatíveis com o sistema jurídico nacional e com os direitos humanos internacionalmente reconhecidos*. Por fim, mas não menos importante, apesar do art. 231 da Constituição Federal não estabelecer limitações semelhantes expressamente, as vedações às penas de morte, de caráter perpétuo, trabalhos forçados, banimento ou cruéis constituem cláusula pétrea insculpida no art. 5, XLVII, devendo ser sempre respeitadas. Dito isso, recorremos às precisas pontuações de Juliana de Azevedo Santa Rosa Câmara (2016, p. 101-102):

> (...) para um observador externo, as sanções aplicadas por indígenas podem parecer demasiado brandas e inefetivas ou, por vezes, assaz rigorosas e até cruéis. O mais importante, contudo, é que sejam infligidas a partir de uma norma aceita pela comunidade e inerente a suas tradições, ainda que

[14] Em sentido contrário, trazemos a conclusão de Guilherme de Souza Nucci (2012, p. 422), para quem a norma insculpida no art. 57 da Lei 6001/73 parece 'vazia': *Em primeiro lugar, os estudiosos do denominado direito penal indígena não apontam sanções "civilizadas", aplicadas pelos silvícolas. Por isso, na sua imensa maioria, serão penas cruéis, infamantes ou até mesmo a morte. Logo, vedadas. Em segundo lugar, se as tais "sanções" forem inofensivas, sob a visão constitucional-penal brasileira, nem precisaria haver a exceção expressamente prevista no Estatuto do índio, pois perderiam a sua natureza jurídica medida de reprimenda penal.* A edição consultada é antiga. É possível que o autor tenha mudado seu posicionamento nas edições mais recentes.

> lancem seus tentáculos também sobre a família do infrator, ante o coletivismo imperante. É que, em algumas comunidades, "o mundo espiritual prevalece sobre a verdade real, num modelo reverso ao que privilegia o princípio da presunção da inocência"

No mesmo sentido, aplica-se também a advertência de Marcelo Mayora Alves, Márcio Kaingang Katánh Manoel Antônio e Mariana Dutra de Oliveira Garcia (2023, p. 10) sobre a categoria 'crueldade' ser contextual, resultado de sensibilidades jurídicas variáveis histórica e antropologicamente. Por isso, antes de apontar o dedo para eventual prática punitiva indígena e rotulá-la como cruel e, portanto, ilícita, é necessário fazer uma contextualização cultural, algo que deve ser promovido por meio da já mencionada perícia antropológica.

Não deixa de ser um tanto hipócrita de nossa parte, diga-se de passagem, querer estabelecer limites humanitários às práticas punitivas ancestrais dos povos indígenas quando o nosso principal instrumento punitivo – a prisão – constitui, nos termos do decidido pelo STF na ADPF 347, um estado de coisas inconstitucional tendo em vista o cenário de grave e massiva violação de direitos fundamentais dos presos.

Por fim, é preciso lembrar, ainda, que assim como ocorre no seio da cultura dominante, as penas podem tanto ser legítimas, isto é, sancionadas pela comunidade, quanto ilegítimas, resultantes do abuso de poder por parte das autoridades indígenas (SIMONIAN, 1994, p. 35).

Âmbito de incidência das sanções tribais

Quanto à delimitação dos casos de aplicação do direito penal indígena, prevalece na doutrina que este se aplica apenas e tão somente às infrações em que **autor e vítima forem indígenas** e que o **fato tenha sido praticado dentro do território indígena**. A respeito, Paulo Queiroz (2014) resume:

> (...) 3) O direito penal indígena não é aplicável a conflito envolvendo não-índio, ainda que ocorrido dentro de território indígena; 4) O direito penal indígena não incide, em princípio, sobre conflito ocorrido fora do território indígena, ainda que envolvendo índios; 5) O direito penal oficial é acessório/residual, relativamente ao direito penal indígena, e não o contrário, pois há de pressupor a impossibilidade de sua aplicação[15]

[15] No mesmo sentido, Juliana de Azevedo Santa Rosa Câmara (2016, p. 90), para quem *deve ser tida como premissa para a admissão do direito penal indígena a circunstância de tanto o acusado como a vítima da infração penal serem índios, bem como de o fato ter ocorrido dentro da terra indígena.*

Ousamos discordar. Dentro do paradigma multiculturalista espelhado na Resolução 287/2019, mesmo na hipótese de condenação proferida pelo Poder Judiciário, **a comunidade indígena de origem do condenado deverá ser consultada sobre a melhor forma de punir pela conduta desviante, priorizando-se a aplicação das sanções culturalmente adequadas aos membros daquela determinada comunidade.** O local do crime ou a etnia da vítima não parece influir no grau de compreensão dos valores da sociedade dominante pelo indígena infrator, tampouco sobre o grau de assimilação dos valores de sua própria comunidade.

De toda forma, mesmo quando for possível a aplicação das sanções pela comunidade indígena, nada impede que os próprios indígenas optem por levar o caso à justiça estatal, caso entendam que seus mecanismos de controle são insuficientes (ou excessivos) para pacificar o conflito. **O essencial é que seja respeitada a autonomia dos povos indígenas.**

Registros históricos do uso de sanções tribais

Nos anais do sistema de justiça brasileiro, existem 3 casos de reconhecimento pelo Poder Judiciário da legitimidade da sanção tribal e inaplicabilidade de nova sanção que se tornaram célebres e valem a pena ver de novo: a) o caso Basílio (PAOLELLI e OLIVIERA, 2023); b) o caso Denilson (SILVEIRA e CAMARGO, 2017) e; c) o caso Elsio e Valdemir (AZEVEDO, 2019).

O primeiro - caso Basílio - data de 1986. Segundo consta, Basílio era uma liderança do povo Macuxi dentro do Centro Comunitário Maturuca, onde ele teria matado outro indígena Macuxi. Apesar de preso, a própria comunidade indígena pediu a sua liberdade, o que foi atendido pelo Poder Judiciário. Após o oferecimento da denúncia, o processo teve um andamento bastante vagaroso, sendo o Laudo Antropológico concluído apenas em 1995. Quando Basílio foi levado a Júri em maio de 2000, ele já havia sido condenado a viver por 10 anos em outra região indígena pelo povo Macuxi e já havia, inclusive, cumprido sua pena.

O caso Denilson, por sua vez, já ocorreu durante a vigência da Constituição de 1988. Em 2009, Denilson, indígena Wapixana, desferiu facada em seu irmão, causando sua morte. Assim como no caso anterior, quando o Poder Judiciário proferiu sentença em 2013, Denilson já havia sido condenado pela comunidade indígena a permanecer na comunidade Manoá e sustentar sua família e a de seu irmão. Ocorre que, por influência da Advocacia Geral da União, que convenceu os indígenas Wapixana de que a pena era muito branda, a sentença indígena foi reformada em maio de 2013, determinando que Denilson deveria se mudar para outra aldeia por um prazo de 5 anos.

No último caso, Elsio e Valdemir, também integrantes da etnia Macuxi, mataram um integrante de outra etnia. Esse caso ficou ainda mais famoso que os anteriores pois foi objeto do primeiro Tribunal do Júri indígena. Com auxílio e orientação do Poder Judiciário de Roraima, o Conselho de Sentença foi composto integralmente por indígenas da região. Elsio foi inocentado e Valdemir foi condenado por lesão corporal leve. Segundo consta, o povo Macuxi achou desrespeitosa a forma como foi realizado o júri, com xingamentos e discussões extremamente acaloradas, o que os levou a realizar um novo julgamento posterior, condenando Elsio, Valdemir, a vítima e uma testemunha pois, em sua visão todos colaboraram para que o crime fosse praticado.

Nesses três casos, o Poder Judiciário, mesmo sendo provocado a se manifestar, deixou de aplicar uma pena 'oficial' por entender que o direito penal indígena já havia sido aplicado e seria legítimo e suficiente para pacificar o conflito. Nenhum dos casos chegou aos Tribunais Superiores.

Em um caso mais recente, um indígena da etnia Munduruku foi morto dentro de casa, a tiros de espingarda, teve seu corpo arrastado até o rio, onde foi esquartejado em pequenos pedaços, retiraram seu fígado e coração, triturando-os, e as demais partes do corpo foram amarradas a uma pedra e jogadas no rio. De acordo com as informações colhidas, essa morte, que em qualquer grande cidade do Brasil seria descrita como praticada com requintes de crueldade foi, em realidade, a aplicação da sanção prevista pela etnia àqueles que praticam o ritual da pajelança brava. Diante desse contexto, o Ministério Público Federal deixou oferecer denúncia contra os indígenas responsáveis pela prática do ato, reconhecendo que a dinâmica dos fatos praticados indicava efetivamente a prática de um ritual próprio da etnia. O arquivamento foi confirmado pela 2ª Câmara de Coordenação e Revisão do MPF em 04.11.2021.[16]

Crimes contra os índios

CAPÍTULO II

Dos Crimes Contra os Índios

Art. 58. Constituem crimes contra os índios e a cultura indígena:

[16] Cf. Procedimento nº 1.23.008.000394/2015-61

No capítulo II do título VI da Lei 6.001/73, o legislador trouxe 03 tipos penais diferentes, bem como uma agravante aplicável a todos os crimes contra a pessoa, o patrimônio ou os costumes, em que o ofendido seja *'índio não integrado'* ou comunidade indígena.

Reconhecimento do status de indígena ou comunidade indígena

Antes de prosseguir para análise dos tipos penais individualmente, precisamos **definir quais são os critérios para se considerar uma pessoa como indígena**, até mesmo para definir o âmbito de incidência das normas penais que, naturalmente, não admitirão interpretação extensiva, tampouco analogia *in malam partem*.

Em excelente e atualizada síntese, a FUNAI explica em seu *website* que *identidade e pertencimento étnico não são conceitos estáticos, mas processos dinâmicos de construção individual e social*. Dessa forma, continua a exposição, *não cabe ao Estado reconhecer quem é ou não indígena, mas garantir que sejam respeitados os processos individuais e sociais de construção e formação de identidades étnicas.*

A Lei 6.001/73, atrasada no tempo, por outro lado, traz a definição do que considera índio e comunidade indígena em seu art. 3, *in verbis*:

> Art. 3º Para os efeitos de lei, ficam estabelecidas as definições a seguir discriminadas:
>
> I - Índio ou Silvícola - É todo indivíduo de origem e ascendência pré-colombiana que se identifica e é identificado como pertencente a um grupo étnico cujas características culturais o distinguem da sociedade nacional;
>
> II - Comunidade Indígena ou Grupo Tribal - É um conjunto de famílias ou comunidades índias, quer vivendo em estado de completo isolamento em relação aos outros setores da comunhão nacional, quer em contatos intermitentes ou permanentes, sem contudo estarem neles integrados

Nos termos propostos, o conceito de indígena, em nível individual, possui duas ordens de critérios:

1. objetivos – ascendência pré-colombiana e existência de um grupo étnico que se diferencie da sociedade nacional e;

2. subjetivos – autoidentificação do indígena como pertencente a uma comunidade etnicamente diferenciada e o reconhecimento desta de que aquela pessoa a ela pertence.

O conceito de Comunidade Indígena ou Grupo Tribal, por sua vez, é atravessado por uma referência ao paradigma integracionista. A depender da redação do art. 3, II, da Lei 6.001/73, apenas serão consideradas comunidades indígenas aquelas que não estiverem integradas a *'outros setores da comunhão nacional'*. Vê-se que o paradigma integracionista aqui foi além do que já fazia, pois não é mais apenas uma questão de conferir tratamento jurídico diverso, mas de reconhecer o próprio status de comunidade indígena ou não, a depender dos níveis de integração com a sociedade dominante.

Andou melhor a Convenção 169 da OIT que, ao estabelecer o conceito de indígena ou de uma comunidade indígena prevê, respectivamente:

> a) [aqueles] *considerados indígenas pelo fato de descenderem de populações que habitavam o país ou uma região geográfica pertencente ao país na época da conquista ou da colonização ou do estabelecimento das atuais fronteiras estatais e que, seja qual for sua situação jurídica, conservam todas as suas próprias instituições sociais, econômicas, culturais e políticas, ou parte delas;*
>
> *b)* [Serão considerados] povos tribais aqueles *cujas condições sociais, culturais e econômicas os distingam de outros setores da coletividade nacional, e que estejam regidos, total ou parcialmente, por seus próprios costumes ou tradições ou por legislação especial.*

O mais importante, seguindo ainda a Convenção 169, é a *consciência de sua identidade indígena ou tribal* que deverá ser considerada como critério fundamental para reconhecimento de seu status como tal (art. 1, item 2). Não há como discordar. Afinal, o direito à autoidentificação, entendido como a consciência que o povo tem da sua identidade, constitui um elemento central da autodeterminação dos povos.

Mais uma vez, o CNJ se mostrou atento ao paradigma multiculturalista, tendo a Resolução 287/2019 estabelecido de forma clara que **o reconhecimento da pessoa como indígena se dará por meio da autodeclaração**, que poderá ser manifestada em qualquer fase do processo criminal ou na audiência de custódia (art. 3)[17]. Naturalmente, a previsão se refere ao indígena acusado de praticar um

[17] Mostrando sua preocupação com o reconhecimento da pessoa como indígena, a Resolução 287/2019 estabelece ainda que diante de indícios ou informações de que a pessoa trazida a juízo seja indígena, a autoridade

delito, mas a mesma lógica se aplica ao indígena vítima dos delitos previstos nesta lei.

No mesmo sentido, a Resolução 454/2022 fixou o próprio conceito de autoidentificação com sendo '*a percepção e a concepção que cada povo indígena tem de si mesmo, consubstanciando critério fundamental para determinação da identidade indígena*' (art. 4, *caput*), especificando ainda que *a autoidentificação do indivíduo como pertencente a determinado povo indígena não lhe retira a condição de titular dos direitos reconhecidos a todo e qualquer brasileiro ou, no caso de migrantes, dos direitos reconhecidos aos estrangeiros nessa condição que eventualmente estejam em território nacional (art. 4, § 2°).*

Assim, mantendo coerência com o paradigma multiculturalista, forçoso reconhecer a superação do critério legal, admitindo que a melhor pessoa para definir se ela é ou não indígena é o próprio indígena, a partir de sua **autodeclaração ou autoidentificação no caso das comunidades indígenas**.

Uma vez identificado o status de indígena ou de comunidade indígena dentro dos parâmetros convencionais e das citadas resoluções, os níveis de integração à sociedade dominante não deverão influenciar a aplicação dos tipos penais[18], salvo, evidentemente, quando constituírem expressamente uma elementar deste.

Passemos agora à análise dos tipos penais.

Dos Tipos Penais

Escarnecer, vilipendiar ou perturbar a prática de cerimônia, rito, uso, costume ou tradição culturais indígenas

> Art. 58, I - escarnecer de cerimônia, rito, uso, costume ou tradição culturais indígenas, vilipendiá-los ou perturbar, de qualquer modo, a sua prática.
>
> Pena - detenção de um a três meses;

judicial deverá cientificá-la da possibilidade de autodeclaração, e informá-la das garantias decorrentes dessa condição, previstas nesta Resolução. Uma vez feita autodeclaração, a autoridade judicial deverá indagar acerca da etnia, da língua falada e do grau de conhecimento da língua portuguesa e diante da identificação de pessoa indígena prevista neste artigo, as cópias dos autos do processo deverão ser encaminhadas à regional da Fundação Nacional do Índio - Funai mais próxima em até 48 (quarenta e oito) horas (art. 3, §§ 1, 2 e 3).

18 Em sentido contrário, Guilherme de Souza Nucci (2012, p. 423) sustenta que *o silvícola totalmente integrado não pode ser considerado sujeito passivo deste crime, como também não merece atenuante alguma, somente por ter ascendência indígena, nem tampouco se dirá que ele é inimputável. O índio isolado ou em vias de integração é o objetivo dessa norma.* Mais uma vez alerto que a edição consultada é de 2012 e que o renomado autor pode ter mudado de posicionamento.

Bem Jurídico

De acordo com o Art. 215. da Constituição Federal, o Estado *garantirá a todos o pleno exercício dos direitos culturais e acesso às fontes da cultura nacional, e apoiará e incentivará a valorização e a difusão das manifestações culturais.* Mas o texto não para por aí. Ainda que já fosse possível argumentar que a garantia do exercício dos direitos culturais e a valorização das manifestações culturais inclui as culturas indígenas, o parágrafo primeiro o faz expressamente, estabelecendo que *o Estado protegerá as manifestações das culturas populares, indígenas e afro-brasileiras, e das de outros grupos participantes do processo civilizatório nacional.*[19, 20]

Ainda em âmbito constitucional, o art. 216 vai além e identifica o que considera '*patrimônio cultural brasileiro*' como sendo '*bens de natureza material e imaterial, tomados individualmente ou em conjunto, portadores de referência à identidade, à ação, à memória dos diferentes grupos formadores da sociedade brasileira, nos quais se incluem:*

> *I - as formas de expressão;*
> *II - os modos de criar, fazer e viver;*
> *III - as criações científicas, artísticas e tecnológicas;*
> *IV - as obras, objetos, documentos, edificações e demais espaços destinados às manifestações artístico-culturais;*
> *V - os conjuntos urbanos e sítios de valor histórico, paisagístico, artístico, arqueológico, paleontológico, ecológico e científico.*[21]

Assim, se o art. 215, §1, expressamente professa a obrigação do Estado em proteger as manifestações culturais indígenas e, logo em seguida, o art. 216 delineia o que considera 'patrimônio cultural brasileiro', é dentro dessas balizas que deveremos considerar os elementos do que se considera cultura indígena.

[19] *No mesmo caminho a Convenção 169 da OIT estabelece em seu art. 47 que é assegurado o respeito ao patrimônio cultural das* comunidades indígenas, seus valores artísticos e meios de expressão.

[20] No julgamento do Caso *Comunidade Indígena Yakye Axa v. Paraguai* foi construído pela Corte Interamericana de Direitos Humanos o que se consideraria Direito à Identidade Cultural: *O direito à identidade cultural, ainda que não esteja expressamente estabelecido, está protegido na Convenção Americana a partir de uma interpretação evolutiva do conteúdo dos direitos consagrados nos artigos 1.1 (obrigação de respeitar os direitos), 5 (direito à integridade pessoal), 11 (proteção da honra e da dignidade), 12 (liberdade de consciência e de religião), 13 (liberdade de pensamento e de expressão), 15 (direito de reunião), 16 (liberdade de associação), 17 (proteção à família), 18 (direito ao nome), 21 (direito à propriedade privada), 23 (direitos políticos) e 24 (igualdade perante a lei), a serem aplicados conforme os fatos do caso concreto. Ou seja, nem sempre que se infringir um dos artigos mencionados, o direito à identidade cultural será afetado.* (Corte IDH, Caso *Comunidade Indígena Yakye Axa v. Paraguai*, Sentença 17 de junho de 2005)

[21] A Organização das Nações Unidas para a Educação, Ciência e Cultura (Unesco), no preâmbulo de sua Declaração Universal sobre a Diversidade Cultural, definiu a cultura como '*o conjunto de traços espirituais e materiais, intelectuais e afetivos que distinguem e caracterizam uma sociedade ou um grupo social e que abrange, além das artes e das letras, os modos de vida, as formas de viver em comunidade, os valores, as tradições e as crenças*'. (http://www.unesco.org/new/fileadmin/MULTIMEDIA/HQ/CLT/diversity/pdf/declaration_cultural_diversity_pt.pdf)

Demais disso, vale lembrar que a Comissão Interamericana de Direitos Humanos destaca que a identidade cultural é o componente essencial que define um grupo humano como um coletivo étnico-cultural diferenciado, com um modo de vida particular de ser, ver e agir no mundo. A identidade cultural tem um caráter evolutivo e dinâmico e pode ser modificado ao longo do tempo, com base em processos de relacionamento históricos, sociais e políticos[22]. No caso dos povos indígenas e tribais, um dos componentes mais importantes que determinam a sua identidade é a sua estreita relação com o seu território ancestral e os recursos nele encontrados[23].

Assim, é importante destacar que a cultura indígena, da mesma forma que a cultura dominante, não é estática. As práticas culturais são mutáveis, evoluindo com o tempo, ambiente e uma miríade de outros fatores. **A cultura indígena deve ser protegida tal como existe e não de acordo com uma imagem idealizada projetada por não-índios.** Comentários vazios e mal-intencionados no sentido de que a utilização de meios tecnológicos como carros modernos, telefones celulares, computadores, redes sociais, etc, desnaturam o vínculo da pessoa indígena com sua cultura não merecem atenção por não serem nada mais do que isso: vazios e mal-intencionados.

Todo esse panorama normativo serve para dizer: o bem jurídico tutelado pelas normas proibitivas do art. 58 é a cultura indígena e o multiculturalismo.

Aliás, percebe-se que a redação do tipo penal do art. 58, I, do Estatuto do Índio espelha a redação do art. 208 do Código Penal, que criminaliza as condutas de escarnecer de alguém por motivo de crença ou função religiosa, impedir ou perturbar cerimônia ou prática de culto religioso, vilipendiar publicamente ato ou objeto de culto religioso.

Esse paralelismo, criminalizando tanto a conduta daquele que escarnece, perturba ou vilipendia as crenças e liturgias das religiões da cultura dominante quanto daquele que o faz em relação aos ritos, usos, costumes ou tradições culturais indígenas, evidencia que o bem jurídico parece ser o multiculturalismo em si e, nesse caso específico, a preservação da cultura indígena. Afinal, garantir que ninguém, independentemente de seu pertencimento à cultura dominante, possa praticar atos que diminuam a cultura indígena e que, nos moldes do art. o art. 8º da Declaração das Nações Unidas sobre os Direitos dos Povos Indígenas, os povos e pessoas indígenas não sofram assimilação forçada ou a

22 Corte IDH. Caso Comunidades Indígenas Miembros de la Asociación Lhaka Honhat (Nuestra Tierra) Vs. Argentina. Fondo, Reparaciones y Costas. Sentencia de 6 de febrero de 2020, párr. 284

23 Corte IDH. Caso Comunidad Indígena Yakye Axa Vs. Paraguay. Fondo, Reparaciones y Costas. Sentencia de 17 de junio de 2005, párr. 135

destruição de sua cultura, é, certamente, uma maneira de fomentar o respeito ao multiculturalismo.

Verbo Núcleo

O primeiro inciso do art. 58 estabelece três verbos-núcleo: escarnecer e vilipendiar ou perturbar.

Escarnecer, significa zombar ou tratar algo ou alguém com escárnio. Vilipendiar, por sua vez, significa desprezar ou menosprezar algo ou alguém e; perturbar, no contexto do tipo penal, significa impedir o bom funcionamento.

Vê-se que, apesar da pluralidade de verbos núcleo, a ideia central do tipo penal está em promover o respeito ao multiculturalismo, punindo aqueles que por meio de condutas disruptivas demonstram falta de respeito à cultura indígena e ao direito à diferença.

Como ensina Guilherme de Souza Nucci (2012, p. 423), trata-se de um tipo misto alternativo, de modo que, se uma pessoa pratica mais de uma das condutas descritas dentro de um mesmo contexto fático, responderá por crime único.

Elemento Subjetivo

Trata-se de delito punido exclusivamente na modalidade dolosa. Exige-se, no entanto, segundo Guilherme de Souza Nucci (2012, p. 424), um elemento subjetivo específico consistente na *vontade de menosprezar a cultura indígena*.

Com efeito, para além de praticar a conduta de forma consciente e voluntária, o tipo penal do art. 58, I, o agente deve fazê-lo com o fim especial de demonstrar sua falta de respeito à cultura indígena e ao direito à diferença.

Sujeitos Ativo e Passivo

O tipo penal não exige características especiais do agente, tratando-se, portanto, de delito comum, que pode ser praticado por qualquer pessoa, inclusive indígenas.

Já em relação ao sujeito passivo, será o indígena ou comunidade indígena afetada diretamente pela conduta e, secundariamente, o próprio Estado, à quem incumbe a proteção das manifestações culturais indígenas.

Consumação e tentativa

Trata-se de crime formal, já que não exige a concretização de um prejuízo às manifestações culturais indígenas.

O verbo 'escarnecer', tal qual os verbos típicos dos crimes contra a honra, parece não permitir o fracionamento da conduta, tratando-se de crime unissubsistente que, consequentemente, não admite tentativa. Ou o agente exterioriza o seu desrespeito às manifestações culturais indígenas ou não. Abre-se a exceção ao exemplo clássico, fadado à extinção, do escárnio exteriorizado pelo envio de uma carta, quando o crime se tornaria plurissubsistente, posto de dependente da abertura e leitura do documento por parte do ofendido.

Vilipendiar e Perturbar, por outro lado, indicam a possibilidade de fracionamento da conduta (delito plurissubsistente), admitindo-se a tentativa se, uma vez iniciada a execução, a conduta não se aperfeiçoar por razões alheias à vontade do agente (p. ex. o agente pode ser retirado do local por terceiros antes que sua conduta interrompa o bom funcionamento de uma cerimônia religiosa). Nesse caso, o crime se consuma quando o agente efetivamente exterioriza sua conduta ou interrompe o bom funcionamento da cerimônia, rito, uso, costume ou tradição culturais indígenas.

Utilizar o índio ou comunidade indígena como objeto de propaganda

> Art. 58, II - utilizar o índio ou comunidade indígena como objeto de propaganda turística ou de exibição para fins lucrativos.
>
> Pena - detenção de dois a seis meses;

Bem Jurídico

Tudo o que foi dito em relação ao bem jurídico do delito previsto no art. 58, I, da Lei 6.001/73 aplica-se também ao art. 58, II.

Aqui, no entanto, existe um foco em se evitar a exploração indevida da imagem e na preservação da cultura indígena livre de estereótipos e de apropriações culturais.

Não é incomum que agências de turismo e até mesmo o próprio Estado utilize a imagem de pessoas indígenas como atrativo turístico, tratando essas pessoas como verdadeiros objetos de exibição como se em safari estivessem. Mas atenção: não é o uso da imagem por si só, mas o uso indevido e estereotipado, diminuindo e menosprezando toda uma cultura em nome de ganhos patrimoniais.

Assim, o bem jurídico no presente caso será, também, o multiculturalismo em si e a preservação da cultura indígena livre de exploração econômica indesejada.

Verbo Núcleo

O verbo núcleo deve ser lido em conjunto com os elementos normativos. Assim, utilizar, significa nada mais do que 'fazer uso' ou 'beneficiar-se' do índio ou comunidade indígena como objeto de propaganda turística ou de exibição para fins lucrativos.

Elemento Subjetivo

O delito só pode ser praticado na modalidade dolosa. No entanto, uma vez mais exige-se um elemento subjetivo específico: o uso da imagem como propaganda turística ou para ganhos econômicos.

Se, por outro lado, a motivação por trás do uso da imagem do indígena for destinada ao enaltecimento da cultura indígena, seu registro, propagação e divulgação, não haverá crime.

Sujeitos Ativo e Passivo

Trata-se de crime comum, não sendo exigido do agente qualquer qualidade específica.

O sujeito passivo, por sua vez, será o indígena ou comunidade indígena afetada diretamente pela conduta e, secundariamente, o próprio Estado, à quem incumbe a proteção das manifestações culturais indígenas.

Consumação e tentativa

Assim como no tipo penal do art. 58, I, trata-se de um crime formal, não sendo exigido efetivo prejuízo à cultura indígena. Basta a prática da conduta típica, de maneira voluntária e consciente, para que o crime se considere consumado.

No entanto, por se tratar de uma conduta plurissubsistente, admite-se a tentativa quando, iniciada a execução, esta for interrompida por razões alheias à vontade do agente antes do término do *iter criminis*.

Disseminação de bebidas alcoólicas nos grupos tribais ou entre índios não integrados.

> Art. 58, III - propiciar, por qualquer meio, a aquisição, o uso e a disseminação de bebidas alcoólicas, nos grupos tribais ou entre índios não integrados.
>
> Pena - detenção de seis meses a dois anos.

Bem Jurídico

Mais uma vez, as anotações feitas em relação ao bem jurídico do crime previsto no art. 58, I, da Lei 6.001/73 se aplicam plenamente ao inciso sob comento. No entanto, para além da preservação da cultura indígena, trata-se de um tipo penal destinado à proteção da saúde pública no interior dessas comunidades.

Isso porque, considera-se que a introdução ou fomento do uso de bebidas alcoólicas entre as comunidades indígenas que possuam baixo grau de contato com a sociedade dominante altamente nocivo a tais comunidades.

Ainda que alguns povos indígenas façam uso de substâncias entorpecentes extraídas de plantas em sua modalidade enteogênica – veja, por exemplo, o caso das mais de 50 etnias que possuem registro do uso da *ayahuasca* em nosso continente[24] – ou medicinal – como o uso do rapé por diversas tribos no Acre -, não há registro oficial de comunidades indígenas que tenham cultivado o uso de bebidas alcóolicas, seja como lubrificante social, seja para uso medicinal ou enteogênico. Nesse contexto, a introdução e disseminação de bebidas alcoólicas nos grupos tribais ou entre índios não integrados - para usar a terminologia da Lei 6.001/73 - mostra-se efetivamente danoso dado seu alto poder de desagregação diante da falta de desenvolvimento histórico de mecanismos de controle social informal do uso dessa substância.

Consciente desse perigo, o Estatuto do Índio traz a única hipótese normativa em nosso ordenamento onde o álcool é tratado de forma semelhante a outras substâncias entorpecentes, proibindo sua venda a pessoas maiores e capazes.

Verbo Núcleo

O verbo utilizado no tipo penal é 'propiciar', mas deve ser lido em conjunto com os diferentes complementos verbais. Assim, as condutas típicas são: a) Propiciar

[24] Para mais informações, vale uma visita ao site http://www.ayahuasca.com/.

a aquisição de bebidas alcoólicas; b) propiciar o uso de bebidas alcoólicas ou; c) Propiciar a disseminação de bebidas alcoólicas.

Propiciar a aquisição significa intermediar, de qualquer maneira, a compra e venda de bebidas alcoólicas nos grupos tribais ou entre índios não integrados. O ganho patrimonial não é uma exigência típica. Assim, ao utilizar o termo 'aquisição', qualquer forma de transação pode ser admitida, desde que de um lado haja o fornecimento de bebida alcoólicas e do outro alguma contraprestação. Mais além, como se trata de delito de forma livre, as mais diversas contribuições do agente nessa transação podem se subsumir ao tipo penal, desde que possuam relevância causal.

Propiciar o uso de bebidas alcoólicas, por sua vez, tem um alcance ainda mais amplo, já que exclui da figura típica a necessidade de uma transação. Assim, basta que o agente facilite a chegada da bebida alcoólica nos grupos tribais ou entre índios não integrados, ainda que de forma gratuita e sem contraprestação.

Por fim, propiciar a disseminação de bebidas alcoólicas parte do pressuposto que aquele grupo tribal já tem acesso à substância, cabendo ao agente apenas a disseminação, ou seja, a ampliação do seu consumo.

Assim como os outros dois tipos penais, trata-se de um tipo penal de conteúdo misto alternativo, de modo que, se o agente praticar mais de uma conduta típica no mesmo contexto fático, considerar-se-á crime único.

Elemento Subjetivo

O crime é punido exclusivamente a título de dolo. Não há previsão de modalidade culposa, tampouco se exige elemento subjetivo específico. Basta que o agente pratique a conduta de forma consciente e voluntária.

Sujeitos Ativo e Passivo

O tipo penal não exige características especiais do agente, tratando-se, mais uma vez, de delito comum, que pode ser praticado por qualquer pessoa.

Já em relação ao sujeito passivo, serão, **por delimitação legal**, os grupos tribais e os índios não integrados. Secundariamente, o próprio Estado, à quem incumbe a proteção das manifestações culturais e a proteção da saúde indígenas (Lei 6.001/73, art. 54).

Se de um lado nos manifestamos contrários ao paradigma integracionista e a utilização dos níveis de integração do indígena como métrica, por outro o princípio da legalidade (CF, art. 5, XL e CP, art.1°) se apresenta como um limite intransponível à aplicação da norma penal. Assim, ainda que reconheçamos a necessidade de uma reforma legislativa para adequar a redação do tipo penal insculpido no art. 58, III (e diversos outros dispositivos do Estatuto do Índio), o fato é que, no que tange o âmbito de incidência da norma penal, a única interpretação viável neste caso é a literal, seguindo-se, a título de complemento da norma penal em branco, o disposto nos arts. 3 e 4 da Lei 6.001/73.

Consumação e tentativa

Assim como os antecessores, trata-se de crime formal, já que não exige a concretização de um prejuízo às manifestações culturais indígenas ou à saúde da comunidade indígena.

Tratando-se de condutas fracionáveis (crimes plurissubsistentes), a tentativa é plenamente viável, bastando que o *iter criminis* seja interrompido antes de sua finalização por vontade alheia à do agente.

Causa de Aumento de Pena dos Crimes do Estatuto do Índio

> Art. 58, Parágrafo único. As penas estatuídas neste artigo são agravadas de um terço, quando o crime for praticado por funcionário ou empregado do órgão de assistência ao índio.

A causa de aumento criada pelo parágrafo único do art. 58 aplica-se única e exclusivamente aos tipos penais estabelecidos no próprio art. 58, aumentando de um terço a pena quando a conduta criminosa for praticada por funcionário público ou empregado do órgão de assistência ao índio.

Temos, assim, duas figuras diferentes: a) funcionário público e; b) empregado do órgão de assistência ao índio.

O conceito de 'funcionário público' deverá ser extraído do art. 327, do Código Penal. No entanto, considerando que a justificativa da causa de aumento encontra-se no maior desvalor de ação daquele que, possuindo o dever funcional de promover os direitos dos índios e das comunidades indígenas, acaba por praticar delitos contra elas, **parece-nos que a majorante incidirá apenas aos funcionários públicos vinculados a órgão de assistência ao índio**. Assim, além de se encaixar nos critérios estabelecidos no art. 327, do Código Penal, para fins de incidência da causa de aumento de pena do art. 58, parágrafo único, da Lei 6.001/73, o agente deverá exercer suas funções em órgão de assistência ao índio, ainda que nele não esteja lotado oficialmente.

A locução 'empregado do órgão', por sua vez, faz referência àquelas pessoas que trabalham em órgãos da Administração direta, autárquica e fundacional, sob as regras da CLT (c.f. Lei 9.962/00). A FUNAI, por exemplo, é uma fundação pública, de modo que seus empregados se encaixam exatamente nessa descrição.

Causa de Aumento de Pena

> Art. 59. No caso de crime contra a pessoa, o patrimônio ou os costumes, em que o ofendido seja índio não integrado ou comunidade indígena, a pena será agravada de um terço.

Diversamente do estabelecido no art. 58, parágrafo único, a causa de aumento de pena trazida pelo art. 59 visa dar uma proteção maior aos '*índios não integrados ou comunidade indígena*' vítimas de crimes contra a pessoa, contra o patrimônio ou contra os costumes.

De proêmio, destaca-se, mais uma vez, a dependência da norma em relação ao paradigma integracionista, utilizando o nível de integração do indígena ou de sua comunidade para incidência da causa de aumento de pena. Assim, mais uma vez limitados pelo princípio da legalidade, acreditamos que a majorante incidirá apenas nos casos de índios '*isolados*' ou '*em vias de integração*' e às comunidades indígenas nos termos definidos pelos arts. 3 e 4 da Lei 6.001/73

Mais além, é importante lembrar que a majorante se aplica apenas nos casos em que o índio não integrado ou a comunidade indígena for vítima de um crime contra a pessoa, contra o patrimônio ou contra os costumes (hoje denominados de crimes contra a dignidade sexual). Como o artigo não faz referência a uma lei específica, a métrica de avaliação de incidência da majorante será o bem jurídico tutelado e não o diploma normativo em que o crime contra a pessoa, o patrimônio ou dignidade sexual é veiculado. Assim, a pena aplicada em um crime contra a pessoa previsto na legislação extravagante – v.g. art. 99 da Lei 10.741/03 (estatuto do idoso) – poderá, sim, ser majorada se o crime for praticado contra índio não integrado.

Referências

ALVAREZ, Gabriel. **O ritual da tocandira entre os Sateré-Mawé:** aspectos simbólicos do Waumat. Brasília: UNB, 2005.

AZEVEDO, Thaís M. L. S. **O Primeiro Juri Popular indígena em Raposa Serra do Sol: Poder Judiciário roraimense e possíveis apontamentos jusdiversos**. Confluências: Revista Interdisciplinar de Sociologia e Direito, 21, 2019.

BUSATO, Paulo C. **Direito Penal**. 1. ed. São Paulo: Atlas, 2013.

CÂMARA, Juliana D. A. S. R. **A Sanção criminal no direito penal indígena: do pluralismo jurídico ao reconhecimento de regras consuetudinárias de resolução de conflitos penais**. Revista Brasileira de Ciências Criminais, Julho 2016. 69-107.

CASTILHO, Ela W. V. D.; COSTA, Paula B. F. M. D. **O Projeto de Lei do Senado no 156, de 2009, que institui novo Código de Processo Penal e os crimes praticados contra indígenas ou por indígenas**. Revista de Informação Legislativa, Julho/Setembro 2009. 55-66.

CNJ. **Manual Resolução 287/2019: procedimentos relativos a pessoas indígenas acusadas, rés, condenadas ou privadas de liberdade - Orientações a Tribunais e Magistrados para cumprimento da Resolução 287/2019 do Conselho Nacional de Justiça**. Conselho Nacional de Justiça. Brasília. 2019.

CUNHA, Rogério S. **Manual de Direito Penal - Volume Único - Parte Geral**. 8. ed. Salvador: Juspodivm, 2020.

JUNQUEIRA, Gustavo ; VANZOLINI, Patricia. **Manual de Direito Penal**. 6. ed. São Paulo: Saraiva Jur, 2020.

NUCCI, Guilherme D. S. **Lei Penais e Processuais Penais Comentadas - Volume 2**. 7. ed. São Paulo: Revista dos Tribunais , 2012.

OLIVEIRA, Bianca *et al.* **Mutirão de Atendimento às pessoas indígenas presas na Penitenciária Estadual de Dourados**. Defensoria Pública do Estado de Mato Grosso do Sul e Defensoria Pública da União. [S.l.]. 2023.

PAOLELLI , Marjorie; OLIVIERA, Assis. **Entre (in)visibilidades e reconhecimentos: um caso emblemático sobre conflito entre indígenas em processo criminal no Pará.** Revista Direito e práxis, Rio de Janeiro, Jun. 2023.

QUEIROZ, Paulo. **Curso de Direito Penal**. 9. ed. Salvador: Juspodivm, 2013.

RODRIGUEZ, Victor G. **Fundamentos e Direito Penal Brasileiro**. Sao Paulo: Atlas, 2010.

SILVEIRA, Edson; CAMARGO, Seguei. **Jurisdição indígena e o afastamento do direito de punir por parte do Estado Brasileiro: notas a respeito de um precedente amazonico**. Revista da AGU, Brasília, Março 2017. 17-34.

SIMONIAN, Ligia T. L. **Castigo cruéis na AI (Área Indígena) Votouro, Rio Grande do Sul: Resistências Culturais ou Novas Práticas?** Laudo Antropológico. Belém: PGR-N. 0478/82-41, 1994

WOLKMER, Antônio C. **Pluralismo Jurídico:** Fundamentos de uma nova cultura no direito. 3. ed. São Paulo: Alfa ômega, 2001.

ZAFFARONI, Eugenio R. *et al.* **Direito Penal Brasileiro.** Rio de Janeiro: Revan, v. II, II, 2017.

3.

LEI N. 6.385/1976 - LEI DO MERCADO DE VALORES MOBILIÁRIOS

Maria Paes Barreto de Araújo Carvalho

Introdução

A Lei n. 6.385/1976 prevê, dentre outras questões, os crimes contra o mercado de valores mobiliários, quais sejam: manipulação de mercado, uso indevido de informação privilegiada e exercício irregular de cargo, profissão, atividade ou função. A preocupação com o funcionamento e com a regulamentação do sistema financeiro, no Brasil, foi inicialmente tratada na seara administrativa, especialmente pela Comissão de Valores Mobiliários, após sua criação em 1976, pela Lei nº 6.385. Foi somente em 2001, com a edição da Lei nº 10.303, que os três tipos penais mencionados foram trazidos ao ordenamento jurídico pátrio, tendo eles sido ainda modificados em 2017, com a edição da Lei nº 13.506. O presente capítulo debruçar-se-á sobre os tipos penais da Lei nº 6.385/1976, realizando uma análise dogmática dos mesmos, a fim de entender exatamente no que consistem e o que os caracteriza – inclusive com base nas normativas da Comissão de Valores Mobiliários que desempenha importante papel na interpretação do tema.

1. O MERCADO DE VALORES MOBILIÁRIOS

Para que se possa estudar os crimes contra o mercado de valores mobiliários, é necessário, primeiramente, entender em que consiste esse mercado.

O mercado financeiro pode ser didaticamente dividido nas seguintes subespécies: "mercado de crédito (ou mercado financeiro em sentido estrito ou mercado bancário), mercado monetário (ou mercado aberto), mercado cambial (ou mercado de divisas) e mercado de capitais (ou mercado de valores mobiliários)"[1]. Apesar de a legislação brasileira não utilizar de maneira unívoca a expressão "mercado de valores mobiliários"[2], o que gera alguma divergência na doutrina[3], defendemos o entendimento de que este é sinônimo de mercado de capitais[4]. Sendo assim, o mercado de valores mobiliários é um dos seguimentos que compõem o mercado financeiro[5], caracterizado "por um sistema de distribuição de valores mobiliários que viabiliza, em um primeiro momento, a transferência direta, sem intermediação financeira, de recursos entre tomadores (principalmente companhias abertas) e aplicadores (investidores)". Trata-se de um segmento com alto grau de organização[6].

Para Nelson Eizirik, Ariádna B. Gaal, Flávia Parente e Marcus de Freitas Henriques, o mercado de capitais, devido a suas características e funções, constitui-se como um mercado de risco. Nas palavras dos autores:

> A função econômica essencial do mercado de capitais é a de permitir às sociedades empresárias, mediante a emissão pública de seus valores mobiliários, a captação de recursos não exigíveis para o financiamento de seus projetos de investimento ou mesmo para alongar o prazo de suas dívidas; como não se tratam de empréstimos, a companhia não está obrigada a devolver os recursos aos investidores (exceto no caso de debêntures ou *comercial papers*, que também integram o mercado de capitais), mas, isto sim, a remunerá-los, sob a forma de dividendos, caso apresente lucros em suas

1 CAVALI, Marcelo Costenaro. *Manipulação do mercado de capitais:* fundamentos e limites da repressão penal e administrativa. São Paulo: Quartier Latin, 2018, p. 103.

2 MAGALHÃES, César. A inserção institucional da agência regulatória do mercado de capitais. *Revista de direito bancário e do mercado de capitais*. São Paulo: RT, v. 9, nº 34, out.-dez. 2006, p. 108.

3 Vide LUCCA, Newton de. As bolsas de valores e os valores mobiliários. *Revista Tribunal Regional Federal da 3ª Região*. São Paulo: IOB, nº 35, jul.-set. 1998, pp. 30-31; MATTOS FILHO, Ary Oswaldo. *Direito dos valores mobiliários*. São Paulo: FGV, v. 1, t. I, 2015, p. 168.

4 CAVALI, Marcelo Costenaro. *Manipulação do mercado de capitais:* fundamentos e limites da repressão penal e administrativa. São Paulo: Quartier Latin, 2018, p. 103. Nesse mesmo sentido: KÜMPEL, Siegfried. *Direito do mercado de capitais:* do ponto de vista do direito europeu, alemão e brasileiro: uma introdução. Rio de Janeiro: Renovar, 2007, p. 44.

5 O Superior Tribunal de Justiça já determinou que "não há dúvidas de que o mercado de capitais – compreendido como o somatório dos diferentes segmentos do mercado de investimentos – integra a ordem econômico-financeira. No ápice do sistema que regula a atividade financeira estatal, está o Conselho Monetário Nacional, cuja estrutura conta com dois outros órgãos: o Banco Central do Brasil e a Comissão de Valores Mobiliários" (Brasil, STJ, Recurso em Habeas Corpus nº 82.799/RJ, Rel. Min. Rogerio Schietti Cruz, Sexta Turma, j. 27.11.2018, DJe 06.12.2018).

6 SILVEIRA, Renato de Mello Jorge. *Crimes contra o mercado de capitais*. *In*: SOUZA, Luciano Anderson de; ARAÚJO, Marina Pinhão Coelho (coord.). *Direito penal econômico:* leis penais especiais. v. 1. São Paulo: Revista dos Tribunais, 2019, p. 240-241.

demonstrações financeiras. Daí decorre a natureza do mercado de capitais como um mercado 'de risco', uma vez que os investidores não têm qualquer garantia quanto ao retorno de seus investimentos, que dependerá dos resultados do empreendimento econômico desenvolvido pela companhia[7].

Justamente por ser considerado um mercado de risco, o mercado de capitais há tempos vem sendo regulamentado pelo ordenamento jurídico brasileiro – inclusive pela legislação penal.

2. HISTÓRICO DA REGULAMENTAÇÃO DO MERCADO DE VALORES MOBILIÁRIO, A LEI N. 6.385/1976 E A CRIMINALIZAÇÃO DE CONDUTAS

Não vem de hoje a preocupação com o funcionamento do sistema financeiro de maneira segura e transparente e, dentro dele, o funcionamento do mercado de capitais. Tampouco essa preocupação é exclusiva do Brasil. Tendo em vista esse cenário, foram surgindo, ao longo do tempo e cada vez mais, mecanismos regulatórios desse segmento.

A necessidade de regulamentação do mercado de capitais ficou evidente nos Estados Unidos da América, na década de 1930, a partir da crise da Bolsa de Valores de Nova Iorque, em 1929, e da grande depressão da economia que se verificou nos anos seguintes. Diante disso, foram editados o *Securities Act*, de 1933[8], e o *Securities Exchange Act*, de 1934[9], visando justamente à regulamentação dos mercados. A título exemplificativo, o primeiro se preocupou especialmente com o regramento das ofertas públicas de distribuição de valores mobiliários; e o segundo se voltou para o mercado secundário por entender que "as transações realizadas com valores mobiliários nas bolsas de valores e nos mercados de balcão possuem 'interesse público nacional'"[10]. Em 1942, a *Securities Exchange Commission* (SEC)[11] passou a editar normas penais[12].

Na Europa, a preocupação com o tema sob a perspectiva criminal demorou mais para se desenvolver. Somente após as Primeira e Segunda Guerras

[7] EIZIRIK, Nelson; GAAL, B. Adriádna; PARENTE, Flávia; HENRIQUES, Marcus de Freitas. *Mercado de capitais:* Regime Jurídico. 4ª ed. São Paulo: Quartier Latin, 2019, p. 35-36.

[8] United States, Securities Act of 1933. References in brackets are to title 15, United States Code.

[9] United States, Securities Exchange Act of 1934. References in brackets are to title 15, United States Code.

[10] CAVALI, Marcelo Costenaro. *Manipulação do mercado de capitais:* fundamentos e limites da repressão penal e administrativa. São Paulo: Quartier Latin, 2018, p. 116.

[11] A SEC é o principal regulador do mercado de capitais norte-americano e assemelha-se em alguma medida à CVM brasileira. O conceito e as funções da CVM, no Brasil, serão tratados na seção seguinte.

[12] PROENÇA, José Marcelo Martins. *Insider trading.* Regime Jurídico do Uso de Informações Privilegiadas no Mercado de Capitais. São Paulo: Quartier Latam, 2005, p. 213.

Mundiais, nos anos 1960, iniciou-se a edição de normas penais acerca do mercado de valores mobiliários, num primeiro momento mais voltadas à proteção de interesses individuais e, anos depois, com a edição de uma série de diretivas da Comunidade Comum Europeia e da posterior União Europeia preocupadas com o resguardo de interesses supraindividuais, tendo em vista "o caráter supranacional e globalizado dos mercados"[13].

A tendência internacional, especialmente norte-americana, influenciou diversos outros países, inclusive o Brasil. Aqui, a regulamentação geral do nosso sistema financeiro se iniciou nas décadas de 1960 e 1970, primeiramente com a edição da Lei nº 4.595/1964, que estruturou e regulamentou o Sistema Financeiro Nacional[14], prevendo que este seria constituído pelo Conselho Monetário Nacional (CMN), Banco Central (Bacen), Banco do Brasil, Banco Nacional do Desenvolvimento Econômico (BNDES) e demais instituições financeiras públicas e privadas. Dentre tais instituições, o CMN foi elevado a órgão regulador principal e o Bacen a órgão regulador secundário com competência para cumprir as regras determinadas pelo CMN[15].

No ano seguinte, em complementação ao diploma legal anterior, foi editada a Lei nº 4.728/1965 para disciplinar especificamente o mercado de capitais e prever medidas para o seu desenvolvimento. Em seu artigo 1º, determinou que caberia ao CMN a disciplina e ao Bacen a fiscalização do mercado de capitais[16].

Na década de 1970, impulsionada pelo Ministério da Fazenda a fim de tentar incentivar o maior desenvolvimento do mercado, teve início a reestruturação dos parâmetros da regulamentação do sistema financeiro, com a edição das Leis n. 6.404/1976[17] e 6.385/1976[18]. A primeira tratou das Sociedades por Ações e a segunda criou a Comissão de Valores Mobiliários (CVM) para exercer, no mercado de capitais, as atribuições regulatórias e fiscalizatórias que antes pertenciam ao

13 SILVEIRA, Renato de Mello Jorge. *Crimes contra o mercado de capitais*. *In*: SOUZA, Luciano Anderson de; ARAÚJO, Marina Pinhão Coelho (coord.). *Direito penal econômico*: leis penais especiais. v. 1. São Paulo: Revista dos Tribunais, 2019, p. 247.

14 Podemos conceituar o Sistema Financeiro Nacional como "o conjunto de órgãos, entidades e pessoas jurídicas que lidam com o fluxo de dinheiro e títulos incluindo todas as atividades que envolvem circulação de valores, incluindo os mercados financeiros em sentido estrito, de crédito, de câmbio e de capitais, bem como seguros, consórcios, capitalização ou qualquer tipo de poupança" (BALTAZAR JUNIOR. Paulo. *Crimes Federais*. 5. ed. Porto Alegre: Livraria do Advogado, 2010, p. 309).

15 Brasil, Lei nº 4.595, de 31 de dezembro de 1964.

16 Brasil, Lei nº 4.728, de 14 de julho de 1965.

17 Brasil, Lei nº 6.404, de 15 de dezembro de 1976.

18 Brasil, Lei nº 6.385, de 7 de dezembro de 1976.

Bacen[19]. A competência do CMN foi mantida apenas para a definição da política geral do mercado de capitais[20].

Com o advento da Lei nº 6.385/1976, para além da competência geral do CMN, a competência especificamente normativa e fiscalizadora do mercado financeiro como um todo passou a ser dividida entre duas entidades: (i) ao Bacen restou a disciplina do sistema financeiro bancário, monetário e creditício; e (ii) à CVM o mercado de valores mobiliários[21]. Especificamente neste último segmento do mercado, o CMN estabelece as normas regulatórias de caráter geral e a CVM é a entidade reguladora específica.

Apesar da importância da nova lei para organização do mercado de valores mobiliários, inicialmente não foram tipificados crimes sobre o assunto ou feita qualquer outra previsão de cunho penal.

Em 1988 foi promulgada a atual Constituição Federal, que estabeleceu, em seu Título VII, um regramento acerca "da ordem econômica e financeira", e mais especificamente no artigo 173, "regras e princípios gerais da atividade econômica. Entre outras coisas, foi estipulada a necessidade de a lei regular a responsabilidade individual dos dirigentes, bem como dos atos que venham a ser praticados contra a ordem econômico-financeira"[22]. A Carta Magna impôs, assim, mandamento constitucional de criminalização – ou ao menos de regulamentação e sanção *latu sensu* – das condutas lesivas ao mercado financeiro.

Foi assim que, em 1997, foi editada a Lei nº 9.457/1997, que promoveu alterações na Lei nº 6.385/1976, aumentando o poder de polícia da CVM sobre os participantes do mercado e endurecendo diversas das sanções administrativas previstas na redação original do diploma legal[23]. Esse avanço, porém, relacionou-se somente a punições e ilícitos administrativos.

A incidência do Direito Penal no âmbito do mercado de valores mobiliários nos moldes atuais ocorreu somente em 2001, com a edição da Lei nº 10.303/2001, que, dentre outras novidades, acrescentou à Lei nº 6.385/1976 três tipos penais[24]:

19 EIZIRIK, Nelson; GAAL, B. Adriádna; PARENTE, Flávia; HENRIQUES, Marcus de Freitas. *Mercado de capitais:* Regime Jurídico. 4ª ed. São Paulo: Quartier Latin, 2019, p. 361.

20 CAVALI, Marcelo Costenaro. *Manipulação do mercado de capitais:* fundamentos e limites da repressão penal e administrativa. São Paulo: Quartier Latin, 2018, p. 118.

21 EIZIRIK, Nelson; GAAL, B. Adriádna; PARENTE, Flávia; HENRIQUES, Marcus de Freitas. *Mercado de capitais:* Regime Jurídico. 4ª ed. São Paulo: Quartier Latin, 2019, p. 361. Nesse mesmo sentido: MIKALOVSKI, Algacir. *Crimes contra o mercado de capitais:* bem jurídico, tipos e investigação. Curitiba: Juruá, 2014, pp. 91-92.

22 SILVEIRA, Renato de Mello Jorge. *Crimes contra o mercado de capitais. In:* SOUZA, Luciano Anderson de; ARAÚJO, Marina Pinhão Coelho (coord.). *Direito penal econômico:* leis penais especiais. v. 1. São Paulo: Revista dos Tribunais, 2019, p. 257.

23 Brasil, Lei nº 9.457, de 5 de maio de 1997.

24 Benedicto de Souza Mello Neto explica que "Na história legislativa da tutela penal do mercado de capitais, como último capítulo desta evolução, surgiu a Lei 10.303/01, em resposta à grande tensão econômica vivida pelo País, em virtude da crise argentina, da disparada da cotação do dólar, da preocupação com o gasto total de

(i) no artigo 27-C, a manipulação de mercado; (ii) no artigo 27-D, o uso indevido de informação privilegiada; e (iii) no artigo 27-E, o exercício irregular de cargo, profissão, atividade ou função[25].

Inicialmente, quando da apresentação do projeto que resultou na aprovação da supracitada lei pelo Congresso Nacional, não havia previsão de crimes contra o mercado de capitais. A proposta surgiu em emendas apresentadas na Câmara dos Deputados tendo em vista a necessidade de se aumentar a transparência e, com isso, fomentar a eficiência do mercado de capitais[26]. Por fim, a criminalização das condutas apontadas na Lei nº 10.303/2001 foi determinada pelo legislador, por considerá-las "nocivas à confiança e à credibilidade do mercado de capitais, sendo capazes de desestimular o seu desenvolvimento e expansão"[27].

Finalmente, em 2017, a redação original dos tipos penais contra o mercado de valores mobiliários foi alterada pela Lei nº 13.506/2017[28], conforme será estudado na seção destinada aos crimes em espécie.

3. A CVM E SUA RELEVÂNCIA PARA INTERPRETAÇÃO DOS CRIMES PRATICADOS NO MERCADO DE VALORES MOBILIÁRIOS

Os tipos penais relacionados ao mercado de valores mobiliários, mesmo após a alteração legislativa de 2017, não são autoexplicativos. Muito pelo contrário, são abertos e utilizam termos/expressões que fogem dos conceitos conhecidos pelo Direito Penal, sendo necessárias contribuições externas para sua interpretação, especialmente oriundas do âmbito administrativo[29].

Segundo Marcelo Costenaro Cavali, a redação dos delitos da Lei nº 6.385/1976 não chega ao ponto de fazer remissão expressa à regulamentação administrativa

energia, dos juros nacionais e, consequentemente, desaceleração do crescimento econômico. Nesse contexto foi aprovada a referida lei, que promoveu alterações na legislação das sociedades anônimas e do mercado de valores mobiliários, objetivando diminuir a desconfiança dos investidores e demonstrar que o Brasil tinha condições de promover um desenvolvimento econômico equilibrado, baseado num mercado de capitais forte e eficiente, o que somente acontecerá se houver um mecanismo de proteção aos investidores, notadamente o pequeno investidor, para que todos possam confiar nessa arriscada espécie de mercado financeiro" (MELLO NETO, Benedicto de Souza. *Crimes contra o mercado de capitais*. Curitiba: Juruá, 2015, p. 119).

25 Brasil, Lei nº 10.303, de 31 de outubro de 2001.

26 MORELLI, Denis. Artigos 27-C, D, E e F. *In*: CODORNIZ, Gabriela; PATELLA, Laura (coords.). *Comentários à Lei do Mercado de Capitais* – Lei nº 6.385/79. São Paulo: Quartier Latin, 2015, p. 603.

27 MORELLI, Denis. Artigos 27-C, D, E e F. *In*: CODORNIZ, Gabriela; PATELLA, Laura (coords.). *Comentários à Lei do Mercado de Capitais* – Lei nº 6.385/79. São Paulo: Quartier Latin, 2015, p. 603.

28 Brasil, Lei nº 13.506, de 13 de novembro de 2017.

29 Para fins do presente trabalho, não se faz necessário distinguir reenvio de remissão normativa nem especificar as diferentes formas de remissão. O importante, aqui, para entendimento dos crimes contra o mercado de capitais, é saber que os tipos penais da Lei nº 6.385/1976 são normas penais em branco e que, na prática, sua interpretação e aplicação são socorridas pelas normas, conceitos e jurisprudência do âmbito administrativo, especialmente da CVM, órgão regulatório do mercado de capitais. O Superior Tribunal de Justiça, ao tratar especificamente do crime do artigo 27-D da Lei nº 6.385/1976, confirmou se tratar de noma penal em branco: Brasil, STJ, Resp. 1569171/SP, Rel. Min. Gurgel de Faria, Quinta Turma, j. 16.02.2016, DJe 25.02.2016.

específica, mas esta, assim como "a jurisprudência administrativa, especialmente da CVM – [não] deixa de exercer um papel relevante no desenho da moldura típica, pois sua análise é fundamental para a compreensão de elementos normativos e para a delimitação do risco proibido ao bem jurídico"[30].

O principal auxílio administrativo vem da CVM, autarquia que, desde a Lei nº 6.385/1976, desempenha a função de órgão regulamentador do mercado de valores mobiliários. Para Siegried Kümpel, a CVM é uma "entidade autárquica em regime especial vinculada ao Ministério da Fazenda, com personalidade jurídica e patrimônio próprios, dotada de autoridade administrativa independente, ausência de subordinação hierárquica, mandato fixo e estabilidade de seus dirigentes, bem como autonomia financeira e orçamentária"[31].

Como órgão regulatório, ela tem poderes para regular, mas também para fiscalizar e sancionar as atividades do mercado de capitais. Assim, edita normas (como instruções e deliberações, por exemplo) e exara decisões singulares e colegiadas no âmbito de processos administrativos – sancionadores ou não – que configuram uma das principais fontes para interpretação das leis relacionados ao mercado de valores mobiliários[32].

No que tange aos crimes contra o mercado de capitais, essa ligação entre a esfera penal e administrativa é ainda mais forte, pois os tipos penais da Lei nº 6.385/1976 também constituem ilícitos administrativos contidos no mesmo diploma legal e em Instruções e Resoluções da CVM. Logo, as normas e a jurisprudência administrativas – mais antigas e desenvolvidas do que aquelas no âmbito penal – se mostram de suma importância no estudo sobre o assunto, motivo pelo qual serão destacadas na seção a seguir, ao longo das explicações acerca dos crimes em espécie.

Frise-se que, ao menos desde 2008, há cooperação direta entre a CVM e o Ministério Público Federal, para troca de informações, "de modo a imprimir maior agilidade e efetividade nas ações de prevenção, apuração e repressão às práticas lesivas ao mercado de capitais"[33]. Logo, é inegável o relevante papel da autarquia federal para o entendimento, constatação, comunicação, combate e prevenção de ilícitos contra o mercado de valores mobiliários, inclusive na espera penal.

[30] CAVALI, Marcelo Costenaro. *Manipulação do mercado de capitais:* fundamentos e limites da repressão penal e administrativa. São Paulo: Quartier Latin, 2018, p. 343.

[31] KÜMPEL, Siegfried. *Direito do mercado de capitais:* do ponto de vista do direito europeu, alemão e brasileiro: uma introdução. Rio de Janeiro: Renovar, 2007, p. 14-15.

[32] MORELLI, Denis. Artigos 27-C, D, E e F. *In*: CODORNIZ, Gabriela; PATELLA, Laura (coords.). *Comentários à Lei do Mercado de Capitais* – Lei nº 6.385/79. São Paulo: Quartier Latin, 2015, p. 614.

[33] Brasil. Cooperação técnica que entre si celebram a CVM e o MPF, 2008. Desde então, já foram assinados dois termos aditivos ao acordo inicial.

4. CRIMES EM ESPÉCIE

4.1. Manipulação de Mercado

> Art. 27-C. Realizar operações simuladas ou executar outras manobras fraudulentas destinadas a elevar, manter ou baixar a cotação, o preço ou o volume negociado de um valor mobiliário, com o fim de obter vantagem indevida ou lucro, para si ou para outrem, ou causar dano a terceiros:
>
> Pena – reclusão, de 1 (um) a 8 (oito) anos, e multa de até 3 (três) vezes o montante da vantagem ilícita obtida em decorrência do crime.

4.1.1. Introdução

Apesar dos crimes contra o mercado de valores mobiliários terem sido expressa e conjuntamente tipificados somente em 2001, com a edição da Lei nº 10.303, há, no ordenamento jurídico pátrio, antecedentes históricos da previsão do delito de manipulação de mercado.

A Lei nº 3.150/1882[34], o Código Penal de 1890[35] e o Decreto-Lei nº 869/1938[36] já criminalizavam, ainda que genericamente, o uso de artifício com intuito de gerar falsas cotações de ações e alta ou baixa de preços. Em 1940, a antiga Lei das Sociedades por Ações impôs pena de prisão de um a quatro anos para pessoas que exerciam funções corporativas em companhias abertas e que cometessem modalidades de manipulação de mercado[37].

[34] Vide artigo 27, §3º: "Incorrem nas disposições do § 4º do art. 264 do Codigo Criminal: [...] 3º Os administradores, que por qualquer artificio promoverem falsas cotações das acções". (Brasil, Lei nº 3.150, de 4 de novembro de 1882).

[35] Vide artigo 340, §3º: "Art. 340. Incorrerão nas penas de prisão cellular por um a quatro annos e multa de 100$ a 500$000: [...] 3º Os administradores que por qualquer artificio promoverem falsas cotações das acções". (Brasil, Decreto nº 847, de 11 de outubro de 1890).

[36] Vide artigo 2º, inciso VI: "São crimes dessa natureza [...] VI - provocar a alta ou baixa de preços, títulos públicos, valores ou salários por meio de notícias falsas, operações fictícias ou qualquer outro artifício" (Brasil, Decreto-Lei nº 869, de 18 de novembro de 1938).

[37] Vide artigo 168: "Art. 168. Observado o disposto no art. 2º, ns. IX e X, do Decreto-lei n. 869, de 18 de novembro de 1938, incorrerão na pena de prisão celular por um a quatro anos: 1º, os fundadores, diretores, gerentes e fiscais, que, em prospectos, relatórios, pareceres, balanços ou comunicações ao público ou à assembléia, fizerem afirmações falsas sobre a constituição ou as condições econômicas da sociedade ou fraudulentamente ocultarem, no todo ou em parte, fatos a elas relativos; 2º, os diretores, gerentes e fiscais que promoverem, por qualquer artifício, falsas cotações das ações ou de outros títulos pertencentes à sociedade; 3º, os diretores ou gerentes que tomarem empréstimos à sociedade ou usarem dos seus bens ou haveres em proveito próprio, sem prévia autorização da assembléia geral; 4º, os diretores ou gerentes que comprarem ou venderem, por conta da sociedade, as ações por ela emitidas, salvo as permissões expressas em lei; 5º, os diretores ou gerentes, como garantia de créditos sociais, aceitarem em caução ou penhor ações da própria sociedade; 6º, os diretores ou gerentes que distribuirem lucros ou dividendos antes de levantado o balanço ou em desacordo com os resultados deste ou mediante sua falsificação; 7º, os diretores, gerentes e fiscais que, por interpostas pessoas ou

O atual Código Penal, em seu artigo 177[38], tratou de fraudes e abusos na fundação ou administração de sociedade por ações e tipificou a manobra do diretor, gerente ou fiscal que promove falsa cotação das ações ou de outros títulos da sociedade, bem como a hipótese de essas mesmas pessoas fazerem afirmação falsa sobre as condições econômicas da empresa, ou ocultarem fraudulentamente, no todo ou em parte, fato a elas relativo em determinados documentos[39].

Em 1951, a Lei dos Crimes contra a Economia Popular estabeleceu, em seu artigo 3º, inciso VI, o delito de "provocar a alta ou baixa de preços de mercadorias, títulos públicos, valores ou salários por meio de notícias falsas, operações fictícias ou qualquer outro artifício"[40]. Juliano Breda alerta, porém, que "tal conduta nunca foi efetivamente punida no país, principalmente pela dificuldade de detectar essa sutil forma de manipulação"[41].

Em 1986, a Lei nº 7.492 definiu os crimes contra o sistema financeiro nacional, mas deixou de tipificar especificamente a manipulação do mercado de capitais[42].

Com o advento da Lei nº 10.303/2001 e a tipificação do crime do artigo 27-C, entende-se como revogadas as disposições legais anteriores referentes às hipóteses de manipulação de mercado[43]. A nova lei passou, então, a prever como crime de manipulação de mercado a realização de operações simuladas ou a execução de outras manobras fraudulentas com o intuito de artificialmente alterar o regular funcionamento dos mercados de valores mobiliários em bolsa de valores, de mercadorias e de futuros, no mercado de balcão ou no mercado de balcão organizado, objetivando a obtenção de vantagem indevida ou lucro, para si ou para outrem, ou a implicação de dano a terceiros. Em 2017, com a edição da Lei nº 13.506/2017, a redação original do tipo penal foi alterada e o alcance da

conluiados com acionitas, conseguirem a aprovação de contas ou pareceres; 8º, os peritos que, por prevaricação manifesta, atribuirem aos bens do subscritor valor acima do real; 9º, os liquidantes, nos casos dos números 1º, 2º, 3º, 4º, 5º e 7º deste artigo; 10, os representantes das sociedades por ações estrangeiras autorizadas a funcionar no país que praticarem qualquer dos atos mencionados nos ns. 1º e 2º ou derem falsas informações ao Governo" (Brasil, Decreto-Lei nº 2.627, de 26 de setembro de 1940).

38 Vide art. 177, §1º, incisos I e II: "Art. 177 [...] § 1º - Incorrem na mesma pena, se o fato não constitui crime contra a economia popular: I - o diretor, o gerente ou o fiscal de sociedade por ações, que, em prospecto, relatório, parecer, balanço ou comunicação ao público ou à assembléia, faz afirmação falsa sobre as condições econômicas da sociedade, ou oculta fraudulentamente, no todo ou em parte, fato a elas relativo; II - o diretor, o gerente ou o fiscal que promove, por qualquer artifício, falsa cotação das ações ou de outros títulos da sociedade" (Brasil, Decreto-Lei n. 2.848, de 7 de dezembro de 1940).

39 HUNGRIA, Nelson. *Comentários ao Código Penal*. 2. ed. Rio de Janeiro: Forense, 1959. v. VII, p. 288.

40 Brasil, Lei nº 1.521, de 26 de dezembro de 1951.

41 BREDA, Juliano. Crimes contra o mercado de capitais. Lei n. 6.385, de 7-12-1986. In: BITENCOURT, Cezar Roberto; BREDA, Juliano. *Crimes contra o sistema financeiro nacional e contra o mercado de capitais*. 3. ed. Rio de Janeiro: Lumen Juris, 2014, p. 358-359.

42 Brasil, Lei nº 7.492, de 16 de junho de 1986

43 MOURA, Maria Thereza Rocha de Assis; SAAD, Marta. Art. 155 a 183. *In*: FRANCO, Alberto Silva; ATOCCO, Rui. *Código Penal e sua interpretação*: doutrina e jurisprudência. São Paulo: Revista dos Tribunais, 2007, p. 900.

norma foi reduzido, pois o especial fim de agir deixou de ser a alteração artificial do regular funcionamento dos mercados de valores mobiliários em bolsa de valores, de mercadorias e de futuros, no mercado de balcão ou no mercado de balcão organizado, e passou a abarcar, exclusivamente, o intuito de elevar, manter ou baixar a cotação, o preço ou o volume negociado de um valor mobiliário[44].

Na prática, mesmo com a reforma legislativa de 2017, o que se vê é um baixíssimo número de ações penais e, menos ainda, de condenações pela prática do crime de manipulação de mercado – assim como ocorre com o uso de informação privilegiada, que será abordado na sequência –, o que gera na sociedade uma constante sensação de impunidade em relação aos delitos contra o mercado de valores mobiliários. Parte desse problema está relacionado à complexidade da matéria e à estruturação do tipo penal que é de difícil compreensão, abrangendo mais de um especial fim de agir e que ainda depende dos conceitos e interpretações da seara administrativa da CVM (vide comentários ao tipo objetivo)[45].

4.1.2. Bem jurídico tutelado

De maneira geral, o bem jurídico tutelado é "o regular funcionamento dos mercados de valores mobiliários em bolsa de valores, de mercadorias e de futuros, no mercado de balcão ou no mercado de balcão organizado"[46]. A norma penal visa proteger "o processo de formação de preços dos valores mobiliários no mercado, evitando a sua alteração artificial e o consequente logro dos investidores"[47], pois "os preços dos valores mobiliários no mercado – ou a sua cotação – devem ser formulados pelo livre jogo da oferta e procura, refletindo todas as informações disponíveis sobre tais ativos e sobre as companhias emissoras"[48]. A prática da manipulação de mercado caracteriza justamente fraudulenta formação dos preços, o que implica "falso" e irregular funcionamento do mercado de capitais[49].

44 BREDA, Juliano. *Parecer jurídico*. Disponível em: https://www.conjur.com.br/dl/parecer-juliano-breda-irmaos-batista.pdf.

45 Sobre a difícil aplicação do crime de manipulação de mercado, vide: DE SANCTIS, Fausto Martins. *Punibilidade no Sistema Financeiro Nacional*. Campinas: Millenium, 2003, p. 98.

46 Áureo Natal de Paula, Crimes contra o Sistema Financeiro Nacional e o mercado de capitais, p. 16.

47 EIZIRIK, Nelson; GAAL, B. Adriádna; PARENTE, Flávia; HENRIQUES, Marcus de Freitas. *Mercado de capitais*: Regime Jurídico. 4ª ed. São Paulo: Quartier Latin, 2019, p. 690.

48 CARVALHOSA, Modesto; EIZIRIK, Nelson. *A Nova Lei das S/A*. São Paulo: Saraiva, 2002, p. 533-534.

49 Ao condenar Eike Batista pela prática do crime de manipulação de mercado, o juízo da 3ª Vara Federal Criminal do Rio de Janeiro destacou que "O bem jurídico tutelado é a proteção do mercado de capitais de manipulação fraudulenta e artifícios que venham causar descrédito e desconfiança nas regulares operações do mercado de valores mobiliários" (Rio de Janeiro, 3ª Vara Federal Criminal do Rio de Janeiro, Ação Penal nº 00291749420144025101, julgada em 09 de fevereiro de 2021).

Cesar Roberto Bitencourt explica, nessa linha, que a criminalização da manipulação visa a integridade do mercado de capitais, "no sentido de se evitar a profusão de operações simuladas ou manobras fraudulentas com o fim específico de alterar o regular fluxo dos fatores condicionantes da livre formação dos preços dos valores mobiliários"[50].

Fausto de Sanctis também destaca, como bem jurídico tutelado, a transparência do mercado de capitais[51], que se mostra fundamental para assegurar a "confiança dos participantes, mantendo a expectativa de que as operações e os investimentos serão realizados no âmbito de um mercado formado pela integridade e transparência"[52].

Podemos perceber que a proteção do funcionamento regular, da integridade e da transparência do mercado de capitais, especialmente na formação dos preços dos valores mobiliários, intenta garantir o livre jogo de oferta e procura de tal mercado, caracterizando o ilícito penal a interferência nesse ponto[53].

Diante disso, podemos concluir que o bem jurídico tutelado imediatamente pelo tipo penal do artigo 27-C é de caráter supraindividual, transcendendo a proteção de tão somente um indivíduo ou de um grupo determinado de indivíduos para resguardar o mercado de capitais como um todo[54].

Para além do fim imediato de proteção narrado acima, alguns autores defendem também a existência de bem jurídico tutelado mediato no crime em comento, que seria a proteção do patrimônio de pessoas eventualmente prejudicadas na manipulação[55]. Essa posição, porém, não é unânime[56].

50 BITENCOURT, Cezar Roberto. *Tratado de direito penal econômico*. São Paulo: Saraiva, 2016. v. 1., p. 149.

51 DE SANCTIS, Fausto Martins. *Punibilidade no Sistema Financeiro Nacional*. Campinas: Millenium, 2003, p. 119.

52 BITENCOURT, Cezar Roberto. *Tratado de direito penal econômico*. São Paulo: Saraiva, 2016. v. 1, p. 149.

53 SILVEIRA, Renato de Mello Jorge. *Crimes contra o mercado de capitais*. *In*: SOUZA, Luciano Anderson de; ARAÚJO, Marina Pinhão Coelho (coord.). *Direito penal econômico*: leis penais especiais. v. 1. São Paulo: Revista dos Tribunais, 2019, p. 273.

54 SILVEIRA, Renato de Mello Jorge. *Direito penal supra-individual*. Interesses difusos. São Paulo: Revista dos Tribunais, 2003, p. 111.

55 Renato de Mello Jorge Silveira, Crimes contra o mercado de capitais; Juliano Breda, Crimes contra o mercado de capitais. Lei n. 6.385, de 7-12-1986, p. 360.

56 De maneira oposta, Marcelo Costenaro Cavali explica que "haverá diversas situações, evidentemente, em que os patrimônios de investidores serão atingidos. Não obstante, a existência de efeitos patrimoniais reflexos é típica de um grande número de normas do Direito do Mercado de Capitais, sem que essa circunstância autorize identificar, sempre, um interesse individual protegido. A afetação de patrimônios individuais é, portanto, contingencial e não necessária: por essa razão, mostra-se incorreto apontá-lo como bem jurídico tutelado. Regulação do mercado de capitais não é Direito do Consumidor; ao menos não é este o seu foco principal" (CAVALI, Marcelo Costenaro. *Manipulação do mercado de capitais*: fundamentos e limites da repressão penal e administrativa. São Paulo: Quartier Latin, 2018, p. 185).

4.1.3. Competência

Diferentemente da Lei nº 7.492/1986[57], a Lei nº 6.385/1976 não definiu a competência para processo e julgamento dos delitos contra o mercado de valores mobiliários, o que acabou gerando divergência sobre o tema. Apesar de haver, na doutrina, quem defenda a competência da Justiça Estadual[58], entendemos que a competência para processamento do crime de manipulação de mercado é da Justiça Federal.

O artigo 109 da Constituição Federal estabelece a competência da Justiça Federal para processar e julgar diversas causas e/ou crimes, dentre eles, segundo o inciso VI, os delitos contra o sistema financeiro e a ordem econômico-financeira. Diante disso, poderíamos entender que os crimes contra o mercado de capitais estariam abarcados nessa hipótese, mas essa competência está limitada aos casos determinados por lei e, como dito anteriormente, a Lei nº 6.385/1976 nada fala sobre o tema.

A interpretação do texto constitucional, porém, deve ser feita de maneira sistemática e extensiva, levando em consideração o disposto no inciso IV do supracitado artigo, segundo o qual as infrações penais e os crimes políticos praticados em detrimento de bens, serviços ou interesse da União ou de suas entidades autárquicas ou empresas públicas competem à Justiça Federal.

Como apontado na seção anterior referente ao bem jurídico tutelado, o crime de manipulação de mercado afeta, sem sombra de dúvidas, interesses da União, uma vez que faz parte do seu leque de preocupações o regular funcionamento do mercado de capitais, pertencente ao Sistema Financeiro Nacional, sua estabilidade, transparência e eficiência. Soma-se a isso o fato de que a CVM, autarquia federal, é o órgão regulatório do mercado de valores mobiliários; logo, inegável seu interesse no tema também[59].

57 Ao tratar dos crimes contra o Sistema Financeiro Nacional, a Lei nº 7.492/1986 estabeleceu, em seu artigo 26, que a respectiva ação penal será promovida pelo Ministério Público, perante a Justiça Federal.

58 Apesar de depois ter mudado de opinião, inicialmente Fausto de Sanctis defendia a competência da Justiça Estadual (DE SANCTIS, Fausto Martins. *Punibilidade no Sistema Financeiro Nacional*. Campinas: Millenium, 2003, p. 108). Nessa linha, Áureo Natal de Paula argumenta a favor dessa posição dizendo que: "a competência da Justiça Federal em matéria penal é fixada pela Constituição Federal, nos incisos do seu art. 109, salvo quando a competência é determinada levando em conta a pessoa do agente. Diz o art. 109 da Constituição Federal: 'Aos juízes federais compete processar e julgar [...] VI – os crimes contra a organização do trabalho e, **nos casos determinados por lei, contra o sistema financeiro e a ordem econômica-financeira'**. Logo, não sendo expressa a lei, a competência é da Justiça Estadual" (PAULA, Áureo Natal de. *Crimes contra o sistema financeiro nacional e o mercado de capitais:* comentários à lei 7.492/86 e aos artigos incluídos pela lei 10.303/01 à lei 6.385/76. 6. ed. rev. e atual. Curitiba: Juruá, 2012, p. 27, grifos do original).

59 Nas palavras de Juliano Breda, "A matéria deve ser resolvida sob o prisma do evidente interesse da União na manutenção de um mercado de capitais imune à proliferação de valores mobiliários com preços artificialmente alterados. Ao lado dessa circunstância, se a fiscalização e a regulamentação do mercado de capitais são de atribuição de autarquia da União, parece indiscutivelmente presente o requisito constitucional do art. 109, IV, que determina a competência da Justiça Federal para o processo e julgamento de infrações dessa natureza" (BREDA, Juliano. Crimes contra o mercado de capitais. Lei n. 6.385, de 7-12-1986. In: BITENCOURT, Cezar

Apesar de não haver muitos julgados sobre o tema, o Superior Tribunal de Justiça já se manifestou em algumas oportunidades, confirmando a competência da Justiça Federal no que tange aos crimes contra o mercado de capitais[60]. Nessa mesma linha também se manifestou o Tribunal Regional Federal da Terceira Região[61].

4.1.4. Sujeitos ativo e passivo

Em relação ao sujeito ativo – diferentemente dos crimes contra o sistema financeiro nacional previstos na Lei nº 7.492/1986 que são próprios, somente podendo ser praticados por um rol restrito de pessoas[62] –, o tipo penal do artigo 27-C é crime comum, pois pode ser praticado por qualquer indivíduo, sendo desnecessária qualidade específica[63]. Marcelo Costenaro Cavali destaca que a manipulação de mercado é cometida "por quem efetivamente opera no mercado de capitais, desde acionistas e investidores até administradores das companhias, passando por operadores de instituições financeiras, distribuidoras ou corretoras de valores mobiliários etc."[64]. Apesar de comum, por ser um crime complexo, na prática, muitas vezes acaba restrito a "poderosos agentes do próprio

Roberto; BREDA, Juliano. *Crimes contra o sistema financeiro nacional e contra o mercado de capitais.* 3. ed. Rio de Janeiro: Lumen Juris, 2014, p. 400).

60 Brasil, STJ, Conflito de Competência nº 8.2961/SP, Rel. Min. Arnaldo Esteves Lima, Terceira Seção, j. 27.05.2009, DJe 22.06.2009; Brasil, STJ, Conflito de Competência nº 135.850/SP, Rel. Min. Maria Thereza de Assis Moura, Terceira Seção, j. 24.09.2014, DJe 01.10.2014; Brasil, STJ, Recurso Especial nº 1569171/SP, Rel. Min. Gurgel de Faria, Quinta Turma, j. 16.02.2016, DJe 25.02.2016.

61 Ao julgar Recurso de Apelação, o Tribunal Regional Federal da Terceira Região manifestou-se pela competência da Justiça Federal para processamento dos crimes contra o mercado de capitais com base no inciso VI do artigo 109, em conjunto com o inciso IV por conta do interesse da União na "higidez do Sistema Financeiro Nacional", "a fim de assegurar a confiança e segurança jurídica no correto funcionamento do mercado de valores mobiliários" (Brasil, TRF3, Apelação Criminal nº 0005123-26.2009.4.03.6181, Rel. Des. Luiz Stefanini, 1ª Seção, j. 04.02.2013, DJe 14.02.2013).

62 O artigo 25 da Lei nº 7.492/1986 determina que "São penalmente responsáveis, nos termos desta lei, o controlador e os administradores de instituição financeira, assim considerados os diretores, gerentes (Vetado). § 1º Equiparam-se aos administradores de instituição financeira (Vetado) o interventor, o liqüidante ou o síndico. § 2º Nos crimes previstos nesta Lei, cometidos em quadrilha ou co-autoria, o co-autor ou partícipe que através de confissão espontânea revelar à autoridade policial ou judicial toda a trama delituosa terá a sua pena reduzida de um a dois terços" (Brasil, Lei nº 7.492, de 16 de junho de 1986).

63 Juliano Breda deixa clara a impossibilidade de aplicação do rol taxativo de sujeitos ativos, do artigo 25 da Lei nº 7.492/1976, ao delito de manipulação de mercado: "No caso do crime de manipulação do mercado de capitais, como estamos diante de operações praticadas no sistema financeiro nacional pelos intermediários legitimamente autorizados a operar, a tendência seria de interpretar o crime de acordo com o art. 25 da Lei n. 7.492. Entretanto, não é permitido ao intérprete criar elementos não previstos no tipo penal para o fim de restringir os seus destinatários. O tipo penal não faz menção ao poder de gestão ou administração em instituição financeira ou sociedade com ações negociadas no mercado de capitais e também não exige a qualidade de investidor. O crime, portanto, é comum quanto ao sujeito ativo" (BREDA, Juliano. Crimes contra o mercado de capitais. Lei n. 6.385, de 7-12-1986. In: BITENCOURT, Cezar Roberto; BREDA, Juliano. *Crimes contra o sistema financeiro nacional e contra o mercado de capitais.* 3. ed. Rio de Janeiro: Lumen Juris, 2014, p. 364-365).

64 CAVALI, Marcelo Costenaro. *Manipulação do mercado de capitais:* fundamentos e limites da repressão penal e administrativa. São Paulo: Quartier Latin, 2018, p. 278.

mercado"[65], os quais têm contato contínuo, conhecimento de causa e particular interesse no mercado de valores mobiliários[66].

No polo ativo, é possível o concurso de pessoas, nos termos do artigo 29 do Código Penal. Já no que tange ao sujeito passivo, por ser um crime de interesse supraindividual, tem-se o Estado como ofendido imediato devido à sua preocupação com o regular, eficaz e transparente funcionamento do mercado de capitais. Arnaldo Malheiros Filho aponta, como sujeito passivo, "o mercado, como um todo"[67]. O tipo penal, como será explicado na próxima seção, prevê em sua redação a possibilidade da ocorrência de prejuízo alheio – para terceiro – quando da prática da conduta delitiva, apesar de tal resultado não ser imprescindível para a consumação do crime. Logo, é possível apontar, como sujeito passivo mediato, o indivíduo (investidor) lesado em seu patrimônio ou até mesmo as empresas atingidas com a manipulação das cotações de suas ações, bem como as entidades de bolsa de valores, dependendo do caso[68].

4.1.5. Tipo objetivo

Segundo o dicionário da língua portuguesa Aurélio, manipular significa engrenar, forjar, maquinar[69]. Para a concretização da manipulação de mercado, o tipo penal do artigo 27-C prevê duas condutas nucleares: (i) realizar operações simuladas ou (ii) executar outras manobras fraudulentas.

Realizar significa tornar algo real, efetivo, existente; pôr em prática. Por sua vez, para definição de executar, temos: "levar a efeito; efetuar; efetivar; tornar efetivas as prescrições de, etc."[70]. Podemos perceber, assim, que ambos são "ver-

65 TÓRTIMA, José Carlos. *Crimes contra o sistema financeiro nacional*: uma contribuição ao estudo da Lei 7.492/86. 2. ed. Rio de Janeiro: Lúmen Juris, 2002, p. 178.

66 VEIGA, Alexandre Brandão. *Crime de manipulação de mercado, defesa e criação de mercado.* Coimbra: Almedina, 2001, p. 96.

67 MALHEIROS FILHO, Arnaldo. Crime de manipulação do mercado de capitais. *In*: VON ADAMEK, Marcelo Silveira (coord.). *Temas de direito empresarial e societário contemporâneos.* São Paulo: Malheiros, 2011, p. 902.

68 BREDA, Juliano. Crimes contra o mercado de capitais. Lei n. 6.385, de 7-12-1986. In: BITENCOURT, Cezar Roberto; BREDA, Juliano. *Crimes contra o sistema financeiro nacional e contra o mercado de capitais.* 3. ed. Rio de Janeiro: Lumen Juris, 2014, p. 365.

Marcelo Costenaro Cavali apresenta visão ainda mais ampla do possível leque de sujeitos passivos mediatos do delito de manipulação de mercado: "Indiretamente a conduta de manipulação afeta interesses diversos. Em primeiro lugar, são atingidas as pessoas que venham a sofrer concreto prejuízo decorrente da conduta manipuladora. Além dos investidores que efetivamente negociaram valores mobiliários em condições artificialmente alteradas, também investidores meramente potenciais, que perdem a confiança no mercado, sofrem os efeitos da conduta. As companhias são igualmente prejudicadas – não apenas aquelas que têm seus ativos manipulados, mas todas aquelas que possuem ações negociadas no mercado secundário, em razão do abalo à capacidade funcional alocativa do mercado" (CAVALI, Marcelo Costenaro. *Manipulação do mercado de capitais:* fundamentos e limites da repressão penal e administrativa. São Paulo: Quartier Latin, 2018, p. 290).

69 Aurélio Buarque de Holanda Ferreira, Novo Dicionário Aurélio da Língua Portuguesa, p. 1081.

70 PAULA, Áureo Natal de. *Crimes contra o sistema financeiro nacional e o mercado de capitais:* comentários à lei 7.492/86 e aos artigos incluídos pela lei 10.303/01 à lei 6.385/76. 6. ed. rev. e atual. Curitiba: Juruá, 2012, p. 18.

bos-tipo de extensão conceitual bastante ampla, que compreendem qualquer conduta voltada a tornar efetivo o acontecimento típico: no caso, a operação simulada ou a manobra fraudulenta"[71].

As expressões "operações simuladas" e "outras manobras fraudulentas" são bastante amplas e não apresentam conteúdo taxativo nem unânime. Há quem defenda que as operações simuladas são um tipo de manobra fraudulenta, pois o gênero fraude abrangeria as espécies de simulação, o que tornaria sem efeito a primeira parte do tipo penal[72]. No entanto, como o legislador optou por prever as duas figuras separadamente, na redação do artigo 27-C, entendemos ser possível diferenciá-las[73].

Operações devem ser entendidas como operações financeiras. Estas serão consideradas simuladas quando "verificar-se a presença do disfarce, do simulacro, do artifício ou fingimento na prática de um ato com a intenção de enganar, de mostrar algo que é falso"[74]. Em outras palavras, as operações simuladas têm aparência de regularidade, mas são praticadas, a bem da verdade, em violação à regra do jogo da oferta e da procura, caracterizando um funcionamento não regular do mercado de capitais. Elas exprimem uma falsa e artificial ideia de liquidez ou de cotação de valores mobiliários no mercado que não condiz com a realidade, caracterizando negócios de natureza fictícia[75].

A título exemplificativo[76], a operação no mercado de capitais pode ser simulada por envolver disfarce em relação ao número de pessoas envolvidas na

[71] CAVALI, Marcelo Costenaro. *Manipulação do mercado de capitais:* fundamentos e limites da repressão penal e administrativa. São Paulo: Quartier Latin, 2018, p. 292.

[72] TÓRTIMA, José Carlos. *Crimes contra o sistema financeiro nacional*: uma contribuição ao estudo da Lei 7.492/86. 2. ed. Rio de Janeiro: Lúmen Juris, 2002, p. 169-170.

[73] Nesse mesmo sentido: Marcelo Costenaro Cavali, Manipulação do mercado de capitais: fundamentos e limites da repressão penal e administrativa, p. 293.

[74] EIZIRIK, Nelson; GAAL, B. Adriádna; PARENTE, Flávia; HENRIQUES, Marcus de Freitas. *Mercado de capitais:* Regime Jurídico. 4ª ed. São Paulo: Quartier Latin, 2019, p. 694.

[75] EIZIRIK, Nelson; GAAL, B. Adriádna; PARENTE, Flávia; HENRIQUES, Marcus de Freitas. *Mercado de capitais:* Regime Jurídico. 4ª ed. São Paulo: Quartier Latin, 2019, p. 694.

[76] A jurisprudência exemplifica situações de manipulação de mercado por meio de operações simuladas. Num primeiro caso, duas pessoas – a primeira diretora e a segundo gerente de corretora de valores mobiliários – foram acusadas de "geriram a referida instituição financeira fraudulentamente, comprando ações em bolsa de valores (BOVESPA e BVRJ) sem a efetiva entrada de recursos e, após terem provocado a alta de preços de valores mobiliários (ações) por meio de práticas não eqüitativas e de manipulação de preços (através de operações fictícias) revendiam as referidas ações, obtendo para si lucros indevidos [...] em prejuízo dos investidores institucionais (fundos de pensões) induzindo e mantendo em erro as referidas instituições". Ao analisar o feito, o Tribunal Regional Federal da Quarta Região entendeu que essa conduta caracteriza o delito de manipulação de mercado. Não obstante, como a tipificação do crime ocorreu somente em 2001 e os fatos narrados no caso foram praticados em datas anteriores, a lei penal não poderia retroagir. Apesar disso, esse precedente é relevante, pois demonstra que tais condutas, se praticadas na atualidade, têm o condão de se enquadrarem no tipo penal do artigo 27-C da Lei nº 6.385/1976 (Brasil, TRF4, Habeas Corpus nº 2004.04.01.021706-4/RS, Rel. Des. Élcio Pinheiro de Castro, Oitava Turma, j. 25.08.2004, DJe 01.09.2004).

Nesse mesmo sentido, entendeu o Tribunal Regional Federal da Quarta Região em relação "a simulações de operações *day-trade* envolvendo mais de 300 contratos do tipo IBOVESPA na Bolsa de Mercadorias e Futuros ocorridas no dia 04/08/1998, escriturando no dia seguinte a movimentação financeira correspondente,

transação, ao preço acordado ou mesmo no que tange a atos periféricos à negociação como, por exemplo, "quando determinada empresa simula um negócio jurídico (uma compra e venda ou um empréstimo bancário) com a intenção de interferir de forma indireta sobre os preços ou sobre a demanda de suas ações"[77]. Nessa mesma linha,

É o que ocorre, por exemplo, se duas instituições financeiras combinam a troca de posições acionárias para gerar uma impressão de liquidez dos papéis, ou para aumentar-lhes as cotações, gerando um 'falso mercado'; há, no caso, operações simuladas, pretensamente reais, mas que não ocorrem de acordo com as regras da oferta e procura.[78]

Por sua vez, o termo "outras manobras fraudulentas" engloba condutas que, apesar de não simuladas, induzem terceiros a erro, levando-os a uma falsa percepção da realidade. Isso pode abranger uma "ampla gama de condutas que criam aparência de liquidez ou afetam a formação de preço de um ativo sem correspondência com a sua real oferta e demanda". É a incorporação da ideia clássica de fraude que compreende "qualquer ardil ou artifício voltado a manter alguém em erro"[79].

Como podemos perceber, a locução é bastante aberta e se confunde, muitas vezes, com o termo "operações simuladas", abrindo margem para que toda e qualquer ação humana apta a elevar, manter ou baixar inveridicamente a cotação, o preço ou o volume negociado de um valor mobiliário seja enquadrada como manipulação de mercado. Não seria possível que o legislador previsse um rol taxativo de todas as possíveis manobras aptas a manipular o mercado, para configuração do tipo penal em comento, pois são muitas e podem variar caso a caso. Quase não há julgados, na área penal, sobre o tema, cabendo à

com a finalidade de justificar de um lado receita e de outro prejuízo" (Brasil, TRF4, Apelação Criminal nº 2003.71.00.028581-4, Rel. Des. Néfi Cordeiro, Sétima Turma, j. 14.02.2006, DJe 08.03.2006).

[77] BITENCOURT, Cezar Roberto. *Tratado de direito penal econômico*. São Paulo: Saraiva, 2016. v. 1, p. 168.

[78] EIZIRIK, Nelson; GAAL, B. Adriádna; PARENTE, Flávia; HENRIQUES, Marcus de Freitas. *Mercado de capitais*: Regime Jurídico. 4ª ed. São Paulo: Quartier Latin, 2019, p. 694.

Em recente caso, os irmãos Batista, acionistas do grupo JBS, foram denunciados pela prática dos delitos de manipulação de mercado e *insider trading*. Segundo o Ministério Público Federal de São Paulo, os irmãos firmaram acordo de colaboração premiada com a Procuradoria-Geral da República e, antes que tal informação viesse a público e afetasse negativamente as empresas por ele controladas, no que tange à manipulação de mercado, via operação simulada, "Joesley Mendonça Batista, Diretor-Presidente da J&F INVESTIMENTOS S/A e da FB PARTICIPAÇÕES S/A teria sido o responsável por ordenar as operações de venda de ações da JBS, detidas pela sua controladora FB, enquanto seu irmão Wesley Mendonça Batista, Diretor-Presidente da JBS S/A, teria sido o responsável pelas operações de recompra de ações por esta empresa". A ação penal ainda não foi sentenciada, mas devido às medidas cautelares impostas, foi impetrado Habeas Corpus, julgado pelo Superior Tribunal de Justiça. O acórdão contém breve resumo do feito (Brasil, STJ, Habeas Corpus nº 422.122, Rel. Des. Rogério Schietti Cruz, Sexta Turma, j. 20.02.2018, DJe 26,03.2018).

[79] CAVALI, Marcelo Costenaro. *Manipulação do mercado de capitais:* fundamentos e limites da repressão penal e administrativa. São Paulo: Quartier Latin, 2018, p. 295.

doutrina lançar exemplos práticos do que poderia caracterizar "outras manobras fraudulentas".

Um deles é a veiculação proposital de notícias falsas, com o intuito de alterar a cotação de valores mobiliários. Imaginem um indivíduo que, de maneira intencional e consciente, divulga notícias falsas negativas sobre determinada empresa de capital aberto com o objetivo de derrubar os valores de suas ações na bolsa de valores, comprando, na sequência, tais ações a preços (artificialmente) baixos, para, uma vez demonstrada a improcedência dos fatos por ele implantados, revendê-las por valor mais alto, obtendo grandes lucros diante da revalorização dos ativos[80].

Nelson Eizirik, Ariádna B. Gaal, Flávia Parente e Marcus de Freitas Henriques complementam com outras hipóteses de manipulação que poderiam ser executadas, seja mediante simulação, seja mediante outras manobras fraudulentas:

> O intermediário financeiro que, recebendo uma ordem de compra de quantidade substancial de ações, adquire-as no mercado para depois vendê-las a seu cliente; o chamado *churning*, que ocorre quando o corretor, administrando em base discricionária a carteira de seu cliente, realiza grande volume de operações, unicamente com o fim de gerar corretagens; o *sclaping*, prática mediante a qual o consultor de investimentos compra para si valores mobiliários, aconselha seus clientes a fazer o mesmo e depois vende-os por um preço superior; o *boiler room*, que se caracteriza pela utilização de processos de venda 'agressiva', sem levar em conta as necessidades dos clientes, com o fim de criar uma aparente liquidez para os títulos; e o *spoofing*, que consiste na inserção de ordens artificiais de compra e venda de valores mobiliários e seu posterior cancelamento em curto espaço de tempo, a fim de atrair contrapartes para a execução de suas ofertas[81].

80 TÓRTIMA, José Carlos. *Crimes contra o sistema financeiro nacional*: uma contribuição ao estudo da Lei 7.492/86. 2. ed. Rio de Janeiro: Lúmen Juris, 2002, p. 117. Nesse sentido, o Tribunal Regional Federal da Segunda Região já destacou, como manobra fraudulenta apta a caracterizar o crime de manipulação de mercado, "a disseminação em blog de informações exageradamente otimistas sobre determinada empresa, com o objetivo de induzir os investidores a acreditar que seria uma vantajosa opção de compra" (Brasil, TRF2, HC 0004795-61.2017.4.02.0000, Rel. Des. Marcello Ferreira de Souza Granado, Segunda Turma, j. 21.07.2017, DJe 01.08.2017).

81 EIZIRIK, Nelson; GAAL, B. Adriádna; PARENTE, Flávia; HENRIQUES, Marcus de Freitas. *Mercado de capitais*: Regime Jurídico. 4ª ed. São Paulo: Quartier Latin, 2019, p. 695-696.

Em complementação, na Ação Penal nº 00291749420144025101, o juízo da 3ª Vara Federal Criminal do Rio de Janeiro condenou Eike Batista pela prática de manipulação de mercado nos seguintes termos que exemplificam mais uma situação caracterizadora da conduta típica: "Em relação ao delito do artigo 27-C da Lei nº 6.385/76 (manipulação de mercado), aponta diretamente ao acusado no sentido de que ele, visando alterar o regular funcionamento da BM&FBOVESPA, simulou a contratação de cláusula 'put' em que se obrigaria a aportar recurso vultuoso na OGX, na ordem de 1 bilhão de dólares americanos, com esse objetivo, anunciou ao mercado, em 24/10/2012, por meio de fato relevante, informação inverídica ao público investidor diretamente lesado, inclusive com demonstração de confiança no sucesso de seus empreendimentos; **omitindo,**

Outra importante ferramenta de auxílio na interpretação das expressões "operações simuladas" e "outras manobras fraudulentas", para a tipificação do delito de manipulação de mercados, é a Instrução CVM nº 08/1979. Nos termos dessa normativa, é vedado a determinadas pessoas – quais sejam, administradores e acionistas de companhias abertas, intermediários e demais participantes do mercado de valores mobiliários – a criação de condições artificiais de demanda, oferta ou preço de valores mobiliários, a manipulação de preço, a realização de operações fraudulentas e o uso de práticas não equitativas.

De acordo com a redação da instrução, entende-se como (i) condições artificiais de demanda, oferta ou preço de valores mobiliários "aquelas criadas em decorrência de negociações pelas quais seus participantes ou intermediários, por ação ou omissão dolosa provocarem, direta ou indiretamente, alterações no fluxo de ordens de compra ou venda de valores mobiliários"; (ii) manipulação de preço "a utilização de qualquer processo ou artifício destinado, direta ou indiretamente, a elevar, manter ou baixar a cotação de um valor mobiliário, induzindo terceiros à sua compra e venda"; (iii) operação fraudulenta, "aquela em que se utilize ardil ou artifício destinado a induzir ou manter terceiros em erro, com a finalidade de se obter vantagem ilícita de natureza patrimonial para as partes na operação, para o intermediário ou para terceiros"; e (iv) prática não equitativa, "aquela de que resulte, direta ou indiretamente, efetiva ou potencialmente, um tratamento para qualquer das partes, em negociações com valores mobiliários, que a coloque em uma indevida posição de desequilíbrio ou desigualdade em face dos demais participantes da operação"[82]. Não há consenso acerca de quais dessas condutas – ou se todas – estariam abarcadas pelo crime do artigo 27-C[83].

intencionalmente, na citada divulgação, circunstância relevante consistente no exercício da cláusula 'put' pela Diretoria da OGX, em face de si mesmo, que lhe permitiria se desobrigar da avença, a depender da manutenção do plano de negócio da companhia vigente na data de assinatura daquele contrato, sendo que ficou evidente o descumprimento da 'put' beneficiou apenas o acusado, na medida em que seu patrimônio deixou de sofrer o impacto correspondente à clausula sonegada do público investidor. [...] A divulgação incompleta da 'put' - em repetição do expediente fraudulento quando da divulgação do '*1 trilhão de dólares em reservas de petróleo*' consistiu na realização de uma manobra fraudulenta visando alterar artificialmente a cotações das ações da empesa OGX Petróleo e Gás Participações s/a por criar nos investidores uma falsa percepção da realidade". (Rio de Janeiro, 3ª Vara Federal Criminal do Rio de Janeiro, Ação Penal nº 00291749420144025101, julgada em 09 de fevereiro de 2021, grifos do original).

82 Vide Brasil, Comissão de Valores Mobiliários, Instrução CVM nº 8, de 08 de outubro de 1979.

83 Juliano Breda entende que o tipo penal de manipulação de mercado abrange todas as hipóteses da ICVM 08/1979 (Juliano Breda, Crimes contra o mercado de capitais. Lei n. 6.385, de 7-12-1986, p. 339-340). Nesse mesmo sentido, tem-se a posição de Fausto de Sanctis (Juliano Breda, Punibilidade no Sistema Financeiro Nacional, p. 282). Nelson Eizirik, Ariádna B. Gaal, Flávia Parente e Marcus de Freitas Henriques entendem que a prática de condutas não equitativas não estaria abarcada pelo crime do artigo 27-C (EIZIRIK, Nelson; GAAL, B. Adriádna; PARENTE, Flávia; HENRIQUES, Marcus de Freitas. *Mercado de capitais*: Regime Jurídico. 4ª ed. São Paulo: Quartier Latin, 2019, p. 689). Finalmente, Yuri Sahione Pugliese e Gabriella Najjar expõem que somente a manipulação de preços e a operação fraudulenta teriam respaldo penal (Yuri Sahione Pugliese; Gabriela Najjar. O processo administrativo sancionador da CVM e o crime de manipulação de mercado, p. 263).

Importa ressaltarmos que a especulação, apesar de poder dar a impressão, num primeiro momento, de operação simulada ou manobra fraudulenta, é entendida como prática regular no mercado de capitais, não configurando o tipo penal do artigo 27-C. A especulação corresponde à realização de operações comerciais ou financeiras com a expectativa de alcançar-se benefícios por conta das variações dos preços, ou seja, o especulador objetiva, em suas operações financeiras, obter a maior margem de lucro, correndo o mínimo de risco possível[84], mas o faz explorando e aproveitando as variações do mercado, dentro das regras do jogo, enquanto os manipuladores causam tais variações artificialmente[85].

Feitos esses esclarecimentos, podemos concluir que o legislador optou por criminalizar da mesma forma, alternativamente, tanto a realização de operações simuladas quanto a execução de outras manobras fraudulentas; logo, o delito de manipulação de mercado configura um tipo misto alternativo[86]. São diversas as hipóteses e exemplos que configuram tanto uma quanto outra conduta, ou seja, que tipificam a manipulação de mercado, pois os conceitos são abertos e permitem o enquadramento de muitas situações. A limitação para abrangência do tipo penal fica a cargo dos diferentes elementos subjetivos traçados pelo legislador – o que será pormenorizado na sequência.

4.1.6. Tipo subjetivo

O elemento subjetivo é o dolo, não havendo distinção expressa entre dolo direto ou eventual. Inexiste modalidade culposa. O sujeito ativo deve saber que realiza uma operação ou executa uma manobra e, para além disso, deve ter consciência acerca da simulação da primeira ou da fraude atrelada à segunda, caso contrário, restaria caracterizado o erro de tipo do artigo 20 do Código Penal que afasta a tipicidade subjetiva do tipo[87].

84 MELLO NETO, Benedicto de Souza. *Crimes contra o mercado de capitais.* Curitiba: Juruá, 2015, p. 137.

85 CAVALI, Marcelo Costenaro. *Manipulação do mercado de capitais:* fundamentos e limites da repressão penal e administrativa. São Paulo: Quartier Latin, 2018, p. 296.

86 No entendimento do Supremo Tribunal Federal, tipo misto alternativo é aquele "em que o tipo penal possui dois ou mais verbos nucleares, que define a conduta do agente. No caso, a pratica de somente uma ou mais dessas condutas, é suficiente para a caracterização do crime" (Brasil, STF, Vocabulário Jurídico Tesauro: "tipo penal misto alternativo"). Em sentença que condenou Eike Batista pelo crime de manipulação de mercado, o juízo da 3ª Vara Federal Criminal do Rio de Janeiro reconheceu que "O tipo em questão é formal e de perigo abstrato, tipo misto alternativo, em função de que tanto é incriminada a conduta de realizar operações simuladas quanto a de outras manobras fraudulentas, e independe da obtenção de vantagem ou de prejuízo" (Rio de Janeiro, 3ª Vara Federal Criminal do Rio de Janeiro, Ação Penal nº 00291749420144025101, julgada em 09 de fevereiro de 2021).

87 Exemplificando esse ponto, Marcelo Costenaro Cavali dispõe que "em um esquema de manipulação complexo, envolvendo a utilização de diversas pessoas jurídicas operando nas pontas vendedora e compradora, é cogitável que algum agente que participe de apenas uma ou algumas das operações não tenha conhecimento do caráter fraudulento da manobra como um todo. Nesse caso, atuará sem dolo, por não conseguir apreender, em

Além do dolo, a redação atual do tipo penal, após a reforma legislativa de 2017, prevê outros três elementos subjetivos: (i) objetivo de elevar, manter ou baixar a cotação, o preço ou o volume negociado de um valor mobiliário[88]; (ii) fim de obter vantagem indevida ou lucro, para si ou para outrem; ou (iii) fim de causar dano a terceiros.

Para a configuração do crime de manipulação de mercado, o primeiro elemento subjetivo supramencionado sempre deve estar presente em conjunto com o segundo ou com o terceiro. Em outras palavras: as operações simuladas ou as manobras fraudulentas realizadas pelo agente necessariamente, para a tipificação do crime do artigo 27-C, deverão objetivar a elevação, a manutenção ou a baixa da cotação, do preço ou do volume negociado de valores mobiliários. Para além disso, o sujeito ativo terá que visar à obtenção de vantagem indevida ou lucro, para si ou para outrem, ou, alternativamente, à implicação de dano a terceiros.

Estudando os conceitos atrelados à descrição do primeiro elemento subjetivo, temos que cotação "é o valor pelo qual um título está sendo negociado num determinado momento no mercado secundário", o qual será definido, via de regra, "pelo preço do último negócio fechado ou, ainda mais precisamente, pela melhor oferta de compra (cotação para compra) ou de venda (cotação para venda) existentes no momento no livro de ofertas"[89]. Preço, por sua vez, possui um significado mais amplo, abrangendo o valor em dinheiro de um valor mobiliário. Por fim, o volume negociado representa o valor total dos negócios referentes a certo título, sendo um dos melhores referenciais acerca da liquidez de um ativo, pois "quanto maior o volume negociado de um valor mobiliário, provavelmente maior o mercado existente para ele e, portanto, mais facilmente o seu titular conseguirá negociá-lo"[90].

O legislador atrelou as expressões acima ao conceito de "valores mobiliários". Não há, porém, no ordenamento jurídico brasileiro, um conceito exato de valores mobiliários. O que se tem é o artigo 2º da Lei nº 6.385/1976, que não conceitua, mas apresenta um rol de títulos que devem ser considerados valores

razão do desconhecimento da totalidade das circunstâncias fáticas relevantes, o caráter simulado ou fraudulento das operações. Estará afastada a tipicidade subjetiva, por erro sobre elemento constitutivo do tipo penal de crime (CP, art. 20)" (CAVALI, Marcelo Costenaro. *Manipulação do mercado de capitais:* fundamentos e limites da repressão penal e administrativa. São Paulo: Quartier Latin, 2018, p. 335).

88 Na redação original do tipo penal, ao invés deste elemento subjetivo, tínhamos a finalidade de alterar artificialmente o regular funcionamento dos mercados de valores mobiliários em bolsa de valores, de mercadorias e de futuros, no mercado de balcão ou no mercado de balcão organizado.

89 CAVALI, Marcelo Costenaro. *Manipulação do mercado de capitais:* fundamentos e limites da repressão penal e administrativa. São Paulo: Quartier Latin, 2018, pp. 306-307.

90 CAVALI, Marcelo Costenaro. *Manipulação do mercado de capitais:* fundamentos e limites da repressão penal e administrativa. São Paulo: Quartier Latin, 2018, p. 307.

mobiliários: as ações, debêntures e bônus de subscrição; os cupons, direitos, recibos de subscrição e certificados de desdobramento relativos aos valores mobiliários aqui referidos; os certificados de depósito de valores mobiliários; as cédulas de debêntures; as cotas de fundos de investimento em valores mobiliários ou de clubes de investimento em quaisquer ativos; as notas comerciais; os contratos futuros, de opções e outros derivativos, cujos ativos subjacentes sejam valores mobiliários; outros contratos derivativos, independentemente dos ativos subjacentes; e quando ofertados publicamente, quaisquer outros títulos ou contratos de investimento coletivo, que gerem direito de participação, de parceria ou de remuneração, inclusive resultante de prestação de serviços, cujos rendimentos advêm do esforço do empreendedor ou de terceiros. O parágrafo primeiro do mesmo artigo determina, ainda, os títulos que não podem ser considerados valores mobiliários: os títulos da dívida pública federal, estadual ou municipal; os títulos cambiais de responsabilidade de instituição financeira, exceto as debêntures.

Não caracterizam crime de manipulação de mercado as operações simuladas e manobras fraudulentas que não objetivem elevar, manter ou baixar cotação, preço ou volume negociado de valores mobiliários ou que se relacionarem a títulos que não se enquadrem como valores mobiliários.

O legislador ainda determinou que a conduta típica tem que ter o fim de obtenção de vantagem indevida ou lucro, para si ou para outrem. Em relação à vantagem indevida, esta não precisa ter conotação econômica, podendo significar, por exemplo, a manutenção de uma carteira de clientes fidelizados ou o alcance de uma melhor imagem da empresa[91]. A título exemplificativo, no caso *Markowski vs. SEC*, julgado pela justiça norte-americana, concluiu-se que os manipuladores, com a prática delitiva, visavam "à manutenção de sua credibilidade no mercado – o que caracterizava uma vantagem indevida, no caso concreto, dada a tentativa de sustentação artificial da cotação da ação subscrita pelo *underwriter*"[92]. O lucro, de maneira oposta, apresenta cunho eminentemente financeiro, representando "a receita, o ganho gerado com determinada operação"[93]. Tanto a vantagem indevida quanto o lucro podem ser visados, pelo agente, em benefício próprio ou de terceira pessoa.

Por fim, alternativamente a esse último elemento subjetivo, o legislador possibilitou que o sujeito ativo vise, com a realização da manipulação, não à

[91] VEIGA, Alexandre Brandão. *Crime de manipulação de mercado, defesa e criação de mercado*. Coimbra: Almedina, 2001, p. 139.

[92] CAVALI, Marcelo Costenaro. *Manipulação do mercado de capitais:* fundamentos e limites da repressão penal e administrativa. São Paulo: Quartier Latin, 2018, p. 339.

[93] BITENCOURT, Cezar Roberto. *Tratado de direito penal econômico*. São Paulo: Saraiva, 2016. v. 1, p. 176.

obtenção de vantagem ou lucro, mas sim ao dano a terceiros. O dano não se limita a prejuízo ou perda econômica ou financeira, podendo abranger qualquer mal ou ofensa causado a terceiro. Ao apreciar o mérito da Ação Penal nº 0006193-78.2009.4.03.6181, o juízo da Sexta Vara Federal Criminal de São Paulo, por exemplo, entendeu como dano a diluição da participação societária de acionistas minoritários de determinada companhia[94].

4.1.7. Consumação e tentativa

Apesar de não desconhecermos corrente que defenda ser o crime de manipulação de mercado delito material, cujo resultado – qual seja, a efetiva elevação, manutenção ou baixa da cotação, do preço ou do volume negociado de um valor mobiliário atreladas à obtenção concreta de vantagem indevida ou lucro ou, ainda, a efetiva ocorrência de dano a terceiro – seria imprescindível para sua consumação[95], entendemos se tratar de um tipo penal de perigo abstrato[96] e formal[97], de consumação antecipada[98]. Isso porque a redação do artigo 27-C não aponta os elementos supracitados como resultados necessários, ou seja, como eventos a serem verificados objetivamente como consequência da conduta, mas sim como especiais elementos da intenção do sujeito ativo. Estes, portanto, deverão ser avaliados pelo julgador na dosimetria da pena, para a fixação do *quantum* da sanção aplicada, não para a consumação do delito[99].

O crime se configura no momento da realização da operação simulada ou da execução da manobra fraudulenta, pelo agente, desde que sejam praticadas com os especiais fins de agir descritos na seção anterior. Juliano Breda alerta, porém, que mesmo sendo prescindível que tais condutas efetivamente levem a falsos preços, cotações ou volume negociado de valores mobiliários, para possível

94 A sentença, nesse ponto, foi confirmada pelo Tribunal Regional Federal da Terceira Região (Brasil, TRF3, Apelação Criminal nº 0006193-78.2009.4.03.6181, Quinta Turma, Rel. Des. André Nekatschalow, j. 06.02.2017, DJe 10.02.2017).

95 EIZIRIK, Nelson; GAAL, B. Adriádna; PARENTE, Flávia; HENRIQUES, Marcus de Freitas. *Mercado de capitais*: Regime Jurídico. 4ª ed. São Paulo: Quartier Latin, 2019, p. 697. Nesse mesmo sentido: João Carlos Castellar, Insider trading e os novos crimes corporativos (uso indevido de informação privilegiada, manipulação de mercado e exercício irregular de cargo, profissão, atividade ou função), p. 83.

96 SILVEIRA, Renato de Mello Jorge. *Crimes contra o mercado de capitais. In*: SOUZA, Luciano Anderson de; ARAÚJO, Marina Pinhão Coelho (coord.). *Direito penal econômico:* leis penais especiais. v. 1. São Paulo: Revista dos Tribunais, 2019, p. 274.

97 Brasil, TRF3, Apelação Criminal nº 0006193-78.2009.4.03.6181, Quinta Turma, Rel. Des. André Nekatschalow, j. 06.02.2017, DJe 10.02.2017.

98 Essa mesma conclusão foi exposta pelo juízo da 3ª Vara Federal Criminal do Rio de Janeiro, ao condenar Eike Batista pela prática de manipulação de mercado (Rio de Janeiro, 3ª Vara Federal Criminal do Rio de Janeiro, Ação Penal nº 00291749420144025101, julgada em 09 de fevereiro de 2021).

99 BREDA, Juliano. Crimes contra o mercado de capitais. Lei n. 6.385, de 7-12-1986. In: BITENCOURT, Cezar Roberto; BREDA, Juliano. *Crimes contra o sistema financeiro nacional e contra o mercado de capitais.* 3. ed. Rio de Janeiro: Lumen Juris, 2014, p. 393.

tipificação do delito, é preciso que tenham o potencial, ou seja, a aptidão para fazê-los, sob pena de se configurar crime impossível[100], nos termos do artigo 17 do Código Penal[101].

Finamente, diante da ausência de resultado concreto, não é possível a modalidade tentada de manipulação de mercado[102], apesar de haver quem defenda, ao menos em tese, a sua possível ocorrência, uma vez que, em raros casos, a simulação ou a manipulação poderão ser praticadas em atos sucessivos, como parte do *iter criminis*, o que possibilitaria que, após iniciada a execução, a consumação fosse impedida por circunstância alheia à vontade do sujeito ativo. Mesmo os defensores dessa linha de raciocínio destacam que, na prática, a prova da tentativa seria de extrema dificuldade[103].

4.1.8. Classificação doutrinária

Diante de todo o exposto, é possível classificarmos a manipulação de mercado como *crime comum* (o sujeito ativo pode ser qualquer pessoa, sendo desnecessária característica específica); *formal* (sua consumação é antecipada, no momento da prática da conduta, e independe da ocorrência do resultado); de *forma livre* (o tipo penal pode ser praticado por qualquer meio de execução); *comissivo* (a conduta criminalizada é de ação, ou seja, implica um fazer positivo); *instantâneo* (a consumação ocorre em momento determinado, sem continuidade no tempo); *unissubjetivo* (pode ser praticado por um único agente, não havendo necessidade de pluralidade de agentes, apesar de possibilitar o concurso de pessoas); *plurissubsistente* (a conduta pode ser desdobrada em diferentes atos).

100 Fernando Capez conceitua crime impossível como aquele que "pela ineficácia total do meio empregado ou pela impropriedade absoluta do objeto material, é impossível de se consumar" (Fernando Capez, Curso de Direito Penal. Parte Geral. Arts. 1 a 120, p. 350).

101 BREDA, Juliano. Crimes contra o mercado de capitais. Lei n. 6.385, de 7-12-1986. In: BITENCOURT, Cezar Roberto; BREDA, Juliano. *Crimes contra o sistema financeiro nacional e contra o mercado de capitais*. 3. ed. Rio de Janeiro: Lumen Juris, 2014, p. 383.

Segundo Nelson Eizirik, Ariádna B. Gaal, Flávia Parente e Marcus de Freitas Henriques, "É o que ocorre, por exemplo, se duas instituições financeiras combinam negociar quantidade ínfima de ações dotadas de grande liquidez; em tal hipótese não se pode cogitar do crime, pois o meio não é idôneo para provocar o falso mercado" (EIZIRIK, Nelson; GAAL, B. Adriádna; PARENTE, Flávia; HENRIQUES, Marcus de Freitas. *Mercado de capitais*: Regime Jurídico. 4ª ed. São Paulo: Quartier Latin, 2019, p. 696).

102 Cf. BITENCOURT, Cezar Roberto. *Tratado de direito penal econômico*. São Paulo: Saraiva, 2016. v. 1, p. 178.

103 MORELLI, Denis. Artigos 27-C, D, E e F. *In*: CODORNIZ, Gabriela; PATELLA, Laura (coords.). *Comentários à Lei do Mercado de Capitais* – Lei nº 6.385/79. São Paulo: Quartier Latin, 2015, p. 630. Também entendem que, por se tratar de delito plurissubsistente, cuja conduta delituosa pode ser fracionada, é possível a tentativa: DE SANCTIS, Fausto Martins. *Punibilidade no Sistema Financeiro Nacional*. Campinas: Millenium, 2003, p. 105; MELLO NETO, Benedicto de Souza. *Crimes contra o mercado de capitais*. Curitiba: Juruá, 2015, p. 145; PAULA, Áureo Natal de. *Crimes contra o sistema financeiro nacional e o mercado de capitais*: comentários à lei 7.492/86 e aos artigos incluídos pela lei 10.303/01 à lei 6.385/76. 6. ed. rev. e atual. Curitiba: Juruá, 2012, p. 24.

4.1.9. Pena e ação penal

A pena privativa de liberdade prevista é de reclusão de um a oito anos. A pena mínima de um ano possibilita a aplicação da suspensão condicional do processo prevista no artigo 89 da Lei nº 9.099/1995.

O *quantum* da sanção determinado pelo legislador não observa a regra da proporcionalidade quando comparado com as penas aplicadas a outros delitos semelhantes previstos em nosso ordenamento jurídico. Fausto de Sanctis, por exemplo, entende que o delito de manipulação de mercado – por atingir todo o mercado de capitais e visar proteger bem jurídico supraindividual – deveria ter pena privativa de liberdade consideravelmente maior do que os delitos contra o patrimônio listados no Código Penal como o estelionato e o furto qualificado, os quais são praticados sem violência ou grave ameaça, atingindo tão somente a esfera individual da vítima. Não obstante, o tipo penal do artigo 27-C tem pena máxima idêntica ao delito de furto qualificado e, no que tange ao estelionato, a mesma pena mínima que ainda possibilita a aplicação do *sursis* processual[104].

A mesma desproporção aparece se compararmos o crime de manipulação de mercado com delito semelhante intentado contra o sistema financeiro nacional – qual seja, a gestão fraudulenta de instituição financeira que apresenta pena privativa de liberdade de três a doze anos de reclusão. Nessa mesma linha, o artigo 7º da Lei nº 7.492/1986 comina pena de dois a oito anos de reclusão para aquele que negociar títulos ou valores mobiliários falsos. De maneira contraditória, porém, se o sujeito ativo realizar tal negociação – "desta feita com a finalidade de alterar artificialmente o regular funcionamento dos mercados de valores mobiliários – de modo a causar um colapso na economia nacional – responderá, a despeito da maior reprovabilidade inerente à sua conduta, por delito cuja pena cominada é de 1 (um) a 8 (oito) anos"[105], ou seja, menor do que aquela apontada para o crime anterior.

O preceito normativo secundário do tipo penal do artigo 27-C prevê ainda a aplicação de pena de multa de até três vezes o montante da vantagem ilícita obtida em decorrência do crime. Há, porém, alguns equívocos nesse ponto.

O crime em questão é formal e não exige que a vantagem ilícita se concretize efetivamente para configuração da manipulação de mercado. Se, no caso concreto, não houver a concretização da vantagem indevida, como poderá a pena de multa ser calculada? Ademais, vincular o cálculo da sanção a eventual vantagem indevida obtida foge do sistema de cominação da pena de multa previsto

[104] DE SANCTIS, Fausto Martins. *Punibilidade no Sistema Financeiro Nacional*. Campinas: Millenium, 2003, p. 117-118.

[105] MELLO NETO, Benedicto de Souza. *Crimes contra o mercado de capitais*. Curitiba: Juruá, 2015, p. 146.

no Código Penal baseado em dias-multa[106] e poderá "obriga[r] o juiz, à altura da eventual sentença condenatória, a ter a sua disposição, através da competente perícia contábil, o cálculo exato da vantagem obtida pelo agente com o ilícito. Uma base de cálculo imprecisa levaria a uma inevitável insegurança na aplicação da reprimenda"[107].

O artigo 27-F da Lei nº 6.385/1976 reforça a ideia de que a pena de multa do agente que praticar o delito de manipulação de mercado deverá ser aplicada em razão da vantagem ilícita auferida ou, ainda, do dano provocado – hipótese que não havia sido incluída no preceito normativo secundário do tipo penal do artigo 27-C. Desse modo, entende-se que a vantagem ilícita obtida ou o dano causado poderão, ambos, ser considerados para fins de fixação do montante base da pena de multa. Não obstante, somente a primeira será fator determinante para elevar a sanção em até três vezes esse montante, sob pena de violação ao princípio da legalidade e da taxatividade[108].

O parágrafo único do mesmo artigo 27-F determina, por fim, que nos casos de reincidência, a multa poderá alcançar o triplo dos valores fixados, levando em consideração a vantagem ilícita auferia ou o dano causado.

A ação penal é pública incondicionada.

4.2. Uso indevido de informação privilegiada

> Art. 27-D. Utilizar informação relevante de que tenha conhecimento, ainda não divulgada ao mercado, que seja capaz de propiciar, para si ou para outrem, vantagem indevida, mediante negociação, em nome próprio ou de terceiros, de valores mobiliários:
>
> Pena – reclusão, de 1 (um) a 5 (cinco) anos, e multa de até 3 (três) vezes o montante da vantagem ilícita obtida em decorrência do crime.

4.2.1. Introdução

O delito do artigo 27-D é chamado de uso indevido de informação privilegiada, mas também é largamente conhecido como crime de *insider trading*, o qual, desde 2017, consiste na utilização de informação relevante, por qualquer pessoa que

[106] Vide artigo 49 do Código Penal.

[107] MELLO NETO, Benedicto de Souza. *Crimes contra o mercado de capitais*. Curitiba: Juruá, 2015, p. 148.

[108] BREDA, Juliano. Crimes contra o mercado de capitais. Lei n. 6.385, de 7-12-1986. In: BITENCOURT, Cezar Roberto; BREDA, Juliano. *Crimes contra o sistema financeiro nacional e contra o mercado de capitais*. 3. ed. Rio de Janeiro: Lumen Juris, 2014, p. 398.

dela tenha conhecimento, para negociar com valores mobiliários, antes que tal informação seja divulgada aos demais participantes do mercado[109]. De maneira geral, o agente, ao praticar o delito em comento, "compra ou vende valores mobiliários a preços que ainda não estão refletindo o impacto de determinadas informações, que são de seu conhecimento exclusivo"[110].

A criminalização da conduta teve início nos Estados Unidos da América como reflexo da crise de 1929 gerada após o *crash* da Bolsa de Valores de Nova Iorque naquele mesmo ano. O evento acarretou maior preocupação com a regulamentação dos mercados, inclusive no que tange à publicidade das informações e, por conseguinte, a proibição de negociações baseadas em dados sigilosos[111]. Na Europa, essa tendência surgiu somente tempos depois, nos anos 1960, primeiro na seara administrativa, com a Diretiva 89/592/CE, que dispunha sobre o *insider trading*, e, posteriormente, com as Diretivas 2003/6/CE e 2014/57 que, na mesma linha, tratavam do uso de informação privilegiada[112].

No Brasil, a preocupação com o uso indevido de informações privilegiadas também teve início na seara administrativa, em 1976, com a edição das já mencionadas Leis nº 6.404 (Lei das Sociedades por Ações) e nº 6.385 (Lei do Mercado de Capitais). A primeira "exigiu a padronização das demonstrações financeiras, estabeleceu a necessidade de serem auditadas e determinou a divulgação pela imprensa"[113]. A segunda, por sua vez, baseando-se num regime informacional, impôs o dever de ampla divulgação de informações pelas companhias emissoras de valores mobiliários. E, nessa ambiência, trouxe, pela primeira vez, norma vedando expressamente o uso de informação privilegiada por determinados agentes do mercado de capitais. Segundo Viviane Muller Prado, Marcelo Costenaro Cavali, Nora Rachman e Renato Vilela, a Lei nº 6.385/1976 tratou do *insider trading* no âmbito administrativo sob a ótica de um tripé, apoiando-se "no dever de informar (as participações societárias e as informações relevantes); no estabelecimento de normas de conduta (manter sigilo, não negociar, zelar atividades de subordinados); e, por fim, como terceiro pilar, na previsão expressa

109 EIZIRIK, Nelson; GAAL, B. Adriádna; PARENTE, Flávia; HENRIQUES, Marcus de Freitas. *Mercado de capitais:* Regime Jurídico. 4ª ed. São Paulo: Quartier Latin, 2019, pp. 707-708.

110 EIZIRIK, Nelson; GAAL, B. Adriádna; PARENTE, Flávia; HENRIQUES, Marcus de Freitas. *Mercado de capitais:* Regime Jurídico. 4ª ed. São Paulo: Quartier Latin, 2019, p. 708.

111 SILVEIRA, Renato de Mello Jorge. *Crimes contra o mercado de capitais. In:* SOUZA, Luciano Anderson de; ARAÚJO, Marina Pinhão Coelho (coord.). *Direito penal econômico:* leis penais especiais. v. 1. São Paulo: Revista dos Tribunais, 2019, p. 280.

112 SILVEIRA, Renato de Mello Jorge. *Crimes contra o mercado de capitais. In:* SOUZA, Luciano Anderson de; ARAÚJO, Marina Pinhão Coelho (coord.). *Direito penal econômico:* leis penais especiais. v. 1. São Paulo: Revista dos Tribunais, 2019, p. 280.

113 Viviane Muller Prado *et al.*, Insider Trading: normas, instituições e mecanismos de controle no Brasil, p. 12. Nesse sentido, vide os artigos 133 e 176 a 188 da Lei nº 6.404/1976.

de ferramentas para o investidor buscar o ressarcimento de prejuízos"[114]. Em 1979, a CVM editou a Instrução nº 8 vedando aos administradores e acionistas de companhias abertas, aos intermediários e demais participantes do mercado de valores mobiliários, dentre outras condutas, o uso de práticas não equitativas[115]. Esta normativa foi usada durante algum tempo para a repressão ao *insider trading*, diante da ausência de previsão expressa nesse sentido[116]. Foi somente em 1984 que a CVM editou a Instrução nº 31, dispondo expressamente sobre a divulgação e o uso de informações sobre ato ou fato relevante relativos às companhias abertas[117].

Conforme exposto na seção 4.1.1, quando da sua promulgação, a Lei nº 6.385/1976 não previu nenhum crime contra o mercado de valores mobiliários, o que veio a acontecer somente em 2001, com a edição da Lei nº 10.303. Naquele momento, além do delito de manipulação de mercado aqui já analisado, o legislador criminalizou também o uso, para negociação de valores mobiliários, de informação relevante por pessoas que tivessem conhecimento e obrigação de manter o sigilo de tal informação ainda não divulgada ao mercado[118].

Ainda que fora do âmbito criminal, a Lei nº 10.303/2001 introduziu duas outras relevantes alterações na disciplina do uso indevido de informação privilegiada. Primeiro, acrescentou a alínea "c", ao artigo 4º, inciso IV, da Lei nº 6.385/1976, a qual previu que o CMN e a CVM deveriam proteger os titulares de valores mobiliários e os investidores do mercado contra o uso de informação relevante não divulgada ao mercado de capitais. Segundo, adicionou ao artigo 155, da Lei nº 6.404/1976, um parágrafo quarto determinando que o ilícito cível de *insider trading* poderia ser praticado por qualquer pessoa que tivesse acesso à informação relevante ainda não divulgada ao mercado e a utilizasse com a finalidade de auferir vantagem, para si ou para outrem. No ano seguinte, a CVM editou a Instrução nº 358/2002, que aprimorou o regramento acerca da vedação

[114] Viviane Muller Prado *et al.*, Insider Trading: normas, instituições e mecanismos de controle no Brasil, p. 14.

[115] Segundo a Instrução CVM nº 08/1979, consiste em prática não equitativa no mercado de valores mobiliários, aquela de que resulte, direta ou indiretamente, efetiva ou potencialmente, um tratamento para qualquer das partes, em negociações com valores mobiliários, que a coloque em uma indevida posição de desequilíbrio ou desigualdade em face dos demais participantes da operação. Brasil, Comissão de Valores Mobiliários, Instrução CVM nº 8, de 08 de outubro de 1979.

[116] EIZIRIK, Nelson; GAAL, B. Adriádna; PARENTE, Flávia; HENRIQUES, Marcus de Freitas. *Mercado de capitais: Regime Jurídico*. 4ª ed. São Paulo: Quartier Latin, 2019, p. 706.

[117] Brasil, Comissão de Valores Mobiliários, Instrução CVM nº 31, de 8 de fevereiro de 1984.

[118] Vide redação original do artigo 27-D: "Utilizar informação relevante ainda não divulgada ao mercado, de que tenha conhecimento e da qual deva manter sigilo, capaz de propiciar, para si ou para outrem, vantagem indevida, mediante negociação, em nome próprio ou de terceiro, com valores mobiliários".

do uso de informação privilegiada naquela seara[119], a qual foi recentemente revogada e substituída pela Resolução nº 44/2021[120].

Não obstante a preocupação em relação ao tema e à edição das normas administrativas e penais supramencionadas, pouquíssimos processos criminais foram levados adiante para apuração do crime do artigo 27-D. Devido a isso e a fim de reassegurar a confiabilidade do mercado de valores mobiliários, em 2017, com a Lei nº 13.506, o legislador alterou a redação original do delito de *insider trading*.

O novo *caput* do artigo 27-D alargou o delito de uso indevido de informação privilegiada que deixou de ser próprio daquele que possuía o dever de sigilo em relação à informação relevante ainda não divulgada, para abranger qualquer pessoa que, diante do conhecimento acerca de tal informação relevante e sigilosa, utiliza-a para negociação, em nome próprio ou alheio, visando auferir vantagem indevida para si ou para outrem. Nessa medida, o tipo penal foi equiparado ao tipo administrativo, previsto na antiga Instrução CVM nº 358/2002, atual Resolução CVM nº 44/2021. Para além disso, foram acrescentados dois parágrafos ao tipo penal. O primeiro equiparou à conduta anterior aquela de quem repassa informação sigilosa relativa a fato relevante a que tenha tido acesso em razão de cargo ou posição que ocupe em emissor de valores mobiliários ou em razão de relação comercial, profissional ou de confiança com o emissor. O segundo inseriu a possibilidade de aumento da pena, em um terço, caso o agente pratique o delito do *caput* se valendo de informação relevante de que tenha conhecimento e da qual deva manter sigilo. Após a alteração legislativa de 2017, portanto, a prática da conduta por titular do dever de sigilo deixou de ser pressuposto do tipo e passou a configurar causa de aumento da pena aplicável (artigo 27-D, §2º)[121].

Assim como exposto em relação ao delito de manipulação de mercado, o crime de *insider trading*, mesmo após a expansão de sua abrangência com a reforma de 2017, continua sendo de difícil aplicação e conclusão no âmbito penal. Conforme será narrado na seção 4.2.12, até hoje há somente uma condenação transitada em julgado, no Brasil, pela prática da infração penal do artigo 27-D da Lei nº 6.385/1976[122].

[119] Brasil, Comissão de Valores Imobiliários, Instrução CVM nº 358, de 03 de janeiro de 2002.

[120] Brasil, Comissão de Valores Imobiliários, Resolução CVM nº 44, de 24 de agosto de 2021.

[121] Viviane Muller Prado *et al.*, Insider Trading: normas, instituições e mecanismos de controle no Brasil, p. 31.

[122] Vide caso envolvendo as empresas Sadia e Perdigão, amplamente divulgado pela mídia: Consultor Jurídico, Ex-diretor da Sadia é o primeiro condenado no Brasil por *insider trading*.

4.2.2. Bem jurídico tutelado

A definição do bem jurídico tutelado pelo crime de *insider trading* não é pacífica. Para além de haver diferentes opiniões acerca de qual seria o âmbito de proteção desse crime, existe uma corrente – ainda que minoritária – defensora de que tal conduta sequer deveria ser criminalizada por não apresentar lesividade suficiente para justificar tutela penal, considerada *ultima ratio*, ou mesmo administrativa.

Segundo defensores de parte dessa linha de raciocínio, o delito do artigo 27-D não geraria vítimas, pois os negócios realizados no mercado seriam substancialmente os mesmos, com ou sem a presença de alguém transacionando com o uso de informação privilegiada, justamente porque o tipo penal não prevê a utilização de fraude ou simulação como ocorre na manipulação de mercado. Ou seja, "mesmo diante da atuação de um detentor de informação privilegiada (*insider*), as demais ofertas de compra ou de vendas dadas pelos investidores que não detêm informações privilegiadas seriam, ao menos em tese, executadas dentro das condições originalmente pretendidas por aqueles investidores, que, portanto, não seriam prejudicados"[123]. Sendo assim, o *insider trading*, por não gerar consequências tão gravosas, poderia se limitar a um ilícito administrativo, mas não penal.

Indo ainda mais além, outros defendem o uso de informação privilegiada como prática benéfica ao mercado por, na verdade, mitigar as diferenças informacionais presentes entre os *insiders* e os outros participantes do mercado[124]. Denis Morelli explica que "seriam, portanto, valiosos e especialmente céleres para o mercado os rastros de informações deixados por alguém que possui informações privilegiadas"; logo, "ao impedir o *insider trading*, o mercado demoraria mais para se ajustar às ocorrências importantes que acometem as companhias"[125], deixando mais ineficiente a formação dos preços, por afastar a célere propagação da realidade. De acordo com essa linha, portanto, o *insider trading* não deveria ser considerado ilícito em nenhuma esfera do Direito.

Não obstante o entendimento acima, a corrente doutrinária majoritária defende a necessidade de tutela penal para o uso indevido de informações privilegiadas, a fim de proteger o próprio mercado de valores mobiliários, "a confiabilidade de seus mecanismos, a sua estabilidade, a segurança das operações

123 MORELLI, Denis. Artigos 27-C, D, E e F. *In*: CODORNIZ, Gabriela; PATELLA, Laura (coords.). *Comentários à Lei do Mercado de Capitais* – Lei nº 6.385/79. São Paulo: Quartier Latin, 2015, p. 632.

124 PROENÇA, José Marcelo Martins. *Insider trading*. Regime Jurídico do Uso de Informações Privilegiadas no Mercado de Capitais. São Paulo: Quartier Latam, 2005, p. 332.

125 MORELLI, Denis. Artigos 27-C, D, E e F. *In*: CODORNIZ, Gabriela; PATELLA, Laura (coords.). *Comentários à Lei do Mercado de Capitais* – Lei nº 6.385/79. São Paulo: Quartier Latin, 2015, p. 633.

realizadas, bem como, em última análise, o seu regular funcionamento"[126], motivo pelo qual se entende o bem jurídico aqui tutelado como supraindividual e não como uma justaposição de interesses individuais determinados[127].

Para que seja assegurado o regular funcionamento do mercado de capitais – objetivo perseguido por todos os crimes da Lei nº 6.385 – é preciso que haja tutela do processo de livre formação dos preços dos valores mobiliários. Para tanto, faz-se necessária a "comunhão de informações relevantes sobre determinada companhia com todos os seus participantes"[128], sendo fundamental o afastamento da possibilidade de negociações com base em informações restritas e sigilosas.

Outro argumento exposto pela doutrina para tutela penal nesse ponto é a proteção das relações "de confiança, transparência e lealdade entre todos os participantes do mercado de capitais, espaço que deve se qualificar pela igualdade de oportunidades oferecidas aos investidores"[129]. Isso porque quando um dos participantes do mercado executa negociação com base em informação importante que somente ele possui (pois ainda não foi divulgada aos demais), viola relevante regra: a igual e justa divisão do risco entre todos[130]. A informação desempenha a função pública de gerar uma justa distribuição de riscos nos negócios efetuados no mercado de capitais e, assim, promover maior confiança e credibilidade desse mercado[131].

[126] MELLO NETO, Benedicto de Souza. *Crimes contra o mercado de capitais*. Curitiba: Juruá, 2015, pp. 153-154. Em complementação, o Superior Tribunal de Justiça já se manifestou acerca do crime de *insider trading* e da necessidade de tutela, inclusive penal, para a conduta por ser esta "danosa ao mercado de capitais, aos investidores e à própria sociedade anônima (Brasil, STJ, Recurso Especial nº 1601555/SP, Rel. Min. Ricardo Villas Bôas Cueva, Terceira Turma, j. 14.02.2017, DJe 20.02.2017).

[127] SILVEIRA, Renato de Mello Jorge. *Crimes contra o mercado de capitais*. *In*: SOUZA, Luciano Anderson de; ARAÚJO, Marina Pinhão Coelho (coord.). *Direito penal econômico:* leis penais especiais. v. 1. São Paulo: Revista dos Tribunais, 2019, pp. 254-259.

[128] BREDA, Juliano. Crimes contra o mercado de capitais. Lei n. 6.385, de 7-12-1986. In: BITENCOURT, Cezar Roberto; BREDA, Juliano. *Crimes contra o sistema financeiro nacional e contra o mercado de capitais*. 3. ed. Rio de Janeiro: Lumen Juris, 2014, p. 403.

[129] BREDA, Juliano. Crimes contra o mercado de capitais. Lei n. 6.385, de 7-12-1986. In: BITENCOURT, Cezar Roberto; BREDA, Juliano. *Crimes contra o sistema financeiro nacional e contra o mercado de capitais*. 3. ed. Rio de Janeiro: Lumen Juris, 2014, p. 403.

[130] Frederico Lacerda da Costa Pinto, O novo regime dos crimes e contra-ordenação no Código dos Valores Mobiliários, p. 43.

[131] MELLO NETO, Benedicto de Souza. *Crimes contra o mercado de capitais*. Curitiba: Juruá, 2015, pp. 155-156. O Tribunal Regional Federal da Terceira Região confirma o bem jurídico tutelado do crime de *insider trading* nesse mesmo sentido: "O bem jurídico tutelado no delito em apreço consiste na confiança depositada pelos investidores no mercado a fim de assegurar o correto funcionamento do mercado de capitais. Ademais, a credibilidade das operações do mercado de valores mobiliários se consubstancia na transparência das informações e na divulgação ampla de fato ou ato relevante a fim de garantir a igualdade de condições a todos investidores de operar no mercado de capitais" (Brasil, TRF3, Apelação Criminal nº 0005123-26.2009.4.03.6181, Rel. Des. Luiz Stefanini, Quinta Turma, j. 04.02.2013, DJe 14.02.2013).

A confiança é o que impulsiona um número cada vez maior de pessoas a investirem seus recursos no mercado[132]; logo, é importante transmitir aos investidores a confiança de que as operações realizadas no mercado são justas, no sentido de refletirem decisões de investimento tomadas com base no mesmo universo de informação. Como é intuitivo, se apenas uma das partes da transação tem conhecimento de informação confidencial determinante para a cotação do ativo, essa transação pode não ser vista como justa. A parte que domina a informação não correrá o risco do negócio, pois já saberá, de antemão, como a cotação do ativo deverá se comportar no futuro. A perspectiva de que há agentes operando no mercado com base em informações dessa natureza, ou seja, em posição de indevida assimetria informacional, tem o efeito de afastar todos os potenciais investidores. Cria-se a impressão de que o jogo não é justo, afastando os jogares que cumprem as regras, ainda que não direta e imediatamente afetados. A nosso ver, essa é a principal razão de ser do delito relacionado ao uso indevido de informação privilegiada. Nelson Eizirik, Ariádna B. Gaal, Flávia Parente e Marcus de Freitas Henriques chegam a falar em motivos éticos como razão de existir do tipo penal do 27-D por entenderem haver um princípio de igualdade de informações entre os participantes do mercado de capitais que seria prejudicado caso fosse permitido que uma determinada pessoa negociasse com base em informações não disponíveis para o público[133].

Há quem vá além, porém, defendendo que somada à confiabilidade, a incriminação do *insider trading* representa mais uma forma de tutelar a ampla e irrestrita divulgação de informações no mercado de valores mobiliários, ponto fundamental para proteção daqueles que atuam em tal mercado[134]. Segundo Modesto Carvalhosa e Nelson Eizirik "a ampla divulgação de informações constitui, tanto entre nós, como no Direito Comparado, o elemento essencial de tutela dos interesses dos investidores; assim, considera-se que, uma vez bem informados, os investidores estarão adequadamente protegidos".[135]

Finalmente, ainda que de maneira secundária, o crime em comento protege o patrimônio do investidor que venha (ou poderia vir) a ser lesado pela negociação oriunda do uso de informação privilegiada, bem como a companhia emitente dos valores mobiliários correspondentes, tendo em vista que a conduta do

132 João Carlos Castellar, Insider trading e os novos crimes corporativos (uso indevido de informação privilegiada, manipulação de mercado e exercício irregular de cargo, profissão, atividade ou função), p. 108.

133 EIZIRIK, Nelson; GAAL, B. Adriádna; PARENTE, Flávia; HENRIQUES, Marcus de Freitas. *Mercado de capitais*: Regime Jurídico. 4ª ed. São Paulo: Quartier Latin, 2019, pp.708-709.

134 MELLO NETO, Benedicto de Souza. *Crimes contra o mercado de capitais*. Curitiba: Juruá, 2015, p. 155. Nesse mesmo sentido: Iván González Amado, Utilización indebida de información privilegiada. Derecho Penal y Criminologia, p. 115.

135 CARVALHOSA, Modesto; EIZIRIK, Nelson. *A Nova Lei das S/A*. São Paulo: Saraiva, 2002, p 544.

insider pode afetar seu prestígio, reputação, imagem e, por consequência, causar a queda de seus títulos e valores mobiliários[136].

Percebe-se, assim, não haver consenso acerca de qual seria o bem jurídico tutelado pela norma penal, sendo possível concluir tratar-se de bem jurídico de caráter variado. Nas palavras de Renato de Mello Jorge Silveira, pelo crime do artigo 27-D, "estariam protegidas, portanto, mediante um panorama de *full disclosure*, tanto a transparência, a segurança, a integridade, como a estabilidade"[137] e, especialmente, a confiabilidade do mercado de capitais, confirmando a ideia de bem jurídico complexo e poliédrico[138].

4.2.3. Competência

Diferentemente da Lei nº 7.492/1986[139], a Lei nº 6.385/1976 não definiu a competência para processo e julgamento dos delitos contra o mercado de valores mobiliários, o que acabou gerando divergência sobre o tema.

Apesar de haver, na doutrina, quem defenda a competência da Justiça Estadual[140], entendemos que a competência para processamento do crime de uso indevido de informação privilegiada é da Justiça Federal.

O artigo 109 da Constituição Federal estabelece a competência da Justiça Federal para processar e julgar diversas causas e/ou crimes, dentre eles, segundo o inciso VI, os delitos contra o sistema financeiro e a ordem econômico-financeira. Diante disso, poder-se-ia entender que os crimes contra o mercado de capitais estariam abarcados nessa hipótese, mas essa competência está limitada aos casos determinados por lei e, como dito anteriormente, a Lei nº 6.385/1976 nada fala sobre o tema.

A interpretação do texto constitucional, porém, deve ser feita de maneira sistemática e extensiva, levando em consideração também o disposto no inciso IV do supracitado artigo, segundo o qual os crimes políticos e as infrações penais

[136] José de Faria Costa; Maria Elisabete Ramos, O crime de abuso de informação privilegiada (insider trading). A informação enquanto problema jurídico-penal, p. 36.

[137] SILVEIRA, Renato de Mello Jorge. *Crimes contra o mercado de capitais*. *In*: SOUZA, Luciano Anderson de; ARAÚJO, Marina Pinhão Coelho (coord.). *Direito penal econômico*: leis penais especiais. v. 1. São Paulo: Revista dos Tribunais, 2019, p. 285.

[138] Conforme conceito trazido por José de Faria Costa; Maria Elisabete Ramos, O crime de abuso de informação privilegiada (insider trading). A informação enquanto problema jurídico-penal, p. 37.

[139] Ao tratar dos crimes contra o Sistema Financeiro Nacional, a Lei nº 7.492/1986 estabeleceu, em seu artigo 26, que a respectiva ação penal será promovida pelo Ministério Público, perante a Justiça Federal.

[140] Áureo Natal de Paula diz que "trata-se de delito de competência da justiça estadual, desde que não esteja em jogo nenhum bem, serviço ou interesse da União. Tiramos tal conclusão do recente cancelamento da Súmula 91 do STJ que era em sentido contrário no que se referia aos crimes contra a fauna e do lamento de Fausto Martins De Sanctis [...]" (PAULA, Áureo Natal de. *Crimes contra o sistema financeiro nacional e o mercado de capitais*: comentários à lei 7.492/86 e aos artigos incluídos pela lei 10.303/01 à lei 6.385/76. 6. ed. rev. e atual. Curitiba: Juruá, 2012, p. 45).

praticadas em detrimento de bens, serviços ou interesse da União ou de suas entidades autárquicas ou empresas públicas competem à Justiça Federal.

Como apontado na seção anterior referente ao bem jurídico tutelado, o crime de uso indevido de informação privilegiada afeta sem sombra de dúvidas interesse da União no regular funcionamento do mercado de capitais, pertencente ao Sistema Financeiro Nacional, na sua transparência e confiança, bem como na sua manutenção imune à utilização de informações privilegiadas. Esses valores também são de interesse da CVM – autarquia federal – por ser o órgão regulador do mercado de valores mobiliários.

Apesar de não haver muitos julgados sobre o assunto, o Superior Tribunal de Justiça já se manifestou em algumas oportunidades, confirmando a competência da Justiça Federal no que tange aos crimes contra o mercado de capitais[141]. Nessa mesma linha também se manifestou o Tribunal Regional Federal da Terceira Região[142].

4.2.4. Sujeitos ativo e passivo

A definição do sujeito ativo do delito de uso de informação privilegiada foi modificada após a reforma legislativa de 2017, que alterou a redação do tipo penal em comento.

Antes de adentrarmos o assunto, porém, importa relembrarmos importante distinção entre os possíveis sujeitos ativos do *insider trading*, quais sejam: os *insiders* primários e os *insiders* secundários. Os primeiros são aqueles que, devido à sua condição de acionistas controladores, do cargo ocupado na administração da companhia ou, ainda, pelo exercício de determinada função, profissão ou ofício possuem acesso direto à informação privilegiada, ou seja, "são as pessoas que recebem, diretamente, a informação privilegiada de sua fonte e têm o conhecimento especializado suficiente para saber que tal informação é relevante"[143]. Os segundos, por sua vez, não têm acesso imediato à informação privilegiada, mas a recebem, direta ou indiretamente, dos *insiders* primários, não ostentando

[141] Brasil, STJ, CC 8.2961/SP, Rel. Min. Arnaldo Esteves Lima, Terceira Seção, j. 27.05.2009, DJe 22.06.2009; Brasil, STJ, CC 135.850/SP, Rel. Min. Maria Thereza de Assis Moura, Terceira Seção, j. 24.09.2014, DJe 01.10.2014; Brasil, STJ, Resp 1569171/SP, Rel. Min. Gurgel de Faria, Quinta Turma, j. 16.02.2016, DJe 25.02.2016.

[142] Em julgado localizado perante o Tribunal Regional Federal da Terceira Região sobre o assunto, entendeu-se pela competência da Justiça Federal para processamento dos crimes contra o mercado de capitais com base no inciso VI do artigo 109, em conjunto com o inciso IV por conta do interesse da União na "higidez do Sistema Financeiro Nacional", "a fim de assegurar a confiança e segurança jurídica no correto funcionamento do mercado de valores mobiliários" (Brasil, TRF3, Apelação Criminal nº 0005123-26.2009.4.03.6181, Rel. Des. Luiz Stefanini, 1ª Seção, j. 04.02.2013, DJe 14.02.2013).

[143] EIZIRIK, Nelson; GAAL, B. Adriádna; PARENTE, Flávia; HENRIQUES, Marcus de Freitas. *Mercado de capitais*: Regime Jurídico. 4ª ed. São Paulo: Quartier Latin, 2019, p. 720.

dever de sigilo nem possuindo, obrigatoriamente, ciência da relevância daquele dado[144].

Quando da sua tipificação inicial, o crime do artigo 27-D era considerado próprio, pois exigia que o sujeito ativo detivesse o dever de sigilo sobre a informação relevante ainda não divulgada ao mercado. Assim, inicialmente, essas pessoas – *insiders* primários – é que poderiam ser os sujeitos ativos do crime do artigo 27-D.

Atualmente, porém, o tipo penal não mais impõe que a conduta seja praticada por titular de dever de sigilo, permitindo que qualquer pessoa conhecedora de informação relevante, ainda não divulgada ao mercado, que a utilize em negociação com potencial de auferir vantagem indevida para si ou para outrem, possa ser enquadrada como autora do delito de *insider trading*[145]. Um exemplo seria o ascensorista que ouve, dentro do elevador, a conversa de dois executivos acerca de fatos relevantes de determinada companhia, ainda não divulgados ao público, e, com base nisso, adquire ou vende ações de sua emissão. O ascensorista não detinha acesso direto à informação nem dever de sigilo em relação a ela, mas, mesmo assim, agora pode ser sujeito ativo do crime de *insider trading*.

O crime, portanto, passou a ser comum e de abrangência mais ampla, incluindo no polo ativo também os *insiders* secundários. Essa alteração confirmou tendência jurisprudencial, uma vez que o Superior Tribunal de Justiça, mesmo em face da redação anterior do artigo 27-D, já vinha admitindo a execução do crime quando a negociação fosse realizada por terceiro com base em informação privilegiada recebida do *insider* primário, detentor de dever de sigilo[146].

No polo ativo, é possível o concurso de pessoas, nos termos do artigo 29 do Código Penal.

No que tange ao sujeito passivo, por ser um crime que tutela interesses coletivos e supraindividuais, tem-se o Estado como ofendido imediato devido à sua preocupação em assegurar o regular, confiável e transparente funcionamento do mercado de capitais, preocupação levada a cabo pela CVM como autarquia federal responsável pela regulamentação e fiscalização do mercado de

[144] EIZIRIK, Nelson; GAAL, B. Adriádna; PARENTE, Flávia; HENRIQUES, Marcus de Freitas. *Mercado de capitais*: Regime Jurídico. 4ª ed. São Paulo: Quartier Latin, 2019, p. 720.

[145] Viviane Muller Prado *et al.*, Insider Trading: normas, instituições e mecanismos de controle no Brasil, p. 31.

[146] Segundo o Ministro Sebastião Reis Júnior, quando do julgamento do Recurso em Habeas Corpus 46315/RS, "O agente, assim, poderia se servir de interposta pessoa para a prática delitiva, a qual também cometeria o crime em causa – mesmo em se tratando de infração própria –, desde que tenha ciência cumulativa de que a informação obtida é relevante, está sendo utilizada em prejuízo à generalidade dos demais investidores e infringindo o dever de lealdade do *insider*, elementar do crime, que se comunica por força do art. 30 do Código Penal" (Brasil, STJ, Recurso em Habeas Corpus 46315/RS, Rel. Min. Sebastião Reis Júnior, Sexta Turma, j. 25.08.2015, DJe 25.09.2015.

capitais[147]. Podemos apontar, ainda, secundariamente como sujeitos passivos: (i) os demais investidores, uma vez que, como narrado ao explicar o bem jurídico tutelado, a negociação com informação privilegiada viola a distribuição igualitária dos riscos do negócio entre os participantes do mercado; e (ii) a própria companhia emitente "que pode ser prejudicada em seu prestígio e seu patrimônio pela atuação de quem negocia no mercado de valores mobiliários[148], utilizando-se de informação privilegiada"[149].

4.2.5. Tipo objetivo

O delito do artigo 27-D criminaliza a conduta de utilizar informação relevante mediante negociação, em nome próprio ou de terceiros, de valores mobiliários. O verbo núcleo do tipo "utilizar" pode ser interpretado como "empregar, usar, aproveitar"[150], e deve, necessariamente, ser compreendido em conjunto com a expressão "mediante negociação de valores mobiliários"[151]. Isso porque, nos termos da redação do tipo penal em comento, a conduta punível não é a mera utilização de informação relevante e sigilosa, mas sim o seu emprego para negociação – ou seja, compra e venda – de valores mobiliários. Se este emprego ocorrer em hipótese diversa da negociação, não há que se falar em caracterização do delito. Se o detentor da informação relevante ainda não tornada pública utilizar esse dado para promover mudanças na estrutura da companhia, por exemplo, sua conduta será atípica por não envolver negociação e não implicar risco ao bem jurídico tutelado no *insider trading*[152].

A vinculação da utilização da informação relevante sigilosa à negociação acaba restringindo o alcance do crime. Condutas que a nosso ver seriam equiparadas à lesividade da negociação com informação privilegiada mostram-se atípicas como a ação do sujeito que, com base em informação relevante ainda não publicizada ao mercado, desiste de vender seus valores mobiliários em razão de possível alta de sua cotação. A limitação do tipo penal é contraditória, pois "é atípica a conduta de quem obtém vantagem indevida, deixando de negociar valores mobiliários em razão de informação privilegiada", mas, de outro lado, é

[147] BITENCOURT, Cezar Roberto. *Tratado de direito penal econômico*. São Paulo: Saraiva, 2016. v. 1, p. 189.

[148] BITENCOURT, Cezar Roberto. *Tratado de direito penal econômico*. São Paulo: Saraiva, 2016. v. 1, p. 189.

[149] MELLO NETO, Benedicto de Souza. *Crimes contra o mercado de capitais*. Curitiba: Juruá, 2015, pp. 162-163.

[150] SILVEIRA, Renato de Mello Jorge. *Crimes contra o mercado de capitais*. *In*: SOUZA, Luciano Anderson de; ARAÚJO, Marina Pinhão Coelho (coord.). *Direito penal econômico*: leis penais especiais. v. 1. São Paulo: Revista dos Tribunais, 2019, p. 286.

[151] A descrição do que seriam valores mobiliários, para os crimes contra o mercado de valores mobiliários, foi realizada na seção 4.1.6 quando da análise do tipo subjetivo de manipulação de mercado.

[152] BREDA, Juliano. Crimes contra o mercado de capitais. Lei n. 6.385, de 7-12-1986. In: BITENCOURT, Cezar Roberto; BREDA, Juliano. *Crimes contra o sistema financeiro nacional e contra o mercado de capitais*. 3. ed. Rio de Janeiro: Lumen Juris, 2014, p. 406.

"punível a conduta daquele que compra ou vende valores mobiliários de posse de uma informação sigilosa e relevante, mesmo que não obtenha lucro ou qualquer outra vantagem"[153].

Ainda nesse ponto, vale destacarmos que o tipo penal possibilita que a negociação seja feita em nome próprio ou de terceiros. Logo, com base na informação privilegiada que detém, o sujeito ativo pode tanto comprar e vender ações de sua titularidade quanto fazê-lo em nome de um terceiro: amigo cônjuge, parente etc. Exemplo de negociação em nome de terceiro é o executivo de determinada empresa que, detentor de informação privilegiada acerca de fato capaz de implicar o aumento do valor de suas ações, compra tais valores mobiliários em nome de sua esposa ou de outro parente. Caso o terceiro tenha consciência da situação, será responsabilizado em concurso de agentes, nos termos do artigo 29 do Código Penal.

O objeto a ser utilizado pelo agente delitivo mediante negociação de valores mobiliários é a "informação relevante de que tenha conhecimento, ainda não divulgada ao mercado". Para entendermos o que isso significa, o primeiro passo é determinar a conceituação de "informação relevante", a qual é importada do âmbito administrativo. Apesar da Lei das Sociedades por Ações estabelecer, em seu artigo 155, §1° conceito de informação relevante, este é indeterminado[154]. Assim, coube à CVM, inicialmente com a Instrução n° 358/2002, e, agora, com a Resolução n° 44/2022, definir contornos mais precisos para o conceito de "fato relevante" no mercado de capitais[155]. Nesse sentido, o artigo 2° de tal Resolução prevê que

> Considera-se relevante, para os efeitos desta Resolução qualquer decisão de acionista controlador, deliberação da assembléia geral ou dos órgãos de administração da companhia aberta, ou qualquer outro ato ou fato de

[153] BITENCOURT, Cezar Roberto. *Tratado de direito penal econômico*. São Paulo: Saraiva, 2016. v. 1. p. 191.

[154] Vide artigo 155, §1°, da Lei n° 6.404/1976: "§ 1° Cumpre, ademais, ao administrador de companhia aberta, guardar sigilo sobre qualquer informação que ainda não tenha sido divulgada para conhecimento do mercado, obtida em razão do cargo e capaz de influir de modo ponderável na cotação de valores mobiliários, sendo-lhe vedado valer-se da informação para obter, para si ou para outrem, vantagem mediante compra ou venda de valores mobiliários". (Brasil, Lei n° 6.404, de 15 de dezembro de 1976).

[155] Nesse sentido, já se manifestou o Superior Tribunal de Justiça: "A legislação penal brasileira, entretanto, não explicitou o que venha a ser informação economicamente relevante, fazendo com que o intérprete recorra a outras leis ou atos normativos para saber o alcance da norma incriminadora. 6. Em termos gerais, os arts. 155, § 1°, da Lei n. 6.404/1976 e 2° da Instrução n. 358/2002 da CVM definem o que vem a ser informação relevante, assim como a doutrina pátria, que leciona ser idônea qualquer informação capaz de 'influir, de modo ponderável, na decisão dos investidores do mercado', gerando 'apetência pela compra ou venda de ativos', de modo a 'influenciar a evolução da cotação' (João Carlos Castellar, Insider trading e os novos crimes corporativos (uso indevido de informação privilegiada, manipulação de mercado e exercício irregular de cargo, profissão, atividade ou função), p. 112-113)" (Brasil, STJ, Recurso Especial n° 1569171/SP, Rel. Min. Gurgel de Faria, Quinta Turma, j. 16.02.2016, DJe 25.02.2016).

> caráter político-administrativo, técnico, negocial ou econômico-financeiro ocorrido ou relacionado aos seus negócios que possa influir de modo ponderável:
>
> I - na cotação dos valores mobiliários de emissão da companhia aberta ou a eles referenciados;
>
> II - na decisão dos investidores de comprar, vender ou manter aqueles valores mobiliários;
>
> III - na decisão dos investidores de exercer quaisquer direitos inerentes à condição de titular de valores mobiliários emitidos pela companhia ou a eles referenciados[156].

Ao longo do parágrafo único do mesmo artigo, são expostos diversos exemplos de atos ou fatos potencialmente relevantes[157]. Para além disso, a Deliberação CVM nº 443[158] qualifica como informação relevante também as pesquisas de opinião pública relativas às eleições ou aos candidatos[159].

Apesar da importância das normas editadas pela CVM para definição do tema, Nelson Eizirik, Ariádna B. Gaal, Flávia Parente e Marcus de Freitas Henriques alertam que, para a confirmação acerca da relevância de uma informação, não basta só verificar se ela está (ou não) incluída no rol da atual Resolução nº

[156] Brasil, Comissão de Valores Imobiliários, Instrução CVM nº 358, de 03 de janeiro de 2002.

[157] Vide artigo 2º, parágrafo único, da Instrução CVM nº 358/2002: "Parágrafo único. Observada a definição do caput, são exemplos de ato ou fato potencialmente relevante, dentre outros, os seguintes: I - assinatura de acordo ou contrato de transferência do controle acionário da companhia, ainda que sob condição suspensiva ou resolutiva; II - mudança no controle da companhia, inclusive através de celebração, alteração ou rescisão de acordo de acionistas; III - celebração, alteração ou rescisão de acordo de acionistas em que a companhia seja parte ou interveniente, ou que tenha sido averbado no livro próprio da companhia; IV - ingresso ou saída de sócio que mantenha, com a companhia, contrato ou colaboração operacional, financeira, tecnológica ou administrativa; V - autorização para negociação dos valores mobiliários de emissão da companhia em qualquer mercado, nacional ou estrangeiro; VI - decisão de promover o cancelamento de registro da companhia aberta; VII - incorporação, fusão ou cisão envolvendo a companhia ou empresas ligadas; VIII - transformação ou dissolução da companhia; IX - mudança na composição do patrimônio da companhia; X - mudança de critérios contábeis; XI - renegociação de dívidas; XII - aprovação de plano de outorga de opção de compra de ações; XIII - alteração nos direitos e vantagens dos valores mobiliários emitidos pela companhia; XIV - desdobramento ou grupamento de ações ou atribuição de bonificação; XV – aquisição de valores mobiliários de emissão da companhia para permanência em tesouraria ou cancelamento, e alienação de valores mobiliários assim adquiridos" (Brasil, Comissão de Valores Imobiliários, Instrução CVM nº 358, de 03 de janeiro de 2002).

[158] Brasil, Comissão de Valores Mobiliários, Deliberação CVM nº 443, de 16 de julho de 2002.

[159] A título exemplificativo, em estudo empírico detalhado acerca do ilícito de uso de informação privilegiado na seara administrativa, Viviane Muller Prado, Marcelo Costenaro Cavali, Nora Rachman e Renato Vilela apontaram os fatos considerados relevantes, pela CVM, quando do julgamento de processos administrativos sancionadores entre os anos de 2002 e 2018, e cuja utilização foi imputada aos indiciados. No âmbito de sessenta e cinco casos, tem-se: quinze acerca da modificação do controle acionário, quatorze sobre reorganização societária, oito relacionados a informações financeiras da companhia conhecidas antes da publicação do fato relevante, sete sobre negócios da companhia, cinco referentes à reestruturação de dívida, três acerca do fechamento do capital, dois relacionados à recompra de ações e dois referentes ao formulário de referência das companhias (Viviane Muller Prado *et al.*, Insider Trading: normas, instituições e mecanismos de controle no Brasil, p. 51-52).

44/2022 que substituiu a antiga Instrução nº 358/2002, mas sim se "é capaz de influenciar a cotação dos valores mobiliários de emissão da companhia, a intenção dos investidores de compra-los ou vende-los ou de exercerem quaisquer direitos inerentes à condição de seus titulares"[160]. Assim, mesmo fatos não relacionados na norma podem ser relevantes, da mesma forma que outros lá elencados, diante do caso concreto, podem não merecer tal classificação[161].

João Carlos Castellar, apesar de concordar com a conceituação e os exemplos oriundos da esfera administrativa, alerta que, para fins penais, estes seriam "meramente exemplificativos e não *numerus clasus*, podendo haver situações distintas, não previstas na normativa, que caracterizem o delito (ou previstas que não o caracterizem), mesmo porque o tipo penal silencia a respeito, não estabelecendo um rol taxativo de hipóteses"[162]. De maneira oposta, Renato de Mello Jorge Silveira afirma que, tendo em vista a acessoriedade administrativa e o fato de que a norma penal carece de densidade normativa, nada dizendo sobre o tema, o conceito de fato relevante deve necessariamente ser importado da percepção administrativa ou, ao menos, "somente depois que a administração assuma que houve abuso de fato relevante, é que existe a possibilidade de, criminalmente, sustentar-se por ilícito também nessa seara"[163].

O Superior Tribunal de Justiça, ao analisar o assunto, reconheceu que "a instrução normativa [nº 358 da CVM] elenca 22 (vinte e duas) hipóteses como exemplos de fatos potencialmente relevantes, o que constitui, sem dúvida, importante fonte hermenêutica para a seara criminal, assim como a Lei de Sociedade Anônimas". Mas alertou que "compete ao aplicador da lei a valoração em concreto da relevância da informação, conforme o momento e a realidade em que ocorreram, até porque o rol acima mencionado não é taxativo, mas exemplificativo"[164], posição esta com a qual concordamos.

160 EIZIRIK, Nelson; GAAL, B. Adriádna; PARENTE, Flávia; HENRIQUES, Marcus de Freitas. *Mercado de capitais:* Regime Jurídico. 4ª ed. São Paulo: Quartier Latin, 2019, p. 714.

161 A título de curiosidade, nos Estados Unidos das América, há tempos a jurisprudência vem debatendo o significado de relevância da informação. Desde o paradigmático caso *TSC Industries vs. Northway* foram desenvolvidos "testes de relevância" para análise de eventuais delitos de *insider trading*. De acordo o entendimento norte americano, a informação será relevante "(i) se puder ser considerada importante para o acionista ou investidor razoável (*'reasonable investor'*), para a sua decisão de investimentos; e (ii) se houver uma probabilidade substancial de, ao ser revelada, a informação afetar a generalidade (*'total mix'*) das demais informações disponíveis no mercado" (MORELLI, Denis. Artigos 27-C, D, E e F. *In*: CODORNIZ, Gabriela; PATELLA, Laura (coords.). *Comentários à Lei do Mercado de Capitais* – Lei nº 6.385/79. São Paulo: Quartier Latin, 2015, p. 635).

162 João Carlos Castellar, Insider trading e os novos crimes corporativos (uso indevido de informação privilegiada, manipulação de mercado e exercício irregular de cargo, profissão, atividade ou função), p. 112.

163 SILVEIRA, Renato de Mello Jorge. *Crimes contra o mercado de capitais*. *In*: SOUZA, Luciano Anderson de; ARAÚJO, Marina Pinhão Coelho (coord.). *Direito penal econômico:* leis penais especiais. v. 1. São Paulo: Revista dos Tribunais, 2019, p. 287.

164 Trecho do voto do Ministro Relator Gurgel de Faria: Brasil, STJ, Recurso Especial nº 1569171/SP, Rel. Min. Gurgel de Faria, Quinta Turma, j. 16.02.2016, DJe 25.02.2016.

Importa ressaltarmos que informação relevante não se confunde com meros rumores, suposições, boatos ou especulações imprecisas, devendo tratar de fatos precisos, com conteúdo determinado[165]. Caso a informação utilizada pelo agente para negociação de valores mobiliários não seja concreta e efetivamente relevante nos termos descritos acima, o fato será atípico.

Além de relevante, a informação não pode já ter sido divulgada ao mercado, ou seja, precisa ser sigilosa. A Resolução CVM nº 44/2022 determina, em seu artigo 3º, as regras para divulgação de fatos relevantes perante o mercado de valores mobiliários[166]. O agente que utiliza informação relevante de que tem conhecimento para comprar ou vender valores mobiliários no mercado de capitais, quando tal informação já foi tornada pública, não comete o crime de *insider trading* justamente por restar ausente a elementar "ainda não divulgada ao mercado"[167]. Caso o agente ache que a informação já foi divulgada – quando na verdade isso ainda não aconteceu – e a utilize em negociação, tal feito pode ser caracterizado como erro de tipo[168].

A famosa "informação privilegiada" que nomeia o crime do artigo 27-D, portanto, é somente a informação relevante, ainda não divulgada, pois, uma vez publicizada, deixa de ser privilegiada e passa a ser comum a todos os participantes do mercado.

O tipo penal do artigo 27-D prevê, ainda, para além de informação relevante, não divulgada ao mercado, que tal informação tem que ser de conhecimento do agente. Assim, o sujeito ativo precisa efetivamente conhecer a informação – seja porque teve acesso diretamente a ela ou porque a recebeu de terceiro – bem

165 MELLO NETO, Benedicto de Souza. *Crimes contra o mercado de capitais*. Curitiba: Juruá, 2015, pp. 174-175.

166 Vide artigo 3º da Instrução CVM 358/2002: "Cumpre ao Diretor de Relações com Investidores enviar à CVM, por meio de sistema eletrônico disponível na página da CVM na rede mundial de computadores, e, se for o caso, à bolsa de valores e entidade do mercado de balcão organizado em que os valores mobiliários de emissão da companhia sejam admitidos à negociação, qualquer ato ou fato relevante ocorrido ou relacionado aos seus negócios, bem como zelar por sua ampla e imediata disseminação, simultaneamente em todos os mercados em que tais valores mobiliários sejam admitidos à negociação" (Brasil, Comissão de Valores Imobiliários, Instrução CVM nº 358, de 03 de janeiro de 2002).

167 Esse ponto também foi confirmado pelo Superior Tribunal de Justiça. Vide trecho do voto do Ministro Relator Gurgel de Faria, no julgamento do Recurso Especial nº 1569171: "Cumpre esclarecer que as 'informações' apenas terão relevância para esfera penal, especificamente para a configuração do crime do art. 27-D da Lei n. 6.385/1976, se a sua utilização ocorrer antes de serem divulgadas no mercado de capitais. Isso porque os fatos com potencial de influência sobre as decisões dos investidores devem ser comunicados publicamente, conforme determinam os arts. 3º e 6º, parágrafo único, da Instrução Normativa n. 358/2002 da Comissão de Valores Mobiliários – CVM, autarquia federal criada pela Lei n. 6.385/1976 –, bem como o art. 157, § 4º, da Lei n 6.404/1976" (Brasil, STJ, Recurso Especial nº 1569171/SP, Rel. Min. Gurgel de Faria, Quinta Turma, j. 16.02.2016, DJe 25.02.2016).

168 Fernando Capez explica que erro de tipo "é o equívoco do agente sobre uma realidade descrita no tipo penal incriminador como elementar, circunstância ou dado secundário ou sobre situação de fato descrita como elementar de tipo permissivo (pressuposto de uma causa de justificação)" (Fernando Capez, Curso de Direito Penal. Parte Geral, p. 307).

como ter ciência acerca da sua relevância e do seu sigilo, sob pena, uma vez mais, da caracterização do erro de tipo[169].

Finalmente, a negociação com informação privilegiada, para caracterizar o crime de *insider trading*, deve ser capaz de propiciar vantagem indevida para o sujeito ativo ou para outrem. A vantagem indevida, aqui, é de ordem patrimonial[170] e pode se caracterizar, por exemplo, pelo lucro ou pela valorização decorrentes da compra ou da venda de uma ação[171]. Tendo em vista que o tipo penal fala em "capacidade de propiciar vantagem", deve ser constatado um potencial lesivo na utilização da informação para que a conduta seja considerada típica, ainda que tal vantagem não precise necessariamente ser concretizada, uma vez que se trata de delito formal, como será pormenorizado na seção 4.2.7.

Vale observar que, embora o legislador trate a "capacidade de propiciar vantagem" como um requisito adicional do tipo penal, sua verificação, na prática, tende a se confundir com o requisito de existência de uma "informação relevante". Como esta é entendida como a informação com potencial de influenciar a cotação de um determinado valor mobiliário, qualquer decisão de investimento dela decorrente terá "capacidade de propiciar vantagem" ao investidor. Assim, uma vez constatado o uso de "informação relevante" não divulgada ao mercado, o requisito em questão, ao menos como regra, também deverá estar configurado.

4.2.6. Tipo subjetivo

O elemento subjetivo é o dolo caracterizado, aqui, pela vontade livre e consciente do agente de utilizar informação relevante, de que tenha conhecimento, ainda não divulgada ao mercado, para negociação de valores mobiliários em nome próprio ou de terceiros. Para a caracterização do delito, conforme narrado na seção anterior, faz-se necessário que o agente tenha conhecimento da informação

169 BREDA, Juliano. Crimes contra o mercado de capitais. Lei n. 6.385, de 7-12-1986. In: BITENCOURT, Cezar Roberto; BREDA, Juliano. *Crimes contra o sistema financeiro nacional e contra o mercado de capitais*. 3. ed. Rio de Janeiro: Lumen Juris, 2014, p. 410.

170 MELLO NETO, Benedicto de Souza. *Crimes contra o mercado de capitais*. Curitiba: Juruá, 2015, p. 177. 9.

171 BREDA, Juliano. Crimes contra o mercado de capitais. Lei n. 6.385, de 7-12-1986. In: BITENCOURT, Cezar Roberto; BREDA, Juliano. *Crimes contra o sistema financeiro nacional e contra o mercado de capitais*. 3. ed. Rio de Janeiro: Lumen Juris, 2014, p. 411. O Tribunal Regional Federal da Segunda Região já apontou, como vantagem indevida decorrente do crime de *insider trading* o lucro: "A vantagem ilícita decorrente da prática do art. 27-D da Lei 6385/76 não engloba o ganho bruto obtido com a venda das ações, mas sim o lucro que tal operação, em tese, rendeu ao investigado. Adotando-se o primeiro entendimento, chegar-se-ia à equivocada conclusão de que também a propriedade das ações, que integrava licitamente o patrimônio do investigado, seria ilícita" (Brasil, TRF2, Apelação Criminal nº 0509349-73.2015.4.02.5101. Rel. Des. Messod Azulay, Segunda Turma Especializada, j. 10.10.2016, DJe 14.11.2016.).

e ciência da sua relevância, optando, diante disso, por utilizá-la em negociação; logo, não há a possibilidade de dolo eventual, mas tão somente de dolo direto[172].

O tipo penal exige também um especial fim de agir, qual seja: o de propiciar, para si ou para outrem, vantagem indevida. O sujeito ativo precisa, portanto, para além da intenção supramencionada, agir com o intuito de obter vantagem indevida. Em outras palavras, ele "deve não só ter a consciência da ilicitude como também desejar o resultado, a vantagem indevida"[173].

Como aqui já explicado, a vantagem é de ordem patrimonial[174] e pode se caracterizar, por exemplo, pelo lucro ou pela valorização decorrentes da compra ou da venda de uma ação[175]. Tal vantagem é indevida justamente por ser um desdobramento do meio ilícito utilizado para negociação dos valores mobiliários pelo agente. Segundo Cezar Roberto Bitencourt, "a vantagem é considerada indevida porque a negociação é *ab initio* viciada, em face da utilização de fato relevante sigiloso, violando-se assim as regras 'do jogo'"[176].

Finalmente, a vantagem indevida pode ser perquirida pelo agente em benefício próprio ou de terceiros, de modo que, caso utilize uma informação privilegiada para a negociação de valores mobiliários – a fim de gerar lucro para seus descendentes e não para si próprio, por exemplo –, restará caracterizado o crime do artigo 27-D.

A comprovação do elemento subjetivo do tipo penal é importante para evitar a criminalização de transações que não foram motivadas por uma informação privilegiada. A título de exemplo, o administrador de determinada companhia aberta, que conhece informações relevantes não divulgadas, pode decidir vender parte das ações de que é titular para levantar os recursos necessários ao cumprimento de um contrato (v.g. pagar dívida bancária, quitar a compra de imóvel etc.). Nesse caso, o que motiva a realização da negociação não é a perspectiva de que a ação poderá cair no futuro, decorrente da informação privilegiada em posse do investidor, mas sim a necessidade de utilizar os recursos para outra finalidade. Assim, sempre que a *causa* preponderante de determinada negociação não for uma informação privilegiada a que o investidor teve acesso, não estará caracterizado o crime de *insider trading*.

172 DE SANCTIS, Fausto Martins. *Punibilidade no Sistema Financeiro Nacional*. Campinas: Millenium, 2003, p. 114.

173 EIZIRIK, Nelson; GAAL, B. Adriádna; PARENTE, Flávia; HENRIQUES, Marcus de Freitas. *Mercado de capitais: Regime Jurídico*. 4ª ed. São Paulo: Quartier Latin, 2019, p. 722.

174 MELLO NETO, Benedicto de Souza. *Crimes contra o mercado de capitais*. Curitiba: Juruá, 2015, p. 177. 9.

175 BREDA, Juliano. Crimes contra o mercado de capitais. Lei n. 6.385, de 7-12-1986. In: BITENCOURT, Cezar Roberto; BREDA, Juliano. *Crimes contra o sistema financeiro nacional e contra o mercado de capitais*. 3. ed. Rio de Janeiro: Lumen Juris, 2014, p. 411.

176 BITENCOURT, Cezar Roberto. *Tratado de direito penal econômico*. São Paulo: Saraiva, 2016. v. 1, p. 193.

4.2.7. Consumação e tentativa

Apesar de haver quem entenda que o delito do artigo 27-D seria material, consumando-se somente com a obtenção, por meio do uso da informação privilegiada, da vantagem indevida[177], entendemos se tratar de crime de perigo abstrato e formal que se consuma independentemente da ocorrência do resultado[178]. Apesar de parecer controvertido, o crime pode se consumar mesmo que a negociação com informação privilegiada acabe gerando prejuízo ao agente, pois ainda que o sujeito ativo tenha o conhecimento da informação privilegiada e utilize-a, em seu benefício, para negociação de um ativo, não é possível prever com certeza qual será o impacto exato de tal informação, perante o mercado, quando da sua divulgação oficial. Além disso, fatores externos e inesperados como escândalos políticos, crises sanitárias ou de segurança, desastres naturais, dentre outros, podem surgir, no meio do caminho, fazendo com que a negociação inicialmente realizada pelo *insider*, mesmo com base na informação privilegiada, gere resultado diverso e aquém do esperado[179]. Por exemplo: sabendo que determinada usina iria anunciar, em alguns dias, o fechamento de acordo que beneficiaria sua produção de açúcar – o que provavelmente implicaria aumento da cotação das suas ações listas na bolsa de valores – o agente decide comprá-las em alta quantidade. Um incêndio, porém, atinge grande parte do canavial da usina, implicando drástica queda de suas ações, mesmo com o anúncio do novo acordo. Por ser um delito formal, mesmo nessa hipótese, restará consumado o crime de *insider trading*.

O que o tipo penal exige, para sua caracterização, não é a obtenção da vantagem indevida, mas sim a possibilidade de que o uso da informação privilegiada, em negociação com valores mobiliários, propicie ao sujeito ativo tal vantagem. Exige-se, portanto, somente a prova da potencialidade lesiva da

177 EIZIRIK, Nelson; GAAL, B. Adriádna; PARENTE, Flávia; HENRIQUES, Marcus de Freitas. *Mercado de capitais: Regime Jurídico*. 4ª ed. São Paulo: Quartier Latin, 2019, p. 723; João Carlos Castellar, Insider trading e os novos crimes corporativos (uso indevido de informação privilegiada, manipulação de mercado e exercício irregular de cargo, profissão, atividade ou função), p. 123.

178 Nesse sentido: Juliano Breda, Crimes contra o mercado de capitais. Lei n. 6.385, de 7-12-1986, p. 413; Cezar Roberto Bitencourt, Tratado de direito penal econômico, p. 195; SILVEIRA, Renato de Mello Jorge. *Crimes contra o mercado de capitais. In*: SOUZA, Luciano Anderson de; ARAÚJO, Marina Pinhão Coelho (coord.). *Direito penal econômico*: leis penais especiais. v. 1. São Paulo: Revista dos Tribunais, 2019, pp. 254-259; MORELLI, Denis. Artigos 27-C, D, E e F. *In*: CODORNIZ, Gabriela; PATELLA, Laura (coords.). *Comentários à Lei do Mercado de Capitais* – Lei nº 6.385/79. São Paulo: Quartier Latin, 2015, p. 640; Áureo Natal de Paula, Crimes contra o Sistema Financeiro Nacional e o mercado de capitais, p. 43; Fausto Martins de Sanctis, Punibilidade no Sistema Financeiro Nacional, p. 113. O Tribunal Regional Federal da Terceira Região já confirmou que "A consumação [do tipo penal do artigo 27-D da Lei nº 6.385/1976] independe da efetiva obtenção de vantagem ou lucro na negociação" (Brasil, TRF3, *Apelação Criminal nº 0000143-89.2016.4.03.6181*, Rel. Des. Paulo Fontes, Quinta Turma, j. 22.01.2018, DJe02.02.2018).

179 MORELLI, Denis. Artigos 27-C, D, E e F. *In*: CODORNIZ, Gabriela; PATELLA, Laura (coords.). *Comentários à Lei do Mercado de Capitais* – Lei nº 6.385/79. São Paulo: Quartier Latin, 2015, pp. 637-638

informação utilizada, mas não a ocorrência da lesão com a obtenção da vantagem indevida[180].

Assim, a consumação do crime de *insider trading* se dá com a utilização, em negociação no mercado de valores mobiliários, da informação privilegiada capaz de propiciar vantagem indevida, sendo prescindível que esta venha a efetivamente correr.

O delito não admite tentativa, pois se consuma imediatamente, com a utilização da informação relevante[181].

4.2.8. Classificação doutrinária

Diante do exposto, podemos classificar o uso indevido de informação privilegiada como *crime comum* (após a alteração legislativa de 2017, o sujeito ativo passou a poder ser qualquer pessoa, sendo desnecessária a característica específica de detentor de dever de sigilo); *formal* (sua consumação é antecipada, no momento da prática da conduta, e independe da ocorrência do resultado); de *forma vinculada* (o tipo penal exige, para sua consumação, que a utilização da informação privilegiada se dê mediante a negociação de valores mobiliários); *comissivo* (a conduta criminalizada é de ação, ou seja, implica um fazer positivo); *instantâneo* (a consumação ocorre em momento determinado sem continuidade no tempo); *unissubjetivo* (pode ser praticado por um único agente, não havendo necessidade de pluralidade de agentes, apesar de possibilitar o concurso de pessoas); *unissubsistente* (a conduta é realizada em apenas um ato, qual seja, a negociação de valores mobiliários com base em informação privilegiada).

4.2.9. Pena e ação penal

A pena privativa de liberdade prevista é de reclusão de um a cinco anos. A pena mínima de um ano possibilita a aplicação da suspensão condicional do processo prevista no artigo 89 da Lei nº 9.099/1995.

Para além disso, o preceito normativo secundário do tipo penal prevê também a aplicação de pena de multa de até três vezes o montante da vantagem

180 BREDA, Juliano. Crimes contra o mercado de capitais. Lei n. 6.385, de 7-12-1986. In: BITENCOURT, Cezar Roberto; BREDA, Juliano. *Crimes contra o sistema financeiro nacional e contra o mercado de capitais*. 3. ed. Rio de Janeiro: Lumen Juris, 2014, p. 415.

181 MORELLI, Denis. Artigos 27-C, D, E e F. *In*: CODORNIZ, Gabriela; PATELLA, Laura (coords.). *Comentários à Lei do Mercado de Capitais* – Lei nº 6.385/79. São Paulo: Quartier Latin, 2015, p. 640. Em sentido oposto, há autores que entendem possível a tentativa. Nesse sentido, Áureo Natal de Paula defende que "se a negociação não se realiza por circunstâncias alheias à vontade do agente, estará configurada a tentativa" (PAULA, Áureo Natal de. *Crimes contra o sistema financeiro nacional e o mercado de capitais:* comentários à lei 7.492/86 e aos artigos incluídos pela lei 10.303/01 à lei 6.385/76. 6. ed. rev. e atual. Curitiba: Juruá, 2012, p. 43).

ilícita obtida em decorrência do crime. Assim como no crime anteriormente exposto de manipulação de mercado, aqui também há alguns equívocos nesse ponto.

O crime de uso indevido de informação privilegiada é formal e não exige que a vantagem indevida/ilícita efetivamente se concretize para configuração do delito. Se, no caso concreto, não houver vantagem indevida, sendo possível, inclusive, conforme explicado na seção 4.2.7, que a conduta gere prejuízo, como poderá a pena de multa ser calculada? Além disso, vincular o cálculo da sanção a eventual vantagem indevida obtida foge do sistema de cominação da pena de multa previsto no Código Penal baseado no cálculo de dias-multa[182], sem contar que poderá "obriga[r] o juiz, à altura da eventual sentença condenatória, a ter a sua disposição, através da competente perícia contábil, o cálculo exato da vantagem obtida pelo agente com o ilícito. Uma base de cálculo imprecisa levaria a uma inevitável insegurança na aplicação da reprimenda"[183].

O artigo 27-F da Lei nº 6.385/1976 reforça a ideia de que a pena de multa do agente que praticar o delito de *insider trading* deverá ser aplicada em razão da vantagem ilícita auferida, ou, ainda, do dano provocado – hipótese que não havia sido incluída no preceito normativo secundário do artigo 27-D, nem encontra relação com os elementos que compõem o tipo penal em questão. Desse modo, entendemos que a vantagem ilícita auferida ou o dano causado poderão, ambos, ser considerados para fins de fixação do montante base da pena de multa. Não obstante, somente a primeira será fator determinante para elevar a sanção em até três vezes esse montante, sob pena de violação ao princípio da legalidade e da taxatividade[184].

Por fim, o parágrafo único do mesmo artigo 27-F determina que nos casos de reincidência, a multa pode ser de até o triplo dos valores fixados, levando em consideração a vantagem ilícita auferia ou o dano causado.

A ação penal é pública incondicionada.

4.2.10. Figura equiparada

> § 1º Incorre na mesma pena quem repassa informação sigilosa relativa a fato relevante a que tenha tido acesso em razão de cargo ou posição que

182 Vide artigo 49 do Código Penal.

183 MELLO NETO, Benedicto de Souza. *Crimes contra o mercado de capitais*. Curitiba: Juruá, 2015, p. 148.

184 BREDA, Juliano. Crimes contra o mercado de capitais. Lei n. 6.385, de 7-12-1986. In: BITENCOURT, Cezar Roberto; BREDA, Juliano. *Crimes contra o sistema financeiro nacional e contra o mercado de capitais*. 3. ed. Rio de Janeiro: Lumen Juris, 2014, p. 398.

ocupe em emissor de valores mobiliários ou em razão de relação comercial, profissional ou de confiança com o emissor.

Como exposto anteriormente, a Lei nº 13.506/2017 alterou a redação original do tipo penal do artigo 27-D, o qual deixou de ser crime próprio, limitado somente aos detentores de dever de sigilo, passando a ser delito comum, podendo ser praticado por qualquer pessoa que negocie valores mobiliários com base em informação relevante que tenha conhecimento, ainda não publicada ao mercado.

A alteração legislativa de 2017, ademais, acrescentou ao tipo penal o parágrafo primeiro, o qual equiparou à conduta do *caput* do artigo 27-D aquela de quem repassa informação sigilosa relativa a fato relevante a que tenha tido acesso em razão de cargo ou posição que ocupe em emissor de valores mobiliários ou em razão de relação comercial, profissional ou de confiança com o emissor.

A nova figura típica criminalizou, além da utilização, também o mero repasse de informação privilegiada a outrem, "independentemente de se verificar se o terceiro negociou ou não valores mobiliários com base na informação repassada"[185]. Aqui, o *insider* primário[186] – o detentor da informação privilegiada – repassa esse dado a outrem, como, por exemplo, na hipótese em que A, administrador de determinada companhia aberta, repassa informação relevante de que tem conhecimento, ainda não publicizada, para seu colega B; independentemente deste vir (ou não) a realizar negociação de valores mobiliários com base em tal informação, o administrador A já terá cometido o delito do artigo 27-D, §1º, pois o que se criminaliza, aqui, é o repasse da informação privilegiada e não o seu uso efetivo pelo terceiro que a recebeu. Caso esse último, após recebimento da informação privilegiada, venha a efetuar a negociação, responderá pelo crime de *insider trading* de acordo com a figura do *caput* do dispositivo legal ora comentado, nos termos explicados anteriormente.

O sujeito ativo desse parágrafo primeiro é, portanto, o *insider* primário que detenha acesso à informação privilegiada em razão de cargo ou posição que ocupe em emissor de valores mobiliários como, por exemplo, o administrador, o diretor ou o conselheiro de empresa com ações listadas na bolsa de valores mobiliários, ou, ainda, aquele que detenha o acesso à informação privilegiada por motivo de relação comercial, profissional ou de confiança com o emissor. Nesse último caso podemos citar advogados, assessores financeiros, contadores, peritos, dentre outros prestadores de serviços às companhias emissoras de valores mobiliários.

[185] Viviane Muller Prado *et al.*, Insider Trading: normas, instituições e mecanismos de controle no Brasil, p. 32.

[186] Para conceituação de *insider* primário e diferenciação em relação ao *insider* secundário, vide comentários expostos na seção 4.2.4.

A nova conduta equiparada àquela prevista no *caput* do artigo 27-D distancia-se do crime de *insider trading* quanto ao bem jurídico tutelado. A nova figura tem por finalidade a punição de eventual infração ao dever de guardar sigilo que administradores de companhias abertas[187] e outros profissionais têm com relação a informações privilegiadas a que têm acesso, independentemente da sua utilização em negociações de valores mobiliários. O mero repasse de informação privilegiada, embora possa gerar assimetria informacional, não afeta, em si, o sistema de formação de preços, tampouco a confiabilidade do mercado, haja vista que não há efetiva negociação de valores mobiliários com base na informação transmitida. Portanto, embora indesejável sob o ponto de vista da regulação do mercado, parece não se tratar de conduta que, por si só, justifique a incidência do direito penal, *ultima ratio* do sistema jurídico, ou pelo menos não em equiparação ao *insider trading*, sob pena de violação à regra da proporcionalidade.

4.2.11. Causa de aumento de pena

> § 2º A pena é aumentada em 1/3 (um terço) se o agente comete o crime previsto no caput deste artigo valendo-se de informação relevante de que tenha conhecimento e da qual deva manter sigilo.

O parágrafo segundo consiste em uma causa de aumento de pena trazida pela Lei nº 13.506/2017, que alterou o tipo penal original do artigo 27-D. Como dito anteriormente, o crime de uso indevido de informação privilegiado era próprio, pois somente podia ser praticado por determinadas pessoas detentoras de dever de sigilo. Essa característica, agora, é indiferente para caracterização do crime, seja na figura do *caput* ou do parágrafo primeiro do artigo 27-D, sendo relevante somente para dosimetria da pena. Isso porque, caso o sujeito ativo – quem utiliza a informação relevante de que tem conhecimento, ainda não divulgada ao mercado, para a negociação de valores mobiliários com potencial de obtenção de vantagem indevida – ostentar dever de sigilo em relação a tal informação, terá sua pena privativa de liberdade aumentada em um terço.

Lembrando que o artigo 8º da Resolução CVM nº 44/2002, que dispõe sobre a divulgação e o uso de informações sobre ato ou fato relevante relativo às companhias abertas, impõe o dever de sigilo "aos acionistas controladores, diretores,

[187] Vide artigo 155, §1º, da Lei n.º 6.404/76: "§ 1º **Cumpre, ademais, ao administrador de companhia aberta, guardar sigilo sobre qualquer informação que ainda não tenha sido divulgada para conhecimento do mercado**, obtida em razão do cargo e capaz de influir de modo ponderável na cotação de valores mobiliários, sendo-lhe vedado valer-se da informação para obter, para si ou para outrem, vantagem mediante compra ou venda de valores mobiliários" Brasil, Lei nº 6.404, de 15 de dezembro de 1976.

membros do conselho de administração, do conselho fiscal e de quaisquer órgãos com funções técnicas ou consultivas, criados por disposição estatutária, e empregados da companhia"[188]. Para além dessas pessoas, a doutrina defende que há outros profissionais – como advogados, contadores e profissionais de distribuidoras e corretoras de valores mobiliários – que também possuem dever de sigilo imposto por lei[189] e, portanto, podem ser atingidos pela causa de aumento do parágrafo segundo do artigo 27-D, caso pratiquem o delito de *insider trading*.

4.2.12. Casos concretos envolvendo o uso indevido de informação privilegiada

O crime de uso indevido de informação privilegiada é complexo e, por envolver conceitos oriundos da seara administrativa, especialmente da CVM, acaba sendo de difícil interpretação e aplicação por operadores do Direito Penal. Além disso, na prática, a detecção da ocorrência do *insider trading* e a sua comprovação, tendo em vista as suas características, é tarefa difícil para a CVM e, ainda mais, para as autoridades persecutórias penais que se encontram mais distante dos detalhes e do dia a dia do mercado de valores mobiliários. A pena privativa de liberdade prevista para o tipo penal é baixa, possibilitando a suspensão condicional do processo e, em alguns casos, a extinção da punibilidade dos acusados pela ocorrência da prescrição da pretensão punitiva. A conjunção desses fatores faz com que tenhamos pouquíssimas condenações judiciais pela prática de *insider trading* no âmbito criminal. Até hoje, desde a tipificação da conduta em 2001, há somente uma condenação transitada em julgado.

Apesar da escassez de casos concretos julgados sobre o assunto, na sequência será exposto um resumo dos principais precedentes existentes no Brasil, a fim de ilustrar como os conceitos expostos nas seções anteriores acerca do tipo penal do artigo 27-D já foram entendidos e aplicados, na prática, pelo Poder Judiciário nacional[190].

A primeira denúncia, no Brasil, pela prática do crime de *insider trading*, foi oferecida em 2009 pelo Ministério Público Federal de São Paulo e envolveu a aquisição da empresa Perdigão pela Sadia. Nesse caso, a Sadia realizou oferta pública para aquisição de ações da Perdigão no ano de 2006. O Diretor de Relações com Investidores da Sadia, dada a sua função e participação no negócio,

[188] Brasil, Comissão de Valores Imobiliários, Instrução CVM nº 358, de 03 de janeiro de 2002.

[189] SILVEIRA, Renato de Mello Jorge. *Crimes contra o mercado de capitais*. *In*: SOUZA, Luciano Anderson de; ARAÚJO, Marina Pinhão Coelho (coord.). *Direito penal econômico:* leis penais especiais. v. 1. São Paulo: Revista dos Tribunais, 2019, p. 289.

[190] A exposição dos casos aqui terá como base pesquisa empírica realizada e exposta por Viviane Muller Prado, Marcelo Costenaro Cavali, Nora Rachman e Renato Vilela na obra *Insider Trading, normas, instituições e mecanismos de combate no Brasil* (p. 64-75).

teve acesso a informações relevantes sobre o caso antes de serem divulgadas ao público. Apesar do dever de sigilo, ele e mais um membro do Conselho de Administração da companhia, utilizando-se das informações privilegiadas que possuíam, adquiriram, em nome de empresas *offshore*, títulos da Perdigão na bolsa de valores de Nova Iorque. Por isso, foram condenados pela prática do delito do artigo 27-D às penas (i) de multa de R$ 349.700,00 ao Diretor de Relação com Investidores e reclusão de um ano e nove meses, a qual foi substituída por prestação de serviços à comunidade e proibição do exercício de cargo de administrador e/ou conselheiro fiscal de companhia aberta; e (ii) de multa de R$ 349.700,00 ao conselheiro e reclusão de um ano, cinco meses e quinze dias, a qual foi substituída por prestação de serviços à comunidade e proibição do exercício de cargo de administrador e/ou conselheiro fiscal de companhia aberta[191]. Após interposição de recursos, o feito chegou ao Superior Tribunal de Justiça, que confirmou a condenação do diretor, mas reconheceu a extinção da punibilidade do conselheiro, em razão da prescrição[192].

Dois pontos, aqui, merecem maior atenção: (i) o fato de ter sido atribuída, quando da dosimetria da pena, maior culpabilidade à utilização de informação privilegiada por Diretor de Relações com o Investidor; e (ii) a caracterização de agravante pela compra de valores mobiliários ter sido realizada em mercado estrangeiro por meio de empresa *offshore*.

Na sequência, temos o caso da Randon S.A. Seis pessoas, sócias e diretoras da empresa Randon S.A., sediada em Caxias do Sul (RS), foram denunciadas pela prática do uso indevido de informação privilegiada, tendo em vista a aquisição de 754 mil ações da Randon e da Fras-Le, outra empresa do grupo, em junho e julho de 2002, antes de ser anunciada publicamente a entrada da companhia Arvin Meritor Inc como sócia do grupo brasileiro. Após a divulgação desse fato relevante ao mercado, as ações adquiridas pelos acusados tiveram valorização de 120%. A ação foi proposta pelo Ministério Público Federal do Rio Grande do Sul, em 2009, e tramitou, após discussão acerca da competência, primeiramente perante a 1ª Vara Federal de Porto Alegre, especializada em crimes financeiros, e, posteriormente, perante a 6ª Vara Federal Criminal de São Paulo, também especializada. A ação penal não chegou à conclusão final, pois, ao longo da sua tramitação, foi reconhecida a extinção da punibilidade de todos os réus, em razão da prescrição[193].

[191] São Paulo, 6ª Vara Federal Criminal de São Paulo, Ação Penal nº 0005123-26.2009.4.03.6181, proferida em 16 de fevereiro de 2011.

[192] Brasil, STJ, Recurso Especial nº 1569171/SP, Rel. Min. Gurgel de Faria, Quinta Turma, j. 16.02.2016, DJe 25.02.2016.

[193] São Paulo, 6ª Vara Federal Criminal de São Paulo, Ação Penal nº 0009474-42.2009.4.03.6181.

No caso da Mundial S.A., dez pessoas foram acusadas pela prática dos delitos de organização criminosa e manipulação de mercado pois, entre maio de 2010 e julho de 2011, teriam executado manobras fraudulentas a fim de que as ações da companhia chegassem a patamar não condizente com as suas condições econômicas para, na sequência, forçarem queda abrupta. Dois dos acusados foram ainda denunciados pelo delito de *insider trading:* (i) o primeiro, Presidente e Diretor de Relação com Investidores da companhia, detentor do dever de sigilo, teria repassado ao segundo dados financeiros e fiscais da Mundial S.A.; (ii) o segundo, um agente autônomo de investimentos que, com base nas informações repassadas pelo anterior, negociou valores mobiliários. Ambos foram condenados, tanto pela manipulação do mercado quanto pelo uso indevido de informação privilegiada, à pena de três anos e nove meses de reclusão e multas[194]. A condenação, porém, foi revertida pelo Tribunal Regional Federal da Quarta Região, que absolveu os condenados por entender que a informação repassada não caracterizaria informação relevante ainda não divulgada ao mercado, pois consistia somente em dados demasiadamente genéricos, não diretamente relacionados com os fatos e de conhecimento público ou no mínimo compartilhados com outros acionistas da Mundial S.A. Além disso, no caso concreto, não teria ficado comprovada, além da dúvida razoável, a ocorrência do repassa de informação[195].

O próximo é o caso da incorporação acionária da Maeda pela Brasil Ecodiesel. Aqui, um indivíduo que possuía informações detalhadas – e ainda sigilosas – acerca da transação e que negociou valores mobiliários da companhia, foi denunciado pela prática do crime de *insider trading.* Ao analisar o feito, porém, o juízo da 6ª Vara Federal Criminal de São Paulo entendeu que, no caso concreto, não teriam sido comprovadas quais informações privilegiadas o acusado efetivamente detinha e teria utilizado. Isso porque a transação envolvendo as empresas Maeda e Brasil Ecodiesel já havia sido largamente noticiada na mídia; logo, a informação, ou ao menos parte dela, não era mais sigilosa e, portanto, não seria caracterizada como privilegiada. O Ministério Público Federal interpôs recurso de apelação, mas o Tribunal Regional Federal da Terceira Região confirmou a absolvição imposta em primeira instância[196].

No caso envolvendo a empresa Log-in Logística Intermodal S.A., o Diretor de Relações com Investidores da companhia teria participado de reuniões acerca

194 Porto Alegre, 7ª Vara Federal de Porto Alegre, Ação Penal nº 506709618.2012.4.04.7100, julgada em 07.11.2016.

195 Brasil, TRF4, Apelação Criminal nº 5067096-18.2012.4.04.7100, Sétima Turma, Rel. Des. Cláudia Cristina Cristofani, j. 18/12/2019.

196 Brasil, TRF3, Apelação Criminal nº 0008358-25.2014.4.03.6181, Rel. Des. André Nekatschalow, Quinta Turma, j. 28.06.2017, DJe 03.07.2017.

da prorrogação de contrato de arrendamento firmado entre a controladora da empresa e autoridade portuária estadual. Com base em informações sobre o assunto e antes da sua divulgação ao mercado, o diretor teria adquirido 25.000 ações da Log-in. Por conta disso, foi denunciado pelo Ministério Público Federal de São Paulo como incurso no tipo penal do artigo 27-D da Lei nº 6.385/1976, mas, ao fim da instrução, foi absolvido pelo juízo da 10ª Vara Federal Criminal de São Paulo por entender não terem restado comprovados o dolo e o especial fim de agir, ambos necessários para a caracterização do delito em comento. Nos termos da sentença, não teria sido demonstrado que o réu possuía ciência da informação relevante, o que afastaria o dolo, nem que ele tivesse agido com intuito de obter vantagem indevida, pois a aquisição das ações não passaria de investimento a longo prazo habitual do agente. A decisão foi mantida pelo Tribunal Regional Federal da Terceira Região[197].

No caso relacionado à Klabin S.A., um dos membros do Conselho de Administração da companhia foi acusado da prática do crime de *insider trading*. Segundo narrado pela acusação, tendo em vista o cargo por ele ocupado, teria tomado conhecimento de um projeto que seria implementado e realizado pela Klabin S.A. O projeto, chamado de "Projeto Puma", referia-se à construção de uma nova planta industrial que duplicaria a capacidade de produção da companhia e que levaria a relevante valorização de suas ações. Antes que tal projeto fosse divulgado ao mercado, o conselheiro teria comprado ações da Klabin S.A. a cotação de 1,6%, as quais, após a publicação da notícia, subiram para 6,7%. Ao analisar o caso, o juízo da 6ª Vara Federal Criminal de São Paulo decidiu absolver sumariamente o imputado por entender que as informações acerca do "Projeto Puma" já haviam sido divulgadas ao mercado no momento da aquisição das ações efetuadas pelo conselheiro. Assim, não haveria informação privilegiada apta a caracterizar o crime do artigo 27-D da Lei nº 6.385/1976[198].

Há, ainda, dois casos relacionados às companhias OGX e OSX, pertencentes ao Grupo X. No primeiro, o acionista controlador da OGX foi condenado, pelo juízo da 3ª Vara Criminal Federal do Rio de Janeiro, pela prática de manipulação de mercado e uso indevido de informação privilegiada. Isso porque, no que tange a esse último delito, o acionista teve acesso a informações acerca de novo plano de negócios que indicava consequências possivelmente negativas à empresa. Diante disso, e antes que tal plano fosse publicizado, o acionista vendeu quase dez milhões de ações da companhia. A pena aplicada ficou em quatro anos de

[197] Brasil, TRF3, Apelação Criminal nº 0000143-89.2016.4.03.6181, Rel. Des. Paulo Fontes, Quinta Turma, j. 22.01.2018, DJe 02.02.2018.

[198] Brasil, TRF3, Apelação Criminal nº 0002511-03.2018.4.03.6181, Rel. Des. André Nekatschalow, Quinta Turma, j. 27.05.2019, DJe 31.05.2019.

reclusão e multa de três vezes o valor da vantagem ilícita obtida, calculada em R$ 31.519.842,00. O condenado interpôs recurso de apelação que ainda não foi julgado pelo Tribunal Regional Federal da 4ª Região. No segundo, o mesmo acionista controlador, por ter participado de reunião na qual foi alterado o plano de negócios da companhia devido à inviabilidade de produção de petróleo em certos campos, foi acusado de utilizar dessa relevante informação, antes de sua divulgação ao mercado, para vender ações da companhia de sua titularidade, evitando prejuízo. Pela prática de tal conduta, foi condenado com incurso no tipo penal do artigo 27-D da Lei nº 6.385/1976 à pena de quatro anos de reclusão e multa de três vezes o valor da vantagem ilícita obtida com o crime[199].

Há também o caso envolvendo acionistas de companhias do grupo JBS. O Ministério Público Federal de São Paulo denunciou os irmãos Batista pela suposta prática do delito de *insider trading* porque, já conhecedores dos acordos de colaboração premiada por eles firmados com a Procuradoria-Geral da República que implicariam consequências negativas às empresas do grupo e à taxa de câmbio, antes que o mercado tomasse conhecimento sobre o assunto, teriam vendido ações de suas empresas e, além disso, adquirido contratos futuros de dólar e contratos a termo de dólar. A denúncia já foi recebida e a ação penal ainda se encontra em tramitação perante a 6ª Vara Federal Criminal de São Paulo[200].

Por fim, o juízo da 10ª Vara Federal Criminal de São Paulo recentemente recebeu denúncia oferecida contra o Vice-Presidente do Conselho de Administração de determinada companhia que, sabendo que a empresa tinha aderido a um programa de parcelamento de débitos tributários, adquiriu ações de sua emissão antes que tal informação fosse divulgada ao mercado e, assim, aumentasse o preço dos valores mobiliários[201].

4.3. Exercício irregular de cargo, profissão, atividade ou função

> Art. 27-E Exercer, ainda que a título gratuito, no mercado de valores mobiliários, a atividade de administrador de carteira, de assessor de investimento, de auditor independente, de analista de valores mobiliários, de agente fiduciário ou qualquer outro cargo, profissão, atividade ou função, sem estar, para esse fim, autorizado ou registrado na autoridade administrativa competente, quando exigido por lei ou regulamento:

199 Rio de Janeiro, 3ª Vara Federal Criminal do Rio de Janeiro, Ação Penal nº 00291749420144025101, julgada em 09 de fevereiro de 2021.

200 São Paulo, 6ª Vara Federal Criminal de São Paulo, Ação Penal nº 0006243-26.2017.403.6181, em trâmite.

201 São Paulo, 10ª Vara Federal Criminal de São Paulo. Ação Penal nº 0008191-37.2016.403.6181, em trâmite.

Pena – detenção de 6 (seis) meses a 2 (dois) anos, e multa.

4.3.1. Introdução

O crime do artigo 27-E incrimina a conduta de quem atua ou exerce irregularmente cargo, profissão, atividade ou função no mercado de valores mobiliários, motivo pelo qual pode ser apelidado de delito de "atuação irregular". Diferentemente dos dois outros tipos penais previstos na Lei nº 6.385/1976, este não é alvo de grandes debates doutrinários[202].

De maneira geral, o exercício irregular de qualquer profissão ou atividade econômica está previsto no ordenamento jurídico brasileiro como contravenção penal[203]. Há tipos penais que foram criados pelo legislador, ao longo dos anos, a fim de tutelar hipóteses específicas. A título exemplificativo, o artigo 282 do Código Penal prevê o exercício ilegal, sem a devida autorização, da medicina, arte dentária ou farmacêutica. Este, por ser norma mais específica sobre o tema, afasta a incidência do regramento da Lei das Contravenções Penais.

Em 1986, com a edição da Lei nº 7.492, o artigo 16 passou a criminalizar o acesso não autorizado ao sistema financeiro nacional, ou seja, a conduta de quem opera, sem a devida autorização, ou com autorização obtida mediante declaração falsa, instituição financeira, inclusive de distribuição de valores mobiliários ou de câmbio.

Em 2001, com a edição da Lei nº 10.303, que adicionou à Lei do Mercado de Capitais três diferentes tipos penais, estabeleceu-se, no artigo 27-E, semelhante proibição àquela imposta pelo supracitado artigo 16, mas agora especificamente ao mercado de valores mobiliários e com sanção consideravelmente mais baixa. A partir da criação desse novo delito, tem-se que a atuação irregular perante o mercado de capitais será tutelada pelo artigo 27-E da Lei nº 6.385/1976, norma posterior mais específica e benéfica se comparada ao artigo 16 da Lei nº 7.492/1986, enquanto a atuação irregular nos demais segmentos do sistema financeiro nacional seguirá de acordo com este último dispositivo legal[204].

[202] MORELLI, Denis. Artigos 27-C, D, E e F. *In*: CODORNIZ, Gabriela; PATELLA, Laura (coords.). *Comentários à Lei do Mercado de Capitais* – Lei nº 6.385/79. São Paulo: Quartier Latin, 2015, p. 641.

[203] Vide artigo 47 da Lei das Contravenções Penais: "Art. 47. Exercer profissão ou atividade econômica ou anunciar que a exerce, sem preencher as condições a que por lei está subordinado o seu exercício: Pena – prisão simples, de quinze dias a três meses, ou multa, de quinhentos mil réis a cinco contos de réis" (Brasil, Decreto-Lei nº 3.688, de 03 de outubro de 1941).

[204] O Superior Tribunal de Justiça já afastou a incompatibilidade entre os artigos 16 da Lei nº 7.492/1986 e 27-E da Lei nº 6.385/1976. Nas palavras do Ministro Relator: "Enquanto a lei precedente (Lei nº 7.492/86) tutela o sistema financeiro nacional, dando real proteção à fé pública e ao regular funcionamento das instituições financeiras – confira-se, a propósito, a definição de instituição financeira constante do art. 1º –, a lei posterior (Lei nº 10.303/01) tutela, especificamente, o mercado de valores mobiliários, e o que o indicado art. 27-E incrimina e apena são irregulares exercícios, por exemplo, de administrador de carteira – 'exercer qualquer

Em 2017, a redação original do artigo 27-E foi alterada pela Lei nº 13.506, o que implicou uma racionalização da forma do tipo penal, mas não uma mudança estrutural. Agora, pune-se a conduta daquele que atua no mercado de capitais, ainda que a título gratuito, ou exerce atividades, cargo, profissão ou função, sem estar para tanto registrado junto à autoridade administrativa competente, a CVM, quando exigido por lei ou regulamento.

Em 2022, por meio da edição da Lei nº 14.317[205], teve-se mais uma alteração na redação do dispositivo legal em comento para substituir a expressão "agente autônomo de investimento" para "assessor de investimento", dentre as atividades, cargos, profissões e funções que dependem de registro perante a CVM.

Trata-se de norma penal em branco, como será descrito nas seções dedicadas à análise do tipo penal objetivo e subjetivo, que demanda auxílio da CVM, autarquia federal que regulamenta e concede as autorizações e registros para atividades perante o mercado de capitais.

4.3.2. Bem jurídico tutelado

Nelson Eizirik, Ariádna B. Gaal, Flávia Parente e Marcus de Freitas Henriques, apesar de entenderem o bem jurídico tutelado como a estabilidade do mercado de valores mobiliários – pois "o registro ou autorização da CVM pode constituir instrumento capaz de elidir as fraudes e atos ilícitos no mercado de capitais" – defendem que tal bem jurídico não demanda tutela penal, podendo se limitar à proteção administrativa referente à atuação irregular no mercado de valores mobiliários[206].

Tendo em vista ser o Direito Penal *ultima ratio* e uma vez que a CVM possui normas tipificando e punindo, na seara administrativa, a atuação irregular no mercado de valores mobiliários, concordamos não haver justificativa para tutela penal do assunto. Trata-se, porém, de uma visão minoritária na doutrina.

A maioria dos autores defende ser necessária a criminalização da conduta para controle do acesso ao mercado de capitais, garantindo-se que os atos sejam ali desenvolvidos por profissionais com capacidade e qualidade técnica aptas

cargo, profissão...'. Tanto são de alcances diferentes, que 'valores mobiliários' é apenas uma das possíveis atividades da instituição financeira" (Brasil, STJ, Habeas Corpus 60444/SP, Rel. Min. Nilson Naves, Sexta Turma, j. 02.08.2007, DJe 05.05.2008). Nesse mesmo sentido tem-se o julgado do Supremo Tribunal Federal: Brasil, STF, Habeas Corpus 94955, Rel. Min. Ellen Grace, 2ª Turma, j. 21.10.2008, DJe 06.11.2008.

205 Brasil, Lei nº 14.317, de 29 de março de 2022.

206 Nas palavras dos doutrinadores, "não se justifica a tipificação penal do exercício irregular de cargo, profissão ou atividade, bastando as punições administrativas, previstas nas normas da CVM. A norma prevista no artigo 27-E valoriza em excesso a atuação registraria da CVM, pondo em ação aparato penal para punir atos que não constituem, em princípio, ofensas de maior relevância para a sociedade" (EIZIRIK, Nelson; GAAL, B. Adriádna; PARENTE, Flávia; HENRIQUES, Marcus de Freitas. *Mercado de capitais*: Regime Jurídico. 4ª ed. São Paulo: Quartier Latin, 2019, p. 724).

para o desenvolvimento de atividade econômica complexa e relevante[207]. Isso está diretamente ligado à proteção da estabilidade[208] e da regularidade do mercado de capitais[209]. João Carlos Castellar fala na garantia da confiança entre os operadores, demais participantes no mercado e investidores que nele aportam seus recursos, tendo em vista a obrigação de que todos os que lidam neste segmento sejam efetivamente credenciados, sob pena de punição inclusive na seara criminal[210].

De maneira ainda mais abrangente, Juliano Breda entende que o tipo penal do artigo 27-E tutela diversos interesses: "controle de acesso, fiscalização, qualificação do mercado de valores mobiliários e, mediatamente, a proteção da poupança popular"[211]. No que tange a esta última proteção mediata, podemos falar também na tutela do patrimônio dos investidores e de outros eventualmente prejudicados pela atuação, no mercado de capitais, do agente sem autorização ou registro para tanto[212].

4.3.3. Competência

Diferentemente da Lei nº 7.492/1986[213], a Lei nº 6.385/1976 não definiu a competência para processo e julgamento dos delitos contra o mercado de valores mobiliários, o que acabou gerando divergência sobre o tema.

Apesar de haver, na doutrina, quem defenda a competência da Justiça Estadual[214], entendemos que a competência para processamento do crime de atuação irregular no mercado de capitais é da Justiça Federal.

207 MIKALOVSKI, Algacir. *Crimes contra o mercado de capitais:* bem jurídico, tipos e investigação. Curitiba: Juruá, 2014, p. 151.

208 SILVEIRA, Renato de Mello Jorge. *Crimes contra o mercado de capitais. In:* SOUZA, Luciano Anderson de; ARAÚJO, Marina Pinhão Coelho (coord.). *Direito penal econômico:* leis penais especiais. v. 1. São Paulo: Revista dos Tribunais, 2019, p. 291.

209 MORELLI, Denis. Artigos 27-C, D, E e F. *In:* CODORNIZ, Gabriela; PATELLA, Laura (coords.). *Comentários à Lei do Mercado de Capitais* – Lei nº 6.385/79. São Paulo: Quartier Latin, 2015, p. 645;

210 João Carlos Castellar, Insider trading e os novos crimes corporativos (uso indevido de informação privilegiada, manipulação de mercado e exercício irregular de cargo, profissão, atividade ou função), p. 128.

211 BREDA, Juliano. Crimes contra o mercado de capitais. Lei n. 6.385, de 7-12-1986. In: BITENCOURT, Cezar Roberto; BREDA, Juliano. *Crimes contra o sistema financeiro nacional e contra o mercado de capitais.* 3. ed. Rio de Janeiro: Lumen Juris, 2014, p. 418.

212 MELLO NETO, Benedicto de Souza. *Crimes contra o mercado de capitais.* Curitiba: Juruá, 2015, p. 181.

213 Ao tratar dos crimes contra o Sistema Financeiro Nacional, a Lei nº 7.492/1986 estabeleceu, em seu artigo 26, que a respectiva ação penal será promovida pelo Ministério Público, perante a Justiça Federal.

214 Áureo Natal de Paula diz que "trata-se de delito de competência da justiça estadual, desde que não esteja em jogo nenhum bem, serviço ou interesse da União. Tiramos tal conclusão do recente cancelamento da Súmula 91 do STJ que era em sentido contrário no que se referia aos crimes contra a fauna e do lamento de Fausto Martins De Sanctis [...]" (PAULA, Áureo Natal de. *Crimes contra o sistema financeiro nacional e o mercado de capitais:* comentários à lei 7.492/86 e aos artigos incluídos pela lei 10.303/01 à lei 6.385/76. 6. ed. rev. e atual. Curitiba: Juruá, 2012, p. 55).

O artigo 109 da Constituição Federal estabelece a competência da Justiça Federal para processar e julgar diversas causas e/ou crimes, dentre eles, segundo o inciso VI, os delitos contra o sistema financeiro e a ordem econômico-financeira. Diante disso, poder-se-ia entender que os crimes contra o mercado de capitais estariam abarcados nessa hipótese, mas essa competência está limitada aos casos determinados por lei e, como dito anteriormente, a Lei nº 6.385/1976 nada fala sobre o tema.

A interpretação do texto constitucional, porém, deve ser feita de maneira sistemática e extensiva, levando em consideração também o disposto no inciso IV do supracitado artigo, segundo o qual os crimes políticos e as infrações penais praticadas em detrimento de bens, serviços ou interesse da União ou de suas entidades autárquicas ou empresas públicas competem à Justiça Federal.

Como apontado na seção anterior referente ao bem jurídico tutelado, o crime de atuação irregular no mercado de capitais afeta sem sombra de dúvidas o interesse da União no controle do acesso ao mercado de capitais, sua estabilidade e regularidade, além da confiança entre seus participantes. Tudo isso também é de interesse da CVM – autarquia federal – por ser o órgão regulatório e fiscalizador do mercado de valores mobiliários, responsável inclusive pela outorga de autorização e/ou registro para atuação nesse segmento do mercado financeiro.

Apesar de não haver muitos julgados sobre o tema, o Superior Tribunal de Justiça já se manifestou em algumas oportunidades, confirmando a competência da Justiça Federal no que tange aos crimes contra o mercado de capitais[215]. Nessa mesma linha, destaca-se o julgado do Tribunal Regional Federal da Terceira Região[216]. Especificamente em relação ao tipo penal do artigo 27-E, o Tribunal Regional Federal da Quarta Região possui importante precedente defendendo a competência da Justiça Federal para processo e julgamento[217].

4.3.4. Sujeitos ativo e passivo

Em relação ao sujeito ativo, trata-se de um crime comum que pode ser cometido por qualquer pessoa que exerça, sem a devida autorização ou registro, no

[215] Brasil, STJ, CC 8.2961/SP, Rel. Min. Arnaldo Esteves Lima, Terceira Seção, j. 27.05.2009, DJe 22.06.2009; Brasil, STJ, CC 135.850/SP, Rel. Min. Maria Thereza de Assis Moura, Terceira Seção, j. 24.09.2014, DJe 01.10.2014; Brasil, STJ, Resp 1569171/SP, Rel. Min. Gurgel de Faria, Quinta Turma, j. 16.02.2016, DJe 25.02.2016.

[216] Em julgado localizado perante o Tribunal Regional Federal da Terceira Região sobre o assunto, entendeu-se pela competência da Justiça Federal para processamento dos crimes contra o mercado de capitais com base no inciso VI do artigo 109, em conjunto com o inciso IV 1)por conta do interesse da União na "higidez do Sistema Financeiro Nacional", "a fim de assegurar a confiança e segurança jurídica no correto funcionamento do mercado de valores mobiliários" (Brasil, TRF3, Apelação Criminal nº 0005123-26.2009.4.03.6181, Rel. Des. Luiz Stefanini, 1ª Seção, j. 04.02.2013, DJe 14.02.2013).

[217] Brasil, TRF4, RSE 2006.71.00.037341-8, Rel. Des. Néfi Cordeiro, Sétima Turma, j. 01.04.2008, DJe 16.04.2008.

mercado de valores mobiliários, as funções e atividades descritas no artigo 27-E. Importa destacarmos que as autorizações e os registros para atuação outorgados pela CVM são específicos para cada atividade. Logo, é possível que o agente possua autorização/registro para uma atividade, mas exerça outra de maneira irregular. Por exemplo: A possui autorização para atuar como administrador de carteiras no mercado de capitais, mas passa a exercer atividade de assessor de investimento para a qual não está credenciado. Nesse caso, poderá ser responsabilizado pelo crime do artigo 27-E.

No que tange ao sujeito passivo, temos primeiramente o Estado, pois é regulador e fiscalizador do mercado de valores mobiliários. Secundariamente, temos os investidores e outros participantes do mercado que eventualmente possam ser atingidos pela atuação irregular do sujeito ativo, especialmente os intermediários financeiros legalmente autorizados[218].

4.3.5. Tipo objetivo

Na redação original do tipo penal do artigo 27-E havia dois verbos nucleares: atuar e exercer. Após a alteração legislativa de 2017, o primeiro foi excluído, restando apenas o segundo, que pode ser entendido como a prática ou a realização, no mercado de valores mobiliários, das funções, das atividades e dos atos descritos na norma.

O verbo exercer implica a ideia de habitualidade da conduta, ou seja, da prática ou do desenvolvimento reiterado das supracitadas funções, atividade ou atos, pelo sujeito ativo, no mercado de capitais. A execução de um ato isolado não configura o crime de atuação irregular, tratando-se este de delito habitual[219].

A execução deve se dar de maneira irregular, sem a devida autorização ou registro na autoridade competente, quando exigido por lei ou regulamento.

A Lei nº 6.385/1976, em seus Capítulos VI e VII, bem como no artigo 16, estabelece a obrigatoriedade de prévia autorização ou registro na CVM, para o exercício de diversas atividades no mercado de valores mobiliários[220]. Diante disso, compete à autarquia federal, por meio de suas instruções normativas, estabele-

[218] BREDA, Juliano. Crimes contra o mercado de capitais. Lei n. 6.385, de 7-12-1986. In: BITENCOURT, Cezar Roberto; BREDA, Juliano. *Crimes contra o sistema financeiro nacional e contra o mercado de capitais*. 3. ed. Rio de Janeiro: Lumen Juris, 2014, p. 418.

[219] EIZIRIK, Nelson; GAAL, B. Adriádna; PARENTE, Flávia; HENRIQUES, Marcus de Freitas. *Mercado de capitais: Regime Jurídico*. 4ª ed. São Paulo: Quartier Latin, 2019, p. 725; Juliano Breda, Crimes contra o mercado de capitais. Lei n. 6.385, de 7-12-1986, p. 419, SILVEIRA, Renato de Mello Jorge. *Crimes contra o mercado de capitais*. *In*: SOUZA, Luciano Anderson de; ARAÚJO, Marina Pinhão Coelho (coord.). *Direito penal econômico:* leis penais especiais. v. 1. São Paulo: Revista dos Tribunais, 2019, pp. 292-293.

[220] EIZIRIK, Nelson; GAAL, B. Adriádna; PARENTE, Flávia; HENRIQUES, Marcus de Freitas. *Mercado de capitais:* Regime Jurídico. 4ª ed. São Paulo: Quartier Latin, 2019, pp. 723-724.

cer os requisitos e o procedimento para obtenção de autorizações e/ou registros para os intermediários financeiros e para todas as demais funções/atividades que dependam de seu credenciamento[221].

As atividades englobadas pela redação do artigo 27-E que, se cometidas sem autorização ou registro do órgão regulador, configuram o crime em comento, são aquelas de administrador de carteira, assessor de investimento, auditor independente, analista de valores mobiliários e agente fiduciário.

O administrador de carteiras é aquele que gere profissionalmente recursos ou valores mobiliários sujeitos à fiscalização da CVM, a ele entregues com autorização para que compre ou venda títulos e valores mobiliários por conta do investido. A Instrução CVM nº 306/1999 dispõe e regulamenta a atividade[222].

Assessor de investimento, por sua vez, é a pessoa natural ou jurídica registrada para realizar, sob a responsabilidade e como preposto de intermediário integrante do sistema de distribuição de valores mobiliários, atividades que abrangem (i) prospecção e captação de cliente; (ii) recepção e registro de ordens e transmissão dessas ordens para os sistemas de negociação ou de registro cabíveis, na forma da regulamentação em vigor; e (iii) prestação de informações sobre os produtos oferecidos e sobre os serviços prestados pelos intermediários em nome dos quais atue. A Resolução CVM nº 178/2023 dispõe e regulamenta a atividade[223].

Auditor independente é o "perito-contador ou técnico em contabilidade incumbido de examinar livros contábeis ou escrituração mercantil de um estabelecimento comercial, dando parecer e atestando sua exatidão confrontando-os com os documentos comprobatórios dos lançamentos feitos"[224]. Segundo o artigo 26 da Lei nº 6.385/1976, somente as empresas de auditoria contábil ou auditores contábeis independentes, registrados na CVM, poderão auditar as demonstrações financeiras de companhias abertas e das instituições, sociedades ou empresas que integram o sistema de distribuição e intermediação de valores mobiliários.

221 BREDA, Juliano. Crimes contra o mercado de capitais. Lei n. 6.385, de 7-12-1986. In: BITENCOURT, Cezar Roberto; BREDA, Juliano. *Crimes contra o sistema financeiro nacional e contra o mercado de capitais*. 3. ed. Rio de Janeiro: Lumen Juris, 2014, p. 421. Conforme João Marcello de Araujo Junior, o delito do artigo 16 da Lei nº 7.492/1986, o qual podemos aplicar por analogia aqui, exige autorização e registro pois "o mercado não pode ser estruturado livremente, ou seja, não deve constituir-se à revelia do controle do Estado. Aquele que atua em tal mercado, prestando serviço próprio de instituição financeira, sem a prévia autorização da autoridade pública, merece ser punido" (João Marcello de Araujo Junior, Os crimes contra a ordem econômica no esboço de nova parte especial do código penal de 1994 (características gerais), p. 253).

222 Brasil, Comissão de Valores Imobiliários, Instrução CVM nº 306, de 05 de maio de 1999.

223 Brasil, Comissão de Valores Imobiliários, Resolução CVM nº 178, de 14º de fevereiro de 2023.

224 DINIZ, Maria Helena. Dicionário jurídico, 3. ed. rev. atual. aum. São Paulo: Saraiva, 2008, p. 34.

Analista de valores mobiliários tem sua atividade regulamentada pela Instrução CVM nº 388/2003 e consiste na avaliação de investimento em valores mobiliários, em caráter profissional, com a finalidade de produzir recomendações, relatórios de acompanhamento e estudos para divulgação ao público que auxiliem no processo de tomada de decisão de investimento[225].

Agente fiduciário, finalmente, é "aquele a quem, havendo regime fiduciário sobre créditos mobiliários, são conferidos poderes gerais de representação da comunhão dos beneficiários"[226]. A Instrução CVM nº 28/1983, que regulamenta a atividade, determina que somente podem ser agentes fiduciários: (i) pessoas naturais que satisfaçam os requisitos para o exercício de cargo em órgão de administração de companhia; e (ii) instituições financeiras que, tendo por objeto social a administração ou a custódia de bens de terceiros, sejam previamente autorizadas pelo Banco Central do Brasil a exercer as funções de agente fiduciário[227].

Para além das supracitadas atividades determinadas, o artigo 27-E traz um rol exemplificativo considerando crime também o exercício, sem autorização ou registro da CVM, de qualquer outro cargo, profissão, atividade ou função no mercado de valores mobiliários. De acordo com o dicionário jurídico de Maria Helena Diniz, cargo significa "encargo, incumbência, obrigação, ônus, responsabilidade"[228]; profissão, por sua vez, refere-se à "ocupação que requer conhecimento especializado (...), gênero do trabalho exercido por alguém"[229]; atividade é o conjunto de ações ou serviços desempenhados pela pessoa", o que "constitui, portanto, o âmbito de ação, onde o agente desenvolve suas aptidões[230]"; e, por fim, função implica "atribuição dada a empregado ou preposto para o desempenho de determinada atividade numa sociedade civil ou mercantil (...), conjunto de atividades para a consecução de uma finalidade lícita"[231].

Exemplificando outros cargos, profissões, atividades ou funções abarcadas pelo tipo penal em comento[232], podemos citar a de consultor de valores mobiliários que, segundo a Instrução CVM nº 43/1985[233], somente poderá ser exercida

225 Brasil, Comissão de Valores Imobiliários, Instrução CVM nº 388, de 30 de abril de 2003.

226 DINIZ, Maria Helena. Dicionário jurídico, 3. ed. rev. atual. aum. São Paulo: Saraiva, 2008, p. 137.

227 Brasil, Comissão de Valores Imobiliários, Instrução CVM nº 28, de 23 de novembro de 1983.

228 DINIZ, Maria Helena. Dicionário jurídico, 3. ed. rev. atual. aum. São Paulo: Saraiva, 2008, p. 499.

229 DINIZ, Maria Helena. Dicionário jurídico, 3. ed. rev. atual. aum. São Paulo: Saraiva, 2008, p. 780.

230 DINIZ, Maria Helena. Dicionário jurídico, 3. ed. rev. atual. aum. São Paulo: Saraiva, 2008, p. 307.

231 DINIZ, Maria Helena. Dicionário jurídico, 3. ed. rev. atual. aum. São Paulo: Saraiva, 2008, p. 611.

232 Ao julgar o Recurso de Apelação nº 0008578-23.2014.4.03.6181, o Tribunal Regional Federal da 3ª Região confirmou a condenação de agente, como incurso no tipo penal do artigo 27-E da Lei nº 6.385/1976, que atuou em clube de investimento sem a devida autorização (Brasil. TRF3, Apelação Criminal nº 0008578-23.2014.4.03.6181, Rel. Des. Paulo Fontes, Quinta Turma, j. 22.01.2019, DJe. 01.02.2018)

233 Brasil, Comissão de Valores Imobiliários, Instrução CVM nº 43, de 05 de março de 1985.

por pessoas físicas ou jurídicas habilitadas junto à autarquia federal; bem como a de administrador de fundo de investimentos que, na mesma linha, é regulamentada pela Instrução CVM nº 391/2003[234].

Importa notarmos que o exercício irregular de cargo, profissão, atividade ou função no mercado de valores mobiliários, mesmo a título gratuito, configura o crime do artigo 27-E[235]. Assim, não há necessidade de remuneração, ganho ou lucro, pelo sujeito ativo, consumando-se o delito com o mero exercício sem autorização ou registro perante a autoridade competente – no caso, a CVM[236].

4.3.6. Tipo subjetivo

O elemento subjetivo do tipo é o dolo consistente na vontade livre e consciente do sujeito ativo de exercer as atividades descritas no artigo 27-E sem a autorização ou o registro necessários para tanto. Não há previsão de outro elemento subjetivo ou especial fim de agir do agente.

4.3.7. Consumação e tentativa

O delito é formal, consumando-se independentemente da ocorrência de resultado naturalístico. Trata-se "de delito obstáculo, de perigo abstrato, servindo de anteparo para que ninguém, sem supervisão ou autorização das autoridades competentes, venha a atuar no mercado"[237].

A consumação ocorre com o mero exercício da atividade de maneira irregular, ou seja, sem a autorização ou o registro devidos. O verbo núcleo do tipo "exercer" exige que a conduta, para consumação do delito, seja praticada de forma reiterada, não caracterizando o crime a prática isolada de um único ato de atuação irregular[238]. Trata-se, portanto, de delito habitual, não sendo possível a tentativa[239].

[234] Brasil, Comissão de Valores Imobiliários, Instrução CVM nº 391, de 16 de julho de 2003.

[235] SILVEIRA, Renato de Mello Jorge. *Crimes contra o mercado de capitais. In*: SOUZA, Luciano Anderson de; ARAÚJO, Marina Pinhão Coelho (coord.). *Direito penal econômico*: leis penais especiais. v. 1. São Paulo: Revista dos Tribunais, 2019, pp. 292-293.

[236] MORELLI, Denis. Artigos 27-C, D, E e F. *In*: CODORNIZ, Gabriela; PATELLA, Laura (coords.). *Comentários à Lei do Mercado de Capitais* – Lei nº 6.385/79. São Paulo: Quartier Latin, 2015, p. 641.

[237] SILVEIRA, Renato de Mello Jorge. *Crimes contra o mercado de capitais. In*: SOUZA, Luciano Anderson de; ARAÚJO, Marina Pinhão Coelho (coord.). *Direito penal econômico*: leis penais especiais. v. 1. São Paulo: Revista dos Tribunais, 2019, p. 294.

[238] Ao analisar o delito análogo do artigo 16 da Lei nº 7.492/1976, José Carlos Tórtima também afirma que "o delito em causa exige um mínimo de habitualidade para sua configuração. Com efeito, seu enunciado não se satisfaz com a simples realização de uma operação privativa de instituição financeira" (TÓRTIMA, José Carlos. *Crimes contra o sistema financeiro nacional*: uma contribuição ao estudo da Lei 7.492/86. 2. ed. Rio de Janeiro: Lúmen Juris, 2002, p. 104).

[239] BREDA, Juliano. Crimes contra o mercado de capitais. Lei n. 6.385, de 7-12-1986. In: BITENCOURT, Cezar Roberto; BREDA, Juliano. *Crimes contra o sistema financeiro nacional e contra o mercado de capitais*. 3. ed. Rio de Janeiro:

4.3.8. Classificação doutrinária

Diante do exposto até aqui, é possível classificar o exercício de cargo, profissão, atividade ou função no mercado de valores mobiliários, como *crime comum* (o sujeito ativo pode ser qualquer pessoa, sendo desnecessária característica específica); *formal* (sua consumação é antecipada, no momento da prática da conduta, e independe da ocorrência do resultado); de *forma livre* (o tipo penal pode ser praticado por qualquer meio de execução); *comissivo* (a conduta criminalizada é de ação, ou seja, implica um fazer positivo); *habitual* (a consumação ocorre mediante a reiteração de atos); *unissubjetivo* (pode ser praticado por um único agente, não havendo necessidade de pluralidade de agentes, apesar de possibilitar o concurso de pessoas); *plurissubsistente* (a conduta pode ser desdobrada em diferentes atos).

4.3.9. Pena e ação penal

A pena privativa de liberdade prevista é de detenção de seis meses a dois anos. Tendo em vista o *quantum* da sanção imposta, trata-se de crime de menor potencial ofensivo que possibilita a aplicação tanto da transação penal quanto da suspensão condicional do processo previstas, respectivamente, nos artigos 76 e 89 da Lei nº 9.099/1995.

Há quem entenda haver desproporcionalidade e contradição aqui, pois a pena privativa de liberdade cominada ao delito do artigo 27-E é a metade daquela atribuída pelo legislador ao crime do artigo 16 da Lei nº 7.492/1986, que abarca situação bastante semelhante de atuação irregular no mercado bancário ou cambial[240].

Apesar de reconhecermos a existência do supracitado ponto de vista, defendemos a linha exposta por Nelson Eizirik, Ariádna B. Gaal, Flávia Parente e Marcus de Freitas Henriques segundo a qual o problema não é a previsão de sanção penal baixa para o delito ora comentado, mas sim de pena excessiva, tendo em vista se tratar de ilícito que deveria ser regulamentado tão somente na seara administrativa e não criminal[241].

Além da pena privativa de liberdade, o preceito normativo secundário do tipo penal ainda estabelece a aplicação de eventual pena de multa. Esta será calculada não com base no montante da vantagem ilícita obtida ou o do dano

Lumen Juris, 2014, p. 421. Nesse mesmo sentido MIKALOVSKI, Algacir. *Crimes contra o mercado de capitais:* bem jurídico, tipos e investigação. Curitiba: Juruá, 2014, p. 150.

240 BITENCOURT, Cezar Roberto. *Tratado de direito penal econômico.* São Paulo: Saraiva, 2016. v. 1, p. 422.

241 EIZIRIK, Nelson; GAAL, B. Adriádna; PARENTE, Flávia; HENRIQUES, Marcus de Freitas. *Mercado de capitais:* Regime Jurídico. 4ª ed. São Paulo: Quartier Latin, 2019, p. 725.

causado a terceiros – como ocorre na previsão legal dos delitos de manipulação de mercado e uso indevido de informação privilegiada previstos na mesma Lei nº 6.385/1976 – mas sim nos termos do artigo 49 do Código Penal[242].

4.4. Pena de multa

> Art. 27-F. As multas cominadas para os crimes previstos nos arts. 27-C e 27-D deverão ser aplicadas em razão do dano provocado ou da vantagem ilícita auferida pelo agente.
>
> Parágrafo único. Nos casos de reincidência, a multa pode ser de até o triplo dos valores fixados neste artigo.

Os comentários sobre o artigo 27-F foram desenvolvidos a partir das explicações acerca das penas de multa impostas aos crimes de manipulação de mercado e uso indevido de informação privilegiada. Vide seções 4.1.9 e 4.2.9.

REFERÊNCIAS

ARAUJO JUNIOR, João Marcello de. Os crimes contra a ordem econômica no esboço de nova parte especial do código penal de 1994 (características gerais). *In*: PENTEADO, Jaques Camargo (coord.). *Justiça Penal:* críticas e sugestões. São Paulo: Revista dos Tribunais, 1995, p. 219-262.

BALTAZAR JUNIOR. Paulo. *Crimes Federais.* 5. ed. Porto Alegre: Livraria do Advogado, 2010

BANDEIRA, Gonçalo S. de Melo. *Abuso de informação, manipulação de mercado e responsabilidade penal das pessoas (não) colectivas:* contributo para a compreensão dos bens jurídicos e dos tipos cumulativos na mundialização. Curitiba: Juruá, 2011.

BITENCOURT, Cezar Roberto. *Tratado de direito penal econômico.* São Paulo: Saraiva, 2016. v. 1.

BRASIL. Comissão de Valores Mobiliários. Instrução CVM nº 8, de 08 de outubro de 1979. *Diário Oficial da União,* 15/10/1979. Disponível em: http://conteudo.cvm.gov.br/legislacao/instrucoes/inst008.html Acesso em: 01 ago. 2021.

242 MORELLI, Denis. Artigos 27-C, D, E e F. *In*: CODORNIZ, Gabriela; PATELLA, Laura (coords.). *Comentários à Lei do Mercado de Capitais* – Lei nº 6.385/79. São Paulo: Quartier Latin, 2015, p. 646.

Brasil, Comissão de Valores Imobiliários, Instrução CVM nº 28, de 23 de novembro de 1983. *Diário Oficial da União*, 29/11/1983. Disponível em: http://conteudo.cvm.gov.br/legislacao/instrucoes/inst028.html Acesso em: 15 ago. 2021.

BRASIL. Comissão de Valores Mobiliários. Instrução CVM nº 31, de 8 de fevereiro de 1984. Dispõe acerca da divulgação e do uso de informações sobre ato ou fato relevante relativo às companhias abertas. *Diário Oficial da União*, 02/1984. Disponível em: http://conteudo.cvm.gov.br/export/sites/cvm/legislacao/instrucoes/anexos/001/inst031.pdf. Acesso em: 04 ago. 2021.

BRASIL. Comissão de Valores Imobiliários, Instrução CVM nº 43, de 05 de março de 1985. *Diário Oficial da União*, 19/03/1985. Disponível em: http://conteudo.cvm.gov.br/legislacao/instrucoes/inst043.html Acesso em: 15 ago. 2021.

BRASIL. Comissão de Valores Imobiliários. Instrução CVM nº 306, de 05 de maio de 1999. *Diário Oficial da União*, 10/05/1999. Disponível em: http://conteudo.cvm.gov.br/legislacao/instrucoes/inst306.html Acesso em: 15 ago. 2021.

BRASIL. Comissão de Valores Imobiliários, Instrução CVM nº 355, de 1º de agosto de 2001. *Diário Oficial da União*, 09/08/2001. Disponível em: http://conteudo.cvm.gov.br/legislacao/instrucoes/inst355.html Acesso em: 15 ago. 2021.

BRASIL. Comissão de Valores Imobiliários. Instrução CVM nº 358, de 03 de janeiro de 2002. *Diário Oficial da União*, 28/01/2002. Disponível em: http://conteudo.cvm.gov.br/legislacao/instrucoes/inst358.html. Acesso em: 04 ago. 2021.

BRASIL. Comissão de Valores Imobiliários, Instrução CVM nº 388, de 30 de abril de 2003. *Diário Oficial da União*, 06/05/2003. Disponível em: http://conteudo.cvm.gov.br/legislacao/instrucoes/inst388.html Acesso em: 15 ago. 2021.

BRASIL. Comissão de Valores Imobiliários, Instrução CVM nº 391, de 16 de julho de 2003. *Diário Oficial da União*, 18/07/2003. Disponível em: http://conteudo.cvm.gov.br/legislacao/instrucoes/inst391.html Acesso em: 15 ago. 2021.

BRASIL. Comissão de Valores Imobiliários, Resolução CVM nº 44, de 23 de agosto de 2021. *Diário Oficial da União*, 24/08/2021. Disponível em:

https://conteudo.cvm.gov.br/legislacao/resolucoes/resol044.html Acesso em: 02 mai. 2023.

BRASIL. Comissão de Valores Imobiliários, Resolução CVM nº 178, de 14 de fevereiro de 2023. *Diário Oficial da União*, 15/02/2023. Disponível em: https://conteudo.cvm.gov.br/legislacao/resolucoes/resol178.html Acesso em: 02 mai. 2023.

BRASIL. Comissão de Valores Mobiliários. Deliberação CVM nº 443, de 16 de julho de 2002. *Diário Oficial da União*, 19/07/2002. Disponível em: http://conteudo.cvm.gov.br/legislacao/deliberacoes/deli0400/deli443.html. Acesso em: 01 ago. 2021.

BRASIL.. Cooperação técnica que entre si celebram a CVM – Comissão de Valores Mobiliários, por intermédio da sua presidência e o Ministério Público Federal, visando ao intercâmbio e à cooperação técnica e operacional relacionados o mercado de capitais. Disponível em: http://conteudo.cvm.gov.br/convenios/mpf.html Acesso em 15 ago. 2021.

BRASIL. Decreto nº 847, de 11 de outubro de 1890. Promulga o Código Penal. *Coleção das Leis do Brasil*, 11/10/1890. Disponível em: http://www.planalto.gov.br/ccivil_03/decreto/1851-1899/d847.htm Acesso em: 31 jul. 2021.

BRASIL. Decreto-Lei nº 869, de 18 de novembro de 1938. Define os crimes contra a economia popular sua guarda e seu emprego. *Coleção de Leis do Brasil*, 1938, p. 169, v. 4. Disponível em https://www2.camara.leg.br/legin/fed/declei/1930-1939/decreto-lei-869-18-novembro-1938-350746-publicacaooriginal-1-pe.html Acesso em: 31, jul. 2021.

BRASIL. Decreto-Lei nº 2.627, de 26 de setembro de 1940. Dispõe sobre as sociedades por ações. *Diário Oficial da União*, 01/10/1940, p. 18711. Disponível em: http://www.planalto.gov.br/ccivil_03/decreto-lei/del2627.htm. Acesso em: 31, jul. 2021.

BRASIL. Decreto-Lei n. 2.848, de 7 de dezembro de 1940. Código Penal. *Diário Oficial da União*, 31/12/1940, p. 2391. Disponível em: https://www.planalto.gov.br/ccivil_03/decreto-lei/Del2848compilado.htm. Acesso em: 31 jul. 2021.

BRASIL. Decreto-Lei nº 3.688, de 03 de outubro de 1941. Lei das Contravenções Penais. *Diário Oficial da União*, 13/10/1941, p. 19696. Disponível em: http://www.planalto.gov.br/ccivil_03/decreto-lei/Del3688.htm. Acesso em: 11 ago. 2021.

BRASIL. Lei nº 3.150, de 4 de novembro de 1882. Regula o estabelecimento de companhias e sociedades anonymas. *Coleção das Leis do Brasil*, 1882, v 1, p. 139. Disponível em: http://www.planalto.gov.br/ccivil_03/LEIS/LIM/LIM3150.htm. Acesso em: 31 jul. 2021.

BRASIL. Lei nº 1.521, de 26 de dezembro de 1951. Altera dispositivos da legislação vigente sobre crimes contra a economia popular. *Diário Oficial da União*, 27/12/1951, P. 18802. Disponível em http://www.planalto.gov.br/ccivil_03/leis/l1521.htm Acesso em 31, jul. 2021.

BRASIL. Lei nº 4.595, de 31 de dezembro de 1964. Dispõe sobre a Política e as Instituições Monetárias, Bancárias e Creditícias, Cria o Conselho Monetário Nacional e dá outras providências. *Diário Oficial da União*, 1/12/1964, p. 12081. Disponível em http://www.planalto.gov.br/ccivil_03/leis/l4595.htm. Acesso em: 31 jul. 2021.

BRASIL. Lei nº 4.728, de 14 de julho de 1965. Disciplina o mercado de capitais e estabelece medidas para o seu desenvolvimento. *Diário Oficial da União*, 16/07/1965. Disponível em http://www.planalto.gov.br/ccivil_03/Leis/L4728.htm. Acesso em: 31 jul. 2021.

BRASIL. Lei nº 6.385, de 7 de dezembro de 1976. Dispõe sobre o mercado de valores mobiliários e cria a Comissão de Valores Mobiliários. *Diário Oficial da União*, 09/12/1976, p. 16037. Disponível em: http://www.planalto.gov.br/ccivil_03/leis/l6385.htm. Acesso em: 31 jul. 2021.

BRASIL. Lei nº 6.404, de 15 de dezembro de 1976. Dispõe sobre as Sociedades por Ações. *Diário Oficial da União*, 17/12/1976, p. 1. Disponível em: http://www.planalto.gov.br/ccivil_03/leis/l6404consol.htm. Acesso em: 31 jul. 2021.

BRASIL. Lei nº 7.492, de 16 de junho de 1986. Define os crimes contra o sistema financeiro nacional, e dá outras providências. *Diário Oficial*, 18/06/1986. Disponível em https://www.planalto.gov.br/ccivil_03/leis/l7492.htm. Acesso em 31, jul. 2021.b

BRASIL. Lei nº 9.457, de 5 de maio de 1997. Altera dispositivos da Lei nº 6.404, de 15 de dezembro de 1976, que dispõe sobre as sociedades por ações e da Lei nº 6.385, de 7 de dezembro de 1976, que dispõe sobre o mercado de valores mobiliários e cria a Comissão de Valores Mobiliários. *Diário Oficial da União*, 6/05/1997, P. 9.009. Disponível em: http://www.planalto.gov.br/ccivil_03/leis/L9457.htm. Acesso em: 31 jul. 2021.

BRASIL. Lei nº 10.303, de 31 de outubro de 2001. Altera e acrescenta dispositivos na Lei nº 6.404, de 15 de dezembro de 1976, que dispõe sobre as Sociedades por Ações, e na Lei nº 6.385, de 7 de dezembro de 1976, que dispõe sobre o mercado de valores mobiliários e cria a Comissão de Valores Mobiliários. *Diário Oficial da União*, 01/11/2001, p. 4. Disponível em http://www.planalto.gov.br/ccivil_03/leis/leis_2001/l10303.htm Acesso em: 31 jul. 2021.

BRASIL. Lei nº 13.506, de 13 de novembro de 2017. Dispõe sobre o processo administrativo sancionador na esfera de atuação do Banco Central do Brasil e da Comissão de Valores Mobiliários; altera a Lei nº 6.385, de 7 de dezembro de 1976 [...] e dá outras providências. *Diário Oficial da União*, 14/11/2017, p.1. Disponível em: http://www.planalto.gov.br/ccivil_03/_ato2015-2018/2017/lei/L13506.htm. Acesso em: 31 jul. 2021.

BRASIL. Lei nº 14.317, de 29 de março de 2022. Altera a Lei nº 7.940, de 20 de dezembro de 1989, para modificar a forma de cálculo da Taxa de Fiscalização dos mercados de títulos e valores mobiliários, e a Lei nº 6.385, de 7 de dezembro de 1976; e revoga dispositivos das Leis nºs 8.383, de 30 de dezembro de 1991, 9.457, de 5 de maio de 1997, 11.076, de 30 de dezembro de 2004, 11.908, de 3 de março de 2009, e 12.249, de 11 de junho de 2010. *Diário Oficial da União*, 30/03/2022, p.1. Disponível em: https://www.planalto.gov.br/ccivil_03/_Ato2019-2022/2022/Lei/L14317.htm#art4 Acesso em: 02 mai. 2023.

BRASIL. Superior Tribunal de Justiça. *Habeas Corpus 60444/SP*. Rel. Min. Nilson Naves, Sexta Turma, j. 02.08.2007, DJe 05.05.2008.

BRASIL. Superior Tribunal de Justiça. *Conflito de Competência nº 82961/SP*. Rel. Min. Arnaldo Esteves Lima, Terceira Seção, j. 27.05.2009, DJe 22.06.2009.

BRASIL. Superior Tribunal de Justiça. *Conflito de Competência nº 135.850/SP*. Rel. Min. Maria Thereza de Assis Moura, Terceira Seção, j. 24.09.2014, DJe 01.10.2014.

BRASIL. Superior Tribunal de Justiça. *Recurso em Habeas Corpus 46315/RS*. Rel. Min. Sebastião Reis Júnior, Sexta Turma, j. 25.08.2015, DJe 25.09.2015.

BRASIL. Superior Tribunal de Justiça. *Recurso Especial nº 1569171/SP*. Rel. Min. Gurgel de Faria, Quinta Turma, j. 16.02.2016, DJe 25.02.2016.

BRASIL. Superior Tribunal de Justiça. *Recurso Especial nº 1601555/SP*. Rel. Min. Ricardo Villas Bôas Cueva, Terceira Turma, j. 14.02.2017, DJe 20.02.2017.

BRASIL. Superior Tribunal de Justiça. *Habeas Corpus nº 422.122*. Rel. Des. Rogério Schietti Cruz, Sexta Turma, j. 20.02.2018, DJe 26.03.2018.

BRASIL. Superior Tribunal de Justiça. *Recurso em Habeas Corpus nº 82.799/RJ*. Rel. Min. Rogerio Schietti Cruz, Sexta Turma, j. 27.11.2018, DJe 06.12.2018.

BRASIL. Supremo Tribunal Federal. *Habeas Corpus 94955*. Rel. Min. Ellen Grace, 2ª Turma, j. 21.10.2008, DJe 06.11.2008.

BRASIL. Supremo Tribunal Federal. Vocabulário Jurídico Tesauro: "tipo penal misto alternativo". Disponível em: http://www.stf.jus.br/portal/jurisprudencia/listarTesauro.asp?txtPesquisaLivre=TIPO%20PENAL%20MISTO%20ALTERNATIVO. Acesso em: 01 ago. 2021.

BRASIL. Tribunal Regional Federal da 2ª Região. *Apelação Criminal nº 0509349-73.2015.4.02.5101*. Rel. Des. Messod Azulay, Segunda Turma Especializada, j. 10.10.2016, DJe 14.11.2016.

BRASIL. Tribunal Regional Federal da 2ª Região. *HC 0004795-61.2017.4.02.0000*. Rel. Des. Marcello Ferreira de Souza Granado, Segunda Turma, j. 21.07.2017, DJe 01.08.2017.

BRASIL. Tribunal Regional Federal da 3ª Região. *Apelação Criminal nº 0005123-26.2009.4.03.6181*. Rel. Des. Luiz Stefanini, 1ª Seção, j. 04.02.2013, DJe 14.02.2013.

BRASIL. Tribunal Regional Federal da 3ª Região, Apelação Criminal nº 0006193-78.2009.4.03.6181, Quinta Turma, Rel. Des. André Nekatschalow, j. 06.02.2017, DJe 10.02.2017.

BRASIL. Tribunal Regional Federal da 3ª Região. *Apelação Criminal nº 0008358-25.2014.4.03.6181*. Rel. Des. André Nekatschalow, Quinta Turma, j. 28.06.2017, DJe 03.07.2017.

BRASIL. Tribunal Regional Federal da 3ª Região. *Apelação Criminal nº 0000143-89.2016.4.03.6181*. Rel. Des. Paulo Fontes, Quinta Turma, j. 22.01.2018, DJe 02.02.2018.

BRASIL. Tribunal Regional Federal da 3ª Região. Apelação Criminal nº 0008578-23.2014.4.03.6181. Rel. Des. Paulo Fontes, Quinta Turma, j. 22.01.2018, DJe. 01.02.2018

BRASIL. Tribunal Regional Federal da 3ª Região. *Apelação Criminal nº 0002511-03.2018.4.03.6181*. Rel. Des. André Nekatschalow, Quinta Turma, j. 27.05.2019, DJe 31.05.2019.

BRASIL. Tribunal Regional Federal da 4ª Região. *Habeas Corpus nº 2004.04.01.021706-4/RS*. Rel. Des, Élcio Pinheiro de Castro, Oitava Turma, j. 25.08.2004, DJe 01.09.2004.

BRASIL. Tribunal Regional Federal da 4ª Região. *Apelação Criminal nº 2003.71.00.028581-4*. Rel. Des. Néfi Cordeiro, Sétima Turma, j. 14.02.2006, DJe 08.03.2006.

BRASIL. Tribunal Regional Federal da 4ª Região. *RSE 2006.71.00.037341-8*. Rel. Des. Néfi Cordeiro, Sétima Turma, j. 01.04.2008, DJe 16.04.2008.

BRASIL. Tribunal Regional Federal da 4ª Região. *Apelação Criminal nº 5067096-18.2012.4.04.7100*. Rel. Des. Cláudia Cristina Cristofani, Sétima Turma, j. 18/12/2019.

BREDA, Juliano. Crimes contra o mercado de capitais. Lei n. 6.385, de 7-12-1986. In: BITENCOURT, Cezar Roberto; BREDA, Juliano. *Crimes contra o sistema financeiro nacional e contra o mercado de capitais*. 3. ed. Rio de Janeiro: Lumen Juris, 2014.

BREDA, Juliano. *Parecer jurídico*. Disponível em: https://www.conjur.com.br/dl/parecer-juliano-breda-irmaos-batista.pdf. Acesso em: 31 jul. 2021.

CAPEZ, Fernando. *Curso de Direito Penal*. 24. ed. São Paulo: Saraiva Educação, 2020. v. 1.

CARVALHOSA, Modesto; EIZIRIK, Nelson. *A Nova Lei das S/A*. São Paulo: Saraiva, 2002.

CASTELLAR, João Carlos. *Insider trading e os novos crimes corporativos* (uso indevido de informação privilegiada, manipulação de mercado e exercício irregular de cargo, profissão, atividade ou função). Rio de Janeiro: Lumen Juris, 2008

CAVALI, Marcelo Costenaro. *Manipulação do mercado de capitais:* fundamentos e limites da repressão penal e administrativa. São Paulo: Quartier Latin, 2018.

CONSULTOR JURÍDICO. Ex-diretor da Sadia é o primeiro condenado no Brasil por *insider trading. Consultor Jurídico*, 22/02/2016. Disponível em: https://www.conjur.com.br/2016-fev-22/stj-profere-primeira-condenacao-insider-trading-brasil. Acesso em: 04 ago. 2021.

COSTA, José de Faria; RAMOS, Maria Elisabete. *O crime de abuso de informação privilegiada* (insider trading). A informação enquanto problema jurídico-penal. Coimbra: Coimbra Editora, 2006.

DE SANCTIS, Fausto Martins. *Punibilidade no Sistema Financeiro Nacional*. Campinas: Millenium, 2003.

DINIZ, Maria Helena. *Dicionário jurídico*, 3. ed. rev. atual. aum. São Paulo: Saraiva, 2008.

EIZIRIK, Nelson; GAAL, B. Adriádna; PARENTE, Flávia; HENRIQUES, Marcus de Freitas. *Mercado de capitais*: Regime Jurídico. 4ª ed. São Paulo: Quartier Latin, 2019.

FERREIRA, Aurélio Buarque de Holanda. Novo Dicionário Aurélio da Língua Portuguesa. 2ª ed. rev. ampl. Rio de Janeiro: Nova Fronteira, 1986, p. 1081

GONZÁLEZ AMADO, Iván. Utilización indebida de información privilegiada. *Derecho Penal y Criminologia*. Bogotá, v. 18, n. 59, p. 91-119, ma./ago. 1996

HUNGRIA, Nelson. *Comentários ao Código Penal*. 2. ed. Rio de Janeiro: Forense, 1959. v. VII.

KÜMPEL, Siegfried. *Direito do mercado de capitais:* do ponto de vista do direito europeu, alemão e brasileiro: uma introdução. Rio de Janeiro: Renovar, 2007.

LUCCA, Newton de. As bolsas de valores e os valores mobiliários. *Revista Tribunal Regional Federal da 3ª Região*. São Paulo: IOB, nº 35, jul.-set. 1998.

MAGALHÃES, César. A inserção institucional da agência regulatória do mercado de capitais. *Revista de direito bancário e do mercado de capitais*. São Paulo: RT, v. 9, nº 34, out.-dez. 2006.

MALHEIROS FILHO, Arnaldo. Crime de manipulação do mercado de capitais. *In*: VON ADAMEK, Marcelo Silveira (coord.). *Temas de direito empresarial e societário contemporâneos*. São Paulo: Malheiros, 2011.

MATTOS FILHO, Ary Oswaldo. *Direito dos valores mobiliários*. São Paulo: FGV, v. 1, t. I, 2015.

MELLO NETO, Benedicto de Souza. *Crimes contra o mercado de capitais*. Curitiba: Juruá, 2015.

MIKALOVSKI, Algacir. *Crimes contra o mercado de capitais:* bem jurídico, tipos e investigação. Curitiba: Juruá, 2014.

MORELLI, Denis. Artigos 27-C, D, E e F. *In*: CODORNIZ, Gabriela; PATELLA, Laura (coords.). *Comentários à Lei do Mercado de Capitais* – Lei nº 6.385/79. São Paulo: Quartier Latin, 2015.

MOURA, Maria Thereza Rocha de Assis; SAAD, Marta. Art. 155 a 183. *In*: FRANCO, Alberto Silva; ATOCCO, Rui. *Código Penal e sua interpretação*: doutrina e jurisprudência. São Paulo: Revista dos Tribunais, 2007.

PAULA, Áureo Natal de. *Crimes contra o sistema financeiro nacional e o mercado de capitais:* comentários à lei 7.492/86 e aos artigos incluídos pela lei 10.303/01 à lei 6.385/76. 6. ed. rev. e atual. Curitiba: Juruá, 2012.

PINTO, Frederico Lacerda da Costa. *O novo regime dos crimes e contra-ordenação no Código dos Valores Mobiliários*. Coimbra: Almedina, 2000.

PRADO, Viviane Muller; CAVALI, Marcelo Costenaro; RACHMAN, Nora; VILELA, Renato. *Insider Trading*: normas, instituições e mecanismos de controle no Brasil. 2ª ed. Belo Hoprizonte: Arraes Editores, 2020.

PROENÇA, José Marcelo Martins. *Insider trading*. Regime Jurídico do Uso de Informações Privilegiadas no Mercado de Capitais. São Paulo: Quartier Latam, 2005.

PUGLIESE, Yuri Sahione; NAJJAR, Gabriela. O processo administrativo sancionador da CVM e o crime de manipulação de mercado. *Revista de direito das sociedades e dos valores mobiliários*. São Paulo: Almedina, v. 1, mai.-2015, p. 253-278.

RIO DE JANEIRO. 3ª Vara Federal Criminal do Rio de Janeiro. *Ação Penal nº 00291749420144025101*, julgada em 09 de fevereiro de 2021.

RIO GRANDE DO SUL. 7ª Vara Federal de Porto Alegre. *Ação Penal nº 5067096-18.2012.4.04.7100*, julgada em 07 de novembro de 2016.

SÃO PAULO. 6ª Vara Federal Criminal de São Paulo. *Ação Penal nº 0005123-26.2009.4.03.6181*, proferida em 16 de fevereiro de 2011.

SÃO PAULO. 6ª Vara Federal Criminal de São Paulo. *Ação Penal nº 0006243-26.2017.403.6181*, em trâmite.

SÃO PAULO. 6ª Vara Federal Criminal de São Paulo. *Ação Penal nº 0009474-42.2009.4.03.6181*, em trâmite.

SÃO PAULO. 10ª Vara Federal Criminal de São Paulo. *Ação Penal nº 0008191-37.2016.403.6181*, em trâmite.

SILVEIRA, Renato de Mello Jorge. *Direito penal supra-individual*. Interesses difusos. São Paulo: Revista dos Tribunais, 2003.

SILVEIRA, Renato de Mello Jorge. *Crimes contra o mercado de capitais*. *In*: SOUZA, Luciano Anderson de; ARAÚJO, Marina Pinhão Coelho (coord.). *Direito penal econômico:* leis penais especiais. v. 1. São Paulo: Revista dos Tribunais, 2019.

TÓRTIMA, José Carlos. *Crimes contra o sistema financeiro nacional*: uma contribuição ao estudo da Lei 7.492/86. 2. ed. Rio de Janeiro: Lúmen Juris, 2002.

UNITED STATES. *Securities Act of 1933*. References in brackets are to title 15, United States Code. Disponível em https://www.govinfo.gov/content/pkg/COMPS-1884/pdf/COMPS-1884.pdf Acesso em: 31 jul. 2021.

UNITED STATES. *Securities Exchange Act of 1934*. References in brackets are to title 15, United States Code. Disponível em https://www.govinfo.gov/content/pkg/COMPS-1885/pdf/COMPS-1885.pdf. Acesso em: 31 jul. 2021.

VEIGA, Alexandre Brandão. *Crime de manipulação de mercado, defesa e criação de mercado*. Coimbra: Almedina, 2001.

04.

LEI N. 7.960/1989 - PRISÃO TEMPORÁRIA

Jamil Chaim Alves

Introdução

A prisão temporária é uma modalidade de prisão cautelar, destinada a assegurar a eficácia da investigação criminal, no tocante a determinadas infrações penais de maior gravidade. O instituto está disciplinado na Lei 7.960/1998 e sempre foi objeto de diversas controvérsias. Uma das principais diz respeito aos requisitos para decretação da prisão temporária, diante da redação tortuosa do artigo 1º da citada lei. Esse ponto, assim como diversos outros de grande relevância para compreensão do tema, serão examinados no presente capítulo.

1. Conceito

A prisão temporária é uma modalidade de prisão cautelar, destinada a assegurar a eficácia da investigação criminal, no tocante a determinadas infrações penais de maior gravidade.

O objetivo principal da prisão temporária é acautelar o inquérito policial - procedimento administrativo voltado a esclarecer o fato criminoso - propiciando a reunião de meios informativos que possam habilitar o titular da ação penal a formar sua *opinio delicti* e servir de lastro à acusação[1].

[1] STJ, AgRg no HC 644.604/SP, Rel. Min. Rogerio Schietti Cruz, 6ª T., j. 09/03/2021.

Disciplinada pela Lei 7.960/1998, a prisão temporária foi instituída para substituir a antiga *prisão para averiguação*, realizada pela polícia com a finalidade de apurar a eventual participação da pessoa detida em alguma infração penal, fora das hipóteses de flagrância e sem autorização judicial. A prisão para averiguação dava margem a abusos por parte dos agentes públicos, além de contrariar frontalmente a Constituição Federal de 1988, que restringe a prisão às hipóteses de flagrante delito ou de ordem escrita e fundamentada de autoridade judiciária competente (art. 5º, LXI).

2. Requisitos

Assim prevê o artigo 1º da Lei 7.960/1989:

> Art. 1º Caberá prisão temporária:
>
> I - quando imprescindível para as investigações do inquérito policial;
>
> II - quando o indicado não tiver residência fixa ou não fornecer elementos necessários ao esclarecimento de sua identidade;
>
> III - quando houver fundadas razões, de acordo com qualquer prova admitida na legislação penal, de autoria ou participação do indiciado nos seguintes crimes:
>
> a) homicídio doloso (art. 121, *caput*, e seu § 2º);
>
> b) sequestro ou cárcere privado (art. 148, *caput*, e seus §§ 1º e 2º);
>
> c) roubo (art. 157, *caput*, e seus §§ 1º, 2º e 3º);
>
> d) extorsão (art. 158, *caput*, e seus §§ 1º e 2º);
>
> e) extorsão mediante sequestro (art. 159, caput, e seus §§ 1º, 2º e 3º);
>
> f) estupro (art. 213, *caput*, e sua combinação com o art. 223, *caput*, e parágrafo único);
>
> g) atentado violento ao pudor (art. 214, *caput*, e sua combinação com o art. 223, *caput*, e parágrafo único);
>
> h) rapto violento (art. 219, e sua combinação com o art. 223 *caput*, e parágrafo único);
>
> i) epidemia com resultado de morte (art. 267, § 1º);

j) envenenamento de água potável ou substância alimentícia ou medicinal qualificado pela morte (art. 270, *caput*, combinado com art. 285);

l) quadrilha ou bando (art. 288), todos do Código Penal;

m) genocídio (arts. 1°, 2° e 3° da Lei n° 2.889, de 1° de outubro de 1956), em qualquer de sua formas típicas;

n) tráfico de drogas (art. 12 da Lei n° 6.368, de 21 de outubro de 1976);

o) crimes contra o sistema financeiro (Lei n° 7.492, de 16 de junho de 1986).

p) crimes previstos na Lei de Terrorismo.

Como se vê, o citado artigo prevê três requisitos para decretação da prisão temporária:

> **I** - Quando for imprescindível para as investigações do inquérito policial;
>
> **II** - Quando o indicado não tiver residência fixa ou não fornecer elementos necessários ao esclarecimento de sua identidade;
>
> **III** - Quando houver fundadas razões de autoria ou participação do indiciado em algum dos crimes descritos nessa Lei.

Indaga-se:

Tais requisitos são cumulativos ou alternativos?

O artigo 1° não deixa claro se os requisitos são cumulativos ou alternativos. Durante mais de duas décadas (ou seja, desde a edição da Lei 7.960/1998 até o início de 2022), o tema foi objeto de grande controvérsia, surgindo diversas correntes:

- 1ª corrente: a prisão temporária pode ser decretada desde que esteja presente, alternativamente, qualquer uma das três hipóteses mencionadas do artigo 1° da Lei 7.960/1989[2];
- 2ª corrente: a prisão temporária somente pode ser decretada se estiverem presentes, cumulativamente, as três hipóteses do artigo 1°.
- 3ª corrente: a prisão temporária somente pode ser decretada se estiverem presentes, cumulativamente, as três hipóteses do artigo 1°. Os três

[2] É a posição de Fernando da Costa Tourinho Filho, embora o autor critique a opção legislativa, por possibilitar a banalização da prisão temporária (TOURINHO FILHO, Fernando da Costa. Da prisão e da liberdade provisória, *Revista Brasileira de Ciências Criminais*, vol. 7/1994, p. 73 – 90).

incisos ainda devem ser combinados com alguma das situações autorizadores da prisão preventiva[3];

- 4ª corrente: a prisão temporária sempre depende da presença do requisito descrito no inciso III, o qual consubstancia o *fumus comissi delicti* (indícios de autoria ou participação do agente em algum dos crimes descritos na lei). Esse requisito deve ser combinado com o inciso I ou com o inciso II, que dizem respeito ao *periculum libertatis*, isto é, ao perigo gerado pelo estado de liberdade do agente. Essa posição havia se tornado majoritária na doutrina[4], sendo também adotada pelo STJ[5];
- 5ª corrente: a prisão temporária sempre depende do requisito descrito no inciso III (fundadas razões de autoria ou participação em algum dos crimes descritos nessa Lei), o qual deve ser combinado com o inciso I (imprescindibilidade para as investigações).

O inciso II (indiciado sem residência fixa ou não fornece elementos necessários ao esclarecimento de sua identidade) não autoriza a prisão temporária, nem isoladamente, nem combinado com o inciso III.

Afinal, se o autor do crime não tem residência fixa e não fornece elementos necessários à sua identificação, e por tal motivo a autoridade policial não consegue esclarecer o fato, a prisão se impõe porque imprescindível para as investigações, situação descrita no inciso I. O inciso II acaba sendo absorvido pela "imprescindibilidade" do inciso I, de modo que sua aferição é complementar, mas não essencial.

Por outro lado, se o agente não tem residência fixa e não fornece elementos necessários à sua identificação, mas ainda assim as investigações avançam e o inquérito policial é concluído, a prisão temporária é desnecessária[6].

A celeuma envolvendo os requisitos para decretação da prisão temporária só foi resolvida em 11/02/2022, por ocasião do julgamento das ADI´s 3.360/DF e 4.109/DF, pelo Supremo Tribunal Federal[7].

3 GRECO FILHO, Vicente. *Manual do processo penal*. 12. ed. Florianópolis: Tirant lo blanch, 2019, p. 340.

4 Posição de Antonio Scarance Fernandes (FERNANDES, Antonio Scarance. *Processo penal constitucional*. 4. ed. rev., atual. e ampl. São Paulo: Editora Revista dos Tribunais, 2005, p. 322), Gustavo Henrique Badaró (BADARÓ, Gustavo Henrique. *Processo penal*. 8. ed. rev. atual. e ampl. São Paulo: Thomson Reuters Brasil, 2020, p. 1193), Guilherme de Souza Nucci (NUCCI, Guilherme de Souza. *Leis Penais e Processuais Penais Comentadas*. Vol. 2. 13. ed. Rio de Janeiro: Forense, 2020, p. 785), entre outros.

5 STJ, HC 362547 – SP, Rel. Min. Antonio Saldanha Palheiro, 6.ª T., j. 27.06.2017. STJ, AgRg no RHC 78432 – SP, Rel. Min. Joel Ilan Paciornik, 5.ª T., j. 28.03.2017.

6 Nesse prisma: Eugênio Pacelli (PACELLI, Eugênio. *Curso de processo penal*. 25. ed. São Paulo: Atlas, 2021, p. 445), Renato Brasileiro de Lima (*Curso de processo penal*, p. 799), entre outros.

7 STF, ADI 3360/DF, Rel. Min. Cármen Lúcia, red. p/ o ac. Min. Edson Fachin, Pleno, j. 11/02/2022; STF, ADI 4109/DF, Rel. Min. Cármen Lúcia, red. p/ o ac. Min. Edson Fachin, Pleno, j. 11/02/2022.

Nesse julgamento, o Excelso Tribunal fixou o entendimento de que a decretação de prisão temporária autoriza-se quando, cumulativamente:

1) for imprescindível para as investigações do inquérito policial (art. 1º, I, Lei 7.960/1989) (*periculum libertatis*), constatada a partir de elementos concretos, e não meras conjecturas, vedada a sua utilização como prisão para averiguações, em violação ao direito à não autoincriminação, ou quando fundada no mero fato de o representado não possuir residência fixa (inciso II);

A primeira parte desse item reproduz o teor do artigo 1º, I, da Lei 7.960/1989, segundo o qual caberá prisão temporária "quando imprescindível para as investigações do inquérito policial". Essa hipótese expressa o ***periculum libertatis***, ou seja, o perigo gerado às investigações pelo estado de liberdade do agente.

Embora o STF, reproduzindo o teor do inciso I do artigo 1º, tenha falado em "inquérito policial", é possível a decretação da prisão temporária em outros tipos de investigação criminal, a exemplo do procedimento investigatório criminal instaurado pelo membro do Ministério Público.

A prisão temporária só é admissível excepcionalmente, quando for *imprescindível* para as investigações. Cabe à autoridade requerente demonstrar ao juiz por que o encarceramento do suspeito é indispensável para elucidar o fato delituoso, indicando, por exemplo, a ocultação de provas, o aliciamento ou a ameaça às testemunhas, a impossibilidade de se proceder ao reconhecimento do acusado por estar ele em local incerto etc.[8].

A imprescindibilidade para as investigações deve ser "constatada a partir de elementos concretos, e não meras conjecturas" (nos termos do item 1 da decisão). Buscou-se, assim, evitar a banalização das prisões temporárias, decretadas com base em argumentos genéricos ou de forma automática.

Finalmente, o Excelso Tribunal afirmou ser vedada a utilização da prisão temporária em três situações:

1) Como prisão para averiguações

Prisão para averiguação era aquela realizada pela polícia com a finalidade de apurar a eventual participação da pessoa detida em alguma infração penal, fora das hipóteses de flagrância e sem autorização judicial. Na realidade, essa modalidade de prisão já fora abolida há muito tempo, tendo-se editado a 7.960/1989 para substituí-la.

8 BRASILEIRO, Renato Brasileiro de. *Legislação criminal especial comentada*. 8. ed. rev. atual. e ampl. Salvador: Juspodivm, 2020, p. 900.

2) Em violação ao direito à não autoincriminação

Em alguns casos, a prisão temporária vinha sendo utilizada com o objetivo de possibilitar o interrogatório do investigado. A decretação da medida com essa finalidade é claramente equivocada, tendo em vista o princípio da vedação da obrigatoriedade à autoincriminação (*nemo tenetur se detegere*), do qual decorre o direito ao silêncio (art. 5º, LXIII, da CF).

Ora, se o investigado tem o direito de permanecer em silêncio, é um contrassenso decretar a sua prisão temporária (ou a sua condução coercitiva) para forçá-lo a comparecer ao interrogatório.

Tanto assim que a Lei de Abuso de Autoridade tipifica a conduta de prosseguir com o interrogatório de pessoa que tenha decidido exercer o direito ao silêncio (art. 15, p. único, I, da Lei 7.960/1989).

Nesse contexto, o Supremo Tribunal Federal houve por bem reafirmar a impossibilidade de decretação da prisão temporária em violação ao direito à não autoincriminação.

3) Quando fundada no mero fato de o representado não possuir residência fixa (inciso II)

Parte da doutrina, a meu ver corretamente, já entendia que o inciso II do artigo 1º da Lei 7.960/1989 (investigado sem residência fixa ou não fornece elementos necessários ao esclarecimento de sua identidade) não poderia autorizar a prisão temporária.

Afinal, se o autor do crime não tem residência fixa e não fornece elementos necessários à sua identificação, e por tal motivo a autoridade policial não consegue esclarecer o fato, a prisão se impõe porque imprescindível para as investigações, situação descrita no inciso I. O inciso II acabava sendo absorvido pela "imprescindibilidade" do inciso I.

Por outro lado, se o agente não tem residência fixa e não fornece elementos necessários à sua identificação, mas ainda assim as investigações avançam e o inquérito policial é concluído, a prisão temporária é desnecessária[9].

O STF acabou adotando essa posição, pois não relacionou o inciso II como requisito da prisão temporária. Ao contrário disso, o Excelso Tribunal vedou a segregação cautelar "quando fundada no mero fato de o representado não possuir residência fixa" (1ª parte do referido inciso).

[9] Nesse prisma: Eugênio Pacelli (PACELLI, Eugênio. *Curso de processo penal*. 25. ed. São Paulo: Atlas, 2021, p. 445), Renato Brasileiro de Lima (*Curso de processo penal*, p. 799), entre outros.

A 2ª parte do inciso II, admitindo a prisão temporária quando o investigado "não fornecer elementos necessários ao esclarecimento de sua identidade" não foi mencionada pelo Excelso Tribunal. E nem precisaria sê-lo, porque tal hipótese, se frustrar a eficácia da investigação, está contida no inciso I (imprescindibilidade para as investigações).

> **2)** houver fundadas razões de autoria ou participação do indiciado nos crimes previstos no art. 1º, III, Lei 7.960/1989 (*fumus comissi delicti*), vedada a analogia ou a interpretação extensiva do rol previsto no dispositivo;

Indiciamento é o ato formal pelo qual a autoridade policial reconhece que os indícios de autoria e materialidade de uma infração penal recaíram sobre determinada pessoa, com registro na sua folha de antecedentes.

Embora o STF, reproduzindo o texto da Lei 7.960/1989, tenha utilizado o termo "indiciado", na realidade, a prisão temporária pode recair sobre qualquer suspeito ou investigado, mesmo se não tiver ocorrido o seu indiciamento. Aliás, na praxe forense, não é rara a decretação de prisão temporária no início das investigações, de pessoas não indiciadas, mas suspeitas do envolvimento em determinada infração penal.

Por exemplo: ao descobrir que foi apontado por algumas das testemunhas como autor de determinado roubo, o agente foge para outra cidade. Diante da necessidade de submetê-lo a reconhecimento pelas vítimas e testemunhas, a autoridade policial pode representar ao magistrado pela decretação da prisão temporária.

Ademais, o inquérito policial não é requisito obrigatório para a decretação da prisão temporária. Conforme visto acima, é possível decretação da prisão temporária em outros tipos de investigação criminal.

A prisão temporária só é admissível se houver fundadas razões de autoria ou participação em algum dos crimes referidos no inciso III, do artigo 1º, da Lei 7.960/1989. Trata-se do ***fumus comissi delicti***, no contexto da prisão temporária.

Existem "fundadas razões de autoria ou participação" quanto à prática de uma infração penal quando estiver comprovada a existência material do crime e houver indícios evidentes e suficientes para a imputação desse delito a alguém. Não basta a mera suspeita, sendo ilegal e repudiável a captura destinada a fazer nascer tais indicativos[10].

10 LANFREDI, Luís Geraldo Sant´Ana. *Prisão temporária: análise e perspectivas de uma releitura garantista da Lei n. 7960, de 21 de dezembro de 1989*. São Paulo: Editora Quartier Latin do Brasil, 2009, p. 129.

A Lei 7.960/1989 traz um **rol taxativo** de crimes particularmente graves, que admitem a prisão temporária[11]. São eles:

a. **homicídio doloso (art. 121, *caput*, e seu § 2º)** - Trata-se do homicídio doloso simples (*caput*) e qualificado (§ 2°). O homicídio simples praticado em atividade típica de grupo de extermínio é considerado crime hediondo (art. 1º, I, da Lei 8.072/199), razão pela qual também admite a prisão temporária.

b. **sequestro ou cárcere privado (art. 148, *caput*, e seus §§ 1º e 2º)** - Também admitem prisão temporária o sequestro ou cárcere privado na forma simples (*caput*) e nas modalidades qualificadas (§§ 1° e 2);

c. **roubo (art. 157, *caput*, e seus §§ 1º, 2º e 3º)** - O dispositivo faz menção ao roubo simples próprio (*caput*) e impróprio (§ 1°), bem como ao majorado (§ 2°) e ao qualificado (§ 3°).

A Lei 13.654/2018 inseriu no artigo 157 as causas de aumento do § 2°-A[12], ao passo que a Lei 13.964/2019 introduziu a majorante do § 2°-B[13]. Tais figuras, embora não mencionadas expressamente na Lei 7.960/1989, são compatíveis com a prisão temporária. Afinal, não faria sentido admiti-la no roubo simples, mas não no roubo com causa de aumento de pena.

Ademais, não se pode olvidar que o roubo majorado pelo emprego de arma de fogo (art. 157, § 2°-A, inciso I) ou pelo emprego de arma de fogo de uso proibido ou restrito (art. 157, § 2°-B) são crimes hediondos (art. 1º, II, b, da Lei 8.072/1990). Portanto, quanto a essas figuras, não apenas é admissível a prisão temporária, como o prazo máximo é de 30 dias, prorrogáveis por igual período, em caso de extrema e comprovada necessidade.

d. **extorsão (art. 158, *caput*, e seus §§ 1º e 2º)** - Faz-se menção à extorsão simples (*caput*), majorada (§ 1°) e qualificada (§ 2°).

A Lei 11.923/2009 introduziu o § 3° no artigo 158, criando a qualificadora do "sequestro relâmpago" ("Se o crime é cometido mediante a restrição da

[11] Afastando a prisão temporária pela suposta prática de furto, em razão de tal delito não estar no rol do artigo 1º, III, da Lei 7.960/1989: STJ, HC 35.557/PR, Rel. Min. Felix Fischer, 5ª T., j. 17/08/2004.

[12] § 2°-A A pena aumenta-se de 2/3: I – se a violência ou ameaça é exercida com emprego de arma de fogo; II – se há destruição ou rompimento de obstáculo mediante o emprego de explosivo ou de artefato análogo que cause perigo comum.

[13] § 2°-B. Se a violência ou grave ameaça é exercida com emprego de arma de fogo de uso restrito ou proibido, aplica-se em dobro a pena prevista no *caput* deste artigo.

liberdade da vítima, e essa condição é necessária para a obtenção da vantagem econômica, a pena é de reclusão, de 6 a 12 anos, além da multa; se resulta lesão corporal grave ou morte, aplicam-se as penas previstas no art. 159, §§ 2º e 3º, respectivamente").

Embora essa hipótese não esteja prevista na Lei 7.960/1989, pelas mesmas razões indicadas na alínea anterior, é admissível a prisão temporária. Aliás, o artigo 1º, inciso III, da Lei 8.072/1990, relaciona como crime hediondo a "extorsão qualificada pela restrição da liberdade da vítima, ocorrência de lesão corporal ou morte (art. 158, § 3º)".

e. **extorsão mediante sequestro (art. 159, *caput*, e seus §§ 1º, 2º e 3º)** - Estão abrangidas a figura simples (*caput*) e as qualificadas (§§ 1º a 3º);
f. **estupro (art. 213, *caput*, e sua combinação com o art. 223, *caput*, e parágrafo único)** - O dispositivo alcança o estupro na modalidade simples (*caput*) e qualificadas, as quais, após o advento da Lei 12.015/2009, estão previstas nos §§ 1º e 2º do artigo 213, e não mais no artigo 223, hoje revogado.

Embora só haja menção ao estupro, o estupro de vulnerável (art. 217-A, introduzido pela Lei 12.015/2009) também admite prisão temporária. Como esse delito é hediondo (art. 1º, VI, da Lei 8.072/1990), o permissivo legal da prisão temporária é extraído do artigo 2º, § 4º, da Lei 8.072/1990.

g. **atentado violento ao pudor (art. 214, *caput*, e sua combinação com o art. 223, *caput*, e parágrafo único)** - O artigo 214 foi revogado pela Lei 12.015/2009. Contudo, não houve *abolitio criminis*, pois as condutas nele tipificadas migraram para o artigo 213 (princípio da continuidade normativo-típica), o qual admite prisão temporária (alínea *f* do artigo em exame);
h. **rapto violento (art. 219, e sua combinação com o art. 223, *caput*, e parágrafo único)** - Essa figura foi revogada pela Lei 11.106/2005. Porém, o sequestro ou cárcere privado para fins libidinosos continua sendo crime, agora amoldando-se ao tipo do artigo 148, § 1º, inciso V, do Código Penal. E esse crime, diga-se de passagem, também admite prisão temporária (nos termos da alínea *b* do artigo em comento).
i. **epidemia com resultado de morte (art. 267, § 1º)** - note que somente a epidemia qualificada pela morte admite prisão temporária;

j. **envenenamento de água potável ou substância alimentícia ou medicinal qualificado pela morte (art. 270, *caput*, combinado com art. 285)** - assim como na hipótese anterior, somente a figura qualificada pela morte comporta prisão temporária;

k. **quadrilha ou bando (art. 288), todos do Código Penal** – A Lei 12.850/2013 promoveu alterações no tipo penal do artigo 288 do Código Penal, atualmente denominado "associação criminosa". Não obstante as modificações, permanece a admissibilidade da prisão temporária.

De outra banda, a Lei 12.720/2021 introduziu no Código Penal o crime de constituição de milícia privada (art. 288-A). Pune-se a conduta de "constituir, organizar, integrar, manter ou custear organização paramilitar, milícia particular, grupo ou esquadrão com a finalidade de praticar qualquer dos crimes previstos neste Código".

Embora se trate de crime mais grave que o de associação criminosa, a Lei de Prisão Temporária e a Lei dos Crimes Hediondos não foram modificadas para inclusão dessa figura. Portanto, reputo inadmissível a prisão temporária nessa hipótese. No mesmo sentido: Renato Brasileiro de Lima[14] .

Em posição contrária, afirma Guilherme de Souza Nucci que a Lei 7.960/1989 tem caráter de norma processual penal, comportando tanto interpretação extensiva quanto analógica, razão pela qual se pode incluir o crime de milícia (art. 288-A, CP) e o delito de organização criminosa (art. 2º, Lei 12.850/2013) para fins de decretação da prisão temporária[15].

l. **genocídio (arts. 1°, 2° e 3° da Lei n° 2.889, de 1° de outubro de 1956), em qualquer de suas formas típicas;**

m. **tráfico de drogas (art. 12 da Lei n° 6.368, de 21 de outubro de 1976)** – A Lei 6.368/1976 foi revogada pela Lei 11.343/2006;

n. **crimes contra o sistema financeiro (Lei n° 7.492, de 16 de junho de 1986).**

o. **crimes previstos na Lei de Terrorismo** - tais crimes estão tipificados pela Lei 13.260/2016.

[14] LIMA, Renato Brasileiro de. *Legislação criminal especial comentada*. 8. ed. rev. atual. e ampl. Salvador: Juspodivm, 2020, p. 903.

[15] NUCCI, Guilherme de Souza. *Leis Penais e Processuais Penais Comentadas*. Vol. 2. 13. ed. Rio de Janeiro: Forense, 2020, p. 791.

Os crimes hediondos e equiparados admitem prisão temporária?

O STF, no julgamento das ADI´s 3.360 e 4.109, fixou o entendimento de que a prisão temporária é cabível nos crimes previstos no art. 1º, III, Lei 7.960/1989, "vedada a analogia ou a interpretação extensiva do rol previsto no dispositivo".

Contudo, é perfeitamente possível a prisão temporária nos crimes hediondos ou equiparados, pois há expressa previsão legal nesse sentido. Logo, não é necessário recorrer à analogia ou interpretação extensiva.

Nesse prisma, após o advento da Lei 7.960/1989, sobreveio a Lei 8.072/1990 (Lei dos Crimes Hediondos), assim estabelecendo no artigo 2º, § 4º:

> **Lei 8.072/1990, art. 2º, § 4º A** prisão temporária, sobre a qual dispõe a Lei no 7.960, de 21 de dezembro de 1989, nos crimes previstos neste artigo, terá o prazo de 30 (trinta) dias, prorrogável por igual período em caso de extrema e comprovada necessidade.

Portanto, além dos crimes previstos no rol taxativo do inciso III do artigo 1º da Lei de Prisão Temporária, existe outro rol taxativo de delitos que admite tal modalidade de prisão cautelar, constante na Lei dos Crimes Hediondos (Lei 8.072/1990).

De acordo com o artigo 1º dessa Lei, são hediondos os seguintes crimes, todos tipificados no Código Penal, na forma consumada ou tentada:

> I - homicídio (art. 121), quando praticado em atividade típica de grupo de extermínio, ainda que cometido por um só agente, e homicídio qualificado (art. 121, § 2º, incisos I, II, III, IV, V, VI, VII e VIII);
>
> I-A - lesão corporal dolosa de natureza gravíssima (art. 129, § 2º) e lesão corporal seguida de morte (art. 129, § 3º), quando praticadas contra autoridade ou agente descrito nos arts. 142 e 144 da Constituição Federal, integrantes do sistema prisional e da Força Nacional de Segurança Pública, no exercício da função ou em decorrência dela, ou contra seu cônjuge, companheiro ou parente consanguíneo até terceiro grau, em razão dessa condição;
>
> II - roubo:
>
> a) circunstanciado pela restrição de liberdade da vítima (art. 157, § 2º, inciso V);

b) circunstanciado pelo emprego de arma de fogo (art. 157, § 2º-A, inciso I) ou pelo emprego de arma de fogo de uso proibido ou restrito (art. 157, § 2º-B);

c) qualificado pelo resultado lesão corporal grave ou morte (art. 157, § 3º);

III - extorsão qualificada pela restrição da liberdade da vítima, ocorrência de lesão corporal ou morte (art. 158, § 3º);

IV - extorsão mediante sequestro e na forma qualificada (art. 159, *caput*, e §§ 1º, 2º e 3º);

V - estupro (art. 213, *caput* e §§ 1º e 2º);

VI - estupro de vulnerável (art. 217-A, *caput* e §§ 1º, 2º, 3º e 4º);

VII - epidemia com resultado morte (art. 267, § 1º).

VII-A – (VETADO)

VII-B - falsificação, corrupção, adulteração ou alteração de produto destinado a fins terapêuticos ou medicinais (art. 273, caput e § 1º, § 1º-A e § 1º-B).

VIII - favorecimento da prostituição ou de outra forma de exploração sexual de criança ou adolescente ou de vulnerável (art. 218-B, caput, e §§ 1º e 2º).

IX - furto qualificado pelo emprego de explosivo ou de artefato análogo que cause perigo comum (art. 155, § 4º-A).

Parágrafo único. Consideram-se também hediondos, tentados ou consumados:

I - o crime de genocídio, previsto nos arts. 1º, 2º e 3º da Lei nº 2.889, de 1º de outubro de 1956;

II - o crime de posse ou porte ilegal de arma de fogo de uso proibido, previsto no art. 16 da Lei nº 10.826, de 22 de dezembro de 2003;

III - o crime de comércio ilegal de armas de fogo, previsto no art. 17 da Lei nº 10.826, de 22 de dezembro de 2003;

IV - o crime de tráfico internacional de arma de fogo, acessório ou munição, previsto no art. 18 da Lei nº 10.826, de 22 de dezembro de 2003;

V - o crime de organização criminosa, quando direcionado à prática de crime hediondo ou equiparado.

São considerados hediondos, por equiparação, a prática de tortura, o tráfico ilícito de entorpecentes e drogas afins e o terrorismo (art. 5º, XLIII, da CF, e art. 2º, *caput*, da Lei 8.072/1990).

> **3)** for justificada em fatos novos ou contemporâneos que fundamentem a medida (art. 312, § 2º, CPP);

Setor expressivo da doutrina já vinha defendendo que a principiologia inserida no Código de Processo Penal, no tocante às medidas cautelares de natureza pessoal, não fica restrita a esse diploma, espraiando-se pelas leis especiais (a exemplo da Lei 7.960/1989).

Essa posição foi corroborada pelo STF no julgamento das ADI´s 3.360 e 4.109, ao estender à prisão temporária diversas normas gerais das medidas cautelares de natureza pessoal.

Nesse prisma, o Excelso Tribunal decidiu que a decretação da prisão temporária deve ser justificada em fatos novos ou contemporâneos que fundamentem a medida, nos termos do artigo 312, § 2º, do CPP (regra geral das medidas cautelares):

> **CPP, art. 312, § 2º** A decisão que decretar a prisão preventiva deve ser motivada e fundamentada em receio de perigo e existência concreta de **fatos novos ou contemporâneos que justifiquem a aplicação da medida adotada.**

Trata-se do chamado **princípio da atualidade ou da contemporaneidade do perigo**. De acordo com esse princípio, os fatos motivadores da prisão cautelar devem estar presentes no momento da sua decretação, e não no momento da prática do crime. Em outras palavras, a medida deve ser imposta com base em *fatos contemporâneos*, e não em fatos pretéritos.

> **4)** a medida for adequada à gravidade concreta do crime, às circunstâncias do fato e às condições pessoais do indiciado (art. 282, II, CPP);

O item acima determina a aplicação, à prisão temporária, de outra regra geral das medidas cautelares de natureza pessoal, disciplinada no artigo 282, inciso II, do CPP:

> **CPP, art. 282.** As medidas cautelares previstas neste Título deverão ser aplicadas observando-se a:
>
> II - **adequação da medida à gravidade do crime, circunstâncias do fato e condições pessoais do indiciado ou acusado.**

A adequação significa que a medida cautelar deve guardar pertinência com a gravidade do crime, as circunstâncias do fato e as condições pessoais do indiciado. Em outras palavras, a medida deve ser apta a produzir o resultado pretendido (no caso, a eficácia da investigação), levando em consideração esses fatores.

Por exemplo: tratando-se de feminicídio tentado praticado pelo marido contra a esposa, não faria sentido a decretação da prisão temporária para reconhecimento pessoal do investigado pela vítima. Evidentemente, a vítima conhece a fisionomia do próprio cônjuge.

5) não for suficiente a imposição de medidas cautelares diversas, previstas nos arts. 319 e 320 do CPP (art. 282, § 6º, CPP).

O Excelso Tribunal estabeleceu que a decretação da prisão temporária está sujeita a mais uma regra geral das medidas cautelares de natureza pessoal, expressa no artigo 282, § 6º, do CPP:

> **CPP, art. 282, §6º** A prisão preventiva somente será determinada quando não for cabível a sua substituição por outra medida cautelar, observado o art. 319 deste Código, **e o não cabimento da substituição por outra medida cautelar deverá ser justificado de forma fundamentada nos elementos presentes do caso concreto, de forma individualizada.**

De acordo com o princípio constitucional da presunção de inocência ou da não-culpabilidade, "ninguém será considerado culpado até o trânsito em julgado de sentença penal condenatória" (art. 5º, LVII, da CF).

Existe uma tensão entre a presunção de inocência e a decretação de medidas cautelares, pois estas implicam na restrição de direitos individuais do investigado ou acusado antes da condenação transitada em julgado.

Por conta disso, as medidas cautelares só podem ser decretadas excepcionalmente, de forma fundamentada e com base em elementos do caso concreto.

E, sendo as medidas cautelares excepcionais, a prisão cautelar, por envolver completo cerceamento à liberdade de locomoção, é excepcionalíssima, devendo ser utilizada como última opção (*ultima ratio*). Assim, verifica-se a

preferibilidade das medidas cautelares diversas da prisão dos arts. 319 e 320 frente à prisão cautelar.

Nota-se que a decisão do Supremo Tribunal Federal acabou por se aproximar bastante da 5ª corrente (mencionada no início do tópico), porque, em linhas gerais, **exige sempre a presença do inciso III** do artigo 1º da Lei 7.960/1989 (fundadas razões de autoria ou participação do indiciado nos crimes previstos na Lei da Prisão Temporária) **combinado com o inciso I** do referido dispositivo (medida imprescindível para as investigações do inquérito policial) (conforme itens 1 e 2 do julgado).

O **inciso II não foi relacionado como requisito da prisão temporária**, sendo, inclusive, vedada a segregação cautelar "quando fundada no mero fato de o representado não possuir residência fixa" (1ª parte do inciso II). A 2ª parte do inciso II, admitindo a prisão temporária quando o investigado "não fornecer elementos necessários ao esclarecimento de sua identidade" não foi mencionada pelo Excelso Tribunal. E nem precisaria sê-lo, porque tal hipótese, desde que comprometa a eficácia da investigação, está contida no inciso I (imprescindibilidade para as investigações).

Os demais requisitos fixados pelo STF constituem, basicamente, a **reprodução de normas gerais das medidas cautelares de natureza pessoal**, sendo elas:

- medida justificada em fatos novos ou contemporâneos que fundamentem a medida (art. 312, § 2º, CPP) (item 3);
- medida adequada à gravidade concreta do crime, às circunstâncias do fato e às condições pessoais do indiciado (art. 282, II, CPP) (item 4);
- insuficiência da imposição de medidas cautelares diversas da prisão, previstas nos arts. 319 e 320 do CPP (art. 282, § 6º, CPP) (item 5).

3. Momento

Para a decretação da prisão temporária, é necessária a existência de **prévia investigação**, no bojo da qual se revele indispensável a privação cautelar da liberdade do indivíduo para a colheita de elementos de informação acerca da materialidade de conduta delituosa.

Porém, como explica Renato Brasileiro de Lima, a existência de inquérito policial em andamento não é condição *sine qua non* para a decretação da temporária. Há, sim, necessidade de que haja uma investigação preliminar em curso (a exemplo do procedimento investigatório presidido pelo órgão do Ministério Público), que demande a prisão do investigado para melhor apuração do fato delituoso[16].

Por outro lado, não se admite a decretação da prisão temporária *após a conclusão da investigação*. Nesse caso, existe a possibilidade de prisão preventiva, se presentes os seus requisitos.

Nesse sentido, há precedente do STJ considerando desnecessária a prisão temporária quando a fase investigatória já estava próxima do fim:

> **STJ:** "Ainda que o investigado não tenha comparecido perante a autoridade policial, muito embora haja sido contactado para tanto, estando a fase investigativa a bom caminho – já próxima do fim –, desnecessária é a prisão temporária" (HC 102687 – RJ, Rel. Nilson Naves, 6.ª T., j. 02.10.2008).

4. Legitimidade

> **Art. 2°** A prisão temporária será decretada pelo Juiz, em face da representação da autoridade policial ou de requerimento do Ministério Público, e terá o prazo de 5 (cinco) dias, prorrogável por igual período em caso de extrema e comprovada necessidade.
>
> § 1° Na hipótese de representação da autoridade policial, o Juiz, antes de decidir, ouvirá o Ministério Público.

De acordo com o artigo 2° da Lei 7.960/1989, a prisão temporária será decretada pelo juiz em face de representação da **autoridade policial** ou representação do **Ministério Público** (*caput*). Na hipótese de representação da autoridade policial, o Juiz, antes de decidir, deve ouvir o Ministério Público (§ 1°).

Não é admissível prisão temporária na ação penal privada, porque o legislador não atribuiu ao querelante legitimidade para pleiteá-la, mas tão somente ao *parquet*.

O assistente de acusação também não foi inserido entre os legitimados. E com razão, tendo em vista que a assistência não tem lugar na fase investigatória, mas tão somente durante o processo, momento em que não é mais admissível prisão temporária.

[16] LIMA, Renato Brasileiro de. *Legislação criminal especial comentada*. 8. ed. rev. atual. e ampl. Salvador: Juspodivm, 2020, p. 900.

Nesses pontos, a prisão temporária difere da preventiva, que confere legitimidade ao querelante e ao assistente (art. 311, *caput*, do CPP).

A prisão temporária não pode ser decretada de ofício pelo magistrado. Esse entendimento, que já podia ser extraído da redação do artigo 2º da Lei 7.960/1989, ganhou um reforço com o advento da Lei 13.964/2019 (Lei Anticrime). Essa lei promoveu alterações no Código de Processo Penal, de modo a retirar do juiz a possibilidade de decretar de ofício a prisão preventiva ou medidas cautelares diversas da prisão. Por interpretação sistemática, infere-se que o magistrado também não pode, por iniciativa própria, decretar a prisão temporária.

O STF, no julgamento das ADI´s 3360/DF e 4109/DF, destacou que **não é incompatível com o texto constitucional a expressão "será"**, constante no artigo 2º da Lei 7.960/1989. Isso porque a decretação da prisão temporária não se revela como medida compulsória, devendo ser obrigatoriamente fundamentada, nos termos do §2º do art. 2º da Lei 7.960/1989 e do art. 93, IX, da CF[17].

5. Prazo

Em se tratando de crimes comuns (ou seja, não hediondos ou equiparados), a prisão temporária tem prazo máximo de **5 dias, prorrogáveis por mais 5 dias, em caso de extrema e comprovada necessidade** (art. 2º, *caput*).

No tocante aos crimes hediondos ou equiparados, o prazo máximo é de **30 dias, prorrogáveis por mais 30 dias, em caso de extrema e comprovada necessidade**. Nesse sentido, preceitua o artigo 2º, § 4º, da Lei 8.072/1990:

> **Lei 8.072/90, art. 2º, § 4º** A prisão temporária, sobre a qual dispõe a Lei 7.960, de 21 de dezembro de 1989, nos crimes previstos neste artigo, terá o prazo de 30 (trinta) dias, prorrogável por igual período em caso de extrema e comprovada necessidade.

A prorrogação do prazo da prisão temporária não é automática, exigindo comprovação de sua necessidade[18].

Importante observar que a lei fixa o prazo *máximo* de duração da prisão temporária. Não existe óbice para que o juiz estabeleça um prazo menor.

[17] STF, ADI 3360/DF, Rel. Min. Cármen Lúcia, red. p/ o ac. Min. Edson Fachin, Pleno, j. 11/02/2022; STF, ADI 4109/DF, Rel. Min. Cármen Lúcia, red. p/ o ac. Min. Edson Fachin, Pleno, j. 11/02/2022.

[18] STJ, HC 7.655/GO, Rel. Min. Vicente Leal, 6ª T., j. 15/10/1998.)

6. Procedimento

O procedimento da prisão temporária é regulado nos parágrafos do artigo 2° da Lei 7.960/1989:

> **Lei 8.072/1990, art. 2°, § 2°** O despacho que decretar a prisão temporária deverá ser fundamentado e prolatado dentro do prazo de 24 (vinte e quatro) horas, contadas a partir do recebimento da representação ou do requerimento.

Apesar do dispositivo acima mencionar a expressão "despacho", a decretação da prisão temporária constitui uma autêntica decisão, que deve ser devidamente fundamentada. Aliás, não apenas essa, mas toda e qualquer decisão do Poder Judiciário deve ser fundamentada (art. 93, IX, da CF).

A ausência de fundamentação implica nulidade absoluta da decisão, ensejando o relaxamento da prisão temporária, com fulcro no artigo 564, inciso V, do Código de Processo Penal ("A nulidade ocorrerá nos seguintes casos: (...) V - em decorrência de decisão carente de fundamentação".

Por outro lado, há precedentes dos Tribunais Superiores no sentido de que a ausência de motivação da prisão temporária fica suprida pela superveniência da prisão preventiva:

> **STF:** "A superveniência do decreto de prisão preventiva, que constitui novo título da prisão, prejudica a alegação de ausência de fundamentação cautelar válida para a prisão temporária" (HC 96680, Rel. Min. Cármen Lúcia, 1ª T., j. 23.06.2009).
>
> **STJ:** "A conversão da prisão temporária em preventiva, posterior a presente impetração, prejudica o *mandamus*, porquanto o presente feito se insurge contra decreto prisional que não mais subsiste devido à superveniência de novo título prisional com novos fundamentos" (AgRg no HC 697.946/RR, Rel. Min. Jesuíno Rissato – Des. convocado do TJDFT, 5ª T., j. 26/10/2021).

O juiz que decreta a prisão temporária, salvo se for plantonista, torna-se prevento para julgamento da futura ação penal. Nesse sentido:

> **STJ:** "Havendo dois ou mais juízes competentes para o processo e julgamento de determinado crime, torna-se prevento o juiz que tiver antecedido aos outros na prática de algum ato do processo ou medida a este relativa (art. 83 do CPP). No caso, a decretação da prisão temporária firma a

competência por prevenção" (RHC 10.630/CE, Rel. Min. Jorge Scartezzini, 5ª T., j. 17/04/2001)[19].

De acordo com o dispositivo em comento, a decisão que decretar a prisão temporária deverá ser fundamentada e prolatada **dentro do prazo de 24 horas, contadas do recebimento da representação ou do requerimento**.

O STF (ADIs 3360/DF e 4109/DF) ressaltou que o prazo de 24 horas é compatível com a Constituição Federal porque, além de impróprio, justifica-se pela urgência na análise do pedido pelo magistrado visando à eficiência das investigações[20].

> **§ 3°** O Juiz poderá, de ofício, ou a requerimento do Ministério Público e do Advogado, determinar que o preso lhe seja apresentado, solicitar informações e esclarecimentos da autoridade policial e submetê-lo a exame de corpo de delito.

O § 3° busca resguardar a integridade física da pessoa a quem foi imposta prisão temporária. Assim, para aferir a eventual existência de maus tratos ou tortura, pode o magistrado, de ofício ou a requerimento do Ministério Público ou da defesa, determinar que o preso lhe seja apresentado, solicitar informações e esclarecimentos da autoridade policial e submetê-lo a exame de corpo de delito.

Conforme precedente do Superior Tribunal de Justiça, o dispositivo acima não autoriza o juiz a atuar como inquisidor, praticando atos típicos da polícia judiciária, a exemplo do interrogatório do investigado.

> **STJ:** "1. Hipótese em que o Juiz, antes de haver, sequer, o oferecimento da denúncia, estando ainda no curso da investigação preliminar, se imiscuir nas atividades da polícia judiciária e realizar o interrogatório do réu, utilizando como fundamento o artigo 2.º, § 3.º, da Lei 7.960/89. 2. A lei da prisão temporária permite ao magistrado, de ofício, em relação ao preso, determinar que ele lhe seja apresentado e submetê-lo a exame de corpo de delito. Em relação à autoridade policial, o Juiz pode solicitar informações e esclarecimentos. 3. A Lei 7.960/89 não disciplinou procedimento em que o Juiz pode, como inquisidor, interrogar o réu. 4. O magistrado que pratica atos típicos da polícia judiciária torna-se impedido para proceder ao

[19] No mesmo sentido: STF, HC 88214, Rel. Min. Marco Aurélio, Red. do ac. Min Menezes Direito, 1ª T., j. 28/04/2009.

[20] STF, ADI 3360/DF, Rel. Min. Cármen Lúcia, red. p/ o ac. Min. Edson Fachin, Pleno, j. 11/02/2022; STF, ADI 4109/DF, Rel. Min. Cármen Lúcia, red. p/ o ac. Min. Edson Fachin, Pleno, j. 11/02/2022.

julgamento e processamento da ação penal, eis que perdeu, com a prática dos atos investigatórios, a imparcialidade necessária ao exercício da atividade jurisdicional. 5. O sistema acusatório regido pelo princípio dispositivo e contemplado pela Constituição da República de 1988 diferencia-se do sistema inquisitório porque, nesse, a gestão da prova pertence ao Juiz e naquele, às partes. 6. No Estado Democrático de Direito, as garantias processuais de julgamento por Juízo imparcial, obediência ao contraditório e à ampla defesa são indispensáveis à efetivação dos direitos fundamentais do homem" (RHC 2394, Rel. Min. Jane Silva – Des. convocada do TJMG, 6.ª T., j. 05.02.2009).

§ 4° Decretada a prisão temporária, expedir-se-á mandado de prisão, em duas vias, uma das quais será entregue ao indiciado e servirá como nota de culpa.

A entrega de uma das vias do mandado de prisão à pessoa detida tem o escopo de cientificá-la dos motivos da prisão e de quem foi a autoridade que a decretou. Tal medida está em consonância com o disposto no artigo 5º, inciso LXIV, da Constituição Federal ("O preso tem direito à identificação dos responsáveis por sua prisão ou por seu interrogatório policial").

§ 4º- A O mandado de prisão conterá necessariamente o período de duração da prisão temporária estabelecido no *caput* deste artigo, bem como o dia em que o preso deverá ser libertado.

O § 4º-A foi inserido pela Lei 13.869/2019, determinando que o mandado de prisão contenha o período de duração da prisão temporária, bem como o dia em que o preso deverá ser libertado. Busca-se evitar a permanência da pessoa presa além do prazo máximo permitido.

§ 5° A prisão somente poderá ser executada depois da expedição de mandado judicial.

A prisão somente poderá ser executada *depois* da expedição de mandado judicial. Embora essa previsão seja óbvia, a intenção do legislador foi reforçar a proibição de uma prática por vezes utilizada pela autoridade policial, consistente em efetuar a prisão do réu e depois procurar regularizar a situação, representando ao magistrado pela decretação da prisão temporária.

> **§ 6°** Efetuada a prisão, a autoridade policial informará o preso dos direitos previstos no art. 5° da Constituição Federal.

Tais direitos estão descritos no artigo 5º, incisos LXII, LXIII e LXIV, da Constituição Federal:

> XII - a prisão de qualquer pessoa e o local onde se encontre serão comunicados imediatamente ao juiz competente e à família do preso ou à pessoa por ele indicada;
>
> LXIII - o preso será informado de seus direitos, entre os quais o de permanecer calado, sendo-lhe assegurada a assistência da família e de advogado;
>
> LXIV - o preso tem direito à identificação dos responsáveis por sua prisão ou por seu interrogatório policial;

> § 7º Decorrido o prazo contido no mandado de prisão, a autoridade responsável pela custódia deverá, independentemente de nova ordem da autoridade judicial, pôr imediatamente o preso em liberdade, salvo se já tiver sido comunicada da prorrogação da prisão temporária ou da decretação da prisão preventiva.

Decorrido o prazo da prisão temporária, o preso deve ser imediatamente colocado em liberdade, salvo se já tiver sido comunicada da prorrogação da prisão temporária ou da decretação da prisão preventiva. Não é preciso nova decisão judicial determinando a soltura.

Pode o delegado soltar o preso antes de atingido o prazo máximo da prisão temporária, independentemente de alvará de soltura, se constatar que a medida não é mais necessária?

Existem duas correntes:

- Não. Se a autoridade policial entender pela desnecessidade da prisão temporária antes de vencido o prazo, deve comunicar tal fato ao juiz, para este revogue a medida, expedindo alvará de soltura. Tendo em vista que é a autoridade judicial quem determina a prisão temporária, cabe a esta determinar a soltura. É a posição majoritária na doutrina, parecendo-me a mais acertada. É adotada por Gustavo Henrique Badaró[21], Guilherme de Souza Nucci[22], Norberto Avena[23], Renato Brasileiro de Lima[24], entre outros.

- Sim. Inexiste qualquer óbice para a soltura do preso pelo próprio delegado de polícia, se a prisão já não é mais necessária para as investigações. Nesse sentido: Aury Lopes Jr.[25] e Hidejalma Muccio[26].

> **§ 8º** Inclui-se o dia do cumprimento do mandado de prisão no cômputo do prazo de prisão temporária.

O período de prisão, seja processual, seja penal, segue a contagem do artigo 10 do Código Penal ("o dia do começo inclui-se no cômputo do prazo...").

Por exemplo: se a prisão temporária é efetivada às 23h55min de uma quarta-feira, este dia é incluído no prazo. Supondo que o magistrado tenha assinalado o prazo máximo de 5 dias, o prazo final ocorrerá no domingo da mesma semana.

> **Art. 3°** Os presos temporários deverão permanecer, obrigatoriamente, separados dos demais detentos.

Esse dispositivo determina a separação obrigatória dos presos temporários dos demais detentos. O objetivo é evitar o contato de presos provisórios com os condenados definitivos.

Atualmente, a forma de separação dos presos está disciplinada no artigo 84 da Lei 7.210/1984 (Lei de Execução Penal), com redação dada Lei 13.167/2015.

> **Art. 84.** O preso provisório ficará separado do condenado por sentença transitada em julgado.

21 BADARÓ, Gustavo Henrique. *Processo penal*. 8. ed. rev. atual. e ampl. São Paulo: Thomson Reuters Brasil, 2020, p. 1196.

22 NUCCI, Guilherme de Souza. *Leis Penais e Processuais Penais Comentadas*. Vol. 2. 13. ed. Rio de Janeiro: Forense, 2020, p. 797.

23 AVENA, Norberto. *Processo penal*. 13. ed. Rio de Janeiro: Método, 2021, p. 1072.

24 LIMA, Renato Brasileiro de. *Legislação criminal especial comentada*. 8. ed. rev. atual. e ampl. Salvador: Juspodivm, 2020, p. 909.

25 LOPES JR., Aury. *Direito processual penal*. 18. ed. São Paulo: Saraiva Educação, 2021, p. 296.

26 MUCCIO, Hidejalma. *Curso de processo penal*. 2. ed. rev. e atual. Rio de Janeiro: Forense; São Paulo: Método, 2011, p. 1173.

§ 1º Os presos provisórios ficarão separados de acordo com os seguintes critérios:

I - acusados pela prática de crimes hediondos ou equiparados;

II - acusados pela prática de crimes cometidos com violência ou grave ameaça à pessoa;

III - acusados pela prática de outros crimes ou contravenções diversos dos apontados nos incisos I e II.

§ 2° O preso que, ao tempo do fato, era funcionário da Administração da Justiça Criminal ficará em dependência separada.

§ 3º Os presos condenados ficarão separados de acordo com os seguintes critérios:

I - condenados pela prática de crimes hediondos ou equiparados;

II - reincidentes condenados pela prática de crimes cometidos com violência ou grave ameaça à pessoa;

III - primários condenados pela prática de crimes cometidos com violência ou grave ameaça à pessoa;

IV - demais condenados pela prática de outros crimes ou contravenções em situação diversa das previstas nos incisos I, II e III.

§ 4º O preso que tiver sua integridade física, moral ou psicológica ameaçada pela convivência com os demais presos ficará segregado em local próprio.

Art. 4° O art. 4° da Lei n° 4.898, de 9 de dezembro de 1965, fica acrescido da alínea i, com a seguinte redação:

(...)

A Lei 4.898/65 foi revogada pela Lei 13.869/2019 (nova Lei de Abuso de Autoridade).

Art. 5.º Em todas as comarcas e seções judiciárias haverá um plantão permanente de 24 (vinte e quatro) horas do Poder Judiciário e do Ministério Público para apreciação dos pedidos de prisão temporária.

Como os pedidos de prisão temporária envolvem urgência, deve haver juízes e membros do Ministério do Público em todas as comarcas e seções judiciárias, em regime de plantão, 24 horas por dia.

7. Recursos

Contra a decisão que decreta a prisão temporária, é cabível ***habeas corpus***. Já o indeferimento da medida desafia **recurso em sentido estrito**, por interpretação extensiva do art. 581, inciso V, do Código de Processo Penal[27].

RECURSOS	
Contra a decisão que **decreta** a prisão temporária, é cabível ***habeas corpus***.	Contra o **indeferimento** da medida cabe **recurso em sentido estrito**, por interpretação extensiva do art. 581, V, do CPP.

8. Vigência

Art. 6º Esta Lei entra em vigor na data de sua publicação.
Art. 7º Revogam-se as disposições em contrário.
Brasília, 21 de dezembro de 1989; 168.º da Independência e 101.º da República.
José Sarney
(DOU 22.12.1989)

A Lei 7.960/1989 entrou em vigor na data de sua publicação, em 22 de dezembro de 1989.

Referências

ALENCAR, Rosmar Rodrigues; TÁVORA, Nestor. *Curso de processo penal e execução penal*. 16. ed. reestrut., revis. e atual. Salvador: Juspodivm, 2021.

AVENA, Norberto. *Processo penal*. 13. ed. Rio de Janeiro: Método, 2021.

[27] Art. 581. Caberá recurso, no sentido estrito, da decisão, despacho ou sentença: (...) V - que conceder, negar, arbitrar, cassar ou julgar inidônea a fiança, indeferir requerimento de prisão preventiva ou revogá-la, conceder liberdade provisória ou relaxar a prisão em flagrante".

BADARÓ, Gustavo Henrique. *Processo penal*. 8. ed. rev. atual. e ampl. São Paulo: Thomson Reuters Brasil, 2020.

GRECO FILHO, Vicente. *Manual do processo penal*. 12. ed. Florianópolis: Tirant lo blanch, 2019.

LANFREDI, Luís Geraldo Sant´Ana. *Prisão temporária: análise e perspectivas de uma releitura garantista da Lei n. 7960, de 21 de dezembro de 1989*. São Paulo: Editora Quartier Latin do Brasil, 2009.

LIMA, Renato Brasileiro de. *Legislação criminal especial comentada*. 8. ed. rev. atual. e ampl. Salvador: Juspodivm, 2020.

LOPES JR., Aury. *Direito processual penal*. 18. ed. São Paulo: Saraiva Educação, 2021.

MUCCIO, Hidejalma. *Curso de processo penal*. 2. ed. rev. e atual. Rio de Janeiro: Forense; São Paulo: Método, 2011.

NUCCI, Guilherme de Souza. *Código de processo penal comentado*. 20. ed. rev. atual. e ampl. Rio de Janeiro: Forense, 2021.

NUCCI, Guilherme de Souza. *Leis Penais e Processuais Penais Comentadas*. Vol. 2. 13. ed. Rio de Janeiro: Forense, 2020.

PACELLI, Eugênio. *Curso de processo penal*. 25. ed. São Paulo: Atlas, 2021.

POLASTRI, Marcellus. *Curso de processo penal*. 9. ed. Brasília, DF: Gazeta Jurídica, 2016.

FERNANDES, Antonio Scarance. *Processo penal constitucional*. 4. ed. rev., atual. e ampl. São Paulo: Editora Revista dos Tribunais, 2005.

RANGEL, Paulo. *Direito processual penal*. 29. ed. Barueri (SP): Atlas, 2021.

TÁVORA, Nestor; ALENCAR, Rosmar Rodrigues. *Curso de processo penal e execução penal*. 16. ed. reestrut., revis. e atual. Salvador: Juspodivm, 2021.

TOURINHO FILHO, Fernando da Costa. Da prisão e da liberdade provisória, *Revista Brasileira de Ciências Criminais*, vol. 7/1994, p. 73 – 90, jul.-set. 1994.

5.

LEI N. 8.069/1990 - ASPECTOS PENAIS DO ESTATUTO DA CRIANÇA E DO ADOLESCENTE

Fausto Junqueira de Paula

INTRODUÇÃO AOS CRIMES DO ESTATUTO DA CRIANÇA E DO ADOLESCENTE

O Estatuto da Criança e do Adolescente – Lei 8.069/90 - dispõe sobre a proteção integral da criança e do adolescente e baseia-se na doutrina da proteção integral que foi inserida no ordenamento jurídico brasileiro por força da Constituição Federal de 1988, a qual, no *caput* do art. 227, traz um elenco de direitos fundamentais infanto-juvenis e estabelece o dever de prioridade absoluta para que o Estado, a sociedade e a família promovam tais direitos.

O Estatuto disciplina com pormenores os direitos fundamentais insculpidos na Carta da República e em seguida atribui instrumentos jurídicos ao Estado, à sociedade e à família, mas que cumpram o disposto no art. 4º, que preconiza:

> É dever da família, da comunidade, da sociedade em geral e do poder público assegurar, com absoluta prioridade, a efetivação dos direitos referentes à vida, à saúde, à alimentação, à educação, ao esporte, ao lazer, à profissionalização, à cultura, à dignidade, ao respeito, à liberdade e à convivência familiar e comunitária.

Os princípios basilares do direito da criança e do adolescente e as normas constitucionais e infraconstitucionais articuladas e harmonizadas estabelecem um verdadeiro microssistema jurídico, que tem o escopo de melhor proteger a criança e o adolescente das violações de direitos, da opressão e das violências.

A proteção prioriza medidas preventivas, como aquelas elencadas no art. 101 do ECA, fundamenta-se na ideia de intervenção mínima e precoce para evitar as lesões ou atenuá-las, porém, nas situações de lesões de direitos consolidadas, cria instrumentos de reparação e a responsabilização, sempre buscando o melhor interesse da criança e do adolescente.

Nesse arcabouço de estratégias o Estatuto, a partir do art. 225[1] até o art. 244-B, no Capítulo I (Dos Crimes), do Título VII (Dos Crimes e Das Infrações Administrativas), prevê uma série de normas penais que visam a tutela efetiva dos direitos da criança e do adolescente, estabelecendo preceitos secundários com penas corporais e pecuniárias para inibir comportamentos lesivos aos infantes e reprimi-los e algumas normas penais de caráter penal e outras de natureza processual penal.

Embora não tenha o legislador elencado os crimes de um modo sistemático conforme os direitos específicos da criança e do adolescente e bens jurídicos tutelados, a exemplo do Código Penal, é possível identificar e classificar as infrações penais nos termos que seguem:

1. Crime contra a saúde da criança.

1.1. Art. 228. Omissão do registro de atividades ou do fornecimento da declaração de nascimento.

1.2. Art. 229. Omissão de identificação do neonato e da parturiente e omissão de realização de exames obrigatórios.

2. Crimes de Abuso de Autoridade.

2.2. Art. 230. Privação ilegal de liberdade de criança ou adolescente.

2.3. Art. 231. Omissão da comunicação de apreensão da criança ou adolescente.

2.4. Art. 232. Submissão da criança ou adolescente a vexame ou constrangimento.

1 Art. 225. Este Capítulo dispõe sobre crimes praticados contra a criança e o adolescente, por ação ou omissão, sem prejuízo do disposto na legislação penal.

2.5. Art. 234. Omissão no dever de liberação de criança ou adolescente ilegalmente apreendido.

2.6. Art. 235. Descumprimento injustificado de prazo em favor de adolescente privado de liberdade.

3. Crime contra atuação da autoridade judiciária, membro do Conselho Tutelar ou representante do Ministério Público – art. 236.

4. Crimes contra o Direito à Convivência Familiar.

4.1. Art. 237. Subtração de criança ou adolescente.

4.2. Art. 238. Promessa ou entrega ilegal de filho ou pupilo.

4.3. Art. 239. Tráfico internacional ilegal ou mercenário de criança ou adolescente.

5. Crimes contra a dignidade sexual da criança ou adolescente.

5.1. Art. 240. Inserção de criança ou adolescente em cena pornográfica ou de sexo explícito.

5.2. Art. 241. Comércio de material pornográfico com participação de criança ou adolescente.

5.3. Art. 241-A Difusão de material pornográfico com participação de criança ou adolescente.

5.4. Art. 241-B Posse de material pornográfico com participação de criança ou adolescente.

5.5. Art. 241-C Simulação de participação de criança e adolescente em material pornográfico.

5.6. Art. 241-D Aliciamento de criança para prática de ato libidinoso.

5.7. Art. 244-A Exploração sexual de criança ou adolescente.

6. Crimes de alienação de produtos nocivos e perigosos.

6.1. Art. 242. Alienação ilegal de armas, munição ou explosivos.

6.2. Art. 243. Alienação de bebidas alcoólicas e produtos que causam dependência.

6.3. Art. 244. Alienação de fogos de estampidos ou artifícios.

7. Corrupção de menores. Art. 244-B.

Destaca-se que, o crime do art. 233 (tortura contra criança ou adolescente), foi expressamente revogado pela Lei 9.455/1997, que passou a definir os crimes de tortura e em seu bojo tutela também a criança e o adolescente (art. 1°, inciso II, §4°, inciso II – pena de dois a oito anos de reclusão, aumentada de 1/6 a 1/3).

INTERAÇÃO DOS CRIMES ESTATUTÁRIOS COM O RESTANTE DO ORDENAMENTO JURÍDICO PENAL.

> *Art. 226: Aplicam-se aos crimes definidos nesta Lei as normas da Parte Geral do Código Penal e, quanto ao processo, as pertinentes ao Código de Processo Penal.*

É preciso atentar que outras leis e o próprio Código Penal contêm normas penais especiais e gerais que tutelam os direitos da criança e do adolescente. São diversos tipos penais fundamentais e qualificados, causas de aumentos de pena, agravantes genéricas, previstas e insculpidas a partir do interesse em proteger de modo especial a criança e o adolescente, como por exemplo, a agravante do art. 61, inciso II, letras "e", "f" e "h", a regra especial de prescrição penal do art. 111, inciso V, o art. 121, § 7°, inciso I, II e III, os crimes contra a dignidade sexual da pessoa vulnerável e tantos outros dispositivos da parte especial do Código Penal, além das Leis Penais Especiais, que contém normas destinadas à proteção da criança e do adolescente como, por exemplo, a Lei de Tortura, a Lei Drogas e o Estatuto do Desarmamento.

A pulverização das normas penais é criticada pela doutrina, porque causa superposições, situações de conflitos aparentes de normas e até mesmo sanções desproporcionais. Diante desse quadro, é sempre importante o cotejo dos crimes do Estatuto da Criança e do Adolescente com os demais crimes do Código Penal e da Legislação Penal Especial para, caso a caso, compreender e dirimir os conflitos aparentes e afinar o instrumento legal para proteger de modo adequado a criança e o adolescente.

> O art. 226 do ECA se harmoniza com o art. 12 do Código Penal e com o art. 1° do Código de Processo Penal, pois as normas gerais de direito penal e a lei processual penal serão aplicáveis, no que couber, aos crimes definidos em legislação especial e, como tal, nos crimes previstos no Estatuto da Criança e do Adolescente.
>
> Como já foi mencionado, as normas da parte geral são inteiramente aplicáveis aos crimes previstos no ECA, de modo especial, impõe-se atenção com a regra especial de prescrição prevista no inciso V do art. 111 do Código

Penal, ao estabelecer que a prescrição começa a correr nos crimes contra a dignidade sexual de crianças e adolescentes, previstos neste Código ou em legislação especial, da data em que a vítima completar 18 (dezoito) anos, salvo se a esse tempo já houver sido proposta a ação penal.

A regra é importante porque, não obstante a condição de sujeito de direitos, a criança e do adolescente são pessoas em condição peculiar de desenvolvimento, portanto, frágeis e vulneráveis para tutela pessoal de seus direitos, muitas vezes violados por aqueles que deviam protegê-los. Em razão de sua pouca maturidade, impede-se a extinção de punibilidade pela prescrição daqueles fatos mantidos em cifra oculta em razão da *invisibilidade do fato*, muitas vezes acobertados pelo autor do crime, lembrando que segundo levantamento estatísticos dos 45.076 estupros contra pessoas de 0 a 17 anos, a maioria é praticada no contexto doméstico.[2]

A diversidade das penas privativas de liberdade previstas para os crimes estatutários fazia com que seu processamento se espraiasse a diversas repartições judiciárias, sob a responsabilidade de diferentes promotorias de justiça. Ao juizado especial criminal, por exemplo, competia o processamento dos crimes dos artigos 228, 229, 230, 231, 232, 234, 235, 236 e 244 e, nada impedia, a incidência de instrumentos como a transação penal e a suspensão condicional do processo, desde que presentes os requisitos legais específicos. Os demais possuem pena máxima superior a dois anos, portanto, não se enquadram no formato proposto pelo art. 61 da Lei nº 9.099/90.

Contudo, em boa hora, reconhecendo a alta potencialidade lesiva dos crimes contra a criança e o adolescente, a Lei nº 14.344/2022 inseriu os seguintes parágrafos no art. 226 do ECA:

Art. 226 (...)

§ 1º Aos crimes cometidos contra a criança e o adolescente, independentemente da pena prevista, não se aplica a Lei nº 9.099, de 26 de setembro de 1995.

§ 2º Nos casos de violência doméstica e familiar contra a criança e o adolescente, é vedada a aplicação de penas de cesta básica ou de outras de prestação pecuniária, bem como a substituição de pena que implique o pagamento isolado de multa.

2 119-131, 2004. BRASIL. Anuário Brasileiro de Segurança Pública. Fórum Brasileiro de Segurança Pública, 2022.

Importante salientar que os dispositivos legais se referem aos *crimes cometidos contra a criança e o adolescente* e os *casos de violência doméstica e familiar contra a criança e o adolescente*, deixando claro que dizem respeito não apenas aos crimes previstos do Estatuto da Criança e do Adolescente. Pretendesse o legislador se referir com exclusividade aos crimes estatutários, faria como em outros dispositivos mencionando no dispositivo a alusão aos *crimes previstos nesta Lei*, mas assim não o fez.

Nesse sentido, portanto, os crimes praticados contra a criança e do adolescente previstos no Código Penal e em legislação penal especial, inclusive no ECA, mesmo com pena privativa de liberdade não superior a dois anos, não se submetem ao Juizado Especial Criminal e, por conseguinte, não incidem os institutos despenalizantes, como a transação penal ou a suspensão condicional do processo. Enquadrando-se os crimes no art. 61 da Lei nº 9.099/95, segue-se o rito sumário do Código de Processo Penal.

E, se o crime for cometido contra a criança e o adolescente em contexto de violência doméstica ou familiar, não é cabível a aplicação de penas de cesta básica ou de outras de prestação pecuniária, bem como a substituição de pena que implique o pagamento isolado de multa.

Há um reconhecimento de que tais crimes possuem média ou grande potencialidade lesiva, a merecer resposta penal mais contundente, que não pode se revestir tão somente de reprimenda de cunho pecuniário ou financeiro, o simples enquadramento da quantidade de pena não é suficiente para a subsunção aos mecanismos de substituição de pena (art. 43 e seg. do CP), já que os demais elementos compositivos dos tipos penais revelam sua maior reprovabilidade.

A Lei nº 14.344/2022, chamada *Lei Henry Borel*, além de criar mecanismos para a prevenção e o enfrentamento da violência doméstica e familiar contra a criança e o adolescente, em simetria com a Lei Maria da Penha, estabeleceu as formas e os contextos da violência, bem como medidas protetivas da vida e integridade das vítimas.[3]

Sabe-se, contudo, que um dos grandes problemas dos crimes cometidos em contexto de violência doméstica e familiar contra os filhos menores é a cifra

[3] Art. 2º Configura violência doméstica e familiar contra a criança e o adolescente qualquer ação ou omissão que lhe cause morte, lesão, sofrimento físico, sexual, psicológico ou dano patrimonial:

I - no âmbito do domicílio ou da residência da criança e do adolescente, compreendida como o espaço de convívio permanente de pessoas, com ou sem vínculo familiar, inclusive as esporadicamente agregadas;

II - no âmbito da família, compreendida como a comunidade formada por indivíduos que compõem a família natural, ampliada ou substituta, por laços naturais, por afinidade ou por vontade expressa;

III - em qualquer relação doméstica e familiar na qual o agressor conviva ou tenha convivido com a vítima, independentemente de coabitação.

Parágrafo único. Para a caracterização da violência prevista no caput deste artigo, deverão ser observadas as definições estabelecidas na Lei nº 13.431, de 4 de abril de 2017.

oculta, vale dizer, grande parte dos delitos são mantidos na penumbra da invisibilidade, praticados por aqueles que deviam proteger os petizes, e assim jamais chegam ao conhecimento das autoridades. O legislador do ECA se preocupou com essa situação e prevê a notificação compulsória da violência, estabelecendo no art. 245 que constitui infração administrativa a conduta do médico, professor ou responsável por estabelecimento de atenção à saúde e de ensino fundamental, pré-escola ou creche, que deixar de comunicar à autoridade competente os casos de que tenha conhecimento, envolvendo suspeita ou confirmação de maus-tratos contra criança ou adolescente.

Para assegurar o cumprimento das normas de proteção e de fato combater com mais contundência a cifra oculta provocada pela omissão no dever de notificação, a Lei Henry Borel estabeleceu duas novas normas penais incriminadoras.[4]

O crime especial de desobediência, de modo inegável é cometido contra a criança e o adolescente, por tal razão igualmente não se submete ao Juizado Especial Criminal e aos beneplácitos da Lei nº 9.099/90, não obstante a reprimenda se amolde ao art. 61 da referida norma.

A Lei Henry Borel, no sentido de expandir a proteção, imprimiu modificações importantes no Estatuto da Criança e do Adolescente para atribuir ao Conselho Tutelar novas funções (art. 136, ECA), doravante o órgão será responsável pelo desencadeamento do fluxo de atendimento das vítimas infanto-juvenis, encaminhando representação ao sistema de segurança e ao sistema de justiça para afastamento do agressor e aplicação de medida de proteção

Em matéria penal, relevante mencionar também a inserção recente do art. 227-A, que retrata efeito secundário da sentença penal condenatória, *in verbis*:

> *Art. 227-A: Os efeitos da condenação prevista no inciso I do caput do art. 92 do Decreto-Lei nº 2.848, de 7 de dezembro de 1940 (Código Penal), para os crimes previstos nesta Lei, praticados por servidores públicos com abuso de autoridade, são*

[4] Art. 25. Descumprir decisão judicial que defere medida protetiva de urgência prevista nesta Lei: Pena - detenção, de 3 (três) meses a 2 (dois) anos.

§ 1º A configuração do crime independe da competência civil ou criminal do juiz que deferiu a medida.

§ 2º Na hipótese de prisão em flagrante, apenas a autoridade judicial poderá conceder fiança.

§ 3º O disposto neste artigo não exclui a aplicação de outras sanções cabíveis.

Art. 26. Deixar de comunicar à autoridade pública a prática de violência, de tratamento cruel ou degradante ou de formas violentas de educação, correção ou disciplina contra criança ou adolescente ou o abandono de incapaz:

Pena - detenção, de 6 (seis) meses a 3 (três) anos.

§ 1º A pena é aumentada de metade, se da omissão resulta lesão corporal de natureza grave, e triplicada, se resulta morte.

§ 2º Aplica-se a pena em dobro se o crime é praticado por ascendente, parente consanguíneo até terceiro grau, responsável legal, tutor, guardião, padrasto ou madrasta da vítima.

> *condicionados à ocorrência de reincidência. Parágrafo único. A perda do cargo, do mandato ou da função, nesse caso, independerá da pena aplicada na reincidência.*

Com efeito, nos artigos 230, 231, 232, 234 e 235 o ECA incrimina crimes praticados contra a criança e o adolescente com abuso de autoridade, notadamente para tutelar o direito à liberdade da criança e do adolescente, cuja regulamentação encontra-se nesta Lei Especial (artigos 16, 108 e 171 a 190, do ECA) e na Constituição Federal.

Pelo dispositivo, se extrai que nas situações em que o sujeito ativo do crime for o servidor público que atuou com abuso de autoridade, somente perderá o cargo, o mandato ou a função no caso de reincidência. Não há exigência de que a reincidência seja específica, pois onde o legislador não distingue não cabe ao intérprete distinguir, vale dizer, o crime que gerou a reincidência não precisa ter sido cometido contra a criança ou adolescente, independerá, inclusive, da pena aplicada.

Nota-se que o dispositivo, ao contrário da norma dos parágrafos 1º e 2º do art. 226, não se refere a todo e qualquer crime praticado contra a criança ou o adolescente, mas aos *crimes previstos nesta Lei,* vale dizer, aos crimes elencados no Estatuto da Criança e do Adolescente. Portanto, em relação aos crimes praticados contra a criança ou adolescente previstos no Código Penal ou em lei penal especial não incidirá a referida condicionante, podendo o efeito secundário em testilha se operar sem a necessidade da ocorrência da reincidência.

Em relação ao processo penal, a competência para a ação penal relacionada aos crimes do ECA será, na maioria das vezes, da Justiça Estadual. Apenas verificaremos a competência da Justiça Federal nas hipóteses do art. 109 da Constituição Federal, chamando a atenção o crime do art. 239, que retrata tráfico ilegal de criança ou adolescente ao exterior, que será de competência da Justiça Federal, nos termos do inciso V, do art. 109 do CF.

Para exemplificar a fixação da competência da justiça federal em relação ao crime tipificado no art. 241 e 241-A do ECA, cometido pela rede mundial de computadores, além fronteira:

> EMENTA: PROCESSO PENAL. COMPETÊNCIA. CRIME TIPIFICADO NO ESTATUTO DA CRIANÇA E DO ADOLESCENTE. CONSUMAÇÃO E EXAURIMENTO NO EXTERIOR. COMPETÊNCIA DA JUSTIÇA FEDERAL. I - Compete à Justiça Federal processar e julgar os crimes cuja consumação se deu em território estrangeiro (art. 109, V, CF). II - O crime tipificado no art. 241 do Estatuto da Criança e do Adolescente, consubstanciado na divulgação ou publicação, pela internet, de fotografias pornográficas

ou de cenas de sexo explícito envolvendo crianças ou adolescentes, cujo acesso se deu além das fronteiras nacionais, atrai a competência da Justiça Federal para o seu processamento e julgamento. III - Ordem denegada. **STF. HC 86289 / GO – GOIÁS HABEAS CORPUS. Relator(a): Min. RICARDO LEWANDOWSKI. Julgamento: 06/06/2006. Publicação: 20/10/2006.Órgão julgador: Primeira Turma.**

Ementa: RECURSO EXTRAORDINÁRIO. REPERCUSSÃO GERAL RECONHECIDA. PENAL. PROCESSO PENAL. CRIME PREVISTO NO ARTIGO 241-A DA LEI 8.069/90 (ESTATUTO DA CRIANÇA E DO ADOLESCENTE). COMPETÊNCIA. DIVULGAÇÃO E PUBLICAÇÃO DE IMAGENS COM CONTEÚDO PORNOGRÁFICO ENVOLVENDO CRIANÇA OU ADOLESCENTE. CONVENÇÃO SOBRE DIREITOS DA CRIANÇA. DELITO COMETIDO POR MEIO DA REDE MUNDIAL DE COMPUTADORES (INTERNET). INTERNACIONALIDADE. ARTIGO 109, V, DA CONSTITUIÇÃO FEDERAL. COMPETÊNCIA DA JUSTIÇA FEDERAL RECONHECIDA. RECURSO DESPROVIDO. 1. À luz do preconizado no art. 109, V, da CF, a competência para processamento e julgamento de crime será da Justiça Federal quando preenchidos 03 (três) requisitos essenciais e cumulativos, quais sejam, que: a) o fato esteja previsto como crime no Brasil e no estrangeiro; b) o Brasil seja signatário de convenção ou tratado internacional por meio do qual assume o compromisso de reprimir criminalmente aquela espécie delitiva; e c) a conduta tenha ao menos se iniciado no Brasil e o resultado tenha ocorrido, ou devesse ter ocorrido no exterior, ou reciprocamente. 2. O Brasil pune a prática de divulgação e publicação de conteúdo pedófilo-pornográfico, conforme art. 241-A do Estatuto da Criança e do Adolescente. 3. Além de signatário da Convenção sobre Direitos da Criança, o Estado Brasileiro ratificou o respectivo Protocolo Facultativo. Em tais acordos internacionais se assentou a proteção à infância e se estabeleceu o compromisso de tipificação penal das condutas relacionadas à pornografia infantil. 4. Para fins de preenchimento do terceiro requisito, é necessário que, do exame entre a conduta praticada e o resultado produzido, ou que deveria ser produzido, se extraia o atributo de internacionalidade dessa relação. 5. Quando a publicação de material contendo pornografia infanto-juvenil ocorre na ambiência virtual de sítios de amplo e fácil acesso a qualquer sujeito, em qualquer parte do planeta, que esteja conectado à internet, a constatação da internacionalidade se infere não apenas do fato de que a postagem se opera em cenário propício ao livre acesso, como também que,

> ao fazê-lo, o agente comete o delito justamente com o objetivo de atingir o maior número possível de pessoas, inclusive assumindo o risco de que indivíduos localizados no estrangeiro sejam, igualmente, destinatários do material. A potencialidade do dano não se extrai somente do resultado efetivamente produzido, mas também daquele que poderia ocorrer, conforme própria previsão constitucional. 6. Basta à configuração da competência da Justiça Federal que o material pornográfico envolvendo crianças ou adolescentes tenha estado acessível por alguém no estrangeiro, ainda que não haja evidências de que esse acesso realmente ocorreu. 7. A extração da potencial internacionalidade do resultado advém do nível de abrangência próprio de sítios virtuais de amplo acesso, bem como da reconhecida dispersão mundial preconizada no art. 2º, I, da Lei 12.965/14, que instituiu o Marco Civil da Internet no Brasil. 8. Não se constata o caráter de internacionalidade, ainda que potencial, quando o panorama fático envolve apenas a comunicação eletrônica havida entre particulares em canal de comunicação fechado, tal como ocorre na troca de e-mails ou conversas privadas entre pessoas situadas no Brasil. Evidenciado que o conteúdo permaneceu enclausurado entre os participantes da conversa virtual, bem como que os envolvidos se conectaram por meio de computadores instalados em território nacional, não há que se cogitar na internacionalidade do resultado. 9. Tese fixada: "Compete à Justiça Federal processar e julgar os crimes consistentes em disponibilizar ou adquirir material pornográfico envolvendo criança ou adolescente (arts. 241, 241-A e 241-B da Lei nº 8.069/1990) quando praticados por meio da rede mundial de computadores". 10. Recurso extraordinário desprovido. **STF. RE 628624 / MG - MINAS GERAIS RECURSO EXTRAORDINÁRIO. Relator(a): Min. MARCO AURÉLIO Redator(a) do acórdão: Min. EDSON FACHIN. Julgamento: 29/10/2015. Publicação: 06/04/2016. Órgão julgador: Tribunal Pleno.**

O STF, em decisão proferida no Recurso Extraordinário 628.624, com repercussão geral, definiu que o crime praticado no Brasil por meio da internet, é de competência da Justiça Federal, *ex vi* do disposto no art. 109, inciso V da Constituição Federal, o que afeta os crimes cuja execução pode ser praticada pelos meios eletrônicos, pela rede mundial de computadores, como por exemplo, os crimes contra a dignidade sexual e até mesmo a corrupção de menores, que pode ser praticada em salas de bate-papo ou pelas mídias sociais.

Por outro lado, no rol das matérias de competência da vara da infância e juventude não há qualquer matéria criminal, consoante se nota do elenco do art.

148 do ECA, em que não se vê o processamento de ações penais, as quais correm nas varas criminais comuns. Não obstante, o Supremo Tribunal Federal já decidiu que é constitucional lei estadual que confere poderes ao Conselho da Magistratura para atribuir aos juizados da infância e juventude competência para processar e julgar crimes de natureza sexual praticados contra criança e adolescente (STF, HC 113018/RS, 2ª T., Rel. Min. Ricardo Lewandowski, 29.10.2013).

No âmbito interno do Ministério Público, na divisão de atribuições legais entre as Promotorias de Justiça nas comarcas, muitas vezes, a matéria afeta aos crimes contra a criança ou o adolescente fica alocada à Promotoria de Justiça que atua na área da infância e juventude, como também ocorre em relação a temas como o direito ambiental, a defesa do idoso dentre outros, tudo para aprimorar a proteção da criança e do adolescente, pois prestigiar o *promotor de justiça do fato*, que tem contato com o fato em sua integralidade.

Nesse alinhamento, a Lei 13.431/2017 estabeleceu o sistema de garantia de direitos da criança e do adolescente vítima ou testemunha de violência, criou instrumentos como a escuta especializada e o depoimento especial e, no seu art. 23, estabeleceu que os órgãos responsáveis pela organização judiciária poderão criar juizados ou varas especializadas em crimes contra a criança e o adolescente, abrindo a oportunidade para os Tribunais Estaduais ampliem o microssistema jurídico de proteção da infância e juventude à matéria criminal.

Dispõe o art. 28-A do CPP que, não sendo caso de arquivamento e tendo o investigado confessado formal e circunstancialmente a prática de infração penal sem violência ou grave ameaça e com pena mínima inferior a 4 (quatro) anos, o Ministério Público poderá propor acordo de não persecução penal, desde que necessário e suficiente para reprovação e prevenção do crime.

Não se enquadrando nas vedações acima, excetuando as normas proibitivas dos incisos II a V, do § 2º do art. 28-A, em tese seria possível o acordo de não persecução penal nos crimes do ECA, contudo, pela gravidade dos crimes e sua repercussão social, deverá o Ministério Público verificar a cada caso, com extremo cuidado, a pertinência da solução consensuada e bem assim as condições a serem impostas como medida de reparação dos danos causados à vítima e a sociedade.

Art. 227. Os crimes definidos nesta Lei são de ação pública incondicionada.

O referido artigo é inócuo. Afinal, quando não dispõe de modo expresso a própria norma penal pertinente, os crimes se processam mediante ação penal pública incondicionada, cabendo ao Ministério Público de modo exclusivo o ajuizamento da ação. Os crimes do ECA não contemplam nenhuma norma específica disciplinando casos de ação penal privada ou ação penal pública condicionada à representação, razão pela qual o art. 227 é despiciendo.

DOS CRIMES EM ESPÉCIE

CRIME CONTRA A SAÚDE DA CRIANÇA.

OMISSÃO DO REGISTRO DE ATIVIDADES OU DO FORNECIMENTO DA DECLARAÇÃO DE NASCIMENTO.

> Art. 228. *Deixar o encarregado de serviço ou o dirigente de estabelecimento de atenção à saúde de gestante de manter registro das atividades desenvolvidas, na forma e prazo referidos no art. 10 desta Lei, bem como de fornecer à parturiente ou a seu responsável, por ocasião da alta médica, declaração de nascimento, onde constem as intercorrências do parto e do desenvolvimento do neonato:*
>
> *Pena - detenção de seis meses a dois anos.*
>
> *Parágrafo único. Se o crime é culposo:*
>
> *Pena - detenção de dois a seis meses, ou multa.*

CONCEITO E OBJETIVIDADE JURÍDICA.

Os dois primeiros tipos penais previstos no Estatuto da Criança e do Adolescente destinam-se a proteção do direito à vida e à saúde da gestante e do feto.

O legislador, no tipo penal em apreço, assegura a proteção penal aos direitos estabelecidos no Capítulo I, do Título II do ECA, de modo especial no artigo 10 e seus incisos I (manter registro das atividades desenvolvidas, através de prontuários individuais, pelo prazo de dezoito anos) e IV (fornecer declaração de nascimento onde constem necessariamente as intercorrências do parto e do desenvolvimento do neonato).

Tanto na Lei nº 13.257/16 (Marco da Primeira Infância) quando na Lei nº 8.069/90 (ECA), promove-se a proteção da pessoa humana desde o início de sua vida, inclusive na vida uterina, estabelecendo as obrigações da família, da sociedade e do Estado para a tutela prioritária dos direitos fundamentais de modo a garantir o pleno desenvolvimento humano.

O desenvolvimento sadio da vida uterina é objeto do interesse da tutela legal, porque constitui condição necessária para que a pessoa possa, com o nascimento sadio, desenvolver-se plenamente, por essa razão, à gestante e ao feto são assegurados ações e serviços de saúde e amparo social, para vivenciarem esse importante momento da vida com plenitude.

Cristiano Chaves de Farias sustenta que "o valor da pessoa humana, que reveste todo o ordenamento brasileiro, é estendido a todos os seres humanos, sejam nascidos ou estando em desenvolvimento no útero materno[...] A toda evidência, a cláusula constitucional de proteção à vida humana não poderia se limitar a proteger os que já nasceram".[5]

A omissão dolosa ou culposa das obrigações estabelecidas nesses dispositivos legais. leva a responsabilização criminal dos profissionais encarregados de tais serviços, porque atentam gravemente contra a vida e a saúde da criança e de sua mãe. As intercorrências do parto registradas no prontuário da gestante são extremamente importantes para o diagnóstico precoce e o tratamento de doenças futuras na criança, que guardam relação com o parto ou com o período gestacional e para o cuidado da mulher, que foi destinatária de procedimentos médicos.

Além do aspecto preventivo para o tratamento da saúde, o registro das atividades desenvolvidas e das intercorrências do parto é importante para conservação de documentos comprobatórios de intervenções médicas, prescrição de medicamentos e tratamentos, aplicação de técnicas cirúrgicas, determinantes para comprovação de eventuais violações de direito, como por exemplo, a violência obstetrícia, a omissão de intervenções sanitárias ou o erro médico.

No Brasil, diante do grave cenário de gravidez na adolescência e suas graves consequências sociais e sanitárias, a relevância desses registros é ainda maior, pois segundo estudo da Associação Brasileira de Ginecologia e Obstetrícia o "Fundo de População das Nações Unidas (UNFPA), das 7,3 milhões de meninas e jovens grávidas no mundo, 2 milhões tem menos de 14 anos. Essas jovens apresentam várias consequências na saúde, educação, emprego, nos seus direitos e na autonomia na fase adulta ao terem filhos tão cedo. As taxas de morbimortalidade são elevadas e chegam a 70 mil mortes de adolescentes por problemas na gravidez ou no parto. Entre as causas de maternidade precoce estão os elevados índices de casamentos infantis, organizados pelas próprias famílias, a extrema pobreza, violência sexual e falta de acesso aos métodos anticoncepcionais."[6]

5 FARIAS, Cristiano Chaves de. Direito Civil – Teoria Geral. Rio de Janeiro: Lumen Juris, 2005, p. 183.

6 Matéria extraída de boletim da Associação Brasileira de Ginecologia e Obstetrícia, publicada em 29 de janeiro de 2021, disponível em: https://www.febrasgo.org.br/pt/noticias/item/1210-reflexoes-sobre-a-semana-nacional-de-prevencao-da-gravidez-na-adolescencia-2021

SUJEITO ATIVO

Trata-se de crime próprio, em que o sujeito ativo será a pessoa que detenha a qualidade de encarregada de serviço ou dirigente de estabelecimento de atenção à saúde de gestante, vale dizer, o médico, enfermeiro ou empregado, que detenham trabalho administrativo com tais funções em estabelecimento hospitalar ou unidade de saúde pública ou privada.

Por não se admitir a responsabilidade penal objetiva, será necessário identificar a pessoa a quem efetivamente cabia manter o registro das atividades desenvolvidas pelo prazo de 18 anos, na forma e prazo referidos no art. 10 da Lei nº 8.069/90, bem como a pessoa incumbida de fornecer à parturiente ou ao seu responsável, por ocasião da alta médica, declaração de nascimento, onde constem as intercorrências do parto e do desenvolvimento do neonato, admitindo-se, coautoria, no caso da responsabilidade recair sobre mais de uma pessoa e ambas teriam agido em unidade executória e volitiva, e participação criminosa, se alguém de qualquer forma instigou, induziu ou auxiliou o agente em sua conduta.

É igualmente admissível a autoria colateral, quando dois ou mais agentes atuam na prática criminosa sem vínculo associativo (volitivo e executório), cada um por si, admite-se ainda, de outro lado, a autoria mediata, quando o agente, por sua posição hierárquica superior, determina que indivíduo sem culpabilidade, pratique as ações previstas no tipo penal (obediência hierárquica).

Cláudia Canto Condack, apontando a imprecisão da norma penal estatutária, adverte que: "Por tudo isso, parece clara a violação, neste e em outros tipos penais do Estatuto, ao princípio da taxatividade (*nullum crimen nulla poena sine lege certa*), decorrência do princípio da legalidade, de clara conotação constitucional".[7] Não chegamos ao ponto de vislumbrar a proclamada violação principiológica, mas certamente será imperioso explorar de modo cuidadoso a cadeia de comando e as funções do corpo de funcionário do estabelecimento de saúde para identificar, em cada caso, a pessoa responsável pelos deveres impostos na lei que, com a sua omissão, dolosa ou culposamente, ocasionou o resultado previsto no tipo penal.

Importante também registrar a possibilidade da coautoria em crimes culposos que vêm sendo admitida pela doutrina e pela jurisprudência, desde que dois ou mais agentes, em união executória, deixem em conjunto de tomar os cuidados objetivos necessários para evitar o resultado penalmente relevante, de

[7] CONDACK, Cláudia Canto. Curso de Direito da Criança e do Adolescente. 7. ed. São Paulo: Saraiva, 2014. P. 1096.

modo a praticar condutas voluntárias que do ponto de vista causal levou ao resultado não desejado.[8]

SUJEITO PASSIVO

Sujeito passivo do crime é a pessoa titular do bem jurídico tutelado pela norma, violado pela conduta do sujeito ativo.

No tipo penal em apreço há dois comportamentos distintos descritos no preceito primário. No primeiro, a criança, o adolescente e a genitora são os sujeitos passivos da conduta do agente, que deixa de manter registro das atividades desenvolvidas, na forma e prazo referidos no art. 10 da Lei nº 8.069/90, na segunda parte, a criança e sua genitora ou seu responsável, quando for incapaz, são as pessoas ofendidas pelo agente que deixa de fornecer à parturiente ou a seu responsável, por ocasião da alta médica, declaração de nascimento, onde constem as intercorrências do parto e do desenvolvimento do neonato. Veja que, na segunda parte, não se pode falar mais em gestante, pois o momento do crime se dá após o parto.

A jurisprudência do antigo TACRIM-SP, trazida por Ishida[9], condiciona a condição de sujeito passivo da genitora a seu interesse pela criança, sustentando que a "entrega da declaração deve ocorrer no momento da alta e só interessa à genitora, quando esta assumir, como lhe compete, a criação e educação da criança que gerou. Se a entrega, por ordem judicial, for a outra família, será esta que deverá receber tal documento, no interesse da própria criança (Apelação 812.615/0;9ª Câmara, Comarca de Garça, TACRIM-SP, Rel. Samuel Junior)".

Com a edição da Lei 13.509/2017, que inseriu o artigo 19-A no Estatuto da Criança e do Adolescente, a gestante ou mãe que manifeste interesse em entregar seu filho para adoção, antes ou logo após o nascimento, será encaminhada à Justiça da Infância e da Juventude e após o nascimento da criança, a vontade da mãe ou de ambos os genitores, se houver pai registral ou pai indicado, deve ser manifestada na audiência a que se refere o § 1º do art. 166 desta Lei, garantido o sigilo sobre a entrega.

O Sistema de Justiça, em especial pela equipe interprofissional do Juízo da Infância e da Juventude, deverá zelar para que a genitora seja acolhida levando em consideração seu estado gestacional e puerperal, garantindo-lhe assistência social e sanitária, monitorando o caso desde o acompanhamento da gestação

8 LIMA, Renato Brasileiro de. Legislação Criminal Especial Comentada, 8. ed. São Paulo: Editora Juspodivm, 2020. P.1296.

9 ISHIDA, Válter Kenji. Estatuto da Criança e do Adolescente – Doutrina e Jurisprudência, 16. ed. São Paulo: Atlas, 2015. P. 600.

até a decisão final sobre o direito à convivência familiar da criança após o nascimento. A atuação integrada da rede de atendimento pelos setores da saúde, assistência social e justiça, tem importante efeito profilático para evitar a ocorrência do crime em estudo.

Na situação de manifestação de propósito de entrega no curso da gravidez, o monitoramento da vara da infância deverá zelar, também, pela lisura dos procedimentos e protocolos médicos, compreendendo entrega e guarda dos documentos e demais providências referidas no art. 10 do ECA.

ELEMENTOS OBJETIVOS DO CRIME

Cuida-se de crime omissivo puro ou omissivo próprio, porque o tipo penal descreve duas condutas consistentes em deixar de fazer alguma coisa: a) *deixar de manter o registro das atividades desenvolvidas, antes e durante o parto, em prontuários individuais pelo prazo de 18 anos*; b) *deixar de fornecer à parturiente ou a seu responsável, por ocasião da alta médica, declaração de nascimento, onde constem as intercorrências do parto e do desenvolvimento do neonato.*

A manutenção por 18 anos do registro das atividades desenvolvidas em prontuários individuais é de fundamental importância para a garantia do direito à saúde da criança e da genitora, porque neles devem constar as intervenções médicas, a prescrição e aplicação de medicamentos, que serão úteis para o diagnóstico e tratamento de doenças ou de anomalias que podem surgir no futuro. Os registros em prontuários individuais permitem aferir não só os recursos utilizados como também as omissões, vale dizer, as condutas médicas que deveriam ter sido tomadas, mas foram negligenciadas.

José Maria Lopes[10] já advertia, na década de 90, sobre o estabelecimento "de uma normatização dos dados mínimos, básicos, que necessitam ser arquivados. Não temos, hoje, no Brasil, uma ficha de identificação neonatal padronizada e em uso nas instituições que atendem recém-nascidos".

Por outro lado, a declaração de nascimento referida no dispositivo é de extrema importância não só para a identificação da criança e sua maternidade, mas também para o atendimento neonatal e para acompanhar o desenvolvimento durante a fase da primeira infância, cuja qualidade refletirá por toda a vida.

[10] LOPES, José Maria. Estatuto da Criança e do Adolescente Comentado. São Paulo: Malheiros, 1996. P. 49.

ELEMENTOS SUBJETIVOS DO CRIME

O tipo penal prevê no *caput* a forma dolosa e, no parágrafo único, a forma culposa, com a pena privativa de liberdade inferior e possibilidade de aplicação exclusiva de pena de multa.

O elemento subjetivo é o dolo genérico, a vontade livre e consciente de deixar de manter o registro das atividades desenvolvidas antes e durante o parto, por dezoito anos ou, na segunda parte, a vontade livre e consciente de deixar de fornecer à parturiente ou a seu responsável, por ocasião da alta médica, declaração de nascimento, onde constem as intercorrências do parto e do desenvolvimento do neonato.

Na forma culposa, o agente atua de modo a não observar os deveres de cuidado e se omite na obrigação de manter os registros das atividades desenvolvidas ou de fornecer à parturiente ou ao seu responsável, por ocasião da alta médica, e da entrega declaração de nascimento, onde constem as intercorrências do parto e do desenvolvimento do neonato.

Nos crimes omissivos puros, em que no tipo penal se prevê, por via oblíqua, um dever de agir, o descumprimento pelo sujeito ativo em muito se assemelha à negligência caracterizadora da culpa, mas a distinção é clara, porque no comportamento omissivo doloso há a intenção deliberada da ocorrência do resultado, que é a não manutenção dos registros na forma e prazo da lei ou o não fornecimento dos mencionados documentos à parturiente ou seu responsável legal, na forma culposa não há essa vontade.

A responsabilização criminal objetiva não é aceita em nosso Direito Penal, razão pela qual o funcionário do estabelecimento de saúde, incumbido da guarda dos registros ou da entrega dos documentos à parturiente, não cometerá o crime se não agir com dolo ou culpa, simplesmente porque reúne em suas funções laborais as obrigações previstas no tipo penal. O fato será atípico, o que não isenta o estabelecimento e o funcionário as implicações civis e administrativas.

CONSUMAÇÃO E TENTATIVA

A consumação do crime ocorre quando a omissão se caracterizar, ou seja, no momento que o sujeito ativo devia agir e se omitiu dolosa ou culposamente. Na primeira parte, os registros devem ser mantidos por 18 anos, o crime se consuma no primeiro momento em que o agente deixa de mantê-los. Na segunda parte, o fornecimento dos documentos deve ocorrer com a alta médica da parturiente e da criança, consumando-se com a omissão na entrega.

Pode acontecer de a genitora receber alta e a criança permanecer internada para tratamento de sua saúde, por exemplo, no caso de parto prematuro, neste caso a criança ainda será destinatária de ações e serviços de saúde, portanto, seu prontuário e a declaração contendo as intercorrências será fornecida ao final, por ocasião de sua alta médica.

Tratando-se de crime omissivo puro não se admite a forma tentada, o agente realiza a conduta e o crime não acontece, ou ele se omite e o crime está consumado.

OMISSÃO DE IDENTIFICAÇÃO DO NEONATO E DA PARTURIENTE E OMISSÃO DE REALIZAÇÃO DE EXAMES OBRIGATÓRIOS.

> *Art. 229. Deixar o médico, enfermeiro ou dirigente de estabelecimento de atenção à saúde de gestante de identificar corretamente o neonato e a parturiente, por ocasião do parto, bem como deixar de proceder aos exames referidos no art. 10 desta Lei:*
>
> *Pena - detenção de seis meses a dois anos.*
>
> *Parágrafo único. Se o crime é culposo:*
>
> *Pena - detenção de dois a seis meses, ou multa.*

CONCEITO E OBJETIVIDADE JURÍDICA

Segue, no art. 229, o Estatuto da Criança e do Adolescente com a tutela do direito à vida e à saúde do neonato, estabelecendo a reprimenda penal ao médico, enfermeiro ou dirigente de estabelecimento de atenção à saúde de gestante que deixar de identificar corretamente o neonato e a parturiente, por ocasião do parto, bem como deixar de proceder aos exames referidos no artigo 10.

Nesse sentido, preceituam os incisos II e III, do art. 10 da Lei 8.069/1990, que os hospitais e demais estabelecimentos de atenção à saúde de gestantes, públicos e particulares, são obrigados a **identificar** o recém-nascido mediante o registro de sua impressão plantar e digital e da impressão digital da mãe, sem prejuízo de outras formas normatizadas pela autoridade administrativa competente e **proceder a exames** visando o diagnóstico e a terapêutica de anormalidades no metabolismo do recém-nascido, bem como **prestar orientação** aos pais.

A identificação correta do recém-nascido e da mãe são medidas necessárias para a proteção da vida e da saúde do neonato além de evitar o extravio e prevenir a subtração da criança de sua família, auxilia o monitoramento da evolução pós-parto da saúde, em vista das eventuais intercorrências do período gestacional e do parto, como por exemplo, a nutrição deficitária, o uso de substâncias psicoativas, álcool e tabaco, além de doenças que afetam a gestante, podem causar problemas na saúde do recém-nascido.

Caso o estabelecimento de saúde identifique na gestante tais comportamentos é preciso orientá-la e auxiliá-la, se necessário, submetê-la ao cuidado médico necessário, como por exemplo, o tratamento para supressão de sua dependência. De todo modo, pode ser pertinente o encaminhamento do caso ao Conselho Tutelar, para que na forma do artigo 129 do Estatuto da Criança e do Adolescente, atenda e aplique medida aos pais e requisite junto ao Poder Público, os serviços de proteção necessários ou encaminhe ao Ministério Público, se for o caso, para providências judiciais.

Há casos, deveras complexos sob o prisma social e até mesmo jurídico, em que é ajuizada ação civil de obrigação de fazer em face do município e da genitora negligente, para submetê-la ao tratamento pré-natal e para controle de dependência física ou psíquica de droga, com o fito de proteger o feto em desenvolvimento, até mesmo com pedido de internação compulsória.

A realização dos exames mencionados, de igual modo, é medida preventiva da lesão do direito à saúde, pois demonstrará a necessidade da intervenção médica precoce para o tratamento de doenças metabólicas do recém-nascido.

SUJEITO ATIVO

Trata-se de crime próprio, que exige uma qualidade ou característica especial do sujeito ativo. Não se trata de crime plurissubjetivo, em que se estabelece um concurso necessário de agentes, pois cada uma das pessoas nominadas no tipo penal pode ser *de per si* autor isolado do crime, nada obstando, como veremos, o concurso de pessoas por coautoria e participação.

Todas as pessoas elencadas na primeira parte da norma penal incriminadora podem figurar como sujeito ativo do crime, vale dizer, o médico, o enfermeiro ou o dirigente de estabelecimento de atenção à saúde de gestante, que tem o dever jurídico de identificar corretamente o neonato e a parturiente e aqueles incumbidos de proceder aos exames referidos no inciso III, do art. 10 da Lei 8.069/1990.

Na segunda parte do dispositivo, embora a requisição de exames seja responsabilidade do médico que atende a gestante e o neonato, o enfermeiro e o dirigente do estabelecimento podem praticar o crime quando, por exemplo, deixarem de observar a determinação médica para coletar o material ou deixarem de submeter o produto da coleta aos cuidados laboratoriais para a confecção dos exames.

No que diz respeito a coautoria, há divergência doutrinária sobre sua possibilidade nos crimes omissivos puros. Cláudia Canto Condack[11], com apoio de Nilo Batista e Rogério Grecco, detalha a controvérsia, ao asseverar que:

> Nilo Batista decreta a Impunidadae do terceiro não obrigado à ação exigida pelo tipo, recusando a possibilidade de coautoria, ao argumento de que a falta de ação retira o pressuposto fundamental da coautoria, que é a divisão de trabalho(...)Em sentido contrário é o entendimento de Cezar Bitencourt e Rogério Grecco, ante a possibilidade, ventilada pelos autores, de divisão de trabalho na coautoria em crime omissivo, quando duas pessoas igualmente obrigadas, deixem, de comum acordo, de realizar a ação mandada

Será participe do crime aquele que, sem praticar os verbos previstos no tipo penal, prestar auxílio, instigar ou induzir alguém a praticá-los. Por exemplo, o agente que instiga a enfermeira a deixar de proceder a coleta do sangue por meio do "teste do pezinho" na criança recém-nascida, que tem por objetivo de identificar eventual anormalidade no metabolismo, responderá pelo delito.

Nada obsta a participação comissiva nos crimes omissivos puros, como também se admite a participação omissiva em crimes comissivos. O agente que instiga o médico a deixar de determinar a realização do exame ou induz o enfermeiro a não proceder a coleta do material para o exame, atua de modo comissivo em delito omissivo e responderá pelo crime à título de participação.

Releva ressaltar a advertência Fernando Almeida Pedroso, apoiado em Hungria[12]:

> "não é de confundir-se a participação mediante omissão com a participação que, embora consistente numa atitude corporalmente inerte, redunda em força moral cooperativa, como no caso, por exemplo, de quem. Com a só presença ao lado do executor, o acoroçoa e encoraja pela certeza de sua solidariedade e esperança de eventual ajuda, ao mesmo tempo que entibia, por intimidação, o espírito de resistência da vítima. Nessa hipótese, não deixa de haver uma cooperação *positiva*, uma participação mediante *ação*"

11 CONDACK, Cláudia Canto. Curso de Direito da Criança e do Adolescente. 7. ed. São Paulo, Saraiva, 2014. P.1099.

12 PEDROSO, Fernando Almeida. Direito Penal. 3. ed. São Paulo: EUD Editora Universitária, 2000. P. 550.

A participação omissiva só é possível se o agente tem o dever jurídico de não se abster ou se, previamente, ajustou com o autor e foi condição necessária para o sucesso da empreitada criminosa, caso contrário, não há participação com relevância penal.

Importante registrar que a coparticipação nos tipos penais deve guardar homogeneidade subjetiva em relação ao executor principal, pois não pode haver participação dolosa em crime culposo ou participação culposa em delito doloso. Aliás, relembra Cezar Roberto Bitencourt[13], que "a doutrina brasileira, à unanimidade, admite coautoria em crime culposo, rechaçando, a participação, traz à colação o escólio de Mirabete, Delmanto e Damásio.

Dessa forma, será sujeito ativo do crime a pessoa que, mesmo não sendo médico, enfermeiro ou dirigente de estabelecimento de saúde descrito do dispositivo, instiga, induz ou auxilia – dolosamente – o médico responsável pelo neonato a deixar de proceder aos exames aludidos pelo artigo 10 do ECA ou o enfermeiro a deixar de efetuar a coleta do material para que o exame seja realizado.

Como já salientado em relação ao delito anterior, o concurso de agentes pela forma da coautoria em crimes culposos vem sendo admitida pela doutrina e pela jurisprudência, desde que dois ou mais agentes, em união executória, deixem em conjunto de tomar os cuidados objetivos necessários para evitar o resultado penalmente relevante, de modo a praticar condutas voluntárias que do ponto de vista causal levou ao resultado não desejado.

SUJEITO PASSIVO

São sujeitos passivos do crime, na forma prevista na primeira parte da norma penal incriminadora, a criança recém-nascida e a parturiente que devem ser identificados pelos agentes, na segunda parte, a criança recém-nascida, destinatária dos exames de diagnóstico de anomalias no metabolismo.

Se o agente deixa de identificar a criança e no mesmo contexto deixa de proceder aos exames aludidos pelo artigo 10 do ECA, responderá pelos dois crimes distintos cometidos contra a mesma vítima. Se ainda deixar de identificar a mãe, responderá também por esse crime, afinal são condutas distintas previstas no mesmo dispositivo penal, não se tratando de crime de ação múltipla.

13 BITENCOURT, Cezar Roberto. Direito Penal, vol. 1. 23. ed. São Paulo: Saraiva, 2017. P. 578.

ELEMENTOS OBJETIVOS DO CRIME

Cuida-se de crime omissivo puro ou omissivo próprio, porque o tipo penal descreve duas condutas consistentes em não fazer algo: a) *deixar o médico, enfermeiro ou dirigente de estabelecimento de atenção à saúde de gestante de identificar corretamente o neonato e a parturiente, por ocasião do parto*; b) *deixar de proceder aos exames referidos no art. 10 do ECA*.

Portanto, configura o crime a conduta do médico, enfermeiro ou dirigente de estabelecimento de saúde que *deixa de identificar* corretamente o neonato e a parturiente, por ocasião do parto, bem como o comportamento consistente em *deixar de proceder* aos exames referidos no art. 10 do ECA.

Trata-se de modalidade de crime omissivo próprio ou omissivo puro, em que a norma fixa um comportamento necessário, desejável e modelar, e o agente pratica o crime com sua abstenção. Preceitua FERNANDO ALMEIDA PEDROSO[14], que:

> no tipo omissivo, igualmente com fulcro na *ação esperada*, estabelece o preceito – como comportamento ideal – o dever de ativar-se, impondo uma conduta positiva, *deixando de fazer* o agente o que a lei ordena, perpetrando pois o delito através de sua *inação*. Na omissão o sujeito ativo comete fato punível não porque tenha atuado ostensivamente no mundo fenomênico, porque neste tenha feito algo de que deveria abster-se, mas exatamente porque nada fez quando lhe era possível fazer.(...) De tal arte, são crimes que se estruturam com núcleo de atuação e conteúdo negativos, implicando em um *non agere* ou no *non facere quod debeatur*

A identificação de que trata o tipo penal é aquela referido no inciso II do artigo 10 do ECA, que alude a identificação do recém-nascido mediante o registro de sua impressão plantar e digital e da impressão digital da mãe, sem prejuízo de outras formas normatizadas pela autoridade administrativa competente.

Os exames aludidos pelo tipo penal são aqueles previstos no inciso III, do artigo 10, para o diagnóstico e terapêutica de anormalidades no metabolismo do recém-nascido, ressaltando os acréscimos trazidos pela Lei nº 14.154/2021[15] que

14 PEDROSO, Fernando Almeida. Direito Penal. 3. ed. São Paulo: EUD Editora Universitária, 2000. P. 110.

15 Art. 1º O art. 10 da Lei nº 8.069, de 13 de julho de 1990 (Estatuto da Criança e do Adolescente), passa a vigorar acrescido dos seguintes §§ 1º, 2º, 3º e 4º:

"Art. 10.(...) § 1º Os testes para o rastreamento de doenças no recém-nascido serão disponibilizados pelo Sistema Único de Saúde, no âmbito do Programa Nacional de Triagem Neonatal (PNTN), na forma da regulamentação elaborada pelo Ministério da Saúde, com implementação de forma escalonada, de acordo com a seguinte ordem de progressão:

I – etapa 1:

a) fenilcetonúria e outras hiperfenilalaninemias;

inseriu **os parágrafos 1º, 2º, e 3º** no artigo 10 do ECA, com detalhamento de testes e procedimentos para aperfeiçoar o Programa Nacional de Triagem Neonatal (PNTN), por meio do estabelecimento de rol mínimo de doenças a serem rastreadas pelo teste do pezinho.

O Programa Nacional de Triagem Neonatal - PNTN, criado em 06 de junho de 2001 e, mais recentemente, a edição do caderno "Triagem Neonatal Biológica – Manual Técnico", do Ministério da Saúde, alinha diversos procedimentos e protocolos visando regular as providências de saúde que devem ser tomadas para assegurar o direito da criança desde a gestação até o período perinatal e pós-natal.[16]

b) hipotireoidismo congênito;
c) doença falciforme e outras hemoglobinopatias;
d) fibrose cística;
e) hiperplasia adrenal congênita;
f) deficiência de biotinidase;
g) toxoplasmose congênita;
II – etapa 2:
a) galactosemias;
b) aminoacidopatias;
c) distúrbios do ciclo da ureia;
d) distúrbios da betaoxidação dos ácidos graxos;
III – etapa 3: doenças lisossômicas;
IV – etapa 4: imunodeficiências primárias;
V – etapa 5: atrofia muscular espinhal.

§ 2º A delimitação de doenças a serem rastreadas pelo teste do pezinho, no âmbito do PNTN, será revisada periodicamente, com base em evidências científicas, considerados os benefícios do rastreamento, do diagnóstico e do tratamento precoce, priorizando as doenças com maior prevalência no País, com protocolo de tratamento aprovado e com tratamento incorporado no Sistema Único de Saúde.

§ 3º O rol de doenças constante do § 1º deste artigo poderá ser expandido pelo poder público com base nos critérios estabelecidos no § 2º deste artigo.

§ 4º Durante os atendimentos de pré-natal e de puerpério imediato, os profissionais de saúde devem informar a gestante e os acompanhantes sobre a importância do teste do pezinho e sobre as eventuais diferenças existentes entre as modalidades oferecidas no Sistema Único de Saúde e na rede privada de saúde." (NR)

16 Triagem Neonatal Biológica: Manual Técnico, página 7/8: Considerando a importância de dar continuidade às estratégias para prevenção de vários agravos na infância e para redução da morbimortalidade infantil, o Ministério da Saúde aprovou, em dezembro de 2014, a Política Nacional de Atenção Integral à Saúde da Criança (PNAISC - PT GM/MS nº 1.130, de 5 de agosto de 2015), com o objetivo de promover e proteger a saúde da criança e o aleitamento materno, mediante a atenção e o cuidado integral e integrado, da gestação até os nove anos de vida, com especial atenção à primeira infância e a áreas e populações de maior vulnerabilidade, visando à redução da morbimortalidade e contribuindo, assim, para a garantia dos direitos humanos e da qualidade de vida e o exercício da cidadania. Para garantia da atenção integral à saúde da criança faz-se necessária a articulação dessa política com as demais políticas de saúde, sociais e de educação, da assistência social e de investimentos socioeconômicos, contando com a contribuição e o envolvimento de trabalhadores, famílias, cuidadores, gestores, redes sociais, conselhos de direitos e de proteção, ratificando assim a importância da participação da sociedade, em instâncias deliberativas, nas três esferas de governo. A política da Saúde da Criança está estruturada em sete eixos estratégicos, com a finalidade de orientar e qualificar as ações e serviços de saúde da criança no território, considerando os determinantes sociais e condicionantes para garantir o direito à vida e à saúde. São eixos da PNAISC: Atenção Humanizada à Gestação, ao Parto-Nascimento e ao Recém-Nascido; Aleitamento Materno e Alimentação Complementar Saudável; Desenvolvimento Integral da Primeira Infância – DPI; Atenção Integral à Saúde das Crianças com Agravos Prevalentes e Doenças Crônicas; Prevenção de Violências, Acidentes e Promoção da 8 Cultura de Paz; Atenção Integral à Saúde das Crianças com Deficiências ou em Situações de Vulnerabilidades; e Prevenção do Óbito Infantil e Fetal.

ELEMENTOS SUBJETIVOS DO CRIME

O crime admite a forma dolosa e culposa. No *caput* o agente atua dolo, que se caracteriza pela vontade livre e consciente de não proceder a identificação plantar e digital do neonato ou a impressão digital da mãe, e não proceder os exames visando o diagnóstico e a terapêutica de anormalidades no metabolismo do recém-nascido, bem como de não prestar orientação aos pais.

No parágrafo único o tipo admite a forma culposa, cuja pena será de 02 a 06 meses ou multa. Nessa hipótese o agente deixa de proceder aos exames ou de registrar a impressão plantar e digital e a impressão da mãe em razão de um comportamento negligente, sem que tivesse a intenção de deliberadamente omitir-se.

Portanto, não basta a não realização dos exames necessários no neonato para fixação da responsabilidade penal, se faz mister comprovar que o agente atuou com dolo ou culpa em sua abstenção. Nesse sentido, bastante elucidativo o acórdão do TJSP, que manteve a absolvição dos médicos e da enfermeira diante da fragilidade probatória acerca dos elementos subjetivo do tipo penal.[17]

CONSUMAÇÃO E TENTATIVA

A presente norma penal incriminadora contém crimes omissivos puros ou próprios, cuja consumação se dá no instante em que o agente devia agir e deixou de proceder como a lei determina. De tal sorte, a consumação do crime ocorre quando é passado o momento em que é possível identificar corretamente o neonato e a parturiente, por ocasião do parto, ou no instante em que o agente deixou de proceder aos exames referidos no art. 10 do Estatuto da Criança e do Adolescente, conforme preconizado pela literatura médica e respectivos protocolos.

Em relação a fenilcetonúria, por exemplo, conforme orientação do Programa Nacional de Triagem Neonatal - PNTN, criado em 6 de junho de 2001, no caderno "Triagem Neonatal Biológica – Manual Técnico"[18], do Ministério da Saúde, a

[17] Crime capitulado no artigo 229, "caput", do ECA- Omissão médica e de enfermeira relativa à realização de exames obrigatórios em criança recém-nascida- Recurso do Ministério Público improvido- Versões divergentes nos autos- Real omissão nos prontuários no que diz respeito à recomendação de um terceiro exame (contraprova)- Realização de dois exames no ambiente hospitalar- Segundo inconclusivo- Prova oral em abono da inocência dos réus- Dúvida que milita em favor dos acusados- Recurso do Ministério Público não provido. (TJ-SP - APR: 00024430320168260344 SP 0002443-03.2016.8.26.0344, Relator: José Roberto Nogueira Nascimento, Data de Julgamento: 24/06/2021, Turma Criminal, Data de Publicação: 29/06/2021)

[18] Recomenda-se que a coleta seja feita somente após 48 horas do nascimento, pois, para que o aumento da FAL possa ser detectado, é fundamental que a criança tenha ingerido uma quantidade suficiente de proteína. Nos casos de recém-nascidos pré-termo, de baixo peso ao nascer ou gravemente enfermos, devem ser colhidas três amostras, conforme o protocolo de coletas especiais, independentes dos resultados. Página 52. Acessível: https://bvsms.saude.gov.br/bvs/publicacoes/triagem_neonatal_biologica_manual_tecnico.pdf

coleta das amostras deve ser feita pelo menos 48 horas após o nascimento, para que seja possível a detecção de eventual anomalia, antes desse momento é inviável o exame, que pode resultar em resultado falso negativo.

CRIMES DE ABUSO DE AUTORIDADE

INTRODUÇÃO AOS CRIMES CONTRA O DIREITO À LIBERDADE E AO RESPEITO E A DIGNIDADE DA CRIANÇA E DO ADOLESCENTE

A criança e o adolescente têm o direito à liberdade assegurado em cláusula pétrea, alicerçada nos artigos 5°, *caput* e inciso LXI e 227, *caput*, assim como o direito à dignidade e ao respeito, também disciplinados nos artigos 15, 17 e 18 do Estatuto da Criança e do Adolescente. É dever da família, da sociedade e do Estado, atentos a condição peculiar de pessoa em desenvolvimento, assegurar com prioridade absoluta o direito à liberdade, à dignidade e ao respeito da criança e do adolescente.

Mas é relevante discorrer algo mais sobre o próprio direito à liberdade da criança e do adolescente, objeto de tutela específica do legislador estatutário penal.

Segundo o artigo 16 do Estatuto da Criança e do Adolescente – Lei n° 8.069/90, o direito à liberdade compreende os seguintes aspectos: I - ir, vir e estar nos logradouros públicos e espaços comunitários, ressalvadas as restrições legais; II - opinião e expressão; III - crença e culto religioso; IV - brincar, praticar esportes e divertir-se; V - participar da vida familiar e comunitária, sem discriminação; VI - participar da vida política, na forma da lei; VII - buscar refúgio, auxílio e orientação.

Nesse diapasão, em um primeiro plano, cabem aos pais e aos responsáveis da criança e do adolescente promover o seu direito à liberdade, os pais em decorrência do poder familiar (art. 22, ECA) e os responsáveis – guardião e tutor – porque entre os atributos da guarda e da tutela se inserem o dever de assistência moral, material e educacional (art.33, ECA).

De igual modo, o dirigente da entidade que desenvolve programa de acolhimento institucional é equiparado ao guardião, para todos os efeitos de direito (artigo 92, parágrafo 1°, ECA), cabendo também promover o direito à liberdade da criança e do adolescente inseridos na respectiva medida de proteção (art. 101, inciso VII, ECA).

De tal sorte, em atenção a sua condição peculiar de pessoa em desenvolvimento, pais e responsáveis devem estabelecer a forma do exercício e da fruição da liberdade, cuja restrição excessiva e concessão exacerbada, podem ocasionar maus tratos, constrangimento ilegal ou, de outro lado, abandono ou omissão do dever de cuidado.

No passo, o direito à liberdade da criança e do adolescente deve ser promovido **no modo de autonomia progressiva,** em harmonia com o exercício do poder familiar e o dever de assistência moral, material e educacional do guardião e do tutor, cujo parâmetro é a condição peculiar de pessoa em desenvolvimento, vale dizer, a criança e o adolescente, ao longo dos anos, conforme suas características biopsicológicas, angariam maturidade e habilidades que os tornarão aptos ao convívio comunitário para, nessa medida, fruir cada vez mais sua liberdade e, por conseguinte, adquira maiores responsabilidades, até que aporte a sua maioridade civil e penal. Obtêm, de tal arte, a liberdade plena como pessoa humana, extinguindo-se o poder familiar e o dever de se submeter a qualquer pessoa adulta.

Ao fruir o direito à liberdade no ambiente comunitário a criança e o adolescente estabelecem os relacionamentos sociais e interpessoais, susceptíveis tais relacionamentos de conflitos, como natural na convivência humana e nesse cenário de embate pode advir à prática do ato infracional.

A prática conduta descrita como crime ou contravenção penal – definida no artigo 103 do ECA como ato infracional – constitui ato que determina o divórcio mais grave dos interesses individuais e sociais, que levará a uma série de efeitos jurídicos com o escopo de reconhecer a culpa, estabelecer a reprovabilidade social e determinar a reparação dos danos causados, podendo, abranger entre outras restrições, a privação de liberdade do adolescente e é precisamente para limitar e regular o poder do Estado frente ao adolescente em conflito com a lei que foram estabelecidos os crimes em comento.

A Lei 8.069/1990 (ECA) regula o procedimento de apuração do ato infracional e as medidas aplicáveis a criança e ao adolescente, de seu turno, a Lei 12.594/2012 (Lei do SINASE), disciplina a execução das medidas socioeducativas aplicáveis ao adolescente considerado autor de ato infracional, estabelecendo princípios e regras de direito material e processual. Enquanto a criança é atendida pelo Conselho Tutelar do município em que o ato foi praticado, para aplicação das medidas de proteção previstas no artigo 101, incisos I a VII do ECA, o adolescente será submetido ao Sistema de Justiça por meio de um procedimento que se inicia na polícia judiciária (etapa pré-processual) e pode se estender até a fase judicial (etapa processual), assegurando-se os direitos indisponíveis dos artigo 106 a 109 do ECA e as garantias processuais dos artigos 110 e 111 da mesma lei.

A criança é a pessoa de até 12 anos incompletos (11 anos), enquanto o adolescente é a pessoa entre 12 e 18 anos (artigo 2°, *caput*, do ECA). Conforme aludido, a prática do ato infracional e sua repercussão diante do direito à liberdade será amplamente diversa para a criança e para o adolescente. Presume a lei que a partir dos 12 anos a pessoa possui grau de discernimento e, portanto, estágio de desenvolvimento que a capacita ao entendimento das medidas de natureza socioeducativa (artigo 112, §1°, ECA) e do próprio processo socioeducativo, onde se inserem as possibilidades de privação de sua liberdade.

A referência à criança nos preceitos primários dos alguns delitos de proteção da liberdade (artigos 231, 234 e 235 do ECA) é inadequada, uma vez que segundo o disposto nos artigos 105 e 136, inciso I, do ECA, a criança em situação de flagrante de ato infracional não será jamais apreendida ou privada de liberdade, mas sim encaminhada ao Conselho Tutelar para aplicação de medida de proteção (art. 101, incisos I a VII, do ECA). Não há que se falar, por exemplo, em excesso de prazo da privação de liberdade, já que a apreensão é juridicamente impossível.

Caso a autoridade policial, inadvertidamente, prive de liberdade uma criança em situação de flagrante de ato infracional poderia cometer o crime de cárcere privado qualificado, previsto no artigo 148, parágrafo 1°, inciso IV, do Código Penal.

Não responderá pelos crimes estatutários porque as condutas neles previstas pressupõem a apreensão em procedimento de apuração de ato infracional, a qual não se submete a criança em hipóteses alguma.

Por outro lado, responderá pelo tipo penal genérico do artigo 148, parágrafo 1°, inciso IV, do Código Penal o sujeito que privar de liberdade a pessoa menor de 18 anos fora das condições previstas nas leis especiais – Estatuto da Criança e do Adolescente e Lei de Abuso de Autoridade. É o caso do policial que, por motivo de vingança, fora das situações que envolvem o procedimento de apuração de ato infracional, privar de liberdade um adolescente que por ato de vandalismo, danificou no automóvel do agente.

Situação inusitada pode ainda ocorrer, na situação de flagrante presumido (art. 302, inciso IV, CPP), na hipótese de a criança praticar o ato infracional com 11 anos e ser apreendida, logo depois, com instrumentos, armas, objetos ou papéis, quando já completou 12 anos, portanto, já na condição de adolescente. Prevalece, na forma do artigo 104 do ECA (simétrico ao artigo 4° do Código Penal), o princípio da atividade para definir o "tempo do crime" como o momento da ação ou omissão, devendo o indivíduo ser *atendido* na condição de criança e não como adolescente, para ser prontamente encaminhado ao Conselho Tutelar para aplicação de medida de proteção. A privação de liberdade, nessas condições, se revestirá de ilegalidade e poderá configurar o delito previsto na lei de abuso de autoridade acima descrito.

PRIVAÇÃO ILEGAL DE LIBERDADE DE CRIANÇA OU ADOLESCENTE.

> *Art. 230. Privar a criança ou o adolescente de sua liberdade, procedendo à sua apreensão sem estar em flagrante de ato infracional ou inexistindo ordem escrita da autoridade judiciária competente:*
>
> *Pena - detenção de seis meses a dois anos.*
>
> *Parágrafo único. Incide na mesma pena aquele que procede à apreensão sem observância das formalidades legais.*

CONCEITO E OBJETIVIDADE JURÍDICA

O dispositivo penal em apreço cuida de modo especial do direito à liberdade de ir, vir e permanecer, principalmente a luz do disposto no artigo 106 do ECA[19], que indica as hipóteses em que o adolescente pode ser privado de sua liberdade em razão da prática do ato infracional[20]. Com efeito, a situação de flagrante de ato infracional ou a ordem judicial fundamentada inserida em sentença de mérito ou em decisão interlocutória (art. 108 e art. 122, inciso III, do ECA), sujeitam o adolescente a privação de sua liberdade.

Desta forma, é possível a privação de liberdade do adolescente em decorrência da decretação da internação provisória, cujos pressupostos e requisitos legais estão previstos no art. 108 do ECA, vale dizer, indícios de autoria e materialidade delitiva, e necessidade imperiosa da medida. A apreensão provisória sem ordem da autoridade competente configura o crime em testilha, contudo, havendo decisão da autoridade competente sem os pressupostos e requisitos adequados, o enquadramento pode ser feito no parágrafo único do dispositivo.

No passo, importante lembrar também que o parágrafo único, do art. 21 da Lei de Abuso de Autoridade, incrimina o agente que mantém, na mesma cela, criança ou adolescente na companhia de maior de idade ou em ambiente inadequado, observado o disposto no Estatuto da Criança e do Adolescente,

[19] ECA, *caput*, do Art. 106. Nenhum adolescente será privado de sua liberdade senão em flagrante de ato infracional ou por ordem escrita e fundamentada da autoridade judiciária competente.

[20] ECA, Art. 103. Considera-se ato infracional a conduta descrita como crime ou contravenção penal.

haverá concurso material de crimes com o delito estatutário caso sem praticados sucessivamente.

Importa asseverar, consoante alerta ainda Roberto João Elias[21], no que tange à criança, há maior gravidade, uma vez que, a rigor, esta não pode, em qualquer hipótese, ser apreendida. Todavia, a nosso pensar, não incidirá o delito estatutário, como já abordamos na parte introdutória.

A criança, na forma do artigo 105 do ECA, será encaminhada ao órgão do Conselho Tutelar, a quem incumbe atendê-la e aplicar as medidas de proteção do artigo 111, incisos I a VII do ECA. Não há possibilidade jurídica de apreensão da criança em razão de flagrante ou de ordem escrita da autoridade judiciária, toda e qualquer privação de liberdade se revestirá de flagrante ilegalidade.

SUJEITO ATIVO

Trata-se de crime próprio, que exige uma qualidade ou característica especial do sujeito ativo, vale dizer, a autoridade para determinar a apreensão do adolescente nas situações do artigo 106 do ECA, vale dizer, nas situações de flagrante ou por ordem escrita da autoridade judiciária competente.

Cometerá o crime a autoridade – Juiz de Direito, Delegado de Polícia, o Policial Militar ou o agente da Guarda Municipal, que determinar a apreensão do adolescente fora das situações de flagrante ou sem que exista ordem escrita da autoridade judiciária competente. Assim o sujeito ativo é a autoridade que reúne competência administrativa para privar o adolescente de sua liberdade e assim o faz sob o manto da ilegalidade, nas condições do *caput* ou do parágrafo único, do art. 230 do ECA.

Como já foi aludido, a apreensão de criança ou de adolescente, fora das situações previstas no preceito primário, por pessoa que não tenha competência para determinar sua apreensão em flagrante ou por ordem da autoridade judiciária, pode configurar crime de cárcere privado qualificado, previsto no artigo 148, parágrafo 1º, inciso IV, do Código Penal.

A criança, aliás, sequer pode ser privada de liberdade em razão da prática de ato infracional, consoante verifica-se nos artigos 105 e 136, inciso I, do ECA, pois será tão somente destinatária de medidas de proteção, descabida a aplicação de medida socioeducativa, que é aplicável apenas ao adolescente considerado autor de ato infracional. Nesse sentido, adverte Cláudia Canto Condack, que "a privação de liberdade da criança configurará crime comum, previsto no

[21] ELIAS, Roberto João. Comentários ao Estatuto da Criança e do Adolescente. 2. ed. São Paulo: Saraiva, 2004. P. 269.

art. 148, § 1°, IV, do diploma repressivo e não o delito em exame. Por outro lado, inexistindo privação de liberdade, como no caso em que a criança seja retirada de sala de aula e repreendida em público, pode restar caracterizado o delito do art. 232 do Estatuto"[22].

Mas se a criança for privada de liberdade pela autoridade policial em razão da prática de ato infracional, poderia se cogitar a tipificação no art. 9°, *caput*, da Lei n° 13.869/2019 (Lei de Abuso de Autoridade), que pune com pena de 01 a 04 anos de reclusão, e multa, a autoridade que decretar medida de privação da liberdade em manifesta desconformidade com as hipóteses legais. Todavia, o dispositivo pressupõe a possibilidade jurídica da privação de liberdade e o descumprimento do regramento legal permissivo da restrição de liberdade, o que inexiste no caso de uma criança, contra a qual é juridicamente impossível a expedição de qualquer ordem de privação de liberdade.

SUJEITO PASSIVO

Consoante estabelece o tipo penal, o sujeito passivo do crime é a criança ou adolescente. Todavia, a criança não deveria constar do preceito primário da norma, pois no Direito da Infância e da Juventude não se admite a apreensão da criança em situação de flagrante de ato infracional e nem mesmo em razão de ordem escrita da autoridade judiciária competente.

Em suma, como já foi abordado, não há possibilidade jurídica de qualquer autoridade policial ou judiciária determinar a privação de liberdade de uma pessoa com idade inferior a 12 anos, vale dizer, uma criança, conforme definido no artigo 2°, *caput*, do ECA.

Somente o adolescente pode ser apreendido em razão de estar em situação de flagrante de ato infracional ou por ordem da autoridade judiciária competente.

ELEMENTOS OBJETIVOS DO CRIME

São três condutas disciplinadas pelo tipo penal em apreço:

Caput

- apreender fora das situações de flagrante;
- apreender sem ordem escrita da autoridade judiciária competente.

[22] CONDACK, Cláudia Canto. Curso de Direito da Criança e do Adolescente. 7. ed. São Paulo, Saraiva, 2014. P.1100.

Parágrafo único

- proceder à apreensão sem observância das formalidades legais.

Apreender é privar de liberdade. O legislador do Estatuto da Criança e do Adolescente utiliza o termo *apreensão* e não *prisão* para designar a privação de liberdade do adolescente no procedimento de apuração de ato infracional. No entanto, não há dúvida de que o adolescente apreendido está privado de liberdade e tem constrangido o seu direito à liberdade, apenas evitou-se utilizar a palavra *prisão*, com o também foram substituídos os termos *crime* e *contravenção penal* pela expressão ato infracional.

A apreensão somente será possível nas situações excepcionais do artigo 106 do ECA, vale dizer, em situação de flagrante de ato infracional ou em razão de ordem escrita da autoridade judiciária competente. A criança, pessoa de até doze anos incompletos (11 anos), não pode ser apreendida em nenhuma hipótese, mesmo diante da prática do ato infracional, quando será conduzida ao Conselho Tutelar para atendimento de natureza estritamente protetivo, sendo destinatária das medidas de proteção previstas no artigo 101, inciso I a VII, do ECA.

Outro elemento objetivo componente do tipo penal é a situação de flagrante, definida no artigo 302 do Código de Processo Penal.[23] Trata-se de norma penal em branco, cuja compreensão é extraída do texto da norma processual penal geral, que estabelece as situações de flagrante próprio (inciso I e II), impróprio (inciso III) e presumido (inciso IV), aplicável também às normas processuais referente ao procedimento de apuração de ato infracional, por força do disposto no *caput*, do artigo 152 do ECA[24].

Por fim, a ordem escrita da autoridade judiciária competente é a determinação formal expedida pelo juiz da infância e da juventude ou pelo Tribunal competente para privação de liberdade do adolescente no âmbito do procedimento de apuração de ato infracional. A ordem de apreensão pode ocorrer em três situações, ou seja, em decorrência de decisão judicial terminativa de mérito que aplica medida privativa de liberdade ao adolescente (semiliberdade – artigo 120 e internação – artigos 121 a 125, todos do ECA), em razão de decisão interlocutória que determina a internação provisória do adolescente (art. 108, do

23 Art. 302 Considera-se em flagrante delito quem: I - está cometendo a infração penal; II - acaba de cometê-la; III - é perseguido, logo após, pela autoridade, pelo ofendido ou por qualquer pessoa, em situação que faça presumir ser autor da infração; IV - é encontrado, logo depois, com instrumentos, armas, objetos ou papéis que façam presumir ser ele autor da infração.

24 Art. 152. Aos procedimentos regulados nesta Lei aplicam-se subsidiariamente as normas gerais previstas na legislação processual pertinente.

ECA) ou, ainda, no caso de internação sanção ou coerção, por descumprimento reiterado e injustificado de medida socioeducativa anteriormente imposta (art. 122, inciso III).

Na primeira hipótese, a medida socioeducativa de internação ou semiliberdade somente será aplicada por sentença ou acórdão que, ao final do processo, considerar o adolescente autor de ato infracional, O ato deverá ter sido cometido com violência ou grave ameaça contra a pessoa ou representar reiteração na prática de outras infrações graves. A internação não excederá o período de três anos e será aplicada por tempo indeterminado, devendo ser reavaliada, no máximo, a cada seis meses, levando-se em consideração o tempo de privação de liberdade eventualmente cumprido durante o procedimento de apuração do ato infracional.

O regime de semiliberdade pode ser determinado desde o início, ou como forma de transição para o meio aberto, possibilitada a realização de atividades externas, independentemente de autorização judicial, portanto, embora com menos restrição, constitui também medida privativa de liberdade. Os Tribunais têm reconhecido que a medida de semiliberdade não se submete a cláusula restritiva no art. 122 do ECA.[25]

A segunda hipótese é a internação provisória, medida excepcional, aplicada na forma do artigo 108 do ECA que, não por acaso, está prevista no capítulo dos direitos indisponíveis, para que seu regramento seja interpretado de modo restritivo. É pressuposto para decretação da internação provisória a existência de indícios de autoria e materialidade do ato infracional, vale dizer, a decisão que determina a apreensão provisória do adolescente, no curso do procedimento de apuração de ato infracional, deve ter lastro probatório, sem o qual a privação de liberdade é ilegal.

Por outro lado, para decretação da internação provisória, deve a autoridade judiciária explicitar a necessidade imperiosa da medida, por exemplo, a necessidade de assegurar a aplicação da lei ou garantir a instrução cognoscitiva, nas situações em que o adolescente indica que pretende fugir do *locus commissi delict* ou está ameaçando de morte a testemunha do fato. O prazo máximo para manutenção da privação de liberdade durante o processo é de quarenta e cinco dias, devendo o adolescente ser posto em liberdade caso não seja o feito sentenciado antes desse lapso temporal. Mas, como veremos adiante, o descumprimento dos prazos e a não liberação da apreensão ilegal são elementos compositivos de outros crimes (artigos 234 e 235, do ECA).

[25] HC 395921 / SP nº 2017/0083413-2, RELATOR Ministro REYNALDO SOARES DA FONSECA, ÓRGÃO JULGADOR T5 - QUINTA TURMA, DATA DO JULGAMENTO 19/04/2018.

Por fim, a terceira hipótese trata-se da internação sanção ou coerção, que é a privação de liberdade, por no máximo três meses, decretada no curso da execução de outra medida socioeducativa, quando for verificado seu descumprimento reiterado e injustificado, assegurado ao adolescente o devido processo legal.

Portanto, a ordem judicial de apreensão é juridicamente possível nas situações acima descritas e, a privação de liberdade destituída de ordem judicial pode tipificar o crime em testilha. Por outro lado, a decretação da apreensão por ordem judicial sem fundamentação adequada não configura o crime do *caput*, mas em razão de sua ilegalidade poderá configurar o crime do parágrafo único, obviamente, se escoltada pelo dolo específico, que veremos adiante.

O fato de a decisão judicial ser reformada pelo Tribunal ou mesmo revogada posteriormente, ou ainda, ser anulada em razão de *habeas corpus* não implica, obviamente, em incidência no tipo penal em apreço, que exige para sua configuração que o agente atue com dolo específico, vale dizer, vontade deliberada de privar ilegalmente a vítima de sua liberdade pessoal.

No passo, na situação do parágrafo único, do art. 230 do ECA, temos o tipo penal equiparado, punindo com as penas do *caput*, aquele que procede à apreensão sem observância das formalidades legais, vale dizer, aquelas previstas no capítulo II (dos direitos indisponíveis), do Título III (Da prática do Ato infracional), do ECA[26] e, de igual modo, a não observância das formalidades legais previstas nos artigos 171, 172 e 173 do mesmo Estatuto e das formalidades referentes as modalidades de privação de liberdade por ordem judicial acima referidas. Trata-se de norma semelhante àquela prevista no art. 9º da Lei de Abuso de Autoridade, que igualmente exige o dolo específico para configuração do tipo penal.

Os tipos penais insculpidos nos artigos 231, 232, 234 e 235 do ECA também trazem em seus elementos compositivos o descumprimento de formalidades específicas que se relacionam a apreensão do adolescente considerado autor de ato infracional e, nessa ordem de ideias, o agente não responderá pelo tipo genérico do artigo 230. Isso porque, para resolução do conflito aparente de normas, será aplicado o princípio da especialidade, que faz incidir a norma que contém

[26] Capítulo II Dos Direitos Individuais Art. 106. Nenhum adolescente será privado de sua liberdade senão em flagrante de ato infracional ou por ordem escrita e fundamentada da autoridade judiciária competente. Parágrafo único. O adolescente tem direito à identificação dos responsáveis pela sua apreensão, devendo ser informado acerca de seus direitos. Art. 107. A apreensão de qualquer adolescente e o local onde se encontra recolhido serão incontinenti comunicados à autoridade judiciária competente e à família do apreendido ou à pessoa por ele indicada. Parágrafo único. Examinar-se-á, desde logo e sob pena de responsabilidade, a possibilidade de liberação imediata. Art. 108. A internação, antes da sentença, pode ser determinada pelo prazo máximo de quarenta e cinco dias. Parágrafo único. A decisão deverá ser fundamentada e basear-se em indícios suficientes de autoria e materialidade, demonstrada a necessidade imperiosa da medida. Art. 109. O adolescente civilmente identificado não será submetido a identificação compulsória pelos órgãos policiais, de proteção e judiciais, salvo para efeito de confrontação, havendo dúvida fundada.

elementos especializantes e promove o afastamento da norma geral ora em comento.

Dessa forma, a falta de comunicação da apreensão à autoridade judiciária competente e à família do apreendido ou à pessoa por ele indicada, a submissão de criança ou adolescente sob sua autoridade, guarda ou vigilância a vexame ou a constrangimento, deixar de ordenar a imediata liberação de criança ou adolescente, tão logo tenha conhecimento da ilegalidade da apreensão ou descumprir injustificadamente, prazo fixado no ECA em benefício de adolescente privado de liberdade, são formalidades legais cuja inobservância não fará o agente incidir no tipo genérico do artigo 230, mas sim nos delitos previstos nos artigos seguintes.

ELEMENTOS SUBJETIVOS DO CRIME

Trata-se de crime doloso, não admite a modalidade culposa.

O dolo consiste na vontade livre e consciente de privar ilegalmente a criança ou o adolescente de sua liberdade, procedendo à sua apreensão sem estar em flagrante de ato infracional ou inexistindo ordem escrita da autoridade judiciária competente. E, na modalidade equiparada, a vontade livre e consciente de privar o adolescente sem observância das formalidades legais.

Não basta a ilegalidade da apreensão, é necessário que o agente atue ciente desta ilegalidade e movido pelo desejo de privar a vítima de sua liberdade mesmo diante da falta de amparo legal do qual tenha conhecimento.

CONSUMAÇÃO E TENTATIVA

Consuma-se o crime com a apreensão do adolescente, ou seja, no primeiro momento em que o adolescente for privado do seu direito à liberdade sem que esteja em situação de flagrante de ato infracional ou inexistente ordem escrita da autoridade judiciária competente, ou ainda sem observância das formalidades legais.

Tratando-se de crime plurissubsistente, admite-se a tentativa quando o agente tenta apreender o adolescente, mas não consegue por circunstâncias alheias à sua vontade, como na situação em que o agente emprega todos os meios ao seu alcance para apreender o adolescente, mas ele consegue escapar, pondo-se em fuga.

OMISSÃO DA COMUNICAÇÃO DE APREENSÃO DA CRIANÇA OU ADOLESCENTE.

> Art. 231. *Deixar a autoridade policial responsável pela apreensão de criança ou adolescente de fazer imediata comunicação à autoridade judiciária competente e à família do apreendido ou à pessoa por ele indicada:*
>
> *Pena - detenção de seis meses a dois anos.*

CONCEITO E OBJETIVIDADE JURÍDICA

O tipo penal em apreço apena, com detenção de seis meses a dois anos, a autoridade policial que descumpre as formalidades legais previstas no artigo 107 do ECA. O preceito estabelece a obrigatoriedade de comunicação imediata da apreensão do adolescente à autoridade judiciária competente e à família do apreendido ou à pessoa por ele indicada e o local onde se encontra recolhido.

Aliás, a comunicação tratada no ECA reitera de modo literal a garantia constitucional insculpida no artigo 5°, inciso LXII, da Constituição da República. Adverte Antônio Scarance Fernandes[27] que:

> (...)nem sempre quem é pilhado em flagrante deve ser recolhido ao cárcere, pois nem sempre seria justificada a sua prisão. Pode a pessoa, com residência fixa, trabalho certo, família regularmente constituída, nunca ter se envolvido criminalmente e ser esse o seu único deslize. Será encaminhado ao cárcere pela simples circunstância do flagrante, não porque o recolhimento fosse necessário. É por isso que o legislador preocupou-se, no texto constitucional (art. 5°, LXII), em que houvesse rápida comunicação ao juiz de direito sobre a prisão em flagrante. Permite-se penas que a pessoa fique recolhida, sem controle judicial sobre a necessidade da custódia, por um tempo muito curto, breve, ficando o juiz incumbindo de verificar, pela cópia do auto de prisão em flagrante, se a prisão, naquele caso, deve permanecer.

Dispõe o parágrafo único, do artigo 107 do ECA, que será examinada desde logo, sob pena de responsabilidade, a possibilidade de liberação imediata do adolescente. De rigor recordar, que o artigo 234 do ECA pune com pena de seis meses a dois anos de detenção a conduta da autoridade competente que, sem justa causa, deixar de ordenar a imediata liberação de criança ou adolescente,

[27] FERNANDES, Antonio Scarance. Processo Penal Constitucional. 2. ed. São Paulo: Revista dos Tribunais, 2000. P. 292.

tão logo tenha conhecimento da ilegalidade da apreensão, mas aqui nesse dispositivo a incriminação é em razão da não comunicação imediata da privação de liberdade.

Também o artigo 173 do ECA estabelece a necessidade da autoridade policial responsável pela lavratura do auto de apreensão em flagrante, cumprir as formalidades previstas nos artigos 106, parágrafo único e artigo 107, vale dizer, identificar os responsáveis pela apreensão, informar sobre os direitos e fazer as comunicações da apreensão ao juiz, à família ou a pessoa indicada.

Norma semelhante está prevista no art. 12 da Lei de Abuso de Autoridade, aplicável em relação à pessoa adulta presa em flagrante em razão da prática de infração penal. Na hipótese de adolescente, em razão do princípio da especialidade, aplica-se o crime estatutário em comento.

SUJEITO ATIVO

Ao contrário do tipo penal anterior, a presente norma penal incriminadora aponta claramente o sujeito ativo, que é a autoridade policial responsável pela apreensão do adolescente. Trata-se de crime próprio, pois exige uma qualidade específica do sujeito ativo, que consiste em ser a autoridade policial responsável pela apreensão do adolescente, que deixa de fazer imediata comunicação à autoridade judiciária competente e à família do apreendido ou à pessoa por ele indicada.

Trata-se do Delegado de Polícia que lavrou o auto de apreensão em flagrante ou o boletim de ocorrência circunstanciado e deixou de proceder as comunicações, conforme determina o art. 107 do ECA.

SUJEITO PASSIVO

O sujeito passivo do delito em apreço é o adolescente apreendido em situação de flagrante pela autoridade policial, desatendido em seu direito indisponível de ter sua família ou a pessoa por ele indicada, bem como a autoridade judiciária competente, informada de sua privação de liberdade.

Mais uma vez é importante destacar que a inserção da criança no preceito primário é inadequada, uma vez que segundo o disposto nos artigos 105 e 136, inciso I, do ECA, a criança em situação de flagrante de ato infracional não será jamais apreendida, mas sim encaminhada ao Conselho Tutelar para aplicação de medida de proteção (art. 101, incisos I a VII, do ECA). Portanto, inexiste a hipótese de a autoridade policial deixar de fazer imediata comunicação à autoridade judiciária competente e à família da criança apreendida ou à pessoa por ela indicada, porque ela sequer será encaminhada à polícia judiciária.

Caso a autoridade policial, inadvertidamente, apreenda uma criança – pessoa de 0 a 11 anos – em flagrante cometerá crime de sequestro qualificado do art. 148, §1°, inciso IV, do Código Penal, pois não sendo juridicamente possível a *apreensão* de criança em razão de ato infracional, não há a perspectiva de que seja conduzida a repartição policial e submetida a procedimento de apuração de ato infracional.

Por outro lado, se apreendido em situação de flagrante presumido ou ficto (logo depois/após perseguição) o jovem que acabou de completou 18 anos, em razão de ato infracional praticado no dia anterior quando ainda possuía 17 anos, o ato é legítimo e as comunicações são necessárias, pois proclama a Carta da República[28] que *"a prisão de qualquer pessoa e o local onde se encontre serão comunicados imediatamente ao juiz competente e à família do preso ou à pessoa por ele indicada"*. Como é cediço, as normas referentes ao ato infracional se estenderão ao jovem até os 21 anos, nos termos do que dispõe o parágrafo único, do artigo 2° do ECA, e até mesmo a medida de internação ou qualquer outra pode ser aplicada (art. 121, §5°).

Contudo, o tipo penal estatutário refere-se a apreensão de *adolescente*, cuja definição encontra-se disciplinada no *caput* do mencionado artigo 2°, pessoa menor de 18 anos completos. O maior de 18 anos, ainda que apreendido por força de ato praticado ao tempo de sua adolescência, não pode figurar como sujeito passivo do crime em questão. A não comunicação da privação de liberdade de pessoa maior de 18 anos ao juiz competente e à família ou à pessoa por ela indicada, configura o crime do artigo 12, *caput* e parágrafo único, inciso II, da Lei de Abuso de Autoridade – Lei Federal n° 13.869/2019.

ELEMENTOS OBJETIVOS DO CRIME

Trata-se de crime omissivo puro ou próprio, pois a conduta do agente é uma inação, um não fazer. A conduta do tipo é o *deixar* de fazer a imediata comunicação da apreensão a autoridade judiciária competente, a família ou a pessoa indicada pelo adolescente.

As comunicações de que tratam o tipo penal são direitos indisponíveis assegurados pelo Estatuto ao adolescente privado de liberdade em razão do flagrante de ato infracional. Aliás, como já tratado acima, tais comunicações constituem direitos indisponíveis garantidos a toda pessoa pela Constituição da República,

[28] Artigo 5°, inciso LXII, Constituição Federal

consoante se observa do disposto no artigo 5º, inciso LXII, estão previstos também nos artigos 107 e 173 do ECA.

A expressão *imediata* é um elemento temporal indicativo de que a comunicação deve ser feito *logo depois* da apreensão, assim sendo, há uma relação de imediatidade entre a apreensão e a comunicação, que descumprida leva a responsabilização criminal. A inação do agente impede o juiz de direito de efetuar o controle de legalidade da atividade policial que determinou a apreensão do adolescente, bem como a família ou a pessoa indicada pelo adolescente de acompanhar o procedimento de apuração de ato infracional desde seu início e concretizar a garantia processual estampada no inciso VI, do artigo 111 do ECA (VI – direito de solicitar a presença de seus pais ou responsável em qualquer fase do procedimento).

A medida consiste em importante instrumento de controle de abusos e da violência policial cometida contra adolescentes considerados autores de ato infracional, já que não há no procedimento de apuração de ato infracional um mecanismo como a audiência de custódia, existente no processo penal dos adultos. É certo que a audiência para oitiva informal do adolescente na promotoria de justiça, realizada logo em seguida a apreensão no caso de flagrante, é também um notável instrumento de fiscalização da atuação policial, mas não dispensa a comunicação imediata ao juiz competente ora tratada.

A autoridade judiciária competente, destinatária da comunicação, é o juiz de direito a quem a lei de organização judiciária atribua competência para a matéria da infância e juventude infracional ou no caso de plantão, o juiz de direito que estiver designado para o plantão na ocasião do fato.

E a família é definida no artigo 226 da Constituição Federal e pelo Código Civil como a comunidade formada pelos pais e seus descendentes, ou qualquer dos pais e seus descendentes, inclusa a união estável e, a família substituta, que se constitui por forma de adoção, tutela e guarda, nos termos do Estatuto da Criança e do Adolescente. Não há restrição para o reconhecimento de união de pessoas do mesmo gênero como entidade familiar.

Deverá ser destinatária da comunicação, prioritariamente, os pais ou responsáveis pelo adolescente, para que possam acompanhar a lavratura do auto de apreensão em flagrante e o desenrolar do procedimento de apuração do ato infracional, dando-se concretude a garantia contida no art. 111, inciso VI, do ECA. Na falta dos pais ou responsável, a pessoa indicada, desde que seja idônea e capaz de assumir a responsabilidade pelo adolescente.

ELEMENTOS SUBJETIVOS DO CRIME

O elemento subjetivo do tipo penal é o dolo, ou seja, a vontade livre e consciente de deixar de fazer imediata comunicação da apreensão de adolescente à autoridade judiciária competente e à família do apreendido ou à pessoa por ele indicada, mantendo-o privado de liberdade sem o conhecimento das pessoas em testilha ou da autoridade judiciária competente.

Se a autoridade policial não localiza a família do apreendido na ocasião da lavratura do auto de apreensão em flagrante e o adolescente não indica outra pessoa senão seus pais, ou ainda, não obstante localizados e cientificados, os pais não comparecem a Delegacia de Polícia para acompanhar a solenidade e receber o adolescente, após sua liberação, o crime não se caracteriza.

Aliás, no caso de não localização dos pais ou responsáveis, o Conselho Tutelar deve ser instado a acompanhar o ato e diligenciar junto à rede de proteção do município para assegurar ao adolescente o direito à convivência familiar, colocando-o junto a sua família extensa[29] ou em programa de acolhimento familiar ou institucional[30], pois a situação revela que, além do envolvimento com a prática do ato infracional, o adolescente sofre violação do direito fundamental à convivência familiar e, entre outras, é atribuição legal do Conselho Tutelar é atender as crianças e adolescentes nas hipóteses previstas nos arts. 98 e 105, aplicando as medidas previstas no art. 101, I a VII (Art. 136, inciso I, do ECA).

Mas a não comunicação da apreensão ao Conselho Tutelar, em razão da não localização dos pais ou responsáveis, à míngua de previsão legal, não configura o crime em apreço, sendo inadmissível a aplicação de analogia para exasperar o âmbito de aplicação da norma penal incriminadora.

CONSUMAÇÃO E TENTATIVA

A consumação do crime se dá momento em que se configura a omissão da autoridade policial, vale dizer, no instante em que deve promover a comunicação da apreensão ao juiz e a família ou a pessoa a quem o adolescente indicar e assim não o faz.

O momento de promover as comunicações da apreensão é na ocasião da lavratura do auto de apreensão em flagrante ou do boletim de ocorrência

[29] Art. 25. Entende-se por família natural a comunidade formada pelos pais ou qualquer deles e seus descendentes. Parágrafo único. Entende-se por família extensa ou ampliada aquela que se estende para além da unidade pais e filhos ou da unidade do casal, formada por parentes próximos com os quais a criança ou adolescente convive e mantém vínculos de afinidade e afetividade.

[30] Art. 101(...) § 1º O acolhimento institucional e o acolhimento familiar são medidas provisórias e excepcionais, utilizáveis como forma de transição para reintegração familiar ou, não sendo esta possível, para colocação em família substituta, não implicando privação de liberdade.

circunstanciado, ou seja, no instante em que é formalizada a apreensão do adolescente, conforme tenha ou não cometido ato infracional com violência ou grave ameaça contra a pessoa.[31]

Tratando-se de crime omissivo puro ou próprio, a tentativa é inadmissível, pois a autoridade policial comunica a apreensão do adolescente ou deixa transcorrer o momento adequado e encaminha o caso ao Ministério Público na forma do artigo 175, *caput*, do ECA, configurando o crime ou mantém a adolescente apreendido irregularmente na repartição policial.

SUBMISSÃO DA CRIANÇA OU ADOLESCENTE A VEXAME OU CONSTRANGIMENTO.

> *Art. 232. Submeter criança ou adolescente sob sua autoridade, guarda ou vigilância a vexame ou a constrangimento:*
>
> *Pena - detenção de seis meses a dois anos.*

CONCEITO E OBJETIVIDADE JURÍDICA

A Constituição da República, no *caput* do seu artigo 227, estabelece que é dever da família, da sociedade e do Estado assegurar à criança, ao adolescente e ao jovem, com absoluta prioridade, o direito à vida, à saúde, à alimentação, à educação, ao lazer, à profissionalização, à cultura, à dignidade, ao respeito, à liberdade e à convivência familiar e comunitária, além de colocá-los a salvo de toda forma de negligência, discriminação, exploração, violência, crueldade e opressão.

O Estatuto da Criança e do Adolescente, em alinhamento, dispõe em seu artigo 5º que nenhuma criança ou adolescente será objeto de qualquer forma de negligência, discriminação, exploração, violência, crueldade e opressão, punido na forma da lei qualquer atentado, por ação ou omissão, aos seus direitos fundamentais. E ainda enfatiza, no artigo 18, que é dever de todos velar pela dignidade da criança e do adolescente, pondo-os a salvo de qualquer tratamento desumano, violento, aterrorizante, vexatório ou constrangedor.

[31] Art. 173. Em caso de flagrante de ato infracional cometido mediante violência ou grave ameaça a pessoa, a autoridade policial, sem prejuízo do disposto nos arts. 106, parágrafo único, e 107, deverá: I - lavrar auto de apreensão, ouvidos as testemunhas e o adolescente; II - apreender o produto e os instrumentos da infração; III - requisitar os exames ou perícias necessários à comprovação da materialidade e autoria da infração. Parágrafo único. Nas demais hipóteses de flagrante, a lavratura do auto poderá ser substituída por boletim de ocorrência circunstanciada.

A objetividade jurídica do presente tipo penal é a tutela da integridade física e moral da criança e do adolescente, em especial do direito à dignidade e o direito ao respeito, detalhados no Capítulo II, do Título II, do Estatuto, punindo aquele que submeter criança ou adolescente sob sua autoridade, guarda ou vigilância a vexame ou a constrangimento.

SUJEITO ATIVO

Trata-se de crime próprio, que exige do sujeito ativo a condição de exercer a autoridade, guarda ou vigilância da criança e do adolescente. O sujeito ativo do crime é a pessoa que, de alguma forma, frustra a obrigação de cuidado e, ao contrário de promover o respeito e a dignidade do filho, pupilo ou pessoa sob a responsabilidade de vigilância, viola sua integridade moral, mental e física ao submetê-lo a vexame ou constrangimento.

A autoridade é aquela oriunda do poder familiar ou da tutela, portanto, pais e tutores que exercem esse *munus* sobre a criança e o adolescente podem responder pelo crime. O poder familiar é disciplinado nos artigos 1.630 a 1.638 do Código Civil, segundo Carlos Roberto Gonçalves[32], "é o conjunto de direitos e deveres atribuídos aos pais, no tocante à pessoa e aos bens dos filhos menores", ao passo que a tutela é definida nos artigos 1.728 a 1.766, constitui instituto que visa suprir as incapacidades de fato existentes, permitindo a representação ou assistência do incapaz, a administração dos seus bens e o auxílio que for necessário para a sua manutenção, criação e educação.[33]

Também é autoridade a pessoa investida por lei nessa condição, que tem poder sobre a criança e do adolescente, como por exemplo, a autoridade policial, a autoridade judiciária ou o promotor de justiça, além do conselheiro tutelar, agente de segurança de unidades de entidades de atendimento que desenvolvam programas socioeducativos, professor ou dirigente escolar.

A guarda referida no tipo penal é uma forma de colocação em família substituta, definida no artigo 33 do ECA, ou ainda, por equiparação, o dirigente da entidade de acolhimento (art. 92, §1º, ECA). A guarda obriga a prestação de assistência material, moral e educacional à criança ou adolescente, conferindo ao seu detentor o direito de opor-se a terceiros, inclusive aos pais. De outro lado, a guarda também decorre do exercício da tutela ou do poder familiar e nesse caso vem acompanhada da autoridade, consiste em um atributo de um poder-dever maior.

32 GONÇALVES, Carlos Roberto. Direito Civil Brasileiro, vol. 6. 14. ed. São Paulo: Saraiva, 2017. P. 410.

33 WALD, Arnoldo. O Novo Direito de Família. 14. ed. São Paulo: Saraiva, 2002. P. 231.

Por fim, a vigilância é o cuidado temporário exercido sobre a criança ou adolescente, como por exemplo, a babá, os cuidadores e os educadores. Enquanto a guarda, a tutela e o poder familiar decorrem da investidura judicial ou da lei, a vigilância normalmente advém de uma relação contratual dos representantes da vítima com o vigilante, ainda que informal.

A prática da conduta, para além dos efeitos penais, poderá também espraiar consequências no campo civil e administrativo, levando a perda ou suspensão do poder familiar, a destituição da tutela ou da guarda e o invalidação do contrato que originou a vigilância, com a imposição de eventuais penalidades civis e administrativas, e ainda à configuração de infração disciplinar do funcionário público ou infrações previstas no próprio Estatuto da Criança e do Adolescente, como reza o art. 249 (descumprimento dos deveres inerente ao poder familiar).

SUJEITO PASSIVO

São sujeitos passivos a criança ou adolescente, assim definidos no *caput*, do artigo 2°, do ECA, que sofreram vexame ou constrangimento por ação do sujeito ativo do crime.

ELEMENTOS OBJETIVOS DO CRIME

Trata-se de crime comissivo em que a ação física consiste no verbo *submeter*, cuja literalidade induz ao exercício de um poder do agente sobre a vítima. Consiste no fato de o agente reduzir a vítima à obediência, passando a dominá-la, subjugá-la, fazendo com ela se sujeite, se renda e seja submetida a vexame ou constrangimento.

Embora a ação física seja um indicativo de crime instantâneo, é possível sua realização na modalidade permanente, por exemplo, quando o agente mantém a submissão da vítima durante certo período, prolongando o constrangimento ou o vexame, fazendo com que o resultado se protraia no tempo, como por exemplo, o transporte em condições vexatórias e constrangedoras em viatura policial (art. 178, do ECA). Essa característica pode repercutir no concurso de pessoas, pois qualquer adesão no período da execução vai configurar participação ou coautoria, conforme o caso, também no momento consumativo, que perdura até o final da permanência.

São elementos compositivos do tipo penal as expressões *vexame* e *constrangimento*, condições a que a vítima é submetida por conduta do agente, que a tem sob sua autoridade, guarda ou vigilância.

Vexame é o gravame moral, que afeta a honra objetiva ou subjetiva da vítima, causando sua humilhação e, por conseguinte, lesão ao seu direito à dignidade e respeito. Comete o crime o delegado de polícia que conduz ou transporte adolescente apreendido em razão da prática de ato infracional em compartimento fechado de veículo policial, em condições atentatórias à sua dignidade (art. 178, do ECA), o diretor de escola que aplica castigo vexatório a criança aluna de seu estabelecimento, humilhando-a perante a comunidade escolar ou ainda o autoridade que, fora das situações da Súmula Vinculante nº 11 do STF e sem que tenha qualquer justificativa plausível, utiliza algemas em adolescente em condições atentatórias de sua dignidade.

Ainda são exemplos da caracterização do delito na jurisprudência, a submissão de adolescente do sexo feminino a trabalhos domésticos inadequados a sua saúde e a sua condição física[34] e o caso da diretora de escola, que retira alunos das salas de aula e das filas para entrada em salas de aula, sob o falto pretexto de não estarem com uniforme[35].

Constrangimento, significa forçar, coagir e obrigar a determinada ação ou inação. Somente o Estado, em situações restritas previstas em lei, tem o poder de retirar da pessoa humana sua autodeterminação e impor restrições corporais.[36]

O tipo penal não prevê como elemento compositivo necessário à sua configuração a violência ou grave ameaça, pois o agente já é detentor de uma condição que o coloca de modo superior em uma relação de poder sobre a vítima, que facilita sobremaneira a prática da conduta criminosa. Todavia, uma vez ocorrendo a violência física, moral ou imprópria, o agente deve ter sua pena majorada e responderá pela violência de modo autônomo, dada a subsidiariedade implícita do presente tipo penal.

Adverte Condack[37], que:

> tratando-se de vítima criança e adolescente ficam afastado o crime do art. 136 nos casos em que sofressem vexame ou constrangimento por força da privação de alimentos ou cuidados, ou por seu submetido a trabalho excessivo ou inadequado, ou ainda por sofrer abuso nos meios de correção e disciplina. Além de versar sobre objeto jurídico diverso, a saber, a periclitação da vida e saúde, o delito previsto no diploma repressivo exige que o agente

[34] STJ, REsp nº 1549398/TO, Rel. Min. Rogerio Schietti Cruz, j. 7 de março de 2017).

[35] TJSC, AC 29996,945955-0, Rel. Roberto Pacheco, j. 10/06/2008

[36] NORONHA, Edgar de Magalhães. Direito Penal, vol. 2. 21. ed. São Paulo: Saraiva, 1986. P.150.

[37] CONDACK, Cláudia Canto. Curso de Direito da Criança e do Adolescente. 7. ed. São Paulo, Saraiva, 2014. P. 1104. No mesmo sentido: MASSON, Cleber. Direito Penal Esquematizado, vol. 2. 4. ed. São Paulo: Método, 2012. P. 158.

> atue com o especial fim de educação, ensino, tratamento ou custódia, ao contrário do crime estatutário, que tem sua tipicidade subjetiva composta unicamente pelo dolo de causar à vítima vexame ou constrangimento

Afasta-se, outrossim, pelo princípio da especialidade, a incidência do art. 146 do Código Penal que prevê o crime de constrangimento ilegal.

Quanto ao delito do inciso II, do art. 13 da Lei 13.869/2019 (Abuso de Autoridade), quando se tratar de adolescente privado de liberdade pela prática de ato infracional, havendo violência, grave ameaça ou redução de sua capacidade de resistência, deve incidir, porque a soma de elementos especializantes de ambos os lados assim autoriza.

Ademais, a gravidade do crime de abuso de autoridade, punido com pena de um a quatro anos, sem prejuízo da violência, frente ao crime estatutário, decide o conflito aparente de normas pela consunção, vale dizer, a absorção do delito menos gravoso pelo mais grave, sob pena de impor pena menos grave àquele que praticar a conduta contra um adolescente do que aquele que vitimar um adulto.

ELEMENTOS SUBJETIVOS DO CRIME

É o dolo, a vontade livre e consciente de submeter criança ou adolescente sob sua autoridade, guarda ou vigilância a vexame ou a constrangimento. O tipo em apreço não contempla a modalidade culposa, assim sendo, se em razão de negligência dos pais a criança acaba exposta a situação vexatória, o crime não se configura, mas evidente que o fato terá repercussões na esfera civil e poderá configurar a infração administrativa do art. 249, do ECA.

CONSUMAÇÃO E TENTATIVA

O crime é de natureza material, instantâneo e plurissubsistente, portanto, admissível a tentativa quando o agente, tenta submeter a criança ou o adolescente sob sua autoridade, guarda ou vigilância a vexame ou constrangimento, mas não logra o resultado por circunstâncias alheias a sua vontade.

Consuma-se o crime no local e momento em que a vítima sofrer o vexame ou constrangimento pela conduta do agente, que é o resultado material previsto no tipo penal.

Liberati[38] e Costa Júnior[39] classificam o crime como de natureza permanente, nas situações em que o "adolescente, constrangido pelo sujeito ativo, 'permanece' durante período justificável realizando o comportamento por ele imposto". Já abordamos o tema da permanência na análise dos elementos objetivos do tipo.

Crime de Tortura (revogado)

> *Art. 233. Submeter criança ou adolescente sob sua autoridade, guarda ou vigilância a tortura:*
>
> *Pena - reclusão de um a cinco anos.*
>
> *§ 1º Se resultar lesão corporal grave:*
>
> *Pena - reclusão de dois a oito anos.*
>
> *§ 2º Se resultar lesão corporal gravíssima:*
>
> *Pena - reclusão de quatro a doze anos.*
>
> *§ 3º Se resultar morte:*
>
> *Pena - reclusão de quinze a trinta anos.*

O delito em apreço foi expressamente revogado pela Lei de Tortura (Lei 9.455/1997).

Por essa razão, não comentaremos o dispositivo penal do art. 233 do ECA, o primeiro tipo penal a prever o crime de tortura no ordenamento jurídico brasileiro.

OMISSÃO NO DEVER DE LIBERAÇÃO DE CRIANÇA OU ADOLESCENTE ILEGALMENTE APREENDIDO.

> *Art. 234. Deixar a autoridade competente, sem justa causa, de ordenar a imediata liberação de criança ou adolescente, tão logo tenha conhecimento da ilegalidade da apreensão:*
>
> *Pena - detenção de seis meses a dois anos.*

38 LIBERATI, Wilson Donizeti, Comentários ao Estatuto da Criança e do Adolescente. 7. ed. São Paulo: Malheiros, 2003. P. 249.

39 Heitor Costa Jr. em CURY, Munir (coord.). Estatuto da Criança e do Adolescente Comentado. 3. ed. São Paulo: Malheiros, 2000. P. 752.

CONCEITO

O tipo penal em apreço pune com pena de seis meses a dois anos de detenção a autoridade que, sem justa causa, deixa de ordenar a imediata liberação de criança ou adolescente, tão logo tenha conhecimento da ilegalidade da apreensão.

No caso da criança, como já exposto nos crimes antecedentes, qualquer apreensão será manifestamente ilegal, porque a natureza do atendimento da criança considerada autora de ato infracional é protetivo, vale dizer, tão somente serão aplicadas as medidas de proteção previstas nos incisos I a VII do artigo 101 do ECA, pelo Conselho Tutelar (artigos 105 e 136, inciso I) e, na sua falta, pelo juiz da infância e juventude (art. 262). Portanto, a inserção da criança no tipo penal não faz qualquer sentido, pois não há possibilidade jurídica de sua apreensão em razão da prática do ato infracional.

Contudo, pode-se argumentar que a ilegalidade pode ser justamente o fato de a pessoa apreendida ser uma criança e a autoridade, ao tomar conhecimento, deixa de promover sua imediata liberação, nesse caso teria sentido a inserção da criança como sujeito passivo do crime.

Por outro lado, o adolescente considerado autor de ato infracional poderá ser apreendido em situação de flagrante (art. 302, CPP) ou por ordem escrita e fundamentada a autoridade judiciária. Por ordem judicial é possível decretação da internação provisória (art. 108), da internação definitiva ou semiliberdade por sentença que põe termo ao processo socioeducativa (artigos 120 e 122, inciso I e II) ou pela internação sanção ou coerção, por descumprimento reiterado e injustificado de medida anteriormente imposta (art.122, inciso III).

Os pressupostos e requisitos legais das medidas privativas de liberdade estão insculpidos no Estatuto, a liberação pelas autoridades competentes deve ser imediata diante da ausência dos permissivos de sua continuidade, sob pena de responsabilidade penal pela omissão dolosa, que viola o direito à liberdade do adolescente.

Ressalva-se a ilegalidade pela superação dos prazos de privação de liberdade, que poderá configurar o crime do art. 235 do ECA, que refere-se expressamente ao *descumprimento injustificado dos prazos* em favor de adolescente privado de liberdade.

SUJEITO ATIVO

Trata-se de crime próprio, que exige do sujeito ativo qualidades especiais, qual seja, a condição de ser a autoridade competente para ordenar a liberação do adolescente considerado autor de ato infracional, nas situações em que a privação de liberdade se mostra ilegal.

A autoridade competente para determinar a liberação da criança e do adolescente é o Delegado de Polícia, o Promotor de Justiça e a autoridade judiciária.

O Delegado de Polícia é a autoridade da polícia judiciária incumbida da formalização da apreensão do adolescente considerado autor de ato infracional, por meio da lavratura do auto de apreensão em flagrante ou do boletim de ocorrência circunstanciado e de sua liberação, nos casos do artigo 174[40].

Reza o dispositivo que, comparecendo qualquer dos pais ou responsável, o adolescente será prontamente liberado pela autoridade policial, sob termo de compromisso e responsabilidade de sua apresentação ao representante do Ministério Público, no mesmo dia ou, sendo impossível, no primeiro dia útil imediato, exceto quando, pela gravidade do ato infracional e sua repercussão social, deva o adolescente permanecer sob internação para garantia de sua segurança pessoal ou manutenção da ordem pública.

Desta forma, a autoridade policial que não liberar o adolescente deverá fundamentar sua postura ao final dos trabalhos policiais de formalização da apreensão, indicando as razões pelas quais a privação de liberdade concorre para a segurança pessoal do adolescente ou para a manutenção da ordem pública.

A autoridade judiciária, de modo especial o Juiz de Direito que toma conhecimento da apreensão em flagrante do adolescente (art. 107) ou durante do processo socioeducativo de conhecimento ou de execução, verificando a existência de situação de ilegalidade, deve também colocá-lo em liberdade *in continenti* e pode, em tese, ser o autor do crime em testilha, assim como a autoridade judiciária do Tribunal (Desembargador Relator, plantonista, Ministro) que conhecer pedido de liberação contendo flagrante ilegalidade e deixa de ordenar a liberação.

Discute-se a possibilidade de o Promotor de Justiça figurar também como sujeito ativo do crime em tela. Embora não tenha o legislador estatutário inserido no rol do artigo 201 a atribuição de liberar o adolescente indevidamente apreendido, é induvidoso o dever do membro do Ministério Público de colocar em liberdade o adolescente quando, após audiência informal (art. 179), promova o arquivamento do procedimento ou foi concede remissão para exclusão do processo, pois não havendo processo, a manutenção da privação de liberdade é

[40] Art. 174. Comparecendo qualquer dos pais ou responsável, o adolescente será prontamente liberado pela autoridade policial, sob termo de compromisso e responsabilidade de sua apresentação ao representante do Ministério Público, no mesmo dia ou, sendo impossível, no primeiro dia útil imediato, exceto quando, pela gravidade do ato infracional e sua repercussão social, deva o adolescente permanecer sob internação para garantia de sua segurança pessoal ou manutenção da ordem pública

absolutamente abusiva e ilegal. Assim procedendo, o Promotor de Justiça pode, em tese, ser o sujeito ativo do crime em estudo.[41] Como as medidas são submetidas à imediata homologação judicial, na forma do artigo 181 do ECA, a privação de liberdade deverá também ser examinada pela autoridade judiciária, a quem cabe promover a liberação do adolescente, caso não tenha sido promovida pelo membro do Ministério Público.

A liberação do adolescente pela autoridade judiciária ao receber o procedimento do Ministério Público para homologação de remissão ou arquivamento, desde que imediatamente, supre eventual omissão ministerial, porque na prática forense são atos em regra levados à efeito de modo sucessivo e imediato, no mesmo contexto.

Se a autoridade judiciária deixar de homologar as medidas e encaminhar os autos ao Procurador-Geral de Justiça, na forma do art. 181, § 2º, do ECA, deverá colocar em liberdade, eis que insustentável a apreensão em razão do flagrante supere esse momento e a decretação da internação provisória, absolutamente excepcional e de discutível cabimento antes da instauração do processo socioeducativo (art. 184, ECA), demanda indícios de autoria e materialidade do ato infracional, além da necessidade imperiosa da medida (art. 108, ECA).

O crime não pode ser cometido pela mesma autoridade que determinou a apreensão ilegal do adolescente e, em seguida, mantém a privação de liberdade. Nessa situação a autoridade responderá pelo crime do art. 230, e parágrafo único, do ECA, sendo o fato posterior um *post factum* impunível. Por outro lado, caso a ilegalidade seja superveniente, ou seja, a apreensão é na origem legal, mas sobrevém causa que torna ilegal a privação de liberdade, a mesma autoridade que decretou e posteriormente mantém mesmo ciência da ilegalidade, poderá cometer o crime em comento.

SUJEITO PASSIVO

Sujeito passivo do crime é a criança ou adolescente, definidos no artigo 2º, do ECA, mantidos ilegalmente apreendidos em razão de serem considerados autores de ato infracional.

Conforme já discutido nos comentários ao artigo 230, aparentemente a criança foi mais uma vez, indevidamente, inserida na norma penal incriminadora, porque não há hipótese em que a apreensão da criança seja juridicamente

[41] No mesmo sentido: CONDACK, Cláudia Canto. Curso de Direito da Criança e do Adolescente. 7. ed. São Paulo, Saraiva, 2014. P.1115. MARÇURA, Jurandir Norberto, CURY, Munir, DE PAULA, Paulo Afonso Garrido. Estatuto da Criança e do Adolescente Anotado. 2. ed. São Paulo: Revista dos Tribunais, 2000. P. 201, LIBERATI, Wilson Donizeti, Comentários ao Estatuto da Criança e do Adolescente. 7. ed. São Paulo: Malheiros, 2003. P. 252.

possível, sendo ilegal toda e qualquer apreensão de criança em razão da prática de ato infracional. Disciplina do ECA que, a criança considerada autora de ato infracional, na forma dos artigos 105 e 136, inciso I, deve ser encaminhada ao Conselho Tutelar, na sua falta a Autoridade Judiciária, para atendimento de natureza exclusivamente protetivo, eis que destinatária será das medidas de proteção do artigo 101, inciso I a VII, não havendo previsão legal de apreensão em flagrante, decretação de internação provisória ou aplicação de medida socioeducativa.

Contudo, no artigo 234, o legislador não prevê a decretação ilegal da apreensão, mas estabelece a punição da autoridade que não *promover a liberação imediata da criança e do adolescente ilegalmente apreendido*. De tal forma, o fato da apreensão da criança ser invariavelmente ilegal não invalida a tipificação, quis o preceito normativo determinar à autoridade a obrigatoriedade da liberação da privação ilegal da liberdade, tão logo tome conhecimento.

Não tivesse o tipo penal em apreço, a autoridade responderia pelos crimes do parágrafo único, do artigo 9° da Lei 13.869/2019 – Lei de Abuso de Autoridade, quando deixasse de relaxar ou liberar a criança privada de liberdade ou o adolescente ilegalmente apreendido. Mas, pelo princípio da especialidade, deve incidir o dispositivo penal estatutário, que contém elementos especializantes que particularizam sua pertinência no caso de vítima criança.

O jovem adulto, com 18 anos ou mais, apreendido em razão de ato infracional praticado ao tempo de sua adolescência, não pode ser sujeito passivo do crime em estudo, porque o tipo penal refere-se a criança e adolescente. No caso de a autoridade deixar, sem justa causa, de ordenar a sua imediata liberação, tão logo tenha conhecimento da ilegalidade da apreensão, poderá incorrer nos crimes do parágrafo único, do artigo 9° da Lei 13.869/2019 (Lei de Abuso de Autoridade), que se refere de modo genérico a privação de liberdade.

ELEMENTOS OBJETIVOS DO CRIME

Trata-se de crime omissivo puro ou próprio, mais uma vez a conduta do agente implica em uma inação, um não fazer. O verbo do tipo é o *deixar*, sem justa causa, de ordenar a imediata liberação de criança ou adolescente, tão logo tenha conhecimento da ilegalidade da apreensão.

A conduta do tipo penal refere-se ao dever da autoridade de ordenar a imediata cessação da privação de liberdade ilegal da criança e do adolescente, que têm seu direito à liberdade assegurado na Constituição Federal (artigos 5°, *caput* e inciso LXI e 227, *caput*) e no próprio ECA (artigos 3°, 4°, 15 e 16). Nota-se que a lei não fala em *prisão*, mas em *apreensão*, verdadeiro eufemismo para significar o mesmo, vale dizer, a privação de liberdade.

As possibilidades de privação de liberdade no ECA estão ligadas à prática do ato infracional, mas nenhuma delas alcança a criança, que não pode ser apreendida e nem destinatária de medida socioeducativa, pois a opção do legislador do ECA é a fazer incidir as medidas de proteção do artigo 101, inciso I a VII, por meio da atuação do Conselho Tutelar (artigo 136, inciso I), inclusive perante os pais ou responsáveis legais (artigo 129), impondo-lhe medidas, de modo a cobrar também o Estado por suas omissões na tutela dos direitos dos petizes.

A estratégia do legislador é repor à criança e a sua família os direitos que foram negados, ao longo de sua história e que criaram as condições para sua inserção no cenário infracional, com isso espera transformar a realidade e de fato proteger não só a criança e sua família, mas também a sociedade, portanto, sua liberação em caso de apreensão deverá ser inexorável e imediata, sempre.

Por outro lado, ao adolescente, o ECA estabelece as seguintes possibilidades de privação de liberdade:

- **a.** apreensão em flagrante de ato infracional (art. 172)[42];
- **b.** internação provisória (art. 108)[43];
- **c.** internação sanção ou coerção (art. 122, inciso III);
- **d.** internação por sentença definitiva;
- **e.** semiliberdade por sentença definitiva ou em processo de execução como forma de progressão para o meio aberto.

A legalidade da apreensão do adolescente deve ser examinada não apenas quanto à forma, mas também quanto ao conteúdo material que sustenta a privação de liberdade, nas suas diversas modalidades. A contrariedade com a lei deve ser examinada de modo imediato pela autoridade competente, que tem o dever de ordenar a liberdade do adolescente e assegurar o *jus libertatis* da

[42] Art. 172. O adolescente apreendido em flagrante de ato infracional será, desde logo, encaminhado à autoridade policial competente. Parágrafo único. Havendo repartição policial especializada para atendimento de adolescente e em se tratando de ato infracional praticado em co-autoria com maior, prevalecerá a atribuição da repartição especializada, que, após as providências necessárias e conforme o caso, encaminhará o adulto à repartição policial própria.

Art. 173. Em caso de flagrante de ato infracional cometido mediante violência ou grave ameaça a pessoa, a autoridade policial, sem prejuízo do disposto nos arts. 106, parágrafo único, e 107, deverá: I - lavrar auto de apreensão, ouvidos as testemunhas e o adolescente; II - apreender o produto e os instrumentos da infração; III - requisitar os exames ou perícias necessários à comprovação da materialidade e autoria da infração. Parágrafo único. Nas demais hipóteses de flagrante, a lavratura do auto poderá ser substituída por boletim de ocorrência circunstanciada.

[43] Art. 108. A internação, antes da sentença, pode ser determinada pelo prazo máximo de quarenta e cinco dias. Parágrafo único. A decisão deverá ser fundamentada e basear-se em indícios suficientes de autoria e materialidade, demonstrada a necessidade imperiosa da medida.

pessoa humana, quando a lei não determina o excepcional constrangimento. Excetua-se a ilegalidade decorrente do escoamento dos prazos, porque essa foi contemplada pelo tipo do artigo 235, que criminaliza a conduta da autoridade que, injustificadamente, os descumpre em prejuízo do adolescente privado de liberdade.

A apreensão em flagrante de ato infracional é medida que corresponde a prisão em flagrante, deve o adolescente ser apresentado imediatamente a autoridade competente para formalização de sua apreensão, na forma dos artigos 172 e 173 do ECA. Aplica-se, subsidiariamente, por força do artigo 152, o Código de Processo Penal, que define as situações de flagrante (art. 302) e regula a lavratura do auto de prisão em flagrante, naquilo que o ECA é omisso.

Nesse caso, a autoridade policial deve examinar se a conduta do adolescente possui visos de tipicidade penal e se fato se amolda a uma das situações de flagrante previstas no artigo 302 do CPP, em caso negativo deve liberar imediatamente o adolescente de sua apreensão. Em caso positivo, a autoridade policial deverá lavrar o auto de apreensão em flagrante sempre que o ato infracional for cometido com violência ou grave ameaça contra a pessoa, noutros casos, poderá substituí-lo por um boletim de ocorrência circunstanciado.

Em seguida, comparecendo qualquer dos pais ou responsável, o adolescente será prontamente liberado pela autoridade policial, sob termo de compromisso e responsabilidade de sua apresentação ao representante do Ministério Público, no mesmo dia ou, sendo impossível, no primeiro dia útil imediato, exceto quando, pela gravidade do ato infracional e sua repercussão social, deva o adolescente permanecer sob internação para garantia de sua segurança pessoal ou manutenção da ordem pública.

Portanto, a juridicidade da não liberação do adolescente *deve ser fundamentada pela gravidade do ato infracional e por sua repercussão social, em vista de sua garantia pessoal ou da proteção social.* A ausência ou a fragilidade de fundamentação, agregado ao elemento volitivo que será visto adiante, pode levar a autoridade policial a cometer o crime em testilha, pois atenta contra o direito à liberdade do adolescente.

De seu turno, a autoridade judiciária ao receber a comunicação da apreensão em flagrante de que trata o artigo 107 e tomar conhecimento das circunstâncias que envolvem a privação de liberdade, cabe examinar a legalidade do ato e liberar o adolescente imediatamente em caso de afronta a lei, sob pena de incorrer nas penas do artigo 234. De igual modo, a avaliação cabe a autoridade judiciária do Tribunal que conhecer pedido de *habeas corpus* para examinar o caso.

Por derradeiro, o Promotor de Justiça receberá o adolescente apreendido em flagrante para realização da audiência informal de que trata o artigo 179, lhe caberá igualmente examinar a legalidade da atuação policial e da privação de liberdade. Caso opte pela concessão da remissão como forma de exclusão do processo ou pelo arquivamento do procedimento (art. 180, incisos I e II), como já foi aludido acima quando tratamos do sujeito ativo do crime, deve promover a imediata liberação do adolescente, caso contrário, poderá em tese cometer o crime em estudo, desde que atue com o elemento subjetivo exigido pelo tipo penal.

Outra modalidade de privação de liberdade é a internação provisória, que pode ser decretada no curso do procedimento de apuração de ato infracional (artigos 171 a 190 do ECA) por até 45 dias. A decisão deverá ser fundamentada e basear-se em indícios suficientes de autoria e materialidade, demonstrada a necessidade imperiosa da medida. As situações previstas no artigo 312 do CPP, como por exemplo, a conveniência da instrução ou a garantia da ordem pública, podem justificar a privação de liberdade, determinando a internação provisória do adolescente que está ameaçando as testemunhas do processo ou que, sendo reincidente, é considerado autor de ato infracional violento como roubo ou homicídio.

A autoridade judiciária ao constatar que o adolescente está submetido a internação provisória sem que estejam presentes os pressupostos e requisitos legais, deverá liberá-lo imediatamente, para que responda ao processo em liberdade, sob pena de incorrer, em tese, no crime do art. 234.

A internação sanção, prevista no inciso III do artigo 122, será decretada após o devido processo legal, por descumprimento reiterado e injustificável da medida anteriormente imposta, pelo prazo máximo de três meses. Trata-se de medida que incide em meio a processo de execução de medida socioeducativa e tem a finalidade de compelir o adolescente ao cumprimento da medida original, a qual vem descumprindo de modo reiterado. A autoridade judiciária competente, normalmente aquela que cuida da execução das medidas socioeducativas (art. 36 da Lei do SINASE – Lei 12.594/2012), que tomar conhecimento de que o adolescente está ilegalmente submetido a essa modalidade de internação deve ordenar sua liberação imediata, caso contrário pode cometer responder pelo delito.

Por fim, a internação aplicada por ocasião da sentença definitiva é medida privativa de liberdade, sujeita aos princípios da brevidade, excepcionalidade e da condição peculiar do adolescente de pessoa em desenvolvimento. Tais princípios no que couber, aplicam-se também a medida de semiliberdade, que também é privativa de liberdade, porque o adolescente durante parte do dia permanece na dependência da entidade de atendimento que executa o problema e noutra parte atividades externas.

A internação somente poderá ser aplicada ao adolescente considerado autor de ato infracional cometido com violência ou grave ameaça contra a pessoa, ou que tenha reiterado no cometimento de outras infrações graves (art. 122, incisos I e II). Ainda assim, para impor a medida excepcional é preciso extrair sua necessidade da análise das circunstâncias, da gravidade e da capacidade do adolescente cumprir a medida (art. 112, §1º), portanto, não seria possível aplicar medida de internação ao adolescente que cometesse lesão corporal de natureza leve, ainda que o respectivo ato infracional tivesse entre seus elementos compositivos a violência contra a pessoa, caso contrário, seria dado tratamento mais gravoso ao adolescente do que ao adulto, em situações semelhantes, o que é vedado pelo inciso I, do art. 35 da Lei 12.594/2012 (Lei do SINASE)

A semiliberdade pode ser decretada desde o início ou em sede de execução, como forma de progressão para o meio aberto.

A autoridade que tomar conhecimento de adolescente submetido ilegalmente às medidas de internação ou semiliberdade deverá ordenar sua liberação imediata, sua omissão poderá, conforme o caso, adequar-se ao tipo penal em apreço, pois viola o direito à liberdade tutelado pela norma.

Por fim, há nítidos os elementos temporais – *imediata* e *tão logo* – indicativos de que a conduta negativa do agente guarda uma relação temporal com a ordem de liberação que dele se exige. Dessa forma, a norma indica *contrario sensu* que, *tão logo* o agente tome conhecimento da ilegalidade, deverá de forma *imediata* ordenar a liberação da criança ou do adolescente. Ao tomar conhecimento da ilegalidade da apreensão deve, na primeira oportunidade ordenar a liberação, ao demorar-se e provocar a mantença e o prolongamento de uma privação ilegal de liberdade, o crime já se consumou.

ELEMENTOS SUBJETIVOS DO CRIME

O tipo penal somente é punido à título de dolo, não havendo a forma culposa. Consiste na vontade livre e consciente de deixar, sem justa causa, de ordenar a imediata liberação de criança ou adolescente, tão logo tenha conhecimento da ilegalidade da apreensão

Apenas o dolo direito é admissível diante da necessidade de a autoridade ter *conhecimento* da ilegalidade da apreensão do adolescente, não bastando dúvida acerca da juridicidade da restrição da liberdade.

Há ainda o elemento compositivo do tipo penal consistente na expressão *sem justa causa*, que no dizer de NORONHA[44] trata-se de elemento normativo da antijuridicidade, a informar que o tipo penal não é de mera descrição, mas anormal, indicativo que o agente se omite dolosamente e conscientemente de que age de modo contrário ao direito.

Sem todos os elementos anímicos descritos no tipo penal o crime não de caracteriza.

CONSUMAÇÃO E TENTATIVA

Trata-se de crime omissivo puro ou próprio, cujo momento consumativo é o instante em que o agente, ciente da ilegalidade da apreensão, deixa de ordenar a liberação da criança e do adolescente. Enquanto a ordem de liberação não ocorrer a omissão persiste, assumindo visos de permanência.

Mas o crime é instantâneo e não permanente, pois mesmo com o prolongamento da omissão o crime já se consumou no primeiro instante, já que a norma extraída do preceito primário indica a necessidade de liberação imediata, logo após a ciência da ilegalidade da privação de liberdade.

DESCUMPRIMENTO INJUSTIFICADO DE PRAZO EM FAVOR DE ADOLESCENTE PRIVADO DE LIBERDADE.

> *Art. 235. Descumprir, injustificadamente, prazo fixado nesta Lei em benefício de adolescente privado de liberdade:*
>
> *Pena - detenção de seis meses a dois anos.*

CONCEITO

O dispositivo pune o sujeito que descumprir, injustificadamente, prazo fixado no Estatuto da Criança e do Adolescente em benefício de adolescente privado de liberdade.

O princípio da brevidade destaca-se como um dos mais importantes a reger a aplicação de qualquer medida privativa de liberdade ao adolescente. Não é por outro motivo que a Constituição Federal, no art. 227, §3°, inciso V, ao definir a compreensão do direito à proteção especial, destaca, entre outros aspectos, que o direito a proteção especial abrangerá a "obediência aos princípios de *brevidade,*

[44] NORONHA, Edgar de Magalhães. Direito Penal, vol. 2. 21. ed. São Paulo: Saraiva, 1986. P.190.

excepcionalidade e respeito à condição peculiar de pessoa em desenvolvimento, quando da aplicação de qualquer medida privativa da liberdade".

Pelo princípio da brevidade o adolescente deve permanecer privado de liberdade pelo menor tempo possível, nada além do estritamente necessário para que se cumpram os objetivos socioeducativos da medida aplicada, eis que a restrição do direito à liberdade é excepcional e confronta com a necessidade de promover o desenvolvimento da pessoa humana ainda em formação.

Tanto as privações de liberdade estabelecidas no curso do procedimento de apuração de ato infracional como aquelas aplicadas ao final do processo de conhecimento ou na fase executória, se submetem a prazos rigorosos, condizentes com a brevidade e a excepcionalidade que regem tais medidas, sua inobservância, de modo injustificado, pode levar a responsabilização criminal.

SUJEITO ATIVO

A norma penal incriminadora, a exemplo do que ocorre com o artigo 230 já examinado, não faz alusão direta à expressão *autoridade*. Mas parece claro, entretanto, que o sujeito ativo do crime é a pessoa incumbida de zelar pelo cumprimento dos prazos de privação de liberdade do adolescente estabelecidos no Estatuto da Criança e do Adolescente e que, não obstante, deixa, sem justificativa, extrapolar o lapso temporal, ferindo o direito à liberdade do adolescente, que fica enclausurado mais tempo do que a lei permite.

Na maioria das vezes é a autoridade judiciária que a lei incumbe zelar pelos referidos prazos, tanto na fase pré-processual como no curso do processo de conhecimento e durante o processo de execução da medida socioeducativa. Mas a autoridade policial, na fase policial do procedimento de apuração de ato infracional, notadamente nas hipóteses de flagrante, é responsável pela apreensão, custódia do adolescente e sua apresentação em tempo oportuno ao Ministério Público.

O Promotor de Justiça não se inclui entre aqueles que podem promover diretamente no controle dos prazos[45], embora com sua atuação deva zelar pela legalidade do processo socioeducativo e evitar que as demais autoridades descumpram os prazos, inclusive, interpondo os recursos e remédios necessários, sob pena de omitir-se e incorrer em infração disciplinar, conforme o caso, por falta de zelo profissional, mas não há como incidir no crime em testilha.

[45] ISHIDA, Válter Kenji. Estatuto da Criança e do Adolescente – Doutrina e Jurisprudência. 16. ed. São Paulo: Atlas, 2015. P. 395.

SUJEITO PASSIVO

Sujeito passivo do crime é o adolescente privado de liberdade em razão da prática do ato infracional, em qualquer fase do procedimento de apuração, inclusive, durante o processo de execução da medida socioeducativa.

Interessante notar que, no dispositivo penal em apreço o legislador não inseriu a criança, e andou bem, afinal a criança não pode ser privada de liberdade por prazo algum em razão da prática de ato infracional, não havendo possibilidade de medida qualquer que não seja de proteção, *ex vi* do que dispõe os artigos 105 e 136, inciso I, do Estatuto. Se, não obstante, a autoridade judiciária decretar a privação de liberdade de criança – pessoa de até doze anos incompletos – ou seja, onze anos, poderá responder pelo crime previsto no *caput,* do art. 9º da Lei 13.869/2019 (Lei de Abuso de Autoridade).

Não será também sujeito passivo do crime o jovem adulto maior de dezoito anos, apreendido em razão de ato infracional que praticar ao tempo de sua adolescência, porque o tipo penal refere-se a adolescente que, segundo o artigo 2º do ECA, é a pessoa entre doze e dezoito anos, ou seja, dezessete anos.

Caso o agente mantenha pessoa maior de dezoito anos privada de liberdade por tempo superior ao permitido na lei, poderá responder pelo crime previsto no artigo 9º, parágrafo único, inciso I, da Lei 13.869/2019 (Lei de Abuso de Autoridade), que pune a autoridade judiciária que deixa de relaxar prisão manifestamente ilegal.

ELEMENTOS OBJETIVOS DO CRIME

A ação física do crime é o verbo descumprir, que no tipo penal em apreço significa não dar cumprimento ou deixar de cumprir, injustificadamente, prazo fixado no Estatuto da Criança e do Adolescente em benefício de adolescente privado de liberdade.

Trata-se de crime omissivo puro ou omissivo próprio, que estabelece conduta omissiva do agente, detentor do dever legal que zelar pelo cumprimento dos prazos fixados no ECA em benefício de adolescente privado de liberdade, como vimos, na maior parte das vezes, a autoridade judiciária, mas também a autoridade policial, na fase pré-processual do procedimento de apuração.

Além do verbo *descumprir,* também é elemento compositivo do tipo penal em apreço a expressão *prazo fixado nesta lei em benefício do adolescente privado de liberdade.* A utilização do termo *nesta lei* limita a proteção do dispositivo aos prazos previstos na Lei Federal 8.069/90 – Estatuto da Criança e do Adolescente, que são os seguintes:

a. **Liberação no mesmo dia ou no primeiro dia útil imediato** de adolescente apreendido em flagrante pela prática de ato infracional, exceto quando, pela gravidade do ato infracional e sua repercussão social, deva o adolescente permanecer sob internação para garantia de sua segurança pessoal ou manutenção da ordem pública (art. 174);

b. Em caso de não liberação da apreensão em flagrante, **encaminhamento no mesmo dia, se impossível, no prazo de vinte e quatro horas** ao Ministério Público, pela autoridade policial ou pela entidade de atendimento (art. 175, §1º);

c. Transferência de adolescente submetido a internação provisória da repartição policial para entidade de atendimento no prazo máximo de 05 dias (art. 185, §2º);

d. Prazo de **quarenta e cinco dias** para a internação determinada antes da sentença (art. 108, *caput*);

e. Período máximo de **três anos** para cumprimento da medida de internação (art. 121, §3º);

f. Reavaliação da manutenção da medida de internação, mediante decisão fundamentada, **no máximo a cada seis meses** (art. 121, §2º);

g. O período máximo da internação sanção, por descumprimento de medida anteriormente imposta, é de **no máximo três meses** (art. 122, §1º);

h. Liberação compulsória aos vinte e um anos (art. 121, §5º). Nesse último caso, embora com o abono de Condack[46], discordamos da possibilidade de caracterização do crime em testilha, pois não se trata o sujeito passivo de adolescente e sim jovem adulto, o caso seria de tipificação de crime de abuso de autoridade.

A autoridade policial pode ser incriminada em relação aos prazos previstos na fase pré-processual, cuja obrigação de cumprimento é de sua responsabilidade, por exemplo, para liberação do adolescente apreendido ou para seu encaminhamento ao Ministério Público em caso de não liberação. Nos demais casos, o cumprimento dos prazos está a cargo da autoridade judiciária, que poderá responder pelo presente tipo penal.

[46] CONDACK, Cláudia Canto. Curso de Direito da Criança e do Adolescente. 7. ed. São Paulo, Saraiva, 2014. P. 1116.

As possibilidades de privação de liberdade do adolescente contidas no Estatuto da Criança e do Adolescente estão necessariamente ligadas à prática do ato infracional, portanto, os respectivos prazos são fixados sempre em beneplácito do adolescente, como aliás, estabelece a norma constitucional do artigo 227, §3º, inciso V, que submete toda e qualquer privação de liberdade do adolescente ao princípio da brevidade.

O tipo penal em comento contém elemento normativo, também denominado elemento antecipatório do injusto. A expressão *injustificadamente* prevista no tipo penal equivale ao termo *sem justa causa* utilizado no artigo 234 do ECA e no Código Penal (ex. artigos 244 e 246), indicando que o sujeito ativo não responderá pelo crime caso descumpra o prazo previsto em lei por um motivo plausível[47]. Por exemplo, não pratica o crime a autoridade policial que deixa de encaminhar o adolescente no prazo de vinte e quatro horas ao Ministério Público em razão do jovem baleado na cena infracional estar hospitalizado ou a autoridade judiciária que não procede a reavaliação semestral da manutenção da medida de internação, porque não recebeu as avaliações técnicas de ordem social e psicológica para fundamentar sua decisão, que por força da Constituição Federal deverá sempre ser fundamentada[48].

ELEMENTOS SUBJETIVOS DO CRIME

O elemento subjetivo é o dolo, vale dizer, a vontade livre e consciente de descumprir, injustificadamente, prazo fixado no Estatuto da Criança e do Adolescente em benefício de adolescente privado de liberdade.

Como já se disse, a expressão *injustificadamente* antecipa o injusto e exige o agente, do ponto de vista volitivo, uma atuação movida pela ideação antijurídica.

O descumprimento do prazo em razão de negligência, como por exemplo, falta de organização para o trabalho, excesso de serviço, desleixo e falta de zelo, não configura *ipsu factu* o crime em testilha, já que não há previsão da modalidade culposa, contudo, pode configurar infração disciplinar da autoridade, a ser apurada na esfera administrativa pela Corregedoria da Justiça ou pelo Conselho Nacional de Justiça.

[47] CONDACK, Cláudia Canto. Curso de Direito da Criança e do Adolescente. 7. ed. São Paulo, Saraiva, 2014. P. 1117.

[48] Artigo 93, inciso IX, da Constituição Federal.

CONSUMAÇÃO E TENTATIVA

Tratando-se de crime omissivo puro ou próprio, a consumação ocorre no momento em que o sujeito ativo descumpre, injustificadamente, o prazo legal em benefício do adolescente privado de liberdade, vale dizer, deixa de agir para colocar em liberdade o adolescente, permitindo que fique dela privado além do tempo permitido pela lei.

Os crimes omissivos puros ou próprios não admitem a forma tentada, ou a autoridade atua e evita o descumprimento do prazo ou se omite, injustificadamente, e o crime se caracteriza.

CRIME CONTRA ATUAÇÃO DA AUTORIDADE JUDICIÁRIA, MEMBRO DO CONSELHO TUTELAR OU REPRESENTANTE DO MINISTÉRIO PÚBLICO - ART. 236.

> *Art. 236. Impedir ou embaraçar a ação de autoridade judiciária, membro do Conselho Tutelar ou representante do Ministério Público no exercício de função prevista nesta Lei:*
>
> *Pena - detenção de seis meses a dois anos.*

CONCEITO E OBJETIVIDADE JURÍDICA

Trata-se de crime contra a administração da justiça, em especial, contra os órgãos do Poder Judiciário e do Ministério Público que atuam na proteção dos direitos da criança e do adolescente. Mas não é só, objetiva também a tutela da atuação do Conselho Tutelar, órgão autônomo, permanente e não jurisdicional, encarregado pela sociedade de zelar pelos direitos da criança e do adolescente (art. 131, ECA).

O Estatuto da Criança e do Adolescente instituiu um microssistema jurídico apto a proteção dos direitos da criança e do adolescente e a obtenção de soluções que atendam seu melhor interesse, fundamentado em princípios como a proteção integral, a prioridade absoluta e o respeito à condição peculiar da criança e do adolescente de pessoa em desenvolvimento e em um arcabouço de normas que se fundamental nesses princípios.

Além das normas de direito material, o novo direito da criança e do adolescente inaugurado com a Carta Magna de 1988, secundado pela Lei 8.069/90 – ECA, instituiu um conjunto de normas processuais que propicia ao Sistema de Justiça um desenho adequado para promoção dos direitos infanto-juvenis, desde a atividade jurisdicional até a instrumentalização do Ministério Público (artigos 148, 149 e 201 do ECA e 227 da CF).

Na linha da estruturação de um Sistema de Garantias, foi instituído o Conselho Tutelar, órgão não jurisdicional, autônomo e permanente, com o objetivo de desjudicializar a proteção e promoção de direitos da criança e do adolescente, naquelas situações em que é prescindível a judicialização e que a sociedade, através de um órgão por ela escolhido, pode atuar nas áreas da saúde, educação e social, nas atribuições estabelecidas de modo especial no artigo 136 do ECA.

Para proteção desses sistemas é que o legislador estatutário estabeleceu a presente norma penal incriminadora, punindo o agente que embaraçar ou impedir a ação da Autoridade Judiciária, do membro do Conselho Tutelar ou do Ministério Público nas atribuições legais e competências conferidas pela respectiva lei.

SUJEITO ATIVO

Trata-se de crime comum, que pode ser praticado por qualquer pessoa contra a administração da justiça e a atuação do conselho tutelar. Admite-se concurso de pessoas na forma da coautoria e da participação.

SUJEITO PASSIVO

Sujeito passivo primário é a administração da justiça e o sistema de garantias de direito, de modo especial o interesse na plena atuação do sistema de justiça da infância e juventude e do Conselho Tutelar. Secundariamente, a autoridade judiciária, o conselheiro tutelar ou o membro do Ministério Público, cuja atuação foi impedida ou embaraçada.

ELEMENTOS OBJETIVOS DO CRIME

O tipo penal contém dois verbos com significados semelhantes: *impedir e embaraçar.* Impedir significa obstar, estorvar, deter ou atravancar. De outro lado, embaraçar é sinônimo de atrapalhar, emaranhar ou atravancar. Impedir parece ser mais contundente, pois logra a não atuação da autoridade judiciária, do membro do conselho tutelar ou do ministério público nas funções previstas no Estatuto da Criança e do Adolescente, enquanto embaraçar a atuação ocorre, porém, de modo conturbado, em prejuízo da efetiva proteção dos direitos da criança e do adolescente.

O tipo penal adiciona aos elementos compositivos o conteúdo da ação que se pretende tutelar, não é qualquer atuação do sistema de justiça ou do conselho tutelar que merecerá o resguardo da norma penal em apreço, mas apenas *aquela atinente às funções previstas no Estatuto*, pois há ainda os crimes previstos no Código Penal para a tutela da administração pública e da justiça, de modo especial.

No que se refere à autoridade judiciária, as funções estão reunidas notadamente nos artigos 148 e 149 do ECA, além de outras dispersas, como por exemplo, no art. 95 (fiscalização de entidade de atendimento). Importante salientar, que as matérias insculpidas no parágrafo único do art. 148 não são exclusivas da Justiça da Infância e da Juventude, uma vez que não ocorrendo as situações do art. 98 (ameaça ou lesão a direito fundamental da criança e do adolescente) a competência será da vara da família, cível ou outra, conforme determinar a lei de organização judiciária local.

De qualquer modo, a proteção penal se destina a autoridade judiciária que atua com a competência e funções previstas no ECA, mesmo que não atue em vara privativa da Infância e Juventude, aliás a maior parte dos juízes tem competência cumulativa. A tutela ou guarda, por exemplo, pode tramitar pela vara da família ou pela vara da infância, a autoridade judiciária que tiver suas ações embaraçadas ou impedir será vítima deste crime, porque as funções que exerce estão previstas no ECA, que é aplicável não apenas pela Justiça da Infância e da Juventude. O mesmo se diga do juiz criminal, que atua nos crimes praticados contra a criança e o adolescente.

As atribuições legais do Ministério Público e do Conselho Tutelar no Estatuto estão previstas de modo especial no artigo 201 e no artigo 136, respectivamente, além de outras esparsas pela mesma lei. Como exemplo de atribuições legais fora do rol dos referidos artigos, destacamos a atuação do MP na fiscalização do processo de escolha do conselho tutelar (art. 139) e a fiscalização das entidades de atendimento pelo conselho tutelar e pelo MP (art. 95).

Comete o crime em estudo, por exemplo, o dirigente de entidade que desenvolve programa de acolhimento institucional que impede a autoridade judiciária, o promotor de justiça ou o membro do conselho tutelar de adentrar na instituição a fim de fiscalizá-la, na forma do art. 95 do ECA, ou embaraça a atuação fiscalizatória de tais órgãos.

De igual modo, pratica o crime o membro do CMDCA – Conselho dos Direitos da Criança e do Adolescente, que embaraça a fiscalização do Promotor de Justiça do processo de escolha do Conselho Tutelar, negando acesso aos locais de votação e aos respectivos documentos.

Por fim, o tipo penal, erradamente, quando usa a expressão *nesta lei*, restringe o espectro de proteção apenas para a lei 8.069/90 – ECA, deixando de fora outras leis que estabelecem competências à autoridade judiciária e atribuições ao ministério público, como por exemplo, a Lei 12.594/2012 (SINASE), que cuida da execução das medidas socioeducativas.

ELEMENTOS SUBJETIVOS DO CRIME

Para configuração do crime exige-se o dolo, vale dizer, a vontade livre e consciente de impedir ou embaraçar as ações da autoridade judiciária ou o membro do Conselho Tutelar ou do Ministério Público no exercício de função prevista no Estatuto da Criança e do Adolescente.

Não há crime se o agente atua escudado pela lei, por exemplo, o advogado que interpõe recursos sucessivos para obstar decisão judicial ou impetra Mandado de Segurança contra ato do Conselho Tutelar, pois está amparada pelo exercício regular do direito de postular em juízo, pelo princípio do contraditório e do duplo grau de jurisdição, sem prejuízo de eventuais penalidades processuais pela litigância de má-fé.

CONSUMAÇÃO E TENTATIVA

Trata-se de crime comissivo e material, que pode ter sua execução fracionada, portanto, plurissubsistente. O crime se consuma no local e no momento em que a ação visada é impedida ou embaraçada pela conduta do agente.

O crime pode ser praticado de modo comissivo por omissão ou omissivo impróprio, pois não obstante os verbos do tipo sejam comissivos, o agente pode realizá-lo por meio de uma inação, por exemplo, quando o responsável pela entidade de acolhimento deixa de abrir as portas do local, impedindo a fiscalização do promotor de justiça que deseja adentrar ao respectivo prédio.

Admite-se o *conatus*, quando o agente emprega os meios para impedir ou embaraçar as ações visadas, mas por circunstâncias alheias a sua vontade, a ação é realizada integralmente e sem peias. Por exemplo, o dirigente da entidade de acolhimento institucional determina a educadora que não abra as portas do prédio para entrada do Promotor de Justiça da Infância e Juventude, que pretende fiscalizar o local em razão de denúncia de maus tratos contra uma criança. O promotor de justiça, contudo, adentra ao local porque outra educadora tem as chaves abre a porta dos fundos.

CRIMES CONTRA O DIREITO À CONVIVÊNCIA FAMILIAR

SUBTRAÇÃO DE CRIANÇA OU ADOLESCENTE.

> *Art. 237. Subtrair criança ou adolescente ao poder de quem o tem sob sua guarda em virtude de lei ou ordem judicial, com o fim de colocação em lar substituto:*
>
> *Pena - reclusão de dois a seis anos, e multa.*

CONCEITO E OBJETIVIDADE JURÍDICA

O direito à convivência familiar é daqueles primordiais que, uma vez assegurados, propicia a criança e ao adolescente o acesso e a fruição de outros direitos fundamentais. No seio de uma família afetuosa os filhos menores contam com protetores natos de seus direitos fundamentais, por isso é que a Constituição Federal, no seu artigo 227, emplaca como dever do Estado, da sociedade e da família de assegurar com absoluta prioridade o direito à convivência familiar à criança e ao adolescente.

Prioritariamente os filhos devem permanecer junto aos seus pais naturais e apenas de modo subsidiário serem colocados em família substituta sob a forma de adoção, tutela ou guarda. A família extensa ou ampliada, que é aquela que se estende para além da unidade pais e filhos ou da unidade do casal, formada por parentes próximos com os quais a criança ou adolescente convive e mantém vínculos de afinidade e afetividade, tem preferência para recolocação em adoção (artigos 25, parágrafo único e 50, §13°, inciso II, ambos do ECA) e, como derradeira opção, a adoção internacional somente quando esgotadas as possibilidades de colocação em adoção de família brasileira (art. 51, §1°, inciso II, do ECA).

A objetividade jurídica do tipo penal em apreço é a proteção do direito à convivência familiar da criança e do adolescente e o direito dos pais, tutores e guardiães de conviverem com seus filhos e pupilos, sob sua guarda. A guarda pode decorrer do poder familiar, da tutela ou ainda ser deferida como forma de colocação em família substituta, podendo, neste caso, ser oposta até mesmo contra os pais.

SUJEITO ATIVO

Trata-se de crime comum, que pode ser praticado por qualquer pessoa. Havendo unidade volitiva e executória, admite-se concurso de pessoas, por exemplo, quando o agente é auxiliado por funcionário de uma maternidade, que permite sua entrada e a subtração de criança no berçário.

O crime normalmente é praticado por mais de uma pessoa, cabendo a uma delas a subtração da criança ou adolescente, e a outra pessoa o acolhimento em família substituta, sob forma de guarda, tutela ou adoção[49]. Mas nada impede que o agente subtraia e ele próprio seja o beneficiário, vale dizer, subtrair com o fim de ele mesmo adotar ou assumir a tutela ou guarda.

SUJEITO PASSIVO

Sujeito passivo do crime em estudo é a criança ou adolescente que são titulares do direito à convivência familiar violados pela ação do agente. Também é sujeito passivo o titular da guarda da criança ou adolescente subtraídos. Vale lembrar que o titular da guarda pode ser não só os pais, mas também os tutores ou os guardiães, na forma dos artigos 33 e 36, parágrafo único, do ECA.

O dirigente de entidade de acolhimento institucional pode ser sujeito passivo do crime, porque é equiparado ao guardião, para todos os fins de direito. Se a criança for subtraída de um programa de acolhimento a vítima será ela própria e de modo secundário o dirigente da entidade que promove o programa de acolhimento.

Haverá concurso formal de crimes quando a criança for subtraída dos pais divorciados que exercem sobre ela guarda compartilhada, pois mediante uma única ação, lesa o direito à guarda de duas pessoas.

ELEMENTOS OBJETIVOS DO CRIME

O verbo do tipo é *subtrair*, que significa retirar, levar, apoderar-se ou tomar a criança ou adolescente para si ou para outrem com o fim de colocação em família substituta. Normalmente a conduta se realiza no modo comissivo, mas admite a prática por omissão quando, por exemplo, a criança extraviada, chega ao poder do agente por moto próprio, e o agente permanece com ela, sabendo de sua origem, com a finalidade de colocação em família substituta, lesando o direito dos pais à guarda de seu filho.

Se a criança foi abandonada pelos pais ou perdida por negligência destes, acabando por ser encontrada em plena rua pelo agente, que assume sua guarda de fato com a finalidade de adotá-la, não se configura o crime, pois não há subtração. Evidente que o agente deve entregar a criança ao juízo da infância e da

[49] Artigo 28, *caput*, do ECA.

juventude, sua apropriação é irregular, mas não configura a conduta descrita nesse tipo penal.

Também compõe os elementos objetivos do tipo penal a *guarda obtida em virtude de lei ou de ordem judicial*. A guarda pode decorrer do poder familiar (art. 22 do ECA), da tutela (art. 36, parágrafo único, do ECA) ou constitui forma autônoma de colocação em família substituta (art. 33, do ECA). A guarda obriga a prestação de assistência material, moral e educacional à criança ou adolescente, seja quando exteriorize o poder familiar ou integre a tutela, ou ainda quando concedida de modo autônomo a pessoa, que pode opor-se a terceiros e, inclusive, aos pais.

Outro elemento compositivo do tipo penal é a expressão *lar substituto*. O legislador do ECA utilizou expressão imprópria, afinal *lar substituto* era o *nomem juris* de medida de proteção prevista no art. 14, inciso III, do revogado Código de Menores (Lei 6.697/79), que consistia na colocação em *guarda, tutela, adoção simples ou plena*.

Não obstante a impropriedade da terminologia, o instituto ainda existe agora com a denominação *família substituta*, para se referir a colocação da criança e do adolescente sob forma de guarda, tutela ou adoção, portanto, não há ferimento ao princípio da legalidade, aplicando-se o princípio da continuidade normativa.

ELEMENTOS SUBJETIVOS DO CRIME

Trata-se de crime doloso, no caso dolo específico, porque exige do agente um fim especial em agir (elemento subjetivo específico), que é a finalidade de colocar a criança ou adolescente em família substituta.

Se o agente subtrair a criança ou adolescente para outro fim que não seja colocação em família substituta, o crime não se caracteriza. O fato pode configurar o tipo penal do art. 249 do Código Penal (subtração de incapazes), que pune aquele que subtrair menor de dezoito anos ou interdito ao poder de quem o tem sob sua guarda em virtude de lei ou de ordem judicial, não se exigindo finalidade especial.

CONSUMAÇÃO E TENTATIVA

O crime é formal, de consumação antecipada ou de resultado cortado, consuma-se no momento da subtração da criança ou adolescente, com o fim de colocação em família substituta, não sendo necessária a efetiva colocação em família substituta para configuração e nem mesmo a formulação do respectivo pedido.

A tentativa é admissível quando o agente emprega os meios necessários para subtrair a criança ou adolescente com o fim de colocação em família substituta, mas não consegue a retirada por circunstâncias alheias a sua vontade. Por exemplo, o agente adentrar à maternidade onde está a criança e a retira do berçário, contudo acaba detida com o bebê nos braços pela segurança do estabelecimento, ainda no seu interior do nosocômio.

PROMESSA OU ENTREGA ILEGAL DE FILHO OU PUPILO

> *Art. 238. Prometer ou efetivar a entrega de filho ou pupilo a terceiro, mediante paga ou recompensa:*
>
> *Pena - reclusão de um a quatro anos, e multa.*
>
> *Parágrafo único. Incide nas mesmas penas quem oferece ou efetiva a paga ou recompensa.*

CONCEITO E OBJETIVIDADE JURÍDICA

O tipo penal em apreço tutela o direito à convivência familiar da criança ou adolescente, punindo os pais ou o tutor que prometerem ou efetivarem a entrega de filho ou pupilo a terceiro, mediante paga ou recompensa.

Reprime-se no delito em apreço a mercantilização da filiação, estabelecendo a responsabilidade penal também daquele que oferece ou efetiva paga ou recompensa, vale dizer, o beneficiário que deseja burlar o sistema de adoção, para comprar a criança ou o adolescente de seus representantes legais.

A primeira providência da pessoa que deseja adotar deve se cadastrar na vara da infância e juventude do local de seu domicílio e aguardar a entrega da criança ou do adolescente pela justiça da infância (arts. 197-A a 197-F, do ECA), submeter-se ao procedimento previsto nos artigos 154 e seguintes do ECA e, por meio de sentença judicial de natureza constitutiva, tornar-se pai ou mãe do adotado, em caráter definitivo.

A chamada adoção *intuito personae*, aquela em que os pais entregam o filho para uma pessoa que ele próprio escolhe e determina, segundo seu interesse, não tem previsão legal. Excepcionalmente admite-se o direcionamento da adoção nas situações do artigo 50, §13°, incisos I, II e III do ECA, em que o cadastro de adoção é despiciendo. De modo excepcional, a jurisprudência tem admitido essa forma de adoção nos casos em que se estabeleceu um vínculo de afetividade dos adotantes com a criança ou adolescente, entendendo que o afastamento puniria o adotado e colocaria em xeque o objetivo na norma estatutária, que é atender o melhor interesse da criança e do adolescente.

Mas, identificada a subtração mediante paga ou recompensa para obtenção do adotando, o crime se configura e a adoção deve ser invalidada, pois não se pode prestigiar a má-fé e a ilicitude, além do que os burladores devem responder pelo dano moral coletivo causado a todo o sistema nacional de adoção e aos casais e pessoas legalmente cadastradas que aguardam a entrega de uma criança ou adolescente.

SUJEITO ATIVO

Na figura do *caput* do tipo penal em comento temos o crime próprio, que exige do agente uma condição especial. Com efeito, o sujeito ativo do crime são os pais ou tutores, uma vez que a lei faz referência à entrega de filho ou pupilo. Quanto aos pais não importa se naturais ou adotivos, pois nos moldes do artigo 227, § 6º, da Constituição Federal os filhos, havidos ou não da relação do casamento, ou por adoção, terão os mesmos direitos e qualificações, proibidas quaisquer designações discriminatórias relativas à filiação.

Por outro lado, o termo *pupilo*, conforme tratamento conferido pela lei civil, diz respeito à criança ou ao adolescente sob tutela. No Código Civil Pátrio a expressão é utilizada *apenas duas vezes* e se relaciona com a responsabilidade civil do tutor em relação ao tutelado e o sustento e educação do menor sob tutela (arts. 932, II e 1.746), enquanto no Estatuto é utilizada mais três vezes, sempre se referindo ao tutor, que é responsável pela pessoa menor de 18 anos cujos pais foram suspensos ou destituídos do poder familiar (arts. 44, 55 e 129).

Discute-se na doutrina se a pessoa que, não sendo pai, mãe ou tutor, dispõe apenas da guarda da criança ou adolescente, poderia ser o sujeito ativo do crime, já que reúne obrigações semelhantes. CONDACK[50], com o apoio de Alberto Silva Franco, inclina-se no sentido positivo, argumentando que a eles são transferidos alguns atributos do poder familiar. Por outro lado, LIBERATI[51] e ELIAS[52] preconizam, de modo acertado, que apenas os pais ou tutores respondem pelo crime do *caput*, afinal a *guarda* é modalidade precária de colocação em família substituta, que pode ser revogada a qualquer tempo (art. 35, ECA), não podendo o guardião dispor da criança.

Acrescenta-se que se trata de crime próprio, que exige do agente a qualidade de pais ou tutor, pois a norma refere-se ao objeto do crime como sendo o

50 CONDACK, Cláudia Canto. Curso de Direito da Criança e do Adolescente. 7. ed. São Paulo, Saraiva, 2014. P. 1121.

51 LIBERATI, Wilson Donizeti, Comentários ao Estatuto da Criança e do Adolescente. 7. ed. São Paulo: Malheiros, 2003. P. 256.

52 ELIAS, Roberto João. Comentários ao Estatuto da Criança e do Adolescente. 2. ed. São Paulo: Saraiva, 2004. P. 276.

filho ou pupilo, portanto. Exasperar o alcance da norma para abranger também o guardião como sujeito ativo em razão deste possuir semelhante obrigação, é aplicar de modo indevido a analogia *in malam partem*, para ampliar o espectro punitivo da norma penal incriminadora, ofendendo desse modo o princípio da legalidade.

Na figura do parágrafo único, do art. 237, o crime é comum, qualquer pessoa pode praticar o crime. No passo, no parágrafo será autor do crime aquele que oferece ou efetiva paga ou recompensa aos pais ou tutores para receber filhos e pupilos, respondendo pelas mesmas penas do *caput*.

SUJEITO PASSIVO

O filho ou pupilo, criança ou adolescente, são os sujeitos do crime, pessoas sobre as quais recai a conduta do agente. É preciso que a vítima guarde relação de filiação ou tenha a condição de tutelado do sujeito ativo do crime. A pessoa adulta, ainda que seja filha, não poderá será sujeito passivo do crime, a luz do que dispõe o artigo 225 do ECA, que limita o capítulo, estabelecendo que os crimes nele previstos são praticados contra a criança ou adolescente.

Assim sendo, mesmo admitida a possibilidade de adoção de adultos e da eventual subtração para tal fim, o crime em estudo não se caracteriza, pois o sujeito passivo do crime em tela é tão somente o filho criança ou adolescente. Pode, conforme o caso, configurar o crime de sequestro (art. 148, CP) se houver privação de liberdade ou mero constrangimento ilegal (art. 146, CP).

ELEMENTOS OBJETIVOS DO CRIME

Há na presente norma penal incriminadora uma cisão do fato em dois crimes, para punir de forma autônoma aquele que prometer ou efetivar a paga ou recompensa pelo filho ou pupilo de outrem. Portanto as condutas são:

a. prometer ou efetivar a entrega de filho ou pupilo a terceiro, mediante paga ou recompensa e;

b. oferecer ou efetivar paga ou recompensa, para que os pais ou tutor entreguem a terceiro seu filho ou pupilo.

Na primeira figura os verbos do tipo são o prometer e o efetivar, ambos se relacionando com a entrega de filho ou pupilo a terceiro, mediante paga ou recompensa.

Prometer significa afirmar previamente que se vai cumprir, dar ou realizar algo. O agente realiza a promessa de entrega de seu filho ou pupilo a terceiro, desde que receba paga ou recompensa, de seu turno, efetivar é concretizar, fazer ou consumar a entrega do filho ou pupilo, nas mesmas condições. Na ação física *prometer* o crime é formal, de consumação antecipada ou resultado cortado, enquanto na modalidade do verbo *efetivar* trata-se de crime material, cujo resultado é a entrega concreta do filho ou pupilo ao terceiro.

As expressões *filho* ou *pupilo* possuem seus conceitos definidos na lei civil, que trata da filiação e da tutela das pessoas menores de 18 anos. Diante da norma geral do art.225 do ECA, o termo *filho* abrange tão somente a pessoa menor de 18 anos – criança ou adolescente, excluindo os filhos adultos, ainda que passíveis de serem adotados ou mesmo que sejam relativamente capazes em razão de deficiência reconhecida judicialmente.

Por fim, são também elementos compositivos do tipo penal em apreço a *paga* ou *recompensa*, que possuem conceitos diversos, afinal a lei não contém expressos inúteis ou redundantes. Tais elementares indicam o aspecto mercenário do crime, revelam a deletéria mercantilização da filiação, pretende o legislador desestimular a comercialização da adoção e a consequente desmoralização do Sistema Nacional de Adoção, colocando a salvo crianças e adolescentes do risco de uma colocação frustrada, que levaria a lesão do direito à convivência familiar, além de salvaguardar os direitos dos seus responsáveis.

As referidas expressões cuidam do pagamento em dinheiro ou qualquer outra espécie de bem ou vantagem, ainda que de conteúdo não econômico (por ex. favores sexuais, colocação profissional etc.), afinal não se trata de crime contra o patrimônio. A *paga* ocorre de modo prévio, ou seja, antes da entrega, enquanto a *recompensa* se dá *a posteriori*, após a entrega efetivada. Nota-se que, diferentemente do que ocorre no homicídio qualificado, a elementar contempla a efetiva recompensa, mas no crime contra a vida o homicida atua mediante *promessa de recompensa*, portanto, no crime estatutário exige-se a efetiva recompensa e não a mera promessa.

Na segunda figura do tipo abrange o pagador, pois responde pelas mesmas penas o agente que oferece ou efetiva a paga ou recompensa. Trata-se de crime remetido, que se refere à conduta descrita no *caput* do artigo, portanto, a paga ou recompensa aqui tratada é aquela oferecida ou efetivada para que os pais ou o tutor entregue seu filho ou pupilo a terceiro, para fim de colocação em família substituta.

As ações físicas são *oferecer* ou *efetivar* a paga ou recompensa. Na forma *oferecer* não se exige a aceitação ou a entrega da paga ou recompensa, trata-se de delito formal de consumação antecipada ou resultado cortado, que se aperfeiçoa com o oferecimento pelo agente da vantagem em forma de paga ou recompensa. Na figura do verbo *efetivar* o delito é material, pois reclama a concreta entrega da vantagem.

Interessante notar que o agente que oferece ou efetiva a paga ou recompensa não precisa ser necessariamente o destinatário/beneficiário da criança ou adolescente, pois tal condição o tipo penal não exige. Por exemplo, no caso da mãe entregar seu filho a um terceiro, mediante paga promovida por pessoa diversa, ela responderá pelo *caput* e a pessoa que efetivou a paga pelo parágrafo. O terceiro que recebeu a criança ou o adolescente responderá pelo crime se de qualquer modo instigou ou auxiliou o pagador ou os pais ou tutores, tendo conhecimento de tais circunstâncias.

Mas, se não tinha conhecimento dos fatos e pensava receber a criança *intuito personae*, sem conhecimento das circunstâncias, não responderá pelo crime do parágrafo, pois lhe faltará dolo.

ELEMENTOS SUBJETIVOS DO CRIME

Trata-se de crime doloso. O dolo é genérico, consiste na vontade livre e consciente de prometer ou efetivar a entrega de filho ou pupilo a terceiro, mediante paga ou recompensa ou, na figura no parágrafo, a vontade livre e consciente de oferecer ou efetivar paga ou recompensa para que o terceiro receba o filho ou pupilo de outrem.

A mera entrega do filho ou pupilo sem o desiderato do recebimento de paga ou recompensa não configura o crime, ainda que seja feita à margem da lei (artigos 19-A e 50, parágrafo 13°, ambos do ECA). A entrega pode ser invalidada, mas a relevância penal advém da mercantilização da filiação, portanto, não haverá crime.

Como foi dito, o beneficiário da entrega da criança ou adolescente somente responderá se for a pessoa que efetivou a paga ou recompensa, ou ainda, se não tendo sido o pagador, atuou como participe na figura do *caput* ou do parágrafo único, instigando, induzindo ou auxiliando o agente.

CONSUMAÇÃO E TENTATIVA

Duas são as condutas previstas no tipo penal com momento consumativos distintos:

a. prometer ou efetivar a entrega de filho ou pupilo a terceiro, mediante paga ou recompensa: no primeiro verbo (prometer) o delito assume o modo formal, basta a *promessa de entrega* de filho ou pupilo a terceiro, mediante paga ou recompensa, para que o crime se consuma, na segunda ação física (efetivar) assume o modo material, consumando-se com a *efetiva entrega* do filho ou pupilo a terceiro, mediante paga ou recompensa. Ambas as formas admitem o *conatus*, já que é possível a execução do *iter* modo plurissubsistente. Na modalidade formal, de consumação antecipada, seria possível – por exemplo – se a promessa é feita por escrito, mas não chega ao destinatário, por circunstâncias alheias a vontade do agente. Na forma material a tentativa pode ocorrer quando a entrega não é efetivada por circunstâncias alheias a vontade do agente, por exemplo, pela ação da polícia que, avisada, segue os passos do agente e o impede de entregar o filho.

b. oferecer ou efetivar paga ou recompensa, para que os pais ou tutor entreguem a terceiro seu filho ou pupilo: consuma-se com o oferecimento da paga ou recompensa, independente da aceitação ou com a efetiva paga ou recompensa, aceita pelo pai ou tutor. Da mesma forma que no *caput*, na ação física *oferecer*, há crime formal; doutra banda, haverá crime material no verbo *efetivar*. A tentativa é admissível em ambas, embora mais difícil realização no delito formal, por exemplo, quando o oferecimento da paga for por meio de carta e esta for interceptada.

TRÁFICO INTERNACIONAL ILEGAL OU MERCENÁRIO DE CRIANÇA OU ADOLESCENTE.

> *Art. 239. Promover ou auxiliar a efetivação de ato destinado ao envio de criança ou adolescente para o exterior com inobservância das formalidades legais ou com o fito de obter lucro:*
>
> *Pena - reclusão de quatro a seis anos, e multa.*
>
> *Parágrafo único. Se há emprego de violência, grave ameaça ou fraude:*
>
> *Pena - reclusão, de 6 (seis) a 8 (oito) anos, além da pena correspondente à violência.*

CONCEITO E OBJETIVIDADE JURÍDICA

O presente dispositivo penal visa tutelar a integridade física e moral da criança e do adolescente, sob a perspectiva de sua convivência familiar e comunitária, o direito de viver, prioritariamente, em seu país de origem e no seio de uma família brasileira.

A viagem de criança e adolescente para o exterior é regulada pelos artigos 84 e 85 do ECA e pela Resolução 131/2011 do Conselho Nacional de Justiça, que desburocratizou e facilitou a autorização de viagens internacionais, sem descurar da necessária proteção à criança ou adolescente.

Quando se tratar de viagem ao exterior, a autorização é dispensável, se a criança ou adolescente estiver acompanhado de ambos os pais ou responsável ou viajar na companhia de um dos pais, autorizado expressamente pelo outro através de documento com firma reconhecida. Dispensável, ainda, se a criança ou adolescente estão desacompanhados ou em companhia de terceiros maiores e capazes, designados pelos genitores, desde que haja autorização de ambos os pais, com firma reconhecida.

Dispõe ainda o Estatuto que, sem prévia e expressa autorização judicial, nenhuma criança ou adolescente nascido em território nacional poderá sair do País em companhia de estrangeiro residente ou domiciliado no exterior.

O dispositivo empresta ainda o rigor penal para estimular o cumprimento do Decreto nº 2.740/98, que ratifica a Convenção Interamericana sobre o Tráfico Internacional de Menores, e no artigo 7º determina que: os "Estados Partes comprometem-se a adotar, em conformidade com seu direito interno, medidas eficazes para prevenir e sancionar severamente a ocorrência de tráfico internacional de menores definido na Convenção".

A adoção internacional é prevista e regulada nos artigos 51 e seguintes do Estatuto da Criança e do Adolescente e pela Convenção de Haia, definida no artigo 2º da Convenção de Haia, de 29 de maio de 1993, relativa à Proteção das Crianças e à Cooperação em Matéria de Adoção Internacional, aprovada pelo Decreto Legislativo nº 1 de 14 de janeiro de 1999, e promulgada pelo Decreto nº 3.087, de 21 de junho de 1999. Trata-se de forma de colocação em família substituta que tem sua excepcionalidade, de modo expresso, prevista no artigo 31 do Estatuto.

O tipo penal pune aquele que promover ou auxiliar o envio da criança ou do adolescente ao exterior sem observâncias das formalidades legais ou com intuito de lucro.

SUJEITO ATIVO

Trata-se de crime comum, que pode ser cometido por qualquer pessoa que promova ou auxilie a pratica de ato destinado ao envio de criança ou adolescente ao exterior sem observâncias das formalidades legais ou com o intuito lucrativo.

SUJEITO PASSIVO

Sujeito passivo é a criança ou o adolescente enviado ao exterior sem observância das formalidades legais ou com o intuito de lucro.

ELEMENTOS OBJETIVOS DO CRIME

Os verbos do tipo são *promover* e *auxiliar*, que indicam uma conduta comissiva. O verbo *promover* significa efetivar, proporcionar, propiciar, possibilitar ou oportunizar a prática de ato destinado ao envio de criança ou adolescente ao exterior de modo ilegal ou com o intuito de lucro. O agente pode atuar isoladamente ou em concurso de pessoas, admitindo a participação moral por meio da instigação ou induzimento. O verbo *auxiliar* inserido na norma penal incriminadora, na realidade eleva a condição de participante ao *status* de autor. Auxilia, por exemplo, aquele que ajuda materialmente a alguém para que promova, portanto, na figura do auxílio podemos conceber hipótese de concurso necessário de pessoas, pois no mínimo teremos dois agentes em atuação, um auxiliando e outro promovendo o envio ilegal da criança ou adolescente.

Há duas formas previstas no *caput* para o cometimento do crime:

a. *Promove ou auxilia a prática de ato destinado ao envio de criança ou adolescente ao exterior com inobservância das formalidades legais e;*

Nessa primeira forma, o agente promove ou auxilia a prática de ato destinado ao envio da vítima ao exterior com inobservâncias das formalidades previstas nos artigos 39, 51, 52, 52 A, 52 B. 52 C e 52 D do Estatuto da Criança e do Adolescente, além daquelas previstas na Convenção de Haia, além do arts. 84 e 85 do ECA e da Resolução 131/2011 do CNJ.

A saída da criança ou de adolescente do território nacional deve observar o regramento do ECA, hoje acrescida de regulamentação promovida pela Resolução 131/2011 do CNJ. Embora o dispositivo penal não seja claro a respeito, posto que não estabelece a finalidade do envio ilícito ao exterior, ao que parece visa a norma coibir o tráfico de pessoas, normalmente realizado para fins de adoção irregular.[53] Mas como o tipo penal não exige, desnecessário que a atuação vise a colocação em família substituta.

Concorrendo qualquer das finalidades específicas enumeradas nos incisos I a V do artigo 149 A, do Código Penal e as circunstâncias do tráfico de pessoas, como a grave ameaça, violência, coação, fraude ou abuso, afasta-se a incidência do crime estatutário, pois o dispositivo do Código Penal é posterior, mais gravoso e contempla em seus elementos compositivos, inclusive para fins de aumento da pena, a criança e adolescente e o envio da vítima para o exterior.

2. *o envio da criança ou adolescente ao exterior com o fito de obter lucro.*

Na parte final do dispositivo há a figura do envio ao exterior com o fito de obter lucro, que é o recebimento de vantagem de qualquer natureza, não apenas econômica, afinal não se cuida de crime contra o patrimônio.

O lucro, no tipo penal em apreço, é o fim especial do agente ao promover ou auxiliar o envio a criança ou o adolescente ao exterior, não importando se houve ou não observância das formalidades legais, pois a obtenção da vantagem é por si só penalizada. Isso porque o legislador utilizou a conjunção alternativa de escolha *ou*, indicando duas opções de situação de criminalização da conduta: a inobservância das formalidades ou o objetivo de lucro.

Já o parágrafo 2º, do artigo 245 do Código Penal, que pune aquele que auxilia a efetivação de ato destinado ao envio de menor para o exterior, com o fito de obter lucro. Trata-se de lei anterior e mais benéfica, cuida da mesma matéria, em obediência ao princípio da especialidade, deve incidir o crime estatutário, afastando-se a norma geral.

ELEMENTOS SUBJETIVOS DO CRIME

O crime é punível somente à título de dolo, que é a vontade livre e consciente de promover ou auxiliar o envio de criança ou adolescente ao exterior com inobservância das formalidades legais ou com finalidade de lucro. Não responde o agente pela mera inobservância das formalidades legais por imperícia no trato com a legislação, pois não se pune o crime na sua forma culposa.

Há, na forma prevista na segunda parte do dispositivo o dolo específico, caracterizado pela finalidade de lucro, para a doutrina se trata de fim especial em

[53] CONDACK, Cláudia Canto. Curso de Direito da Criança e do Adolescente. 7. ed. São Paulo, Saraiva, 2014. P.1123.

agir, que deve integrar o elemento volitivo do agente, sem, contudo, a necessidade de que seja de fato auferido.[54]

CONSUMAÇÃO E TENTATIVA

Trata-se de crime formal, de consumação antecipada ou resultado cortado, bastando para a consumação que o agente realize ato consistente em promover ou auxiliar o envio ilegal de criança ou adolescente ao exterior com inobservância das formalidades legais ou com o fito de obter lucro, sendo desnecessário que ocorra efetivamente o translado para fora do país ou que obtenha efetivamente o lucro.

A tentativa é possível se o agente tentar realizar o ato para promover ou auxiliar o envio da vítima, mas acabar impedido, por circunstâncias alheias a sua vontade. Por exemplo, o agente envia um documento falso ao traficante de pessoas para liberação da criança na imigração, mas a missiva é interceptada e não atinge seu objetivo.

TIPO QUALIFICADO

O parágrafo único do artigo 239 do ECA prevê o tipo qualificado do tráfico de crianças e adolescente para o exterior, estabelecendo a pena de seis a oito anos de reclusão se há emprego de violência, grave ameaça ou fraude. Ressalva a norma incriminadora que o agente sofrerá também a pena correspondente a violência.

O tipo penal em comento é pluriofensivo, pois a conduta do agente viola também a integridade física e moral da vítima.

A justificativa para a exasperação da pena está na maior repulsa social causada pelo emprego da violência, grave ameaça ou fraude. Trata-se da *vis corporis, vis compulsiva* e a fraude.

A *vis corporis* é a violência física, que afeta a integridade corporal da vítima, pode configurar vias de fato, lesão corporal e a morte, devendo o agente responder também pela infração penal referente a violência.

A *vis compulsiva* é a grave ameaça, a promessa que causar mal injusto e grave, a fraude é o engodo, o ardil, que provoca na vítima um engano, acabando ludibriada.

Ambas as formas afetam o livre arbítrio e a liberdade pessoal da vítima de tomar suas decisões e fazer suas escolhas.

[54] CONDACK, Cláudia Canto. Curso de Direito da Criança e do Adolescente. 7. ed. São Paulo, Saraiva, 2014. P. 1124. Citação jurisprudencial do STJ. Julgamento do HC 39.332/RJ, entendendo tratar-se de crime de mera conduta.

CRIMES CONTRA A DIGNIDADE SEXUAL DA CRIANÇA OU ADOLESCENTE

INSERÇÃO DE CRIANÇA OU ADOLESCENTE EM CENA PORNOGRÁFICA OU DE SEXO EXPLÍCITO.

Art. 240. Produzir, reproduzir, dirigir, fotografar, filmar ou registrar, por qualquer meio, cena de sexo explícito ou pornográfica, envolvendo criança ou adolescente:

Pena – reclusão, de 4 (quatro) a 8 (oito) anos, e multa.

§ 1º Incorre nas mesmas penas quem agencia, facilita, recruta, coage, ou de qualquer modo intermedeia a participação de criança ou adolescente nas cenas referidas no caput deste artigo, ou ainda quem com esses contracena.

§ 2º Aumenta-se a pena de 1/3 (um terço) se o agente comete o crime:

I – no exercício de cargo ou função pública ou a pretexto de exercê-la;

II – prevalecendo-se de relações domésticas, de coabitação ou de hospitalidade; ou

III – prevalecendo-se de relações de parentesco consanguíneo ou afim até o terceiro grau, ou por adoção, de tutor, curador, preceptor, empregador da vítima ou de quem, a qualquer outro título, tenha autoridade sobre ela, ou com seu consentimento.

CONCEITO E OBJETIVIDADE JURÍDICA

O tipo penal em apreço inicia a sequência de crimes instituída para a proteção da dignidade sexual da criança e do adolescente, assim como sua integridade física, moral e mental. O legislador, atento ao princípio da proporcionalidade, limita o direito à livre expressão da atividade intelectual, previsto no inciso IX, do art. 5º da Constituição Federal, para que seja prestigiado interesse mais relevante, que é a dignidade da pessoa humana, de modo especial a dignidade sexual da criança e do adolescente.

Tutela-se as normas contidas nos arts.17 e 18, ambos do ECA, que dispõe sobre o direito ao respeito e à dignidade da criança e do adolescente e, por fim, alinha-se com a norma do art.149, inciso II, letra "a", que condiciona a participação de criança e adolescente em espetáculos ou ensaios, em qualquer caso, à autorização judicial, que zelará pelo afastamento de qualquer forma de violência, opressão e exploração da pessoa infanto-juvenil.

Com efeito, a Lei nº 11.829, de 2008, alterou o conjunto de crimes do Estatuto da Criança e do Adolescente, de modo a ampliar o rol de condutas ofensivas à dignidade sexual da criança e do adolescente e as respectivas penas, constituindo, em alguns casos, *novatio legis* incriminadora e em outros *novatio legis in pejus*, para criar novos tipos penais ou agravar suas penas.

É preciso ficar atento com a aplicação da lei penal no tempo, porque a retroação apenas pode ser efetuada quando a nova lei é benéfica ao agente, caso contrário, é a lei anterior que deverá ter ultratividade para ser aplicada no futuro aos fatos cometidos ao tempo de sua vigência, mesmo depois de alterada por lei mais gravosa, que não poderá retroagir para alcançar os casos anteriores.

Como bem alerta CONDACK[55]:

> o crime, antes praticável apenas por quem produzisse, dirigisse ou, nos termos do §1º, contracenasse com criança ou adolescente, tem agora sujeito ativo comum, a saber, qualquer pessoa que produza, reproduza, dirija, fotografe, filme, registra ou ainda, nos termos do §1º, agencie, facilite, recrute, coaja, intermedeie ou contracene com criança e adolescente

Os crimes dos artigos 240 e 241 eram punidos com pena de um a quatro anos de reclusão, no primeiro dispositivo havia a multa, com a nova lei a partir de 2008, a *sanctio juris* básica destes tipos penais saltaram para quatro a oito anos de reclusão e multa. Foram ainda acrescidos os tipos penais dos artigos 241-A, 241-B, 241-C e 241-D, além da norma explicativa do artigo 241-E.

Sabe-se que a pornografia é um fenômeno crescente em todo planeta e no Brasil não é diferente, as cifras são assustadoras. Segundo publicação do veículo Canaltech[56], baseada em matéria da Pornhud, cuja fonte de pesquisa é atribuída à Forbes:

> O Brasil ficou no décimo lugar entre os países que mais acessaram o Pornhub em 2017, e segue sendo uma das nações que mais busca por vídeos com travestis, sendo que esse tipo de busca, por aqui, é 84% maior do que no restante do mundo. Vale lembrar que o nosso país é um dos que mais matam travestis e pessoas transexuais no globo, enquanto é o país que mais consome pornografia com pessoas não cisgêneras.

55 CONDACK, Cláudia Canto. Curso de Direito da Criança e do Adolescente. 7. ed. São Paulo, Saraiva, 2014 P. 1126.

56 Acessível: https://canaltech.com.br/comportamento/pornhub-divulga-estatisticas-de-2017-e-mostra-que-brasileiro-adora-pornografia-106304/

Importante frisar que a região cerebral que é estimulada pela pornografia é a mesma onde atua as drogas de modo geral, não é por outro motivo que o acesso desmedido acaba por provocar dependência ao usuário, com todos os males daí decorrentes. A míngua de outros meios de acesso às informações sobre a sexualidade, em razão dos tabus e preconceitos que envolvem a educação sexual e a facilidade de acesso à rede mundial de computadores e outros veículos de comunicação, cada vez mais crianças e adolescentes colhem suas "primeiras informações" sobre sexo e sexualidade em filmes pornográficos, nos quais há demasiada violência contra a pessoa humana e informação desvirtuada sobre o tema sexual.

Nesse universo sombrio é que a criança e o adolescente são inseridos, não apenas como usuários, mas como protagonistas, explorados e vitimizados em sua dignidade sexual e integridade física, moral e mental. Mas, se para o mundo adulto, no Brasil, a pornografia não tem em si visos de tipicidade penal, para crianças e adolescente a lei penal pune com severidade o adulto que promover a pornografia e a exploração sexual infanto-juvenil.

Caso emblemático julgado pelo Supremo Tribunal Federal é o pedido de extradição[57] deduzido pelo Governo Norte Americano, que preconiza a existência do crime de atuação sexual por uma criança, previsto no Estatuto Penal do Estado da Flórida – EUA e corresponde, no Brasil, ao crime previsto no art. 240 do Estatuto da Criança e do Adolescente, satisfazendo, assim, o requisito da dupla tipicidade, tendo sido deferida a extradição. Ilustra-se, assim, a transnacionalidade dos crimes de pedofilia e a dificuldade de responsabilização dos predadores sexuais.

[57] STF. Ext 1218 / ESTADOS UNIDOS DA AMÉRICA EXTRADIÇÃO Relator(a): Min. RICARDO LEWANDOWSKI Julgamento: 15/05/2012 Publicação: 15/08/2012 Órgão julgador: Tribunal Pleno Publicação ACÓRDÃO ELETRÔNICO DJe-160 DIVULG 14-08-2012 PUBLIC 15-08-2012. Ementa: PENAL. PROCESSUAL PENAL. EXTRADIÇÃO. ESTADOS UNIDOS DA AMÉRICA. CRIME DE ATUAÇÃO SEXUAL POR UMA CRIANÇA. CORRESPONDÊNCIA AO CRIME PREVISTO NO ART. 240 DA LEI 8.069/90 – ESTATUTO DA CRIANÇA E DO ADOLESCENTE. DUPLA TIPICIDADE. AUSÊNCIA DE PRESCRIÇÃO. SUSPENSÃO DO PRAZO PRESCRICIONAL. INCIDÊNCIA DO ARTIGO 366 DO CÓDIGO DE PROCESSO PENAL. PRESENTES OS REQUISITOS FORMAIS E MATERIAIS PARA O DEFERIMENTO DO PEDIDO. I - O crime de atuação sexual por uma criança, previsto no Estatuto Penal do Estado da Flórida – EUA corresponde, no Brasil, ao crime previsto no art. 240 do Estatuto da Criança e do Adolescente, satisfazendo, assim, o requisito da dupla tipicidade. II – Extraditando considerado fugitivo pelo país requerente, o que autoriza a incidência do artigo 366 do codex processual penal, hipóteses de suspensão do prazo prescricional. Prescrição afastada sob a perspectiva de ambas as legislações. III - Presentes os requisitos formais do pedido. IV - Extradição deferida, ressalvada a detração, em caso de condenação do extraditando pelos crimes que motivaram o pedido.

SUJEITO ATIVO

Trata-se de crime comum, que pode ser praticado por qualquer pessoa que venha produzir, reproduzir, dirigir, fotografar, filmar ou registrar, por qualquer meio, cena de sexo explícito ou pornográfica, envolvendo criança ou adolescente.

Imperioso advertir que, consoante dispõe o artigo 190 C do ECA, não comete crime o policial que oculta a sua identidade para, por meio da internet, colher indícios de autoria e materialidade dos crimes previstos nos arts. 240 , 241 , 241-A , 241-B , 241-C e 241-D do Estatuto e nos arts. 154-A , 217-A , 218 , 218-A e 218-B do Decreto-Lei n. 2.848, de 7 de dezembro de 1940 (Código Penal).

O crime admite concurso de pessoas, nas situações em que duas ou mais pessoas, em identidade volitiva e executória, praticam os verbos do tipo penal, ou apenas um deles se envereda pela ação física enquanto o outro auxilia, instiga ou induz à prática delitiva.

SUJEITO PASSIVO

Sujeito passivo do crime é a criança ou adolescente submetidos à conduta do agente, condição definida no art. 2º do ECA.

Em relação à pessoa maior de 18 anos, havendo anuência, a criação e comercialização de tais cenas é conduta atípica. Contudo, o art. 216-B, do Código Penal, incrimina aquele que produzir, fotografar, filmar ou registrar, por qualquer meio, conteúdo com cena de nudez ou ato sexual ou libidinoso de caráter íntimo e privado sem autorização dos participantes.

ELEMENTOS OBJETIVOS DO CRIME

Trata-se de crime de ação múltipla ou plurinuclear, tipo penal misto alternativo, em que são previstas várias ações físicas, cada uma delas constitui um núcleo autônomo do tipo, uma vez praticada, leva a incursão no crime e, se o agente comete mais de uma conduta no mesmo contexto, responderá tão somente por um crime.

Nesse sentido já decidiu o STJ, no **HC 438.080/MG**, Rel. Ministro RIBEIRO DANTAS, QUINTA TURMA, julgado em 27/08/2019, DJe 02/09/2019:

> O crime do art. 240 do ECA se insere no contexto de proibição da produção e registro visual, por qualquer meio, de cenas de sexo explícito, no sentido da interpretação autêntica do art. 241-E do ECA, envolvendo crianças e adolescentes, o que caracteriza violência sexual, nos termos do art. 4º da Lei 13.431/17. Trata-se de crime comum, de subjetividade passiva própria,

consistente em tipo misto alternativo, de forma que a prática de mais de um verbo típico no mesmo contexto implica a subsunção típica única.

No mesmo acórdão, afastou-se o concurso formal de infrações em situação na qual o agente produziu e registrou cenas de dois corréus com duas adolescentes, nos seguintes termos:

> O concurso formal próprio ou perfeito (CP, art. 70, primeira parte), cuja regra para a aplicação da pena é a da exasperação, foi criado com intuito de favorecer o réu nas hipóteses de unicidade de conduta, com pluralidade de resultados, não derivados de desígnios autônomos, afastando-se, pois, os rigores do concurso material (CP, art. 69). No caso, as instâncias ordinárias entenderam que a conduta do réu realizou dois resultados típicos, haja vista a existência de duas adolescentes filmadas e fotografadas em sexo explícito. Verifica-se, entrementes, que inexistem dois resultados típicos, porquanto o crime em questão é formal ou de consumação antecipada, consumando-se, pois, unicamente pela prática da conduta de filmar ou fotografar cenas de sexo explícito, da qual participe criança ou adolescente. O efetivo abalo psíquico e moral por elas sofrido ou a disponibilidade das filmagens ou fotos é mero exaurimento do crime, irrelevantes para sua consumação, motivo pelo qual a quantidade de vítimas menores filmadas ou fotografadas é elemento meramente circunstancial, apto a ser valorado na pena-base, sem, contudo, indicar qualquer subsunção típica adicional. Por conseguinte, como as condutas de filmar e fotografar foram executadas durante o mesmo contexto fático, relativo ao ato sexual conjunto de dois corréus com as duas adolescentes, há duas condutas de subsunção típica única, motivo pelo qual se conclui pela existência de crime único.

Com a devida vênia entendemos que a melhor solução foi encontrada pelas instâncias iniciais, que condenaram pelo concurso material de crimes, pois o bem jurídico tutelado é a dignidade sexual da criança e do adolescente, assim como sua integridade física, moral e mental, todos de natureza e característica individual e autônoma. O resultado do crime é a lesão ao bem jurídico tutelado, no caso, a dignidade de cada uma das adolescentes inseridas nas cenas de sexo explícito. A doutrina pacífica já sacramentou que o crime formal menciona o resultado material, mas não exige sua produção para a consumação, como por exemplo, os crimes contra a honra.[58] A postura adotada no acórdão desta-

[58] JESUS, Damásio de. Direito Penal: Parte Geral. Saraiva, Vol. 1. 37. ed. São Paulo: Saraiva, 2020. P. 260.

ca a ação física para definir a unicidade de crimes e desconsidera a pluralidade de resultados, igualando situações desiguais, de fato dois bens jurídicos foram lesionados, os agentes deveriam responder por dois crimes na regra do art. 69, *caput*, do Código Penal.

Os verbos do crime são:

I – Tipo fundamental do *caput:* produzir, reproduzir, dirigir, fotografar, filmar ou registrar, por qualquer meio;

Ações físicas:

a. produzir: corresponde a promover e viabilizar a produção material de cena de sexo explícito ou pornográfica;

b. reproduzir; significa mostrar ou apresentar novamente a cena de sexo explícito ou pornografia;

c. dirigir: é orientar e montar a produção das referidas cenas;

d. fotografar: é proceder ao registro fotográfico das cenas;

e. filmar: é proceder as filmagens da cena e, por fim;

f. registrar: *por qualquer meio* é termo indicativo de interpretação analógica para abranger outras formas de registros das cenas de sexo explícito ou pornografia, tais como o registro por desenho ou gravura.

II – tipo equiparado do parágrafo único: agenciar, facilitar, recrutar, coagir, ou de qualquer modo intermedeia, ou ainda quem com esses contracena.

Ações físicas:

a. agenciar: incrimina a figura do agente ou empresário que atua para promover a gestão de pessoas de modo a permitir a inserção da vítima nas cenas espúrias;

b. facilitar: significa criar as facilidades, abrir caminhos, que permitam a inserção da vítima nas cenas;

c. recrutar: significa aliciar ou contratar a vítima para participação nas cenas;

d. coagir: quer dizer forçar, obrigar ou determinar à força moral ou física, a participação da vítima nas cenas e, por fim;

e. intermediar: significa mediar entre as partes, influenciar, gerir de modo acordado com as partes envolvidas a participação da vítima nas cenas de sexo explícito ou pornografia. Mais uma vez, com a expressão *de qualquer modo intermedeia* o legislador utiliza a interpretação analógica para expandir o espectro punitivo da norma penal.

A ação física *contracenar* merece maior digressão, com o abono de CONDACK[59], adverte-se que, embora o tipo penal contemple a punição daquele agente que contracenar com a vítima e que diretamente mantenha com a criança ou adolescente contato sexual no cenário resultante da cena de sexo explícito ou pornografia, e certo que este responderá pelos crimes contra a dignidade e liberdade sexual do Código Penal, de modo especial o estupro de vulnerável, previsto no artigo 217-A, que é mais grave, que afasta o tipo penal em estudo, caso mantenha conjunção carnal ou ato libidinoso com menor de 14 anos. Pondere-se, todavia, que o verbo *contracenar* tem conteúdo mais amplo e pode envolver figuração em que o agente não mantenha conjunção carnal ou outro ato libidinoso com a vítima, e nem concorra para tais atos, desta forma, responderá pelo crime estatutário.

Mas não é só. Como vimos, o tipo penal em apreço tem em seus elementos compositivos o envolvimento da criança ou do adolescente em cenas de sexo explícito ou pornografia, cujos conceitos foram definidos no art. 241-E. Porém, o *envolvimento* não significa que a criança ou o adolescente tenha que praticar atos libidinosos ou conjunção carnal, mas simplesmente estar de qualquer modo envolvida nas cenas em que ocorra o sexo explícito ou a pornografia.

Entretanto, se a pessoa menor de 14 anos, envolvida nas cenas de sexo explícito ou pornografia, ocorridas a partir das condutas previstas no tipo penal em apreço, efetivamente praticar conjunção carnal ou qualquer outro ato libidinoso neste contexto, aquele que protagonizar tais condutas com os infantes e ainda quem dolosamente concorrer de alguma forma para que o fato tenha ocorrido, responderá por crime de estupro de vulnerável do art. 217-A do Código Penal, ficando o delito estatutário absorvido, por se tratar de crime meio para delito mais grave. Isso porque, ao praticar as ações físicas do tipo em estudo, atuou como partícipe do crime contra a liberdade sexual e responderá por suas penas, na linha do que dispõe o art. 29 do Código Penal, a menos que comprovadamente desejou participar apenas do crime menos grave, incidindo, então, o parágrafo 2°, do art.29.

[59] CONDACK, Cláudia Canto. Curso de Direito da Criança e do Adolescente. 7. ed. São Paulo, Saraiva, 2014. P. 1128.

A prática uma das condutas do tipo penal e, além disso, contracenar de modo a protagonizar atos libidinosos com a vítima – criança ou adolescente menor de 14 anos – poderá levar o agente responder pelo estupro de vulnerável e pelo crime em estudo, conforme já decidiu o Superior Tribunal de Justiça. Se o agente, a par de cometer o crime em questão, também pratica conjunção carnal ou qualquer outro ato libidinoso, responderá pelos delitos em concurso material, como já decidiu o STJ em **REsp 1579578/PR**, Rel. Ministro ROGERIO SCHIETTI CRUZ, SEXTA TURMA, julgado em 04/02/2020, DJe 17/02/2020:

> A prática de pluralidade de condutas inviabiliza o reconhecimento do concurso formal entre os delitos dos arts. 217-A do CP e 240, § 2°, II, do ECA, razão pela qual deve ser restabelecido o concurso material reconhecido na sentença.

Além das ações físicas, constituem elementos compositivos do tipo penal as expressões *cena de sexo explícito* ou *pornográfica*. O legislador lançou mão da chamada interpretação autêntica, para que a própria lei penal definisse o sentido normativo do texto legal, assim dispondo no art. 240 E: *Para efeito dos crimes previstos nesta Lei, a expressão "cena de sexo explícito ou pornográfica" compreende qualquer situação que envolva criança ou adolescente em atividades sexuais explícitas, reais ou simuladas, ou exibição dos órgãos genitais de uma criança ou adolescente para fins primordialmente sexuais.*

Sustenta ISHIDA[60] que:

> *Pornografia é representação, por quaisquer meios, de cenas ou objetos obscenos destinados a serem apresentados a um público e também expor práticas sexuais diversas, com o fim de instigar a libido do observador. Sexo explícito é aquele onde existe a conjunção carnal ou a prática de qualquer outro ato libidinoso. A Lei preferiu realizar uma interpretação autêntica já que o próprio texto fornece (art. 241-E) o conceito legal de "cena de sexo explícito ou pornográfica". No conceito legal, compreende qualquer situação que envolva criança ou adolescente em atividades sexuais explícitas, reais ou simuladas, ou exibição dos órgãos genitais de uma criança ou adolescente para fins primordialmente sexuais. Deveria ter sido mais prático e objetivo, falando apenas em cena pornográfica que abrange logicamente a de sexo explícito.*

[60] ISHIDA, Valter Kenji, Estatuto da Criança e do Adolescente Doutrina e Jurisprudência. 15. ed. São Paulo: Atlas, 2014. P. 622.

Por outro lado, pondera CONDACK[61], que "a utilização do menor em cena vexatória, antes aqui tipificada, restou suprimida, subsistindo, para estes casos, o crime do art. 232 do ECA". Todavia, como já vimos, não havendo a relação de autoridade, guarda ou vigilância, afasta-se do delito estatutário e o fato pode configurar crime de injúria real, prevista no parágrafo 2º, do art. 140 do Código Penal.

Por fim, controvertida a situação do produtor ou diretor cenográfico que vende ou expõe à venda o vídeo em que eles mesmos produziram e que contenha cenas de sexo explícito ou pornografia envolvendo criança ou adolescente. Por um lado, pode-se defender a tese de que não responderiam pelo crime do artigo 241 do ECA, que constituirá no caso mero exaurimento do tipo penal em apreço, *post factum* impunível, absorvido em razão do princípio da consunção. É que os delitos tratam da proteção do mesmo bem jurídico – dignidade sexual da criança e do adolescente – e possuem preceito secundário idêntico, pena de quatro a oito anos de reclusão e multa, portanto, responderá pelo crime do art. 240 em estudo.

Por outro lado, sustentável também que respondam pelos dois crimes em concurso material, afinal com a prática da segunda conduta o fato ganha maior publicidade e fere também a honra objetivo – o decoro – da vítima, tratando-se, assim, da proteção de outro bem jurídico. Será preciso acompanhar como vai se comportar a jurisprudência dos nossos Tribunais, ficamos com por ora com a primeira posição, parece que a venda ou exposição a venda do material produzido pelo agente é mero exaurimento da conduta inicial.

ELEMENTOS SUBJETIVOS DO CRIME

O elemento subjetivo é o dolo, ou seja, a vontade livre e consciente de produzir, reproduzir, dirigir, fotografar, filmar ou registrar, por qualquer meio, cena de sexo explícito ou pornográfica, envolvendo criança ou adolescente ou agenciar, facilitar, recrutar, coagir, ou de qualquer modo intermediar a participação de criança ou adolescente nas cenas referidas no caput deste artigo, ou contracenar nesse mesmo contexto.

Como já foi mencionado, se a vítima for submetida a conjunção carnal ou ato libidinoso por ocasião da realização das cenas, não apenas os protagonistas dos atos, mas todos aqueles que concorreram no plano executório e volitivo para o resultado responderão pelo crime de estupro de vulnerável, do art. 217-A do Código Penal. Caso o agente tenha desejado resultado menos gravoso, por

[61] CONDACK, Cláudia Canto. Curso de Direito da Criança e do Adolescente. 7. ed. São Paulo, Saraiva, 2014. P. 1126.

exemplo, tão somente a confecção de cenas sem atos libidinosos com as vítimas, mas ainda sim de cunho pornográfico, responderá pelo crime estatutário em apreço, na forma do § 2º, do art. 29, do Código Penal.

Por fim, não se pune o crime se a conduta for cometida a título de culpa, mas pode o agente responder pelo crime se atuar com dolo eventual, por exemplo, se tinha dúvida sobre a idade da vítima e mesmo assim praticou qualquer das condutas previstas no tipo penal.

CONSUMAÇÃO E TENTATIVA

Cuida-se de crime material, que se consuma no momento e local em que o agente praticar qualquer dos verbos do tipo penal fundamental ou do tipo equiparado. É necessária, para consumação do crime, a ocorrência do resultado material, que se caracteriza no instante em que, com o envolvimento da criança e do adolescente, a cena de sexo explícito ou pornográfica seja produzida, reproduzida, dirigida, fotografada, filmada ou, por qualquer meio, registrada.

O crime é plurissubsistente, sendo possível fracionar os atos executórios, razão pela qual a tentativa é perfeitamente possível.

CAUSAS DE AUMENTO DE PENA

Se o sujeito ativo pratica o crime no exercício de cargo ou função pública ou a pretexto de exercê-la, prevalecendo-se de relações domésticas, de coabitação ou de hospitalidade ou prevalecendo-se de relações de parentesco consanguíneo ou afim até o terceiro grau, ou por adoção, de tutor, curador, preceptor, empregador da vítima ou de quem, a qualquer outro título, tenha autoridade sobre ela, ou com seu consentimento, terá a pena aumentada em 1/3, na terceira fase de sua aplicação e dosimetria.

O legislador utilizou a cláusula aberta de interpretação analógica para permitir que a causa de aumento alcance pessoa que, *a qualquer título*, tenha autoridade sobre a vítima. Desta forma, se um treinador de futebol ou de natação, prevalece da autoridade que tem sobre o adolescente e nestas condições vier a praticar as condutas previstas no tipo penal, incidirá na causa de aumento.

Enfatiza-se que não se trata de uso de analogia, incabível para exasperar o espectro de aplicação das normas penais incriminadoras, mas sim de interpretação analógica, que não ofende ao princípio da legalidade, afinal é a própria lei penal que contém elementos indicativos da ampliação de sua aplicação, como recurso para atingir fatos semelhantes e melhor proteger o bem jurídico.

A natureza jurídica não é de qualificadora, mas sim de causa de aumento de pena, porque promove a exasperação fracionada da pena prevista no preceito secundário do tipo penal, incidente na terceira fase da dosimetria da pena.

O aumento é fixo de um terço, basta uma das causas de aumento para que a exasperação ocorra e, caso ocorra mais de uma, deve-se utilizar o recurso do parágrafo único do art. 68 do Código Penal, para considerar na dosimetria da pena como circunstância judicial (art. 59, CP) ou como circunstância agravante, caso esteja prevista no rol dos artigos 61 e 62 do Código Penal.

No inciso I a exasperação da pena ocorre se o sujeito ativo pratica o crime no exercício de cargo ou função pública ou a pretexto de exercê-la.

Cargo público é criado por lei, possui denominação própria e função pública determinada, remunerado pelos cofres públicos, conforme define o art. 3º, parágrafo único, da Lei 8.112/1990 e função pública é atividade em si, inerente ao cargo público ou a serviço público, até mesmo eventual ou voluntário. Ensina Heleno Cláudio Fragoso[62]:

> Pode o exercício da função pública ser voluntário ou obrigatório, permanente ou eventual, gratuito ou remunerado, e sua natureza específica é irrelevante. Pode assim, tratar-se do exercício de uma função pública, correspondente a cargo ou emprego público efetivo (membros do Poder Legislativo), de nomeação ou contratual, como também de mera situação de fato.

Não basta o agente estar investido no cargo ou função pública, é preciso que cometa o crime no pleno exercício do cargo ou função, ou a pretexto de exercê-la, para que ocorra a incidência da causa de aumento.

No inciso II a pena é aumentada porque o agente atuou prevalecendo-se de relações domésticas, de coabitação ou de hospitalidade. Desta forma, tais circunstâncias devem ser contemporâneas ao cometimento do verbo do tipo praticado pelo sujeito ativo, mas o fato não precisa ocorrer no cenário doméstico, desde que se atue prevalecendo das relações domésticas, por exemplo, uma babá que realiza ensaios fotográficos da criança que estava sob seus cuidados, enquanto passeava em um lugar ermo no interior de um parque.

São conceitos e situações inspiradas nas alterações do Código Penal, promovidas pela Lei 11.340/2006 (Lei Maria da Penha), a saber:

[62] FRAGOSO, Heleno Cláudio. Lições de Direito Penal, Parte especial, vol. 4. São Paulo. José Bushatsky, 1959. P. 878.

- *Relações domésticas* são estabelecidas entre os membros de uma família podendo ou não existir relação de parentesco. Exemplo: babás e educadores de aulas particulares.
- *Coabitação* é a moradia comum na mesma residência. Exemplo: república de estudantes ou acolhimento institucional.
- *Hospitalidade* é a recepção eventual, durante a estadia provisória, na residência de alguém, sem necessidade de coabitação ou pernoite. Exemplo: receber pessoas em casa para um almoço ou reunião, ou ainda, para uma temporada de férias ou estudo.

No inciso III, o agente atua prevalecendo-se de relações de parentesco consanguíneo ou afim até o terceiro grau, ou por adoção, de tutor, curador, preceptor, empregador da vítima ou de quem, a qualquer outro título, tenha autoridade sobre ela, ou com seu consentimento. São causas de aumento da pena relacionadas à qualidade do sujeito ativo, em razão de parentesco ou com sua posição de autoridade perante a vítima e o consequente temor reverencial.

O legislador compreendeu a maior reprovabilidade social da conduta daquele que, *a priori* deveria proteger a criança e o adolescente e, ao contrário, viola de modo covarde sua dignidade sexual. Embora o rol seja taxativo, já que retrata elenco que sofrerá maior punição, foi utilizada a interpretação analógica como recurso legal de ampliação, para abarcar todos que, *a qualquer outro título, tenha autoridade sobre ela* (sobre a vítima).

Preconiza Luiz Régis Prado:

> *A maior gravidade do injusto, particularmente do desvalor da ação, nessas hipóteses, é evidente, já que o delito é praticado justamente por aquele que tem o especial dever de proteção, vigilância e formação moral da ofendida, o que debilita sobremaneira sua defesa. A exasperação da pena encontra fundamento ainda em considerações de ordem político-criminal, posto que o sujeito ativo pode se prevalecer voluntariamente das referidas relações também – ou unicamente – para favorecer sua impunidade.*[63]

As causas de aumento em apreço são pertinentes porque, como é de conhecimento, a maior parte das violências sexuais praticadas contra pessoas vulneráveis ocorrerem no ambiente doméstico ou familiar, dentro da casa da vítima e são protagonizadas por pais e padrastos, algumas vezes com o auxílio ou complacência da própria mãe. Fora dessa situação, ambientes como as escolas,

[63] PRADO, Luiz Regis. Curso de Direito Penal Brasileiro, vol. 2. 8. ed. São Paulo: Revista dos Tribunais, 2010. P. 639-640.

clubes de esportes e grupos artísticos, em que a criança e o adolescente permanecem por grande período de sua vida, são outros cenários onde tais violências acontecem com menos frequência.

O elenco casuístico, por força da fórmula de interpretação analógica, é exemplificativo, pode abranger outros fatos semelhantes, como o exemplo da babá da criança. Não se trata de integração por meio do uso de analogia, mas sim de interpretação analógica. Na analogia, há lacuna, a lei não prevê o fato, sua aplicação é vedada na área penal quando utilizada *in malam partem*; na interpretação analógica, não há lacuna, pois a própria lei penal, através da fórmula genérica, permite alcançar expressamente outros fatos parecidos.

COMÉRCIO DE MATERIAL PORNOGRÁFICO COM PARTICIPAÇÃO DE CRIANÇA OU ADOLESCENTE

> *Art. 241. Vender ou expor à venda fotografia, vídeo ou outro registro que contenha cena de sexo explícito ou pornográfica envolvendo criança ou adolescente:*
>
> *Pena – reclusão, de 4 (quatro) a 8 (oito) anos, e multa.*

CONCEITO E OBJETIVIDADE JURÍDICA

Nesse tipo penal pune-se o sujeito que realiza a comercialização do material que contenha cenas de sexo explícito ou pornográfica envolvendo criança ou adolescente, tratando-se, desta forma, de tutelar a mesma objetividade jurídica do crime anterior, vale dizer, a dignidade sexual da criança e do adolescente e sua integridade física, mental e emocional.

Tutela-se também a honra da criança e do adolescente, pois a venda implicará na divulgação do material pornográfico e na consequente exposição do ofendido para um número maior de pessoas.

Como já foi mencionado, o mercado criminoso envolvendo a pornografia infantil é vultoso e rende aos criminosos grandes valores econômicos, sendo mesmo de rigor o estabelecimento de reprimendas severas e de estratégias adequadas para o combate dessa mazela mundial que, no Brasil, também atinge grandes proporções, conforme informa as estatísticas do canal de denúncias "Disque 100" do Governo Federal.[64]

[64] Acessível em 01/11/2021: https://www.gov.br/mdh/pt-br/assuntos/noticias/2020-2/julho/forum-online-aborda-o-combate-a-pornografia-infantil

Números disponibilizados pela organização SaferNet apontam que, nos últimos 14 anos, foram contabilizadas mais de 4,1 milhões de denúncias anônimas envolvendo 790 mil páginas (URLs) de pornografia

SUJEITO ATIVO

Trata-se de crime comum, que pode ser praticado por qualquer pessoa que vende ou expõe à venda fotografia, vídeo ou outro registro que contenha cena de sexo explícito ou pornográfica envolvendo criança ou adolescente.

Se o sujeito ativo praticou qualquer das condutas do art. 240 do ECA e, posteriormente, vendeu ou expôs à venda o material pornográfico contendo as referidas cenas, poderá responder pelos dois crimes em concurso, afinal são crimes de idêntica gravidade e o delito ora em comento tutela também a honra sexual da criança e do adolescente, mais ainda afetada com a venda e a consequente exposição das cenas de sexo explícito e pornografia para um número maior de pessoas, muito embora há quem defenda que a venda pelo agente que participou do primeiro crime seria mero *post factum* impunível.[65]

Ficamos com a última posição, eis que a venda ou exposição à venda do material pornográfico produzido pelo agente parece mesmo tratar-se de mero exaurimento da conduta original.

SUJEITO PASSIVO

São sujeitos passivos do crime a criança ou adolescente, tecnicamente definidos pelo *caput* do art. 2º, do ECA, envolvidos nas cenas de sexo explícito e pornográficas.

ELEMENTOS OBJETIVOS DO CRIME

O verbo do tipo penal é o *vender* ou *expor à venda*, que indica a alienação ou a exposição a título oneroso, mercantilista, das cenas deletérias. No direito civil se diz concretizada a venda no instante em que ajustado o preço e o objeto (art. 482, do Código Civil).

Na exposição à venda o objeto e o preço estão postos de modo unilateral, mas o comprador ainda não deu seu aceite a proposta, que já vincula o proponente. Mesmo que a venda não se concretize, impende afirmar que o crime já está aperfeiçoado no instante em que o agente expôs à venda o material pornográfico, consoante previsão expressa do dispositivo em apreço.

infantil. Dessas, 255 mil foram desativadas. Os conteúdos criminosos foram escritos em nove idiomas, atribuídos a 104 países em seis continentes.

Ainda sobre denúncias, o Disque 100 registrou 18,1 mil relatos de violência sexual contra crianças e adolescentes no ano 2018, sendo 13,4 mil casos de abuso sexual, 2,6 mil de exploração sexual e 2 mil de pornografia infantil. Em 2019, o número não foi muito menor: mais de 17 mil denúncias recebidas pelo serviço foram referentes à violência sexual.

65 CONDACK, Cláudia Canto. Curso de Direito da Criança e do Adolescente. 7. ed. São Paulo, Saraiva, 2014. P. 1129.

A Lei 13.718/2018 alterou o capítulo dos crimes contra a dignidade sexual do Código Penal e fez inserir o seguinte dispositivo:

> *Art. 218-C. Oferecer, trocar, disponibilizar, transmitir,* ***vender ou expor à venda,*** *distribuir, publicar ou divulgar, por qualquer meio - inclusive por meio de comunicação de massa ou sistema de informática ou telemática -, fotografia, vídeo ou outro registro audiovisual que contenha cena de estupro ou de estupro de vulnerável ou que faça apologia ou induza a sua prática, ou, sem o consentimento da vítima,* ***cena de sexo, nudez ou pornografia:*** *pena – reclusão, um a cinco anos, se o fato não constitui crime mais grave.*

Pode causar aparente contradição o referido tipo penal, que se encontra inserido no capítulo II do Código Penal, que cuida dos crimes contra a dignidade sexual da pessoa vulnerável, porque dentre as diversas condutas descritas na maioria o sujeito passivo não é de modo especial a criança e o adolescente, apenas há referência a cenas de *estupro de vulnerável*. É que são também vulneráveis, para fins de delitos contra a dignidade sexual, a pessoa que, por enfermidade ou deficiência mental, não tem o necessário discernimento para a prática do ato sexual e a pessoa que, por qualquer outra causa, não pode oferecer resistência.

Há condutas previstas no referido dispositivo do Código Penal que não se dirigem a pessoa vulnerável, como se vê no estupro comum e na segunda parte do art. 218-C, daí a justificativa para a pena de pouca monta, bem inferior ao crime estatutário.

Portanto, o cuidando-se de venda ou exposição à venda de cena de sexo ou pornografia de criança e adolescente o delito configurado é o descrito no art. 241 do ECA. Tratando-se de pessoa maior de 18 anos, vulnerável ou não, o delito será o previsto no art. 218-C do Código Penal, resolvendo-se o conflito pelo princípio da especialidade.

Quanto a definição de *fotografias, vídeo ou outro registro contendo cenas de sexo explícito* e *cenas pornográficas de criança ou adolescente*, nos reportamos aos comentários do art. 240, em que tais elementares foram estudadas e feita a referência a norma explicativa do art. 241-E, do ECA, que define juridicamente os respectivos termos. Lembramos que a expressão *outro registro* permite a ampliação do espectro punitivo da norma para outras situações semelhantes, punindo o agente que, mediante outros recursos, obtém o registro das cenas com material pornográfico, não se cuidando de uso indevido da analogia, mas de interpretação analógica, perfeitamente admissível no direito penal.

ELEMENTOS SUBJETIVOS DO CRIME

O tipo penal somente é punível à título de dolo, que é a vontade livre e consciente de vender ou expor a venda fotografia, vídeo ou outro registro que contenha cena de sexo explícito ou pornográfica envolvendo criança ou adolescente.

Se o agente vende ou expõe à venda o material tendo dúvida sobre o envolvimento de criança e adolescente, responderá à título de dolo eventual, mas que não tinha conhecimento e atuou de modo culposo, vendendo, por exemplo, fitas de vídeo sem conferir o conteúdo (negligência), não responderá pelo delito, que não é punido em sua forma culposa.

CONSUMAÇÃO E TENTATIVA

O crime se consuma no local e instante em que os verbos do tipo são praticados. A venda se consuma no instante em que comprador e vendedor concordam sobre a natureza do produto e seu preço e a exposição à venda no momento em que o agente fixou o preço e emitiu a proposta, independente da aceitação do terceiro.

Como o delito é plurissubsistente, podendo seu *iter criminis* ser fracionado, não há óbice para o reconhecimento do *conatus*.

DIFUSÃO DE MATERIAL PORNOGRÁFICO COM PARTICIPAÇÃO DE CRIANÇA OU ADOLESCENTE.

> Art. 241-A. *Oferecer, trocar, disponibilizar, transmitir, distribuir, publicar ou divulgar por qualquer meio, inclusive por meio de sistema de informática ou telemático, fotografia, vídeo ou outro registro que contenha cena de sexo explícito ou pornográfica envolvendo criança ou adolescente:*
>
> *Pena – reclusão, de 3 (três) a 6 (seis) anos, e multa.*
>
> *§ 1º Nas mesmas penas incorre quem:*
>
> *I – assegura os meios ou serviços para o armazenamento das fotografias, cenas ou imagens de que trata o caput deste artigo;*
>
> *II – assegura, por qualquer meio, o acesso por rede de computadores às fotografias, cenas ou imagens de que trata o caput deste artigo*

> *§ 2º As condutas tipificadas nos incisos I e II do § 1º deste artigo são puníveis quando o responsável legal pela prestação do serviço, oficialmente notificado, deixa de desabilitar o acesso ao conteúdo ilícito de que trata o caput deste artigo.*

CONCEITO E OBJETIVIDADE JURÍDICA

Mais uma vez o legislador estatutário, na reformulação promovida pela Lei nº 11.829/2008, tutela a dignidade sexual da criança e do adolescente, sua integridade física, mental, emocional e sua honra, punindo aquele que difundir material pornográfico em forma de fotografia, vídeo ou outro registro que contenha cena de sexo explícito ou pornográfico envolvendo criança ou adolescente.

As penas estabelecidas são menores do que as penas dos artigos anteriores, que cuidam da mesma objetividade jurídica, entendendo o legislador que as condutas ligadas à confecção e mercantilização do material pornográfico são mais graves do que a difusão. Todavia, questionável essa valoração, uma vez que a conduta delineada no tipo penal em apreço expõe a imagem da criança e do adolescente a um número ilimitado de pessoas, potencializa ofensa a sua honra subjetiva e objetiva, além de ferir sua dignidade sexual.

Tratando do tema da reprovação penal do sujeito ativo do crime em comento, o STJ, no **REsp 1579578/PR**, relatoria do Ministro ROGÉRIO SCHIETTI CRUZ (SEXTA TURMA, julgado em 04/02/2020, DJe 17/02/2020), não atendeu recurso ministerial para exasperação da pena base em razão da conduta social e personalidade depravada, nos seguintes termos:

> Dado inerente ao tipo penal não justifica a exasperação da pena-base, a título de conduta social ou personalidade. O grande interesse por material que contenha cena de sexo explícito ou pornográfica envolvendo criança ou adolescente é ínsito ao crime descrito no art. 241-A da Lei n. 8.069/1999; já foi sopesado pelo legislador para criminalizar a conduta e estabelecer severa sanção penal, com o objetivo, justamente, de proteger a dignidade das crianças e dos adolescentes, pondo-os a salvo de formas desviadas de satisfação sexual.

Infelizmente, a prática de publicar em mídia social as fotos e imagens de sexo de ex-namoradas gravadas consensualmente, por motivo de vingança, após o rompimento de relacionamentos amorosos, tem levado adolescentes ao adoecimento mental, a automutilação e até mesmo ao suicídio. É o chamado *revenge porn* tão ocorrente em nossos tempos, exigindo maiores esforços das redes de proteção da comunidade para orientar os jovens quanto aos comportamentos de risco nas relações interpessoais, a conduta com esse escopo especial encontra previsão típica no §1º, do art. 218-C, do Código Penal ((...)§ 1º A pena é aumentada de 1/3 (um terço) a 2/3 (dois terços) se o crime é praticado por agente que mantém ou tenha mantido relação íntima de afeto com a vítima ou com o fim de vingança ou humilhação).

A norma penal abrange também as pessoas à frente de empresas hospedeiras e provedoras de internet, que possam armazenar e prover acesso ao referido material pornográfico, possibilitando a sua difusão para um número incontável de pessoas, de modo a amplificar os danos.

SUJEITO ATIVO

O crime é comum, qualquer pessoa pode praticá-lo. Nas figuras equiparadas, será sujeito ativo quem está à frente de empresas hospedeiras de sites de internet onde o material pornográfico pode ser armazenado e também as pessoas responsáveis pelos provedores de acesso à internet, que viabilizam a publicação às fotografias, vídeos e registros que compõe o referido material pornográfico em que está envolvida a criança ou adolescente.

SUJEITO PASSIVO

Sujeito passivo do crime é a criança e do adolescente, definidos no art. 2º, *caput*, do ECA.

ELEMENTOS OBJETIVOS DO CRIME

Trata-se de crime de tipo misto alternativo ou de ação múltipla, em que a lei descreve vários verbos e a realização de mais de um deles em relação à mesma vítima configura um único delito. Evidente que, praticando o agente mais de um núcleo do tipo sua conduta apresentará maior reprovabilidade social, que deverá ser levada em conta na fixação da pena-base pelo juiz, na forma do art. 59 do Código Penal. Assim, se o agente transmite e distribui o referido material pornográfico, além disso, troca e divulga, certamente terá a pena aumentada na primeira fase do processo de aplicação e dosimetria.

São ações físicas do tipo penal os seguintes verbos: oferecer, trocar, disponibilizar, transmitir, distribuir, publicar ou divulgar, todos implicam em comportamentos comissivos e o curioso é que a lei não incrimina o sujeito que simplesmente recebe ou guarda o material ilícito.

Nas figuras equiparadas dos incisos I e II a ação física é consubstanciada no verbo *assegurar*, que significa garantir, certificar ou abonar; dar certezas ou garantias de algo. Referem-se, na primeira hipótese, a conduta daqueles que asseguram meios ou serviços que propiciem o armazenamento das fotografias, vídeos e registros das cenas de sexo explícito e pornográficas, na segunda situação, a conduta das pessoas à frente dos provedores de acesso, responsável por viabilizar o acesso aos referidos materiais pornográficos, em ambos os casos somente é punível a conduta quando o responsável legal pela prestação do serviço, oficialmente notificado, deixa de desabilitar o acesso ao conteúdo ilícito de que trata o caput do tipo penal.

Importante destacar a autonomia entre o tipo fundamental e o tipo equiparado, em todas suas figuras, como destacado em recente julgado do Supremo Tribunal Federal:

> AGRAVO REGIMENTAL EM HABEAS CORPUS. ARMAZENAMENTO E DIVULGAÇÃO DE PORNOGRAFIA INFANTIL. CRIMES AUNÔNOMOS. PRETENDIDA ABSORÇÃO. NECESSÁRIO REEXAME DO CONJUNTO FÁTICO-PROBATÓRIO. HABEAS CORPUS INDEFERIDO. AGRAVO REGIMENTAL A QUE SE NEGA PROVIMENTO. I – São autônomos os delitos de armazenamento de pornografia infantil (ECA, art. 241-B) e divulgação de pornografia infantil (ECA, art. 241-A), quando não houver identidade entre os respectivos conteúdos. II – Para o acolhimento da tese defensiva ' consunção entre os delitos de armazenamento e divulgação de pornografia infantil ', seria indispensável o reexame de todo conjunto fático-probatório que levou as instâncias inferiores a concluírem pela "ausência de estrita correspondência entre os arquivos armazenados com os que foram divulgados", fato esse inviável na via estreita do habeas corpus, que não admite dilação probatória. III – Agravo regimental a que se nega provimento. **STF. HC 187900 AgR / SP - SÃO PAULO. AG.REG. NO HABEAS CORPUS Relator(a): Min. NUNES MARQUES. Julgamento: 17/05/2021. Publicação: 24/05/2021. Órgão julgador: Segunda Turma.**

Espelhado nesse tipo penal, o legislador inseriu no Código Penal, por força da Lei 13.718/2018, um novo tipo penal no art. 218-C, que assim dispõe: *Oferecer, trocar, disponibilizar, transmitir, vender ou expor à venda, distribuir, publicar ou divulgar, por qualquer meio - inclusive por meio de comunicação de massa ou sistema de informática ou telemática -, fotografia, vídeo ou outro registro audiovisual que contenha cena de estupro ou de estupro de vulnerável ou que faça apologia ou induza a sua prática, ou, sem o consentimento da vítima, cena de sexo, nudez ou pornografia.* A pena é inferior ao crime estatutário, de um a cinco anos de reclusão, com subsidiariedade expressa, pois ressalva a punição por crime mais grave.

No confronto dos tipos penais do art. 218-C do CP e 241-A do ECA é preciso esclarecer que, tratando-se de ofendidos crianças ou adolescentes, o fato se enquadra no tipo penal do Estatuto com pena de três a seis anos de reclusão, aplicando-se o princípio da especialidade, vez que as elementares especializantes *criança* e *adolescente* afastam o tipo de caráter geral do Código Penal, que terá incidência quando o ofendido for pessoa adulta, inclusive os vulneráveis por enfermidade ou deficiência mental, não tem o necessário discernimento para a prática do ato, ou que, por qualquer outra causa, não pode oferecer resistência.

Em relação às elementares do tipo *"fotografia, vídeo ou outro registro que contenha cena de sexo explícito ou pornográfica"*, já nos referimos nos comentários aos delitos anteriores e definido pelo art. 241-E do Estatuto. Trata-se do material pornográfico, objeto sobre o qual recai a conduta do agente, divulgado nas formas previstas no tipo penal em apreço.

Por fim, na jurisprudência dos Tribunais Superiores[66] já se consolidou o posicionamento no sentido em que o agente que produz e difunde, vídeo ou outro registro que contenha cenas de sexo explícito ou pornográfica, deve ser responsabilizado pelos crimes do arts. 241-A e 241-B em concurso material, na forma do art. 69 do Código Penal. O julgado discute a possibilidade da realização de perícia por amostragem no material pornográfico, em vista da elevada quantidade apreendida e manutenção da prisão preventiva decretada, em vista da gravidade das infrações perpetradas e da periculosidade do agente, validando a prática.

Consolidada a jurisprudência do STJ[67] no sentido de não haver consunção entre as condutas descritas nos arts. 241-B e 241-A, que são autônomos e deve o agente, que praticá-las, responder em concurso de crimes:

> PENAL E PROCESSO PENAL. AGRAVO REGIMENTAL NO RECURSO ESPECIAL. PRINCÍPIO DA COLEGIALIDADE. USURPAÇÃO DE COMPETÊNCIA DO COLEGIADO. INOCORRÊNCIA. DECISÃO MONOCRÁTICA PROFERIDA NOS TERMOS LEGAIS. POSSIBILIDADE DE REAPRECIAÇÃO PELO ÓRGÃO COLEGIADO. OFENSA REFLEXA À

[66] **Processo** HC 638256. **Relator(a)** Ministra LAURITA VAZ. **Data da Publicação** 02/08/2021.(...) II - In casu, verifica-se que a segregação cautelar do Recorrente encontra-se devidamente fundamentada em dados concretos extraídos dos autos, os quais evidenciam que a sua liberdade causaria risco à ordem pública, notadamente se considerada a sua periculosidade tendo em vista a gravidade acentuada das condutas perpetradas, vez que, conforme se depreende dos autos o agente detinha "elevada quantidade de arquivos com material contendo imagens de **pornográficas** de crianças encontrada em posse do indiciado, o que demonstra a habitualidade de sua conduta", circunstâncias que revelam um maior desvalor das condutas praticadas, tornando necessária a imposição da medida extrema em desfavor do recorrente.

[67] AgRg no REsp 1875645 / PR. AGRAVO REGIMENTAL NO RECURSO ESPECIAL 2020/0120920-1. **Relator(a)** Ministro REYNALDO SOARES DA FONSECA (1170). **Órgão Julgador** T5 - QUINTA TURMA. **Data do Julgamento** 18/08/2020. **Data da Publicação/Fonte** DJe 25/08/2020.

> CONSTITUIÇÃO FEDERAL. INVIABILIDADE. PORNOGRAFIA INFANTOJUVENIL. DIVULGAÇÃO E ARMAZENAMENTO DE IMAGENS PORNOGRÁFICAS DE CRIANÇAS E ADOLESCENTES. ARTS. 241-A E 241-B, AMBOS DA LEI 8.069/1990 (ESTATUTO DA CRIANÇA E DO ADOLESCENTE). PRINCÍPIO DA CONSUNÇÃO. INAPLICABILIDADE. DELITOS AUTÔNOMOS. CONTINUIDADE DELITIVA. PATAMAR DE AUMENTO. DIVULGAÇÃO DE MILHARES DE IMAGENS E VÍDEOS CONTENDO CENAS DE PORNOGRAFIA E SEXO EXPLÍCITO ENVOLVENDO CRIANÇAS E ADOLESCENTES. LAPSO DE 14 (QUATORZE) MESES. MAJORAÇÃO DE 1/3 (UM TERÇO). EXCESSIVIDADE NÃO CONFIGURADA. ABRANDAMENTO DE REGIME PRISIONAL. PENA INALTERADA. PRETENSÃO PREJUDICADA. AGRAVO REGIMENTAL NÃO PROVIDO. (...)
>
> 3. O Superior Tribunal de Justiça firmou entendimento no sentido de que o crime previsto no art. 241-B não configura fase normal nem meio de execução para a prática do delito do art. 241-A, ambos do Estatuto da Criança e do Adolescente, tratando-se de tipos penais autônomos. De fato, é possível que alguém compartilhe sem efetivar armazenamento, como pode realizar o armazenamento sem a transmissão. Ou seja, são efetivamente verbos e condutas distintas, que podem ter aplicação autônoma.
>
> 4. Na espécie, as instâncias ordinárias consignaram que o recorrente armazenou inúmeras imagens e vídeos, mas compartilhou conteúdo diverso através do programa eMule, de modo que, estando devidamente delineada a autonomia de cada conduta apta a configurar o concurso material de crimes, não há se falar em consunção.

ELEMENTOS SUBJETIVOS DO CRIME

Trata-se de tipo penal doloso, admite-se o dolo eventual, mas não se pune as condutas práticas na forma culposa. O dolo é a vontade livre e consciente de praticar os núcleos do tipo penal e de divulgar o material pornográfico que envolva a criança ou adolescente.

Como adverte CONDACK[68]:

> (...) nunca é demais lembrar, porém, que, extirpada da nossa legislação penal a responsabilidade objetiva, assim como se exigindo do agente, no setor

68 CONDACK, Cláudia Canto. Curso de Direito da Criança e do Adolescente. 7. ed. São Paulo, Saraiva, 2014. P. 1132.

psicológico, a sua atuação dolosa, seja direta ou eventual, não se pode admitir a punição de alguém simplesmente porque, por exemplo, tenha um serviço de acesso à internet, que tenha sido utilizado por um de seus assinantes para visitar sites com cenas como as que são aqui incriminadas.

Nas figuras equiparadas, só responderão os agentes que atuarem com dolo direto ou eventual. O agente, à frente das empresas hospedeiras ou provedoras de internet, que atuar de modo a assegurar a divulgação do material pornográfico ilícito, tendo plena ciência de todos os elementos típicos ou, tendo dúvidas, assume o risco da deletéria difusão das cenas.

CONSUMAÇÃO E TENTATIVA

Ocorre a consumação no momento que o agente pratica qualquer dos verbos descritos no tipo penal, ou seja, oferece, troca, disponibiliza, transmite, vende, expõe à venda, distribui, publica ou divulga.

Cuida-se de crime material, cujo resultado é a difusão das cenas pornográficas que envolvam a criança ou adolescente, a mera ciência, a partir das condutas elencadas, a qualquer pessoa do *conteúdo pornográfico* do material é suficiente à consumação delitiva.

A tentativa é admissível em tese, pois se trata de crime plurissubsistente, que pode ter sua execução fracionada por circunstâncias alheias a sua vontade. Mesmo assim, mesmo que se admita em tese o *conatus*, caso o agente não consiga difundir o material pornográfico ilícito, mas ao possuí-lo estará incurso no art. 241-B, que pune aquele que adquirir, possuir ou armazenar, por qualquer meio, tais materiais.

CONDIÇÃO OBJETIVA DE PUNIBILIDADE

No parágrafo 2º, do art. 241-A ora em comento, o legislador estabeleceu verdadeira condição objetiva de punibilidade, nos seguintes termos: *As condutas tipificadas nos incisos I e II do § 1º deste artigo são puníveis quando o responsável legal pela prestação do serviço, oficialmente notificado, deixa de desabilitar o acesso ao conteúdo ilícito de que trata o caput deste artigo.*

Mesmo sendo o fato típico, antijurídico e culpável, a punibilidade fica condicionada a um comportamento omissivo do agente que, oficialmente notificado de que está com seu comportamento assegurando a difusão de material pornográfico que envolve criança e adolescente, deixa de desabilitar o acesso ao conteúdo ilícito.

Recorda CONDACK[69], que o grupo de trabalho que elaborou o projeto de lei, contudo, previa que o provedor pudesse ser responsabilizado pelo crime sempre que permitisse o acesso após ser "formalmente comunicado" e não após ser "oficialmente notificado". O que se pretendia era, dessa forma, democratizar a participação popular no controle da divulgação criminosa. Assim, o provedor se sentiria instado, sob termos de responsabilidade criminal, a imediatamente retirar o conteúdo até mesmo quando fosse provocado por qualquer do povo, de forma que, por certo, as páginas indevidas seriam muito mais velozmente inabilitadas do que agora o são. Infelizmente, o texto final não acolheu esse entendimento.

Estabeleceu o legislador uma "ponte de ouro" para que o agente escape da punição criminal, mesmo após sua conduta ter se aperfeiçoado e causado danos por certo irreversíveis, basta desabilitar o acesso e fazer com isso cessar a difusão do material e a consequente danificação à dignidade sexual do ofendido.

Posse de material pornográfico com participação de criança ou adolescente.

> *Art. 241-B. Adquirir, possuir ou armazenar, por qualquer meio, fotografia, vídeo ou outra forma de registro que contenha cena de sexo explícito ou pornográfica envolvendo criança ou adolescente:*
>
> *Pena – reclusão, de 1 (um) a 4 (quatro) anos, e multa.*
>
> *§ 1º A pena é diminuída de 1 (um) a 2/3 (dois terços) se de pequena quantidade o material a que se refere o caput deste artigo.*
>
> *§ 2º Não há crime se a posse ou o armazenamento tem a finalidade de comunicar às autoridades competentes a ocorrência das condutas descritas nos arts. 240, 241, 241-A e 241-C desta Lei, quando a comunicação for feita por:*
>
> *I – agente público no exercício de suas funções;*
>
> *II – membro de entidade, legalmente constituída, que inclua, entre suas finalidades institucionais, o recebimento, o processamento e o encaminhamento de notícia dos crimes referidos neste parágrafo;*

[69] CONDACK, Cláudia Canto. Curso de Direito da Criança e do Adolescente. 7. ed. São Paulo, Saraiva, 2014. P.1133.

III – representante legal e funcionários responsáveis de provedor de acesso ou serviço prestado por meio de rede de computadores, até o recebimento do material relativo à notícia feita à autoridade policial, ao Ministério Público ou ao Poder Judiciário.

§ 3º As pessoas referidas no § 2º deste artigo deverão manter sob sigilo o material ilícito referido.

CONCEITO E OBJETIVIDADE JURÍDICA

O bem jurídico tutelado é a dignidade sexual da criança e do adolescente, sua integridade física, moral e emocional.

Pune o legislador, desta vez, a aquisição, a posse e o armazenamento das cenas de sexo explícito ou pornográfico que envolvem criança e adolescente e constituem o material ilícito tratado nos crimes deste gênero previstos no Estatuto da Criança e do Adolescente.

Esse novo tipo penal foi criado com a Lei nº 11.829, de 26 de novembro de 2008, portanto, atinge tão somente as condutas realizadas a partir dessa data, não podendo retroagir para alcançar os fatos praticados anteriormente, sob pena de violação dos princípios da reserva legal e da anterioridade da lei penal, insculpidos nos incisos XXXIX e XL, do art. 5º, da Constituição Federal e no art. 1º do Código Penal.

Alerta-se, todavia, que nas modalidades de ação e resultado permanentes, como, por exemplo, nos verbos *possuir* e *armazenar*, se o agente iniciou seu comportamento antes da vigência da lei, mas a permanência se estendeu até o período que iniciou a vigência, responderá pelo crime, porque ao tempo do fato a nova lei já vigorava, face ao prolongamento da ação criminosa.

Não houvesse o dispositivo, caberia a discussão sobre a eventual caracterização do crime de receptação nas hipóteses em que o agente, por exemplo, adquirir ou receber o material pornográfico ilícito, tendo ciência de sua origem criminosa. Contudo, diante da tipificação da conduta, não há qualquer dúvida acerca do enquadramento no crime estatutário, atento ao princípio da especialidade a dissolver qualquer viso de conflito aparente de normas penais.

SUJEITO ATIVO

Trata-se de crime comum, pois qualquer pessoa por praticar o crime em testilha. Nas modalidades de crime permanente – possuir e armazenar – qualquer pessoa que adira ao comportamento do agente durante a permanência, seja para estabelecer a composse do material, para auxiliar o armazenamento ou instigar a permanecer com o material, responderá em concurso de pessoas, na figura da coautoria ou participação criminosa, conforme o caso.

SUJEITO PASSIVO

Sujeito passivo do crime é a criança ou adolescente, como definidos no *caput*, do art. 2º do ECA.

ELEMENTOS OBJETIVOS DO CRIME

Em relação ao objeto do crime – fotografia, vídeo ou outra forma de registro que contenha cena de sexo explícito ou pornográfica envolvendo criança ou adolescente – reportamos ao que foi comentado nos crimes anteriores, onde o tema já foi debatido.

Cuida-se de tipo misto alternativo ou de ação múltipla, em que a lei descreve vários verbos e a realização de mais de um deles em relação à mesma vítima configura um único delito. Como já foi abordado no delito anterior, que tem a mesma conformação típica, o agente ao cometer mais de uma ação física apresentará maior reprovabilidade social, o que deverá ser levado em conta na fixação da pena-base pelo juiz, na forma do art. 59 do Código Penal.

Os verbos que representam os núcleos o tipo penal em apreço são: adquirir, possuir ou armazenar, por qualquer meio, os materiais ilícitos. São condutas comissivas, mas enquanto o verbo adquirir indica instantaneidade, os verbos possuir e armazenar indicam o protraimento da ação no tempo, revelando permanência.

Adquirir significa obter a propriedade a título oneroso ou gratuito, comprar ou arranjar o material pornográfico ilícito contendo vídeo, fotografias ou outros registros. Este núcleo indica prática de ação e resultado instantâneo do crime e característica plurissubsistente, que pode ser fracionada e admite, assim, a figura tentada.

Possuir é sinônimo de ter, dispor, haver, guardar, deter, reter ou conservar o material pornográfico ilícito contendo vídeo, fotografias ou outros registros. Este núcleo indica prática de ação e resultado permanente do crime e característica plurissubsistente, que pode ser fracionada e admite, assim, a figura tentada.

Armazenar significa ter em depósito, guardar, manter, recolher ou arquivar o material pornográfico ilícito contendo vídeo, fotografias ou outros registros. Este núcleo indica prática de ação e resultado permanente do crime e característica plurissubsistente, que pode ser fracionada e admite, de igual forma, a figura tentada.

ELEMENTOS SUBJETIVOS DO CRIME

Trata-se de crime doloso. O dolo é a vontade livre e consciente de adquirir, possuir ou armazenar, por qualquer meio, fotografia, vídeo ou outra forma de registro que contenha cena de sexo explícito ou pornográfica envolvendo criança ou adolescente.

Se o agente adquire o material sem saber que se cuidava de pornografia infantil, crendo com sinceridade que havia apenas fotos e vídeos de pessoas adultas, não responderá pelo crime, pois agiu em erro sobre os elementos do tipo (artigo 20, *caput*, CP), e o tipo não permite a punição a título de culpa. Mas se tinha dúvida acerca da idade da pessoa e mesmo assim atuou da forma prevista no tipo penal, responderá a título de dolo eventual.

CONSUMAÇÃO E TENTATIVA

Consuma-se o crime no local e no momento que o agente adquirir, possuir ou armazenar, por qualquer meio, fotografia, vídeo ou outra forma de registro que contenha cena de sexo explícito ou pornográfica envolvendo criança ou adolescente.

Como já foi mencionado, enquanto o verbo adquirir indica instantaneidade, os verbos possuir e armazenar revelam permanência. Enquanto o agente possuir ou armazenar o material ilícito o crime está de fato acontecendo e permite que um terceiro adira ao comportamento criminoso tornando-se coautor ou partícipe do crime.

Todos os núcleos do tipo são plurissubsistentes e permitem o fracionamento da fase executória do *iter criminis*, por circunstância alheia a vontade do agente, portanto, a forma tentada é admitida. Por exemplo, o agente envia uma carta com uma proposta de compra do material pornográfico, que acaba interceptada pela polícia.

CAUSAS DE DIMINUIÇÃO DE PENA

No parágrafo 1º do art. 241-B o legislador estabeleceu causa de diminuição de pena, que deve incidir na terceira fase de aplicação e dosimetria, nos termos do que dispõe o art. 68 do Código Penal. Com efeito, a pena é diminuída de 01 (um) a 2/3 (dois terços) se de pequena quantidade o material a que se refere o *caput* do artigo.

Sendo a pequena quantidade do material a incidência da causa é obrigatória, pois no Estado Democrático de Direito não é dado ao juiz conceder favores, mas sim atender direitos, não havendo espaço para faculdades judiciais.

A expressão *pequena quantidade* é de natureza normativa, caberá ao juiz elaborar juízo de valor para determinar o que representa de fato uma pequena quantidade do material pornográfico ilícito tratado na norma penal incriminadora, sempre de modo fundamentado, como exige o inciso IX, do art. 93 da Carta da República. Poucas cenas, um número pequeno de fitas ou fotografias, são exemplos circunstâncias reveladoras de uma pequena quantidade de material pornográfico.

A dosimetria específica de diminuição permitida na minorante – de um a dois terços – dependerá da quantidade do material, pois outro parâmetro não é dado pelo legislador. Poderia o legislador acrescer outras circunstâncias, como por exemplo, a primariedade, bons antecedentes, mas na míngua de previsão legal, apenas a quantidade deve ser considerada para dosar a fração de diminuição da pena, sob pena de violação do princípio da legalidade.

SITUAÇÕES DE DESCRIMINALIZAÇÃO DA POSSE E ARMAZENAMENTO

No parágrafo 2º, do art. 241-B, o legislador estabeleceu situações em que as ações físicas da posse e do armazenamento não serão consideradas criminosas.

Dispõe a norma excludente de antijuridicidade que não há crime se a posse ou o armazenamento tem a finalidade de comunicar às autoridades competentes a ocorrência das condutas descritas nos arts. 240, 241, 241-A e 241-C do Estatuto da Criança e do Adolescente, quando a comunicação for feita por agente público no exercício de suas funções, por membro de entidade, legalmente constituída, que inclua, entre suas finalidades institucionais, o recebimento, o processamento e o encaminhamento de notícia dos crimes referidos neste parágrafo ou por representante legal e funcionários responsáveis de provedor de acesso ou serviço prestado por meio de rede de computadores, até o recebimento do material relativo à notícia feita à autoridade policial, ao Ministério Público ou ao Poder Judiciário.

Trata-se de exclusão necessária para que a comunidade, por meio das entidades, e as forças da polícia e da justiça possam atuar contra os criminosos, que nesse campo podem ser altamente especializados e detentores de conhecimento técnico, principalmente quando o crime é praticado utilizando a rede mundial de computadores.

A norma excludente foi omissa no tocante ao verbo *adquirir* o que pode causar alguma dificuldade prática, afinal os agentes da polícia muitas vezes precisam adquirir o material pornográfico para descortinar seus produtores e vendedores, nem chegando a possuir ou armazenar, determinando desde logo diligências para apreensão dos vídeos e fotografias e prisão dos criminosos. Por outro lado, evidente a ausência de dolo em tais situações, o que exclui a tipicidade da conduta, mas a inserção do verbo na norma excludente facilitaria a atuação repressora, porque no instante inicial das investigações em que a aquisição ocorre, nem sempre as circunstâncias são tão claras a respeito da estratégia investigatória.

Acresce, ainda, o parágrafo 3°, que as pessoas referidas no § 2° deste artigo deverão manter sob sigilo o material ilícito referido. O sigilo está ligado à natureza do material, que envolve grave afetação da honra e da dignidade da criança e do adolescente e, tudo que se pretende é frear a difusão das cenas deletérias.

A não obediência da regra do sigilo, conforme o caso, pode colocar em xeque a própria finalidade das pessoas e ainda sujeitar o inconfidente a responsabilidade civil, evidente o dano moral advindo da difusão do material ilícito, conforme o caso a responsabilidade criminal pela difusão.

SIMULAÇÃO DE PARTICIPAÇÃO DE CRIANÇA E ADOLESCENTE EM MATERIAL PORNOGRÁFICO.

> *Art. 241-C. Simular a participação de criança ou adolescente em cena de sexo explícito ou pornográfica por meio de adulteração, montagem ou modificação de fotografia, vídeo ou qualquer outra forma de representação visual:*
>
> *Pena – reclusão, de 1 (um) a 3 (três) anos, e multa.*
>
> *Parágrafo único. Incorre nas mesmas penas quem vende, expõe à venda, disponibiliza, distribui, publica ou divulga por qualquer meio, adquire, possui ou armazena o material produzido na forma do caput deste artigo.*

CONCEITO E OBJETIVIDADE JURÍDICA

A reforma penal dos crimes do Estatuto da Criança e do Adolescente, promovidos pela lei 11.829/2008, avançou para criação deste novo tipo penal que visa tutelar a dignidade sexual da criança e do adolescente, coibindo sua afetação de modo indireto a partir a simulação da participação de criança ou adolescente em cena de sexo explícito ou pornográfica por meio de adulteração, montagem ou modificação de fotografia, vídeo ou qualquer outra forma de representação visual.

Tudo o quanto abordado no estudo do crime anterior sobre a aplicação da lei penal no tempo tem pertinente no tipo penal em apreço, que se cuida de *novatio legis incriminadora* cuja incidência atingirá apenas os fatos ocorridos após sua vigência.

A *sanctio júris* é inferior aos crimes anteriores examinados, pois o legislador, atento ao princípio da proporcionalidade, estabeleceu no preceito secundário a reclusão de um a três anos e multa, inclusive para o tipo equiparado, entendendo que a cenas com simulação da participação de infantes e a sua difusão não podem ser apenadas de modo semelhante aos comportamentos em torno de cenas reais com crianças ou adolescentes.

O agente cria a cena de sexo explícito ou pornográfica que, embora não tenha a efetiva participação da criança e do adolescente, mediante adulteração, montagem ou modificação se promove a simulação de que o infante está contracenando na fotografia ou vídeo. O tipo penal não exige o propósito mercenário, mas de modo corriqueiro o objetivo do agente é o lucro, o que pode influenciar na dosimetria da pena.

No parágrafo único, o tipo equiparado pune-se com as mesmas penas a difusão da pornografia infantil simulada, vale dizer, quem vende, expõe à venda, disponibiliza, distribui, publica ou divulga por qualquer meio, adquire, possui ou armazena o material produzido na forma do caput do artigo 241-C.

SUJEITO ATIVO

Trata-se de crime comum, em que qualquer pessoa pode ser o sujeito ativo.

SUJEITO PASSIVO

Sujeito passivo do crime é a criança e o adolescente, assim definidos no *caput* do art. 2º do ECA.

ELEMENTOS OBJETIVOS DO CRIME

Em relação ao objeto do crime – fotografia, vídeo ou outra forma de registro que contenha cena de sexo explícito ou pornográfica envolvendo criança ou adolescente – reportamos ao que foi comentado nos crimes anteriores, onde o tema já foi debatido. Todavia, há aqui uma diferença na descrição típica, que se refere fotografia, vídeo ou *qualquer outra forma de representação visual*, assim o legislador parece encontrar uma fórmula mais abrangente, para abarcar novas tecnologias que podem inovar o mercado espúrio.

A inserção de elementos abertos de certa forma arranha a segurança do princípio da legalidade, mas garante maior versatilidade ao tipo penal e a possibilidade de proteger o bem jurídico de modo mais longevo e eficaz, ainda mais em cenário cada vez mais tecnológico e sofisticado. Isso, contudo, é fenômeno antigo já anunciado por Fernando de Almeida Pedroso[70], que leciona:

> algumas vezes, entretanto, em caráter excepcional, alarga o tipo a compreensão do fato, deixando em aberto sua avaliação típica, que há que ser buscada e perquirida, através de uma complementação exterior, ou seja, por meio de um juízo ulterior independente. Surgem então os chamados tipos abertos, que projetam para terreno perigoso, em face da ampliação da função do exegeta, o exame da conformidade típica.

No dispositivo penal em apreço houve a junção num só artigo da produção e da difusão do material com simulação da participação de criança ou adolescente em cenas de sexo explícito ou pornográficas.

No tipo fundamental do *caput* há tão somente o verbo do tipo é *simular*, de ação simples, que significa fazer aparecer como real uma coisa que não o é, fingir ou parecer algo diferente. Indica conduta comissiva e plurissubsistente.

O crime não é de forma livre, mas sim de vinculada, pois o tipo penal revela que a simulação deve ser dar por meio de adulteração, montagem ou modificação de fotografia, vídeo ou qualquer outra forma de representação visual.

Adulteração é a alteração da cena original mediante procedimento em que o agente introduz elementos novos que não constavam no material original, em linha semelhante enquanto a *modificação*, provoca a transformação da cena original em algo diferente do que era inicialmente.

Finalmente a *montagem*, pela qual o agente soma cenas diferentes para resultar em nova cena criada a partir da junção de materiais diversos. Importante é que, utilizando um ou mais dos referidos procedimentos o resultado alcançado pelo agente é simular a participação de criança ou adolescente em cena de sexo explícito ou pornográfica.

Na figura equiparada os verbos são: vender, expor à venda, disponibilizar distribuir, publicar ou divulgar por qualquer meio, adquirir, possuir ou armazenar o material produzido na forma do caput do art. 241-C. Todos plurissubsistentes e comissivos.

[70] PEDROSO, Fernando Almeida. Direito Penal, Parte Geral. 3. ed. São Paulo: EUD Livraria e Editora, 2000. P. 170.

Trata-se de tipo misto alternativo ou de ação múltipla, bastando a prática de um deles para o crime se configurar, mas, caso o agente pratique mais de um núcleo, os demais deverão ser considerados para efeitos de aplicação de pena, consoante art. 59, *caput*, do Código Penal. Importante registrar que possuir ou armazenar material ilícito, são condutas que indicam resultados permanentes, o que terá reflexo na consumação do crime.

ELEMENTOS SUBJETIVOS DO CRIME

O tipo penal é doloso. O dolo é a vontade livre e consciente de simular a participação de criança ou adolescente em cena de sexo explícito ou pornográfica por meio de adulteração, montagem ou modificação de fotografia, vídeo ou qualquer outra forma de representação visual.

Na figura equiparada o dolo consiste na vontade livre e consciente de vender, expor à venda, disponibilizar, distribuir, publicar ou divulgar por qualquer meio, adquirir, possuir ou armazenar o material produzido na forma do *caput* do art. 241-C.

Como já foi mencionado, no tipo penal em apreço houve a junção da produção e da difusão do material com simulação da participação de criança ou adolescente em cena de sexo explícito ou pornográfica, daí a distinção dos elementos subjetivos, para cada modalidade de infração, a produção no *caput* e a difusão no parágrafo do mesmo artigo.

Não se admite a forma culposa, mas admite-se o dolo eventual, no caso de dúvida quanto a idade da vítima.

CONSUMAÇÃO E TENTATIVA

O crime é material e se consuma com o alcance do resultado pelo agente. No núcleo do tipo *simular* a consumação se dá no momento e local em que o agente, por meio de adulteração, montagem ou modificação, consegue simular em fotografia, vídeo ou qualquer outra forma de apresentação visual a participação de criança ou adolescente em cena de sexo explícito ou pornográfica, independente de lograr a difusão do material.

No tipo equiparado, a consumação ocorre no momento e local em que o agente vende, expõe à venda, disponibiliza, distribui, publica ou divulga por qualquer meio, adquire, possui ou armazena o material pornográfico com a simulação criminosa. As ações *possuir* e *armazenar* são modalidades de permanência, cuja consumação se protrai no tempo, enquanto durar a posse ou o armazenamento.

A tentativa é possível, afinal os verbos do tipo são plurissubsistentes e as ações executórias admitem fracionamento por circunstâncias alheias a vontade do agente que, por exemplo, tenta vender o material, contudo o comprador desiste da compra.

ALICIAMENTO DE CRIANÇA PARA PRÁTICA DE ATO LIBIDINOSO

> *Art. 241-D. Aliciar, assediar, instigar ou constranger, por qualquer meio de comunicação, criança, com o fim de com ela praticar ato libidinoso:*
>
> *Pena – reclusão, de 1 (um) a 3 (três) anos, e multa.*
>
> *Parágrafo único. Nas mesmas penas incorre quem:*
>
> *I – facilita ou induz o acesso à criança de material contendo cena de sexo explícito ou pornográfica com o fim de com ela praticar ato libidinoso;*
>
> *II – pratica as condutas descritas no caput deste artigo com o fim de induzir criança a se exibir de forma pornográfica ou sexualmente explícita.*

CONCEITO E OBJETIVIDADE JURÍDICA

Trata-se de mais um tipo penal novo trazido pela lei 11.829/2008, constitui assim, como os crimes anteriores, *novatio legis* incriminadora e merece os cuidados referentes ao princípio da reserva legal e da anterioridade da lei penal. Para evitar superfetação estéril, nos reportamos aos estudos já feitos nos tipos penais anteriores.

Analisando a norma penal em testilha observa-se que se trata de verdadeira incriminação de atos preparatórios do crime de estupro de vulnerável previsto no artigo 217-A do Código Penal. Os verbos elencados no tipo penal em apreço são praticados com o fito da prática de ato libidinoso com a criança e parecem anteceder os atos executórios do estupro, que uma vez praticado absorverá o crime estatutário.

Cuida-se de proteção extra conferida pelo legislador a criança, de modo de antecipa a incriminação daquele que deseja manter com ela atos libidinosos. Sequer permite a tramitação do *iter criminis*, para tanto quebra a regra da não punibilidade dos atos preparatórios, conferindo, nas ações físicas especificadas no *caput*, tipicidade penal autônoma.

Fiel ao princípio da proporcionalidade, o legislador estabeleceu pena de reclusão de um a três anos e multa, inclusive para as figuras dos incisos I e II, entendendo adequada a reprimenda inferior, afinal, todos são delitos formais em que o resultado material está previsto no tipo, mas não precisa ocorrer para que o crime se aperfeiçoe.

SUJEITO ATIVO

O crime é comum, qualquer pessoa pode praticá-lo. Pela descrição típica do *caput* e do inciso I do tipo penal, o sujeito ativo do crime é aquele que pratica as ações físicas e ele mesmo será o beneficiário do ato libidinoso, vale dizer, o agente que irá *com ela praticar ato libidinoso*.

Na figura do inciso II o agente induzirá a criança a se exibir de forma pornográfica ou sexualmente explícita, mas não se exige que seja ele a expectador da exibição. Se for o próprio agente, responderá pelo crime do inciso II, mas se for terceira pessoa que tiver induzido, instigado ou auxiliado o agente, haverá concurso de pessoas em razão da participação criminosa, caso contrário, será atípica a mera contemplação passiva da exibição.

SUJEITO PASSIVO

O sujeito passivo do crime é a criança, pessoa de até 12 anos incompletos (11 anos), nos termos do art. 2°, *caput*, do ECA.

Nota-se que o legislador excluiu o adolescente da condição de ofendido deste crime, o que parece um equívoco, uma vez que o Código Penal estabelece a vulnerabilidade em razão da idade para os menores de 14 anos. Desta forma, os adolescentes menores de 14 anos, vulneráveis sob o prisma penal, sem qualquer justificativa plausível, não mereceram a proteção do legislador estatutário da conduta tratada na presente norma penal.

ELEMENTOS OBJETIVOS DO CRIME

O tipo penal em apreço é misto alternativo ou de ação múltipla, em que a lei descreve vários verbos e a realização de mais de um deles em relação à mesma vítima configura um único delito. O agente que praticar duas ou mais ações previstas no tipo responderá por um só delito, mas a integralidade de sua conduta, se representar maior reprovabilidade social, será levado em conta na fixação da pena, na forma do art. 59 do Código Penal.

Os verbos do tipo previstos no *caput* são: aliciar, assediar, instigar ou constranger.

- Aliciar significa angariar ou cooptar a criança para a prática do ato libidinoso;
- Assediar é insistir com pedidos ou propostas; importunar alguém para que esta pessoa faça alguma coisa; tentar possuir algo pela insistência, o que em relação a criança assume visos de constrangimento, pela própria condição de vulnerabilidade;
- Instigar é incentivar, estimular, encorajar ou incitar a executar uma ideia que já está concebida anteriormente, colocada ou não pelo agente;
- Constranger, no delito em apreço, não tem o significado de coagir com violência, forçar ou obrigar, pois este tipo de ação caracteriza estupro, consumado ou tentado. Para o fim do crime em testilha, o constrangimento se caracteriza pelo ato de acanhar a vítima, envergonhar ou deixar a mesma desorientada, como se diz popularmente, "sem jeito", podendo o núcleo se caracterizar pela coação, desde que esta não se revele com violência ou grave ameaça.

Outro ponto que merece destaque é que essas ações físicas são praticadas por qualquer meio de comunicação, portanto, quis o legislador ampliar as possibilidades de incriminação para abarcar o aliciamento feito por mensagens de aplicativos de internet, cartas, e-mail, bilhetes, por qualquer aplicativo de mídia social. Discute-se a incriminação quando o aliciamento correr presencialmente, entendendo CONDACK[71] que a hipótese não é contemplada pelo tipo penal. Ao contrário, entendemos que as ações físicas podem ser praticadas mediante qualquer meio de comunicação, a fala direta é o mais eficiente meio de comunicação para aliciar, assediar, instigar e constranger, não há razão para excluir a tipicidade nessa situação.

No inciso I as ações físicas são: facilitar ou induzir. Facilitar é permitir, criar oportunidades, para que a criança acesse material com cena de sexo explícito ou pornográfica e induzir é inserir, incutir a ideia do acesso ao mesmo material.

No inciso II as ações físicas são: os mesmos verbos do *caput*, mas praticados com o fim de induzir a criança a se exibir de forma pornográfica ou sexualmente explícita.

Se a finalidade do agente é a exploração sexual da criança, deve ser afastada a norma estatutária, para que responda pelo crime do artigo 218-B do Código Penal, que pune com pena de reclusão de quatro a dez anos quem submeter,

[71] CONDACK, Cláudia Canto. Curso de Direito da Criança e do Adolescente. 7. ed. São Paulo, Saraiva, 2014. P. 1138.

induzir ou atrair à prostituição ou **outra forma de exploração sexual alguém menor de 18 (dezoito) anos** ou que, por enfermidade ou deficiência mental, não tem o necessário discernimento para a prática do ato, facilitá-la, impedir ou dificultar que a abandone.

Por fim, importante ressaltar, que os tipos penais elencados no artigo 241-C são formais e não materiais. Os resultados – prática de ato libidinoso ou exibição de forma pornográfica ou sexualmente explícita – não precisam ocorrer para que o crime se consuma.

Aliás, se o agente praticar ato libidinoso com criança responderá por crime de estupro de vulnerável, previsto no art. 217-A do Código Penal, que pela aplicação do princípio da consunção, absorverá o crime em apreço.

Em relação à exibição de forma pornográfica ou sexualmente explícita, caso ocorra, o agente responderá pelo crime de lenocínio de vulnerável, previsto no art. 218-B do Código Penal, que também pelo princípio da consunção, absorverá o tipo penal estatutário em comento.

ELEMENTOS SUBJETIVOS DO CRIME

As condutas estabelecidas neste tipo penal são puníveis somente quando praticadas dolosamente. O dolo do tipo insculpido no *caput* é a vontade livre e consciente de aliciar, assediar, instigar ou constranger, por qualquer meio de comunicação, criança, com o fim de com ela praticar ato libidinoso.

No inciso I, o dolo é a vontade livre e consciente de facilitar ou induzir o acesso à criança de material contendo cena de sexo explícito ou pornográfica com o fim de com ela praticar ato libidinoso e no inciso II, é a vontade livre e consciente de praticar as condutas descritas no caput do artigo com o fim de induzir criança a se exibir de forma pornográfica ou sexualmente explícita.

Nota-se que em todas as formas previstas no tipo penal, o agente atua com o fim especial em agir, vale dizer, dolo específico, nos primeiros crimes com o fim de praticar com a criança ato libidinoso e no último com o fim de induzir a criança a se exibir de forma pornográfica ou sexualmente explícita.

O crime não é punível na modalidade culposa.

CONSUMAÇÃO E TENTATIVA

Os crimes do art. 241-D são formais, de consumação antecipada ou resultado cortado, independem do resultado material para sua consumação. O momento consumativo se dá no instante em que o agente pratica o verbo do tipo com o fim de praticar ato libidinoso com a criança ou de induzi-la a exibir-se de forma pornográfica ou sexualmente explícita.

Os verbos são todos comissivos e indicam plurissubsistência, razão pela qual a tentativa é possível. Por exemplo, o agente tenta aliciar a vítima remetendo-lhe um bilhete, contudo a missiva é interceptada por terceira pessoa, que noticia no fato a polícia e impede o aliciamento.

Reitera-se o que foi comentado acima, caso ocorram os resultados almejados pelo agente, o crime em apreço ficará absorvido pelos crimes de estupro de vulnerável, no caso da prática de ato libidinoso e de lenocínio de vulnerável, no caso de exibição pornográfica ou sexualmente explícita.

NORMA EXPLICATIVA SOBRE O CONCEITO DA EXPRESSA "CENA DE SEXO EXPLÍCITO OU PORNOGRÁFICA"

> Art. 241-E. *Para efeito dos crimes previstos nesta Lei, a expressão "cena de sexo explícito ou pornográfica" compreende qualquer situação que envolva criança ou adolescente em atividades sexuais explícitas, reais ou simuladas, ou exibição dos órgãos genitais de uma criança ou adolescente para fins primordialmente sexuais.*

O dispositivo legal apresenta a compreensão da expressão "cena de sexo explícito ou pornográfica" para efeitos da identificação dos elementos compositivos dos crimes previstos no Estatuto da Criança e do Adolescente, para definir como qualquer situação que envolva criança ou adolescente em atividades sexuais explícitas, reais ou simuladas, ou exibição dos órgãos genitais de uma criança ou adolescente para fins primordialmente sexuais.

Cuida-se de norma penal explicativa, na qual o legislador contribui para que o exegeta utilize de *interpretação autêntica* e identifique o sentido de um termo, palavra ou expressão que compõe a norma penal incriminadora, como ocorre no Código Penal com os conceitos de funcionário público (art. 327) ou casa (§ 4º e § 5º, do Art. 150).

O STJ, no REsp 1543267/SC, Relatoria da Ministra MARIA THEREZA DE ASSIS MOURA (SEXTA TURMA, julgado em 03/12/2015, DJe 16/02/2016), compreendeu que a referida norma não deve ser interpretada restritivamente, *in verbis*:

> A definição legal de pornografia infantil apresentada pelo artigo 241-E do Estatuto da Criança e do Adolescente não é completa e deve ser interpretada com vistas à proteção da criança e do adolescente em condição peculiar

de pessoas em desenvolvimento (art. 6º do ECA), tratando-se de norma penal explicativa que contribui para a interpretação dos tipos penais abertos criados pela Lei nº 11.829/2008, sem contudo restringir-lhes o alcance.

Desta forma, o intérprete, no caso concreto, poderá efetuar a análise normativa das expressões e, na linha da proteção integral da criança e do adolescente e de sua condição peculiar de pessoa em desenvolvimento, identificar situações pornográficas provocadas pelo agente que se amoldem às ditas expressões, para criminalizar sua conduta, porque a norma explicativa não define contornos rígidos em sua definição, mas sim conceitos abertos.

A interpretação dada à norma pela Suprema Corte é de extrema pertinência, pois a compreensão da sexualidade pela pessoa humana é gradativa e compatível com seu grau de maturidade e compreensão da própria vida, do seu corpo e do mundo que a cerca, por tal razão, a condição peculiar de desenvolvimento da criança e do adolescente é marcador eficiente para aferição do impacto dos conteúdos sobre sua pessoa.

ALIENAÇÃO ILEGAL DE ARMAS, MUNIÇÃO OU EXPLOSIVOS.

> Art. 242. *Vender, fornecer ainda que gratuitamente ou entregar, de qualquer forma, a criança ou adolescente arma, munição ou explosivo:*
>
> *Pena - reclusão, de 3 (três) a 6 (seis) anos.*

CONCEITO E OBJETIVIDADE JURÍDICA

O presente tipo penal foi reproduzido pela Lei 10.826/2003, que no art. 16, inciso V, descreve a mesma conduta e ainda acrescenta dentre os objetos do crime, ao lado da arma de fogo, munição ou explosivo, também o *acessório*. Segue vigente, contudo, o crime do ECA para incriminar a venda, fornecimento, ainda que gratuitamente ou entrega, de qualquer forma, a criança ou adolescente de arma que não seja de fogo, por exemplo, arma branca.

A Lei 10.826/2003 – Estatuto do Desarmamento – é posterior que trata do mesmo assunto e mais, reproduz a redação do crime do ECA, acrescentando um objeto material (acessório), ao final estabelece idêntica pena, por tais razões, não resta dúvida que determinou sua derrogação tácita.

Insta acrescentar, contudo, que o tipo penal em apreço, ora reproduzido na lei especial de armas, cuida da proteção do direito à vida e saúde da criança e do adolescente, tem o escopo de afastá-los das armas ou de instrumentos e objetos correlatos e tem o claro desiderato de protegê-los e colocá-los à salvo da violência que envolve tais artefatos.

Como observa César Dario Mariano da Silva[72]:

> Como o Estatuto do Desarmamento é lei mais recente, englobando todo o dispositivo contido no ECA, entendemos que prevalece a lei nova, tendo sido derrogado o art. 242 do ECA. Observamos que o art. 242 do ECA será aplicado quando o objeto material for outra espécie de arma, que não a de fogo, uma vez que o tipo penal apenas faz referência ao termo "arma".

Sufragamos o mesmo entendimento do doutrinador, afinal a lei posterior que trata da mesma matéria deve prevalecer, ainda mais quando impõe pena idêntica, com a ressalva de condutas contidas no tipo do ECA não alcançadas pela *novatio legis*, que trata apenas das armas de fogo.

SUJEITOS DO CRIME

Trata-se de crime comum, o sujeito ativo pode ser qualquer pessoa e o sujeito passivo é a criança e do adolescente, como são definidos no art. 2º, *caput*, do ECA.

ELEMENTOS OBJETIVOS DO TIPO

As ações físicas – vender, fornecer ou entregar – indicam condutas comissivas e plurissubsistentes, consistentes na alienação ao ofendido de armas, munição, acessório ou explosivo. Utilizou o legislador a expressão "ainda que gratuitamente", para que fique evidenciado que foi criminalizada a alienação a título oneroso e gratuito, pouco importa, pois o objetivo é o desarmamento do público infanto-juvenil.

Vender consiste em alienar onerosamente, por exemplo, o sujeito vende uma arma branca ao adolescente, mediante pagamento imediato em dinheiro. *Fornecer* significa abastecer ou suprir, com ou sem onerosidade, como por exemplo, o sujeito fornece conjunto de facas a uma associação criminosa que realiza roubos a na região central de uma grande cidade. *Entregar* é transferir a posse ou detenção, inclusive, em forma de permuta com outro bem, empréstimo ou locação, como o caso do sujeito que empresta a arma para amigo, que se diz ameaçado.

72 SILVA, César Dario Mariano. Estatuto do Desarmamento. 4. ed. Rio de Janeiro: GZ Editora, 2009. P. 120.

O crime, em todos os núcleos do tipo, é instantâneo e material, se consumando no momento que o agente pratica o verbo do tipo, vale dizer, com a venda, o fornecimento ou a entrega de qualquer dos objetos do crime.

Em relação aos objetos, como já mencionado, o tipo penal da Lei do Desarmamento cuida apenas das armas de fogo e, no ponto, é mais completa do que o tipo do ECA, pois contém a expressão *acessório*, suprindo essa lacuna. Todavia, não cuidando das outras espécies de arma, deu sobrevida ao tipo penal em apreço, que não se limita a arma de fogo. No passo, arma é um artefato que tem por objetivo causar dano, permanente ou não, a seres vivos e coisas.

Para entendimento do crime do Estatuto do Desarmamento, segundo glossário oficial[73]:

- Arma de fogo: instrumento que arremessa projéteis empregando a força expansiva dos gases gerados pela combustão de um propelente confinado em uma câmara que, normalmente, está solidária a um cano que tem a função de propiciar continuidade à combustão do propelente, além de direção e estabilidade ao projétil. Exemplo: revólver, pistola ou metralhadora.
- Explosivo: tipo de matéria que, quando iniciada, sofre decomposição muito rápida, com grande liberação de calor e desenvolvimento súbito de pressão. Exemplo: TNT, granada ou dinamite.
- Acessório de arma de fogo: artefatos listados nominalmente na legislação como Produto Controlado pelo Exército - PCE que, acoplados a uma arma, possibilitam a alteração da configuração normal do armamento, tal como um supressor de som. Exemplo: silenciador ou mira telescópica.
- Acessório explosivo: engenho não muito sensível, de elevada energia de ativação, que tem por finalidade fornecer energia suficiente à continuidade de um trem explosivo e que necessita de um acessório iniciador para ser ativado.

Por fim munição, é o artefato utilizado para dar funcionamento a arma de fogo, que é carregado e dispado para gerar destruição, iluminação ou ocultamento do alvo. Exemplo: um cartucho íntegro ou pólvora.

Mas o tipo penal em apreço remanesce tão somente a arma não considerada arma de fogo, como por exemplo a arma branca, *compreendida como o instrumento*

[73] Decreto 10.030/2019 – Regulamento de Produtos Controlados – Anexo III – Glossário.

ou objeto dotado de ponta ou gume e idôneo a matar ou ferir. A arma branca pode ser própria (exemplo:punhal) ou imprópria (exemplo: faca de cozinha)(...)".[74]

ELEMENTO SUBJETIVO

Trata-se do dolo, ou seja, a vontade livre e consciente de vender, fornecer ainda que gratuitamente ou entregar, de qualquer forma, a criança ou adolescente arma, munição ou explosivo. Pela utilização da expressão *ainda que gratuitamente*, nota-se que não se exige do agente o intuito de lucro.

Não há a modalidade culposa no tipo penal em apreço.

CONSUMAÇÃO E TENTATIVA

Como mencionado, tratando-se de crime plurissubsistente, a tentativa é admissível, pois a fase executória do *iter criminis* pode ser fracionada por circunstâncias alheias à vontade do agente, por exemplo, na hipótese o sujeito tentar entregar ao adolescente um punhal, para que pudesse ir a uma festa onde se sente ameaçado, mas acaba impedido pela polícia no momento em que entregaria o objeto em uma sacola ao adolescente.

ALIENAÇÃO DE BEBIDAS ALCOÓLICAS E PRODUTOS QUE CAUSAM DEPENDÊNCIA.

> *Art. 243. Vender, fornecer, servir, ministrar ou entregar, ainda que gratuitamente, de qualquer forma, a criança ou a adolescente, bebida alcoólica ou, sem justa causa, outros produtos cujos componentes possam causar dependência física ou psíquica:*
>
> *Pena - detenção de 2 (dois) a 4 (quatro) anos, e multa, se o fato não constitui crime mais grave.*

CONCEITO E OBJETIVIDADE JURÍDICA

O bem jurídico tutelado pelo crime em testilha é o direito à vida e saúde da criança e do adolescente, conforme previsto no *caput* do art. 227 da Constituição Federal e nos arts. 7º e seguintes do ECA e, de modo específico, busca-se dar concretude as regras contidas nos incisos II e III, do art. 81 do ECA.

[74] MASSON, Cleber. Direito Penal Esquematizado, vol. 2. 4. ed. São Paulo: Método, 2012. P. 389.

No início da vigência do ECA, década de 1990, eram impressionantes as imagens em rede nacional das crianças e adolescentes nas praças e logradouros das grandes cidades fazendo uso de "cola de sapateiro", substância que tinham fácil acesso pelo baixo custo e por ser de livre circulação. Apenas com a Resolução nº 345, de 15 de dezembro de 2005, da ANVISA, é que a circulação de tais produtos foi regrada, substâncias que uma vez inaladas, provocam danos graves ao sistema nervoso central e podem gerar dependência física ou psíquica, conforme leciona Maria de Fátima Menezes Pedrozo e Maria Elisa Pereira Bastos de Siqueira[75].

O tipo penal em apreço, inegavelmente, tinha o desiderato inicial que coibir a entrega ou venda desses produtos (cola, inalante, lança-perfume e thinner) aos infantes, de modo a reforçar o arcabouço de regras de controle de circulação e venda, notadamente porque a substância presente na "cola de sapateiro" não era considerada droga para efeitos de tipificação da Lei de Drogas, na época, a Lei 6.368/76.

Ocorre que, desde então, a bebida alcoólica devastou a adolescência em todos os extratos socioeconômicos, por diversas razões, o descontrole da publicidade de consumo de tais produtos, o baixo custo, a eficiente circulação e fatores sociais como, por exemplo, a desagregação familiar, potencializaram a fragilidade infanto-juvenil, disparando o consumo e os problemas a ele inerentes.

Há muito se debatia na doutrina e na jurisprudência se a antiga redação do dispositivo penal em apreço abrangia também a bebida alcoólica, afinal se trata de substância que induvidosamente causa dependência física ou psíquica, ainda mais quando ingerido por pessoa na fase da infância e da juventude. As meninas, por exemplo, sob o ponto de vista biológico, são ainda mais frágeis, segundo Ronaldo Laranjeira[76]:

> A grande diferença é que a mulher tem um padrão enzimático de absorção do álcool mais efetivo e rápido, porque possui relativamente mais gordura e menos água no organismo. Se compararmos uma menina e um menino, com mesma estatura e peso, que tenham ingerido quantidade igual de álcool, veremos que a concentração alcoólica é maior no sangue da menina. Sendo assim, o dano biológico que o álcool produz nela é mais devastador.

[75] Acessível em 06 de novembro de 2021: https://www.scielosp.org/article/rsp/1989.v23n4/336-340/ .

[76] Acessível em 05 de novembro de 2021: https://drauziovarella.uol.com.br/drogas-licitas-e-ilicitas/alcoolismo-na-adolescencia-entrevista/

Embora fosse possível encontrar julgados condenatórios[77], jurisprudência predominante, inclusive do STJ, afastava a incidência do art. 243 do ECA para responsabilizar o sujeito que entregasse ou servisse bebida alcoólica para criança ou adolescente, sob o argumento de que o fato se amoldava tão somente à contravenção penal do art. 63, inciso I da respectiva lei, porque havia previsão de sanção administrativa em lei específica, carecendo assim de justa causa para a ação penal (STJ, 5ª Turma, RHC 19.661/MS, Rel. Arnaldo Esteves Lima, j. 22.8.2006. DJ. 18-9-2006, p. 339).

Na doutrina, Cláudia Canto Condack e Valter Kenji Ishida sustentavam que o tipo penal em apreço abarcava a conduta daquele sujeito que vendia, fornecia entregava bebida alcoólica a criança ou adolescente, afinal nunca houve dúvida de que este produto causasse dependência física ou psíquica na pessoa que dele fizesse uso[78], mas a jurisprudência resistia a tese e os indivíduos que fornecia e entregam bebida alcoólica crianças e adolescente ficavam impunes.

Com a edição da Lei nº 13.106, de 2015, foi alterado o art. 243 e na nova redação foi expressamente inserida a elementar *bebida alcoólica* como objeto do crime, agora punido mais severamente com detenção de dois a quatro anos e multa. Fica, pois, responsabilizado criminalmente o sujeito que vender, fornecer, servir, ministrar ou entregar, ainda que gratuitamente, de qualquer forma, a criança ou a adolescente, bebida alcoólica ou, sem justa causa, outros produtos cujos componentes possam causar dependência física ou psíquica.

SUJEITO ATIVO

Trata-se de crime comum, assim sendo, qualquer pessoa pode ser o sujeito ativo.

SUJEITO PASSIVO

Sujeito passivo do crime é a criança ou o adolescente, conforme definidos pelo *caput* do art. 2º do ECA.

ELEMENTOS OBJETIVOS DO CRIME

As ações físicas do tipo penal são vender, fornecer, servir, ministrar ou entregar, todos indicativos de conduta comissiva e plurissubsistente. Em relação aos

[77] TACRIM-SP, Ap. Rel. Silvério Ribeiro, j. 20-1-1998, RJTACrim 37/149.

[78] ISHIDA, Válter Kenji. Estatuto da Criança e do Adolescente – Doutrina e Jurisprudência, 16. ed. São Paulo: Atlas, 2015. P. 646, e CONDACK, Cláudia Canto. Curso de Direito da Criança e do Adolescente. 7. ed. São Paulo, Saraiva, 2014. P. 1143.

núcleos vender, fornecer e entregar já foram abordados no crime imediatamente anterior.

Os verbos *servir* e *ministrar* ainda não foram tratados. Servir está ligado diretamente ao consumo de bebida alcoólica, tanto que não tinha no tipo antes da reforma, veio junto com a alteração da redação em 2015, significa colocar a disposição para consumo mediato ou imediato, dar para ingestão, disponibilizar diretamente. Ministrar quer dizer proporcionar, prestar ou prover à criança ou ao adolescente os produtos referidos no tipo penal.

O legislador ainda utilizou a expressão *ainda que gratuitamente* para evidenciar que no cometimento dos verbos do tipo o sujeito ativo responderá independente de almejar lucro ou qualquer tipo de vantagem econômica. Assim, não importa para configuração do crime se a alienação da bebida alcoólica foi realizada a título gratuito ou oneroso, se o próprio pai entrega ao filho bebida alcoólica para consumo o crime está caracterizado e ainda deve incidir a agravante genérica do artigo 61, inciso II, letra "e" do Código Penal (crime contra descendente).

O elemento normativo *sem justa causa*, ligado aos outros produtos cujos componentes possam causar dependência física ou psíquica, explicita a necessidade, para a tipificação adequada do fato, de que o sujeito ativo tenha atuado de modo antijurídico, sem motivação que o ampare, como por exemplo, o médico que atende um adolescente, em meio a uma emergência em local ermo e distante, sem outros recursos, ministra *thinner* que tinha a sua disposição para entorpecê-lo, antes de retirar-lhe um espeto que atravessava sua mão.

Os objetos do crime são a *bebida alcoólica* e *outros produtos cujos componentes possam causar dependência física ou psíquica*. A bebida alcoólica é consumida há muito tempo, antes do processo de destilação (cachaça, uísque, vodka) as bebidas tinham um teor de álcool mais baixo, pois sofriam a fermentação, como a cerveja e o vinho. O álcool é uma bebida psicotrópica e causa dependência, alterando também o comportamento da pessoa, logo no início provoca alteração no humor acompanhada de uma euforia, justamente o efeito buscado pelo adolescente para suprir sua insegurança, ansiedade e carência afetiva, próprio de sua condição peculiar de pessoa em desenvolvimento, mas agravado, muitas vezes, por falta de suporte familiar e social adequado.

Mas devido ao fato de o álcool agir diretamente no sistema nervoso central, nas fases subsequentes provoca a sonolência, afeta a coordenação motora e gera um comportamento depressivo, além de interagir de modo desastroso com outras drogas, inclusive, as drogas ministradas de forma lícita por médicos para enfrentamento de doenças mentais, cada vez mais frequentes na adolescência.

Além da bebida alcoólica, são objetos do crime *outros produtos cujos componentes possam causar dependência física ou psíquica*. Trata-se de elemento normativo do tipo penal, cuja tipificação será fruto de avaliação do exegeta, que deve se valer do quadro probatório, especialmente das provas técnicas, para definir se o produto sob o qual recai a conduta do sujeito ativo, causa dependência física ou psíquica no ofendido.

Segundo Cury, Garrido e Marçura[79]

> Insere-se no tipo em questão a venda, fornecimento ou entrega de produtos inalantes do tipo esmalte e cola de sapateiro, desde que comprovada, mediante laudo pericial, a presença de componente passível de causar dependência física ou psíquica (V. nota 6 ao art. 81, sobre a proibição de comercialização, no Estado de São Paulo, de benzina, éter, *thinner* e acetona, a menores de 18 anos de idade).

No preceito secundário destaca-se a subsidiariedade do tipo penal em testilha, pois há substâncias que causam dependência física ou psíquica, mas são definidas pela Portaria SVS/MS 344/1998 e suas atualizações (RESOLUÇÃO - RDC Nº 372, DE 15 DE ABRIL DE 2020 – ANVISA) como drogas ilícitas como, por exemplo, a maconha, a cocaína ou a heroína e, caso o sujeito a venda, forneça, sirva, ministre ou entregue, ainda que gratuitamente, de qualquer forma, a criança ou a adolescente, responderá por tráfico de drogas qualificado, conforme dispõem os artigos 33 e 40, inciso VI, da Lei 11.343/2006.

ELEMENTOS SUBJETIVOS DO CRIME

O elemento subjetivo é o dolo, vale dizer, a vontade livre e consciente de vender, fornecer, servir, ministrar ou entregar, ainda que gratuitamente, de qualquer forma, a criança ou a adolescente, bebida alcoólica ou, sem justa causa, outros produtos cujos componentes possam causar dependência física ou psíquica. Trata-se de dolo genérico, não exigindo o tipo penal qualquer elemento anímico adicional do agente, que praticará o crime com a mera realização do verbo do tipo, independente de os produtos causarem de fato a dependência física ou psíquica na vítima.

Verifica-se presente a expressão *sem justa causa*, que se cuida de elementar de antecipação da antijuridicidade da conduta do agente, como já mencionado acima.

[79] CURY, Munir (coord.). Estatuto da Criança e do Adolescente Comentado. 3. ed. São Paulo: Malheiros, 2000. P. 206.

CONSUMAÇÃO E TENTATIVA

Os verbos do tipo são claramente plurissubsistentes, portanto, o *iter criminis* é passível de fracionamento e a tentativa é possível. O crime se consuma no local e momento em que o sujeito ativo vender, fornecer, servir, ministrar ou entregar a criança ou adolescente bebida alcoólica ou outro produto que causa dependência física ou psíquica, independente da vítima tornar-se dependente físico ou psíquico da substância.

Os verbos do tipo indicam condutas instantâneas, consumando-se o crime no momento de sua prática pelo agente. Conquanto seja possível que o agente cometa as ações físicas com habitualidade, essa circunstância não é exigida no tipo penal. A reiteração criminosa, portanto, poderá gerar a responsabilização por mais de um crime, como por exemplo, o agente que, todos os dias, fornece uma garrafa de destilado para adolescente nos intervalos de aulas escolares, fato que, infelizmente, tem ocorrido, deparando-se o professor com o adolescente embriagado em plena sala de aulas na volta do intervalo, responderá pelos crimes em concurso material ou em continuidade delitiva, caso suas circunstâncias se caracterizem.

Diante da possibilidade de fracionamento dos atos executórios, o *conatus* é admissível, como na situação em que o sujeito é surpreendido pela polícia quando tenta entregar uma sacola ao adolescente contendo garrafas de cerveja.

ALIENAÇÃO DE FOGOS DE ESTAMPIDOS OU ARTIFÍCIOS

> *Art. 244. Vender, fornecer ainda que gratuitamente ou entregar, de qualquer forma, a criança ou adolescente fogos de estampido ou de artifício, exceto aqueles que, pelo seu reduzido potencial, sejam incapazes de provocar qualquer dano físico em caso de utilização indevida:*
>
> *Pena - detenção de seis meses a dois anos, e multa.*

CONCEITO E OBJETIVIDADE JURÍDICA

O bem jurídico tutelado, no tipo penal em apreço, é a vida e integridade física da criança e do adolescente.

A criança e o adolescente são pessoas em condição peculiar de desenvolvimento, sem maturidade plena para lidar com todas as complexidades da vida. Atento a isso, o legislador do Estatuto, no Título III cuida da prevenção da violação dos direitos fundamentais e, no art. 70, estabelece que é dever de todos prevenir a ocorrência de ameaça ou violação dos direitos da criança e do adolescente.

Em relação aos produtos e serviços destinados à criança e ao adolescente, o inciso IV, do art. 81, do Estatuto, prevê a proibição da venda de fogos de estampido e de artifício, exceto aqueles que pelo seu reduzido potencial sejam incapazes de provocar qualquer dano físico em caso de utilização indevida.

A norma incriminadora em estudo visa dar efetividade a prevenção especial em referência, emprestando o prestígio da lei penal para intimidar aqueles que tencionam colocar em perigo a criança e ao adolescente ao disponibilizar produtos cuja posse pode levar a danificação de sua integridade física.

SUJEITO ATIVO

Trata-se de crime comum, que não exige do sujeito ativo qualquer qualidade especial. Praticará o crime qualquer pessoa que venda, forneça ainda que gratuitamente ou entregue, de qualquer forma, a criança ou adolescente, fogos de estampido ou de artifício, seja como vendedor à frente de um estabelecimento comercial ou como pessoa física.

SUJEITO PASSIVO

Sujeito passivo do crime é a criança ou adolescente, assim como definidos no *caput*, do art. 2º, do Estatuto. A presumida imaturidade da criança e do adolescente, pessoas em condição peculiar em desenvolvimento, para lidar com produtos perigosos de características explosivas ou inflamáveis, justifica a norma penal incriminadora.

ELEMENTOS OBJETIVOS DO CRIME

Trata-se de tipo misto alternativo ou de ação múltipla, em que o agente praticará o crime com o cometimento de qualquer das ações físicas previstas e, caso pratique mais de um verbo, no mesmo contexto, estará incurso em um só delito.

Os verbos do tipo são: *vender, fornecer* ou *entregar*, repetindo ações que foram comentados no delito do art. 242 do ECA, que trata da alienação aos infantes e adolescentes de outros produtos perigosos como arma, munição ou explosivo.

Mais uma vez o legislador do Estatuto utiliza a expressão *de qualquer forma*, indicando o uso da interpretação analógica para ampliar a extensão protetiva da norma penal e incriminar qualquer forma de entrega dos produtos à criança e ao adolescente, acrescentando, ainda, o termo *gratuitamente*, para que não reste dúvida acerca da desnecessidade da alienação ser onerosa e do intuito de lucro.

Os objetos do crime são fogos de estampido ou de artifício, exceto aqueles que, pelo seu reduzido potencial, sejam incapazes de provocar qualquer dano físico em caso de utilização indevida. *Fogos de estampido* são aqueles capazes de provocar explosão e *fogos de artifício* são aqueles que produzem efeitos meramente pirotécnicos, atualmente os primeiros estão proscritos em alguns Estados em razão dos danos gerados às pessoas especialmente frágeis à exposição a sons dessa natureza como, por exemplo, crianças com Transtorno do Espectro Autista (TEA), que têm hipersensibilidade sensorial, e podem interpretar os fogos com reações negativas como medo, desespero, angústia, convulsões e até apresentar autolesões.

No Estado de São Paulo, por exemplo, foi editada a Lei 17.389/2021[80], que proíbe a queima, soltura, comercialização, armazenamento e transporte de fogos de artifício e de artefato pirotécnico de estampido no Estado. Não obstante, a fabricação e venda não foi vedada, eis que pode ser vendida a outro Estado em que se permita ou a outro País.

A parte final do dispositivo, que ressalva a exclusão dos objetos que, pelo seu reduzido potencial, sejam incapazes de provocar qualquer dano físico em caso de utilização indevida, demonstra que o tipo em apreço é de perigo concreto, vale dizer, caberá o exegeta apreciar a potencialidade lesiva do produto, realizando um juízo normativo, para aferir a tipicidade material do fato e a idoneidade do produto para gerar perigo efetivo à criança ou ao adolescente.

ELEMENTOS SUBJETIVOS DO CRIME

O dolo é genérico, consistente na vontade livre e consciente de vender, fornecer ou ainda que gratuitamente ou entregue, de qualquer forma, a criança ou adolescente, fogos de estampido ou de artifício. Não se exige o intuito de lucro, uma vez que o próprio tipo penal prevê a relevância penal ainda que o fornecimento se dê a título gratuito.

Havendo dúvida do agente em relação ao fato de o comprador ser adolescente ou adulto, responderá por dolo eventual. Todavia, caso o adquirente se apresente como adulto com documento falso e faça crer ao vendedor que é maior de idade em razão de sua compleição física e condições pessoais, afasta-se a

[80] O valor da multa aos infratores será equivalente a 150 vezes o valor da UFESP (Unidades Fiscais do Estado de São Paulo), ou pouco mais de R$ 4,3 mil. Se a infração for cometida por empresa, o valor será equivalente a 400 vezes o valor da UFESP, ou pouco mais de R$ 11,6 mil. Os valores serão dobrados em caso de reincidência em período inferior a 180 dias.

responsabilidade penal em razão do erro sobre os elementos do tipo penal, na forma do *caput*, do art. 20, do Código Penal, pois o crime não é punível a título de culpa.

CONSUMAÇÃO E TENTATIVA

O crime é instantâneo, consuma-se no local e no momento em que o sujeito ativo vender, fornecer ou entregar, de qualquer modo, os produtos referidos no tipo penal à criança ou adolescente, independente de ocorrer qualquer dano à integridade física da vítima, pois se trata de crime de perigo concreto.

O crime em testilha é plurissubsistente, consubstanciado pelas ações físicas vender, entregar ou fornecer, que admite fracionamento em suas respectivas execuções, razão pela qual se admite a forma tentada, sempre que interrompido o *iter criminis*, em fase executória, por circunstâncias alheias a vontade do agente. Por exemplo, o agente é surpreendido por um policial, incógnito no local, quando está prestes a concretizar a venda de fogos de artifícios a criança em seu estabelecimento comercial.

EXPLORAÇÃO SEXUAL DE CRIANÇA OU ADOLESCENTE

> Art. 244-A. *Submeter criança ou adolescente, como tais definidos no caput do art. 2º desta Lei, à prostituição ou à exploração sexual:*
>
> *Pena – reclusão de quatro a dez anos e multa, além da perda de bens e valores utilizados na prática criminosa em favor do Fundo dos Direitos da Criança e do Adolescente da unidade da Federação (Estado ou Distrito Federal) em que foi cometido o crime, ressalvado o direito de terceiro de boa-fé.*
>
> *§ 1º Incorrem nas mesmas penas o proprietário, o gerente ou o responsável pelo local em que se verifique a submissão de criança ou adolescente às práticas referidas no caput deste artigo.*
>
> *§ 2º Constitui efeito obrigatório da condenação a cassação da licença de localização e de funcionamento do estabelecimento.*

CONCEITO E OBJETIVIDADE JURÍDICA

Não iremos comentar o tipo penal em apreço, porque foi revogado de modo tácito pelo art. 218-B do Código Penal, que trata de espécie de lenocínio de pessoa vulnerável. Contudo, é preciso discorrer, ainda que de modo breve, sobre o conteúdo da inovação e as implicações com a proteção da dignidade sexual da criança e do adolescente.

O Código Penal foi profundamente alterado, na parte que cuidava dos crimes sexuais, na reforma penal promovida pela Lei 12.015/2009. O antigo título denominado "Crimes contra os Costumes" e agora nomeado "Crimes contra a Dignidade Sexual", dentre as inúmeras mudanças, foi inserido o capítulo II em que foram disciplinados os crimes contra a dignidade sexual da pessoa vulnerável.

No passo, o tipo penal inserido no novo texto do Código Penal no art. 218-B abrange integralmente o tipo estatutário em apreço, inclusive nas figuras equiparadas do §1° e na norma do §2°, acrescenta, ainda, outros verbos e outras condutas, além de novas incriminações, nos seguintes termos:

> *Art. 218-B. Submeter, induzir ou atrair à prostituição ou outra forma de exploração sexual alguém menor de 18 (dezoito) anos ou que, por enfermidade ou deficiência mental, não tem o necessário discernimento para a prática do ato, facilitá-la, impedir ou dificultar que a abandone.*
>
> *Pena - reclusão, de 4 (quatro) a 10 (dez) anos*
>
> *§ 1° Se o crime é praticado com o fim de obter vantagem econômica, aplica-se também multa.*
>
> *§ 2° Incorre nas mesmas penas:*
>
> *I - quem pratica conjunção carnal ou outro ato libidinoso com alguém menor de 18 (dezoito) e maior de 14 (catorze) anos na situação descrita no* ***caput*** *deste artigo;*
>
> *II - o proprietário, o gerente ou o responsável pelo local em que se verifiquem as práticas referidas no* ***caput*** *deste artigo.*
>
> *§ 3° Na hipótese do inciso II do § 2°, constitui efeito obrigatório da condenação a cassação da licença de localização e de funcionamento do estabelecimento.*

Foi inserida a pena pecuniária, quando há finalidade econômica na atuação do agente e ainda se estabeleceu a responsabilidade penal do cliente, que pratica conjunção carnal ou outro ato libidinoso com a vítima menor de 18 e maior de 14 anos, na situação de prostituição ou exploração sexual.

A prática de conjunção carnal e ato libidinoso com pessoas maiores de 14 anos não é, em regra, penalmente relevante. Notável assim, a percepção do legislador penal, que reconhece a vulnerabilidade da pessoa adolescente em situação de prostituição ou exploração sexual, passando a criminalizar a conduta daquele que nessas condições, pratica com o adolescente de 14 a 17 anos conjunção carnal ou qualquer outro ato libidinoso.

Diante disso, impõe-se o afastamento do tipo penal estatutário, pretérito em relação ao novo crime do Código Penal, operando-se revogação tácita, ainda que imprópria diante do disposto no art. 9° da Lei Complementar 95/98, como adverte CONDACK[81], mas é prática arraigada no direito penal brasileiro.

Cuidando-se de condutas e penas semelhantes, pelo princípio da continuidade normativa, segue o fato sendo punível, por normas diferentes, não havendo grandes preocupações com aplicação da lei penal no tempo em relação a mesma conduta, mas as novas ações físicas e o novo tipo penal do §2°, apenas terão incidência em relação a fatos cometido a partir de sua vigência, cuidando-se de *novatio legis incriminadora*.

A objetividade jurídica é a tutela da dignidade sexual da criança e do adolescente e, de modo especial, sua liberdade sexual, oprimida por aquele os submete, induz ou atrai a prostituição ou a qualquer forma de exploração sexual.

SUJEITOS DO DELITO

Os sujeitos ativos são o proxeneta, alcoviteiro ou caftém, que realiza as condutas do *caput* do art. 218-B. Também o cliente, que pratica a conjunção carnal ou o ato libidinoso com a pessoa maior de 14 e menor de 18 anos, valendo lembrar que, cuidando-se de pessoa menor de 14 o crime é estupro de vulnerável e o proxeneta será partícipe do crime.

Finalmente, são sujeitos ativos do crime o proprietário, gerente ou administrador do local em que o crime do art. 218-B é praticado, desde que tenha consciência do fato criminoso e saiba na menoridade da vítima. Questão digna de nota é que o § 2° remete ao *caput* do art. 218-B, portanto, abrange também os menores de 14 anos, o que revela um erro imperdoável do legislador, pois tais agentes são claramente partícipes do estupro de vulnerável, na medida em que auxiliam o estuprador fornecendo-lhe o local do crime, e responderão por crime menos grave, face a previsão expressa, consoante impõe o princípio da especialidade.

O sujeito passivo do crime é a criança ou o adolescente, como definidos no *caput*, do art. 2° do ECA, com as observações acima realizadas acerca dos menores de 14 anos.

[81] CONDACK, Cláudia Canto. Curso de Direito da Criança e do Adolescente. 7. ed. São Paulo, Saraiva, 2014. P. 1145.

ELEMENTOS OBJETIVOS DO TIPO

O crime em apreço constitui tipo misto alternativo ou de ação múltipla, cuja definição já fizemos no crime anterior, contempla seis verbos: Submeter, induzir, atrair, facilitar, impedir ou dificultar. Submeter significa o agente colocar a vítima sob sua obediência, a sua mercê. Induzir é persuadir, sugerir ou incitar a vítima, fazendo-a cair na prostituição ou a ser explorada sexualmente. Atrair significa o agente, que já integra o mundo da prostituição, fazer com que a vítima a ele se integre, despertando-a para este promiscuo ambiente. Facilitar consiste em o agente, sabendo o interesse da vítima, retira os empecilhos e as dificuldades, para que ela se prostitua, ou seja explorada sexualmente. Por fim, impedir ou dificultar pressupõe que a vítima já está se prostituindo ou sendo explorada sexualmente, e o sujeito ativo, respectivamente, obsta ou torna mais difícil a saída da vítima dessa deletéria situação.

No tocante a prostituição o Brasil adotou a teoria abolicionista, pela qual não se pune quem se prostitui, mas apenas os seus exploradores como, por exemplo, o proxeneta, o rufião e o traficante. No caso dos menores de 18 e maiores de 14 anos, também o cliente, que se utiliza da prostituição.

Por fim, impõe-se distinguir a prostituição da exploração sexual, naquela há habitualidade na entrega sexual a qualquer pessoa indistintamente e finalidade de lucro, enfim, trata-se de uma modalidade de exploração sexual. O legislador usou a fórmula da interpretação analógica com a expressão *outra forma de exploração sexual*, para designar condutas similares à prostituição, em que a vítima expõe sua sexualidade para satisfazer a lascívia alheia, com o fim de lucro, como por exemplo, como dançarina nua em casas de espetáculos ou entrega habitual a grupos identificados de pessoas.

ELEMENTOS SUBJETIVO DO TIPO

O elemento subjetivo é o dolo específico, a vontade de praticar a conduta para satisfazer a lascívia de outrem. Em regra, não se exige o intuito de lucro, mas havendo, denomina-se lenocínio questuário e fica acrescida a pena pecuniária, absorvendo-se o rufianismo, previsto no art. 230 do CP.

CONSUMAÇÃO E TENTATIVA

Não se trata de crime habitual, a consumação nos verbos submeter, induzir, atrair ou facilitar ocorre com o início da prostituição ou da outra forma de exploração sexual. Nas ações físicas dificultar ou impedir, a consumação se dá quando a vítima, em razão da atuação do agente, prossegue a prostituição ou sendo de outra forma explorada sexualmente, embora quisesse deixar tais atividades.

Tratando-se de crime plurissubsistente, o *conatus* é possível, desde que o agente não consiga o resultado por circunstâncias alheias a sua vontade.

Constitui efeito secundário da sentença penal condenatória a cassação da licença de localização e de funcionamento do estabelecimento. A medida constitui reflexo administrativo da sentença penal condenatória e possui caráter definitivo, afetando a pessoa jurídica que não tem representatividade no processo penal onde o fato foi deduzido e poderá, conforme o caso, atingir sócios que não foram sequer réus no processo ou que foram absolvidos, por exemplo, por insuficiência probatória.

De tal sorte, segundo preconiza ISHIDA[82], trata-se de um dispositivo inconstitucional, violando a norma do art. 5º, XLV da Carta Magna que prevê que a pena não poderá passar da pessoa do condenado. A solução seria a proibição temporária do sentenciado de ser sócio ou sócio-gerente de estabelecimento. A jurisprudência[83], em casos semelhantes, repudia o espraiamento da pena administrativa à pessoa que não seja o transgressor da norma, devendo o efeito secundário da sentença penal atingir tão somente o autor do crime condenado.

CORRUPÇÃO DE MENORES

> *Art. 244-B. Corromper ou facilitar a corrupção de menor de 18 (dezoito) anos, com ele praticando infração penal ou induzindo-o a praticá-la:*
>
> *Pena - reclusão, de 1 (um) a 4 (quatro) anos.*
>
> *§ 1º Incorre nas penas previstas no caput deste artigo quem pratica as condutas ali tipificadas utilizando-se de quaisquer meios eletrônicos, inclusive salas de bate-papo da internet.*

82 ISHIDA, Válter Kenji. Estatuto da Criança e do Adolescente – Doutrina e Jurisprudência, 16. ed. São Paulo: Atlas, 2015. P. 653.

83 EMENTA: REEXAME NECESSÁRIO - APELAÇÃO - ADMINISTRATIVO - MULTA POR INFRAÇÃO AMBIENTAL - RESPONSABILIDADE EXCLUSIVA DO TRANSGRESSOR - PRINCÍPIO DA INTRANSCENDÊNCIA DAS PENAS. 1 - A responsabilidade civil por dano ambiental adere à propriedade, como obrigação propter rem, possibilitando a responsabilização do proprietário do imóvel por condutas advindas de terceiras pessoas. Precedente. 2 - A sanção decorrente de infração administrativa só pode ser aplicada ao transgressor, em razão do princípio da intranscendência das penas, estampado no art. 5º, XLV, da Constituição da República. Precedente. (TJ-MG - AC: 10392180007685001 MG, Relator: Carlos Henrique Perpétuo Braga, Data de Julgamento: 24/10/2019, Data de Publicação: 31/10/2019)

> *§ 2º As penas previstas no caput deste artigo são aumentadas de um terço no caso de a infração cometida ou induzida estar incluída no rol do art. 1º da Lei nº 8.072, de 25 de julho de 1990.*

CONCEITO E OBJETIVIDADE JURÍDICA

O presente tipo penal, como atualmente desenhado no art. 244-B do Estatuto da Criança e do Adolescente, teve sua origem na Lei 12.015/2009, a mesma que promoveu a alteração nos crimes contra a dignidade sexuais do Código Penal, já referida nos tipos penais anteriores.

Mas o crime de corrupção de menores era disciplinado pela Lei 2.252/54, que cuidava especificamente desse único crime e previa no seu art. 1º a seguinte redação:

> Art. 1º Constitui crime, punido com a pena de reclusão de 1 (um) a 4 (quatro) anos e multa de Cr$ 1.000,00 (mil cruzeiros) a Cr$ 10.000,00 (dez mil cruzeiros), corromper ou facilitar a corrupção de pessoa menor de 18 (dezoito) anos, com ela praticando, infração penal ou induzindo-a a praticá-la.

Nota-se que a redação da norma penal incriminadora e a respectiva pena (privativa de liberdade) foram reproduzidas de modo integral no tipo penal do Estatuto. As diferenças do novo crime são as figuras previstas nos parágrafos, que constituem o tipo penal equiparado (§1º) e a causa de aumento de pena (§2º).

A objetividade jurídica é a tutela da dignidade e do desenvolvimento moral, mental e educacional da criança e do adolescente. Conforme reconhecido no inciso V, §3º, do art. 227 da Constituição Federal e art. 6º do ECA, o adolescente e, por coerência, ainda mais a criança, são pessoas em condição peculiar de desenvolvimento, daí a necessidade de se assegurar sua proteção integral com absoluta prioridade, no que se refere aos seus direitos fundamentais.

A prática de uma infração penal desnuda que seu autor praticou ato de extremo grande desvalor social e estabelece o divórcio mais contundente dos interesses sociais, por isso mesmo, deve ter seu processo de desenvolvimento reexaminado, sendo adulto, sob o prisma da reeducação e, quando criança ou adolescente, sob os aspectos da proteção ou da socioeducação, respectivamente.

Portanto, o agente que, juntamente com a pessoa menor de 18 anos pratica ou induz a praticar infração penal (ato infracional), contribui para o seu desvio de rumo, para seu afastamento de um desenvolvimento adequado e o coloca em situação de ameaça ou violação a direito fundamental, gerada por ato próprio (art. 98, inciso III, ECA), mas corrompido por outrem.

SUJEITO ATIVO

Cuida-se de crime comum, que pode ser cometido por qualquer pessoa que corromper ou facilitar a corrupção de menor de 18 (dezoito) anos, com ele praticando infração penal ou induzindo-o a praticá-la.

O sujeito ativo do crime de corrupção de menores pode ser o coautor ou partícipe do crime que a pessoa menor de 18 anos vier a praticar. O agente cometerá a infração penal com o menor ou o induzirá a praticá-la diretamente, nesse caso será denominado ato infracional, que é a conduta praticada por criança ou adolescente, descrita como crime ou contravenção penal (art. 103, do ECA).

SUJEITO PASSIVO

O sujeito passivo do crime é a criança e o adolescente, assim considerados em razão do disposto no *caput*, do art. 2º do ECA. Curioso registrar que, na norma penal incriminadora, o tipo penal faz referência a menor de 18 anos e não a criança ou adolescente.

Rogério Sanches Cunha[84] sustenta que o sujeito passivo é qualquer pessoa menor de 18 anos, desde que ainda não inteiramente corrompida, pois a configuração do delito tem como pressuposto a indeclinável integridade moral da vítima. Guilherme Souza Nucci[85] adverte, também, que o objetivo do tipo penal é evitar que ocorra a deturpação na formação da personalidade do menor de 18 anos. Se este já está corrompido, considera-se impossível qualquer atuação do maior, nos termos do art. 17 do Código Penal.

Discordamos da posição dos referidos doutrinadores. O processo de formação moral da pessoa humana é infindável e contínuo, ainda mais da criança e do adolescente, pessoa em condição peculiar de desenvolvimento, sempre susceptível de maior deturpação de sua personalidade ou, ao contrário, do resgate de valores. Assim sendo, não há que se falar em impossibilidade de atuação do agente se a criança ou adolescente apresentam algum grau de corrupção prévia, nessas condições são eles ainda mais vulneráveis e merecedores da proteção penal, de modo a permitir prossigam seu pleno desenvolvimento por meio do resgate de valores e bons propósitos de vida.

O STF, em decisão de relatoria do Ministro Marco Aurélio no HC n. 104.342, 1ª Turma, j. 06.03.2018, decretou que o fato de ser "o menor" arregimentado para

[84] CUNHA, Rogério Sanches [*et al*]. Estatuto da Criança e do Adolescente – Comentado artigo por artigo. 11. ed. São Paulo: Saraiva, 2019. P. 477.

[85] NUCCI, Guilherme Souza. Leis penais e Processuais Comentadas. 13. ed. Rio de Janeiro: Forense, 2020. P. 215.

a prática criminosa, ter vida pregressa condenável, não afasta a incidência do art. 244-B do Estatuto.

ELEMENTOS OBJETIVOS DO CRIME

Trata-se de crime formal, instantâneo e plurissubsistente.

O crime é de ação múltipla ou de tipo misto alternativo, as ações físicas *são corromper ou facilitar* a corrupção, a prática de qualquer delas leva a caracterização do delito.

Corromper é deteriorar, desnaturar, perverter ou depravar a personalidade da pessoa menor de 18 anos. *Facilitar* é favorecer, auxiliar ou propiciar meios para que a corrupção se inicie ou mantenha seu curso, indicando, mais uma vez, não importar o fato de o menor já ter sido exposto a situações prévias que indiquem processos corruptivos.

Paira debate na doutrina e na jurisprudência acerca de ser o crime formal ou material. Posição tradicional da jurisprudência, com apoio de parte doutrina, classificava o crime como material e exige a comprovação de que o menor foi corrompido a partir da conduta do agente, para consumação do delito.[86]

CONDACK[87], aponta o crime em apreço como material por razões diversas, sustenta que:

> Estando descrito, como elementar do crime, o resultado naturalístico derivado das condutas de corrupção ou facilitação, qual seja a necessidade de que venha a ser praticada infração penal ou ato infracional a ela análogo, seja apenas pelo menor vitimado, seja por ele em concurso com o maior, autor deste crime, temos a inegável constatação de que se trata, por isso, de crime material, cuja consumação estará, portanto, condicionada ao advento deste acontecimento externo para que se dê por integralizado o tipo penal.(...) Essa é a modificação operado no mundo EXTERIOR pela conduta incriminada. Estando ela descrita como elementar do tipo penal tanto quanto o comportamento incriminável, chegamos à conclusão de que o crime se classifica na categoria dos materiais.

Discordamos do entendimento porque o resultado naturalístico deve guardar pertinência com a objetividade jurídica do crime, que no caso vertente é a proteção da dignidade e da formação psíquica e moral da pessoa menor de 18

[86] TJRJ - Apelação 0005762-58.2006.8.19.0203. Rio de janeiro, Jacarepagua, Regional, 2 Vara Criminal.

[87] CONDACK, Cláudia Canto. Curso de Direito da Criança e do Adolescente. 7. ed. São Paulo, Saraiva, 2014 P. 1148.

anos, portanto, a lesão ao bem jurídico ocorrerá no instante em que for afetado o processo de desenvolvimento psíquico e moral que forma a personalidade do menor, sendo a prática da infração penal ou do ato infracional, a forma pela qual o sujeito ativo atingirá seu desiderato.

O crime é formal porque o tipo penal em apreço não exige para sua configuração a ocorrência do resultado material que é a corrupção do menor, aliás, a exigibilidade de tal comprovação conduziria à inutilidade da norma em sua função protetiva, pois sendo a corrupção um processo psíquico, sua efetiva comprovação material desafia a realidade das coisas, como bem aponta o Min. Felix Ficher em célebre decisão do STJ, REsp 1.043.849/PR, j. 26.6.2008, *DJ* 29-9-2008, ainda sob a égide da norma contida no art. 1º da Lei 2.252/54, sustentando ainda ser crime de perigo abstrato.

A situação foi pacificada no STJ com a edição da súmula 500, cuja redação põe termo ao debate na Corte, *in verbis*: "A configuração do crime do art. 244-B do ECA independe da prova da efetiva corrupção do menor, por se tratar de delito formal", enfatiza que o crime é formal e, assim, para sua configuração basta que o agente com ele pratique ou o induza a praticar infração penal.

Na realidade, o crime de corrupção é de forma vinculada, o sujeito ativo corrompe ou facilita a corrupção do menor de 18 anos de um modo específico apontado pelo legislador, *por meio da prática de um crime com ou sem o concurso de pessoas com o corruptor*, que responderá por ambos os crimes (corrupção de menores e o crime que praticou em concurso com o menor). Por exemplo, não há crime de corrupção de menores se o agente corrompe a vítima por outro meio, vale dizer, influenciando a criança ou o adolescente para tornar-se um criminoso, contando histórias sobre o sucesso de uma vida permeada pela desonestidade.

O sujeito ativo responderá pelo crime praticado em concurso de pessoas com a pessoa menor de 18 anos e pelo crime de corrupção de menores, tendo a pessoa menor como vítima deste último delito. Nesse caso, há controvérsia sobre a incidência do concurso material (art. 69, CP) ou concurso formal (art. 70, CP) para atribuir os crimes ao agente e, ainda, quando o crime for praticado pelo agente com duas ou mais pessoas menores de 18 anos, se haverá crime único ou tantos crimes quanto menores envolvidos.

CONDACK[88] sustenta que o delito dispensa habitualidade e tantos quantos forem os crimes praticados pelo menor com o favorecimento do agente serão também os crimes praticados e que o agente responderá em concurso material

[88] CONDACK, Cláudia Canto. Curso de Direito da Criança e do Adolescente. 7. ed. São Paulo, Saraiva, 2014. P. 1150.

seja como coautor, partícipe de sua ação executiva ou autor mediato, na hipótese do menor praticar o delito sozinho.

Pendemos para a caracterização do concurso formal. É que o tipo penal do art. 244-B é crime de forma vinculada, cuja ocorrência se dá com a prática de outro crime, desta forma, a simultaneidade das infrações parece clara. Mesmo que o agente inicie sua atuação corruptiva intelectual em *iter* anterior, somente com a prática da infração penal é que é possível dizer aperfeiçoado o crime de corrupção, assim parece que o modelo se conforma perfeitamente a regra do art. 70 do Código Penal, que prevê o concurso formal de infrações penais, uma ação simultânea, que resulta dois crimes.

De outro lado, sendo o bem jurídico tutelado o desenvolvimento psíquico e moral da pessoa menor de 18 anos e a proteção de sua dignidade, a afetação de dois ou mais menores deve levar forçosamente a caracterização de dois ou mais crimes, afinal o bem protegido é individual e autônomo e o agente com sua conduta viola mais de um bem jurídico.

A jurisprudência do Superior Tribunal de Justiça inclina-se pelo concurso formal de infrações e, em relação ao envolvimento de mais de uma pessoa menor de 18 anos na infração fomentada pelo corruptor, aponta no sentido da existência de tantos crimes quantos sejam os menores envolvidos, *in verbis*:

> RECURSO ESPECIAL. PENAL. ESTATUTO DA CRIANÇA E DO ADOLESCENTE. ART. 244-B. CORRUPÇÃO DE MENORES. PARTICIPAÇÃO DE DOIS ADOLESCENTES NA EMPREITADA CRIMINOSA. PRÁTICA DE DOIS DELITOS DE CORRUPÇÃO DE MENORES. EXISTÊNCIA DE DOIS BENS JURÍDICOS TUTELADOS VIOLADOS.PRINCÍPIOS DA PRIORIDADE ABSOLUTA E DO INTERESSE DA CRIANÇA E DO ADOLESCENTE. CONCURSO FORMAL. CAUSA DE AUMENTO. PATAMAR DE MAJORAÇÃO. IMPOSSIBILIDADE DE ALTERAÇÃO DA FRAÇÃO. JUIZ QUE RECONHECEU A PRÁTICA DE TRÊS DELITOS E APLICOU A FRAÇÃO DE 1/6, SEM IMPUGNAÇÃO DA ACUSAÇÃO. 1. Discute-se se a prática de crimes em concurso com dois adolescentes dá ensejo à condenação por dois crimes de corrupção de menores ou se o fato é considerado crime único. 2. Considerando que o bem jurídico tutelado pelo crime de corrupção de menores é a formação moral da criança e do adolescente, caso duas crianças/adolescentes tiverem seu amadurecimento moral violado, em razão de estímulos a praticar o crime ou a permanecer na seara criminosa, dois foram os bens jurídicos violados. 3. O entendimento perfilhado também se coaduna com os princípios da prioridade absoluta e do melhor

interesse da criança e do adolescente, vez que trata cada criança ou adolescente como sujeitos de direitos.4. Ademais, seria desarrazoado atribuir a prática de crime único ao réu que corrompeu dois adolescentes, assim como ao que cometeu apenas um.5. A jurisprudência desta Corte Superior é firme em assinalar que a quantidade de infrações praticadas deve ser o critério utilizado para embasar o patamar de aumento relativo ao concurso formal de crimes (HC n. 319.513/SP, Ministro Rogerio Schietti Cruz, Sexta Turma, DJe 20/4/2016). 6. Contudo, in casu, incabível a aplicação da fração de aumento no patamar de 1/5 pelo concurso formal dos três delitos, pois, no presente caso, o juiz singular reconheceu a prática de três delitos e aplicou a fração de 1/6 pelo concurso formal, todavia, o Ministério Público não apelou da referida decisão, só trazendo à baila sua indignação pela fração aplicada em sede de recurso especial. 7.Uma vez que a acusação não recorreu da decisão singular, a matéria encontra-se preclusa, sendo impossível o deferimento do recurso especial para agravar situação do réu, já consolidada na origem. 8. Recurso especial parcialmente provido apenas para reconhecer a prática de dois delitos de corrupção de menores. (REsp 1680114/GO, Rel. Ministro SEBASTIÃO REIS JÚNIOR, SEXTA TURMA, julgado em 10/10/2017, DJe 16/10/2017).

HABEAS CORPUS IMPETRADO EM SUBSTITUIÇÃO A RECURSO PRÓPRIO. NÃO CABIMENTO. IMPROPRIEDADE DA VIA ELEITA. ROUBO DUPLAMENTE MAJORADO E CORRUPÇÃO DE MENORES EM CONCURSO FORMAL. DOSIMETRIA. TERCEIRA FASE. REDUÇÃO DA FRAÇÃO DE AUMENTO APLICADA PELO CONCURSO DE MAJORANTES. POSSIBILIDADE. APLICAÇÃO DO ART. 68 DO CÓDIGO PENAL. AUSÊNCIA DE FUNDAMENTAÇÃO PARA JUSTIFICAR O INCREMENTO OPERADO. PRECEDENTES. NOVA DOSIMETRIA REALIZADA. AGRAVO REGIMENTAL NÃO PROVIDO. (AgRg.no.HC698440/AC. AGRAVO REGIMENTAL NO HABEAS CORPUS 2021/0320041-6. Relator(a) Ministro REYNALDO SOARES DA FONSECA (1170). Órgão Julgador T5 - QUINTA TURMA. Data do Julgamento 19/10/2021. Data da Publicação/Fonte. DJe 25/10/2021)

No § 1º há o tipo equiparado, para que incorra nas penas previstas no *caput* quem pratica as condutas ali tipificadas utilizando-se de quaisquer meios eletrônicos, inclusive salas de bate-papo da internet. O agente, ao valer-se, assim, da forma virtual, por meio das mídias sociais, mensagens ou aplicativos eletrônicos e salas de bate-papo, para promover a corrupção ou facilitá-la, levando a pessoa menor de 18 anos à prática de infração penal, será igualmente responsabilizado pelo delito.

Destaca-se que não se exige que as práticas criminosas estimuladas sejam necessariamente cibernéticas. O legislador foi mais abrangente ao se referir *as condutas ali tipificadas* para incriminar o agente que, por exemplo, para induzir à prática de um furto a residência, envie sucessivas mensagem em aplicativos ao menor, articulando com ele os detalhes da execução do crime patrimonial.

ELEMENTOS SUBJETIVOS DO CRIME

Trata-se de crime doloso. O dolo consiste na vontade livre e consciente de corromper ou facilitar a corrupção de menor de 18 (dezoito) anos, com ele praticando infração penal ou induzindo-o a praticá-la.

Havendo dúvida sobre a menoridade da pessoa, o agente responderá a título de dolo eventual. Mas, se pela compleição física ou por qualquer outro recurso o agente atua acreditando que a pessoa não é menor de 18 anos, terá sua conduta encampada pelo erro de tipo – art. 20, *caput*, CP – e será isento de pena, pois não se pune o crime na forma culposa.

CONSUMAÇÃO E TENTATIVA

Cuidando-se de crime formal, denominado de consumação antecipada, é despicienda a comprovação da corrupção do menor para aperfeiçoamento do crime, bastando a prática do crime em parceria com o menor ou que este pratique a infração induzido pelo agente (STJ, HC 83.482 e ainda HC nº 159.620/RJ, j. 12.3.2013).

As divergências sobre ser o crime material ou formal foram debatidas no tópico anterior com evidente influência no momento consumativo do crime. Para aqueles que sustentam tratar-se o tipo em apreço crime material, necessária é a ocorrência da efetiva da corrupção no menor, de outro lado, para os que sustentam a natureza formal do delito, esse resultado é desnecessário à consumação, bastando a prática da infração penal.

Há ainda, como foi referida, a postura de Cláudia Canto Condack, entendendo material o crime, não para exigir a prova da corrupção, mas porque o resultado externo e constatável no plano fenomênico é justamente a prática da infração penal, necessária para a consumação do delito, sua ocorrência é o momento consumativo e o próprio resultado material do crime.

Por coerência ao que foi debatido nos elementos objetivos do tipo, nossa posição é que o crime tem natureza formal, pois o resultado do crime é a lesão ao bem jurídico tutelado, que é a proteção da formação psíquica e moral da pessoa menor de 18 anos, vale dizer, a corrupção, cuja ocorrência é desnecessária à consumação, bastando, para tanto, a prática da infração penal com o menor ou sua indução à prática. A prática da infração não é o resultado do crime de corrupção, mas o meio para atingi-lo.

CAUSAS DE AUMENTO E DIMINUIÇÃO

O § 2º consiste em uma causa de aumento de pena, no montante fixo de um terço, quando a infração cometida ou induzida está incluída no rol do art. 1º da Lei nº 8.072, de 25 de junho de 1990. Trata-se da lei dos crimes hediondos, legitimada e validada pelo art. 5º, inciso XLIII da Constituição da República, que estabelece um verdadeiro mandado de criminalização e de recrudescimento do tratamento desses crimes pela legislação infraconstitucional.

No art. 1º da Lei dos Crimes Hediondos está sediado o extenso rol dos crimes hediondos, que é fechado e taxativo, não se admitindo interpretação extensiva. Não obstante, nada impede o legislador de ampliar o rol, nele inserindo novas infrações penais e isso de fato vem ocorrendo ao longo do tempo, desde a edição da lei em junho de 1990, como exemplo, temos a Lei 13.964/2019 – pacote anticrime – que incluiu algumas figuras de furto, roubo e extorsão circunstanciadas, posse ou porte ilegal de arma de uso proibido, entre outros.

Importante enfatizar que o crime de corrupção pela prática de crime hediondo não é em si hediondo. A hediondez do crime servirá apenas para promover a exasperação da pena no montante de um terço, na terceira fase de sua dosimetria, nos termos do que dispõe o art. 68 do Código Penal.

Cuida-se de causa de aumento de natureza objetiva, para sua incidência basta que a infração penal cometida pelo menor sob a influência do corruptor esteja no rol exaustivo dos crimes hediondos, ao tempo de sua conduta. O fundamento da exasperação da pena é o maior grau de corrupção a que foi exposta a vítima, induzida a praticar crime de natureza hedionda, com maior afetação do bem jurídico tutelado, que é a formação moral, mental e educacional da criança e do adolescente.

O dispositivo se refere expressamente a infração cometida ou induzida estar incluída no rol do art. 1º da Lei nº 8.072, de 25 de julho de 1990, desta forma paira dúvida sobre a aplicação da causa de aumento quando se tratar de infração equiparada a crime hediondo, não está incluída no respectivo rol.

O tráfico ilícito de entorpecentes ou drogas afins, o terrorismo e a tortura não são crimes hediondos, porque não constam do rol do art. 1º da Lei n. 8.072/90, mas o art. 5º, inciso XLIII, da Constituição Federal, confere a essas infrações penais tratamento semelhante aos crimes hediondos, constituindo sim figuras equiparadas.

Uma interpretação gramatical exclui tais infrações do dispositivo em comento e, nesse diapasão, afasta a incidência da causa de aumento de pena quando o agente praticar qualquer desses crimes com a criança ou adolescente, sob pena de aplicar analogia *in malam partem* e ofensa ao princípio da legalidade.

Entendemos, por outra via, que a questão comporta a interpretação extensiva para compreender, a luz do ordenamento jurídico, inclusive da norma constitucional, que quando o legislador estatutário faz alusão ao rol de crimes hediondos compreende também as figuras equiparadas, onde está, por exemplo, o tráfico de drogas, que constitui a forma mais usual, ao lado dos crimes contra o patrimônio, de corromper e cooptar a criança e o adolescente para a prática criminosa, oferecendo ganho econômico aparentemente fácil.

Certamente a jurisprudência vai se pronunciar e com o tempo definir o espectro de aplicação da norma, esperamos vença a posição apontada, que mais atende os objetivos da legislação estatutária de tutelar os direitos fundamentais da criança e do adolescente, afinal parece inconcebível a exclusão do tráfico de drogas da exasperante, já que em qualquer Promotoria de Justiça que atue com adolescentes em conflito com a lei se observa que mais da metade dos atos infracionais é composta pelo tráfico ilícito de drogas, chegando a Organização Mundial do Trabalho classificar a atividade como a forma mais frequente de inserção da criança no trabalho irregular.

REFERÊNCIAS

BITENCOURT, Cezar Roberto. *Direito Penal*, vol. 1. 23. ed. São Paulo: Saraiva, 2017.

BRASIL. *Anuário Brasileiro de Segurança Pública*. Fórum Brasileiro de Segurança Pública, 2022.

CONDACK, Cláudia Canto. *Curso de Direito da Criança e do Adolescente*. 7. ed. São Paulo, Saraiva, 2014.

CUNHA, Rogério Sanches [*et al*]. *Estatuto da Criança e do Adolescente – Comentado artigo por artigo*. 11. ed. São Paulo: Saraiva, 2019.

CURY, Munir (coord.). *Estatuto da Criança e do Adolescente Comentado*. 3. ed. São Paulo: Malheiros, 2000.

ELIAS, Roberto João. *Comentários ao Estatuto da Criança e do Adolescente*. 2. ed. São Paulo: Saraiva, 2004.

FARIAS, Cristiano Chaves de. *Direito Civil: Teoria Geral*. Rio de Janeiro: Lumen Juris, 2005.

FERNANDES, Antonio Scarance. *Processo Penal Constitucional*. 2. ed. São Paulo: Revista dos Tribunais, 2000.

FRAGOSO, Heleno Cláudio. *Lições de Direito Penal*, Parte especial, vol. 4. São Paulo: José Bushatsky, 1959.

GONÇALVES, Carlos Roberto. *Direito Civil Brasileiro*, vol. 6. 14. ed. São Paulo: Saraiva, 2017.

ISHIDA, Valter Kenji, *Estatuto da Criança e do Adolescente - Doutrina e Jurisprudência*. 15. ed. São Paulo: Atlas, 2014.

ISHIDA, Válter Kenji. *Estatuto da Criança e do Adolescente – Doutrina e Jurisprudência*. 16. ed. São Paulo: Atlas, 2015.

JESUS, Damásio de. *Direito Penal: Parte Geral*. Saraiva, Vol. 1. 37. ed. São Paulo: Saraiva, 2020.

LIBERATI, Wilson Donizeti, *Comentários ao Estatuto da Criança e do Adolescente*. 7. ed. São Paulo: Malheiros, 2003.

LIMA, Renato Brasileiro de. *Legislação Criminal Especial Comentada*, 8. ed. São Paulo: Editora Juspodivm, 2020.

LOPES, José Maria. *Estatuto da Criança e do Adolescente Comentado*. São Paulo: Malheiros, 1996.

MARÇURA, Jurandir Norberto, CURY, Munir, DE PAULA, Paulo Afonso Garrido. *Estatuto da Criança e do Adolescente Anotado*. 2. ed. São Paulo: Revista dos Tribunais, 2000.

MASSON, Cleber. *Direito Penal Esquematizado*, vol. 2. 4. ed. São Paulo: Método, 2012.

NORONHA, Edgar de Magalhães. *Direito Penal*, vol. 2. 21. ed. São Paulo: Saraiva, 1986.

NUCCI, Guilherme Souza. Leis penais e Processuais Comentadas. 13. ed. Rio de Janeiro: Forense, 2020.

PEDROSO, Fernando Almeida. *Direito Penal*. 3. ed. São Paulo: EUD Editora Universitária, 2000.

PRADO, Luiz Regis. *Curso de Direito Penal Brasileiro*, vol. 2. 8. ed. São Paulo: Revista dos Tribunais, 2010.

SILVA, César Dario Mariano. *Estatuto do Desarmamento*. 4. ed. Rio de Janeiro: GZ Editora, 2009.

WALD, Arnoldo. *O Novo Direito de Família*. 14. ed. São Paulo: Saraiva, 2002.

6.

LEI N. 8.137/1990 - CRIMES CONTRA A ORDEM TRIBUTÁRIA

Arthur Pinto de Lemos Júnior
Everton Luiz Zanella

Introdução

A Lei n. 8.137, de 27 de dezembro de 1990, define crimes contra a ordem tributária, econômica e contra as relações de consumo.

Com o surgimento de grandes empresas e movimentações financeiras de montante elevado, fez-se necessária a elaboração de uma lei que tipificasse crimes de ordem penal tributária.

O presente artigo traz uma análise dos delitos em espécie e das respectivas penas, bem como apresenta crítica sobre a extinção da punibilidade pelo pagamento do tributo, da suspensão da investigação ou processo criminal pelo parcelamento do débito tributário, e sobre a imprescindibilidade do esgotamento das vias administrativas para o oferecimento de denúncia.

1. Dos Crimes contra a Ordem Tributária

1.1. Objetividade Jurídica

O bem jurídico tutelado pela norma é a Ordem Tributária.

Trata-se de bem de relevo constitucional, já que a Ordem Tributária está prevista nos artigos 145 a 169 da Constituição Federal de 1988.

A doutrina pátria se divide acerca da natureza jurídica do bem jurídico protegido nos crimes contra a Ordem Tributária. Temos duas principais correntes:

A primeira delas é a corrente patrimonialista, segundo a qual a objetividade jurídica da norma penal é o patrimônio da Fazenda Pública (erário). Para os defensores deste entendimento, a lei penal tributária visa, sobretudo, garantir a cobrança do tributo.

A segunda corrente é a funcionalista, a qual leva em consideração a função social do tributo, de maneira que o bem jurídico protegido não se limita ao erário, sim às finalidades da arrecadação e emprego dos valores do tributo para atendimento da sociedade.

Pensamos que a segunda posição é a correta. Com efeito, o Estado arrecada tributos para obter recursos indispensáveis para o atendimento de interesses da coletividade (necessidades públicas).

Nas palavras de Wanderley José Federighi:

> o funcionamento da máquina administrativa dá-se com a arrecadação de dinheiro, por meio de pagamento de tributos à Fazenda Pública[1].

Portanto, o poder tributário (aquele que permite a cobrança de tributos) busca o atingimento dos valores preconizados pela Constituição Federal de 1988, dentre os quais a tutela da dignidade da pessoa humana[2], a construção de uma sociedade justa (justiça social), o desenvolvimento nacional, a busca da igualdade, a erradicação da pobreza e a promoção do bem-estar social[3].

Portanto, proteger a Ordem Tributária significa fortalecer o próprio Estado Democrático de Direito. O crime tributário atinge a correta arrecadação de tributos, de forma que, além de causar um prejuízo imediato ao patrimônio estatal, ele afeta a justa redistribuição de renda e causa enorme dano social, já que necessidades públicas (interesses da coletividade) deixam de ser atendidos.

1 FEDERIGHI, Wanderley José. *Direito tributário*. p. 20.

2 Princípio fundamental do Estado Democrático de Direito, definido no art. 1º, III.

3 Objetivos fundamentais da República Federativa do Brasil, conforme artigo 3º, incisos I a IV, da Constituição Federal.

1.2. dos crimes em espécie

> ***Artigo 1º - Constitui crime contra a ordem tributária suprimir ou reduzir tributo, ou contribuição social e qualquer acessório, mediante as seguintes condutas*** (...)

Suprimir significa *fazer desaparecer*; e reduzir é o mesmo que *diminuir*. A supressão ou a redução configuram o resultado decorrente de ações ou omissões dolosas descritas nos incisos I a V e parágrafo único.

São crimes que ocorrem após o fato gerador tributário, porque antes dele o tributo ainda não foi lançado, existindo apenas uma previsão hipotética de incidência, não havendo como identificar a pessoa do contribuinte ou o valor devido.

A pena prevista é de *reclusão de dois a cinco anos e multa*.

O elemento subjetivo do crime é o dolo específico de supressão ou redução do tributo, sem o qual não há que se falar em crime contra a ordem tributária. Além disso, estamos diante de um crime material, pois a norma expressamente exige o resultado naturalístico, qual seja a *supressão ou redução do tributo*[4].

O tipo penal tem como elementos objetivos as expressões *tributo, contribuição social* e *acessórios*.

A definição de *tributo* está no artigo 145 da Constituição Federal e no artigo 5º do Código Tributário Nacional. Assim, são tributos *os impostos, as taxas e contribuições de melhoria*. A doutrina acrescenta o *empréstimo compulsório* (art. 148 da CF) e as *contribuições sociais*.

As *contribuições sociais* dividem-se em *previdenciárias* (art. 195 da CF, objeto da Lei n. 9.983/2000, que alterou o CP), as *sociais gerais* (arts. 212, § 5º, e 240, da CF) e as *especiais* – *intervenção no domínio econômico* e *corporativas* (art. 149 da CF).

O sujeito ativo do crime do artigo 1º da Lei n. 8.137/90 é em geral o contribuinte, mas também pode ser o substituto tributário (exemplo, o empregador que retém o imposto de renda na fonte), o responsável tributário (exemplo, o sucessor no pagamento do tributo), o terceiro responsável (previsto no art. 134 do CTN) e até um terceiro estranho à relação tributária, se agir em concurso de pessoas com o contribuinte.

Há dois sujeitos passivos. O primeiro é a sociedade e o segundo é o Estado.

4 Exceção para a conduta criminosa do parágrafo único, a qual configura crime formal. Ora, basta a leitura atenta do tipo penal para perceber que o crime se consuma a mera desobediência à ordem emanada pela autoridade. Há a intenção de sonegar o valor tributado, mas não é exigível a efetiva supressão ou redução do tributo.

As condutas criminosas são especificadas nos incisos.

I - omitir informações, ou prestar declaração falsa às autoridades fazendárias

O tipo traz como núcleos uma conduta omissiva, qual seja omitir, que significa silenciar informações que deveria prestar; e uma conduta comissiva, que é a de prestar declaração inverídica

Deve-se atentar que a falsidade deve ser apta a enganar, caso contrário ficar-se-á na esfera da tentativa (já que ela não será apta à supressão ou redução do tributo, resultados previstos no *caput*); ou, se a falsidade for de extrema grosseria, na seara do crime impossível.

Tendo em vista a redação do *caput*, é necessário o dolo de redução ou supressão do tributo. Se inexistente essa finalidade, incidirá o crime tipificado no artigo 299 do Código Penal (falsidade ideológica).

II - fraudar a fiscalização tributária, inserindo elementos inexatos, ou omitindo operação de qualquer natureza, em documento ou livro exigido pela lei fiscal

Este inciso também traz uma conduta comissiva, que é inserir elementos inexatos, e uma conduta omissiva, que é a de omitir operação que deveria constar.

Para configuração do tipo penal, é necessário que as condutas ludibriem a fiscalização, fraudando-a, resultando-se na supressão ou redução do valor tributado; caso contrário, haverá mera tentativa.

Da mesma forma como no inciso antecedente, se não houver dolo de redução ou supressão do tributo incidirá o artigo 299 do Código Penal (falsidade ideológica).

A elementar "documento ou livro exigido pela lei fiscal" é uma norma penal em branco, pois haverá necessidade de verificação de várias outras normas legais ou regulamentares para alcançar sua definição. Podemos citar como exemplo o livro de registro de entradas e de saídas de mercadorias; o livro de apuração do ICMS; documentos relativos ao ISSQN etc.

III - falsificar ou alterar nota fiscal, fatura, duplicata, nota de venda, ou qualquer outro documento relativo à operação tributável

O inciso III traz conduta muito semelhante àquelas previstas nos artigos 297 e 298 do Código Penal. São, portanto, falsidades materiais. Difere do inciso anterior (II), pois naquele estávamos diante de uma alteração de conteúdo (falsidade ideológica), enquanto no inciso em estudo (III) há uma contrafação de documento verdadeiro ou então a alteração na forma do documento.

São exemplos de falsidade material no campo tributário a "nota fria" (aquela que não corresponde a qualquer venda ou serviço), a "nota calçada" (aquela cuja via remetida ao Fisco ostenta valor diverso do valor da via utilizada na operação financeira) e a "nota sanfona" (que ocorre quando a mesma nota fiscal é usada mais de uma vez em operações diferentes).

Se não houver dolo de redução ou supressão do tributo, incidirá o tipo legal do artigo 297 do Código Penal (falsificação de documento público) ou até mesmo o delito do artigo 172 ("duplicata simulada"), se a fraude (falsificação) tiver como escopo uma vantagem patrimonial.

> ***IV - elaborar, distribuir, fornecer, emitir ou utilizar documento que saiba ou deva saber falso ou inexato***

O inciso IV possui cinco ações possíveis: elaborar (preparar, fazer o documento); distribuir (espalhar, repartir); fornecer (promover, abastecer); emitir (produzir, expedir); e utilizar (empregar, usar).

O elemento subjetivo é o dolo de suprimir ou reduzir tributo. Admite-se o dolo eventual, devido à expressão "deva saber".

Se não houver dolo de redução ou supressão do tributo, podem incidir os tipos dos artigos 297, 298 e 304 do Código Penal.

> ***V - negar ou deixar de fornecer, quando obrigatório, nota fiscal ou documento equivalente, relativa à venda de mercadoria ou prestação de serviço, efetivamente realizada, ou fornecê-la em desacordo com a legislação***

Também temos aqui uma conduta comissiva, que é *negar*, isto é, recusar-se a entregar; e uma conduta omissiva, que é *deixar de fornecer* documento fiscal obrigatório.

Parece-nos que para a configuração da conduta criminosa não se exige a prévia notificação do sujeito passivo da obrigação tributária (sujeito ativo do crime fiscal). Basta que o contribuinte realize a operação tributável e não comunique a autoridade fazendária - como deveria fazer -, que o delito estará consumado.

Nesse sentido:

> CRIME TRIBUTÁRIO: não apresentação de documento solicitado - acusação de não apresentação de documento fiscal exigido - notificação postal demonstrada, não exigível por lei a notificação pessoal – sequer demonstração no curso do processo crime da existência de tal documento" (...) "o crime definido no inciso V do art. 1º da Lei no. 8.137/90 sob a modalidade de omissão quanto à expedição de nota fiscal ou documento obrigatório, pode consumar-se independentemente da pretendida providência administrativa de intimação prévia do contribuinte, para que, em prazo não excedente a dez dias, venha a atender sua obrigação fiscal, a que se refere o parágrafo único do citado dispositivo" ***(autos n.º 0005489-63.2004.8.26.0168, Rel. Des. Ruy Alberto Leme Cavalheiro, 6ª Câmera de Direito Criminal, j. 20/8/2009)***.

Parágrafo único - A falta de atendimento da exigência da autoridade, no prazo de 10 (dez) dias, que poderá ser convertido em horas em razão da maior ou menor complexidade da matéria ou da dificuldade quanto ao atendimento da exigência, caracteriza a infração prevista no inciso V

Com redação bastante confusa, o parágrafo único do artigo 1º da Lei n. 8.137/90 aplica-se àquele que é regularmente intimado a atender a alguma exigência do Fisco, como por exemplo, a entrega de documentos, e mantém-se inerte, deixando ultrapassar *in albis* o prazo da notificação, criando-se com isso um obstáculo à ação do Fisco.

Parece-nos que aqui há um crime formal. Basta o não atendimento da exigência da autoridade competente para a consumação do crime, que se opera imediatamente após o término do prazo estabelecido, sem que haja necessidade do resultado naturalístico (supressão ou redução do tributo), como ocorre nos incisos I a V.

A autoridade competente, como regra, é a autoridade fazendária, que determina a entrega do documento para a instrução de procedimento investigativo ou ação fiscal.

Por derradeiro, o parágrafo deve ser estudado em conjugação com o *caput*, de maneira que, se não houver dolo de suprimir ou reduzir tributo, configura-se o crime de desobediência (art. 330 do CP).

Artigo 2º - Constitui crime da mesma natureza (...)

A expressão "mesma natureza" significa que são condutas que também violam a Ordem Tributária, devendo igualmente existir a vontade livre e consciente de suprimir ou reduzir tributo. Assim, o elemento subjetivo é o mesmo do dispositivo anterior.

Todavia, não mais se exige o resultado "supressão" ou "redução", já que ele não é descrito no *caput* nem nos incisos. Trata-se, pois, de crime formal: o resultado naturalístico – supressão ou redução de tributo – é possível, mas não é exigível.

Os comportamentos delitivos previstos nos incisos do artigo 2º ocorrem no momento do lançamento tributário, ou entre ele e o efetivo pagamento do tributo.

O legislador considerou menos graves as condutas do artigo 2º, cominando pena em abstrato de detenção de *seis meses a dois anos, além da multa* (crime de menor potencial ofensivo, nos termos da Lei n.º 9.099/95).

As condutas previstas são as seguintes:

I - fazer declaração falsa ou omitir declarações sobre rendas, bens ou fatos, ou empregar outra fraude, para eximir-se, total ou parcialmente, do pagamento do tributo

O inciso I prevê uma conduta comissiva, que é *declarar falsamente;* e uma conduta omissiva, que é *omitir informações relevantes.*

O dispositivo penal incide nas hipóteses de lançamento por declaração do contribuinte. Um exemplo claro da deflagração do tipo penal se dá na hipótese de declaração do imposto sobre a renda, quando contribuinte inclui falso dependente ou falsas despesas médicas, visando com isso a suprimir ou reduzir o pagamento devido à Receita Federal.

Conforme doutrina praticamente pacífica, este crime é subsidiário ("tipo reserva") ao artigo 1º, I, da mesma norma legal. Assim, se o agente, a partir da declaração falsa, lograr êxito na supressão ou redução do tributo, estará configurado o crime mais grave, do artigo 1º, I; se não conseguir sucesso em sua empreitada dolosa (não havendo supressão ou redução), incidirá o tipo legal em comento.

II - deixar de recolher, no prazo legal, valor de tributo ou de contribuição social, descontado ou cobrado, na qualidade de sujeito passivo de obrigação e que deveria recolher aos cofres públicos

Este tipo penal possui apenas uma conduta omissiva (deixar de recolher), que é própria do *substituto tributário*, o qual desconta o tributo do contribuinte e não repassa o valor ao Fisco, embora esteja obrigado a tanto. O exemplo clássico é o do empregador que retém, na fonte, imposto sobre a renda do assalariado e posteriormente não o recolhe à Fazenda. Trata-se, portanto, de uma **apropriação indébita tributária**.

A consumação ocorre com não recolhimento, no prazo legal, do valor do tributo (descontado ou cobrado de terceiro, na qualidade de sujeito passivo da obrigação).

O elemento subjetivo é o dolo (genérico) de não efetuar o devido recolhimento do tributo. Nesse sentido, destaca-se a seguinte decisão do Supremo Tribunal Federal:

No tocante ao estudo desta figura penal, Roberto dos Santos Ferreira discorre que

> *por incidir o tributo ou contribuição social sobre fatos geradores próprios do contribuinte, e não do substituto tributário, a alegação de dificuldades financeiras não pode servir como causa excludente da tipicidade, sob alegação de impossibilidade fática de atuar conforme a norma.*[5]

Há quem sustente, todavia, que embora o fato seja típico e ilícito, pode incidir a causa excludente da culpabilidade da *inexigibilidade de conduta diversa*, quando o substituto responsável alegar que o recolhimento do tributo retido na fonte seria oneroso demais à empresa, que não teria recursos suficientes para pagar os empregados e fatalmente seria levada à falência.

Neste trilhar, temos a Súmula 68 do TRF-4:

> A prova de dificuldades financeiras, e consequente inexigibilidade de outra conduta, nos crimes de omissão no recolhimento de contribuições previdenciárias, pode ser feita através de documentos, sendo desnecessária a realização de perícia.

Todavia, diante do disposto no artigo 156 do Código de Processo Penal, caberá ao substituto tributário provar o que alega, invertendo-se o ônus da prova.

5 FERREIRA, Roberto dos Santos. *Crimes contra a ordem tributária*. 2. ed. Malheiros: São Paulo, 2002. p. 94.

Noutras palavras, o Ministério Público deverá demonstrar a materialidade e autoria do fato típico (incluindo-se a qualidade de substituto tributário do acusado e a vontade livre e consciente de deixar de recolher o tributo), ao passo que a defesa deverá fazer a prova da excludente, não bastando meros indícios de insolvência da sociedade, mas prova concreta.

Nesse diapasão:

> Dificuldades financeiras muito graves podem justificar a conduta de quem não cumpre a obrigação de recolher as contribuições devidas no prazo legal, tendo em vista o interesse social, igualmente relevante, de manter a empresa em funcionamento. Nessa hipótese, em casos extremos, parece aceitável dar prioridade ao pagamento da folha de salários e dos fornecedores, em detrimento dos tributos. O ônus da prova, contudo, é inteiramente da defesa, afastando-se, em princípio, a prova testemunhal que, por si só, nesses casos, não tem qualquer valor. (TRF-4ª Região – ACR n. 0454456/96, 1ª Turma, rel. Amir José Finocchiaro Sarti).

Ao se referir a uma causa justificante e a um choque de bens jurídicos relevantes, nos parece que mais adequado seria o reconhecimento de estado de necessidade (causa de exclusão da própria antijuridicidade da conduta). Porém, para que este reconhecimento seja feito é importante que os responsáveis legais pela pessoa jurídica não tenham provocado o perigo, ou seja, não tenham gestão temerária ou fraudulenta, pois os causadores do perigo não podem invocar a dirimente para afastá-lo.

A ideia de dois bens jurídicos relevantes é sustentável, ao menos na teoria, pois temos de um lado a proteção da Ordem Tributária, de interesse social, e de outro a proteção da empresa, de interesse dos funcionários, dos credores e também da sociedade, tendo em vista a função social de uma empresa, geradora de empregos e fomentadora do comércio. Deverá então o julgador, ao analisar o caso concreto, decidir de acordo com o princípio da proporcionalidade.

De qualquer forma, a Súmula 68 do TRF-4 se reporta à excludente de culpabilidade da inexigibilidade de conduta diversa (e não ao estado de necessidade), ao reconhecer que não há como exigir outra ação daquele que se apropria dos valores do tributo (descontado de terceiro) para que a empresa não vá à falência.

Por fim, observamos que se o valor descontado for de contribuição previdenciária (que deveria ser recolhida ao INSS, nos termos do artigo 195 da Constituição Federal), incidirá o tipo penal específico do artigo 168-A do Código Penal, inserido pela Lei 9.983/2000. Os tipos penais (art. 2º, II, da Lei 8.137/90 e art. 168-A do Código Penal) possuem estrutura muito semelhante e penalizam o agente (substituto tributário legal) que recolhe valores de terceiro (um empregado, como regra) e não repassa ao Estado. O que difere os tipos penais é a natureza do montante (se tributo ou especificamente uma contribuição previdenciária) e seu órgão público destinatário.

III - *exigir, pagar ou receber, para si ou para o contribuinte beneficiário, qualquer percentagem sobre a parcela dedutível ou deduzida de imposto ou de contribuição como incentivo fiscal*

Os verbos do tipo penal são os mesmos da concussão e da corrupção passiva (respectivamente tipificadas nos artigos 316 e 317 do Código Penal). Entretanto, no delito tributário em análise o sujeito ativo é um particular.

Observamos que o contribuinte pode ser o executor das condutas (quando a exigência, pagamento ou recebimento é feito "para si"), porém pode não o ser, quando elas forem cometidas "para o contribuinte", ou seja, em favor dele.

Exigir é o mesmo que obrigar, impor. O crime se consuma com a mera exigência (crime formal), independentemente do recebimento do valor, que é mero exaurimento do crime. Note-se que na concussão (crime praticado por funcionário público, conceito do artigo 327 do Código Penal) existe, no ato de exigir, um temor que decorre da função pública, o que não ocorre no artigo 2°, III, da Lei n.° 8.137/90, na qual o autor é um particular que, destarte, exige mediante ameaça explícita ou ao menos velada, razão pela qual talvez fosse mais adequado o núcleo "constranger", tal como usado nos crimes de extorsão ou constrangimento ilegal.

Pagar significa entregar dinheiro ou valores para alguém; *Receber* é o ato de ter o dinheiro ou valores entregues para si, auferindo vantagem.

O objeto material do crime é "qualquer percentagem sobre a parcela dedutível ou deduzida de imposto ou de contribuição como incentivo fiscal".

IV - *deixar de aplicar, ou aplicar em desacordo com o estatuído, incentivo fiscal ou parcelas de imposto liberadas por órgão ou entidade de desenvolvimento*

O inciso IV, assim como outros já estudados, igualmente possui uma conduta omissiva e uma comissiva. A primeira é a de *deixar de aplicar* (omissão) a segunda é a de *aplicar indevidamente* (comissão).

O sujeito ativo pode ser o contribuinte, o substituto ou o responsável tributário que recebe um benefício fiscal e promove um desvio de sua finalidade. A obrigação de aplicar recursos pode advir de lei ou contrato.

Alécio Adão Lovatto bem explica a hipótese fática que dará azo à incidência deste tipo penal:

> Por política de desenvolvimento econômico de determinadas regiões, muitas vezes, são criados incentivos fiscais para desenvolvê-las. Contudo, o contribuinte recebe o benefício e não aplica de acordo com o estatuído ou aplica-o em desacordo. Há, na aplicação do incentivo fiscal, desvio de finalidade. Dessa forma, se o incentivo fiscal, v.g., for para possibilitar a renovação da frota de ônibus e caminhões, possibilitando um melhor transporte para a Amazônia Legal, o registro de caminhões ou ônibus para aproveitar o benefício, mas circularem fora da região prevista, constitui desvio de finalidade.[6]

V - utilizar ou divulgar programa de processamento de dados que permita ao sujeito passivo da obrigação tributária possuir informação contábil diversa daquela que é, por lei, fornecida à Fazenda Pública

O inciso V estabelece dois núcleos: o primeiro é *utilizar*, que significa usar, empregar *software* criado com o fim de propiciar supressão ou redução de tributo, sendo necessário que o programa seja capaz de alterar dados contábeis relevantes. O segundo núcleo é *divulgar*, ou seja, propagar, anunciar as qualidades deste *software*, levando-o ao alcance do público.

Entendemos que tal tipo penal é subsidiário ("tipo de reserva"), porquanto, se por intermédio do programa, o agente conseguir omitir informações ao Fisco, reduzindo ou suprimindo tributo, estará configurado o crime do artigo 1°, I, da Lei (alcance do resultado previsto no artigo 1°), de forma que o tipo em análise somente incidirá se a utilização ou divulgação do programa tiver a finalidade específica de supressão ou redução de tributo, mas o resultado não for atingido.

Artigo 3° - Constitui crime funcional contra a ordem tributária, além dos previstos no Decreto-Lei n. 2.848, de 07 de dezembro de 1940 – Código Penal (título XI, Capítulo I) (...)

6 LOVATTO, Alécio Adão. *Crimes tributários: aspectos criminais e processuais*. 3. ed. Porto Alegre: Livraria do Advogado, 2008. p. 130.

Este tipo penal tributário criou *crimes funcionais especiais*. São crimes próprios, que só podem ser praticados por funcionários públicos (aplica-se o conceito do artigo 327 do Código Penal) no exercício da função ou em razão dela, ainda que antes de assumi-la. Citamos o exemplo de agentes fazendários ou funcionários que atuem em processo fiscal.

Importante trazer à tona que a condenação por tais crimes tem como efeito automático da sentença a perda do cargo (art. 92, I, "a", do CP, com redação da Lei n.º 9.268/1996), já que estará configurado o *abuso de poder ou violação de dever para com a Administração Pública*.

Os crimes funcionais tributários são os seguintes:

I - extraviar livro oficial, processo fiscal ou qualquer documento, de que tenha a guarda em razão da função; sonegá-lo, ou inutilizá-lo, total ou parcialmente, acarretando pagamento indevido ou inexato de tributo ou contribuição social

As condutas são *extraviar*, que significa fazer desaparecer, perder propositadamente; *sonegar*, que é o mesmo que ocultar de forma intencional; e *inutilizar*, ou seja, frustrar, tornar inaproveitável, no todo ou em parte.

Os elementos objetivos são "livro oficial" (por exemplo, livro de registro de entrada de mercadorias, livro de balancetes diários etc.), "processo fiscal" (exemplo, um processo administrativo da Receita Federal), ou qualquer outro documento de natureza tributária.

O delito possui como elemento objetivo a *ocorrência de pagamento indevido ou inexato*. Caso contrário, subsiste o crime do artigo 314 do Código Penal.

O legislador não trouxe o preceito secundário (pena em abstrato) na sequência da descrição do inciso I. A Lei descreve os incisos I e II e, somente após a descrição deste último, vem a determinação do quantum da sanção: 3 a 8 anos de reclusão, e multa.

A técnica legislativa aponta, por óbvio, que ambos os incisos possuem a mesma pena, qual seja, de 3 a 8 anos, e multa. Somente o inciso III traz uma reprimenda diferente (menor), prevista logo após a descrição da conduta típica ali apontada.

II - exigir, solicitar ou receber, para si ou para outrem, direta ou indiretamente, ainda que fora da função ou antes de iniciar seu exercício, mas em razão dela, vantagem indevida; ou aceitar promessa de tal

vantagem, para deixar de lançar ou cobrar tributo ou contribuição social, ou cobrá-los parcialmente;

No inciso II, o legislador trouxe uma outra modalidade penal com sanção de 3 a 8 anos de reclusão. Este inciso, a bem da verdade, é uma fusão dos tipos penais dos artigos 316 (concussão – núcleo "exigir") e 317 (corrupção passiva – núcleos "solicitar" e "receber") do Código Penal.

Os núcleos são *exigir*, que é impor, mandar, ordenar; *solicitar*, isto é, pedir, provocar; e *receber*, que significa aceitar e obter. Nos dois primeiros verbos do tipo, a obtenção da vantagem é mero exaurimento, pois o delito estará consumado com a simples exigência ou solicitação.

O tipo penal exige a finalidade especial de *frustrar total ou parcialmente o pagamento do tributo*, o que o diferencia e o torna especial em relação às condutas do Código Penal.

A corrupção ativa não foi prevista como crime específico na lei dos crimes tributários. Assim, o particular que oferecer ou prometer vantagem indevida ao funcionário público (como regra, um agente fazendário) para que ele deixe de lançar ou cobrar tributo ou contribuição, cometerá o ilícito do artigo 333 do Código Penal.

III - Patrocinar, direta ou indiretamente, interesse privado perante a administração fazendária, valendo-se da qualidade de funcionário público

A Lei n.º 8.137/1990 traz neste inciso uma modalidade especial de advocacia administrativa (delito tipificado no art. 321 do Código Penal), incidente especificamente sobre a Administração Fazendária.

O núcleo do tipo é *patrocinar*, que significa advogar, defender, "apadrinhar".

Importante fazer a ressalva de que o interesse patrocinado pode ser legítimo ou ilegítimo. Ilegal é o fato de o funcionário público patrocinar o particular, conduta vedada em lei.

1.3. Da pena de multa (artigos 8º e 10 da Lei nº. 8.137/1990)

A pena de multa prevista para os crimes definidos nos artigos 1º, 2º e 3º da Lei nº. 8.137/1990 é de 10 (dez) a 360 (trezentos e sessenta) dias-multa, nos termos do art. 8º.

A norma determina que o valor do dia-multa varia entre 14 e 200 BTN (Bônus do Tesouro Nacional), nos termos do parágrafo único do mesmo dispositivo legal.

A BTN é uma unidade indexadora que foi extinta e substituída pela Unidade Fiscal de Referência (UFIR), a qual também deixou se existir com o advento do Plano Real em 1994. É possível fazer a conversão da BTN em real. Porém, há muitos julgados no sentido de aplicar a regra geral do art. 49 do Código Penal para a aplicação da pena de multa, adotando-se como referência o salário-mínimo. Neste trilhar:

> PENAL E PROCESSUAL PENAL. CRIME CONTRA A ORDEM TRIBUTÁRIA. SONEGAÇÃO DE ICMS. PENA DE MULTA. **EXTINÇÃO** DO **BTN**. APLICAÇÃO DO ARTIGO 49 , DO CP . **POSSIBILIDADE**. FIXAÇÃO DE VALOR MÍNIMO A TÍTULO DE REPARAÇÃO DE DANOS. DESNECESSIDADE. PROVIMENTO PARCIAL. 1. Diante da **extinção** do **BTN**, índice indicado no art. 8º , da Lei nº 8.137 /90, para o estabelecimento da pena pecuniária relativa aos crimes tributários, mostra-se cabível a aplicação da regra geral contida no artigo 49 , do Código Penal , que prevê o salário mínimo vigente à época dos fatos como parâmetro para fixação da multa. Precedentes do TJDFT e do STJ. 2. No caso específico de crime contra a ordem tributária, no qual a Fazenda Pública é vítima, é desnecessária a condenação na reparação do dano, porquanto o Estado tem a prerrogativa de constituição do crédito mediante a inscrição, em dívida ativa, do tributo sonegado. 3. Recurso conhecido e parcialmente provido (TJDFT, apelação n.º 20130710017422, processo n.º 0001698-97.2013. 8.07.0007; j. 10/10/2019).

Considerado o valor do dano e a situação econômica do acusado, o juiz pode diminuir a pena até um décimo, se verificar uma excessiva onerosidade ao condenado; ou aumentá-la em dez vezes, se verificar sua ineficiência diante do poderio econômico do agente (art. 10 da Lei n.º 8.137/1990).

1.4. Concurso de pessoas (art. 11 da Lei nº. 8.137/1990)

A Lei n. 8.137/90 trouxe a mesma regra do artigo 29 do Código Penal ("quem, de qualquer modo, inclusive por meio de pessoa jurídica, concorre para os crimes definidos nesta lei, incide nas penas a estes cominadas, na medida de sua culpabilidade"), com o acréscimo do termo "inclusive por meio de pessoa jurídica".

O dispositivo legal nos parece desnecessário, já que a regra geral do artigo 29 do Código Penal resolveria a questão. Entretanto, a intenção do legislador foi chamar a atenção para a possibilidade da utilização de pessoa jurídica para a prática dos crimes, deixando clara a responsabilização penal do agente que dela se vale para cometer a fraude fiscal.

Observamos, todavia, que a pessoa jurídica não pode ser sujeito ativo do crime. Nos moldes legais, ela é somente o meio (instrumento) utilizado pelo acusado para a prática do ilícito. Importante notar que o artigo 173, parágrafo 5°, da Constituição Federal de 1988 prevê a possibilidade de a Lei responsabilizar a pessoa jurídica pela prática de crimes contra a ordem econômica e contra a economia popular. Embora o crime contra a Ordem Tributária possa ser classificado, doutrinariamente, como espécie de *"crime econômico"* (no seu sentido amplo), a Lei n°. 8.137/1990 (que também prevê delitos contra a ordem econômica) não previu a responsabilidade penal.

Salientamos que não há responsabilidade penal objetiva no direito pátrio. Assim, para responsabilização de sócios, gerentes e diretores, é necessário comprovar que efetivamente participaram, de alguma forma, no cometimento de crimes tributários por intermédio da empresa.

1.5. Causas de aumento (art. 12 da Lei n°. 8.137/1990)

As causas de aumento de 1/3 (um terço) até ½ (metade) são aplicáveis somente para os crimes contra a Ordem Tributária tipificados nos artigos 1° e 2°. Estarão presentes, nas seguintes hipóteses:

I - ocasionar grave dano à coletividade

A majorante é cabível quando o resultado do crime causar considerável prejuízo à sociedade, como por exemplo, a sonegação de alto valor.

II - ser o crime cometido por servidor público no exercício de suas funções

Aplica-se ao servidor público que age em coautoria com o particular, nos crimes dos artigos 1° e 2°.

1.6. A extinção da punibilidade decorrente do pagamento do tributo; a suspensão da investigação ou processo criminal devido ao parcelamento do débito tributário; e a imprescindibilidade de se esgotar

as vias administrativas para o oferecimento de denúncia: uma análise crítica e reflexiva de tais medidas, que obstam a persecução penal.

A arrecadação de tributos, como vimos no item 1.1, é de grande importância para um Estado Democrático, pois as verbas advindas da tributação estatal são revertidas para a promoção de direitos fundamentais da população, como saúde, educação, transporte, segurança, habitação, saneamento básico, lazer, cultura, desporto etc.)[7].

A respeito desse tema, assim nos manifestamos em outra obra:

> Para que o Estado viabilize uma justiça social distributiva e igualitária, depende ele de um firme sistema de arrecadação tributária, o qual gerará recursos para a concretização de projetos sociais e políticas públicas[8] (...). Neste trilhar, é possível concluir que a proteção da ordem tributária é de interesse de toda a sociedade, merecendo, por conseguinte, a tutela no âmbito penal[9]. Trata-se, na realidade, da aplicação do *princípio da proporcionalidade*[10]: se um bem encontra guarida na Constituição, de forma expressa ou implícita, ele deve ser arrimado pelo Direito e, se ele é de crucial importância para a sociedade (porque sua lesão causa dano a toda a coletividade), deve ele ser protegido pelo Direito Penal, cuja intervenção, do ponto de vista social, mostra-se útil (adequada) e necessária para resguardar a coletividade e o bem comum[11].

Ora, se o Direito Penal deve tutelar de forma adequada o bem jurídico, nada justifica, em nossa opinião, a extinção da punibilidade dos autores de crimes tributários por força do pagamento integral do tributo, benefícios previstos no

7 Tal pensamento tem como base a corrente funcionalista do bem jurídico: os crimes contra a Ordem Tributária atingem direitos e interesses supraindividuais, dada a importante função social do tributo.

8 Vale citar, aqui, que diversos dispositivos constitucionais tratam da destinação dos tributos para se atingir necessidades públicas, como direitos sociais em sentido amplo (artigo 7º, IV, VII e XXV), educação (art. 211), assistência materno-infantil (art. 227, I), política para os idosos (art. 230), dentre muitos outros.

9 Pensamos haver aqui um mandado de criminalização implícito, decorrente da identificação de um bem jurídico supraindividual de relevo constitucional.

10 Pensamos, como boa parte da Doutrina, que o princípio da proporcionalidade possui duas faces. A primeira delas é a proibição do excesso, ou seja, de se tutelar algo desnecessário (condutas sem lesividade ou de pouca lesividade, as quais devem ser objeto de outros ramos do Direito, dado os *princípios da intervenção mínima, subsidiariedade* e *fragmentariedade*). A segunda face é a proibição da proteção penal deficiente, isto é, de se proteger um bem jurídico relevante de forma ineficaz ou por puro simbolismo.

11 MESSA, Ana Flávia; ZANELLA, Everton Luiz. *Aspectos controvertidos dos crimes contra a ordem tributária.* In *Direito Penal Econômico*, coord. Rogério Cury. São Paulo: Almedina Brasil, 2020, p. 35/36.

artigo 9º da Lei 10.684/2003[12], no artigo 69 da Lei 11.941/2009[13], e no artigo 83, § 4º, da Lei 9430/1996 (com redação dada pela Lei 12.382/2011[14]) [15].

As Leis n.º 11.941/2009 e 9.430/1996 preveem a extinção da punibilidade pelo pagamento integral do débito tributário e/ou previdenciário desde que o contribuinte esteja inscrito no regime de recuperação fiscal (REFIS). Esta condição (de que o contribuinte esteja inscrito no REFIS) não é feita pela Lei 10.684/2003, a qual é aplicável "*de forma indistinta, mesmo àqueles débitos que não tivessem sido submetidos ao regime de parcelamento, cuidando-se, portanto, de hipótese mais ampla*" (STF, 1ª Turma, HC n.º 119.245-DF, Rel. Min. Dias Tófoli, j. 06/09/2013).

Este é o entendimento hoje prevalente no Supremo Tribunal Federal. Além de não exigir a inscrição prévia do contribuinte no REFIS para ser beneficiado pela extinção da punibilidade (pelo pagamento do tributo), a Corte máxima também preconiza que o pagamento (e a consequente extinção da punibilidade) é admitida a qualquer tempo, até mesmo após o trânsito em julgado da condenação criminal. Neste sentido: STF, 1ª Turma, HC n.º 116.828-SP, j. 13/08/2013; e HC n.º 119.245-DF, j. 06/09/2013, ambos de relatoria do Ministro Dias Tófoli).

Em suma, apesar da fraude ou sonegação praticada, o sonegador de impostos terá declarada a extinção de sua punibilidade se ele, a qualquer momento (mesmo após o término do processo) pagar integralmente o tributo ou a contribuição social.

Pensamos que a benesse legal de se extinguir a punibilidade pelo pagamento do débito fiscal/tributário torna a Lei nº. 8.137/1990 praticamente inaplicável. Trata-se de um mero simbolismo penal. Com efeito, muito embora exista uma conduta criminosa que nos pareça altamente lesiva à sociedade, o pagamento do débito (que deve ser objeto do direito tributário e não do direito penal) extermina qualquer possibilidade de aplicação de pena. Isto causa uma vulnerabilidade da função preventiva (geral e especial) da norma penal, gerando uma banalização

[12] "Art. 9º: Extingue-se a punibilidade dos crimes referidos neste artigo (artigos 1º e 2º da Lei n. 8.137/90; 168-A e 337-A, do Código Penal) quando a pessoa jurídica relacionada com o agente efetuar o pagamento integral dos débitos oriundos de tributos e contribuições sociais, inclusive acessórios".

[13] "Art. 69: Extingue-se a punibilidade dos crimes referidos no artigo 68 (artigos 1º e 2º da Lei n. 8.137/90; 168-A e 337-A, do Código Penal) quando a pessoa jurídica relacionada com o agente efetuar o pagamento integral dos débitos oriundos de tributos e contribuições sociais, inclusive acessórios, que tiverem sido objeto de concessão de parcelamento".

[14] "Art. 83, § 4º: Extingue-se a punibilidade dos crimes referidos no caput (artigos 1º e 2º da Lei n. 8.137/90; 168-A e 337-A, do Código Penal) quando a pessoa física ou a pessoa jurídica relacionada com o agente efetuar o pagamento integral dos débitos oriundos de tributos, inclusive acessórios, que tiverem sido objeto de concessão de parcelamento".

[15] As primeiras previsões de extinção da punibilidade pelo pagamento do tributo foram realizadas no artigo 2º da Lei nº. 4.729/1965 e artigo 14 da Lei n. 8.137/1990, ambas revogadas pelo artigo 98 da Lei nº. 8.383/1991. Posteriormente, o benefício foi reavivado pelo artigo 34 da Lei nº. 9.249/1995 e repetido no artigo 15, § 3º, da Lei nº. 9.964/2000. Referidas normas legais antecederam a legislação hoje vigente (artigos de lei transcritos nas três notas de rodapé anteriores).

do bem jurídico (a própria sociedade passa a ser descrente quanto à sua importância, o qual tem por corolário o incentivo a novos atos de sonegação).

A extinção da punibilidade pelo pagamento do tributo:

> Viola, também, a nosso ver, o princípio da igualdade, uma vez que a benesse não atinge a criminalidade clássica. Por exemplo: no crime de furto, o agente que devolver a res furtiva receberá uma diminuição de pena se assim agir antes do recebimento da denúncia, ao passo que o sonegador que pagar o débito verá extinta sua punibilidade, mesmo que o faça após condenado, ou seja, ainda que não demonstre nenhum arrependimento pelo crime[16].

Este posicionamento foi firmemente adotado na petição inicial da Ação Direta de Inconstitucionalidade ajuizada pela Procuradoria-Geral da República, na qual se argumenta que contra os artigos 67 a 69 da Lei n.º 11.941/2009 (que preveem a extinção da punibilidade pelo pagamento total do tributo) ferem os artigos 3º e 5º da Constituição Federal (os quais trazem os objetivos fundamentais da República e os direitos fundamentais dos cidadãos) e também o princípio da proporcionalidade em sua faceta da vedação da proteção deficitária[17].

Além da extinção da punibilidade pelo pagamento do tributo, os sonegadores de impostos e contribuições sociais também poderão valer-se de outro benefício legal, qual seja o parcelamento do débito fiscal, previsto no artigo 83, §§ 2º e 3º, da Lei 9430/1996, com redação da Lei 12.382/2011:

> É suspensa a pretensão punitiva do Estado (e também a prescrição) nos crimes a que se referem os artigos 1º e 2º da Lei n. 8.137/90, durante o período em que a pessoa física ou jurídica relacionada com o agente dos aludidos crimes estiver incluída no parcelamento, desde que a o pedido de parcelamento tenha sido formalizado antes do recebimento da denúncia criminal[18].

16 MESSA, Ana Flávia; ZANELLA, Everton Luiz. Op. cit., p. 37/38.

17 ADIN n.º 4273-4/600, protocolizada no STF em 24 de julho de 2009. Ainda pendente de julgamento, conforme consulta efetuada em www.stf.jus.br/portal/processo/verProcessoAndamento.asp., acesso em 26 MAR 2020.

18 A possibilidade do parcelamento como causa suspensiva da pretensão punitiva estatal foi prescrito, pela primeira vez, pelo art. 15 da Lei n. 9.964/2000, com um regramento bastante similar ao atual. Posteriormente, nova previsão foi feita no artigo 9º da Lei n. 10.684/2003, o qual, ampliando ainda mais a benesse, retirou o *limite temporal* (antes do recebimento da denúncia). A supressão do limite temporal foi mantida no artigo 68 da Lei 11.941/2009. Porém, dois anos depois, a Lei 12.382/2011, mantendo a possibilidade de o parcelamento suspender a pretensão punitiva, voltou a estabelecer um marco temporal, de forma que a possibilidade de parcelamento se restringe aos pedidos feitos *anteriormente ao recebimento da denúncia criminal*. Sendo Lei penal mais rigorosa em relação às duas anteriores, ela evidentemente não retroage para aqueles sonegadores que entre 2003 e 2011 ingressaram em algum programa de parcelamento do débito fiscal no curso do processo criminal.

A sistemática legal hoje vigente estabelece, pois, que o ingresso em programa de parcelamento fiscal impede o seguimento das investigações e veda o oferecimento de denúncia (criminal) contra os autores de crimes contra a Ordem Tributária[19].

Além das benesses legais, o Supremo Tribunal Federal emitiu a súmula vinculante n.º 24, nos seguintes termos: "*Não se tipifica crime material contra a ordem tributária, previsto no art. 1º, incisos I a IV, da Lei 8.137/90, antes do lançamento do tributo*".

Referida súmula vinculante tem ascendência em alguns precedentes da corte. Num primeiro momento, o STF firmou posição no sentido de que, na pendência de decisão administrativa sobre o lançamento definitivo do tributo (em processo administrativo), não existiria justa causa para a ação penal, por ausência de *condição objetiva de punibilidade* (HC n. 81.611-DF, Rel. Min. Sepúlveda Pertence, j. 10.12.2003). A seguir, a jurisprudência do STF passou a decidir que, ausente decisão definitiva na esfera administrativa, não estaria constituído o crédito tributário, de maneira que *não estaria configurada a tipicidade penal* (HC n. 97.118, Rel. Min. Ricardo Lewandowski, j. 23.03.2010).

Respeitosamente, discordamos deste entendimento, porquanto a decisão definitiva no campo administrativo-fiscal não pode nem deve ser condição para a tipificação do delito contra a Ordem Tributária. Ora, o objetivo do Direito Penal é a imposição de sanção penal àqueles que comprovadamente são autores de delitos, *in casu*, aqueles que, mediante fraude[20], reduzem ou suprimem tributo.

Noutras palavras, o Direito Penal não pode ter por escopo a cobrança de dívida tributária, simplesmente porque ele não pune o mero inadimplemento fiscal. O escopo do Direito Penal Tributário é prevenir e reprimir ações ou omissões fraudulentas voltadas ao não pagamento ou diminuição do valor do tributo.

Importante trazemos o posicionamento de Alecio Adão Lovatto, o qual enfatiza que a redução ou supressão do tributo se dá com o ato fraudulento que impede seu pagamento ou diminui seu valor (*tanto é assim que a correção monetária incide desde tal momento, e não somente após a decisão administrativa sobre o crédito*). Prossegue o autor expondo que há casos em que a falsidade está fartamente

[19] Temos, aqui, mais um benefício criado em prol do "*criminoso do colarinho branco*", inexistente para a criminalidade clássica. Ora, aos autores de crimes de furto ou estelionato, por exemplo, não se prevê nenhuma possibilidade de parcelamento do valor do ilícito (valor do bem subtraído ou obtido mediante fraude) que seja apto a travar as investigações ou obstar a ação penal. Trata-se, igualmente, de reparação do dano, mas sem o mesmo benefício legal, o que somente se justifica devido a uma seleção legislativa de quem deve, ou não, receber as amarguras do direito penal.

[20] Importante notar que o Superior Tribunal de Justiça possui o entendimento de que o crime contra a Ordem Tributária absorve tanto o crime de estelionato (informativo 360) como o crime de falsidade ideológica (informativo 363), pois estes seriam crime-meio para a sonegação. Portanto, ao não se permitir o processo-penal pelo crime do art. 1º da Lei 8.137/1990, também estará inviabilizado um processo pelos crimes dos artigos 171 ou 299 do Código Penal (os quais ficam absorvidos).

comprovada nos autos da investigação, sendo inquestionável a incidência do tributo, motivo pelo qual é inconcebível que os sujeitos processuais da esfera criminal tenham que aguardar o longínquo término do processo administrativo[21].

Pensamos que a Súmula Vinculante 24 do STF, ao impedir o oferecimento e o recebimento da denúncia contra o autor do crime contra a Ordem Tributária, colide frontalmente com o artigo 5°, XXXV, da Constituição Federal: *a lei não excluirá da apreciação do Poder Judiciário nenhuma lesão ou ameaça de direito.* E, quando tratamos de crimes contra a Ordem Tributária, a lesão ou ameaça dizem respeito a direitos supraindividuais de toda a sociedade. Como consequência, temos um Direito Penal seletivo (ou desigual), ineficiente e desproporcional.

> Urge, assim, a necessidade de modificação das normas supracitadas, para que a sociedade tenha a seu dispor um Direto Penal efetivo, adequado e combativo na prevenção e repressão dos crimes contra a ordem tributária, os quais, frisamos, são condutas que atentam contra valores constitucionais e o próprio Estado Democrático de Direito[22].

De qualquer maneira, importante destacar que a ausência de lançamento definitivo do crédito tributário, a suspensão da pretensão punitiva decorrente do parcelamento do débito, ou ainda a extinção da punibilidade pelo pagamento integral são fatores que não impedem a persecução penal por delitos conexos aos crimes tributários, como por exemplo o delito de associação criminosa. Neste sentido, já decidiu o Supremo Tribunal Federal:

> Fato extintivo superveniente da obrigação tributária, como o pagamento ou o reconhecimento da invalidade do tributo, afeta a persecução penal pelos crimes contra a ordem tributária, mas não a imputação pelos demais delitos, como quadrilha e corrupção. (HC n.° 106.152-MS, 1ªT, Rel. Min. Rosa WEBER, j. 29/03/2016).

2. CRIMES DE CARTEL

2.1. Previsão legal

> **Art. 4°** *Constitui crime contra a ordem econômica:*

21 LOVATO, Alecio Adão. *Crimes Tributários: aspectos criminais e processuais.* 3. ed. Porto Alegre: Livraria do Advogado, 2008, p. 203-204.

22 MESSA, Ana Flávia; ZANELLA, Everton Luiz. Op. cit., p. 40.

I - abusar do poder econômico, dominando o mercado ou eliminando, total ou parcialmente, a concorrência mediante qualquer forma de ajuste ou acordo de empresas;

II - formar acordo, convênio, ajuste ou aliança entre ofertantes, visando:

a) à fixação artificial de preços ou quantidades vendidas ou produzidas;

b) ao controle regionalizado do mercado por empresa ou grupo de empresas;

c) ao controle, em detrimento da concorrência, de rede de distribuição ou de fornecedores.

Pena - *reclusão, de 2 (dois) a 5 (cinco) anos e multa.*

2.2. Conceito

Cumpre conceituar o que se entende por crime de formação de cartel. Trata-se de acordo entre empresas independentes e concorrentes, que passam a adotar decisões e/ou políticas comuns relacionadas a todos ou a um determinado aspecto de suas atividades. Consiste no acordo entre empresas concorrentes para combinar quaisquer condições comerciais que alterem artificialmente as condições de mercado, de forma a restringir ou eliminar a concorrência, com graves prejuízos ao consumidor final.

Para Rodolfo Tigre Mais, trata-se da

> *combinação de produtores de qualquer produto que se, associam para controlar a sua produção, vendas e preços, bem como obter um monopólio e restringir a competição em determinada indústria ou de determinada mercadoria (...).*[23]

É indiscutível ser a ordem econômica, em especial o eixo da livre concorrência, o bem jurídico protegido pelos tipos penais.

No que concerne aos tipos penais de formação de cartel, o legislador contemplou o abuso do poder econômico (inciso I) e o acordo entre concorrentes com o objetivo de fixar preços, divisão de mercados e ou controle de fornecedores (inciso II).

[23] TIGRE MAIS, R. *Tutela Penal da ordem econômica: O crime de Formação de Cartel*, – São Paulo; Malheiros 2008, p. 161.

2.3. Abuso do Poder Econômico: artigo 4°, inciso I:

> ***I - abusar do poder econômico, dominando o mercado ou eliminando, total ou parcialmente, a concorrência mediante qualquer forma de ajuste ou acordo de empresas;***

O tipo penal encontra respaldo e comando constitucional, que repudia o abuso do poder econômico. O parágrafo 4° do artigo 173 da Constituição Federal[24] dispõe que será punido o abuso do poder econômico que objetive a dominação do mercado, à eliminação da concorrência[25] e ao aumento arbitrário dos lucros.

De fato, a orientação constitucional é no sentido de sancionar o abuso do poder econômico, mas não atinge qualquer exercício de atividade empresarial que propicie riqueza, que pode ser fruto de gestão sem violação das normas concorrenciais. Daí ser importante conceituar a expressão domínio do mercado, que se caracteriza quando ocorre a reunião dos "poderes necessários para direta ou indiretamente interferir, manipular e/ou controlar mecanismos envolvidos na formação dos preços dos bens e/ou serviços, quer atuando na angulação da oferta, quer na demanda, mercê da aquisição de capacidade (seja na esfera da concorrência existente, seja naquela da potencial iniciativa) para influenciar as atividades destinadas à produção, à circulação e ao consumo destas utilidades no mercado".[26]

A abrangência do tipo penal é clara e, ao mesmo tempo, bastante aberta.

Estamos diante do abuso de poder econômico que elimina, total ou parcial, a concorrência, cometido mediante ajustes ou acordo entre empresas ou agentes econômicos de diferentes níveis da cadeia produtiva: fornecedores, produtores e clientes; acordos de exclusividade, fixação de preços e fusões.

A doutrina classifica os cartéis em *vertical* e *horizontal*. A hipótese prevista no inciso I do artigo 4° da Lei n. 8.137/1990, quanto a nós, contempla o cartel *vertical*, no qual os agentes econômicos desempenham suas atividades em níveis diversos de cadeia industrial de produção, fornecimento e distribuição; enquanto o

[24] Art. 173. Ressalvados os casos previstos nesta Constituição, a exploração direta de atividade econômica pelo Estado só será permitida quando necessária aos imperativos da segurança nacional ou a relevante interesse coletivo, conforme definidos em lei.
(...)
§ 4° A lei reprimirá o abuso do poder econômico que vise à dominação dos mercados, à eliminação da concorrência e ao aumento arbitrário dos lucros.

[25] Para LUIZ ALBERTO DAVID ARAÚJO e VIDAL SERRANO NUNES JÚNIOR a livre concorrência tem por objetivo impedir a formação do monopólio do mercado, na medida em que o preceito constitucional abomina formas de dominação do mercado, como cartéis, trustes e monopólios em geral (*Curso de Direito Constitucional*, 4ª ed., São Paulo: Saraiva, 2001, pág. 375).

[26] TIGRE MAIS. Rodolfo. *Os fundamentos do antitruste, ob. cit.*, p. 165.

cartel *horizontal* os agentes econômicos estão no mesmo nível de cadeia industrial, numa relação linear e direta de concorrência. Por isso mesmo, são mais comuns e se repetem com mais frequência em nossa jurisprudência.

Frise-se que a lei antitruste, de início, não proíbe o relacionamento, seja horizontal ou vertical, entre os agentes econômicos. A vedação existe quando, no âmbito de um mercado relevante, tal relacionamento cooperativo prejudica de algum modo a concorrência e atinge o bem jurídico tutelado.

Trata-se de crime material que reclama a verificação do resultado danoso consistente no prejuízo à livre concorrência derivada do abuso do poder econômico. Essa demonstração pode ser fator de dificuldade, porquanto, embora existam entendimentos divergentes, quanto a nós, não basta a prática de preço predatório ou discriminação de preços, que poderá caracterizar infração administrativa. Preferimos a incidência de uma interpretação teleológica e mais restritiva para que o abuso de poder econômico decorra apenas de ajustes ou acordo entre empresas concorrentes.[27] Porém, não se pode exigir a comprovação do pacto ilícito por meio de contrato expresso ou ata de reunião entre os concorrentes, porque tal documento ou prova não existirá. Daí, ser admitida qualquer forma de ajuste ou acordo entre as empresas, voltado ao abuso do poder econômico, prejudiciais à concorrência.

Nesse contexto, para efeito de caracterização e imputação do delito em questão há que se demonstrar quem sofreu o resultado material, não sendo suficiente a mera descrição do monopólio[28], ou poder de mercado, ou mera elevação isolada de preços de produtos (STJ, RHC 4214/DF, 1994/0040546-4, Min. Assis Toledo, Quinta Turma, j. 22/2/1995, RT 715/526).

Inapelável reconhecer que a caracterização do tipo penal e a correspondente demonstração de seu resultado material danoso, para além de vítimas específicas ou pontuais, há ainda aquelas difusas que são atingidas e prejudicadas pelo abuso do poder econômico. Neste particular, invariavelmente, após a deflagração da ação penal, são interpostas ações civis públicas para a reparação dos danos aos consumidores atingidos, como, por exemplo, pelo aumento abusivo de preços decorrentes dos ajustes de agentes econômicos, que neutralizam a

27 Sobre essa divergência há o estudo de ANA PAULA MARTINEZ em seu livro: *Repressão a carteis: interface entre direito administrativo e direito penal*, São Paulo: Singular, 2013, p. 184-185.

28 A designação de monopólio merece ser esclarecida, pois é expressão do âmbito econômico que significa, em sentido estrito, o "privilégio ou prerrogativa de venda ou de indústria – ou de exploração de um serviço – por um só (individuo, grupo ou Estado), com exclusão dos demais" (CREATELLA, Junior, José. Monopólio, *in* FRANÇA, Rubens Limongi. *Enciclopédia Saraiva do Direito*, vol. 53, São Paulo: Saraiva, 1980, p.202. Diante de um monopólio, o consumidor tende a aceitar as condições impostas, pois somente uma empresa ou fornecedora possui o produto e ou serviço específico. O consumidor fica à mercê e vulnerável a essa estrutura econômica sólida e estável.

concorrência e acabam por influenciar todo o mercado de combustíveis. Molan Gaban e Juliana Oliveira Domingues revelam que:

> A busca de recuperação dos danos decorrentes das práticas anticoncorrenciais demonstra uma tendência que deve se fixar na Europa e no Brasil, inclusive há no ordenamento jurídico pátrio disposições normativas que legitimam a propositura de ações de indenização em âmbito civil.[29]

Ainda no que concerne a demonstração do abuso do poder econômico sugerimos a elaboração de um Relatório de Análise Econômica ou, numa designação mais tradicional, Relatório de Investigação Criminal Econômica para que se revele o abuso do poder econômico.[30] Estão capacitados para a elaboração desse relatório a Superintendência – Geral do CADE, o PROCON e Faculdades de Economia, que podem ser chamadas para a parceria numa investigação criminal.

Um critério importante para nortear essa análise encontra-se na Lei 12.529/2011, que delimita as condições para o abuso do poder econômico. O § 2° do artigo 36 da Lei diz que se presume "como posição dominante sempre que uma empresa ou grupo de empresas for capaz de alterar unilateral ou coordenadamente as condições de mercado ou quando controlar 20% (vinte por cento) ou mais do mercado relevante, podendo este percentual ser alterado pelo CADE para setores específicos da economia".

A OCDE tem a mesma orientação: os cartéis geram um sobrepreço estimado entre 10 e 20%, se comparado ao preço em um mercado competitivo, causando perdas anuais de centenas de bilhões de reais aos consumidores.[31]

Esse contexto e domínio do mercado relevante[32] no percentual de 20% pode e deve ser aferido numa análise econômica e materializada num relatório, que deve instruir a investigação criminal e/ou administrativa.

29 MOLAN GABAN, E.; DOMINGUES, J.O. *Direito Antitruste,* 3ª edição, São Paulo: Saraiva, 2012, p. 279.

30 A Superintendência Geral do CADE também utiliza de ferramentas proativas de detecção de cartéis, como o *screening*. Trata-se da utilização de bases de dados e softwares e aplicações de testes estatísticos com o objetivo de identificar e mensurar risco de colusão em mercados ou setores específicos e detectar comportamentos suspeitos de seus agentes (https://cdn.cade.gov.br/Portal/Not%C3%ADcias/2019/Cade%20publica%20Guia%20de%20Combate%20a%20Cart%C3%A9is%20em%20Licita%C3%A7%C3%A3°__guia-de-combate--a-carteis-em-licitacao-versao-final-1.pdf – visitado em 1°/11/2021). Essa análise deve ser materializada em Relatório de Análise Econômica para instruir o procedimento investigatório criminal ou inquérito policial.

31 OCDE. *Fighting Hard Core Cartels: harm effective sanctions and leniency programs.* Disponível em: www.ocde.org/competition .

32 O conceito de mercador relevante é importante e impacta na efetivação e caracterização do abuso do poder econômico. MOLAN GABAN e JULIANA OLIVEIRA DOMINGUES recomenda que essa compreensão percorra dois fatores: o geográfico e de produto. "O mercado relevante geográfico é o espaço físico da concorrência, e para sua delimitação geralmente se levam em consideração: i) os hábitos dos consumidores; ii) a incidência de custos de transporte; iii) as características do produto; i) os incentivos fiscais e administrativos de autoridades locais; e v) a existência de barreiras à entrada de novos agentes econômicos no mercado". Já o "mercado relevante de produto (material), é aquele em que o agente econômico enfrenta a concorrência tendo

2.4. O cartel clássico: artigo 4°, inciso II

Constitui crime contra a ordem econômica a conduta de formar *acordo, convênio, ajuste* ou *aliança* entre ofertantes. A toda evidência, tal pacto entre os concorrentes pode ser construído de forma expressa ou não, razão pela qual o legislador não se refere apenas ao convênio, mas admite o mero acordo ou ajuste entre os participantes do conluio. Seja como for, considerando a ilicitude do acordo, não haverá mesmo entre os ofertantes uma convenção materializada em documento, seja impresso ou eletrônico. [33]

Os agentes criminosos envolvidos nessa prática delitiva concentram-se na categoria da criminalidade de colarinho branco, com total condição para o uso de tecnologia para levar a cabo seus planos ilícitos voltados a maximização do lucro, o que é fator de dificuldade para rastrear e provas os crimes cometidos. Essa característica de atuação propicia, que o cartel atue durante muito tempo sem ser incomodado.

De fato, os cartéis definidos como clássicos, que determinam o aumento direto de preços, normalmente contam com sistema de coordenação institucionalizado, por meio de reuniões periódicas e encontros secretos, presenciais ou virtuais, nos quais são ajustadas as condições a serem seguidas por todos os envolvidos. O pacto ilícito, não raro, confere a existência de uma associação ou grupo de empresários, que estabelecem mecanismos permanentes para alcançar seus objetivos.

Nesse contexto, Mendroni destaca a existência de

> Uma simbiose entre as organizações criminosas empresariais e endógenas. As empresas, através de seus representantes, formam acordos, consórcios, convênios, ajustes e alianças, como ofertantes ou proponentes, visando à fixação artificial de preços. Os agentes públicos 'permitem' ou até 'direcionam' os acordos. Ambas as partes lucram, com ofertas superfaturadas. Perde o erário público. Perdem as empresas que concorrem honestamente. Perde a sociedade. Empresas que formam cartéis são, à luz da legislação e da doutrina, consideradas organizações criminosas.[34]

como base o bem ou serviço oferecido. A necessidade do consumidor pelo produto é considerada para verificar se ele está disposto a substituí-lo por outro. Havendo resposta afirmativa, esses produtos farão parte do mesmo mercado relevante material" (*Direito Antitruste*, 3ª edição, São Paulo: Saraiva, 2012, p. 169-170).

33 - Fundamental, daí, a incidência dos indícios para a formação da convicção, nos termos do artigo 239 do CPP.

34 MENDRONI, Marcelo Batlouni. *A lógica acusatória nos crimes de cartel.* In A nova Lei do CADE: o 1° ano na visão das autoridades. Farina, Laércio et. Al. Ribeirão Preto: Migalhas, 2013, p. 94.

O objetivo dos agentes econômicos que formam o cartel, para além de dominar o mercado, é o aumento do lucro. A atuação – sempre clandestina – do cartel se assemelha e tem as características de um verdadeiro monopólio, com o consequente aumento de preços, o inevitável prejuízo ao consumidor e à livre concorrência.

Não se contempla na lei e nos tipos penais em questão a figura do crime culposo.

Infere-se como dolo específico do cartel: a) a fixação artificial de preços ou quantidade do produto a ser vendido ou produzido; b) o a divisão e o controle regional de um determinado mercado; ou c) o controle de rede de distribuição ou de fornecedores em prejuízo à livre concorrência. As duas primeiras finalidades concentram os cartéis mais clássicos e incidentes na jurisprudência do CADE e da justiça criminal.

Estamos aqui diante daquilo que já classificamos como acordos *horizontais*.

Esses ajustes

> foram sempre considerados de maior potencial de dano ao mercado. Isso porque são ações entre concorrentes que, como o nome sugere, devem concorrer no mercado e não cooperar entre si.[35]

Ao contrário do ocorre no inciso I do artigo 4°, o inciso II enquadra-se como crime de perigo e, assim, não se exige a efetiva lesão ao bem jurídico tutelado. Em outras palavras, no que concerne a consumação do delito, tratando-se de crime formal, a simples comprovação sobre a formação de acordo entre concorrentes em torno da fixação de preços ou quantidades, no âmbito da concorrência desleal, já caracteriza a prática delitiva. Diante dessa consideração e atentos ao caráter permanente do crime, torna-se possível a prisão em flagrante[36] dos representantes do cartel, quando são surpreendidos logo após entabularem, por exemplo, a divisão regional de um determinado mercado e os correspondentes preços a serem praticados.

Como estamos diante de um tipo de crime cometido por grupos econômicos organizados incidem na apuração dos fatos todos os meios especiais de provas, em especial aqueles previstos na Lei n. 12.850/2013. Assim, releva destacar o emprego de interceptações telefônicas, telemáticas, a infiltração de agentes, a

[35] OLIVEIRA, Gesner; RODAS, João Grandino, *Direito e economia da concorrência*. São Paulo: Renovar, 2004. p. 40.

[36] Art. 303. Nas infrações permanentes, entende-se o agente em flagrante delito enquanto não cessar a permanência (CPP).

quebra do sigilo bancário e fiscal, busca e apreensão[37], sem perder de vista a investigação criminal de campo.[38]

Ainda no que concerne a consumação do crime de formação de cartel, o CADE teve a oportunidade de firmar o mesmo entendimento sobre a caracterização de delito formal, durante o julgamento do "caso de mangueiras marítimas":[39]

> No caso da formação de cartel, a conduta é reprovável por si só, sem a necessidade de comprovação de efeitos, ao que a lei chama de infração "por objeto" (art. 36, caput, Lei 12.529/11). Caso o julgador opte por estender a análise, a legislação antitruste aponta ainda a vertente da infração "por efeito" (art. 36, caput, Lei 12.529/11). A lei estabelece essas duas possibilidades de análise porque as atividades anticompetitivas geralmente são encobertas, com estratégias que visam à ocultação dos atos praticados. No caso dos cartéis, os atos são ocultados não para a proteção de estratégias comerciais de empresas envolvidas, mas sim em função de sua importância para a caracterização de uma conduta considerada delito pela legislação pátria. Em função dessa natureza, provada a formação de cartel, não há necessidade de se comprovar os efeitos sobre a concorrência ou o bem-estar do consumidor. A violação à ordem econômica, quando comprovada, se dá pelo próprio objeto, e não pelos seus efeitos.

37 A Lei 12.529/2011, no artigo 13, inciso VI, "d", prescreve que compete à Superintendência – Geral do CADE: "requerer ao Poder Judiciário (...) mandado de busca e apreensão de objetos, papéis de qualquer natureza, assim como de livros comerciais, computadores e arquivos magnéticos de empresa ou pessoa física, no interesse de inquérito administrativo ou de processo administrativo para imposição de sanções administrativas por infrações à ordem econômica, aplicando-se, no que couber, o disposto no art. 839 e seguintes da Lei nº 5.869, de 11 de janeiro de 1973 - CPC, sendo inexigível a propositura de ação principal.

38 - MENDRONI destaca a possibilidade de se provar a prática do crime de formação de cartel por meio das provas diretas e indiretas. E transcreve julgado do STF que se valeu das indiretas para reconhecer a ocorrência de cartel no caso denominado como "Mensalão" ("A logística acusatória nos crimes de cartel", ob. cit., p. 98-100): STF: RE 68.006/MG – MINAS GERAIS RECURSO EXTRAORDINÁRIO Relator(a): Min. ALIOMAR BALEEIRO Julgamento: 9/10/1969 Órgão Julgador: PRIMEIRA TURMA Publicação DJ 14-11-1969 – Ementa: SIMULAÇÃO. INDÍCIOS VÁRIOS E CONCORDANTES SÃO PROVA. NÃO SE CONHECE DO RECURSO EXTRAORDINÁRIO SE A DECISÃO ASSENTA AOS FATOS E PROVAS E NÃO SE DEMONSTROU O DISSÍDIO NA FORMA DA SÚMULA No 291. CADE. PA nº 8012.003208/99-85: "A prova de ação de cartéis é feita, em sua maioria das vezes, por meio de indícios de ação concentrada do que pela comprovação de existência de acordos formais. Tal regra aplica-se em todos os países que adotam o sistema de proteção antitruste, tendo em vista que dificilmente encontrar-se-á documento formal assinado entre os partícipes da conduta, afirmando as condições do ajuste."
"Nos delitos de poder, quanto maior o poder do criminoso, maior a facilidade de esconder o ilícito. Disso decorre a maior elasticidade na admissão da prova de acusação" (Min. Rosa Weber).

39 - Processo Administrativo 08012.010932/2007-18. Conselheiro-Relator: Márcio de Oliveira Júnior. Decisão de 25/2/2015, publicada em 3/3/2015. Confira-se também a notícia veiculada sobre a condenação no CADE: http://antigo.cade.gov.br/noticias/cade-condena-empresas-e-pessoa-fisica-por-cartel-internacional-de--mangueiras-maritimas - visitada em 30/10/2021. Sobre esse caso, vide também: MOLAN GABAN, Eduardo e DOMINGUES, Juliana Oliveira, *Direito antitruste, 3ª ed., São Paulo, Saraiva,* 2012, p. 368-373.

No entanto, a prática de preços idênticos, ou mesmo similares, como decorrência de decisão unilateral, sem qualquer indício de ter havido o prévio ajuste entre os comerciantes, não basta para a caracterização do crime de formação de cartel.[40]

Como corolário do princípio da fragmentariedade do direito penal, os agentes econômicos cartelizados devem deter poder de mercado relevante para a caracterização do ilícito. Nesse sentido o posicionamento correto de Ana Paula Martinez.[41] Assim, para além de existir ajuste, acordo, convênio ou aliança entre concorrentes, com vistas a obter uma das finalidades já mencionadas (alíneas "a" e "b"), os autores do delito conluiados devem ainda serem detentores de poder para atingir, ou ter potencial para tanto, de afetar negativamente o mercado relevante em questão. Em outras palavras, ausente o poder de mercado relevante, a conduta afigura-se como atípica.

A pena prevista ao crime previsto no artigo 4° da Lei n° 8.137/90 é de reclusão: de 2 (dois) a 5 (cinco) anos e multa. Não é possível, pois, considerar o delito de formação de cartel como de menor potencial ofensivo, sendo incabível a incidência da Lei n° 9.099/95. Contudo, cabível o acordo de não persecução penal (ANPP), pois a pena mínima é inferior a 4 (quatro) anos. Ressalvamos a necessidade de se verificar – e bem – se o ANPP se apresenta como necessário e suficiente para reprovação e prevenção do crime, à vista das consequências experimentadas pelos consumidores e concorrentes prejudicados no caso concreto. Mais ainda a necessidade de se fixar condição proporcional e relacionada com a reparação do dano àqueles que foram prejudicados pelo cartel e aos consumidores, sendo aqui a vítima difusa.

No que concerne a competência, em regra, compete à Justiça Estadual para investigar e processar os crimes de formação de cartel e os delitos contra ordem econômica – financeira em geral. O STF já decidiu que a Lei n° 8.137/1990, ao contemplar o crime de cartel não especificou ou determinou a competência da Justiça Federal (RHC, Relator Min. Edson Fachin, j. 2/9/2016, p. 28/9/2016).[42]

40 - Nesse mesmo sentido: MARTINEZ, Ana Paula, *Repressão a carteis, ob. cit.*, p. 189. Também: PRADO, Luiz Regis, *Direito penal econômico*, 4ª ed., São Paulo, RT, 2011, p. 54. MOLAN GABAN e JULIANA DOMINGUES reportam decisão do CADE, de 1997, no qual se deixou de condenar as empresas acusadas de prática de cartel, pois entendeu haver nos autos evidências suficientes de que o comportamento paralelo verificado justificou-se por razões de caráter econômico, logo, de racionalidade econômica, o que afastou sua ilicitude e tornou-lhe aceitável do ponto de vista concorrencial (*Direito antitruste, ob. cit.*, p. 177).

41 MARTINEZ, A.P. *Repressão a carteis: interface entre direito administrativo e direito penal, ob. cit.*, p. 188.

42 "(...) 1. Em relação à competência penal da Justiça Federal, prescreve a Constituição Federal: "Art. 109. Aos juízes federais compete processar e julgar: (...) VI - os crimes contra a organização do trabalho e, nos casos determinados por lei, contra o sistema financeiro e a ordem econômico-financeira (...) 1.1. Como se depreende da leitura do texto constitucional, para que o processamento e julgamento dos crimes contra o sistema financeiro e a ordem econômico-financeira sejam de competência da Justiça Federal exige-se expressa previsão legal, o que não ocorre na espécie, eis que a Lei 8.137/1990, ao tratar do delito de formação de cartel, silencia a

Contudo, se a magnitude do cartel atingir vários Estados da federação, com impacto e envergadura nacional, o STJ já decidiu pela competência da Justiça Federal[43]:

> (...) a Lei 8.137/90 não contém dispositivo expresso fixando a competência da Justiça Federal, competindo, em regra, à Justiça Estadual o julgamento dessa espécie de delito; todavia, isso não afasta, de plano, a competência da Justiça Federal, desde que se verifique hipótese de ofensa a bens, serviços ou interesses da União, suas autarquias ou empresas públicas, nos exatos termos do art. 109, inciso IV, da Carta Constitucional, ou que, pela magnitude da atuação do grupo econômico ou pelo tipo de atividade desenvolvida, o ilícito tenha a propensão de abranger vários Estados da Federação, prejudicar setor econômico estratégico para a economia nacional ou o fornecimento de serviços essenciais. (HC 117169, 5ª Turma, Rel. Min. Napoleão Nunes Maia Filho, DJe de 16.3.2009).

Em última análise, merece destaque o cenário econômico que facilita e muito a formação do cartel. Para a OCDE - Organização para o Desenvolvimento e Cooperação Econômica, as características do mercado econômico seriam as seguintes: (i) poucas empresas ou poucas empresas grandes; de fato, quanto menor o número de empresas envolvidas num segmento comercial mais fácil o acordo ilícito; (ii) empresas parecidas quanto a estrutura de custos, processos, objetivos, nível de integração vertical ou linha de produtos; (iii) produto homogêneo; (iv) inexistência de substitutos semelhantes; (v) demanda

esse respeito. Assim, a alegação de que "a ordem econômica e livre concorrência têm caráter estratégico para o desenvolvimento da economia nacional" não configura hipótese de competência da Justiça Federal, salvo se assim estipulado em lei ordinária. 1.2. A regulação do setor pela Agência Nacional do Petróleo (ANP) não altera essa conclusão. Isso porque, para fins de competência penal, o interesse das entidades federais deverá ser específico e direto. (...) 1.3. Aduzo que a Lei 10.446/02 também não socorre ao recorrente. Com efeito, trata-se de norma que disciplina as atribuições do Departamento de Polícia Federal, oportunidade em que se incluiu, dentre essas hipóteses, a formação de cartel com repercussão interestadual ou internacional. Referida lei, contudo, não trata de competência jurisdicional, mas, tão somente, explicita as atribuições da Polícia Federal que, embora tipicamente funcione como polícia judiciária da União, detém, por força do art. 144, §1°, I, CF, incumbência para apurar "infrações cuja prática tenha repercussão interestadual ou internacional e exija repressão uniforme". Ressalte-se que a competência da Justiça Federal não decorre das atribuições da Polícia Federal. O raciocínio é inverso e, excepcionalmente, a lei conferiu atribuições específicas ao órgão policial. (...)" (STF - RHC 121985, Rel. Min. Edson Fachin, DJe 2.6.2016)

43 - A 2ª Câmara de Coordenação e Revisão do Ministério Público Federal publicou Orientação n° 9, em 26/5/2014, respeitada a independência funcional, no sentido de que "considera que o crime de formação de cartel, quando envolve outros Estados e países, é de competência federal, atraindo a atribuição do Ministério Público Federal".

inelástica; (vi) informações sobre as transações de venda amplamente disponíveis; e (vii) existência de licitações.[44]-[45]

Esse foi o cenário visto, numa perspectiva prática, nos seguintes casos que foram objeto de investigação no CADE e no Ministério Público: Cartel de Pedra Britada, Cartel de Cimento e Concreto, Cartel de Combustíveis no varejo, Cartel de Compressores de Ar, Cartel de Gases Industriais e o Cartel de TV a Cabo.[46]

2.5. O acordo de leniência na lei antitruste

O acordo de leniência é um compromisso firmado entre o Poder Público e o infrator da norma (pessoa física ou jurídica), mediante o qual este concede àquele provas e informações relevantes acerca do ato ilícito (infração cometida), recebendo, em contrapeso, um abrandamento das sanções cabíveis.

ABDUCH SANTOS, BERTONCINI E CUSTÓDIO FILHO trazem definição bem semelhança:

> Leniência significa suavidade, brandura, ternura e, no direito brasileiro, o uso deste vocábulo serve para qualificar determinados acordos celebrados entre a Administração Pública e particulares envolvidos em ilícitos, por meio dos quais estes últimos colaboram com a investigação e recebem em benefício a extinção ou redução das sanções a que estariam sujeitos por tais ilícitos[47].

O acordo de leniência tem origem, no ordenamento brasileiro, na Lei n.º 10.149/2000, que adicionou os artigos 35-B e 35-C à Lei n.º 8.884/1994, Lei *antitruste* vigente à época, posteriormente revogada pela Lei n.º 12.529/2011, que é a nossa atual Lei *antitruste*, e que manteve o instituto do acordo de leniência nos artigos 86 e 87, dando-lhe novos e importantes contornos.

O acordo de leniência também encontra normatização no artigo 16 da Lei n.º 12.846/2013, a qual estabelece o sistema de combate à corrupção empresarial. Porém, este texto, devido ao seu objeto, se limitará à análise do acordo

44 - R. Shyam Khemani, *Diretrizes para elaboração e implementação de política de defesa da concorrência*. Trad. Fabíola Moura, Priscila Akemi Beltrame. São Paulo: Singular, 2003. p. 77-78.

45 - Sobre o que facilita a formação de carteis no mercado de compras públicas, vide o *Guia de Combate a carteis em licitação*, p. 21: https://cdn.cade.gov.br/Portal/Not%C3%ADcias/2019/Cade%20publica%20Guia%20de%20Combate%20a%20Cart%C3%A9is%20em%20Licita%C3%A7%C3%A3º__guia-de-combate-a-carteis-em-licitacao-versao-final-1.pdf – visitado em 1º/11/2021.

46 - Tais casos – alguns deles foram objeto de apuração e processo crime tendo o Ministério Público de São Paulo como órgão acusador – foram bem analisados na obra de MOLAN GABAN e JULIANA DOMINGUES, *Direito Antitruste*, *ob. cit.* p. 313-420.

47 SANTOS, José Anacleto Abduch; BERTONCINI, Mateus; CUSTÓDIO FILHO, Ubirajara. *Comentários à Lei 12.846/2013 – Lei anticorrupção*. São Paulo: RT, 2014, p. 232.

de leniência na Lei n.º 12.529/2011, porquanto a lei anticorrupção de empresas possui um regramento próprio e específico para o instituto (em que pese seja, na essência, o mesmo instrumento colaborativo entre o Estado e o particular, o acordo na Lei n.º 12.846/2013 possui diversas especificidades, que devem ser objeto de um estudo à parte).

O acordo de leniência tem assentamento nos artigos 86 e 87 da Lei n.º 12.529/2011.

> O acordo é celebrado, de um lado, pela Administração Pública, representada pelo Conselho Administrativo de Defesa Econômica (CADE), e, de outro, pela pessoa física ou jurídica investigada por cometer infrações à ordem econômica. Referidas infrações são definidas no art. 36 da mesma norma legal, havendo perfeita identidade com as condutas definidas como crimes pelo artigo 4º da Lei n.º 8.137/90 (com redação alterada pela própria Lei n.º 12.529/2011). Noutras palavras, tais ações - ilícitas – são simultaneamente infrações administrativas e penais e, por isso, dão azo a uma dupla responsabilização[48].

Após a celebração do acordo entre o CADE e a pessoa física ou jurídica investigada, a avença deve seguir para a manifestação do Ministério Público Federal. Embora não exista uma previsão expressa neste sentido, o art. 20 da Lei n.º 12.529/2011 estabelece que *o Procurador-Geral da República designará membro da instituição para dar parecer nos processos administrativos destinados a impor sanções administrativas por infrações à ordem econômica*. Considerando que o acordo de leniência é um procedimento de cunho administrativo que resultará em aplicação de sanções ao infrator da norma (ainda que suavizadas devido ao acordo), é perfeitamente aplicável a regra estabelecida no art. 20 da lei.

Aliás, neste sentido é o **Item 59 do Guia do Programa de Leniência Antitruste do CADE:**

> Apesar de os artigos 86 e 87 da Lei nº 12.529/2011 não exigirem expressamente a participação do Ministério Público para a celebração de Acordo de Leniência, a experiência consolidada do CADE é no sentido de viabilizar a participação do Ministério Público, titular privativo da ação penal pública e detentor de atribuição criminal, tendo em vista as repercussões criminais derivadas da leniência. Assim, o Ministério Público Estadual e/ou o Federal participa como agente interveniente no acordo, a fim de conferir maior

48 ZANELLA, Everton Luiz. *Acordo de leniência no âmbito penal e administrativo*; in Governação Corporativa e Corrupção, coord. DOMINGUES, Paulo de Tarso; MESSA, Ana Flávia. Edições Húmus: Porto, 2019, p. 181.

segurança jurídica aos signatários do Acordo de Leniência, além de facilitar a investigação criminal do cartel .[49]

Os efeitos do acordo dependem do conhecimento prévio ou não do CADE acerca da infração.

Se referido órgão (CADE) não investigava a infração, sendo ela revelada em primeira mão pelo próprio infrator, o acordo de leniência trará como corolário a *imunidade administrativa absoluta*, ou seja, a *"extinção da ação punitiva da administração pública em favor do infrator"* (art. 86, § 4º, I, da Lei). Nesta hipótese, portanto, consoante normativa legal, nenhuma sanção administrativa será imposta ao leniente.

Porém, a *contrario sensu*, se o CADE já possuía conhecimento da infração administrativa (e já a investigava), o benefício aplicado será menor: o leniente receberá a *imunidade administrativa relativa*, a qual se limita à redução da multa[50] de um a dois terços (1/3 a 2/3), preservando-se a possibilidade de aplicação das demais sanções estatuídas no art. 38 da Lei n.º 12.529/2011[51]. O percentual da atenuação da multa terá correlação com a efetividade da colaboração e com a boa-fé do infrator (art. 86, § 4º, II, da Lei).

Além da imunidade administrativa absoluta ou relativa (conforme o caso), o art. 87 da Lei n.º 12.529/2011 reza que o acordo de leniência tem como consequência a *suspensão do processo penal* no tocante aos *crimes contra a ordem econômica*

[49] disponível em https://cdn.cade.gov.br/Portal/acesso-a-informacao/participacao-social/contribuicoes-da-sociedade/outras-contribuicoes-concluidas/guia-programa-de-leniencia-antitruste-do-cade-versao-preliminar.pdf, acesso em 15/11/2021).

[50] A multa será fixada nos moldes do art. 37 da Lei: de 0,1% a 20% (um décimo por cento a vinte por cento) do faturamento bruto da pessoa física ou jurídica no exercício anterior, não podendo, contudo, ser inferior à vantagem auferida. Quando não for possível definir o faturamento bruto, a multa será arbitrada entre R$ 50 mil e R$ 2 bilhões (de cinquenta mil a dois bilhões de reais). O administrador de pessoa jurídica, que agir com culpa ou dolo, receberá multa no patamar de 1% a 20% (um a vinte por cento) da multa aplicada à empresa. Em caso de reincidência, as multas cominadas serão aplicadas em dobro.

[51] Art. 38. Sem prejuízo das penas cominadas no art. 37 desta Lei, quando assim exigir a gravidade dos fatos ou o interesse público geral, poderão ser impostas as seguintes penas, isolada ou cumulativamente:
I - a publicação, em meia página e a expensas do infrator, em jornal indicado na decisão, de extrato da decisão condenatória, por 2 (dois) dias seguidos, de 1 (uma) a 3 (três) semanas consecutivas;
II - a proibição de contratar com instituições financeiras oficiais e participar de licitação tendo por objeto aquisições, alienações, realização de obras e serviços, concessão de serviços públicos, na administração pública federal, estadual, municipal e do Distrito Federal, bem como em entidades da administração indireta, por prazo não inferior a 5 (cinco) anos;
III - a inscrição do infrator no Cadastro Nacional de Defesa do Consumidor;
IV - a recomendação aos órgãos públicos competentes para que:
a) seja concedida licença compulsória de direito de propriedade intelectual de titularidade do infrator, quando a infração estiver relacionada ao uso desse direito;
b) não seja concedido ao infrator parcelamento de tributos federais por ele devidos ou para que sejam cancelados, no todo ou em parte, incentivos fiscais ou subsídios públicos;
V - a cisão de sociedade, transferência de controle societário, venda de ativos ou cessação parcial de atividade;
VI - a proibição de exercer o comércio em nome próprio ou como representante de pessoa jurídica, pelo prazo de até 5 (cinco) anos; e
VII - qualquer outro ato ou providência necessários para a eliminação dos efeitos nocivos à ordem econômica.

(art. 4º da Lei no 8.137/90) e *"demais crimes diretamente relacionados à prática de cartel"*[52]. O parágrafo único do dispositivo legal vai além, ao estabelecer que *"cumprido o acordo de leniência pelo agente, extingue-se automaticamente a punibilidade dos crimes a que se refere o caput deste artigo"*.

Em síntese, o acordo de leniência tem como consequência imediata a suspensão do processo criminal relativo aos delitos contra a ordem econômica e conexos; e como consequência mediata a ampla benesse da extinção da punibilidade[53], desde que cumprido integralmente o acordo.

O artigo 86, incisos I e II, preveem dois pressupostos para o acordo de leniência: i) que o autor da infração contra a ordem econômica colabore de forma efetiva com as investigações e com o procedimento administrativo; ii) que a colaboração resulte na identificação dos demais envolvidos no ato ilícito e na obtenção de informações provas da infração.

Além dos pressupostos que estão no *caput*, o § 1º do mesmo artigo 86 exige alguns requisitos cumulativos para a celebração do acordo:

> I - a empresa seja a primeira a se qualificar com respeito à infração noticiada ou sob investigação;
>
> II - a empresa cesse completamente seu envolvimento na infração noticiada ou sob investigação a partir da data de propositura do acordo;
>
> III - a Superintendência-Geral não disponha de provas suficientes para assegurar a condenação da empresa ou pessoa física por ocasião da propositura do acordo; e
>
> IV - a empresa confesse sua participação no ilícito e coopere plena e permanentemente com as investigações e o processo administrativo, comparecendo, sob suas expensas, sempre que solicitada, a todos os atos processuais, até seu encerramento.

O primeiro requisito é que a pessoa jurídica seja a primeira a noticiar o fato às autoridades. Notamos que tal requisito não é exigido da pessoa física.

Se outras pessoas jurídicas quiserem colaborar com a Administração Pública (não sendo aquela que primeiramente reportou a infração anticoncorrencial),

52 Podemos citar como exemplos os crimes de fraude a licitações (Lei no 8.666/1993), além de delitos do Código Penal, como a associação criminosa (art. 288).

53 Aqui, para não sermos repetitivos, remetemos o leitor à crítica realizadas no item 1.6, quando tratamos da extinção da punibilidade criminal decorrente do pagamento do tributo. Considerando que a Ordem Econômica é tão relevante socialmente quando a Ordem Tributária, parece-nos que o benefício é muito amplo e nos soa como exagerado.

ela poderá formalizar um **termo de compromisso de cessação** (TCC), expressamente admitido no **item 23 do Guia do Programa de Leniência Antitruste do CADE**:

> O Acordo de Leniência é instrumento disponível apenas a o primeiro agente infrator a reportar a conduta anticoncorrencial entre concorrentes ao CADE (art. 86, §1º, I da Lei nº 12.529/2011) e cujos benefícios são **tanto administrativos quanto criminais** (art. 86, §4º c/c art.87 da Lei nº 12.529/2011).
>
> O TCC, por sua vez, é acessível **a todos os demais investigados** na conduta anticompetitiva (art. 85 da Lei nº 12.529/2011), gerando benefícios na seara administrativa, **mas sem previsão de benefícios automáticos na seara criminal**[54].

Em suma, a primeira pessoa jurídica a relatar os fatos ao CADE é a única que está apta a celebrar o acordo de leniência[55] e receber, por consequência, a imunidade administrativa e penal. As demais empresas poderão apenas celebrar apenas o TCC, cujos efeitos se restringem à esfera administrativa[56].

Os outros requisitos da Lei para se firmar o acordo de leniência são:

- Que a empresa jurídica ou física cesse completamente seu envolvimento nas infrações econômicas a partir da data do acordo;
- Que o CADE não tenha outros meios para comprovar os fatos, isto é, o acordo de leniência é útil e necessário para a obtenção das provas do ilícito;
- Que a pessoa física ou jurídica (por meio de seu representante legal) confesse sua participação na infração econômica e coopere plenamente com as investigações e com o procedimento administrativo.

54 Guia do Programa de Leniência Antitruste do CADE, disponível em https://cdn.cade.gov.br/Portal/acesso-a-informacao/participacao-social/contribuicoes-da-sociedade/outras-contribuicoes-concluidas/guia-programa-de-leniencia-antitruste-do-cade-versao-preliminar.pdf. Acesso em 15/11/2021.

55 O requisito de ser a primeira pessoa a colaborar foi excluído pela medida provisória n.º 703/2015, de 18/12/2015, a qual permitia que qualquer empresa firmasse o acordo de leniência. Entretanto, a medida provisória perdeu sua validade ao não ser convertida em Lei dentro do prazo constitucional (60 dias, prorrogados por igual período, nos termos da art. 62, § 3º, da Constituição Federal), voltando a vigorar, em 30/05/2016, o requisito legal que limita a legitimidade para celebrar o acordo.

56 Não há participação do Ministério Público no TCC, diferentemente do que ocorre no acordo de leniência. É por esta razão que os efeitos do TCC não atingem a esfera criminal.

O descumprimento do acordo de leniência impedirá a realização de novo acordo pelo prazo de 3 (três) anos.

Referências

CARVALHO, Márcia Dometila Lima de. *Fundamentação constitucional do direito penal*. Porto Alegre: Sergio Antonio Fabris, 1992.

DAVID, Luiz Alberto, NUNES JÚNIOR, Vidal Serrano. *Curso de Direito Constitucional*. 4ª ed., São Paulo: Saraiva, 2001.

FEDERIGHI, Wanderley José. *Direito tributário*. Atlas: São Paulo, 2000.

FRANÇA, Rubens Limongi. *Enciclopédia Saraiva do Direito*, vol. 53, São Paulo: Saraiva, 1980

LOVATO, Alecio Adão. *Crimes Tributários: aspectos criminais e processuais*. 3. ed. Porto Alegre: Livraria do Advogado, 2008.

MARTINEZ, Ana Paula. *Repressão a carteis: interface entre direito administrativo e direito penal*, São Paulo: Singular, 2013;

MENDRONI, Marcelo Batlouni. *A lógica acusatória nos crimes de cartel. in A nova Lei do CADE: o 1° ano na visão das autoridades*. Farina, Laércio et. Al. Ribeirão Preto: Migalhas, 2013;

MESSA, Ana Flávia; ZANELLA, Everton Luiz. *Aspectos controvertidos dos crimes contra a ordem tributária*. In Direito Penal Econômico, coord. Rogério Cury. São Paulo: Almedina Brasil, 2020.

PRADO, Luiz Regis. *Direito penal econômico*. São Paulo: Editora Revista dos Tribunais, 2004.

MOLAN GABAN, Eduardo, e DOMINGUES, Juliana Oliveira. *Direito Antitruste*, 3ª edição, São Paulo: Saraiva, 2012.

OLIVEIRA, Gesner; RODAS, João Grandino, *Direito e economia da concorrência*. São Paulo: Renovar, 2004.

PIMENTEL, Manoel Pedro. Direito penal *econômico*. São Paulo: Editora Revista dos Tribunais, 1973.

PRADO, Luiz Regis. *Direito penal econômico*. 4ª ed., São Paulo, RT, 2011.

R. Shyam Khemani, *Diretrizes para elaboração e implementação de política de defesa da concorrência*. Trad. Fabíola Moura e Priscila Akemi Beltrame. São Paulo: Singular, 2003;

SANTOS, José Anacleto Abduch; BERTONCINI, Mateus; CUSTÓDIO FILHO, Ubirajara. *Comentários à Lei 12.846/2013 – Lei anticorrupção.* São Paulo: RT, 2014

TIGRE MAIS, Rodolfo, *Os fundamentos do antitruste,* 6ª edição, São Paulo: Malheiros, 2008;

ZANELLA, Everton Luiz. *Acordo de leniência no âmbito penal e administrativo*; in Governação Corporativa e Corrupção, coord. DOMINGUES, Paulo de Tarso; MESSA, Ana Flávia. Edições Húmus: Porto, 2019.

7.

LEI N. 8.072/1990 - LEI DOS CRIMES HEDIONDOS

Paulo Henrique Aranda Fuller

1. Aspectos gerais

O art. 5º, inciso XLIII, da Constituição Federal, estabelece que "a lei considerará crimes inafiançáveis e insuscetíveis de graça ou anistia a prática da tortura, o tráfico ilícito de entorpecentes e drogas afins, o terrorismo e os definidos como crimes hediondos, por eles respondendo os mandantes, os executores e os que, podendo evitá-los, se omitirem".

Como se percebe, três importantes aspectos emergem da aludida norma constitucional:

> (i) *mandados de criminalização* para a tortura, o tráfico ilícito de entorpecentes e drogas afins e o terrorismo;
>
> (ii) criação de um microssistema submetido a *regime jurídico mais gravoso* (inafiançabilidade e insuscetibilidade de graça e anistia), destinado a abrigar os crimes hediondos (categoria então desconhecida) e aqueles cujas consequências penais e processuais penais seriam constitucionalmente equiparadas ou assemelhadas (tortura, tráfico de drogas e terrorismo);

(iii) mandado de *definição legal* da categoria "crimes hediondos" – norma constitucional de eficácia limitada, pois a produção plena de seus efeitos depende de uma atividade normativa inferior (no caso, do legislador).

2. Sistemas de definição dos "crimes hediondos"

O art. 5º, inciso XLIII, da Constituição Federal, atribuiu ao legislador a competência para a definição dos "crimes hediondos". Assim, de acordo com o critério adotado pela legislação, podem ser cogitados quatro sistemas para a definição dos "crimes hediondos": (a) sistema *legal* puro (adotado na legislação brasileira), (b) sistema *judicial*, (c) sistema *misto* e (d) sistema legal *com mitigação reducionista* (nossa posição).

2.1. Sistema legal (puro)

O **sistema legal** atribui apenas ao legislador o poder de definir os crimes que serão considerados hediondos: a fonte criadora da hediondez seria *diretamente* a lei.

Trata-se de critério de natureza formal, assentado na previsão abstrata de um rol exaustivo (*numerus clausus*) de crimes hediondos, a ensejar absoluta vinculação (subordinação) da atuação jurisdicional aos cânones impostos pelo legislador – não se defere ao juiz qualquer margem de apreciação acerca da gravidade concreta da conduta.

Como se percebe, a aferição da hediondez se opera no plano abstrato (atividade legislativa), por meio de um procedimento de seleção antecipada de crimes (rotulação ou etiquetamento legal), elaborada a partir da mera tipologia legal da conduta (gravidade abstrata).

Em sua forma "pura", o sistema legal implica a impossibilidade absoluta de ampliação ou de redução do universo legal de crimes hediondos: o juiz nunca pode atribuir o signo da hediondez a crimes não selecionados pelo legislador, tampouco afastar essa qualidade dos crimes que integram o rol legal.

A virtude do sistema legal radica na segurança jurídica, inerente ao princípio da legalidade estrita, pois propicia a comunicação anterior das condutas que, caso praticadas, serão consideradas crime hediondo.

O aspecto negativo reside na rigidez absoluta do sistema legal (puro), que torna obrigatoriamente hediondos os crimes catalogados no rol legal, independentemente da concreta danosidade social da conduta (merecimento): a atribuição da hediondez se opera *ex vi legis* (automaticamente), impedindo que o juiz corrija eventual distorção oriunda do tratamento legislativo estabelecido para o tipo penal incriminador (desproporcionalidade na imposição do regime jurídico mais gravoso).

Exemplo: o art. 1°, inciso VII-B, da Lei n. 8.072/90, considera hediondo o crime de falsificação, corrupção, adulteração ou alteração de produto destinado a fins terapêuticos ou medicinais (art. 273, *caput* e § 1°, § 1°-A e § 1°-B, do CP), que abrange, como objeto material da conduta, os cosméticos e os saneantes (art. 273, § 1°-A, do CP). Assim, a falsificação de um simples batom (cosmético), ainda que inofensivo para a integridade corporal ou a saúde de outrem, seria necessariamente considerado crime hediondo – a despeito da ausência de concreta danosidade social da conduta.

2.2. Sistema judicial

O **sistema judicial** atribui ao juiz o poder de definir as condutas que serão consideradas hediondas: a fonte criadora da hediondez seria *preponderantemente* a decisão judicial.

Trata-se de critério de natureza material, assentado não mais na gravidade *in abstracto* da infração penal (tipologia legal da conduta): o legislador não preestabelece um rol exaustivo de crimes hediondos (definição direta pela atividade legislativa), mas apenas indica os critérios orientadores da atividade jurisdicional, ou seja, os aspectos gerais que seriam objeto de valoração judicial para a definição da hediondez no caso concreto – tais como a gravidade (concreta) da conduta, o modo e o meio de sua execução, os motivos e as consequências do crime, a dimensão do bem jurídico atingido, requintes de crueldade e demais circunstâncias.

Como se percebe, a aferição da hediondez se opera no plano concreto (atividade jurisdicional) ou *a posteriori*, por meio de *decisão judicial* com motivação adequada (art. 315, § 2°, do CPP), a partir da apreciação das circunstâncias e peculiaridades da conduta imputada (gravidade concreta).

João José Leal esclarece o mecanismo do sistema judicial: "o critério que defendemos e que nos parece razoável não implica classificar determinados crimes por si mesmos como compulsoriamente hediondos, mas em considerá-los como tais somente diante de certas circunstâncias, quando praticados por motivos acentuadamente ignóbeis, ou quando causarem consequências extremamente graves, como seria o caso de um estupro praticado mediante tortura, lesões gravíssimas ou morte da vítima. Assim, caberia à lei positiva fixar objetivamente o rol dessas circunstâncias agravadoras da conduta criminosa, mas a apreciação de tais circunstâncias, motivos ou consequências ficaria sujeita ao poder discricionário do juiz que, em cada caso concreto, teria a liberdade de decidir sobre o caráter de hediondez do crime grave praticado"[1].

A virtude do sistema judicial radica na possibilidade de valoração concreta da danosidade social da conduta e, por conseguinte, da necessidade (merecimento) de incidência do microssistema (regime jurídico mais gravoso) reservado aos crimes hediondos.

Em contrapartida, o aspecto negativo reside na insegurança jurídica do sistema judicial, ensejada pela imprecisão do alcance da categoria "crimes hediondos" (risco de tratamento desigual entre condutas de similar gravidade), podendo a definição da hediondez ser ainda influenciada pela ideologia e pelos valores pessoais do julgador: "dessa maneira, um juiz de 'esquerda' poderia considerar hediondo o roubo do salário de um operário humilde que trabalhou o mês inteiro para ganhá-lo. Já o de 'direita' poderia considerar sórdido o sujeito que teve o desplante de, em artigo de imprensa, atacar as Forças Armadas ou o Judiciário. (...) Admitir o contrário, daria azo a uma indefinição, quando não a um desmedido arbítrio das autoridades policiais e judiciais que, ao seu talante, poderiam tratar penal e processualmente com maior severidade o acusado. Não se esqueça que a expressão 'crimes hediondos' é portadora de evidente carga emocional, cujo significado real depende de fungíveis critérios axiológicos ou ideológicos"[2].

2.3. Sistema misto

O **sistema misto** atribui ao legislador e ao juiz (ambos) o poder de definir os crimes que serão considerados hediondos: as fontes criadoras da hediondez seriam tanto a lei como a decisão judicial (fontes paralelas).

Ao lado da previsão abstrata de um rol legal de crimes hediondos (definição direta pela atividade legislativa), agora meramente exemplificativo (*numerus apertus*), acrescenta-se a possibilidade de a hediondez ser reconhecida para crimes não selecionados pelo legislador, por meio de *decisão judicial* com motivação adequada (art. 315, § 2°, do CPP), mediante a demonstração da concreta danosidade social da conduta (atividade jurisdicional).

Como se percebe, o sistema misto carrega consigo os aspectos negativos dos sistemas que o compõem: a rigidez absoluta do sistema legal (puro), que obrigatoriamente atribui hediondez aos crimes inseridos no rol legal (hediondez *ex vi legis*), e a insegurança jurídica do sistema judicial, decorrente da imprecisão do alcance da categoria "crimes hediondos".

1 Leal, João José. *Crimes hediondos*, 2. ed., Curitiba: Juruá, 2003, p. 42.

2 TORON, Alberto Zacharias. *Crimes hediondos: o mito da repressão penal*, São Paulo: Revista dos Tribunais, 1996, pp. 97-98.

2.4. Sistema legal com mitigação reducionista (nossa posição)

Partindo da premissa da função do Direito Penal (tutela da pessoa humana contra arbitrariedades, mediante a limitação do poder punitivo do Estado), e considerando a garantia da legalidade (art. 5°, XXXIX, da CF) e suas dimensões – notadamente a reserva legal e a *lex certa* –, entendemos que apenas a atividade legislativa pode ser fonte criadora da hediondez (sistema legal), definindo, com precisão e segurança ("mandato de certeza"), as fronteiras normativas da categoria "crimes hediondos".

A valoração judicial de aspectos gerais da conduta, ainda que legalmente estabelecidos (sistema judicial), abriria espaço para o *decisionismo* não apenas do julgador, mas dos demais atores da persecução penal (encarregados da investigação criminal e da acusação), aos quais incumbiria a definição "provisória" da hediondez, ao menos para efeitos processuais penais – inafiançabilidade e possibilidade de prisão temporária com prazo diferenciado (art. 2°, § 4°, da Lei n. 8.072/90).

A incidência do regime jurídico mais gravoso (restrições penais e processuais) impede que a definição da hediondez seja permeada pelo subjetivismo e arbitrariedade dos atores da persecução penal, sob pena de ofensa aos princípios constitucionais da legalidade estrita (art. 5°, XXXIX, da CF) e da separação dos poderes (art. 2° da CF), postulados inerentes a um Estado Democrático de Direito (art. 1°, *caput*, da CF).

Como esclarece Alberto Silva Franco, "é mister que o juiz fique vinculado à obra do legislador, não porque aprioristicamente não seja digno de confiança, 'mas porque a garantia de liberdade representada por uma estrita manutenção da divisão de poderes se revela mais importante do que a obtenção de um sistema mais elástico para a política criminal'"[3].

Ademais, o princípio da legalidade estrita (art. 5°, XXXIX, da CF) "não é o sintoma de uma questionável paixão fetichista pelas formas, mas, como observado, sua vigência é o pressuposto necessário de um tratamento tendencialmente igual e não arbitrário do desvio criminal"[4].

Contudo, o princípio da legalidade estrita (art. 5°, XXXIX, da CF), como garantia individual (função de contenção do poder punitivo do Estado), evidentemente albergaria a possibilidade de uma **mitigação reducionista** da rigidez do rol legal, por meio da atividade jurisdicional: por ocasião da valoração concreta da conduta, o juiz poderia *afastar* a incidência do microssistema (regime jurídico

[3] FRANCO, Alberto Silva. *Temas de direito penal: breves anotações sobre a Lei n. 7.209/84*, São Paulo: Saraiva, 1986, p. 9.

[4] IBÁÑEZ, Perfecto Andrés. *Justicia penal, derechos y garantías*, Lima-Bogotá: Palestra-Temis, 2007, pp. 231-232.

mais gravoso) dos crimes hediondos, quando evidenciada a *ausência* de especial danosidade social – *v.g.*, a conduta consistente na falsificação de um simples batom (cosmético) inofensivo para a integridade corporal ou a saúde de outrem (art. 273, § 1°-A, do CP, e art. 1°, VII-B, da Lei n. 8.072/90).

Assim, o rol legal de crimes (*numerus clausus*) representaria o "limite exterior" da hediondez, cujo alcance poderia ser reduzido (nunca ampliado) por decisão judicial: ao selecionar um tipo penal incriminador, o legislador estabeleceria uma presunção *iuris tantum* (relativa) de hediondez, que posteriormente seria concretamente ratificada ou afastada (mitigação reducionista) por decisão judicial.

Com esse sistema, seria incorporada a segurança jurídica do sistema legal, eliminando-se a rigidez da imposição absoluta (obrigatoriedade ou compulsoriedade) de hediondez *ex vi legis* (abstrata), em face da possibilidade de valoração judicial da gravidade concreta da conduta, mas apenas com a possibilidade de mitigação reducionista.

Em igual sentido, com o escopo de amainar o rigor legal, Alberto Zacharias Toron sugere a criação de uma "cláusula salvatória em que o caráter hediondo, a critério do juiz, pudesse ser arredado. É que em face da garantia da legalidade, que se destina aos acusados, não é possível admitir-se a inclusão de crimes por critério judicial. No entanto, visando alcançar exceções não tão infrequentes, (...) parece viável uma espécie de cláusula de modo a permitir que o julgador exclua a incidência da qualificação hedionda"[5].

3. Sistema de definição adotado pela legislação brasileira

O legislador infraconstitucional, por meio da edição da Lei n. 8.072, de 25 de julho de 1990, adotou o **sistema legal (puro)**, gravando abstratamente alguns crimes com o signo da hediondez, independentemente da apreciação judicial da sua gravidade concreta[6].

Com efeito, "a nominação de hediondo é uma consequência da forma de tratamento, e não de um essencialismo entre ser ou não ser hediondo, ser ou não ser mais grave"[7].

5 Toron, Alberto Zacharias. *Crimes hediondos: o mito da repressão penal*, São Paulo: Revista dos Tribunais, 1996, p. 98.

6 Alberto Silva Franco observa que, "assim agindo, o legislador ordinário dificultou sobremaneira a atividade judicante, porque dispensou o julgador da verificação dos elementos de composição conceitual, relegando-o à tarefa extremamente singela de observar se o tipo debitado ao agente participa ou não do rol legal" (Franco, Alberto Silva. *Crimes Hediondos: anotações sistemáticas à Lei n. 8.072/90*, 4. ed., São Paulo: Revista dos Tribunais, 2000, pp. 93-94).

7 Trecho do voto proferido pelo Ministro Nelson Jobim: STF, Tribunal Pleno, HC 81.288, Rel. Min. MAURÍCIO CORRÊA, Rel. p/ Acórdão Min. CARLOS VELLOSO, j. 17.12.2001, *DJ* 25.04.2003.

O *status* de crime hediondo, portanto, não emerge de componentes conceituais, pois "o legislador preferiu adotar um sistema bem mais simples, ou seja, o de etiquetar, com a expressão 'hediondo', tipos já descritos no Código Penal ou em leis penais especiais. Dessa forma, não é 'hediondo' o delito que se mostre 'repugnante, asqueroso, sórdido, depravado, abjecto, horroroso, horrível', por sua gravidade objetiva, ou por seu modo ou meio de execução, ou pela finalidade que presidiu ou iluminou a ação criminosa, ou pela adoção de qualquer outro critério válido, mas sim aquele crime que, por um verdadeiro processo de colagem, foi rotulado como tal pelo legislador"[8].

Em suma: a legislação não apresentou um conceito (material) de crime hediondo, mas apenas uma enumeração (rol legal) de tipos penais preexistentes que, por vontade política, assumiram essa designação da noite para o dia[9] (não se sabe *o que* seria um "crime hediondo", mas somente *quem foi* assim considerado).

O processo de definição da hediondez se desenvolve exclusivamente na atividade legislativa (sistema legal), que seleciona de antemão, em nível puramente abstrato, os crimes que merecem ser tratados como hediondos: ao juiz incumbe apenas decidir a respeito da adequação típica da conduta imputada e, em seguida, analisar se o crime integra o rol legal de crimes hediondos (art. 1° da Lei n. 8.072/90), submetendo o agente ao regime jurídico pertinente: sistema geral ou sistema especial (microssistema) da "Lei dos Crimes Hediondos".

Art. 1° São considerados hediondos os seguintes crimes, todos tipificados no Decreto-Lei n. 2.848, de 7 de dezembro de 1940 – Código Penal, consumados ou tentados:

4. Art. 1°, *caput* e parágrafo único: o rol de crimes hediondos

O art. 1° da Lei n. 8.072/90, em seu *caput* (incisos I a XII) e parágrafo único (incisos I a VII), enuncia os crimes considerados hediondos.

A estrutura do art. 1° da Lei n. 8.072/90 evidencia uma clara divisão dos crimes hediondos: nos incisos conectados ao *caput*, o legislador alocou apenas os crimes que são definidos no corpo do Código Penal comum, deslocando para o parágrafo único aqueles que são definidos em leis especiais (legislação extravagante) e no Código Penal Militar.

8 Franco, Alberto Silva. *Crimes Hediondos: anotações sistemáticas à Lei n. 8.072/90*, 4. ed., São Paulo: Revista dos Tribunais, 2000, pp. 91-93.

9 A denominada Lei dos Crimes Hediondos "não criou novos tipos penais, assim caracterizados por sua natureza hedionda. Também não conceituou, do ponto de vista material, o que é um crime hediondo. Fundamentada num critério de política criminal discutível, a lei em exame apenas selecionou determinadas infrações da tipologia criminal preexistente para qualificá-las com a marca legal da hediondez" (Leal, João José. *Crimes hediondos*, 2. ed., Curitiba: Juruá, 2003, p. 39).

Cabe salientar que o art. 1°, *caput* e parágrafo único, da Lei n. 8.072/90, não distingue entre crime **consumado** e **tentado** (art. 14, I e II, do CP), de sorte que, para a definição da hediondez, afigura-se indiferente a ocorrência de *conatus* (tentativa) ou de consumação: os tipos penais incriminadores arrolados no art. 1° da Lei n. 8.072/90 sempre serão hediondos, pouco importando se a adequação típica da conduta se operou de forma direta (imediata) ou indireta (mediata) – por norma de extensão ou de ampliação temporal (art. 14, II, do CP).

> I - homicídio (art. 121), quando praticado em atividade típica de grupo de extermínio, ainda que cometido por um só agente, e homicídio qualificado (art. 121, § 2°, incisos I, II, III, IV, V, VI, VII, VIII e IX);

5. Art. 1°, *caput*, inciso I: homicídio doloso

O art. 1°, inciso I, da Lei n. 8.072/90 (acrescentado pela Lei n. 8.930/94), define como crimes hediondos (i) o homicídio doloso simples, "quando praticado em atividade típica de grupo de extermínio, ainda que cometido por um só agente", e (ii) o homicídio qualificado (art. 121, § 2°, I a IX, do CP).

Assim, por ausência de previsão legal, **não** são considerados hediondos os crimes de homicídio doloso simples (art. 121, *caput*, do CP) – dissociado de "atividade típica de grupo de extermínio" – e de homicídio culposo (art. 121, § 3°, do CP).

5.1. O homicídio doloso simples praticado em atividade típica de grupo de extermínio (art. 1°, I, primeira parte)

O **homicídio doloso simples**, consumado ou tentado, apenas pode ser considerado crime hediondo "*quando praticado em atividade típica de grupo de extermínio, ainda que cometido por um só agente*", nos termos do art. 1°, inciso I, primeira parte, da Lei n. 8.072/90.

A circunstância de o homicídio doloso simples ter sido praticado por milícia privada ou sob o pretexto de prestação de serviço de segurança, não implica hediondez, por ausência de previsão legal (art. 1°, I, da Lei n. 8.072/90), ensejando apenas a incidência da causa especial de aumento de pena contida no art. 121, § 6°, do Código Penal – essas circunstâncias influenciam a quantificação (dosimetria) da pena, mas não a qualidade do crime (ser hediondo).

5.1.1. Natureza jurídica: tipo penal especial ou requisito para a hediondez

A respeito da sua natureza jurídica, discute-se se o legislador criou um novo tipo penal *especial* de homicídio simples ou apenas estabeleceu um *requisito* para o homicídio simples (art. 121, *caput*, do CP) ser considerado hediondo.

Primeira posição: *tipo penal especial* de homicídio simples.

O legislador teria criado um tipo penal especial de homicídio simples: o homicídio simples hediondo, composto pelas elementares do homicídio simples (art. 121, *caput*, do CP), acrescidas da circunstância de o agente ter praticado o crime "em atividade típica de grupo de extermínio".

O tipo penal especial do "homicídio simples hediondo" seria assim estruturado:

"matar alguém" (art. 121, caput, do CP)

+

"em atividade típica de grupo de extermínio"

Sob essa perspectiva, a "atividade típica de grupo de extermínio" representa um *plus* que adere ao tipo fundamental do homicídio simples (art. 121, *caput*, do CP), constituindo o dado especializante que proporciona autonomia a esse novo tipo penal, equivalente, *mutatis mutandis*, a um tipo penal "qualificado".

Alberto Silva Franco observa: "É evidente, assim, que o tipo do homicídio simples, que possui a conotação de hediondo, não se corporifica apenas com os dados meramente descritivos constantes do artigo 121 do Código Penal, o mais simples e o mais objetivo dos tipos penais. Não basta, destarte, que a conduta típica encontre expressão no verbo 'matar' e que o objeto dessa conduta seja 'alguém', ou melhor, um ser humano. Exige-se mais para que o homicídio simples ganhe a caracterização de hediondo. É mister acrescer à conduta de 'matar alguém' a circunstância fática de que o agente tenha executado o homicídio 'em atividade típica de grupo de extermínio'. A locução mencionada na Lei n. 8.930/94 denuncia a presença de um elemento da realidade fática que anormaliza o tipo do homicídio simples na medida em que o exclui, nessa situação especial, dos tipos de composição puramente objetiva"[10].

[10] Franco, Alberto Silva. *Crimes Hediondos: anotações sistemáticas à Lei n. 8.072/90*, 4. ed., São Paulo: Revista dos Tribunais, 2000, pp. 264-265.

Segunda posição: estabelecimento de um *requisito* para o homicídio simples ser considerado hediondo.

O legislador não teria estruturado um novo tipo penal (especial) de homicídio simples, mas apenas estabelecido um requisito para a incidência do microssistema (regime jurídico mais gravoso) dos crimes hediondos, em caso de homicídio simples (art.121, *caput*, do CP).

A "atividade típica de grupo de extermínio" (art. 1º, I, da Lei n. 8.072/90) não constituiria uma elementar ou circunstância integrante do tipo penal de homicídio simples, mas um singelo **pressuposto da hediondez**, ou seja, um requisito ou condição para o homicídio simples (art. 121, *caput*, do CP) ser considerado hediondo.

Damásio Evangelista de Jesus entende que "a Lei n. 8.930/94 não criou uma figura típica de crime de homicídio. Não há um novo tipo simples ou qualificado. Ter sido a morte da vítima executada em ação típica de grupo de extermínio não é elementar e nem circunstância do crime de homicídio. Elementar do tipo é o dado que compõe a definição do crime. Integra-o. Sem ele o delito é excluído (ou surge outro). Assim, no homicídio doloso simples, 'matar alguém' é locução que contém dois elementos objetivos. Excluindo-se a conduta ('matar') ou o objeto material ('alguém'), desaparece o delito. A elementar interfere na existência e qualidade da infração. A circunstância, ao contrário, não faz parte da noção básica do crime. Está fora dele, com função de aumentar ou diminuir a pena. O motivo fútil, p. ex., é circunstância qualificadora do homicídio. Interfere na cominação abstrata da pena, agravando-a. Excluído, não faz desaparecer o delito, que subsiste em sua forma simples. É o que ocorre na hipótese em debate. Ter sido o fato cometido em ação típica de grupo de extermínio não é elementar do crime de homicídio. Sem esse dado o delito subsiste. E também não atua como circunstância agravante ou qualificadora, uma vez que não intervém na quantidade da pena. Tenha sido ou não praticado o fato em conduta típica de grupo de extermínio, a quantidade abstrata da pena é a mesma[11]. Qual, então, a natureza dessa particularidade do homicídio? Trata-se de um pressuposto da hediondez"[12].

Por isso, o mesmo autor classifica o homicídio doloso simples como crime hediondo condicionado, pois "a hediondez depende de um requisito ou

[11] A colocação do autor permanece atual, pois a causa de aumento de pena do art. 121, § 6º, do CP (acrescentado pela Lei n. 12.720/12), incide quando o crime for praticado "por grupo de extermínio", diversamente do disposto no art. 1º, inciso I, da Lei n. 8.072/90, que incide "quando praticado *em atividade típica de* grupo de extermínio" (não necessariamente "*por* grupo de extermínio"). A respeito dessa distinção, v. *infra*, item n. 1.1.2.

[12] Jesus, Damásio Evangelista de. "Homicídio simples, crime hediondo e Júri", *Boletim do Instituto Brasileiro de Ciências Criminais* (IBCCrim), n. 29, abril de 1995.

pressuposto: que o delito tenha sido praticado em ação típica de grupo de extermínio. De modo que o homicídio doloso simples pode ser comum ou hediondo, dependendo da presença da condição modal. Satisfeito o pressuposto, decorrem efeitos de natureza penal e processual penal concernentes à liberdade provisória, graça, indulto, apelação em liberdade, regime de cumprimento de pena e livramento condicional".[13]

5.1.2. Sujeito ativo: crime unissubjetivo ou plurissubjetivo

Em caso de homicídio doloso simples, discute-se a respeito da (des)necessidade do concurso de agentes para a configuração da hediondez, em face da exigência legal de o crime ter sido "praticado em atividade típica de grupo de extermínio, ainda que cometido por um só agente" (art. 1°, I, da Lei n. 8.072/90).

> **Primeira posição**: crime *plurissubjetivo* ou de concurso *necessário* de agentes.

O emprego do termo "grupo" indicaria um crime plurissubjetivo ou de concurso necessário de agentes. Contudo, distintos são os entendimentos acerca da amplitude desse "grupo", ou seja, da quantidade de sujeitos ativos que deveriam concorrer, necessariamente, para a consecução da infração penal.

A legislação penal apresenta crimes associativos (concurso necessário de agentes) que reclamam quantidades de sujeitos ativos diversas: para o tipo penal especial de associação para o tráfico de drogas, bastam *duas* pessoas (art. 35, *caput*, da Lei n. 11.343/06); para o tipo penal geral de associação criminosa, seriam suficientes *três* pessoas (art. 288, *caput*, do CP); para o crime de participação em organização criminosa, exigem-se *quatro* pessoas (art. 2°, *caput*, c.c. o art. 1°, § 1°, ambos da Lei n. 12.850/13).

Em relação ao grupo de extermínio (art. 1°, I, da Lei n. 8.072/90), observamos três posições:

> (i) Para uma posição ampliativa, bastaria o concurso de *duas* pessoas: partindo da premissa de que o "grupo de extermínio" não se identifica com a associação criminosa (art. 288 do CP), e considerando que o legislador não impõe um número mínimo de componentes, sustenta-se que bastariam duas pessoas para aperfeiçoar o aludido conceito legal – tal como ocorre

[13] Jesus, Damásio Evangelista de. "Homicídio simples, crime hediondo e Júri", *Boletim do Instituto Brasileiro de Ciências Criminais* (IBCCrim), n. 29, abril de 1995.

com o tipo penal especial de associação para o tráfico de drogas (art. 35, *caput*, da Lei n. 11.343/06)[14].

(ii) Para uma posição intermediária, seria suficiente o concurso de *três* pessoas. Ainda sob a vigência da redação original do art. 288 do Código Penal[15], Luiz Vicente Cernicchiaro sustentou: "*grupo*, sem dúvida, indica pluralidade. No caso, de pessoas. Interessa fixar o número mínimo. Duas, evidentemente, não faz sentido. Não projeta a teleologia da norma. O par é coletividade insuficiente para a preocupação do legislador. Quatro também não. Como *grupo* encerra ideia de conjugação de esforços para realizar ideia comum, a associação de mais de três pessoas para o fim de cometer crimes seria *quadrilha ou bando*. Conclusão lógica recomenda fixar o número: três pessoas. Não se olvide pormenor importante: três é o número mínimo. Nada impede serem mais de três"[16].

(iii) Para uma posição restritiva, impor-se-ia o concurso de, no mínimo, *quatro* pessoas. Ainda sob a vigência da redação original do art. 288 do Código Penal[17], Alberto Silva Franco sustentou: "O texto é totalmente silente a respeito. Mas é óbvio que a ideia de 'par' colide, frontalmente, com a de 'grupo': seria, realmente, um contra-senso cogitar-se de um grupo composto de duas pessoas... Nesse caso, o número mínimo deveria ser o de três pessoas, ou tal como ocorre em relação ao tipo da quadrilha ou bando, o de quatro pessoas? Luiz Vicente Cernicchiaro assevera que, para não ocorrer confusão com o tipo de 'quadrilha ou bando', seria logicamente recomendável a determinação quantitativa do 'grupo de extermínio' em três pessoas. Seria essa a melhor solução? Evidentemente, não. Antes de tudo porque parece desarrazoada a composição de um tipo com um número aberto de pessoas que nele devem, necessariamente, atuar. (...) Por outro lado, ao contrário do entendimento de Luiz Vicente Cernicchiaro, tudo parece indicar que o legislador teve em mira, ao compor a expressão 'grupo de extermínio', o tipo do art. 288 do Código Penal, e tal postura pode ser extraída da expressão 'típica' acrescida ao vocábulo 'atividade'. Ora, a única 'atividade típica' que pode servir de parâmetro ao 'grupo de extermínio' é a da quadrilha ou

14 CAPEZ, Fernando. *Legislação penal especial*, 16. ed., São Paulo: Saraiva Educação, 2021, p. 225.

15 Antes da Lei n. 12.850/13, que alterou a redação original do art. 288 do Código Penal, transformando o crime de "quadrilha ou bando" (4 ou mais pessoas) em "associação criminosa" (3 ou mais pessoas).

16 CERNICCHIARO, Luiz Vicente. "Homicídio, crime hediondo", *Correio Braziliense: Direito & Justiça*, ano III - n. 174, Brasília, 26 de setembro de 1994.

17 Antes da Lei n. 12.850/13, que alterou a redação original do art. 288 do Código Penal, transformando o crime de "quadrilha ou bando" (4 ou mais pessoas) em "associação criminosa" (3 ou mais pessoas).

bando, cuja existência está vinculada ao número mínimo de quatro pessoas. Em conclusão, não há cogitar de 'grupo de extermínio' que não tenha, no mínimo, quatro pessoas, direta e imediatamente, envolvidas."[18]

Segunda posição (nossa posição[19]): crime *unissubjetivo* ou de concurso *eventual* de agentes.

Entendemos que a hediondez não decorre da circunstância de o homicídio doloso simples ter sido "praticado *por* grupo de extermínio" (como ocorre na causa especial de aumento de pena do art. 121, § 6°, do CP), mas sim de ter sido "praticado ***em atividade típica*** de grupo de extermínio" (art. 1°, I, da Lei n. 8.072/90).

Trata-se de um requisito *circunstancial* (eliminar pessoas com atributos comuns) e não de um aspecto pessoal (o sujeito ativo ser integrante de um grupo), tanto assim que o art. 1°, inciso I, da Lei n. 8.072/90, ressalva a possibilidade de o homicídio doloso simples ser "cometido por um só agente": o legislador se refere ao *cometimento* do crime (como um todo) por um só agente (unissubjetividade) e não apenas à "execução" da conduta incriminada (distinção contida no art. 5°, XLIII, *in fine*, da CF[20]) – redação que poderia sugerir a ideia de plurissubjetividade (somente um executor, mas integrante de um grupo)[21].

Em outras palavras: a configuração da hediondez (aspecto qualitativo) reclama uma *atividade típica* de grupo de extermínio, mas não necessariamente uma atividade de grupo – circunstância que ainda atrairia a incidência da causa especial de aumento de pena (aspecto quantitativo) contida no art. 121, § 6°, do

[18] Franco, Alberto Silva. *Crimes Hediondos: anotações sistemáticas à Lei n. 8.072/90*, 4. ed., São Paulo: Revista dos Tribunais, 2000, pp. 260-261.

[19] Em obra anterior, sustentamos a plurissubjetividade do homicídio simples hediondo, com a exigência do concurso necessário de, ao menos, quatro sujeitos ativos – posição de Alberto Silva Franco (FULLER, Paulo Henrique Aranda. "Lei dos Crimes Hediondos", *Legislação penal especial*, vol. 1 [coord.: Gustavo Octaviano Diniz Junqueira e Paulo Henrique Aranda Fuller], 6. ed., São Paulo: Saraiva, 2010, pp. 375-376). Contudo, o advento da Lei n. 12.720/12 ensejou reflexão a respeito do assunto, com a percepção de ser a *atividade típica de* grupo de extermínio o aspecto nuclear da hediondez (art. 1°, I, da Lei n. 8.072/90) e não a eventual atividade de grupo (unissubjetividade) – circunstância que geraria um *plus*, consistente na incidência da causa especial de aumento de pena contida no art. 121, § 6°, do Código Penal.

[20] CF, art. 5°, XLIII: "a lei considerará crimes inafiançáveis e insuscetíveis de graça ou anistia a prática da tortura, o tráfico ilícito de entorpecentes e drogas afins, o terrorismo e os definidos como crimes hediondos, por eles respondendo os mandantes, os *executores* e os que, podendo evitá-los, se omitirem".

[21] Por isso, discordamos da colocação de Alexandre de Moraes e Gianpaolo Poggio Smanio: "Essa conceituação abrange, por força da lei, o crime praticado por uma só pessoa, evidenciando que o executor direto da conduta de matar deve ser um dos membros do grupo de extermínio, aquele ao qual foi destinada a missão de executar o plano delitivo" (Moraes, Alexandre de; Smanio, Gianpaolo Poggio. *Legislação penal especial*, 6. ed., São Paulo: Atlas, 2002, pp. 55-56).

Código Penal. Por isso, melhor teria sido o emprego da locução "praticado em atividade de extermínio".

Assim, podem ser cogitadas duas possibilidades: o homicídio doloso simples, quando praticado em atividade típica de extermínio, seria crime hediondo, independentemente da pluralidade de sujeitos ativos (art. 1º, I, da Lei n. 8.072/90); se ainda houver sido praticado *por* grupo de extermínio, a pena ainda seria majorada de um terço até a metade (art. 121, § 6º, do CP).

Victor Eduardo Rios Gonçalves leciona que, "para o delito ser considerado hediondo, basta que o crime seja cometido em atividade típica de grupo de extermínio, não havendo a necessidade de existir efetivamente um grupo montado a fim de cometer, de forma reiterada, homicídios a pretexto de 'limpeza social'. Caso exista efetivamente a formação de um grupo, além de o delito ser hediondo, será aplicada a causa de aumento do art. 121, § 6º, do Código Penal. Ex.: os chamados 'esquadrões da morte', montados por policiais para matar supostos criminosos que atuam em determinada região". O autor ainda ilustra a prescindibilidade do concurso de agentes (unissubjetividade): uma pessoa decide sair sozinha de casa, durante as madrugadas, em uma motocicleta, para procurar moradores de rua dormindo em calçadas, a fim de os matar. Os homicídios foram por ele cometidos em atividade típica de grupo de extermínio, embora em atitude solo[22].

5.1.3. Sujeito passivo

A conduta deve ser dirigida ao extermínio, assim considerada a chacina, a eliminação ou a mortandade de pessoa pelo mero *pertencimento a uma coletividade*: a atividade de extermínio reclama que a conduta seja dirigida não contra pessoa qualquer, mas contra pessoa que possua algum traço comum com outras pessoas, de sorte que estejam de algum modo vinculados os potenciais sujeitos passivos da infração penal.

A configuração da atividade de extermínio *independe* da unidade ou pluralidade de sujeitos passivos (ofendidos), sendo relevante apenas a vinculação entre os potenciais sujeitos passivos da infração penal.

Alberto Silva Franco esclarece que, "embora a área de significado da palavra 'extermínio' sugira uma quantificação maior de mortes, tudo está a indicar que o número de exterminados é indiferente, do ponto de vista de configuração típica. O que se mostra imprescindível é que o exterminado tenha uma característica

[22] GONÇALVES, Victor Eduardo Rios. *Legislação penal especial*, 7. ed., São Paulo: Saraiva Educação, 2021, pp. 50-51.

comum com outras pessoas e que, portanto, tome parte de um grupo de pessoas contra o qual se dirige o 'grupo de extermínio'"[23].

Cezar Roberto Bitencourt acrescenta que "*extermínio* é a matança generalizada, é a chacina que elimina a vítima pelo simples fato de pertencer a determinado grupo ou determinada classe social ou racial, como, por exemplo, mendigos, prostitutas, homossexuais, presidiários etc. A impessoalidade da ação (...) é uma de suas características fundamentais, sendo irrelevante a unidade ou pluralidade de vítimas. Caracteriza-se a ação de extermínio mesmo que seja morta uma única pessoa, desde que se apresente a impessoalidade da ação, ou seja, pela razão exclusiva de pertencer ou ser membro de determinado grupo social, ético, econômico, étnico etc."[24].

5.1.4. Distinção com o crime de genocídio

O homicídio doloso simples, praticado em atividade típica de grupo de extermínio (art. 1°, I, da Lei n. 8.072/90), distingue-se do crime de genocídio (art. 1°, *a*, da Lei n. 2.889/56[25]): "o homicídio se volta para matar integrante(s) do grupo oposto. Menores de rua, mendigos, delinquentes são exemplos que ilustram a hipótese normativa. Não se confunde, porém, com o genocídio (Lei n. 2.889, de 1° de outubro de 1956). O propósito do agente não é (ao contrário do genocídio) destruir o grupo, mas eliminar integrantes desse grupo. Evidencia-se o elemento subjetivo do tipo"[26].

5.1.5. Quesitação no Tribunal do Júri

Discute-se acerca da competência para o reconhecimento da ocorrência de "atividade típica de grupo de extermínio", no caso de condenação por homicídio doloso simples: para alguns, a circunstância deve ser objeto de quesitação, por se inserir na competência funcional do Conselho de Sentença (jurados); para outros, a circunstância deve ser apreciada diretamente pelo juiz presidente do Tribunal do Júri, na sentença penal condenatória.

A resposta varia de acordo com a natureza jurídica que se atribua ao homicídio doloso simples hediondo (*supra*, n. 1.1.1).

[23] FRANCO, Alberto Silva. *Crimes Hediondos: anotações sistemáticas à Lei n. 8.072/90*, 4. ed., São Paulo: Revista dos Tribunais, 2000, pp. 260-261.

[24] BITENCOURT, Cezar Roberto. *Tratado de direito penal*, vol. 2 (parte especial: crimes contra a pessoa), 16. ed., São Paulo: Saraiva, 2016, pp. 74-75.

[25] Lei n. 2.889/56, art. 1°: "Quem, com a intenção de destruir, no todo ou em parte, grupo nacional, étnico, racial ou religioso, como tal: a) matar membros do grupo; (...)".

[26] CERNICCHIARO, Luiz Vicente. "Homicídio, crime hediondo", *Correio Braziliense: Direito & Justiça*, ano III - n. 174, Brasília, 26 de setembro de 1994.

Primeira posição: necessidade de quesitação (competência funcional dos jurados).

Se considerado um **tipo penal especial**, a "atividade típica de grupo de extermínio" constitui circunstância integrante da estrutura do tipo penal incriminador (como são as qualificadoras) e, nessa condição, deve ser submetida aos jurados mediante quesitação (interpretação extensiva do art. 483, V, e § 3°, II, do CPP): o juiz presidente do Tribunal do Júri formularia aos jurados um quesito específico sobre a existência de "atividade típica de grupo de extermínio", a fim de definir a ocorrência de homicídio doloso simples *comum* ou *hediondo*.

Ao tangenciar a atividade típica de grupo de extermínio, Alberto Silva Franco[27] observa se tratar de circunstância fática que, aderida ao tipo do homicídio simples, "é necessitada de valoração por parte do julgador para que possa ser corretamente dimensionada. E por ser uma circunstância fática de tal relevância, dependendo, portanto, desse preenchimento valorativo, é imprescindível que se debite, ao acusado, na denúncia, o homicídio simples 'praticado em atividade típica de grupo de extermínio' para que a Defesa tenha a oportunidade de responder à imputação. E se o agente vier a ser pronunciado, é indispensável que o seja com o reconhecimento da circunstância apontada (...). E, a final, a questão terá, necessariamente, de transformar-se num quesito endereçado aos componentes do Conselho de Sentença, desdobrando-se assim o questionário referente ao homicídio simples. E se à pergunta 'o réu... agiu em atividade típica de grupo de extermínio?' os jurados responderem afirmativamente, a consequência imediata é o reconhecimento do homicídio simples hediondo, com os efeitos penais e processuais penais constantes da Lei n. 8.072/90. A resposta negativa excluirá a hipótese típica prevista na Lei n. 8.930/94, sem prejuízo da ocorrência do homicídio simples".

Segunda posição: desnecessidade de quesitação (competência funcional do juiz presidente do Tribunal do Júri).

Se considerado um crime hediondo **condicionado**, a atividade típica de grupo de extermínio configura simples "pressuposto da hediondez", a ser apreciado diretamente pelo juiz presidente do Tribunal do Júri, na sentença penal condenatória (art. 492, I, do CPP), como requisito para a incidência da Lei dos

[27] FRANCO, Alberto Silva. *Crimes Hediondos: anotações sistemáticas à Lei n. 8.072/90*, 4. ed., São Paulo: Revista dos Tribunais, 2000, p. 265.

Crimes Hediondos ao homicídio doloso simples (art. 1º, I, primeira parte, da Lei n. 8.072/90).

Esclarece Damásio Evangelista de Jesus que:

> "Assim como o *sursis*, o livramento condicional, a apelação em liberdade, a prisão em flagrante, a prisão preventiva etc., possuem requisitos legais, o legislador inventou uma esquisita condição do homicídio doloso simples para ser considerado crime hediondo: ter sido praticado em ação típica de grupo de extermínio.
>
> Na espécie, os efeitos decorrentes da hediondez são estranhos à decisão dos jurados. No processo comum o Juiz não indaga do Conselho de Sentença se o réu poderá apelar em liberdade, se o cumprimento da pena se fará em determinado regime, se o livramento condicional poderá ser requerido com o cumprimento de 1/3 ou 2/3 da pena ou se caberá graça ou indulto. (...). Durante a execução da pena são cabíveis, em tese, a graça e o indulto. Os membros do Conselho de Sentença não são indagados sobre esses institutos. São questões de competência exclusiva do juízo singular na sentença condenatória ou na fase da execução da pena.
>
> É o que ocorre na hipótese em tela. O Juiz-Presidente do Tribunal do Júri não precisa questionar os jurados sobre questões atinentes à apelação em liberdade e regime de cumprimento da pena, cumpre a ele próprio, diante da prova dos autos, considerar se a ação do réu é típica de grupo de extermínio ou não, assim como nos casos comuns decide se o réu é primário ou reincidente, se tem bons ou maus antecedentes etc. Em caso positivo, quanto à apelação em liberdade, aplicará o art. 2º, § 2º[28], da Lei n. 8.072/90 (...).
>
> Em suma, compete ao Juiz-Presidente do Tribunal do Júri, ao proferir a sentença condenatória, decidir se o crime de homicídio doloso simples foi cometido em ação típica de grupo de extermínio, dispensados os jurados dessa indagação"[29].

Divergindo da posição de Damásio Evangelista de Jesus, Alberto Silva Franco conclui que a atividade típica de grupo de extermínio, "tenha ela o nome de circunstância 'elementar' ou não do homicídio simples hediondo ou de mero 'pressuposto de hediondez', cuida-se de matéria fática que não pode ser subtraída à

[28] Corresponde ao § 3º (redação da Lei n. 11.464/07).

[29] JESUS, Damásio Evangelista de. "Homicídio simples, crime hediondo e Júri", *Boletim do Instituto Brasileiro de Ciências Criminais* (IBCCrim), n. 29, abril de 1995.

apreciação dos jurados. Deixar ao talante do juiz presidente decidir se o crime foi cometido ou não em ação típica de grupo de extermínio é dar-lhe um poder demasiado em detrimento da soberania do próprio Tribunal do Júri no julgamento das questões fáticas"[30].

5.1.6. Considerações finais

O homicídio doloso simples praticado em atividade típica de grupo de extermínio, seja por seus motivos determinantes (torpes), seja pelas circunstâncias da sua execução, normalmente aperfeiçoa alguma das qualificadoras do art. 121, § 2°, do Código Penal, que igualmente geram hediondez. Por isso, a primeira figura revela pouca utilidade prática, na medida em que o homicídio doloso qualificado igualmente constitui crime hediondo e ainda apresenta menor complexidade de aplicação.

Em verdade, a previsão legislativa buscou apenas o efeito simbólico de manifestar uma reação estatal ao panorama de comoção social provocado por chacinas como a da Candelária e a de Vigário Geral.

5.2. Homicídio doloso qualificado (art. 1º, I, in fine*)*

A Lei n. 8.930/94 ainda definiu como crime hediondo o **homicídio doloso qualificado**, consumado ou tentado, e o inseriu no art. 1°, inciso I, *in fine*, da Lei n. 8.072/90, ao lado do homicídio simples praticado em atividade típica de grupo de extermínio.

O legislador contemplou como hediondo todo e qualquer homicídio qualificado e, para tanto, aludiu aos nove incisos do § 2° do art. 121, do Código Penal (com a redação dada pela Lei n. 14.344/22), bastando o reconhecimento de uma qualificadora para deflagrar a incidência da Lei n. 8.072/90.

Assim, considera-se hediondo o crime de homicídio doloso, consumado ou tentado, quando cometido (art. 121, § 2°, do CP):

> I - mediante paga ou promessa de recompensa, ou por outro motivo torpe;
>
> II - por motivo fútil;
>
> III - com emprego de veneno, fogo, explosivo, asfixia, tortura ou outro meio insidioso ou cruel, ou de que possa resultar perigo comum;

[30] FRANCO, Alberto Silva. *Crimes Hediondos: anotações sistemáticas à Lei n. 8.072/90*, 4. ed., São Paulo: Revista dos Tribunais, 2000, p. 266.

IV - à traição, de emboscada, ou mediante dissimulação ou outro recurso que dificulte ou torne impossível a defesa do ofendido;

V - para assegurar a execução, a ocultação, a impunidade ou vantagem de outro crime;

VI - contra a mulher por razões da condição de sexo feminino[31];

VII - contra autoridade ou agente descrito nos arts. 142 e 144 da Constituição Federal, integrantes do sistema prisional e da Força Nacional de Segurança Pública, no exercício da função ou em decorrência dela, ou contra seu cônjuge, companheiro ou parente consanguíneo até terceiro grau, em razão dessa condição;

VIII - com emprego de arma de fogo de uso restrito ou proibido;

IX - contra menor de 14 (quatorze) anos.

5.3. Homicídio doloso "privilegiado" (art. 121, § 1º, do CP)

O denominado homicídio doloso "privilegiado"[32] (minorado), contido no art. 121, § 1º, do Código Penal, **não** configura crime hediondo, porquanto não elencado no art. 1º da Lei n. 8.072/90.

Três são as causas legais que ensejam o "privilégio", consistente em uma causa especial de diminuição de pena de 1/6 a 1/3 (art. 121, § 1º, do CP), a saber:

- **a.** cometer o crime impelido por motivo de relevante valor social;
- **b.** cometer o crime impelido por motivo de relevante valor moral;
- **c.** cometer o crime sob o domínio de violenta emoção, logo em seguida a injusta provocação da vítima.

Ademais, as circunstâncias do art. 121, § 1º, do Código Penal, por força da sua natureza *subjetiva*, não se coadunam com a noção de hediondez (repugnância).

[31] CP, art. 121, § 2º-A: "Considera-se que há razões de condição de sexo feminino quando o crime envolve: I - violência doméstica e familiar; II - menosprezo ou discriminação à condição de mulher".

[32] Tecnicamente, considera-se *privilégio* aquela circunstância cuja incidência submete a conduta a uma cominação de pena autônoma, mais branda que a cominada ao tipo penal simples (seria o oposto da qualificadora), tal como se observa nos arts. 251, § 1º, 317, § 2º, e 348, § 1º, todos do Código Penal. Por isso, o art. 121, § 1º, do Código Penal, seria propriamente um homicídio doloso *minorado* (e não privilegiado), por gerar a incidência de uma causa especial de diminuição de pena (minorante).

5.4. Homicídio doloso "qualificado-privilegiado" (art. 121, §§ 1° e 2°, do CP)

O art. 1°, inciso I, da Lei n. 8.072/90, considerou hediondo o homicídio doloso *qualificado* (art. 121, § 2°, I a IX, do CP), mas não o homicídio doloso "privilegiado" (art. 121, § 1°, do CP).

Diante dessa dicotomia, surge a necessidade de definir se o denominado homicídio doloso "qualificado-privilegiado" (misto ou híbrido) seria ou não considerado hediondo, pois nele concorrem circunstâncias que geram (qualificadora) e que não geram ("privilégio") hediondez. Duas posições:

(i) **não configura crime hediondo** (nossa posição)[33].

Prevalece que o crime de homicídio doloso "qualificado-privilegiado" (misto ou híbrido) não seria considerado hediondo, por ausência de previsão legal, pois o art. 1°, inciso I, da Lei n. 8.072/90, não menciona o homicídio privilegiado (art. 121, § 1°, do CP), nem mesmo quando qualificado.

Em nossa perspectiva, a resposta a essa questão depende, necessariamente, da identificação de qual seria a circunstância *preponderante*: se se considerar preponderante a qualificadora, então o todo (homicídio doloso "qualificado-privilegiado") seria considerado hediondo; se se considerar preponderante o "privilégio", então o todo (homicídio doloso "qualificado-privilegiado") não seria considerado hediondo.

> Cabe recordar que a possibilidade de homicídio doloso "qualificado-privilegiado" pressupõe qualificadoras de natureza *objetiva*, tais como as definidas no art. 121, § 2°, incisos III (meios de execução) e IV (modos de execução), do Código Penal: apenas as circunstâncias qualificadoras de natureza objetiva apresentam compatibilidade com as circunstâncias privilegiadoras (todas de natureza *subjetiva*).
>
> Assim, pode-se cogitar de um homicídio doloso praticado mediante o emprego de veneno ou de fogo (art. 121, § 2°, III, do CP), em que o agente tenha

33 "PENAL. *HABEAS CORPUS* SUBSTITUTIVO DE RECURSO ORDINÁRIO. ART. 121, § 1° E § 2°, INCISO IV, C/C ART. 14, INCISO II, AMBOS DO CÓDIGO PENAL. CRIME NÃO ELENCADO COMO HEDIONDO. (...). I - Por incompatibilidade axiológica e por falta de previsão legal, o homicídio qualificado-privilegiado não integra o rol dos denominados crimes hediondos (Precedentes). (...)" (STJ, 5ª Turma, HC n. 153.728/SP, rel. Min. Felix Fischer, j. 13.4.2010, *DJe* 31.5.2010). Em igual sentido: "(...) III. As espécies de homicídio não explicitadas na lei dos crimes hediondos, tal como sua figura privilegiada, não são consideradas como tais, por haver a explicitação na Lei n. 8.072/90 das características peculiares que imprimem às figuras típicas o caráter repugnante (...)" (STJ, 5ª Turma, HC n. 206.888/RS, rel. Min. GILSON DIPP, j. 02.02.2012, *DJe* 08.02.2012). Ainda: STJ, 6ª Turma, HC n. 23.408/MT, rel. Min. Hamilton Carvalhido, j. 03.02.2004, *DJ* 1.03.2004.

cometido o crime impelido por motivo de relevante valor moral (art. 121, § 1°, do CP), como o pai que mata o estuprador da filha.

Diversamente, não haveria compatibilidade entre a qualificadora do motivo torpe (art. 121, § 2°, I, do CP) e os motivos de relevante valor social ou moral (art. 121, § 1°, do CP), pois ambas as circunstâncias (qualificadora e "privilégio") são de natureza subjetiva: o reconhecimento de o agente ter cometido o crime impelido por motivo de relevante valor social ou moral implicaria, logicamente, a exclusão da qualificadora do motivo torpe (de natureza subjetiva) – por isso, na ordem de formulação dos quesitos, os jurados serão indagados primeiro sobre causas de diminuição de pena alegadas pela defesa (art. 483, IV, e § 3°, I, do CPP) e, depois, sobre circunstâncias qualificadoras e causas de aumento de pena reconhecidas na decisão de admissibilidade da acusação (art. 483, V, e § 3°, II, do CPP).

Entendemos que o homicídio doloso "qualificado-privilegiado" (misto ou híbrido) **não** seria crime hediondo, pois, no concurso entre circunstâncias de cargas contrapostas (negativa e positiva), considera-se **preponderante** aquela que resulta dos *motivos* determinantes do crime, de acordo com a interpretação extensiva do disposto no art. 67 do Código Penal[34].

Em outras palavras: no concurso entre as circunstâncias "privilegiadoras" (subjetivas), reveladoras dos "motivos determinantes do crime", e as circunstâncias qualificadoras (objetivas), normalmente indicativas dos meios e modos de execução do crime, devem prevalecer as primeiras, em face da regra legal de preponderância estabelecida no art. 67 do Código Penal.

Ademais, haveria uma incompatibilidade lógico-sistêmica entre a *relevância* dos motivos que deflagram o "privilégio" (motivos de relevante valor social ou moral, ou domínio de violenta emoção, logo em seguida a injusta provocação da vítima) e a repugnância que seria inerente a um crime hediondo.

Em suma: para efeito de dosimetria ou quantificação das penas, haveria plena compatibilidade entre a qualificadora (de natureza objetiva) e o "privilégio" (de natureza subjetiva), pois seria aplicada a pena do tipo penal qualificado (reclusão, de 12 a 30 anos), com a posterior diminuição de 1/6 a 1/3; contudo, para efeito de definição da hediondez, haveria insuperável incompatibilidade entre as circunstâncias em concurso, por força da preponderância do "privilégio" (de natureza subjetiva, relacionado aos motivos do sujeito ativo), que implica o

[34] CP, art. 67: "No concurso de agravantes e atenuantes, a pena deve aproximar-se do limite indicado pelas circunstâncias *preponderantes*, entendendo-se como tais as que resultam dos *motivos determinantes do crime*, da personalidade do agente e da reincidência".

afastamento da hediondez no crime de homicídio doloso "qualificado-privilegiado" (misto ou híbrido).

Em igual sentido, Damásio Evangelista de Jesus leciona:

> "Quanto ao homicídio privilegiado (Código Penal, art. 121, § 1º), embora o art. 1º, I, da Lei n. 8.072, com a nova redação, mencione apenas o art. 121 do Código Penal, sem especificação, cremos que não pode ser considerado hediondo. Observe-se que o homicídio simples, sobre o qual pode ser aplicado o privilégio, só é considerado hediondo quando cometido em conduta típica de grupo de extermínio, circunstância incompatível com as do art. 121, § 1º, do Código Penal (relevante valor moral ou social ou violenta emoção logo em seguida a injusta provocação da vítima).
>
> Reconhecida a figura híbrida do homicídio qualificado-privilegiado, cumpre enfrentar a questão de ser hediondo ou não. Certamente surgirá corrente no sentido da hediondez, sob o argumento de que as circunstâncias do art. 121, § 1º, do Colégio Penal, interferem na quantidade da pena e não na qualidade ou natureza do delito. Além disso, dir-se-á, o art. 1º, I, da Lei n. 8.072, contém uma qualificação legal absoluta de hediondez, pouco importando ao legislador a quantidade concreta da pena. Assim, considerada essa natureza, a eventual incidência de uma causa de diminuição na quantidade da resposta penal em face de circunstâncias subjetivas não tem força excludente da qualificação legal. Não obstante a sedução dessa tese, que apresenta sólidos argumentos técnicos, entendemos que o homicídio qualificado-privilegiado não é hediondo.
>
> Uma segunda corrente deverá surgir, de nossa preferência, alegando que, nos termos do art. 67 do Código Penal, havendo concorrência de circunstâncias agravantes e atenuantes dá-se preponderância às de natureza subjetiva, com fundamento nos motivos determinantes do crime. Extrai-se da disposição o princípio de que, em nossa legislação, havendo simultaneidade de circunstâncias, as subjetivas preponderam sobre as objetivas. Ora, o homicídio privilegiado, que apresenta circunstâncias subjetivas, só é compatível com as qualificadoras objetivas. Logo, se no caso concreto são reconhecidas ao mesmo tempo uma circunstância de privilégio e outra da forma qualificada do homicídio, de natureza objetiva, aquela sobrepõe-se a esta, uma vez que o motivo determinante do crime tem preferência sobre a outra. De forma que, para efeito de qualificação legal do crime, o reconhecimento do privilégio descaracteriza o homicídio qualificado.

Assim, quando o inciso I do art. 1º da Lei n. 8.072 menciona o 'homicídio qualificado', refere-se somente à forma genuinamente qualificada. Não ao homicídio qualificado-privilegiado. Tanto que, entre parênteses, indica os incisos I a V do § 2º do art. 121. Suponha-se um homicídio eutanásico cometido mediante propinação de veneno, ou que o pai mate, de emboscada, o estuprador da filha. Reconhecida a forma híbrida, não será fácil a tarefa de sustentar a hediondez do crime. Como disse o Ministro Assis Toledo, do STJ, 'seria verdadeira monstruosidade essa figura: um crime hediondo cometido por motivo de relevante valor moral ou social. Seria uma *contradictio in terminis*'. Tanto mais quando, havendo bons argumentos em favor das duas posições, tratando-se de norma que restringe o direito subjetivo de liberdade, o intérprete deve dar preferência à que beneficia o agente"[35].

(ii) **configura crime hediondo.**

A circunstância "privilegiadoras" (minorante) modifica apenas a quantidade da pena (art. 121, § 1º, do CP), mas não a qualidade ou a natureza do crime de homicídio qualificado, adjetivado legalmente como hediondo (art. 1º, I, da Lei n. 8.072/90)[36].

I-A - lesão corporal dolosa de natureza gravíssima (art. 129, § 2º) e lesão corporal seguida de morte (art. 129, § 3º), quando praticadas contra autoridade ou agente descrito nos arts. 142 e 144 da Constituição Federal, integrantes do sistema prisional e da Força Nacional de Segurança Pública, no exercício da função ou em decorrência dela, ou contra seu cônjuge, companheiro ou parente consanguíneo até terceiro grau, em razão dessa condição;

35 "O homicídio, crime hediondo". *Boletim do Instituto Brasileiro de Ciências Criminais*, n. 22, outubro de 1994.

36 Em igual sentido, decisão mais antiga do STF: "*HABEAS CORPUS*. HOMICÍDIO PRIVILEGIADO-QUALIFICADO: POSSIBILIDADE, MESMO COM O ADVENTO DA LEI DOS CRIMES HEDIONDOS. (...). 1. A atual jurisprudência do Supremo Tribunal Federal admite a possibilidade de ocorrência de homicídio privilegiado--qualificado, desde que não haja incompatibilidade entre as circunstâncias aplicáveis. Ocorrência da hipótese quando a paciente comete o crime sob o domínio de violenta emoção, logo em seguida a injusta provocação da vítima, mas o pratica disparando os tiros de surpresa, nas costas da vítima (CP, art. 121, § 2º, IV). A circunstância subjetiva contida no homicídio privilegiado (CP, art. 121, § 1º) convive com a circunstância qualificadora objetiva 'mediante recurso que dificulte ou torne impossível a defesa da vítima' (CP, art. 121, § 2º, IV). Precedentes. A superveniência das Leis nºs. 8.072/90 e 8.930/94, que tratam dos crimes hediondos, não altera a jurisprudência deste Tribunal, observando-se que no caso do homicídio qualificado não foi definido um novo tipo penal, mas, apenas, atribuída uma nova qualidade a um crime anteriormente tipificado. (...)" (STF, 2ª Turma, HC 76.196/GO, rel. Min. MAURÍCIO CORRÊA, j. 29.09.1998, *DJ* 15.12.2000).

6. Art. 1°, *caput*, inciso I-A: lesão corporal dolosa funcional (art. 129, § 12, do CP), quando de natureza gravíssima (art. 129, § 2°, do CP) ou seguida de morte (art. 129, § 3°, do CP)

O art. 1°, inciso I-A, da Lei n. 8.072/90, considera hediondo o crime de lesão corporal dolosa *funcional* (majorante do art. 129, § 12, do CP), mas apenas quando de natureza **gravíssima** (art. 129, § 2°, do CP) ou **seguida de morte** (art. 129, § 3°, do CP).

Como se percebe, a configuração da hediondez depende da convergência de três requisitos (cumulativos):

> **(i)** ocorrência dos resultados qualificadores da lesão corporal dolosa de natureza *gravíssima* (art. 129, § 2°, do CP) ou do resultado *morte* (art. 129, § 3°, do CP)

Em função da restrição estabelecida pelo art. 1°, inciso I-A, da Lei n. 8.072/90, as demais modalidades de lesão corporal (dolosa ou culposa), ainda que de natureza grave (art. 129, § 1°, do CP), **não** são consideradas hediondas, por ausência de previsão legal.

+

> **(ii)** ter sido praticada *contra* autoridade ou agente das Forças Armadas (art. 142 da CF), da Segurança Pública (art. 144 da CF), integrantes do sistema prisional e da Força Nacional de Segurança Pública, ou contra seu cônjuge, companheiro ou parente consanguíneo até terceiro grau, em razão dessa condição

A hediondez pressupõe que a lesão corporal dolosa de natureza gravíssima (art. 129, § 2°, do CP) ou seguida de morte (art. 129, § 3°, do CP) tenha sido praticada contra *sujeito passivo determinado*, abrangendo quatro categorias de função: autoridade ou agente das Forças Armadas (art. 142 da CF), da Segurança Pública (art. 144 da CF), integrantes do sistema prisional e da Força Nacional de Segurança Pública, *ou* contra seu cônjuge, companheiro ou parente consanguíneo até terceiro grau, em razão dessa condição.

Trata-se da denominada lesão corporal *funcional*, em que a conduta se relaciona com a função desempenhada pelo ofendido, circunstância que ainda deflagra a causa especial de aumento de pena (majorante) do art. 129, § 12, do Código Penal.

De acordo com o disposto no art. 1º, inciso I-A, da Lei n. 8.072/90, a hediondez alcança não apenas a lesão corporal dolosa de natureza gravíssima (art. 129, § 2º, do CP) ou seguida de morte (art. 129, § 3º, do CP) praticada contra a autoridade ou o agente da segurança pública (em sentido amplo), mas igualmente aquela praticada contra seu cônjuge, companheiro ou parente consanguíneo até terceiro grau, *em razão dessa condição* (*ratione officii*).

Em relação aos parentes da autoridade ou agente, observa-se que o art. 1º, inciso I-A, da Lei n. 8.072/90, exige a convergência de duas condições: a origem (consanguíneo) e a distância (até terceiro grau) do parentesco.

O primeiro desses requisitos gera polêmica a respeito da sua constitucionalidade, em face do disposto no art. 227, § 6º, da Constituição Federal[37], que estabelece a igualdade entre os filhos, independentemente da sua origem: a restrição legal (parentesco consanguíneo ou natural) ensejaria a não incidência da hediondez quando atingido filho adotivo ou socioafetivo da autoridade ou agente, pois ambos seriam parentescos de *outra origem* (art. 1.593 do CC[38]).

Em que pese a inadequação da restrição legal a respeito da origem (natural) do parentesco, discordamos da solução, por alguns apregoada, da declaração de inconstitucionalidade (com ou sem redução de texto) do adjetivo "consanguíneo", para contemplar os filhos de outras origens (adoção e socioafetividade), pois tal procedimento naturalmente implicaria a *ampliação do alcance da norma penal* (hediondez e majoração do art. 129, § 12, do CP) para situação claramente não abrangida pelo texto legal.

Ainda que por via oblíqua, estar-se-ia possibilitando a criação de hediondez por meio de decisão judicial (sistema judicial de definição dos crimes hediondos), em clara violação ao disposto no art. 5º, inciso XLIII, da Constituição Federal ("a *lei* considerará crimes inafiançáveis e insuscetíveis de graça ou anistia a prática da tortura, o tráfico ilícito de entorpecentes e drogas afins, o terrorismo e *os definidos como crimes hediondos*").

Os ideais de "salvamento" do texto legal ou de promoção de um "bem maior", por mais nobres que sejam as intenções, não podem ser admitidos como pretexto para a preterição da garantia constitucional da legalidade penal (art. 5º, XXXIX e XLIII, da CF).

(iii) nexo funcional

[37] CF, art. 227, § 6º: "Os filhos, havidos ou não da relação do casamento, ou por adoção, terão os mesmos direitos e qualificações, proibidas quaisquer designações discriminatórias relativas à filiação".

[38] CC, art. 1.593: "O parentesco é natural ou civil, conforme resulte de consanguinidade ou outra origem".

Para o aperfeiçoamento da hediondez, o art. 1°, inciso I-A, da Lei n. 8.072/90, ainda exige a presença de nexo funcional entre a lesão corporal dolosa de natureza gravíssima (art. 129, § 2°, do CP) ou seguida de morte (art. 129, § 3°, do CP) e a função desempenhada pelo sujeito passivo (ofendido), ou seja, que a conduta tenha sido praticada *no exercício da função (in officio)* ou *em decorrência dela (propter officium)*.

> II - roubo:
>
> a) circunstanciado pela restrição de liberdade da vítima (art. 157, § 2°, inciso V);
>
> b) circunstanciado pelo emprego de arma de fogo (art. 157, § 2°-A, inciso I) ou pelo emprego de arma de fogo de uso proibido ou restrito (art. 157, § 2°-B);
>
> c) qualificado pelo resultado lesão corporal grave ou morte (art. 157, § 3°);

7. Art. 1°, *caput*, inciso II: roubo circunstanciado (art. 157, § 2°, V, § 2°-A, I, e § 2°-B, do CP) e qualificado (art. 157, § 3°, do CP)

O art. 1°, inciso II, da Lei n. 8.072/90, considera hediondo o crime de roubo em quatro situações:

> (i) quando circunstanciado pela *restrição de liberdade da vítima* (art. 157, § 2°, V, do CP);
>
> (ii) quando circunstanciado pelo emprego de *arma de fogo* (art. 157, § 2°-A, I, e § 2°-B, do CP);
>
> (iii) quando qualificado pelo resultado *lesão corporal grave* (art. 157, § 3°, I, do CP); e
>
> (iv) quando qualificado pelo resultado *morte* (art. 157, § 3°, II, do CP);

Importante salientar que **não** se considera hediondo o crime de roubo circunstanciado pelo emprego de *arma branca* (art. 157, § 2°, VII, do CP), por ausência de previsão legal.

> III - extorsão qualificada pela restrição da liberdade da vítima, ocorrência de lesão corporal ou morte (art. 158, § 3°);

8. Art. 1°, *caput*, inciso III: extorsão qualificada[39]

8.1. Antecedentes legislativos

Desde a concepção da Lei n. 8.072/90, originalmente em seu art. 1° e, posteriormente, no inciso III do mesmo dispositivo legal (inserido pela Lei n. 8.930/94), considerou-se hediondo o crime de "extorsão qualificada pela morte (art. 158, § 2°)".

A Lei n. 11.923/09 acrescentou, ao art. 158 do Código Penal, o seu § 3°, nele definindo uma modalidade de extorsão qualificada pela *restrição da liberdade do ofendido* (o impropriamente denominado "sequestro-relâmpago"), com pena autônoma de reclusão, de seis a doze anos, e multa. O mesmo § 3°, em sua segunda parte, contemplou formas de extorsão qualificadas pela **conjugação** (cumulação) da restrição da liberdade do ofendido com os resultados *lesão corporal grave* ou *morte*, para as quais determinou a aplicação das penas cominadas no preceito secundário do tipo penal incriminador da extorsão mediante sequestro (art. 159, §§ 2° e 3°, respectivamente, do CP).

Ocorre que a mesma Lei n. 11.923/09 não operou modificação alguma na Lei n. 8.072/90, cujo art. 1°, inciso III, permaneceu considerando hediondo o crime de "extorsão qualificada pela morte (art. 158, § 2°)".

Isso propiciou o surgimento de divergência a respeito da hediondez (ou não) da extorsão qualificada pela morte, quando *conjugada* com a circunstância da restrição da liberdade do ofendido, porque definida no § 3° do art. 158 do Código Penal (não acrescentado ao inciso III do art. 1° da Lei n. 8.072/90). Formaram-se, então, duas orientações:

> (i) tal conduta nunca seria crime hediondo, pois o art. 1°, inciso III, da Lei n. 8.072/90, em seu parêntese, especificava apenas o § 2° do art. 158 do Código Penal. Assim, adotado o sistema legal para definição dos crimes hediondos (taxatividade), o tipo penal contido no § 3° do art. 158 do Código Penal, mesmo quando qualificado pela morte, permaneceria alheio a esse rol legal, sendo proibido o emprego de analogia *in malam partem* para submeter tal conduta ao regime jurídico da Lei n. 8.072/90;
>
> (ii) a extorsão com restrição da liberdade do ofendido (art. 158, § 3°, do CP) seria considerada crime hediondo apenas quando qualificada pela morte,

[39] MARQUES, Oswaldo Henrique Duek; FULLER, Paulo Henrique Aranda. "O alcance da hediondez no crime de extorsão", *Revista Magister de Direito Penal e Processual Penal*, n. 96, jun-jul 2020, Porto Alegre: LexMagister, pp. 63-71.

por se tratar de espécie do gênero "extorsão qualificada pela morte" (seria naturalmente abrangida pela locução contida no art. 1°, inciso III, da Lei n. 8.072/90).

Com o advento da Lei n. 13.964/19 (Lei Anticrime), surge discussão diametralmente oposta, pois a redação dada ao art. 1º, inciso III, da Lei n. 8.072/90, considera como hedionda a "extorsão qualificada pela restrição da liberdade da vítima, ocorrência de lesão corporal ou morte (art. 158, § 3º)" – sem menção expressa ao § 2° do art. 158 do Código Penal, que define o crime de extorsão qualificada pela morte, *sem* restrição da liberdade do ofendido.

8.2. Redação dada pela Lei n. 13.964/19 (Lei Anticrime)

O art. 1º, inciso III, da Lei n. 8.072/90, com a redação dada pela Lei n. 13.964/19 (Lei Anticrime), considera hediondo o crime de "extorsão qualificada pela restrição da liberdade da vítima, ocorrência de lesão corporal ou morte", referindo-se, entre parênteses, apenas ao art. 158, § 3°, do Código Penal.

A redação vigente suscita divergência a respeito do alcance da hediondez no crime de extorsão (art. 158 do CP), podendo ser cogitadas duas orientações:

> **(i)** hediondez na extorsão qualificada pela lesão corporal grave ou pela morte, ainda quando dissociada da restrição da liberdade do ofendido (*nossa posição*)

O art. 1º, inciso III, da Lei n. 8.072/90, enuncia três circunstâncias qualificadoras, distintas e independentes, sendo suficiente a presença de qualquer delas para determinar a hediondez no crime de extorsão.

Assim, a extorsão seria considerada crime hediondo quando **qualificada** pela:

> (i) *restrição da liberdade da vítima* (com ou sem lesão corporal ou morte); ou
>
> (ii) ocorrência de *lesão corporal* (com ou sem restrição da liberdade do ofendido); ou
>
> Em que pese o art. 1º, inciso III, da Lei n. 8.072/90, mencionar apenas a "ocorrência de lesão corporal", sem especificação da sua natureza, entendemos que a hediondez **não** incide em caso de lesão corporal de natureza *leve*, por se tratar de resultado inerente ao meio de execução "violência", contida no tipo penal simples de extorsão (art. 158, *caput*, do CP). Isso porque o art. 1º, inciso III, da Lei n. 8.072/90, alude ao crime de extorsão *qualificada*

e somente a lesão corporal de natureza grave ou gravíssima (art. 129, §§ 1° e 2°, do CP) tem o condão de deslocar a adequação típica da conduta para um tipo penal qualificado (art. 158, § 2°, c.c. o art. 157, § 3°, I, ambos do CP).

(iii) ocorrência de *morte* (com ou sem restrição da liberdade do ofendido).

Sob essa perspectiva, a hediondez alcançaria não apenas o § 3° do art. 158 do Código Penal (que pressupõe a restrição da liberdade do ofendido), mas igualmente o crime de extorsão qualificada pela *lesão corporal grave* ou pela *morte*, ainda quando dissociada da restrição da liberdade do ofendido (art. 158, § 2°, c.c. o art. 157, § 3°, I e II, ambos do CP).

Com efeito, o art. 158, § 2º, do Código Penal, ao estabelecer as formas qualificadas do crime de extorsão, empregou a técnica legislativa da remissão ao crime de roubo qualificado, nos seguintes termos: "Aplica-se à extorsão praticada mediante violência o disposto no § 3º do artigo anterior".

Assim, em caso de extorsão praticada mediante violência, de que resulte lesão corporal grave ou morte, o legislador incorporou todo o regime jurídico estabelecido para o crime de roubo qualificado e, por conseguinte, todas as consequências jurídico-penais das condutas definidas no art. 157, § 3°, incisos I e II, do Código Penal, que abrangem não somente as penas ali cominadas (reclusão, de sete a dezoito anos, e de vinte a trinta anos, respectivamente, ambas cumuladas com multa), mas igualmente o rigor da hediondez imposta no art. 1°, inciso II, alínea *c*, da Lei n. 8.072/90.

Em outras palavras: no crime de extorsão qualificada pelos resultados lesão corporal grave ou morte (art. 158, § 2°, do CP), houve *absoluta equiparação legislativa* ao crime de roubo qualificado (art. 157, § 3°, do CP), impondo-se a incidência de *idêntico tratamento penal das condutas*: mesmas sanções e mesmo regime jurídico material e processual (hediondez).

(ii) hediondez apenas na extorsão qualificada pela restrição da liberdade do ofendido, com ou sem a ocorrência dos resultados lesão corporal grave ou morte (art. 158, § 3°, do CP)

Para essa orientação, a mera referência legal ao § 3º do art. 158 do Código Penal, contida no parêntese do art. 1º, inciso III, da Lei n. 8.072/90, limitaria o alcance da hediondez ao crime de extorsão cometido mediante a restrição da liberdade do ofendido, conjugada ou não com a ocorrência de lesão corporal ou morte.

Sob essa perspectiva, as formas qualificadas pela ocorrência de lesão corporal grave ou morte, sem a restrição da liberdade do ofendido, não seriam consideradas hediondas, pois estariam definidas no § 2° do art. 158 do Código Penal.

Por conseguinte, a Lei n. 13.964/19 (Lei Anticrime) seria considerada *novatio legis in mellius* em relação ao crime de extorsão qualificada pela morte (art. 158, § 2°), na medida em que teria afastado a hediondez anteriormente estabelecida para tal conduta.

Guilherme de Souza Nucci entende que houve "erro do legislador, ao não considerar como crime hediondo a forma qualificada, com resultado lesão corporal grave ou morte. É impossível, por analogia *in malam partem*, corrigir o equívoco. A forma eleita para transformar delitos em hediondos é a inserção no rol do art. 1° da Lei 8.072/90"[40].

> IV - extorsão mediante sequestro e na forma qualificada (art. 159, *caput*, e §§ 1°, 2° e 3°);

9. Art. 1°, *caput*, inciso IV: extorsão mediante sequestro e na forma qualificada

O art. 1°, inciso IV, da Lei n. 8.072/90, rotulou como hedionda toda e qualquer modalidade de extorsão mediante sequestro, consumada ou tentada, tanto na forma simples (art. 159, *caput*, do CP) como nas qualificadas (art. 159, §§ 1°, 2° e 3°, do CP).

> V - estupro (art. 213, *caput* e §§ 1° e 2°);
>
> VI - estupro de vulnerável (art. 217-A, *caput* e §§ 1°, 2°, 3° e 4°);

10. Art. 1°, *caput*, incisos V e VI: estupro e estupro de vulnerável

O art. 1°, incisos V e VI, da Lei n. 8.072/90, considera hediondos os crimes de estupro (art. 213, *caput* e §§ 1° e 2°, do CP) e estupro de vulnerável (art. 217-A, *caput* e §§ 1°, 3° e 4°, do CP), consumados ou tentados, em qualquer das suas modalidades.

> VII - epidemia com resultado morte (art. 267, § 1°);

[40] NUCCI, Guilherme de Souza. *Curso de Direito Penal: parte especial: arts. 121 a 212 do Código Penal*, vol. 2, 4. ed., Rio de Janeiro: Forense, 2020, p. 370.

11. Art. 1°, *caput*, inciso VII: epidemia com resultado morte

O art. 1°, inciso VII, da Lei n. 8.072/90, considera hediondo o crime de epidemia com resultado *morte* (art. 267, § 1°, do CP).

Em face da ausência de previsão legal, não são considerados hediondos os crimes de epidemia na modalidade simples (art. 267, *caput*, do CP) nem culposa (art. 267, § 2°, do CP).

> VII-A - (VETADO)
>
> VII-B - falsificação, corrupção, adulteração ou alteração de produto destinado a fins terapêuticos ou medicinais (art. 273, *caput* e § 1°, § 1°-A e § 1°-B, com a redação dada pela Lei n. 9.677, de 2 de julho de 1998);

12. Art. 1°, *caput*, inciso VII-B: falsificação, corrupção, adulteração ou alteração de produto destinado a fins terapêuticos ou medicinais

O art. 1°, inciso VII-B, da Lei n. 8.072/90, considera hediondo o crime de falsificação, corrupção, adulteração ou alteração de produto destinado a fins terapêuticos ou medicinais (art. 273, *caput* e § 1°, § 1°-A e § 1°-B, do CP).

Entendemos inconstitucional, por afronta aos princípios da razoabilidade e da proporcionalidade, a atribuição de hediondez a condutas cujos objetos materiais sejam cosméticos e saneantes (art. 273, § 1°-A, do CP), em função da abrangência demasiadamente larga das incriminações indicadas no art. 1°, inciso VII-B, da Lei n. 8.072/90.

Em face da ausência de previsão legal, não se considera hedionda a modalidade culposa do crime (art. 273, § 2°, do CP).

> VIII - favorecimento da prostituição ou de outra forma de exploração sexual de criança ou adolescente ou de vulnerável (art. 218-B, *caput*, e §§ 1° e 2°);

13. Art. 1°, *caput*, inciso VIII: favorecimento da prostituição ou de outra forma de exploração sexual de criança ou adolescente ou de vulnerável

O art. 1°, inciso VIII, da Lei n. 8.072/90, considera hediondo o crime de favorecimento da prostituição ou de outra forma de exploração sexual de criança ou adolescente ou de vulnerável (art. 218-B, *caput*, e §§ 1° e 2°, do CP).

> IX - furto qualificado pelo emprego de explosivo ou de artefato análogo que cause perigo comum (art. 155, § 4°-A).

14. Art. 1°, *caput*, inciso IX: furto qualificado pelo emprego de explosivo ou de artefato análogo que cause perigo comum

O art. 1°, inciso IX, da Lei n. 8.072/90, considera hediondo o crime de furto qualificado pelo emprego de explosivo ou de artefato análogo que cause perigo comum (art. 155, § 4°-A, do CP).

A despeito da sua maior gravidade, não se considera hediondo o crime de roubo circunstanciado (majorado) pela destruição ou rompimento de obstáculo mediante o emprego de explosivo ou de artefato análogo que cause perigo comum (art. 157, § 2°-A, II, do CP), em face da ausência de previsão legal (art. 1°, II, da Lei n. 8.072/90).

> X - induzimento, instigação ou auxílio a suicídio ou a automutilação realizados por meio da rede de computadores, de rede social ou transmitidos em tempo real (art. 122, *caput* e § 4°);

15. Art. 1°, *caput*, inciso X: induzimento, instigação ou auxílio a suicídio ou a automutilação realizados por meio da rede de computadores, de rede social ou transmitidos em tempo real

O art. 1°, *caput*, inciso X, da Lei n. 8.072/90 (acrescentado pela Lei n. 14.811/24), considera hediondo o crime de induzimento, instigação ou auxílio a suicídio ou a automutilação realizados por meio da rede de computadores, de rede social ou transmitidos em tempo real (art. 122, *caput* e § 4°, do CP).

Como se percebe, em caso de induzimento, instigação ou auxílio a suicídio ou a automutilação, o texto legal vincula a hediondez ao *meio de execução* da conduta: a sua realização por meio da rede de computadores, de rede social ou a sua transmissão em tempo real seria pressuposto legal para o crime ser considerado hediondo – a par de deflagrar a incidência da causa especial de aumento de pena contida no art. 122, § 4°, do Código Penal.

Por isso, a despeito da menção ao art. 122, *caput*, do Código Penal, entre parênteses (art. 1°, *caput*, X, da Lei n. 8.072/90), entendemos que o tipo penal simples do crime de induzimento, instigação ou auxílio a suicídio ou a automutilação não pode ser considerado hediondo, pois o texto legal claramente restringe o alcance do dispositivo aos casos de participação em suicídio ou em automutilação "realizados por meio da rede de computadores, de rede social ou transmitidos em tempo real".

Em outras palavras: qualquer das condutas incriminadas no art. 122 do Código Penal, quando majorada pela circunstância de ter sido praticada por meio da rede de computadores, de rede social ou transmitida em tempo real (art. 122, § 4°, do CP), passa a ser considerada crime hediondo.

> XI - sequestro e cárcere privado cometido contra menor de 18 (dezoito) anos (art. 148, § 1°, inciso IV);

16. Art. 1°, *caput*, inciso XI: sequestro e cárcere privado cometido contra menor de 18 (dezoito) anos

O art. 1°, *caput*, inciso XI, da Lei n. 8.072/90 (acrescentado pela Lei n. 14.811/24), considera hediondo o crime de sequestro e cárcere privado apenas quando presente a qualificadora de a conduta ter sido praticada contra menor de 18 (dezoito) anos (art. 148, § 1°, IV, do CP), ou seja, contra criança ou adolescente (art. 2°, *caput*, da Lei n. 8.069/90 - ECA).

> XII - tráfico de pessoas cometido contra criança ou adolescente (art. 149-A, *caput*, incisos I a V, e § 1°, inciso II).

17. Art. 1°, *caput*, inciso XII: tráfico de pessoas cometido contra criança ou adolescente

O art. 1°, *caput*, inciso XII, da Lei n. 8.072/90 (acrescentado pela Lei n. 14.811/24), considera hediondo o crime de tráfico de pessoas apenas quando presente a causa especial de aumento de pena (majorante) de a conduta ter sido cometida contra criança ou adolescente (art. 149-A, § 1°, II, do CP), assim considerada a pessoa menor de 18 anos de idade (art. 2°, *caput*, da Lei n. 8.069/90 - ECA).

Cabe salientar que, a despeito de o art. 149-A, § 1°, inciso II, do Código Penal, estabelecer uma causa especial de aumento de pena para o tráfico de pessoas "cometido contra criança, adolescente ou pessoa idosa ou com deficiência", o texto legal contido no art. 1°, *caput*, inciso XII, da Lei n. 8.072/90, claramente restringe o alcance do dispositivo aos casos de sujeito passivo criança ou adolescente.

Portanto, não pode ser considerado hediondo o crime de tráfico de pessoas majorado pela circunstância de ter sido praticado contra pessoa idosa ou com deficiência (art. 149-A, § 1°, II, do CP), em face da ausência de previsão legal (sistema legal puro de definição dos crimes hediondos).

> Parágrafo único. Consideram-se também hediondos, tentados ou consumados:
>
> I - o crime de genocídio, previsto nos arts. 1°, 2° e 3° da Lei n. 2.889, de 1° de outubro de 1956;

18. Art. 1°, parágrafo único, inciso I: genocídio

O art. 1°, parágrafo único, inciso I, da Lei n. 8.072/90, considera hediondo o crime de genocídio, definido nos arts. 1° a 3° da Lei n. 2.889/56:

> Art. 1° Quem, com a intenção de destruir, no todo ou em parte, grupo nacional, étnico, racial ou religioso, como tal:
>
> *a)* matar membros do grupo;
>
> *b)* causar lesão grave à integridade física ou mental de membros do grupo;
>
> *c)* submeter intencionalmente o grupo a condições de existência capazes de ocasionar-lhe a destruição física total ou parcial;
>
> *d)* adotar medidas destinadas a impedir os nascimentos no seio do grupo;
>
> *e)* efetuar a transferência forçada de crianças do grupo para outro grupo;
>
> Será punido:
>
> Com as penas do art. 121, § 2°, do Código Penal, no caso da letra *a;*
>
> Com as penas do art. 129, § 2°, no caso da letra *b;*
>
> Com as penas do art. 270, no caso da letra *c;*
>
> Com as penas do art. 125, no caso da letra *d;*

Com as penas do art. 148, no caso da letra *e*;

Art. 2º Associarem-se mais de 3 (três) pessoas para prática dos crimes mencionados no artigo anterior:

Pena: Metade da cominada aos crimes ali previstos.

Art. 3º Incitar, direta e publicamente alguém a cometer qualquer dos crimes de que trata o art. 1º:

Pena: Metade das penas ali cominadas.

II - o crime de posse ou porte ilegal de arma de fogo de uso proibido, previsto no art. 16 da Lei n. 10.826, de 22 de dezembro de 2003;

19. Art. 1°, parágrafo único, inciso II: posse ou porte ilegal de arma de fogo de uso proibido

19.1. Antecedente legislativo

A Lei n. 13.497/17 acrescentou ao rol de crimes hediondos (art. 1°, parágrafo único, da Lei n. 8.072/90) a posse ou porte ilegal de arma de fogo de uso *restrito*, previsto no art. 16 da Lei n. 10.826/03, tipo penal incriminador que, em sua redação original, abrangia a posse e o porte ilegal de arma de fogo, acessório ou munição tanto de uso *restrito* como de uso *proibido*, com a cominação da mesma pena (reclusão, de 3 a 6 anos, e multa).

19.2. Redação dada pela Lei n. 13.964/19 (Lei Anticrime)

O art. 1°, parágrafo único, inciso II, da Lei n. 8.072/90, com a redação dada pela Lei n. 13.964/19 (Lei Anticrime), considera hediondo o crime de posse ou porte ilegal de arma de fogo de uso **proibido**, previsto no art. 16 da Lei n. 10.826/03.

A mesma Lei n. 13.964/19 (Lei Anticrime) ainda modificou a estrutura do tipo penal contido no art. 16 da Lei n. 10.826/03, ao acrescentar o seu § 2°: o legislador deslocou, do *caput* para o § 2° (reclusão, de 4 a 12 anos), a incriminação das condutas que tenham por objeto material arma de fogo de uso **proibido**.

Com isso, operou-se clara separação entre as condutas de posse e porte ilegal de arma de fogo, acessório ou munição de uso *restrito* (*caput* do art. 16 da Lei n. 10.826/03, com pena de reclusão, de 3 a 6 anos, e multa) e de arma de fogo de uso *proibido* (§ 2° do art. 16 da Lei n. 10.826/03, com pena de reclusão, de 4 a 12 anos).

Diante desse panorama, e considerando que o art. 1°, parágrafo único, inciso II, da Lei n. 8.072/90, definiu como hediondo apenas o crime de posse ou porte ilegal de arma de fogo de uso **proibido**, agora contido no § 2° do art. 16 da Lei n. 10.826/03, entendemos que não mais podem ser consideradas hediondas as condutas de posse e porte ilegal de arma de fogo, acessório ou munição de uso *restrito*, definidas no *caput* do art. 16 da Lei n. 10.826/03, tampouco as figuras equiparadas do § 1° do mesmo dispositivo legal (*novatio legis in mellius*)[41].

A respeito do tipo penal incriminador contido no art. 16, § 1°, inciso IV, da Lei n. 10.826/03, a Súmula n. 668 do Superior Tribunal de Justiça enuncia que "não é hediondo o delito de porte ou posse de arma de fogo de uso permitido, ainda que com numeração, marca ou qualquer outro sinal de identificação, raspado, suprimido ou adulterado".

Com efeito, os tipos penais definidos no § 1° do art. 16 da Lei n. 10.826/03 são equiparados (quanto ao preceito secundário do tipo penal incriminador) ao *caput* do mesmo dispositivo legal, cuja hediondez foi afastada pela Lei n. 13.964/19 (Lei Anticrime)[42].

Ademais, o fato de o art. 1°, parágrafo único, inciso II, da Lei n. 8.072/90, referir-se genericamente ao art. 16 da Lei n. 10.826/03 não teria o condão de

[41] "PENAL. AGRAVO REGIMENTAL NO RECURSO ESPECIAL. ART. 16, PARÁGRAFO ÚNICO, IV, DA LEI N. 10.826/2003. SUPERVENIÊNCIA DA LEI N. 13.964/2019. CRIME COMETIDO APÓS A VIGÊNCIA DA LEI N. 13.497/2017. CARÁTER HEDIONDO AFASTADO. ENTENDIMENTO DA SEXTA TURMA DESTA CORTE. AGRAVO REGIMENTAL DESPROVIDO. 1. A Sexta Turma desta Corte 'passou a considerar que, a partir da edição da Lei 13.964/2019, não ostenta caráter hediondo o crime de porte ou posse de arma de fogo de uso permitido com numeração, marca ou qualquer outro sinal de identificação raspado, suprimido ou adulterado (HC 525.249/RS, Rel. Ministra LAURITA VAZ, SEXTA TURMA, julgado em 15/12/2020, *DJe* 18/12/2020; e HC 575.933/SP, Rel. Ministra LAURITA VAZ, SEXTA TURMA, julgado em 15/12/2020, *DJe* 18/12/2020' (AgRg no REsp n. 1.907.730/MG, relator Ministro OLINDO MENEZES - DESEMBARGADOR CONVOCADO DO TRF 1ª REGIÃO -, SEXTA TURMA, julgado em 24/8/2021, DJe 31/8/2021). 2. Agravo regimental desprovido" (STJ, 6ª Turma, AgRg no REsp n. 1.977.120/MG, rel. Min. Antonio Saldanha Palheiro, j. 5.4.2022, *DJe* de 8.4.2022).

[42] "AGRAVO REGIMENTAL EM *HABEAS CORPUS*. EXECUÇÃO PENAL. PORTE DE ARMA DE FOGO COM NUMERAÇÃO SUPRIMIDA (ART. 16, PARÁGRAFO ÚNICO, IV, LEI N. 10.826/2003). CONDUTA PRATICADA APÓS A VIGÊNCIA DA LEI N. 13.497/2017 E ANTES DA VIGÊNCIA DA LEI N. 13.964/2019. NATUREZA HEDIONDA AFASTADA. AGRAVO REGIMENTAL PROVIDO. 1. A jurisprudência desta Corte Superior havia se firmado no sentido de que a Lei de Crimes Hediondos não traz qualquer limitação quanto a sua aplicação tão somente ao *caput* do art. 16, da Lei n. 10.826/2003, ou seja, quando a arma, acessório ou munição for de uso proibido ou restrito, concluindo-se assim que as condutas previstas no parágrafo único, vigente à época dos fatos, devem ser igualmente taxadas de hediondas. 2. Esta Sexta Turma, em julgamentos recentes, nos HC n. 575.933/SP e 525.249/RS, julgados em 15/12/2020 (*DJe* 18/12/2020), de relatoria da Ministra Laurita Vaz, decidiu que o entendimento anterior deve ser superado (*overruling*), pois a Lei n. 13.964/2019, ao modificar a redação do art. 16 da Lei n. 10.826/2003, com a imposição de penas diferenciadas para o posse ou porte de arma de fogo de uso restrito e de uso proibido, atribuiu reprovação criminal diversa a depender da classificação do armamento. 3. Firmou-se, assim, o entendimento de que deve ser considerado equiparado a hediondo apenas o crime de posse ou porte ilegal de arma de fogo de uso proibido, previsto no art. 16 da Lei n. 10.826/2003, afastando-se o caráter hediondo do delito de porte ou posse de arma de fogo de uso permitido com numeração, marca ou qualquer outro sinal de identificação raspado, suprimido ou adulterado. 4. Agravo regimental provido para determinar que seja afastado o caráter hediondo do delito previsto art. 16, parágrafo único, IV, da Lei 10.826/2003, determinando-se a realização de novo cálculo das penas do agravante" (STJ, 6ª Turma, AgRg no HC n. 625.762/SP, rel. Min. Nefi Cordeiro, j. 9.2.2021, *DJe* 18.2.2021).

transcender a expressa restrição estabelecida no texto legal ("o crime de posse ou porte ilegal de arma de fogo de uso *proibido*").

Em suma: com o advento da Lei n. 13.964/19 (Lei Anticrime), considera-se hediondo apenas o crime de posse ou porte ilegal de arma de fogo de uso **proibido**, definido no § 2° do art. 16 da Lei n. 10.826/03.

A despeito de o art. 1°, parágrafo único, inciso II, da Lei n. 8.072/90, mencionar somente a posse ou o porte ilegal de *arma de fogo* de uso proibido, entendemos que a hediondez alcança igualmente as condutas que tenham por objeto material *acessório* ou *munição* de uso proibido, pois o § 2° do art. 16 da Lei n. 10.826/03 estabelece apenas uma qualificadora (tipo penal derivado, com cominação de sanção autônoma) para "as condutas descritas no *caput* e no § 1° deste artigo" – dispositivos que abrangem todos os três artefatos (arma de fogo, acessório ou munição).

Em outras palavras: a definição das condutas incriminadas (preceito primário do tipo penal), em sua completude, permanece no *caput* e no § 1° do art. 16 da Lei n. 10.826/03; quando presente a circunstância qualificadora do § 2° (artefatos de uso proibido), passa a incidir a pena cominada (preceito secundário) no tipo penal derivado (reclusão, de 4 a 12 anos), mais os rigores do regime jurídico estabelecido para os crimes hediondos (art. 1°, parágrafo único, II, da Lei n. 8.072/90).

> III - o crime de comércio ilegal de armas de fogo, previsto no art. 17 da Lei n. 10.826, de 22 de dezembro de 2003;

20. Art. 1°, parágrafo único, inciso III: comércio ilegal de armas de fogo

O art. 1°, parágrafo único, inciso III, da Lei n. 8.072/90, considera hediondo o crime de comércio ilegal de armas de fogo, previsto no art. 17 da Lei n. 10.826/03.

Tratando-se da conduta de comércio ilegal, a hediondez alcança arma de fogo, acessório ou munição de qualquer classificação (de uso permitido, restrito ou proibido), pois a circunstância de o artefato ser de uso restrito ou proibido não afeta a adequação típica da conduta, deflagrando apenas a incidência de uma causa especial de aumento de pena (majorante) de metade (art. 19 da Lei n. 10.826/03).

> IV - o crime de tráfico internacional de arma de fogo, acessório ou munição, previsto no art. 18 da Lei n. 10.826, de 22 de dezembro de 2003;

21. Art. 1°, parágrafo único, inciso IV: tráfico internacional de arma de fogo, acessório ou munição

O art. 1°, parágrafo único, inciso IV, da Lei n. 8.072/90, considera hediondo o crime de tráfico internacional de arma de fogo, acessório ou munição, previsto no art. 18 da Lei n. 10.826/03.

Tratando-se da conduta de tráfico internacional, a hediondez alcança arma de fogo, acessório ou munição de qualquer classificação (de uso permitido, restrito ou proibido), pois a circunstância de o artefato ser de uso restrito ou proibido não afeta a adequação típica da conduta, deflagrando apenas a incidência de uma causa especial de aumento de pena (majorante) de metade (art. 19 da Lei n. 10.826/03).

> V - o crime de organização criminosa, quando direcionado à prática de crime hediondo ou equiparado.

22. Art. 1°, parágrafo único, inciso V: organização criminosa, quando direcionada à prática de crime hediondo ou equiparado

O art. 1°, parágrafo único, inciso V, da Lei n. 8.072/90, considera hediondo o crime de organização criminosa, quando direcionado à prática de crime hediondo ou equiparado (tráfico de drogas, tortura e terrorismo).

O crime de pertencimento a organização criminosa, definido no art. 2°, *caput*, da Lei n. 12.850/13, consiste em "promover, constituir, financiar ou integrar, pessoalmente ou por interposta pessoa, organização criminosa".

Trata-se de norma penal em branco homogênea (imprópria ou em sentido amplo) e homóloga (univitelina), pois o seu complemento (definição de *organização criminosa*) se situa na mesma Lei n. 12.850/13, em seu art. 1°, § 1°, que exige a convergência de três requisitos (cumulativos):

> (i) requisito *pessoal*: associação de 4 (quatro) ou mais pessoas;
>
> (ii) requisito *estrutural*: estruturalmente ordenada e caracterizada pela divisão de tarefas, ainda que informalmente;
>
> (iii) requisito *finalístico* (teleológico): com objetivo de obter, direta ou indiretamente, vantagem de qualquer natureza, mediante a prática de infrações

penais cujas penas máximas sejam superiores a 4 anos, ou que sejam de caráter transnacional.

Como se percebe, o crime de pertencimento a organização criminosa (art. 2°, *caput*, da Lei n. 12.850/13) pode ou não ser considerado hediondo, a depender da aferição do aspecto *finalístico* (teleológico) da definição legal de organização criminosa (art. 1°, § 1°, da Lei n. 12.850/13).

Assim, em caso de organização criminosa que busca obter vantagem mediante o cometimento de crimes de extorsão mediante sequestro (art. 159 do CP), seria considerado hediondo o crime autônomo de pertencimento a organização criminosa (art. 2°, *caput*, da Lei n. 12.850/13), porquanto direcionado à prática de crime hediondo (art. 1°, *caput*, inciso IV, da Lei n. 8.072/90).

> VI - os crimes previstos no Decreto-Lei n. 1.001, de 21 de outubro de 1969 (Código Penal Militar), que apresentem identidade com os crimes previstos no art. 1º desta Lei.

23. Art. 1°, parágrafo único, inciso VI: crimes previstos no Código Penal Militar, que apresentem identidade com os crimes hediondos

A definição legal de *crime militar*, estabelecida no art. 9° do Código Penal Militar (critério *ratione materiae* para a determinação da competência da Justiça Especial Militar da União ou dos Estados), antes da modificação operada pela Lei n. 13.491/17, abrangia apenas crimes previstos no Código Penal Militar[43].

Com esse alcance mais restrito, prevalecia que nenhum dos crimes militares poderia ser considerado hediondo, nem mesmo os crimes impropriamente militares (com igual definição na lei penal comum), ainda que coincidentes com aqueles contidos no rol legal de crimes hediondos, simplesmente porque o art. 1°, *caput* e parágrafo único, da Lei n. 8.072/90, apresentava referência apenas a tipos penais incriminadores previstos no Código Penal comum e na legislação penal extravagante, mas nunca a tipos penais incriminadores previstos no Código Penal Militar (sistema legal puro de definição dos crimes hediondos).

[43] CPM, art. 9º: "Consideram-se crimes militares, em tempo de paz: I - os crimes *de que trata este Código*, quando definidos de modo diverso na lei penal comum, ou nela não previstos, qualquer que seja o agente, salvo disposição especial; II - os crimes *previstos neste Código*, embora também o sejam com igual definição na lei penal comum, quando praticados: (...); III - os crimes praticados por militar da reserva, ou reformado, ou por civil, contra as instituições militares, considerando-se como tais não só os *compreendidos no inciso I, como os do inciso II*, nos seguintes casos: (...)".

Assim, o crime militar de estupro (art. 232 do CPM) não era considerado hediondo, simplesmente porque previsto em tipo penal incriminador diverso do art. 213 do Código Penal comum, a que se refere o art. 1°, *caput*, inciso V, da Lei n. 8.072/90[44] (impossibilidade de analogia *in malam partem*, em decorrência da garantia da legalidade estrita).

Posteriormente, com o advento da Lei n. 13.491/17, operou-se uma significativa ampliação no conceito legal de crimes militares (e, por conseguinte, da competência *ratione materiae* da Justiça Especial Militar da União ou dos Estados), por força da redação dada ao art. 9°, inciso II, do Código Penal Militar, que passou a contemplar "os crimes previstos neste Código *e os previstos na legislação penal*, quando praticados" nas situações estabelecidas em suas alíneas.

Com essa nova redação, a definição legal de crime militar (e a competência da respectiva Justiça Especial) passou a alcançar quaisquer tipos penais incriminadores previstos na "legislação penal" (Código Penal comum e leis penais extravagantes), bastando, para tanto, a presença de qualquer dos elementos de conexão militar definidos no art. 9°, inciso II, alíneas *a* a *e*, do Código Penal Militar[45].

Assim, *v.g.*, em caso de crime de favorecimento da prostituição ou de outra forma de exploração sexual de criança ou adolescente ou de vulnerável (art. 218-B, *caput*, e §§ 1° e 2°, do CP) ou de tortura (art. 1° da Lei n. 9.455/97), quando praticado por militar da ativa, em lugar sujeito à administração militar, contra civil (art. 9°, II, *b*, do CPM), a conduta passa a ser considerada crime militar (por extensão), a despeito de ser previsto apenas no Código Penal comum ou na legislação penal extravagante (em qualquer dos casos, fora do Código Penal Militar),

[44] "*HABEAS CORPUS*. PENAL E PROCESSUAL PENAL. CRIMES CONTRA O PATRIMÔNIO E CRIMES SEXUAIS. CONCURSO DE AGENTES. CISÃO DO PROCESSO. COMPETÊNCIA. JUSTIÇA MILITAR. *INAPLICABILIDADE DA LEI 8.072/90 AOS CRIMES MILITARES IMPRÓPRIOS*. IMPOSSIBILIDADE DE RECLASSIFICAÇÃO TIPOLÓGICA DOS FATOS. AUSÊNCIA DE AFRONTA AO PRINCÍPIO DA ISONOMIA. 1. Impossível a 'reclassificação tipológica' do delito, sob pena de infringência ao princípio da reserva legal. 2. Houve, nos autos, a instauração de duas jurisdições distintas, para processar e julgar crimes também distintos: um, cometido por bombeiro militar fora de seu horário de serviço e de suas funções (crime comum), sujeito aos rigores da Lei de Crimes Hediondos; outro, se bem que ao primeiro, no aspecto objetivo, em tudo se iguale, praticado por policial militar em serviço e, portanto, no exercício de suas funções (*crime militar impróprio*), *fora*, assim, *do alcance da Lei 8.072/90*. 3. Não se postula a defesa do chamado direito penal do autor, pois há muito a Dogmática Penal superou as odiosas imputações feitas à pessoa do condenado, fundadas em sua própria subjetividade e mediante completa dissociação com o fato por ele praticado; mas não se olvide que, por razões de política criminal, algumas situações pessoais dos agentes são destacadas, ocasionando obrigatória diferenciação. 4. Ordem denegada" (STJ, 6ª Turma, HC n. 30.056/RJ, rel. Min. Paulo Medina, rel. para acórdão Min. Hélio Quaglia Barbosa, j. 16.11.2004, *DJ* 23.5.2005).

[45] CPM, art. 9° (com a redação dada pela Lei n. 14.688/23): "Consideram-se crimes militares, em tempo de paz: (...) II - os crimes previstos neste Código e os previstos na legislação penal, *quando praticados*: a) por militar da ativa contra militar na mesma situação; b) por militar da ativa, em lugar sujeito à administração militar, contra militar da reserva ou reformado ou contra civil; c) por militar em serviço ou atuando em razão da função, em comissão de natureza militar, ou em formatura, ainda que fora do lugar sujeito à administração militar contra militar da reserva, ou reformado, ou civil; d) por militar, durante o período de manobras ou exercício, contra militar da reserva ou reformado ou contra civil; e) por militar da ativa contra o patrimônio sob a administração militar ou contra a ordem administrativa militar; f) (revogada) (...)".

sendo ainda considerado crime hediondo, no primeiro caso (art. 1°, *caput*, VIII, da Lei n. 8.072/90), e crime equiparado ou assemelhado a hediondo, no segundo caso (art. 5°, XLIII, da CF).

Com o escopo de corrigir a lacuna observada no rol legal de crimes hediondos (que não abrangia tipos penais incriminadores previstos no Código Penal Militar), a Lei n. 14.688/23 acrescentou, ao art. 1°, parágrafo único, da Lei n. 8.072/90, o inciso VI, que agora define como hediondos "os crimes previstos no Decreto-Lei n. 1.001, de 21 de outubro de 1969 (Código Penal Militar), que apresentem identidade com os crimes previstos no art. 1º desta Lei".

A partir dessa inserção, serão considerados crimes hediondos os tipos penais incriminadores previstos no Código Penal Militar, tais como o homicídio qualificado (art. 205, § 2°, do CPM, que tenham identidade com o disposto no art. 121, § 2°, do CP), o genocídio (art. 208 do CPM, que tenham identidade com o disposto na Lei n. 2.889/56), o estupro (art. 232 do CPM), extorsão mediante sequestro (art. 244 do CPM) e outros.

Cabe salientar que o art. 1°, parágrafo único, inciso VI, da Lei n. 8.072/90, menciona apenas os crimes previstos no Código Penal Militar que apresentem identidade com os crimes previstos no art. 1º da Lei n. 8.072/90, ou seja, com aqueles definidos por lei como hediondos (o texto legal não se refere aos equiparados ou assemelhados). Contudo, isso não significa lacuna legislativa, pois a alusão aos crimes equiparados ou assemelhados seria mesmo despicienda e impertinente, afinal, o art. 1º da Lei n. 8.072/90 contempla apenas os crimes hediondos propriamente ditos, definidos por meio do sistema legal puro.

Com efeito, a equiparação ou assimilação a hediondo apresenta extração diretamente constitucional: o art. 5°, inciso XLIII, da Constituição Federal, quando se refere ao tráfico ilícito de entorpecentes e drogas afins, naturalmente abrange os tipos penais gerais definidos na Lei n. 11.343/06 (art. 33, *caput* e § 1°), bem como os tipos penais especiais previstos no Código Penal Militar (art. 290).

Em outras palavras: o art. 5°, inciso XLIII, da Constituição Federal, atribuiu ao legislador competência exclusiva para a definição (seleção) dos crimes hediondos, mas não para a definição dos equiparados ou assemelhados, previamente definidos em sede constitucional.

Do mesmo modo, os crimes de tortura (Lei n. 9.455/97) e de terrorismo (Lei n. 13.260/16), ainda quando considerados crimes militares (por extensão), pela presença de qualquer dos elementos de conexão militar definidos no art. 9°, inciso II, alíneas *a* a *e*, do Código Penal Militar, permanecerão equiparados ou assemelhados a hediondo, por força do comando contido no art. 5°, inciso XLIII, da Constituição Federal.

VII - os crimes previstos no § 1° do art. 240 e no art. 241-B da Lei n. 8.069, de 13 de julho de 1990 (Estatuto da Criança e do Adolescente).

24. Art. 1°, parágrafo único, inciso VII: pornografia infantil (arts. 240, § 1°, e 241-B, ambos da Lei n. 8.069/90 - ECA)

O art. 1°, parágrafo único, inciso VII, da Lei n. 8.072/90 (acrescentado pela Lei n. 14.811/24), considera hediondos os crimes de pornografia infantil definidos nos arts. 240, § 1°, e 241-B, ambos da Lei n. 8.069/90 (Estatuto da Criança e do Adolescente).

O § 1° do art. 240 da Lei n. 8.069/90 (ECA), que define tipos penais equiparados ao seu *caput* ("incorre nas mesmas penas quem"), incrimina as condutas de quem agencia, facilita, recruta, coage ou de qualquer modo intermedeia a participação de criança ou adolescente em cena de sexo explícito ou pornográfica, ou ainda quem com esses contracena (inciso I); bem como as condutas de quem exibe, transmite, auxilia ou facilita a exibição ou transmissão, em tempo real, pela internet, por aplicativos, por meio de dispositivo informático ou qualquer meio ou ambiente digital, de cena de sexo explícito ou pornográfica com a participação de criança ou adolescente (inciso II).

Cabe salientar que, por força de omissão legislativa, o art. 1°, parágrafo único, inciso VII, da Lei n. 8.072/90 (acrescentado pela Lei n. 14.811/24), não considerou hediondas as condutas definidas no *caput* do mesmo art. 240 da Lei n. 8.069/90 (ECA), consistentes em produzir, reproduzir, dirigir, fotografar, filmar ou registrar, por qualquer meio, cena de sexo explícito ou pornográfica, envolvendo criança ou adolescente, que apresentam idêntica gravidade abstrata (pena de reclusão, de 4 a 8 anos, e multa).

Assim, não são consideradas hediondas as condutas *centrais* de produzir, reproduzir, dirigir e registrar (fotografar ou filmar) cena de sexo explícito ou pornográfica envolvendo criança ou adolescente (art. 240, *caput*, da Lei n. 8.069/90 - ECA); contudo, são consideradas hediondas as condutas *periféricas* de intermediar (agenciar, facilitar, recrutar, coagir) a participação de criança ou adolescente nas mesmas cenas (ou com eles contracenar), bem como de exibir, transmitir, auxiliar ou facilitar a exibição ou transmissão, em tempo real, pela internet, por aplicativos, por meio de dispositivo informático ou qualquer meio ou ambiente digital, de cena de sexo explícito ou pornográfica com a participação de criança ou adolescente (art. 240, § 1°, I e II, da Lei n. 8.069/90 - ECA).

O art. 1°, parágrafo único, inciso VII, da Lei n. 8.072/90 (acrescentado pela Lei n. 14.811/24), ainda considera hediondo o crime de receptação e posse de pornografia infantil, definido no art. 241-B da Lei n. 8.069/90 (ECA), que contempla as condutas de adquirir, possuir ou armazenar, por qualquer meio, fotografia, vídeo ou outra forma de registro que contenha cena de sexo explícito ou pornográfica envolvendo criança ou adolescente (pena de reclusão, de 1 a 4 anos, e multa).

Do mesmo modo, observa-se omissão legislativa, pois o art. 1°, parágrafo único, inciso VII, da Lei n. 8.072/90 (acrescentado pela Lei n. 14.811/24), não considerou hediondos os crimes de comercialização de pornografia infantil (art. 241 da Lei n. 8.069/90 - ECA) e de propagação de pornografia infantil (art. 241-A da Lei n. 8.069/90 - ECA), ambos de gravidade abstrata superior (penas de reclusão, de 4 a 8 anos, e multa; e de reclusão, de 3 a 6 anos, e multa, respectivamente).

Assim, não são consideradas hediondas as condutas *antecedentes* de comercialização (vender ou expor à venda) e de propagação (oferecer, trocar, disponibilizar, transmitir, distribuir, publicar ou divulgar por qualquer meio, inclusive por meio de sistema de informática ou telemático) de fotografia, vídeo ou outro registro que contenha cena de sexo explícito ou pornográfica envolvendo criança ou adolescente, incriminadas nos arts. 241 e 241-A, ambos da Lei n. 8.069/90 (ECA), por ausência de previsão legal (sistema legal puro de definição dos crimes hediondos).

25. Crimes (constitucionalmente) equiparados ou assemelhados a hediondo

Tecnicamente, a tortura, o tráfico ilícito de substâncias entorpecentes e o terrorismo não são propriamente crimes hediondos, porque não definidos como tal pelo legislador comum (art. 1° da Lei n. 8.072/90).

São considerados crimes **equiparados** ou **assemelhados** aos hediondos, por força do art. 5°, inciso XLIII, Constituição Federal, para efeito de sujeição ao mesmo regime jurídico (mais rigoroso) penal e processual penal.

Em outras palavras: a Constituição Federal (art. 5°, XLIII) determinou que esses três crimes se assemelhassem aos hediondos (equiparação) em suas *consequências* penais e processuais penais.

25.1. Tortura

O crime de tortura se encontra definido no art. 1° da Lei n. 9.455/97:

> "Art. 1° Constitui crime de tortura:

> I - constranger alguém com emprego de violência ou grave ameaça, causando-lhe sofrimento físico ou mental:
>
> *a)* com o fim de obter informação, declaração ou confissão da vítima ou de terceira pessoa;
>
> *b)* para provocar ação ou omissão de natureza criminosa;
>
> *c)* em razão de discriminação racial ou religiosa;
>
> II - submeter alguém, sob sua guarda, poder ou autoridade, com emprego de violência ou grave ameaça, a intenso sofrimento físico ou mental, como forma de aplicar castigo pessoal ou medida de caráter preventivo.
>
> Pena - reclusão, de dois a oito anos.
>
> § 1° Na mesma pena incorre quem submete pessoa presa ou sujeita a medida de segurança a sofrimento físico ou mental, por intermédio da prática de ato não previsto em lei ou não resultante de medida legal.
>
> § 2° Aquele que se omite em face dessas condutas, quando tinha o dever de evitá-las ou apurá-las, incorre na pena de detenção de um a quatro anos.
>
> § 3° Se resulta lesão corporal de natureza grave ou gravíssima, a pena é de reclusão de quatro a dez anos; se resulta morte, a reclusão é de oito a dezesseis anos.
>
> § 4° Aumenta-se a pena de um sexto até um terço:
>
> I - se o crime é cometido por agente público;
>
> II - se o crime é cometido contra criança, gestante, deficiente e adolescente ou maior de 60 (sessenta) anos;
>
> III - se o crime é cometido mediante sequestro".

Discute-se se o crime omissivo (a denominada tortura imprópria), definido no art. 1°, § 2°, da Lei n. 9.455/97 (omissão do dever de evitar ou apurar a tortura), pode ser considerado equiparado ou assemelhado a hediondo. Três orientações:

> (i) nunca seria equiparado ou assemelhado a hediondo, em qualquer das condutas (omissão do dever de evitar ou de apurar), por força do regime jurídico mais brando estabelecido pelo legislador: cominação de pena privativa de liberdade de *detenção*, cujo cumprimento seria iniciado em regime aberto ou semiaberto (art. 1°, § 7°, da Lei n. 9.455/97, e art. 33, *caput*, do CP),

ao lado da possibilidade de suspensão condicional do processo (art. 89 da Lei n. 9.099/95), em face da quantidade da pena mínima cominada (não superior a um ano). Em caso de omissão do dever de *evitar* a tortura, o legislador excepcionou a regra geral do art. 13, § 2°, alínea *a*, do Código Penal, que determina a responsabilização pelo crime comissivo praticado[46].

(ii) não seria equiparado ou assemelhado a hediondo, contudo, o tipo penal contido no art. 1°, § 2°, da Lei n. 9.455/97, somente incide em caso de omissão do dever de *apurar* a conduta criminosa. A omissão do dever de *evitar* a tortura encontra adequação típica indireta, mediata ou por norma de extensão ou ampliação causal no art. 1°, incisos I, II e § 1°, da Lei n. 9.455/97, c.c. o art. 13, § 2°, alínea *a*, do Código Penal (pena de reclusão, de dois a oito anos)[47].

(iii) deve ser respeitada (embora possa ser criticada) a opção legislativa de definir, como crime autônomo, a conduta de omissão do dever de *evitar* a tortura, pois a cominação da pena e o regime inicial de seu cumprimento se inserem na margem de decisão do legislador comum. Isso, contudo, não afasta a sua equiparação ou assimilação constitucional para os demais efeitos, em face do comando contido no art. 5°, inciso XLIII, da Constituição Federal, que alcança "os mandantes, os executores e os que, podendo evitá-los, se omitirem".

Em suma: qualquer das condutas (omissão do dever de evitar ou apurar) encontra adequação típica direta ou imediata no art. 1°, § 2°, da Lei n. 9.455/97 (detenção, de um a quatro anos), mas apenas a primeira delas (omissão do dever de *evitar*) se sujeita ao regime jurídico constitucional e legal (naquilo em que a lei especial não dispuser de forma diversa) dos crimes hediondos: inafiançabilidade, insuscetibilidade de graça ou anistia, possibilidade de prisão temporária por 30 dias (art. 2°, § 4°, da Lei n. 8.072/90) e, em caso de cumprimento da pena privativa de liberdade, progressão de regime e livramento condicional com requisitos mais rigorosos (art. 112, V, VI, *a*, VII e VIII, da Lei n. 7.210/84 - LEP, e art. 83, V, do CP) (posição sustentada por Gustavo Octaviano Diniz Junqueira).

[46] Leal, João José. *Crimes hediondos*, 2. ed., Curitiba: Juruá, 2003, pp. 58-59.

[47] Gonçalves, Victor Eduardo Rios. *Crimes hediondos, tóxicos, terrorismo, tortura*, 3. ed., São Paulo: Saraiva, 2004, pp. 100-101.

25.2. Tráfico ilícito de entorpecentes e drogas afins

O ordenamento jurídico-penal não contempla qualquer tipo penal incriminador com o *nomen iuris* de "tráfico ilícito de entorpecentes e drogas afins". Por isso, discute-se a respeito de quais tipos penais incriminadores seriam considerados "tráfico ilícito de entorpecentes e drogas afins", para efeito de equiparação ou assimilação aos crimes hediondos.

Parte da doutrina sustenta que os tipos penais contidos nos arts. 33, *caput* e § 1°, e 34 a 37, da Lei n. 11.343/06, seriam considerados equiparados ou assemelhados a hediondo, em face do rigor estabelecido pelo art. 44, *caput* e parágrafo único, da Lei n. 11.343/06[48], que impõe praticamente o mesmo tratamento dos crimes hediondos (art. 5°, XLIII, da CF, e art. 2° da Lei n. 8.072/90), inclusive com proibições adicionais, como as de suspensão condicional da pena (*sursis*) e de substituição da pena privativa de liberdade por restritivas de direitos[49].

> Como se percebe, não se cogita de equiparação ou assimilação a hediondo em relação aos tipos penais autônomos contidos nos §§ 2° e 3° do art. 33 da Lei n. 11.343/06, que definem formas de participação em consumo pessoal (§ 2°) e consumo conjunto de drogas (§ 3°) – condutas claramente distintas do tráfico de drogas propriamente dito (art. 33, *caput* e § 1°, da Lei n. 11.343/06), que foram impropriamente alocadas na estrutura do art. 33 da Lei n. 11.343/06.
>
> Com efeito, observa-se que o crime do art. 33, § 2°, da Lei n. 11.343/06[50], possibilita as propostas de acordo de não persecução penal (art. 28-A do CPP) e de suspensão condicional do processo (art. 89 da Lei n. 9.099/95),

[48] Lei n. 11.343/06, art. 44: "Os crimes previstos nos arts. 33, *caput* e § 1°, e 34 a 37 desta Lei são inafiançáveis e insuscetíveis de *sursis*, graça, indulto, anistia e liberdade provisória, vedada a conversão de suas penas em restritivas de direitos. Parágrafo único. Nos crimes previstos no *caput* deste artigo, dar-se-á o livramento condicional após o cumprimento de dois terços da pena, vedada sua concessão ao reincidente específico."

[49] A proibição legal de substituição da pena privativa de liberdade por restritivas de direitos foi declarada inconstitucional pelo Supremo Tribunal Federal, por ocasião do julgamento do HC n. 97.256. A tese foi reafirmada, em regime de repercussão geral (Tema n. 626), no ARE n. 663.261 RG: "Tese: É inconstitucional a vedação à conversão da pena privativa de liberdade em restritiva de direitos, prevista nos artigos 33, § 4°, e 44, caput, da Lei 11.343/2006". Ementa: "RECURSO EXTRAORDINÁRIO COM AGRAVO. DIREITO PENAL. TRÁFICO ILÍCITO DE ENTORPECENTES. SUBSTITUIÇÃO DA PENA PRIVATIVA DE LIBERDADE POR RESTRITIVA DE DIREITOS. ENTENDIMENTO CONSOLIDADO NO *HABEAS CORPUS* 97.256. INCONSTITUCIONALIDADE DA VEDAÇÃO. CONTROVÉRSIA CONSTITUCIONAL COM REPERCUSSÃO GERAL. REAFIRMAÇÃO DA JURISPRUDÊNCIA DO SUPREMO TRIBUNAL FEDERAL" (STF, Tribunal Pleno, ARE n. 663.261 RG, rel. Min. LUIZ FUX, j. 13.12.2012, *DJe*-025 06.02.2013). O Senado Federal ainda editou a Resolução n. 5/2012, suspendendo a execução da expressão "vedada a conversão em penas restritivas de direitos", contida no § 4° do art. 33 da Lei n. 11.343/06.

[50] Lei n. 11.343/06, art. 33, § 2°: "Induzir, instigar ou auxiliar alguém ao uso indevido de droga: Pena - detenção, de 1 (um) a 3 (três) anos, e multa de 100 (cem) a 300 (trezentos) dias-multa".

sendo considerado infração penal de menor potencial ofensivo o crime do art. 33, § 3°, da Lei n. 11.343/06[51].

Do mesmo modo, os crimes definidos nos arts. 38 (prescrição ou ministração culposa de droga)[52] e 39 (condução de embarcação ou aeronave depois do consumo de drogas)[53] da Lei n. 11.343/06 em nada se relacionam com o "tráfico ilícito de entorpecentes e drogas afins" (art. 5°, XLIII, da CF).

Entendemos, contudo, que alguns desses tipos penais incriminadores não podem ser considerados equiparados ou assemelhados a hediondo, por força das suas peculiaridades – a despeito de figurarem no rol de crimes do art. 44, *caput*, da Lei n. 11.343/06.

(i) Tráfico de drogas "privilegiado[54]" (art. 33, § 4°, da Lei n. 11.343/06).

Inicialmente, prevaleceu que o reconhecimento da causa especial de diminuição de pena (art. 33, § 4°, da Lei n. 11.343/06) em nada afetaria a equiparação ou assimilação a hediondo, pois o § 4° não seria um tipo penal autônomo, mas simples minorante que incide sobre as penas cominadas no art. 33, *caput*, e § 1°, da Lei n. 11.343/06 – tipos penais que definem condutas sempre equiparadas ou assemelhadas a hediondo (tráfico de drogas propriamente dito).

Sob essa perspectiva, não seria pertinente a analogia com o homicídio privilegiado (*supra*, n. 5.4), pois o art. 121, § 1°, do Código Penal, envolve motivos determinantes do crime (circunstâncias de natureza subjetiva e preponderantes - art. 67 do CP), o que não ocorre com os requisitos estabelecidos no art. 33, § 4°, da Lei n. 11.343/06 (primariedade, bons antecedentes, não se dedicar a atividades criminosas nem integrar organização criminosa).

51 Lei n. 11.343/06, art. 33, § 3°: "Oferecer droga, eventualmente e sem objetivo de lucro, a pessoa de seu relacionamento, para juntos a consumirem: Pena - detenção, de 6 (seis) meses a 1 (um) ano, e pagamento de 700 (setecentos) a 1.500 (mil e quinhentos) dias-multa, sem prejuízo das penas previstas no art. 28".

52 Lei n. 11.343/06, art. 38, *caput*: "Prescrever ou ministrar, culposamente, drogas, sem que delas necessite o paciente, ou fazê-lo em doses excessivas ou em desacordo com determinação legal ou regulamentar: Pena - detenção, de 6 (seis) meses a 2 (dois) anos, e pagamento de 50 (cinquenta) a 200 (duzentos) dias-multa".

53 Lei n. 11.343/06, art. 39: "Conduzir embarcação ou aeronave após o consumo de drogas, expondo a dano potencial a incolumidade de outrem: Pena - detenção, de 6 (seis) meses a 3 (três) anos, além da apreensão do veículo, cassação da habilitação respectiva ou proibição de obtê-la, pelo mesmo prazo da pena privativa de liberdade aplicada, e pagamento de 200 (duzentos) a 400 (quatrocentos) dias-multa. Parágrafo único. As penas de prisão e multa, aplicadas cumulativamente com as demais, serão de 4 (quatro) a 6 (seis) anos e de 400 (quatrocentos) a 600 (seiscentos) dias-multa, se o veículo referido no *caput* deste artigo for de transporte coletivo de passageiros".

54 Tecnicamente, considera-se *privilégio* aquela circunstância cuja incidência submete a conduta a uma cominação de pena autônoma, mais branda que a cominada ao tipo penal simples (seria o oposto da qualificadora), tal como se observa nos arts. 251, § 1°, 317, § 2°, e 348, § 1°, todos do Código Penal. Por isso, o art. 33, § 4°, da Lei n. 11.343/06, seria propriamente um tráfico de drogas *minorado* (e não privilegiado), por gerar a incidência de uma causa especial de diminuição de pena (minorante).

Em igual sentido, o Superior Tribunal de Justiça chegou a editar a Súmula n. 512, com o seguinte enunciado: "A aplicação da causa de diminuição de pena prevista no art. 33, § 4°, da Lei 11.343/2006 não afasta a hediondez do crime de tráfico de drogas".

Posteriormente, o Supremo Tribunal Federal (Tribunal Pleno), por ocasião do julgamento do HC n. 118.533, em 23.06.2016, adotou orientação diametralmente oposta, reconhecendo que a incidência da causa especial de diminuição de pena do art. 33, § 4°, da Lei n. 11.343/06, enseja uma modalidade de tráfico de drogas *privilegiado*, com tratamento legislativo benigno que impõe o **afastamento** da equiparação ou assimilação a hediondo:

> *HABEAS CORPUS*. CONSTITUCIONAL, PENAL E PROCESSUAL PENAL. TRÁFICO DE ENTORPECENTES. APLICAÇÃO DA LEI N. 8.072/90 AO TRÁFICO DE ENTORPECENTES PRIVILEGIADO: INVIABILIDADE. HEDIONDEZ NÃO CARACTERIZADA. ORDEM CONCEDIDA.
>
> 1. O tráfico de entorpecentes privilegiado (art. 33, § 4°, da Lei n. 11.313/2006) não se harmoniza com a hediondez do tráfico de entorpecentes definido no *caput* e § 1° do art. 33 da Lei de Tóxicos.
>
> 2. O tratamento penal dirigido ao delito cometido sob o manto do privilégio apresenta contornos mais benignos, menos gravosos, notadamente porque são relevados o envolvimento ocasional do agente com o delito, a não reincidência, a ausência de maus antecedentes e a inexistência de vínculo com organização criminosa.
>
> 3. Há evidente constrangimento ilegal ao se estipular ao tráfico de entorpecentes privilegiado os rigores da Lei n. 8.072/90. 4. Ordem concedida (STF, Tribunal Pleno, HC 118.533, rel. Min. CÁRMEN LÚCIA, j. 23.06.2016, *DJe*-199 19.09.2016).

Em 23 de novembro de 2016, o Superior Tribunal de Justiça determinou o **cancelamento** da Súmula n. 512, para promover o alinhamento da jurisprudência dos Tribunais Superiores.

A Lei n. 13.964/19 (Lei Anticrime) incorporou essa orientação jurisprudencial em texto legal, ao acrescentar o § 5° ao art. 112 da Lei n. 7.210/84 (Lei de Execução Penal), dispondo que: "Não se considera hediondo ou equiparado, para os fins deste artigo, o crime de tráfico de drogas previsto no § 4° do art. 33 da Lei n. 11.343, de 23 de agosto de 2006".

(ii) Petrechos para o tráfico de drogas (art. 34 da Lei n. 11.343/06)

Por definir condutas que incidem sobre objeto material *diverso* de drogas, entendemos que o crime de *petrechos* para o tráfico de drogas (art. 34 da Lei n. 11.343/06) não se insere na noção de "tráfico ilícito de entorpecentes e drogas afins", contida no art. 5°, inciso XLIII, da Constituição Federal, não podendo ser considerado equiparado ou assemelhado a hediondo.

Julio Fabbrini Mirabete acrescenta que a conduta em apreço (definida no art. 13 da antiga Lei n. 6.368/76) incide sobre objeto material distinto de "drogas" e, por isso, não se sujeita ao regime jurídico da Lei n. 8.072/90. Esclarece o autor: "em sentido estrito, tal tráfico só pode ser identificado no art. 12 da Lei n. 6.368, de 21.10.76, estando fora do alcance da Lei n. 8.072 os crimes previstos no art. 13, que tem como objeto material maquinismo, aparelho, instrumento ou qualquer objeto destinado à fabricação, preparação, produção ou transformação de substância entorpecente ou que determine dependência física ou psíquica, e não ela própria, e o art. 14, que se refere à associação criminosa para a prática dos crimes previstos nos arts. 12 e 13. Os ilícitos previstos nos arts. 13 e 14 não são, propriamente, 'tráfico de entorpecentes e drogas afins' e seus autores não estão sujeitos às disposições da Lei n. 8.072"[55].

Ademais, o crime de *petrechos* para o tráfico de drogas (art. 34 da Lei n. 11.343/06) consubstancia instrumento de antecipação da tutela penal (incriminação autônoma de atos preparatórios do tráfico de drogas)[56], aspecto que o

[55] Mirabete, Julio Fabbrini. "Crimes Hediondos: aplicação e imperfeições da Lei", *Revista dos Tribunais*, v. 663, janeiro de 1991, p. 271.

[56] "RECURSO ORDINÁRIO EM *HABEAS CORPUS*. PENAL E PROCESSUAL PENAL. DEPÓSITO DE SUBSTÂNCIA ENTORPECENTE PARA USO PESSOAL E POSSE DE OBJETOS DESTINADOS AO PLANTIO DA *CANNABIS SATIVA* E EXTRAÇÃO DE ÓLEO DE HAXIXE. TESE DE ATIPICIDADE DA CONDUTA. ILEGALIDADE EVIDENCIADA DE PLANO. RECURSO PROVIDO PARA TRANCAR A AÇÃO PENAL UNICAMENTE QUANTO AO CRIME PREVISTO NO ART. 34 DA LEI N. 11.343/2006. 1. O crime capitulado no art. 34 da Lei n. 11.343/2006 se destina a punir atos preparatórios e, portanto, é tido como subsidiário em relação ao crime previsto no art. 33 da mesma Lei, sendo por este absorvido quando as ações são praticadas em um mesmo contexto fático. 2. É possível, no entanto, que o crime previsto no art. 34 da Lei de Drogas se consume de forma autônoma, circunstância na qual 'deve ficar demonstrada a real lesividade dos objetos tidos como instrumentos destinados à fabricação, preparação, produção ou transformação de drogas, ou seja, relevante analisar se os objetos apreendidos são aptos a vulnerar o tipo penal em tela' (AgRg no AREsp 303.213/SP, Rel. Ministro MARCO AURÉLIO BELLIZZE, QUINTA TURMA, julgado em 08/10/2013, *DJe* 14/10/2013). 3. Nesse caso, para que se configure a lesão ao bem jurídico tutelado (saúde pública), a ação de possuir maquinário e/ou objetos deve ter o especial fim de fabricar, preparar, produzir ou transformar drogas, visando o tráfico. 4. Portanto, ainda que o crime previsto no art. 34 da Lei n. 11.343/2006 possa subsistir de forma autônoma, não é possível que o agente responda pela prática do referido delito quando a posse dos instrumentos se configura como ato preparatório destinado ao consumo pessoal de entorpecente. (...)" (STJ, 6ª Turma, RHC n. 135.617/PR, rel. Min. Laurita Vaz, j. 14.9.2021, *DJe* 30.9.2021).

distancia ainda mais da noção de "tráfico ilícito de entorpecentes e drogas afins", contida no art. 5º, inciso XLIII, da Constituição Federal[57].

(iii) Associação para o tráfico de drogas (art. 35 da Lei n. 11.343/06)

O crime de *associação* para o tráfico de drogas (art. 35 da Lei n. 11.343/06) não seria equiparado ou assemelhado a hediondo, pois não se confundem a incriminação autônoma da associação com o seu objeto (tráfico de drogas)[58] – esse sim equiparado ou assemelhado a hediondo pela Constituição Federal (art. 5º, XLIII).

Ademais, o art. 35 da Lei n. 11.343/06 representa mecanismo de antecipação da tutela penal (incriminação de atos preparatórios do tráfico de drogas, que pode nem chegar a ser praticado, em face da autonomia do crime de associação), aspecto que o distancia ainda mais da noção de "tráfico ilícito de entorpecentes e drogas afins", contida no art. 5º, inciso XLIII, da Constituição Federal[59].

Prevalece, nos Tribunais Superiores, a orientação de que o crime de *associação* para o tráfico de drogas não se submete ao regime jurídico da Lei n. 8.072/90, por não ser equiparado ou assemelhado a hediondo (não ser tráfico de drogas propriamente dito)[60]:

> *HABEAS CORPUS*. EXECUÇÃO PENAL. ASSOCIAÇÃO PARA O TRÁFICO. CRIME NÃO CONSIDERADO HEDIONDO OU EQUIPARADO. BENEFÍCIOS. REQUISITO OBJETIVO. PROGRESSÃO DE REGIME E LIVRAMENTO CONDICIONAL. LAPSOS TEMPORAIS DISTINTOS. CUMPRIMENTO DE 1/6 (UM SEXTO) NO CASO DE PROGRESSÃO E DE 2/3 (DOIS TERÇOS) PARA O LIVRAMENTO, VEDADA A SUA CONCESSÃO AO REINCIDENTE ESPECÍFICO. ARTS. 112 DA LEI DE EXECUÇÃO PENAL E 44 DA LEI N. 11.343/2006. CONSTRANGIMENTO ILEGAL EVIDENCIADO.

[57] Entendendo que o art. 34 da Lei n. 11.343/06 seria assemelhado a hediondo, Guilherme de Souza Nucci defende que "qualquer figura tipificada neste artigo configura tráfico ilícito de entorpecentes, vale dizer, delito equiparado a hediondo, afinal, não há nada que preceitue em sentido contrário. Se, por exemplo, o fornecimento gratuito de drogas (art. 33) é tráfico, logicamente, o mesmo fornecimento de maquinismo e outros utensílios utilizados para obter drogas é, também, crime equiparado a hediondo" (*Leis penais e processuais penais comentadas*, 2. ed., São Paulo: Revista dos Tribunais, 2007, p. 332).

[58] "A alusão ao tráfico ilícito de entorpecentes – correspondente a modalidades, ou, na pior das hipóteses, a todas as figuras do tipo múltiplo do art. 12 da Lei n. 6.368/76 –, não se pode estender à figura do art. 14 do mesmo diploma – que se consuma com a associação destinada à sua prática. (...) vale a referência para deixar claro que, aos fins da lei – como de resto, é cediço – o delito de associação para delinquir não se confunde com os que sejam objeto dela" (STF, 1ª Turma, HC 75.978/SP, rel. Min. Sepúlveda Pertence, j. 12.05.1998).

[59] Diversamente, Guilherme de Souza Nucci entende que "cuida-se de delito equiparado a hediondo, como os arts. 33 e 34 (antigos arts. 12 e 13 da Lei 6.368/76), pois a associação criminosa tem justamente essa finalidade, vale dizer, o tráfico" (*Leis penais e processuais penais comentadas*, 2. ed., São Paulo: Revista dos Tribunais, 2007, pp. 333-334).

[60] STF, 2ª Turma, HC n. 95.662, rel. Min. CELSO DE MELLO, j. 14.04.2009, DJe-118 26.06.2009; STF, 2ª Turma, HC n. 83.656, rel. Min. NELSON JOBIM, j. 20.04.2004, DJ 28.05.2004.

> 1. **A jurisprudência pacífica do Superior Tribunal de Justiça reconhece que o crime de associação para o tráfico de entorpecentes (art. 35 da Lei n. 11.343/2006) não figura no rol de delitos hediondos ou a eles equiparados, tendo em vista que não se encontra expressamente previsto no rol taxativo do art. 2º da Lei n. 8.072/1990.**
>
> 2. Não se tratando de crime hediondo, não se exige, para fins de concessão do benefício da progressão de regime, o cumprimento de 2/5 da pena, se o apenado for primário, e de 3/5, se reincidente para a progressão do regime prisional, sujeitando-se ele apenas ao lapso de 1/6 para preenchimento do requisito objetivo.
>
> 3. No entanto, a despeito de não ser considerado hediondo o crime de associação para o tráfico, no que se refere à concessão do livramento condicional, deve-se, em razão do princípio da especialidade, observar a regra estabelecida pelo art. 44, parágrafo único, da Lei n. 11.343/2006, ou seja, exigir o cumprimento de 2/3 (dois terços) da pena, vedada a sua concessão ao reincidente específico.
>
> 4. Ordem parcialmente concedida para afastar a natureza hedionda do crime de associação para o tráfico e determinar que o Juízo da execução, no que se refere a tal delito, proceda a novo cálculo da pena, considerando, para fins de progressão de regime e de livramento condicional, respectivamente, as frações de 1/6 (um sexto) e 2/3 (dois terços) (STJ, 6ª Turma, HC n. 429.672/SP, rel. Min. Antonio Saldanha Palheiro, j. 27.2.2018, *DJe* 8.3.2018).

Sérgio Salomão Shecaira e Pedro Luiz Bueno de Andrade afastam da noção de "tráfico de drogas" os crimes tipificados no art. 33, §§ 2º e 3º, da Lei n. 11.343/06, a modalidade privilegiada do § 4º do mesmo artigo, a associação para o tráfico de drogas (art. 35 da Lei n. 11.343/06) e, inclusive, algumas condutas definidas no art. 33, *caput* e § 1º, da Lei n. 11.343/06, quando não evidenciado o escopo da mercancia:

> "(...) não se sabe, por exemplo, se o legislador quis (ou não) imputar aos parágrafos 2º e 3º a condição de crimes equiparados a hediondos. (...).
>
> Pois bem, em face da inexistência do *nomen juris* identificando o que venha a ser *tráfico*, poderiam tais condutas, descritas nos parágrafos 2º e 3º, vir a ser interpretadas como equiparadas a crimes hediondos, com as consequências advindas dessa interpretação? Parece evidente que a resposta deve ser negativa.

Nunca é demais lembrar o significado da palavra **tráfico** de drogas. '*A área de significado da palavra* ***tráfico*** *está vinculada às ideias de* ***comércio, mercancia, trato mercantil, negócio*** *e ainda de* ***negócio fraudulento, indecoroso***'. Ao longo dos séculos, foi a expressão utilizada para designar o comércio de escravos – tráfico negreiro –, de mulheres (destinadas à prostituição) e de outros comércios indecorosos e atentatórios à dignidade dos seres humanos. Assim, só por tal razão, já seria inadmissível pensarmos em atribuir a condição de hediondez à conduta daquele que compartilha um único cigarro de maconha, hipótese que se subsume, hoje, claramente, ao art. 33, § 3º, da Lei de Drogas, mas que não se reveste da gravidade que se atribui à palavra *tráfico*. Seria ridículo pensar em atribuir a um crime, cuja pena é de 6 meses a 1 ano, considerado de menor potencial ofensivo, a condição de *hediondo*. O mesmo raciocínio se aplica ao parágrafo 2º do art. 33, que permite, ao menos em tese, a aplicação da suspensão condicional do processo, prevista na Lei dos Juizados Especiais Criminais (art. 89).

Vale dizer: não se tendo o *nomen juris* ***tráfico*** na rubrica lateral do art. 33 do novo diploma de drogas, e sabendo-se que algumas das condutas descritas no artigo claramente não carregam o ônus do gravame atribuído ao tráfico pela Constituição Federal e pela Lei de Crimes Hediondos, deve-se examinar, caso a caso, quais verbos do tipo proibitivo se subsumem à ideia da mercancia fraudulenta, do comércio, com intermediação por alguém para que o destinatário final da droga possa adquiri-la mediante contraprestação pecuniária. Assim, às condutas do art. 33 só poderá ser atribuído o gravame de equiparação a crime hediondo caso sejam identificadas com o *tráfico*. O próprio delito de 'associação para o tráfico' (art. 14 da antiga lei e 35 da atual) não carregava, como não carrega, a pecha de hediondo, conforme jurisprudência dos Tribunais Superiores, bem como de julgados do Tribunal de Justiça de São Paulo. Dessa forma, em se interpretando restritivamente, como de resto deve ser interpretado na esfera penal o gravame punitivo, não se pode – automaticamente – inferir que qualquer conduta do art. 33 seja gravada com o ônus da hediondez e seus consectários legais. Apenas a título exemplificativo, o viciado em drogas que não tem dinheiro momentaneamente para adquiri-las, que venha a ceder seu veículo para um traficante comprá-las, mediante pagamento de 'comissão' em espécie pela utilização do carro, embora possa ser condenado a cinco anos de reclusão, como estabelece a Lei n. 11.343/06, não poderá arcar com as restrições determinadas pela Lei n. 8.072/90 (progressão com 2/5 da pena e livramento com 2/3, nos termos da Lei n. 11.464/07), por não estar alcançado pela ideia do ***tráfico de drogas***.

Pondere-se, por fim, que a própria legislação vigente recomenda, em algumas hipóteses e circunstâncias, a adoção de penas mitigadas (art. 33, § 4º, c/c art. 42), por entender desnecessária a pena do *caput* do art. 33 nas hipóteses em que não se reconheça no agente do delito a condição de **traficante contumaz**, mas de mero 'passador' eventual. Se assim é, por que persistir a condição de hediondez também nessas hipóteses? Demais disso, não se reconhecendo em algumas figuras do art. 33 da Lei de Drogas a condição de crime hediondo, não estariam submetidos tais fatos ao restritivo mecanismo de submeter o autor do crime ao regime obrigatório fechado para o início do cumprimento da pena privativa de liberdade, conforme determinação do art. 1º da Lei n. 11.464/07. Poderia estar tal pena em consonância com as normas gerais previstas no art. 33 do Código Penal, sem os gravames dos delitos hediondos ou a ele equiparados"[61].

(iv) Colaboração como informante (art. 37 da Lei n. 11.343/06)

Tendo em vista a relação de subsidiariedade (concurso aparente de normas) estabelecida entre o tipo penal incriminador do art. 35 da Lei n. 11.343/06 (associação para o tráfico de drogas) e o do art. 37 da Lei n. 11.343/06 (colaboração como informante)[62], e considerando que o crime principal (associação para o

[61] "A lei de drogas e o crime de tráfico", *Boletim IBCCRIM*, n. 177 - agosto/2007.

[62] "(...) 2. DELITO DE COLABORAÇÃO COMO INFORMANTE. ART. 37 DA LEI N. 11.343/2006. PRESSUPOSIÇÃO DE INEXISTÊNCIA DE QUALQUER OUTRO ENVOLVIMENTO COM O GRUPO, ASSOCIAÇÃO OU ORGANIZAÇÃO CRIMINOSA. MANUTENÇÃO DE VÍNCULO. DIVISÃO DE TAREFAS. FUNÇÃO INTERNA DE SENTINELA, FOGUETEIRO OU INFORMANTE. CONFIGURAÇÃO DE TIPO PENAL MAIS ABRANGENTE. TRÁFICO OU ASSOCIAÇÃO. 3. CRIME DE ASSOCIAÇÃO PARA O TRÁFICO E DE COLABORAÇÃO COM A ASSOCIAÇÃO. ARTS. 35 E 37 DA LEI N. 11.343/2006. AGENTE QUE EXERCE FUNÇÃO DE INFORMANTE DENTRO DA ASSOCIAÇÃO DA QUAL PARTICIPA. CONCURSO MATERIAL. IMPOSSIBILIDADE. DUPLA APENAÇÃO INDEVIDA. PRINCÍPIO DA SUBSIDIARIEDADE. 4. REGIME FECHADO. IMPOSIÇÃO LEGAL. INCONSTITUCIONALIDADE. CRIME NÃO EQUIPARADO A HEDIONDO. CONSTRANGIMENTO ILEGAL EVIDENCIADO. 5. *HABEAS CORPUS* NÃO CONHECIDO. ORDEM CONCEDIDA DE OFÍCIO PARA CASSAR A CONDENAÇÃO PELO DELITO DO ART. 37 DA LEI N. 11.343/2006 E ALTERAR O REGIME DE CUMPRIMENTO DA PENA PARA O ABERTO. (...). 2. A norma incriminadora do art. 37 da Lei n. 11.343/2006 tem como destinatário o agente que colabora como informante com grupo (concurso eventual de pessoas), organização criminosa (art. 2º da Lei n. 12.694/2012) ou associação (art. 35 da Lei n. 11/343/2006), desde que não tenha ele qualquer envolvimento ou relação com as atividades daquele grupo, organização criminosa ou associação para as quais atua como informante. Se a prova indica que o agente mantém vínculo ou envolvimento com esses grupos, conhecendo e participando de sua rotina, bem como cumprindo sua tarefa na empreitada comum, a conduta não se subsume ao tipo do art. 37 da Lei de Tóxicos, mas sim pode configurar outras figuras penais, como o tráfico ou a associação, nas modalidades autoria e participação, ainda que a função interna do agente seja a de sentinela, fogueteiro ou informante. 3. O tipo penal trazido no art. 37 da Lei de Drogas se reveste de verdadeiro caráter de subsidiariedade, só ficando preenchida a tipicidade quando não se comprovar a prática de crime mais grave. De fato, cuidando-se de agente que participa do próprio delito de

tráfico de drogas) não seria equiparado ou assemelhado a hediondo, infere-se que, *a fortiori*, o crime subsidiário (colaboração como informante) igualmente não poderia ser assim considerado[63].

Por derradeiro, entendemos que o crime definido no art. 36 da Lei n. 11.343/06 (financiamento ou custeio) deve ser considerado equiparado ou assemelhado a hediondo, quando direcionado ao financiamento ou ao custeio dos crimes previstos no art. 33, *caput* e § 1°, da Lei n. 11.343/06, por ser uma forma de participação no tráfico de drogas que, por opção legislativa, foi objeto de tipificação legal autônoma (exceção pluralística à teoria monista do concurso de agentes).

25.3. Terrorismo

A Lei n. 13.260/16 passou a regulamentar o disposto no inciso XLIII do art. 5° da Constituição Federal, disciplinando o terrorismo, tratando de disposições investigatórias e processuais e reformulando o conceito de organização terrorista.

O art. 2°, *caput*, da Lei n. 13.260/16, define o crime de terrorismo, que "consiste na prática por um ou mais indivíduos dos atos previstos neste artigo, por razões de xenofobia, discriminação ou preconceito de raça, cor, etnia e religião, quando cometidos com a finalidade de provocar terror social ou generalizado, expondo a perigo pessoa, patrimônio, a paz pública ou a incolumidade pública".

O seu § 1° descreve as condutas-meio do crime, esclarecendo que são atos de terrorismo "usar ou ameaçar usar, transportar, guardar, portar ou trazer consigo explosivos, gases tóxicos, venenos, conteúdos biológicos, químicos, nucleares ou outros meios capazes de causar danos ou promover destruição em massa (inciso I); sabotar o funcionamento ou apoderar-se, com violência, grave ameaça a pessoa ou servindo-se de mecanismos cibernéticos, do controle total ou parcial, ainda que de modo temporário, de meio de comunicação ou de transporte, de portos, aeroportos, estações ferroviárias ou rodoviárias, hospitais, casas de saúde, escolas, estádios esportivos, instalações públicas ou locais onde funcionem serviços públicos essenciais, instalações de geração ou transmissão de energia, instalações militares, instalações de exploração, refino

tráfico ou de associação, a conduta de colaborar com informações para o tráfico já é inerente aos mencionados tipos. Considerar que o informante possa ser punido duplamente, pela associação e pela colaboração com a própria associação da qual faz parte, além de contrariar o princípio da subsidiariedade, revela indevido *bis in idem*. (...)" (STJ, 5ª Turma, HC n. 224.849/RJ, rel. Min. Marco Aurélio Bellizze, j. 11.6.2013, *DJe* de 19.6.2013).

[63] "*HABEAS CORPUS*. COLABORAÇÃO PARA O TRÁFICO DE ENTORPECENTES (ART. 37 DA LEI 11.343/06). NATUREZA HEDIONDA. NÃO CARACTERIZAÇÃO. AUSÊNCIA DE PREVISÃO NO ROL TAXATIVO DO ARTIGO 2° DA LEI 8.072/90. (...). 1. O crime de colaboração para o tráfico, previsto no art. 37 da Lei 11.343/06, não é equiparado a hediondo, uma vez que não está expressamente previsto no rol do artigo 2° da Lei 8.072/90, permitindo, assim, a imposição do regime prisional de acordo com as regras estabelecidas no art. 33 do Código Penal. (...)" (STJ, 5ª Turma, HC n. 194.240/SP, rel. Min. Jorge Mussi, j. 19.6.2012, *DJe* 27.6.2012).

e processamento de petróleo e gás e instituições bancárias e sua rede de atendimento (inciso IV); atentar contra a vida ou a integridade física de pessoa (inciso V): Pena - reclusão, de doze a trinta anos, além das sanções correspondentes à ameaça ou à violência".

O seu § 2° estabelece uma importante *cláusula de exclusão da tipicidade*, esclarecendo que "o disposto neste artigo não se aplica à conduta individual ou coletiva de pessoas em manifestações políticas, movimentos sociais, sindicais, religiosos, de classe ou de categoria profissional, direcionados por propósitos sociais ou reivindicatórios, visando a contestar, criticar, protestar ou apoiar, com o objetivo de defender direitos, garantias e liberdades constitucionais, sem prejuízo da tipificação penal contida em lei".

O art. 3° da Lei n. 13.260/16 define o crime de organização terrorista, que consiste em "promover, constituir, integrar ou prestar auxílio, pessoalmente ou por interposta pessoa, a organização terrorista: Pena - reclusão, de cinco a oito anos, e multa".

O art. 5°, *caput*, da Lei n. 13.260/16, ainda define, como crime autônomo, a realização de atos preparatórios de terrorismo com o propósito inequívoco de consumar tal delito, cominando-lhe a pena correspondente ao delito consumado, diminuída de um quarto até a metade. Cabe salientar que o art. 10 permite a aplicação antecipada dos institutos da desistência voluntária e do arrependimento eficaz (art. 15 do CP), mesmo antes de iniciada a execução do crime de terrorismo.

O seu § 1° comina as mesmas penas ao agente que, com o propósito de praticar atos de terrorismo, "recrutar, organizar, transportar ou municiar indivíduos que viajem para país distinto daquele de sua residência ou nacionalidade (inciso I); ou fornecer ou receber treinamento em país distinto daquele de sua residência ou nacionalidade (inciso II). Em tais hipóteses, quando a conduta não envolver treinamento ou viagem para país distinto daquele de sua residência ou nacionalidade, a pena será a correspondente ao delito consumado, diminuída de metade a dois terços (§ 2°).

O art. 6°, *caput*, da Lei n. 13.260/16, incrimina o financiamento e a manipulação de ativos financeiros e capitais relacionados ao terrorismo, consistente em "receber, prover, oferecer, obter, guardar, manter em depósito, solicitar, investir, de qualquer modo, direta ou indiretamente, recursos, ativos, bens, direitos, valores ou serviços de qualquer natureza, para o planejamento, a preparação ou a execução dos crimes previstos nesta Lei: Pena - reclusão, de quinze a trinta anos".

O seu parágrafo único comina a mesma pena a "quem oferecer ou receber, obtiver, guardar, mantiver em depósito, solicitar, investir ou de qualquer modo contribuir para a obtenção de ativo, bem ou recurso financeiro, com a finalidade de financiar, total ou parcialmente, pessoa, grupo de pessoas, associação, entidade, organização criminosa que tenha como atividade principal ou secundária, mesmo em caráter eventual, a prática dos crimes previstos nesta Lei".

Como disposição geral, o art. 7° da Lei n. 13.260/16 estabelece duas causas especiais de aumento de pena, incidentes em caso de lesão corporal grave (majoração de um terço) e morte (majoração da metade).

O art. 11 da Lei n. 13.260/16 ainda determina a competência da Justiça Comum Federal para o processo e o julgamento dos crimes nela previstos (e a atribuição da Polícia Federal para a investigação criminal respectiva), considerando ser matéria de interesse direto e específico da União (art. 109, IV, da CF).

O art. 17 da Lei n. 13.260/16 determina a aplicação das disposições da Lei n. 8.072/90 (hediondos) aos crimes nela previstos, permitindo a interpretação de que **todos os seus tipos penais incriminadores são equiparados ou assemelhados a hediondo**.

26. Aspectos penais e processuais penais da Lei n. 8.072/90 (art. 2°)

> Art. 2° Os crimes hediondos, a prática da tortura, o tráfico ilícito de entorpecentes e drogas afins e o terrorismo são insuscetíveis de:
>
> I - anistia, graça e indulto;
>
> II - fiança.
>
> § 1° A pena por crime previsto neste artigo será cumprida inicialmente em regime fechado.
>
> § 2° (Revogado pela Lei n. 13.964, de 2019)
>
> § 3° Em caso de sentença condenatória, o juiz decidirá fundamentadamente se o réu poderá apelar em liberdade.
>
> § 4° A prisão temporária, sobre a qual dispõe a Lei n. 7.960, de 21 de dezembro de 1989, nos crimes previstos neste artigo, terá o prazo de 30 (trinta) dias, prorrogável por igual período em caso de extrema e comprovada necessidade.

26.1. Anistia, graça e indulto (art. 2º, inciso I)

O art. 5°, inciso XLIII, da Constituição Federal, estabeleceu que os crimes hediondos e os equiparados ou assemelhados são insuscetíveis de *anistia* e *graça* (no texto constitucional, não se observa proibição de indulto).

O art. 2°, inciso I, da Lei n. 8.072/90, reiterou a insuscetibilidade de anistia e graça, acrescentando, contudo, a proibição de *indulto*.

Por se tratar de norma de restrição da liberdade de locomoção (proibição da incidência de causa de extinção da punibilidade), discute-se acerca da constitucionalidade dessa ampliação operada pela legislação infraconstitucional. Duas posições:

(i) constitucionalidade da proibição legal do indulto (posição do STF)

O Supremo Tribunal Federal reconhece a constitucionalidade da proibição legal do indulto (art. 2°, I, da Lei n. 8.072/90), ao entendimento de que o art. 5°, inciso XLIII, da Constituição Federal, empregou o termo "graça" em sentido amplo (*lato sensu*), abrangendo assim tanto a graça em sentido estrito (*stricto sensu*) como o indulto. Sustenta-se que seria incongruente impedir a clemência de alcance individual (graça) e, ao mesmo tempo, permitir a clemência de alcance coletivo (indulto), de maior amplitude.

Sob essa perspectiva, a proibição do indulto emana *diretamente* do art. 5°, inciso XLIII, da Constituição Federal, porque contida no termo "graça", de sorte que o art. 2°, inciso I, da Lei n. 8.072/90, ao mencionar o indulto, apenas explicita uma restrição de origem constitucional[64].

[64] O Ministro Sydney Sanches (STF), Relator do HC n. 77.528-0/SP, j. 18.02.1999, *DJ* 22.02.1999, manifestou-se nesse sentido: "Na verdade, se a norma do inc. XLIII do art. 5° da Constituição Federal vedou a concessão do benefício da graça, que é indulto individual, e até o da anistia, que depende de lei, nas hipóteses de crimes hediondos como tal definidos, não há de ter pretendido, com o disposto no art. 84, XII, deixar ao Presidente da República a possibilidade de, mediante indulto coletivo, contemplar os praticantes de tais delitos. Em outras palavras: se a Constituição não tolera que qualquer indivíduo que haja praticado crime legalmente considerado hediondo, seja contemplado com a graça (indulto individual), não há de tolerar que o mesmo indivíduo seja beneficiado mediante o expediente do indulto coletivo. Aliás, o termo indulto é usado no art. 84, XII, da Constituição Federal, no sentido amplo, de modo a abranger o indulto individual (graça) e o coletivo. E não teria sentido, *data venia*, interpretação que pusesse em conflito duas normas da Constituição: a do inciso XLIII do art. 5°, que proíbe a graça (indulto individual), nos casos de crimes hediondos definidos em lei, e a do inciso XII do art. 84 que atribui poder ao Presidente da República para conceder indulto (individual ou coletivo), sem fazer distinções quanto aos crimes praticados. Se é possível uma harmonização das normas constitucionais, não é caso de se reconhecer a inconstitucionalidade de lei, que respeite a interpretação de uma delas, e não entre em conflito com a interpretação da outra. E nada impedia que uma Lei proibisse, expressamente, o que já estava implicitamente vedado na Constituição, qual seja, a concessão de indulto coletivo, nas hipóteses de crimes hediondos."

Assim, mesmo que o decreto presidencial não exclua os condenados por crimes hediondos e equiparados, omitindo-se a esse respeito, estaria afastada, por força do art. 5°, inciso XLIII (insuscetibilidade de "graça"), da Constituição Federal, a possibilidade de aplicação do indulto, total ou parcial (comutação de pena)[65].

Em defesa da constitucionalidade da proibição do indulto, Luiz Vicente Cernicchiaro pondera que, "em se analisando, finalisticamente, o art. 5°, XLIII, percebe-se que a proibição constitucional significa excluir da *clementia principis* os autores de crimes hediondos. Não faz sentido, pela Constituição, afastar o favor do Presidente da República, individualmente concedido, mas autorizar o benefício só porque, no mesmo decreto, foram contempladas outras pessoas. Sufragar-se-ia conclusão meramente formal, em dado simplesmente numérico. Realça, aqui, o significado altamente negativo do crime hediondo, incompatível com a tradicional clemência"[66].

O Supremo Tribunal Federal entende constitucional a proibição do indulto estabelecida no art. 2°, inciso I, da Lei n. 8.072/90:

> "DIREITO CONSTITUCIONAL, PENAL E PROCESSUAL PENAL. INDULTO, ANISTIA, GRAÇA E COMUTAÇÃO DE PENAS. EXCLUSÃO DOS BENEFÍCIOS, EM RELAÇÃO AOS AUTORES DE CRIMES HEDIONDOS (ART. 2°, INC. I, DA LEI N. 8.072, DE 26.07.1990, MODIFICADA PELA LEI N. 8.930, DE 06.09.1994). CONSTITUCIONALIDADE. DECRETO N. 2.365, DE 05.11.1997, ART. 8°, INCISO II: LEGALIDADE. *HABEAS CORPUS*.
>
> 1. O Plenário do Supremo Tribunal Federal firma entendimento no sentido da constitucionalidade do inciso I do art. 2° da Lei n. 8.072, de 26.07.1990

[65] "Crime hediondo: vedação de graça: inteligência. I. Não pode, em tese, a lei ordinária restringir o poder constitucional do Presidente da República de 'conceder indulto e comutar penas, com audiência, se necessário, dos órgãos instituídos em lei' (CF, art. 84, XII), opondo-lhe vedações materiais não decorrentes da Constituição. II. Não obstante, é constitucional o art. 2°, I, da L. 8.072/90, porque, nele, a menção ao indulto é meramente expletiva da proibição de graça aos condenados por crimes hediondos ditada pelo art. 5°, XLIII, da Constituição. III. Na Constituição, a graça individual e o indulto coletivo – que ambos, tanto podem ser totais ou parciais, substantivando, nessa última hipótese, a comutação de pena – são modalidades do poder de graça do Presidente da República (art. 84, XII) – que, no entanto, sofre a restrição do art. 5°, XLIII, para excluir a possibilidade de sua concessão, quando se trata de condenação por crime hediondo. IV. Proibida a comutação de pena, na hipótese do crime hediondo, pela Constituição, é irrelevante que a vedação tenha sido omitida no D. 3.226/99" (STF, 1ª Turma, HC 81.565/SC, rel. Min. SEPÚLVEDA PERTENCE, j. 19.02.2002, *DJ* 22.03.2002). Ainda: "PENAL. PROCESSUAL PENAL. *HABEAS CORPUS*. EXECUÇÃO PENAL. INDULTO. TRÁFICO ILÍCITO DE ENTORPECENTES. DECRETO PRESIDENCIAL 3.226/99. I. - Impossibilidade de comutação da pena, dado que o paciente foi condenado pela prática de crime hediondo, sendo irrelevante que a vedação tenha sido omitida no Decreto presidencial 3226/99. Precedentes. II. - H.C. indeferido" (STF, 2ª Turma, HC 85.279/RJ, Rel. Min. CARLOS VELLOSO, j. 17.05.2005, *DJ* 10.06.2005).

[66] CERNICCHIARO, Luiz Vicente; COSTA JÚNIOR, Paulo José da. *Direito penal na constituição*, 3. ed., São Paulo: Revista dos Tribunais, 1995, p. 191 *apud* FRANCO, Alberto Silva. *Crimes Hediondos: anotações sistemáticas à Lei n. 8.072/90*, 4. ed., São Paulo: Editora Revista dos Tribunais, 2000, p. 140-141.

(modificada pela Lei n. 8.930, de 06.09.1994), na parte em que considera insuscetíveis de indulto (tanto quanto de anistia e graça), os crimes hediondos por ela definidos, entre os quais o de latrocínio, pelo qual foi condenado o paciente.

2. E também no sentido da legalidade do inciso II do Decreto n. 2.365, de 05.11.1997, que exclui dos benefícios, por ele instituídos (indulto e comutação de pena), 'os condenados por crimes hediondos definidos' na mesma legislação.

3. É firme, igualmente, por outro lado, a jurisprudência da Corte, no Plenário e nas Turmas, considerando válidos Decretos de indulto coletivo, que beneficiam indeterminadamente os condenados por certos delitos e não os condenados por outros, conforme critérios razoáveis de polícia criminal do Presidente da República (Plenário: H.C. n. 74.132).

4. *Habeas Corpus* indeferido, por maioria, nos termos do voto do Relator" (STF, Tribunal Pleno, HC n. 77.528-0/SP, rel. Min. SYDNEY SANCHES, j. 18.02.1999, *DJ* 22.02.1999).

(ii) **inconstitucionalidade da proibição do indulto (nossa posição):** a norma infraconstitucional não pode transcender os limites do mandato constitucional contido no art. 5º, inciso XLIII, da Constituição Federal, que apenas restringe a graça e a anistia, mas não o indulto.

Ademais, o poder de conceder indulto haure seu fundamento de validade diretamente do art. 84, inciso XII, da Constituição Federal, de sorte que essa atribuição discricionária do Presidente da República não poderia ser restringida pela legislação comum, senão por outra norma constitucional[67].

Francisco de Assis Toledo esclarece que, "no art. 84, XII, a Constituição prevê expressamente o indulto e o atribui à competência discricionária do Presidente da República. Ora, esse poder discricionário do Chefe do Executivo encontra seus limites no próprio texto constitucional, não podendo sofrer restrições pelo legislador ordinário. E a Constituição, quando quis fazer restrições, mencionou a anistia e a graça, deixando de fora o indulto, por ela previsto expressamente

[67] Antonio Scarance Fernandes consigna que "não podia o legislador ordinário aumentar a restrição, ainda mais que, nos termos do art. 84, XII, a CF dá ao Presidente da República poderes para conceder indulto, sem limitações" ("Considerações sobre a Lei 8.072, de 25 de julho de 1990 - Crimes Hediondos", *Revista dos Tribunais*, vol. 660 - out. 1990, p. 265).

no citado art. 84, XII. Assim é, porque nos parece ilógico tomar, no art. 84, XII, a palavra indulto como abrangente da graça e, logo adiante, no mesmo texto constitucional (inc. XLIII do art. 5º), inverter o raciocínio para entender que a graça é que abrange o indulto. Por outro lado, se o legislador tivesse empregado, neste último preceito, a palavra graça, em sentido amplo, com o significado de 'direito de graça', ou 'poder de graça', ou *indulgentia principis*, não teria certamente mencionado a 'anistia', que é uma das modalidades de exercício do mesmo poder de graça ou de clemência. (...) Sendo assim, se entender que a lei ordinária não poderia ter oposto restrição ao exercício de um poder constitucional, exclusivo e irrenunciável do Presidente da República, a lei em exame, no tocante à proibição do indulto, será passível de impugnação por inconstitucionalidade"[68].

Com efeito, a apreciação conjunta das normas pertinentes indica que o termo indulto (mais abrangente) pode conter a graça (mais restrita), mas nunca o oposto: (i) o art. 84 da Constituição Federal, ao cuidar das atribuições do Presidente da República, outorga-lhe o poder de "conceder indulto e comutar penas" (inciso XII), sem qualquer alusão ao instituto da graça, que se considera abarcada pela menção ao indulto; (ii) a Lei de Execução Penal (Lei n. 7.210/84) se refere ao indulto como gênero e o distingue em individual (graça - art. 188) e coletivo (art. 193).

Por isso, entendemos que, quando as normas cuidam especificamente da graça, o fazem para a apartar do indulto (art. 5º, XLIII, da CF, e art. 107, II, do CP) e não para o abranger.

Por derradeiro, cabe salientar que, mesmo considerando inconstitucional a proibição legal do indulto (art. 2º, I, da Lei n. 8.072/90), a possibilidade de aplicação dessa causa de extinção da punibilidade ainda depende de o decreto presidencial não excluir os condenados por crimes hediondos e equiparados. Isso porque, ao exercer o poder de clemência, o Presidente da República pode não contemplar os condenados por determinados crimes, especificados no decreto

68 "Crimes hediondos (alguns aspectos importantes)". *Livro de estudos jurídicos*, Rio de Janeiro: Instituto de Estudos Jurídicos, v. 3, 1991, pp. 204-218 *apud* FRANCO, Alberto Silva. *Crimes Hediondos: anotações sistemáticas à Lei n. 8.072/90*, 4. ed., São Paulo: Editora Revista dos Tribunais, 2000, pp. 141-142.

concessivo de indulto[69] (mesmo os não hediondos e, ainda que o sejam, mesmo os praticados antes da Lei n. 8.072/90 ou da Constituição Federal de 1988[70]).

Em igual diapasão, Alberto Silva Franco conclui: "Com efeito, a regra do inc. XLIII do art. 5º da Constituição Federal, que veda a incidência de causas extintivas de punibilidade em relação a determinados delitos, constitui uma restrição constitucional. O exercício do poder de restrição não comporta alargamentos em lei intermediadora. Além disso, se a Constituição Federal incluiu a concessão de indulto e a comutação de penas, entre as atribuições privativas do Presidente da República (art. 84, XII, da CF) e se ela própria não excepcionou, em situação alguma, o exercício dessa competência, não caberia, evidentemente, ao legislador ordinário, limitá-lo. O dispositivo do inc. I do art. 2º da Lei 8.072/90 está, portanto, eivado de flagrante inconstitucionalidade no tópico em que estende aos delitos especificados na referida lei a proibição do indulto. O Presidente da República não ficará, assim, obstado de conceder indulto ou, até mesmo, de comutar pena, no que tange aos crimes hediondos, à tortura, ao tráfico ilícito de entorpecentes e drogas afins e ao terrorismo. Se, no decreto presidencial, não houver explícita exclusão dos referidos fatos delituosos, a causa extintiva de punibilidade do indulto e a causa de abrandamento de pena da comutação poderão ter tranquila incidência"[71].

26.1.1. Comutação de pena (indulto parcial)

Em que pese a ausência de proibição textual da comutação de pena (art. 5º, XLIII, da CF, e art. 2º, I, da Lei n. 8.072/90), prevalece nos Tribunais Superiores

[69] "DIREITO CONSTITUCIONAL, PENAL E PROCESSUAL PENAL. PENA: COMUTAÇÃO. DECRETO PRESIDENCIAL N. 1.242/94. CRIME DE HOMICÍDIO QUALIFICADO, CONSIDERADO HEDIONDO, POR LEI POSTERIOR À PRÁTICA DO DELITO (LEI N. 8.930/94). PRINCÍPIOS DA IRRETROATIVIDADE DA LEI E DA INDIVIDUALIZAÇÃO DA PENA. *HABEAS CORPUS*. 1. Precedentes do Plenário e das Turmas do Supremo Tribunal Federal têm proclamado que os Decretos concessivos de benefícios coletivos de indulto e comutação de penas podem favorecer os condenados por certos delitos e excluir os condenados por outros. 2. Essa exclusão pode fazer-se com a simples referência aos crimes que a lei classifica como hediondos (Lei n. 8.072, de 1990), mesmo sendo esta posterior à prática do delito. 3. A alusão, no Decreto presidencial de indulto e comutação de penas, aos crimes hediondos, assim classificados na Lei n. 8.072, de 25.05.1990, modificada pela Lei n. 8.930, de 06.09.1994, foi uma forma simplificada de referir-se a cada um deles (inclusive o de homicídio qualificado), para excluí-los todos do benefício, o que, nem por isso, significou aplicação retroativa desse diploma. 4. *Habeas Corpus* indeferido." (STF, 1ª Turma, HC 74.354/SP, rel. Min. SYDNEY SANCHES, j. 05.11.1996, *DJ* 21.03.1997). Ainda: STF, Tribunal Pleno, HC 74.132/SP, rel. Min. SYDNEY SANCHES, j. 22.08.1996, *DJ* 27.09.1996; STF, 1ª Turma, HC 71.643/RS, rel. Min. SYDNEY SANCHES, j. 04.10.1994, *DJ* 25.11.1994.

[70] "Indulto (D. 3299/99): exclusão da graça dos condenados por crime hediondo, que se aplica aos que hajam cometido antes da L. 8072/90 e da Constituição de 1988, ainda quando não o determine expressamente o decreto presidencial: validade, sem ofensa à garantia constitucional da irretroatividade da lei penal mais gravosa, não incidente na hipótese, em que a exclusão questionada traduz exercício do poder do Presidente da República de negar o indulto aos condenados pelos delitos que o decreto especifique: precedentes" (STF, 1ª Turma, RHC 84.572/RJ, rel. p/ Acórdão Min. SEPÚLVEDA PERTENCE, j. 21.09.2004, *DJ* 03.12.2004).

[71] *Crimes Hediondos: anotações sistemáticas à Lei n. 8.072/90*, 4. ed., São Paulo: Editora Revista dos Tribunais, 2000, p. 142.

a *impossibilidade* da sua concessão para crimes hediondos e equiparados ou assemelhados.

Isso porque a comutação de pena seria apenas uma modalidade (espécie) de indulto (gênero): o indulto pode ser considerado *total*, quando gera a extinção da punibilidade (extinção de toda a pena), ou *parcial*, quando gera a diminuição da pena (extinção de parte da pena) – nesse caso, não haveria propriamente extinção, mas modificação (= comutação) da pena, por força da sua diminuição.

A distinção pode ser observada no art. 192 da Lei n. 7.210/84 (Lei de Execução Penal), que dispõe: "Concedido o *indulto* e anexada aos autos cópia do decreto, o Juiz declarará *extinta a pena* ou *ajustará* a execução aos termos do decreto, no caso de *comutação*".

Assim, considerando a proibição constitucional do indulto (contida no termo "graça", no art. 5°, XLIII, da CF), infere-se a proibição tanto do indulto total como do indulto parcial (comutação de pena)[72].

O Superior Tribunal de Justiça considerou que a vedação da comutação de pena para crimes hediondos e assemelhados se aplica inclusive a condutas praticadas antes da vigência da Lei n. 8.072/90, sob a alegação de que, para a aferição

[72] "*HABEAS CORPUS*. VEDAÇÃO AO BENEFÍCIO DA COMUTAÇÃO DA PENA. CONSTRANGIMENTO ILEGAL. INOCORRÊNCIA. *HABEAS CORPUS* INDEFERIDO. O disposto no art. 5°, inciso XLIII, da Constituição Federal, bem como o art. 2°, inciso I, da Lei n. 8.072/1990, vedam a concessão de graça ou anistia aos condenados pela prática dos crimes definidos como hediondos. A questão do presente *writ* já foi largamente discutida por esta Corte, encontrando-se pacificado, em ambas as Turmas, o entendimento de que, sendo a comutação da pena espécie de indulto parcial, o Decreto Presidencial n. 3.226, de 29.10.1999, não se aplica ao condenado pela prática de crime hediondo. Precedentes. Ordem indeferida" (STF, 2ª Turma, HC 86.615/RJ, rel. Min. JOAQUIM BARBOSA, j. 14.02.2006, *DJ* 24.11.2006). Ainda: (i) "*HABEAS CORPUS*. PRETENSÃO DE RECONHECER-SE O DIREITO DO PACIENTE À COMUTAÇÃO PREVISTA NO DECRETO 3.226/99, QUE NÃO VEDOU EXPRESSAMENTE A CONCESSÃO DO BENEFÍCIO AOS CONDENADOS POR CRIMES HEDIONDOS, FAZENDO-O TÃO-SOMENTE QUANTO AO INDULTO. Sendo a comutação espécie de indulto parcial, apresenta-se irrelevante à negativa de concessão aos condenados por crime hediondo o fato de o dito benefício não haver sido expressamente mencionado no Decreto Natalino. O Plenário do STF, ao declarar a constitucionalidade do inciso I do art. 2° da Lei n. 8.072/90, assentou que o termo 'graça' previsto no art. 5°, XLIII, da CF engloba o 'indulto' e a 'comutação da pena', estando a competência privativa do Presidente da República para a concessão desses benefícios limitada pela vedação estabelecida no referido dispositivo constitucional. *Habeas corpus* indeferido." (STF, 1ª Turma, HC 81.567/SC, Rel. Min. ILMAR GALVÃO, j. 19.02.2002, *DJ* 05.04.2002). (ii) "COMUTAÇÃO DA PENA – NATUREZA. A comutação da pena está alcançada pelo gênero 'graça', revelando-se verdadeiro indulto parcial. COMUTAÇÃO DA PENA – CRIME HEDIONDO. Consoante dispõe o inciso XLIII do artigo 5° da Constituição Federal, os crimes definidos como hediondos não são alcançados pela graça, notando-se a vedação legal no inciso I do artigo 2° da Lei n. 8.072/90. Mostra-se harmônico com o arcabouço normativo Decreto presidencial – n. 3.226, de 29 de outubro de 1999 – que a exclui" (STF, 1ª Turma, HC 85.921/RJ, rel. Min. MARCO AURÉLIO, j. 29.06.2005, *DJ* 19.08.2005). (iii) "CRIMINAL. RECURSO ESPECIAL. EXECUÇÃO. HOMICÍDIO QUALIFICADO. DECRETO N. 3.226/99. COMUTAÇÃO DE PENA. IMPOSSIBILIDADE. VEDAÇÃO LEGAL AO CRIME HEDIONDO. RECURSO PROVIDO. I. A comutação, espécie do gênero indulto, não pode ser concedida ao condenado por tentativa de latrocínio, delito considerado hediondo pela Lei n. 8.072/90, ante a expressa vedação do art. 7o, inciso I, do Decreto n. 3.226/99. II. Tratando-se de indulto parcial, devem ser observadas as restrições impostas ao instituto mais abrangente. Precedente. III. Irresignação que merece ser conhecida e provida para cassar o benefício concedido. IV. Recurso conhecido e provido, nos termos do voto do relator" (STJ, 5ª Turma, REsp n. 476.565/RS, rel. Min. Gilson Dipp, j. 25.03.03, *DJ* 28.04.03).

do seu cabimento, deve ser considerada a edição do Decreto Presidencial que concedeu a extinção parcial da pena[73].

26.1.2. Tortura: ausência de proibição legal de indulto (art. 1º, § 6º, da Lei n. 9.455/97)

O art. 1º, § 6º, Lei n. 9.455/97 (Lei de Tortura), dispõe que "o crime de tortura é inafiançável e insuscetível de *graça* ou *anistia*".

Em face da omissão legal de proibição do **indulto**, discute-se se o art. 1º, § 6º, Lei n. 9.455/97 (lei especial e posterior) derrogou a restrição contida no art. 2º, inciso I, terceira figura, da Lei n. 8.072/90 (lei geral e anterior), de modo a possibilitar a incidência dessa causa de extinção da punibilidade para o crime de tortura. Duas posições:

(i) Impossibilidade (proibição constitucional) do indulto.

Partindo da premissa de que a proibição do indulto emerge diretamente da Constituição Federal, porque contida no termo "graça" (art. 5º, XLIII), afigura-se irrelevante a sua omissão no art. 1º, § 6º, Lei n. 9.455/97 (Lei de Tortura).

Por isso, o Supremo Tribunal Federal entendeu pela **impossibilidade** da concessão de indulto aos condenados por crime de tortura (ou por qualquer crime hediondo ou equiparado), independentemente de a proibição ser reiterada em norma infraconstitucional:

> "AÇÃO DIRETA DE INCONSTITUCIONALIDADE. DECRETO FEDERAL. INDULTO. LIMITES. CONDENADOS PELOS CRIMES PREVISTOS NO INCISO XLIII DO ART. 5º DA CONSTITUIÇÃO FEDERAL. IMPOSSIBILIDADE. INTERPRETAÇÃO CONFORME. REFERENDO DE MEDIDA LIMINAR DEFERIDA.
>
> 1. A concessão de indulto aos condenados a penas privativas de liberdade insere-se no exercício do poder discricionário do Presidente da República,

[73] "PENAL E PROCESSUAL PENAL. *Habeas Corpus*. ART. 12, DA Lei n. 6.368/76. CRIME COMETIDO ANTES DA Lei n. 8.072/90. DECRETO N. 3.226/99. COMUTAÇÃO DE PENA. IMPOSSIBILIDADE. I - Não incorre em transgressão aos preceitos inscritos nos arts. 5º, XL, e 84, XII, da CF, o decisório que não concedeu o benefício da comutação da pena ao sentenciado por tráfico de entorpecentes, consumado em momento anterior à edição da Lei n. 8.072/90, sob o argumento de que o Decreto 3.226/99 excluiu da benevolência estatal os condenados por crimes hediondos. II - A circunstância de o delito ter-se consumado em momento anterior à sua qualificação como hediondo não afasta a vedação imposta no Decreto Presidencial, visto que a natureza dos crimes suscetíveis de comutação de pena é aferida à época da edição da norma instituidora do benefício (Precedentes do STJ e do Pretório Excelso). *Writ* denegado" (STJ, 5ª Turma, HC n. 25.620/SP, rel. Min. Felix Fischer, j. 06.03.03, *DJ* 07.04.03).

> limitado à vedação prevista no inciso XLIII do art. 5º da Carta da República. A outorga do benefício, precedido das cautelas devidas, não pode ser obstado por hipotética alegação de ameaça à segurança social, que tem como parâmetro simplesmente o montante da pena aplicada.
>
> 2. Revela-se inconstitucional a possibilidade de que o indulto seja concedido aos condenados por crimes hediondos, de tortura, terrorismo ou tráfico ilícito de entorpecentes e drogas afins, independentemente do lapso temporal da condenação. Interpretação conforme a Constituição dada ao § 2º do art. 7º do Decreto 4495/02 para fixar os limites de sua aplicação, assegurando-se legitimidade à *indulgencia principis*. Referendada a cautelar deferida pelo Ministro Vice-Presidente no período de férias forenses" (STF, Tribunal Pleno, ADI 2.795 MC/DF, rel. Min. Maurício Corrêa, j. 08.05.2003, *DJ* 20.06.2003).

(ii) Possibilidade de indulto (nossa posição)

Por se tratar de norma especial e posterior, o art. 1°, § 6°, da Lei n. 9.455/97 (Lei de Tortura), ao suprimir a proibição do indulto, derrogou a restrição contida no art. 2°, inciso I, terceira figura, da Lei n. 8.072/90.

Alexandre de Moraes e Gianpaolo Poggio Smanio ressaltam que, "em relação ao crime de tortura, definido na Lei n. 9.455, de 7-4-1997, o § 6º, do art. 1º, expressamente, afirmou: O crime de tortura é insuscetível de graça ou anistia. Dessa forma, acabou por revogar a proibição à concessão do indulto ao crime de tortura, prevista anteriormente pela Lei n. 8.072/90, uma vez que a lei posterior também revoga a lei anterior quando regule inteiramente a matéria de que tratava a lei anterior (LICC, art. 2º, § 1º)"[74].

Ao comentar o art. 1º, § 6º, da Lei n. 9.455/97, Victor Eduardo Rios Gonçalves concorda que "o dispositivo repete apenas as vedações constantes do texto constitucional (art. 5º, XLIII), contrariando a Lei dos Crimes Hediondos – que também proíbe a concessão da liberdade provisória e do indulto para o crime de tortura. Não resta dúvida, entretanto, que por se tratar de norma especial e posterior, possibilitou a concessão de liberdade provisória às pessoas presas em flagrante pela prática de crime de tortura, bem como do indulto aos condenados por esse crime"[75].

[74] *Legislação Penal Especial*, 6. ed., São Paulo: Atlas, 2002, p. 73.

[75] *Crimes hediondos, tóxicos, terrorismo, tortura*, 3. ed., São Paulo: Saraiva, 2004, p. 106.

26.1.3. Lei de Drogas

O art. 44, *caput*, da Lei n. 11.343/06 (Lei de Drogas), estabelece a proibição de anistia, graça e indulto para os crimes definidos nos arts. 33, *caput* e § 1°, e 34 a 37, tal como disposto no art. 2°, inciso I, da Lei n. 8.072/90 (aplicam-se as mesmas considerações).

Contudo, como analisado (*supra*, n. 20.2), alguns dos tipos penais incriminadores abrangidos pelo art. 44, *caput*, da Lei n. 11.343/06, **não** são considerados equiparados ou assemelhados a hediondo, de acordo com a jurisprudência dos Tribunais Superiores, a saber: os crimes de *associação* para o tráfico de drogas (art. 35 da Lei n. 11.343/06) e de *colaboração como informante* (art. 37 da Lei n. 11.343/06) – e, em nosso entendimento, o crime de petrechos para o tráfico de drogas (art. 34 da Lei n. 11.343/06).

Surge então a seguinte polêmica: se os crimes de *associação* para o tráfico de drogas (art. 35 da Lei n. 11.343/06) e de *colaboração como informante* (art. 37 da Lei n. 11.343/06) não se sujeitam aos rigores do art. 5°, inciso XLIII, da Constituição Federal (não são considerados equiparados ou assemelhados a hediondo), seria constitucional a proibição de anistia, graça e indulto – apenas e diretamente – por meio de lei (norma infraconstitucional)?

(i) Incidência da proibição legal.

Independentemente de o crime ser considerado equiparado ou assemelhado a hediondo, deve prevalecer a proibição legal de anistia, graça e indulto para os crimes de *associação* para o tráfico de drogas (art. 35 da Lei n. 11.343/06) e de *colaboração como informante* (art. 37 da Lei n. 11.343/06), por força da presunção de constitucionalidade do art. 44, *caput*, da Lei n. 11.343/06 – que, nessa parte, ainda não foi declarado inconstitucional pelo Supremo Tribunal Federal[76]:

> AGRAVO REGIMENTAL EM *HABEAS CORPUS*. PACIENTE CONDENADO PELO CRIME DE ASSOCIAÇÃO PARA O TRÁFICO ILÍCITO DE

[76] "AGRAVO REGIMENTAL NOS EMBARGOS DE DECLARAÇÃO NO RECURSO ESPECIAL. ASSOCIAÇÃO PARA O TRÁFICO DE DROGAS (ART. 35 DA LEI N. 11.343/2006). DECRETO PRESIDENCIAL N. 8.940/2016. INDULTO. IMPOSSIBILIDADE. VEDAÇÃO LEGAL (ART. 44 DA LEI N. 11.343/2006). IMPOSSIBILIDADE DE AFASTAR A INCIDÊNCIA. AGRAVO REGIMENTAL DESPROVIDO. 1. Na hipótese em apreço, em que a Agravante pretende o restabelecimento de indulto ao delito de associação para o tráfico de entorpecentes (art. 35 da Lei n. 11.343/2006), não há que se falar em controle judicial do Decreto Presidencial n. 8.940/2016, tendo em vista que o impedimento para a aplicação do benefício, no caso, está delineada no art. 44, *caput*, da Lei n. 11.343/2006. 2. Não havendo declaração de inconstitucionalidade do art. 44, *caput*, da Lei n. 11.343/2006, não se pode afastar sua incidência nesta via, em face do disposto na cláusula de Reserva de Plenário (art. 97 da CF) e na Súmula Vinculante n. 10 do STF. 3. Agravo regimental desprovido" (STJ, 6ª Turma, AgRg nos EDcl no REsp n. 1.789.369/RJ, rel. Min. Laurita Vaz, j. 12.11.2019, *DJe* 5.12.2019).

> DROGAS. ART. 35 DA LEI 11.343/2006. PEDIDO DE INDULTO COM BASE NO DECRETO PRESIDENCIAL 9.246/2017. IMPOSSIBILIDADE. VEDAÇÃO QUE DECORRE DO ART. 44 DA LEI DE DROGAS, À QUAL ESTÁ SUBMETIDO O CHEFE DO PODER EXECUTIVO NACIONAL. AGRAVO REGIMENTAL A QUE SE NEGA PROVIMENTO.
>
> I - O Decreto Presidencial 9.246/2017 não veda expressamente a concessão de indulto às pessoas condenadas pelo crime de associação para o tráfico ilícito de drogas, previsto no art. 35 da Lei 11.343/2006. Tal impedimento decorre da vedação prevista no art. 44 da própria Lei de Drogas, antes mencionada, cuja constitucionalidade se presume e à qual o Chefe do Poder Executivo Nacional está submetido.
>
> II - A decisão ora questionada amolda-se à orientação desta Suprema Corte sobre a matéria, sendo certo que não se pode dar ao Decreto Presidencial sob exame interpretação que permita a concessão de indulto a crime para o qual o próprio legislador infraconstitucional vedou expressamente.
>
> III - Agravo regimental a que se nega provimento (STF, 2ª Turma, HC n. 191.462 AgR, rel. Min. RICARDO LEWANDOWSKI, j. 04.11.2020, *DJe*-267 09.11.2020).

(ii) Inconstitucionalidade da proibição legal (nossa posição).

A proibição legal de anistia, graça e indulto (*indulgentia principis*), contida no art. 44, *caput*, da Lei n. 11.343/06, deve ser considerada **inconstitucional** em relação aos crimes de *associação* para o tráfico de drogas (art. 35 da Lei n. 11.343/06) e de *colaboração como informante* (art. 37 da Lei n. 11.343/06) – em nosso entendimento, acrescentamos o crime de petrechos para o tráfico de drogas (art. 34 da Lei n. 11.343/06).

Isso porque o poder de conceder indulto haure seu fundamento de validade diretamente do art. 84, inciso XII, da Constituição Federal, de sorte que essa atribuição discricionária do Presidente da República não pode ser restringida pela legislação comum, senão por outra norma constitucional (de mesma hierarquia normativa).

Francisco de Assis Toledo esclarece que, "no art. 84, XII, a Constituição prevê expressamente o indulto e o atribui à competência discricionária do Presidente da República. Ora, esse poder discricionário do Chefe do Executivo encontra seus limites no próprio texto constitucional, não podendo sofrer restrições pelo legislador ordinário. (...) Sendo assim, se entender que a lei ordinária não poderia ter oposto restrição ao exercício de um poder constitucional, exclusivo e irrenunciável do Presidente da República, a lei (...) será passível de impugnação por inconstitucionalidade"[77].

Assim, por não serem considerados equiparados ou assemelhados a hediondo, os crimes de *associação* para o tráfico de drogas (art. 35 da Lei n. 11.343/06) e de *colaboração como informante* (art. 37 da Lei n. 11.343/06) – e, em nosso entendimento, o crime de petrechos para o tráfico de drogas (art. 34 da Lei n. 11.343/06) – não atraem a limitação constitucional (art. 5°, XLIII) ao poder de clemência soberana (*indulgentia principis*), devendo a proibição (meramente) legal nesse sentido (art. 44, *caput*, da Lei n. 11.343/06) ser considerada inconstitucional.

A possibilidade de aplicação do indulto (causa de extinção da punibilidade) ainda depende de o decreto presidencial não afastar da sua incidência os condenados por esses crimes, pois, ao exercer o poder de clemência, o Presidente da República pode excluir os condenados por determinados crimes, independentemente se serem considerados hediondos ou equiparados.

26.1.4. Indulto humanitário

Denomina-se indulto humanitário (ou por razões humanitárias) aquele concedido por motivo de grave deficiência física ou grave estado de saúde, circunstâncias em que a aludida causa de extinção da punibilidade poderia incidir, inclusive, para condenados por crimes hediondos ou assemelhados, não se cogitando, nesses casos, de qualquer afronta ao art. 2°, inciso I, da Lei n. 8.072/90.

João José Leal esclarece que, "para esses casos extremos e dolorosos, o princípio da humanidade torna imperativa a concessão do indulto. Mesmo os condenados por crimes de especial gravidade têm o direito inalienável de padecer seu estado doentio em sossego ou de preparar-se para a morte com dignidade."[78]

[77] "Crimes hediondos (alguns aspectos importantes)". *Livro de estudos jurídicos*, Rio de Janeiro: Instituto de Estudos Jurídicos, v. 3, 1991, pp. 204-218 *apud* FRANCO, Alberto Silva. *Crimes Hediondos: anotações sistemáticas à Lei n. 8.072/90*, 4. ed., São Paulo: Editora Revista dos Tribunais, 2000, pp. 141-142.

[78] "A Lei n. 8.072/90 - LCH e a proibição do indulto humanitário", *Boletim IBCCRIM* n. 147, fevereiro de 2005. Ao analisar os dispositivos do Decreto n. 5.295/04, o mesmo autor afirma: "cabe examinar, finalmente, os termos do Decreto n. 5.295/04, no tocante às condições e hipóteses para a concessão do indulto humanitário, especificamente, no caso de condenados por crime hediondo. No art. 1° (incisos I a VI), estão indicadas as categorias de condenados que, satisfeitas as condições legais, poderão obter o benefício em exame. O art. 8°, *caput*, dispõe que o indulto não alcança os condenados por crime de tortura, terrorismo, tráfico ilícito de entorpecentes e por crimes hediondos. Assim, seguindo a prática de anos anteriores, o Presidente da República decidiu excluir os condenados por crime hediondo do âmbito de incidência desta causa extintiva da punibilidade. Esta é a regra. Mas o próprio decreto prevê uma exceção, por conta do indulto humanitário. O art. 1°, inciso VI, dispõe que é concedido indulto condicional ao condenado, comprovadamente, 'paraplégico, tetraplégico ou portador de cegueira total' (letra a) e ao condenado 'acometido, cumulativamente, de doença grave, permanente, apresentando incapacidade severa, com limitação de atividade e restrição de participação, exigindo cuidados contínuos' (letra b). São hipóteses que se enquadram perfeitamente na figura do denominado indulto

26.2. Fiança (art. 2º, inciso II)

26.2.1. Aspectos gerais

A Constituição Federal assegura, em seu art. 5º, inciso LXVI, que "ninguém será levado à prisão ou nela mantido, quando a lei admitir a liberdade provisória, com ou sem fiança". Considera-se, portanto, como direito fundamental da pessoa humana, a liberdade provisória (gênero), *com* fiança ou *sem* fiança (espécies).

Esclareça-se, por oportuno, que a legislação ordinária, ao disciplinar o instituto da liberdade provisória, em alguns dispositivos emprega o termo "fiança" para designar a liberdade provisória *com fiança* (art. 319, VIII, do CPP), valendo-se da locução "liberdade provisória" para indicar a modalidade *sem fiança* (usa o nome do gênero para indicar uma das suas espécies – e nessa impropriedade terminológica reside a dificuldade mais frequente na compreensão do tema), tal como se observa nos arts. 310, § 1°, e 350, *caput*, ambos do Código de Processo Penal (e em diversas leis extravagantes).

A Lei n. 8.072/90 acompanha essa nomenclatura (e não a terminologia da Constituição Federal - art. 5º, LXVI), pois, em seu art. 2º, inciso II, emprega o termo "fiança", impedindo com isso *apenas* a concessão da liberdade provisória **com fiança** (note-se a ausência de proibição a respeito da liberdade provisória *sem fiança*).

A liberdade provisória com fiança (fiança) tem seus requisitos de admissibilidade disciplinados, *a contrario sensu*, nos arts. 323 e 324 do Código de Processo Penal, enquanto a liberdade provisória sem fiança (liberdade provisória) encontra seu cabimento estabelecido – basicamente – nos arts. 310, § 1°, e 321, ambos do mesmo diploma legal.

26.2.2. A liberdade provisória em caso de crimes hediondos e equiparados ou assemelhados

Ao disciplinar o regime jurídico dos crimes hediondos e equiparados ou assemelhados, a Constituição Federal, em seu art. 5º, inciso XLIII, estabelece uma restrição ao direito fundamental de liberdade provisória, na medida em que os considera **inafiançáveis**, ou seja, insuscetíveis de fiança (liberdade provisória *com fiança*).

humanitário ou por razões humanitárias. (...). Diante desse trágico quadro de sofrimento humano, o parágrafo único do referido art. 8° estabelece que as restrições contidas no *caput* não se aplicam às hipóteses previstas no inciso VI do art. 1°. Ou seja, no caso de condenado portador de grave doença ou deficiência física e com incapacidade severa, não haverá óbice à concessão do indulto, mesmo na hipótese de condenado por crime hediondo."

Como se percebe, a Constituição Federal se limitou a proibir a concessão da liberdade provisória *com fiança* (arts. 323 e 324 do CPP) para crimes hediondos e equiparados ou assemelhados, não impondo qualquer restrição ao cabimento da liberdade provisória *sem fiança* (arts. 310, § 1°, e 321, ambos do CPP).

Em outras palavras: o art. 5°, inciso XLIII, da Constituição Federal, não proibiu a liberdade provisória como um todo, mas apenas a sua obtenção por meio da fiança (art. 319, VIII, do CPP). Por isso, os crimes hediondos e equiparados ou assemelhados admitem a concessão de liberdade provisória *sem fiança* (arts. 310, § 1°, e 321, ambos do CPP), mediante a imposição de outras medidas cautelares pessoais diversas da fiança (art. 319, I a VII e IX, do CPP).

26.2.2.1. Direito anterior

O art. 2°, inciso II, da Lei n. 8.072/90, em sua redação original[79], não se adstringia aos lindes da norma constitucional inscrita no art. 5°, inciso XLIII (proibição da "fiança"), pois estabelecia a insuscetibilidade de "fiança **e** liberdade provisória" para crimes hediondos e equiparados ou assemelhados.

Em outras palavras: a atividade legiferante transcendia os limites da proibição constitucional para impedir, inclusive, a liberdade provisória *sem fiança* (arts. 310, § 1°, e 321, ambos do CPP), modalidade não objetada pela Constituição Federal (art. 5°, XLIII).

Por extrapolar o paradigma constitucional de restrição ao direito de liberdade de locomoção, o art. 2°, inciso II, da Lei n. 8.072/90, ensejou discussões acerca da sua constitucionalidade, na parte em que vedava a "liberdade provisória" (*rectius*: sem fiança) aos crimes hediondos e equiparados ou assemelhados.

A corrente que defendia a constitucionalidade da proibição da liberdade provisória sem fiança se baseava na interpretação literal do art. 5°, inciso LXVI, da Constituição Federal ("ninguém será levado à prisão ou nela mantido, *quando a lei admitir* a liberdade provisória, com ou sem fiança"), sustentando que a norma constitucional assegura o direito de liberdade provisória nos limites delineados *pela lei*, podendo o legislador infraconstitucional, ao seu alvedrio, ampliar ou restringir a amplitude desse direito. Em suma: no silêncio da Constituição Federal (o art. 5°, XLIII, veda somente a "fiança"), ficaria a cargo do legislador infraconstitucional permitir ou proibir a liberdade provisória sem fiança e, no caso da Lei n. 8.072/90, havia decidido a proibir para os crimes hediondos e equiparados ou assemelhados.

[79] O art. 2°, inciso II, da Lei n. 8.072/90, em sua redação original dispunha: "Art. 2° Os crimes hediondos, a prática da tortura, o tráfico ilícito de entorpecentes e drogas afins e o terrorismo são insuscetíveis de: (...) II - fiança e liberdade provisória".

A tese da inconstitucionalidade da proibição absoluta de liberdade provisória repousa no fato de que, ao estabelecer a insuscetibilidade de liberdade provisória sem fiança, o legislador criou a *obrigatoriedade* da conversão da prisão em flagrante em prisão preventiva (art. 310, II, do CPP) para crimes hediondos e equiparados ou assemelhados, afastando, por completo, a possibilidade de controle judicial acerca da necessidade (*periculum libertatis*) da prisão preventiva no caso concreto.

Com efeito, a legitimidade de qualquer prisão processual (provisória) se assenta na função *cautelar* da medida, atuando o meio de coerção pessoal como instrumento para garantir a efetividade dos resultados do processo (instrumentalidade), e não como mera antecipação da pena. Por isso, em respeito ao princípio da presunção de inocência (art. 5º, LVII, da CF), sempre entendemos que a liberdade provisória não poderia ser negada somente em função da hediondez do crime (mera gravidade abstrata da infração penal), devendo a decisão demonstrar a necessidade da prisão cautelar, por meio da indicação da presença concreta dos requisitos que justificariam a prisão preventiva (art. 312, *caput*, do CPP).

26.2.2.2. Direito atual (Lei n. 11.464/07)

Art. 5º, inciso XLIII, da Constituição Federal de 1988:

"XLIII - a lei considerará crimes ***inafiançáveis*** e insuscetíveis de graça ou anistia a prática da tortura, o tráfico ilícito de entorpecentes e drogas afins, o terrorismo e os definidos como crimes hediondos, por eles respondendo os mandantes, os executores e os que, podendo evitá-los, se omitirem;"

Art. 2º, II, da Lei n. 8.072/90 (redação original):

"Art. 2º Os crimes hediondos, a prática da tortura, o tráfico ilícito de entorpecentes e drogas afins e o terrorismo são insuscetíveis de:

(...);

II - fiança ***e liberdade provisória***".

Art. 2º, II, da Lei n. 8.072/90 (com a redação da Lei n. 11.464/07):

"Art. 2º Os crimes hediondos, a prática da tortura, o tráfico ilícito de entorpecentes e drogas afins e o terrorismo são insuscetíveis de:

(...);

II - fiança".

A Lei n. 11.464/07 suprimiu a proibição da liberdade provisória sem fiança (arts. 310, § 1°, e 321, ambos do CPP), contida na redação original do art. 2º, inciso II, da Lei n. 8.072/90, que agora declara a insuscetibilidade *apenas* da fiança (liberdade provisória com fiança), cuja proibição emana diretamente do disposto no art. 5º, inciso XLIII, da Constituição Federal.

Com isso, o legislador promoveu a compatibilidade vertical entre o art. 2º, inciso II, da Lei n. 8.072/90, e o art. 5º, inciso XLIII, da Constituição Federal, que não estabelece qualquer restrição a respeito do regime (modalidade) de liberdade provisória sem fiança.

A ausência de qualquer proibição (constitucional e legal) indica a possibilidade de concessão da liberdade provisória *sem fiança* para crimes hediondos e equiparados ou assemelhados: o princípio da presunção de inocência (art. 5°, LVII, da CF, e art. 8°, n. 2, da Convenção Americana de Direitos Humanos) implica, como regra de tratamento, a *excepcionalidade* da prisão processual ou provisória (anterior ao trânsito em julgado da condenação penal), que somente pode ser justificada por sua necessidade cautelar (art. 312, *caput*, do CPP), concretamente demonstrada em decisão judicial motivada (princípio da *individualização da prisão cautelar*).

Com efeito, a situação meramente formal, decorrente da flagrância (art. 302 do CPP), não pode justificar, *per se*, a conversão da prisão em flagrante em prisão preventiva (art. 310, II, do CPP), sob pena de se restabelecer a odiosa prisão preventiva compulsória, imposta na redação original do art. 312 do Código de Processo Penal[80].

> A proibição de toda e qualquer possibilidade de liberdade provisória significa subtrair do juiz a apreciação da necessidade da prisão preventiva no caso concreto (*periculum libertatis*), ensejando uma forma de prisão preventiva "obrigatória" ou "automática" para determinada categoria de crimes: em caso de prisão em flagrante por crime hediondo ou equiparado, o juiz deveria sempre convertê-la em prisão preventiva (art. 310, II, do CPP), por não poder conceder liberdade provisória (art. 310, III, do CPP).
>
> Essa prisão preventiva surgiria dissociada de qualquer necessidade cautelar (*periculum libertatis*), com evidente afronta ao princípio da presunção de inocência (art. 5°, LVII, da CF, e art. 8°, n. 2, da Convenção Americana de Direitos Humanos): em caso de flagrância, a gravidade abstrata do crime

[80] O art. 312 do Código de Processo Penal, em sua redação original, dispunha: "A prisão preventiva será decretada nos crimes a que for cominada pena de reclusão por tempo, no máximo, igual ou superior a dez anos". Essa redação vigeu até a superveniência da Lei n. 5.349, de 3 de novembro de 1967.

("ser" considerado hediondo ou assemelhado) seria suficiente para a imposição da prisão processual ou provisória, independentemente da presença de qualquer *periculum libertatis* (art. 312 do CPP)[81] – sem função cautelar, tal como empregada no antigo sistema processual inquisitivo[82].

A respeito da prisão preventiva compulsória, disciplinada na redação original do art. 312 do Código de Processo Penal, José Frederico Marques observou que, "na disciplina jurídico-processual da prisão preventiva e da prisão em flagrante, vincado ficou o código vigente com as marcas indeléveis da era totalitária em que foi promulgado. Na regulamentação desses institutos, deixou o *fascismo* indígena sinais marcantes, graças ao rigor com que os tratou. A prisão preventiva compulsória era um dos exemplos desse autoritarismo processual que devemos à política direitista do *Estado Novo*. Transladada do processo penal italiano da era de Mussolini, essa medida de coação é de profunda iniquidade e pode dar margem à prática de irreparáveis injustiças"[83].

Atualmente, a prisão em flagrante assume função meramente precautelar (preparatória ou subcautelar), que se esgota no controle judicial estabelecido no art. 310 do Código de Processo Penal: (i) relaxamento, em caso de ilegalidade; (ii) conversão em prisão preventiva, *quando presentes os requisitos cautelares* (art. 312 do CPP) e se revelarem insuficientes as medidas cautelares diversas da prisão (arts. 319 e 320 do CPP); ou (iii) concessão de liberdade provisória, com ou sem fiança.

Assim, ao receber o auto de prisão em flagrante, por ocasião da audiência de custódia, se o juiz entender ausentes os requisitos que autorizam a decretação da

[81] O Supremo Tribunal Federal declarou a inconstitucionalidade do art. 21 da Lei n. 10.826/03 (Estatuto do Desarmamento), que estabelecia a proibição absoluta de liberdade provisória para os crimes definidos nos arts. 16 a 18 do mesmo diploma legal: "AÇÃO DIRETA DE INCONSTITUCIONALIDADE. LEI 10.826/2003. ESTATUTO DO DESARMAMENTO. (...) AÇÃO JULGADA PARCIALMENTE PROCEDENTE QUANTO À PROIBIÇÃO DO ESTABELECIMENTO DE FIANÇA E LIBERDADE PROVISÓRIA. (...) V - Insusceptibilidade de liberdade provisória quanto aos delitos elencados nos arts. 16, 17 e 18. Inconstitucionalidade reconhecida, visto que o texto magno não autoriza a prisão *ex lege*, em face dos princípios da presunção de inocência e da obrigatoriedade de fundamentação dos mandados de prisão pela autoridade judiciária competente. (...) IX - Ação julgada procedente, em parte, para declarar a inconstitucionalidade dos parágrafos únicos dos artigos 14 e 15 e do artigo 21 da Lei 10.826, de 22 de dezembro de 2003" (STF, Tribunal Pleno, ADI n. 3112, rel. Min. RICARDO LEWANDOWSKI, j. 02.05.2007, *DJe*-131 26.10.2007).

[82] Como salienta Alberto Silva Franco, "toda medida cautelar que implique, sem a verificação de sua necessidade, a obrigatoriedade da prisão e a inadmissibilidade da concessão de liberdade provisória, não se acomoda à ideia-força do Estado Democrático de Direito e lesa o princípio fundamental da presunção de inocência na medida em que, em desarmonia com a Constituição Federal, aplica uma pena de caráter aflitivo e iguala acusado a culpado". E aduz que "a predeterminação legal da inadmissibilidade da liberdade provisória, por carecida justificação cautelar, representa uma expiação antecipada da eventual futura pena e isto sem que haja o devido processo legal" (*Crimes hediondos: anotações sistemáticas à Lei n. 8.072/90*, 4. ed., São Paulo: Revista dos Tribunais, 2000, pp. 373-375).

[83] Marques, José Frederico. "A prisão preventiva compulsória", *Estudos de direito processual penal*, 2. ed., Campinas: Millennium, 2001, p. 231.

prisão preventiva, *deverá* conceder liberdade provisória (art. 321 do CPP), impondo, se for o caso, medidas cautelares diversas da prisão (arts. 319 e 320 do CPP) – salvo a fiança (art. 319, VIII, do CPP), por força da sua proibição constitucional (art. 5°, XLIII) e legal (art. 323, II, do CPP, e art. 2°, II, da Lei n. 8.072/90).

Como ponderou o Min. Ayres Britto, "o fato em si da inafiançabilidade dos crimes hediondos e dos que lhe sejam equiparados parece não ter a antecipada força de impedir a concessão judicial da liberdade provisória, (...) jungido que está o juiz à imprescindibilidade do princípio tácito ou implícito da individualização da prisão (não somente da pena). Pelo que a inafiançabilidade da prisão, mesmo em flagrante (inc. XLIII do art. 5° da CF/1988), quer apenas significar que a lei infraconstitucional não pode prever como condição suficiente para a concessão da liberdade provisória o mero pagamento de uma fiança. A prisão em flagrante não pré-exclui o benefício da liberdade provisória, mas, tão só, a fiança como ferramenta da sua obtenção (dela, liberdade provisória). (...) A inafiançabilidade de um crime não implica, necessariamente, vedação do benefício à liberdade provisória, mas apenas sua obtenção pelo simples dispêndio de recursos financeiros ou bens materiais. (...)" (STF, 2ª Turma, HC n. 103.595/SP, rel. Min. Ayres Britto, j. 07.02.2012, *DJe*-072 13.04.2012).

> Estabelecida a premissa da possibilidade de liberdade provisória sem fiança, resta superado o enunciado da Súmula 697 do STF: "A proibição de liberdade provisória nos processos por crimes hediondos não veda o relaxamento da prisão processual por excesso de prazo".

26.2.2.3. Lei de Tortura (art. 1°, § 6°, da Lei n. 9.455/97)

O art. 1°, § 6°, da Lei n. 9.455/97 (Lei de Tortura), estabelece que o crime de tortura é inafiançável, sem proibição da liberdade provisória sem fiança, tal como o disposto no art. 2°, inciso II, da Lei n. 8.072/90 (aplicam-se as mesmas considerações).

26.2.2.4. Lei de Drogas e a declaração de inconstitucionalidade da proibição legal de liberdade provisória sem fiança (art. 44, *caput*, da Lei n. 11.343/06)

O art. 44, *caput*, da Lei n. 11.343/06, dispõe que "os crimes previstos nos arts. 33, *caput* e § 1°, e 34 a 37 desta Lei são *inafiançáveis* e *insuscetíveis de* sursis, graça, indulto, anistia e *liberdade provisória*, vedada a conversão de suas penas em restritivas de direitos".

Ao afirmar a inafiançabilidade (não cabimento de liberdade provisória *com* fiança) e a insuscetibilidade de liberdade provisória (não cabimento de liberdade provisória *sem* fiança), o art. 44, *caput*, da Lei n. 11.343/06, pretendeu estabelecer a proibição absoluta de liberdade provisória para os crimes mencionados no aludido dispositivo legal.

Contudo, o Supremo Tribunal Federal, por seu Tribunal Pleno, por ocasião do julgamento do HC n. 104.339/SP, declarou incidentalmente a **inconstitucionalidade** da proibição de "liberdade provisória" (sem fiança) contida no art. 44, *caput*, da Lei n. 11.343/06 (Lei de Drogas)[84], tese que foi reafirmada, em regime de repercussão geral, no RE 1.038.925 RG:

> Recurso extraordinário. 2. Constitucional. Processo Penal. Tráfico de drogas. Vedação legal de liberdade provisória. Interpretação dos incisos XLIII e LXVI do art. 5º da CF. 3. Reafirmação de jurisprudência. 4. Proposta de fixação da seguinte tese: **É inconstitucional a expressão e liberdade provisória, constante do *caput* do artigo 44 da Lei 11.343/2006**. 5. Negado provimento ao recurso extraordinário interposto pelo Ministério Público Federal (STF, Tribunal Pleno, RE 1.038.925 RG, rel. Min. GILMAR MENDES, j. 18.08.2017, *DJe*-212 19.09.2017).

A declaração de inconstitucionalidade da proibição legal de liberdade provisória (art. 44, *caput*, da Lei n. 11.343/06), com o reconhecimento da sua admissibilidade para o crime de tráfico de drogas, reafirma a possibilidade de concessão da liberdade provisória *sem fiança* (arts. 310, § 1°, e 321, ambos do CPP) para a generalidade dos crimes hediondos e equiparados ou assemelhados (*supra*, n. 21.2.2.2).

26.3. Regime de cumprimento da pena privativa de liberdade: determinação (regime inicial) e possibilidade de progressão (art. 2º, §§ 1º e 2º)

26.3.1. Direito anterior

A Constituição Federal (art. 5º, XLIII) nunca tangenciou a questão do regime de cumprimento da pena privativa de liberdade (determinação do regime inicial e possibilidade de progressão) imposta em caso de crime hediondo ou equiparado.

[84] STF, Tribunal Pleno, HC n. 104.339, rel. Min. GILMAR MENDES, j. 10.05.2012, *DJe*-239 06.12.2012.

Contudo, em sua redação original, o art. 2º, § 1º, da Lei n. 8.072/90, dispunha que a pena imposta em condenação por crime hediondo ou assemelhado seria cumprida *integralmente* em regime fechado – afastando-se, por conseguinte, o sistema de progressão do regime de cumprimento da pena privativa de liberdade, estabelecido na Lei de Execução Penal (art. 112 da Lei n. 7.210/84).

Discutia-se acerca da constitucionalidade da proibição da progressão de regime para crimes hediondos e equiparados ou assemelhados, em face do princípio da individualização da pena, insculpido no art. 5º, inciso XLVI, primeira parte, da Constituição Federal.

Em defesa da sua constitucionalidade, argumentava-se que, ao determinar que a pena seria cumprida integralmente em regime fechado (art. 2º, § 1º), a Lei n. 8.072/90 impedia a individualização da pena apenas na fase de execução: na fase de conhecimento, a individualização era normalmente realizada durante a determinação da pena, quando o juiz decidia sobre a qualidade e a quantidade (dosimetria) da resposta estatal (arts. 59, I e II, e 68, *caput*, ambos do CP). Acrescentava-se que o art. 5º, inciso XLVI, da Constituição Federal, ao enunciar que "*a lei regulará* a individualização da pena", teria conferido ao legislador infraconstitucional competência para impor o cumprimento integral em regime fechado[85] (que seria coerente com o preceito constitucional contido no art. 5º, inciso XLIII, que determina tratamento rigoroso para crimes hediondos e equiparados).

A corrente que sustentava a inconstitucionalidade do art. 2º, § 1º, da Lei n. 8.072/90, entendia que o princípio da individualização da pena (art. 5º, XLVI, da CF) deveria reger não apenas a fase de conhecimento (determinação judicial da pena), mas igualmente a fase de execução, pois o cumprimento da pena representa o seu momento de maior concreção. A individualização da pena, portanto, deveria se operar em três planos distintos, a saber: (i) *legislativo* (abstrato), consistente na cominação da qualidade e das quantidades mínima e máxima da pena, contidas no preceito secundário do tipo penal incriminador; (ii) *judicial*, representado pela determinação da pena (aplicação) realizada na decisão condenatória; e (iii) *executivo*, corporificado pelo cumprimento da pena[86].

[85] "REGIME PRISIONAL. Crimes hediondos. Cumprimento da pena em regime fechado. Art. 2º, par. 1º, da Lei 8.072/90. Alegação de ofensa ao art. 5º, XLVI, da Constituição. Inconstitucionalidade não caracterizada. INDIVIDUALIZAÇÃO DA PENA. Regulamentação deferida, pela própria norma constitucional, ao legislador ordinário. À lei ordinária compete fixar os parâmetros dentro dos quais o julgador poderá efetivar ou a concreção ou a individualização da pena. Se o legislador ordinário dispôs, no uso da prerrogativa que lhe foi deferida pela norma constitucional, que nos crimes hediondos o cumprimento da pena será no regime fechado, significa que não quis ele deixar, em relação aos crimes dessa natureza, qualquer discricionariedade ao juiz na fixação do regime prisional. Ordem conhecida, mas indeferida" (STF, Tribunal Pleno, HC 69.603/SP, Rel. Min. PAULO BROSSARD, j. 18.12.1992, *DJ* 23.04.1993).

[86] "RESP - CONSTITUCIONAL - PENAL - CRIME HEDIONDO - PENA - INDIVIDUALIZAÇÃO - INDIVIDUALIZAÇÃO DA PENA SIGNIFICA ENSEJAR AO JUIZ DEFINIR A QUALIDADE E QUANTIDADE DA PENA, NOS LIMITES DA COMINAÇÃO LEGAL. IMPERATIVO DE JUSTIÇA E DE BOA APLICAÇÃO DA SANÇÃO

O Supremo Tribunal Federal, por seu Tribunal Pleno, por ocasião do julgamento do HC n. 82.959/SP, declarou **inconstitucional** a norma contida no art. 2°, § 1°, da Lei n. 8.072/90, que determinava o cumprimento da pena privativa de liberdade *integralmente* em regime fechado. Com isso, removeu-se o impedimento abstrato (legal) para a progressão do regime de cumprimento da pena privativa de liberdade, ficando a cargo dos juízos das execuções criminais a apreciação, no caso concreto, da presença dos requisitos objetivos e subjetivos enunciados no art. 112 da Lei de Execução Penal (Lei n. 7.210/84)[87].

Posteriormente, o Supremo Tribunal Federal aprovou o enunciado da **Súmula vinculante n. 26**, com o seguinte teor: "Para efeito de progressão de regime no cumprimento de pena por crime hediondo, ou equiparado, o juízo da execução observará a inconstitucionalidade do art. 2° da Lei n. 8.072, de 25 de julho de 1990, sem prejuízo de avaliar se o condenado preenche, ou não, os requisitos objetivos e subjetivos do benefício, podendo determinar, para tal fim, de modo fundamentado, a realização de exame criminológico".

> Com a possibilidade de progressão do regime de cumprimento da pena privativa de liberdade para crimes hediondos e equiparados ou assemelhados, restou superado o enunciado da Súmula n. 698 do Supremo Tribunal Federal: "não se estende aos demais crimes hediondos a admissibilidade de progressão no regime de execução da pena aplicada ao crime de tortura".

26.3.2. Direito atual (Leis n. 11.464/07 e n. 13.964/19)

Art. 2°, § 1°, da Lei n. 8.072/90 (redação original):

"Art. 2° Os crimes hediondos, a prática da tortura, o tráfico ilícito de entorpecentes e drogas afins e o terrorismo são insuscetíveis de:

(...).

PENAL. INCONSTITUCIONAL, POR ISSO, LEI ORDINÁRIA IMPOR, INFLEXIVELMENTE, QUE A PENA 'SERÁ CUMPRIDA INTEGRALMENTE EM REGIME FECHADO'. A INDIVIDUALIZAÇÃO COMPREENDE TRÊS ETAPAS - COMINAÇÃO, APLICAÇÃO E EXECUÇÃO" (STJ, 6ª Turma, RHC n. 5.115/RN, rel. Min. LUIZ VICENTE CERNICCHIARO, j. 06.02.1996, *DJ* 20.05.1996).

[87] "PENA – REGIME DE CUMPRIMENTO – PROGRESSÃO – RAZÃO DE SER. A progressão no regime de cumprimento da pena, nas espécies fechado, semiaberto e aberto, tem como razão maior a ressocialização do preso que, mais dia ou menos dia, voltará ao convívio social. PENA – CRIMES HEDIONDOS – REGIME DE CUMPRIMENTO – PROGRESSÃO – ÓBICE – Art. 2°, § 1°, DA LEI N. 8.072/90 – INCONSTITUCIONALIDADE – EVOLUÇÃO JURISPRUDENCIAL. Conflita com a garantia da individualização da pena – art. 5°, inciso XLVI, da Constituição Federal – a imposição, mediante norma, do cumprimento da pena em regime integralmente fechado. Nova inteligência do princípio da individualização da pena, em evolução jurisprudencial, assentada a inconstitucionalidade do art. 2°, § 1°, da Lei n. 8.072/90" (STF, Tribunal Pleno, HC n. 82.959/SP, rel. Min. Marco Aurélio, j. 23.02.2006, *DJ* 01.09.2006).

§ 1º A pena por crime previsto neste artigo será cumprida ***integralmente*** em regime fechado".

Art. 2º, §§ 1º e 2º, da Lei n. 8.072/90 (com a redação da Lei n. 11.464/07):

"Art. 2º Os crimes hediondos, a prática da tortura, o tráfico ilícito de entorpecentes e drogas afins e o terrorismo são insuscetíveis de:

(...).

§ 1 A pena por crime previsto neste artigo será cumprida ***inicialmente*** em regime fechado.

(*) § 2 A progressão de regime, no caso dos condenados aos crimes previstos neste artigo, dar-se-á após o cumprimento de 2/5 (dois quintos) da pena, se o apenado for primário, e de 3/5 (três quintos), se reincidente".

(*) REVOGADO pela Lei n. 13.964/19 (Lei Anticrime)

Art. 1º, § 7º, da Lei n. 9.455/97 (Lei de Tortura):

"Art. 1º (...).

§ 7º O condenado por crime previsto nesta Lei, salvo a hipótese do § 2º, ***iniciará*** o cumprimento da pena em regime fechado".

Com a redação dada pela Lei n. 11.464/07, o art. 2º, § 1º, da Lei n. 8.072/90, passou a dispor que "a pena por crime previsto neste artigo será cumprida *inicialmente* em regime fechado".

O art. 2º, § 1º, da Lei n. 8.072/90, portanto, estabeleceu regra especial para a determinação do regime inicial de cumprimento da pena privativa de liberdade (art. 59, III, do CP), que naturalmente afasta a incidência da regra geral contida no art. 33, §§ 2º e 3º, do Código Penal.

Assim, independentemente da quantidade de pena aplicada e da primariedade-reincidência do acusado, a decisão penal condenatória sempre deveria impor o regime inicial *fechado* para o cumprimento da pena privativa de liberdade (obrigatoriedade legal absoluta).

Em outras palavras: o art. 2º, § 1º, da Lei n. 8.072/90, pretendeu estabelecer uma *proibição absoluta* para a determinação de regime inicial *semiaberto* ou *aberto* (art. 33, § 2º, *b* e *c*, do CP), em caso de crimes hediondos e equiparados ou assemelhados.

Contudo, o Supremo Tribunal Federal, por seu Tribunal Pleno, por ocasião do julgamento do HC n. 111.840/ES, declarou a **inconstitucionalidade** da imposição legal absoluta de regime inicial fechado para o cumprimento da pena privativa de liberdade, com base apenas na gravidade abstrata do crime ("ser" considerado hediondo ou equiparado):

> *Habeas corpus*. Penal. Tráfico de entorpecentes. Crime praticado durante a vigência da Lei n. 11.464/07. Pena inferior a 8 anos de reclusão. Obrigatoriedade de imposição do regime inicial fechado. Declaração incidental de inconstitucionalidade do § 1° do art. 2° da Lei n. 8.072/90. Ofensa à garantia constitucional da individualização da pena (inciso XLVI do art. 5° da CF/88). Fundamentação necessária (CP, art. 33, § 3°, c/c o art. 59). Possibilidade de fixação, no caso em exame, do regime semiaberto para o início de cumprimento da pena privativa de liberdade. Ordem concedida.
>
> 1. Verifica-se que o delito foi praticado em 10/10/09, já na vigência da Lei n. 11.464/07, a qual instituiu a obrigatoriedade da imposição do regime inicialmente fechado aos crimes hediondos e assemelhados.
>
> 2. Se a Constituição Federal menciona que a lei regulará a individualização da pena, é natural que ela exista. Do mesmo modo, os critérios para a fixação do regime prisional inicial devem-se harmonizar com as garantias constitucionais, sendo necessário exigir-se sempre a fundamentação do regime imposto, ainda que se trate de crime hediondo ou equiparado.
>
> 3. Na situação em análise, em que o paciente, condenado a cumprir pena de seis (6) anos de reclusão, ostenta circunstâncias subjetivas favoráveis, o regime prisional, à luz do art. 33, § 2°, alínea *b*, deve ser o semiaberto.
>
> 4. Tais circunstâncias não elidem a possibilidade de o magistrado, em eventual apreciação das condições subjetivas desfavoráveis, vir a estabelecer regime prisional mais severo, desde que o faça em razão de elementos concretos e individualizados, aptos a demonstrar a necessidade de maior rigor da medida privativa de liberdade do indivíduo, nos termos do § 3° do art. 33, c/c o art. 59, do Código Penal.
>
> 5. Ordem concedida tão somente para remover o óbice constante do § 1° do art. 2° da Lei n. 8.072/90, com a redação dada pela Lei n. 11.464/07, o qual determina que "[a] pena por crime previsto neste artigo será cumprida inicialmente em regime fechado". Declaração incidental de inconstitucionalidade, com efeito *ex nunc*, da obrigatoriedade de fixação do regime

fechado para início do cumprimento de pena decorrente da condenação por crime hediondo ou equiparado (STF, Tribunal Pleno, HC n. 111.840, rel. Min. DIAS TOFFOLI, j. 27.06.2012, *DJe*-249 17.12.2013).

A tese foi reafirmada, em regime de repercussão geral, no ARE 1.052.700 RG:

> RECURSO EXTRAORDINÁRIO COM AGRAVO. CONSTITUCIONAL. PENAL. TRÁFICO DE DROGAS. REGIME INICIAL. INCONSTITUCIONALIDADE DO ART. 2°, § 1°, da LEI 8.072/1990. REAFIRMAÇÃO DE JURISPRUDÊNCIA. 1. É inconstitucional a fixação *ex lege*, com base no art. 2°, § 1°, da Lei 8.072/1990, do regime inicial fechado, devendo o julgador, quando da condenação, ater-se aos parâmetros previstos no artigo 33 do Código Penal. 2. Agravo conhecido e recurso extraordinário provido (STF, Tribunal Pleno, ARE 1.052.700 RG, rel. Min. EDSON FACHIN, j. 02.11.2017, *DJe*-018 01.02.2018).

Com efeito, o regime constitucional dos crimes hediondos e equiparados ou assemelhados (art. 5°, XLIII, da CF) não contempla a aludida restrição, devendo prevalecer o princípio da *individualização* da pena (assegurado, de maneira abrangente, no art. 5°, XLVI, da CF), em que logicamente se insere a determinação do regime inicial para o cumprimento da pena privativa de liberdade.

Entendeu-se que a imposição legal absoluta do regime inicial fechado ofende a garantia constitucional da *individualização* da pena (art. 5°, XLVI, da CF), que alcança não apenas a sua quantificação (dosimetria), mas igualmente a determinação da sua *qualidade* – aspecto que abarca o regime inicial de cumprimento da pena privativa de liberdade (art. 59, III, do CP).

Ademais, a obrigatoriedade do regime inicial fechado, por imposição *legal* absoluta, viola o princípio da separação dos poderes (art. 2° da CF), pois implica supressão da possibilidade de apreciação *judicial* das circunstâncias do caso concreto, para efeito de determinação da qualidade da pena adequada (necessidade e suficiência) para reprovação e prevenção do crime (art. 59, *caput*, do CP).

A partir da declaração de inconstitucionalidade do art. 2°, § 1°, da Lei n. 8.072/90 (com a redação dada pela Lei n. 11.464/07), a determinação do regime inicial de cumprimento da pena privativa de liberdade passou a ser regida pelo disposto no art. 33, §§ 2° e 3°, do Código Penal (norma geral), pautando-se, portanto, pela conjugação da quantidade da reprimenda imposta, da primariedade-reincidência do acusado e das circunstâncias judiciais (art. 59, *caput*, do CP) – aspectos relacionados com a gravidade concreta da conduta (e não com a mera gravidade abstrata do crime, ou seja, "ser" considerado hediondo ou equiparado).

Em outras palavras: com a remoção da imposição legal do regime inicial fechado, restabeleceu-se a possibilidade da determinação do regime inicial *semiaberto* ou *aberto*, inclusive para crimes hediondos e equiparados ou assemelhados, observando-se os critérios legais estabelecidos no art. 33, §§ 2° e 3°, do Código Penal.

Evidentemente, o juiz pode estabelecer o regime inicial fechado para cumprimento da pena privativa de liberdade, quando presentes os requisitos do art. 33, § 2°, do Código Penal (quantidade de pena aplicada superior a 8 anos ou reincidência) ou com fundamento em circunstâncias judiciais negativas (art. 33, § 3°, do CP), mas não mais a partir da mera gravidade abstrata de o crime "ser" considerado hediondo ou equiparado (Súmulas n. 718 e 719 do STF; Súmula n. 440 do STJ).

26.3.3. Lei de Tortura (art. 1°, § 7°, da Lei n. 9.455/97)

O art. 1°, § 7°, da Lei n. 9.455/97 (Lei de Tortura), estabelece que o condenado por crime de tortura *iniciará* o cumprimento da pena privativa de liberdade em regime fechado.

O mesmo dispositivo legal ressalva o crime definido no seu § 2° (omissão do dever de evitar ou de apurar a tortura), que tem cominada pena privativa de liberdade de detenção, cujo cumprimento somente pode ser iniciado em regime aberto ou semiaberto (art. 33, *caput*, do CP).

Em face da declaração de **inconstitucionalidade** do art. 2°, § 1°, da Lei n. 8.072/90 (Lei dos Hediondos), surge a seguinte polêmica: para os tipos penais de tortura (ressalvada a tortura omissiva ou imprópria do art. 1°, § 2°, da Lei n. 9.455/97), subsistiria a norma especial estabelecida no art. 1°, § 7°, da Lei n. 9.455/97 (Lei de Tortura), que igualmente veicula uma imposição legal absoluta de regime inicial fechado para o cumprimento da pena privativa de liberdade? Duas posições:

(i) inconstitucionalidade, por "arrastamento" ("atração" ou "reverberação normativa"), do art. 1°, § 7°, da Lei n. 9.455/97 (nossa posição).

A declaração de inconstitucionalidade da imposição legal do regime inicial fechado para a generalidade dos crimes hediondos e equiparados ou assemelhados, contida no art. 2°, § 1°, da Lei n. 8.072/90, implicou, logicamente (por identidade de motivos), a inconstitucionalidade do art. 1°, § 7°, da Lei n. 9.455/97, de mesmo teor.

Ademais, sendo o crime de tortura constitucionalmente equiparado ou assemelhado aos crimes hediondos (art. 5°, XLIII, da CF), deve se submeter ao mesmo regime jurídico dos crimes hediondos em geral.

Em igual sentido, decidiu o Superior Tribunal de Justiça:

> PENAL. AGRAVO REGIMENTAL NO RECURSO ESPECIAL. CRIME DE TORTURA. REGIME MAIS GRAVOSO. FUNDAMENTAÇÃO IDÔNEA. AGRAVO REGIMENTAL NÃO PROVIDO.
>
> 1. Esta Corte Superior de Justiça alinhou-se ao entendimento do Supremo Tribunal Federal sobre a inconstitucionalidade da norma disposta no § 1° do art. 2° da Lei n. 8.072/1990 (STF, HC 111.840/ES, Rel. Ministro DIAS TOFFOLI, Tribunal Pleno, julgado em 27/6/2012), passando a inadmitir a fixação do regime inicial fechado com base na mera fundamentação *ope legis*, aos condenados por crimes hediondos ou a ele assemelhados. **Em analogia a esse entendimento, de rigor a sua aplicação para que a fixação do regime inicial do crime de tortura ocorra nos moldes do art. 33, §§ 2° e 3°, do Código Penal, porquanto o art. 1°, § 7°, da Lei n. 9.455/1997 expõe norma idêntica à do § 1° do art. 2° da Lei n. 8.072/1990** (HC 378.456/SP, Rel. Ministro RIBEIRO DANTAS, Quinta Turma, julgado em 3/10/2017, *DJe* 11/10/2017).
>
> 2. É necessária a apresentação de motivação concreta para a fixação de regime mais gravoso, fundada nas circunstâncias judiciais elencadas no art. 59 do Código Penal ou em outra situação que demonstre a gravidade concreta do crime. Incidência das Súmulas 440/STJ, 718/STF e 719/STF.
>
> 3. No presente caso, em atenção ao art. 33, § 2°, alínea "c", do CP, embora estabelecida a pena definitiva dos acusados em 3 anos, 4 meses e 25 dias de reclusão, houve a consideração de circunstância judicial negativa na exasperação da pena-base, fundamento a justificar a imposição de regime prisional mais gravoso, no caso, o semiaberto.
>
> 4. Agravo regimental não provido (STJ, 5ª Turma, AgRg no REsp n. 1.977.874/SP, rel. Min. Reynaldo Soares da Fonseca, j. 22.2.2022, *DJe* 25.2.2022).

(ii) constitucionalidade, por se tratar de norma especial, sujeita a regência específica (Lei n. 9.455/1997).

Para o crime de tortura, subsistiria a imposição legal absoluta do regime inicial fechado para cumprimento da pena privativa de liberdade, em face da regra da *especialidade* (opção legislativa que seria legitimada pela especial gravidade do crime de tortura):

> "**Crime de tortura e regime inicial de cumprimento da pena** - O condenado por crime de tortura iniciará o cumprimento da pena em regime fechado, nos termos do disposto no § 7° do art. 1° da Lei 9.455/1997 - Lei de Tortura. Com base nessa orientação, a Primeira Turma denegou pedido formulado em *habeas corpus*, no qual se pretendia o reconhecimento de constrangimento ilegal consubstanciado na fixação, em sentença penal transitada em julgado, do cumprimento das penas impostas aos pacientes em regime inicialmente fechado. Alegavam os impetrantes a ocorrência de violação ao princípio da individualização da pena, uma vez que desrespeitados os artigos 33, § 3°, e 59 do CP. Apontavam a existência de similitude entre o disposto no artigo 1°, § 7°, da Lei de Tortura e o previsto no art. 2°, § 1°, da Lei de Crimes Hediondos, dispositivo legal que já teria sido declarado inconstitucional pelo STF no julgamento do HC 111.840/ES (*DJe* de 17.12.2013). Salientavam, por fim, afronta ao Enunciado 719 da Súmula do STF. O Ministro Marco Aurélio (relator) denegou a ordem. Considerou que, no caso, a dosimetria e o regime inicial de cumprimento das penas fixadas atenderiam aos ditames legais. Asseverou não caber articular com a Lei de Crimes Hediondos, pois a regência específica (Lei 9.455/1997) prevê expressamente que o condenado por crime de tortura iniciará o cumprimento da pena em regime fechado, o que não se confundiria com a imposição de regime de cumprimento da pena integralmente fechado. Assinalou que o legislador ordinário, em consonância com a CF/1988, teria feito uma opção válida, ao prever que, considerada a gravidade do crime de tortura, a execução da pena, ainda que fixada no mínimo legal, deveria ser cumprida inicialmente em regime fechado, sem prejuízo de posterior progressão. Os Ministros Roberto Barroso e Rosa Weber acompanharam o relator, com a ressalva de seus entendimentos pessoais no sentido do não conhecimento do *writ*. O Ministro Luiz Fux, não obstante entender que o presente *habeas corpus* faria as vezes de revisão criminal, ante o trânsito em julgado da

decisão impugnada, acompanhou o relator" (Informativo STF n. 789 - HC n. 123.316/SE, rel. Min. Marco Aurélio, 9.6.2015)[88].

26.3.4. Progressão do regime de cumprimento da pena privativa de liberdade

26.3.4.1. Direito anterior

A redação original do art. 2°, § 1°, da Lei n. 8.072/90, estabelecia que a pena privativa de liberdade aplicada por crime hediondo e equiparado ou assemelhado seria cumprida *integralmente* em regime fechado, inferindo-se, assim, a proibição absoluta da sua progressão.

O Supremo Tribunal Federal, por seu Tribunal Pleno, por ocasião do julgamento do HC n. 82.959/SP, em 23.02.2006, declarou a **inconstitucionalidade** da norma contida no art. 2°, § 1°, da Lei n. 8.072/90, suprimindo o impedimento abstrato (legal) para a progressão do regime de cumprimento da pena privativa de liberdade imposta para crime hediondo e equiparado ou assemelhado:

> PENA - REGIME DE CUMPRIMENTO - PROGRESSÃO - RAZÃO DE SER.
>
> A progressão no regime de cumprimento da pena, nas espécies fechado, semiaberto e aberto, tem como razão maior a ressocialização do preso que, mais dia ou menos dia, voltará ao convívio social.
>
> PENA - CRIMES HEDIONDOS - REGIME DE CUMPRIMENTO - PROGRESSÃO - ÓBICE - ARTIGO 2°, § 1°, DA LEI N. 8.072/90 - INCONSTITUCIONALIDADE - EVOLUÇÃO JURISPRUDENCIAL.
>
> Conflita com a garantia da individualização da pena – artigo 5°, inciso XLVI, da Constituição Federal – a imposição, mediante norma, do cumprimento da pena em regime integralmente fechado. Nova inteligência do princípio da individualização da pena, em evolução jurisprudencial, assentada a inconstitucionalidade do artigo 2°, § 1°, da Lei n. 8.072/90 (STF, Tribunal Pleno, HC 82.959/SP, rel. Min. MARCO AURÉLIO, j. 23.02.2006, *DJ* 01.09.2006).

[88] "PENA – REGIME DE CUMPRIMENTO – CIRCUNSTÂNCIAS JUDICIAIS. O regime de cumprimento da pena é fixado a partir do período correspondente e as circunstâncias judiciais. PENA – REGIME DE CUMPRIMENTO – PREVISÃO LEGAL. Se a lei de regência prevê o regime inicial de cumprimento da pena, impõe-se a observância, independente das circunstâncias judiciais" (STF, 1ª Turma, HC 123.316/SE, rel. Min. MARCO AURÉLIO, j. 09.06.2015, *DJe* 06.08.2015).

A partir de então, a possibilidade de progressão de regime passou a ser apreciada pelo juízo da execução penal, de acordo com os requisitos estabelecidos no art. 112 da Lei n. 7.210/84 (Lei de Execução Penal), a saber: cumprimento de 1/6 da pena no regime anterior (requisito objetivo) e ostentar bom comportamento carcerário, comprovado pelo diretor do estabelecimento (requisito subjetivo).

> Com o reconhecimento da possibilidade de progressão de regime para crimes hediondos e equiparados ou assemelhados, restou superado o enunciado da Súmula n. 698 do Supremo Tribunal Federal: "Não se estende aos demais crimes hediondos a admissibilidade de progressão no regime de execução da pena aplicada ao crime de tortura".
>
> O Supremo Tribunal Federal ainda aprovou o enunciado da **Súmula vinculante n. 26**, com o seguinte teor: "Para efeito de progressão de regime no cumprimento de pena por crime hediondo, ou equiparado, o juízo da execução observará a inconstitucionalidade do art. 2° da Lei n. 8.072, de 25 de julho de 1990, sem prejuízo de avaliar se o condenado preenche, ou não, os requisitos objetivos e subjetivos do benefício, podendo determinar, para tal fim, de modo fundamentado, a realização de exame criminológico".

Posteriormente, a Lei n. 11.464/07 criou regra especial para a progressão de regime em crimes hediondos e equiparados ou assemelhados (art. 2°, § 2°, da Lei n. 8.072/90), estabelecendo como requisito objetivo o cumprimento de 2/5 (primário) ou 3/5 (reincidente) da pena – frações mais rigorosas em relação ao patamar de 1/6 reclamado para os crimes em geral (art. 112, *caput*, da Lei n. 7.210/84 - LEP).

> Por se tratar de *novatio legis in pejus*, a regra especial dos crimes hediondos e equiparados ou assemelhados (cumprimento de 2/5 ou 3/5 da pena) somente seria aplicada para condutas praticadas a partir de 29 de março de 2007 (data da entrada em vigor da Lei n. 11.464), permanecendo as condutas anteriores subordinadas ao cumprimento de 1/6 da pena no regime anterior (regra geral do art. 112, *caput*, da Lei n. 7.210/84 - LEP).
>
> Essa orientação foi sedimentada no enunciado da Súmula n. 471 do Superior Tribunal de Justiça: "Os condenados por crimes hediondos ou assemelhados cometidos antes da vigência da Lei 11.464/2007 sujeitam-se ao disposto no art. 112 da Lei 7.210/1984 (Lei de Execução Penal) para a progressão de regime prisional".

Discutiu-se se a exigência legal do cumprimento de 3/5 da pena se aplicaria ao reincidente comum ou apenas ao reincidente específico em crimes hediondos e equiparados ou assemelhados (similar ao livramento condicional - art. 83, V, do CP).

Prevaleceu, no Superior Tribunal de Justiça, ser suficiente a reincidência *comum* ou *simples* para a aplicação da fração de 3/5 (cumprimento da pena privativa de liberdade)[89], em face da generalidade do texto legal, que se refere ao apenado "reincidente", sem qualquer distinção ou especificação (art. 2°, § 2°, da Lei n. 8.072/90).

Sob o aspecto subjetivo, subsistiu o requisito do bom comportamento carcerário, comprovado pelo diretor do estabelecimento (art. 112, *caput*, da Lei n. 7.210/84 - LEP).

A despeito da ausência de exigência legal, prevaleceu que o juiz pode determinar a realização de exame criminológico para a aferição do requisito subjetivo, desde que sua necessidade seja demonstrada em decisão motivada nas especificidades do caso concreto (Súmula vinculante n. 26 do STF e Súmula n. 439 do STJ).

26.3.4.2. Direito atual (Lei n. 13.964/19 - Lei Anticrime)

A Lei n. 13.964/19 (Lei Anticrime) operou a revogação expressa do art. 2°, § 2°, da Lei n. 8.072/90, disciplinando os requisitos da progressão do regime de cumprimento da pena privativa de liberdade no art. 112 da Lei n. 7.210/84 (Lei de Execução Penal), inclusive para os crimes hediondos e equiparados ou assemelhados (especialmente nos incisos V, VI, *a*, VII e VIII).

Assim, quanto aos requisitos *objetivos* da progressão de regime, temos as seguintes regras legais:

(i) apenado condenado pela prática de crime hediondo ou equiparado (*sem* resultado morte):

89 "AGRAVO REGIMENTAL EM *HABEAS CORPUS*. EXECUÇÃO PENAL. REINCIDÊNCIA. CIRCUNSTÂNCIA PESSOAL QUE INTERFERE NA EXECUÇÃO COMO UM TODO. APLICAÇÃO DA FRAÇÃO DE 3/5 APENAS AO REINCIDENTE ESPECÍFICO. IMPOSSIBILIDADE. PRECEDENTES. 1. Firmou-se nesta Superior Corte de Justiça entendimento no sentido de que, nos termos da legislação de regência, mostra-se irrelevante que a reincidência seja específica em crime hediondo para a aplicação da fração de 3/5 na progressão de regime, pois não deve haver distinção entre as condenações anteriores (se por crime comum ou por delito hediondo) (AgRg no HC n. 494.404/MS, Ministro Reynaldo Soares da Fonseca, Quinta Turma, *DJe* 20/5/2019). 2. Agravo regimental improvido" (STJ, 6ª Turma, AgRg no HC n. 521.434/SP, rel. Min. Sebastião Reis Júnior, j. 1.10.2019, *DJe* de 8.10.2019).

- se *primário*: cumprimento de 40% da pena (art. 112, V, da Lei n. 7.210/84 - LEP);
- se *reincidente em crime hediondo ou equiparado* (reincidência específica): cumprimento de 60% da pena (art. 112, VII, da Lei n. 7.210/84 - LEP);

(ii) apenado condenado pela prática de crime hediondo ou equiparado, *com* resultado morte:

- se *primário*: cumprimento de 50% da pena (art. 112, VI, *a*, da Lei n. 7.210/84 - LEP);
- se *reincidente em crime hediondo ou equiparado com resultado morte* (reincidência específica): cumprimento de 70% da pena (art. 112, VIII, da Lei n. 7.210/84 - LEP).

(iii) crime de pertencimento a organização criminosa (art. 2°, *caput*, da Lei n. 12.850/13).

Para o crime de pertencimento a organização criminosa (art. 2°, *caput*, da Lei n. 12.850/13), quando direcionado à prática de crime hediondo ou equiparado (considerado hediondo pelo art. 1°, parágrafo único, V, da Lei n. 8.072/90), incidiria a regra do art. 112, inciso V, da Lei n. 7.210/84 (Lei de Execução Penal), que exige o cumprimento de 40% da pena (se primário).

Contudo, se o apenado for condenado por *exercer o comando*, individual ou coletivo, de organização criminosa estruturada para a prática de crime hediondo ou equiparado (art. 2°, *caput* e § 3°, da Lei n. 12.850/13), o art. 112, inciso VI, alínea *b*, da Lei n. 7.210/84 (Lei de Execução Penal), estabelece requisito objetivo mais rigoroso, consistente no cumprimento de 50% da pena.

(iv) situação do reincidente genérico.

Tendo em vista que o art. 112, incisos V e VI, alínea *a*, da Lei n. 7.210/84 (Lei de Execução Penal), incidem para o apenado primário, e os incisos VII e VIII do mesmo dispositivo legal pressupõem reincidência (específica) em *crime hediondo ou equiparado*, observa-se a existência de lacuna a respeito do apenado reincidente genérico – reincidência gerada por crime anterior que **não** seja considerado hediondo nem equiparado.

Assim, considerando o princípio da estrita legalidade (art. 5°, XXXIX, da CF), de que decorre logicamente a proibição da analogia *in malam partem*, o Superior Tribunal de Justiça entende que, em caso de reincidência genérica, devem incidir as regras legais relacionadas ao apenado primário, consistentes no cumprimento de 40% ou 50% (com resultado morte) da pena, nos termos do disposto no art. 112, incisos V e VI, alínea *a*, da Lei n. 7.210/84 (Lei de Execução Penal), aplicados por analogia *in bonam partem*.

(v) subsistência da progressão especial (art. 112, §§ 3° e 4°, da Lei n. 7.210/84 - LEP).

Em caso de *mulher* gestante ou que for mãe ou responsável por crianças ou pessoas com deficiência, em crime praticado sem violência ou grave ameaça a pessoa (ainda que considerado hediondo ou equiparado), não cometido contra seu filho ou dependente, sendo primária e não tendo integrado organização criminosa, os requisitos para a progressão de regime serão o cumprimento de **1/8 da pena** no regime anterior (requisito objetivo) e ter bom comportamento carcerário, comprovado pelo diretor do estabelecimento (requisito subjetivo), de acordo com o art. 112, § 3°, da Lei n. 7.210/84 (Lei de Execução Penal) – o § 4° estabelece que o cometimento de novo crime doloso ou falta grave implica a revogação da progressão especial.

Em relação ao requisito *subjetivo* da progressão do regime de cumprimento da pena privativa de liberdade, o art. 112, § 1°, da Lei n. 7.210/84 (Lei de Execução Penal), com a redação dada pela Lei n. 14.843/24, estabelece que, em todos os casos, o apenado deve ostentar boa conduta carcerária, comprovada pelo diretor do estabelecimento e pelos resultados do exame criminológico.

> Antes da Lei n. 14.843/24, que restabeleceu a exigência de exame criminológico (suprimida desde a Lei n. 10.792/03), sempre prevaleceu que o juiz poderia determinar a realização de exame criminológico para a aferição do requisito subjetivo da progressão de regime, desde que demonstrada a sua necessidade em decisão motivada nas especificidades do caso concreto (Súmula vinculante n. 26 do STF e Súmula n. 439 do STJ).

Por derradeiro, o art. 112, § 5°, da Lei n. 7.210/84 (Lei de Execução Penal), esclarece que "não se considera hediondo ou equiparado, para os fins deste artigo, o crime de tráfico de drogas previsto no § 4° do art. 33 da Lei n. 11.343, de 23 de agosto de 2006".

26.4. Substituição da pena privativa de liberdade por penas restritivas de direitos

Prevalece a possibilidade da substituição da pena privativa de liberdade por restritivas de direitos, em crimes hediondos e equiparados ou assemelhados, quando presentes os requisitos legais pertinentes (art. 44 do CP), pois a Constituição Federal (art. 5°, XLIII) e a Lei n. 8.072/90 não estabelecem qualquer restrição a esse respeito[90].

Basta imaginar o crime de furto qualificado pelo emprego de explosivo ou de artefato análogo que cause perigo comum (art. 155, § 4°-A, do CP), considerado hediondo pelo art. 1°, inciso IX, da Lei n. 8.072/90: caso aplicada a pena de 4 anos de reclusão, sendo crime cometido sem violência ou grave ameaça à pessoa, poder-se-ia cogitar da substituição da pena privativa de liberdade por restritivas de direitos, desde que presentes os demais requisitos contidos no art. 44 do Código Penal.

26.4.1. Lei de Drogas (art. 44, *caput*, da Lei n. 11.343/06)

O art. 44, *caput*, da Lei n. 11.343/06 (Lei de Drogas)[91], estabelece a proibição da substituição da pena privativa de liberdade por restritivas de direitos, em relação aos crimes definidos nos arts. 33, *caput* e § 1°, e 34 a 37, do mesmo diploma legal.

Contudo, o Supremo Tribunal Federal, por seu Tribunal Pleno, por ocasião do julgamento do HC n. 97.256/RS, declarou a **inconstitucionalidade** da proibição legal absoluta de substituição da pena privativa de liberdade por restritivas de direitos, contida nos arts. 44, *caput*, e 33, § 4°, ambos da Lei n. 11.343/06 (Lei de Drogas), por ofensa ao princípio da individualização da pena (art. 5°, XLVI, da CF), em seu momento judicial (fase de conhecimento) de determinação da qualidade (espécie) de pena adequada ao caso concreto:

[90] "*Habeas Corpus*. 2. Tráfico de Entorpecentes. 3. Substituição de pena privativa de liberdade por restritiva de direito. 4. Ausência de proibição expressa na Lei 8.072/90 que impeça a concessão de substituição de pena privativa de liberdade por restritiva de direito aos condenados pela prática de crime de tráfico de entorpecente. 5. Definição da espécie da pena deve ser anterior à fixação do regime de seu cumprimento. 6. Precedentes. 7. Ordem deferida" (STF, Tribunal Pleno, HC n. 85.894, rel. Min. GILMAR MENDES, j. 19.04.2007, *DJe*-112 28.09.2007).

[91] Lei n. 11.343/06, art. 44, *caput*: "Os crimes previstos nos arts. 33, *caput* e § 1°, e 34 a 37 desta Lei são inafiançáveis e insuscetíveis de *sursis*, graça, indulto, anistia e liberdade provisória, vedada a conversão de suas penas em restritivas de direitos".

HABEAS CORPUS. TRÁFICO DE DROGAS. ART. 44 DA LEI 11.343/2006: IMPOSSIBILIDADE DE CONVERSÃO DA PENA PRIVATIVA DE LIBERDADE EM PENA RESTRITIVA DE DIREITOS. DECLARAÇÃO INCIDENTAL DE INCONSTITUCIONALIDADE. OFENSA À GARANTIA CONSTITUCIONAL DA INDIVIDUALIZAÇÃO DA PENA (INCISO XLVI DO ART. 5° DA CF/88). ORDEM PARCIALMENTE CONCEDIDA.

1. O processo de individualização da pena é um caminhar no rumo da personalização da resposta punitiva do Estado, desenvolvendo-se em três momentos individuados e complementares: o legislativo, o judicial e o executivo. Logo, a lei comum não tem a força de subtrair do juiz sentenciante o poder-dever de impor ao delinquente a sanção criminal que a ele, juiz, afigurar-se como expressão de um concreto balanceamento ou de uma empírica ponderação de circunstâncias objetivas com protagonizações subjetivas do fato-tipo. Implicando essa ponderação em concreto a opção jurídico-positiva pela prevalência do razoável sobre o racional; ditada pelo permanente esforço do julgador para conciliar segurança jurídica e justiça material.

2. No momento sentencial da dosimetria da pena, o juiz sentenciante se movimenta com ineliminável discricionariedade entre aplicar a pena de privação ou de restrição da liberdade do condenado e uma outra que já não tenha por objeto esse bem jurídico maior da liberdade física do sentenciado. Pelo que é vedado subtrair da instância julgadora a possibilidade de se movimentar com certa discricionariedade nos quadrantes da alternatividade sancionatória.

3. As penas restritivas de direitos são, em essência, uma alternativa aos efeitos certamente traumáticos, estigmatizantes e onerosos do cárcere. Não é à toa que todas elas são comumente chamadas de penas alternativas, pois essa é mesmo a sua natureza: constituir-se num substitutivo ao encarceramento e suas sequelas. E o fato é que a pena privativa de liberdade corporal não é a única a cumprir a função retributivo-ressocializadora ou restritivo-preventiva da sanção penal. As demais penas também são vocacionadas para esse geminado papel da retribuição-prevenção-ressocialização, e ninguém melhor do que o juiz natural da causa para saber, no caso concreto, qual o tipo alternativo de reprimenda é suficiente para castigar e, ao mesmo tempo, recuperar socialmente o apenado, prevenindo comportamentos do gênero.

> 4. No plano dos tratados e convenções internacionais, aprovados e promulgados pelo Estado brasileiro, é conferido tratamento diferenciado ao tráfico ilícito de entorpecentes que se caracterize pelo seu menor potencial ofensivo. Tratamento diferenciado, esse, para possibilitar alternativas ao encarceramento. É o caso da Convenção Contra o Tráfico Ilícito de Entorpecentes e de Substâncias Psicotrópicas, incorporada ao direito interno pelo Decreto 154, de 26 de junho de 1991. Norma supralegal de hierarquia intermediária, portanto, que autoriza cada Estado soberano a adotar norma comum interna que viabilize a aplicação da pena substitutiva (a restritiva de direitos) no aludido crime de tráfico ilícito de entorpecentes.
>
> 5. Ordem parcialmente concedida tão-somente para remover o óbice da parte final do art. 44 da Lei 11.343/2006, assim como da expressão análoga "vedada a conversão em penas restritivas de direitos", constante do § 4° do art. 33 do mesmo diploma legal. Declaração incidental de inconstitucionalidade, com efeito *ex nunc*, da proibição de substituição da pena privativa de liberdade pela pena restritiva de direitos; determinando-se ao Juízo da execução penal que faça a avaliação das condições objetivas e subjetivas da convolação em causa, na concreta situação do paciente (STF, Tribunal Pleno, HC n. 97.256, rel. Min. AYRES BRITTO, j. 01.09.2010, *DJe*-247 16.12.2010).

A tese foi reafirmada, em regime de repercussão geral (Tema n. 626), no ARE n. 663.261 RG: "Tese: **É inconstitucional a vedação à conversão da pena privativa de liberdade em restritiva de direitos, prevista nos artigos 33, § 4°, e 44, *caput*, da Lei 11.343/2006**":

> RECURSO EXTRAORDINÁRIO COM AGRAVO. DIREITO PENAL. TRÁFICO ILÍCITO DE ENTORPECENTES. SUBSTITUIÇÃO DA PENA PRIVATIVA DE LIBERDADE POR RESTRITIVA DE DIREITOS. ENTENDIMENTO CONSOLIDADO NO *HABEAS CORPUS* 97.256. INCONSTITUCIONALIDADE DA VEDAÇÃO. CONTROVÉRSIA CONSTITUCIONAL COM REPERCUSSÃO GERAL. REAFIRMAÇÃO DA JURISPRUDÊNCIA DO SUPREMO TRIBUNAL FEDERAL (STF, Tribunal Pleno, ARE n. 663.261 RG, rel. Min. LUIZ FUX, j. 13.12.2012, *DJe*-025 06.02.2013).

O Senado Federal ainda editou a Resolução n. 5/2012, suspendendo a execução da expressão "vedada a conversão em penas restritivas de direitos", contida no § 4° do art. 33 da Lei n. 11.343/06.

26.5. Sursis *(suspensão condicional da pena)*

Prevalece a possibilidade de concessão da suspensão condicional da pena (*sursis*) em caso de condenação por crime hediondo e equiparado ou assemelhado, quando presentes os requisitos legais pertinentes (art. 77 do CP), pois a Constituição Federal (art. 5°, XLIII) e a Lei n. 8.072/90 não estabelecem qualquer restrição a esse respeito.

A suspensão condicional da pena (*sursis*) constitui sucedâneo da execução da pena privativa de liberdade e, por isso, igualmente atende ao princípio da individualização da pena (art. 5°, XLVI, da CF), não se podendo cogitar de impedimento abstrato apenas pela consideração do crime como hediondo ou equiparado.

Alberto Silva Franco salienta que "a Lei 8.072/90 não contém nenhuma norma explícita que exclua a possibilidade de aplicação do *sursis*, não se podendo extrair a conclusão de sua incompatibilidade em face da mera aposição da etiqueta *hediondo* num determinado tipo penal. Além disso, o princípio constitucional da humanidade das penas, que informa o direito penal moderno, impede que se afaste, por via exegética, todo e qualquer posicionamento favorável ao acusado"[92].

Com relação ao cabimento de *sursis*, Antonio Scarance Fernandes acrescenta que "há crimes referidos na lei cujas penas privativas podem ser suspensas condicionalmente: a prática da tortura (...); os crimes de genocídio definidos no art. 1°, *b* e *e*, art. 2° e art. 3° da Lei n. 2.889, 1.10.56; tentativa de estupro (...). Não nos parece que fique impedida a suspensão. Trata-se de forma especial de cumprimento de pena privativa de liberdade, fora da progressão [anteriormente] vedada pela lei"[93].

O Supremo Tribunal Federal, por sua Primeira Turma, entendeu pela possibilidade da concessão de *sursis* (suspensão condicional da pena) em condenação por crime hediondo[94] ou assemelhado:

> CRIMES HEDIONDOS - SUSPENSÃO CONDICIONAL DA PENA. Possível é a suspensão condicional da pena mesmo em se tratando de crime hediondo - precedente: Habeas Corpus n. 84.414-6/SP, Primeira Turma, por mim relatado, com acórdão publicado no Diário da Justiça de 26 de novembro

[92] *Crimes hediondos: anotações sistemáticas à Lei 8.072/90*, 4. ed., São Paulo: Revista dos Tribunais, 2000, p. 224.

[93] "Considerações sobre a Lei 8.072, de 25 de julho de 1990 - Crimes Hediondos", *Revista dos Tribunais*, vol. 660 - out. 1990, p. 266.

[94] "penal. recurso especial. tentativa de estupro. crime hediondo. *sursis*. i - o estupro, tentado ou consumado, em qualquer de suas modalidades, é crime hediondo. (...) iii - desde que preenchidos os seus requisitos, o *sursis* pode ser aplicado a ilícito penal qualificado de hediondo. Recurso conhecido e parcialmente provido" (stj, 5ª Turma, rEsp n. 160.264/pr, rel. min. Felix Fischer, j. 17.03.1998, *dj* 11.05.1998).

de 2004 (STF, 1ª Turma, HC n. 86.698, rel. Min. MARCO AURÉLIO, j. 19.06.2007, *DJe*-092 31.08.2007).

NORMAS PENAIS – INTERPRETAÇÕES. As normas penais restritivas de direitos hão de ser interpretadas de forma teleológica – de modo a confirmar que as leis são feitas para os homens –, devendo ser afastados enfoques ampliativos.

SUSPENSÃO CONDICIONAL DA PENA – CRIME HEDIONDO – COMPATIBILIDADE. A interpretação sistemática dos textos relativos aos crimes hediondos e à suspensão condicional da pena conduz à conclusão sobre a compatibilidade entre ambos (STF, 1ª Turma, HC n. 84.414/SP, rel. Min. Marco Aurélio, j. 14.09.2004, *DJ* 26.11.2004).

26.5.1. Lei de Drogas (art. 44, *caput*, Lei n. 11.343/06)

O art. 44, *caput*, da Lei n. 11.343/06 (Lei de Drogas)[95], estabelece a proibição absoluta de *sursis* (suspensão condicional da pena) para os crimes definidos nos arts. 33, *caput* e § 1º, e 34 a 37, do mesmo diploma legal.

Entendemos que a declaração de *inconstitucionalidade* da proibição legal de substituição da pena privativa de liberdade por penas restritivas de direitos (*supra*, n. 21.4.1) deve ser logicamente estendida ao *sursis* (suspensão condicional da execução da pena privativa de liberdade), por identidade de motivos: ambos constituem substitutivos (sucedâneos) penais que concretizam o princípio constitucional da individualização da pena (art. 5º, XLVI, da CF).

Ademais, a suspensão condicional da pena (*sursis*) apresenta incidência **residual** ao cabimento da substituição por penas restritivas de direitos (art. 77, III, do CP): assim, estabelecida a possibilidade da *substituição* da pena privativa de liberdade por penas restritivas de direitos (*plus*), deve ser admitida, *a fortiori*, a *suspensão* condicional da execução da pena privativa de liberdade (*minus*).

Em igual sentido, decidiu a Primeira Turma do Supremo Tribunal Federal:

PENA – TRÁFICO DE DROGAS – SUBSTITUIÇÃO DA PRIVATIVA DA LIBERDADE PELA RESTRITIVA DE DIREITOS – INCONSTITUCIONALIDADE DO ARTIGO 44 DA LEI N. 11.343/2006.

[95] Lei n. 11.343/06, art. 44, *caput*: "Os crimes previstos nos arts. 33, *caput* e § 1º, e 34 a 37 desta Lei são inafiançáveis e insuscetíveis de *sursis*, graça, indulto, anistia e liberdade provisória, vedada a conversão de suas penas em restritivas de direitos".

Surge insubsistente preceito a vedar a substituição da pena restritiva da liberdade pela de direitos – Precedente: *Habeas Corpus* n. 97.256/RS, da relatoria do ministro Carlos Ayres Britto, julgado pelo Pleno em 1° de setembro de 2010, acórdão publicado no Diário da Justiça de 16 de dezembro seguinte.

PENA – TRÁFICO DE DROGAS – SUSPENSÃO CONDICIONAL DA PENA. Admitida a substituição da pena restritiva de liberdade por limitadora de direitos relativamente ao tráfico, **idêntica solução estende-se à suspensão condicional da pena**. (...) (STF, 1ª Turma, HC n. 119.783, rel. Min. MARCO AURÉLIO, j. 10.11.2015, *DJe*-058 31.03.2016).

26.6. Institutos da execução penal

Discute-se sobre a possibilidade da concessão de prisão domiciliar, autorizações de saída (permissão de saída e saída temporária), trabalho externo e remição, em caso de condenação por crime hediondo e equiparado ou assemelhado, em função de a Constituição Federal (art. 5°, XLIII) e a Lei n. 8.072/90 nada disporem a respeito do cabimento desses institutos da execução penal.

26.6.1. Prisão domiciliar

A despeito de a prisão domiciliar ser direcionada para condenados em cumprimento de pena privativa de liberdade em regime aberto (art. 117, *caput*, da Lei n. 7.210/84 - LEP)[96], os Tribunais Superiores reconhecem a possibilidade da sua concessão aos sujeitos que se encontram em regime fechado ou semiaberto[97], mesmo em caso de condenação por crime hediondo e equiparado ou assemelhado[98], em face do postulado da dignidade da pessoa humana (art. 1°, III, da CF).

96 Lei n. 7.210/84 (LEP), art. 117: "Somente se admitirá o recolhimento do beneficiário de regime aberto em residência particular quando se tratar de: I - condenado maior de 70 (setenta) anos; II - condenado acometido de doença grave; III - condenada com filho menor ou deficiente físico ou mental; IV - condenada gestante."

97 "(...) Esta Corte Superior entende que, embora o art. 117 da Lei de Execuções Penais estabeleça como requisito para a concessão de prisão domiciliar o cumprimento da pena no regime prisional aberto, é possível a extensão do benefício aos condenados recolhidos no regime fechado ou semiaberto desde que configurada a excepcionalidade do caso concreto, com demonstração da imprescindibilidade da medida. (...)" (STJ, 6ª Turma, AgRg no HC n. 709.660/PR, rel. Min. Laurita Vaz, j. 14.6.2022, *DJe* 21.6.2022).

98 "*HABEAS CORPUS*. PACIENTE IDOSO CONDENADO POR ATENTADO VIOLENTO AO PUDOR. PRETENSÃO DE TRANSFERÊNCIA PARA PRISÃO DOMICILIAR EM RAZÃO DO PRECÁRIO ESTADO DE SAÚDE DO DETENTO. O fato de o paciente estar condenado por delito tipificado como hediondo não enseja, por si só, uma proibição objetiva incondicional à concessão de prisão domiciliar, pois a dignidade da pessoa humana, especialmente a dos idosos, sempre será preponderante, dada a sua condição de princípio fundamental da República (art. 1°, inciso III, da CF/88). Por outro lado, incontroverso que essa mesma dignidade se encontrará ameaçada nas hipóteses excepcionalíssimas em que o apenado idoso estiver acometido de doença grave que exija cuidados especiais, os quais não podem ser fornecidos no local da custódia ou em estabelecimento hospitalar adequado. (...)" (STF, 1ª Turma, HC n. 83.358/SP, rel. Min. CARLOS BRITTO, j. 04.05.2004, *DJ* 04.06.2004).

A Terceira Seção do Superior Tribunal de Justiça ainda admite a concessão da prisão domiciliar, para *execução* da pena privativa de liberdade (art. 117 da Lei n. 7.210/84 - LEP), em algumas das situações de cabimento da prisão domiciliar *substitutiva* da prisão preventiva (cautelar), especificamente nos casos de mulher gestante ou que for mãe ou responsável por criança (menor de 12 anos de idade) ou pessoa com deficiência (arts. 318, IV e V, e 318-A, ambos do CPP), de modo a estender essas possibilidades de prisão domiciliar para qualquer momento do cumprimento da pena, ainda que em regime fechado:

> RECURSO EM *HABEAS CORPUS*. EXECUÇÃO PENAL. EXECUÇÃO DE PENA PRIVATIVA DE LIBERDADE DE 9 ANOS DE RECLUSÃO. REGIME INICIAL FECHADO. CONDENAÇÃO PELA PRÁTICA DOS CRIMES DE TRÁFICO DE DROGAS E ASSOCIAÇÃO PARA O TRÁFICO. PRETENSÃO DE CONCESSÃO DE PRISÃO DOMICILIAR. PACIENTE GENITORA DE CRIANÇAS DE 6 E 2 ANOS DE IDADE. POSSIBILIDADE. CARACTERIZADA INEFICIÊNCIA ESTATAL EM DISPONIBILIZAR VAGA À RECORRENTE EM ESTABELECIMENTO PRISIONAL PRÓPRIO E ADEQUADO À SUA CONDIÇÃO PESSOAL, DOTADOS DE ASSISTÊNCIA MÉDICA PRÉ-NATAL E PÓS-PARTO, BERÇÁRIOS E CRECHES. ARTS. 82, § 1°, E 83, § 2°, DA LEP. PRESÍDIO FEMININO MAIS PRÓXIMOS DISTANTE 230 KM DA RESIDÊNCIA. CONVIVÊNCIA E AMAMENTAÇÃO IMPOSSIBILITADA. PROTEÇÃO INTEGRAL À CRIANÇA. PRIORIDADE. HC COLETIVO STF N. 143.641/SP. PRECEDENTES DO STJ. LIMINAR DEFERIDA. PARECER MINISTERIAL PELA CONCESSÃO DA ORDEM, EM MENOR EXTENSÃO, A FIM DE QUE A CORTE DE JUSTIÇA SEJA INSTADA A EXAMINAR O MÉRITO DO *WRIT* IMPETRADO NAQUELA INSTÂNCIA NO TOCANTE À TESE ALEGADA NA INICIAL DA AÇÃO MANDAMENTAL. ILEGALIDADE MANIFESTA EVIDENCIADA. RECURSO PROVIDO.
>
> 1. A Suprema Corte, no julgamento do HC Coletivo n. 143.641/SP, concedeu a ordem para determinar a substituição da prisão preventiva pela domiciliar [...] de todas as mulheres presas, gestantes, puérperas ou mães de crianças e deficientes, [...] excetuados os casos de crimes praticados por elas mediante violência ou grave ameaça, contra seus descendentes ou, ainda, em situações excepcionalíssimas, as quais deverão ser devidamente fundamentadas (HC n. 143.641/SP, Ministro Ricardo Lewandowski, Segunda Turma do STF, *DJe* 9/10/2018). Precedentes do STJ no mesmo sentido.

2. Ademais, o CPP (com as alterações promovidas pela Lei n. 13.769/2018) passou a prever a substituição da prisão preventiva por domiciliar à mulher gestante, mãe ou responsável por crianças ou pessoas com deficiência, desde que não tenha cometido crime com violência ou grave ameaça e o delito não tenha sido cometido o crime contra seu filho ou dependente, facultando, ainda, a aplicação de medidas cautelares (arts. 318-A e 318-B do CPP).

3. No entanto, a execução de condenação definitiva em prisão domiciliar, em regra, somente é admitida ao reeducando do regime aberto, desde que seja maior de 70 anos, portador de doença grave, ou mulher gestante ou mãe de menor ou deficiente físico ou mental (art. 117 da LEP). Porém, excepcionalmente, se admite a concessão do benefício às presas dos regimes fechado e semiaberto quando verificado pelo juízo da execução penal, no caso concreto – em juízo de ponderação entre o direito à segurança pública e a aplicação dos princípios da proteção integral da criança e da pessoa com deficiência –, que tal medida seja proporcional, adequada e necessária e que a presença da mãe seja imprescindível para os cuidados da criança ou pessoa com deficiência, salvo se a periculosidade e as condições pessoais da reeducanda indiquem que o benefício não atenda os melhores interesses da criança ou pessoa com deficiência.

4. Outrossim, a jurisprudência desta Corte tem se orientado no sentido de que deve ser dada uma interpretação extensiva tanto ao julgado proferido pelo Supremo Tribunal Federal no Habeas Corpus coletivo n. 143.641, que somente tratava de prisão preventiva de mulheres gestantes ou mães de crianças de até 12 anos, quanto ao art. 318-A do Código de Processo Penal, para autorizar também a concessão de prisão domiciliar às rés em execução provisória ou definitiva da pena, ainda que em regime fechado (Rcl n. 40.676/SP, Ministro Reynaldo Soares da Fonseca, Terceira Seção, *DJe* 1º/12/2020).

5. Essa possibilidade, concessão de prisão domiciliar regulada no art. 117 da LEP, em qualquer momento do cumprimento da pena, ainda que em regime fechado, desde que excepcionalidade do caso concreto imponha, tem sido reconhecida por esta Corte Superior. Precedentes das Turmas da Terceira Seção.

6. Também a Suprema Corte tem admitido, em situações absolutamente excepcionais, a concessão de prisão domiciliar a regimes mais severos de execução penal, a exemplo das ordens implementadas nas hipóteses em que

o condenado estiver acometido de doença grave, a demandar tratamento específico, incompatível com o cárcere ou impassível de ser oferecido pelo Estado (AgR na AP n. 996, Ministro Edson Fachin, Segunda Turma, *DJe* 29/9/2020).

7. *In casu*, verifica-se que a recorrente se enquadra nos termos definidos no HC Coletivo n. 143.641/SP, isto é, mulher em vias de ser presa, mãe de criança de 6 e 2 anos de idade (fl. 20), não sendo caso de crimes praticados por ela mediante violência ou grave ameaça contra seus descendentes.

8. Outrossim, também, caracterizada a ineficiência estatal em disponibilizar vaga à recorrente em estabelecimento prisional próprio e adequado à sua condição pessoal, dotados de assistência médica pré-natal e pós-parto, berçários e creches para seus filhos (arts. 82, § 1°, e 83, § 2°, da LEP), especialmente, porque o presídio com capacidade para presas do sexo Feminino mais próximo da residência da Paciente fica localizado aproximadamente 230 km de distância, fato que impossibilitaria o contato da Paciente para amamentação e demais cuidados ao recém-nascido (fl. 208).

9. Recurso em *habeas corpus* provido, confirmando-se a liminar, para permitir que a recorrente possa cumprir pena em regime domiciliar, com monitoração eletrônica, sem prejuízo da fixação de outras medidas cautelares, a critério do Juízo a quo, a serem implementadas pelo Juízo da Execução penal competente, referente à condenação proferida na Ação Penal n. 0034937-03.2017.8.13.0487 da 2ª Vara Cível, Criminal e da Infância e da Juventude da comarca de Pedra Azul/MG (STJ, 3ª Seção, RHC n. 145.931/MG, rel. Min. Sebastião Reis Júnior, j. 9.3.2022, *DJe* 16.3.2022).

26.6.2. Autorizações de saída (permissão de saída e saída temporária)

Sob a rubrica de autorizações de saída (gênero), a Lei de Execução Penal disciplina a *permissão de saída* (arts. 120 a 121 da Lei n. 7.210/84) e a *saída temporária* (arts. 122 a 125 da Lei n. 7.210/84).

A **permissão de saída**, por força da sua excepcionalidade (art. 120, I e II, da Lei n. 7.210/84 - LEP) e da sua conformação (cabimento nos regimes fechado, semiaberto e para presos provisórios, sempre mediante escolta), pode ser concedida a condenados por crime hediondo e equiparado ou assemelhado.

Como recorda Alberto Silva Franco, "as permissões de saída estão vinculadas a situações fáticas extremamente graves e de enumeração exaustiva. Proibir tais permissões apenas porque o agente foi condenado por crime hediondo significa dar ao executado um tratamento que o rebaixa na condição humana. Pouco importa que o condenado não tenha tido, em concreto, em relação à vítima, na realização da conduta criminosa, respeito por sua dignidade, como pessoa humana. Não cabe ao Estado, na execução do título penal, equiparar-se ao condenado"[99].

A **saída temporária**, que pressupõe cumprimento da pena privativa de liberdade em regime *semiaberto* e ausência de vigilância direta (art. 122, *caput*, da Lei n. 7.210/84 - LEP), encontra *proibição legal* para o condenado que cumpre pena por praticar crime hediondo ou com violência ou grave ameaça contra pessoa (art. 122, § 2°, da Lei n. 7.210/84 - LEP, com a redação dada pela Lei n. 14.843/24).

Cabe salientar que o art. 122, § 2°, da Lei n. 7.210/84 (Lei de Execução Penal), refere-se apenas a "crime hediondo", não abrangendo, portanto, os crimes *equiparados* ou *assemelhados* a hediondo (art. 5°, XLIII, da CF).

Por isso, entendemos que, por ausência de proibição legal e por impossibilidade de analogia *in malam partem* (legalidade estrita), admitir-se-ia a concessão de autorização para saída temporária em caso de crime equiparado ou assemelhado a hediondo, praticado sem grave ameaça ou violência contra a pessoa (*v.g.*, tráfico de drogas), e desde que presentes os requisitos legais pertinentes (art. 123 da Lei n. 7.210/84 - LEP).

26.6.3. Trabalho externo

O art. 122, § 2°, da Lei n. 7.210/84 (Lei de Execução Penal), com a redação dada pela Lei n. 14.843/24, estabelece a *proibição legal* de trabalho externo sem vigilância direta para o condenado que cumpre pena por praticar crime hediondo ou com violência ou grave ameaça contra pessoa.

Cabe salientar que o aludido dispositivo legal se refere apenas a "crime hediondo", não abrangendo, portanto, os crimes *equiparados* ou *assemelhados* a hediondo (art. 5°, XLIII, da CF).

Por isso, entendemos que, por ausência de proibição legal e por impossibilidade de analogia *in malam partem* (legalidade estrita), admitir-se-ia o trabalho externo sem vigilância direta[100] em caso de crime equiparado ou assemelhado a hediondo, praticado sem grave ameaça ou violência contra a pessoa (*v.g.*, tráfico

[99] *Crimes hediondos*, 5. ed., São Paulo: Revista dos Tribunais, 2005, p. 591.

[100] Gustavo Octaviano Diniz Junqueira esclarece que, "no caso do condenado em regime semiaberto, será possível também o trabalho externo, e sem vigilância ostensiva" (JUNQUEIRA, Gustavo Octaviano Diniz. "Lei de execução penal - Lei n. 7.210, de 11-7-1984". *Legislação penal especial*, vol. 1. 6. ed. São Paulo: Saraiva, 2010, p. 13).

de drogas), e desde que presentes os requisitos legais pertinentes (arts. 34, § 3°, e 35, § 2°, ambos do CP, e arts. 36 e 37, ambos da Lei n. 7.210/84 - LEP).

Ademais, observa-se que o art. 122, § 2°, da Lei n. 7.210/84 (Lei de Execução Penal), com a redação dada pela Lei n. 14.843/24, não estabelece a proibição absoluta de trabalho externo, mas apenas de trabalho externo *sem* vigilância direta: *a contrario sensu*, sempre seria admitido o trabalho externo com vigilância direta, inclusive para o condenado que cumpre pena por praticar crime hediondo ou com violência ou grave ameaça contra pessoa – e mesmo em regime fechado (arts. 34, § 3°, e 35, § 2°, ambos do CP, e arts. 36 e 37, ambos da Lei n. 7.210/84 - LEP).

26.6.4. Remição

Admite-se a remição (arts. 126 a 129 da Lei n. 7.210/84 - LEP) em caso de condenação por crime hediondo ou assemelhado, pois "essas vantagens prisionais não foram explicitamente descartadas na Lei de Crimes Hediondos e a gravidade dos fatos elencados nesse diploma legal não basta para dar suporte a um juízo de exclusão. Em consequência, não há cuidar, por falta de expressa previsão legal, de obstar a remição em relação a condenado por crime hediondo ou a ele assemelhado"[101].

26.7. Apelação em liberdade (art. 2º, § 3º)

Em caso de condenação por crime hediondo e equiparado ou assemelhado, o art. 2°, § 3°, da Lei n. 8.072/90, estabelece que "o juiz decidirá fundamentadamente se o réu poderá apelar em liberdade".

Assim, ao proferir sentença penal condenatória, o juiz deve aferir a presença / ausência dos requisitos cautelares da prisão preventiva, notadamente o *periculum libertatis* contido no art. 312, *caput*, do Código de Processo Penal (necessidade para garantia da ordem pública, da ordem econômica ou para assegurar a aplicação da lei penal): constatada a presença de algum dos *periculum libertatis*, o juiz decide pela manutenção ou imposição de prisão preventiva (observada a sua excepcionalidade[102]) ou de medida cautelar pessoal diversa (arts. 319 e 320, ambos do CPP), ensejadora de liberdade provisória (art. 321 do CPP); constatada

[101] FRANCO, Alberto Silva. *Crimes hediondos*, 5. ed., São Paulo: Revista dos Tribunais, 2005, p. 605.

[102] CPP, art. 282, § 6º: "A prisão preventiva somente será determinada quando não for cabível a sua substituição por outra medida cautelar, observado o art. 319 deste Código, e o não cabimento da substituição por outra medida cautelar deverá ser justificado de forma fundamentada nos elementos presentes do caso concreto, de forma individualizada".

a ausência dos *periculum libertatis*, o juiz reconhece o direito de o acusado recorrer em liberdade e sem qualquer restrição cautelar.

Em outras palavras: a prisão preventiva apenas pode ser mantida ou decretada quando houver necessidade cautelar (art. 312, *caput*, do CPP), e desde que demonstrada a insuficiência da aplicação de medidas cautelares pessoais diversas (arts. 319 e 320 do CPP) – regra da excepcionalidade ou subsidiariedade da prisão preventiva, considerada a *ultima ratio* do sistema cautelar pessoal no processo penal (art. 282, § 6°, do CPP).

Em qualquer caso, o recebimento da interposição e o conhecimento do recurso de apelação independe da prisão ou do cumprimento de qualquer medida cautelar pessoal (art. 387, § 1°, do CPP[103], e Súmula n. 347 do STJ[104]).

Cabe distinguir entre o direito de recorrer (o denominado "direito de apelar") e a prisão cautelar do condenado por decisão recorrível (ainda não transitada em julgado). A filtragem constitucional não permite considerar a prisão do condenado como pressuposto recursal objetivo (ausência de fato impeditivo) ou requisito de admissibilidade do recurso de apelação, em face dos princípios da presunção de inocência (art. 5°, LVII, da CF) e da ampla defesa, assegurado pela Constituição Federal "com os meios e recursos a ela inerentes" (art. 5°, LV, da CF), bem como pela Convenção Americana sobre Direitos Humanos (Decreto n. 678/92), que, em seu art. 8°, n. 2, alínea *h*, contempla o "direito de recorrer da sentença para juiz ou tribunal superior".

26.7.1. Lei de Drogas (Lei n. 11.343/06)

O art. 59 da Lei de Drogas[105] determina que, nos crimes definidos nos arts. 33, *caput* e § 1°, e 34 a 37, todos da Lei n. 11.343/06, o réu não poderá apelar sem recolher-se à prisão, salvo se for primário e de bons antecedentes, assim reconhecido na sentença condenatória.

Como se percebe, o aludido dispositivo legal subverte a lógica constitucional da presunção de inocência (art. 5°, LVII, da CF), pois situa a prisão cautelar como regra geral e a liberdade como situação excepcional, ainda subordinada aos requisitos da primariedade e dos bons antecedentes. A despeito da sua especialidade, o art. 59 da Lei n. 11.343/2006 se afigura inconstitucional, devendo

[103] CPP, art. 387, § 1°: "O juiz decidirá, fundamentadamente, sobre a manutenção ou, se for o caso, a imposição de prisão preventiva ou de outra medida cautelar, sem prejuízo do conhecimento de apelação que vier a ser interposta".

[104] Súmula n. 347 do STJ: "O conhecimento de recurso de apelação do réu independe de sua prisão".

[105] Lei n. 11.343/06, art. 59: "Nos crimes previstos nos arts. 33, *caput* e § 1°, e 34 a 37 desta Lei, o réu não poderá apelar sem recolher-se à prisão, salvo se for primário e de bons antecedentes, assim reconhecido na sentença condenatória."

ser demonstrada a necessidade cautelar (*periculum libertatis*) para a manutenção ou decretação da prisão preventiva na decisão condenatória recorrível (art. 312, *caput*, do CPP), nos mesmos moldes do disposto no art. 2°, § 3°, da Lei n. 8.072/1990, e no art. 387, § 1°, do Código de Processo Penal.

Em igual sentido, decidiu o Supremo Tribunal Federal:

> *Habeas Corpus*. 2. Tráfico de drogas. Necessidade de o réu recolher-se à prisão para apelar (Lei 11.343/2006, art. 59). Ofensa aos princípios constitucionais da presunção de inocência, ampla defesa, contraditório e duplo grau de jurisdição. Constrangimento ilegal caracterizado. 3. Ordem parcialmente concedida. (STF, 2ª Turma, HC n. 106.243, rel. Min. GILMAR MENDES, j. 05.04.2011, *DJe*-075 25.04.2011).

26.8. Prazo especial e cabimento da prisão temporária (art. 2°, § 4°)

Considerando que a investigação de crimes hediondos e equiparados ou assemelhados pode envolver maior complexidade, o legislador ampliou o prazo da prisão temporária para crimes dessa natureza, possibilitando a sua decretação por 30 (trinta) dias, prorrogável por igual período em caso de extrema e comprovada necessidade, nos termos do disposto no art. 2°, § 4°, da Lei n. 8.072/90.

Trata-se de regra especial, que afasta a incidência do prazo geral estabelecido no art. 2°, *caput*, da Lei n. 7.960/89 (cinco dias, prorrogável por igual período).

Importante salientar que, ao estabelecer o prazo de 30 (trinta) dias (prorrogável por igual período em caso de extrema e comprovada necessidade) para a prisão temporária em crimes hediondos e equiparados ou assemelhados, o art. 2°, § 4°, da Lei n. 8.072/90, operou uma dupla ampliação: a primeira, em seu aspecto temporal (prazo legal para a decretação da prisão temporária); a segunda, em seu alcance ou cabimento (alargamento do rol legal de crimes que admitem a decretação da prisão temporária).

A decretação da prisão temporária sempre exige a presença do requisito cautelar do *fumus commissi delicti*, consistente em fundadas razões de autoria ou participação do investigado em algum dos crimes contidos nas alíneas (*a* a *p*) do inciso III do art. 1° da Lei n. 7.960/89 (Lei da Prisão Temporária).

Contudo, o rol do art. 1°, inciso III, alíneas *a* a *p*, da Lei n. 7.960/89 (Lei da Prisão Temporária), não contempla todos os crimes hediondos e equiparados ou assemelhados: o aludido dispositivo legal não menciona os crimes de lesão corporal dolosa funcional de natureza gravíssima ou seguida de morte (art. 1°, *caput*, I-A, da Lei n. 8.072/90); de falsificação, corrupção, adulteração ou alteração de produto destinado a fins terapêuticos ou medicinais (art. 1°, *caput*, VII-B, da Lei n. 8.072/90); de favorecimento da prostituição ou de outra forma de exploração sexual de criança ou adolescente ou de vulnerável (art. 1°, *caput*, VIII, da Lei n. 8.072/90); de furto qualificado pelo emprego de explosivo ou de artefato análogo que cause perigo comum (art. 1°, *caput*, IX, da Lei n. 8.072/90); de induzimento, instigação ou auxílio a suicídio ou a automutilação realizados por meio da rede de computadores, de rede social ou transmitidos em tempo real (art. 1°, *caput*, X, da Lei n. 8.072/90); de tráfico de pessoas cometido contra criança ou adolescente (art. 1°, *caput*, XII, da Lei n. 8.072/90); de posse ou porte ilegal de arma de fogo de uso proibido, de comércio ilegal de armas de fogo, de tráfico internacional de arma de fogo, acessório ou munição (art. 1°, parágrafo único, II a IV, da Lei n. 8.072/90); de organização criminosa, quando direcionado à prática de crime hediondo ou equiparado (art. 1°, parágrafo único, V, da Lei n. 8.072/90); os crimes previstos no Código Penal Militar, que apresentem identidade com os crimes hediondos (art. 1°, parágrafo único, VI, da Lei n. 8.072/90); de pornografia infantil definidos nos arts. 240, § 1°, e 241-B, ambos da Lei n. 8.069/90 - ECA (art. 1°, parágrafo único, VII, da Lei n. 8.072/90); tampouco o crime de tortura (art. 1° da Lei n. 9.455/97), constitucionalmente equiparado ou assemelhado a hediondo (art. 5°, XLIII, da CF).

Em todos esses crimes, a despeito de não integrarem o rol do art. 1°, inciso III, alíneas *a* a *p*, da Lei n. 7.960/89 (Lei da Prisão Temporária), admite-se a decretação da prisão temporária, por força do disposto no art. 2°, § 4°, da Lei n. 8.072/90, que estabelece o cabimento dessa prisão cautelar para todo e qualquer crime hediondo e equiparado ou assemelhado.

Em outras palavras: o fato de o crime ser considerado hediondo ou equiparado, per si, implica o cabimento ou a admissibilidade da decretação da prisão temporária para a sua investigação, independentemente de figurar nas alíneas do inciso III do art. 1° da Lei n. 7.960/89.

Portanto, o rol completo de crimes que possibilitam a decretação da prisão temporária resulta da conjugação (soma) dos crimes constantes no art. 1°, inciso III, alíneas *a* a *p*, da Lei n. 7.960/89 (Lei da Prisão Temporária), mais todos os que são considerados hediondos e equiparados ou assemelhados (art. 1° da Lei n. 8.072/90 e art. 5°, XLIII, da CF), por força do disposto no art. 2°, § 4°, da Lei n. 8.072/90.

Ou seja, o rol do art. 1°, inciso III, alíneas *a* a *p*, da Lei n. 7.960/89, seria taxativo, por não admitir analogia *in malam partem* ou interpretação extensiva (legalidade estrita)[106], mas não poderia ser considerado exaustivo, porque não esgota as possibilidades de decretação da prisão temporária, que abrange, ainda, qualquer outro crime considerado hediondo e equiparado ou assemelhado.

27. Livramento condicional

> Art. 5º Ao art. 83 do Código Penal é acrescido o seguinte inciso:
>
> "Art. 83.
>
> V - cumprido mais de dois terços da pena, nos casos de condenação por crime hediondo, prática da tortura, tráfico ilícito de entorpecentes e drogas afins, e terrorismo, se o apenado não for reincidente específico em crimes dessa natureza."

A Lei n. 8.072/90 acrescentou o inciso V ao art. 83 do Código Penal, permitindo aos crimes hediondos e equiparados ou assemelhados a concessão de livramento condicional, como forma de antecipação da liberdade do condenado.

O art. 83, inciso V, do Código Penal, estabelece requisitos mais rigorosos para a concessão de livramento condicional em caso de condenação por crimes hediondos e equiparados ou assemelhados: no aspecto *objetivo*, o cumprimento de mais de 2/3 (dois terços) da pena privativa de liberdade (em lugar dos tradicionais 1/3 e 1/2 dos incisos I e II); no aspecto *subjetivo*, não ser reincidente específico em crimes dessa natureza.

106 "AÇÃO DIRETA DE INCONSTITUCIONALIDADE. LEI 7.960/1989. PRISÃO TEMPORÁRIA. CONSTITUCIONALIDADE. ART. 5º, INCISOS LXI E LVII, DA CF. NECESSIDADE DE DECISÃO JUDICIAL DEVIDAMENTE FUNDAMENTADA. ART. 93, INCISO IX, DA CF. PRAZO IMPRÓPRIO DE 24 HORAS PARA A DECRETAÇÃO DA PRISÃO. INTERPRETAÇÃO CONFORME A CONSTITUIÇÃO FEDERAL. ART. 1º, INCISO III, DA LEI 7.960/1989. ROL DE NATUREZA TAXATIVA. PRINCÍPIO DA LEGALIDADE ESTRITA. ART. 5º, INCISO XXXIX, DA CF. ART. 1º, INCISO I, DA LEI 7.960/1989. EXIGÊNCIA DE ELEMENTOS CONCRETOS. PRINCÍPIO DA PRESUNÇÃO DE INOCÊNCIA. ART. 1º, INCISO II, DA LEI 7.960/1989. MERA AUSÊNCIA DE ENDEREÇO FIXO. VEDAÇÃO DE DECRETAÇÃO DE PRISÃO TEMPORÁRIA. NECESSIDADE DE OCORRÊNCIA DE FATOS NOVOS OU CONTEMPORÂNEOS QUE JUSTIFIQUEM A ADOÇÃO DA MEDIDA. ART. 312, § 2º, CPP. APLICABILIDADE À PRISÃO TEMPORÁRIA. VEDAÇÃO DE DECRETAÇÃO DA PRISÃO TEMPORÁRIA SOMENTE COM A FINALIDADE DE INTERROGATÓRIO. DIREITO À NÃO AUTOINCRIMINAÇÃO. ART. 282, INCISO II, E § 6º, DO CPP. DISPOSITIVOS APLICÁVEIS À PRISÃO TEMPORÁRIA. PRINCÍPIO DA PROPORCIONALIDADE. PRISÃO CAUTELAR COMO *ULTIMA RATIO* DO SISTEMA PROCESSUAL PENAL. INTELIGÊNCIA DO ART. 5º, INCISO LXVI, DA CF. PROCEDÊNCIA PARCIAL. (...) VI - A decretação da prisão temporária reclama sempre a presença do inciso III do art. 1º da Lei 7.960/1989. O dispositivo, ao exigir a presença de fundadas razões de autoria ou participação do indiciado nos crimes nele previstos, evidencia a necessidade do *fumus comissi delicti*, indispensável para a decretação de qualquer medida cautelar. *Rol de crimes de natureza taxativa, desautorizada a analogia ou a interpretação extensiva, em razão dos princípios da legalidade estrita* (art. 5º, inciso XXXIX, da CF) *e do devido processo legal substantivo* (art. 5º, inciso LXV, CF). (...)" (STF, Tribunal Pleno, ADI n. 4.109, rel. Min. CÁRMEN LÚCIA, rel. p/ Acórdão Min. EDSON FACHIN, j. 14.02.2022, *DJe*-075 22.04.2022).

Entende-se por "crimes dessa natureza" a generalidade dos crimes hediondos e equiparados ou assemelhados e não apenas os crimes da "mesma" natureza (infrações penais idênticas ou de mesma tipologia criminosa, como se exige para o crime continuado - art. 71 do CP).

Damásio Evangelista de Jesus observa que, dentro do elenco a que deve pertencer esse outro crime, "pode haver diversificação: o primeiro delito pode referir-se a drogas; o segundo pode ser hediondo; o anterior pode ser tortura; o segundo, terrorismo"[107].

Em suma: considera-se "reincidente específico em crimes dessa natureza" aquele que, depois de transitada em julgado uma condenação penal por crime hediondo ou equiparado, comete outro crime dessa mesma categoria (qualquer deles), antes de escoar os cinco anos que depurariam ou purificariam a sua condenação anterior (art. 64, I, do CP).

27.1. Superveniência da Lei n. 13.344/16 (Tráfico de pessoas)

A Lei n. 13.344/16, ao dispor sobre o tráfico de pessoas, deu nova redação ao inciso V do art. 83 do Código Penal, estabelecendo que o juiz pode conceder livramento condicional ao condenado a pena privativa de liberdade igual ou superior a 2 (dois) anos, desde que "cumpridos mais de dois terços da pena, nos casos de condenação por crime hediondo, prática de tortura, tráfico ilícito de entorpecentes e drogas afins, *tráfico de pessoas* e terrorismo, se o apenado não for reincidente específico em crimes dessa natureza".

Assim, o crime de tráfico de pessoas praticado contra alguém maior de 18 anos de idade (art. 149-A do CP), apesar de não ser considerado hediondo[108] nem equiparado ou assemelhado, para efeito de *livramento condicional*, encontra-se submetido ao mesmo regime jurídico dos crimes hediondos e equiparados ou assemelhados.

A alteração do texto legal contido no art. 83, inciso V, do Código Penal (com a redação dada pela Lei n. 13.344/16), ampliou o rol de crimes que podem gerar reincidência específica, ensejadora de impedimento absoluto ao livramento condicional: uma condenação penal transitada em julgado por tráfico de pessoas praticado contra alguém maior de 18 anos de idade (art. 149-A do CP), mesmo não sendo considerado crime hediondo nem equiparado ou assemelhado, acarretaria impedimento absoluto para o livramento condicional em caso de

[107] "Anotações à Lei n. 8.072/90 (Crimes Hediondos)", *Fascículos de Ciências Penais*, ano III, v. III, n. 4 (out./nov./dez. - 1990), p. 9.

[108] O art. 1°, *caput*, inciso XII, da Lei n. 8.072/90, considera hediondo apenas o "tráfico de pessoas cometido contra *criança* ou *adolescente*".

posterior cometimento de crime hediondo ou equiparado, por configurar reincidência específica "em crimes dessa natureza" (art. 83, V, do CP).

Cabe salientar que, para os demais efeitos (diversos do livramento condicional), o crime de tráfico de pessoas praticado contra alguém maior de 18 anos de idade (art. 149-A do CP) se sujeita ao regime jurídico comum: *v.g.*, possibilidade jurídica de anistia, graça, indulto, fiança, progressão do regime de cumprimento da pena privativa de liberdade de acordo com os percentuais gerais de crimes não hediondos nem equiparados.

27.2. Proibição absoluta de livramento condicional para crimes hediondos e equiparados ou assemelhados com resultado morte

O art. 112, *caput*, incisos VI, alínea *a*, e VIII, da Lei n. 7.210/84 (Lei de Execução Penal), com a redação dada pela Lei n. 13.964/19 (Lei Anticrime), estabelece a vedação absoluta de livramento condicional para crimes hediondos e equiparados ou assemelhados *com resultado morte*.

27.3. Lei de Drogas (Lei n. 11.343/06)

O art. 44, parágrafo único, da Lei de Drogas[109], igualmente exige, para os crimes definidos nos arts. 33, *caput* e § 1º, e 34 a 37, da Lei n. 11.343/06, o cumprimento de 2/3 (dois terços) da pena, vedada a sua concessão ao reincidente específico.

Como se percebe, a Lei de Drogas preservou a fração de 2/3, pertinente ao requisito objetivo do livramento condicional, e reiterou a proibição da sua concessão ao reincidente "específico" – contudo, sem esclarecer o alcance dessa reincidência específica (diversamente do art. 83, V, do CP, que se refere a reincidente específico "em crimes dessa natureza").

Em face dessa lacuna, indaga-se se esta reincidência "específica" seria em crimes hediondos e equiparados ou assemelhados (quaisquer) *ou* apenas nos crimes enunciados no art. 44, *caput*, da Lei n. 11.343/06. Duas posições:

> (i) *corrente ampliativa*: a Lei de Drogas se inspirou no paradigma do art. 83, inciso V, do Código Penal, de modo que a reincidência específica (impedimento absoluto) alcança quaisquer crimes hediondos e equiparados ou assemelhados, mesmo porque a Lei n. 11.343/06 se orientou no

[109] Lei n. 11.343/06: "Art. 44. Os crimes previstos nos arts. 33, *caput* e § 1º, e 34 a 37 desta Lei são inafiançáveis e insuscetíveis de *sursis*, graça, indulto, anistia e liberdade provisória, vedada a conversão de suas penas em restritivas de direitos. Parágrafo único. Nos crimes previstos no *caput* deste artigo, dar-se-á o livramento condicional após o cumprimento de dois terços da pena, vedada sua concessão ao reincidente específico".

sentido do incremento da repressão penal ao tráfico de drogas (e não do seu abrandamento);

(ii) *corrente restritiva (nossa posição)*: a reincidência "específica" do art. 44, parágrafo único, da Lei n. 11.343/06, refere-se apenas aos crimes indicados no *caput* do mesmo dispositivo legal (arts. 33, *caput* e § 1°, e 34 a 37). Isso porque a Lei n. 8.072/90 (que inseriu o inciso V no art. 83 do CP) abrange a globalidade dos crimes hediondos e equiparados ou assemelhados, enquanto que a Lei n. 11.343/06 tangencia apenas um dos equiparados ou assemelhados, no caso, o tráfico de drogas. Assim, o art. 44, parágrafo único, da Lei n. 11.343/06, constitui regra especial que afasta a incidência do regime geral estabelecido no art. 83, inciso V, do Código Penal[110].

Sob essa perspectiva, o art. 44, parágrafo único, da Lei n. 11.343/06, representa *novatio legis in mellius*, pois possibilita a concessão de livramento condicional para o crime de tráfico de drogas, mesmo em caso de reincidência gerada por condenação anterior a crime hediondo ou equiparado (diverso do tráfico de drogas)[111].

28. Associação criminosa especial para a prática de crimes hediondos e equiparados ou assemelhados (art. 8° da Lei n. 8.072/90)

> Art. 8° Será de 3 (três) a 6 (seis) anos de reclusão a pena prevista no art. 288 do Código Penal, quando se tratar de crimes hediondos, prática da tortura, tráfico ilícito de entorpecentes e drogas afins ou terrorismo.
>
> Parágrafo único. O participante e o associado que denunciar à autoridade o bando ou quadrilha, possibilitando seu desmantelamento, terá a pena reduzida de 1 (um) a 2/3 (dois terços).

O art. 8.°, *caput*, da Lei n. 8.072/90, estrutura um tipo penal incriminador *especial* de associação criminosa (art. 288, *caput*, do CP), destinada ao cometimento de

110 GRECO FILHO, Vicente; RASSI, João Daniel. *Lei de drogas anotada: Lei n. 11.343/2006*, 3. ed., São Paulo: Saraiva, 2009, p. 163.

111 JESUS, Damásio Evangelista de. *Lei antidrogas anotada: comentários à Lei n. 11.343/2006*, 10. ed., São Paulo: Saraiva, 2010, p. 247. Em igual sentido, Rogério Sanches Cunha sustenta que "o livramento condicional (liberdade antecipada) está permitido, com a ressalva de que, tratando-se do crime previsto no art. 33, *caput*, só fará jus aquele que, depois de cumprir dois terços da pena, não for reincidente específico em crimes desta natureza (assim, mesmo que reincidente, porém em crimes de outra natureza, *ainda que hediondos*, não impede a liberdade antecipada)" (*Nova Lei de Drogas comentada*, coordenação Luiz Flávio Gomes, São Paulo: Revista dos Tribunais, 2006, p. 199).

crimes hediondos e equiparados ou assemelhados. Trata-se de tipo penal qualificado, com preceito secundário autônomo que comina pena de 3 a 6 anos de reclusão (o art. 288, *caput*, do CP, comina pena de reclusão, de um a três anos).

O legislador incorporou os elementos da definição contida no preceito primário do art. 288, *caput*, do Código Penal (associação de três ou mais pessoas, para o fim específico de cometer crimes) e, em seguida, agregou a essa estrutura fundamental um elemento subjetivo *especial* (diverso do dolo): "quando se tratar de crimes hediondos, prática de tortura, tráfico ilícito de entorpecentes e drogas afins ou terrorismo".

Cabe salientar que o crime de associação criminosa especial, inserido no art. 8.º, *caput*, da Lei n. 8.072/90, *não* foi definido como hediondo (sistema legal puro)[112], permitindo assim a progressão de regime com o cumprimento de 16% da pena (art. 112, *caput*, I, da Lei n. 7.210/84 - LEP) e o livramento condicional com o cumprimento de mais de 1/3 ou 1/2 da pena (art. 83, I e II, do CP).

Em sede de associação criminosa, a Lei n. 8.072/90 (art. 1º, parágrafo único, I) considera *hediondo* apenas o crime de quadrilha ou bando para prática de genocídio, definido no art. 2º da Lei n. 2.889/56.

28.1. Causa especial de aumento de pena do art. 288, parágrafo único, do CP (associação criminosa armada): (in)aplicabilidade

Discute-se sobre a possibilidade da incidência da causa especial de aumento de pena contida no art. 288, parágrafo único, do Código Penal (associação armada ou com a participação de criança ou adolescente), ao crime de associação criminosa especial do art. 8º, *caput*, da Lei n. 8.072/90. Duas orientações:

> (i) *impossibilidade (nossa posição)*: o art. 8º, *caput*, da Lei n. 8.072/90, incorpora apenas a estrutura fundamental (requisitos essenciais) do crime de associação criminosa geral (associação de três ou mais pessoas, para o fim específico de cometer crimes), agregando-lhe um maior grau de especificação (cometer crimes hediondos e equiparados ou assemelhados); contudo, sem mencionar as circunstâncias (acidentais) contidas no parágrafo único do art. 288 do Código Penal (armada ou com a participação de criança ou adolescente). Assim, considerando a omissão do art. 8º, *caput*, da Lei n. 8.072/90, entendemos que a aplicação da causa especial de aumento de pena do art. 288, parágrafo único, do Código Penal, implicaria analogia *in malam partem*,

[112] "(...) V. O crime de formação de quadrilha, na modalidade prevista no art. 8º da Lei 8.072/90, não se qualifica como hediondo (...)" (STJ, 5ª Turma, HC n. 173.703/SP, rel. Min. Gilson Dipp, j. 15.3.2011, *DJe* 4.4.2011). Em igual sentido: STJ, 5ª Turma, HC n. 19.324/RJ, rel. Min. Laurita Vaz, j. 17.2.2004, *DJ* 22.3.2004.

> proscrita pela garantia da legalidade estrita (art. 5.º, XXXIX, da CF): tratar-se-ia de aumento de pena sem prévia cominação legal.

Ademais, a circunstância de a associação criminosa ser armada ou contar com a participação de criança ou adolescente teria sido ponderada na cominação dos marcos penais estabelecidos pelo art. 8º, *caput*, da Lei n. 8.072/90 (3 a 6 anos). Como esclarece Alberto Silva Franco, "a exacerbação sofrida, pelo mínimo legal, na hipótese do art. 8º da Lei 8.072/90 (três vezes mais do que o mínimo previsto para o *caput* do art. 288 do Código Penal e bem mais grave do que o aumento cominado no parágrafo único do referido dispositivo penal), é suficiente para abarcar a causa de aumento excluída e compensá-la amplamente"[113].

> (ii) *possibilidade*: a remissão ao art. 288 do Código Penal alcança a causa de aumento de pena inserida em seu parágrafo único, podendo ser aplicada ao crime de associação criminosa especial do art. 8º, *caput*, da Lei n. 8.072/90. Ademais, não se cogita de dupla punição ou desvalorização plural de circunstância, pois o tipo penal qualificado do art. 8º, *caput*, da Lei n. 8.072/90, incorpora o fim especial da associação (cometer crimes hediondos e equiparados ou assemelhados), enquanto a causa especial de aumento de pena se refere ao modo de execução da conduta (armada ou com a participação de criança ou adolescente).

Prevalece, nos Tribunais Superiores, a possibilidade da aplicação da causa especial de aumento de pena do art. 288, parágrafo único, do Código Penal, ao tipo penal especial do art. 8º, *caput*, da Lei n. 8.072/90[114]. Contudo, algumas decisões determinam a aplicação da regra contida no art. 68, parágrafo único, do Código Penal (concurso de causas especiais), tratando a qualificadora do art. 8º, *caput*, da Lei n. 8.072/90, como uma causa especial de aumento de pena[115].

[113] FRANCO, Alberto Silva. *Crimes hediondos: anotações sistemáticas à Lei 8.072/90*, 4. ed., São Paulo: Revista dos Tribunais, 2000, p. 275.

[114] "*HABEAS CORPUS*. ART. 288, PARÁGRAFO ÚNICO, DO CÓDIGO PENAL C/C O ART. 8º DA LEI 8.072/90. QUADRILHA ARMADA. DOSIMETRIA. FIXAÇÃO DA PENA-BASE ACIMA DO MÍNIMO LEGAL. ART. 59 DO CÓDIGO PENAL. MOTIVAÇÃO SUFICIENTE. CAUSA DE AUMENTO. INCIDÊNCIA. EXASPERAÇÃO JUSTIFICADA. ORDEM DENEGADA. (...). 2. Não há ilegalidade patente no decreto condenatório, que agravou a pena de forma fundamentada, em razão da causa de aumento prevista no art. 288, parágrafo único, do Código Penal. (...)" (STJ, 5ª Turma, HC n. 102.390/RJ, rel. Min. Laurita Vaz, j. 2.12.2010, *DJe* 17.12.2010).

[115] "*Habeas corpus*. 2. Paciente condenado como incurso nos arts. 288 e seu parágrafo único, do Código penal, combinado com o art. 8º, *caput*, da Lei n. 8.072/90. 3. Circunstâncias judiciais desfavoráveis. Pena-base fixada em quatro anos, partindo-se da pena mínima cominada pelo art. 8º, *caput*, da Lei dos Crimes Hediondos. Incidência do parágrafo único do art. 288, do Código Penal. Pena em dobro. 4. Não observância do disposto no art. 68, parágrafo único, do Código Penal. 5. *Habeas corpus* deferido, em parte, para, mantida a condenação, anular a sentença, no que se refere à fixação da pena, outra devendo ser proferida, com atenção ao citado dispositivo" (STF, 2ª Turma, HC n. 74.269, rel. Min. NÉRI DA SILVEIRA, j. 03.12.1996, *DJ* 03.12.1999). Em igual sentido: STJ, 5ª Turma, RHC n. 3.853/RJ, rel. Min. Assis Toledo, j. 31.8.1994, *DJ* 7.11.1994.

28.2. Concurso aparente de normas: regra da especialidade

O crime de associação para o tráfico de drogas possui tipificação especial no art. 35, *caput*, da Lei n. 11.343/06, com as seguintes peculiaridades: (i) o preceito primário se aperfeiçoa com o concurso necessário de duas ou mais pessoas, tendo como elemento subjetivo (diverso do dolo) o fim de praticar especificamente os crimes definidos nos arts. 33, *caput* e § 1°, e 34 (no tipo penal equiparado do parágrafo único, o fim especial consiste em praticar o crime definido no art. 36 da Lei n. 11.343/06); (ii) o preceito secundário comina pena de reclusão, de 3 a 10 anos, e pagamento de 700 a 1.200 dias multa.

O crime de quadrilha ou bando para a prática de genocídio possui tipificação especial no art. 2° da Lei n. 2.889/56, com as seguintes peculiaridades: (i) o preceito primário se aperfeiçoa com o concurso necessário de quatro ou mais pessoas, tendo como elemento subjetivo (diverso do dolo) o fim de praticar especificamente os crimes definidos no art. 1° do mesmo diploma legal; (ii) o preceito secundário foi derrogado pelo art. 8°, *caput*, da Lei n. 8.072/90, que comina pena de 3 a 6 anos de reclusão (Alberto Silva Franco).

Em ambos os casos, incidem os tipos penais especiais de associação para o tráfico de drogas (art. 35, *caput* e parágrafo único, da Lei n. 11.343/06) e de quadrilha ou bando para a prática de genocídio (art. 2° da Lei n. 2.889/56), em detrimento do tipo penal qualificado de associação criminosa do art. 8°, *caput*, da Lei n. 8.072/90 (mais geral, porque abrangente de quaisquer crimes hediondos e equiparados ou assemelhados – diversos do tráfico de drogas e do genocídio).

28.3. Colaboração premiada ("pentitismo"[116]): desmantelamento da associação criminosa (art. 8º, parágrafo único)

O art. 8.°, parágrafo único, da Lei n. 8.072/90, define uma causa especial de diminuição de pena (de 1/3 a 2/3) para o participante e o associado que denuncia à autoridade a associação criminosa, possibilitando assim o seu desmantelamento.

Os requisitos cumulativos para a colaboração premiada são:

> (i) configuração do crime de associação criminosa especial, destinado ao cometimento de crimes hediondos e equiparados ou assemelhados (art. 8°, *caput*, da Lei n. 8.072/90)[117] – diversos do tráfico de drogas e do genocídio;

[116] O termo italiano "pentiti" (arrependidos) costuma ser empregado para designar os membros de organização criminosa que depois se tornaram colaboradores da justiça. Assim, a expressão "pentitismo" designaria o fenômeno da colaboração premiada.

[117] "(...) II. Hipótese em que se pleiteia, em favor do paciente condenado pela prática de crime de latrocínio, a incidência da delação premiada prevista no art. 8°, § único, da Lei n. 8.072/90. III. Referido dispositivo legal

Prevalece que a presente causa especial de diminuição de pena não se aplica ao crime de associação criminosa simples, definido no art. 288 do Código Penal[118] – poder-se-ia cogitar, nesse caso, da incidência do disposto nos arts. 13 e 14 da Lei n. 9.807/99 (Lei de proteção a vítimas, testemunhas e réus colaboradores)[119], que disciplinam a colaboração premiada para crimes em geral.

(ii) um dos participantes ou associados noticiar a existência da associação criminosa, de modo a permitir a sua desconstituição;

(iii) endereçamento à autoridade, assim entendida a autoridade policial, o juiz de direito, o órgão de execução do Ministério Público e outros;

(iv) desmantelamento da associação criminosa;

(v) eficácia da colaboração, ou seja, relação de causalidade entre a colaboração (causa) e o desmantelamento (efeito).

Presentes os requisitos legais, emerge a obrigatoriedade da incidência da causa especial de diminuição de pena ("terá a pena reduzida...") para o colaborador.

A diminuição de pena pela colaboração, por constituir circunstância subjetiva (de caráter pessoal), não se comunica aos demais integrantes da associação criminosa (art. 30 do CP).

se aplica exclusivamente aos casos em que, praticados os delitos de que cuidam a referida lei, por meio de quadrilha ou bando associados para tal fim, este ou aquela sejam desmantelados em razão de denúncia feita por partícipe e associado. IV. O paciente e os três corréus não se associaram de forma estável para o fim de praticar delitos hediondos ou assemelhados, hipótese única em que, comprovando-se que a delação possibilitou o efetivo desmantelamento da organização criminosa, teria lugar a redução de pena ora pleiteada. V. Eventual associação de agentes para a prática de determinado crime dessa natureza, ainda que sejam eficientes as informações prestadas pelo delator, não permite o reconhecimento da delação premiada. VI. Ordem parcialmente conhecida, e nessa extensão, denegada" (STJ, 5ª Turma, HC n. 62.618/SP, rel. Min. GILSON DIPP, j. 17.10.2006, *DJ* 13.11.2006). Em igual sentido: "(...) ARTIGO 8º, PARÁGRAFO ÚNICO, DA LEI N. 8.072/90. DELAÇÃO PREMIADA. NECESSIDADE DA EXISTÊNCIA DE QUADRILHA OU BANDO. (...). 2. A redução de pena prevista para os casos de delação de corréu (artigo 8º, parágrafo único, da Lei n. 8.072/90), requisita a existência e o desmantelamento de quadrilha ou bando. (...)" (STJ, 6ª Turma, HC n. 41.758/SP, rel. Min. HAMILTON CARVALHIDO, j. 07.11.2006, *DJ* 05.02.2007).

118 Alberto Silva Franco sustenta que "a causa de diminuição de pena adere, com exclusividade, ao *caput* do art. 8º da Lei 8.072/90, não cabendo sua incidência à hipótese do art. 288 do Código Penal" (*Crimes hediondos: anotações sistemáticas à Lei 8.072/90*, 4. ed., São Paulo: Revista dos Tribunais, 2000, p. 276).

119 Lei n. 9.807/99, art. 13: "Poderá o juiz, de ofício ou a requerimento das partes, conceder o perdão judicial e a consequente extinção da punibilidade ao acusado que, sendo primário, tenha colaborado efetiva e voluntariamente com a investigação e o processo criminal, desde que dessa colaboração tenha resultado: I - a identificação dos demais coautores ou partícipes da ação criminosa; II - a localização da vítima com a sua integridade física preservada; III - a recuperação total ou parcial do produto do crime. Parágrafo único. A concessão do perdão judicial levará em conta a personalidade do beneficiado e a natureza, circunstâncias, gravidade e repercussão social do fato criminoso". Lei n. 9.807/99, art. 14: "O indiciado ou acusado que colaborar voluntariamente com a investigação policial e o processo criminal na identificação dos demais coautores ou partícipes do crime, na localização da vítima com vida e na recuperação total ou parcial do produto do crime, no caso de condenação, terá pena reduzida de um a dois terços".

A intensidade da diminuição (1/3 a 2/3) deve ser pautada pela "maior ou menor contribuição causal do delator para o desmantelamento" da associação criminosa[120].

28.4. Alcance da colaboração premiada

Discute-se se a causa de diminuição de pena decorrente da colaboração premiada alcança somente o crime de associação criminosa especial (art. 8º, *caput*, da Lei n. 8.072/90) ou ainda se comunica aos crimes hediondos e equiparados ou assemelhados praticados pela *societas sceleris*. Duas orientações:

> (i) *posição ampliativa (nossa posição)*: o art. 8º, parágrafo único, da Lei n. 8.072/90, distingue as figuras do "participante" e do "associado", possibilitando, para o primeiro deles, a dupla incidência da causa especial de diminuição de pena. Assim, para o *associado* (membro da associação criminosa especial), a diminuição incide apenas sobre a pena do art. 8º, *caput*, da Lei n. 8.072/90; para o *participante* (pessoa que integra a associação criminosa especial e ainda participa do cometimento de qualquer dos crimes a que ela se destina), a diminuição incide sobre a pena do art. 8º, *caput*, da Lei n. 8.072/90, e ainda alcança o crime hediondo e equiparado ou assemelhado eventualmente praticado pela associação criminosa especial.

Julio Fabbrini Mirabete defende a posição ampliativa e sustenta que, "como a lei não contém palavras inúteis, deve ser distinguido o associado (membro da quadrilha, crime de concurso necessário), do participante (coautor ou partícipe em crime praticado em concurso eventual), pode-se entender que a diminuição é cabível ao delator não só quanto ao crime de quadrilha (nesse caso o agente é 'associado'), como também pelo crime por ele praticado, entre os referidos na lei, como integrante da quadrilha (nessa hipótese o agente é 'participante'). Se assim não pretendia o legislador não haveria razão para inserir no dispositivo a palavra 'participante'"[121].

> (ii) *posição restritiva*: a incidência da causa especial de diminuição de pena se limita ao crime de associação criminosa definido no art. 8º, *caput*, da

[120] FRANCO, Alberto Silva. *Crimes hediondos: anotações sistemáticas à Lei 8.072/90*, 4. ed., São Paulo: Revista dos Tribunais, 2000, p. 278. O mesmo autor ainda esclarece que "tal critério não é o mesmo adotado em relação à delação premiada referida no art. 7o da Lei n. 8.072/90. Nesse caso, mais do que a contribuição causal do delator para efeito da libertação do sequestrado, interessa a maior ou menor presteza temporal em que tal libertação se deu".

[121] MIRABETE, Julio Fabbrini. "Crimes Hediondos: aplicação e imperfeições da Lei", *Revista dos Tribunais*, v. 663, janeiro de 1991, p. 271.

Lei n. 8.072/90, pois a finalidade da colaboração radica precisamente no desmantelamento.

Damásio Evangelista de Jesus considera "que a redução da pena pela delação, prevista no parágrafo único do art. 8° da Lei n. 8.072, só é aplicável ao crime de quadrilha e não aos delitos efetivamente cometidos por ela, salvo a hipótese de extorsão mediante sequestro (art. 159, § 4°, do Código Penal, com redação do art. 7° da Lei n. 8.072)"[122].

Para a concepção restritiva, associado e participante corresponderiam, respectivamente, a coautor e partícipe, designando assim as duas modalidades de concurso de agentes mediante as quais uma pessoa poderia aceder ao crime de associação criminosa especial (art. 8°, *caput*, da Lei n. 8.072/90).

29. Causa especial de aumento de pena (art. 9°): revogação tácita pela Lei n. 12.015/09

O art. 9° da Lei n. 8.072/90 definia uma causa especial de aumento de pena para o caso de o ofendido se encontrar em qualquer das circunstâncias contidas no art. 224 do Código Penal, que estabelecia uma "presunção de violência" para pessoa não maior de 14 anos, alienada ou débil mental, conhecendo o agente esta circunstância, e que não puder, por qualquer outra causa, oferecer resistência.

Contudo, a Lei n. 12.015/09, ao revogar expressamente o art. 224 do Código Penal, implicou a revogação tácita do art. 9° da Lei n. 8.072/90[123].

30. Prioridade de tramitação (art. 394-A do CPP)

O art. 394-A do Código de Processo Penal, acrescentado pela Lei n. 13.285/16, estabelece prioridade de tramitação, em todas as instâncias, para os processos que apurem a prática de crime hediondo.

A despeito de o texto legal se referir apenas a crimes hediondos, entendemos que, por se tratar de norma processual pura, a regra de prioridade de tramitação

122 "Anotações à Lei n. 8.072/90 (Crimes Hediondos)", *Fascículos de Ciências Penais*, ano III, v. III, n. 4 (out./nov./dez. - 1990), p. 14.

123 "(...) 5. Com a revogação do art. 224 do CP, cai por terra a causa de aumento prevista no art. 9° da Lei n. 8.072/90 (doutrina e jurisprudência). 6. Em compasso com o postulado da retroatividade da norma mais benéfica, para os crimes cometidos antes da vigência da Lei n. 12.015/09, é possível a exclusão da majorante ventilada no art. 9° da Lei n. 8.072/90, com a imposição da reprimenda veiculada no art. 217-A do Código Penal, pois tal dispositivo traz, no ponto, reprimenda menos severa. 7. Com efeito, se antes a pena-base do crime de estupro – art. 213 do CP – partia de 6 (seis) anos de reclusão, incidindo o acréscimo decorrente da aplicação do art. 9°, da Lei n. 8.072/90, chegar-se-ia ao patamar mínimo de 9 (nove) anos de reclusão. 8. Na nova sistemática, o crime de estupro de vulnerável traz a reprimenda de 8 (oito) anos de reclusão, um pouco menor que a encontrada com a conjugação dos dispositivos acima mencionados. (...)" (STJ, 6ª Turma, HC n. 92.723/SP, rel. Min. Og Fernandes, j. 2.8.2011, *DJe* 3.10.2011).

deve ser igualmente aplicada aos crimes equiparados ou assemelhados a hediondo (art. 5°, XLIII, da CF), por interpretação extensiva, nos termos do disposto no art. 3° do Código de Processo Penal.

8.

LEI N. 9.455/1997 - LEI DE TORTURA

Antonio Sergio Cordeiro Piedade
Caio Marcio Loureiro

Introdução

A Dignidade da Pessoa Humana é fundamento da República Federativa do Brasil. Ao proclamar este preceito, a Constituição escancara em seu conteúdo a sua notória vinculação à proteção da vida humana. A propósito, Caio Marcio Loureiro, em outro escrito já pontuou que:

> Como garantia fundamental, a vida ocupa posição de destaque na Constituição da República Federativa do Brasil e em diversos instrumentos normativos internacionais. Bem por isso que os demais direitos fundamentais encontram justificação de existência no direito à vida. Assim, a tutela plena da vida reclama análise especial. A vida é valor impagável que todo ser humano tem o direito de ver protegido. Inalienável, portanto[1].

Importa dizer que, em evidente finalidade de proteção da vida, no plano convencional e constitucional, a dignidade da pessoa humana deve contar com integral tutela jurídica e jurisdicional.

Assim, o escrito que ora apresentamos, realiza o enfrentamento do tema com base em normativos internacionais, constitucionais e infraconstitucionais,

[1] LOUREIRO, Caio Marcio. *O princípio da plenitude da tutela da vida no Tribunal do Júri*. Cuiabá MT: Carline & Caniato, 2017, p. 21.

analisando-se a Lei de Tortura com o propósito de contribuir para os estudos, quer sob o viés científico, quer sob o enfoque prático.

1. O fundamento internacional, constitucional e infraconstitucional da vedação a tortura e seus aspectos principiológicos

Os princípios são a base de todo sistema normativo. De importância indiscutível pela função limitadora, fundante e mesmo integrativa, devem ser observados, pois sua afronta provoca abalo em toda ordem jurídica, em especial, às regras específicas que estão diretamente relacionadas a eles.

Ao analisar a Lei de Tortura é possível notar que sua inclusão na ordem concreta brasileira é decorrente de fundamento internacional. Melhor explicando, nota-se que sua disciplina legal encontra como primeira base normativa justificante, a Declaração Universal das Nações Unidas, de 10 de dezembro de 1948.

Em referida Declaração, no seu artigo 5º está previsto que *"ninguém será submetido à tortura, nem a tratamento ou castigo cruel, desumano ou degradante"*.

A Convenção Americana de Direitos Humanos – Pacto de San José da Costa Rica - adotada e aberta à assinatura na Conferência Especializada Interamericana sobre Direitos Humanos, em San José de Costa Rica, em 22 de novembro de 1969, e ratificada pelo Brasil em 25 de setembro de 1992, também traz previsão importante de tutela jurídica vedando a tortura. Em seu artigo 5º proclama o direito à integridade pessoal, e especifica que "*1. Toda pessoa tem direito a que se respeite sua integridade física, psíquica e moral*". E que "*ninguém deve ser submetido a torturas, nem a penas ou tratos cruéis, desumanos ou degradantes*".

Na esfera de previsão normativa internacional pode-se citar também, a Declaração sobre a Proteção de Todas as Pessoas contra a Tortura e Outras Penas ou Tratamentos Cruéis, Desumanos ou Degradantes - Aprovada pela Assembleia Geral das Nações Unidas em 9 de dezembro de 1975. Esta declaração já estampava em seu conteúdo pontos importantes para formação de conceito sobre o crime de tortura, disciplinando em seu 1º artigo que:

> Para os efeitos da presente Declaração, entende-se por tortura todo o acto pelo qual um funcionário público, ou outrem por ele instigado, inflija intencionalmente a uma pessoa penas ou sofrimentos graves, fisícos ou mentais, com o fim de obter dela ou de terceiro uma informação ou uma confissão, de a punir por um acto que tenha cometido ou se suspeite que cometeu, ou de intimidar essa ou outras pessoas. Não se consideram tortura as penas

> ou sofrimentos que sejam consequência unicamente da privação legítima da liberdade, inerentes a esta sanção ou por ela provocados, na medida em que estejam em consonância com as Regras Mínimas para o Tratamento de Reclusos.

No âmbito normativo internacional de tutela, não se pode olvidar, ainda, da Convenção contra a tortura e outros tratamentos ou penas cruéis, desumanos ou degradantes, adotada pela Resolução 39/46, da Assembleia Geral das Nações Unidas, em 10 de dezembro de 1984 e ratificada pelo Brasil em 28 de setembro de 1989.

Em seu preâmbulo referida convenção traz grafado o reconhecimento dos direitos iguais e inalienáveis de todo ser humano, bem como especifica que este reconhecimento é fundamento da liberdade, da justiça e da paz no mundo. Registra o preâmbulo ainda, que estes direitos emanam da dignidade ínsita ao ser humano.

A Convenção em questão, em seu artigo 4º, ainda propala determinação no sentido de que

> cada Estado-parte assegurará que todos os atos de tortura sejam considerados crimes segundo a sua legislação penal. O mesmo aplicar-se-á à tentativa de tortura e a todo ato de qualquer pessoa que constitua cumplicidade ou participação na tortura.

No âmbito doméstico, o fundamento constitucional da Lei de Tortura repousa, primeiramente, no III artigo 5º da Constituição da República Federativa do Brasil de 1988, *"ninguém será submetido a tortura nem a tratamento desumano ou degradante"*, replicando a norma internacional. Prevê ainda, a Constituição no inciso XLIII do mesmo artigo que

> a lei considerará crimes inafiançáveis e insuscetíveis de graça ou anistia a prática da tortura, o tráfico ilícito de entorpecentes e drogas afins, o terrorismo e os definidos como crimes hediondos, por eles respondendo os mandantes, os executores e os que, podendo evitá-los, se omitirem.

A análise do tema indica que sua base principiológica traz, primeiramente, como fundamento o princípio da dignidade da pessoa humana. Por este princípio toda pessoa deve ser tratada com dignidade, estando assegurado a ela o direito de ter as condições mínimas para sua existência digna, sendo vedado toda e qualquer espécie de tortura e tratamento degradante, desrespeitoso, cruel que imponha sofrimento, desvalor de sua integridade física e psicológica, e da vida.

A respeito da dignidade da pessoa humana e sua natureza como princípio constitucional Luís Roberto Barroso observa que:

> A dignidade humana é um valor fundamental. Valores, sejam políticos ou morais, ingressam no mundo do Direito, assumindo, usualmente, a forma de princípios. A dignidade, portanto, é um princípio jurídico de *status* constitucional. Como valor e como princípio, a dignidade humana funciona tanto como justificação moral quanto como fundamento normativo para os direitos fundamentais. Na verdade, ela constitui parte do conteúdo dos direitos fundamentais. Os princípios constitucionais desempenham diferentes papéis no sistema jurídico. Destacam-se aqui dois deles: a) o de fonte direta de direitos e deveres; e b) o interpretativo. Os princípios operam como fonte direta de direitos e deveres quando do seu núcleo essencial de sentido se extraem regras que incidirão sobre situações concretas. Por exemplo: o conteúdo essencial da dignidade humana implica a proibição da tortura, mesmo em um ordenamento jurídico no qual não exista regra expressa impedindo tal conduta. Já no seu papel interpretativo, o princípio da dignidade humana vai informar o sentido e o alcance dos direitos constitucionais. Além disso, nos casos envolvendo lacunas no ordenamento jurídico, ambiguidades no direito, colisões entre direitos fundamentais e tensões entre direitos e metas coletivas, a dignidade humana pode ser uma boa bússola na busca da melhor solução. Mais ainda, qualquer lei que viole a dignidade, seja em abstrato ou em concreto, será nula[2].

O mesmo autor ao tratar do conteúdo jurídico do princípio da igualdade evidencia haver um valor intrínseco a esse princípio, ligado a natureza do ser referindo-se a *"afirmação da posição especial da pessoa no mundo, que a distingue dos outros seres vivos e das coisas. As coisas têm preço, mas as pessoas têm dignidade, um valor que não tem preço"*. Explica, ainda, o autor, que no plano jurídico o valor intrínseco do princípio da dignidade importa em uma série de direitos fundamentais. Dentre eles destaque-se o *direito à vida*, bem protegido em praticamente todos os ordenamentos jurídicos; o *direito à igualdade*, significando o valor intrínseco do ser humano em ser tratado com igualdade independentemente de qualquer condição de sexo, raça, origem, religião ou qualquer outra condição; o *direito à integridade física*, e daqui *"decorrem a proibição de tortura, do trabalho escavo ou forçado,*

2 BARROSO, Luís Roberto. *Curso de direito constitucional contemporâneo: os conceitos fundamentais e a construção do novo modelo*. 9. ed. São Paulo: Saraiva, 2020, p. 244-245.

as penas cruéis e o tráfico de pessoas"; por fim, o direito à integridade moral e psíquica, incluindo-se aqui *"a privacidade, a honra e a imagem"*[3].

Importante registrar que a dignidade da pessoa é um dos fundamentos do Estado Democrático de Direito proclamado pela Constituição da República Federativa do Brasil de 1988, conforme seu artigo 1°, inciso III.

Antônio Carlos Da Ponte registra que o princípio da dignidade da pessoa humana é o "fundamento maior" de todo conteúdo principiológico que o texto constitucional brasileiro proclama[4].

Do conteúdo da Lei n° 9.455, de 7 de abril de 1997 é possível extrair os elementos essenciais para se conceituar o crime de tortura.

O crime de tortura é toda conduta humana que, violando a dignidade da pessoa, a constrange com o uso de violência ou grave ameaça, provocando sofrimento físico ou mental, buscando alcançar informação, declaração ou confissão da vítima ou de terceira pessoa, ou para motivar ação ou omissão de essência criminosa, ou causa fundada em discriminação racial ou religiosa, ou ainda, para submeter pessoa sob sua guarda, poder ou autoridade a sofrimento desta natureza, como maneira de impor castigo pessoal ou medida de caráter preventivo.

Diz o dispositivo legal:

> Art. 1° Constitui crime de tortura:
>
> I - constranger alguém com emprego de violência ou grave ameaça, causando-lhe sofrimento físico ou mental:
>
> a) com o fim de obter informação, declaração ou confissão da vítima ou de terceira pessoa;
>
> b) para provocar ação ou omissão de natureza criminosa;
>
> c) em razão de discriminação racial ou religiosa;
>
> II - submeter alguém, sob sua guarda, poder ou autoridade, com emprego de violência ou grave ameaça, a intenso sofrimento físico ou mental, como forma de aplicar castigo pessoal ou medida de caráter preventivo.

[3] Op. cit., p. 245-246.

[4] PONTE, Antonio Carlos da. *Crimes eleitorais*. São Paulo: Saraiva, 2008, p. 65.

2. Bem Jurídico Tutelado

O objeto jurídico ou o bem jurídico tutelado pela lei de tortura consiste na dignidade da pessoa humana, sua integridade física e psíquica.

Como se sabe, o legislador, para criação dos tipos penais, leva em conta os valores e interesses qualificados pela sociedade como fundamentais e merecedores de proteção.

Em obra específica sobre o bem jurídico-penal, Ana Elisa Liberatore Silva Bechara explica que

> o Direito serve a sociedade, disciplinando a convivência humana em um contexto específico, e, justamente por isso, reflete uma determinada ordem axiológica e as prioridades de tal convivência". Observa ainda, a autora que "antes disso, a existência de diversas conformações sociais condiciona também a existência de diferentes modelos de Estado, influindo diretamente no conteúdo das expectativas de comportamento que vão orientar, por sua vez, o estabelecimento de instrumentos formais de controle social[5].

Assim, o valor atribuído pela sociedade a determinado bem implica na constituição de normas com o fim de protegê-lo. Entretanto, é importante não esquecer que na formulação e aplicação da ordem jurídica o Direito Penal deve ser visto como *ultima ratio*.

Destarte, em matéria penal, não se pode esquecer do que estabelece o princípio da intervenção mínima, segundo o qual o Direito Penal tem aplicação subsidiária, ou seja, em hipótese de insuficiência dos outros instrumentos normativos regulamentadores de conduta. O Direito Penal tem, pois, caráter fragmentário, não se consubstanciando em um sistema de exaurimento de proteção de bem jurídico.

Luiz Luisi explica que o princípio da intervenção mínima se configura em *"princípio orientador e limitador do poder criativo do crime"*. Observa o autor em referência que referido princípio preconiza que

> só se legitima a criminalização de um fato se a mesma constitui meio necessário para a proteção de um determinado bem jurídico. Se outras formas de sanção se revelam suficientes para a tutela desse bem, a criminalização

[5] BECHARA, Ana Elisa Liberatore Silva. *Bem jurídico-penal*. São Paulo: Quartier Latin, 2014, p. 31

é incorreta. Somente se a sanção penal for instrumento indispensável de proteção jurídica é que a mesma se legitima[6].

Especificamente quanto ao crime de tortura, nota-se que esta valoração social para definição de tutela jurídica ocorreu tanto no âmbito convencional como interno, pois quer por meio de instrumentos normativos internacionais, quer pela Constituição da República Federativa do Brasil em vigência e lei infraconstitucional, há previsão de proteção, conforme já pontuando nas primeiras linhas deste escrito. A propósito, é importante lembrar que nesta seara existe um mandado constitucional expresso de criminalização da conduta classificada como crime de tortura. Há, por assim dizer, notas claras do constituinte quanto à primazia e fundamentalidade do bem jurídico a ser tutelado diante do nefasto e infausto comportamento que se amolde a figura da tortura. A Constituição da República em vigor impõe, pois, ao legislador obrigação no sentido de incriminar conduta mediante norma penal, bem como de impedir sua retirada da ordem jurídica.

Ao tratar dos mandados constitucionais de penalização, Luciano Feldens comenta o artigo 5º, inciso XLIII, da Constituição da República Federativa do Brasil de 1988, explicando que:

> Uma vez mais, a cogência verbal assumida pela norma constitucional (... *a lei considerará crimes* ...) parece não deixar dúvidas quanto à vinculação do legislador ordinário ao mandado de criminalização. Embora sem estabelecer o grau da sanção, o dispositivo sob comento restringe a atuação legislativa no que respeita à liberdade do legislador – que existiria, se não fosse a disposição constitucional – em decidir ou não pela penalização das condutas ventiladas: tortura, tráfico ilícito de entorpecente e terrorismo.[7].

Há, como se pode ver, ordem expressa do constituinte direcionada ao legislador brasileiro como um verdadeiro mandado para normatizar conduta que atente contra dignidade da pessoa humana, sua integridade física e psíquica. Este axioma elencado pela Constituição da República brasileira como fundamental e, portanto, merecedor de tutela penal, provoca a inclusão na ordem concreta da Lei de Tortura.

Ademais, anote-se que uma evolução histórica dos diplomas legais infraconstitucionais na ordem concreta brasileira indica que a primeira norma após

[6] LUISI, Luiz. *Os princípios constitucionais penais*. 2. ed. rev. e aum. Porto Alegre: Sergio Antonio Fabris Editor, 2003, p. 39.

[7] FELDENS, Luciano. *A constituição penal: a dupla face da proporcionalidade no controle das normas penais*. Porto Alegre: Livraria do Advogado, 2005, p. 82.

a Constituição a definir o crime de tortura foi a Lei nº 8.069, de 13 de julho de 1990 (Estatuto da Criança e do Adolescente). Previa o Estatuto em referência no seu artigo 233 o crime em questão figurando como vítima apenas criança e o adolescente.

Após, podemos citar também a Lei nº 8.072, de 25 de julho de 1990, que trata dos crimes hediondos, tendo, por meio dela, equiparado a tortura a crimes hediondos, prevendo as mesmas consequências aplicáveis aos crimes hediondos.

Apenas com a Lei nº 9.455, de 7 de abril de 1997, o Brasil tratou em diploma legal específico o crime de tortura, revogando artigo 233 do Estatuto da Criança e do Adolescente. Nota-se que a ordem jurídica experimentou um vácuo legislativo de quase 10 anos para que o legislador cumprisse o mandado constitucional de penalização.

Registre-se ainda, quanto à evolução legislativa da tutela jurídica relacionada ao tema tortura, a Lei nº 12.847, de 02 de agosto de 2013, que institui o Sistema Nacional de Prevenção e Combate à Tortura; criou o Comitê Nacional de Prevenção e Combate à Tortura e o Mecanismo Nacional de Prevenção e Combate à Tortura.

Não podemos esquecer, por fim, a previsão que o Código Penal faz a respeito da tortura a positivando como razão para agravar a pena e como motivo ensejador de reconhecimento de qualificadora no crime de homicídio, como, respectivamente, se observa do artigo 61, inciso II, alínea "d" e artigo 121, § 2º, inciso III.

3. Competência para processar e julgar crime de tortura

A jurisdição trata-se de função exercida pelo Poder Judiciário com escopos jurídico, social e político. Essencialmente na sua vertente jurídica a jurisdição destina-se a solucionar os conflitos com a aplicação da lei ao caso concreto. No seu escopo social, a jurisdição trabalha com o processo como meio de agregação e pacificação social (objetivo de manter a vida em grupo). Por sua vez, o escopo político da jurisdição objetiva promover a afirmação do Poder do Estado em impor suas decisões, bem como garantir participação dos jurisdicionados na formação de suas decisões e comprometido com valores fundamentais como a cidadania e dignidade[8].

Evidentemente, o exercício da jurisdição, inclusive e especialmente na esfera penal, vincula-se a normativos internacionais subscritos pelo Brasil – pactos e convenções – que, compõem o denominado controle de convencionalidade, à

[8] Sobre a jurisdição e seus escopos consultar: DINAMARCO, Cândido Rangel. A *instrumentalidade do processo*. 6. ed., São Paulo: Malheiros, 1998.

Constituição da República Federativa do Brasil em vigor, bem como a legislação infraconstitucional.

Consigne-se também, que o fim mediato da jurisdição consiste na pacificação social. Destarte, o seu exercício pelo Poder Judiciário com desiderato de solucionar o conflito, com base na ordem jurídica vigente, busca promover paz coletiva.

A delimitação do órgão judicial responsável por exercer a função jurisdicional é denominada de competência, ou seja, a parcela de atribuição afeta a determinado juízo conforme critérios previamente estabelecidos em lei.

Antonio Sergio Cordeiro Piedade e Ana Carolina Dal Ponte Aidar conceituam competência como sendo

> como o pedaço de jurisdição atribuído a cada órgão judicial que exerce o referido poder. Por conseguinte, a depender da matéria, do local ou da pessoa, por exemplo, competirá a determinado magistrado processar e julgar o conflito, conforme preestabelecido em lei.[9].

Tratando-se de crime comum, a tortura é crime a ser julgado pela Justiça Estadual ou Federal. Nesse contexto as disposições da Constituição da República em seu artigo 109 devem ser respeitadas.

Na hipótese, portanto, de ser o crime de tortura praticado por pessoa sem qualidade funcional vinculada a União, será julgado pela Justiça Estadual. Por outro lado, se o sujeito do crime se encontrar nas situações estabelecidas pelo artigo 109 da Constituição, o foro competente será a Justiça Federal.

É necessário atentar-se para o fato de que a distribuição da competência leva em conta alguns critérios. Assim, sua afetação leva em conta a matéria, ou seja, a natureza do crime, o local do delito, a pessoa envolvida e, ainda, o aspecto funcional.

4. Espécies de crimes de tortura e equiparação a crime hediondo

O legislador, ao cumprir a ordem constitucional, deu origem a Lei nº 9.455, de 7 de abril de 1997, prevendo em seu conteúdo espécies do crime de tortura. São elas:

[9] PIEDADE, Antonio Sergio Cordeiro; AIDAR, Ana Carolina Dal Ponte. *Direito Processual Penal*. 2. ed. Rio de Janeiro: Método, 2022, p. 128.

Espécies	Topografia Normativa
Tortura para produção de prova	art. 1º, inc. I, alínea "a"
Tortura para prática de crime	art. 1º, inc. I, alínea "b"
Tortura discriminatória	art. 1º, inc. I, alínea "c"
Tortura como forma de aplicar castigo	art. 1º, inc. II
Tortura em desfavor da pessoa presa ou sujeita à medida de segurança	art. 1º, § 1º

Os estudos do crime de tortura demonstram que a Constituição da República Federativa do Brasil de 1988 e a Lei nº 8.072, de 25 de julho de 1990 (Lei dos Crimes Hediondos) equipararam seu tratamento aos crimes hediondos.

Importa dizer que, apesar de a tortura não constar do rol dos crimes hediondos descritos no artigo 1º de referida Lei, o cuidado empregado pelo constituinte e legislador infraconstitucional a seu respeito foram equiparados.

Assim, a tortura não é considerada crime hediondo, porém seu tratamento pelo Direito Penal e Direito Processual Penal é o mesmo aplicado aos elencados pelo artigo 1º da Lei nº 8.072/90 como hediondos.

4.1. Tortura para produção de prova, tortura para prática de crime e tortura discriminatória

A primeira espécie está positivada esta espécie no artigo 1º, inciso I, alínea "a", da Lei de Tortura. Descreve o preceito primário do dispositivo legal que constituir crime de tortura constranger a vítima com emprego de violência ou grave ameaça, causando-lhe sofrimento físico ou mental, com o fim de obter informação, declaração ou confissão da vítima ou de terceira pessoa.

A segunda espécie está prevista no artigo 1º, inciso I, alínea "b", da Lei de Tortura. Estabelece o preceito primário da norma penal que constitui crime de tortura constranger a vítima com emprego de violência ou grave ameaça, causando-lhe sofrimento físico ou mental, para causar ação ou omissão de natureza criminosa.

Por sua vez, a terceira espécie encontra-se no artigo 1º, inciso I, alínea "c", da Lei de Tortura, que tem como preceito primário a previsão no sentido de constituir crime de tortura constranger a vítima com emprego de violência ou grave ameaça em razão de discriminação racial ou religiosa.

O preceito secundário para todas as três espécies aqui narradas prevê a pena de reclusão de dois a oito anos.

4.1.1. O objeto jurídico

O objeto jurídico ou bem jurídico tutelado por estas espécies de tortura é a dignidade da pessoa humana, sua integridade física e psíquica. É, pois, a incolumidade mental e física da pessoa sujeita ao constrangimento por meio de violência ou grave ameaça, de forma a provocar-lhe sofrimento físico ou mental, com a finalidade de obter elementos probatórios (informação, declaração ou confissão).

4.1.2. Objeto material

O objeto material ou objeto da ação segundo E. Magalhães Noronha trata-se do "*homem ou a coisa sobre que incide a conduta do sujeito ativo*"[10]. É, pois, o ser ou coisa que suporta a ação praticada pelo sujeito ativo do delito.

Nas espécies delitivas em análise, verifica-se que o objeto da ação é o ser humano que suporta o constrangimento por meio de violência ou grave ameaça, ofendendo sua dignidade.

É importante ressaltar que nem todos os delitos possuem objeto material. Os crimes omissivos puros e os de mera conduta, por exemplo, não há incidência de ação sobre qualquer pessoa ou coisa. Porém, tratando-se de crimes materiais, sempre haverá o objeto da ação.

4.1.3. Sujeitos do crime

4.1.3.1. Sujeito ativo

Sujeito ativo consiste naquele que pratica a conduta típica. É o autor do crime de tortura, que realiza o comportamento descrito na lei com o emprego de tortura para obtenção de prova.

O estudo sobre o sujeito ativo revela que não há qualidade ou condição específica para o autor do crime de tortura nas espécies em análise. As espécies de tortura sob análise não são, portanto, crimes próprios, podendo ser praticados por qualquer sujeito, não apenas agentes públicos. Nesse sentido é possível colher de julgados do Superior Tribunal de Justiça, como no Agravo Regimental no Recurso Especial a seguir:

> PENAL E PROCESSO PENAL. AGRAVO REGIMENTAL NO RECURSO ESPECIAL. TORTURA. INOBSERVÂNCIA DE REGRA DE PREVENÇÃO. NULIDADE RELATIVA. SÚMULA N. 706/STF. INEXISTÊNCIA DE

[10] NORONHA, E. Magalhães. *Direito penal*. v. 1. 30. ed. São Paulo: Saraiva, 1993, p. 112.

> IRREGULARIDADE NO JULGAMENTO MONOCRÁTICO DO FEITO. TIPO DO ART. 1º, I, "A", DA LEI 9.455/1997. CRIME COMUM. ENTENDIMENTO DESTA CORTE SUPERIOR. AGRAVO REGIMENTAL DESPROVIDO. 1. Ausente qualquer demonstração de prejuízo decorrente da inobservância da prevenção, é impossível o reconhecimento de nulidade. Intelecção da Súmula n. 706/STF. 2. Inexiste vício no julgamento monocrático, pois a decisão agravada se amparou na jurisprudência dominante desta Corte Superior. De todo modo, a questão fica superada com a apreciação do agravo regimental pelo colegiado. 3. A figura típica do crime de tortura prevista no art. 1º, I, "a", da Lei 9.455/1997 não é crime próprio, pois não exige que o agente possua a qualidade de funcionário público. Esta leitura se harmoniza com o art. 1º, II, da Convenção Contra a Tortura e Outros Tratamentos ou Penas Cruéis, Desumanos ou Degradantes. Precedentes: REsp 1738264/DF, Rel. Ministro SEBASTIÃO REIS JÚNIOR, SEXTA TURMA, julgado em 23/08/2018, DJe 14/09/2018; AgRg no REsp 1.291.631/MG, Rel. Ministro LEOPOLDO DE ARRUDA RAPOSO (DESEMBARGADOR CONVOCADO DO TJ/PE), QUINTA TURMA, julgado em 01/10/2015, DJe 13/10/2015. 4. Agravo regimental desprovido. (AgRg no REsp 1754458/SP, Rel. Ministro RIBEIRO DANTAS, QUINTA TURMA, julgado em 23/02/2021, DJe 26/02/2021)

4.1.3.2. Sujeito passivo

Cuidando do tema, Julio Fabbrini Mirabete registrou que o "*sujeito passivo do crime é o titular do bem jurídico lesado ou ameaçado pela conduta criminosa*". Observou ainda o autor em destaque que "*nada impede que, em um delito, dois ou mais sujeitos passivos existam: desde que tenham sido lesados ou ameaçadas em seus bens jurídicos referidos no tipo, são vítimas do crime*". Ainda dos ensinamentos de referido autor é possível verificar que para doutrina penal

> há duas espécies de sujeito passivo. Fala-se em sujeito passivo *constante* ou *formal*, ou seja, o Estado que, sendo titular do mandamento proibitivo, é lesado pela conduta do sujeito ativo". Por sua vez, há também o "sujeito passivo *eventual* ou *material* é o titular do interesse penalmente protegido.[11].

[11] MIRABETE, Julio Fabrini. *Manual de direito penal: parte geral*. v. 1. 27. ed. rev. e atual., por Renato N. Fabbrini São Paulo: Atlas, 2011, p. 110.

Em todas as espécies neste tópico analisadas, ou seja, tortura para produção de prova, tortura para prática de crime e tortura discriminatória, o sujeito passivo pode ser qualquer pessoa. Esta conclusão se extrai da própria norma, pois quando se analisa o inciso I do artigo 1°, verificamos que o legislador, ao descrever o tipo penal, proclama constituir crime de tortura "constranger alguém", o que indica inexistir especial condição do sujeito passivo, podendo ser qualquer pessoa.

No crime de tortura, ainda, é importante notar que, o sujeito passivo trata-se da pessoa que suporta a ação do sujeito ativo e o terceiro que emite a manifestação em razão da tortura na hipótese de ser ele o responsável pela emissão da declaração, confissão ou informação, ou seja, nos termos da descrição normativa, a pessoa torturada pelo autor do crime por meio de constrangimento, empregando-lhe violência ou grave ameaça, provocando-lhe sofrimento físico ou mental, com o fim de obter informação, declaração ou confissão ou de terceira pessoa que na situação é constrangida a emitir tais manifestações diante da tortura empregada na vítima.

Sobre o sujeito passivo anota Guilherme de Souza Nucci:

> Vítima e terceira pessoa: a vítima é a pessoa que sofre o constrangimento físico ou moral; a terceira pessoa é aquela que fornece a informação, declaração ou confissão, quando se depara com a tortura da vítima. Portanto, pode-se obter dados do próprio torturado ou de pessoa não agredida diretamente, porém à custa do sofrimento alheio. Ambos são sujeitos passivos do delito de tortura (ex.: tortura-se um irmão para que o outro confesse a prática de um crime)[12].

4.1.4. Núcleo do tipo

Nas espécies tortura-prova e tortura para prática de crime, com a ação empregada pelo sujeito ativo ele visa obrigar, constranger, forçar alguém a fazer determinada coisa que não queria. É dizer, o núcleo do tipo do delito de tortura está no comportamento do autor do crime que tem por finalidade forçar alguém a fazer alguma coisa contra sua vontade, ou seja, que não queria realizar.

Na tortura discriminatória o sujeito ativo emprega a ação por convicções firmadas na discriminação racial ou religiosa. Destarte, o núcleo do tipo do crime reside no comportamento do sujeito ativo com o propósito de torturar,

12 NUCCI, Guilherme de Souza. *Leis penais e processuais penais comentadas. Vol. 2.* 14. ed. rev. atual. e ampl. Rio de Janeiro: Forense, 2021, p. 947.

empregando violência ou grave ameaça, causando a vítima sofrimento físico ou mental, em razão de sua raça ou convicção religiosa.

4.1.5. Meios de execução

Não há forma específica para execução do crime de tortura nas espécies. Como se pode notar, o crime pode ser praticado mediante violência, com agressão física, ou por meio de grave ameaça, intimidando com promessa de castigo ou mal injusto, de maneira a causar medo na vítima.

Rogério Greco, ao cuidar do tema, faz registro sobre algumas formas de tortura utilizadas ao longo do tempo. Dentre elas: esmagadores de cabeça (uso de parafuso para apertar capacete colocado na vítima, comprimindo sua cabaça); calda da verdade (mergulhar a cabaça da vítima em um balde com urina e fezes); roda (prender o corpo da vítima em uma roda e aproximar de um braseiro); esfolamento (a vítima era amarrada deitada ao chão e tinha sua pele retirada aos poucos); estripador de seios (uso de aparelhos com garras, que podiam ser aquecidos até o ponto de brasa, para arrancar o seio da mulher); pera da angústia (aparelho com o formato de uma pera era introduzido na vagina, ou no anus ou na boca da vítima, e após sua introdução, era acionado um parafuso em que fazia com que folhas do aparelho se abrissem dentro da vítima); tortura d'água (introduzia-se um funil na boca da vítima, que ficava amarrada de barriga para cima e inseria litros de água); simulação de afogamento (colocava-se pano sobre a face da pessoa e despejava-se água sem parar dificultando a respiração da vítima); privação de sono (perturbação da vítima de diversas formas, como sons, para que ela fique diversos dias sem dormir); exposição ao calor ou ao frio extremos; choques elétricos; execução simulada (aterroriza a vítima, passando a ideia que será executada naquele momento, usando arma sem munição e disparando contra ela); asfixia (não há forma específica, mas normalmente com uso de plástico); introdução de instrumentos pontiagudos debaixo das unhas; pau-de-arara (vítima fica suspensa com as pernas e braços presos em uma barra de ferro e recebendo vários golpes)[13].

4.1.6. Consumação

A análise da tortura revela que o legislador nesta espécie descreveu o comportamento do agente com o escopo de provocar o sofrimento. Assim, a descrição legal traz como consequência da conduta a provocação de sofrimento físico ou mental na vítima.

[13] GRECO, Rogério. *Tortura: comentários à lei n 9.455/97.* 3. ed. Niterói-RJ: Impetus, 2019, p. 16-18.

A descrição do tipo não exige, como se vê, para sua consumação, que se alcance a prova (informação, declaração ou confissão), ou que se realize a ação ou omissão de natureza criminosa, ou a efetiva discriminação, eis que tratando-se de crime formal, sua consumação se perfaz com o sofrimento físico ou mental provocado na vítima.

A consumação do delito nestas espécies se verifica no momento em que ocorre o constrangimento propiciador do sofrimento físico ou mental da vítima.

Explica Rogério Greco que

> tratando-se de um crime formal, o delito se consuma com a prática do constrangimento, levado a efeito mediante o emprego de violência ou grave ameaça, que veio a causar o sofrimento físico ou mental na vítima. Para os efeitos de consumação da tortura prevista na alínea *a* do inc. I do art. 1º da Lei nº 9.455/97, não há necessidade de que o agente tenha obtido, efetivamente, a informação, declaração ou confissão da vítima ou de terceira pessoa.[14].

Oportuno lembrar ainda, que o Superior Tribunal de Justiça já se pronunciou no sentido de que *"a tortura-prova, do inciso I, alínea "a", não traz o tormento como requisito do sofrimento causado à vítima"*.

Assim, de acordo com o Tribunal em destaque, *"basta que a conduta haja sido praticada com o fim de obter informação, declaração ou confissão da vítima ou de terceira pessoa e que haja causado sofrimento físico ou mental, independentemente de sua gravidade ou sua intensidade"* (REsp 1580470/PA, Rel. Ministro Rogerio Schietti Cruz, Sexta Turma, julgado em 21/08/2018, DJe 03/09/2018).

4.1.7. Tentativa

A classificação doutrinária revela que o crime de tortura para produção de prova, tortura para prática de crime e tortura discriminatória, são delitos plurissubsistentes. Isso importa que o caminho para sua prática traz como característica o fracionamento, ou seja, há segmentação de seu *iter criminis*.

Em sendo assim, é possível a tentativa nas espécies delitivas em estudo.

4.1.8. Elemento subjetivo

Não há o crime de tortura em forma culposa. Assim, o elemento subjetivo do tipo é o dolo.

14 Op. cit., p. 43.

A motivação que impulsiona a execução do crime é definidora, inclusive, da distinção das espécies de tortura. Na espécie tortura-prova, o agente traz como motivo para executar o crime a intenção de alcançar da vítima ou de terceira pessoa uma informação, declaração ou confissão.

Por sua vez na tortura para prática de crime a motivação da realização do comportamento do agente ativo consiste em provocar ação ou omissão de natureza criminosa.

Ao final, na tortura discriminatória, a motivação está situada na discriminação racial ou religiosa, ou seja, o agente pratica o crime motivado por intolerância a questões afetas a raça ou orientações confessionais.

Por tais razões, há elemento subjetivo do tipo específico, exigindo-se o dolo, inexistindo crime culposo de tortura.

Ao cuidar do elemento subjetivo, Guilherme de Souza Nucci destaca:

> Elemento subjetivo: exige-se o dolo, não existindo a forma culposa. Há elemento subjetivo do tipo específico: 'obter informação, declaração ou confissão da vítima ou de terceira pessoa'; 'provocar ação ou omissão de natureza criminosa' e 'por motivo de discriminação racial ou religiosa'. Limitou-se, indevidamente, o alcance do tipo de tortura. Aquele que, por exemplo, torturar alguém por sadismo, não poderá ser inserido nesta figura criminosa, o que é incompreensível[15].

4.1.9. Classificação doutrinária

Os crimes de crime de tortura para produção de prova, tortura para prática de crime e tortura discriminatória têm a seguinte classificação doutrinária:

- **a.** *quanto ao sujeito ativo:* é comum, importando que, sua prática se dá por qualquer pessoa.
- **b.** *quanto à quantidade de autores ou sujeitos ativos:* é crime unissubjetivo, pois a lei não exige mais de um sujeito ativo para praticar a tortura.
- **c.** *quanto à conduta:* é crime plurissubsistente, se perfectibiliza em vários atos, podendo sua execução ser fracionada.
- **d.** *quanto ao momento consumativo:* é crime instantâneo, inobstante, há situações em que sua consumação pode se prolongar levando em conta

[15] Op. cit., p. 945.

o meio de execução empregado na tortura, permitindo que haja permanência consumativa. Conforme observa Guilherme de Souza Nucci, é crime "*instantâneo (a consumação é determinada no tempo), porém pode, eventualmente, assumir a forma permanente (a consumação se arrasta enquanto perdurar o constrangimento)*"[16].

e. *quanto à indispensabilidade de lesão ao bem jurídico para consumação:* é crime de dano, uma vez que sua consumação ocorre com o efetivo dano ao bem jurídico tutelado.

f. *quanto à indispensabilidade do resultado naturalístico para sua consumação:* a tortura nestas modalidades, é crime formal ou de consumação antecipada. Importa dizer que independentemente da previsão normativa do resultado no mundo fenomênico, sua consumação não está vinculada a produção deste resultado. Conforme observou Heleno Cláudio Fragoso "*nos crimes formais (ou de simples atividade), o resultado exterior da ação é indiferente, pois dele não depende a configuração ou a consumação do delito*"[17].

g. *quanto à exigência de forma especial para a prática do crime:* o crime de tortura é de forma livre, pois não exige forma específica para sua prática.

h. *quanto à voluntariedade do agente:* a tortura é crime doloso, uma vez que analisando a voluntariedade, as formas de conduta, constata-se que o tipo penal em destaque não existe na forma culposa.

i. *quanto à possibilidade da forma tentada:* tratando-se a tortura de um crime plurissubsistente no que toca a sua conduta, ou seja, podendo sua execução ser fracionada, admite-se a tentativa.

j. *quanto ao modo para prática do crime:* os crimes por este critério classificatório podem ser comissivos ou omissivos (próprios ou impróprios). Nas espécies de tortura em estudo, trata-se de crime comissivo, exigindo ação para sua prática. Importa dizer que o crime de tortura para produção de prova, tortura para prática de crime e tortura discriminatória se comete por meio de ação. Importante registrar que a previsão legal quanto à responsabilização do agente omisso que possui o dever jurídico de agir diante da prática de tortura (§ 2° do artigo 1°) não o faz crime omissivo em sua classificação doutrinária.

16 Op. cit., p. 949.

17 FRAGOSO, Heleno Cláudio. *Lições de direito penal: parte geral*. 16. ed. rev. por Fernando Fragoso. Rio de Janeiro: Forense, 2004, p. 181.

k. *quanto ao potencial ofensivo:* segundo este critério classificatório, os crimes são classificados em crimes de menor potencial ofensivo (Lei nº 9.099/95), crimes de médio potencial ofensivo e crimes de alto potencial ofensivo.

Segundo Alexandre Rocha A. de Moraes,

> a classificação dos crimes de alto potencial ofensivo terá relevância para fins de livramento condicional (arts. 83 e 90 CP), consequências da hediondez (Lei nº 8.072/90) e diferentes tratamentos na LEP (Lei nº 7.210/84), conforme premissas do direito material. Todos os crimes rotulados como hediondos pela lei e assemelhados (tráfico de drogas, tortura e terrorismo), todos os crimes praticados com violência e grave ameaça (roubo, latrocínio, latrocínio, homicídio, extorsão, sequestro, tráfico de pessoas etc.).[18].

Assim, levando em conta classificação doutrinária quanto ao potencial ofensivo, o crime de tortura é crime de alto potencial ofensivo.

CLASSIFICAÇÃO DOUTRINÁRIA DOS CRIMES DE TORTURA-PROVA, TORTURA PARA PRÁTICA DE CRIME E TORTURA DISCRIMINATÓRIA	
Quanto ao sujeito ativo	Crime comum
Quanto à quantidade de autores ou sujeitos ativos	Crime unissubjetivo
Quanto à conduta	Crime plurissubsistente
Quanto ao momento consumativo	Crime instantâneo, mas excepcionalmente permanente quando a consumação se prolonga enquanto durar o sofrimento
Quanto à indispensabilidade de lesão ao bem jurídico para consumação	Crime de dano
Quanto à indispensabilidade do resultado naturalístico para sua consumação	Crime formal
Quanto à exigência de forma especial para a prática do crime	Crime de forma livre
Quanto à voluntariedade do agente	Crime doloso
Quanto à possibilidade da forma tentada	Admite-se a forma tentada
Quanto ao modo para prática do crime	Crime comissivo

[18] MORAES, Alexandre Rocha A. de. *Direito penal: parte geral*. Belo Horizonte: Fórum, 2021, p. 193.

Quanto ao potencial ofensivo	Crime de alto potencial ofensivo

4.2. Tortura como forma de aplicar castigo

Está prevista no artigo 1º, inciso II, com a seguinte descrição do preceito primário:

> submeter alguém, sob sua guarda, poder ou autoridade, com emprego de violência ou grave ameaça, a intenso sofrimento físico ou mental, como forma de aplicar castigo pessoal ou medida de caráter preventivo.

Esta espécie de tortura é conhecida como "*tortura-castigo, tortura-punitiva, tortura-intimidatória, tortura-vindicativa, tortura-pena*"[19].

O preceito secundário conforme a norma é de pena de reclusão de dois a oito anos.

4.2.1. O objeto jurídico

O objeto jurídico ou bem jurídico tutelado por esta espécie de tortura situa-se na dignidade da pessoa sujeita a guarda, poder ou autoridade de alguém. O tipo penal protege a integridade física e mental desta pessoa que se encontra sob os cuidados, sob a proteção, sob o valimento, poder ou autoridade de alguém.

4.2.2. Objeto material

Lembrando dos conceitos propedêuticos já pontuados neste estudo, verifica-se que na espécie do crime de tortura em análise o objeto da ação, tal como nas outras modalidades, é a pessoa, o ser humano, que suporta o constrangimento por meio de violência ou grave ameaça, ofendendo sua dignidade.

4.2.3. Sujeitos do crime

4.2.3.1. Sujeito ativo

O sujeito ativo desta espécie de crime de tortura, diferentemente das modalidades anteriores, exige qualidade, condição específica, do autor do crime de tortura. Assim, a espécie de tortura sob análise é crime próprio, visto que apenas

[19] GRECO, Rogério. Op. cit., p. 52.

pode ser praticado por aquele que possui a guarda, o poder ou a autoridade sobre a pessoa torturada.

Nas palavras de Rogério Greco:

> Ao contrário do que ocorre com as alíneas *a*, *b* e *c* do inc. I do art. 1º da Lei nº 9.455/97, o inciso II do mencionado artigo elenca aqueles que poderão figurar como sujeitos passivos da tortura e, a *contrário sensu*, apontam seus sujeitos ativos, razão pela qual devemos entender que, *in casu*, essa modalidade específica de tortura deve ser considerada como um *crime próprio*, e somente determinadas pessoas poderão praticá-lo[20].

4.2.3.2. Sujeito passivo

A modalidade em estudo, ou seja, na espécie tortura como forma de aplicar castigo, o sujeito passivo será a pessoa que está sob a guarda, poder ou autoridade do sujeito ativo e sofre a violência ou grave ameaça propiciadoras de intenso sofrimento físico ou mental.

Apesar da obviedade manifesta pelos princípios e valores estampados no texto constitucional brasileiro, anotamos que a esposa ou companheira não está sob a guarda, poder ou autoridade do marido. Assim, eventual conduta pelo marido ou companheiro perpetrados nos moldes do tipo penal em análise poderá configurar constrangimento ilegal ou lesão corporal, mas não a tortura como forma de impor castigo.

Não se pode esquecer que o sujeito passivo, a vítima, deve estar sob a guarda, poder ou autoridade do sujeito ativo, nas exatas disposições do tipo penal.

4.2.4. Núcleo do tipo

Ao empregar a ação delituosa com emprego de violência ou grave ameaça, o agente ativo busca submeter, ou seja, sujeitar, a vítima que se encontra sob sua vigilância, proteção, poder ou autoridade, a intenso sofrimento físico ou mental.

A conduta do sujeito ativo é realizada como maneira de impor castigo ou medida de natureza preventiva.

Guilherme de Souza Nucci, analisando o núcleo do tipo, observa:

> Análise do núcleo do tipo: submeter significa dominar, sujeitar, dobrar a resistência. O objeto é a pessoa que está sob guarda (vigilância), poder

[20] Op. cit., p. 50.

> (força típica da autoridade pública) ou autoridade (força advinda da relação de mando, inclusive da esfera cível, como o tutor em relação ao tutelado, o curador no tocante ao curatelado e mesmo os pais em relação aos filhos menores)[21].

Rogério Greco registra que "*o núcleo submeter tem o sentido de subjugar, sujeitar, obrigar. Essa conduta deve ser dirigida a alguém que esteja sob a guarda, poder ou autoridade do agente*"[22].

4.2.5. Meios de execução

Na espécie de tortura em estudo, tal como as anteriores modalidades analisadas, não há forma específica para execução. Assim, o crime pode ser praticado mediante violência, com agressão física, ou por meio de grave ameaça, de forma a submeter, sujeitar, a vítima, que necessariamente deve estar sob a guarda, poder ou autoridade, a intenso sofrimento físico ou mental.

A forma de execução é livre e, portanto, pode ser praticado de inúmeras maneiras, como pancadas com a própria ação corpórea (socos, pontapés, etc), uso de instrumentos com desfecho de golpes, emprego de grave ameaça com armas, dentre outras formas.

Ainda, como meio de execução, levando em conta o tipo penal, nota-se que o mesmo pode ser praticado por meio de conduta ativa ou omissiva, ou melhor, ação ou omissão. Basta considerar que, como maneira de impor intenso sofrimento, o sujeito ativo deixa de alimentar a vítima por longo período.

4.2.6. Consumação

Consuma-se o crime de tortura-castigo no instante em que a vítima é submetida ao intenso sofrimento físico ou mental.

Como anota Guilherme de Souza Nucci,

> esta é nota particular da tortura: a subjugação de alguém para que sofra intensamente, na esfera física ou material. No caso presente, a dor e a aflição têm por base de sustentação a concretização de um castigo.

[21] Op. cit., p. 946.

[22] Op. cit., p. 52.

O autor em tela evidencia ainda que, como crime material, esta modalidade de tortura para sua consumação deve atingir o resultado *"intenso sofrimento físico ou mental"*[23].

Rogério Greco ressalta que:

> Tal como ocorre com a tortura prevista no inc. I da Lei nº 9.455/97, aqui também se exige o emprego de violência *(vis corporalis)* ou grave ameaça *vis compulsiva)*. No entanto, essa submissão praticada com emprego de violência física ou grave ameaça deve trazer à vítima *intenso sofrimento físico ou mental*, como forma de aplicar castigo pessoal ou medida de caráter preventivo[24].

4.2.7. Tentativa

O crime de tortura na modalidade da tortura-castigo é plurissubsistente, portanto, execução fracionada, permitindo, com isso, a forma tentada.

4.2.8. Elemento subjetivo

O dolo é o elemento subjetivo do tipo penal em estudo, não havendo o crime de tortura em forma culposa.

Das disposições normativas extrai-se a necessidade de um elemento específico, o denominado ânimo de promover intenso sofrimento na vítima como castigo ou medida preventiva. É dizer; a ação delituosa é empregada com o especial fim de causar atroz sofrimento, impondo castigo como medida repressiva ou a título preventivo. Esta ação, consoante a norma penal, consiste na sujeição da vítima com emprego de violência ou gave ameaça.

Nota-se que a modalidade de tortura em discussão possui um especial fim de agir na conduta do sujeito ativo consistente na expressa previsão normativa no sentido de que o agente pratica o crime como forma de aplicar castigo ou medida de caráter preventivo.

4.2.9. Classificação doutrinária

O crime de tortura como forma de aplicar castigo tem a seguinte classificação doutrinária:

[23] Op. cit., p. 951.
[24] Op. cit., p. 53.

a. *quanto ao sujeito ativo:* é crime próprio, exigindo qualidade especial daquele que é autor do crime. Como descrito no tipo penal, somente pode praticar esta modalidade de tortura o agente que possui a guarda, poder ou autoridade sob a vítima.

b. *quanto à quantidade de autores ou sujeitos ativos:* é crime unissubjetivo, tal como nas espécies de tortura analisadas anteriormente, pois a norma penal não exige mais de um sujeito ativo para praticar a tortura.

c. *quanto à conduta:* é crime plurissubsistente, pois a execução pode ser fracionada, se perfectibilizando em vários atos.

d. *quanto ao momento consumativo:* é crime instantâneo, inobstante, da mesma forma como nas modalidades anteriores, existem hipóteses em que sua consumação pode se prolongar conforme o meio de execução empregado na tortura, permitindo que haja permanência consumativa. Consoante observa Guilherme de Souza Nucci, é crime "instantâneo (a consumação é determinada no tempo), porém pode, eventualmente, assumir a forma permanente (a consumação se arrasta enquanto perdurar o constrangimento)"[25].

e. *quanto à indispensabilidade de lesão ao bem jurídico para consumação:* é crime de dano, uma vez que sua consumação ocorre com o efetivo dano ao bem jurídico tutelado.

f. *quanto à indispensabilidade do resultado naturalístico para sua consumação:* a tortura-castigo é crime material, porque para sua consumação ocorre com a produção do resultado naturalístico, no caso, o "intenso sofrimento físico ou mental" da vítima.

g. *quanto à exigência de forma especial para a prática do crime:* o crime de tortura-castigo, como se dá nas anteriores modalidades analisadas, é de forma livre, pois não exige forma específica para sua prática.

h. *quanto à voluntariedade do agente:* a tortura-castigo não existe na forma culposa. É, pois, crime doloso, pois analisando a voluntariedade, as formas de conduta, constata-se que o tipo penal em tela não se configura na forma culposa.

i. *quanto à possibilidade da forma tentada:* tratando-se a tortura-castigo de um crime plurissubsistente no que toca a sua conduta, ou seja, podendo sua execução ser fracionada, admite-se a tentativa.

[25] Op. cit., p. 949.

j. *quanto ao modo para prática do crime:* por este critério classificatório tortura-castigo é crime comissivo, exigindo ação para sua prática. Lembre-se que, o fato de o legislador prever a responsabilização do agente omisso que possui o dever jurídico de agir diante da prática de tortura, não o torna crime omissivo em sua classificação doutrinária.

k. *quanto ao potencial ofensivo:* segundo este critério classificatório, o crime de tortura-castigo, da mesma maneira que os estudados anteriormente, é crime de alto potencial ofensivo, pois assemelhado aos crimes hediondos.

CLASSIFICAÇÃO DOUTRINÁRIA DO CRIME DE TORTURA-CASTIGO	
Quanto ao sujeito ativo	Crime próprio
Quanto à quantidade de autores ou sujeitos ativos	Crime unissubjetivo
Quanto à conduta	Crime plurissubsistente
Quanto ao momento consumativo	Crime instantâneo, mas excepcionalmente permanente quando a consumação se prolonga enquanto durar o sofrimento
Quanto à indispensabilidade de lesão ao bem jurídico para consumação	Crime de dano
Quanto à indispensabilidade do resultado naturalístico para sua consumação	Crime material
Quanto à exigência de forma especial para a prática do crime	Crime de forma livre
Quanto à voluntariedade do agente	Crime doloso
Quanto à possibilidade da forma tentada	Admite-se a forma tentada
Quanto ao modo para prática do crime	Crime comissivo
Quanto ao potencial ofensivo	Crime de alto potencial ofensivo

4.3. Tortura em desfavor de pessoa presa ou sujeita a medida de segurança

Esta modalidade de tortura está prevista no § 1º do artigo 1º da Lei de Tortura. De acordo com o tipo penal positivado, o sujeito ativo suportará a mesma pena prevista para outras espécies de tortura quando sujeitar pessoa presa ou submetida a medida de segurança a sofrimento físico ou mental, por meio da realização de ato não previsto em lei ou não resultante de medida legal.

Como se nota, o autor do crime subjuga a pessoa que se encontra presa ou submetida a medida de segurança, a sofrimento físico ou mental, realizando ato que a lei não prevê ou mediante a prática de ato não decorrente de medida legal.

O preceito sancionador do tipo penal em análise está previsto no próprio § 1º do artigo 1º da Lei que inaugura a descrição legal, proclamando que os autores da conduta criminal suportarão a mesma pena prevista para as outras modalidades de tortura, ou seja, a pena de reclusão de dois a oito anos.

Vale ressaltar o fundamento constitucional sobre a espécie de tortura em análise. O inciso XLIX do artigo 5º da Constituição da República Federativa do Brasil de 1988, proclama: "é assegurado aos presos o respeito à integridade física e moral".

Registre-se, assim, que medidas não previstas ou contrárias as disposições normativas relacionadas à execução penal propiciadoras de sofrimento físico ou mental, podem caracterizar a figura criminal em análise.

4.3.2. O objeto jurídico

Esta espécie de tortura, ou seja, de tortura do preso ou de pessoa sujeita a medida de segurança, tem como bem jurídico tutelado a integridade física ou mental da vítima, como também a sua liberdade, pois o tipo penal refere-se à situação relacionada a pessoas encarceradas ou sujeitas a medida de proteção.

4.3.3. Objeto material

Na modalidade delitiva em estudo, verifica-se que o objeto da ação é a pessoa presa ou sujeita a medida de segurança.

Destaque-se que, independentemente da natureza da prisão, bem como nas duas formas de medida de segurança (detentiva ou restritiva) pode ocorrer o crime de tortura em estudo.

Nessa linha de raciocínio, Rogério Greco explica que:

> Aqui, a tortura deve ser praticada diretamente contra a pessoa daquele que se encontra oficialmente preso, independentemente da natureza da prisão, isto é, pode ser uma prisão de natureza cautelar, a exemplo da prisão preventiva, ou mesmo decorrente de uma sentença penal condenatória. Assim, v. g., o preso poderá ser torturado no interior de alguma delegacia de polícia, ou mesmo dentro do sistema prisional. Da mesma forma, aquele

> que está submetido a uma medida de segurança, e que se encontra internado em algum estabelecimento psiquiátrico também pode ser vítima do crime de tortura[26].

O Código Penal prevê as medidas de segurança, descrevendo:

> Art. 96. As medidas de segurança são:
>
> I - Internação em hospital de custódia e tratamento psiquiátrico ou, à falta, em outro estabelecimento adequado;
>
> II - sujeição a tratamento ambulatorial.
>
> Parágrafo único - Extinta a punibilidade, não se impõe medida de segurança nem subsiste a que tenha sido imposta.

Rogério Greco observa que "a primeira delas é reconhecida como uma medida de segurança de natureza *detentiva*, sendo a segunda considerada *restritiva*".

Explicita o autor que nas duas espécies de medida de segurança pode ocorrer o delito de tortura, "haja vista que a lei somente fez menção ao sujeito passivo, dizendo ser aquele sujeito à medida de segurança"[27].

4.3.3. Sujeitos do crime

4.3.3.1. Sujeito ativo

A espécie de tortura em estudo é crime próprio, exigindo qualidade especial do agente, pois somente pode ser autor do crime quem for detentor da guarda da pessoa presa ou submetida a medida de segurança.

É importante registrar que não apenas o servidor público pode ser sujeito ativo. A tortura em tela traz como fator necessário para sua perfectibilização a relação de possuidor da guarda do preso ou da pessoa sujeita a medida de segurança, o que não necessariamente exige a presença de funcionário público.

4.3.3.2. Sujeito passivo

A leitura do dispositivo legal indica que o sujeito passivo do crime nesta modalidade de tortura será a pessoa que está presa ou sujeita a medida de segurança.

[26] Op. cit., p. 58-59.

[27] Op. cit., p. 59.

4.3.4. Núcleo do tipo

O tipo penal prevê em seu núcleo a conduta materializada no verbo submeter. Descreve a lei que suportará a sanção penal quem submete pessoa presa ou sujeita a medida de segurança a sofrimento físico ou mental.

Estabelece, pois, o tipo penal em seu núcleo que o agente pratica o crime de tortura quando subjuga, domina, sujeita, submete a pessoa presa, por meio de ato não previsto em lei ou não resultante de medida legal, a sofrimento físico ou mental.

A esse respeito pontua Guilherme de Souza Nucci:

> Análise do núcleo do tipo: embora previsto no § 1°, cuida-se de outro tipo básico, logo, dependente do *caput* apenas no que se refere à pena. Submeter significa dominar, sujeitar, dobrar a resistência. O objeto desta conduta é a pessoa presa ou que esteja sujeita a medida de segurança (normalmente, por uma questão de coerência, internada em hospital de custódia e tratamento). Lembramos que, constitucionalmente, todo preso tem direito de ter respeitada a sua integridade física e moral (art. 5°, XLIX, CF)[28].

Necessário destacar, ainda, que o tipo penal proclama que o crime se configura quando o agente submete o preso ou a pessoa sujeita a medida de segurança a sofrimento físico ou mental, valendo-se, para tanto, da prática de ato não previsto em lei ou não resultante de medida legal.

Explica Rogério Greco que:

> *Por ato não previsto em lei ou não resultante de medida legal* devemos interpretar todos aqueles que não se encontram elencados em um determinado diploma legal pois que, como sabemos, existem situações disciplinadas em lei que não deixam de causar esse sofrimento físico ou mental, mas que não podem se configurar no crime de tortura. Assim, por exemplo, o simples fato de o preso encontrar-se cumprindo sua pena estritamente de acordo com as regras do regime disciplinar diferenciado, com toda certeza, isso lhe trará um sofrimento, se não for físico, pelo menos será mental. No entanto, aquele que submete legalmente o preso a essa condição não pratica o delito de tortura. O que a lei proíbe e, consequentemente, comina uma pena para esse comportamento, é a conduta ilegal, arbitrária, praticada com essa finalidade de causar sofrimento. Assim, por exemplo, evitar a circulação de ar nas celas, fazer com que o preso se submeta a barulhos insuportáveis

[28] Op. cit., p. 952.

e desnecessários, com o fim de atrapalhar-se o sono, ou cortar a energia elétrica, fazendo com que permaneça constantemente no escuro, são comportamentos ilegais, que trarão sofrimento físico ou mental ao preso[29].

4.3.5. Meios de execução

Inexiste maneira própria ou específica para prática do crime de tortura nesta modalidade. A violência em todas as suas formas, física ou mental, pode ser utilizada como meio de execução.

Importante lembrar que a norma penal prevê que para configuração do crime, esses atos realizados pelo agente devem ser atos não previsto em lei ou não resultante de medida legal.

4.3.6. Consumação

A consumação da tortura de pessoa presa ou sujeita a medida de segurança ocorre com o sofrimento da pessoa subjugada, pois tratando-se de crime material exige-se para consumação o resultado naturalístico consistente no *sofrimento físico ou mental.*

4.3.7. Tentativa

O crime de tortura em estudo é plurissubsistente, de execução fracionada, o que permite a forma tentada.

4.3.8. Elemento subjetivo

O elemento subjetivo é o dolo. Não há o crime de tortura em forma culposa. Anote-se, por outro lado, que nesta modalidade de tortura não se exige especial fim de agir. Destarte, basta para sua configuração que o agente possua dolo de praticar a conduta conforme descrita no tipo penal.

Neste sentido:

> PENAL. RECURSO ESPECIAL. CRIME DE TORTURA. ART. 1º, § 1º DA LEI Nº 9.455/97. REVALORAÇÃO DO CONJUNTO PROBATÓRIO. POSSIBILIDADE. TIPO QUE NÃO EXIGE ESPECIAL FIM DE AGIR. SOFRIMENTO FÍSICO INTENSO IMPOSTO À VÍTIMA (PRESO). RESTABELECIMENTO DA CONDENAÇÃO. I - A revaloração da prova ou de dados explicitamente

[29] Op. cit., p. 59-60.

admitidos e delineados no decisório recorrido, quando suficientes para a solução da *quaestio*, não implica o vedado reexame do material de conhecimento (Precedentes). II - Consta no v. acórdão vergastado que a vítima foi agredida por policial civil enquanto se encontrava presa. Dessas agressões resultaram lesões graves conforme atestado por laudo pericial. A vítima, dessa forma, foi submetida a intenso sofrimento físico. Em tal contexto, não há como afastar-se a figura típica referente à tortura prevista no art.1º, § 1º da Lei nº 9.455/97. III - Referida modalidade de tortura, ao contrário das demais, não exige, para seu aperfeiçoamento, especial fim de agir por parte do agente, bastando, portanto, para a configuração do crime, o dolo de praticar a conduta descrita no tipo objetivo. IV - O Estado Democrático de Direito repudia o tratamento cruel dispensado pelos seus agentes a qualquer pessoa, inclusive aos presos. Impende assinalar, neste ponto, o que estabelece a *Lex Fundamentalis*, no art.. 5º, inciso XLIX, segundo o qual os presos conservam, mesmo em tal condição, o direito à intangibilidade de sua integridade física e moral. Desse modo, é inaceitável a imposição de castigos corporais aos detentos, em qualquer circunstância, sob pena de censurável violação aos direitos fundamentais da pessoa humana. Recurso especial provido. (REsp 856.706/AC, Rel. Ministra LAURITA VAZ, Rel. p/ Acórdão Ministro FELIX FISCHER, QUINTA TURMA, julgado em 06/05/2010, DJe 28/06/2010)

4.3.9. Classificação doutrinária

O crime de tortura do preso ou de pessoa sujeita a medida de segurança está classificado doutrinariamente da seguinte forma:

a. *quanto ao sujeito ativo:* é crime próprio, exige, pois, qualidade especial daquele que é autor do crime. De acordo com a norma penal, somente pode praticar esta modalidade de tortura o agente que possui a guarda da vítima presa ou sujeita a medida de segurança.

b. *quanto à quantidade de autores ou sujeitos ativos:* é crime unissubjetivo, da mesma forma como as modalidades de tortura já analisadas, pois o tipo penal não exige mais de um agente para a execução da tortura.

c. *quanto à conduta:* é crime plurissubsistente, uma vez que a execução pode ser fracionada, se perfectibilizando em vários atos.

d. *quanto ao momento consumativo:* é crime instantâneo, não obstante, de igual forma em relação as modalidades anteriores, existem hipóteses em que sua consumação pode se prolongar conforme o meio de execução empregado na tortura, permitindo que haja permanência consumativa. Consoante ressalta Guilherme de Souza Nucci, é crime "instantâneo (a consumação é determinada no tempo), porém pode, eventualmente, assumir a forma permanente (a consumação se arrasta enquanto perdurar o constrangimento)"[30].

e. *quanto à indispensabilidade de lesão ao bem jurídico para consumação:* é crime de dano, pois sua consumação se verifica com o efetivo dano ao bem jurídico protegido.

f. *quanto à indispensabilidade do resultado naturalístico para sua consumação:* a tortura em estudo é crime material. Assim, sua consumação ocorre com a produção do resultado naturalístico consistente no *sofrimento físico ou mental* da vítima.

g. *quanto à exigência de forma especial para a prática do crime:* o crime de tortura de pessoa presa ou sujeita a medida de segurança, da mesma forma que nas modalidades anteriores modalidades analisadas, é de forma livre, pois não exige forma específica para sua prática.

h. *quanto à voluntariedade do agente:* a tortura em análise é crime doloso, pois não ocorre na forma culposa.

i. *quanto à possibilidade da forma tentada:* admite-se a tentativa, uma vez tratar-se de crime plurissubsistente, ou seja, de execução ser fracionada.

j. *quanto ao modo para prática do crime:* o delito de tortura de pessoa presa ou sujeita a medida de segurança é crime comissivo. Aqui vale a mesma advertência a respeito da previsão da responsabilidade pela omissão, qual seja: o fato de o legislador prever a responsabilização do agente omisso que possui o dever jurídico de agir diante da prática de tortura, não o torna crime omissivo em sua classificação doutrinária.

k. *quanto ao potencial ofensivo:* segundo este critério classificatório, o crime de tortura de pessoa presa ou sujeita a medida de segurança, da mesma maneira que os estudados anteriormente, é crime de alto potencial ofensivo, pois assemelhado aos crimes hediondos.

[30] Op. cit., p. 949.

CLASSIFICAÇÃO DOUTRINÁRIA DO CRIME DE TORTURA DE PESSOA PRESA OU SUJEITA A MEDIDA DE SEGURANÇA	
Quanto ao sujeito ativo	Crime próprio
Quanto à quantidade de autores ou sujeitos ativos	Crime unissubjetivo
Quanto à conduta	Crime plurissubsistente
Quanto ao momento consumativo	Crime instantâneo, mas excepcionalmente permanente quando a consumação se prolonga enquanto durar o sofrimento
Quanto à indispensabilidade de lesão ao bem jurídico para consumação	Crime de dano
Quanto à indispensabilidade do resultado naturalístico para sua consumação	Crime material
Quanto à exigência de forma especial para a prática do crime	Crime de forma livre
Quanto à voluntariedade do agente	Crime doloso
Quanto à possibilidade da forma tentada	Admite-se a forma tentada
Quanto ao modo para prática do crime	Crime comissivo
Quanto ao potencial ofensivo	Crime de alto potencial ofensivo

5. Tortura imprópria ou por omissão

A disciplina da omissão na teoria geral do direito penal encontra-se disciplinada como crime com tipo penal específico ou como responsabilização decorrente do dever jurídico de agir. O não fazer, portanto, ocupa papel significativo no sistema jurídico penal brasileiro.

O Código Penal proclama em sua parte geral que:

> Art. 13 - O resultado, de que depende a existência do crime, somente é imputável a quem lhe deu causa. Considera-se causa a ação ou omissão sem a qual o resultado não teria ocorrido.
>
> Superveniência de causa independente
>
> § 1º- A superveniência de causa relativamente independente exclui a imputação quando, por si só, produziu o resultado; os fatos anteriores, entretanto, imputam-se a quem os praticou.

> Relevância da omissão
>
> § 2º- A omissão é penalmente relevante quando o omitente devia e podia agir para evitar o resultado. O dever de agir incumbe a quem:
>
> a) tenha por lei obrigação de cuidado, proteção ou vigilância;
>
> b) de outra forma, assumiu a responsabilidade de impedir o resultado;
>
> **c) com seu comportamento anterior, criou o risco da ocorrência do resultado.**

Francisco Muñoz Conde explica que

> a omissão social e juridicamente relevante está sempre referida a uma ação determinada, cuja não-realização constitui sua essência. Não existe uma omissão em si, mas sempre e em qualquer caso a omissão uma ação determinada. Disso se depreende que o sujeito, autor da omissão, deve estar em condições de se realizar a ação; se não existir tal possibilidade de ação, por qualquer razão que seja, não se pode falar da omissão: o paralítico não pode omitir-se da salvação de uma pessoa que se está afogando o rio. Omissão não é um simples não-fazer, mas o não-fazer uma ação a qual o sujeito está em condições de poder fazê-la. Todas as qualidades que constituem a ação em sentido ativo (finalidade e causalidade), devem estar a disposição do sujeito para se poder falar de omissão. Importa com isso que as causas que provocam a exclusão da ação também excluirão a omissão[31]. Ação e omissão não são, portanto, duas formas ontologicamente distintas (A e B) do comportamento humano, senão duas subclasses independentes (A e Não-A) desse comportamento, suscetíveis de serem regidas pela vontade final"[32].

Em lições propedêuticas, Aníbal Bruno explicita que:

> A omissão admite um conceito que sustente a sua posição dentro da fórmula geral da ação em sentido amplo, gênero do qual é uma espécie. Como a ação em sentido estrito, ela é um comportamento voluntário, manifestação exterior da vontade do omitente, que, embora não se realize com a materialidade de um movimento corpóreo, não deixa de ser uma realidade,

[31] CONDE, Francisco Muñoz. *Teoria geral do delito*. Trad. e notas de Juarez Tavares e Luiz Régis Prado. Porto Alegre: Fabris, 1988, p. 29-30.

[32] Ob. cit., p. 30.

> que percebemos com a evidência de um acontecer objetivamente realizado. Este é o elemento naturalista da omissão. Mas esse comportamento, que consiste em um não fazer, não revela espontaneamente o seu conteúdo. Este é o não cumprimento da ação devida, isto é, da ação que teremos de caracterizar, não como uma ação qualquer, mas como a ação determinada que, nas circunstâncias, era de esperar do agente. Assim, o elemento naturalista de voluntário comportamento negativo do agente se completa pelo elemento normativo da ação que era de esperar, da ação derivada, o que importa, não no juízo de alguém, mas no contraste real e efetivo entre esse comportamento e uma norma; normativo em sentido muito geral, como vimos, não estritamente jurídico. Esse elemento normativo, entretanto, torna o caráter de ação juridicamente exigível na omissão relvante para o Direito. Mas não se trata de fazer da omissão o produto de um juízo, mas de completar o elemento naturalista do comportamento do agente com o contraste, a que já nos referimos, entre esse comportamento e o dever jurídico de agir. A realidade desse dever jurídico de agir que o omitente ilude, e não o juízo de uma ação esperada, é que serve de núcleo à doutrina da omissão, oferecendo solução para os seus problemas. Mas com isso já unimos ao conceito da ação o da antijuridicidade, no caminho para o conceito total do fato punível[33].

A Lei de Tortura prevê a responsabilização penal pela omissão no § 2° do artigo 1° estabelecendo que "aquele que se omite em face dessas condutas, quando tinha o dever de evitá-las ou apurá-las, incorre na pena de detenção de um a quatro anos".

A norma prevê, com isso, um dever de agir para evitar ou apurar a prática de qualquer das modalidades de tortura positivadas nos incisos I, alíneas "a", "b" e "c", bem como as previstas no inciso II, e § 1°, do artigo 1°, todos da Lei de Tortura.

Pela descrição legal, o legislador criou hipótese em que, diante da omissão daquele que possui o dever de impedir a prática do ato de tortura ou daquele que tem a obrigação legal de apurar o delito, responda criminalmente pelo não-fazer.

Observa Rogério Greco que:

> Tanto na Lei de Tortura, quanto no Código Penal, estamos diante dos chamados *crimes omissivos impróprios*, também conhecidos como *crimes comissivos por omissão* ou *omissivos qualificados*, ou seja, aqueles em que, para que

[33] BRUNO, Aníbal. *Direito penal: parte geral*. Rio de Janeiro: Forense, 1967, p. 311-312.

> possam ser configurados, é preciso que o agente possua um *dever de agir* para evitar o resultado. Esse dever de agir não é atribuído a qualquer pessoa, como acontece em alguns crimes omissivos próprios, a exemplo do art. 135 do Código Penal, mas tão somente àqueles que gozem do *status* de garantidoras da não ocorrência do resultado[34].

A omissão, como se nota, quando relacionada ao garante, é qualificada pelo dever do sujeito ativo na figura de garantidor da vítima. Evidentemente, que a impossibilidade física, conforme já pontuado no início deste tópico, afasta a incidência de responsabilidade penal em relação ao agente que possui o dever de agir.

O delito aqui exige qualidade especial do sujeito ativo, sendo, portanto, crime próprio, uma vez que somente pode figurar como autor da conduta positivada, a pessoa que possui o dever de agir para evitar ou apurar o crime de tortura.

Quando a norma penal em estudo fala em dever de evitar, está se referendo a pessoa que possui vínculo legal em relação à vítima de tortura, ou seja, trata-se do garante, agente garantidor, tal como se nota com os genitores que possuem o dever legal de cuidado em favor dos filhos. Assim, têm o dever de evitar a tortura de seus filhos.

A análise da lei, por outro lado, quando prevê o dever de apurar, indica que a norma penal é dirigida para aqueles que têm a obrigação de investigar a prática de qualquer espécie de tortura. Importa com isso, que o dispositivo legal se dirige ao funcionário público, pois detentor da atribuição de apurar a prática de crimes, no caso, de tortura.

Oportuno lembrar que nas hipóteses de concurso aparente de normas, o princípio da especialidade é um dos princípios a ser aplicado para adequada aplicação da lei ao caso concreto.

O princípio da especialidade traz em seu conteúdo a fórmula "*lex specialis derrogat legi generali*". Nas palavras de Francisco de Assis Toledo:

> Se entre duas ou mais normas legais existe uma relação de *especialidade*, isto é, de gênero para espécie, a regra é a de que a norma especial afasta a incidência da norma geral. Considera-se especial (*lex specialis*) a norma que contém todos os elementos da geral (*lex generalis*) e mais o elemento especializador. Há, pois, em a norma especial um *plus*, isto é, um detalhe a mais que sutilmente a distingue da norma geral[35].

[34] Op. cit., p. 62.

[35] TOLEDO, Francisco de Assis. *Princípios básicos de direito penal*. 4. ed. São Paulo: Saraiva, 1991, p. 51.

Destarte, em respeito ao princípio da especialidade, o agente que se omite de apurar o crime de tortura, responderá nos termos do que dispõe a lei de tortura (§ 2°, do artigo 1°) e não pelos tipos penais previstos no Código Penal nos artigos 319, 319-A e 320, respectivamente, prevaricação e condescendência criminosa.

No que pertine ao sujeito passivo, poderá ser qualquer pessoa.

A consumação do crime se dá com a omissão do sujeito ativo, ou seja, com o não-fazer do agente que possui o dever de agir.

O § 2°, do artigo 1° da Lei de Tortura (tortura por omissão ou tortura imprópria) prevê hipótese de crime doloso, pois não há na forma culposa. Porém não exige especial fim de agir, bastando o dolo. Além disso, é crime próprio, pois traz como indispensável a qualidade especial do sujeito ativo, conforme já se pontuou.

A previsão do crime na forma omissiva, quanto à quantidade de autores ou sujeitos ativos, é unissubjetivo, vez que não exige mais de um agente para sua prática.

Como regra, não admite tentativa, pois é unissubsistente. Contudo, aprofundando a análise, percebe-se que a norma penal prevê duas maneiras de ocorrência do delito na forma omissiva, o que influência na possibilidade ou não da tentativa. Isso porque, quanto à hipótese relacionada a omissão de evitar que a tortura ocorra, a consumação se verifica com a inação diante da conduta classificada como crime de tortura, portanto, há o resultado naturalístico, admitindo-se a tentativa.

Por seu turno, na hipótese relacionada a omissão quanto ao dever de apurar o crime de tortura, ou seja, o delito nesta situação já ocorreu, a tentativa não é possível, posto que a não tomada de providência, não apuração, já importa em consumação, vez que se trata de crime de mera conduta.

Rogério Greco anota que:

> Ao contrário do que ocorre com a situação anterior, em que o agente tinha o dever de agir para evitar a tortura, sendo, portanto, considerado como garantidor de não ocorrência desse resultado criminoso, no que diz respeito à apuração da tortura, tratar-se de um crime omissivo próprio, punido com uma pena de detenção de um a quatro anos. Em ambas as hipóteses, a conduta é dolosa, não havendo previsão, portanto, para a modalidade de natureza culposa[36].

[36] Op. cit., p. 65-66.

Há uma crítica a ser pontuada quanto à sanção a ser aplicada ao autor do crime nestas hipóteses omissivas, pois o legislador estabeleceu como pena de detenção de um a quatro anos, ou seja, em patamar inferior e em regime mais brando.

A norma penal em estudo consagra verdadeiro equívoco, pois premia com pena menos grave a pessoa que tem o dever de evitar a tortura.

O equívoco apontado se nota de plano ao confrontar a disposição normativa em questão com o inciso XLIII do artigo 5º da Constituição da República Federativa do Brasil de 1988. Referida norma constitucional prevê que *"a lei considerará crimes inafiançáveis e insuscetíveis de graça ou anistia a prática da tortura, o tráfico ilícito de entorpecentes e drogas afins, o terrorismo e os definidos como crimes hediondos, por eles respondendo os mandantes, os executores e os que, podendo evitá-los, se omitirem".*

É possível, pois, notar que a Constituição não faz a distinção que o legislador infraconstitucional fez em relação a figura do sujeito que tinha o dever de evitar a tortura, tratando de forma mais branda a sanção penal. Para o texto constitucional quer os mandantes, os executores e os que podendo evitar o crime de tortura, se omitem, respondem e suportam em similitude a sanção penal.

Com este equívoco infraconstitucional, tratando-se das hipóteses omissivas, o legislador não equiparou a crime hediondo e ainda admite institutos despenalizantes como a suspensão condicional do processo, atendidos os requisitos para referida suspensão.

CLASSIFICAÇÂO DOUTRINÁRIA DO CRIME NA FORMA OMISSIVA	
Quanto ao sujeito ativo	Crime próprio
Quanto à quantidade de autores ou sujeitos ativos	Crime unissubjetivo
Quanto ao momento consumativo	Omissão quanto ao dever de evitar a tortura - com o resultado Omissão quanto ao dever de apurar - com a inação, pois é crime de mera conduta

Quanto à indispensabilidade do resultado naturalístico para sua consumação	Omissão quanto ao dever de evitar a tortura - crime material Omissão quanto ao dever de apurar - crime de mera conduta
Quanto à exigência de forma especial para a prática do crime	Crime de forma livre
Quanto à voluntariedade do agente	Crime doloso
Quanto à possibilidade da forma tentada	Omissão quanto ao dever de evitar a tortura - admite a tentativa Omissão quanto ao dever de apurar - não admite a tentativa
Quanto ao modo para prática do crime	Omissão quanto ao dever de evitar a tortura - omissivo impróprio Omissão quanto ao dever de apurar - omissivo próprio
Quanto ao potencial ofensivo	A lei não equiparou a hediondo

6. Modalidades qualificadas

O § 3º do art. 1º da Lei 9.455/97 traz as modalidades qualificadas do crime de tortura e assevera que "se resulta lesão corporal de natureza grave ou gravíssima, a pena é de reclusão de quatro a dez anos; se resulta morte, a reclusão é de oito a dezesseis anos". Verifica-se que esta modalidade traz uma resposta penal mais elevada.

As lesões graves ou gravíssimas são aquelas são aquelas previstas no art. 129, §§ 1º e 2º do Código Penal, sendo que as lesões sofridas em razão da tortura ficam por estas absorvidas, aplicando-se o princípio da consunção.

Em relação a forma qualificada que resulta a morte da vítima, deve ser feita a distinção entre a tortura com resultado morte e o homicídio qualificado pela tortura.

Prevalece o posicionamento doutrinário de que o resultado é sempre preterdoloso, a exemplo de Ricardo Antonio Andreucci, que enuncia que "o agente, querendo a tortura, ocasiona na vítima lesões corporais graves ou gravíssimas, ou ainda, a morte"[37].

Porém Guilherme de Souza Nucci, tem posição em sentido contrário asseverando que:

> Do fato-base (tortura) pode advir um resultado qualificador (lesão grave ou morte), que torna o delito particularmente merecedor de sanção mais elevada. Em nosso entendimento, o crime qualificado pelo resultado pode dar-se com dolo na conduta antecedente (tortura) e dolo ou culpa no consequente (lesão ou morte). O tipo penal, se desejasse construir uma figura preterdolosa, ou seja, com dolo na primeira etapa (tortura) e somente culpa na segunda (lesão ou morte) deveria ter sido explícito, como aliás, foi feito no art. 129, § 3º, do Código Penal[38].

Entretanto, a posição mais abalizada é no sentido de que estamos diante de uma hipótese de preterdolo, pois o querer do agente está voltado a torturar com a finalidade de ofender o bem jurídico tutelado pela Lei de Tortura, que é diverso do valor protegido no delito de homicídio.

Não se pode confundir o tipo penal em análise com o homicídio qualificado por tortura, pois neste crime o agente quer a morte da vítima, ou assume o risco de produzi-la, ou seja, age com *animus necandi*, empregando a tortura como meio para atingir o seu desiderato.

No caso da forma qualificada em estudo, prevista na Lei de Tortura, o sofrimento que o agente impõe à vítima tem por escopo uma das ações nucleares trazidas na lei (obter informação, declaração ou confissão de alguém; provocar ação ou omissão criminosa, por discriminação racial ou religiosa; para impor castigo ou medida protetiva). Ocorre que, por excessos na execução do crime, o sujeito ativo acaba produzindo culposamente a morte da vítima.

7. Causas especiais de aumento de pena

Dispõe o § 4º do art. 1º da Lei de Tortura: "aumenta-se a pena de um sexto até um terço".

37 ANDREUCCI, Ricardo Antonio. *Legislação penal especial*. 7. ed. atual. e amp. São Paulo: Saraiva, 2010, p. 613.

38 Op. cit., p. 954.

O art. 68, *caput*, do Código Penal estabelece o critério trifásico para a aplicação da pena, sendo que as causas de aumento de pena ou majorantes, serão aplicadas na terceira fase de aplicação da reprimenda.

I. Se o crime é cometido por agente público

A pena será majorada se o crime foi perpetrado por agente público, pois conforme salienta Gustavo Octaviano Diniz Junqueira nesta hipótese, "além de ferir a integridade física e a dignidade humana, também é lesada a regularidade do funcionamento da administração"[39].

É fundamental que o sujeito ativo do crime tenha agido na qualidade de agente público, não havendo que se cogitar na incidência da majorante quando este tenha praticado o delito em circunstâncias alheias a sua função, ou seja, na sua vida privada.

Em algumas situações, a qualidade de funcionário público é ínsita ao tipo penal, como nos casos dos §§ 1° e 2° da Lei 9.455/97, quando o agente tinha o dever de apurar a tortura, sendo que nesta hipótese não incide a causa de aumento, sob pena de *bis in idem*.

II. Se o crime é cometido contra criança, gestante, portador de deficiência, adolescente ou maior de 60 (sessenta) anos; (Redação dada pela Lei n. 10.741, de 2003)

O legislador traz referida majorante, em razão "da especial fragilidade das categorias enumeradas, a reprovabilidade do ato se torna maior"[40].

Será considerada criança aquele que tem até doze anos de idade e adolescente aquele que seja maior de doze anos e ainda não tenha atingido dezoito anos, conforme disposto no art. 2° da Lei n. 8.069, de 13 de junho de 1990 (Estatuto da Criança e do Adolescente).

Gestante, segundo leciona Rogério Greco, "é a mulher que se encontra grávida, cujo período de gravidez, para efeitos penais, vai desde a *nidação*, ou seja, a implantação do óvulo já fecundado no útero materno, que ocorre 14 (quatorze) dias após a fecundação, até o início do parto"[41].

[39] JUNQUEIRA, Gustavo Octaviano Diniz. *Legislação penal especial, volume 2*. 3. Ed. São Paulo: Saraiva, 2010, p. 608.

[40] JUNQUEIRA, Gustavo Octaviano Diniz. Op. cit., 608

[41] GRECO, Rogério. *Tortura: Comentários à Lei n. 9.504/1997*. 3. Ed. Niterói: Impetus, 2019, p. 74.

Pessoa portadora de deficiência será definida de acordo com o art. 2° da Lei 13.146, de 6 de julho de 2015, *que tem impedimento de longo prazo de natureza física, mental, intelectual ou sensorial, o qual, em interação com uma ou mais barreiras, pode obstruir sua participação plena e efetiva na sociedade em igualdade de condições com as demais pessoas.*

Por sua vez, pessoa maior de 60 (sessenta) anos é o idoso, conforme preleciona o art. 1° da Lei 10.741, de 1° de outubro de 2003 (Estatuto do Idoso).

Importante destacar que, para a incidência de referida majorante é necessário que o sujeito ativo tenha conhecimento da condição especial da vítima, não se aplicando a agravante do art. 61, *h*, do Código Penal, sob pena de *bis in idem.*

III. se o crime é cometido mediante sequestro.

Para a incidência de referida majorante é necessário que o sequestro seja meio para a prática da tortura, sendo necessário que o sujeito ativo prive a vítima de liberdade submetendo-a a sofrimento físico ou mental, como forma de execução da tortura.

Se o contrário se der, como salienta Guilherme de Souza Nucci,

> vale dizer, caso haja a privação da liberdade como meta (sequestro ou cárcere privado- art. 148, CP, ou extorsão mediante sequestro- art. 159, CP), temos outros delitos mais graves a apurar. Se fosse aplicada a pena de tortura com a causa de aumento deste inciso em concurso material com o crime de sequestro, por exemplo, haveria nítido *bis in idem*[42].

Nesse sentido, a causa de aumento de pena será aplicada somente quando constatada a privação da liberdade de ir e vir da vítima de forma prolongada como meio para a tortura.

Gustavo Octaviano Diniz Junqueira faz uma crítica a lei ao constatar que o legislador abrandou a resposta penal do agente que sequestra e vem a torturar o sequestrado asseverando que:

> O legislador acabou por abrandar a sanção daquele que sequestra e vem a torturar dolosamente o sequestrado. É que a simples ação de sequestrar (art. 148 do CP) acaba por ser absorvida, servindo como simples causa de aumento, sendo que, se não houvesse tal previsão, é bastante provável que viesse a prevalecer o concurso de crimes, mais grave no caso (mesmo o

[42] Op. cit. p. 956.

> formal permite o aumento de um sexto a metade). Com a previsão, apenas será possível cogitar de concurso de crimes quando a privação de liberdade perder conexão como meio para a tortura, como no exemplo do agente que, após privar a liberdade da vítima e torturá-la, acaba seus procedimentos de tortura e ainda assim não restitui sua liberdade[43].

Nesse sentido fica claro o descompasso da legislação ao impossibilitar o concurso de crimes do agente que no contexto do sequestro vem a torturar a vítima.

8. Efeitos da condenação

Dispõe o § 5° do art. 1° da Lei de Tortura que "a condenação acarretará a perda do cargo, função ou emprego público e a interdição para seu exercício pelo dobro do prazo da pena aplicada".

A primeira discussão derivada do dispositivo em análise é se a perda do cargo, função ou emprego público é automática ou deve ser declarada expressamente na sentença.

Há posição doutrinária, firmada por Gustavo Octaviano Diniz Junqueira no sentido de que, sempre em homenagem ao princípio da fundamentação das decisões judiciais e da proporcionalidade, que só poderá ser alcançada/verificada com o exame específico do caso concreto[44].

Porém, em sentido contrário, há posição firmada por Guilherme de Souza Nucci, com a qual concordamos, no sentido de que,

> a perda é automática, pois fundada diretamente em lei, logo, não precisa figurar expressamente na sentença condenatória. Basta a administração, após o trânsito em julgado da decisão condenatória, executar o ato de exclusão do servidor[45].

Sendo assim, ainda que a sentença penal condenatória não mencione expressamente a perda do cargo, função ou emprego público, deverá a Administração Pública, após o trânsito em julgado da sentença penal condenatória, aplicar o disposto no dispositivo em análise.

Outro ponto, alvo de debate, se refere a incidência do efeito da condenação previsto no § 5° incide no tipo penal omissivo previsto no § 2° do art. 1° da Lei 9.455/97, o qual tem como resposta penal uma pena de detenção.

[43] Op. cit. p. 609.
[44] Op. cit. p. 609.
[45] Op. cit. p. 956.

Segundo Luiz Flávio Gomes[46] o efeito da condenação previsto no § 5º não pode ser aplicado ao crime omissivo do § 2º do art. 1º da Lei 9.455/97, por flagrante desproporcionalidade, devendo a hipótese ser analisada caso a caso.

Porém, de acordo com a posição firmada por Sheila Bierrenbach e Walberto Fernandes Lima:

> Parte da doutrina entende inaplicáveis tais efeitos, no campo de condenação pela prática dos delitos previstos no § 2º. A nosso juízo, improcede a posição. Como já acentuado, a prática omissiva da conduta tem a mesma carga de ilicitude das modalidades comissivas. Concordamos, todavia, com a inaplicabilidade, no que concerne ao agente que omite a apuração do delito[47].

Por fim, dispõe a parte final do § 5º do art. 1º da Lei 9.455/97 que a condenação acarretará a interdição para o exercício do cargo, função ou emprego público pelo dobro do prazo da pena aplicada. Desta forma, somente após o decurso de referido prazo é que o sujeito ativo do crime poderá a voltar a ocupar um cargo, ou exercer uma função ou a laborar em um emprego público.

Importante destacar que Guilherme de Souza Nucci perfilha entendimento de que o agente, condenado por tortura, jamais deveria voltar a ocupar cargo, função ou emprego público, de modo que a interdição por prazo determinado é equivocada[48].

Rogério Sanches Cunha e Ronaldo Batista Pinto[49], por outro lado, faz observação, no sentido de que não existe nenhuma pena de caráter perpétuo em nosso ordenamento jurídico.

9. Proibição de concessão de fiança, graça ou indulto

Dispõe o § 6º da Lei de Tortura que: "o crime de tortura é inafiançável e insuscetível de graça ou anistia".

O dispositivo decorre de um preceito constitucional (art. 5º, XLIII). Entretanto, como bem salienta Guilherme de Souza Nucci[50], falar-se em delito inafiançável, atualmente, é inútil, pois existe a possibilidade de se conceder a qualquer

46 GOMES, Luiz Flávio. *Estudos de Direito Penal e Processo Penal*. São Paulo: RT, 1998, p. 127.

47 BIERRENBACH, Sheila; FERNANDES LIMA, Walberto. *Comentários à Lei de Tortura*. Rio de Janeiro: Lumen Juris Editora, 2006, p. 79/80.

48 Op. cit. 958.

49 CUNHA, Rogério Sanches; PINTO, Ronaldo Batista. *Leis penais especiais: comentadas artigo por artigo/coordenadores Rogério Sanches Cunha, Ronaldo Batista Pinto, Renee do Ó Souza*. 6. ed. Salvador: Editora JusPodivm, 2023, p. 1169.

50 Op. cit. p. 958.

acusado a liberdade provisória, sem fiança, desde que não estejam presentes os requisitos para a decretação da prisão preventiva. Ora, ser um crime inafiançável não quer dizer nada, na prática, pois o indiciado ou réu pode ser solto pelo juiz sem o recolhimento de nenhuma quantia em dinheiro, vale dizer sem pagamento de fiança.

O que fica evidente é que o dispositivo em comento abrandou de forma substancial a situação do agente que violou a norma penal, pois vedou somente a concessão de liberdade provisória com fiança, sendo cabível, portanto, a liberdade provisória sem fiança.

A Lei de tortura veda também a concessão de graça ou anistia, sendo silente com relação ao indulto, o que dá ensejo a discussão na doutrina, pois a Lei 8.072/90 vedou aos crimes hediondos e equiparados a anistia, a graça e o indulto. Segundo Ricardo Antonio Andreucci "é certo que a Lei de Tortura, posterior, específica, vedou apenas a concessão de graça ou anistia, silenciando a respeito do indulto, o que revela o intuito do legislador de permitir tal benefício"[51].

Porém, Guilherme de Souza Nucci, firma posição, com a qual concordamos, no sentido de que "onde se lê graça, deve-se ler igualmente indulto, pois este nada mais é do que o perdão coletivo (igualmente concedido pelo Presidente da República, por decreto, a quem queira). Aliás, não fosse essa a melhor interpretação e o Presidente não poderia conceder graça, pois esta modalidade de perdão não está elencada dentre as suas atribuições (o art. 84 da CF menciona somente indulto e comutação). Mas, por certo, tanto pode o Chefe do Executivo conceder um (graça) como o outro (indulto) - e assim vem sendo feito desde a edição da Constituição de 1988. Logo, é vedada concessão tanto de um (graça) quanto de outro (indulto) à tortura, por força do art. 5º, XLIII, da CF)[52].

10. Regime inicial de cumprimento da pena

§ 7º O condenado por crime previsto nesta Lei, salvo a hipótese do § 2º, iniciará o cumprimento da pena em regime fechado.

A Lei de Tortura, que foi inserida em nosso ordenamento jurídico em 1997, trazendo no art. 1º, § 7º, a disposição de que o condenado por crime nela previsto, iniciará o cumprimento da pena em regime fechado, salvo a hipótese do § 2º.

Em razão dessa regra, tivemos intenso debate na doutrina e na jurisprudência, tendo em vista que a Lei 8.072/90, que trata dos crimes hediondos e assemelhados, vedava de forma expressa a progressão de regime para referidos tipos

[51] Op. cit, p. 614.

[52] Op. cit., p. 958.

penais. Este dispositivo, de acordo com Ricardo Antonio Andreucci, "representou um retrocesso no que diz respeito à punição mais grave do crime de tortura, uma vez que a Lei dos Crimes Hediondos (Lei 8.072/90), revogada nesse aspecto, previa o cumprimento integral da pena em regime fechado para o crime de tortura"[53].

Em razão dessa discussão, o Supremo Tribunal Federal firmou entendimento, por meio da Súmula 698, no sentido de que a progressão de regime se aplicava apenas a tortura, sendo vedada aos demais crimes hediondos e assemelhados.

Com a redação do art. 2°, § 1°, da Lei 8.072/90, dada pela Lei 11.464/2007, tornou-se possível a progressão de regime para todos os crimes hediondos e assemelhados, havendo apenas prazos diferenciados para a progressão, a depender da natureza do delito.

Remanesce apenas uma dúvida, no que concerne ao seguinte ponto: O crime de tortura que sempre admitiu progressão, exige do sentenciado o cumprimento de 1/6 da pena para a progressão, que é a regra geral, ou exige 2/5, se primário ou 3/5 se reincidente, conforme dispõe a Lei dos Crimes Hediondos? Perfilhamos o entendimento trazido por Rogério Sanches Cunha e Ronaldo Batista Pinto, no sentido de que os fatos praticados antes da Lei 11.464/2007 continuam progredindo com 1/6 da pena efetivamente cumprida; já a tortura praticada após a vigência da referida Lei só admite a progressão depois de cumprido 2/5 ou 3/5 da pena. É o que § 2° do art. 2° da Lei 8.072/90 se refere aos crimes referidos no seu *caput*, dispositivo que abrange, expressamente, a tortura[54].

11. Extraterritorialidade

O art. 2° da Lei 9.455/97 contempla hipótese de extraterritorialidade incondicionada, asseverando que o disposto nesta lei, aplica-se ainda quando o crime não tenha sido cometido em território nacional, sendo a vítima brasileira ou encontrando-se o agente em local sob jurisdição brasileira.

É evidente, conforme preleciona Rogério Sanches Cunha e Ronaldo Batista Pinto,

> que o escopo do legislador foi o de garantir a punição da prática repulsiva da tortura independentemente da localização da vítima (sendo ela brasileira) ou da nacionalidade do agente (estado brasileiro). Todavia, essa regra em nada modifica as hipóteses de extraterritorialidade já prevista no art. 7°

[53] Op. cit., p. 614.
[54] Op. cit., 1170.

> do CP, que no § °3 determina a aplicação da lei brasileira também ao crime cometido por estrangeiro contra brasileiro fora do Brasil, se não foi pedida a extradição ou se houver requisição do Ministro da Justiça, se reunidas as condições do §2°[55].

Nesse sentido, fica evidente que a Lei de Tortura trouxe uma espécie de extraterritorialidade incondicionada, ou seja, mais abrangente do que a prevista no art. 7° do Código Penal, a qual é condicionada aos requisitos previstos em referido dispositivo.

12. Ação penal

A ação penal, conforme a ordem jurídica brasileira pode ser da seguinte espécie: ação penal pública incondicionada; ação penal condicionada à representação ou requisição; ação penal privada exclusiva ou propriamente dita; ação penal privada personalíssima; e, ação penal privada subsidiária da pública.

A especial distinção entre as espécies relaciona-se legitimidade para agir, pois tratando-se de ação pública será oferecida pelo Ministério público, sendo exigido representação ou requisição para pública condicionada.

Na ação penal privada o legitimado ativo é o ofendido ou seu representante legal, porém tratando-se da personalíssima apenas o ofendido terá legitimidade para agir.

Por fim, no caso da ação penal privada subsidiária da pública o ofendido ou seu representante legal poderá ingressar com a ação se o autor da ação penal pública não o fizer nos prazos da lei.

A peça processual será a denúncia para os casos de ação penal pública e será queixa-crime para os relacionados à ação penal privada.

A conclusão sobre escolha de qual ação será utilizada é extraída da lei penal. Isso porque o artigo 100, do Código Penal registra que "ação penal é pública, salvo quando a lei expressamente a declara privativa do ofendido". Com isso, percebe-se que no silêncio da lei penal, a ação será pública.

Especificamente em relação ao crime de tortura, todas as espécies constantes da Lei em análise são apurados mediante a propositura de ação pública incondicionada.

[55] Op. cit., p. 1171.

13. Transação penal, suspensão condicional do processo e acordo de não persecução penal

Os institutos em análise são denominados pela doutrina penal de institutos despenalizadores e representam mitigação ao denominado princípio da obrigatoriedade da ação penal. Representam a concretização da justiça penal negociada no sistema brasileiro.

O estudo destes institutos indica que sua aplicação diante da prática de uma infração penal decorre do preenchimento de determinados requisitos positivados na ordem jurídica.

Não se admite a transação penal e suspensão condicional do processo nos crimes de tortura na sua forma comissiva, pois além dos demais pressupostos para sua aplicação, a pena mínima cominada ultrapassa 01 (um) ano (art. 89, da Lei nº 9.099/95).

Entretanto, na forma omissiva, em razão da pena mínima não ultrapassar 01 (um) ano, é cabível a suspensão condicional do processo (art. 89, da Lei nº 9.099/95). Porém, não se tratando de crime de menor potencial ofensivo, pois a pena máxima cominada é superior à (02 anos).

Vale dizer, que a transação penal não é cabível para os crimes de tortura, quer na forma comissiva, quer na sua forma omissiva (art. 61, da Lei nº 9.099/95).

No que se refere ao acordo de não persecução penal Antonio Sergio Cordeiro Piedade e Ana Carolina Dal Ponte Aidar observam que se trata "de um negócio jurídico de natureza extraprocessual inserido no Código de Processo Penal, por meio da Lei Anticrime, aprovada em 24/12/2019"[56]. Explicam os autores que:

> A novidade possibilita que, não sendo o caso de arquivamento do procedimento investigatório (isto é, havendo provas suficientes para embasar o oferecimento da denúncia), o investigado não tenha contra si instaurada uma ação penal de modo a não precisar se submeter a um processo judicial[57].

A natureza do crime de tortura, levando em conta os requisitos para a realização do acordo em estudo, revela ser incabível o acordo de não persecução penal (art. 28-A do CPP).

[56] PIEDADE, Antonio Sergio Cordeiro; AIDAR, Ana Carolina Dal Ponte. Ob. cit., p. 51.

[57] Ob. cit., p. 51.

Referências

ANDREUCCI, Ricardo Antonio. *Legislação penal especial*. 7. ed. atual. e amp. São Paulo: Saraiva, 2010.

BARROSO, Luís Roberto. *Curso de direito constitucional contemporâneo: os conceitos fundamentais e a construção do novo modelo*. 9. ed. São Paulo: Saraiva, 2020

BECHARA, Ana Elisa Liberatore Silva. *Bem jurídico-penal*. São Paulo: Quartier Latin, 2014.

BIERRENBACH, Sheila; FERNANDES LIMA, Walberto. *Comentários à Lei de Tortura*. Rio de Janeiro: Lumen Juris Editora, 2006.

BRUNO, Aníbal. *Direito penal: parte geral*. Rio de Janeiro: Forense, 1967.

CONDE, Francisco Muñoz. *Teoria geral do delito*. Trad. e notas de Juarez Tavares e Luiz Régis Prado. Porto Alegre: Fabris, 1988.

CUNHA, Rogério Sanches; PINTO, Ronaldo Batista. *Leis penais especiais: comentadas artigo por artigo/coordenadores Rogério Sanches Cunha, Ronaldo Batista Pinto, Renee do Ó Souza*. 6. ed. Salvador: Editora JusPodivm, 2023.

DINAMARCO, Cândido Rangel. *A instrumentalidade do processo*. 6. ed., São Paulo: Malheiros, 1998.

FELDENS, Luciano. *A constituição penal: a dupla face da proporcionalidade no controle das normas penais*. Porto Alegre: Livraria do Advogado, 2005.

FRAGOSO, Heleno Cláudio. *Lições de direito penal: parte geral*. 16. ed. rev. por Fernando Fragoso. Rio de Janeiro: Forense, 2004.

GOMES, Luiz Flávio. *Estudos de Direito Penal e Processo Penal*. São Paulo: RT, 1998.

GRECO, Rogério. *Tortura: comentários à lei n 9.455/97*. 3. ed. Niterói-RJ: Impetus, 2019.

JUNQUEIRA, Gustavo Octaviano Diniz. *Legislação penal especial, volume 2*, 3. Ed. São Paulo: Saraiva, 2010.

LOUREIRO, Caio Marcio. *O princípio da plenitude da tutela da vida no Tribunal do Júri*. Cuiabá-MT: Carline & Canioto, 2017.

LUISI, Luiz. *Os princípios constitucionais penais*. 2. ed. rev. e aum. Porto Alegre: Sergio Antonio Fabris Editor, 2003.

MIRABETE, Julio Fabrini. *Manual de direito penal: parte geral*. v. 1. 27. ed. rev. e atual., por Renato N. Fabbrini São Paulo: Atlas, 2011.

NORONHA, E. Magalhães. *Direito penal*. v. 1. 30. ed. São Paulo: Saraiva, 1993.

NUCCI, Guilherme de Souza. *Leis penais e processuais penais comentadas. Vol. 2*, 14. ed. rev. atual. e ampl. Rio de Janeiro: Forense, 2021.

PIEDADE, Antonio Sergio Cordeiro; AIDAR, Ana Carolina Dal Ponte. *Direito Processual Penal*. 2. ed. Rio de Janeiro: Método, 2022.

PONTE, Antonio Carlos da. *Crimes eleitorais*. São Paulo: Saraiva, 2008.

MORAES, Alexandre Rocha A. de. *Direito penal: parte geral*. Belo Horizonte: Fórum, 2021.

TOLEDO, Francisco de Assis. *Princípios básicos de direito penal*. 4. ed. São Paulo: Saraiva, 1991.

9.

LEI N. 9.503/1997 - CÓDIGO DE TRÂNSITO BRASILEIRO

Bruno Ricardo Cogan

CAPÍTULO XIX - DOS CRIMES DE TRÂNSITO

1. Noção geral

Como costuma acontecer, o Legislador deixa o corpo do Código Penal quando trata de temas de maneira transdisciplinar ou de forma mais minudente. Assim foi com a Lei de Drogas – Lei 11.343, de 23 de agosto de 2006, com o Estatuto do Desarmamento – Lei 10.826, de 22 de setembro de 2003, com a Lei de Violência Doméstica e Familiar contra a Mulher (Lei Maria da Penha) – Lei 11.340, de 7 de agosto de 2006. Assim é com os crimes de trânsito.

Portanto, sob a ótica dos *crimes em espécie* (agrupamentos de crimes, reuniões de tipos penais incriminadores), tem-se que os crimes de trânsito constituem *parte* de um *todo* maior: os crimes em espécie em geral (totalidade de tipos penais incriminadores) constituem o continente e os crimes de trânsito, parte do conteúdo.

Sob a ótica do estatuto normativo, poder-se-ia analisá-lo de maneira orgânica interna (as relações entre os dispositivos do CTB) ou de maneira orgânica externa (as relações que o CTB estabelece com o Código Penal, o Código Civil, as leis tributárias etc.). A primeira ótica faz surgir a problemática de convivência dos chamados microssistemas jurídicos, *in casu* o microssistema do direito de trânsito, que se comunica com os demais regramentos da totalidade que é o ordenamento jurídico. A segunda ótica impõe a compreensão setorial e multidisciplinar do direito de trânsito, que versa, pois, sobre questões administrativas, processuais, ambientais, penais etc.

Nesse último ponto, veja-se que dentro das *leis esparsas* (leis que regulamentam determinadas *temáticas em particular*, grupo esse ao qual pertence o CTB), também se têm os *crimes de trânsito* como parte de um grupo maior. Temos, assim, o continente sendo o amplo regramento sobre trânsito, chamado *direito do trânsito* -especificamente, "[o] trânsito de qualquer natureza nas vias terrestres do território nacional, abertas à circulação (...)" (artigo 1º[1,2,3,4,5,6,7,8] Importante, preliminarmente, ver que o sentido do termo "trânsito" previsto na Constituição Federal é explicitado pelo artigo 1º, *caput* e §1º, do CTB, respectivamente: "O trânsito de qualquer natureza nas vias terrestres do território nacional, aber-

[1] CF, art. 21. Compete à união: XX - instituir diretrizes para o desenvolvimento urbano, inclusive habitação, saneamento básico e transportes urbanos;

[2] CF, Art. 22. Compete privativamente à União legislar sobre: IX - diretrizes da política nacional de transportes; XI - trânsito e transporte;

[3] CF, Art. 23. É competência comum da União, dos Estados, do Distrito Federal e dos Municípios: XII - estabelecer e implantar política de educação para a segurança do trânsito.

[4] CF, Art. 144. A segurança pública, dever do Estado, direito e responsabilidade de todos, é exercida para a preservação da ordem pública e da incolumidade das pessoas e do patrimônio, através dos seguintes órgãos: §10. A segurança viária, exercida para a preservação da ordem pública e da incolumidade das pessoas e do seu patrimônio nas vias públicas: I- compreende a educação, engenharia e fiscalização de trânsito, além de outras atividades previstas em lei, que assegurem ao cidadão o direito à mobilidade urbana eficiente; e II - compete, no âmbito dos Estados, do Distrito Federal e dos Municípios, aos respectivos órgãos ou entidades executivos e seus agentes de trânsito, estruturados em Carreira, na forma da lei.

[5] CF, Art. 178. A lei disporá sobre a ordenação dos transportes aéreo, aquático e terrestre, devendo, quanto à ordenação do transporte internacional, observar os acordos firmados pela União, atendido o princípio da reciprocidade. Parágrafo único. Na ordenação do transporte aquático, a lei estabelecerá as condições em que o transporte de mercadorias na cabotagem e a navegação interior poderão ser feitos por embarcações estrangeiras.

[6] Lei 5.970, de 11 de dezembro de 1973. Art 1º Em caso de acidente de trânsito, a autoridade ou agente policial que primeiro tomar conhecimento do fato poderá autorizar, independentemente de exame do local, a imediata remoção das pessoas que tenham sofrido lesão, bem como dos veículos nele envolvidos, se estiverem no leito da via pública e prejudicarem o tráfego. Parágrafo único. Para autorizar a remoção, a autoridade ou agente policial lavrará boletim da ocorrência, nele consignado o fato, as testemunhas que o presenciaram e todas as demais circunstâncias necessárias ao esclarecimento da verdade.

[7] Lei 6.174, de 9 de dezembro de 1974. Art. 1º O disposto nos artigos 12, alínea a, e 339, do Código de Processo Penal Militar nos casos de acidente de trânsito, não impede que a autoridade ou agente policial possa autorizar, independente de exame local, a imediata remoção das vítimas, como dos veículos envolvidos nele, se estiverem no leito da via pública e com prejuízo de trânsito. Parágrafo único. A autoridade ou agente policial que autorizar a remoção facultada neste artigo lavrará boletim, no qual registrará a ocorrência com todas as circunstâncias necessárias a apuração de responsabilidades, e arrolará as testemunhas que a presenciaram, se as houver.

[8] Lei 10.233, de 5 de junho de 2001. Art. 1º Constituem o objeto desta Lei: II – dispor sobre a ordenação dos transportes aquaviário e terrestre, nos termos do art. 178 da Constituição Federal, reorganizando o gerenciamento do Sistema Federal de Viação e regulando a prestação de serviços de transporte; III – criar a Agência Nacional de Transportes Terrestres; IV – criar a Agência Nacional de Transportes Aquaviários; V – criar o Departamento Nacional de Infra-Estrutura de Transportes.

tas à circulação, rege-se por este Código." e "Considera-se trânsito a utilização das vias por pessoas, veículos e animais, isolados ou em grupos, conduzidos ou não, para fins de circulação, parada, estacionamento e operação de carga ou descarga."[9]

É, pois, um significante de origem constitucional (trânsito) que encontra o significado, ao menos em seus últimos termos, em legislação infraconstitucional.

Portanto, o âmbito de aplicação deste Código resume-se à *utilização, em vias terrestres do território nacional, abertas à circulação das vias (art. 1º, caput, do CTB), por pessoas, veículos e animais, isolados ou em grupos, conduzidos ou não, para fins de circulação, parada, estacionamento e operação de carga ou descarga (art. 1º, §1º, do CTB).* A colocação pode parecer evidente, mas encontrará divergências de aplicação especialmente nos artigos 302 e 303, do CTB (*infra*).

Não se quer dizer, com isso, que outras questões sejam ignoradas. Até mesmo é importante, por exemplo, o aspecto estético correlacionado ao trânsito:

> A faixa marginal das estradas de rodagem, além da restrição *non aedificandi*, fica também sujeita a restrições de proteção de visibilidade e estética, pois as estradas, especialmente as autoestradas, assim também as grandes artérias urbanas, devem não somente permitir circular facilmente com toda segurança mas, ainda, ser esteticamente aprazíveis e contribuir para o embelezamento do meio ambiente.
>
> O valor visual das rodovias tomou-se um dos fatores importantes a serem tidos em conta no momento da elaboração do respectivo projeto e de sua execução. A técnica vem ate desenvolvendo critérios apropriados para medir a interceptação visual *(l'intrusion visuelle)*, que corresponde ao desvalor visual.[10]

Nesse sentido, deve-se atentar para a amplitude da competência material da União na repartição constitucional. Não se deve, ainda, confundir as diversas atividades: legislativa, administrativa e judicial; cada qual tem sua importância e colocação constitucional entre os diversos entes federativos e entre seus respectivos Poderes.

[9] SILVA, José Afonso. *Comentário Contextual à Constituição*, p. 268.

[10] SILVA, José Afonso. *Direito Urbanístico Brasileiro*, p. 193-194.

1.1. Competência legislativa

A competência legislativa sobre *trânsito em geral* é privativa da União, como já exposto.

Nesse sentido, foram julgadas inconstitucionais, por exemplo:

i) lei fluminense que dava regras específicas para pontuação decorrente de infrações de trânsito

> AÇÃO DIRETA DE INCONSTITUCIONALIDADE – LEI ESTADUAL FLUMINENSE QUE TORNA SEM EFEITOS OS PONTOS ATRIBUÍDOS AOS MOTORISTAS DE VEÍCULOS TERRESTRES EM DECORRÊNCIA DE INFRAÇÕES DE TRÂNSITO PRATICADAS EM MOMENTO ANTERIOR À RENOVAÇÃO DA CARTEIRA NACIONAL DE HABILITAÇÃO – TRANSGRESSÃO À CLÁUSULA CONSTITUCIONAL QUE ATRIBUI, EM CARÁTER PRIVATIVO, À UNIÃO FEDERAL COMPETÊNCIA PARA LEGISLAR SOBRE TRÂNSITO (CF, ART. 22, XI) – REAFIRMAÇÃO DA JURISPRUDÊNCIA CONSOLIDADA PELO SUPREMO TRIBUNAL FEDERAL NO TEMA – PRECEDENTES – PARECER DA PROCURADORIA-GERAL DA REPÚBLICA PELA INCONSTITUCIONALIDADE FORMAL DO DIPLOMA LEGISLATIVO IMPUGNADO – AÇÃO DIRETA JULGADA PROCEDENTE. (STF, ADI 5482, Relator Min. CELSO DE MELLO, Tribunal Pleno, julgado em 24/08/2020, PROCESSO ELETRÔNICO DJe-229 DIVULG 16-09-2020 PUBLIC 17-09-2020)

ii) lei goiana que regulamentava inspeção veicular

> AÇÃO DIRETA DE INCONSTITUCIONALIDADE – LEI ESTADUAL Nº 13.569/1999 (ART. 1º, § 2º, INCISOS XX E XXI), LEI ESTADUAL Nº 17.429/2011 E LEI ESTADUAL Nº 18.573/2014, TODAS EDITADAS PELO ESTADO DE GOIÁS – INCOGNOSCIBILIDADE PARCIAL DO PEDIDO EM RAZÃO DA AUSÊNCIA DE OBSERVÂNCIA, PELA AGREMIAÇÃO PARTIDÁRIA AUTORA, DO DEVER DE FUNDAMENTAR A IMPUGNAÇÃO NO QUE CONCERNE APENAS AOS ITENS NS. 2 A 5 DA ALÍNEA "A" DO INCISO II DO § 2º DA LEI ESTADUAL Nº 18.573/2014 – DIPLOMAS LEGISLATIVOS ESTADUAIS QUE DISPÕEM SOBRE REGRAS CONCERNENTES À CONCESSÃO DOS SERVIÇOS PÚBLICOS DE INSPEÇÃO E VISTORIA DAS CONDIÇÕES DE SEGURANÇA VEICULAR – MATÉRIA ATINENTE À DISCIPLINA NORMATIVA DO TRÂNSITO (CF, ART. 22, XI) – TRANSGRESSÃO À CLÁUSULA CONSTITUCIONAL QUE ATRIBUI,

EM CARÁTER PRIVATIVO, À UNIÃO FEDERAL COMPETÊNCIA PARA LEGISLAR SOBRE A MATÉRIA – REAFIRMAÇÃO DA JURISPRUDÊNCIA CONSOLIDADA PELO SUPREMO TRIBUNAL FEDERAL NO TEMA – PRECEDENTES – AÇÃO DIRETA PARCIALMENTE CONHECIDA E, NESSA EXTENSÃO, JULGADA PROCEDENTE. (STF, ADI 5360, Relator Min. CELSO DE MELLO, Tribunal Pleno, julgado em 05/10/2020, PROCESSO ELETRÔNICO DJe-252 DIVULG 16-10-2020 PUBLIC 19-10-2020)

iii) lei sul-mato-grossense que limitava a abrangência de centro de formação de condutores

AÇÃO DIRETA DE INCONSTITUCIONALIDADE – LEI ESTADUAL QUE LIMITA O CREDENCIAMENTO DE CENTROS DE FORMAÇÃO DE CONDUTORES A APENAS 01 (UMA) UNIDADE PARA CADA 10.000 (DEZ MIL) ELEITORES (LEI Nº 3.497/2008, EDITADA PELO ESTADO DE MATO GROSSO DO SUL) – RESTRIÇÃO NÃO PREVISTA NA LEGISLAÇÃO NACIONAL DE TRÂNSITO – DIPLOMA LEGISLATIVO ESTADUAL QUE INOVA EM MATÉRIA PERTINENTE À DISCIPLINA NORMATIVA DO TRÂNSITO – TRANSGRESSÃO À CLÁUSULA CONSTITUCIONAL QUE ATRIBUI, EM CARÁTER PRIVATIVO, À UNIÃO FEDERAL COMPETÊNCIA PARA LEGISLAR SOBRE O TEMA (CF, ART. 22, XI) – REAFIRMAÇÃO DA JURISPRUDÊNCIA CONSOLIDADA PELO SUPREMO TRIBUNAL FEDERAL – PRECEDENTES – PARECER DA PROCURADORIA-GERAL DA REPÚBLICA PELA INCONSTITUCIONALIDADE FORMAL DO DIPLOMA LEGISLATIVO IMPUGNADO – AÇÃO DIRETA JULGADA PROCEDENTE. (STF, ADI 6052, Relator Min. CELSO DE MELLO, Tribunal Pleno, julgado em 24/08/2020)

iv) lei distrital que dispensava autuação de certos órgãos administrativos por infrações que cometessem

E M E N T A: AÇÃO DIRETA DE INCONSTITUCIONALIDADE – LEGISLAÇÃO DISTRITAL QUE DISPENSA O ÓRGÃO EXECUTIVO DE TRÂNSITO LOCAL DE AUTUAR AS INFRAÇÕES DE TRÂNSITO PRATICADAS POR DETERMINADOS AGENTES PÚBLICOS DISTRITAIS – MATÉRIA ATINENTE À DISCIPLINA NORMATIVA DO TRÂNSITO (CF, ART. 22, XI) – TRANSGRESSÃO À CLÁUSULA CONSTITUCIONAL QUE ATRIBUI, EM CARÁTER PRIVATIVO, À UNIÃO FEDERAL COMPETÊNCIA PARA LEGISLAR SOBRE A MATÉRIA – REAFIRMAÇÃO DA JURISPRUDÊNCIA

> CONSOLIDADA PELO SUPREMO TRIBUNAL FEDERAL NO TEMA – PRECEDENTES – PARECER DA PROCURADORIA-GERAL DA REPÚBLICA PELA INCONSTITUCIONALIDADE FORMAL DO DIPLOMA LEGISLATIVO IMPUGNADO – AÇÃO DIRETA JULGADA PROCEDENTE. (STF, ADI 2817, Relator Min. CELSO DE MELLO, Tribunal Pleno, julgado em 24/08/2020)

v) lei paranaense que obrigava veículos a trafegarem com faróis acesos e impunha multa

> EMENTA: CONSTITUCIONAL. TRÂNSITO. VEÍCULOS: LEI 11.766/97 DO ESTADO DO PARANÁ: INCONSTITUCIONALIDADE. CF, ART. 22, XI. I. - Legislação sobre trânsito: competência privativa federal: CF, art. 22, XI. II. - Lei 11.766, de 1997, do Estado do Paraná, que torna obrigatório a qualquer veículo automotor transitar permanentemente com os faróis acesos nas rodovias do Estado do Paraná, impondo a pena de multa aos que descumprirem o preceito legal: inconstitucionalidade, porque a questão diz respeito ao trânsito. III. - ADI julgada procedente. (STF,ADI 3055, Relator Min. CARLOS VELLOSO, Tribunal Pleno, julgado em 24/11/2005)

vi) leis fluminenses que estipularam regras próprias sobre penalidades de trânsito

> AÇÃO DIRETA DE INCONSTITUCIONALIDADE – LEI ESTADUAL FLUMINENSE (LEI Nº 6.897/2014, ARTS. 4º E 5º) QUE DISPÕE SOBRE NORMAS PERTINENTES À DISCIPLINA LEGAL DAS PENALIDADES DECORRENTES DE INFRAÇÕES DE TRÂNSITO – TRANSGRESSÃO À CLÁUSULA CONSTITUCIONAL QUE ATRIBUI, EM CARÁTER PRIVATIVO, À UNIÃO FEDERAL COMPETÊNCIA PARA LEGISLAR SOBRE TRÂNSITO (CF, ART. 22, XI) – REAFIRMAÇÃO DA JURISPRUDÊNCIA CONSOLIDADA PELO SUPREMO TRIBUNAL FEDERAL NO TEMA – PRECEDENTES – PARECER DA PROCURADORIA-GERAL DA REPÚBLICA PELA INCONSTITUCIONALIDADE FORMAL DOS ARTIGOS 4º E 5º DO DIPLOMA LEGISLATIVO IMPUGNADO – AÇÃO DIRETA JULGADA PROCEDENTE. (STF, ADI 5222, Relator Min. CELSO DE MELLO, Tribunal Pleno, julgado em 05/10/2020)

> AÇÃO DIRETA DE INCONSTITUCIONALIDADE – LEI ESTADUAL Nº 3.375/2000, EDITADA PELO ESTADO DO RIO DE JANEIRO – DIPLOMA LEGISLATIVO QUE "CONCEDE EFEITO SUSPENSIVO", NO ÂMBITO

> DAQUELA UNIDADE DA FEDERAÇÃO, À NORMA PREVISTA NO ART. 261 DO CÓDIGO DE TRÂNSITO BRASILEIRO, AFASTANDO A APLICAÇÃO, POR AGENTES DE TRÂNSITO ESTADUAIS, DA PENALIDADE DE SUSPENSÃO DO DIREITO DE DIRIGIR EM RELAÇÃO AOS CONDUTORES DE VEÍCULOS DE TRANSPORTE COLETIVO E TAXISTAS – TRANSGRESSÃO À CLÁUSULA CONSTITUCIONAL QUE ATRIBUI, EM CARÁTER PRIVATIVO, À UNIÃO FEDERAL COMPETÊNCIA PARA LEGISLAR SOBRE A MATÉRIA – REAFIRMAÇÃO DA JURISPRUDÊNCIA CONSOLIDADA PELO SUPREMO TRIBUNAL FEDERAL NO TEMA – PRECEDENTES – PARECER DA PROCURADORIA-GERAL DA REPÚBLICA PELA INCONSTITUCIONALIDADE FORMAL DO DIPLOMA LEGISLATIVO IMPUGNADO – AÇÃO DIRETA JULGADA PROCEDENTE. (STF, ADI 2764, Relator Min. CELSO DE MELLO, Tribunal Pleno, julgado em 24/08/2020)

Teoricamente, seria válida lei complementar que delegasse a Estados-Membros tal capacidade legiferante[11].

Por outro lado, não é de se olvidar a competência comum da União, Estados, Municípios e do Distrito Federal para estabelecer e implantar a política de educação para a segurança do trânsito. Tal atividade, certamente, é tanto legislativa como administrativa.[12]

Por evidente, vieram críticas:

> O inciso em causa [inciso XII, do art. 23] faz referência ao estabelecimento e à implantação de política de educação para a segurança do trânsito.
>
> Ora, prever como competência material comum o estabelecimento dessa política, quando se conferiu à União exclusividade para legislar sobre o trânsito (art. 22, XI), afigura-se uma incoerência, vez como há de ser pela via legislativa que se vão fixar as normas correspondentes.

11 CF, Art. 22. Compete privativamente à União legislar sobre: (...) Parágrafo único. Lei complementar poderá autorizar os Estados a legislar sobre questões específicas das matérias relacionadas neste artigo.

12 Acerca do artigo 23, inciso XII, da Constituição Federal, veja-se: "Apesar de a União ser competente de forma privativa para legislar sobre trânsito, conforme previsto no art. 22, XI, ao teor do dispositivo ora analisado [art. 23, XII, CF], a legislação do trânsito em matéria de política e segurança é de competência de todos os entes federativos e não somente da União. Isso porque o texto constitucional se refere a estabelecer uma política de educação e segurança do transito, e o termo estabelecer significa, sem dúvida, disciplinar por normas. Assim, União, Estados e Municípios legislarão, cada um dentro de sua esfera, sobre essa matéria. Além de legislar, devem todos os entes federativos implantar tais políticas. Isso significa que devem normatizar a matéria e, outrossim, implementar ações que visem a educar e tonar o trânsito mais seguro. (...) A fim de alcançar tais objetivos, devem todos os entes federativos, dentro de sua esfera de atuação, disciplinar o trânsito, orientar os motoristas e impor multas para as infrações administrativas." (COSTA MACHADO, Antônio Cláudio da (org); CUNHA FERRAZ, Anna Candida da (coord). *Constituição Federal interpretada*, p. 184)

> Não são de aceitar, destarte, com a devida vênia, ponderações como as de Pinto Ferreira (Comentários, cit., v. II, p. 96), no sentido de que, em face do preceituado no art. 23, XII, cada esfera de governo deve ordenar e coordenar a sua legislação para o disciplinamento correto do trânsito e correção de suas transgressões.
>
> Já a implantação de política educacional visando à segurança do trânsito, por depender de providências de ordem administrativa que cada nível de poder haverá de adotar, de acordo com suas conveniências e possibilidades, é válido catalogá-la como competência material comum, colaborando todos para o objetivo a alcançar.[13]

A despeito do reproche doutrinário, os Tribunais atuam ativamente para esclarecer os limites entre *legislar sobre trânsito* (competência privativa da União) e *legislar sobre política de educação para a segurança do trânsito* (competência comum dos Entes Federativos).

Observe-se, por exemplo, o tema 546, de Repercussão Geral do Supremo Tribunal Federal:

> Surge constitucional previsão normativa local voltada a coibir fraude considerado o serviço público de transporte coletivo e inconstitucional condicionar a liberação de veículo apreendido ao pagamento de multas, preços públicos e demais encargos decorrentes de infração.". Já o tema 430, de Repercussão Geral, estabelece que "É incompatível com a Constituição lei municipal que impõe sanção mais gravosa que a prevista no Código de Trânsito Brasileiro, por extrapolar a competência legislativa do município.". E o tema 967: "I - A proibição ou restrição da atividade de transporte privado individual por motorista cadastrado em aplicativo é inconstitucional, por violação aos princípios da livre iniciativa e da livre concorrência; II - No exercício de sua competência para regulamentação e fiscalização do transporte privado individual de passageiros, os Municípios e o Distrito Federal não podem contrariar os parâmetros fixados pelo legislador federal (CF/1988, art. 22, XI)."

Outra tese fixada é a 472: "É constitucional a atribuição às guardas municipais do exercício de poder de polícia de trânsito, inclusive para imposição de sanções administrativas legalmente previstas."

[13] MENDES, Gilmar Ferreira; STRECK, Lenio Luiz; SARLET, Ingo Wolfgang; LEONCY, Léo Ferreira; CANOTILHO, J. J. Gomes. *Comentários À Constituição do Brasil*, v. notas ao inciso XII do art. 23.

Temos ainda decisões em controle concentrado. Citam-se as que declararam a inconstitucionalidade de lei estadual ou distrital que regulamentou o serviço de transporte remunerado de passageiros com motocicletas[14], a que declarou a constitucionalidade de lei estadual que obriga concessionária de transporte coletivo municipal a adaptar seus veículos para facilitar o acesso e a permanência das pessoas com deficiência[15]. Chama-se a atenção para a constitucionalidade de leis capixabas que permitiam o uso de veículo apreendidos na repressão penal:

> AÇÃO DIRETA DE INCONSTITUCIONALIDADE. LEIS CAPIXABAS NS. 5.717/1998 E 6.931/2001. AUTORIZAÇÃO DE UTILIZAÇÃO, PELA POLÍCIA MILITAR OU PELA POLÍCIA CIVIL DO ESTADO, DE VEÍCULOS APREENDIDOS E NÃO IDENTIFICADOS QUANTO À PROCEDÊNCIA E À PROPRIEDADE, EXCLUSIVAMENTE NO TRABALHO DE REPRESSÃO PENAL. QUESTÃO AFETA À ADMINISTRAÇÃO PÚBLICA ESTADUAL: COMPETÊNCIA NÃO ATRIBUÍDA PRIVATIVAMENTE À UNIÃO. AÇÃO JULGADA IMPROCEDENTE. (STF, ADI 3327, Relator Min. DIAS TOFFOLI, Relator(a) p/ Acórdão: CÁRMEN LÚCIA, Tribunal Pleno, julgado em 08/08/2013)

Quanto aos crimes de trânsito, a competência legislativa é privativa da União também porque sobre Direito Penal. Talvez a competência seja da União primeiro porque se trata de norma de Direito Penal; apenas remotamente porque norma de Direito do Trânsito.

Portanto, os crimes de trânsito seguem invariavelmente as densas normativas constitucionais de Direito Penal, porque essa questão não está apenas no âmbito da repartição federativa de trânsito, mas efetivamente no de direitos individuais intimamente conectados à dignidade humana. Há, pois, o uso máximo da força estatal, com a imposição de penas criminais, a concluir-se pela competência legislativa privativa da União.

Até mesmo, o Supremo Tribunal Federal já declarou inconstitucional lei distrital que trazia ilícito administrativo para embriaguez ao volante:

> EMENTA: INCONSTITUCIONALIDADE. Ação direta. Lei nº 2.903/2002, do Distrito Federal. Competência legislativa. Trânsito. Condução de veículo automotor. Estado flagrante de embriaguez do condutor. Cominação de penalidades. Apreensão da Carteira Nacional de Habilitação - CNH,

[14] STF, ADI 3679, relator Min. Supúlveda Pertence, Tribunal Pleno, j. 18/06/2007; STF ADI 3.610, relator Min. Cezar Peluzo, Tribual Pleno, j. 01/08/2011.

[15] STF, ADI 903, relator Ministro Dias Tofolli, Tribuanl pleno, j. 22/05/2013.

> recolhimento do veículo e aplicação de multa. Inadmissibilidade. Regras de uso de veículo. Competência legislativa exclusiva da União. Ofensa ao art. 22, inc. XI, da CF. Ação julgada procedente. Precedentes. É inconstitucional a lei distrital ou estadual que comine penalidades a quem seja flagrado em estado de embriaguez na condução de veículo automotor. (STF, ADI 3269, Relator Min. CEZAR PELUSO, Tribunal Pleno, julgado em 01/08/2011, DJe-182 DIVULG 21-09-2011 PUBLIC 22-09-2011 EMENT VOL-02592-01 PP-00069 RB v. 23, n. 576, 2011, p. 56-58)

Portanto, os crimes de trânsito, tanto porque tocam o Direito Penal e o Direito Processual Penal, como porque relacionados secundariamente a trânsito e transporte, são da competência legislativa privativa da União.

Estas são apenas algumas breves observações para que se veja a complexidade do assunto.

1.2. Competência administrativa

Órgãos públicos são "centros de competência instituídos para o desempenho de funções estatais", "são unidades de ação com atribuições específicas na organização estatal".[16]

Nesse sentido, a competência administrativa é o poder que se dirige a funcionário público para realização de seu mister.

> Entende-se por *competência administrativa* o poder atribuído ao agente da Administração para o desempenho específico de suas funções. A competência resulta da lei e por ela é delimitada. Todo ato emanado de agente incompetente, ou realizado além do limite de que dispõe a autoridade incumbida de sua prática, é inválido, por lhe faltar um elemento básico de sua perfeição, qual seja, o poder jurídico para manifestar a vontade da Administração.[17]

A atuação administrativa cabe à União, aos Estados, ao Distrito Federal e aos Municípios, se envolver os respectivos interesses.

Veja-se a lição:

> Em princípio, tem competência para policiar a entidade que dispõe do poder de regular a matéria. Assim, os assuntos de interesse nacional ficam sujeitos a regulamentação e policiamento da União; os de interesse regional

[16] MEIRELLES, Hely Lopes. *Direito administrativo brasileiro*, p. 71 e 71-72 respectivamente.

[17] MEIRELLES, Hely Lopes. *Direito administrativo brasileiro*, p. 175.

> sujeitam-se às normas e à polícia estadual, e os de interesse local subordinam-se aos regulamentos edilícios e ao policiamento administrativo municipal.
>
> Todavia, como certas atividades interessam simultaneamente às três entidades estatais, pela sua extensão a todo o território nacional (*v.g.*, saúde pública, trânsito, transportes etc.), o poder de regular e de policiar se difunde entre todas as Administrações interessadas, provendo cada qual nos limites de sua competência territorial. A regra, porém, é a exclusividade do policiamento administrativo; a exceção é a concorrência desse policiamento. Em qualquer hipótese, a entidade que detém a competência não pode demitir-se desse poder, que é de natureza irrenunciável.[18]

Por óbvio que os interesses não são por completo autoexcludentes, afinal o direito a saudável tráfego de veículos considerar-se-ia como direito de todos. Por isso, o próprio CTB estatui que o "trânsito, em condições seguras, é um direito de todos" (artigo 1º, §2º, do CTB).

> O sistema viário é o meio pelo qual se realiza o *direito à circulação*, que e a manifestação mais característica do *direito de locomoção, direito de ir e vir e também de ficar* (estacionar, parar), assegurado na Constituição Federal. Pedro Escribano Collado, em excelente monografia sobre as vias urbanas, coloca muito bem o problema, nas seguintes palavras: "De maneira ampla, e do ponto de vista do usuário, pode definir-se o direito de circulação como a faculdade, enquanto perdure a afetação da via, de deslocar-se através dela de um lugar para outro do núcleo urbano. Enquanto se tratar de um bem afetado, a utilização não constituirá uma mera possibilidade, mas um poder legal exercitável *erga omnes*. (...)"[19]

A marca distintiva da ação administrativa dentro da partição constitucional das competências federativas é uma questão de prevalência: interesse nacional, estadual ou local.

Neste ponto, importante rememorar que se entendeu legítimo o poder de polícia de trânsito conferido às Guardas Municipais, conforme expresso no tema 472 de Repercussão Geral do Supremo Tribunal Federal.

Assim se decidiu no RE 658570:

18 MEIRELLES, Hely Lopes. *Direito administrativo brasileiro*, p. 152.

19 SILVA, José Afonso. *Direito Urbanístico Brasileiro*, p. 179-180.

> DIREITO ADMINISTRATIVO. RECURSO EXTRAORDINÁRIO. PODER DE POLÍCIA. IMPOSIÇÃO DE MULTA DE TRÂNSITO. GUARDA MUNICIPAL. CONSTITUCIONALIDADE. 1. Poder de polícia não se confunde com segurança pública. O exercício do primeiro não é prerrogativa exclusiva das entidades policiais, a quem a Constituição outorgou, com exclusividade, no art. 144, apenas as funções de promoção da segurança pública. 2. A fiscalização do trânsito, com aplicação das sanções administrativas legalmente previstas, embora possa se dar ostensivamente, constitui mero exercício de poder de polícia, não havendo, portanto, óbice ao seu exercício por entidades não policiais. 3. O Código de Trânsito Brasileiro, observando os parâmetros constitucionais, estabeleceu a competência comum dos entes da federação para o exercício da fiscalização de trânsito. 4. Dentro de sua esfera de atuação, delimitada pelo CTB, os Municípios podem determinar que o poder de polícia que lhe compete seja exercido pela guarda municipal. 5. O art. 144, §8º, da CF, não impede que a guarda municipal exerça funções adicionais à de proteção dos bens, serviços e instalações do Município. Até mesmo instituições policiais podem cumular funções típicas de segurança pública com exercício de poder de polícia. Entendimento que não foi alterado pelo advento da EC nº 82/2014. 6. Desprovimento do recurso extraordinário e fixação, em repercussão geral, da seguinte tese: é constitucional a atribuição às guardas municipais do exercício de poder de polícia de trânsito, inclusive para imposição de sanções administrativas legalmente previstas. (STF, RE 658570, Relator Min. MARCO AURÉLIO, Relator(a) p/ Acórdão: ROBERTO BARROSO, Tribunal Pleno, julgado em 06/08/2015)

A doutrina, da mesma forma, já reconhecia tal atribuição às Guardas Civis.

> As guarda municipais exercem de forma geral função de polícia. Não, assim, o poder de polícia administrativo, salvo na hipótese de "exercer as competências de trânsito que lhes forem conferidas, nas vias e logradouros municipais", nos termos do Código de Trânsito Brasileiro, "ou de forma concorrente, mediante convênio celebrado com órgão de trânsito estadual ou municipal" (cf. inciso VI do art. 5º [do Estatuto Geral das Guardas Municipais, Lei 13.022, de 8 de agosto de 2015]). Aliás, o mesmo ocorre com os Corpos de Bombeiros, como por exemplo, no exame de segurança de edificações, na forma da lei.[20]

[20] MEIRELLES, Hely Lopes. *Direito administrativo brasileiro,* p. 154.

A segurança pública é atividade administrativa exercida por todas as esferas do Poder Executivo da União, Estados e Municípios, além do Distrito Federal. Tradicionalmente, o Brasil mantém como órgãos de segurança pública os ligados à manutenção da ordem pública e patrulhamento ostensivo e os de polícia judiciária.

No caso de crimes de trânsito, em geral, a preservação da ordem pública e o patrulhamento ostensivo são feitos pelas Polícias Militares, restando à Polícia Rodoviária Federal atividade de patrulhamento ostensivo das rodovias federais. Neste ponto, a atribuição conferida às Guardas Civis faz-se relevante porque possuem atribuição fiscalizatória no trânsito, devidamente reconhecida, além de, genericamente, preservar bens, serviços e instalações municipais. Portanto, há atuação de órgãos administrativos das três esferas.

A Emenda Constitucional nº 82/14 elevou a segurança viária como parte formadora da segurança pública, agora formalmente §10 do artigo 144, da Constituição. Nem precisaria fazê-lo expressamente porque sempre o foi, mas, como várias questões semelhantes, melhor certas explicitações e redundâncias do que esperar demais da lógica ou ciência do intérprete.

> CF, art. 144, § 10. A segurança viária, exercida para a preservação da ordem pública e da incolumidade das pessoas e do seu patrimônio nas vias públicas: I - compreende a educação, engenharia e fiscalização de trânsito, além de outras atividades previstas em lei, que assegurem ao cidadão o direito à mobilidade urbana eficiente; e II - compete, no âmbito dos Estados, do Distrito Federal e dos Municípios, aos respectivos órgãos ou entidades executivos e seus agentes de trânsito, estruturados em Carreira, na forma da lei.

A apuração de ilícitos penais, inclusive crimes de trânsito, não sofreu mudanças: cabe às Polícias Civis em regra e, se cometido em detrimento de bens, serviços ou interesses da União, excepcionalmente caberá à Polícia Federal.

1.3. Competência jurisdicional

Este é o ponto que, para o direito processual, seria o único que estritamente se poderia designar de *competência*; daí a célebre definição: *competência é a medida da jurisdição.*

Por isso, não há que se confundir a fonte material da norma, os órgãos de aplicação da norma e os órgãos responsáveis por solucionar conflitos qualificados que daí surjam.

Veja-se a sempre atual lição de João Mendes de Almeida Júnior:

> O PODER JUDICIÁRIO é o poder de julgar *instituído*; a jurisdicção é o poder de julgar *constituído*; a COMPETÊNCIA é o poder de julgar *organizado*.
>
> D'ahi se segue que o Poder Judiciário, delegação da soberania nacional, implica a idéa de unidade e totalidade da força, que são as notas caracteristicas da idéa de soberania: o *Poder Judiciário*, em summa, quer pelos juizes da União, quer pelos juizes dos Estados, applica leis *nacionaes* para garantir os direitos índividuaes; o Poder Judiciário não é *federal*, nem *estadoal*; é eminentemente nacional, quer se manifestando nas *júrisdicções estadoaes*, quer se aplicando ao *civel*, quer se aplicando ao *crime*, quer decidindo em *superior*, quer decidindo em *inferior* instância.
>
> COMPETENCIA é a medida da jurisdicção na actividade dos orgãos do Poder Judiciário.[21]

A função jurisdicional reger-se-á pelas diversas regras constitucionais e processuais. Em geral, diante de crimes ligados a questões de trânsito, a competência é da Justiça Estadual, porque residual.

Se houver algum interesse, bem ou serviço da União envolvido, poderá ser deslocada para a Justiça Federal.

Da mesma forma, diante da abertura trazida pela Lei 13.491, de 13 de outubro de 2017, compete à Justiça Militar julgar os crimes previstos no Código Penal Militar ***e em leis esparsas***, se incorrer alguma hipótese do artigo 9º, especialmente as do inciso II, do CPM[22]. Pode haver crime militar.[23]

Poder-se-ia até pensar em crime eleitoral ligado a questões de trânsito, a ser julgado pela Justiça Eleitoral, caso o bem jurídico regularidade do pleito seja o elemento prevalente no tipo penal, como no caso do artigo 11, inciso III, da Lei 6.091, de 15 de agosto de 1974.[24]

[21] ALMEIDA JUNIOR, João Mendes de. *Direito Judiciário Brasileiro*, p. 38.

[22] CPM, Art. 9º Consideram-se crimes militares, em tempo de paz: II – os crimes previstos neste Código e os previstos na legislação penal, quando praticados: a) por militar em situação de atividade ou assemelhado, contra militar na mesma situação ou assemelhado; b) por militar em situação de atividade ou assemelhado, em lugar sujeito à administração militar, contra militar da reserva, ou reformado, ou assemelhado, ou civil; c) por militar em serviço ou atuando em razão da função, em comissão de natureza militar, ou em formatura, ainda que fora do lugar sujeito à administração militar contra militar da reserva, ou reformado, ou civil; d) por militar durante o período de manobras ou exercício, contra militar da reserva, ou reformado, ou assemelhado, ou civil; e) por militar em situação de atividade, ou assemelhado, contra o patrimônio sob a administração militar, ou a ordem administrativa militar;

[23] SÚMULA 6 do STJ: "Compete à Justiça Comum Estadual processar e julgar delito decorrente de acidente de trânsito envolvendo viatura de polícia militar, salvo se autor e vítima forem policiais militares em situação de atividade". A total extensão desta súmula parece superada diante das alterações legislativas empreendidas no CPM.

[24] Lei 6.091, de 15 de agosto de 1974. Art. 11. Constitui crime eleitoral: III - descumprir a proibição dos artigos 5º, 8º e 10º: Pena - reclusão de quatro a seis anos e pagamento de 200 a 300 dias-multa.

2. Os crimes de trânsito em particular[25]

Os chamados crimes de trânsito, como grupo específico de crimes, guardam certa unidade entre si, razão única de serem agrupados sob a indigitada rubrica *crimes de trânsito.* Trabalha-se, pois, esta questão sob feição dúplice: o bem jurídico em seu aspecto final (objetivo da proteção da lei penal) e em seu aspecto sistemático (orientação ou guia de arranjo normativo).

Quer-se saber qual a identidade que todos os tipos penais descritos no Código de Trânsito têm entre si.

Num aspecto formal (ou seja, de forma, de apresentação), está a posição topográfica: a colocação dos crimes num mesmo Estatuto.

E, por se tratar de lei cerrada num único assunto –trânsito como *utilização, em vias terrestres do território nacional, abertas à circulação das vias, por pessoas, veículos e animais, para fins de circulação, parada, estacionamento e operação de carga ou descarga*-, num aspecto material (conteudístico), os crimes de trânsito constituem-se como elementos protetores das coisas e das pessoas.

Noutro canto, num aspecto finalístico, vislumbrar-se-á que os crimes de trânsito não apenas envolvem as pessoas e as coisas –e assim os atores e os objetos que constituem o trânsito (causa material)-, mas miram também preservá-los. Essa finalidade protetora de pessoas e coisas, inclusive na relação que mantém entre si (fluidez do tráfego terrestre, por exemplo), firma a teleologia dos crimes de trânsito.

Por fim, num aspecto eficiente (de transformação), os crimes de trânsito guardam em si duas características marcantes. Antes de incidirem, esperam que as relações entre pessoas, e entre pessoas e coisas, no trânsito sejam de respeito

Art. 5º Nenhum veículo ou embarcação poderá fazer transporte de eleitores desde o dia anterior até o posterior à eleição, salvo: I - a serviço da Justiça Eleitoral; II - coletivos de linhas regulares e não fretados; III - de uso individual do proprietário, para o exercício do próprio voto e dos membros da sua família; IV - o serviço normal, sem finalidade eleitoral, de veículos de aluguel não atingidos pela requisição de que trata o art. 2º.

25 Veja-se como em Portugal, o princípio da oralidade é compreendido: " Ac. TRL de 31.10.2017 Crime de condução em estado de embriaguez. Prestação de trabalho a favor da comunidade. Processo sumário. Sentença. Forma escrita. I A pena de prestação de trabalho a favor da comunidade é uma pena de substituição (por isso autónoma da pena principal de prisão) e, daí, por definição própria, natureza e modo de execução, uma pena não privativa da liberdade.II Tendo arguido, no âmbito de processo especial sumário, sido condenado pela prática de um crime de condução de veículo em estado de embriaguez, p. e p. pelo artigo 292º, nº 1, do Código Penal, na pena de 5 meses de prisão, substituída pela pena de 150 horas de prestação de trabalho a favor da comunidade, inexiste imposição legal de elaboração da sentença por escrito."
Mesmo a previsão da oralidade como princípio orientador dos Juizados Especiais não fez o Brasil desprender-se da burocracia.

e cuidado[26]. Após incidirem, punem o autor e, de certa forma, asseguram a vítima e seus sucessores[27].

Evidentemente, essa leitura poderia ser esmiuçada ou mesmo ser feita sob paradigma distinto. Optou-se pelas causas peripatéticas[28] a título de provocação.

Desde já se pode notar que há parcial correspondência entre a colocação posta e a discussão sobre os fins da pena: prevenção geral positiva (reforço dos valores tutelados) e negativa (medo da pena incutido na coletividade), prevenção especial positiva (internalização dos valores pelo condenado) e negativa (medo do autor em cometer novo crime) e retribuição (pena como consequência lógica do crime).

Enquanto grupo próprio –*crimes de trânsito*-, o Código de Trânsito Brasileiro inovou, criando um rol de ilícitos penais. Antigamente, os tipos penais encontravam-se nas leis comuns, especialmente no Código Penal e na Lei de Contravenções Penais.

O último Código, Código Nacional de Trânsito – CNT, **Lei 5.108, de 21 de setembro de 1966, ainda que fizesse menção a "crimes de trânsito", não os definia.** Os Códigos anteriores também não o fizeram: Decreto-lei 2.994, de 28 de janeiro de 1941, e o Decreto-lei 3.651, de 25 de setembro de 1941.

2.1. Conceito de crimes de trânsito

Outra designação é feita quanto à finalidade do emprego do veículo num fato-crime: se ele foi usado para fins lícitos ou ilícitos.

Tal distinção é muito bem colocada na Exposição de Motivos da Reforma de 1984 do Código Penal[29]:

> 80. A inabilitação para dirigir veículo, como efeito da condenação, declara-se quando o veículo tenha sido utilizado como meio para a prática de crime doloso, distinguindo-se, pois, da interdição temporária para dirigir

[26] Diante dos princípios constitucionais, o Direito Penal apenas deve ser usado como último recurso: é o princípio da subsidiariedade e a consagrada característica da *ultima ratio*. A prevenção ao dano deve, antes, caber a outros ramos. Veja-se, por exemplo, a **Lei 13.614, de 11 de janeiro de 2018, que** cria o Plano Nacional de Redução de Mortes e Lesões no Trânsito (Pnatrans).

[27] Entre outros, CPP, art. 63: "Transitada em julgado a sentença condenatória, poderão promover-lhe a execução, no juízo cível, para o efeito da reparação do dano, o ofendido, seu representante legal ou seus herdeiros."

[28] Para uma primeira aproximação, veja-se: "A causa eficiente principal da argumentação é a pessoa que a produz. A causa eficiente instrumental é o intelecto da pessoa que a produz. / A causa final da argumentação é provar, tornar evidente uma determinada asserção. / A causa material da argumentação é constituída pelos elementos de que esta é feita. / A causa formal da argumentação é a forma imposta aos elementos materiais, a disposição dada a esses elementos." (TELLES JUNIOR, Goffredo. *Tratado da Consequência - Curso de Lógica Formal*, p. 85)

[29] Exposição de motivos da reforma de 1984 do CP, Lei 7.209, de011 de julho de 1984 (Exposição de Motivos nº 211, de 9 de maio de 1983).

(artigo 47, III), que se aplica aos autores de crimes culposos de trânsito. Estes usam o veículo como meio para fim lícito, qual seja transportar-se de um ponto a outro, sobrevindo então o crime, que não era o fim do agente. Enquanto aqueles outros, cuja condenação tem como efeito a inabilitação para dirigir veículo, usam-no deliberadamente como meio para fim ilícito.

Portanto, essa classificação é importante para revelar, entre outros pontos, a política criminal por trás de duas previsões do Código Penal. De um lado, a pena restritiva de direito de interdição temporária para dirigir[30] (cuja vigência será discutida nos comentários ao artigo 312 A, do CTB, *infra*), do outro o efeito civil da condenação do artigo 92, do Código Penal[31] (antiga pena acessória no texto original do Código Penal).

Da mesma forma, a pena privativa de liberdade para os crimes em que os *veículos foram usados para fins lícitos*, não apenas os crimes culposos de trânsito, mas também os crimes dolosos (de perigo) previstos no Código de Trânsito Brasileiro, é, em todas suas figuras fundamentais, de detenção. Já, nas hipóteses em que os veículos são meio para crimes dolosos, as penas são variadas, a depender da figura, sendo digno de nota o crime de homicídio, cuja figura simples é apenada com reclusão, de seis a vinte anos.

Tal distinção –veículos usados para fins lícitos e veículos usados como meio de outros crimes- demanda atenção. Por vezes, tais conceitos são usados para designar os *crimes de trânsito.*

Apenas devem ser considerados *crimes de trânsito* aqueles que tenham por objeto jurídico a circulação de veículos, ou melhor, a circulação, parada, estacionamento e operações de carga e descarga realizadas por pessoas, veículos e animais.

Nesse sentido, não se deve esquecer, a afirmação de Claudio Jacoponi:

[30] CP, Art. 47 - As penas de interdição temporária de direitos são: I - proibição do exercício de cargo, função ou atividade pública, bem como de mandato eletivo; II - proibição do exercício de profissão, atividade ou ofício que dependam de habilitação especial, de licença ou autorização do poder público; **III - suspensão de autorização ou de habilitação para dirigir veículo.** (g.n.) IV – proibição de freqüentar determinados lugares. V - proibição de inscrever-se em concurso, avaliação ou exame públicos.

[31] CP, Art. 92 - São também efeitos da condenação: I - a perda de cargo, função pública ou mandato eletivo: a) quando aplicada pena privativa de liberdade por tempo igual ou superior a um ano, nos crimes praticados com abuso de poder ou violação de dever para com a Administração Pública; b) quando for aplicada pena privativa de liberdade por tempo superior a 4 (quatro) anos nos demais casos. II – a incapacidade para o exercício do poder familiar, da tutela ou da curatela nos crimes dolosos sujeitos à pena de reclusão cometidos contra outrem igualmente titular do mesmo poder familiar, contra filho, filha ou outro descendente ou contra tutelado ou curatelado; **III - a inabilitação para dirigir veículo, quando utilizado como meio para a prática de crime doloso (g.n.).** Parágrafo único - Os efeitos de que trata este artigo não são automáticos, devendo ser motivadamente declarados na sentença.

> É clássica a divisão da responsabilidade pelos acidentes de trânsito nos três fatores intervenientes: o **homem, o veículo** e a **via**, entendida a via como o conjunto de todas as condições e todos os elementos nos quais atuam o veículo e o homem. Invariavelmente, a **falha humana** é apresentada como o maior contribuinte para a ocorrência dos acidentes. No congresso da Associação Internacional de Acidente e Medicina do Trânsito (Paris, 1972), foi apresentado um trabalho de pesquisa em que se mostrava que, em 98% dos casos de acidente de trânsito, tinha havido alguma infração um pouco antes do acidente, porque a infração é uma falha humana. A seguir esse raciocínio, podemos chegar à conclusão, inclusive, de que o homem é responsável por 100% dos acidentes, porque sempre podemos imaginar alguma falha, algum tipo de ação do homem que, se tomada num determinado instante, teria sido capaz de evitar qualquer acidente.[32]

Afastando-se da intenção do Ministro da Justiça ao escrever o excerto da Exposição de Motivos, conceituar *crime de trânsito* pelo "meio ilícito" ou "fim lícito" não é científico, com o devido respeito.

Essa colocação, ainda que sedutora, não sobrevive ao confronto com a realidade; portanto, falece quando de sua demonstração. Veja-se o simples evento: o autor de roubo de automóvel, embriagado e sem habilitação, durante a fuga da polícia, passa por escolas em altíssima velocidade, colocando diversos estudantes em risco, findando a perseguição com grave colisão, que fere alguns e mata outros. Esse pitoresco caso demonstra que não é a finalidade da circulação (lícita ou ilícita) que constitui o crime de trânsito, nem exatamente orienta a incidência dos crimes de trânsito em espécie.

Esse abuso da *causa final*, resquício da grandiosidade da obra de Aristóteles, parece ser o responsável por tal equívoco. Buscando não aprofundar a questão metafísica, mister apenas atentar-se a tal equívoco ou excesso, como quer que se veja. O traço característico dos "crimes de trânsito" é a concreta situação em que se encontram, nos termos exatos da compreensão real do que seja a objetividade jurídica trânsito.

A partir daí é que se desenvolve a ideia de "crimes de trânsito", e a pragmática do legislador confirma-o no texto do Código de Trânsito Brasileira, em suas regra sobre temas criminais contidas em seu "Capítulo XIX – Dos Crimes de Trânsito".

Ou melhor, esse é o discrímen comum a essa grande rubrica "crimes de trânsito"; no Brasil, ao menos e até este momento.

[32] SILVEIRA, Paulo Roberto. *Fundamentos de Medicina Legal*. 2ª edição. Rio de Janeiro: Lumen Juris, 2015, p. 186.

Como já dito, o trânsito envolve a utilização das vias por pessoas, animais e veículos. Fato é que apenas o mau uso de veículos, especialmente de veículos automotores, encontra correspondência típica, por opção legislativa. Por isso, todos modelos de crime do Código de Trânsito Brasileiro fazem menção a i) "direção de veículo automotor" (artigos 302, 303 e 308, do CTB), ii) "condutor de veículo" (artigos 304 e 305, do CTB), iii) "conduzir veículo automotor" (artigo 306, do CTB) ou "dirigir veículo automotor" (artigo 309, do CTB), iv) "para dirigir veículo automotor" (artigo 307, do CTB), v) "permitir, confiar ou entregar a condução de veículo automotor" (artigo 310, do CTB), vi) "trafegar" (artigo 311, do CTB), vii) "em caso de sinistro automobilístico" (artigo 312, do CTB).

Há países em que existem crimes de trânsito sem referência a *veículos*. Nos Estados Unidos, há curioso crime de vender ou usar, indevidamente, transmissor de preempção de sinal de tráfego (18 U.S. Code, §39 - *Traffic signal preemption transmitters*)[33]. Nos indigitados casos, não há envolvimento direto de veículos; é a fluidez e regularidade do fluxo viário que se protege.

Por isso, a opção legislativa brasileira de designar o tema como "crimes de trânsito" foi acertada. Bem assim, delimitou coerentemente as condutas incriminadas apenas àquelas que envolvam crimes de dano culposos e crimes dolosos de perigo.

Com efeito, falar, no Direito Brasileiro, em *crimes veiculares* parece enfatizar mais o objeto *veículo* do que a *situação em que o veículo estava*. Ainda que, como dito, o atual rol previsto no Código de Trânsito Brasileiro seja composto exclusivamente por delitos relacionados a veículos (em geral, automotores como já visto)[34], o termo técnico é *crimes de trânsito*, porque, semântica e pragmaticamente, ultrapassam o bem móvel *veículo* e implicam *situação dinâmica* de "utilização

[33] 18 U.S. Code § 39 - Traffic signal preemption transmitters (a)Offenses.— (1)Sale.— Whoever, in or affecting interstate or foreign commerce, knowingly sells a traffic signal preemption transmitter to a nonqualifying user shall be fined under this title, or imprisoned not more than 1 year, or both. (2)Use.— Whoever, in or affecting interstate or foreign commerce, being a nonqualifying user makes unauthorized use of a traffic signal preemption transmitter shall be fined under this title, or imprisoned not more than 6 months, or both. (b)Definitions.—In this section, the following definitions apply: (1)Traffic signal preemption transmitter.— The term "traffic signal preemption transmitter" means any mechanism that can change or alter a traffic signal's phase time or sequence.

[34] CTB, Art. 96. Os veículos classificam-se em:
I - quanto à tração: a) automotor; b) revogado (Lei 14.599/2023); c) de propulsão humana; d) de tração animal; e) reboque ou semi-reboque;
II - quanto à espécie: a) de passageiros: 1 - bicicleta; 2 - ciclomotor; 3 - motoneta; 4 - motocicleta; 5 - triciclo; 6 - quadriciclo; 7 - automóvel; 8 - microônibus; 9 - ônibus; 10 - bonde; 11 - reboque ou semi-reboque; 12 – charrete; b) de carga: 1 - motoneta; 2 - motocicleta; 3 - triciclo; 4 - quadriciclo; 5 - caminhonete; 6 - caminhão; 7 - reboque ou semi-reboque; 8 - carroça; 9 - carro-de-mão; c) misto: 1 - camioneta; 2 - utilitário; 3 - outros; d) de competição; e) de tração: 1 - caminhão-trator; 2 - trator de rodas; 3 - trator de esteiras; 4 - trator misto; f) especial: 1. motocicleta; 2. triciclo; 3. automóvel; 4. micro-ônibus; 5. ônibus; 6. reboque ou semirreboque; 7. camioneta; 8. caminhão; 9. caminhão-trator; 10. caminhonete; 11. utilitário; 12. motor-casa; (redação dada pela Lei 14.955/2023 g) de coleção;

das vias por pessoas, veículos e animais, isolados ou em grupos, conduzidos ou não, para fins de circulação, parada, estacionamento e operação de carga ou descarga" (lembre-se que essa é a definição legal de "trânsito", conforme artigo 1º, §1º, do CTB).

Outras designações já foram usadas. "Crimes automobilísticos", "delitos automobilísticos", "delitos veiculares" podem ser aceitos apenas como sinédoques, figura de linguagem que designa a parte pelo todo, ou vice-versa[35].

É certo que alguns autores parecem preferir conceituar crimes de trânsito como ilícitos cometidos na condução de veículos automotores mediante culpa, se de dano, ou dolo, se de perigo. [36]

Outros, porém, mesmo antes do vigente Código de Trânsito Brasileiro, definiam-nos como "(...) infração penal praticada culposa ou dolosamente pelo usuário da via terrestre, aberta à circulação pública, enquanto se locomove num veículo, individualmente ou para transporte de pessoas ou cargas."[37]

Importante notar que o trabalho desempenhado até este momento deitou-se sobre um conceito dito *científico* de crimes de trânsito, isto é, trabalho feito pela *opinio doctorum*, pela doutrina.

Diferente é a definição de direito positivo, a qual, orientada pelo princípio da legalidade, não poderia ser outra que a dada pelas fontes do direito, por excelência a lei, fonte formal direta. Não há definição conotativa, vale dizer, explicação do sentido dos termos definidos (no caso, *crimes de trânsito*), mas há definição denotativa, ou seja, exposição de todos os membros desse grupo; assim, *crimes de trânsito* são todas as figuras delitivas descritas do artigo 302 ao 312, do CTB.

2.2. Bem jurídico nos crimes de trânsito

Como já exposto, o direito a saudável tráfego considerara-se como interesse de todos. Acatando os requisitos do Código de Defesa do Consumidor, ter-se-ia a segurança do trânsito como bem ou interesse difuso, porque i) transindividual, isto é, ultrapassam a zona de interesse de uma pessoa, ii) indivisível, pois reúne elementos materiais e imateriais inseparáveis de seus titulares, iii) titularizados por pessoas indeterminadas, ou, melhormente, pela sociedade como um todo, e

III - quanto à categoria: a) oficial; b) de representação diplomática, de repartições consulares de carreira ou organismos internacionais acreditados junto ao Governo brasileiro; c) particular; d) de aluguel; e) de aprendizagem. (g.n.)

35 "Sinédoque (gr. *synedoche* = compreensão) consiste no emprego de uma palavra em lugar de outra na qual está compreendida, com a qual tem íntima conexão: *pão*, por alimento; *vela*, por navio; *ferro*, por espada ou âncora; lar (ou fogão), por casa." (ALMEIDA, Napoleão Mendes de. *Gramática metódica da língua portuguesa*, p. 381)

36 NUCCI. Guilherme de Souza. *Leis penais e processuais penais comentadas*, p. 1099.

37 PINHEIRO, Geraldo de Faria Lemos. "Ilícitos de trânsito", in *Justitia*, São Paulo, 45 (121): 16-33, abril/junho, 1983, p. 19.

iv) ligadas por circunstâncias de fato, qual seja, as concretas práticas de trânsito, não apenas os modelos legais de comportamento no trânsito. [38]

Note-se que, para certos autores, não se trataria propriamente de interesse difuso porque ausente a característica de conflituosidade.

Conflituosidade seria "(...) a medida do desacordo interno à própria sociedade, envolvida no litígio coletivo, acerca de qual seria a tutela adequada do direito material violado ou do modo de persegui-la."[39]

Por todos, veja-se:

> Não se trata de interesse difuso, uma vez que lhe falta o requisito da *conflittualità,* presente em outras hipóteses, como a questão ambiental (ambientalistas x usineiros), as relações de consumo (consumidor x produtor)etc. É um interesse público, "constituindo-se uma função primária e natural do próprio Estado de Direito (Ada Pellegrini Grinover, A tutela jurisdicional dos interesses difusos, *Revista da Procuradoria-Geral do Estado de São Paulo,* 78:113, São Paulo). No mesmo sentido: José dos Santos Carvalho Filho, Os interesses difusos e coletivos e o princípio da legalidade, *Livro de Estudos Jurídicos,* 3:136, Rio de Janeiro, instituto de Estudos Jurídicos, 1991. Interesse público, na lição de nigro Hugo Mazzilli, é o "bem geral, ou seja, o interesse geral da coletividade ou o interesse da coletividade como um todo" (*A defesa dos interesses difusos em juízo,* São Paulo, Saraiva, 1997, p. 3). Por isso a incolumidade pública, no que concerne à segurança do trânsito, observa Mazzilli, "não é interesse de grupo e, portanto, não constitui interesse difuso. É, mais propriamente, interesse público, de toda a coletividade (*e-mail* remetido ao autor em 5 de janeiro de 1998 com o título "Incolumidade pública").[40]

Independentemente dessa questão doutrinária de maior interesse para a área cível, em Direito Penal tem-se a saudosa lição de Franz von Lizst sobre bem jurídico penal:

[38] CDC, Art. 81. A defesa dos interesses e direitos dos consumidores e das vítimas poderá ser exercida em juízo individualmente, ou a título coletivo. Parágrafo único. A defesa coletiva será exercida quando se tratar de: I - interesses ou direitos difusos, assim entendidos, para efeitos deste código, os transindividuais, de natureza indivisível, de que sejam titulares pessoas indeterminadas e ligadas por circunstâncias de fato; II - interesses ou direitos coletivos, assim entendidos, para efeitos deste código, os transindividuais, de natureza indivisível de que seja titular grupo, categoria ou classe de pessoas ligadas entre si ou com a parte contrária por uma relação jurídica base; III - interesses ou direitos individuais homogêneos, assim entendidos os decorrentes de origem comum.

[39] VITORELLI, Edilson. *O devido processo legal coletivo:* dos direitos aos litígios coletivos, item 2.5. No mesmo sentido, ZAVASCKI, Teori Albino. *Processo coletivo*: tutela de direitos coletivos e tutela coletiva de direitos, p. 39-40, GRINOVER, Ada Pellegrini [et alli]. *Código Brasileiro de Defesa do Consumidor*: comentado pelos autores do anteprojeto, p. 80.

[40] JESUS, Damásio de. *Crimes de Trânsito,* p. 12-13.

> I. — Todo direito existe por amor dos homens e tem por fim proteger interesses da vida humana. A protecção de interesses é a essência do direito, a idéa finalistica a força que o produz.
>
> 1.° — Chamamos bens juridicos os interesses que o direito protege. *Bem juridico é, pois, o interesse juridicamente protegido.* Todos os bens juridicos são interesses humanos, ou do individuo ou da collectividade. É a vida, e não o direito, que produz o interesse; mas só a protecção juridica converte o interesse em bem jurídico. A liberdade individual, a inviolabilidade do domicilio, o segredo epistolar eram interesses muito antes que as cartas constitucionaes os garantissem contra a intervenção arbitraria do poder publico. A necessidade origina a protecção, e, variando os interesses, variam tambem os bens juridicos quanto ao numero e quanto ao gênero.[41]

Sem maiores, a doutrina diferencia o bem jurídico dos crimes de trânsito em principais e secundários.

A objetividade jurídica principal ou imediata consiste na segurança do trânsito, em geral. Já a objetividade jurídica secundária, reflexa ou indireta (como vida, saúde, integridade física etc.), como as próprias designações demonstram, não são desconsideradas, nem relegadas a segundo plano. O que acontece nos crimes de trânsito é que a segurança do trânsito já está a favor desses bens jurídicos secundários; há, efetivamente, uma antecipação da atuação penal, no sentido de se protegerem os direitos fundamentais.[42]

A compreensão do bem jurídico dos crimes de trânsito, consistente na apontada primariedade da segurança do tráfego, impõe-se como consequência de uma característica triste do trânsito. Mas também é consequência de um olhar mais amplo sobre o trânsito, quer dizer, a compreensão de que pessoas e bens, material e imaterialmente, interagem uns com os outros e, desta forma, constituem a fluidez do trânsito (o trânsito real e dinamicamente considerado).

Bem por isso, a Emenda Constitucional 82/14 acrescentou o §10 ao artigo 144, da Carta Magna, a estremar de dúvidas que o bem jurídico *segurança viária* entrecruza-se com *ordem pública* e *incolumidade das pessoas e do patrimônio*.

> CF, art. 144, § 10. A segurança viária, exercida para a preservação da ordem pública e da incolumidade das pessoas e do seu patrimônio nas vias públicas: I - compreende a educação, engenharia e fiscalização de trânsito, além de outras atividades previstas em lei, que assegurem ao cidadão o direito à

[41] LISZT, Franz v. *Tratado de Direito Penal alemão*. Vol. 1, p. 93-94, grafia como na tradução da época.

[42] JESUS, Damásio de. *Crimes de Trânsito*, p. 13.

> mobilidade urbana eficiente; e II - compete, no âmbito dos Estados, do Distrito Federal e dos Municípios, aos respectivos órgãos ou entidades executivos e seus agentes de trânsito, estruturados em Carreira, na forma da lei.

Há autores que se mantêm fiéis aos bens jurídicos que poderiam ser chamados clássicos: incolumidade pública, integridade física, administração pública.[43]

Antes do vigente Código de Trânsito Brasileiro, que veio com lista própria de crimes de trânsito como exposto anteriormente, já registrava a legislação penal condutas puníveis ligadas a esse assunto. Estavam capituladas principalmente na Lei das Contravenções Penais – decreto-lei 3.688, de 3 de outubro de 1941, nos artigos 32[44] e 34[45]. A doutrina entendia que o bem jurídico correspondente era a *incolumidade pública*, focando, pois, na proteção ao ser humano apenas.

> Sendo –a *incolumidade pública* – o objeto de proteção [do artigo 32, da LCP], daí resulta que –o perigo – deve se verificar em relação a vida ou a integridade física da pessoa e não das cousas – *animais*.[46]

No vigente Código de Trânsito, como exposto, o bem jurídico especificou-se: é, primeiramente, a segurança viária e, segundamente, a proteção de bens jurídicos individuais. Não obstante, a doutrina costuma elencar como exceções os crimes de homicídio culposo e de lesões corporais culposas desse Códex.

Mundo afora, as óticas são semelhantes, com particularidades dignas de nota.

No Direito Inglês, a objetividade jurídica repousa na segurança.

> Um exemplo de crime de conduta é o delito de direção perigosa, contrário à seção 2 da Lei de Trânsito Rodoviário (RTA) de 1988 (substituída pela RTA de 1991). Resulta do texto da infração que o ato reus da direção perigosa é dirigir um veículo com propulsão mecânica em uma estrada ou outro lugar. **Nada mais precisa ser estabelecido e certamente não há necessidade de mostrar que qualquer consequência terrível se seguiu. No entanto, para que o crime seja concluído, é necessário fazer referência às circunstâncias. A direção deve ser perigosa e** as seções 2A (1) e (2) deixam claro que o que é considerado perigoso deve ser amplamente

[43] For exemplo, vide tópicos de "objetividade jurídica" do capítulo sobre os aspectos penais do Código de Trânsito Brasileiro em ANDREUCCI, Ricardo Antonio. *Legislação penal especial*, p. 64-80.

[44] LCP, Art. 32. Dirigir, sem a devida habilitação, veículo na via pública, ou embarcação a motor em aguas públicas: Pena – multa, de duzentos mil réis a dois contos de réis.

[45] LCP, Art. 34. Dirigir veículos na via pública, ou embarcações em águas públicas, pondo em perigo a segurança alheia: Pena – prisão simples, de quinze dias a três meses, ou multa, de trezentos mil réis a dois contos de réis.

[46] FARIA, Bento. *Das contravenções penais*, p. 132.

avaliado usando o **padrão objetivo do "motorista competente e cuidadoso". Obviamente, dirigir um carro não é um crime, mas fazê-lo de forma que a conduta seja perigosa, inevitavelmente, estabeleça o delito. (g.n.).**[47]

Em Portugal, muito semelhante ao Direito brasileiro, o bem jurídico é a segurança rodoviária, falando-se ainda, indiretamente, na tutela dos demais bens jurídicos, como vida, integridade física e patrimônio.

Bem por isso, os crimes de trânsito estão capitulados na Parte Especial do Código Penal Português, aprovado pelo Decreto-Lei 400/82, de 3 de setembro, e reformado por leis posteriores), especificamente no Livro II – Parte Especial, Título IV – Dos crimes contra a vida em sociedade, Capítulo IV - Dos crimes contra a segurança das comunicações.

De serem destacados os artigos 290º (atentado à segurança de transporte rodoviário), 291º (condução perigosa de veículo rodoviário), 292º (condução de veículo em estado de embriaguez ou sob influência de estupefacientes ou substâncias psicotrópicas) e 293º (lançamento de projétil contra veículo).

<u>Ac. do TRC de 05.04.2017</u> I - O bem jurídico protegido no crime de condução sem habilitação legal é a segurança de circulação rodoviária e indiretamente a tutela de bens jurídicos que se prendem com essa segurança, como a vida, a integridade física de outrem e os bens patrimoniais. II - Quando a condenação do arguido nos presentes autos não é um episódio ocasional e isolado no contexto de uma vida de resto fiel ao direito e, pelo contrário, é a repetição de condutas, em anos sucessivos. Sendo de realçar que nem o cumprimento de penas de prisão o levaram a interiorizar o desvalor da sua conduta. Considerando o grau de perigosidade do arguido que resulta dos factos provados, entendemos que a aplicação ao arguido de uma pena de 12 meses de prisão, pela prática do crime de condução sem habilitação legal, quando em abstrato a pena vai de 1 mês a 2 anos de prisão, é proporcional e adequada às exigências de prevenção e da culpa, pelo que não merece censura, por excesso, a pena que lhe foi aplicada. III - Em princípio, o veículo automóvel conduzido por quem para tal não está habilitado não deve ser considerado instrumenta sceleris, nem como instrumento

[47] No original: "An example of a conduct crime is the offence of dangerous driving contrary to s 2 of the Road Traffic Act (RTA) 1988 (as substituted by the RTA 1991). It is clear from the wording of the offence that the actus reus of dangerous driving is driving a mechanically propelled vehicle on a road or other place. Nothing more needs to be established and there is certainly no need to show that any dire consequence ensued. However, for the crime to be completed reference needs to be made to the circumstances. The driving must be dangerous and s 2A(1) and (2) make it clear that what is deemed to be dangerous is to be largely assessed by using the objective standard of the 'competent and careful driver'. Obviously, to drive a car is not a crime but to do so in such a way that the conduct is dangerous inevitably establishes the offence." (MOLAN, Michael; LANSER, Denis; BLOY, Duncan. *Bloy and Parry's Principles of criminal law*, 2000, p. 27)

objetivamente perigoso para a segurança das pessoas, a moral ou a ordem públicas e que oferece sério risco se ser utilizado para o cometimento de novos ilícitos típicos. IV - Existe uma diferenciação de requisitos de declaração de perdimento consoante o bem seja do arguido ou de terceiro alheio ao processo penal, não podendo deixar de ser também diversos os mecanismos de defesa de quem pode ver o bem declarado perdido a favor do Estado.

No Direito espanhol, a rubrica "De los delitos contra la seguridad del tráfico" foi alterada pela Lei Orgánica 15/2007. Assim, hoje, consta o Capítulo IV - De los delitos contra la Seguridad Vial, do Título XVII - De los delitos contra la seguridad colectiva, LIBRO III - Faltas y sus penas, do Código Penal - Ley Orgánica 10/1995, de 23 de noviembre. Ainda que receba críticas da doutrina, especialmente pelo abuso de crimes de perigo abstrato, o bem jurídico mantém-se como elencado pelo legislador: "seguridade viária".

> Os "crimes contra a segurança viária" são tipificados no Capítulo IV do Título XVII.
>
> O bem jurídico "segurança viária" é um bem jurídico coletivo, cuja regulação jurídica é feita externa e centralmente, obrigando os indivíduos, independentemente de suas opiniões particulares: a dirigir veículo automotor na via pública sob o efeito de alto nível de álcool ou uma velocidade superior à prevista nas infrações penais constitui crime contra a segurança viária, ainda que o responsável pela infração acredite e possa mesmo demonstrar objectivamente que não houve perigo na sua conduta. Isso gera uma tendência à objetivação da responsabilidade penal e à criação de crimes de perigo abstrato em que a simples infração de normas administrativas torna o ato uma espécie criminosa (ver abaixo).[48]

No Direito Penal argentino, o bem jurídico é a "seguridad del trânsito", a qual foi dada pela Ley nº 26.362, publicada no B.O. de 16/4/2008. Esse estatuto, ao reformar a designação do Capítulo II para "Delitos contra la seguridad del tránsito y de los medios de transporte y de comunicación" (acrescentando a segurança do trânsito), do Título VII - Delitos Contra el Orden Publico, do Libro Segundo

[48] No original: "Los «Delitos contra la seguridade vial» están tipificados en el Capítulo IV del Título XVII. / El *bien jurídico* «seguridad vial» es un bien jurídico colectivo, cuya regulación jurídica se hace de forma externa y centralizada, obligando a los individuos, independientemente de sus particulares opiniones: conducir por una vía pública un vehículo de motor bajo la influencia de un alto nivel de alcohol o a una velocidad superior a la fijada en los tipos penales constituye un delito contra la seguridad vial, aunque el sujeto autor de la infracción crea e incluso objetivamente pueda demostrar que no había ningún peligro en su conducta. Esto genera una tendencia a la objetivación de la responsabilidade penal y a la creación de delitos de peligro abstracto em los que la simple infracción de normas administrativas convierte el hecho en un tipo penal (véase *infra*). (CONDE, Francisco Muñoz. *Derecho Penal, parte especial*, capítulo XXIX., tradução livre)

– Dos Delitos, do Código Penal argentino, inseriu o artigo 193 Bis (semelhante ao crime de participação em rixa)[49], que se poderia dizer crime de trânsito (crime de perigo). Havia, de forma ampla, o artigo 194 (perturbação de transportes terrestres e outros)[50], por exemplo, cuja objetividade seriam os meios de transportes, bem assim, havia figuras qualificadas para o homicídio e lesões corporais culposas em razão de certas situações de trânsito.

Portanto, nota-se que a extensão, e portanto o grau de interferência do Direito Penal na vida das pessoas, é escolha prioritária do legislador.

Dessa maneira, certas dissensões são encontradas nos diferentes ordenamentos jurídicos[51], não deixando, porém, de se vislumbrarem nuanças de coincidência, principalmente quanto ao núcleo de segurança viária, especialmente sob a ótica da segurança das pessoas.

Os reclamos pela invasão do Direito Penal vêm da percepção da gravidade dos fatos, inclusive sob ótica estatística. Esse é o fundamento para elevar-se o trânsito, em alguns de seus componentes mais importantes, a bem jurídico penal. E o esforço para reduzir a violência (intrínseca) do trânsito é uma das tarefas mais duramente discutidas e ingratas do Direito Penal e ensejam a antecipação da atuação para antes das efetivas ofensas a bens jurídicos pessoais (vida, integridade).

49 CP Argentino. Articulo 193 Bis. - Será reprimido con prisión de seis (6) meses a tres (3) años e inhabilitación especial para conducir por el doble del tiempo de la condena, el conductor que creare una situación de peligro para la vida o la integridad física de las personas, mediante la participación en una prueba de velocidad o de destreza con un vehículo con motor, realizada sin la debida autorización de la autoridad competente. / La misma pena se aplicará a quien organizare o promocionare la conducta prevista en el presente artículo, y a quien posibilitare su realización por un tercero mediante la entrega de un vehículo con motor de su propiedad o confiado a su custodia, sabiendo que será utilizado para ese fin.

50 CP Argentino. Articulo 194. - El que, sin crear una situación de peligro común, impidiere, estorbare o entorpeciere el normal funcionamiento de los transportes por tierra, agua o aire o los servicios públicos de comunicación, de provisión de agua, de electricidad o de sustancias energéticas, será reprimido con prisión de tres meses a dos años.

51 Veja-se o pensamento do peruano Alonso Freyre: "El ámbito de mayor proyección criminológica resulta la actividad del tráfico rodado, pues casi un 70q de las muertes en el Perú son concreción de una actividad negligente; los accidentes automovilísticos enlutan día a día las carreteras y pistas de nuestra enorme geografía, por lo que las autoridades ya no saben qué hacer para poder neutralizar dicho foco de peligro. La informalidad de las agencias de transporte, el mal estado de las pistas aunado al alcohol de los conductores, se han constituido en los factores que contribuyen a decir: que en el Perú, el tránsito vehicular se ha erigido en um arma moral para muchos ciudadanos, cuya explicación dogmática ha de sostenerse sobre la imagen del delito culposo. / En resumidas cuentas, el factor criminológico ha incidido sobre manera en la actividad legislativa del Parlamento, en la medida que a la fecha se han sancionado importantes modificaciones en el marco de los delitos culposos, concretamente en lo que el homicidio y lesiones culposas se refiere, a lo que debemos sumar el delito de conducción en estado de ebriedad, pues tal como lo anote, las causas de mayor índice delictivo son las generadas por una conducción defectuosa del agente, al estar influenciado por efectos del alcohol y/o estupefacientes. Sanción normativa que toma lugar gracias a la dación de la Ley N9 27753 del 09 de junio del 2002. Norte político criminal, que en principio resulta legítimo, a la luz de las funciones tutelares del Derecho penal, pero tal vez demasiado enérgicas -de acuerdo a los marcos penales propuestos-, según los principios de culpabilidad y de proporcionalidad. Ahora un homicidio culposo -por las causales anotadas-, recibe una pena mayor que un homicidio doloso atenuado." (FREYRE, Alonso Raúl Peña Cabrera. *Manual de Derecho Penal*, parte especial, tomo I, p. 204-205)

Seção I - Disposições Gerais

Art. 291. Aos crimes cometidos na direção de veículos automotores, previstos neste Código, aplicam-se as normas gerais do Código Penal e do Código de Processo Penal, se este Capítulo não dispuser de modo diverso, bem como a Lei nº 9.099, de 26 de setembro de 1995, no que couber.

Comentários

O artigo 291, *caput*, do CTB, estabelece expressamente a regra da especialidade. Dispõe, como não poderia ser diferente, o CTB, em suas regras materiais, é *lex specialis* diante daquelas gerais previstas no Código Penal e no Código de Processo Penal.

A referência à Lei 9.099, de 26 de setembro de 1995, dá-se em razão da grande importância e larga repercussão que a Lei dos Juizados Especiais teve ao definir infrações de menor potencial ofensivo[52]: crimes cuja pena máxima não ultrapasse dois anos, independentemente da previsão de multa, e contravenções. Importante para o CTB a suspensão condicional do processo[53].

Sendo o CTB estatuto promulgado no ano de 1997, não poderia fazer referência ao Pacote Anticrime – Lei 13.964, de 24 de dezembro de 2019. Ocorre que foi introduzido no Código de Processo Penal o artigo 28 – A, que traz semelhantemente a possibilidade de extinção da punibilidade para infrações penais cuja pena mínima seja inferior a quatro anos[54].

52 Lei 9.0995/95, Art. 61. Consideram-se infrações penais de menor potencial ofensivo, para os efeitos desta Lei, as contravenções penais e os crimes a que a lei comine pena máxima não superior a 2 (dois) anos, cumulada ou não com multa.

53 Lei 9.099/95. Art. 89. Nos crimes em que a pena mínima cominada for igual ou inferior a um ano, abrangidas ou não por esta Lei, o Ministério Público, ao oferecer a denúncia, poderá propor a suspensão do processo, por dois a quatro anos, desde que o acusado não esteja sendo processado ou não tenha sido condenado por outro crime, presentes os demais requisitos que autorizariam a suspensão condicional da pena (art. 77 do Código Penal). § 1º Aceita a proposta pelo acusado e seu defensor, na presença do Juiz, este, recebendo a denúncia, poderá suspender o processo, submetendo o acusado a período de prova, sob as seguintes condições: I - reparação do dano, salvo impossibilidade de fazê-lo; II - proibição de freqüentar determinados lugares; III - proibição de ausentar-se da comarca onde reside, sem autorização do Juiz; IV - comparecimento pessoal e obrigatório a juízo, mensalmente, para informar e justificar suas atividades. (*omissis*)

54 CPP, "Art. 28-A. Não sendo caso de arquivamento e tendo o investigado confessado formal e circunstancialmente a prática de infração penal sem violência ou grave ameaça e com pena mínima inferior a 4 (quatro) anos, o Ministério Público poderá propor acordo de não persecução penal, desde que necessário e suficiente para reprovação e prevenção do crime, mediante as seguintes condições ajustadas cumulativa e alternativamente: I - reparar o dano ou restituir a coisa à vítima, exceto na impossibilidade de fazê-lo; II - renunciar voluntariamente a bens e direitos indicados pelo Ministério Público como instrumentos, produto ou proveito do crime; III - prestar serviço à comunidade ou a entidades públicas por período correspondente à pena mínima cominada ao delito diminuída de um a dois terços, em local a ser indicado pelo juízo da execução, na forma do art. 46 do Decreto-Lei nº 2.848, de 7 de dezembro de 1940 (Código Penal); IV - pagar prestação pecuniária, a ser estipulada nos termos do art. 45 do Decreto-Lei nº 2.848, de 7 de dezembro de 1940 (Código Penal), a entidade pública ou de interesse social, a ser indicada pelo juízo da execução, que tenha, preferencialmente, como função proteger bens jurídicos iguais ou semelhantes aos aparentemente lesados pelo delito; ou V - cumprir, por prazo determinado, outra condição indicada pelo Ministério Público, desde que proporcional

Portanto, o artigo 291, do CTB, é semelhante ao artigo 12, do Código Penal[55]. Consignam ambos o *princípio da especialidade*, não sem o dispositivo em comento se fazer de certa forma redundante: não há necessidade de repetir conhecimento da teoria geral do direito; tão menos repetir aquilo já repetido na parte geral do Direito Penal, porque, além de consolidado na cultura jurídica do País, tal disposição repetiria outras explícitas, sem qualquer acréscimo normativo.

No entanto, como sói acontecer, algumas conclusões lógicas ficam melhor quando feitas explícitas. Melhor do que serem deixadas à "ciência" do intérprete.

Não há necessidade, neste ponto, de alongar-se sobre o assunto, ou mesmo fazer exposição dos princípios, regras ou técnicas de solução de certos problemas normativos.

Lembre-se apenas que a antinomia jurídica (conflito aparente de normas *em abstrato*) é solucionada, classicamente, pela hierarquia, especialidade e anterioridade, conforme previsão da Lei de Introdução às Normas do Direito Brasileiro[56], e implica revogação da norma inferior, geral ou anterior.

> Dois tipos fundamentais de antinomias podem ser distinguidos: antinomias "em abstrato" (ou necessárias) e antinomias "em concreto" (ou contingentes). Em geral, as primeiras são relativamente raras; as últimas, ao contrário, são extremamente. freqüentes (e provavelmente inevitáveis).
>
> (1) Antinomias em abstrato. Temos uma antinomia "no abstrato" sempre que duas normas conectam consequências jurídicas incompatíveis a casos abstratos (isto é, a classes de casos concretos) que se sobrepõem conceitualmente. Assim, a antinomia já pode ser identificada no local da interpretação

e compatível com a infração penal imputada. § 1º Para aferição da pena mínima cominada ao delito a que se refere o *caput* deste artigo, serão consideradas as causas de aumento e diminuição aplicáveis ao caso concreto. § 2º O disposto no *caput* deste artigo não se aplica nas seguintes hipóteses: I - se for cabível transação penal de competência dos Juizados Especiais Criminais, nos termos da lei; II - se o investigado for reincidente ou se houver elementos probatórios que indiquem conduta criminal habitual, reiterada ou profissional, exceto se insignificantes as infrações penais pretéritas; III - ter sido o agente beneficiado nos 5 (cinco) anos anteriores ao cometimento da infração, em acordo de não persecução penal, transação penal ou suspensão condicional do processo; e IV - nos crimes praticados no âmbito de violência doméstica ou familiar, ou praticados contra a mulher por razões da condição de sexo feminino, em favor do agressor. (...)

55 Código Penal. Art. 12 - As regras gerais deste Código aplicam-se aos fatos incriminados por lei especial, se esta não dispuser de modo diverso.

56 Decreto-Lei 4.657, de 4 de setembro de 1942- Lei de Introdução às Normas do Direito Brasileito. Art. 2º Não se destinando à vigência temporária, a lei terá vigor até que outra a modifique ou revogue. § 1º A lei posterior revoga a anterior quando expressamente o declare, quando seja com ela incompatível ou quando regule inteiramente a matéria de que tratava a lei anterior. §2º A lei nova, que estabeleça disposições gerais ou especiais a par das já existentes, não revoga nem modifica a lei anterior.

> textual, "em abstrato", sem, portanto, exigir que um caso específico seja representado. (tradução livre)[57]

Já o conflito aparente de normas penais –por mais que a terminologia faça aparentar problemática idêntica à tratada acima – guarda algumas diferenças. A principal é que, dentre seus princípios comumente enunciados pela doutrina (especialidade, subsidiariedade, consumpção e alternatividade), são, em geral, conflitos aparentes de normas *em concreto;* exceção feita ao principio da especialidade, que se trata de choque em abstrato. Como conclusão, levam à aplicação de apenas uma norma para o caso concreto, sem falar-se em revogação.

> (2) Antinomias em concreto. Temos uma antinomia "em concreto" -ou contingente- sempre que, em sede da aplicação, se constata que duas normas, que não entram em conflito em abstrato, conectam, sem embargo, consequências jurídicas incompatíveis a um mesmo caso concreto. Tal coisa sucede sempre que um caso concreto (ou uma subclasse de casos concretos) se inscreve simultaneamente em duas classes de casos conceitualmente independentes para os quais o direito estabelece consequências jurídicas incompatíveis. Assim, a antinomia pode ser identificada apenas na aplicação das regras a um caso concreto (ao qual, precisamente, por azar, ambas lhe são aplicáveis). [58]

Como se sabe, o princípio da especialidade encerra problemas em abstrato. Vale dizer, a relação de especialização resume á particular condição objetiva ou subjetiva da norma que impõe relação de *minus e plus* de severidade.[59] Daí ser relação sempre em abstrato.

57 No original: "Se pueden distinguir dos tipos fundamentales de antinomias: antinomias «en abstracto» (o necesarias) y antinomias «en concreto» (o contingentes). En general, las primeras son relativamente raras; las segundas, por el contrario, son extremadamente. frecuentes (y probablemente inevitables). / (1) *Antinomias en abstracto.* Tenemos una antinomia «en abstracto» cada vez que dos normas conectan consecuencias jurídicas incom-· patibles a casos abstractos (es decir, a clases de casos concretos) que se superponen *conceptualmente.* De manera que la antinomia puede ser identificada ya en sede de interpretación textual, «en abstracto», sin que por tanto haga falta representarse un caso concreto." (GUASTINI, Riccardo. *Interpretar y argumentar,* p. 118-119)

58 No original: "(2) *Antinomias en concreto.* Tenemos una antinomia «en concreto» -o contingente- siempre que, en sede de aplicación, se advierte que dos normas, que no entran en conflicto en abstracto, conectan sin embargo consecuencias jurídicas incompatibles a un mismo caso concreto. Tal cosa sucede toda vez que un caso *concreto* (o una subclase de casos concretos) se inscribe simultáneamente en dos clases de casos *conceptualmente independientes* para los cuales el derecho establece consecuencias jurídicas incompatibles. De manera que la antinomia puede ser identificada solo en sede de aplicación de las normas a un caso concreto (al cual, precisamente, por azar, le son aplicables ambas)." GUASTINI, Riccardo. *Interpretar y argumentar.* Traducción de Silvina Álvarez Medina. Madrid: Centro de Estudios Políticos y Constitucionales, 2014, p. 119.

59 HUNGRIA, Nelson. *Comentários ao Código Penal.* Volume I, Tomo 1º, p. 134-135.

> Isto é, a norma especial acrescenta elemento próprio à descrição típica prevista na norma geral (...).O princípio da especialidade evita o *bis in idem*, determinando a prevalência da norma especial em comparação com a geral, e pode ser estabelecido *in abstracto*, enquanto os outros princípios exigem o confronto *in concreto* das leis que definem o mesmo fato.[60]

Por fim, concurso de crimes envolve a pluralidade de fatos criminosos, que se relacionarão, uns aos outros, em concurso material, concurso formal e continuidade delitiva.

Diante disso, o artigo 291, *caput*, do Código de Trânsito Brasileiro, por certo, refere-se à especialidade como instituto de derrogação de normas jurídicas e, não poderia deixar de ser, técnica de solução de dúvidas interpretativas diante da possibilidade de aplicar diversos dispositivos penais a um único fato. Desta forma, determina a prevalência, isto é, a especialidade, das normas do Código de Trânsito diante de outras mais gerais – como os crimes do Código Penal de perigo para a vida ou saúde de outrem (artigo 132, do Código Penal), lesão corporal culposa (artigo 129, §6°, do Código Penal) ou homicídio culposo (artigo 121, §3°, do Código Penal).

Está-se, pois, no campo do concurso aparente de leis penais (ou, em expressões sinônimas, concurso ideal impróprio, concurso aparente de tipos ou concurso aparente de normas penais), diante do caso peculiar de derrogação da norma mais geral.

Note-se que a derrogação (revogação parcial) da contravenção penal do artigo 32, da LCP[61], pelo crime do artigo 309, do CTB[62], é tema ligado ao efetivo conflito de leis no plano abstrato. Como entendimento exarado na Súmula 720, do Supremo Tribunal Federal[63], houve perda da validade e da eficácia do primeiro dispositivo, e assim revogação: quer dizer, o dispositivo não pertence mais ao ordenamento jurídico positivo nem pode incidir.

> Art. 291, § 1° Aplica-se aos crimes de trânsito de lesão corporal culposa o disposto nos arts. 74, 76 e 88 da Lei no 9.099, de 26 de setembro de 1995,

[60] BITENCOURT, Cezar Roberto. *Tratado de direito penal*: parte geral, Cap. XI, item 2.1.

[61] Decreto-Lei 3.688, de 3 de outubro de 1941 – Lei das Contravenções Penais (LCP). Art. 32. Dirigir, sem a devida habilitação, veículo na via pública, ou embarcação a motor em aguas públicas: Pena – multa, de duzentos mil réis a dois contos de réis.

[62] CTB, Art. 309. Dirigir veículo automotor, em via pública, sem a devida Permissão para Dirigir ou Habilitação ou, ainda, se cassado o direito de dirigir, gerando perigo de dano: Penas - detenção, de seis meses a um ano, ou multa.

[63] Súmula 720, do Supremo Tribunal Federal. *O art. 309 do Código de Trânsito Brasileiro, que reclama decorra do fato perigo de dano, derrogou o art. 32 da Lei das Contravenções Penais no tocante à direção sem habilitação em vias terrestres.*

exceto se o agente estiver: (Renumerado do parágrafo único pela Lei nº 11.705, de 2008)

I - sob a influência de álcool ou qualquer outra substância psicoativa que determine dependência; (Incluído pela Lei nº 11.705, de 2008)

II - participando, em via pública, de corrida, disputa ou competição automobilística, de exibição ou demonstração de perícia em manobra de veículo automotor, não autorizada pela autoridade competente; (Incluído pela Lei nº 11.705, de 2008)

III - transitando em velocidade superior à máxima permitida para a via em 50 km/h (cinqüenta quilômetros por hora). (Incluído pela Lei nº 11.705, de 2008)

1. Preliminares sobre o crime de trânsito de lesão corporal culposa

O §1º, do artigo 291, do CTB, termina seja aplicado aos "crimes de trânsito" de "lesão corporal culposa" certos institutos da Lei 9.099/95.

Primeiramente, note-se que o legislador insistiu em designar o crime de "lesão corporal culposa" como "crime de trânsito".

Parece, pois, uma insistência topográfica e sistemática, ao reforçar, conforme feito na rubrica do Capítulo XIX – Dos crimes de trânsito, que todos os tipos penais do CTB são considerados "crimes de trânsito". Isso sem adotar a escorreita técnica legislativa, conforme preceitua o artigo 11, inciso II, alínea 'g', da Lei Complementar 95/98.

Também, ao se referir a "crimes de trânsito *de lesão corporal culposa*", fez uso de um nome designativo de uma figura de crime, isto é, usou tal expressão para designar o modelo de crime descrito no artigo 303, do CTB. É eloquente a antiga classificação gramatical conhecida como genitivo[64], que é um adjunto restritivo; portanto, dentro do grupo maior de *crimes de trânsito*, o legislador trouxe uma

[64] ALMEIDA, Napoleão Mendes de. *Gramática metódica da língua portuguesa*. 13º edição. São Paulo: Saraiva 1961, p. 355, "Quando o complemento nominal de um substantivo se inicia pela preposição *de* (quase sempre tal complemento corresponde ao caso genitivo latino), poderá êle ser: 1) Genitivo objetivo, ou seja, complemento que indica o objeto, o recipiente da ação. Quando dizemos." adoração do bezerro de ouro", *bezerro* recebe a ação de adorar. Não há aí perigo nenhum de ambigüidade, e, por isso, a preposição *de* deverá permanecer; inconscientemente procederia quem a substituísse por *a*. 2) Genitivo subjetivo; é idêntico ao complemento anterior no aspeto material, mas diferente quanto ao sentido: "obediência do aluno". É claro que, nesta frase, aluno pratica a ação de obedecer."

espécie para restringir esse grupo, qual seja, a *lesão corporal culposa*, que é, consequentemente, um crime de trânsito.

Todavia, no crime em si (na construção do suporte fático abstrato), não exarou o *nomen iuris*.

Em termos de uso sistemático, como também em termos de práticas do foro, não restam dúvidas que o "crime de trânsito de lesão corporal culposa" é aquele do artigo 303, do CTB.

Porém, a designação legislativa, por esses mesmos motivos, restou fora do lugar comum, isto é, como introdução do ente normativo.

Curiosamente, criou-se um nome de crime ectópico.

2. Comentários sobre o dispositivo

A despeito de fazer-se parecer que o CTB impõe a aplicação dos artigos 74[65], 76[66] e 88[67], da Lei 9.099/95, ao crime de lesão corporal (artigo 303, do CTB), fato é que tais dispositivos seriam aplicados de qualquer maneira.

Vale dizer, a abrangência dessas regras já as faria incidir sobre o crime de lesão corporal culposa na condução de veículo automotor, ao menos na redação original.

Fato é que, quando da promulgação da Lei 9.099/95, as infrações penais de menor potencial ofensivo eram aquelas cuja pena máxima não fosse superior a um ano. Desta forma, estaria excluído esse crime. No entanto, com as reformas na lei 9.099/95, alargou-se a definição de infrações de menor potencial ofensivo,

[65] Lei 9.099/95, Art. 74. A composição dos danos civis será reduzida a escrito e, homologada pelo Juiz mediante sentença irrecorrível, terá eficácia de título a ser executado no juízo civil competente. Parágrafo único. Tratando-se de ação penal de iniciativa privada ou de ação penal pública condicionada à representação, o acordo homologado acarreta a renúncia ao direito de queixa ou representação.

[66] Lei 9.099/95, Art. 76. Havendo representação ou tratando-se de crime de ação penal pública incondicionada, não sendo caso de arquivamento, o Ministério Público poderá propor a aplicação imediata de pena restritiva de direitos ou multas, a ser especificada na proposta. § 1º Nas hipóteses de ser a pena de multa a única aplicável, o Juiz poderá reduzi-la até a metade. § 2º Não se admitirá a proposta se ficar comprovado: I - ter sido o autor da infração condenado, pela prática de crime, à pena privativa de liberdade, por sentença definitiva; II - ter sido o agente beneficiado anteriormente, no prazo de cinco anos, pela aplicação de pena restritiva ou multa, nos termos deste artigo; III - não indicarem os antecedentes, a conduta social e a personalidade do agente, bem como os motivos e as circunstâncias, ser necessária e suficiente a adoção da medida. § 3º Aceita a proposta pelo autor da infração e seu defensor, será submetida à apreciação do Juiz. § 4º Acolhendo a proposta do Ministério Público aceita pelo autor da infração, o Juiz aplicará a pena restritiva de direitos ou multa, que não importará em reincidência, sendo registrada apenas para impedir novamente o mesmo benefício no prazo de cinco anos. § 5º Da sentença prevista no parágrafo anterior caberá a apelação referida no art. 82 desta Lei. § 6º A imposição da sanção de que trata o § 4º deste artigo não constará de certidão de antecedentes criminais, salvo para os fins previstos no mesmo dispositivo, e não terá efeitos civis, cabendo aos interessados propor ação cabível no juízo cível.

[67] Lei 9.099/95, Art. 88. Além das hipóteses do Código Penal e da legislação especial, dependerá de representação a ação penal relativa aos crimes de lesões corporais leves e lesões culposas.

assumindo as características que têm hoje: contravenções e crimes cuja pena máxima não seja superior a dois anos.

Da mesma forma, a redação original do então parágrafo único do artigo 291, do CTB, era a seguinte: "Aplicam-se aos crimes de trânsito de lesão corporal culposa, de embriaguez ao volante, e de participação em competição não autorizada o disposto nos arts. 74, 76 e 88 da Lei nº 9.099, de 26 de setembro de 1995."

Repare, portanto, que a Lei nº 11.705/08 revelou grande endurecimento. Mais que isso, parece ter revalorado especialmente a questão da condução de veículo automotor sob influência de substâncias psicoativas: numa ora permitia aplicação de institutos despenalizadores, noutra era causa de desvalor que os afastava.

No atual estado da arte, tem-se as benesses de composição civil (artigo 74, da Lei 9.099/95), transação penal (artigo 76, da Lei 9.099/95) e a exigência de representação para crime de lesão corporal culposa (artigo 88, da Lei 9.099/95) ficam afastadas se o crime for cometido sob a influência de álcool ou qualquer outra substância psicoativa que determine dependência, ou se o crime for cometido no ensejo de participação, em via pública, de corrida, disputa ou competição automobilística, de exibição ou demonstração de perícia em manobra de veículo automotor, não autorizada pela autoridade competente, ou se o crime for praticado com o autor transitando em velocidade superior à máxima permitida para a via em 50 km/h.

> **Artigo 291, §2º Nas hipóteses previstas no §1º deste artigo, deverá ser instaurado inquérito policial para a investigação da infração penal. (Incluído pela Lei nº 11.705, de 2008)**

Comentários

Como consequência natural (ou melhor, jurídica) de negar eficácia ao artigo 88, da Lei 9.099/95, quando presentes as hipóteses elencadas nos incisos do §1º, do artigo 291, do CTB, o crime de lesão corporal culposa na condução de veículo automotor torna-se de ação pública incondicionada.

Este §2º, desta maneira, é desnecessário. Mas, como já dito algures, melhor seja o legislador repetitivo e claro do que sucinto e lacunoso: é que a instauração de inquérito policial para apurar a infração penal referida, sem qualquer provocação necessária, ou seja, de ofício, é a consequência necessária após o conhecimento pela autoridade policial de ilícito penal que se processa mediante ação penal pública (incondicionada).

> **Artigo 291, §3º (VETADO). (Incluído pela Lei nº 13.546, de 2017)**

1. Texto vetado

Foi vetado pelo Presidente da República Michel Temer o seguinte dispositivo: "§3º Nos casos previstos no § 3º do art. 302, no § 2º do art. 303 e nos §§ 1º e 2º do art. 308 deste Código, aplica-se a substituição prevista no inciso I do *caput* do art. 44 do Decreto-Lei nº 2.848, de 7 de dezembro de 1940 (Código Penal), quando aplicada pena privativa de liberdade não superior a quatro anos, atendidas as demais condições previstas nos incisos II e III do do referido artigo."

As razões foram expostas na **mensagem nº 538, de 19 de dezembro de 2017, ao Presidente do Senado Federal nestes termos:** "O dispositivo apresenta incongruência jurídica, sendo parcialmente inaplicável, uma vez que, dos três casos elencados, dois deles preveem penas mínimas de reclusão de 5 anos, não se enquadrando assim no mecanismo de substituição regulado pelo Código Penal. Assim, visando-se evitar insegurança jurídica, impõe-se o veto ao dispositivo".

O veto não foi derrubado pelo Congresso Nacional.

> **Artigo 291, §4º O juiz fixará a pena-base segundo as diretrizes previstas no art. 59 do Decreto-Lei nº 2.848, de 7 de dezembro de 1940 (Código Penal), dando especial atenção à culpabilidade do agente e às circunstâncias e consequências do crime. (Incluído pela Lei nº 13.546, de 2017) (Vigência)**

1. Comentários

Sendo a técnica de fixação da pena estipulada pelo Código Penal, e sendo seu artigo 59 peça fundamental, o legislador deixou de apresentar texto significativo e, por conseguinte, não há aqui norma significativa.

> CP, Art. 59 - *O juiz, atendendo à culpabilidade, aos antecedentes, à conduta social, à personalidade do agente, aos motivos, às circunstâncias e conseqüências do crime, bem como ao comportamento da vítima, estabelecerá, conforme seja necessário e suficiente para reprovação e prevenção do crime:*
>
> *I - as penas aplicáveis dentre as cominadas;*
>
> *II - a quantidade de pena aplicável, dentro dos limites previstos;*
>
> *III - o regime inicial de cumprimento da pena privativa de liberdade;*

IV - a substituição da pena privativa da liberdade aplicada, por outra espécie de pena, se cabível.

Reforça-se, essa tese, ao se observar que deve o juiz dar "especial atenção" à culpabilidade, circunstâncias e consequências do crime sequer colocou-as num patamar superior de valoração, como se circunstâncias preponderantes dentro da primeira fase fossem.

Diferentemente, pois, da Lei de Drogas, em cujo artigo 42[68] foram criados casos de preponderância.

Não obstante, tem-se dado especial atenção às circunstâncias e consequências do crime particularmente ligadas ao trânsito.

> AGRAVO REGIMENTAL. AGRAVO EM RECURSO ESPECIAL. CRIME DE TRÂNSITO.DOSIMETRIA. PENA-BASE. FIXAÇÃO ACIMA DO MÍNIMO LEGAL. FUNDAMENTAÇÃO IDÔNEA. QUANTUM ADEQUADO. AUSÊNCIA DE ILEGALIDADE NA DECISÃO IMPUGNADA. AGRAVO DESPROVIDO.1. A ponderação das circunstâncias judiciais do art. 59 do Código Penal não é uma operação aritmética, mas sim um exercício de discricionariedade vinculada, devendo o magistrado eleger a sanção que melhor servirá para a prevenção e repressão do fato-crime praticado, exatamente como realizado na espécie.2. Na ausência de parâmetro para sua fixação o quantum a ser estabelecido para a pena-base deve observar as circunstâncias do caso concreto, sendo possível o aumento desde que balizado por motivação idônea, como no caso. 3. Na hipótese, o acórdão recorrido, de forma fundamentada e em observância ao princípio da individualização da pena, manteve a sanção inicial estabelecida na origem com a negativação do vetor das circunstâncias do crime, considerando que o agravante dirigia embriagado em via de grande circulação de carros, causando ainda mais riscos a sua vida e a de terceiros, elemento concreto capaz de justificar a majoração da sanção acima do mínimo, e na proporção fixada na origem, nos termos da jurisprudência deste Sodalício. 4. Agravo desprovido. (AgRg no AREsp 1648759/PB, Rel. Ministro JORGE MUSSI, QUINTA TURMA, julgado em 23/06/2020, DJe 04/08/2020)

Art. 292. A suspensão ou a proibição de se obter a permissão ou a habilitação para dirigir veículo automotor pode ser imposta isolada

68 Lei 11.343/06 – Lei de Drogas. Art. 42. O juiz, na fixação das penas, considerará, com preponderância sobre o previsto no art. 59 do Código Penal, a natureza e a quantidade da substância ou do produto, a personalidade e a conduta social do agente.

ou cumulativamente com outras penalidades. (Redação dada pela Lei nº 12.971, de 2014)

1. Aplicação do dispositivo

Como o próprio dispositivo aponta, a suspensão ou proibição de obter permissão ou habilitação pode ser pena principal, isolada ou cumulativa com outras penalidades. Note-se que aqui o termo "penalidades" refere-se a penas criminais; é evidente que as penas administrativas e criminais poderão e deverão coexistir, atentando-se à independência das instâncias.[69]

(...) 2. Assim, nos termos do art. 292 do CTB, a suspensão da habilitação para dirigir veículo automotor pode ser imputada como espécie de sanção penal, aplicada isolada ou cumulativamente com outras penas. 3. Dada a natureza penal da sanção, somente a decisão lavrada por juízo penal pode ser objeto do descumprimento previsto no tipo do art. 307, caput, do CTB, não estando ali abrangida a hipótese de descumprimento de decisão administrativa, que, por natureza, não tem o efeito de coisa julgada e, por isso, está sujeita à revisão da via judicial. (HC 427.472/SP, Rel. Ministra MARIA THEREZA DE ASSIS MOURA, SEXTA TURMA, julgado em 23/08/2018, DJe 12/12/2018)

Em verdade, parece que a previsão de aplicação "isolada" de suspensão ou proibição de obter permissão ou habilitação seria, na origem, um impropério a referir-se na substituição da pena privativa de liberdade por restritiva de direito, isto é, "a suspensão de autorização ou de habilitação para dirigir veículo" (artigo 47, inciso III, do Código Penal). Contra, há autores que entendem ser propriamente uma pena, porém inexistente na legislação posta[70].

Como se verifica do novel artigo 312 A, tal previsão já restou inequivocamente revogada. Portanto, neste ponto –aplicação isolada dessa pena restritiva de direito- ficou derrogado o dispositivo.

2. Comentários

Trata-se de penas restritivas de direito que irão, ou não, cumular-se com as penas previstas expressamente nos preceitos secundários.

[69] No mesmo sentido, LIMA, Renato Brasileiro de. *Legislação Criminal Especial Comentada.* p. 1173.

[70] ANDREUCCI, Ricardo Antonio. *Legislação penal especial,* p. 69. LIMA, Renato Brasileiro de. *Legislação Criminal Especial Comentada,* p. 1174.

> 1. Com o desenvolvimento da legislação de trânsito, buscando resguardar a segurança viária, conter o crescimento no número de acidentes e retirar de circulação motoristas que punham e risco a vida integridade física das demais pessoais, a suspensão da habilitação para dirigir veículo automotor, antes restrita a mera penalidade de cunho administrativo, **passou a ser disciplinada como sanção criminal autônoma, tanto pelo Código Penal - CP, ao defini-la como modalidade de pena restritiva de direitos, como pelo Código de Trânsito Brasileiro - CTB, ao definir penas para o denominados "crimes de trânsito". 2. Assim, nos termos do art. 292 do CTB, a suspensão da habilitação para dirigir veículo automotor pode ser imputada como espécie de sanção penal, aplicada isolada ou cumulativamente com outras penas. (...)** (HC 427.472/SP, Rel. Ministra MARIA THEREZA DE ASSIS MOURA, SEXTA TURMA, julgado em 23/08/2018, DJe 12/12/2018, g.n.)

Nos artigos 302 (homicídio culposo), 303 (lesão corporal culposa), 306 (embriaguez ao volante), 307 (violação de suspensão ou proibição) e 308 (disputa não autorizada), do CTB, a aplicação é *ope legis*. Exatamente pela previsão expressa dos dois primeiros, tornou-se redundando o artigo 57, do CP.[71]

Nos demais, a aplicação será *ope judici*, e dependerá –ainda que não previsto no dispositivo, de fundamentação do juiz. Isso porque, sendo norma de gravidade penal, que atingirá a personalidade jurídica do condenado, impõe-se a fundamentação –seja diante do dever de fundamentar as decisões judiciais[72], seja como consequência necessária dos princípios do devido processo legal[73], da ampla defesa e do contraditório[74].

A jurisprudência chama atenção para atendimento à proporcionalidade.

> HABEAS CORPUS. HOMICÍDIO CULPOSO NA DIREÇÃO DE VEÍCULO AUTOMOTOR (ART. 302 DO CTB). CULPA DA VÍTIMA. REEXAME FÁTICO-PROBATÓRIO. INVIABILIDADE. SUSPENSÃO DA HABILITAÇÃO (ART. 293 DO CTB). EXCLUSÃO OU REDUÇÃO DA PENA. IMPOSSIBILIDADE. MOTORISTA PROFISSIONAL. PRAZO RAZOÁVEL E

[71] CP, Art. 57 - A pena de interdição, prevista no inciso III do art. 47 deste Código, aplica-se aos crimes culposos de trânsito.

[72] CF, art. 93, IX – todos os julgamentos dos órgãos do Poder Judiciário serão públicos, e fundamentadas todas as decisões, sob pena de nulidade, podendo a lei limitar a presença, em determinados atos, às próprias partes e a seus advogados, ou somente a estes, em casos nos quais a preservação do direito à intimidade do interessado no sigilo não prejudique o interesse público à informação;

[73] CF, art. 5º, LIV - ninguém será privado da liberdade ou de seus bens sem o devido processo legal;

[74] CF, art. 5º, LV - aos litigantes, em processo judicial ou administrativo, e aos acusados em geral são assegurados o contraditório e ampla defesa, com os meios e recursos a ela inerentes;

> PROPORCIONAL. 1. A via eleita não é adequada para reexaminar fatos e provas e concluir pela culpa exclusiva da vítima no resultado, tanto mais se, no acórdão da apelação, foi enfatizada a patente imprudência na conduta do agente. **2. A suspensão da habilitação para dirigir veículo automotor constitui penalidade que pode ser aplicada isolada ou cumulada com pena privativa de liberdade (art. 292 do CTB), como na hipótese. Seu prazo de duração varia de 2 meses a 5 anos (art. 293 do CTB) e deve ser proporcional à gravidade do fato típico e ao grau de censura merecido pelo agente. 3. O fato de o condenado ser motorista profissional não infirma a aplicabilidade da referida pena, visto que é justamente de tal categoria que mais se espera acuidade no trânsito.** 4. Na espécie, o prazo de 2 anos e 4 meses fixado para a penalidade de suspensão de habilitação não se mostra desproporcional nem irrazoável, considerando os limites mínimo e máximo abstratamente cominados à sanção e as peculiaridades do caso concreto (morte de um ciclista causada por motorista profissional, que conduzia, em alta velocidade, a mais de 145 km/h, um caminhão carregado). 5. Ordem denegada. Agravo regimental prejudicado. (HC 478.444/SP, Rel. Ministro SEBASTIÃO REIS JÚNIOR, SEXTA TURMA, julgado em 30/05/2019, DJe 06/06/2019, g.n.)

Guarde-se que os comandos legais "suspender" e "proibir" são distintos na sua origem fática; suspende-se o ato que é valide e eficaz, barrando-se sua eficácia; proíbe-se a obtenção de permissão ou habilitação. Se na causa são diferentes, produzem os mesmos efeitos proibitórios de realizar o ato jurídico de obter sanção do Estado para realizar uma tarefa e, consequentemente, de conduzir veículos de maneira lícita.

Mister, para fixação acima do mínimo, haja fundamentação concreta, inadmissível fazê-lo com base em argumentos próprios do tipo legal (por exemplo, "o crime ceifou uma vida" etc).

> CRIMINAL. RESP. ACIDENTE DE TRÂNSITO. HOMICÍDIO CULPOSO. PENA DE SUSPENSÃO DE HABILITAÇÃO PARA DIRIGIR VEÍCULO AUTOMOTOR. FIXAÇÃO DO PRAZO ACIMA DO MÍNIMO LEGAL. EXIGÊNCIA DE CONCRETA FUNDAMENTAÇÃO. RECURSO PROVIDO. A fixação da pena restritiva de direitos prevista no art. 302 do CTB - suspensão ou proibição de se obter a permissão ou a habilitação para dirigir veículo automotor - deve ser fundamentada em dados concretos, em eventuais circunstâncias desfavoráveis do art. 59 do Código Penal - que não a

> própria gravidade do delito - e demais circunstâncias a ela relativas. Diante do reconhecimento da inexistência de condições desfavoráveis ao réu, a suspensão da habilitação para dirigir deve ser fixada em seu mínimo legal, seguindo a reprimenda corporal, que restou estabelecida também no seu patamar mínimo. Recurso provido, nos termos do voto do Relator. (REsp 1286511/MG, Rel. Ministro GILSON DIPP, QUINTA TURMA, julgado em 17/04/2012, DJe 23/04/2012)

A título de comparação, a legislação estrangeira vem impondo, como consequência para crimes de trânsito, penas semelhantes. É o caso do Direito Português:

> CP português, Artigo 101.º (Cassação do título e interdição da concessão do título de condução de veículo com motor)
>
> 1 - Em caso de condenação por crime praticado na condução de veículo com motor ou com ela relacionado, ou com grosseira violação dos deveres que a um condutor incumbem, ou de absolvição só por falta de imputabilidade, o tribunal decreta a cassação do título de condução quando, em face do facto praticado e da personalidade do agente:
>
> a) Houver fundado receio de que possa vir a praticar outros factos da mesma espécie; ou
>
> b) Dever ser considerado inapto para a condução de veículo com motor.
>
> 2 - É susceptível de revelar a inaptidão referida na alínea b) do número anterior a prática, de entre outros, de factos que integrem os crimes de:
>
> a) Omissão de auxílio, nos termos do artigo 200.º, se for previsível que dele pudessem resultar graves danos para a vida, o corpo ou a saúde de alguma pessoa;
>
> b) Condução perigosa de veículo rodoviário, nos termos do artigo 291.º;
>
> c) Condução de veículo em estado de embriaguez ou sob influência de estupefacientes, substâncias psicotrópicas ou produtos com efeito análogo, nos termos do artigo 292.º; ou
>
> d) Facto ilícito típico cometido em estado de embriaguez, nos termos do artigo 295.º, se o facto praticado for um dos referidos nas alíneas anteriores.
>
> 3 - Quando decretar a cassação do título, o tribunal determina que ao agente não pode ser concedido novo título de condução de veículos com motor,

> de qualquer categoria, durante o período de duração da cassação. É correspondentemente aplicável o disposto nos n.os 3, 4, 5 e 6 do artigo 69.º
>
> 4 - Se o agente relativamente ao qual se verificarem os pressupostos dos n.os 1 e 2 não for titular de título de condução, o tribunal limita-se a decretar a interdição de concessão de título, nos termos do número anterior, sendo a sentença comunicada à Direcção-Geral de Viação. É correspondentemente aplicável o disposto no n.º 6 do artigo 69.º
>
> 5 - É correspondentemente aplicável o disposto nos n.os 2, 3 e 4 do artigo 100.º
>
> 6 - Se contra o agente tiver sido já decretada interdição de concessão de título nos cinco anos anteriores à prática do facto, o prazo mínimo de interdição é de dois anos.
>
> 7 - Quando seja decretada cassação de título de condução, a obtenção de novo título, quando possível, depende sempre de exame especial. (Alterado pelo/a Lei n.º 77/2001)

É de se observar que a jurisprudência, desde antes do CTB, já havia se posicionado pelo não cabimento de *habeas corpus* para atacar decisões que restringiriam o direito a dirigir.

> EMENTA: - DIREITO PENAL E PROCESSUAL PENAL. INTERDIÇÃO DE DIREITO: SUSPENSÃO DE HABILITAÇÃO PARA DIRIGIR VEÍCULOS AUTOMOTORES. MULTA PECUNIÁRIA. "HABEAS CORPUS": LIBERDADE DE LOCOMOÇÃO. 1. O "habeas corpus" é instituto processual de índole constitucional, destinado a tutelar a liberdade pessoal de locomoção, em face de constrangimento ilegal (art. 5º, inc. LXVIII, da Constituição Federal e art. 647 do Código de Processo Penal). 2. Não se presta à impugnação de interdição de direito, consistente em suspensão de habilitação para dirigir veículos automotores, nem de sanção pecuniária (multa). 3. Precedentes. 4. "H.C." não conhecido. (STF, HC 73655, Relator(a): SYDNEY SANCHES, Primeira Turma, julgado em 28/06/1996)

Quanto à medida aplicada como cautelar atípica no Direito Processual Civil:

> PROCESSUAL CIVIL. HABEAS CORPUS SUBSTITUTIVO DE RECURSO PRÓPRIO. INADEQUAÇÃO. PRECEDENTES. EXECUÇÃO DE TÍTULO EXTRAJUDICIAL. APLICAÇÃO DE MEDIDA ATÍPICA DO INCISO IV

> DO ART. 138 DO NCPC. SUSPENSÃO DA CARTEIRA NACIONAL DE HABILITAÇÃO DO PACIENTE. AUSÊNCIA DE VIOLAÇÃO DO DIREITO DE IR E VIR. HABEAS CORPUS NÃO CONHECIDO. 1. Não é admissível, em regra, a utilização do habeas corpus como sucedâneo de recurso ordinário cabível. Precedentes. 2. A jurisprudência desta eg. Corte Superior tem orientação no sentido de que é inadequada a utilização do habeas corpus quando não há, sequer remotamente, ameaça ao direito de ir e vir do paciente, como na hipótese de restrição ao direito de dirigir veículo automotor. 3. O Habeas Corpus não é sucedâneo do recurso adequado. 4. Habeas corpus não conhecido. (HC 411.519/SP, Rel. Ministro MOURA RIBEIRO, TERCEIRA TURMA, julgado em 21/09/2017, DJe 03/10/2017)

Quanto à medida aplicada com fundamento no CTB:

> (...) 3. Os pedidos de afastamento da suspensão da habilitação para dirigir ou de redução de seu prazo sequer podem ser conhecidos por este Superior Tribunal de Justiça, em virtude de tal reprimenda consistir em interdição de direito que não ofende direta e imediatamente a liberdade de locomoção do paciente, que pode se utilizar de outros meios para exercer seu direito de ir e vir. 4. Não há como atender a pretensão de substituição da sanção restritiva de direitos consistente na prestação de serviços à comunidade por pena pecuniária, já que a magistrada sentenciante analisou detidamente, com base nas especificidades do caso, a pertinência das penas impostas, em respeito ao princípio da individualização da pena, não cabendo a esta Corte Superior, cujo papel é de uniformização da interpretação do direito federal, o ingresso no plano de subjetivismo próprio da atividade jurisdicional de primeiro grau, ainda mais em sede de habeas corpus. 5. Habeas Corpus parcialmente conhecido e, nessa extensão, denegado. (HC 166.792/SP, Rel. Ministro MARCO AURÉLIO BELLIZZE, QUINTA TURMA, julgado em 11/10/2011, DJe 24/11/2011)

3. Revogação do artigo 47, inciso III, e do artigo 57, do CP

Vejam-se comentários ao artigo 312 A, do CTB, *infra*.

4. Previsão específica de pena e medida cautelar para receptação, contrabando e descaminho

O Código de Trânsito foi reformado pela Lei 13.804/19, que introduziu o artigo 278 A.

> Art. 278-A. O condutor que se utilize de veículo para a prática do crime de receptação, descaminho, contrabando, previstos nos arts. 180, 334 e 334-A do Decreto-Lei nº 2.848, de 7 de dezembro de 1940 (Código Penal), condenado por um desses crimes em decisão judicial transitada em julgado, terá cassado seu documento de habilitação ou será proibido de obter a habilitação para dirigir veículo automotor pelo prazo de 5 (cinco) anos.
>
> § 1º O condutor condenado poderá requerer sua reabilitação, submetendo-se a todos os exames necessários à habilitação, na forma deste Código.
>
> § 2º No caso do condutor preso em flagrante na prática dos crimes de que trata o **caput** deste artigo, poderá o juiz, em qualquer fase da investigação ou da ação penal, se houver necessidade para a garantia da ordem pública, como medida cautelar, de ofício, ou a requerimento do Ministério Público ou ainda mediante representação da autoridade policial, decretar, em decisão motivada, a suspensão da permissão ou da habilitação para dirigir veículo automotor, ou a proibição de sua obtenção.

Como se vê, há tanto uma pena –consequência jurídica em razão de um fato reprovável- como uma medida cautelar –medida de preservação e garantia de um processo-.

Ainda, a pena em questão, como o próprio Capítulo XVII esclarece, é providência administrativa, e não de Direito Penal; não está no capítulo anterior do CTB, que versa sobre penalidades, mas não deixa de ter tal natureza.

Deverá ser tomada por autoridade de trânsito, assim que tomar ciência da condenação criminal definitiva por receptação, contrabando ou descaminho, praticados com veículo. Não que o veículo seja necessariamente o *corpus delicti*, mas no mínimo o instrumento desses crimes.

Por sua vez, a medida cautelar é, sim, judicial e apenas pode ser concedida, com fundamento no §2º, do art. 278 A, do CTB, no ensejo da persecução penal, *in judicio* ou *extra judicio*.

Art. 293. A penalidade de suspensão ou de proibição de se obter a permissão ou a habilitação, para dirigir veículo automotor, tem a duração de dois meses a cinco anos.

§ 1º Transitada em julgado a sentença condenatória, o réu será intimado a entregar à autoridade judiciária, em quarenta e oito horas, a Permissão para Dirigir ou a Carteira de Habilitação.

§ 2º A penalidade de suspensão ou de proibição de se obter a permissão ou a habilitação para dirigir veículo automotor não se inicia enquanto o sentenciado, por efeito de condenação penal, estiver recolhido a estabelecimento prisional.

Comentários

Como essência do princípio da legalidade está a determinação da conduta incriminada ("não há crime sem lei anterior que o defina [...]") e da pena ("[...] nem pena sem prévia cominação legal.", art. 5º, inciso XXXIX, da CF).

Portanto, vem a delimitação dessa pena: será aplicada num mínimo de dois meses até o máximo de cinco anos.

Exceção consta da pena cominada no *caput*, do artigo 307, do CTB.

> CTB, Art. 307. Violar a suspensão ou a proibição de se obter a permissão ou a habilitação para dirigir veículo automotor imposta com fundamento neste Código:
>
> Penas - detenção, de seis meses a um ano e multa, com nova imposição adicional de idêntico prazo de suspensão ou de proibição.

A fixação há de ser feita conforme o critério trifásico e, diante do artigo 291, §4º, do CTB, deverá o juiz, redundantemente, dar especial atenção à culpabilidade do agente e às circunstâncias e consequências do crime.

> CRIMINAL. RESP. ACIDENTE DE TRÂNSITO. HOMICÍDIO CULPOSO. PENA DE SUSPENSÃO DE HABILITAÇÃO PARA DIRIGIR VEÍCULO AUTOMOTOR. FIXAÇÃO DO PRAZO ACIMA DO MÍNIMO LEGAL. EXIGÊNCIA DE CONCRETA FUNDAMENTAÇÃO. RECURSO PROVIDO. A fixação da pena restritiva de direitos prevista no art. 302 do CTB - suspensão ou proibição de se obter a permissão ou a habilitação para dirigir veículo automotor - deve ser fundamentada em dados concretos, em

eventuais circunstâncias desfavoráveis do art. 59 do Código Penal - que não a própria gravidade do delito - e demais circunstâncias a ela relativas. Diante do reconhecimento da inexistência de condições desfavoráveis ao réu, a suspensão da habilitação para dirigir deve ser fixada em seu mínimo legal, seguindo a reprimenda corporal, que restou estabelecida também no seu patamar mínimo. Recurso provido, nos termos do voto do Relator. (REsp 1286511/MG, Rel. Ministro GILSON DIPP, QUINTA TURMA, julgado em 17/04/2012, DJe 23/04/2012)

O condenado –não mais *réu*, como mencionado no dispositivo, porque transitada em julgado a sentença penal condenatória- será intimado para entregar a permissão ou a habilitação para dirigir, o que fará em 48 horas, devendo-se entender como prazo processual.

Sendo, pois, caso de início de execução de pena criminal, as regras serão complementadas pela Lei de Execução Penal.

Para o caso, vê-se que a entrega do documento tem mais um efeito simbólico do que verdadeiramente jurídico. Isso porque não é o documento, a cártula, que atribui o direito; ele apenas o retrata. Exatamente por isso que o juiz das execuções comunica a autoridade de trânsito sobre a medida, providência essa que, de forma mais genérica, encontra fundamento no artigo 154, da LEP[75].

Em qualquer caso, não sendo entregue o documento, como determinado pelo §3°, do artigo 293, determinar-se-á a busca, expedindo-se mandado se necessário (exemplo, no caso de busca domiciliar). Parece evidente que esta medida revela-se de baixa utilidade prática.

Por outro lado, se restar demonstrada a vontade livre e consciência de abster-se da entrega, sabedor desse dever e obrigação, incidirá no crime do parágrafo único do artigo 307, do CTB: "Nas mesmas penas incorre o condenado que deixa de entregar, no prazo estabelecido no § 1° do art. 293, a Permissão para Dirigir ou a Carteira de Habilitação."

Caso o condenado seja estrangeiro, as providências serão semelhantes, regendo-se segundo a Convenção de Viena sobre Direito Viário (CVDV), promulgada pelo decreto no 86.714, de10 de dezembro de 1981[76].

[75] LEP, Art. 154. Caberá ao Juiz da execução comunicar à autoridade competente a pena aplicada [interdição temporária de direitos], determinada a intimação do condenado. § 1° Na hipótese de pena de interdição do artigo 47, inciso I, do Código Penal, a autoridade deverá, em 24 (vinte e quatro) horas, contadas do recebimento do ofício, baixar ato, a partir do qual a execução terá seu início. § 2° Nas hipóteses do artigo 47, incisos II e III, do Código Penal, o Juízo da execução determinará a apreensão dos documentos, que autorizam o exercício do direito interditado.

[76] CVDV, Artigo 42 - Suspensão da validez dos documentos de habilitação para dirigir **1. As Partes Contratantes ou suas subdivisões poderão suspender um condutor do direito de fazer uso em seu território da habilitação para dirigir, nacional ou internacional, de que seja titular, se esse condutor cometer,**

Visando garantir seu próprio efeito repressivo, o início da pena dar-se-á após o desencarceramento. Diante da natureza do regime aberto, não parece indevido iniciar-se tal proibição com a transferência do regime semiaberto, ou tão logo se inicie a pena no próprio regime aberto.

Como já observado, sendo espécie de pena criminal, enquanto perdurarem seus efeitos, não haverá extinção da pena.

> RECURSO EM MANDADO DE SEGURANÇA. ART. 306 DO CÓDIGO DE TRÂNSITO. EMBRIAGUEZ AO VOLANTE. CUMPRIMENTO DA RESTRITIVA DE DIREITOS (PRESTAÇÃO PECUNIÁRIA). SUSPENSÃO DO DIREITO DE CONDUZIR VEÍCULO NÃO CUMPRIDA. EXTINÇÃO DA PENA. IMPOSSIBILIDADE. SUSPENSÃO DOS DIREITOS POLÍTICOS. ART. 15, III, DA CF. CONSEQUÊNCIA DA CONDENAÇÃO TRANSITADA EM JULGADO. RECURSO A QUE SE NEGA PROVIMENTO. 1. Transitada em julgado a condenação que impôs ao recorrente a pena de seis meses de detenção, substituída por restritiva de direitos (pagamento de prestação pecuniária), e a suspensão de dirigir veículo automotor, não há falar em extinção da pena se pendente o cumprimento de uma das sanções. Por conseguinte, não se restabelecem os direitos políticos suspensos nos termos do art. 15, inciso III, da Constituição Federal. 2. Recurso ordinário a que se nega provimento. (RMS 54.059/SP, Rel. Ministra MARIA THEREZA DE ASSIS MOURA, SEXTA TURMA, julgado em 10/10/2017, DJe 16/10/2017)

Não havendo extinção da pena criminal, persistindo pena restritiva de direito pendente de cumprimento, mantém-se a suspensão dos direitos políticos do condenado. Esse é o tema 370 de Repercussão Geral do STF: "A suspensão

no território dessa Parte Contratante, uma infração que, de acordo com sua legislação, justifique a retirada da habilitação para dirigir. Em tal caso, a autoridade competente da Parte Contratante ou de suas subdivisões que haja suspenso o direito de fazer uso do documento de habilitação poderá: a) **recolher e reter o documento até que expire o prazo de suspensão do direito de fazer uso do mesmo ou até que o condutor saia de seu território, se a saída se proceder antes da expiração do citado prazo; b) comunicar a suspensão do direito de usar o documento de habilitação à autoridade que o expediu ou em cujo nome foi expedido;** c) se se tratar de um documento de habilitação internacional, indicar, no local previsto para essa finalidade, que o documento já não é mais válido em seu território; d) no caso de não haver aplicado o procedimento previsto na alínea'*a*' do presente parágrafo, completar a comunicação mencionada na alínea '*b*' pedindo à autoridade que expediu o documento de habilitação, ou em cujo nome foi expedido, que notifique ao interessado a decisão adotada.

2. As Partes Contratantes disporão o necessário para que se notifique aos interessados as decisões que tenham sido comunicadas de conformidade com o procedimento previsto na alínea *d* do parágrafo 1 do presente artigo.

3. Nenhuma das disposições e a presente Convenção poderá ser interpretada no sentido de que proíba a uma Parte Contratante ou às suas subdivisões que impeça de dirigir a um condutor titular de um documento de habilitação, nacional ou internacional, se for evidente o**u estiver provado que seu estado não lhe permite dirigir com segurança ou se houver sido privado do direito de dirigir no Estado onde tem a sua residência normal. (g.n.)**

de direitos políticos prevista no art. 15, inc. III, da Constituição Federal aplica-se no caso de substituição da pena privativa de liberdade pela restritiva de direitos."

> EMENTA: PENAL E PROCESSO PENAL. SUSPENSÃO DOS DIREITOS POLÍTICOS. AUTOAPLICAÇÃO. CONSEQUÊNCIA IMEDIATA DA SENTENÇA PENAL CONDENATÓRIA TRANSITADA EM JULGADO. NATUREZA DA PENA IMPOSTA QUE NÃO INTERFERE NA APLICAÇÃO DA SUSPENSÃO. OPÇÃO DO LEGISLADOR CONSTITUINTE. RECURSO CONHECIDO E PROVIDO. 1. A regra de suspensão dos direitos políticos prevista no art. 15, III, é autoaplicável, pois trata-se de consequência imediata da sentença penal condenatória transitada em julgado. 2. A autoaplicação independe da natureza da pena imposta. 3. A opção do legislador constituinte foi no sentido de que os condenados criminalmente, com trânsito em julgado, enquanto durar os efeitos da sentença condenatória, não exerçam os seus direitos políticos. 4. No caso concreto, recurso extraordinário conhecido e provido. (STF, RE 601182, rel Min. Marco Aurélio, relator para acórdão Min Alexandre de Moraes, j. 08/05/2019, publi 02/10/2019)

Questão que foi enfrentada pelos Tribunais foi a compatibilidade da proibição ou suspensão de obter permissão ou habilitação com condenado motorista profissional. Isso porque, se de um lado a pena deve servir para reintegrar o reeducando e a República Federativa do Brasil reconhece o valor social do trabalho e da livre iniciativa, do outro a sanção deve resguardar seu papel intimidatório e preventivo.

Com efeito, os Tribunais entenderam por sua compatibilidade:

> 2. Consoante a jurisprudência desta Corte Superior, a imposição da pena de suspensão do direito de dirigir é exigência legal, conforme previsto no art. 302 da Lei 9.503/97. O fato de o paciente ser motorista profissional de caminhão não conduz à substituição dessa pena restritiva de direito por outra que lhe seja preferível. (HC 66.559/SP, 5ª Turma, Rel. Min. Arnaldo Esteves. DJU de 07/05/2007). (AgRg no AREsp 1044553/MS, Rel. Ministro REYNALDO SOARES DA FONSECA, QUINTA TURMA, julgado em 23/05/2017, DJe 31/05/2017)
>
> A imposição da pena de suspensão do direito de dirigir é exigência legal, conforme previsto no art. 302 da Lei 9.503/97. O fato de o paciente ser motorista profissional de caminhão não conduz à substituição dessa pena

restritiva de direito por outra que lhe seja preferível. (HC 66.559/SP, 5ª Turma, Rel. Min. Arnaldo Esteves. DJU de 07/05/2007).

Art. 294. Em qualquer fase da investigação ou da ação penal, havendo necessidade para a garantia da ordem pública, poderá o juiz, como medida cautelar, de ofício, ou a requerimento do Ministério Público ou ainda mediante representação da autoridade policial, decretar, em decisão motivada, a suspensão da permissão ou da habilitação para dirigir veículo automotor, ou a proibição de sua obtenção.

Parágrafo único. Da decisão que decretar a suspensão ou a medida cautelar, ou da que indeferir o requerimento do Ministério Público, caberá recurso em sentido estrito, sem efeito suspensivo.

1. Questões de iniciativa

O artigo 294, do CTB, traz medidas cautelares pessoais que poderão submeter o réu[77].

Tendo o dispositivo mantido sua redação original, ou seja, de 1997, deve adequar-se às alterações legislativas e às mutações jurisprudenciais.

Quanto às primeiras, após diversas reformas do Código de Processo Penal, a Lei nº 13.964/19 afastou definitivamente a possibilidade de o juiz decretar a prisão preventiva[78] do indiciado ou do réu ou mesmo de impor medidas cautelares diversas da prisão[79].

[77] Cfr. CTB, Art. 278-A. O condutor que se utilize de veículo para a prática do crime de receptação, descaminho, contrabando, previstos nos arts. 180, 334 e 334-A do Decreto-Lei nº 2.848, de 7 de dezembro de 1940 (Código Penal), condenado por um desses crimes em decisão judicial transitada em julgado, terá cassado seu documento de habilitação ou será proibido de obter a habilitação para dirigir veículo automotor pelo prazo de 5 (cinco) anos. 1º O condutor condenado poderá requerer sua reabilitação, submetendo-se a todos os exames necessários à habilitação, na forma deste Código. **§ 2º No caso do condutor preso em flagrante na prática dos crimes de que trata o *caput* deste artigo, poderá o juiz, em qualquer fase da investigação ou da ação penal, se houver necessidade para a garantia da ordem pública, como medida cautelar, de ofício, ou a requerimento do Ministério Público ou ainda mediante representação da autoridade policial, decretar, em decisão motivada, a suspensão da permissão ou da habilitação para dirigir veículo automotor, ou a proibição de sua obtenção. (g.n.)**

[78] Art. 311. Em qualquer fase da investigação policial ou do processo penal, caberá a prisão preventiva decretada pelo juiz, a requerimento do Ministério Público, do querelante ou do assistente, ou por representação da autoridade policial.

Art. 312. A prisão preventiva poderá ser decretada como garantia da ordem pública, da ordem econômica, por conveniência da instrução criminal ou para assegurar a aplicação da lei penal, quando houver prova da existência do crime e indício suficiente de autoria e de perigo gerado pelo estado de liberdade do imputado. § 1º A prisão preventiva também poderá ser decretada em caso de descumprimento de qualquer das obrigações impostas por força de outras medidas cautelares (art. 282, § 4º).§ 2º A decisão que decretar a prisão preventiva deve ser motivada e fundamentada em receio de perigo e existência concreta de fatos novos ou contemporâneos que justifiquem a aplicação da medida adotada.

[79] CPP, Art. 282. As medidas cautelares previstas neste Título deverão ser aplicadas observando-se a I - necessidade para aplicação da lei penal, para a investigação ou a instrução criminal e, nos casos expressamente

Quanto às segundas, o Supremo Tribunal Federal firmou entendimento de ser ilícita a conversão da prisão em flagrante em preventiva se não houver provocação do juízo.

> (...) 4. A Constituição Federal de 1988, ao atribuir a privatividade da promoção da ação penal pública ao Ministério Público (art. 129, I); ao assegurar aos ligantes o direito ao contraditório e à ampla defesa e assentar o advogado como função essencial à Justiça (art. 5º, LV e 133); bem como, ao prever a resolução da lide penal, após o devido processo legal, por um terceiro imparcial, o Juiz natural (art. 5º, LIII e LXI; 93 e seguintes), consagra o sistema acusatório. **5. A Lei n. 13.964/19, ao suprimir a expressão "de ofício" constante na redação anterior dos arts. 282, § § 2º e 4º, e 311, ambos do Código de Processo Penal, veda, de forma expressa, a imposição de medidas cautelares restritivas de liberdade pelo magistrado sem que haja anterior representação da autoridade policial ou requerimento das partes.** 6. O art. 310 do Código de Processo Penal deve ser interpretado à luz do sistema acusatório e, em conjunto, com os demais dispositivos legais que regem a aplicação das medidas cautelares penais (arts. 282, §§ 2º e 4º, 311 e seguintes do CPP). **Disso decorre a ilicitude da conversão, de ofício, da prisão em flagrante em prisão preventiva pela autoridade judicial.** 7. O auto de prisão em flagrante é procedimento de natureza administrativa, em que a autoridade policial limita-se a observar as formalidades legais para a sua lavratura (arts. 304 e seguintes do CPP), sem tecer consideração sobre a necessidade e a adequação da prisão preventiva, espécie com pressupostos e requisitos distintos (art. 311 e seguintes do CPP). Faz-se, portanto, necessário pedido, formal e expresso,

previstos, para evitar a prática de infrações penais; II - adequação da medida à gravidade do crime, circunstâncias do fato e condições pessoais do indiciado ou acusado. § 1º As medidas cautelares poderão ser aplicadas isolada ou cumulativamente. § 2º As medidas cautelares serão decretadas pelo juiz a requerimento das partes ou, quando no curso da investigação criminal, por representação da autoridade policial ou mediante requerimento do Ministério Público. §3º Ressalvados os casos de urgência ou de perigo de ineficácia da medida, o juiz, ao receber o pedido de medida cautelar, determinará a intimação da parte contrária, para se manifestar no prazo de 5 (cinco) dias, acompanhada de cópia do requerimento e das peças necessárias, permanecendo os autos em juízo, e os casos de urgência ou de perigo deverão ser justificados e fundamentados em decisão que contenha elementos do caso concreto que justifiquem essa medida excepcional.§ 4º No caso de descumprimento de qualquer das obrigações impostas, o juiz, mediante requerimento do Ministério Público, de seu assistente ou do querelante, poderá substituir a medida, impor outra em cumulação, ou, em último caso, decretar a prisão preventiva, nos termos do parágrafo único do art. 312 deste Código. § 5º O juiz poderá, de ofício ou a pedido das partes, revogar a medida cautelar ou substituí-la quando verificar a falta de motivo para que subsista, bem como voltar a decretá-la, se sobrevierem razões que a justifiquem. § 6º A prisão preventiva somente será determinada quando não for cabível a sua substituição por outra medida cautelar, observado o art. 319 deste Código, e o não cabimento da substituição por outra medida cautelar deverá ser justificado de forma fundamentada nos elementos presentes do caso concreto, de forma individualizada.

da autoridade policial ou do Ministério Público, em audiência de custódia, para a imposição da prisão preventiva pelo magistrado. 8. O poder geral de cautela não autoriza o agir do Juiz por iniciativa própria quando em detrimento da liberdade individual. No processo penal, para que a intervenção estatal opere nas liberdades individuais com legitimidade, é necessário o respeito à legalidade estrita e às garantias fundamentais. Doutrina. Precedentes. 9. Habeas corpus não conhecido. Ordem concedida de ofício. (HC 186421, Relator(a): CELSO DE MELLO, Relator(a) p/ Acórdão: EDSON FACHIN, Segunda Turma, julgado em 20/10/2020, PROCESSO ELETRÔNICO DJe-273 DIVULG 16-11-2020 PUBLIC 17-11-2020)

Com efeito, havendo larga alteração no regime das medidas cautelares pessoais no Direito Processual Penal, que reduziu o poder estatal em favor dos investigados, indiciados e réus, não restariam dispositivos isolados imunes a tal transformação.

Mudanças desse jaez não ignoram sequer leis especiais. Dizer que são leis especiais seria inverdade: são verdadeiras regras gerais que revelam profundas alterações no ordenamento jurídico, inclusive de cunho axiológico. Daí, a dimensão das reformas e a inaplicabilidade da regra *lex specialis derrogat lex generalis*.

É evidente que a extensão do tratamento da prisão preventiva no Código de Processo Penal levaria à conclusão de se tratar este de regra especial, ainda que num Codex geral. Porém, focando exclusivamente na iniciativa para decretação de prisão preventiva, a regra do CTB parece especial diante da regra geral do CPP; não obstante, mantém-se o já exposto: as reformas que proibiram a iniciativa de ofício do juiz na decretação da prisão preventiva em casos criminais em geral afetaram o artigo 294, do CTB.

Do exposto, cabe prisão preventiva ou suspensão da permissão ou da habilitação para dirigir veículo automotor, ou a proibição de sua obtenção, mediante requerimento do Ministério Público, do querelante ou do assistente, ou por representação da autoridade policial no curso do inquérito policial.

2. As providências cautelares do CTB

Como se verifica, duas são as medidas cautelares pessoais de Direito Processual Penal previstas no CTB: primeiro, a prisão preventiva; segundo, a proibição de obter ou a suspensão da permissão ou da habilitação para dirigir veículo automotor.

Analisando a prisão preventiva, surgem alguns problemas.

A começar porque o artigo 294, do CTB, limita-se a apresentar um pressuposto (ordem pública), enquanto o artigo 312, do Código de Processo Penal, elenca quatro (ordem pública, ordem econômica, assegurar a aplicação da lei penal e por conveniência da instrução criminal).

Há autores que entendem não caber a decretação da prisão preventiva senão para garantia da ordem pública.[80]

Não parece a melhor interpretação.

Os motivos se somam: é evidente que o regramento do Código de Processo Penal absorveu o do Código de Trânsito Brasileiro neste ponto. Não obstante, a menção a "ordem pública" a referir-se a crimes de trânsito teve o condão de especificar um aspecto específico da "ordem pública" que é a "segurança viária"[81] ou "segurança do trânsito"[82]; não se buscou afastar os demais fundamentos previstos no Código de Processo Penal[83].

Com efeito, a *ratio legislatoris* e a *ratio legis* deste dispositivo foram no sentido de acrescentar uma hipótese específica, isto é, acrescer uma regra de direito, visando a proteção da segurança do trânsito. Poder-se-ia dizer que, da mesma forma que "ordem econômica" é espécie do gênero "ordem pública", o CTB trouxe nova espécie, qual seja, "ordem pública no direito do trânsito".

Outro problema, consequência do que já se falou, é que os requisitos totais da prisão preventiva impõem estudo conjunto do CTB e do CPP.

Desta forma, os graves requisitos do artigo 313, do CPP[84], devem estar presentes.

80 LIMA, Marcellus Polastri. *Crimes de trânsito: aspectos penais e processuais*, p. 73.

81 "Garantia de ordem pública. O legislador quis referir-se à garantia de segurança do trânsito." (JESUS, Damásio de. *Crimes de Trânsito*: anotações à parte criminal do código de trânsito. São Paulo: Saraiva, 1998, p. 58)

82 A suspensão cautelar da habilitação para dirigir veículo automotor, prevista no art. 294 do Código de Transito Brasileiro, é permitida em qualquer fase da investigação ou do processo, a fim de que seja garantida a ordem pública, isto é, a segurança do trânsito" (TJRS, RSE 70004250619, 3ª CCrim, rel. Des. José Antonio Hirt Preiss, j. 27-6-2002, *Revista Jurídica* n. 299, p. 160, citado por MARCÃO, Renato. *Crimes de Trânsito*, p. 84.

83 Veja-se que tal raciocínio é o fio condutor do seguinte julgado, que inadmitiu a decretação da prisão preventiva não porque buscava preservar a aplicação da lei penal, mas porque o crime subjacente era culposo: "(...)2. A prisão processual deve ser configurada no caso de situações extremas, em meio a dados sopesados da experiência concreta, porquanto o instrumento posto a cargo da jurisdição reclama, antes de tudo, o respeito à liberdade. 3. **In casu, existe manifesta ilegalidade, pois foi decretada a custódia provisória pelo Juízo de origem, fundamentalmente, na fuga do paciente, que teria sido ouvido pela autoridade policial e não mais foi localizado, mesmo após ser citado por edital. Tal fundamentação poderia justificar a prisão cautelar, não fosse o fato de se tratar de crime culposo.** 4. O art. 366 do Código de Processo Penal autoriza, em certas situações, a decretação da prisão provisória, nos termos do art. 312 do Código de Processo Penal, quando o acusado é citado por edital, mas não comparece em juízo nem constitui defensor. Contudo, após a promulgação da Lei 12.403/11, o art. 312 do Código de Processo Penal deve ser interpretado sistematicamente à luz do art. 313 do mesmo Código, que não admite a decretação de prisão preventiva em crimes culposos. (...) (HC 270.325/RN, Rel. Ministra MARIA THEREZA DE ASSIS MOURA, SEXTA TURMA, julgado em 11/03/2014, DJe 26/03/2014, g.n.)

84 CPP, Art. 313. Nos termos do art. 312 deste Código, será admitida a decretação da prisão preventiva. I - nos crimes dolosos punidos com pena privativa de liberdade máxima superior a 4 (quatro) anos; II - se tiver sido condenado por outro crime doloso, em sentença transitada em julgado, ressalvado o disposto no inciso I do

Primeira consequência: crimes culposos não permitem a decretação da prisão preventiva. Todas as condições de admissibilidade elencadas nos incisos I a III do artigo 313, do CPP, fazem referência a crimes dolosos: *crimes dolosos punidos com pena privativa de liberdade máxima superior a 4 (quatro) anos* (inciso I), *se tiver sido condenado por outro crime doloso* (inciso II) e *crime envolver violência* (inciso III).

Nesse sentido, tem-se manifestado a jurisprudência:

> AGRAVO REGIMENTAL EM HABEAS CORPUS. CONCESSÃO DE HABEAS CORPUS. OFENSA AO PRINCÍPIO DA COLEGIALIDADE NÃO CONFIGURADO. CRIME DE TRÂNSITO (ART. 302, § 3º). PRISÃO PREVENTIVA. CRIME CULPOSO. IMPOSSIBILIDADE. FLAGRANTE ILEGALIDADE. EXISTÊNCIA. FUNDAMENTAÇÃO ABSTRATA. PRESUNÇÕES E CONJECTURAS. WRIT CONCEDIDO. DECISÃO MANTIDA. AGRAVO REGIMENTAL IMPROVIDO. 1. Não viola o princípio da colegialidade a decisão monocrática do relator calcada em jurisprudência dominante do Superior Tribunal de Justiça, tendo em vista a possibilidade de submissão do julgado ao exame do órgão colegiado, mediante a interposição de agravo regimental. 2. A decisão agravada deve ser mantida por seus próprios fundamentos, pois em consonância com a jurisprudência desta Corte Superior. 3. Nos termos do art. 313 do CPP, não há previsão legal para a prisão preventiva nos delitos praticados na modalidade culposa (art. 302, § 3º, do Código de Trânsito Brasileiro). 4. Não tendo sido apontado elemento do caso concreto para justificar a prisão, fazendo-se afirmação genérica e abstrata sobre a gravidade do crime e sua repercussão social, além de presunções e conjecturas, verifica-se a ausência de fundamentos do decreto prisional. 5. Agravo regimental improvido. (AgRg no HC 505.044/SP, Rel. Ministro NEFI CORDEIRO, SEXTA TURMA, julgado em 06/08/2019, DJe 12/08/2019)

Doutra banda, os demais princípios orientadores das medidas cautelares aplicam-se para o caso.

caput do art. 64 do Decreto-Lei no 2.848, de 7 de dezembro de 1940 - Código Penal; III - se o crime envolver violência doméstica e familiar contra a mulher, criança, adolescente, idoso, enfermo ou pessoa com deficiência, para garantir a execução das medidas protetivas de urgência; § 1º Também será admitida a prisão preventiva quando houver dúvida sobre a identidade civil da pessoa ou quando esta não fornecer elementos suficientes para esclarecê-la, devendo o preso ser colocado imediatamente em liberdade após a identificação, salvo se outra hipótese recomendar a manutenção da medida. § 2º Não será admitida a decretação da prisão preventiva com a finalidade de antecipação de cumprimento de pena ou como decorrência imediata de investigação criminal ou da apresentação ou recebimento de denúncia.

Podem ser citadas as seguintes características: instrumentalidade hipostética, acessoriedade, preventividade, provisoriedade, sumariedade, legalidade, cautelaridade, necessidade e adequação, proporcionalidade, contraditoriedade, excepcionalidade e cumulatividade[85]

Ou ainda, dignidade da pessoa humana, devido processo legal, reserva de jurisdição, motivação, contraditório, proporcionalidade, excepcionalidade e provisionalidade e provisoriedade ou precariedade.[86]

Outros poderiam ser arrolados, mas tenham-se esses como orientação.

Nos crimes de trânsito, diante da própria natureza, surgem sérios problemas de cabimento da prisão preventiva, que por vezes se choca com o "clamor público" gerado por graves sinistros e por repugnantes condutas imprudentes, temperados com certo grau de sensacionalismo.

Jamais se deve confundir "ordem pública" com "clamor público"[87].

> EMENTA: AÇÃO PENAL. Prisão preventiva. Decreto fundado na necessidade de restabelecimento da ordem pública e na conveniência da instrução. Exigência da repercussão social e do clamor público causados pela gravidade do delito. Inadmissibilidade. Razões que não autorizam a prisão cautelar. Precedentes. É ilegal o decreto de prisão preventiva que, a título de garantia da ordem pública e conveniência da instrução criminal, se baseia na repercussão social e no clamor público causados pela gravidade do fato. (STF, HC 95362, Relator CEZAR PELUSO, Segunda Turma, julgado em 10/03/2009)

85 BADARÓ, Gustavo Henrique Righi Ivahy. *Processo penal*, p. 702/722.. TOURINHO FILHO, Fernando da Costa. *Processo Penal*, volume 3, p. 429/449, bate em pontos sensíveis como proporcionalidade, cautelaridade, jurisdicionalidade e processualidade da prisão preventiva.

86 NICOLLIT, André Luiz. *Processo Penal cautelar: prisão e demais medidas cautelares*, p. 28/57.

87 Vejam-se algumas dificuldades práticas na jurisprudência: "1. Os pressupostos da prisão cautelar - prova da existência do crime e indício suficiente de sua autoria - foram obedecidos pelo decreto prisional. 2. A prisão preventiva teve por fundamento não só a conveniência da instrução criminal, mas também a necessidade de garantia da ordem pública e da aplicação da lei penal. 3. Embora a conveniência da instrução não mais subsista, tendo em vista a superveniência da sentença de pronúncia, a relevância da medida acautelatória foi exposta de modo claro, com base na intenção de fuga do paciente, respaldada em notícias constantes dos autos, **bem como na existência de clamor público e na periculosidade do paciente, evidenciada nos autos da ação penal de origem**. 4. Ordem denegada. (HC 85362, Relator GILMAR MENDES, Relator para acórdão JOAQUIM BARBOSA, Segunda Turma, julgado em 31/05/2005, g.n.); "**1. O entendimento pacificado nesta Corte é no sentido de que a prisão preventiva não se justifica para garantia da ordem pública quando apoiada no clamor social.** De igual modo, a presunção, do magistrado, de que testemunhas podem ser ameaçadas não constitui fundamento idôneo para a decretação da prisão cautelar por conveniência da instrução criminal (...) (HC 94144, Relator EROS GRAU, Segunda Turma, julgado em 20/05/2008, g.n.)

Exsurge, então, a dificuldade[88] técnico-jurídica de ligar os pressupostos, fundamentos e requisitos da prisão preventiva a crimes de trânsito. Especialmente quanto a princípios de difícil mensuração, como a proporcionalidade, trazida para o corpo[89] do Código de Processo Penal.

Veja-se o exemplo:

> HABEAS CORPUS. PRISÃO PREVENTIVA. HOMICÍDIO QUALIFICADO. TENTATIVA. DOLO EVENTUAL. CRIME DE TRÂNSITO. DIREÇÃO DE VEÍCULO SOB A INFLUÊNCIA DE ÁLCOOL. DESCUMPRIMENTO DE MEDIDA CAUTELAR. SUSPENSÃO DO DIREITO DE DIRIGIR. SITUAÇÃO ISOLADA. DESPROPORCIONALIDADE. SUFICIENTE A IMPOSIÇÃO DE MEDIDAS CAUTELARES DIVERSAS. HABEAS CORPUS CONCEDIDO. 1. Embora licitamente fundamentado o decreto de prisão no descumprimento de cautelar de suspensão do direito de dirigir e não admitida a justificação de urgente socorro à filha, é desproporcional a cautelar mais gravosa. 2. Tratando-se de crime de trânsito e sem notícias de outros descumprimentos da cautelar, suficiente é a substituição por cautelares menos gravosas, que impeçam o risco de danos sociais por novos delitos de trânsito. 3. Habeas corpus concedido, com a imposição das medidas cautelares de apresentação a cada 2 meses, proibição de mudança de domicílio sem

88 Para análise crítica, veja-se: "As críticas à ordem pública e à ordem econômica poderiam ser aplicadas à ordem pública do direito do trânsito. Para as primeiras, veja-se: "A prisão para garantia da ordem econômica não é, assim como aquela para garantia da ordem pública, uma medida de natureza cautelar. Não se destina a ser um instrumento para assegurar os meios (cautela instrumental) ou resultado do processo (cautela final). Ao contrário, sua finalidade é permitir uma execução penal antecipada, visando aos fins de prevenção geral e especial, próprios da sanção penal, mas não das medidas cautelares". (BADARÓ, Gustavo Henrique Righi Ivahy. *Direito processual penal*: tomo II, 196). Já se destacou, há tempos, que a prisão para garantia da ordem pública não teria finalidade cautelar: por todos, MARQUES, José Frederico. *Elementos de Direito Processual Penal*, volume IV, p. 49-50.

89 CPP, Art. 282. As medidas cautelares previstas neste Título deverão ser aplicadas observando-se a: I - necessidade para aplicação da lei penal, para a investigação ou a instrução criminal e, nos casos expressamente previstos, para evitar a prática de infrações penais; II - adequação da medida à gravidade do crime, circunstâncias do fato e condições pessoais do indiciado ou acusado. § 1º As medidas cautelares poderão ser aplicadas isolada ou cumulativamente. § 2º As medidas cautelares serão decretadas pelo juiz a requerimento das partes ou, quando no curso da investigação criminal, por representação da autoridade policial ou mediante requerimento do Ministério Público. § 3º Ressalvados os casos de urgência ou de perigo de ineficácia da medida, o juiz, ao receber o pedido de medida cautelar, determinará a intimação da parte contrária, para se manifestar no prazo de 5 (cinco) dias, acompanhada de cópia do requerimento e das peças necessárias, permanecendo os autos em juízo, e os casos de urgência ou de perigo deverão ser justificados e fundamentados em decisão que contenha elementos do caso concreto que justifiquem essa medida excepcional. § 4º No caso de descumprimento de qualquer das obrigações impostas, o juiz, mediante requerimento do Ministério Público, de seu assistente ou do querelante, poderá substituir a medida, impor outra em cumulação, ou, em último caso, decretar a prisão preventiva, nos termos do parágrafo único do art. 312 deste Código. § 5º O juiz poderá, de ofício ou a pedido das partes, revogar a medida cautelar ou substituí-la quando verificar a falta de motivo para que subsista, bem como voltar a decretá-la, se sobrevierem razões que a justifiquem. § 6º A prisão preventiva somente será determinada quando não for cabível a sua substituição por outra medida cautelar, observado o art. 319 deste Código, e o não cabimento da substituição por outra medida cautelar deverá ser justificado de forma fundamentada nos elementos presentes do caso concreto, de forma individualizada.

> prévia autorização judicial, suspensão do direito de dirigir e internação em clínica de tratamento psiquiátrico e alcoólico; o que não impede a fixação de outras medidas cautelares diversas da prisão, por decisão fundamentada. (HC 521.751/SC, Rel. Ministro NEFI CORDEIRO, SEXTA TURMA, julgado em 08/10/2019, DJe 11/10/2019)

Veja-se ainda o seguinte caso, que reúne as dificuldades próprias de avaliação do elemento subjetivo do tipo, clamor público e proporcionalidade, a revelar inclusive discordâncias entre os ministros do STJ:

> "HABEAS CORPUS". PROCESSUAL PENAL. CRIME DE TRÂNSITO. PRISÃO PREVENTIVA. REQUISITOS AUTORIZADORES. FUNDAMENTAÇÃO INIDÔNEA. GRAVIDADE ABSTRATA DO DELITO, CLAMOR SOCIAL E CREDIBILIDADE DO ESTADO NÃO SOBREPÕEM À PRESUNÇÃO DE INOCÊNCIA. PRECEDENTES. TÉRMINO DA INSTRUÇÃO CRIMINAL E PROLAÇÃO DE SENTENÇA DE PRONÚNCIA. SEGREGAÇÃO CAUTELAR POR MAIS DE NOVE MESES. INCERTEZA QUANTO AO "MODUS OPERANDI". NÃO HOUVE FUGA DO LOCAL DO ACIDENTE E FORNECIMENTO DE MATERIAL PARA EXAME DE TEOR ETÍLICO. INEXISTÊNCIA DE ANTECEDENTES POR DIREÇÃO PERIGOSA OU MULTA DE TRÂNSITO POR EXCESSO DE VELOCIDADE. DESNECESSIDADE DA MEDIDA. ORDEM PÚBLICA NÃO AMEAÇADA. ORDEM CONCEDIDA. 1. A manutenção da prisão cautelar deve atender os requisitos autorizativos do art. 312, do Código de Processo Penal, que devem ser demonstrados com o cotejo dos elementos concretos indicando a real necessidade da custódia provisória, de modo a indicar que o réu solto irá perturbar a ordem pública, a instrução criminal ou a aplicação da lei penal. 2. A jurisprudência do Supremo Tribunal Federal e do Superior Tribunal de Justiça já proclamou que as invocações relativas à gravidade do delito, ao clamor público e à garantia da credibilidade da Justiça não são motivos idôneos da prisão preventiva, a não ser que estejam apoiados em fatos concretos. Precedentes. 3. No caso em tela, as instâncias ordinárias não lograram demonstrar concretamente o perigo real e atual para a ordem pública, razão pela qual não se mostra razoável e proporcional que o paciente que está preso preventivamente há mais de 9 (nove) meses continue nessa situação. 4. Ordem concedida. (HC 281.226/SP, Rel. Ministro JORGE MUSSI, Rel. p/ Acórdão Ministro MOURA RIBEIRO, QUINTA TURMA, julgado em 06/05/2014, DJe 15/05/2014)

Quanto à medida cautelar diversa da prisão consistente em a suspensão da permissão ou da habilitação para dirigir veículo automotor, ou a proibição de sua obtenção, o que já foi exposto há de ser reiterado.

Deve-se atentar que, se comparada à prisão preventiva, ou mesmo a certas medidas cautelares elencadas no artigo 319, do CPP[90], afeiçoa-se menor rigorosa. Contudo, por primeiro, isso não lhe extirpa do caráter de medida cautelar que agride direitos fundamentais da pessoa. Por segundo, nos dias de hoje, a circulação de pessoas é inerente ao grau civilizatório; assim, limitá-lo exige motivo justo.

Note-se, por fim, que esta é medida prevista apenas no CTB, sem estar replicada no CPP. É portanto, expressão da especialidade.

3. Recurso

Seja contra o deferimento, seja contra a denegação das medidas elencadas no *caput* do artigo 294, do CTB, cabe recurso em sentido estrito.

Como de regra, o recurso em sentido estrito não tem efeito suspensivo, e acabou sendo usado no processo penal como via de ataque para discutir medidas cautelares. É o que se faz no artigo 294.

> Art. 295. A suspensão para dirigir veículo automotor ou a proibição de se obter a permissão ou a habilitação será sempre comunicada pela autoridade judiciária ao Conselho Nacional de Trânsito - CONTRAN, e ao órgão de trânsito do Estado em que o indiciado ou réu for domiciliado ou residente.

[90] CPP, Art. 319. São medidas cautelares diversas da prisão: I - comparecimento periódico em juízo, no prazo e nas condições fixadas pelo juiz, para informar e justificar atividades; II - proibição de acesso ou frequência a determinados lugares quando, por circunstâncias relacionadas ao fato, deva o indiciado ou acusado permanecer distante desses locais para evitar o risco de novas infrações; III - proibição de manter contato com pessoa determinada quando, por circunstâncias relacionadas ao fato, deva o indiciado ou acusado dela permanecer distante; IV - proibição de ausentar-se da Comarca quando a permanência seja conveniente ou necessária para a investigação ou instrução; V - recolhimento domiciliar no período noturno e nos dias de folga quando o investigado ou acusado tenha residência e trabalho fixos; VI - suspensão do exercício de função pública ou de atividade de natureza econômica ou financeira quando houver justo receio de sua utilização para a prática de infrações penais; VII - internação provisória do acusado nas hipóteses de crimes praticados com violência ou grave ameaça, quando os peritos concluírem ser inimputável ou semi-imputável (art. 26 do Código Penal) e houver risco de reiteração; VIII - fiança, nas infrações que a admitem, para assegurar o comparecimento a atos do processo, evitar a obstrução do seu andamento ou em caso de resistência injustificada à ordem judicial; IX - monitoração eletrônica. § 4º A fiança será aplicada de acordo com as disposições do Capítulo VI deste Título, podendo ser cumulada com outras medidas cautelares.

Comentário

O Conselho Nacional de Trânsito – Contran, como órgão máximo consultivo e normativo do Sistema Nacional de Trânsito (artigo 7°, inciso I, do CTB), deverá reunir todas as decisões de suspensão para dirigir veículo automotor ou a proibição de se obter a permissão ou a habilitação.

E atendendo a eventuais falhas de comunicação entre os órgãos de trânsito, determinou também a lei que o juiz comunicasse o órgão de trânsito do domicílio ou residência do "indiciado" ou "réu"

Como faz menção a "indiciado" ou "réu", ter-se-ia que o dispositivo deveria ser aplicado apenas às providências cautelares do artigo 294, do CTB, ou seja, àqueles que teriam em seu favor o princípio da presunção de inocência.

Todavia, não parece o melhor entendimento, até porque o artigo 295 não traz qualquer efeito constitutivo de direito; é providência mandamental do juiz que busca *dar ciência* de medida jurídica adotada (visando, evidentemente, o atendimento).

Portanto, cabível para penas definitivas e para medidas cautelares de suspensão para dirigir veículo automotor ou a proibição de se obter a permissão ou a habilitação.

> Art. 296. Se o réu for reincidente na prática de crime previsto neste Código, o juiz aplicará a penalidade de suspensão da permissão ou habilitação para dirigir veículo automotor, sem prejuízo das demais sanções penais cabíveis. (Redação dada pela Lei nº 11.705, de 2008)

Comentário

Como já observado no artigo 292, do CTB, além dos casos em que seja obrigatória a imposição de suspensão para dirigir veículo automotor ou a proibição de se obter a permissão ou a habilitação, há outras facultativas, a serem decididas no caso concreto.

O artigo 296 traz outro caso de obrigatoriedade: não porque a pena de suspensão para dirigir veículo automotor ou a proibição de se obter a permissão ou a habilitação estará prevista expressamente no preceito secundário, mas porque a reincidência na prática de crime previsto no Código de Trânsito a impõe por força de lei.

Note-se que, para reconhecer a situação de reincidência ora tratada, mister a confluência de dois fatos. Primeiro, existir duas condenações por crime de trânsito (isto é, crime previsto no Código de Trânsito Brasileiro): uma, passada em julgado; outra, sobre a qual recairá a regra do artigo 296. Segundo, que a nova infração tenha ocorrido entre a data do trânsito em julgado do crime de trânsito anterior e o respectivo período depurador de 5 anos (após o cumprimento ou extinção da pena, computando-se o período de prova da suspensão condicional da pena e do livramento condicional).[91]

E, diante do princípio da especialidade, apenas se aplicará a imposição obrigatória da pena de suspensão para dirigir veículo automotor ou a proibição de se obter a permissão ou a habilitação, com fundamento no artigo 296, para crimes previstos nos artigos 304, 305 e 309 a 312, do CTB, se reunirem as condições descritas.

Também, a regra traz caso de *reincidência específica*, porém que não exige condenação por um mesmo crime (crime específico), senão por idêntico gênero de crime (crime de trânsito). Por óbvio, ficam excluídas quaisquer questões relacionadas a medidas cautelares com efeito prático semelhante.

Para os crimes que já possuem, em razão do preceito secundário, a previsão obrigatória de suspensão para dirigir veículo automotor ou a proibição de se obter a permissão ou a habilitação, resta a reincidência específica apenas como medida a majorar as penas cominadas na segunda fase da fixação.

> RECURSO ESPECIAL. CRIME DE TRÂNSITO. HOMICÍDIO CULPOSO. VIOLAÇÃO AO ART. 296 DA LEI N.º 9.503/97. NÃO-OCORRÊNCIA. 1. A sanção penal estabelecida pelo art. 302, do Código de Trânsito Brasileiro, de suspender ou proibir a permissão ou a habilitação para dirigir veículo automotor, deve ser aplicada conjuntamente com a pena corporal, não sendo necessário reincidência do Réu. Inaplicabilidade do art. 296 da Lei n.º 9.503/97. 2. Recurso não conhecido. (REsp 556.928/SP, Rel. Ministra LAURITA VAZ, QUINTA TURMA, julgado em 17/08/2004, DJ 13/09/2004, p. 279)

Conclui-se, desta maneira, que se houver previsão no preceito secundário do crime trânsito da consequência específica de penalidade de suspensão da permissão ou habilitação para dirigir veículo automotor (cfr. artigos 302, 303, 306, 307 e 308, do CTB), a reincidência em crime de trânsito prestar-se-á apenas

[91] CP, Art. 63 - Verifica-se a reincidência quando o agente comete novo crime, depois de transitar em julgado a sentença que, no País ou no estrangeiro, o tenha condenado por crime anterior. Art. 64 - Para efeito de reincidência: I - não prevalece a condenação anterior, se entre a data do cumprimento ou extinção da pena e a infração posterior tiver decorrido período de tempo superior a 5 (cinco) anos, computado o período de prova da suspensão ou do livramento condicional, se não ocorrer revogação; II - não se consideram os crimes militares próprios e políticos.

como agravante genérica (artigo 61, inciso I, do Código Penal[92]). Caso ausente essa restrição de direitos na pena cominada, como aconteceu nos artigos 304, 305, 309, 310, 311 e 312, do CTB, a reincidência em crime de trânsito prestar-se-á como agravante específica, nos termos do artigo 296, do CTB, e imporá além da majoração na segunda fase de fixação da pena também a imposição de suspensão da permissão ou habilitação para dirigir veículo automotor.

Importante ressaltar, por derradeiro, que, na redação original do artigo 296, o verbo empregado era "poderá"[93]. Com a Lei 11.705/2008, passou-se a usar o sentido imperativo (ainda que não o modo imperativo da língua) "deverá". Com efeito, na pragmática jurídica não restam dúvidas sobre a obrigatoriedade de o juiz impor as consequências arroladas no artigo 296.

> **Art. 297. A penalidade de multa reparatória consiste no pagamento, mediante depósito judicial em favor da vítima, ou seus sucessores, de quantia calculada com base no disposto no § 1° do art. 49 do Código Penal, sempre que houver prejuízo material resultante do crime.**
>
> **§ 1° A multa reparatória não poderá ser superior ao valor do prejuízo demonstrado no processo.**
>
> **§ 2° Aplica-se à multa reparatória o disposto nos arts. 50 a 52 do Código Penal.**
>
> **§ 3° Na indenização civil do dano, o valor da multa reparatória será descontado.**

Comentário

A multa reparatória foi salutar providência do CTB que buscou trazer a obrigatoriedade de liquidação para o título executivo no cível que se formará em favor da vítima.

Isso porque a obrigação de pagar o prejuízo é efeito civil obrigatório, previsto no artigo 91, inciso I, do Código Penal.[94] Todavia, não se buscava no Juízo

[92] CP, Circunstâncias agravantes Art. 61 - São circunstâncias que sempre agravam a pena, quando não constituem ou qualificam o crime: I - a reincidência;

[93] REVOGADO CTB, Art. 296. Se o réu for reincidente na prática de crime previsto neste Código, o juiz poderá aplicar a penalidade de suspensão da permissão ou habilitação para dirigir veículo automotor, sem prejuízo das demais sanções penais cabíveis.

[94] CP, Art. 91 - São efeitos da condenação: I - tornar certa a obrigação de indenizar o dano causado pelo crime; II - a perda em favor da União, ressalvado o direito do lesado ou de terceiro de boa-fé: a) dos instrumentos do crime, desde que consistam em coisas cujo fabrico, alienação, uso, porte ou detenção constitua fato ilícito; b) do produto do crime ou de qualquer bem ou valor que constitua proveito auferido pelo agente com a prática do fato criminoso. § 1° Poderá ser decretada a perda de bens ou valores equivalentes ao produto ou proveito

criminal a individualização de um valor, o que impunha à vítima, já possuidora de título executivo (sentença penal condenatória transitada em julgado), a liquidação no Juízo cível.[95]

Nesse sentido, em atenção à vítima, veio o Código de Trânsito a avançar com o artigo 297. Desta forma, a vítima poderá executar o valor diretamente, sem necessidade de apurá-lo como fase intermédia à efetiva satisfação de seu prejuízo.

Em 2008, o Código de Processo Penal veio a seguir a experiência.[96] Com efeito, a jurisprudência que se formou ao redor do artigo 387, inciso IV, do CPP, parece aplicável ao artigo 297, do CTB. Especialmente quanto à necessidade de expressa provocação do Juízo:

> 1. A regra do art. 387, inciso IV, do Código de Processo Penal com redação dada pela Lei n.º 11.719/2008, que dispõe sobre a fixação, na sentença condenatória, de valor mínimo para reparação civil dos danos causados ao ofendido, **requer pedido expresso e formal, de modo a oportunizar o devido contraditório.** (AgRg no REsp n. 1.387.172/TO, Rel. Ministra Maria Thereza de Assis Moura, 6ª T., DJe 16/3/2015)

A fixação do valor da multa reparatória deve tomar com base o sistema de dias-multa do Código Penal, limitando-se, como teto, o próprio valor do prejuízo sofrido, segundo a dicção do CTB. Segundo o artigo 297, §3º, o valor da multa reparatória será descontado em ação de indenização movida no Juízo cível: portanto, a multa reparatória tem o mesmo caráter de "danos mínimos" que o instituto do previsto no artigo 387, inciso IV, do CPP.

do crime quando estes não forem encontrados ou quando se localizarem no exterior. §2º Na hipótese do § 1º, as medidas assecuratórias previstas na legislação processual poderão abranger bens ou valores equivalentes do investigado ou acusado para posterior decretação de perda.

95 CPC, Art. 509. Quando a **sentença condenar ao pagamento de quantia ilíquida, proceder-se-á à sua liquidação,** a requerimento do credor ou do devedor:
I - por **arbitramento**, quando determinado pela sentença, convencionado pelas partes ou exigido pela natureza do objeto da liquidação;
II - pelo **procedimento comum**, quando houver necessidade de alegar e provar fato novo.
§ 1º Quando na sentença houver uma parte líquida e outra ilíquida, ao credor é lícito promover simultaneamente a execução daquela e, em autos apartados, a liquidação desta.
§ 2º Quando a apuração do valor depender apenas de cálculo aritmético, o credor poderá promover, desde logo, o cumprimento da sentença.
§ 4º Na liquidação é vedado discutir de novo a lide ou modificar a sentença que a julgou. (g.n.)

96 CPP, Art. 387. O juiz, ao proferir sentença condenatória: I - mencionará as circunstâncias agravantes ou atenuantes definidas no Código Penal, e cuja existência reconhecer; II - mencionará as outras circunstâncias apuradas e tudo o mais que deva ser levado em conta na aplicação da pena, de acordo com o disposto nos arts. 59 e 60 do Decreto-Lei no 2.848, de 7 de dezembro de 1940 - Código Penal); III - aplicará as penas de acordo com essas conclusões; IV - fixará valor mínimo para reparação dos danos causados pela infração, considerando os prejuízos sofridos pelo ofendido; V - atenderá, quanto à aplicação provisória de interdições de direitos e medidas de segurança, ao disposto no Título Xl deste Livro). VI - determinará se a sentença deverá ser publicada na íntegra ou em resumo e designará o jornal em que será feita a publicação (art. 73, § 1º, do Código Penal). (...)

Porém, há diferença sensível entre as duas previsões. A multa reparatória apenas se aplica a "danos materiais".

Não parece, contudo, equivocado fixar danos morais em crimes de trânsito com base no artigo 387, inciso IV, do CPP.

Esse o tema 983, cuja parte final interessa para crimes de trânsito: "Nos casos de violência contra a mulher praticados no âmbito doméstico e familiar, **é possível a fixação de valor mínimo indenizatório a título de dano moral, desde que haja pedido expresso da acusação ou da parte ofendida, ainda que não especificada a quantia, e independentemente de instrução probatória**." (g.n.)

A multa reparatória não deve ser confundida com a pena restritiva de direitos de prestação pecuniária.

> PENAL, RECURSO ESPECIAL. CÁLCULO DA PENA DE MULTA. PREQUESTIONAMENTO. AUSÊNCIA. PRESTAÇÃO PECUNIÁRIA. MULTA REPARATÓRIA. ART. 297 CTB. NATUREZA JURÍDICA DISTINTA. NÃO PROVIMENTO. A ausência de prequestionamento sobre a forma de cálculo da pena de multa inviabiliza o conhecimento, em recurso especial, da questão federal suscitada. Incidência das Súmulas 282 e 386 do STF. A pena de prestação pecuniária, espécie de pena restritiva de direitos não se confunde com a pena de multa reparatória do art. 297 do CTB. Recurso especial improvido. (REsp 772.721/AC, Rel. Ministro PAULO MEDINA, SEXTA TURMA, julgado em 22/08/2006, DJ 25/09/2006, p. 325)

Devem ser incluídos danos morais[97] e até estéticos[98], além dos materiais. Estes segundo os critérios de multa reparatória; aqueles, do Código de Processo Penal, restando sempre ao Juízo cível a possibilidade de fixar danos mais complexos que não tenham sido objeto de prova na ação penal.

[97] "Nos termos do entendimento desta Corte Superior a reparação civil dos danos sofridos pela vítima do fato criminoso, prevista no art. 387, IV, do Código de Processo Penal, inclui também os danos de natureza moral, e para que haja a fixação na sentença do valor mínimo devido a título de indenização, é necessário pedido expresso, sob pena de afronta à ampla defesa" (AgRg no AREsp n. 720.055/RJ, relator Ministro ROGERIO SCHIETTI CRUZ, SEXTA TURMA, julgado em 26/6/2018, DJe 2/8/2018)
Oportuno lembrar da Súmula 491 do STF: "É indenizável o acidente que cause a morte de filho menor, ainda que não exerça trabalho remunerado."

[98] Cfr. Súmula 387 do STJ: "É lícita a cumulação das indenizações de dano estético e dano moral." No mesmo sentido, LIMA, Renato Brasileiro de. *Legislação Criminal Especial Comentada*, p. 1184.
É claro que pode não ser uma tarefa fácil a ser realizada no campo penal, porque demanda demonstração desse dano, por vezes de difícil mensuração e, evidentemente, o objeto principal da ação penal condenatória é o reconhecimento da culpa do réu.

A multa reparatória, como forma de fixação da indenização, não pode ser superior ao próprio prejuízo, nos termos do §1°, do artigo 297, do CTB. Reforça-se, assim, o estranhamento que o termo "multa" causa para o presente instituto.

A remissão à multa do Código Penal (artigos 50 a 52, do CP) apenas dizem do prazo para seu pagamento, qual seja, 10 dias do trânsito em julgado da sentença condenatória, à possibilidade de parcelamento mensal e mediante desconto nos vencimentos e à suspensão da exigibilidade no caso de superveniência de doença mental. De se observar que a velha possibilidade de conversão da pena de multa em pena privativa de liberdade (artigo 51, do CP), já havia sido revogada pela Lei 9.268/96, portanto antes da entrada em vigor do Código de Trânsito.

Com a reforma trazida pela Lei 13.694/19, algumas questões restaram assistemáticas, especialmente o Juízo competente para a execução da multa reparatória. Por certo, dada a natureza do instituto, é o Juízo cível, conforme regras do Código de Processo Civil; não o Juízo das Execuções Penais, conforme leitura apressada do artigo 52, do CP, levaria a crer.

Art. 298. São circunstâncias que sempre agravam as penalidades dos crimes de trânsito ter o condutor do veículo cometido a infração:

I - com dano potencial para duas ou mais pessoas ou com grande risco de grave dano patrimonial a terceiros;

II - utilizando o veículo sem placas, com placas falsas ou adulteradas;

III - sem possuir Permissão para Dirigir ou Carteira de Habilitação;

IV - com Permissão para Dirigir ou Carteira de Habilitação de categoria diferente da do veículo;

V - quando a sua profissão ou atividade exigir cuidados especiais com o transporte de passageiros ou de carga;

VI - utilizando veículo em que tenham sido adulterados equipamentos ou características que afetem a sua segurança ou o seu funcionamento de acordo com os limites de velocidade prescritos nas especificações do fabricante;

VII - sobre faixa de trânsito temporária ou permanentemente destinada a pedestres.

1. Análise geral

Tendo o Código Penal adotado o critério trisásico, nos termos de seu artigo 68, o artigo 298, do CTB, coloca-se dentro das linhas gerais de toda legislação penal traçada pelo primeiro dispositivo.

Assim, os suportes abstratos enunciados nos incisos I a VII constituem efetivamente circunstâncias agravantes e devem ser contabilizadas na segunda fase da fixação da pena, isto é, dentre as chamadas circunstâncias legais.

Regem-se pelo princípio da taxatividade, não se admitindo analogia. Desta forma, as agravantes para os crimes de trânsito têm rol circunspecto ao artigo 298, do CTB, mas também às circunstâncias previstas no Código Penal, em especial as do artigo 61.

As circunstâncias agravantes não podem extrapolar o máximo cominado na pena. Nesse sentido, *a contrario sensu*, está a Súmula 231, do STJ: "A incidência da circunstância atenuante não pode conduzir à redução da pena abaixo do mínimo legal."

É de se lembrar que não há referências legais expressas sobre o quantum do aumento, ou da diminuição, da pena nesta segunda fase. Há, no Código Penal Militar, regra que determina que se fixe entre 1/3 e 1/5 da pena, resguardados os limites cominados[99]. Para o Direito Penal comum, há orientações extraídas da jurisprudência para que o aumento seja feito em fração de 1/8[100] ou 1/6[101], sem olvidar a possibilidade de uma única agravante levar à aplicação da pena

[99] CPM, Decreto-lei 1.001, de 21 de outubro de 1969. ***Quantum* da agravação ou atenuação.** Art. 73. Quando a lei determina a agravação ou atenuação da pena sem mencionar o *quantum*, deve o juiz fixá-lo entre um quinto e um têrço, guardados os limites da pena cominada ao crime.

[100] "6. Diante do silêncio do legislador, a jurisprudência e a doutrina passaram a reconhecer como critério ideal para individualização da reprimenda base o aumento na fração de 1/8 por cada circunstância judicial negativamente valorada, a incidir sobre o intervalo de pena abstratamente estabelecido no preceito secundário do tipo penal incriminador." (AgRg no HC n. 788.363/ES, relator Ministro Ribeiro Dantas, Quinta Turma, julgado em 17/4/2023, DJe de 20/4/2023.)

[101] RECURSO ORDINÁRIO EM HABEAS CORPUS. AGRAVAMENTO EM RAZÃO DA REINCIDÊNCIA. QUANTUM. AUSÊNCIA DE PREVISÃO LEGAL. ORIENTAÇÃO DA DOUTRINA E DA JURISPRUDÊNCIA. 1/6. AUMENTO, NO CASO, ESTABELECIDO NA FRAÇÃO DE 1/5 SEM A DEVIDA FUNDAMENTAÇÃO. 1. Por não haver o Código Penal estabelecido a quantidade de aumento das agravantes genéricas, a doutrina e a jurisprudência têm entendido, com certa uniformidade, que a elevação deve ser equivalente em até um sexto da pena-base. Precedentes que chancelaram a aplicação de fração superior a um sexto, vale registrar, levaram em consideração a existência de específica fundamentação lastreada nas especiais circunstâncias da causa penal. 2. No caso, o magistrado exasperou a reprimenda, em razão da reincidência, exatamente na fração de 1/5, sem, contudo, apresentar motivação concreta. Há, portanto, ilegalidade a ser sanada na segunda etapa da dosimetria. 3. Recurso ordinário provido, em parte.
(RHC 127382, Relator(a): TEORI ZAVASCKI, Segunda Turma, julgado em 05/05/2015, PROCESSO ELETRÔNICO DJe-093 DIVULG 19-05-2015 PUBLIC 20-05-2015)

máxima[102]. Seria caso de "discricionariedade regrada"[103] ou "livre convencimento motivado".[104]

É posição firme do STF de que as agravantes, com exceção à reincidência, são aplicáveis apenas a crimes dolosos.

> HOMICIDIO CULPOSO. INADMISSIBILIDADE DA APLICAÇÃO DA AGRAVANTE SER A VÍTIMA UM ANCIAO (ART-44, INC. II, LETRA "I", C.P.P.). SALVO A AGRAVANTE DA REINCIDENCIA (ART-44, INC. I, DO C.P.), AS DEMAIS SOMENTE INCIDEM NOS CRIMES DOLOSOS. DEFERIMENTO DA ORDEM DO HABEAS CORPUS, ESTENDENDO-SE O EFEITO DA DECISÃO AO CO-RÉU (ART-580 DO C.P.P.). (STF, HC 62214, Relator DJACI FALCAO, Segunda Turma, julgado em 18/09/1984)

As decisões mais modernas seguem a mesma orientação.

> EMENTA Habeas corpus. Penal Militar. Homicídio culposo (CPM, art. 206) e lesões corporais culposas (CPM, art. 210). Incidência, quanto aos crimes culposos, das qualificadoras genéricas decorrentes de motivo fútil e do fato de o ofendido estar sob imediata proteção da autoridade (CPM, art. 70, II, a e i). Impossibilidade. Elementos já considerados na dosimetria, diante da aferição do grau de culpa do agente (CPM, art. 69). Impossibilidade de dupla exasperação. Bis in idem reconhecido. Ordem concedida. 1. Razão assiste àqueles que sustentam a impossibilidade de consideração de circunstâncias agravantes genéricas (tirante a reincidência), porquanto, na fixação da reprimenda nos crimes culposos, necessária se faz a aferição da culpabilidade do agente (CP, art. 59) ou do grau de sua culpa (CPM, art. 69), de modo

102 "é possível até mesmo que "o magistrado fixe a pena-base no máximo legal, ainda que tenha valorado tão somente uma circunstância judicial, desde que haja fundamentação idônea e bastante para tanto" (AgRg no REsp 143.071/AM, Rel. Min. MARIA THEREZA DE ASSIS MOURA, Sexta Turma, DJe 6/5/2015).

103 1. O Superior Tribunal de Justiça entende que o julgador não está adstrito a critérios puramente matemáticos, havendo certa discricionariedade na dosimetria da pena, vinculada aos elementos concretos constantes dos autos. No entanto, o quantum de aumento, decorrente da negativação das circunstâncias, deve observar os princípios da proporcionalidade, da razoabilidade, da necessidade e da suficiência à reprovação e à prevenção do crime, informadores do processo de aplicação da pena. (REsp n. 1.599.138/DF, relator Ministro Sebastião Reis Júnior, Sexta Turma, julgado em 24/4/2018, DJe de 11/5/2018.)

104 AGRAVO REGIMENTAL EM HABEAS CORPUS. CRIME DE TRÂNSITO. ART. 306, I, DO CTB. CONDENAÇÃO. DOSIMETRIA. PENA-BASE. REDUÇÃO. CIRCUNSTÑACIAS JUDICIAIS. QUESTIONAMENTO. SUPRESSÃO DE INSTÂNCIA. ELEVAÇÃO DA PENA BASE. PATAMAR JUSTIFICADO. CONSTRANGIMENTO ILEGAL NÃO EVIDENCIADO. AGRAVO DESPROVIDO. 1. O não enfrentamento de matéria pelas instâncias originárias impede sua análise pelo STJ, sob pena de supressão de instância. 2. O cálculo da pena é questão afeta ao livre convencimento motivado do juiz, passível de revisão em habeas corpus somente nos casos de notória ilegalidade, para resguardar a observância da adequação, da proporcionalidade e da individualização da pena. 3. Agravo regimental desprovido. (AgRg no HC n. 639.329/SC, relator Ministro João Otávio de Noronha, Quinta Turma, julgado em 27/9/2022, DJe de 30/9/2022.)

> que, a se considerar, em um segundo momento, circunstâncias outras que revelem maior culpabilidade do agente, estar-se-á incorrendo em dupla valoração de um mesmo elemento, devendo incidir, no caso, a vedação do bis in idem. 2. Ordem concedida. (STF, HC 120165, Relator DIAS TOFFOLI, Primeira Turma, julgado em 11/02/2014)

Em crimes preterdolosos, tem-se admitido o reconhecimento de agravantes:

> RECURSO ESPECIAL. DIREITO PENAL. LESÃO CORPORAL SEGUIDA DE MORTE. CRIME PRETERDOLOSO. AGRAVANTES GENÉRICAS DO INCISO II DO ARTIGO 61 DO CP. COMPATIBILIDADE. 1. O crime preterdoloso não tem seu tipo fundamental doloso alterado pelo resultado qualificador culposo nada obstando, em consequência, a incidência inequívoca e obrigatória da agravante genérica do artigo 61, inciso II, alínea 'c' do Código Penal, como é de regra nos crimes intencionais quando praticados à traição, de emboscada, ou mediante dissimulação, ou outro recurso que dificulte ou impossibilite a defesa da vítima. 2. Recurso provido. (STJ, REsp 1254749/SC, Rel. Ministra MARIA THEREZA DE ASSIS MOURA, SEXTA TURMA, julgado em 06/05/2014, DJe 27/05/2014) "1. No *crime preterdoloso*, espécie de delito qualificado pelo resultado, é possível a incidência de *agravante* genérica prevista no art. 61 do Código Penal. Precedente. 2. Agravo regimental não provido." (STF, HC 143100, relator Min Roberto Barroso, decisão monocrática, j. 06.11.2017)

Dessa forma, ficam excluídas as agravantes do CTB e do CP para os crimes de trânsito culposos (artigos 302 e 303). Tão mais incompreensível esse entendimento uma vez que duas das causas de aumento do artigo 302 (as dos incisos I e II, do §1°, do dispositivo) estão expressamente repetidas no rol de agravantes (artigo 298, incisos III e VII). Não seriam aplicáveis enquanto agravantes, mas o são enquanto causas de aumento: ilógico, porque descrevem o mesmo *fato* (suporte fático concreto) agravador da responsabilidade penal, que num caso será contabilizado na segunda fase e, no outro, na terceira fase de aplicação da pena.

De qualquer maneira, são aplicáveis às demais figuras: artigos 304 a 312, do CTB.

A existência de casos específicos de reprovação envolvendo o direito de trânsito não é exclusividade do Brasil. Em Portugal, por exemplo, há agravantes próximas às do CTB.

CP Português, Artigo 294 (Agravação, atenuação especial e dispensa de pena) 1 - Quando os crimes previstos nos artigos 291.º e 292.º forem cometidos no exercício da respectiva actividade por condutores de veículos de transporte escolar, ligeiros de aluguer para transporte público de aluguer, pesados de passageiros ou de mercadorias ou de transporte de mercadorias perigosas, o agente é punido com a pena que ao caso caberia, agravada de um terço nos seus limites mínimo e máximo. 2 - É aplicável o disposto no número anterior aos condutores de veículos de socorro ou de emergência que cometam os crimes previstos na alínea a) do n.º 1 e nos n.os 2 e 3 do artigo 291.º e no artigo 292.º 3 - Aos casos previstos nos artigos 287.º a 291.º aplica-se o disposto nos artigos 285.º e 286.º, ainda que com as agravações previstas nos números anteriores.

2. Agravantes em espécie

O inciso I traz a figura do crime cometido " com dano potencial para duas ou mais pessoas ou com grande risco de grave dano patrimonial a terceiros".

Tem-se a objetividade dos crimes de trânsito como a segurança viária. Assim, a conduta que cria risco de dano a duas ou mais pessoas gera ofensa maior ao bem jurídico protegido.

Não parece que a opção legislativa quisesse afastar este preceito dos crimes culposos: isso porque a ofensa à pessoa faria incidir o crime de dano e a potencial ofensa a terceiros faria agravar a pena. Caso inexistisse ofensa a vítimas, respeitar-se-ia o número mínimo, porquanto, em geral (especialmente quando analisada a redação original do CTB), há perigo concreto a uma pessoa como elementar típica, restando a pluralidade de pessoas periclitadas como agravante.

Mas não é esse o entendimento dos Tribunais, que parece equivocado.

O perigo criado – ou seja, o dano em potencial, não em realidade (pois representaria propriamente crime autônomo) - precisa ser concreto.

O inciso II fala em crime "utilizando o veículo sem placas, com placas falsas ou adulteradas".

Há, neste caso, tanto maior dificuldade de apuração do fato como maior desvalor diante da ilicitude prévia anterior. Não é caso de cair-se no "versari in re illicita", posto que se mantém a exigência de dolo (conforme entendimento prevalente) para cometimento do crime.

No caso das placas adulteradas, lembre-se que poderá o responsável responder pelo crime do artigo 311, do CP.[105] Neste caso, caso cometa em concurso com este último crime algum daqueles arrolados nos artigos 304 a 312, conforme entendimento majoritário, deve-se excluir a agravante para evitar *bis in idem*.

O inciso III estabelece como agravante dirigir "sem possuir Permissão para Dirigir ou Carteira de Habilitação".

Não incidirá se o suporte fático for elementar do crime, como na condução de veículo automotor do artigo 309 ou na violação de suspensão ou proibição do artigo 307, ou mesmo na entrega de direção a pessoa não habilitada do artigo 310. Se prevista como causa de aumento, como no homicídio culposo (artigo 302, §1º) e na lesão culposa (artigo 303, §1º).

Se vencida, a despeito de posições jurisprudenciais, não deve incidir. Não obstante não ter o agente autorização eficaz nos dois casos, o risco presumido pela falta de habilitação ou permissão parece superior àquele que deixou a prévia autorização vencer. Daí, mais adequado ler-se restrita ou estritamente o dispositivo e, em casos excepcionais, valorar o vencimento da permissão ou autorização como circunstância judicial.

Não se confunde ausência de porte com ausência de autorização ou permissão. O primeiro constitui mera infração administrativa. O segundo, a agravante em tela.

> (...) AGRAVANTE PREVISTA NO ARTIGO 298, INCISO III, DO CÓDIGO DE TRÂNSITO BRASILEIRO. INAPLICABILIDADE AO ACUSADO QUE POSSUI LICENÇA PARA DIRIGIR E APENAS NÃO ESTÁ PORTANDO O RESPECTIVO DOCUMENTO NO MOMENTO DA ABORDAGEM. COAÇÃO ILEGAL CARACTERIZADA. CONCESSÃO DA ORDEM DE OFÍCIO.

[105] **Adulteração de sinal identificador de veículo** CP, Art. 311. Adulterar, remarcar ou suprimir número de chassi, monobloco, motor, placa de identificação, ou qualquer sinal identificador de veículo automotor, elétrico, híbrido, de reboque, de semirreboque ou de suas combinações, bem como de seus componentes ou equipamentos, sem autorização do órgão competente: Pena - reclusão, de três a seis anos, e multa. §1º - Se o agente comete o crime no exercício da função pública ou em razão dela, a pena é aumentada de um terço. § 2º Incorrem nas mesmas penas do **caput** deste artigo: I – o funcionário público que contribui para o licenciamento ou registro do veículo remarcado ou adulterado, fornecendo indevidamente material ou informação oficial; II – aquele que adquire, recebe, transporta, oculta, mantém em depósito, fabrica, fornece, a título oneroso ou gratuito, possui ou guarda maquinismo, aparelho, instrumento ou objeto especialmente destinado à falsificação e/ou adulteração de que trata o **caput** deste artigo; ou III – aquele que adquire, recebe, transporta, conduz, oculta, mantém em depósito, desmonta, monta, remonta, vende, expõe à venda, ou de qualquer forma utiliza, em proveito próprio ou alheio, veículo automotor, elétrico, híbrido, de reboque, semirreboque ou suas combinações ou partes, com número de chassi ou monobloco, placa de identificação ou qualquer sinal identificador veicular que devesse saber estar adulterado ou remarcado. §3º Praticar as condutas de que tratam os incisos II ou III do § 2º deste artigo no exercício de atividade comercial ou industrial: Pena - reclusão, de 4 (quatro) a 8 (oito) anos, e multa. §4º Equipara-se a atividade comercial, para efeito do disposto no § 3º deste artigo, qualquer forma de comércio irregular ou clandestino, inclusive aquele exercido em residência. (com alterações trazidas pela Lei nº 14.562/2023)

> 1. Nos termos do artigo 298, inciso III, do Código de Trânsito Brasileiro, as penalidades dos crimes de trânsito são agravadas quando o agente os comete sem possuir permissão para dirigir ou carteira de habilitação.2. O que torna o delito mais grave é o fato de o agente não possuir licença para conduzir veículo automotor, não se podendo aplicar a agravante àqueles que efetivamente possuem permissão ou habilitação para dirigir, estando apenas sem o respectivo documento quando da abordagem. 3. A condução de veículo sem o porte obrigatório dos documentos exigidos pelo Código de Trânsito Brasileiro configura mera infração administrativa, nos termos do artigo 232 do citado diploma normativo. 4. Na espécie, consoante frisado pelo Ministério Público em suas alegações finais, o paciente possui carteira de habilitação em situação regular, apenas não a portando no momento do flagrante, o que impede a incidência da agravante em exame. 5. Habeas corpus não conhecido. Ordem concedida de ofício para reduzir a pena imposta ao paciente para 6 (seis) meses de detenção e 10 (dez) dias-multa, além da suspensão da sua habilitação por 2 (dois) meses, mantendo-se a substituição da sanção privativa de liberdade por restritiva de direitos, consistente no pagamento de prestação pecuniária no valor de 1 (um salário mínimo) a entidade a ser definida pelo Juízo da Execução. (HC 329.631/RS, Rel. Ministro JORGE MUSSI, QUINTA TURMA, julgado em 24/11/2015, DJe 01/12/2015)

O inciso IV impõe a agravação da penal se o condutor estiver "com Permissão para Dirigir ou Carteira de Habilitação de categoria diferente da do veículo".

O inciso V, "quando a sua profissão ou atividade exigir cuidados especiais com o transporte de passageiros ou de carga".

Este inciso traz elemento normativo do tipo ("cuidados especiais"), ligando este dever ao complemento "transporte de passageiros ou de carga". Assim, a profissão que, em geral, exige cuidados (como médico que dirige ao hospital) não faz incidir a agravante; mas, o condutor de ambulância, por sua vez, tem dever especial de cautela, principalmente em relação ao paciente que transporta.

É inaplicável ao crime de entregar condução de veículo a pessoa não habilitada (art. 310) porque elementar e ao crime de inovar artificiosamente (artigo 312) porque inexiste condução neste ponto. Inaplicável também à lesão corporal (art. 303) e ao homicídio (art. 302); primeiro porque, pela posição jurisprudencial vigente, incompatível com crime culposo; segundo porque já prevista a primeira parte deste inciso (cuidado especial com transporte de passageiros) nos crimes culposos (artigo 302, §1°, inciso IV, e artigo 303, §1°).

O inciso VI versa sobre crime "utilizando veículo em que tenham sido adulterados equipamentos ou características que afetem a sua segurança ou o seu funcionamento de acordo com os limites de velocidade prescritos nas especificações do fabricante".

Além da irregularidade administrativa[106], há propriamente quebra do escopo máximo da norma, qual seja, garantir a segurança no trânsito. Esse o motivo da maior reprovação.

Por fim, o inciso VII, "sobre faixa de trânsito temporária ou permanentemente destinada a pedestres.". São faixas de trânsito "qualquer uma das áreas longitudinais em que a pista pode ser subdividida, sinalizada ou não por marcas viárias longitudinais, que tenham uma largura suficiente para permitir a circulação de veículos automotores." (Anexo I – Dos conceitos e definições, do CTB)

Especialmente esta figura parece expirar críticas ao entendimento jurisprudencial vigente. Evidente que deveria (e em verdade apenas parece caber, salvo poucas exceções) nos crimes culposos de lesão corporal e homicídio.

Sendo o trânsito uma forma de inter-relação entre transeuntes, condutores, passageiros e, de forma mais ampla, de pessoas e coisas em geral, há o consabido dever de não causar danos a outros. Especificamente no trânsito, com a maximização da força (humana, animal ou mecânica), mister adicional cuidado com aqueles que estão em situação de maior fragilidade. Assim os pedestres.

Então, o crime sobre faixa de trânsito contém maior reprovação, trazida para o direito positivo como a presente agravante.

A lei se cala sobre a vítima, mas sistemática e finalisticamente resta evidente ser o transeunte que está em espera ou deslocamento regular.

Prevalecem as causas de aumento do homicídio (art. 302, §1°, inciso II) e da lesão corporal (art. 303, §1°).

Art. 299. (VETADO)

Comentários

O dispositivo foi vetado pelo Presidente da República Fernando Henrique Cardoso.

O texto era o seguinte: "Art. 299. Nas infrações penais de que trata este Código não constitui circunstância atenuante o fato de contar o condutor do veículo

[106] CTB, Art. 110. O veículo que tiver alterada qualquer de suas características para competição ou finalidade análoga só poderá circular nas vias públicas com licença especial da autoridade de trânsito, em itinerário e horário fixados.

menos de vinte e um anos, na data do evento, ou mais de setenta, na data da sentença."

Segundo a mensagem 1.056, de 23 de setembro de 1997, ao Presidente do Senado Federal, justificou-se o veto nestes termos: "Este artigo pretende que o fato do condutor de veículos que contar menos de vinte e um anos ou mais de setenta anos não constitua circunstância atenuante para a aplicação da pena. Isto contraria a tradição jurídica brasileira e, especialmente, a sistemática estabelecida do Código Penal. De qualquer modo, não se justifica, na espécie, o tratamento especial ou diferenciado, que se pretende conferir aos delitos de trânsito, razão pela qual deve ser vetado."

Não tendo sido derrubado, tem-se como consequência –a par da incidência das agravantes genéricas do Código Penal aos crimes de trânsito- a obrigatória redução (desde que não seja inferior ao piso legal) da pena, na segunda fase do sistema trifásico, se o agente for menor de 21 (vinte e um), na data do fato, ou maior de 70 (setenta) anos, na data da sentença.[107]

Art. 300. (VETADO)

Comentários

O artigo 300, do CTB, aprovado pelas Casas do Congresso Nacional, recebeu veto presidencial. Esta era sua redação: "Nas hipóteses de homicídio culposo e lesão corporal culposa, o juiz poderá deixar de aplicar a pena, se as conseqüências da infração atingirem, exclusivamente, o cônjuge ou companheiro, ascendente, descendente, irmão ou afim em linha reta, do condutor do veiculo."

Segundo a mensagem nº 1.056, de 23 de setembro de 1997, o Presidente Fernando Henrique Cardoso assim justificou o veto: "O artigo trata do perdão judicial, já consagrado pelo Direito Penal. Deve ser vetado, porém, porque as hipóteses previstas pelo § 5° do art. 121 e § 8° do artigo 129 do Código Penal disciplinam o instituto de forma mais abrangente."

Percebe-se, portanto, que a intenção do legislador era criar uma figura específica de perdão judicial, porém restou afastada do Direito positivo porque já havia normas mais completas.

De fato, note-se que o texto vetado tinha como vítimas apenas –e o sentido de exclusão de terceiros fica evidente pelo empreso do advérbio "exclusivamente"- os

[107] CP, Art. 65 - São circunstâncias que sempre atenuam a pena: I - ser o agente menor de 21 (vinte e um), na data do fato, ou maior de 70 (setenta) anos, na data da sentença.

seguintes: "o cônjuge ou companheiro, ascendente, descendente, irmão ou afim em linha reta".

Confrontando-se com o previsto no Código Penal[108], vê-se a maior abrangência deste: as vítimas não vêm enunciadas em rol taxativo, senão se deixa ao juiz o dever de verificar se as "conseqüências da infração atingirem o próprio agente de forma tão grave que a sanção penal se torne desnecessária."

Nesse sentido, leia-se:

> "[A] melhor doutrina, quando a avaliação está voltada para o sofrimento psicológico do agente, enxerga no § 5º a exigência de um vínculo, de um laço prévio de conhecimento entre os envolvidos, para que seja "tão grave" a consequência do crime ao agente. A interpretação dada, na maior parte das vezes, é no sentido de que só sofre intensamente o réu que, de forma culposa, matou alguém conhecido e com quem mantinha laços afetivos. [...] Entender pela desnecessidade do vínculo seria abrir uma fenda na lei, que se entende não haver desejado o legislador, pois, além de difícil aferição - o tão grave sofrimento -, serviria como argumento de defesa para todo e qualquer caso de delito de trânsito, com vítima fatal" (REsp n. 1.455.178/DF, Rel. Min. Rogerio Schietti Cruz, DJe de 6/6/2014)

A despeito da abertura, exige-se seriedade, gravidade das consequências, ainda que não estejam expressas no texto legal.

> AGRAVO REGIMENTAL NO RECURSO ESPECIAL. HOMICÍDIO CULPOSO PRATICADO NO TRÂNSITO. ACUSADO QUE DIRIGIA MOTOCICLETA SEM HABILITAÇÃO E EMBRIAGADO CAUSANDO A MORTE DE SUA ESPOSA, TRANSPORTADA NA GARUPA SEM CAPACETE. PERDÃO JUDICIAL NEGADO NAS INSTÂNCIAS ORDINÁRIAS. SUM. 7/STJ. I - O perdão judicial é ato de clemência do Estado que afasta a punibilidade e o efeitos condenatórios da sentença penal. Pressupõe o preenchimento de determinados requisitos - grau de parentesco e insuportável abalo físico ou emocional. II - O instituto deve ser aplicado com cautela, evitando-se a banalização, diante do atual cenário de violência no trânsito, que tanto se tenta combater. III - O recorrente, agindo com imprudência, sem habilitação e embriagado, perdeu a direção de sua motocicleta, causando a morte de sua esposa, transportada na garupa sem capacete, sendo beneficiado com

[108] CP, artigo 121, § 5º - Na hipótese de homicídio culposo, o juiz poderá deixar de aplicar a pena, se as conseqüências da infração atingirem o próprio agente de forma tão grave que a sanção penal se torne desnecessária.

> a substituição da pena. IV - Afirmando as instâncias ordinárias, soberanas nas circunstâncias fáticas da causa, não ser a hipótese de concessão do perdão judicial, chegar a conclusão diversa, implica em exame aprofundado de provas, vedado em sede de recurso especial, a teor da Súmula n. 7 do STJ. V - Agravo regimental a que se nega provimento. (STJ, AgRg no REsp 1339809/MT, Rel. Ministro REYNALDO SOARES DA FONSECA, QUINTA TURMA, julgado em 23/02/2016, DJe 29/02/2016)

A natureza jurídica do perdão é a de causa de extinção da punibilidade, posto que expressamente arrolada no artigo 107, inciso IX, do Código Penal.

Lembre-se que, atualmente, o entendimento pacífico é o enunciado na Súmula 18 do STJ: "A sentença concessiva do perdão judicial é declaratória da extinção da punibilidade, não subsistindo qualquer efeito condenatório."

Neste sentido:

> [...] PERDÃO JUDICIAL. NATUREZA DA SENTENÇA CONCESSIVA. A FUNÇÃO SANCIONADORA DA SENTENÇA CONDENATÓRIA, NO PROCESSO PENAL, TRADUZ-SE NA APLICAÇÃO DE PENA. SENDO, NO ENTANTO, DA ESSÊNCIA DO PERDÃO JUDICIAL A NÃO APLICAÇÃO DA PENA, COMO SE DESSUME DOS DISPOSITIVOS PERTINENTES DO CÓDIGO PENAL, NÃO SE PODE COGITAR DA CONDENAÇÃO. A SENTENÇA CONCESSIVA DO PERDÃO JUDICIAL É EXTINTIVA DA PUNIBILIDADE, NÃO SOFRENDO O RÉU NENHUMA CONSEQUÊNCIA PENAL. INTERPRETAÇÃO DOS ARTS. 107, IX E 120, DO CÓDIGO PENAL. [...]" (STJ, REsp 524 PR, Rel. Min. COSTA LEITE, SEXTA TURMA, julgado em 12/09/1989, DJ 10/10/1989, p. 15652)

Está superado entendimento distinto, que perdurou até a entrada em vigor da nova Parte Geral do Código Penal de 1984. Para esta vetusta posição, o perdão judicial não negava o caráter condenatório da sentença, persistindo, pois, alguns de seus efeitos.

> PERDÃO JUDICIAL. EFEITOS. A jurisprudência do Supremo Tribunal Federal é firme no sentido de que, pressupondo condenação, o perdão judicial não se estende aos efeitos secundários próprios da sentença de natureza condenatória, tais como o pagamento de custas, inclusão do nome no rol dos culpados e pressuposto para a reincidência. Precedentes. Recurso Extraordinário conhecido e provido. (STF, RE 104142, Relator Min. RAFAEL

> MAYER, Primeira Turma, julgado em 11/12/1984, DJ 01-02-1985 PP-00477 EMENT VOL-01364-04 PP-00664)

Inegável, hoje, a aplicação do perdão judicial como causa de extinção da punibilidade, impeditiva do trânsito em julgado de sentença penal condenatória, havendo previsão tanto para o homicídio culposo como para as lesões corporais culposas[109], que devem ser aplicadas às específicas figuras do Código de Trânsito Brasileiro, artigo 302 e 303.

> (...) 1. O texto do § 5° do art. 121 do Código Penal não definiu o caráter das consequências, mas não deixa dúvidas quanto à forma grave com que essas essas devem atingir o agente, ao ponto de tornar desnecessária a sanção penal. **2. Não há empecilho a que se aplique o perdão judicial nos casos em que o agente do homicídio culposo - mais especificamente nas hipóteses de crime de trânsito - sofra sequelas físicas gravíssimas e permanentes, como, por exemplo, ficar tetraplégico, em estado vegetativo, ou incapacitado para o trabalho.** 3. A análise do grave sofrimento, apto a ensejar, também, a inutilidade da função retributiva da pena, deve ser aferido de acordo com o estado emocional de que é acometido o sujeito ativo do crime, em decorrência da sua ação culposa. 4. A melhor doutrina, quando a avaliação está voltada para o sofrimento psicológico do agente, enxerga no § 5° a exigência de um vínculo, de um laço prévio de conhecimento entre os envolvidos, para que seja "tão grave" a consequência do crime ao agente. A interpretação dada, na maior parte das vezes, é no sentido de que só sofre intensamente o réu que, de forma culposa, matou alguém conhecido e com quem mantinha laços afetivos. 5. Entender pela desnecessidade do vínculo seria abrir uma fenda na lei, que se entende não haver desejado o legislador, pois, além de difícil aferição - o tão grave sofrimento -, serviria como argumento de defesa para todo e qualquer caso de delito de trânsito, com vítima fatal. 6. O que se pretende é conferir à lei interpretação mais razoável e humana, sem jamais perder de vista o desgaste emocional (talvez perene) que sofrerá o acusado dessa espécie de delito, que não conhecia a vítima. Solidarizar-se com o choque psicológico do agente não pode, por outro lado, conduzir a uma eventual banalização do instituto, o que seria, no atual cenário de violência no trânsito - que tanto se tenta combater -, no mínimo, temerário. 7. Recurso especial a que se nega

[109] CP, artigo 129, § 8° - Aplica-se à lesão culposa o disposto no § 5° do art. 121

provimento. (STJ, REsp 1455178/DF, Rel. Ministro ROGERIO SCHIETTI CRUZ, SEXTA TURMA, julgado em 05/06/2014, DJe 06/06/2014, g.n.)

Havendo múltiplas vítimas, é possível o reconhecimento do perdão para umas, extinguindo a punibilidade desses fatos, e não para outras. Veja-se:

> - Ação Penal. Acidente de trânsito, com vítimas, seguido de disparos de arma de fogo, do motorista de um dos veículos, contra o motorista de veículo de transporte coletivo de passageiros, envolvido no evento. Denúncia por crime de lesões corporais culposas (três vezes) e por tentativa de homicídio, em concurso material. Responsabilidade do denunciado pelo acidente de trânsito. Procedência da denúncia, quanto ao crime de lesões culposas na pessoa do passageiro de um dos veículos sinistrados (C.P., art. 129, § 6º). **Perdão judicial, em favor do réu, previsto no art. 129, § 8º, do C.P., quanto às lesões sofridas, pela esposa e filha do denunciado, no acidente, em que o acusado, também, sofreu ferimentos.** Procedência, em parte, da denúncia, no que respeita aos disparos, contra o motorista do ônibus acidentado, classificando-se o crime de tentativa de homicídio, para lesões corporais dolosas (C.P., art. 129, caput), por reconhecer-se, por maioria de votos, configurada desistência voluntária (C.P., art. 13) da consumação do delito. **Denúncia procedente, em parte, para condenar-se o réu a nove meses de detenção, sendo** sete meses, por lesões dolosas (C.P., art. 129, caput), na pessoa do motorista do ônibus, e **dois meses, por lesões culposas (C.P., art.129, § 6º), na pessoa de passageiro de um dos veículos acidentados.** Réu primário e de bons antecedentes. Concessão do benefício da suspensão condicional da execução da pena, por dois anos. (STF, AP 277, Relator Min. NÉRI DA SILVEIRA, Tribunal Pleno, julgado em 17/12/1982, DJ 29-06-1984 PP-10739 EMENT VOL-01342-10 PP-02126)

Semelhantemente, leia-se:

> DIREITO PENAL. RECURSO ESPECIAL. PERDÃO JUDICIAL. EXTENSÃO DOS EFEITOS. IMPOSSIBILIDADE. Não é possível a extensão do efeito de extinção da punibilidade pelo perdão judicial, concedido em relação a homicídio culposo que resultou na morte da mãe do autor, para outro crime, tão-somente por terem sido praticados em concurso formal (Precedente do STF). Recurso provido. (STJ, REsp 1009822/RS, Rel. Ministro FELIX FISCHER, QUINTA TURMA, julgado em 26/08/2008, DJe 03/11/2008)

Art. 301. Ao condutor de veículo, nos casos de sinistros de trânsito de que resulte vítima, não se imporá a prisão em flagrante, nem se exigirá fiança, se prestar pronto e integral socorro àquela._(redação dada pela Lei 14.955/2023)

1. Comentários

A previsão em tela não é nova. No Anteprojeto Nelson Hungria, havia a previsão de não se impor prisão em flagrante quando não fugisse e, diante das circunstâncias, tomasse ou providenciasse socorro à vítima.

> Art. 140, parágrafo único - Se o agente abstém-se de fugir e, na medida que as circunstáncias o permitirem, presta ou providencia para. que seja prestado socorro à vitima, fica isento de prisão em flagrante.

No revogado Código Nacional de Trânsito, tinha-se idêntica figura à comentada, com redação parecidíssima:

> CNT Art 123. Ao condutor de veículo, nos casos de acidente de trânsito de que resulte vítima, não se imporá a prisão em flagrante, nem se exigirá fiança, se prestar socorro pronto e integral àquela.

O CNT, porém, ia além da previsão vigente ao proibir até mesmo a condução do envolvido a Delegacia de Polícia, limitando-se o policial que atendesse a ocorrência a *anotar a identidade do condutor* e a *convidar a comparecer* (em oposição a intimar ou conduzir, em princípio) à unidade em seguida.

> CNT, art. 123, Parágrafo único. A autoridade policial que, na via pública ou estabelecimento hospitalar, primeiro tiver ciência do acidente, no caso dêste artigo, anotará a identidade do condutor e o convidará a comparecer à repartição policial competente nas vinte e quatro horas imediatamente seguintes.

Considerando as condutas do autor e como ele é encontrado quando do conhecimento do crime, bem como as espécies de flagrante[110] (donde não consta-

[110] CPP, Art. 302. Considera-se em flagrante delito quem: I - está cometendo a infração penal; II - acaba de cometê-la; III - é perseguido, logo após, pela autoridade, pelo ofendido ou por qualquer pessoa, em situação que faça presumir ser autor da infração; IV - é encontrado, logo depois, com instrumentos, armas, objetos ou papéis que façam presumir ser ele autor da infração.

ria, segundo a doutrina, prisão por apresentação[111]), nota-se que a figura discutida aproxima-se em muito da apresentação espontânea.

> APRESENTAÇÃO ESPONTANEA, EMBORA NÃO IMPECA A DECRETAÇÃO DA PRISÃO PREVENTIVA, TAMBÉM NÃO PERMITE A AUTUAÇÃO EM FLAGRANTE DO DELINQUENTE QUE ESPONTANEAMENTE SE APRESENTA. NULIDADE DO AUTO DE PRISÃO EM FLAGRANTE. RECURSO DE HABEAS CORPUS PROVIDO. (STF, RHC 58568, Relator Min. XAVIER DE ALBUQUERQUE, Primeira Turma, julgado em 16/12/1980)

Não obstante, como já advertido, algumas repetições em direito positivo mostram-se salutares.

A prisão em flagrante é ato complexo. Vai da captura e condução até a lavratura do auto de prisão em flagrante e recolhimento ao cárcere, em geral apenas nos casos mais graves. Certos crimes possuem tratamento específico, em especial as infrações de menor potencial ofensivo, tão relevante para os crimes de trânsito.

Verifica-se, do presente dispositivo, vedação à prisão em flagrante, não cabendo sequer o arbitramento de fiança, a ressaltar que a própria lavratura do auto não se faz legítima. Emprega a lei uma sinédoque: fala na parte, num dos atos constitutivos da prisão em flagrante ("nem se exigirá fiança"), pelo todo, para ressaltar a vedação de *todos* atos que constituem a prisão em flagrante ("não se imporá a prisão em flagrante"). Limita, desta forma, o espaço interpretativo para evitar excessos criativos.

Sendo hipótese de inexistência de prisão, descabe qualquer ato de força do Estado, razão pela qual não há que se falar em captura e em condução.

Exsurge questão prática. Não obstante tudo que se falou, por evidente que o conhecimento pela Autoridade Policial exige, como sói acontecer, que o crime de trânsito lhe seja apresentado -no mais das vezes por Policiais Militares juntamente com autor e vítima (se não internada). Apenas a partir do conhecimento da ocorrência é que se poderão tomar providências; e, portanto, via de regra, inicia-se a persecução penal em crimes de trânsito com a apresentação do autor. Essa apresentação não é coercitiva, e se dá pelo próprio perfil dos crimes de trânsito, porquanto relacionados a atos normais da vida contemporânea que podem gerar danos a outrem. Portanto, nada de irregular neste tipo de atuação.

[111] NORONHA, Magalhães. *Curso de Direito Processual Penal*, p. 228.

De se lembrar, nesse afã, que nada impede o comparecimento do condutor do veículo à Delegacia de Polícia, medida que na prática se mostra a mais adequada, ainda que não *obrigatória* ou *coercitiva*, diante do artigo 301, do CTB.

Há entendimentos em sentido contrário[112], de que seria possível a captura e condução, apenas não se lavrando auto de prisão nem se exigindo fiança. Com efeito, aproximar-se-ia ao sentido do artigo 69, parágrafo único[113], da Lei 9.099/95.

Todavia, parece haver uma diferença essencial entre a regra do artigo 60, da Lei 9.099/95, e a do artigo 301, do CTB. Esta se liga à conduta do sujeito ativo anterior a qualquer restrição em sua liberdade (antes de sua captura); o causador, portanto, age sobre o fato-típico de forma semelhante (não igual) a um arrependimento posterior e obtém ao fim um benefício de direito processual penal (proibição da prisão em flagrante); isso porque ele *voluntariamente* acata a ampla gama de consequências a que estará submetido (responsabilidade administrativa, civil e também penal), agindo de forma ética para com aquele que se encontra ferido, e por isso recebe tratamento legal menos rigoroso. Naquela, a regra do artigo 60, da Lei 9.099/95, existe apenas uma *declaração de vontade* do autor dos fatos durante a realização de sua prisão em flagrante, que não se completa com ulteriores atos de coerção, mas não perde a lícita fase coercitiva inicial; há, com efeito, *captura e condução,* mas não *lavratura do auto* e recolhimento ao cárcere; é, pois, instituto mais aproximado à ideia de Justiça Consensual e aos princípios do Jecrim do que propriamente estímulo ao comportamento ético e direito premial.[114]

Por esses motivos e pela ínsita densidade semântico-normativa do adjetivo "integral", em princípio parece que o instituto seja incompatível com a fuga do local do sinistro[115].

112 LIMA, Renato Brasileiro da. *Legislação Criminal Especial Comentada*. p. 1194.

113 Lei 9.099/95. Art. 69. A autoridade policial que tomar conhecimento da ocorrência lavrará termo circunstanciado e o encaminhará imediatamente ao Juizado, com o autor do fato e a vítima, providenciando-se as requisições dos exames periciais necessários. Parágrafo único. Ao autor do fato que, após a lavratura do termo, for imediatamente encaminhado ao juizado ou assumir o compromisso de a ele comparecer, não se imporá prisão em flagrante, nem se exigirá fiança. Em caso de violência doméstica, o juiz poderá determinar, como medida de cautela, seu afastamento do lar, domicílio ou local de convivência com a vítima.

114 "Primeiramente, preponderam a disposição e os atos tendentes a prestar socorro. Se o veículo do causador não comporta o atendimento no local, ou as condições físicas e psíquicas do mesmo impedem o socorro, não é de se afastar a aplicabilidade da norma, porquanto, do contrário, se privilegiaria aqueles que tiveram maior sorte no evento, ou manobravam veículos mais resistentes. Decorreria uma quebra do princípio da igualdade e da própria justiça. Valerá, pois, para decidir quanto à incidência da regra, o ato de vontade evidenciador de prestar socorro" (RIZZARDO, Arnaldo. *Comentários ao Código de Trânsito Brasileiro*. 11ª edição revista e atualizada. São Paulo: Thomson Reuters Brasil, 2023, p. 558)

115 Neste sentido, veja-se: "HABEAS CORPUS – EMBRIAGUEZ AO VOLANTE, LESÃO CORPORAL CULPOSA NA DIREÇÃO DE VEÍCULO AUTOMOTOR E FUGA DO LOCAL DE ACIDENTE – AUSÊNCIA DE SITUAÇÃO FLAGRANCIAL – INOCORRÊNCIA – PACIENTE PRESO LOGO APÓS O COMETIMENTO DAS INFRAÇÕES – PREVISÃO LEGAL – ARTIGO 302 DO CÓDIGO DE PROCESSO PENAL – ALEGAÇÃO DE AFRONTA AO

Com efeito, a condicional para vedação da prisão em flagrante é que o socorro à vítima seja "pronto e integral".

Diz-se que "pronto", da maneira empregada, é imediato, ligeiro, que não demora. De fato, incoerente imaginar os sentidos mais remotos, como de "acabado"[116]

"Integral" é, em seu sentido mais próximo, "inteiro, completo, total"[117]

De fato, nada se fala sobre "eficaz". Assim, independentemente do resultado –incluído aí o de morte-, imperativo focar no comportamento do autor para verificar-se o atendimento aos requisitos do artigo 301, do CTB.

Nota-se que a conduta do autor não precisa quebrar o nexo causal (vale dizer, impedir o resultado), mas sim colocar seus esforços para tentar impedir o agravamento do resultado. De outra forma: o dispositivo valora mais a *intenção* do causador do sinistro (seguida de concreta *conduta reparadora*) do que a objetividade do *resultado da ação reparadora*.

Por exemplo, o condutor de veículo automotor que causar sinistro e, no afã, acionar resgate, sinalizar a outros condutores sobre a existência de perigo, apagar fogo que se tenha iniciado e realizar tudo mais que seja razoavelmente esperado, beneficiar-se-á da regra do artigo 301, mesmo que a vítima venha a falecer. Por outro lado, caso ele apenas acione resgate, mas fuja da cena, mesmo que a vítima não morra, poderá ser preso em flagrante pela lesão corporal culposa na condução de veículo automotor.

Para esclarecer o âmbito semântico da expressão "pronto e integral socorro", observe-se situação ilustrativa. Caso um paciente seja levado a hospital e tenha todo atendimento médico adequado, terá recebido pronto e integral socorro médico, mesmo que sua condição agrave e ele faleça. Por outro lado, caso um paciente fique amarrado a filas infindáveis das esperas hospitalares e, a despeito de receber apenas cuidados médicos iniciais, sobreviva, não se pode dizer que recebeu pronto e integral socorro médico.

Do exposto, parece que o artigo 301, do CTB, está mais para obrigação de meio do que para obrigação de resultado, numa terminologia civilista.

Diante da exigência de "vítima", aplica-se apenas aos crimes de homicídio culposo (artigo 302, do CTB) e de lesão corporal culposa (artigo 303, do CTB). Sem embargo, tendo sido incluídas duas figuras preterdolosas no artigo 308

ARTIGO 301 DO CÓDIGO DE TRÂNSITO BRASILEIRO NÃO VERIFICADA – PACIENTE QUE DEIXOU DE PRESTAR PRONTO E INTEGRAL SOCORRO À VÍTIMA, EVADINDO-SE DO LOCAL DO ACIDENTE (...)." (TJ/SP, HC 2272755-09.2020.8.26.0000, 4ª Câmara Criminal, rel. Desembargadora Ivana David, j. 12/01/2021)

116 AULETE, Caldas. *Novíssimo Aulete dicionário contemporâneo da língua portuguesa*, p. 1118, entrada "pronto".

117 Idem, ibidem, p. 802, entrada "integral".

(§§1° e 2°), do CTB (participação em corrida, disputa ou demonstração), falecem motivos para exclui-los, já que, inegavelmente, há *vítimas* também.

2. Alterações trazidas pela Lei 14.599/2023

A Lei 14.955, de 19 de junho de 2023, excluiu o termo *acidente* do CTB, substituindo-o pelo atual *sinistro*.

No final de 2020, a revisão da norma NBR 10697, da Associação Brasileira de Normas Técnicas (ABNT), atualizou-se o termo "acidentes de trânsito" para "sinistros de trânsito". Já não se empregou *acidente de transito*, apenas *sinistro de trânsito*, o qual foi definido como

> todo evento que resulte em dano ao veículo ou à sua carga e/ou lesões a pessoas e/ou animais, e que possa trazer dano material ou prejuízos ao trânsito, à via ou ao meio ambiente, em que pelo menos uma das partes está em movimento nas vias terrestres ou em áreas abertas ao público (item 2.1 – Definições gerais, 2.1.1 – sinistro de trânsito, da NBR 10697:2020).

Nessa linha, o Plano Nacional de Redução de Mortes e Lesões no Trânsito de 2021 dedicou espaço para propugnar por essa alteração terminológica, afirmando que "[a] palavra 'acidente' remete, semanticamente, a algo inevitável ou que não poderia ter sido evitado", sendo que os principais fatores de riscos (velocidade, desenho das vias, leis, condições de mobilidade) poderiam ser controlados.[118]

Finalmente, o Congresso Nacional aprovou e o Presidente da República sancionou a Lei 14.955, de 12 de março de 2023, que substituiu todas as menções de acidentes de trânsito por "sinistro". Hoje, o termo técnico-jurídico é "sinistro de trânsito", e não há mais referência a "acidente de trânsito" no CTB.

A definição legal de *sinistro* consta do Anexo I do CTB, cujo significante foi acrescido por essa mesma Lei.

> SINISTRO DE TRÂNSITO - evento que resulta em dano ao veículo ou à sua carga e/ou em lesões a pessoas ou animais e que pode trazer dano material ou prejuízo ao trânsito, à via ou ao meio ambiente, em que pelo menos uma das partes está em movimento nas vias terrestres ou em áreas abertas ao público. (Incluído pela Lei n° 14.599/2023)

[118] PNATrans - ano Nacional de Redução de Mortes e Lesões no Trânsito de 2021, da Secretaria Nacional de Trânsito do Ministério da Infraestrutura, p. 5, disponível em https://www.gov.br/transportes/pt-br/assuntos/transito/arquivos-senatran/Anexo_I_pnatrans.pdf, acessado em 05/12/2023.

Houve, com efeito, ganho em segurança jurídica, pela opção legislativa de dar-se definição legal. Não pela simples substituição de uma palavra (acidente) por outra (sinistro); até porque podem ser considerados sinônimos.

Neste sentido, *acidente*, é registrado nos diciários, como qualquer "acontecimento imprevisto, inesperado", "acontecimento infeliz, desastroso, que pode causar danos, ferimentos, e até a morte", "fato ou circunstância secundária; detalhe", "fenômeno patológico inesperado"[119]. *Sinistro*, por sua vez, em sentido comum, vai desde aquilo que "provoca temor", pessoa que "usa a mão esquerda", "perversidade", até "desastre, acidente", "grande prejuízo material", ou "dano em qualquer bem segurado".[120]

Portanto, a vantagem jurídica está no emprego do termo em sentido técnico, cuja definição também técnica foi dada por lei.

A Convenção sobre Direito Viário, aprovada pelo decreto legislativo 33, de 13 de maio de 1980 e publicada pelo decreto 86.714, de 10 de dezembro de 1981, também emprega o termo "acidente", e não "sinistro".

Todavia, chama atenção o fato de os crimes de trânsito do CTB concentrarem-se (ainda que não exclusivamente) em condutas praticadas na condução de veículos automotores enquanto *sinistro*, agora legalmente definido, envolve veículos em geral, ou mesmo suas respectivas cargas, pessoas e animais. Por isso, no artigo 312, limitar-se-á à conduta criminosa apenas aquela que recaia sobre *sinistro automobilístico*.

É reflexo da grande abertura semântica, pois inclui, como se viu, qualquer fato relacionado a veículo, ou a sua carga, ou lesões a pessoas ou animais, sem as limitações a 'veículo automotor' como fazem os crimes descritos nos artigos 302, 303, 306, 307, 308, 309 e 310.

3. Veto ao parágrafo único, do artigo 301

A Lei 11.705, de 19 de junho de 2008, buscou introduzir parágrafo único ao artigo 301, que limitaria a vedação à prisão em flagrante. Ou seja, tencionava aumentar o rigor processual penal dispensado aos crimes de trânsito.

Essa a redação:

> Art. 301. Parágrafo único. Não se aplica o disposto no caput deste artigo se o agente: I - conduzia veículo automotor, na via pública, sob a influência de

[119] AULETE, Caldas. *Novíssimo Aulete dicionário contemporâneo da língua portuguesa*. organizador Paulo Geiger. Rio de Janeiro: Çexikon, 2011, entrada "acidente", p. 28.

[120] AULETE, Caldas. *Novíssimo Aulete dicionário contemporâneo da língua portuguesa*. organizador Paulo Geiger. Rio de Janeiro: Çexikon, 2011, entrada "sinistro", p. 1267.

> álcool ou qualquer outra substância psicoativa que determine dependência; II - participava, em via pública, de corrida, disputa ou competição automobilística ou, ainda, de exibição ou demonstração de perícia em manobra de veículo automotor, não autorizada pela autoridade competente; III - conduzia veículo automotor em acostamento ou na contramão ou, ainda, em velocidade superior à máxima permitida para a via em 50 km/h (cinqüenta quilômetros por hora). (VETADO)

O texto, contudo, não ganhou validade jurídica diante do veto do Presidente Luiz Inácio Lula da Silva.

A reforçar argumentos dispendidos no tópico '1' supra sobre o âmbito de interpretação do artigo 301, assim se fundamentou o veto:

> Embora objetivando aumentar o rigor do tratamento dispensado àqueles que atuam de forma irresponsável no trânsito, a proposta pode ensejar efeito colateral contrário ao interesse público. Uma vez produzido o resultado danoso pelo crime de trânsito, o melhor a se fazer é tentar minorar suas conseqüências e preservar o bem jurídico maior, a vida. Nesse sentido, tendo em vista o pronto atendimento à vítima, a legislação estabelece que não será preso em flagrante aquele que socorrer a vítima. Entende-se que não há razão para se excepcionar tal regra, porquanto que direcionada para a preservação da vida.
>
> Observe-se que já se trata de exceção à regra do flagrante: somente se o socorro for imediato e se o agente fizer tudo que seja possível diante das circunstâncias é que haverá o afastamento do flagrante. Cabe, por fim, ressaltar que tal exceção não se confunde com impunidade: o autor do crime deverá responder por seus atos perante a Justiça e poderá, inclusive, ter a sua prisão decretada futuramente. (Mensagem 404/2008)

Seção II Dos Crimes em Espécie

Comentário

A necessidade de crimes em espécie já era reclamada há tempos.

Veja-se a Exposição de Motivos do Min. Francisco Campos, item 39.

> "No tratamento do homicídio culposo, o projeto atendeu à. urgente necessidade de punição mais rigorosa do que a constante da lei penal atual,

comprovadamente insuficiente. A pena cominada é a de detenção por um a três anos, e será especialmente aumentada se o evento "resulta da inobservância de regra técnica de profissão, arte, oficio ou atividade", ou quando "o agente deixa de "prestar imediato socorro à vítima, não procura diminuir as consequências de seu ato, ou foge para evitar prisão em flagrante". Deve notar-se, além disso, que entre as penas acessórias (cap. V do tit. V da "parte geral") figura a de "incapacidade temporária para profissão ou atividade cujo exercício depende de licença, habilitação ou autorização do poder público", quando se trate de crime cometido com infração de dever inerente à profissão ou atividade. Com êstes diapositivos, o projeto visa, principalmente, a condução de automóveis, que constitui, na atualidade, devido a um generalizado descaso pelas cautelas técnicas (notadamente quanto à velocidade), uma causa freqüente de eventos lesivos contra a pessoa., agravando-se o mal com o procedimento post factum dos motoristas, que, tão-sômente com o fim egoistico de escapar à prisão em flagrante ou à ação da justiça. penal, sistematicamente imprimem maior velocidade ao veiculo, desinteressando-se por completo da vitima, ainda quando em socorro imediato talvez pudesse evitar-lhe a morte."

Semelhante preocupação veio na justificativa do Código Penal Português, decreto-lei 48/95[121]: "Face à elevada sinistralidade rodoviária, entendeu-se conveniente agravar a pena do homicídio negligente, cujo máximo pode atingir os 5 anos, em caso de negligência grosseira."

Ainda a tentar manter o a higidez da codificação que pretendia reformar, o Anteprojeto Nelson Hungria trazia crimes de trânsito:

> Perigo resultante de violação de regra de trânsito
>
> Art. 139 - Violar regra de regulamento de trânsito, expondo a efetivo e grave perigo a incolumidade de outrem: Pena - detenção, de um a seis meses, ou pagamento de 10 a 30 dias-multa.

O Código Penal Militar, Decreto-lei 1.001, de 21 de outubro de 1969, adotou esta fórmula:

> Perigo resultante de violação de regra de trânsito

121 Disponível em https://dre.pt/web/guest/legislacao-consolidada/-/lc/141459984/202108040100/73871206/diplomaExpandido, consultado em 04/08/2021.

> CPM, Art. 280. Violar regra de regulamento de trânsito, dirigindo veículo sob administração militar, expondo a efetivo e grave perigo a incolumidade de outrem: Pena - detenção, até seis meses.

Assim, a inovar no ordenamento jurídico brasileiro, o CTB trouxe rol próprio de crimes.

É evidente que não encerra todos os delitos *relacionados* a trânsito.

Há, por exemplo, o crime de adulteração de sinal identificador de veículo automotor, trazido pela Lei 9.426/96:

> CP, Art. 311 - Adulterar ou remarcar número de chassi ou qualquer sinal identificador de veículo automotor, de seu componente ou equipamento: Pena - reclusão, de três a seis anos, e multa. § 1° - Se o agente comete o crime no exercício da função pública ou em razão dela, a pena é aumentada de um terço. § 2° - Incorre nas mesmas penas o funcionário público que contribui para o licenciamento ou registro do veículo remarcado ou adulterado, fornecendo indevidamente material ou informação oficial.

Relacionado entre os crimes de falsidade (bem jurídico *fé pública*), muito remotamente envolveria a segurança viária. Por isso, não foi colocado entre os crimes do CTB.

Semelhantemente, há figura circunstanciada do crime de perigo para a vida ou saúde de outrem, qual seja, a de que exista transporte irregular de pessoas para prestação de serviços.

> Perigo para a vida ou saúde de outrem
>
> CP, Art. 132 - Expor a vida ou a saúde de outrem a perigo direto e iminente: Pena - detenção, de três meses a um ano, se o fato não constitui crime mais grave. Parágrafo único. A pena é aumentada de um sexto a um terço se a exposição da vida ou da saúde de outrem a perigo decorre do transporte de pessoas para a prestação de serviços em estabelecimentos de qualquer natureza, em desacordo com as normas legais.

Este crime também apenas de maneira longínqua afetaria a segurança viária. O bem jurídico protegido é a incolumidade pessoal; trata-se de crime contra a pessoa, sendo criminalizada a conduta de expor a perigo a integridade individual.

Com efeito, ressaltando a transindividualidade do trânsito, os crimes do CTB protegem, de forma geral, a segurança viária, aí incluídas as pessoas, animais e coisas relacionadas a essa circulação. Contudo, inevitável cair-se nalguma arbitrariedade, fato próprio a toda classificação.

Art. 302. Praticar homicídio culposo na direção de veículo automotor:

Penas - detenção, de dois a quatro anos, e suspensão ou proibição de se obter a permissão ou a habilitação para dirigir veículo automotor.

1. Conduta típica

A técnica do dispositivo é ruim.

O consagrado princípio da legalidade, conquista histórica e direito individual constitucional (art. 5º, inciso XXXIX, da Constituição Federal[122]), tem como corolário a certeza da conduta incriminada ("lex certa")[123].

Essa é uma previsão importante ao Direito como um todo. Por isso, encontra-se expressamente na Lei Complementar 95, de 26 de fevereiro de 1998, artigo 11, inciso II, alínea 'a'[124]. Com tanto mais razão, a limitação que se impõe ao Estado em matéria penal é clara: a expressão linguística que institui tipo penal incriminador há de ser clara naquilo que proíbe sob ameaça de pena criminal.

Não que as pessoas devam ler o diário oficial, muito menos a ele devam o conhecimento da ilicitude (talvez devessem lê-lo; seria uma forma de o povo reivindicar da burocracia a coisa pública...). O princípio da legalidade não é dever dirigido ao particular, mas limitação ao poder punitivo estatal. É ao Estado cabe o dever de clareza. Certamente o legislador não foi feliz neste ponto.

Vigora no Brasil o chamado Direito Penal do fato, do acontecimento mundano, das condutas praticadas, em oposição ao Direito Penal do autor. Daí a magna importância ao verbo, ao núcleo do tipo penal. Contudo, nem por isso merece a pecha de inconstitucional; é apenas tipo penal com péssima qualidade jurídico-redacional: o veículo introdutório da norma é falho (a oração linguística contida no artigo 302, *caput*, do CTB), mas a norma em si não.

Toma-se aqui a lei penal como a expressão linguística, o preceito dado pelo legislador, e a norma é o conteúdo, em geral proibitivo (tipo penal incriminador), que pune a conduta contrária ao direito.

122 CF/88, art. 5º, inciso XXXIX - não há crime sem lei anterior que o defina, nem pena sem prévia cominação legal;

123 TOLEDO, Francisco de Assis. *Princípios básicos de direito penal*, p. 29.

124 LC 95/98. Art. 11. As disposições normativas serão redigidas com clareza, precisão e ordem lógica, observadas, para esse propósito, as seguintes normas: II - para a obtenção de precisão: a) articular a linguagem, técnica ou comum, de modo a ensejar perfeita compreensão do objetivo da lei e a permitir que seu texto evidencie com clareza o conteúdo e o alcance que o legislador pretende dar à norma;

Karl Binding, há tempos, notou que o criminoso não se opunha à lei; ele a cumpria; desobedecia, sim, a norma jurídica. Veja-se: "Todo direito objetivo é vontade comum manifestada, que um determinado pensamento de uma norma de vida útil deve ser uma regra obrigatória de vida. Cada princípio jurídico consiste em dois princípios de fato diferentes: a expressão do pensamento jurídico e a repressão da vontade jurídica. Tanto para os pensamentos como para as resoluções, existem dois meios diferentes de manifestação: a palavra (preceito) e a ação (concludente) que permite a conclusão. Se esses dois princípios forem manifestados, apresenta-se uma lei, ou seja, o pensamento jurídico declarado por meio do cânone expresso e da vontade jurídica a fonte da lei."[125]

Sob outros paradigmas, veja-se Paulo de Barros Carvalho.

> "De fato, o discurso produzido pelo legislador (em sentido amplo) é, todo ele, redutível a regras jurídicas, cuja composição sintática é absolutamente constante: um juízo condicional, em que se associa uma consequência à realização de um acontecimento fáctico previsto no antecedente. (...) *Somente a norma jurídica, tomada em sua integridade constitutiva, terá o condão de expressar o sentido cabal dos mandamentos da autoridade que legisla.*"[126]

Poder-se-ia, ainda, usar a precisa colocação:

> A norma não deixa de ser norma pelo simples fato de ser desrespeitada. Ela é, preexiste e sobreexiste à ação que preconiza. É um ser que se quer *permanente* como instrumento de regulação da conduta humana garantido por uma *estrutura de poder* (Estado). As normas não se confundem com as expressões lingüísticas que as veiculam. É que, como entes lógicos, possuem vida autônoma. Ocorre, tão-somente, que as *normas* são *expressadas* pelas formulações lingüísticas, através das quais é possível a comunicação entre os homens, estes protagonistas do enredo social.[127]

Essa compreensão terá dois resultados práticos para fins do artigo 302, do CTB. Primeiro, garantir a constitucionalidade da construção, revelando inexistir ofensa ao princípio da taxatividade. Segundo, compreender que a extensão da norma jurídica não depende exclusivamente das palavras de um único artigo, mas de complexa construção.

[125] BINDING, Carlo. *Compendio di diritto penale (parte generale)*, p. 122, tradução livre.

[126] CARVALHO, Paulo de Barros. *Direito Tributário: fundamentos jurídicos da incidência*, p. 40-41.

[127] COÊLHO, Sacha Calmon Navarro. *Teoria geral do tributo e da exoneração tributária*, p.70.

Deve-se tomar a elementar típica "praticar", de baixíssima carga para a semântica jurídico-penal, como metalinguagem. Remete-se, como não poderia ser diferente, ao artigo 121, §3°, do Código Penal[128], a despeito de não estar expressa tal remissão.

Por isso, trata-se de *crime remetido*, classificação pouco lembrada pela doutrina, e geralmente que se faz acompanhar de expresso apontamento do tipo penal ao qual se faz referência[129]. Infelizmente, aí está o segundo erro de técnica legislativa.[130]

Para deixar o modelo legal mais claro, poder-se-ia substituir a expressão linguística do artigo 302, do CTB, por esta: *matar alguém, culposamente, na condução de veículo automotor.*

A conduta típica pode ser especificada pelos próprios termos legais deste Código (cfr. Anexo I – Dos conceitos e definições, e outras previsões legais, do CTB).

Esmiuçando o qualificativo da *morte culposa* analisada, chega-se a isto: *a) direção + b) veículo automotor + c) em via terrestre do território nacional aberta à circulação*[131], sendo esta última implícita ao artigo 302. (cfr. entendimento jurisprudencial abaixo).

Tem-se:

a) *direção* é espécie restrita a veículos, cujo gênero é circulação. Circulação, por sua vez, é "movimentação de pessoas, animais e veículos em deslocamento, conduzidos ou não, em vias públicas ou privadas abertas ao público e de uso coletivo." (Anexo I – Dos conceitos e definições, do CTB).

[128] CP, Art. 121. Matar alguém: Pena - reclusão, de seis a vinte anos.
Homicídio culposo § 3° Se o homicídio é culposo: Pena - detenção, de um a três anos.

[129] Costuma-se apontar o artigo 304, do CP, como exemplo de crime remetido.
Uso de documento falso CP, Art. 304 - Fazer uso de qualquer dos papéis falsificados ou alterados, a que se referem os arts. 297 a 302: Pena - a cominada à falsificação ou à alteração.

[130] LC 95/98. Art. 11. As disposições normativas serão redigidas com clareza, precisão e ordem lógica, observadas, para esse propósito, as seguintes normas: II - para a obtenção de precisão: g) indicar, expressamente o dispositivo objeto de remissão, em vez de usar as expressões 'anterior', 'seguinte' ou equivalentes;

[131] Em Portugal, a discussão também é trazida, havendo expressa exigência de os crimes de trânsito serem cometidos em via pública ou equiparada. Veja-se o Ac. TRP de 7-05-2014: "I. Para efeitos de verificação do crime de veículo em estado de embriaguez, p. e p. pelo art.° 292° do C. Penal, a condução tem de ter lugar em «via pública ou equiparada». II.O critério a que obedece a classificação das vias públicas ou a estas equiparadas é o da sua afetação ou abertura ao trânsito público, respetivamente, que não o da dominialidade do terreno em que estão implantadas. III. As noções de via pública e via equiparada a via pública constam do art.° 1° do Código da Estrada, como sendo «via de comunicação terrestre afeta ao trânsito público» e «via de comunicação terrestre do domínio privado aberta ao trânsito público», respetivamente.IV. Não obstante um parque de estacionamento ser um local exclusivamente destinado ao estacionamento de veículos [art.° 1° al. I) do Cód. Estrada], naturalmente que se enquadra no conceito de via equiparada, seja ele do domínio público do Estado, das Regiões Autónomas ou das Autarquias Locais, seja do domínio privado contanto que se encontre aberto ao público."

Além da técnica da cata jurídica, vê-se assim *direção*: "[r]umo, orientação"[132] Em dicionários mais modernos, registra-se "ato ou efeito de dirigir ou de se dirigir"[133], ou "[a]ção ou resultado de dirigir(-se)", sendo nesse afã registrado o sentido de "[a]ção ou resultado de conduzir, guiar um veículo" e por isso chegou-se ao nome da "parte de um veículo que orienta o seu deslocamento"[134]. De fato, esse último é o sentido pragmaticamente mais coerente e corrente no direito de trânsito; mister, pois, haver efetiva condução do veículo automotor, não se encontrando aperfeiçoada a elementar caso exista apenas a possibilidade de *condução* (possibilidade de *conduzir*, trocando-se o substantivo por verbo).

b) *veículo automotor* é "todo veículo a motor de propulsão que circule por seus próprios meios, e que serve normalmente para o transporte viário de pessoas e coisas, ou para a tração viária de veículos utilizados para o transporte de pessoas e coisas. O termo compreende os veículos conectados a uma linha elétrica e que não circulam sobre trilhos (ônibus elétrico)." (Anexo I – Dos conceitos e definições, do CTB)

Esta definição apresentada seria considerada, para a lógica, definição conotativa. Há, no corpo do CTB, definição denotativa, qual seja, a enumeração das espécies que pertencem ao grupo "veículos automotores", elencados no artigo 96, do CTB.[135]

Possível, já, somar a) e b).

Obtém-se da elementar *direção* somada a *veículo automotor* o seguinte resultado: *movimentação de veículos automotores, em deslocamento, conduzidos, em vias públicas ou privadas abertas ao público e de uso coletivo.*

Superando-se a tautologia: *movimentação de veículo a motor de propulsão que circule por seus próprios meios, e que serve normalmente para o transporte viário de pessoas e*

[132] SILVEIRA BUENO, Francisco da. *Grande Dicionário Etimológico-Prosódico da Língua Portuguesa*. 2º volume, p. 1028. entrada "direção".

[133] "direção", in Dicionário Priberam da Língua Portuguesa [em linha], 2008-2021, https://dicionario.priberam.org/dire%C3%A7%C3%A3º [consultado em 07-12-2021].

[134] AULETE, Caldas. *Novíssimo Aulete dicionário contemporâneo da língua portuguesa*, p. 500, entrada "direção".

[135] CTB, Art. 96. Os veículos classificam-se em:
I - quanto à tração: a) automotor; b) revogado (Lei 14.599/23); c) de propulsão humana; d) de tração animal; e) reboque ou semi-reboque;
II - quanto à espécie: a) de passageiros: 1 - bicicleta; 2 - ciclomotor; 3 - motoneta; 4 - motocicleta; 5 - triciclo; 6 - quadriciclo; 7 - automóvel; 8 - microônibus; 9 - ônibus; 10 - bonde; 11 - reboque ou semi-reboque; 12 – charrete; b) de carga: 1 - motoneta; 2 - motocicleta; 3 - triciclo; 4 - quadriciclo; 5 - caminhonete; 6 - caminhão; 7 - reboque ou semi-reboque; 8 - carroça; 9 - carro-de-mão; c) misto: 1 - camioneta; 2 - utilitário; 3 - outros; d) de competição; e) de tração: 1 - caminhão-trator; 2 - trator de rodas; 3 - trator de esteiras; 4 - trator misto; f) especial: 1. motocicleta; 2. triciclo; 3. automóvel; 4. micro-ônibus; 5. ônibus; 6. reboque ou semirreboque; 7. camioneta; 8. caminhão; 9. caminhão-trator; 10. caminhonete; 11. utilitário; 12. motor-casa; (redação dada pela Lei 14.955/2023 g) de coleção;
III - quanto à categoria: a) oficial; b) de representação diplomática, de repartições consulares de carreira ou organismos internacionais acreditados junto ao Governo brasileiro; c) particular; d) de aluguel; e) de aprendizagem. (g.n.)

coisas, ou para a tração viária de veículos utilizados para o transporte de pessoas e coisas, em deslocamento, conduzidos, em vias públicas ou privadas abertas ao público e de uso coletivo.

c) *via terrestre do território nacional aberta à circulação*, por fim, encontra duas definições conotativas. A primeira no artigo 2º[136] e a segunda no Anexo I, Dos conceitos e definições[137], do CTB. No artigo 60[138], do CTB, está definição denotativa.

É evidente que esse processo seguiria *ad infinitum*. Tão mais complexa, se é que se pode dizer isso, em se tratando de um tipo penal aberto, como é o caso.

Agora, de se por em análise aquilo que se obteve. Inicialmente, falou-se que o homicídio culposo na condução de veículo automotor consistia em morte culposa especificamente caracterizada por dois elementos explícitos a) *direção* + b) *veículo automotor* e um implícito c) *em via terrestre do território nacional aberta à circulação.*

Todavia, a parte final do produto a) + b) revela a desnecessidade de c). Com efeito, o crime de trânsito só pode ser cometido, com nova tautologia, no trânsito.

Damásio de Jesus faz interessante análise. Firma que há tipos do CTB que exigem "via pública": artigos 306 (quando de sua redação original, atualmente não possui tal menção no tipo legal), 308 e 309. Já o do artigo 302 nada fala sobre o lugar do crime: daí admitir que possa ser cometido em qualquer lugar, inclusive no ato de tirar veículo da garagem.[139]

Pelos motivos expostos, não se admite essa posição. O bem jurídico 'vida' é o mesmo do artigo 121, §3º, do CP; o discrímen, que faz legítimo o plus da reprimenda, é a periclitação à segurança viária. Portanto, fora das situações de trânsito, deveria o crime ser o homicídio culposo comum.

Há julgado do STJ que, a despeito de fundar-se no entendimento desse autor, aplica o Código de Trânsito porque o homicídio ocorreu em via privada: o local era uma servidão de passagem, e desta maneira aberta à circulação, nos termos do artigo 2º, do CTB.[140]

136 CTB, Art. 2º São vias terrestres urbanas e rurais as ruas, as avenidas, os logradouros, os caminhos, as passagens, as estradas e as rodovias, que terão seu uso regulamentado pelo órgão ou entidade com circunscrição sobre elas, de acordo com as peculiaridades locais e as circunstâncias especiais. Parágrafo único. Para os efeitos deste Código, são consideradas vias terrestres as praias abertas à circulação pública, as vias internas pertencentes aos condomínios constituídos por unidades autônomas e as vias e áreas de estacionamento de estabelecimentos privados de uso coletivo.

137 "VIA - superfície por onde transitam veículos, pessoas e animais, compreendendo a pista, a calçada, o acostamento, ilha e canteiro central." (Anexo I, Dos conceitos e definições, do CTB)

138 CTB, Art. 60. As vias abertas à circulação, de acordo com sua utilização, classificam-se em: I - vias urbanas: a) via de trânsito rápido; b) via arterial; c) via coletora; d) via local; II - vias rurais: a) rodovias; b) estradas.

139 JESUS, Damásio E. de. *Crimes de Trânsito*, p. 77. No mesmo sentido, GONÇALVES, Victor Eduardo Rios; BALTAZAR JUNIOR, José Paulo. *Legislação Penal Especial esquematizado*, comentários ao artigo 302, do CTB, item 2.

140 CTB, Art. 2º São vias terrestres urbanas e rurais as ruas, as avenidas, os logradouros, os caminhos, as passagens, as estradas e as rodovias, que terão seu uso regulamentado pelo órgão ou entidade com circunscrição sobre elas, de acordo com as peculiaridades locais e as circunstâncias especiais. Parágrafo único. Para os efeitos deste Código, são consideradas vias terrestres as praias abertas à circulação pública, as vias internas

Assim foi ementado:

> PENAL E PROCESSO PENAL - HOMICÍDIO CULPOSO - TRÂNSITO - DELITO PREVISTO NO ART. 302, DO CNT - NULIDADE - INEXISTÊNCIA. - **Para a caracterização do delito previsto no art. 302, do Código de Trânsito Brasileiro, basta que alguém, na direção de veículo automotor, mate outrem culposamente, ou seja, agindo por imprudência, negligência ou imperícia, seja em via pública, seja em propriedade particular.** - Ordem denegada. (HC 19.865/RS, Rel. Ministro JORGE SCARTEZZINI, QUINTA TURMA, julgado em 18/02/2003, DJ 14/04/2003, p. 236, g.n.)

Para encerrar, o verbo a que se remete: *matar*. Como na figura do artigo 121, §3º, do CP, matar é por fim a vida extrauterina. Daí importante retomarem-se os marcos do início e do fim da vida.

A vida (leia-se, vida extrauterina) começa com o nascimento. Mas, desde a concepção[141], os direitos do feto são garantidos. Diante de práticas socialmente aceitas, atribui-se proteção a partir da nidação. Dentro do universo do bem jurídico 'vida', o fim daquela refere-se ao homicídio, independentemente de ser doloso ou culposo, privilegiado, qualificado, *sui generis;* o fim do produto da concepção, o feto, refere-se ao aborto, em suas várias feições.

A vida termina com a morte cerebral.[142]

O núcleo típico é *matar* –sem qualquer especificidade quanto à maneira de praticar o ato. Portanto, crime de forma livre.

2. Objetividade jurídica

A despeito de a objetividade do CTB ser o sistema viário, a doutrina majoritária reconhece no crime do artigo 302, do CTB, o bem jurídico vida (vida extrauterina)

pertencentes aos condomínios constituídos por unidades autônomas e as vias e áreas de estacionamento de estabelecimentos privados de uso coletivo.

141 Código Civil, Art. 2º A personalidade civil da pessoa começa do nascimento com vida; mas a lei põe a salvo, desde a concepção, os direitos do nascituro.

142 Lei 9.434, de 4 de fevereiro de 1997 – Lei de transplantes. Art. 3º A retirada post mortem de tecidos, órgãos ou partes do corpo humano destinados a transplante ou tratamento deverá ser precedida de diagnóstico de morte encefálica, constatada e registrada por dois médicos não participantes das equipes de remoção e transplante, mediante a utilização de critérios clínicos e tecnológicos definidos por resolução do Conselho Federal de Medicina. (g.n.)

Vê-se, secundariamente, a segurança viária. Isso porque o crime é cometido "na condução de veículo automotor"; assim, a morte nessas circunstâncias é uma turbação a toda segurança e confiabilidade do sistema de tráfego terrestre.

> A **objetividade jurídica** do delito em questão repousa na **vida humana**, o maior dos bens jurídicos, que tem inclusive proteção constitucional no art. 5º, *caput*, da Constituição Federal.
>
> Como bem jurídico secundário, temos a segurança no trânsito ou segurança viária.[143]

No sentido de a objetividade jurídica ser a vida há várias vozes.[144].

Parece que a razão específica da maior gravidade do crime de trânsito está na ofensa ou periclitação ao próprio trânsito. Sendo este um complexo de inter-relações, um acidente ou sinistro de trânsito fatal gera efetivo prejuízo para toda segurança e fluidez viária e ainda assim coloca os demais usuários em situação de risco.

Por esse motivo, parece que o homicídio culposo do artigo 302, do CTB, seja crime pluriofensivo, tutelando tanto a vida humana como a segurança viária.[145]

3. Sujeito ativo

Qualquer pessoa: é crime comum.

O autor pode ser o proprietário[146] do veículo automotor, possuidor[147], detentor; pode ter a coisa lícita ou ilicitamente em seu poder. Pode ser justa ou

[143] LIMA, Marcellus Polastri. *Crimes de trânsito: aspectos penais e processuais*, p. 108.

[144] JESUS, Damásio E. de. *Crimes de Trânsito*, p.71; LIMA, Renato Brasileiro da. *Legislação Criminal Especial comentada*, p. 1195; MARCÃO, Renato. *Crimes de Trânsito*, p. 17; GONÇALVES, Victor Eduardo Rios. *Legislação penal especial esquematizado*, item 7.2.1; entre outros.

[145] Nesse sentido, NUCCI, Guilherme de Souza. *Leis penais e processuais penais comentadas*, p. 842.

[146] "O domínio não se pode adquirir senão por título justo e duma maneira conforme ao Direito: e um poder, uma faculdade jurídica em toda a força da sua essência.
A posse, porem, não tem por fundamento um direito anterior de que ela seja a conseqüência e a manifestação; instaura-se pela simples aquisição do poder físico de dispor da coisa, unido à intenção de havê-la como própria, nada importando se por modo justo ou injusto; e, uma vez adquirida, produz efeitos legais.
A posse é, pois, em sua origem e essência distinta do domínio: tem vida própria e independente; pode ou subsistir só, ou coexistir com ele." (PEREIRA, Lafayette Rorigues. *Direito das coisas*, v. 1, p. 31)

[147] "A posse pressupõe um fato físico, (a detenção na posse propriamente dita, o exercício material do direito na quase-posse) que põe o homem em contacto com a coisa; este fato pode ser objeto de -violências, contra as quais a lei confere a proteção dos interditos." (PEREIRA, Lafayette Rorigues. *Direito das coisas*, v. 1, p. 75)

injusta[148]; de boa-fé, ou de má-fé[149]. Pouco importa para o crime de trânsito, bastando esteja na condução do veículo automotor.

O fato central não está no vínculo *jurídico* entre o sujeito ativo e o veículo automotor conduzido, mas sim no contato físico entre um e outro, entre a pessoa humana e o bem.

O elemento fundamental é, pois, a *tença humana*: relação física que existe entre i) o condutor –e portanto aquele que pode "trafegar", "conduzir", "dirigir" etc. (e nessa condição age mal, provocando de maneira causal o resultado incriminado)- e ii) o veículo automotor, instrumento necessário e especializante da prática do crime.

> A posse é relação fáctica entre a pessoa que possui e o *alter*, a comunidade. Há relações fácticas, de tença, que não são entre a pessoa e o *alter*, por serem, por exemplo, entre o leão e qualquer ente que poderia opor-se à sua posse da caverna, ou entre o jaguar e a serpente, no seu canto de mata. Mas essas relações fácticas não são tidas como possessórias, porque - já no mundo fáctico - o pensamento humano selecionou relações inter-humanas e relações entre homens e animais, ou entre animais. (...) Quando a técnica jurídica distinguiu a posse e a detenção, ou a posse e a tença, pôs-se no mundo fáctico, somente chamando posse à relação inter-humana que pode, eventualmente, entrar no mundo jurídico e ser tutelada pelo direito.[150]

De outra forma, para o sujeito ativo, pouco importa a intenção sua sobre a coisa; basta o *corpus*[151]. Isso o tornará, presentes os demais elementos objetivos

148 "Pode, ainda, a posse ser justa ou injusta.
Posse justa é a que não for violenta, clandestina ou precária (art. 1.200 do CC).
A posse justa, portanto, não pode apresentar esses vícios; não podendo ser adquirida pela violência inicial (*vi*), devendo ser mansa e pacífica; nem pela clandestinidade (*clam*), às escondidas, devendo, portanto, ser pública, adquirida à vista de todos; nem pela precariedade, que se caracteriza por abuso de confiança de quem recebeu a coisa com obrigação de restituí-la e se recusa a fazê-lo, por exemplo, um amigo que deixa outro usar um imóvel seu provisoriamente, de modo precário, para restituí-lo quando essa restituição for exigida.
Enquanto durarem esses vícios, a posse será injusta, não autorizando o possuidor à aquisição do objeto possuído pela usucapião." (AZEVEDO, Álvaro Villaça. *Curso de direito civil* : direito das coisas, item 3.6)

149 "A *posse* pode ser *de boa ou de má-fé*. Será de boa-fé quando o possuidor ignorar o vício ou o obstáculo que o impeça de adquirir a coisa (art. 1.201 do CC).
A posse de boa-fé baseia-se em um título ou qualquer documento que coloque o possuidor no inarredável entendimento de que é dono da coisa possuída.
Posse de boa-fé assenta-se em um conceito subjetivo, alerta Antonio Chaves: "corresponde à convicção de estar alguém agindo em conformidade com a lei".
Já a posse de má-fé exerce-a quem não ignora que possui indevidamente." (AZEVEDO, Álvaro Villaça. *Curso de direito civil*: direito das coisas. 2. ed. – São Paulo: Saraiva Educação, 2019, item 3.6)

150 PONTES DE MIRANDA, Francisco Cavalcanti. *Tratado de Direito Privado*, tomo X, p. 55-56.

151 "Dois são os elementos que integram esse conceito: o *corpus* e o *animus*.
O elemento *corpus* representa o poder físico exercido pelo possuidor sobre a coisa, sua detenção, sendo que o *animus* é a vontade de possuir essa coisa para si, exercendo sobre a mesma o domínio. A posse é, assim, para

e subjetivos, autor do crime. Donde se conclui que nenhuma qualidade especial é-lhe exigida pela ordem jurídica.

É possível concurso de pessoas. Todavia, apenas na modalidade de coautoria, conforme doutrina majoritária. A questão é de grande controvérsia.

Há algumas decisões que admitem coautoria em crime culposo. Nesse sentido:

> (...) . 4. O CRIME CULPOSO ADMITE CO - AUTORIA. (STF, RHC 49203, Relator Min. ANTONIO NEDER, Segunda Turma, julgado em 20/09/1971, DJ 03-11-1971 PP-06047 EMENT VOL-00853-02 PP-00748)
>
> HABEAS CORPUS - CRIME CULPOSO - ACIDENTE DE TRÂNSITO. 1. A JURISPRUDÊNCIA DO SUPREMO TRIBUNAL FEDERAL JA SE PACIFICOU NO SENTIDO DE ADMITIR, NOS CRIMES CULPOSOS, O CONCURSO DE AGENTES (PRECEDENTES: R.H.C. N. 52.877 - RTJ 72/711; RHC N. 54.321 - GO, ETC.). 2. A EXISTÊNCIA OU NÃO DE NEXO CAUSAL ENTRE O ATO PRATICADO POR UM DOS AGENTES E OS ATOS OU OMISSÕES DO CAUSADOR DIRETO DO EVENTO DELITUOSO E MATÉRIA QUE SOMENTE PODERA FICAR ESCLARECIDA NA FASE DE INSTRUÇÃO DO PROCESSO, ATRAVÉS DO AMPLO CONTRADITORIO, NÃO PODENDO SER EXAMINADA APRIORISTICAMENTE PELA VIA DO HABEAS CORPUS. RECURSO DE HABEAS CORPUS IMPROVIDO. (STF, RHC 55258, Relator Min. CUNHA PEIXOTO, Primeira Turma, julgado em 14/06/1977, DJ 12-09-1977 PP-06171 EMENT VOL-01069-01 PP-00161)

Contra:

> CULPA IN VIGILANDO. ACIDENTE DE AUTOMOVEL. NARRATIVA QUE EXCLUI A CULPA CRIMINAL DO PAI DO MENOR CAUSADOR DO ACIDENTE, SEM AFASTAR A RESPONSABILIDADE CIVIL. DIFICULDADES DA CO-AUTORIA EM CRIME CULPOSO. HC 39.539 (1963). (STF, RHC 42427, Relator Min. VICTOR NUNES, Tribunal Pleno, julgado em 24/06/1965, DJ 04-11-1965 PP-03034 EMENT VOL-00636-02 PP-00825) Na mesma época, decidiu-se em sentido contrário:

Savigny, a detenção de uma coisa pelo possuidor com a intenção de possuí-la, como se dela fosse o verdadeiro dono.

Como visto, para que se configure a posse, para Savigny, além da detenção física da coisa, há o possuidor de querê-la para si, impondo-se, dessa forma, o *animus domini* ou o *animus rem sibi habendi*." (AZEVEDO, Álvaro Villaça. *Curso de direito civil* : direito das coisas. 2. ed. – São Paulo : Saraiva Educação, 2019, Item 3.2)

Recentemente, há julgados no sentido de admitir coautoria em crime culposo:

> (...) 2. Na sessão plenária do Tribunal do Júri, o Conselho de Sentença, na linha do que sustentara a defesa desde o inquérito policial, entendeu que os réus não participavam, por ocasião dos fatos delituosos, de nenhuma corrida ilícita, como deduzido pela acusação. Todavia, mesmo entendendo dessa forma, desclassificou o crime apenas em relação ao corréu Bruno, sendo condenado por homicídio culposo na direção de veículo automotor (CTB, art. 302), concluindo quanto ao recorrente Thiago que este assumiu o risco de produzir o resultado morte na vítima, ou seja, que agiu com dolo eventual. 3. Tratando-se de crime praticado em concurso de pessoas, o nosso Código Penal, inspirado na legislação italiana, adotou, como regra, a Teoria Monista ou Unitária, ou seja, havendo pluralidade de agentes, com diversidade de condutas, mas provocando um só resultado, existe um só delito. 4. Assim, denunciados em coautoria delitiva, e não sendo as hipóteses de participação de menor importância ou cooperação dolosamente distinta, ambos os réus teriam que receber rigorosamente a mesma condenação, objetiva e subjetivamente, seja por crime doloso, seja por crime culposo, não sendo possível cindir o delito no tocante à homogeneidade do elemento subjetivo, requisito do concurso de pessoas, sob pena de violação à teoria monista, razão pela qual mostra-se evidente o constrangimento ilegal perpetrado. (STJ, REsp 1306731/RJ, Rel. Min. MARCO AURÉLIO BELLIZZE, QUINTA TURMA, julgado em 22/10/2013, DJe 04/11/2013)

Mesmo que seja, em tese, possível coautoria, mister previsibilidade do evento danoso.

> PENAL. TEORIA FINALISTA DA AÇÃO. LESÕES CORPORAIS. CO-AUTORIA EM CRIME CULPOSO. ADMISSIBILIDADE. PAI QUE NÃO EXERCE VIGILANCIA CERRADA SOBRE FILHO MENOR QUE ATROPELA TRANSEUNTE: ATIPICIDADE DA CONDUTA. ACONTECIMENTO ILICITO QUE ESTAVA FORA DA ESFERA DA PREVISIBILIDADE DO RECORRENTE. RECURSO ESPECIAL CONHECIDO E IMPROVIDO PELA ALINEA C. (STJ, REsp 40.180/MG, Rel. Min. VICENTE LEAL, Rel. p/ Acórdão Min. ADHEMAR MACIEL, SEXTA TURMA, julgado em 21/11/1995, DJ 11/03/1996, p. 6667)

Há posições recentes contra a participação em crimes culposos:

> HABEAS CORPUS. PENAL E PROCESSUAL PENAL. HOMICÍDIO CULPOSO. DELITO DE TRÂNSITO. CO-AUTORIA. POSSIBILIDADE. ALEGAÇÃO DE INEXISTÊNCIA DE NEXO CAUSAL ENTRE O COMPORTAMENTO DO PACIENTE E O EVENTO DANOSO. NECESSIDADE DE DILAÇÃO PROBATÓRIA. VIA INADEQUADA. 1. É perfeitamente admissível, segundo o entendimento doutrinário e jurisprudencial, a possibilidade de concurso de pessoas em crime culposo, que ocorre quando há um vínculo psicológico na cooperação consciente de alguém na conduta culposa de outrem. O que não se admite nos tipos culposos, ressalve-se, é a participação. Precedentes desta Corte. 2. Afigura-se inviável, conforme pretende o Impetrante, reconhecer, na via estreita do writ, a ausência, por falta de provas, do nexo causal entre o comportamento culposo do paciente - reconhecido na sentença - ao acidente em questão, uma vez que demandaria, necessariamente, a análise aprofundada do conjunto probatório dos autos. 3. Habeas Corpus denegado. (STJ, HC 40.474/PR, Rel. Min. LAURITA VAZ, QUINTA TURMA, julgado em 06/12/2005, DJ 13/02/2006, p. 832)

4. Sujeito passivo

Qualquer pessoa.

Caso a vítima tenha provocado por sua própria conduta o resultado, inexistirá crime, porque faltarão as elementares típicas e, propriamente, a conduta objetiva (o verbo) "matar" tornar-se-ia reflexivo: "matou-se". Portanto, inexistiria crime.

Por sua vez, como já pacífico, a culpa concorrente não afasta o crime. Isso porque o nexo causal, em relação ao autor, permanece hígido, ainda que sua culpabilidade seja reduzida (fato a ser considerado quando da fixação da pena).

> (...) 3. Impossível afastar o óbice do enunciado n. 7/STJ da pretensão do agravante de ver reconhecida a culpa exclusiva da vítima no acidente ocorrido. 4. O Direito Penal não admite a compensação de culpas como causa excludente da culpabilidade do agente. 5. Agravo regimental a que se nega provimento. (STJ, AgRg no Ag 1153407/SP, Rel. Ministro MARCO AURÉLIO BELLIZZE, QUINTA TURMA, julgado em 19/09/2013, DJe 26/09/2013)

> (...) O Tribunal a quo, soberano na análise das circunstâncias fáticas da causa, concluiu pela existência de elementos suficientes que comprovam a autoria e materialidade delitiva, afirmando que o Agravante teria agido de

> forma imprudente e negligente. Nesse contexto, o acolhimento da pretendida absolvição demandaria um inevitável reexame das provas produzidas, o que encontra óbice no enunciado n.º 7 da Súmula desta Corte. 2. O direito penal não contempla a compensação de culpas. 3. Agravo regimental desprovido. (STJ, AgRg no Ag 1270983/MG, Rel. Ministra LAURITA VAZ, QUINTA TURMA, julgado em 03/05/2011, DJe 18/05/2011)

5. Elemento subjetivo

É a culpa. Pode ser consciente ou inconsciente. Terá alguma das modalidades aceitas no Direito Brasileiro: negligência, imprudência e imperícia.

A culpa repousa na busca por ação não ilícita em si, em princípio, sem se atentar a regra objetiva de cuidado (dever objetivo de cautela). Não há que se confundir as regras administrativas de trânsito com a exigência penal de cautela. Esta não depende daquela; mas, também não a ignora.

> (...) 2. "Se a exordial acusatória não explicita qual teria sido o dever objetivo de cuidado violado pela conduta do paciente, se constata a sua inépcia para deflagrar de forma válida a persecutio criminis in judictio." (HC 186.451/RS, Relator o Ministro JORGE MUSSI, DJe 12/06/2013). 3. Habeas corpus não conhecido. Ordem concedida de ofício para pronunciar a deficiência formal da denúncia e determinar o trancamento da Ação Penal n.º 2009.2.000364-3, em trâmite na Vara Única da Comarca de Santo Antônio do Tauá-PA, relativamente à Juarez Távora Marques Cordero, ressalvado, porém, o oferecimento de outra denúncia, desde que preenchidas as exigências legais mínimas. (STJ, HC 245.533/PA, Rel. Ministro MARCO AURÉLIO BELLIZZE, QUINTA TURMA, julgado em 07/11/2013, DJe 12/11/2013)

> (...) 2. Para que o agente seja condenado pela prática de crime culposo, são necessários, entre outros requisitos: a inobservância do dever de cuidado objetivo (negligência, imprudência ou imperícia) e o nexo de causalidade. 3. Da análise singela dos autos, sem que haja a necessidade de se incursionar na seara fático-probatória, verifica-se a inexistência de fato típico a ser imputado ao recorrente, não havendo nenhum elemento que configure nexo de causalidade entre qualquer ação ou omissão do ora recorrente e o evento morte. 4. No caso, não pode ser atribuída culpa ao recorrente, unicamente pelo fato de ele ter realizado a inspeção na rede dois meses antes do fato e não ter constatado nenhum problema. 5. Só se tem por constituída

> a relação de causalidade se, baseado em elementos empíricos, puder se demonstrar, com certo grau de probabilidade, que o resultado não ocorreria caso a ação devida fosse efetivamente realizada, o que não se verificou na hipótese dos autos, fazendo-se mister a aplicação do brocardo in dubio pro reo. 6. Recurso ordinário provido para trancar a ação penal, por atipicidade da conduta. (STJ, RHC 35.883/PE, Rel. Ministro OG FERNANDES, SEXTA TURMA, julgado em 01/10/2013, DJe 09/10/2013)

Quer dizer, as regras reconhecidas de trânsito são importantes, mas verificar se houve, objetivamente, o cuidado necessário ou não vai depender do caso concreto, em seu contexto dinâmico.

Por exemplo, um grande piloto de corrida que esteja em velocidade superior à permitida não estará, presumivelmente, agindo com culpa por inobservar os limites de velocidade estabelecidos para a via.

Não há necessidade de previsibilidade subjetiva. Isto é, a representação apenas serve para caracterizar a culpa consciente.

A diferença entre dolo eventual e culpa consciente é um dos temas clássicos do Direito Penal.

Em questões de trânsito, toma-se como regra que os acidentes ou sinistros sejam provocados por culpa em sentido estrito. É como as coisas costumam acontecer: *id quod plerumque accidit*.

Casos excepcionais podem revelar uma conduta de sobremaneira grave, e até absoluto desrespeito pela vida alheia, o que permite concluir que o autor aceitou o risco de produzi-lo, não se importando se acontecesse ou não.

O limite entre dolo eventual e culpa consciente faz-se problemático menos na teoria e mais na prática porque não se tem o dom da onisciência: conhece-se do fato-crime pelas provas, sem acesso direto à psique do agente; esta é deduzida dos fatos provados. Ou seja, primeiro as provas reconstroem eventos do mundo, direta e indiretamente relacionados ao crime; depois, com base nesses, deduz-se o elemento subjetivo, o qual é social e juridicamente construído. Essa é a construção que, em linhas gerais, se apresenta no vigente Direito Penal e Processual Penal.

Por isso, casos muito graves devem ser analisados pelo Juiz Natural, qual seja, o Tribunal do Júri.

> (...) 2. Afirmar se o agente agiu com dolo eventual ou culpa consciente é tarefa que deve ser analisada pelo Tribunal do Júri, juiz natural da causa, de acordo com a narrativa dos fatos constantes da denúncia e com o auxílio do

conjunto fático-probatório produzido no âmbito do devido processo legal, o que impede a análise do elemento subjetivo de sua conduta por este Sodalício. Precedentes. 3. A pretensão de desclassificar o crime de homicídio doloso para a modalidade culposa esbarra na necessidade de se aprofundar no exame do conjunto fático-probatório que deu ensejo à condenação, o que é vedado na via estreita do habeas corpus (STJ, AgRg no HC 356.380/MS, Rel. Ministro SEBASTIÃO REIS JÚNIOR, Sexta Turma, julgado em 8/8/2017, DJe de 16/8/2017). 4. Habeas corpus não conhecido. (HC 531.206/PR, Rel. Ministro REYNALDO SOARES DA FONSECA, QUINTA TURMA, julgado em 17/09/2019, DJe 24/09/2019)

(...) 1. É admissível, em crimes de homicídio na direção de veículo automotor, o reconhecimento do dolo eventual, a depender das circunstâncias concretas da conduta. 2. Na espécie, as instâncias de origem concluíram que o fato de o réu dirigir embriagado veículo automotor em via pública, fazendo zigue-zague na pista e, ao atingir a vítima, não prestar socorro, são circunstâncias que indicam que o paciente agiu com dolo eventual. 3. Infirmar a conclusão alcançada pela Corte de origem demandaria necessária dilação probatória, iniciativa inviável no âmbito desta ação constitucional. 4. Na hipótese em apreço, submetido a julgamento pelo Tribunal do Júri, o paciente foi condenado pela prática de homicídio doloso simples, o que impede esta Corte Superior de Justiça de desclassificar a sua conduta para a modalidade culposa, em respeito à soberania dos veredictos. 5. Habeas Corpus não conhecido. (HC 226.338/SC, Rel. Ministro ROGERIO SCHIETTI CRUZ, SEXTA TURMA, julgado em 19/04/2016, DJe 28/04/2016)

(...) 2. Afirmar se o agente agiu com dolo eventual ou culpa consciente é tarefa que deve ser analisada pelo Tribunal do Júri, juiz natural da causa, de acordo com a narrativa dos fatos constantes da denúncia e com o auxílio do conjunto fático-probatório produzido no âmbito do devido processo legal, o que impede a análise do elemento subjetivo de sua conduta por este Sodalício. Precedentes. 3. "A pretensão de desclassificar o crime de homicídio doloso para a modalidade culposa esbarra na necessidade de se aprofundar no exame do conjunto fático-probatório que deu ensejo à condenação, o que é vedado na via estreita do habeas corpus." (AgRg no HC 356.380/MS, Rel. Ministro SEBASTIÃO REIS JÚNIOR, Sexta Turma, julgado em 8/8/2017, DJe de 16/8/2017). (HC 472.380/TO, Rel. Ministro REYNALDO SOARES DA FONSECA, QUINTA TURMA, julgado em 07/05/2019, DJe 20/05/2019)

> (...) 1. A orientação jurisprudencial do Supremo Tribunal Federal (STF) é no sentido de que, "apresentada denúncia por homicídio na condução de veículo automotor, na modalidade de dolo eventual, havendo indícios mínimos que apontem para o elemento subjetivo descrito, tal qual a embriaguez ao volante, a alta velocidade e o acesso à via pela contramão, não há que se falar em imediata desclassificação para crime culposo antes da análise a ser perquirida pelo Conselho de Sentença do Tribunal do Júri. O enfrentamento acerca do elemento subjetivo do delito de homicídio demanda profunda análise fático-probatória, o que, nessa medida, é inalcançável em sede de habeas corpus" (HC 121.654, Redator para o acórdão o Ministro Edson Fachin). 2. O STF já decidiu que a "Lei 12.971/14 não altera a aplicação do dolo eventual em crimes praticados na direção de veículos automotores, não se tratando, portanto, de novatio legis in mellius. O critério de distinção entre os tipos penais do homicídio (art. 121 do CP) e do homicídio de trânsito (art. 302 do CTB) segue sendo o dolo e a culpa" (ARE 1.037.746-AgR, Rel. Min. Gilmar Mendes). 3. Por outro lado, "O afastamento ou reconhecimento da existência de qualificadoras situa-se no âmbito da competência funcional do Tribunal do Júri, órgão constitucionalmente competente para apreciar e julgar os crimes dolosos contra a vida (HC nº 66.334-6/SP, Tribunal Pleno, redator para o acórdão o Ministro Moreira Alves, publicado no DJ de 19/05/89), salvo se forem manifestamente improcedentes e incabíveis"(HC 108.374, Rel. Min. Luiz Fux). 4. Agravo regimental a que se nega provimento. (HC 150418 AgR, Relator(a): ROBERTO BARROSO, Primeira Turma, julgado em 07/05/2018, PROCESSO ELETRÔNICO DJe-098 DIVULG 18-05-2018 PUBLIC 21-05-2018)

Apenas excepcionalmente é que, em *habeas corpus,* se desclassificou homicídio doloso para homicídio culposo na condução de veículo automotor.

> Ementa: PENAL. HABEAS CORPUS. TRIBUNAL DO JÚRI. PRONÚNCIA POR HOMICÍDIO QUALIFICADO A TÍTULO DE DOLO EVENTUAL. DESCLASSIFICAÇÃO PARA HOMICÍDIO CULPOSO NA DIREÇÃO DE VEÍCULO AUTOMOTOR. EMBRIAGUEZ ALCOÓLICA. ACTIO LIBERA IN CAUSA. AUSÊNCIA DE COMPROVAÇÃO DO ELEMENTO VOLITIVO. REVALORAÇÃO DOS FATOS QUE NÃO SE CONFUNDE COM REVOLVIMENTO DO CONJUNTO FÁTICO-PROBATÓRIO. ORDEM CONCEDIDA. 1. A classificação do delito como doloso, implicando pena sobremodo onerosa e influindo na liberdade de ir e vir, mercê de alterar

o procedimento da persecução penal em lesão à cláusula do due process of law, é reformável pela via do habeas corpus. 2. O homicídio na forma culposa na direção de veículo automotor (art. 302, caput, do CTB) prevalece se a capitulação atribuída ao fato como homicídio doloso decorre de mera presunção ante a embriaguez alcoólica eventual. 3. A embriaguez alcoólica que conduz à responsabilização a título doloso é apenas a preordenada, comprovando-se que o agente se embebedou para praticar o ilícito ou assumir o risco de produzi-lo. 4. In casu, do exame da descrição dos fatos empregada nas razões de decidir da sentença e do acórdão do TJ/SP, não restou demonstrado que o paciente tenha ingerido bebidas alcoólicas no afã de produzir o resultado morte. 5. A doutrina clássica revela a virtude da sua justeza ao asseverar que "O anteprojeto Hungria e os modelos em que se inspirava resolviam muito melhor o assunto. O art. 31 e §§ 1º e 2º estabeleciam: 'A embriaguez pelo álcool ou substância de efeitos análogos, ainda quando completa, não exclui a responsabilidade, salvo quando fortuita ou involuntária. § 1º. Se a embriaguez foi intencionalmente procurada para a prática do crime, o agente é punível a título de dolo; § 2º. Se, embora não preordenada, a embriaguez é voluntária e completa e o agente previu e podia prever que, em tal estado, poderia vir a cometer crime, a pena é aplicável a título de culpa, se a este título é punível o fato". (Guilherme Souza Nucci, Código Penal Comentado, 5. ed. rev. atual. e ampl. - São Paulo: RT, 2005, p. 243) 6. A revaloração jurídica dos fatos postos nas instâncias inferiores não se confunde com o revolvimento do conjunto fático-probatório. Precedentes: HC 96.820/SP, rel. Min. Luiz Fux, j. 28/6/2011; RE 99.590, Rel. Min. Alfredo Buzaid, DJ de 6/4/1984; RE 122.011, relator o Ministro Moreira Alves, DJ de 17/8/1990. 7. A Lei nº 11.275/06 não se aplica ao caso em exame, porquanto não se revela lex mitior, mas, ao revés, previu causa de aumento de pena para o crime sub judice e em tese praticado, configurado como homicídio culposo na direção de veículo automotor (art. 302, caput, do CTB). 8. Concessão da ordem para desclassificar a conduta imputada ao paciente para homicídio culposo na direção de veículo automotor (art. 302, caput, do CTB), determinando a remessa dos autos à Vara Criminal da Comarca de Guariba/SP. (HC 107801, Relator(a): CÁRMEN LÚCIA, Relator(a) p/ Acórdão: LUIZ FUX, Primeira Turma, julgado em 06/09/2011, PROCESSO ELETRÔNICO DJe-196 DIVULG 11-10-2011 PUBLIC 13-10-2011 RTJ VOL-00226-01 PP-00573 RJTJRS v. 47, n. 283, 2012, p. 29-44)

6. Consumação

Sendo crime de dano e material, consuma-se com a morte, hoje legalmente estabelecida como morte cerebral.

É irrevelante qualquer ofensa à integridade corporal do autor (exceto, por óbvio, a morte do agente, causa de extinção da punibilidade).

7. Tentativa

Impossível. Crimes culposos são incompatíveis com o instituto da tentativa, porque este demanda a impossibilidade de obter êxito no intento criminoso. Noutras palavras, tenta-se e, por circunstâncias alheias à vontade do agente, não se consuma o crime.

8. Institutos despenalizadores

Com o novel artigo 28 A, do CPP[152], possível, em tese, acordo de não persecução penal, com exceção para a figura qualificada. A pena em abstrato é tomada

[152] Art. 28-A. Não sendo caso de arquivamento e tendo o investigado confessado formal e circunstancialmente a prática de infração penal sem violência ou grave ameaça e com pena mínima inferior a 4 (quatro) anos, o Ministério Público poderá propor acordo de não persecução penal, desde que necessário e suficiente para reprovação e prevenção do crime, mediante as seguintes condições ajustadas cumulativa e alternativamente: I - reparar o dano ou restituir a coisa à vítima, exceto na impossibilidade de fazê-lo; II - renunciar voluntariamente a bens e direitos indicados pelo Ministério Público como instrumentos, produto ou proveito do crime; III - prestar serviço à comunidade ou a entidades públicas por período correspondente à pena mínima cominada ao delito diminuída de um a dois terços, em local a ser indicado pelo juízo da execução, na forma do art. 46 do Decreto-Lei nº 2.848, de 7 de dezembro de 1940 (Código Penal). IV - pagar prestação pecuniária, a ser estipulada nos termos do art. 45 do Decreto-Lei nº 2.848, de 7 de dezembro de 1940 (Código Penal). a entidade pública ou de interesse social, a ser indicada pelo juízo da execução, que tenha, preferencialmente, como função proteger bens jurídicos iguais ou semelhantes aos aparentemente lesados pelo delito; ou V - cumprir, por prazo determinado, outra condição indicada pelo Ministério Público, desde que proporcional e compatível com a infração penal imputada. § 1º Para aferição da pena mínima cominada ao delito a que se refere o **caput** deste artigo, serão consideradas as causas de aumento e diminuição aplicáveis ao caso concreto. § 2º O disposto no **caput** deste artigo não se aplica nas seguintes hipóteses: I - se for cabível transação penal de competência dos Juizados Especiais Criminais, nos termos da lei; II - se o investigado for reincidente ou se houver elementos probatórios que indiquem conduta criminal habitual, reiterada ou profissional, exceto se insignificantes as infrações penais pretéritas; III - ter sido o agente beneficiado nos 5 (cinco) anos anteriores ao cometimento da infração, em acordo de não persecução penal, transação penal ou suspensão condicional do processo; e IV - nos crimes praticados no âmbito de violência doméstica ou familiar, ou praticados contra a mulher por razões da condição de sexo feminino, em favor do agressor. § 3º O acordo de não persecução penal será formalizado por escrito e será firmado pelo membro do Ministério Público, pelo investigado e por seu defensor. § 4º Para a homologação do acordo de não persecução penal, será realizada audiência na qual o juiz deverá verificar a sua voluntariedade, por meio da oitiva do investigado na presença do seu defensor, e sua legalidade. § 5º Se o juiz considerar inadequadas, insuficientes ou abusivas as condições dispostas no acordo de não persecução penal, devolverá os autos ao Ministério Público para que seja reformulada a proposta de acordo, com concordância do investigado e seu defensor. § 6º Homologado judicialmente o acordo de não persecução penal, o juiz devolverá os autos ao Ministério Público para que inicie sua execução perante o juízo de execução penal. § 7º O juiz poderá recusar homologação à proposta que não atender aos requisitos legais ou quando não for realizada a adequação a que se refere o § 5º deste artigo. § 8º Recusada a homologação, o juiz devolverá os autos ao Ministério Público para a análise da necessidade de complementação das investigações ou o oferecimento da denúncia. § 9º A vítima será intimada da homologação do acordo de não persecução penal e de seu descumprimento. § 10. Descumpridas quaisquer das condições estipuladas no acordo

pelo mínimo cominado, que deve ser inferior a quatro anos e a infração penal deve ser cometida sem violência ou grave ameaça. A violência, no caso, está no resultado (morte), não na conduta; ao mencionar "infração penal sem violência ou grave ameaça", deve-se entender conduta cometida mediante violência ou grave ameaça à pessoa, explícita ao ou implícita ao tipo legal, como se costuma apontar.

Não é o caso do homicídio culposo.

Esse é o entendimento amplamente majoritário, adotado inclusive por recomendações internas: MPMS, Recomendação nº 1/2020-PGJ, art. 1º, §5º; MPGO, enunciado 32 –GNCCRIM; MPSP, Enunciado 74 do CAO-CRIM; Enunciado nº 23 do CGCCRIM/CNPG (§ 2.º do art. 2.º do Provimento 01/2020-PGJ); MPPI, Manual do ANPP 2020.

9. Concurso de crimes e concurso aparente de normas

O homicídio culposo (art. 302, do CTB) absorve o crime de condução sem habilitação (artigo 309, do CTB); inclusive ensejará exasperação do primeiro.

Houve decisões no sentido de que a embriaguez ao volante seria consumida pelo crime de dano do artigo 302[153]. Todavia, a posição majoritário atual é de que, não sendo demonstrada a independência entre os ilícitos, haveria assim concurso de crimes.

> (...) 2. Incabível a consunção entre os delitos de embriaguez ao volante e homicídio culposo, porquanto, além de constituírem delitos autônomos, tutelam bens jurídicos diferentes (ut, AgRg no AREsp n. 1.320.706/MS, Rel. Ministro NEFI CORDEIRO, Sexta Turma, DJe 4/2/2019) 3. Agravo regimental

de não persecução penal, o Ministério Público deverá comunicar ao juízo, para fins de sua rescisão e posterior oferecimento de denúncia. § 11. O descumprimento do acordo de não persecução penal pelo investigado também poderá ser utilizado pelo Ministério Público como justificativa para o eventual não oferecimento de suspensão condicional do processo. § 12. A celebração e o cumprimento do acordo de não persecução penal não constarão de certidão de antecedentes criminais, exceto para os fins previstos no inciso III do § 2º deste artigo. § 13. Cumprido integralmente o acordo de não persecução penal, o juízo competente decretará a extinção de punibilidade. § 14. No caso de recusa, por parte do Ministério Público, em propor o acordo de não persecução penal, o investigado poderá requerer a remessa dos autos a órgão superior, na forma do art. 28 deste Código.

153 RECURSO ESPECIAL. EMBRIAGUEZ AO VOLANTE (ART. 306 DA LEI N. 9.503/1997) E HOMICÍDIO CULPOSO NO TRÂNSITO (ART. 302 DA LEI N. 9.503/1997). PRINCÍPIO DA CONSUNÇÃO. INCIDÊNCIA. RECURSO ESPECIAL PROVIDO. 1. A violação da norma que regula o fato de menor gravidade, relacionada, em termos, à proibição de um ato que conduza ao fato mais grave, esgota-se concretamente no resultado desse último. 2. O crime de embriaguez (art. 306 da Lei n. 9.503/1997) ao volante é antefato impunível do crime de homicídio culposo no trânsito (art. 302 da Lei n. 9.503/1997), porquanto a conduta antecedente está de tal forma vinculada à subsequente que não há como separar sua avaliação (ambos integram o mesmo conteúdo de injusto). Precedentes. 3. Recurso especial provido, a fim de que seja o réu absolvido do crime descrito no art. 306 da Lei n. 9.503/1997. (REsp 1481023/DF, Rel. Ministro ROGERIO SCHIETTI CRUZ, SEXTA TURMA, julgado em 07/05/2015, DJe 08/05/2015)

> desprovido. (STJ, AgRg no AREsp 1345101/MS, Rel. Ministro REYNALDO SOARES DA FONSECA, QUINTA TURMA, julgado em 04/06/2019, DJe 14/06/2019)
>
> (...) 1. Incabível a consunção entre os delitos de embriaguez ao volante e homicídio culposo, porquanto, além de constituírem delitos autônomos, tutelam bens jurídicos diferentes. 2. Ademais, considerando que o Tribunal de Justiça, soberano na análise probatória, entendeu pela não aplicação do princípio da consunção em razão de que as condutas eram autônomas, a reversão do julgado demandaria o reexame probatório, inadmissível a teor da Súmula 7/STJ. 3. Agravo regimental improvido. (STJ, AgRg no AREsp 1320706/MS, Rel. Ministro NEFI CORDEIRO, SEXTA TURMA, julgado em 13/12/2018, DJe 04/02/2019)

Por fim, entendendo que o crime ocorreu com dolo eventual, a embriaguez ao volante estará absorvida.

> (...) 1. Nos termos do art. 78, I, do Código de Processo Penal, bem como da jurisprudência firmada neste Superior Tribunal de Justiça, o julgamento dos delitos conexos aos crimes dolosos contra a vida, assim como a aplicação ou não do princípio da consunção, são de competência exclusiva do Tribunal do Júri. Precedentes. 2. "A influência da embriaguez ao volante na construção do dolo eventual e, por consequência, a absorção ou não do delito do art. 306 do CTB pelo do art. 121 do CP são matérias que devem ser sustentadas em sessão plenária, de modo a oportunizar a apreciação e a deliberação do conselho de sentença, que, repita-se, é o órgão jurisdicional competente para apreciar os crimes conexos aos dolosos contra a vida" (REsp 1.822.179/PR, Rel. Ministro JORGE MUSSI, DJe 22/11/2019). 3. Agravo regimental não provido. (STJ, AgRg no REsp 1881282/PR, Rel. Ministro RIBEIRO DANTAS, QUINTA TURMA, julgado em 02/02/2021, DJe 08/02/2021)

Vê-se nitidamente política criminal judiciária, com a alteração da jurisprudência de acordo com reclamos populares, ou mesmo com o clamor advindo de certos casos chocantes. Por isso, a regra tão clara na doutrina de que o crime de dano absorve o crime de perigo fica em suspenso no CTB.

10. Classificação doutrinária

Trata-se de crime comum (não se exige qualidades especiais do autor), culposo, material (resultado naturalístico previsto no crime é indispensável), instantâneo de efeitos permanentes, de dano (com efetiva ofensa ao bem jurídico), comissivo em regra, de forma parcialmente vinculada (porque na "condução de veículo automotor", essa é a maneira de cometê-lo).

O crime será culposo em sua figura fundamental e circunstanciada. Preterdoloso na figura qualificada; a jurisprudência, contudo, considera-a modalidade culposa.

11. Questões materiais relevantes

Discutiu-se sobre a constitucionalidade da punição mais rigorosa do homicídio culposo na condução de veículo automotor. Hoje, na jurisprudência, a posição é pacífica.

A decisão que primeiro enfrentou o mérito foi assim ementada:

> DIREITO PENAL. RECURSO EXTRAORDINÁRIO. HOMICÍDIO CULPOSO. DIREÇÃO DE VEÍCULO AUTOMOTOR. CONSTITUCIONALIDADE. ART. 302, PARÁGRAFO ÚNICO, LEI 9.503/97. IMPROVIMENTO. 1. A questão central, objeto do recurso extraordinário interposto, cinge-se à constitucionalidade (ou não) do disposto no art. 302, parágrafo único, da Lei nº 9.503/97 (Código de Trânsito Brasileiro), eis que passou a ser dado tratamento mais rigoroso às hipóteses de homicídio culposo causado em acidente de veículo. 2. É inegável a existência de maior risco objetivo em decorrência da condução de veículos nas vias públicas - conforme dados estatísticos que demonstram os alarmantes números de acidentes fatais ou graves nas vias públicas e rodovias públicas - impondo-se aos motoristas maior cuidado na atividade. 3. O princípio da isonomia não impede o tratamento diversificado das situações quando houver elemento de discrímen razoável, o que efetivamente ocorre no tema em questão. A maior freqüência de acidentes de trânsito, com vítimas fatais, ensejou a aprovação do projeto de lei, inclusive com o tratamento mais rigoroso contido no art. 302, parágrafo único, da Lei nº 9.503/97. 4. A majoração das margens penais - comparativamente ao tratamento dado pelo art. 121, § 3º, do Código Penal - demonstra o enfoque maior no desvalor do resultado, notadamente em razão da realidade brasileira envolvendo os homicídios culposos provocados por indivíduos na direção de veículo automotor. 5. Recurso extraordinário

> conhecido e improvido. (STF, RE 428864, Relator Min. ELLEN GRACIE, Segunda Turma, julgado em 14/10/2008)

As decisões que se seguiram, até os dias de hoje, não divergiram.

Mundo afora, tem-se punido homicídio culposo na condução de veículo automotor de forma diferenciada.

Diz Cláudio Heleno Fragoso[154] que a primeira lei a trazer crime de homicídio culposo na condução de veículo automotor foi o *Road Traffic Act* inglês de 1956.

De fato, constava dessa norma, no Capítulo 16, parte 1, 1(1) o seguinte:

> 1 – (1) Uma pessoa que provoca a morte de outra pessoa pela condução de um veículo motorizado numa estrada de forma imprudente, ou em velocidade ou de forma que seja perigosa para o público, levando em conta todas as circunstâncias do caso, incluindo a natureza, condição e uso da via, e a atual quantidade de tráfego no momento, ou que se possa razoavelmente esperar que o fosse na via, estará sujeito a condenação no indiciamento com pena de prisão por um período não superior a cinco anos. (tradução livre)[155]

Veja-se o vigente Código Penal espanhol - Ley Orgánica 10/1995, de 23 de noviembre, del Código Penal.

> Artículo 142. 1. El que por imprudencia grave causare la muerte de otro, será castigado, como reo de homicidio imprudente, con la pena de prisión de uno a cuatro años.
>
> Si el homicidio imprudente se hubiera cometido utilizando un vehículo a motor o un ciclomotor, se impondrá asimismo la pena de privación del derecho a conducir vehículos a motor y ciclomotores de uno a seis años. A los efectos de este apartado, se reputará en todo caso como imprudencia grave la conducción en la que la concurrencia de alguna de las circunstancias previstas en el artículo 379 determinara la producción del hecho.

[154] *Apud* POLLASTRI, Marcellus. *Crimes de trânsito:* aspectos penais e processuais, p. 111.

[155] No original: "1.-(1) A person who causes the death of another person by the driving of a motor vehicle on a road recklessly, or at a speed or in a manner which is dangerous to the public, having regard to all the circumstances of the case, including the nature, condition and use of the road, and the amount of traffic which is actually at the time, or which might reasonably be expected to be, on the road, shall be liable on conviction on indictment to imprisonment for a term not exceeding five years."

Si el homicidio imprudente se hubiera cometido utilizando un arma de fuego, se impondrá también la pena de privación del derecho al porte o tenencia de armas por tiempo de uno a seis años.

Si el homicidio se hubiera cometido por imprudencia profesional, se impondrá además la pena de inhabilitación especial para el ejercicio de la profesión, oficio o cargo por un periodo de tres a seis años.

2. El que por imprudencia menos grave causare la muerte de otro, será castigado con la pena de multa de tres meses a dieciocho meses.

Si el homicidio se hubiera cometido utilizando un vehículo a motor o un ciclomotor, se podrá imponer también la pena de privación del derecho a conducir vehículos a motor y ciclomotores de tres a dieciocho meses. Se reputará imprudencia menos grave, cuando no sea calificada de grave, siempre que el hecho sea consecuencia de una infracción grave de las normas sobre tráfico, circulación de vehículos a motor y seguridad vial, apreciada la entidad de ésta por el Juez o el Tribunal.

Si el homicidio se hubiera cometido utilizando un arma de fuego, se podrá imponer también la pena de privación del derecho al porte o tenencia de armas por tiempo de tres a dieciocho meses.

El delito previsto en este apartado solo será perseguible mediante denuncia de la persona agraviada o de su representante legal.

Veja-se o Código Penal Argentino - Codigo Penal de la Nacion Argentina - Ley 11.179.

Articulo 84. - Será reprimido con prisión de uno (1) a cinco (5) años e inhabilitación especial, en su caso, por cinco (5) a diez (10) años el que por imprudencia, negligencia, impericia en su arte o profesión o inobservancia de los reglamentos o de los deberes a su cargo causare a otro la muerte.

El mínimo de la pena se elevará a dos (2) años si fueren más de una las víctimas fatales. *(Artículo sustituido por art. 1° de la Ley N° 27.347 B.O. 6/1/2017).*

Articulo 84 bis. - Será reprimido con prisión de dos (2) a cinco (5) años e inhabilitación especial, en su caso, por cinco (5) a diez (10) años el que por la conducción imprudente, negligente o antirreglamentaria de un vehículo con motor causare a otro la muerte.

> La pena será de prisión de tres (3) a seis (6) años, si se diera alguna de las circunstancias previstas en el párrafo anterior y el conductor se diere a la fuga o no intentase socorrer a la víctima siempre y cuando no incurriere en la conducta prevista en el artículo 106, o estuviese bajo los efectos de estupefacientes o con un nivel de alcoholemia igual o superior a quinientos (500) miligramos por litro de sangre en el caso de conductores de transporte público o un (1) gramo por litro de sangre en los demás casos, o estuviese conduciendo en exceso de velocidad de más de treinta (30) kilómetros por encima de la máxima permitida en el lugar del hecho, o si condujese estando inhabilitado para hacerlo por autoridad competente, o violare la señalización del semáforo o las señales de tránsito que indican el sentido de circulación vehicular o cuando se dieren las circunstancias previstas en el artículo 193 bis, o con culpa temeraria, o cuando fueren más de una las víctimas fatales. *(Artículo incorporado por art. 2° de la Ley N° 27.347 B.O. 6/1/2017).*

Lembre-se que não cabe arrependimento posterior em caso de homicídio culposo.

> Inviável o reconhecimento do arrependimento posterior na hipótese de homicídio culposo na direção de veículo automotor, uma vez que o delito do art. 302 do Código de Trânsito Brasileiro não pode ser encarado como crime patrimonial ou de efeito patrimonial.
>
> Na espécie, a tutela penal abrange o bem jurídico mais importante do ordenamento jurídico, a vida, que, uma vez ceifada, jamais poderá ser restituída, reparada. Precedente. (AgRg no HC 510.052/RJ, Rel. Ministro NEFI CORDEIRO, SEXTA TURMA, julgado em 17/12/2019, Dje 04/02/2020.)

12. Questões processuais relevantes

O crime é não transeunte, ou de fato permanente. Portanto, exige exame de corpo de delito, nos termos do artigo 158, do CPP.[156]

O procedimento será o comum ordinário para todas as figuras, já que o paradigma atual é a pena máxima e o rito comum mais alongado é o ordinário, cuja pena máxima será igual ou superior a cinco anos.

[156] CPP, Art. 158. Quando a infração deixar vestígios, será indispensável o exame de corpo de delito, direto ou indireto, não podendo supri-lo a confissão do acusado. Parágrafo único. Dar-se-á prioridade à realização do exame de corpo de delito quando se tratar de crime que envolva: I - violência doméstica e familiar contra mulher; II - violência contra criança, adolescente, idoso ou pessoa com deficiência.

> Art. 302, § 1º No homicídio culposo cometido na direção de veículo automotor, a pena é aumentada de 1/3 (um terço) à metade, se o agente: (Incluído pela Lei nº 12.971, de 2014)

Chama atenção que, se ou enquanto circunstâncias agravantes, não seriam aplicáveis ao crime culposo; porém, ao tomarem forma de causa de aumento, tornaram-se aplicáveis.

Tal diferenciação entre agravantes (inaplicáveis em regra a crimes culposos, exceto a reincidência) e causas de aumento (aplicáveis a crimes culposos) deveria revelar diferenças técnicas, como na majoração da pena –se o aumento será na segunda ou na terceira fase, se será ou não em frações etc.-.

Não há diferenças no fato subjacente que determina o aumento. Por exemplo, conduzir sem permissão ou habilitação é o mesmo suporte fático num dispositivo ou noutro; as circunstâncias são, poder-se-ia dizer, ontologicamente as mesmas. Com efeito, o acontecimento do mundo, que se uniu ao tipo fundamental, é, em seu discrímen, o mesmo.

Inclusive, as causas de aumento do inciso I, II e IV do §1º, do artigo 302, correspondem (têm os mesmos antecedentes) aos incisos III, VII e V, primeira parte, do artigo 298.

Nesses termos, parece equivocado o entendimento jurisprudencial que nega aplicação das agravantes a crimes culposos, e o caso ora analisado, envolvendo crimes culposos, parece revelar o erro teórico, que, em direito positivo, gera essa teratologia.

> Art. 302, §1º, I - não possuir Permissão para Dirigir ou Carteira de Habilitação; (Incluído pela Lei nº 12.971, de 2014)

Comentário

Cfr. Comentários ao artigo 298, inciso III, do CTB.

Causa de aumento que demonstra maior desvalor àquele condutor de veículo automotor que "não possuir" permissão para dirigir ou carteira de habilitação.

Como já dito algures, nuns pontos o dispositivo disse mais do que a norma contém, porque faz menção ao nome do documento que representa uma certificação, noutros disse menos, porque não foi claro em exigir que a permissão ou habilitação estivessem válidas.

Nesses termos, formou-se entendimento de que o dispositivo demanda interpretação restritiva no sentido de excluir aqueles autores que possuírem permissão ou habilitação vencida.

> (...) 12. Caso o legislador quisesse punir de forma mais gravosa também o fato de o agente dirigir com a carteira de habilitação vencida, teria feito expressa alusão, assim como fez - no parágrafo único do art. 302 - em relação àquele que comete homicídio culposo na direção de veículo automotor sem permissão para dirigir ou sem carteira de habilitação. 13. No Direito Penal, não se admite a analogia in malam partem, de modo que não se pode inserir no rol das circunstâncias que agravam a pena (art. 302, § 1º) também o fato de o agente cometer homicídio culposo na direção de veículo automotor com carteira de habilitação vencida. (STJ, HC 226.128/TO, Rel. Ministro ROGERIO SCHIETTI CRUZ, SEXTA TURMA, julgado em 07/04/2016)

II - praticá-lo em faixa de pedestres ou na calçada; (Incluído pela Lei nº 12.971, de 2014) (Vigência)

Cfr. comentários ao artigo 298, inciso VII, do CTB.

Conforme entendimento jurisprudencial, mesmo que o trânsito de pedestres em estradas seja, de acordo com a lei, devidamente feito nos acostamentos, impossível aplicar a causa de aumento do artigo 302, §1º, inciso II, ao caso por ausência de previsão legal. A *ratio legis* pode ser parecida: punir aquele que causa lesão a vítima que age com máxima cautela; todavia, não é a mesma: majorante refere-se à invasão de veículo automotor a espaço exclusivo de pedestres. Ademais, a lei cala-se quanto a essa circunstância específica, fazendo menção apenas a *locus* em rol taxativo.

> A propósito, o art. 68, caput, do CTB assegura ao pedestre a possibilidade de circular pelo acostamento nas vias rurais, exatamente como na situação dos autos, chegando a permitir, inclusive, o trânsito de pedestres sobre a pista de rolamento, com prioridade sobre os veículos, quando não houver acostamento ou na impossibilidade de sua utilização (art. 68, § 3º, CTB)." (e-STJ, fl. 316) Todavia, ao assim proceder, a Corte local, de fato, promoveu inegável analogia in malan partem, isso porque, consoante bem pontuado pelo Ministério Público Federal em seu parecer: "se a norma do art. 302, parágrafo único, II, da Lei 9.503/1997 estabelece que o agravamento da pena se dará na hipótese de o crime haver sido praticado em faixa de pedestre

> ou calçada, não se pode ampliar tais conceitos, de forma analógica, em detrimento do réu. Mesmo porque, a própria analogia estaria, no caso, mal fundamentada, já que as hipóteses consideradas para o agravamento da pena envolvem a invasão de espaços específicos de proteção à circulação do pedestre, o que não ocorre com a faixa de acostamento, ainda que neles se admita a circulação de pessoas, porém, de forma excepcional." (e-STJ, fls. 395-396) O fato de o acostamento poder ser utilizado para circulação de pedestres em via rural (art. 68 do CTB) não autoriza que a causa de aumento para crimes de trânsito cometidos em calçadas ou faixa de pedestres (art. 302, § 1º, II, do CTB) seja estendida para as hipóteses de crimes naquele local ocorridos, pois são diferentes as funções destinadas ao acostamento e à calçada ou faixa de pedestres. Esses últimos são locais próprios e exclusivos para a circulação segura de pedestres em quaisquer vias, exatamente por isso é que a conduta do motorista que pratica delito nesses locais é mais grave, pois atinge a vítima em local no qual ela naturalmente se sente mais protegida de atropelamentos ou acidentes. Outrossim, se o legislador quisesse que a citada causa de aumento fosse aplicada também em caso de crime cometido em acostamento teria estendido expressamente a regra, não cabendo ao julgador suprir tal omissão. (...) Desta feita, de rigor o afastamento da causa de aumento prevista no artigo 302, § 1º, II, do Código de Trânsito Brasileiro. (STJ, HABEAS CORPUS Nº 614680 - RJ (2020/0246944-2), relator Ministro NEFI CORDEIRO, 25/11/2020, decisão monocrática)

Aplicável o aumento para o condutor que invade calçada em razão do sinistro, não porque intencionalmente circule na calçada.

> PENAL. AGRAVO REGIMENTAL NOS EMBARGOS DE DECLARAÇÃO NO RECURSO ESPECIAL. HOMICÍDIO CULPOSO NA DIREÇÃO DE VEÍCULO AUTOMOTOR. ATROPELAMENTO EM CIMA DA CALÇADA. PRESENÇA DA CAUSA ESPECIAL DE AUMENTO DE PENA (ART. 302 . PARÁGRAFO ÚNICO , INC. II. DA LEI N. 9.503/97). AGENTE QUE, AO EFETUAR MANOBRA, PERDE O CONTROLE DO CARRO, INVADE A CALÇADA E ATROPELA TRANSEUNTES. AGRAVO REGIMENTAL DESPROVIDO. 1. O aumento previsto no art. 302, parágrafo único, II, do Código de Trânsito Brasileiro será aplicado tanto quando o agente estiver conduzindo o seu veículo pela via pública e perder o controle do veículo automotor, vindo a adentrar na calçada e atingir a vítima, como quando estiver saindo de uma garagem ou efetuando qualquer manobra e, em razão

> de sua desatenção, acabar por colher o pedestre (Capez, Fernando. Curso de direito penal, volume 2. parte especial: arts. 121 a 212. 18ª ed. atual., São Paulo: Saraiva Educação, 2018). 2. No presente caso, a agravante transitava pela via pública e, ao efetuar manobra, perde o controle do veículo subindo na calçada e atropelando as vítimas. 3. Agravo regimental desprovido. (AgRg nos EDcl no REsp 1499912/SP, Rel. Ministro RIBEIRO DANTAS, QUINTA TURMA, julgado em 05/03/2020, DJe 23/03/2020)

III - deixar de prestar socorro, quando possível fazê-lo sem risco pessoal, à vítima de sinistro; (Incluído pela Lei nº 12.971, de 2014) (redação dada pela Lei 14.955/2023)

Não há, em princípio, *bis in idem* em reconhecer a causa de aumento do artigo 302, §1º, inciso III, em concurso com o crime do artigo 305:

> PENAL E PROCESSO PENAL. AGRAVO REGIMENTAL NO AGRAVO EM RECURSO ESPECIAL. 1. VIOLAÇÃO DOS ARTS. 302, 303 E 305 DO CTB. CONSUNÇÃO APLICADA PELO TRIBUNAL DE ORIGEM. IMPOSSIBILIDADE DE REVERSÃO. NECESSIDADE DE REVOLVIMENTO DE FATOS E PROVAS. ÓBICE DA SÚMULA 7/STJ. 2. PRINCÍPIO DA CONSUNÇÃO. NEXO DE DEPENDÊNCIA. AFERIÇÃO INVIÁVEL NA VIA ELEITA. PRECEDENTES DO STJ. 3. AGRAVO REGIMENTAL A QUE SE NEGA PROVIMENTO. 1. A Corte local considerou, na hipótese dos autos, que o crime do art. 305 da Lei n. 9.503/1997 foi meio para a incidência da causa de aumento prevista no art. 302, § 1º, inciso III, referente ao crime do art. 303, ambos do Código de Trânsito Brasileiro. Dessa forma, desconstituir a conclusão do Tribunal de origem demandaria o reexame dos fatos e das provas dos autos, o que é inviável na via eleita, nos termos do verbete n. 7 da Súmula desta Corte. 2. É assente no Superior Tribunal de Justiça que, para aferição da incidência do princípio da consunção, imprescindível a verificação do nexo de dependência entre as condutas, a fim de se verificar a existência da relação de crime-meio e crime-fim, situação que demanda revolvimento dos fatos e das provas, inviável, portanto, na via eleita. 3. Agravo regimental a que se nega provimento. (AgRg no AREsp 1258672/PR, Rel. Ministro REYNALDO SOARES DA FONSECA, QUINTA TURMA, julgado em 23/08/2018, DJe 29/08/2018)

É irrelevante a morte imediata:

> (...) 1. Afastar a agravante prevista no art. 302, inciso III, do Código de Trânsito, reconhecendo que o Agravante não poderia prestar socorro a vítima sem risco pessoal, demanda reexame do conjunto fático probatório para desconstituir o entendimento da instância ordinária, o que não se coaduna com a via eleita, em face do óbice da Súmula n.º 07 do Superior Tribunal de Justiça. 2. Irrelevante o fato de a vítima ter falecido imediatamente, tendo em vista que não cabe ao condutor do veículo, no instante do acidente, supor que a gravidade das lesões resultou na morte para deixar de prestar o devido socorro. 3. Agravo regimental desprovido. (STJ, AgRg no Ag 1140929/MG, Rel. Ministra LAURITA VAZ, QUINTA TURMA, julgado em 13/08/2009, DJe 08/09/2009)

> (...) I- É inviável a desconsideração do aumento de pena pela omissão de socorro, se verificado que o réu estava apto a acudir a vítima, não existindo nenhuma ameaça a sua vida nem a sua integridade física. II - A prestação de socorro é dever do agressor, não cabendo ao mesmo levantar suposições acerca das condições físicas da vítima, medindo a gravidade das lesões que causou e as conseqüências de sua conduta, sendo que a determinação do momento e causa da morte compete, em tais circunstâncias, ao especialista legalmente habilitado. III - Recurso desprovido. (STJ, REsp 277.403/MG, Rel. Ministro GILSON DIPP, QUINTA TURMA, julgado em 04/06/2002, DJ 02/09/2002, p. 221)

No Direito Penal militar, há causa de aumento semelhante para o homicídio culposo[157]. E, semelhantemente, entende o STM que hará concurso de crimes com a fuga do local de sinistro[158].

> FUGA APÓS ACIDENTE DE TRÂNSITO. ARTIGO 281 DO CPM. Militar que, dirigindo veículo pertencente ao Exército, atropela ciclista e evade-se do local sem prestar socorro à vítima, comete o crime de previsto no art. 281 do CPM. Alegado estado de necessidade não demonstrado pela Defesa. O Réu, tão logo atropelou a vítima, omitiu-se em prestar-lhe socorro,

[157] Homicídio culposo CPM, Art. 206. Se o homicídio é culposo: Pena - detenção, de um a quatro anos. §1° A pena pode ser agravada se o crime resulta de inobservância de regra técnica de profissão, arte ou ofício, ou se o agente deixa de prestar imediato socorro à vítima. Multiplicidade de vítimas § 2° Se, em conseqüência de uma só ação ou omissão culposa, ocorre morte de mais de uma pessoa ou também lesões corporais em outras pessoas, a pena é aumentada de um sexto até metade.

[158] Fuga após acidente de trânsito CPM, Art. 281. Causar, na direção de veículo motorizado, sob administração militar, ainda que sem culpa, acidente de trânsito, de que resulte dano pessoal, e, em seguida, afastar-se do local, sem prestar socorro à vítima que dêle necessite: Pena - detenção, de seis meses a um ano, sem prejuízo das cominadas nos arts. 206 e 210.

> fugindo do local. Autoria e materialidade restaram amplamente comprovadas, máxime pela declaração do Acusado, pelas provas testemunhais e laudos de Exame de Corpo de Delito acostados aos autos. Preliminares de nulidade processual arguidas pela Defensoria Pública da União rejeitadas. Apelo defensivo a que se nega provimento. Maioria. (STM, APELAÇÃO N.º 0000112-40.2011.7.05.0005, rel. Min. MARCUS VINICIUS OLIVEIRA DOS SANTOS, julgado em 23/04/2013)

Discutindo projeto de lei de trânsito da década de 1980, Heleno Cláudio Fragoso[159] anotou o seguinte:

> 8. Inexplicavelmente, por igual, o anteprojeto não prevê o crime de fuga do local de acidente, que nada tem a ver com a omissão de socorro. Trata-se de crime que atinge o interesse da administração da justiça, previsto em todas as leis desse tipo (cfr. art. 15, parágrafo único, do anteprojeto da OAB).

A Lei 14.955, de 19 de junho de 2023, substituiu *acidente* por *sinistro*. A definição legal de sinistro consta do Anexo I do CTB:

SINISTRO DE TRÂNSITO - evento que resulta em dano ao veículo ou à sua carga e/ou em lesões a pessoas ou animais e que pode trazer dano material ou prejuízo ao trânsito, à via ou ao meio ambiente, em que pelo menos uma das partes está em movimento nas vias terrestres ou em áreas abertas ao público. (Incluído pela Lei nº 14.599, de 2023)

Vejam-se comentários ao artigo 301, item 2, acima.

IV - no exercício de sua profissão ou atividade, estiver conduzindo veículo de transporte de passageiros. (Incluído pela Lei nº 12.971, de 2014) (Vigência)

Cfr. comentários ao artigo 298, inciso V, primeira parte, do CTB.

O desvalor está no exercício profissional de transporte de passageiros, que deveria expressar maior cuidado com a vida das pessoas; impossível inverter ou subverter os valores em questão, ou alegar inconstitucionalidade da pena de proibição ou suspensão para dirigir regularmente. A causa de aumento estudada excluiu o transporte de carga.

[159] FRAGOSO, Heleno Cláudio. "Crimes de trânsito: notas ao anteprojeto oficial", pp. 49-53, *in Revista de Direito Penal*, nº 27, Rio de Janeiro: Forense, jan-jun 1979, 1980, p. 50.

5. De acordo com a jurisprudência deste Superior Tribunal de Justiça, os motoristas profissionais - mais do que qualquer outra categoria de pessoas - revelam maior reprovabilidade ao praticarem delito de trânsito, merecendo, pois, a reprimenda de suspensão do direito de dirigir, expressamente prevista no art. 302 do CTB, de aplicação cumulativa com a pena privativa de liberdade. Dada a especialização, deles é de se esperar maior acuidade no trânsito (AgInt no REsp n. 1.706.417/CE, Ministra Maria Thereza de Assis Moura, Sexta Turma, DJe 12/12/2017). 6. Agravo regimental improvido. (AgRg no REsp 1744154/CE, Rel. Ministro SEBASTIÃO REIS JÚNIOR, SEXTA TURMA, julgado em 23/10/2018, DJe 16/11/2018)

3. De acordo com a jurisprudência deste Superior Tribunal de Justiça, os motoristas profissionais - mais do que qualquer outra categoria de pessoas - revelam maior reprovabilidade ao praticarem delito de trânsito, merecendo, pois, a reprimenda de suspensão do direito de dirigir, expressamente prevista no art. 302 do CTB, de aplicação cumulativa com a pena privativa de liberdade. Dada a especialização, deles é de se esperar maior acuidade no trânsito. 4. Agravo regimental improvido. (AgInt no REsp 1706417/CE, Rel. Ministra MARIA THEREZA DE ASSIS MOURA, SEXTA TURMA, julgado em 05/12/2017, DJe 12/12/2017)

Artigo 302, §1º, inciso V - (Revogado pela Lei nº 11.705, de 2008)

§ 2º (Revogado pela Lei nº 13.281, de 2016)

§ 3º Se o agente conduz veículo automotor sob a influência de álcool ou de qualquer outra substância psicoativa que determine dependência. Penas - reclusão, de cinco a oito anos, e suspensão ou proibição do direito de se obter a permissão ou a habilitação para dirigir veículo automotor. (Incluído pela Lei nº 13.546, de 2017)

Redação revogada: "§1º, inciso V - estiver sob a influência de álcool ou substância tóxica ou entorpecente de efeitos análogos." (incluído pela Lei 11.275/06 e revogado pela Lei 11.705/08).

Redação revogada: "§2º - Se o agente conduz veículo automotor com capacidade psicomotora alterada em razão da influência de álcool ou de outra substância psicoativa que determine dependência ou participa, em via, de corrida, disputa ou competição automobilística ou ainda de exibição ou demonstração de perícia em manobra de veículo automotor, não autorizada pela autoridade competente: Penas - reclusão, de 2 (dois) a 4 (quatro) anos, e suspensão ou proibição de se obter a permissão ou a habilitação para dirigir veículo automotor. (incluído pela Lei 12.971/14 e revogado pela Lei 13.281/16)

Comentário

O inciso V, do §1°, do artigo 302, em verdade, parágrafo único até a Lei n° 12.971/14, foi incluído pela Lei n° 11.275/06 e revogado pela Lei n° 11.705/08. Posteriormente, criou-se uma qualificadora, no §2°, com a mencionada Lei n° 12.971/14 (por isso que transformou o *parágrafo único* em parágrafo *1°*), a qual foi revogada pela Lei n° 13.281/16 (a mesma que criou o artigo 312 A, do CTB, sobre penas restritivas de direito serem apenas de prestação de serviços à comunidade) e, finalmente, a Lei n° 13.546/17 reinseriu a qualificadora da embriaguez ao volante, porém no vigente §3°, do artigo 302, deixando sem texto legal o §2°.

Houve uma constante escalada na dureza penal: criou-se primeiro a causa de aumento, depois foi revogada porque os tribunais passaram a reconhecer absorção do crime de embriaguez ao volante.

Mais uma vez inserida, porém como qualificadora punida com reclusão, de dois a quatro anos, foi em seguida revogada de modo a deixar-se a pena do tipo fundamental, a qual é cominada com a mesma quantidade de pena privativa de liberdade, mas com detenção. Esse famigerado §2° tinha, alternativamente com a embriaguez ao volante, a qualificadora de estar o autor em conduta conhecida como racha, ilícito esse *praticamente*[160] idêntico ao do §2°, do artigo 308, porém com sanções bem diferentes.

[160] "1. A Lei n. 12.971/2014, em vigor à época dos fatos, operou reformas no Código de Trânsito Brasileiro - CTB foi severamente criticada pela doutrina vez que trouxe em dois tipos penais condutas idênticas com previsões de penas diferentes. 2. A conduta imputada ao paciente e objeto de condenação em primeira e segunda instâncias consistiu em dolosamente participar de competição automobilística ilegal e, culposamente, provocar a morte da vítima, deixando de prestar socorro se adequando tanto aos tipos penais previstos no art. 302, §2°, quanto ao art. 308, §2° do CTB, na redação da Lei n. 12.971/2014, vigente à época dos fatos. (...) doutrina sustenta que a pretensa diferença da descrição dos fatos não interfere na adequação típica da conduta, sendo os dois tipos penais, na verdade, idênticos. 3. Não se trata de um conflito aparente de normas que possam ser solucionadas pelos critérios clássicos de solução de antinomias, mas sim de uma norma autofágica, que dentro de si mesma cria incongruência e impede sua aplicação integral. Dentro desse quadro, a doutrina leciona que a norma penal mais branda deve ser aplicada, prestigiando o princípio penal do favor rei. 4. Agravo Regimental provido e habeas corpus concedido de ofício para desclassificar a conduta do paciente do art. 308, §2° c/c 304 para o art. 302, §2° e §1°, inciso III, do CTB, todos com a redação dada pela Lei n. 12.971/2014, vigente à época dos fatos. 5. Afastada a agravante correspondente ao crime ter sido praticado contra pessoa idosa, vez que, tratando-se de crime culposo, tal fato não se encontrava dentro da esfera de conhecimento do autor. 6. Agravo Regimental provido e habeas corpus concedido de ofício." (AgRg no HC 602.009/SP, Rel. Ministro JOEL ILAN PACIORNIK, QUINTA TURMA, julgado em 15/12/2020, DJe 18/12/2020)

Por fim, reestabeleceu-se a qualificadora de embriaguez ao volante para o homicídio culposo, agora no §3º, com pena bem superior às então cominadas, aproximando-se grandemente do mínimo do homicídio doloso[161], está o texto vigente.

Algumas observações são de rigor.

Primeiro, o artigo 302, §3º, do CTB, é crime preterdoloso. Importante compreender esse ponto.

Em geral, as qualificadoras consistem no acréscimo de resultado doloso ou culposo a um tipo básico doloso. É o caso do latrocínio (artigo 157, §3º, inciso II, do CP); pode haver acréscimo apenas de resultado culposo, como na lesão corporal com resultado morte (artigo 129, §3º, do CP). Há alguns casos em que tipos culposos são qualificados por circunstâncias culposas, como nos crimes de perigo comum.[162]

A doutrina, em geral, opõe-se à existência de tipo básico culposo e qualificadora dolosa[163]. Salvo melhor juízo, não há ocorrências dessas no direito positivo também.

Assim, causa estranheza a construção do artigo 302, §3º, do CTB. *Aparenta* ser um crime de homicídio culposo qualificado pela dolosa embriaguez ao volante.

Mas não é isso que se passa.

O fato estaria melhor descrito no artigo 306, do CTB, porque respeitaria o próprio desenvolvimento cronológico da conduta incriminada: primeiro, a dolosa condução de veículo automotor sob estado de embriaguez; depois, o homicídio culposo.

Bem colocados os termos da equação, verifica-se nitidamente se tratar de crime preterdoloso: há dolo no antecedente (embriaguez ao volante) e culpa no consequente (homicídio culposo). Essa é a estrutura do tipo penal do artigo 302, §3º, do CTB, independentemente da *impressão* de construir-se sobre o crime culposo de homicídio, ao qual se somaria um plus doloso.

Com efeito, o crime é doloso em suas bases e culposo em seu resultado naturalístico maior. Portanto, revelar-se-ia inaceitável designar o crime do artigo 302, §3º, do CTB, de "culposo".

161 CP, Homicídio simples Art. 121. Matar alguem: Pena - reclusão, de seis a vinte anos.

162 CP, Art. 258 - Se do crime doloso de perigo comum resulta lesão corporal de natureza grave, a pena privativa de liberdade é aumentada de metade; se resulta morte, é aplicada em dobro. No caso de culpa, se do fato resulta lesão corporal, a pena aumenta-se de metade; se resulta morte, aplica-se a pena cominada ao homicídio culposo, aumentada de um terço.

163 FERRAZ, Esther de Figueiredo. *Os delitos qualificados pelo resultado no regime do Código Penal de 1940*, p. 87.

Uma consequência prática seria o cabimento de prisão preventiva, com fundamento no artigo 313, inciso I, do CPP.[164] A exigência de se tratar de crime doloso está atendida com seu simples atendimento, isto é, não precisa estar presente na integralidade da conduta incrimidada. É, portanto, sinônimo para crime "não exclusivamente culposo", caso se pense no binômio dolo-culpa.

A doutrina[165] tem citado o caso do abandono de incapaz qualificado pela lesão grave[166], por exemplo. Esse crime é, sabidamente, preterdoloso.

Para o crime do artigo 302, §3°, do CTB, a solução deveria ser a mesma. Diga-se "deveria", porque a jurisprudência, talvez por não se aperceber de que o crime analisado não é *culposo*, mas sim *preterdoloso*, tem negado validade às prisões preventivas decretadas, objetando inaplicabilidade a crimes culposos.

> (...) 1. Nos termos do art. 313 do Código de Processo Penal, não há previsão legal para a prisão preventiva nos delitos praticados na modalidade culposa. Precedentes desta Corte e do Supremo Tribunal Federal. 2. Ordem de habeas corpus concedida para, confirmando a liminar, determinar a revogação da prisão preventiva do Paciente, se por outro motivo não estiver preso, advertindo-o da necessidade de permanecer no distrito da culpa e atender aos chamamentos judiciais, sem prejuízo de nova decretação de prisão preventiva com os requisitos necessários ou a fixação de medidas cautelares alternativas (art. 319 do Código de Processo Penal), desde que de forma fundamentada. (HC 505.297/MG, Rel. Ministra LAURITA VAZ, SEXTA TURMA, julgado em 11/02/2020, DJe 27/02/2020)

Concluindo-se: tendo o crime do artigo 302, §3°, do CTB, elemento subjetivo doloso em sua conduta anterior e tendo pena máxima cominada superior a quatro anos, cabível prisão preventiva. Infelizmente, não é a posição jurisprudencial, que se deixou levar pela topologia, ao invés da lógica e estrutura profunda do tipo legal.

Outro ponto importante é o sepultamento da velha presunção de que embriaguez ao volante corresponderia a dolo eventual.

164 CPP, Art. 313. Nos termos do art. 312 deste Código, será admitida a decretação da prisão preventiva: I - nos crimes dolosos punidos com pena privativa de liberdade máxima superior a 4 (quatro) anos;

165 LIMA, Renato Brasileiro de. *Código de Processo Penal Comentado*, p. 894.

166 CP, *Abandono de incapaz* Art. 133 - Abandonar pessoa que está sob seu cuidado, guarda, vigilância ou autoridade, e, por qualquer motivo, incapaz de defender-se dos riscos resultantes do abandono: Pena - detenção, de seis meses a três anos. § 1° - Se do abandono resulta lesão corporal de natureza grave: Pena - reclusão, de um a cinco anos. § 2° - Se resulta a morte: Pena - reclusão, de quatro a doze anos.

Em verdade, suspeita-se que tal tese nunca foi verdadeiramente acreditada. Contudo, foi sim usada para fazer *injusta justiça material* no lugar de uma *injusta justiça formal* (sic). Cada um guarda seu quinhão de injustiça.

Como resposta, atualmente se tem pena altíssima. Poder-se-ia questionar até se não houve certa aproximação entre o crime culposo (ou melhor, preterdoloso) e o crime de homicídio simples (doloso). Basta confrontar as penas mínimas.

Inequivocamente, é uma resposta legislativa, coerente com a política legislativa de endurecimento das penas, que não irá reduzir o número de mortes no trânsito nem de casos de embriaguez ao volante, mas talvez puna o autor do *peccatum* da forma reclamada pelo clamor social (sim, clamor social).

Quanto ao requisito da pena, restarão afastadas todas medidas despenalizadoras (que evitam a condenação criminal) vigentes: desbabe composição civil, transação penal, suspensão condicional do processo ou acordo de não persecução penal.

A consumação do homicídio qualificado pela embriaguez não exige demonstração de perigo concreto antecedente, apenas da morte da vítima. Todavia, a prova da embriaguez ao volante em si é essencial à materialidade (existência) do crime antecedente (parte do crime complexo do artigo 302, §3°, do CTB); admitirá as mesmas provas do crime simples do artigo 306, do CTB.

É irrevelante qualquer ofensa à integridade corporal do autor (exceto, por óbvio, a morte do agente, causa de extinção da punibilidade).

> Art. 303. Praticar lesão corporal culposa na direção de veículo automotor:
>
> Penas - detenção, de seis meses a dois anos e suspensão ou proibição de se obter a permissão ou a habilitação para dirigir veículo automotor.
>
> § 1° Aumenta-se a pena de 1/3 (um terço) à metade, se ocorrer qualquer das hipóteses do § 1° do art. 302. (Renumerado do parágrafo único pela Lei n° 13.546, de 2017)
>
> § 2° A pena privativa de liberdade é de reclusão de dois a cinco anos, sem prejuízo das outras penas previstas neste artigo, se o agente conduz o veículo com capacidade psicomotora alterada em razão da influência de álcool ou de outra substância psicoativa que determine dependência, e se do crime resultar lesão corporal de natureza grave ou gravíssima. (Incluído pela Lei n° 13.546, de 2017)

Redação revogada: A Lei 12.972/14 mudou a redação do parágrafo único para manter a referência às causas aumento do artigo 302. A Lei 13.546/17 criou a qualificadora de embriaguez ao volante na lesão corporal, e para isso transformou o parágrafo único em §1°.

1. Conduta típica

Da mesma forma que já mencionado nos comentários ao artigo 302, do CTB, é criticável a técnica legislativa que centra a conduta incriminada em verbo de baixo conteúdo semântico-pragmático, isto é, aquele que pouco permite ao leitor antecipar em termos de ação ou omissão proscrita porque o próprio conteúdo de "praticar" depende grandemente do objeto que o completa.

A lesão corporal é um *minus* em relação ao *maius* homicídio. Portanto, a conduta incriminada diferencia-se uma da outra apenas em intensidade. Por isso, há certa simetria tanto nas descrições em abstrato como nos entendimentos jurisprudenciais e doutrinários que se formam.

O tipo do artigo 303, *caput*, do CTB, faz remissão ao artigo 129, §3°, e ao artigo 18, inciso II[167], ambos do CP.

Veja-se que, na figura fundamental, não há diferenciação quanto à extensão do resultado (leve, grave ou gravíssimo). Por isso, lesão corporal grave ou gravíssima, certificadas em exame de corpo de delito, não permitem a instauração de inquérito policial de ofício, porquanto, para fins de incidência, o crime é o mesmo daquele que provoque lesões leves.

A conduta explícita é *praticar*. Como é pouco significativa, através de remissão, nota-se que a conduta constante da *norma legal* (aqui tomada como o conteúdo que se extrai do texto legal aprovado, promulgado e publicado, ou dos textos legislativos) é *ofender a integridade corporal ou a saúde de outrem*. Ofender

Das demais elementares, deve a ofensa ser *culposa* e na *condução de veículo automotor*.

Conferir observações ao artigo 302, *supra*.

2. Objetividade jurídica

O bem jurídico é a integridade física e a segurança viária.

3. Sujeito ativo

Qualquer pessoa.

[167] CP, Art. 18 - Diz-se o crime: Crime doloso I - doloso, quando o agente quis o resultado ou assumiu o risco de produzi-lo; culposo II - culposo, quando o agente deu causa ao resultado por imprudência, negligência ou imperícia. Parágrafo único - Salvo os casos expressos em lei, ninguém pode ser punido por fato previsto como crime, senão quando o pratica dolosamente.

Pode cometer o crime apenas quem esteja a *conduzir* veículo automotor. Em geral, admite-se coautoria em crime culposo.

4. Sujeito passivo

Qualquer pessoa.

5. Elemento subjetivo

Culpa, nas modalidades imprudência, negligência ou imperícia.

A culpa pode ser consciente ou inconsciente.

No caso de lesão corporal culposa, há semelhante dificuldade para verificar, de fato e com base em elementos jurídicos, o espaço entre culpa (especialmente a culpa consciente) e o dolo eventual.

Problema prático: pela própria largueza que há nas possibilidades da lesão corporal (desde lesão pequena até perda de membros, aborto, perigo de vida, etc.), o elemento subjetivo dolo eventual, por vezes, acabe sendo interpretado como homicídio tentado (artigo 121 c.c. artigo 14, inciso II, do CP); não como lesão corporal dolosa. Se desclassificado para a modalidade culposa, então o tipo penal será o do artigo 303, do CTB. Fica-se, portanto, entre extremos: ou homicídio doloso tentado ou lesão corporal culposa; uma que pode ser infração de menor potencial ofensivo, o outro que pode sr crime hediondo. Percebe-se certa inclinação nos excessos acusatórios como medida justificadora de prisão processual.

A figura qualificada pela embriaguez (artigo 303, §2°, primeira parte) é preterdolosa, a despeito de a jurisprudência compreendê-la como crime culposo.

6. Consumação

Com a efetiva lesão corporal, entendida como ofensa à saúde ou integridade física da vítima.

É irrelevante para os crimes de trânsito que o agressor tenha-se ferido.

A extensão dos danos, a despeito de revelar-se como inovação para crimes culposos, qualifica o crime: portanto, se leve, artigo 303, *caput;* se grave ou gravíssima, artigo 303, §2°, segunda parte.

A consumação da lesão corporal qualificada pela embriaguez não exige demonstração de perigo concreto antecedente, apenas do resultado de ofensa à integridade física (leve, grave ou gravíssima). Mas, a prova da embriaguez ao volante em si é essencial à materialidade (existência) do crime antecedente, e admitirá as mesmas provas do crime simples do artigo 306, do CTB, que participa da formação do presente crime complexo do artigo 303, §2°, primeira parte, do CTB.

7. Tentativa

Não se admite crime culposo tentado.

8. Institutos despenalizadores

Nos termos do artigo 291, §1°, são cabíveis os institutos da Lei 9.099/95 de composição civil, transação penal e condição de procedibilidade da representação para a lesão corporal – sempre lembrando da ressalva do *caput*: "no que couber".

Esse já era o entendimento do STF, mesmo com a redação original do artigo 291, do CTB (que admitia transação penal, naquele momento, para lesão corporal culposa, embriaguez ao volante e racha), e do artigo 61, da Lei 9.099/95 (cuja pena máxima das infrações de menor potencial ofensivo era de 1 ano à época).

> EMENTA: I. Juizado Especial Criminal: incompetência para o processo dos crimes descritos nos arts. 303, 306 e 308 do C. Trânsito: inteligência do art. 291 e parágrafo do CTB c/c art.61 L. 9.099/95. 1. Embora o pudesse ter feito, o CTB não converteu em infrações penais de "menor potencial ofensivo", para o fim de incluí-los na competência dos Juizados Especiais, os crimes tipificados nos seus arts. 303 (lesão corporal no trânsito), 306 (embriaguez ao volante) e 308 (participação em competição não autorizada): no art. 291, caput, a aplicação da Lei dos Juizados Especiais foi limitada pela cláusula "no que couber", bastante a excluí-la em relação aos delitos de trânsito cuja pena máxima cominada seja superior a um ano (L. 9.099/95, art. 61); no parágrafo único do mesmo artigo, cingiu-se o CTB a prescrever aos três crimes referidos - todos sujeitos a pena máxima superior a um ano - os arts. 74 (composição de danos civis no processo penal), 76 (transação penal) e 88 (exigência de representação para a persecução de lesões corporais). II. Nulidade por incompetência do Juizado Especial: declaração sujeita à existência de prejuízo. 2. O âmbito normativo do dogma fundamental da disciplina das nulidades - pas de nullité sans grief - compreende as nulidades absolutas - qual, no caso, a incompetência do Juizado Especial - se a falta do inquérito policial - que não é garantia de defesa -, e a seqüência do procedimento da L. 9.099/95, perante Juíza que, na comarca, era a titular exclusiva da jurisdição penal, nenhum prejuízo em concreto acarretou à defesa do

> paciente. 3. Declaração de nulidade restrita, em conseqüência, ao acórdão confirmatório da sentença condenatória exarado por Turma Recursal dos Juizados Especiais. (HC 81510, Relator(a): SEPÚLVEDA PERTENCE, Primeira Turma, julgado em 11/12/2001, DJ 12-04-2002 PP-00054 EMENT VOL-02064-03 PP-00617)

Ficam vedadas, contudo, nos termos dos incisos desse §1°, se o autor estiver sob a influência de álcool ou qualquer outra substância psicoativa que determine dependência, participando, em via pública, de corrida, disputa ou competição automobilística, de exibição ou demonstração de perícia em manobra de veículo automotor, não autorizada pela autoridade competente ou se transitando em velocidade superior à máxima permitida para a via em 50 km/h.

A figura fundamental é, efetivamente, infração de menor potencial ofensivo, porque tem, como pena máxima cominada, dois anos de detenção e suspensão ou proibição de se obter a permissão ou a habilitação para dirigir veículo automotor. Pela aplicação simples dos institutos da Lei 9.099/95, deve haver representação (crime de ação pública condicionada) e cabe composição civil e transação penal (artigo 74 e 76, da Lei 9.099/95), além da suspensão condicional do processo (artigo 89, da Lei 9.099/95.

Já nas formas circunstanciadas (artigo 303, §1°, do CTB), não seria permitido transação penal ou composição civil; como a figura fundamental coloca-se no limite das infrações de menor potencial ofensivo, ao incidir a causa de aumento do §1°, do artigo 303, extrapola-se a definição do artigo 61, da Lei 9.099/95. Todavia, aplicável suspensão condicional do processo (artigo 89, da Lei 9.099/95), porquanto a pena mínima já majorada permanecerá aquém de um ano. A ação penal continuará pública condicionada, porque o artigo 88, da Lei 9.099/95 não se refere a infrações de menor potencial ofensivo, mas sim a "crimes de lesões corporais leves e lesões culposas."

Neste sentido, há precedentes do STJ[168]:

> PENAL E PROCESSO PENAL. AGRAVO REGIMENTAL NO HABEAS CORPUS. LESÃO CORPORAL NA DIREÇÃO DE VEÍCULO AUTOMOTOR

[168] Veja-se ainda, do ano de 2016: PENAL E PROCESSO PENAL. RECURSO ORDINÁRIO EM HABEAS CORPUS. ALEGAÇÃO DE INOBSERVÂNCIA DO ART. 291, § 1°, DO CÓDIGO DE TRÂNSITO BRASILEIRO. AUDIÊNCIA PRELIMINAR. TENTATIVA DE COMPOSIÇÃO CIVIL. ART. 74 DA LEI N. 9.099/95. NÃO INCIDÊNCIA. CONSTRANGIMENTO ILEGAL. AUSÊNCIA. RECURSO IMPROVIDO. 1 - O art. 61 da Lei n. 9.099/95 dispõe: Consideram-se infrações penais de menor potencial ofensivo, para os efeitos desta Lei, as contravenções penais e os crimes a que a lei comine pena máxima não superior a 2 (dois) anos, cumulada ou não com multa. 2 - Sendo a pena máxima prevista para a prática do crime previsto no art. 303 da Lei n. 9.503/97 c/c art. 302, par. único, IV, da mesma norma, maior de 2 anos, não incidem os benefícios da transação e do acordo civil, previstos pela Lei n. 9.099/95. 3 - Recurso ordinário improvido. (RHC 36.683/SP, Rel. Ministro NEFI CORDEIRO, SEXTA TURMA, julgado em 05/04/2016, DJe 18/04/2016)

> POR DUAS VEZES (CONCURSO FORMAL). APLICAÇÃO DA COMPOSIÇÃO CIVIL E DA TRANSAÇÃO PENAL. IMPOSSIBILIDADE. PENA MÍNIMA SUPERIOR A 2 (DOIS) ANOS. INCIDÊNCIA DE CAUSA ESPECIAL DE AUMENTO DE PENA. ALEGAÇÃO DE INOBSERVÂNCIA DO ART. 291, § 1º, DO CÓDIGO DE TRÂNSITO BRASILEIRO. INOCORRÊNCIA. CONSTRANGIMENTO ILEGAL. AUSÊNCIA. AGRAVO REGIMENTAL NÃO PROVIDO. 1. O delito de lesão corporal na direção de veículo automotor (art.303 da Lei nº 9.503/97), a teor do art. 61 da Lei nº 9.099/95, é considerado crime de menor potencial ofensivo, aplicando-se os institutos despenalizadores da transação penal e da composição civil de danos. No entanto, a incidência de causa de aumento especial da pena (praticá-lo em faixa de pedestre ou calçada - art. 302, § 1º, II, do mesmo diploma legal), em razão da pena mínima em abstrato superar 2 (dois) anos, deixa de ser considerado infração de menor potencial ofensivo, o que afasta a aplicação dos institutos despenalizadores citados. Precedentes. 2. Agravo regimental não provido. (AgRg no HC 584.784/SP, Rel. Ministro REYNALDO SOARES DA FONSECA, QUINTA TURMA, julgado em 02/02/2021, DJe 04/02/2021)

Sobre a interpretação dada pelos tribunais, mister apontar que outros entendimentos não parecem absurdos.

Explica-se. O §1º do artigo 291 impõe medidas da Lei dos Juizados Especiais para lesões corporais culposas, excetuados os casos enumerados nos incisos. Portanto, a literalidade formaria norma jurídica em sentido diverso: admitir-se-iam as benesses para *lesões corporais culposas* do CTB, independentemente da pena. Seria interpretação que estaria dentro da elasticidade do preceito jurídico.

Todavia, a jurisprudência –quiçá por política criminal judiciária- já rejeitou entendimento semelhante, quando se determinava expressamente institutos despenalizadores para a embriaguez ao volante[169].

> RECURSO ESPECIAL. CRIMES DE TRÂNSITO. EMBRIAGUEZ AO VOLANTE. COMPETÊNCIA. JUSTIÇA COMUM. LEI 10.259/01. MENOR POTENCIAL OFENSIVO. ALTERAÇÃO DO LIMITE DA PENA MÁXIMA PARA DOIS ANOS. IMPOSSIBILIDADE DE TRANSAÇÃO PENAL. ART. 291, PARÁGRAFO ÚNICO, DA LEI N.º 9.503/97. 1. Com o advento da Lei

169 Veja-se a redação revogada do parágrafo único: CTB, Art. 291. Aos crimes cometidos na direção de veículos automotores, previstos neste Código, aplicam-se as normas gerais do Código Penal e do Código de Processo Penal, se este Capítulo não dispuser de modo diverso, bem como a Lei nº 9.099, de 26 de setembro de 1995, no que couber. Parágrafo único. Aplicam-se aos crimes de trânsito de lesão corporal culposa, de embriaguez ao volante, e de participação em competição não autorizada o disposto nos arts. 74, 76 e 88 da Lei nº 9.099, de 26 de setembro de 1995.

> n.º 10.259/01, em obediência ao princípio da isonomia, o rol dos crimes de menor potencial ofensivo foi ampliado, porquanto o limite da pena máxima foi alterado para 02 anos. 2. Aplica-se o art. 291, parágrafo único, da Lei n.º 9.503/97 quando for cabível o instituto ao caso concreto. In casu, não é aplicável a transação penal, pois o crime de embriaguez ao volante não é considerado crime de menor potencial ofensivo, pois a sua pena máxima é três anos. 3. Recurso não conhecido. (STJ, REsp 356.301/GO, Rel. Ministra LAURITA VAZ, QUINTA TURMA, julgado em 16/03/2004, DJ 05/04/2004, p. 304)

O entendimento esposado é, ao menos, coerente. Não parece gerar maiores problemas quanto ao *status libertatis* porque admissível, em princípio, acordo de não persecução penal (artigo 28 – A, do CPP). Dessa forma, ainda que se trate de instituto mais rigoroso que os da Lei 9.099/95, fica atendida a expectativa de extinção de punibilidade. Não resta qualquer teratologia no sistema, amoldando-se de forma mais ou menos harmônica o direito positivo em sua inteireza.

Se qualificado o crime (artigo 303, §2º, do CTB), será admissível apenas acordo de não persecução penal (artigo 28 A, do CPP), pelos motivos já expostos. A ação penal será pública incondicionada, diante do artigo 291, §1º, inciso I, do CTB, se a qualificadora referir-se à embriaguez; em verdade, o melhor entendimento seria no sentido de inaplicabilidade do artigo 88, da Lei 9.099/95, porque não se trata de crime culposo, mas sim preterdoloso. Quanto à lesão grave ou gravíssima, esta permanecerá pública condicionada à representação por força do artigo 88, da Lei dos Juizados Especiais.

9. Concurso de crimes e concurso aparente de normas

Vide anotações ao item 9 *supra*.

10. Classificação doutrinária

Crime comum (não é crime próprio), material, de dano, culposo (ou preterdoloso, na figura qualificada), de forma parcialmente vinculada (porque na "condução de veículo automotor"), comissivo, instantâneo, unissubjetivo, plurissubsistente, remetido (o tipo penal *remete* a outros dispositivos legais).

11. Questões materiais relevantes

Há causas de aumento para o crime de lesão corporal culposa, que estão arroladas em dispositivo próprio do crime de homicídio culposo (artigo 302, §1°, do CTB). Essa técnica de remissão, por ser expressa, não gera maiores dúvidas.

Há julgados dignos de nota, que afirmam que a lesão corporal circunstanciada pela omissão de socorro não seria causa de aumento, mesmo que o último fato consista em ilícito penal em si. Isso porque é circunstância que não integra nem o tipo fundamental nem o derivado, constituindo-se senão causa de aumento. Portanto, em princípio, a ação penal será pública condicionada à representação, e não incondicionada.

> 1. O Código Penal estabelece a iniciativa estatal para as ações penais que envolvem crimes complexos, desde que, na formação desses delitos, esteja contida a descrição de ao menos um crime com persecução penal que dependa da iniciativa pública incondicionada, caso fosse considerado isoladamente. 2. É complexo o delito que compreende, na descrição do seu tipo básico ou derivado, a existência de fatos que podem ser considerados, por si mesmos, delitos autônomos. Nessa perspectiva, o crime de lesão corporal culposa no trânsito, com a causa de aumento de pena pela omissão de socorro, não pode ser considerado complexo para fins de persecução penal, porquanto a omissão de socorro não faz parte do tipo básico ou derivado, mas se trata de causa de aumento de pena. Logo, a persecução penal somente é possível mediante ação pública condicionada à representação. (...) (STJ, HC 447.351/DF, Rel. Ministro ANTONIO SALDANHA PALHEIRO, Rel. p/ Acórdão Ministro ROGERIO SCHIETTI CRUZ, SEXTA TURMA, julgado em 17/12/2019, DJe 13/02/2020)

Há modalidade qualificada pela embriaguez ao volante e pela extensão do dano (lesões de natureza grave ou gravíssima).

As mesmas observações exaradas no artigo 302, §3°, devem ser aplicadas à primeira parte do artigo 303, §2° (embriaguez ao volante). Portanto, tem-se que este tipo penal também seria preterdoloso, porquanto crime complexo, cujo fato antecedente seria crime doloso de embriaguez ao volante e cujo fato consequente seria lesão corporal culposa.

Quanto à segunda parte do artigo 303, §2°, deve a lesão ser grave ou gravíssima, restando a lesão leve enquadrada no artigo 303, *caput*. O conceito de lesão grave ou gravíssima está no Código Penal, artigo 129, §§1° e 2°, do CP[170], figura esta dolosa. No Código Penal[171], assim como na Lei 9.099/95[172], não existem diferenças de imputação em face da extensão da lesão corporal culposa.

Ainda, há certa confusão entre terminologia legal e doutrinária. O *nomen iuris* "lesão corporal de natureza grave" é o empregado pelo Código Penal para as duas qualificadoras. Já "lesão grave" e "lesão gravíssima" são designações doutrinárias, incorporadas à prática forense. Também, a Lei dos Crimes Hediondos reproduziu tal confusão[173].

Nota-se, com razão, que o crime qualificado é misto alternativo.

Veja-se a experiência estrangeira.

O Código Penal Argentino prevê delito específico para lesões no trânsito:

> Articulo 94 bis. - Será reprimido con prisión de uno (1) a tres (3) años e inhabilitación especial por dos (2) a cuatro (4) años, si las lesiones de los artículos 90 o 91 fueran ocasionadas por la conducción imprudente, negligente o antirreglamentaria de un vehículo con motor.
>
> La pena será de dos (2) a cuatro (4) años de prisión si se verificase alguna de las circunstancias previstas en el párrafo anterior y el conductor se diese a la fuga, o no intentare socorrer a la víctima siempre y cuando no incurriera en la conducta prevista en el artículo 106, o estuviese bajo los efectos de estupefacientes o con un nivel de alcoholemia igual o superior a quinientos (500) miligramos por litro de sangre en el caso de conductores de transporte público o un (1) gramo por litro de sangre en los demás casos, o estuviese conduciendo en exceso de velocidad de más de treinta (30) kilómetros por encima de la máxima permitida en el lugar del hecho, o si condujese estando inhabilitado para hacerlo por autoridad competente, o violare la

170 CP, Lesão corporal Art. 129. Ofender a integridade corporal ou a saúde de outrem: Pena - detenção, de três meses a um ano. Lesão corporal de natureza grave § 1° Se resulta: I - Incapacidade para as ocupações habituais, por mais de trinta dias; II - perigo de vida; III - debilidade permanente de membro, sentido ou função; IV - aceleração de parto: Pena - reclusão, de um a cinco anos. § 2° Se resulta: I - Incapacidade permanente para o trabalho; II - enfermidade incuravel; III - perda ou inutilização do membro, sentido ou função; IV - deformidade permanente; V - aborto: Pena - reclusão, de dois a oito anos.

171 CP, Lesão corporal Art. 129. Ofender a integridade corporal ou a saúde de outrem: Pena - detenção, de três meses a um ano. Lesão corporal culposa § 6° Se a lesão é culposa: Pena - detenção, de dois meses a um ano.

172 Lei 9.099/95. Art. 88. Além das hipóteses do Código Penal e da legislação especial, dependerá de representação a ação penal relativa aos crimes de lesões corporais leves e lesões culposas.

173 Lei 8.072, de 25 de julho de 1990. Art. 1° São considerados hediondos os seguintes crimes, todos tipificados no Decreto-Lei no 2.848, de 7 de dezembro de 1940 - Código Penal, consumados ou tentados: I-A – lesão corporal dolosa de natureza gravíssima (art. 129, § 2°) e lesão corporal seguida de morte (art. 129, § 3º), quando praticadas contra autoridade ou agente descrito nos arts. 142 e 144 da Constituição Federal, integrantes do sistema prisional e da Força Nacional de Segurança Pública, no exercício da função ou em decorrência dela, ou contra seu cônjuge, companheiro ou parente consanguíneo até terceiro grau, em razão dessa condição.

señalización del semáforo o las señales de tránsito que indican el sentido de circulación vehicular, o cuando se dieren las circunstancias previstas en el artículo 193 bis, o con culpa temeraria, o cuando fueren más de una las víctimas lesionadas.

Articulo 90. - Se impondrá reclusión o prisión de uno a seis años, si la lesión produjere una debilitación permanente de la salud, de un sentido, de un órgano, de un miembro o una dificultad permanente de la palabra o si hubiere puesto en peligro la vida del ofendido, le hubiere inutilizado para el trabajo por más de un mes o le hubiere causado una deformación permanente del rostro.

Articulo 91. - Se impondrá reclusión o prisión de tres a diez años, si la lesión produjere una enfermedad mental o corporal, cierta o probablemente incurable, la inutilidad permanente para el trabajo, la pérdida de un sentido, de un órgano, de un miembro, del uso de un órgano o miembro, de la palabra o de la capacidad de engendrar o concebir.

O Código Penal Espanhol:

Artículo 152. 1. El que por imprudencia grave causare alguna de las lesiones previstas en los artículos anteriores será castigado, en atención al riesgo creado y el resultado producido: 1.° Con la pena de prisión de tres a seis meses o multa de seis a dieciocho meses, si se tratare de las lesiones del apartado 1 del artículo 147. 2.° Con la pena de prisión de uno a tres años, si se tratare de las lesiones del artículo 149. 3.° Con la pena de prisión de seis meses a dos años, si se tratare de las lesiones del artículo 150.

Si los hechos se hubieran cometido utilizando un vehículo a motor o un ciclomotor, se impondrá asimismo la pena de privación del derecho a conducir vehículos a motor y ciclomotores de uno a cuatro años. A los efectos de este apartado, se reputará en todo caso como imprudencia grave la conducción en la que la concurrencia de alguna de las circunstancias previstas en el artículo 379[174] determinara la producción del hecho.

[174] CP Espanhol, Artículo 379. 1. El que condujere un vehículo de motor o un ciclomotor a velocidad superior en sesenta kilómetros por hora en vía urbana o en ochenta kilómetros por hora en vía interurbana a la permitida reglamentariamente, será castigado con la pena de prisión de tres a seis meses o con la de multa de seis a doce meses o con la de trabajos en beneficio de la comunidad de treinta y uno a noventa días, y, en cualquier caso, con la de privación del derecho a conducir vehículos a motor y ciclomotores por tiempo superior a uno y hasta cuatro años.
2. Con las mismas penas será castigado el que condujere un vehículo de motor o ciclomotor bajo la influencia de drogas tóxicas, estupefacientes, sustancias psicotrópicas o de bebidas alcohólicas. En todo caso será

> Si las lesiones se hubieran causado utilizando un arma de fuego, se impondrá también la pena de privación del derecho al porte o tenencia de armas por tiempo de uno a cuatro años.
>
> Si las lesiones hubieran sido cometidas por imprudencia profesional, se impondrá además la pena de inhabilitación especial para el ejercicio de la profesión, oficio o cargo por un período de seis meses a cuatro años.
>
> 2. El que por imprudencia menos grave causare alguna de las lesiones a que se refieren los artículos 147.1, 149 y 150[175], será castigado con la pena de multa de tres meses a doce meses.
>
> Si los hechos se hubieran cometido utilizando un vehículo a motor o un ciclomotor, se podrá imponer también la pena de privación del derecho a conducir vehículos a motor y ciclomotores de tres meses a un año. Se reputará imprudencia menos grave, cuando no sea calificada de grave, siempre que el hecho sea consecuencia de una infracción grave de las normas sobre tráfico, circulación de vehículos a motor y seguridad vial, apreciada la entidad de esta por el Juez o el Tribunal.
>
> Si las lesiones se hubieran causado utilizando un arma de fuego, se podrá imponer también la pena de privación del derecho al porte o tenencia de armas por tiempo de tres meses a un año.
>
> El delito previsto en este apartado solo será perseguible mediante denuncia de la persona agraviada o de su representante legal.

Percebe-se, pois, que há grande preocupação com o rigor das punições de lesões corporais no trânsito no mundo inteiro.

condenado con dichas penas el que condujere con una tasa de alcohol en aire espirado superior a 0,60 miligramos por litro o con una tasa de alcohol en sangre superior a 1,2 gramos por litro.

175 CP Espanhol. Artículo 147. 1. El que, por cualquier medio o procedimiento, causare a otro una lesión que menoscabe su integridad corporal o su salud física o mental, será castigado, como reo del delito de lesiones con la pena de prisión de tres meses a tres años o multa de seis a doce meses, siempre que la lesión requiera objetivamente para su sanidad, además de una primera asistencia facultativa, tratamiento médico o quirúrgico. La simple vigilancia o seguimiento facultativo del curso de la lesión no se considerará tratamiento médico.
Artículo 149. 1. El que causara a otro, por cualquier medio o procedimiento, la pérdida o la inutilidad de un órgano o miembro principal, o de un sentido, la impotencia, la esterilidad, una grave deformidad, o una grave enfermedad somática o psíquica, será castigado con la pena de prisión de seis a 12 años. 2. El que causara a otro una mutilación genital en cualquiera de sus manifestaciones será castigado con la pena de prisión de seis a 12 años. Si la víctima fuera menor o persona con discapacidad necesitada de especial protección, será aplicable la pena de inhabilitación especial para el ejercicio de la patria potestad, tutela, curatela, guarda o acogimiento por tiempo de cuatro a 10 años, si el juez lo estima adecuado al interés del menor o persona con discapacidad necesitada de especial protección.
Artículo 150. El que causare a otro la pérdida o la inutilidad de un órgano o miembro no principal, o la deformidad, será castigado con la pena de prisión de tres a seis años.

Pelo perfil do instituto do arrependimento posterior, cuja aplicação seria restrita a crimes patrimoniais ou com efeito patrimonial, não seria cabível à lesão corporal culposa.

O Superior Tribunal de Justiça possui precedente que, ainda que não tenha enfrentado diretamente a questão, fez referência à jurisprudência que inadmite para o homicídio culposo.

> AGRAVO REGIMENTAL NO RECURSO ESPECIAL. DIREÇÃO DE VEÍCULO SOB INFLUÊNCIA DE BEBIDA ALCOÓLICA. LESÃO CORPORAL CULPOSA. ARREPENDIMENTO POSTERIOR. NÃO INCIDÊNCIA. APLICAÇÃO DA SÚMULA 83 DO STJ.
>
> 1. A aplicação da Súmula 283/STF, por analogia, se impõe, uma vez que a passagem do aresto recorrido fazendo referência ao art. 291, § 1º, do CTB, na compreensão de que "quando a conduta é imbricada com a direção sob influência de álcool seria um contrasenso reconhecê-la como inteiramente passível de reparação", não foi devidamente impugnada nas razões do recurso especial, sendo suficiente, por si só, para desautorizar a incidência do instituto do arrependimento posterior.
>
> 2. "Inviável o reconhecimento do arrependimento posterior na hipótese de homicídio culposo na direção de veículo automotor, uma vez que o delito do art. 302 do Código de Trânsito Brasileiro não pode ser encarado como crime patrimonial ou de efeito patrimonial.
>
> Na espécie, a tutela penal abrange o bem jurídico mais importante do ordenamento jurídico, a vida, que, uma vez ceifada, jamais poderá ser restituída, reparada. Precedente." (AgRg no HC 510.052/RJ, Rel. Ministro NEFI CORDEIRO, SEXTA TURMA, julgado em 17/12/2019, Dje 04/02/2020.) 3. Agravo regimental desprovido.
>
> (AgRg no REsp n. 1.976.946/SP, relator Ministro Olindo Menezes (Desembargador Convocado do TRF 1ª Região), Sexta Turma, julgado em 21/6/2022, DJe de 24/6/2022.)

12. Questões processuais relevantes

O rito processual dependerá da pena cominada.

O crime do *caput* do artigo 303, do CTB, será julgado pelo Jecrim e seguirá o procedimento comum sumaríssimo.

Se aplicável a causa de aumento do §1°, do artigo 303, do CTB, o máximo cominado atingirá 3 anos de detenção. O procedimento, dessa maneira, será o comum sumário.

Por fim, procedimento da lesão corporal culposa qualificada (artigo 303, §2°, do CTB) reger-se-á pelo comum ordinário.

Nos dois últimos casos, o fato será julgado pelas Varas Criminais comuns (não pelo Jecrim).

A ação penal será pública. Incondicionada, afastado o artigo 88, da Lei 9.099/95, conforme previsão do artigo 291, §1°, incisos I a III, do CTB. Nos demais casos, haverá a referida condição de procedibilidade.

> Art. 304. Deixar o condutor do veículo, na ocasião do sinistro, de prestar imediato socorro à vítima, ou, não podendo fazê-lo diretamente, por justa causa, deixar de solicitar auxílio da autoridade pública:
>
> Penas - detenção, de seis meses a um ano, ou multa, se o fato não constituir elemento de crime mais grave.
>
> Parágrafo único. Incide nas penas previstas neste artigo o condutor do veículo, ainda que a sua omissão seja suprida por terceiros ou que se trate de vítima com morte instantânea ou com ferimentos leves.

1. Conduta típica

A conduta incriminada encontra sua origem no crime de omissão de socorro do Código Penal[176].

O sentido jurídico-penal é criminalizar aquele que não atende aos reclamos de solidariedade, dever esse nascido da ética e passado, sem escalas, para o Direito Penal.

> Na atualidade, o direito tende, cada vez mais, a *socializar-se*, isto é, a orientar-se no sentido da solidariedade civil e humana. Eloquente atestado dessa nova diretriz e o preceito do art. 135 do nosso Código de 40, inspirado nos mais recentes códigos penais do mundo civilizado. É incriminada a simples abstenção de uma conduta socialmente útil, qual seja a assistência aos

[176] CP, Omissão de socorro Art. 135 - Deixar de prestar assistência, quando possível fazê-lo sem risco pessoal, à criança abandonada ou extraviada, ou à pessoa inválida ou ferida, ao desamparo ou em grave e iminente perigo; ou não pedir, nesses casos, o socorro da autoridade pública: Pena - detenção, de um a seis meses, ou multa. Parágrafo único - A pena é aumentada de metade, se da omissão resulta lesão corporal de natureza grave, e triplicada, se resulta a morte.

> periclitantes. De par com o *neminem laedere*, tornou-se obrigatória a ajuda aos que, embora sem nossa culpa, se encontrem em situação de perigo, de que não podem defender-se. O que era mero dever ético passou a dever jurídico. E foi o direito penal, de sua exclusiva iniciativa, demonstrando a erronia dos que lhe atribuem uma função meramente sancionatória, que erigiu em norma coercitiva esse mandamento cristão de caridade.[177]

Abstraída a generalidade do dispositivo do Código Penal e a especificidade do deste CTB, há, como soí acontecer, grande semelhança entre eles.

Há um sujeito que se cala diante do dever de assistência (crime omissivo próprio). Há uma pessoa que precisa de assistência, em geral (em geral, foi dito, porque o CTB pune também nos casos de morte instantânea). Há um vínculo jurídico que obriga à ação, conduta essa inobservada.[178]

Nota-se que o artigo 135, do CP, excepciona (exclui da tipicidade) se houver *risco pessoal*. É consabido que o *dever de agir* é exigível se houver *poder de agir*[179]. O dever hipotético, sem analisar as condições fáticas, é aquele da lei em tese, antes de incidir; a incidência apenas dará as cores do crime de omissão de socorro se houver possibilidade de agir. Lembra Costa e Silva: "ultra posse, nemo obligatur"[180] Em verdade, para omitir-se, enquanto conduta, é necessário haver *possibilidade de omitir-se* e, simetricamente, *possibilidade de agir.*

Não agir por impossibilidade não perfaz o crime, sequer objetivamente. O mesmo se há de dizer se houver risco pessoal para aqueles que não têm o dever de enfrentar o risco.

A omissão do CTB em excetuar o risco pessoal não gera maiores problemas, porque invariavelmente ficara impossibilitada a subsunção do fato ao tipo penal do artigo 304, do CTB.

[177] HUNGRIA, Nelson; FRAGOSO, Heleno Cláudio. *Comentários ao Código Penal*, vol. V, 440.

[178] A Convenção de Viena sobre Direito do Trânsito prevê, em seu artigo 31: Comportamento em caso de acidente **1. Sem prejuízo do disposto nas legislações nacionais sobre a obrigação de prestar auxílio aos feridos, todo condutor ou qualquer outro usuário da via, implicado em um acidente de trânsito, deverá:** a) deter-se assim que for possível fazê-lo, se criar um novo perigo para o trânsito; b) esforçar-se para manter a segurança do trânsito no local do acidente e, se houver resultado morta ou gravemente ferida alguma pessoa, evitar, sempre que não se ponha em perigo a segurança do trânsito, a modificação do estado das coisas e que desapareçam as marcas que possam ser úteis para determinar sobre quem recai a responsabilidade; c) se exigido por outras pessoas implicadas no acidente, comunicar-lhe sua identidade; d) se houver resultado ferida ou morta alguma pessoa no acidente, advertir à polícia e permanecer ou voltar ao local do acidente até a chegada desta, a menos que tenha sido autorizado por esta para abandonar o local ou que deva prestar auxílio aos feridos ou ser ele próprio socorrido." (g.n.)

[179] LUNA, Everardo Cunha. "O crime de omissão e a responsabilidade penal por omissão", in *Revista de Informação Legislativa*, Brasília, ano 20, nº 80, out/dez 1983, p. 133. PRADO, Luiz Regis; CARVALHO, Érica Mendes; CARVALHO, Gisele Mendes de. *Curso de Direito Penal Brasileiro*, p. 737. BITENCOURT, Cezar Roberto. *Código penal comentado*, comentário ao art. 135, item 4.4.2.

[180] COSTA E SILVA, Antonio José. "Omissão de Socorro", pp. 7-9, in Justitia, nº 32, 1º trimestre, 1961, p. 7.

Primeira parte das elementares explícitas: "deixar o condutor do veículo".

Deixar aponta o crime omissivo; não é apenas não realizar uma conduta, mas sim não realizar a conduta juridicamente devida. O omitente pode fazer muitas coisas, porém incorrerá nas penas do crime se não agir conforme o dever jurídico. Esse dever específico cabe ao "condutor do veículo" (cfr. sujeito ativo, *infra*). Aí estão sujeito e núcleo do predicado verbal. Note-se a contração da preposição "de" com artigo definido "o": essa especificação do sujeito ativo (*condutor do veículo*, e não condutor "de" veículo) mostra que a subsunção será apenas para o condutor cujo veículo estiver envolvido no sinistro, e não a todo e qualquer condutor que tome conhecimento do acidente; estes poderão incidir no crime do artigo 135, do CP.[181]

Agora a segunda parte da elementar explícita: deixar de fazer o quê? a) Ou *de prestar imediato socorro à vítima*, b) ou *deixar de solicitar auxílio à autoridade pública, não podendo prestar socorro por justa causa*.

Prestar socorro é, por si, auxiliar alguém a ser socorrido (tautologia). É dispensar auxílio, que será *imediato*, no instante em que se tomar conhecimento do sinistro, momento esse em que surgirá o dever jurídico. Momento esse, também, em que, se não realizada a conduta esperada, consumar-se-á o crime.

Prestar socorro pode incluir uma gama de possibilidades, que se concretizará com a própria incidência, oportunidade na qual o abstrato dever de lei encontrar-se-á com o mundo dos fatos, e os deveres jurídicos transmutar-se-ão em comportamentos concretos exigidos do devedor da prestação de socorro. Com efeito, das possibilidades jurídicas em tese, deverá o ser humano concretamente considerado, condutor de veículo, tirar a vítima do meio-fio, retirar bebê que se afoga em poça, tirar pessoa inconsciente do leito carroçável etc.

Para afastar o dever de *per si* prestar *socorro imediato*, exige a lei "justa causa". Esse elemento normativo do tipo deixa ao juiz grande margem de valoração da justiça e da razoabilidade da inação, dando por legítimo não mais o socorro imediato, mas o acionamento da autoridade pública. Portanto, se presente, permitir-se-á o *socorro mediato*.

Normalmente, recai sobre os condutores o dever de acionar a autoridade pública. Se houver risco pessoal ou se o socorro demandar de cuidados técnicos, aos técnicos é que caberá o resgate, como médicos, socorristas, bombeiros ou, em alguns casos, engenheiros.

Última elementar explícita: *na ocasião do sinistro*, conforme a Lei 14.599, de 19 de junho de 2023, que substituiu a redação original do dispositivo *na ocasião do*

181 Semelhantemente, POLASTRI, Marcellus. *Crimes de Trânsito*: aspectos penais e processuais, p. 122..

acidente (conferir item 2, do artigo 301, supra). Note que o sinistro deve envolver ao menos um veículo (automotor) em via aberta à circulação por interpretação orgânica do dispositivo e sistemática do capítulo XIX do CTB. O motorista de veículo, segundo alguns autores entendem, deve estar envolvido com o acidente ou sinistro.[182] Demais cometeriam, se for o caso, o crime do artigo 135, do CP (vide itens 3 e 4, *infra*).

Discute a doutrina se permaneceria o dever de prestar socorro, mesmo se a vítima o recusasse. Alguns autores dizem não persistir, se em plenas condições; outros alegam que o bem jurídico seria indisponível. Ainda que ambas pareçam legítimas, se a declaração de vontade da vítima for válida, não parece haver motivos para negar-lhe valor jurídico, e assim fazer o Estado guardar suas garras parece ser o mais recomendável.

Há norma explicativa, o parágrafo único do artigo 304. Aí se deixa claro que não há necessidade de risco de vida para exsurgir o dever de prestar socorro; por isso, se faz menção ao dever relativo a vítima com ferimentos leves. Da mesma forma, caso haja socorro prestado por terceiros (desde que o omitente tenha condições de agir), não se supre a omissão do autor. Por fim, a morte imediata não obstaria o dever de socorrer ou de solicitar socorro, mas o tema será tratado abaixo. Essa severidade foi considerada um "absurdo legislativo"[183]

2. Objetividade jurídica

A doutrina majoritariamente entende que é a integridade física e a vida da vítima. Não poucos autores fazem referência à solidariedade humana como bem jurídico.

A despeito de pouco mencionada, a segurança do tráfico parece ser, igualmente, bem jurídico-penal do crime de omissão de socorro do artigo 304 –isto é, interesse digno de proteção- porque um acidente ou sinistro, cuja vítima esteja em situação de risco ou sem acionamento da autoridade pública é, em si, um risco para outros usuários do trânsito. A situação como um todo é, em si, causa de distração para motoristas e pedestres e de obstáculo à boa fluidez e à segurança do tráfego.

Evidentemente, torna-se complexa a questão do bem jurídico quando a vítima sofre morte instantânea, porque não haveria *finalidade* esperada na conduta do autor. Ele apenas teria desobedecido a um dever, tipificação essa (infrações

182 LIMA, Renato Brasileiro da. *Legislação Criminal Especial comentada*, p. 1217. JESUS, Damásio de. *Crimes de trânsito*, p. 133; NUCCI, Guilherme de Souza. *Leis Penais e Processuais Penais comentadas*, p. 1115.

183 PRADO, Luiz Regis; CARVALHO, Érica Mendes; CARVALHO, Gisele Mendes de. *Curso de Direito Penal Brasileiro*, p. 740.

de mera desobediência) repudiada pela moderna dogmática penal pela ausência de bem jurídico.

3. Sujeito ativo

Traz a lei especificidades. Diferentemente do crime de omissão de socorro (art. 135, do CP), haveria qualidade especial para o sujeito ativo, segundo a doutrina[184]. Seria o "condutor do veículo (automotor)" somado à "ocasião do sinistro".

Rememorando o artigo 96, do CTB, todos os veículos estariam incluídos, e portanto todos os condutores, não se podendo limitar aos automotores. Contudo, tal literalidade é repudiada pela doutrina[185]; e a razão é irrecusável: mais uma vez, de se lembrar que o artigo 291, *caput*, expõe que "[a]os crimes cometidos na direção de veículos automotores, previstos neste Código (...)."

É, em princípio, irrelevante se envolvido no sinistro ou não, se ferido ou não. Tais fatos não alteram o dever jurídico de prestar socorro. Nesse sentido, veja-se a literalidade da Convenção sobre Direito Viário, aprovada pelo decreto legislativo 33, de 13 de maio de 1980 e publicada pelo decreto 86.714, de 10 de dezembro de 1981, "todo condutor ou qualquer outro usuário da via, implicado em um acidente de trânsito, deverá: (...)se houver resultado ferida ou morta alguma pessoa no acidente, advertir à polícia e permanecer ou voltar ao local do acidente até a chegada desta, a menos que tenha sido autorizado por esta para abandonar o local ou que deva prestar auxílio aos feridos ou ser ele próprio socorrido."

Da mesma forma, será autor do crime do artigo 304 o causador de sinistro que não tenha agido com culpa (por exemplo, culpa exclusiva da vítima). Pode excluir a possibilidade de agir, o que afastará a conduta incriminada.

Ficam excluídos, para evitar o *bis in idem*, o causador do homicídio culposo e o da lesão corporal culposa, crimes esses cujas penas, tanto no CTB quanto no CP, serão exasperadas em razão da omissão de socorro (artigo 302, §1°, inciso III, CTB; artigo 121, §4°, do CP; artigo 129, §7°, do CP).

Como o CTB faz exigências maiores do que ao crime de omissão de socorro comum (artigo 135, do CP), caso ausente elementares do crime de trânsito, especialmente a qualidade do sujeito ativo de condutor de veículo (automotor), incidirá o crime mais amplo, mesmo àqueles envolvidos no trânsito (pedestres ou condutores que perpassaram o acidente sem nele se envolver), pessoas

184 NUCCI, Guilherme de Souza. *Leis Penais e Processuais Penais comentadas*, p. 1115. LIMA, Renato Brasileiro da. *LegislaçãoCriminal Especial comentada*, p. 1217.

185 NUCCI, Guilherme de Souza. *Leis penais e processuais penais comentadas*, p. 1115; JESUS, Damásio de. *Crimes de Trânsito*, p. 133; ANDREUCCI, Ricardo Antonio. *Legislação Penal* Especial, p. 75.

envolvidas no acidente ou sinistro que não sejam motoristas (um passageiro, condutor de veículo não automotor, ciclista).

No caso de concurso de pessoas, as circunstâncias pessoais do artigo 304, do CTB, comunicar-se-ão àqueles que não as têm.

4. Sujeito passivo

Qualquer pessoa que se fira em sinistro de trânsito. Pode ter ferimentos leves, graves ou gravíssimos. Pode ser o culpado pelo sinistro ou não.

O caso de vítima que venha a morrer instantaneamente, torna-se complexo o problema. Impossível trabalhar com esse conceito e manter o bem jurídico como proteção à integridade física da pessoa; alegação de que o autor não saberia da morte da vítima envolveria mais problema de prova do que problema de direito material, em princípio. Neste sentido, autores dizem tratar-se de crime impossível; contudo, por se tratar de negação de validade de texto legal, mister declaração de inconstitucionalidade, o que até o momento não houve.

Em verdade, parece que a lei buscou antecipar-se a uma tese defensiva: quis impedir o chamado erro de tipo às avessas àquele que fugisse sem prestar socorro à vítima. Igualmente evitou, com tal norma de equiparação, problemas probatórios, o que não parece adequado.

Nesse sentido, alguns autores e julgados reconhecem que não cabe ao omitente o juízo acerca da necessidade de comunicar o sinistro às autoridades.

Sobre o artigo 121, §4º, do CP:

> EMENTA: Habeas Corpus. 2. Homicídio culposo agravado pela omissão de socorro. 3. Pedido de desconsideração da causa de aumento de pena prevista no art. 121, § 4º, do Código Penal, para que se opere a extinção da punibilidade, em face da conseqüente prescrição da pretensão punitiva, contada pela pena concreta. 4. Alegação de que, diante da morte imediata da vítima, não seria cabível a incidência da causa de aumento da pena, em razão de o agente não ter prestado socorro. Alegação improcedente. 5. Ao paciente não cabe proceder à avaliação quanto à eventual ausência de utilidade de socorro. 6. Habeas Corpus indeferido. (STF, HC 84380, Relator(a): GILMAR MENDES, Segunda Turma, julgado em 05/04/2005)

> (...) III - Incide a causa de aumento prevista no art. 121, § 4º do CP (omissão de socorro) quando o agente possui condições de realizar a conduta exigida, sem que isso comprometa a preservação de sua vida ou integridade física. (Precedentes desta Corte). IV - In casu, o comportamento imposto

> pela norma não pode ser afastado ao argumento de que houve a morte instantânea da vítima, situação que, aliás, não pode, via de regra, ser atestada pelo agente da conduta delitiva no momento da ação. (Precedentes). V - Ademais, a causa de aumento prevista na segunda parte do § 4º do art. 121 do CP tem por fundamento a obrigação do agente intentar esforços para minimizar as consequências de sua conduta culposa, realçando-se a ratio da norma, que é a necessidade de observância da solidariedade nas relações sociais. Ordem não conhecida. (STJ, HC 269.038/RS, Rel. Ministro FELIX FISCHER, QUINTA TURMA, julgado em 02/12/2014, DJe 19/12/2014)

Sobre o crime de trânsito:

> (...) 3. "Irrelevante o fato de a vítima ter falecido imediatamente, tendo em vista que não cabe ao condutor do veículo, no instante do acidente, supor que a gravidade das lesões resultou na morte para deixar de prestar o devido socorro". (AgRg no Ag n.º 1.140.929/MG, Rel. Ministra LAURITA VAZ) 4 Agravo regimental a que se nega provimento. (AgRg no Ag 1371062/SC, Rel. Ministro OG FERNANDES, SEXTA TURMA, julgado em 18/10/2011, DJe 03/11/2011)

Para estes casos, invariavelmente não há vítima, ao menos da forma concebida (como crime paralelo ao do artigo 135, do CP, cujo bem jurídico é a pessoa humana, especificamente quanto à periclitação da vida e da saúde).

Uma compreensão radicalmente distinta seria aceitável: de que a vítima de omissão de socorro nos crimes de trânsito seria a coletividade –o conjunto de usuários do trânsito-, cuja conduta, no caso, corresponderia apenas à negativa de comunicar à autoridade pública. Desta forma, por haver periclitação aos utentes do trânsito em geral (crime de perigo comum), diante da redução das condições de segurança, poder-se-ia falar no crime do artigo 304, parágrafo único, sob a forma de morte instantânea da vítima. Contudo, mister atentar-se para a similitude prática dessa construção e a do artigo 305, do CTB.

5. Elemento subjetivo

Dolo, direto ou eventual, de omitir-se. É intenção livre e consciente de expor a vítima a perigo de ter suas lesões agravadas ou mesmo morrer.

6. Consumação

No instante da omissão: crime instantâneo.

7. Tentativa

Incabível em crimes omissivos próprios.

8. Institutos despenalizadores

É infração de menor potencial ofensivo. Admite, pois, transação penal. Excepcionalmente, admite também suspensão condicional do processo.

9. Concurso de crimes e concurso aparente de normas

É norma especial diante do artigo 135, do CP, mais genérico.

Há consunção entre os crimes descritos nos artigos 302 e 303 e o no artigo 304, restando o último absorvido pelo primeiro.

> 1. Extinta a punibilidade do crime de lesão corporal culposa na direção de veículo, por ausência de representação por parte da vítima, configura constrangimento ilegal o prosseguimento da ação com relação ao crime de omissão de socorro, uma vez que, pelo princípio da consunção, encontra-se absorvido pela conduta delitiva de maior gravidade.2. Ordem de Habeas Corpus deferida para trancar a ação penal a que responde o paciente como incurso nas sanções do Código de Trânsito Brasileiro, art. 304. (HC 13.561/MG, Rel. Ministro EDSON VIDIGAL, QUINTA TURMA, julgado em 21/11/2000, DJ 18/12/2000, p. 221)

O crime do artigo 304, do CTB, é expressamente subsidiário.

10. Classificação doutrinária

Crime próprio (há qualidade especial do autor exigida), de perigo concreto[186] (situação de efetivo risco diante do acidente ou sinistro veicular real com vítima lesionada, ao menos, de forma leve), omissivo, de forma livre (a omissão pode ser praticada de qualquer forma), instantâneo, unisubsistente, unissubjetivo, subsidiário.

[186] Entende ser de perigo abstrato: LIMA, Renato Brasileiro de. *Legislação Criminal Especial comentada*, p. 1219. Entende ser crime formal, NUCCI, Guilherme de Souza. *Leis Penais e Processuais Penais comentadas*, p. 1115, o qual mudou sua opinião anterior (de que seria crime de mera conduta).

11. Questões materiais relevantes

A pena do crime do artigo 304, do CTB, é de detenção, de seis meses a um ano, ou multa. O mínimo cominado é a multa alternativa. O máximo é pena privativa de liberdade de seis meses de detenção.

Confrontando com o crime do artigo 135, do CP, vê-se que a figura simples deste é mais brandamente punida: detenção, de um a seis meses, ou multa. Se houver lesão grave, esta pena será aumentada da metade, continuando mais grave o crime de trânsito. Porém, se resultar morte, a pena será triplicada, podendo chegar a um ano e meio de detenção, passando assim a se tornar mais grave que o crime do artigo 304, do CTB.

A cláusula "se o fato não constituir elemento de crime mais grave" indica expressamente o princípio da subsidiariedade.

Há ilícito administrativo, independente do penal:

> CTB, Art. 176. Deixar o condutor envolvido em sinistro com vítima: I - de prestar ou providenciar socorro à vítima, podendo fazê-lo; II - de adotar providências, podendo fazê-lo, no sentido de evitar perigo para o trânsito no local; (redação dada pela Lei 14.955/2023)

Sobre a experiência estrangeira, no Direito Argentino, há apenas o delito de omissão de socorro, sem as particularidades do crime de trânsito, com o nome *omisión de auxilio*.

CP Argentino. Articulo 108. - Será reprimido con multa de pesos setecientos cincuenta a pesos doce mil quinientos el que encontrando perdido o desamparado a un menor de diez años o a una persona herida o inválida o amenazada de un peligro cualquiera; omitiere prestarle el auxilio necesario, cuando pudiere hacerlo sin riesgo personal o no diere aviso inmediatamente a la autoridad. (Nota Infoleg: multa actualizada por art. 1° de la Ley N° 24.286 B.O. 29/12/1993)

Soler assim se manifestou sobre o crime:

> A situação perigosa, mesmo quando a lei diz *qualquer*, deve afetar a pessoa, o que se deduz não só dos princípios gerais deste título do código [Título I, Delitos contra as Pessoas], mas do significado do próprio texto da lei. Sem embargo, basta que o perigo ameace a pessoa, qualquer que seja a natureza daquele; portanto, não é apenas indicado o perigo de vida, mas qualquer outro que possa afetar a pessoa física, inclusive em sua liberdade. Se um sujeito pode impedir um indivíduo de ser sequestrado sem risco pessoal ou se, ao fazê-lo, pode impedi-lo de continuar naquele estado, ele comete

omissão de auxílio. Não há motivo para fazer qualquer distinção entre o perigo que surge de um acidente natural e o que surge da ação humana. Se for possível ajudar sem risco a quem é vítima de uma agressão injusta, comete-se o delito ao não prestar ajuda. É indiferente também que o risco resulte da própria culpa (ébrio, nadador imprudente).[187]

No Direito Penal português há a rubrica *omissão de auxílio*, sem elementos particulares de trânsito.

> CP Português, art. 200º. 1 - Quem, em caso de grave necessidade, nomeadamente provocada por desastre, acidente, calamidade pública ou situação de perigo comum, que ponha em perigo a vida, a integridade física ou a liberdade de outra pessoa, deixar de lhe prestar o auxílio necessário ao afastamento do perigo, seja por acção pessoal, seja promovendo o socorro, é punido com pena de prisão até 1 ano ou com pena de multa até 120 dias. 2 - Se a situação referida no número anterior tiver sido criada por aquele que omite o auxílio devido, o omitente é punido com pena de prisão até 2 anos ou com pena de multa até 240 dias. 3 - A omissão de auxílio não é punível quando se verificar grave risco para a vida ou integridade física do omitente ou quando, por outro motivo relevante, o auxílio lhe não for exigível.

Veja-se como a jurisprudência portuguesa afasta o crime em caso de morte logo após o sinistro de trânsito:

> Ac. TRL de 3-11-2010 : I. O tipo incriminador contido no artigo 200.º, n.ºs 1 e 2, do Código Penal, ao descrever a situação que impõe a acção do agente, exige que ele se encontre perante um «caso de grave necessidade» «que ponha em perigo a vida, a integridade física ou a liberdade de outra pessoa». II. Esse caso de grave necessidade não se verifica quando a vítima morreu escassos segundos após o acidente de viação.

Interessante pela análise doutrinária, quase que em resumo, leia-se:

> Ac. do TRC de 05.04.2017 I - Trata-se, na sua forma simples [crime de omissão de auxílio], de um crime comum -pois pode ter por agente qualquer pessoa- e de um crime específico impróprio, na sua forma qualificada -pois só pode ter por agente o causador do perigo, de um crime de perigo concreto- pois a verificação do perigo é elemento constitutivo do tipo -, um

[187] SOLER, Sebastian. *Derecho Penal Argentino*. Vol III, p. 197-198.

> crime de omissão pura -pois traduz-se na omissão de uma conduta exigida pela lei, esgotando-se na própria inobservância da norma -e de um crime de mera actividade -pois é irrelevante para o preenchimento do tipo a verificação de um resultado lesivo -que, tendo como fundamento da incriminação a solidariedade social, tutela os bens jurídicos vida, integridade física e liberdade. II - O condutor de veículo automóvel ligeiro que atropela um peão o qual, por força do embate, é projectado contra outro peão, fazendo com que ambos caiam no chão e sofrendo ambos traumatismos exigindo socorro médico imediato, criou, de imediato, perigo para a saúde, integridade física e mesmo, vida, dos dois. III - Mostrando-se verificado o perigo concreto para a vida das ofendidas decorrente da situação causada pela condução do arguido, e tendo este prosseguido de imediato a marcha, apesar de consciente do que acabava de acontecer e da situação em que aquelas ficavam, sem que, dolosamente, tenha promovido o socorro que se impunha, quanto mais não fosse, chamar ou diligenciar pela chamada de socorro medido urgente, resta concluir que, face aos factos provados que constam da sentença recorrida, cometeu também o arguido, em concurso efectivo, dois crimes de omissão de auxílio, p. e p. pelo art. 200.º, n.ºs 1 e 2 do C. Penal.

No Direito Penal espanhol há o título IX – De la omisión del deber de socorro, cuja primeira figura é esta:

> CP Espanhol, artículo 195. 1. El que no socorriere a una persona que se halle desamparada y en peligro manifiesto y grave, cuando pudiere hacerlo sin riesgo propio ni de terceros, será castigado con la pena de multa de tres a doce meses.
>
> 2. En las mismas penas incurrirá el que, impedido de prestar socorro, no demande con urgencia auxilio ajeno.
>
> 3. Si la víctima lo fuere por accidente ocasionado fortuitamente por el que omitió el auxilio, la pena será de prisión de seis meses a 18 meses, y si el accidente se debiere a imprudencia, la de prisión de seis meses a cuatro años.

A jurisprudência espanhola, semelhantemente aos julgados estrangeiros e apartando-se da experiência brasileira, afasta o crime de *omisión del deber de socorro* se houver morte instantânea.

> No pressuposto que chama a atenção, a morte instantânea sofrida pela vítima e descrita como tal no fato provado, encerra uma inidoneidade absoluta. Não se pode socorrer a quem já não é sucetível de ser ajudado. E, justamente por isso, não se pode castigar a omissão de uma ação esperada quando, caso essa ação tivesse sido praticada, em nada haveria afetado à indenidade do bem jurídico protegido, seja este a segurança da vida e integridade física, seja a solidariedade. (STS 1159/2021, Tribunal Supremo, Sala de lo Penal, fecha 30/03/2021, recurso de casación 2693/2019, tradução livre)

12. Questões processuais relevantes

A ação penal é pública incondicionada.

Será julgado pelo Jecrim sob o rito da Lei 9.099/95 (procedimento comum sumaríssimo).

Sobre ação civil ex delicto, importante verificar que não há dano moral *in re ipsa*.

> CIVIL. RECURSO ESPECIAL. AÇÃO DE INDENIZAÇÃO POR DANOS MORAIS. ATO ILÍCITO. CARACTERIZAÇÃO. FALTA DE PREQUESTIONAMENTO. ACIDENTE DE TRÂNSITO. EVASÃO DO LOCAL. DANO MORAL "IN RE IPSA". INEXISTÊNCIA. PRODUÇÃO PROBATÓRIA. NECESSIDADE. RECURSO PROVIDO. 1. A simples indicação do dispositivo legal tido por violado, sem que o tema tenha sido enfrentado pelo acórdão recorrido, obsta o conhecimento do recurso especial por falta de prequestionamento, a teor das Súmulas n. 282 e 356 do STF.2. No caso dos autos, o Tribunal de origem condenou o recorrente ao pagamento de indenização sob o entendimento de que sua evasão do local do acidente de trânsito configura dano moral in re ipsa, embora tenha sido a vítima prontamente socorrida por terceiros. 3. Em que pese a alta reprovabilidade da conduta do recorrente, em tese podendo configurar o crime previsto nos arts. 135 do Código Penal, 304 e 305 do Código de Trânsito Brasileiro, a indenização por danos morais somente é devida quando, em exame casuístico, o magistrado conclui haver sido ultrapassado o mero aborrecimento e atingido substancialmente um dos direitos da personalidade da vítima do evento. A omissão de socorro, por si, não configura hipótese de dano moral in re ipsa. 4. Recurso especial provido para julgar improcedente o pedido de indenização por danos morais. (STJ, REsp 1512001/SP, Rel. Ministro ANTONIO

> CARLOS FERREIRA, QUARTA TURMA, julgado em 27/04/2021, DJe 30/04/2021)

Desta forma, mister passar-se por nova fase de cognição e demonstrar a ofensa causada pelo autor do crime do artigo 304 a direitos da personalidade da vítima.

> Art. 305. Afastar-se o condutor do veículo do local do sinistro, para fugir à responsabilidade penal ou civil que lhe possa ser atribuída:
>
> Penas - detenção, de seis meses a um ano, ou multa.

1. Conduta típica

O tipo objetivo inicia-se pelo verbo "afastar-se", que quer dizer *distanciar-se, deslocar-se*. É evidentemente reflexivo, porque o condutor do veículo quer afastar-se (distanciar a si próprio) do local do sinistro do qual ele próprio esteve envolvido e possa ter alguma responsabilidade a ser atribuída.

Portanto, a conduta é de deixar o condutor de veículo (e pelas mesmas razões já expostas algures, *condutor de veículo automotor*, conforme artigo 291, do CTB) algum lugar. Esse lugar é "local do sinistro".

Há o dever subjacente de cooperar com os demais envolvidos e com as autoridades públicas, dever esse expresso no CTB, mas dedutível do princípio da boa-fé objetiva.

> CTB, Art. 176. Deixar o condutor envolvido em sinistro com vítima: III - de preservar o local, de forma a facilitar os trabalhos da polícia e da perícia; IV - de adotar providências para remover o veículo do local, quando determinadas por policial ou agente da autoridade de trânsito; V - de identificar-se ao policial e de lhe prestar informações necessárias à confecção do boletim de ocorrência: Infração - gravíssima; Penalidade - multa (cinco vezes) e suspensão do direito de dirigir; (redação dada pela Lei 14.955/2023)
>
> Art. 178. Deixar o condutor, envolvido em sinistro sem vítima, de adotar providências para remover o veículo do local, quando necessária tal medida para assegurar a segurança e a fluidez do trânsito: Infração - média; Penalidade - multa. (redação dada pela Lei 14.955/2023)

A Convenção de Viena sobre Trânsito Viário também exprime esse dever:

> Artigo 31 Comportamento em caso de acidente

> 1. Sem prejuízo do disposto nas legislações nacionais sobre a obrigação de prestar auxílio aos feridos, todo condutor ou qualquer outro usuário da via, implicado em um acidente de trânsito, deverá: a) deter-se assim que for possível fazê-lo, se criar um novo perigo para o trânsito; b) esforçar-se para manter a segurança do trânsito no local do acidente e, se houver resultado morta ou gravemente ferida alguma pessoa, evitar, sempre que não se ponha em perigo a segurança do trânsito, a modificação do estado das coisas e que desapareçam as marcas que possam ser úteis para determinar sobre quem recai a responsabilidade; c) se exigido por outras pessoas implicadas no acidente, comunicar-lhe sua identidade; d) se houver resultado ferida ou morta alguma pessoa no acidente, advertir à polícia e permanecer ou voltar ao local do acidente até a chegada desta, a menos que tenha sido autorizado por esta para abandonar o local ou que deva prestar auxílio aos feridos ou ser ele próprio socorrido.
>
> 2. As Partes Contratantes ou suas subdivisões poderão deixar de incluir em sua legislação nacional a prescrição que figura no parágrafo 1-d do presente artigo, quando não haja causado ferimento grave algum e quando nenhuma das pessoas implicadas no acidente exija que se advirta à polícia.

Como se observa, o ato de afastar-se é a prática dita objetiva, perceptível no mundo fenomênico. A ela, em seu contexto objetivo (um motorista, em local de sinistro) ligar-se-á outra elementar, agora não mais objetiva, mas uma finalidade subjetiva, que a doutrina chame de especial fim de agir ou dolo específico: *para fugir à responsabilidade penal ou civil que lhe possa ser atribuída* (vide *infra*).

Objetivamente, não há necessidade de vítimas pessoais (lesões, morte). Sequer há necessidade de ilícito penal e, assim, responsabilidade penal. Resta claro diante da alternatividade posta: *responsabilidade penal ou civil.*

> 2. A respeito do acidente de trânsito em que o Agravante teria se envolvido, consta das informações obtidas no boletim de ocorrência que, embora o veículo tenha ficado sob responsabilidade de outra pessoa, o condutor e ora Agravante evadiu do local, em clara pretensão de se furtar à aplicação da lei penal. A conduta se enquadra no tipo previsto no art. 305 do Código de Trânsito Brasileiro, que prescinde que haja vítimas fatais para sua consumação. (AgRg no HC 497.424/GO, Rel. Ministra LAURITA VAZ, SEXTA TURMA, julgado em 06/08/2019, DJe 19/08/2019)

Exige o tipo que a conduta ocorra *na ocasião do sinistro*. Trata-se de alteração redacional trazida pela Lei 14.599, de 19 de junho de 2023, que substituiu a expressão original do dispositivo *local do acidente* (conferir item 2, do artigo 301, supra).

2. Objetividade jurídica

O bem jurídico protegido é a administração da Justiça. Essa é a posição majoritária.

Não parece legítimo negar que a confiança dos usuários no trânsito seja fator importante para a própria segurança e fluidez do tráfego terrestre. Desta forma, a segurança viária também é protegida pelo crime do artigo 305, sendo relevante ter-se em conta este ponto ao classificar o crime quanto ao resultado.

3. Sujeito ativo

O sujeito ativo do crime do artigo 305 é o condutor de veículo automotor envolvido em sinistro veicular. Trata-se de crime próprio.

Há julgado que nega a possibilidade de coautoria, mas admite participação.

> PENAL. DELITO DE TRÂNSITO. AFASTAMENTO DO LOCAL. CRIME COMISSIVO PRÓPRIO. AUSÊNCIA DE JUSTA CAUSA. 1. Conquanto não seja possível a co-autoria no delito de afastamento do local do acidente (CTB, art. 305), posto tratar-se de crime próprio do condutor do veículo, é perfeitamente admissível a participação, nos termos do Código Penal, art. 29. 2. Habeas Corpus conhecido. Pedido indeferido. (STJ, HC 14.021/SP, Rel. Ministro EDSON VIDIGAL, QUINTA TURMA, julgado em 28/11/2000, DJ 18/12/2000, p. 222)

Por claro, a fundamentação parece inclinar-se a uma visão que vai além do crime próprio: ruma a classificá-lo como crime de mão própria.

4. Sujeito passivo

O sujeito passivo é o Estado, como devedor de segurança e justiça.

É também a coletividade, conquanto todos estão, invariavelmente, no trânsito, entendido como "a utilização das vias por pessoas, veículos e animais, isolados ou em grupos, conduzidos ou não, para fins de circulação, parada, estacionamento e operação de carga ou descarga" (art. 1°, §1°, do CTB), cuja condição de segurança é direito de todos e dever do Estado (art. 1°, §2°, do CTB).

5. Elemento subjetivo

É o dolo: vontade e consciência de afastar-se o condutor de veículo automotor do local de sinistro.

Esse móvel é marcado ainda pela intenção de *fugir à responsabilidade penal ou civil que lhe possa ser atribuída*. É o que caracteriza o dolo específico dos causalistas, também chamado de especial fim de agir ou elemento subjetivo do injusto. É elementar que tem vivência apenas na *mens rea*, contudo forma a essência da criminalização de uma conduta que, doutra maneira, não seria criminosa: afastar-se alguém de algum lugar, em princípio, seria expressão do direito de ir, vir ou ficar, no entanto, diante desta particularidade que não se percebe no chamado mundo objetivo, é que se justificará a ameaça de uma pena criminal.

O fato de serem elementares subjetivas (dolo de afastar-se para fugir à responsabilidade civil ou penal) demanda especial cuidado: não deixam de ser conceitos jurídico-penais, razão pela qual sua demonstração há de ser submetida às regras de direito. Quer dizer, não podem ser inferidas senão através de provas, ainda que indiretas.

6. Consumação

Com o efetivo distanciamento, entendido como fuga do local do sinistro.

Não há necessidade de a administração da Justiça ser prejudicada, nem de se impedir ou dificultar a responsabilização do autor na esfera civil ou criminal.

A lei não esclarece um marco claro para entender-se o que seja esse "afastar-se". Pode ser dez metros, ou um desaparecer na esquina; pode ser o deixar com o automóvel a cena do sinistro; pode ser o desaparecimento do motorista, que abandona o automotor no local. É um conceito social, cuja semântica invariavelmente guardará alguma arbitrariedade; e será nesse ponto essencial a atividade do juiz, para reconhecer aquele irredutível: houve fuga ou não houve fuga.

Isso porque a lei não quer que os motoristas permaneçam dentro do raio de determinados metros do sinistro. É intuitivo não se buscou dar a medição da posição dos envolvidos e dizer algo assim: *agora que estás a três metros, apenas poderá aproximar-se; um passo na direção errada, e se afastará do sinistro*. É o conceito mais profundo de razoabilidade.

Com efeito, apenas a descrição mundana daquilo que é captado pelos cinco sentidos não exaure a atividade hermenêutica. Por isso a compreensão integral do modelo de crime e da conduta incriminada é essencial.

7. Tentativa

Possível, ainda que de difícil constatação prática, porque o crime consuma-se com o "afastamento".

8. Institutos despenalizadores

O crime é punido com detenção, de seis meses a um ano, ou multa. A pena mínima é a multa, e a máxima a de detenção de um ano.

Portanto, trata-se de infração penal de menor potencial ofensivo, cuja autor poderá beneficiar-se com transação penal (artigo 76, da Lei 9.099/95). Cabe, ainda que mais rigorosa, a suspensão condicional do processo (artigo 89, da Lei 9.099/95), diante da pena mínima.

9. Concurso de crimes e concurso aparente de normas

É possível reconhecer concurso ou consunção entre lesão corporal e homicídio e o crime de fuga do local do crime. A problemática não está nos tipos em abstrato, mas nas particularidades do caso concreto. Desta maneira, depende de prova.

> (...) 1. A Corte local considerou, na hipótese dos autos, que o crime do art. 305 da Lei n. 9.503/1997 foi meio para a incidência da causa de aumento prevista no art. 302, § 1°, inciso III, referente ao crime do art. 303, ambos do Código de Trânsito Brasileiro. Dessa forma, desconstituir a conclusão do Tribunal de origem demandaria o reexame dos fatos e das provas dos autos, o que é inviável na via eleita, nos termos do verbete n. 7 da Súmula desta Corte.2. É assente no Superior Tribunal de Justiça que, para aferição da incidência do princípio da consunção, imprescindível a verificação do nexo de dependência entre as condutas, a fim de se verificar a existência da relação de crime-meio e crime-fim, situação que demanda revolvimento dos fatos e das provas, inviável, portanto, na via eleita. 3. Agravo regimental a que se nega provimento. (STJ, AgRg no AREsp 1258672/PR, Rel. Ministro REYNALDO SOARES DA FONSECA, QUINTA TURMA, julgado em 23/08/2018, DJe 29/08/2018)

10. Classificação doutrinária

Trata-se de crime próprio, pois só poderia ser praticado por pessoa específica: condutor de veículo automotor qualificado por estar envolvido em sinistro[188]; de forma livre (há liberdade em praticar a conduta de *afastar-se*), comissivo, instantâneo, unissubjetivo, plurissubsistente e transeunte (não deixa vestígios que fazem necessário o exame de corpo de delito). É crime de perigo abstrato, mas há opiniões doutrinárias noutros sentidos.

11. Questões materiais relevantes

Muito se discutiu sobre a constitucionalidade do crime de fuga do local de acidente ou sinistro.

O Tribunal de Justiça de São Paulo chegou a declarar a inconstitucionalidade incidental do artigo 305, do CTB.

> Incidente de inconstitucionalidade (CF, art. 97; CPC, arts. 480 a 482). Código de Trânsito Brasileiro, art. 305 – fuga à responsabilidade penal e civil. Tipo penal que viola o princípio do art. 5°, LXIII - garantia de não autoincriminação. Extensão da garantia a qualquer pessoa, e não exclusivamente ao preso ou acusado, segundo orientação do STF. Imposição do tipo penal que acarreta a autoincriminação, prevendo sanção restritiva da liberdade, inclusive para a responsabilidade civil. Inconstitucionalidade reconhecida. Incidente acolhido. É inconstitucional, por violar o art. 5°, LXIII, da Constituição Federal, o tipo penal previsto no art. 305 do Código de Trânsito Brasileiro (TJSP, Autos 0159020-81.2010.8.26.0000, Incidente de Arguição de Inconstitucionalidade, rel. Reis Kuntz, Comarca de Registro, Órgão Especial, julgamento 14/07/2010

Posteriormente, apreciando a questão, o STF firmou entendimento no sentido da constitucionalidade do dispositivo. É o tema 907 de Repercussão Geral, assim ementado: "A regra que prevê o crime do artigo 305 do Código de Trânsito Brasileiro (Lei nº 9.503/97) é constitucional, posto não infirmar o princípio da não incriminação, garantido o direito ao silêncio e ressalvadas as hipóteses de exclusão da tipicidade e da antijuridicidade." Posteriormente, a Ação Declaratória de Constitucionalidade nº 35/DF confirmou o entendimento anterior

[188] Nesse sentido, NUCCI, Guilherme de Souza. *Leis penais e processuais penais comentadas*, p. 1116. Contra: LIMA, Renato Brasileiro da. *Legislação Criminal Especial comentada*, p. 1221, para quem o crime é de mão própria.

O presente tipo não é novo. Já constava do Anteprojeto Nelson Hungria, com redação mais prolixa:

> Fuga após acidente de trânsito
>
> Art. 140 - Quem, na direção de veículo motorizado, dá causa, ainda que sem culpa, a um acidente de trânsito, de que resulte dano pessoal, e, em seguida, se afasta do local, sem prestar socorro à vítima que dêle necessite: Pena - detenção, de seis meses a 1 ano, sem prejuizo das cominadas nos arts. 118 e 130. Parágrafo único - Se o agente abstém-se de fugir e, na medida que as circunstáncias o permitirem, presta ou providencia para. que seja prestado socorro à vitima, fica isento de prisão em flagrante.

Há crime semelhante no CPM:

> Fuga após acidente de trânsito
>
> CPM, Art. 281. Causar, na direção de veículo motorizado, sob administração militar, ainda que sem culpa, acidente de trânsito, de que resulte dano pessoal, e, em seguida, afastar-se do local, sem prestar socorro à vítima que dêle necessite: Pena - detenção, de seis meses a um ano, sem prejuízo das cominadas nos arts. 206 e 210.

De fato, o crime de fugir de local de sinistro de trânsito não é inconstitucional.

Certamente, é duvidosa a necessidade desse tipo penal. Contudo, afirmar que ofende o direito de não produzir provas é um demérito aos direitos e garantias fundamentais, e é exatamente essa postura que leva tão relevante construção histórica a ser mal compreendida pelo público em geral.

Faz-se parecer que são prerrogativas dos criminosos contra a população em geral. Que são chances de enganar, de fugir á responsabilidade, o que não são.

Direitos e garantias fundamentais são afirmações da dignidade humana, que se impõem a todos: ao Estado, aos concidadãos, às pessoas em geral. Não podem ser reduzidos a malfadado direito de fugir à responsabilidade; isso não existe.

Segundo Marcellus Polastri, criminalizam tal conduta semelhantemente, as leis francesa, inglesa e alemã.[189]

No Direito Penal espanhol, há crime semelhante:

> CP espanhol. Artículo 382 bis. 1. El conductor de un vehículo a motor o de un ciclomotor que, fuera de los casos contemplados en el artículo 195,

[189] *Crimes de trânsito*: aspectos penais e processuais, p. 127.

> voluntariamente y sin que concurra riesgo propio o de terceros, abandone el lugar de los hechos tras causar un accidente en el que fallecieran una o varias personas o en el que se le causare lesión constitutiva de un delito del artículo 152.2, será castigado como autor de un delito de abandono del lugar del accidente. 2. Los hechos contemplados en este artículo que tuvieran su origen en una acción imprudente del conductor, serán castigados con la pena de prisión de seis meses a cuatro años y privación del derecho a conducir vehículos a motor y ciclomotores de uno a cuatro años. 3. Si el origen de los hechos que dan lugar al abandono fuera fortuito le corresponderá una pena de tres a seis meses de prisión y privación del derecho a conducir vehículos a motor y ciclomotores de seis meses a dos años.

12. Questões processuais relevantes

A pena máxima é inferior a 2 anos. Portanto, o julgamento dar-se-á pelo Juizado Especial Criminal segundo o procedimento comum sumaríssimo.

Quanto à ação civil *ex delicto*, de se notar que a fuga do local do crime não implica por si responsabilidade civil. Precisa ser demonstrada a ofensa a direito da personalidade, a qual não se presume.

> 1. A simples indicação do dispositivo legal tido por violado, sem que o tema tenha sido enfrentado pelo acórdão recorrido, obsta o conhecimento do recurso especial por falta de prequestionamento, a teor das Súmulas n. 282 e 356 do STF. 2. No caso dos autos, o Tribunal de origem condenou o recorrente ao pagamento de indenização sob o entendimento de que sua evasão do local do acidente de trânsito configura dano moral in re ipsa, embora tenha sido a vítima prontamente socorrida por terceiros. 3. Em que pese a alta reprovabilidade da conduta do recorrente, em tese podendo configurar o crime previsto nos arts. 135 do Código Penal, 304 e 305 do Código de Trânsito Brasileiro, a indenização por danos morais somente é devida quando, em exame casuístico, o magistrado conclui haver sido ultrapassado o mero aborrecimento e atingido substancialmente um dos direitos da personalidade da vítima do evento. A omissão de socorro, por si, não configura hipótese de dano moral in re ipsa. 4. Recurso especial provido para julgar improcedente o pedido de indenização por danos morais. (STJ, REsp 1512001/SP, Rel. Ministro ANTONIO CARLOS FERREIRA, QUARTA TURMA, julgado em 27/04/2021, DJe 30/04/2021)

> Art. 306. Conduzir veículo automotor com capacidade psicomotora alterada em razão da influência de álcool ou de outra substância psicoativa que determine dependência: (Redação dada pela Lei nº 12.760, de 2012)
>
> Penas - detenção, de seis meses a três anos, multa e suspensão ou proibição de se obter a permissão ou a habilitação para dirigir veículo automotor.
>
> § 1º As condutas previstas no caput serão constatadas por: (Incluído pela Lei nº 12.760, de 2012)
>
> I - concentração igual ou superior a 6 decigraas de álcool por litro de sangue ou igual ou superior a 0,3 miligrama de álcool por litro de ar alveolar; ou (Incluído pela Lei nº 12.760, de 2012)
>
> II - sinais que indiquem, na forma disciplinada pelo Contran, alteração da capacidade psicomotora. (Incluído pela Lei nº 12.760, de 2012)
>
> § 2º A verificação do disposto neste artigo poderá ser obtida mediante teste de alcoolemia ou toxicológico, exame clínico, perícia, vídeo, prova testemunhal ou outros meios de prova em direito admitidos, observado o direito à contraprova. (Redação dada pela Lei nº 12.971, de 2014)
>
> § 3º O Contran disporá sobre a equivalência entre os distintos testes de alcoolemia ou toxicológicos para efeito de caracterização do crime tipificado neste artigo. (Redação dada pela Lei nº 12.971, de 2014)
>
> § 4º Poderá ser empregado qualquer aparelho homologado pelo Instituto Nacional de Metrologia, Qualidade e Tecnologia - INMETRO - para se determinar o previsto no caput. (Incluído pela Lei nº 13.840, de 2019)

Redação original do *caput*: Art. 306. Conduzir veículo automotor, na via pública, sob a influência de álcool ou substância de efeitos análogos, expondo a dano potencial a incolumidade de outrem:

Texto seguinte do *caput* (anterior ao vigente): Art. 306. Conduzir veículo automotor, na via pública, estando com concentração de álcool por litro de sangue igual ou superior a 6 (seis) decigramas, ou sob a influência de qualquer outra substância psicoativa que determine dependência: (Redação dada pela Lei nº 11.705, de 2008)

Redação incluída do § 2º e depois revogada para acrescentar "teste [de alcoolemia ou] toxicológico": §2º. A verificação do disposto neste artigo poderá ser obtida mediante teste de alcoolemia, exame clínico, perícia, vídeo, prova testemunhal ou outros meios de prova em direito admitidos, observado o direito à contraprova. (Incluído pela Lei nº 12.760, de 2012)

Redação incluída do § 2º e depois revogada para acrescentar "teste [de alcoolemia ou] toxicológico": §3º. O Contran disporá sobre a equivalência entre os distintos testes de alcoolemia para efeito de caracterização do crime tipificado neste artigo. (Incluído pela Lei nº 12.760, de 2012)

1. Conduta típica

"Conduzir" significa *controlar, dirigir*. O crime exige condução *de veículo automotor*, a excluir veículos impulsionados por trações outras (cfr. art. 96, do CTB).

Ainda que não esteja previsto, e já sendo tema debatido (cfr. comentários ao artigo 302, *supra*), a condução há de ser em vias abertas à circulação, sejam de natureza pública ou privada[190]. Tal *locus* é formativo da ideia de *conduzir*, que ultrapassa o simples *movimentar-se a sós* e implica inter-relação dinâmica entre pessoas, animais e bens. Nas redações anteriores do artigo 306, era exigido que a conduta se desse em "via pública"; tal exclusão representa um aumento do âmbito de aplicação da norma penal por incluir as de natureza privada, como vagas de estacionamento em shopping centers, por exemplo[191]. Há posições em sentido contrário[192].

Outra elementar típica consiste em estado não essencial do motorista, que se poderia dizer ocasional: "com capacidade psicomotora alterada em razão da influência de álcool ou de outra substância psicoativa que determine dependência". É, pois, o emprego de determinadas substâncias que alteram o funcionamento do sistema nervoso central e acaba por viciar aquilo que se considera *capacidade normal de emprego de veículos automotores*.

[190] CTB, Art. 2º São vias terrestres urbanas e rurais as ruas, as avenidas, os logradouros, os caminhos, as passagens, as estradas e as rodovias, que terão seu uso regulamentado pelo órgão ou entidade com circunscrição sobre elas, de acordo com as peculiaridades locais e as circunstâncias especiais. Parágrafo único. Para os efeitos deste Código, são consideradas vias terrestres as praias abertas à circulação pública, as vias internas pertencentes aos condomínios constituídos por unidades autônomas e as vias e áreas de estacionamento de estabelecimentos privados de uso coletivo.

[191] Em Portugal, o crime exige via pública ou outras equiparadas. Veja-se o julgado: "I. É elemento do tipo de crime do artº292º do Código Penal a condução de veículo em via pública ou equiparada. II. O arruamento privado, destinado ao acesso ao parque de estacionamento de uma discoteca, aberta ao público em geral e por onde circulam os veículos de quem pretende dirigir-se àquele estabelecimento, é equiparado a via pública. III. Comete o crime de condução em estado de embriaguez do artº292º do Código Penal quem, com uma taxa de álcool de 1,58g/l, conduz um veículo automóvel nesse arruamento." (Ac. TRG de 5-12-2011, CJ, 2011, T.V, pág.296)

[192] A afirmar que o crime pode ser cometido em via ou em qualquer lugar: LIMA, Marcellus Polastri. *Crimes de trânsito*: aspectos penais e processuais, p. 129.

Não há necessidade de estar-se *embriagado*. Basta estar *sob influência*, ou seja, é suficiente a *embriaguez incompleta*, não se fazendo necessário avançar aos estágios de *embriaguez completa* ou *letárgica ou comatosa*[193].

Portanto, não há que se negar um mínimo de perigosidade social da conduta, porquanto a simples ingestão de substância psicoativa que determine dependência não é o suficiente para completar a elementar típica de estar *sob influência* (art. 306, *caput*, do CTB). Atente-se, contudo, com a criminalização da mera ingestão, nos termos do §1°, inciso I, do CTB, sendo, efetivamente, esta última *norma de equiparação* (redação mais clara seria esta: "incidem nas mesmas penas quem...").

Ainda, não há que se confundir embriaguez em geral com embriaguez alcoólica; é evidente que a última é uma espécie[194] do gênero representado pela primeira, e exatamente por isso diz a lei "álcool ou de *outra* substância psicoativa que determine dependência" (g.n.).[195] Nem há que se confundir o conceito legal de *drogas* com o de *substâncias psicoativas que determinem dependência;* aquelas são relevantes para a Lei de Drogas, que se vale desse termo como elementar típica, a qual, em *numerus clausus*, encontra seu rol na Portaria SVS/MS n° 344, de 12 de maio de 1998 (cfr. art. 66, da Lei 11.343/06); estas últimas (substâncias psicoativas que determinam dependência) não formam rol taxativo, demandando do intérprete intensa atividade de imiscuir-se no conceito abstrato e desvendar a casuística. Contra, há autores que equiparam uma à outra[196], o que não parece acertado, até porque a primeira substância psicoativa que causa dependência (lembre-se da expressão do *caput* do artigo 306 "outra") é droga *lícita*: o álcool; assim, a equiparação parece equivocada.

193 Lembra-se que essas fases da embriaguez alcoólica eram simbolizadas em lenda árabe por três animais: macaco, leão e porco. Macaco, diante da agitação. Leão, da braveza. Porco, do emporcalhar-se. (CHAVLOVSKI, Gregori. *Medicina* legal. Luanda, Angola: Coleção Faculdade de Direito – UAN, 2002, p. 129).

194 O conceito de bebida alcoólica é dado pelo anexo do DECRETO N° 6.871, DE 4 DE JUNHO DE 2009, que regulamenta a Lei no 8.918, de 14 de julho de 1994. Reza o primeiro: ." Art. 12. As bebidas serão classificadas em: I - bebida não-alcoólica: é a bebida com graduação alcoólica até meio por cento em volume, a vinte graus Celsius, de álcool etílico potável, a saber: (...) II - bebida alcoólica: é a bebida com graduação alcoólica acima de meio por cento em volume até cinqüenta e quatro por cento em volume, a vinte graus Celsius, a saber: (...)" Também, a Lei 9.294, de 15 de julho de 1996, estabelece: "Art. 1° O uso e a propaganda de produtos fumígeros, derivados ou não do tabaco, de bebidas alcoólicas, de medicamentos e terapias e de defensivos agrícolas estão sujeitos às restrições e condições estabelecidas por esta Lei, nos termos do § 4° do art. 220 da Constituição Federal. Parágrafo único. Consideram-se bebidas alcoólicas, para efeitos desta Lei, as bebidas potáveis com teor alcoólico superior a treze graus Gay Lussac."

195 Basta ver o próprio texto legal: CP Emoção e paixão Art. 28 - Não excluem a imputabilidade penal: I - a emoção ou a paixão; **Embriaguez II - a embriaguez, voluntária ou culposa, pelo álcool ou substância de efeitos análogos** (.g.n.). §1° - É isento de pena o agente que, por embriaguez completa, proveniente de caso fortuito ou força maior, era, ao tempo da ação ou da omissão, inteiramente incapaz de entender o caráter ilícito do fato ou de determinar-se de acordo com esse entendimento. § 2 - A pena pode ser reduzida de um a dois terços, se o agente, por embriaguez, proveniente de caso fortuito ou força maior, não possuía, ao tempo da ação ou da omissão, a plena capacidade de entender o caráter ilícito do fato ou de determinar-se de acordo com esse entendimento.

196 Vide, Lúcia Bocardo Batista Pin o e Ronaldo Batista Pinto em GOMES, Luiz Flávio; CUNHA, Rogerio Sanchez (coord.). *Legislação Criminal* Especial, p. 1105-1106.

No campo médico, fala-se em "abuso" como o uso de qualquer tipo de droga (lícita ou ilícita) fora dos padrões médicos ou socialmente aceitáveis, enquanto a "intoxicação" é síndrome reversível provocada por determinada substância que afeta alguma função mental como memória, comportamento, humor, orientação. Há também conceitos que não se confundem com os anteriores: o de dependência e o de adição, que envolvem o uso repetido de substâncias químicas.[197]

O DSM IV – TR classifica os transtornos relacionados a substância em transtornos de uso de substâncias (dependência e abuso) e transtorno induzidos por substâncias (intoxicação, abstinência e outros). O CID 10, por sua vez, apresentaria classificação semelhante quanto à síndrome de intoxicação, abstinência e dependência, porém, no lugar do transtorno pelo uso de substâncias, trabalharia com o uso nocivo, que não causa dependência e possui critérios diagnósticos mais amplos.[198]

Do ponto de vista psiquiátrico-legal, embriaguez é o episódio passageiro em que há alteração ou anulação de faculdades volitivas, semelhante a caso de transtorno mental transitório por causa tóxica.[199]

Certamente, o conceito legal baseou-se nessa aproximação entre Medicina e Direito, sendo –como se vê diante das alterações legislativas- adaptada para se buscar alguma finalidade dentro do mundo operativo do Direito, especificamente do Direito Penal e do Direito Administrativo sancionador.

Veja-se, ainda, que é elemento típico que a substância *determine dependência*. Há aí um corte rigoroso, porque nem todas as substâncias psicoativas fazem incidir o tipo penal, senão aquelas que determinem dependência. No dia a dia, não há maiores problemas: ao lado das bebidas alcoólicas estão as drogas costumeiramente apreendidas: tetraidrocanabinol (maconha), o cloreto de etila (usado em lança-perfume) e a cocaína.

Exclui-se a cafeína, conhecida substância psicoativa que não gera dependência, segundo os manuais médicos, mas pode gerar transtornos do sono e de ansiedade.[200] Fora, pois, das exigências típicas.

197 SADOCK, Benjamin J; SADOCK, Virginia A; HALES, Robert E. *Compêndio de psiquiatria*: ciência do comportamento e psiquiatria clínica. Tradução: Marcelo de Abreu Almeida ... [et al.] ; revisão técnica: Gustavo Schestatsky... [et al.] – 11. ed. – Porto Alegre: Artmed, 2017, p. 617.

198 HALES, Robert E.; YUDOFSKY, Stuart C.; GABBARD, Glen O. *Tratado de psiquiatria clínica*. Introdução de Alan F. Schatzberg ; tradução: Cláudia Dornelles ... [et al.] ; revisão técnica: André Campos Gross ... [et al.]. 5. ed. Porto Alegre: Artmed, 2012, p. 388-391.

199 GONZÁVELZ, Manuel J. Checa. *Manual Práctico de Psquiatría* Forense. Barcelona: Elsevier Masson, 2010, p. 198; FRANÇA, Genival Veloso de. Medicina legal. 9.ed. - Rio de Janeiro: Guanabara Koogan. 2011, p. 367-368.

200 HALES, Robert E.; YUDOFSKY, Stuart C.; GABBARD, Glen O. *Tratado de psiquiatria clínica*. Introdução de Alan F. Schatzberg ; tradução: Cláudia Dornelles ... [et al.] ; revisão técnica: André Campos Gross ... [et al.]. 5. ed. Porto Alegre: Artmed, 2012, p. 390.

O exame de alcoolemia é importante para verificação da embriaguez, mas não definitivo, pois se baseia na quantidade de álcool no organismo e não na tolerância de cada um[201]. Por isso, andou bem a lei ao criminalizar segundo verificação qualitativa do autor (artigo 306, *caput*, do CTB): respeitou o princípio da lesividade.

Há autores que entendem que o §1° do dispositivo operou regra probatória. Inclusive, há quem entenda que a conjunção alternativa "ou" não poderia ser excludente, senão inclusiva.[202] Por outro lado, há entendimentos em sentido diverso.

O §1°, ao afirmar que as condutas do *caput* serão "constatadas", operou complexa atividade jurídica, impondo tanto limitação da tipicidade (restringe todas as influências psicomotoras apenas a algumas mais graves) como ordenação do direito probatório[203], que será aprofundado no §2°, do dispositivo.

Assim, com o inciso I, do §1°, foi inserida norma penal ao equiparar a conduta de conduzir sob a influência de substância que causa dependência física (o que, como já se expôs, impõe modificação da conduta, não bastando a ingestão das substâncias tóxicas). O marco legal é a concentração igual ou superior a 6 decigramas de álcool por litro de sangue ou igual ou superior a 0,3 miligrama de álcool por litro de ar alveolar.

> (...) IV - Hipótese na qual o réu foi submetido a teste de etilômetro que indicou a concentração de álcool de 0,99mg por litro de ar alveolar, bem como a exame toxicológico, que aferiu resultado de 1,98g de álcool por litro de sangue, bem superiores aos limites dispostos no art. 306, § 1°, I, do CTB. Recurso ordinário conhecido e não provido. (STJ, RHC 80.363/SP, Rel. Ministro FELIX FISCHER, QUINTA TURMA, julgado em 03/08/2017, DJe 10/08/2017)

Esse entendimento encontra fortes adversários na doutrina.[204]

Com a novel redação trazida pela Lei 12.760/12, não houve *abolitio criminis*, mas sim ampliação da atividade punitiva estatal.

201 GONZÁVELZ, Manuel J. Checa. *Manual Práctico de Psquiatría* Forense. Barcelona: Elsevier Masson, 2010, p. 437-438.

202 LIMA, Renato brasileiro da. *Legislação Criminal Especial comentada*, p. 1225.

203 Neste sentido: "O inciso II do §1° do art. 306 do CTB, com a redação dada pela Lei 12.760/2012, não é condição da ação penal, mas regra de conteúdo processual relativo à prova, não havendo, pois, que se falar em vacatio legis do mencionado tipo penal e tão pouco em trancamento da ação penal." (HC 280.785/ES, Rel. Ministra MARIA THEREZA DE ASSIS MOURA, SEXTA TURMA, julgado em 04/11/2014, DJe 14/11/2014)

204 Por todos, GOMES, Luiz Flávio. "RJ absolve (corretamente) 3 em 4 réus da lei seca", disponível em https://www.lfg.com.br/conteudos/artigos/direito-criminal/artigo-prof-luiz-flavio-gomes-rj-absolve-corretamente-3-em-4-reus-da-lei-seca, acessado em 28.12.2021.

> PENAL. RECURSO ESPECIAL. ART. 306 DO CTB. ALTERAÇÃO PROMOVIDA PELA LEI N. 12.760/2012. ABOLITIO CRIMINIS. NÃO OCORRÊNCIA. CONTINUIDADE NORMATIVO-TÍPICA. 1. A ação de conduzir veículo automotor, na via pública, estando [o motorista] com concentração de álcool por litro de sangue igual ou superior a 6 (seis) decigramas (art. 306 da Lei n. 9.503/1997, na redação dada pela Lei n. 11.705/2008) não foi descriminalizada pela alteração promovida pela Lei n. 12.760/2012. 2. A nova redação do tipo legal, ao se referir à condução de veículo automotor por pessoa com capacidade psicomotora alterada em razão da influência de álcool, manteve a criminalização da conduta daquele que pratica o fato com concentração igual ou superior a 6 decigramas de álcool por litro de sangue, nos termos do § 1º, I, do art. 306 da Lei n. 9.503/1997. Precedentes. 3. O crime de que ora se trata é de perigo abstrato, o que dispensa a demonstração de potencialidade lesiva da conduta, razão pela qual se amolda ao tipo a condução de veículo automotor por pessoa em estado de embriaguez, aferida na forma indicada pelo referido art. 306, § 1º, I, da Lei n. 9.503/1997. 4. Trata-se da aplicação do princípio da continuidade normativo-típica, o que afasta a abolitio criminis reconhecida no acórdão recorrido. 5. Recurso especial provido. (STJ, REsp 1492642/RS, Rel. Ministro SEBASTIÃO REIS JÚNIOR, SEXTA TURMA, julgado em 02/06/2015, DJe 15/06/2015)

Aqui, faz-se juízo de imputação conforme critério quantitativo, o qual se baseou em estudos que revelaram perigosa debilidade psicomotora a partir da ingestão de 6 decigramas de álcool por litro de sangue (campo das ciências orientador da política criminal legislativa). Não obstante, a elementar típica (campo do direito positivo) perfaz-se pela simples ingestão, desde que devidamente constatação (regra material ligada a problemática processual).

> A Lei n. 12.760/12, ao se referir à condução de veículo automotor com capacidade psicomotora alterada em razão da influência de álcool, não descriminalizou a conduta de dirigir com concentração de álcool por litro de sangue igual ou superior a 6 decigramas ou de 0, 3 miligrama por litro de ar expelido dos pulmões, parâmetro inserido em parágrafo próprio, promovendo, ainda, a ampliação das formas de aferição dos sinais da embriaguez (STJ, AgRg no REsp n. 1.498.656/RJ, Sexta Turma, Rel. Min. Nefi Cordeiro, DJe de 25/5/2016).

No mesmo sentido se manifestou o STF:

> (...) TRÂNSITO – BAFÔMETRO – PERIGO ABSTRATO – COMPROVAÇÃO. O tipo penal previsto no artigo 306 da Lei nº 9.503/1993 constitui crime de perigo abstrato, ficando configurada a prática delitiva, uma vez comprovado o ato mediante teste com etilômetro. (STF, HC 154508, Relator Min. MARCO AURÉLIO, Primeira Turma, julgado em 18/08/2020, PROCESSO ELETRÔNICO DJe-278 DIVULG 23-11-2020 PUBLIC 24-11-2020)

Em seguida, no inciso II do §1º, foi trazida regra processual, que versa sobre a forma de demonstrar a conduta incriminada no *caput*, remetendo a disciplina do Contran. Em complementação, o §2º fulmina discussão que vigeu sobre a limitação da prova do crime do artigo 306 na redação antiga[205]. Desta forma, consta atualmente rol exemplificativo ("ou outros meios de prova em direito admitidos") de meios de prova aptos ou legítimos a demonstrar a conduta do *caput*, quais sejam, prova testemunhal, cujos agentes de trânsito, para terem maior confiabilidade, buscarão "sinais que indiquem, na forma disciplinada pelo Contran, alteração da capacidade psicomotora" (livre convencimento motivado do julgador), vídeos, perícias, exame clínico, teste de alcoolemia ou toxicológico.

> (...) 1. A presença de odor etílico no condutor do veículo, os depoimentos identificadores de sinais de embriaguez e o Termo de constatação de sinais de alteração de capacidade psicomotora, formaram um conjunto de sinais suficiente a embasar a conclusão da embriaguez do agravante. 2. Novel redação do art. 306, do CTB,, introduzida pela Lei n. 12.760/2012, "ampliou os meios de prova, pois permite, agora, que, na ausência de exames de alcoolemia - sangue ou bafômetro -, outros elementos possam ser utilizados para atestar a embriaguez e a alteração da capacidade psicomotora do motorista, como vídeos, testemunhas ou quaisquer meios de prova em direito admitidos, respeitada a contraprova" (AgInt no REsp 1675592/RO, Sexta Turma, Rel. Ministro Rogerio Schietti Cruz, DJe 06/11/2017). No mesmo sentido: AgRg no AREsp 1331345, Rel. Ministro RIBEIRO DANTAS, QUINTA TURMA, DJe 24/10/2018). (STJ, AgRg no AREsp 1334585/

205 Quando da edição da Lei 11.705/08, firmou-se entendimento de que seria legítima a condenação apenas se realizado exame do etilômetro ou outro que permitisse a quantificação do álcool (alcoolemia) no organismo do autor. Neste sentido, firmou-se tese em recurso repetitivo no STJ, de nº 447: "O tipo penal do art. 306 do Código de Trânsito Brasileiro é formado, entre outros, por um elemento objetivo, de natureza exata, que não permite a aplicação de critérios subjetivos de interpretação, qual seja, o índice de 6 decigramas de álcool por litro de sangue. O grau de embriaguez é elementar objetiva do tipo, não configurando a conduta típica o exercício da atividade em qualquer outra concentração inferior àquela determinada pela lei, emanada do Congresso Nacional. O decreto regulamentador, podendo elencar quaisquer meios de prova que considerasse hábeis à tipicidade da conduta, tratou especificamente de 2 (dois) exames por métodos técnicos e científicos que poderiam ser realizados em aparelhos homologados pelo CONTRAN, quais sejam, o exame de sangue e o etilômetro."

PB, Rel. Ministro JOEL ILAN PACIORNIK, QUINTA TURMA, julgado em 19/03/2019, DJe 26/03/2019)

A redação do §2° é criticável, porque busca dar amplitude à atividade probatória, mas acaba por fazer menção a dois exames periciais realmente importantes, quais sejam, o teste de alcoolemia ou toxicológico e o exame clínico, deixando menção esvaziada a "perícias". Essencial, pois, sejam realizados por médico-legista.

Note-se, por outro lado, que tanto o teste de alcoolemia ou toxicológico como o exame clínico podem ser feitos por médicos que não sejam peritos (oficiais ou não oficiais), quando então não serão exames periciais mas sim provas atípicas (e entrarão no conceito de "outros meios de prova" mencionado no dispositivo). Poderá haver aqui alguma dificuldade diante do sigilo paciente-médico.

Como se vê com facilidade, a redação original do artigo 306, do CTB, ao prever "expondo a dano potencial a incolumidade de outrem" havia descrito crime de perigo concreto. Com as reformas, passou-se a crime de perigo abstrato, estrutura ora vigente.

> (...) 2. O crime de embriaguez ao volante, tipificado no art. 306 do Código de Trânsito Brasileiro, é caracterizado como delito de perigo abstrato, para o qual não importa o resultado. Precedentes. 3. Agravo regimental conhecido e não provido. (STF, HC 137655 AgR, Relator Min. ROSA WEBER, Primeira Turma, julgado em 29/09/2017, PROCESSO ELETRÔNICO DJe-234 DIVULG 11-10-2017 PUBLIC 13-10-2017)

A Lei n° 11.705/08 estipulou que decreto regulamentasse a equivalência dos exames. Adveio o decreto 6.488, de 19 de junho de 2008. Todavia, o assunto tratado acabou sendo levado ao corpo do CTB, no inciso I do §1°, do art. 306, quando da Lei n° 12.760/12. Era, portanto, lei penal em branco, mas deixou de sê-lo nesse período.

Todavia, o §3°, introduzido pela Lei 12.971/14, reestabeleceu a necessidade de ato infralegal disciplinar a equivalência entre os distintos testes de alcoolemia ou toxicológicos para caracterização do crime.

Nesse afã, veio a Resolução CONTRAN 432/13:

> Art. 5°. Os sinais de alteração da capacidade psicomotora poderão ser verificados por:
>
> I - exame clínico com laudo conclusivo e firmado por médico perito; ou

II - constatação, pelo agente da Autoridade de Trânsito, dos sinais de alteração da capacidade psicomotora nos termos do Anexo II.

§ 1º Para confirmação da alteração da capacidade psicomotora pelo agente da Autoridade de Trânsito, deverá ser considerado não somente um sinal, mas um conjunto de sinais que comprovem a situação do condutor.

§ 2º Os sinais de alteração da capacidade psicomotora de que trata o inciso II deverão ser descritos no auto de infração ou em termo específico que contenha as informações mínimas indicadas no Anexo II, o qual deverá acompanhar o auto de infração.

Art. 7º. O crime previsto no art. 306 do CTB será caracterizado por qualquer um dos procedimentos abaixo:

I - exame de sangue que apresente resultado igual ou superior a 6 (seis) decigramas de álcool por litro de sangue (6 dg/L);

II - teste de etilômetro com medição realizada igual ou superior a 0,34 miligrama de álcool por litro de ar alveolar expirado (0,34 mg/L), descontado o erro máximo admissível nos termos da "Tabela de Valores Referenciais para Etilômetro" constante no Anexo I;

III - exames realizados por laboratórios especializados, indicados pelo órgão ou entidade de trânsito competente ou pela Polícia Judiciária, em caso de consumo de outras substâncias psicoativas que determinem dependência;

IV - sinais de alteração da capacidade psicomotora obtido na forma do art. 5º.

§ 1º A ocorrência do crime de que trata o caput não elide a aplicação do disposto no art. 165 do CTB.

§ 2º Configurado o crime de que trata este artigo, o condutor e testemunhas, se houver, serão encaminhados à Polícia Judiciária, devendo ser acompanhados dos elementos probatórios.

2. Objetividade jurídica

É a segurança viária. Não há necessidade de demonstrar efetiva colocação da segurança viária a risco (concreto), porque a lei presume que a condução sob influência de substâncias psicoativas é, por si, perigosa. Portanto, é presunção *iuris et de iure*, que prescinde da existência, e da prova, de criação de perigo *ex post* –isto é, que vá além da conduta do autor.

3. Sujeito ativo

É o condutor de veículo automotor. É tido, majoritariamente, como crime comum, pois não há qualquer exigência específica para o agente.

Há autores que tomam o crime como de mão própria, pois apenas o condutor poderia conduzir sob influência de substância psicoativa que determine dependência.[206]

4. Sujeito passivo

A coletividade. Trata-se de crime vago.

5. Elemento subjetivo

Dolo, direito ou eventual, entendido como vontade e consciência de conduzir veículo automotor sob influência de substância psicoativa que provoque dependência.

Em verdade, é difícil imaginar uma situação em que exista dolo eventual: há necessidade de acionamento mecânico de veículo automotor e conduta que perdure alguns instantes no mínimo; a criação de um exemplo parece mais atividade inventiva do que experiência prática. Ademais, a estrutura anterior, de crime de perigo concreto, parece secundar este entendimento.

Com efeito, considerando que o núcleo típico seja "conduzir" e, como já mostrado (cfr. art. 302), é conduzir "veículo automotor" em (implicitamente) "via terrestre aberta à circulação", certo de que se considera "trânsito a utilização das vias por *pessoas, veículos* e animais, isolados ou em grupos, conduzidos ou não, para fins de *circulação*, parada, estacionamento e operação de carga ou descarga (...)" (art. 1º, §1º, do CTB, g.n.), parece evidente exigir-se ao menos certo grau de intencionalidade (vontade e consciência) que impõe o reconhecimento de dolo direto.

Assim, mantém referência ao dolo eventual uma vez que não há previsão legal que exclua o dolo eventual, mas o faz com ressalvas.

206 JESUS, Damásio. Crimes de Trânsito, p. 146. POLASTRI, Marcellus. Crimes de trânsito: aspectos penais e processuais, p. 142.

6. Consumação

O crime consuma-se com a condução de veículo automotor sob a influência de substância psicoativa que provoque dependência.

7. Tentativa

É viável teoricamente. Contudo, difícil de verificar na prática. Há, porém, posições contrárias.

8. Institutos despenalizadores

O crime é apenado com detenção, de seis meses a três anos, multa e suspensão ou proibição de se obter a permissão ou a habilitação para dirigir veículo automotor. Portanto, há pena privativa de liberdade, pena patrimonial e pena restritiva de direito, todas cumuladas.

Quanto às medidas despenalizadoras, não é admissível composição civil (artigo 74, da Lei 9.099/95) nem transação penal (artigo 76, da Lei 9.099/95). Cabe, porém, suspensão condicional do processo (art. 89, da Lei 9.099/95), uma vez que a pena privativa de liberdade mínima é inferior a um ano.

9. Concurso de crimes e concurso aparente de normas

Primeiramente, o crime do CTB envolve apenas veículos automotores. Se embarcações ou aeronaves, ter-se-á o crime da Lei de Drogas diante do princípio da especialidade.

> Lei 11.343/06. Art. 39. Conduzir embarcação ou aeronave após o consumo de drogas, expondo a dano potencial a incolumidade de outrem: Pena - detenção, de 6 (seis) meses a 3 (três) anos, além da apreensão do veículo, cassação da habilitação respectiva ou proibição de obtê-la, pelo mesmo prazo da pena privativa de liberdade aplicada, e pagamento de 200 (duzentos) a 400 (quatrocentos) dias-multa. Parágrafo único. As penas de prisão e multa, aplicadas cumulativamente com as demais, serão de 4 (quatro) a 6 (seis) anos e de 400 (quatrocentos) a 600 (seiscentos) dias-multa, se o veículo referido no caput deste artigo for de transporte coletivo de passageiros.

Já a contravenção do artigo 34, da LCP, restou derrogada quanto à embriaguez.

> LCP, Art. 34. Dirigir veículos na via pública, ou embarcações em águas públicas, pondo em perigo a segurança alheia:

Quanto ao concurso entre condução sem habilitação e embriaguez ao volante, entende os Tribunais, majoritariamente, inexistir consunção.

> 2. Não se aplica o princípio da consunção aos crimes previstos nos arts. 306 e 309 do Código de Trânsito Brasileiro, pois, sendo delitos autônomos, a condução de veículo automotor sem habilitação não é meio necessário nem fase de preparação ou execução do crime de embriaguez ao volante. (STJ, AgRg no AREsp 1791009/MS, Rel. Ministro JOÃO OTÁVIO DE NORONHA, QUINTA TURMA, julgado em 16/03/2021, DJe 19/03/2021)

Em 13 de novembro de 2023, foi publicada a Súmula 664, do Superior Tribunal de Justiça, com a seguinte redação: "É inaplicável a consunção entre o delito de embriaguez ao volante e o de condução de veículo automotor sem habilitação."

Semelhantemente, a embriaguez ao volante, mesmo com grande crítica doutrinária, não é absorvida pela lesão corporal culposa, mesmo se tratando esta de crime de dano e aquela de crime de perigo.

> 3. Não se aplica o princípio da consunção aos crimes de embriaguez ao volante (art. 306 do CTB) e de lesão corporal decorrente de acidente causado por motorista de veículo automotor (art. 303 do CTB), pois, sendo delitos autônomos, o primeiro não é meio normal nem fase de preparação ou execução para o cometimento do segundo. (STJ, AgRg no AREsp 1769642/PR, Rel. Ministro JOÃO OTÁVIO DE NORONHA, QUINTA TURMA, julgado em 09/03/2021, DJe 12/03/2021)

O mesmo se diga do homicídio culposo.

> 1. O pedido de desclassificação da conduta para homicídio culposo sob o argumento de que o dolo eventual não ficou comprovado, não prescinde do reexame do conjunto fático-probatório dos autos, o que não se admite na via do recurso especial. Incidência do Enunciado n. 7/STJ. 2. Incabível a consunção entre os delitos de embriaguez ao volante e homicídio culposo, porquanto, além de constituírem delitos autônomos, tutelam bens jurídicos diferentes (ut, AgRg no AREsp n. 1.320.706/MS, Rel. Ministro NEFI CORDEIRO, Sexta Turma, DJe 4/2/2019) 3. Agravo regimental desprovido. (STJ, AgRg no AREsp 1345101/MS, Rel. Ministro REYNALDO SOARES DA FONSECA, QUINTA TURMA, julgado em 04/06/2019, DJe 14/06/2019)

Nem mesmo se houver imputação de homicídio doloso (dolo eventual provocado por embriaguez) em concurso com embriaguez ao volante haverá absorção deste último pelo primeiro. Em verdade, a questão demandará análise de provas, por isso deverá ser apreciada pelo Tribunal do Júri.

> 1. Nos termos do art. 78, I, do Código de Processo Penal, bem como da jurisprudência firmada neste Superior Tribunal de Justiça, o julgamento dos delitos conexos aos crimes dolosos contra a vida, assim como a aplicação ou não do princípio da consunção, são de competência exclusiva do Tribunal do Júri. Precedentes. 2. "A influência da embriaguez ao volante na construção do dolo eventual e, por consequência, a absorção ou não do delito do art. 306 do CTB pelo do art. 121 do CP são matérias que devem ser sustentadas em sessão plenária, de modo a oportunizar a apreciação e a deliberação do conselho de sentença, que, repita-se, é o órgão jurisdicional competente para apreciar os crimes conexos aos dolosos contra a vida" (STJ, REsp 1.822.179/PR, Rel. Ministro JORGE MUSSI, DJe 22/11/2019). 3. Agravo regimental não provido. (AgRg no REsp 1881282/PR, Rel. Ministro RIBEIRO DANTAS, QUINTA TURMA, julgado em 02/02/2021, DJe 08/02/2021)

10. Classificação doutrinária

O crime é comum, como reconhecido pela doutrina majoritária, mas poderia ser entendido como próprio, se tomada a influência de álcool ou outra substância psicoativa como uma qualidade, ainda que temporária, do sujeito ativo. Doloso, de perigo abstrato[207], instantâneo, unissubjeto, plurissibsistente, de forma livre (note-se que o núcleo típico é "conduzir", assim a condução de veículo automotor não é uma forma específica de praticar a conduta incriminada, mas a própria conduta incriminada).

[207] Veja-se o seguinte julgado, referente ao Direito Penal português, relevante por sua exposição dogmática: " Ac. TRC de 15-04-2015 : I. O crime de condução de veículo em estado de embriaguez é um crime comum, formal e de perigo abstracto, que tutela o bem jurídico segurança rodoviária ou das comunicações, e tem como elementos constitutivos do respectivo tipo:[Tipo objectivo]- A acção típica, a condução de veículo com uma taxa de álcool no sangue igual ou superior a 1,2 g/l; [Tipo subjectivo]- O dolo, o conhecimento e vontade de praticar o facto com consciência da sua censurabilidade (em qualquer uma das modalidades previstas no art. 14º do C. Penal) ou a mera negligência, a omissão voluntária do dever de cuidado imposto pelas concretas circunstâncias. II. Cumprindo o analisador quantitativo os requisitos legais e tendo sido integralmente observado, na realização da medição, o procedimento legalmente previsto, o resultado apurado após a dedução ao valor registado pelo instrumento do EMA, quantificador da TAS constitui prova vinculada pelo que, a sua inobservância na decisão, seja pela omissão da dedução do EMA, seja por erro na realização da operação de apuramento, ela determina a existência do vício de erro notório na apreciação da prova."

11. Questões materiais relevantes

Diante da súmula 171, do STJ, é vedada a substituição de detenção por multa, porque cominada, em lei especial (o CTB) tanto pena patrimonial como privativa de liberdade.

> Súmula 171/STJ. Cominadas cumulativamente, em lei especial, penas privativa de liberdade e pecuniária, é defeso a substituição da prisão por multa.

Se inaplicável o crime, a despeito do consumo de substância psicoativa que determine dependência, inclusive álcool, restará a punição administrativa.

> CTB. Art. 165. Dirigir sob a influência de álcool ou de qualquer outra substância psicoativa que determine dependência: Infração - gravíssima; Medida administrativa - recolhimento do documento de habilitação e retenção do veículo, observado o disposto no § 4º do art. 270 da Lei nº 9.503, de 23 de setembro de 1997 - do Código de Trânsito Brasileiro. Parágrafo único. Aplica-se em dobro a multa prevista no caput em caso de reincidência no período de até 12 (doze) meses.

Sob o aspecto criminal, hoje não há dúvidas da impossibilidade de constranger-se o investigado ao uso do etilômetro ou outro aparelho que demande sua participação, no caso, assoprar para então fazer-se a medição.

Há consenso na jurisprudência de que o princípio convencional explícito do *nemo tenetur se detegere*, ou o mesmo princípio sob a ótica constitucional implícita, cria em favor do acusado, imputado, indiciado, investigado espaço de salvaguarda contra ser-lhe constrangido à participação ativa na produção de provas contra si. Todavia, deve-se submeter à ação probatória do Estado; isto é, é dele esperada participação passiva (submissão a testes e exames, não invasivos, diga-se de passagem).

Imperativo anotar que esta restrição é própria ao Direito Processual Penal. Em Direito Administrativo, é possível impor-se punição àquele que não se submete a testes necessários.

> CTB. Art. 165-A. Recusar-se a ser submetido a teste, exame clínico, perícia ou outro procedimento que permita certificar influência de álcool ou outra substância psicoativa, na forma estabelecida pelo art. 277: Infração - gravíssima; Penalidade - multa (dez vezes) e suspensão do direito de dirigir por 12 (doze) meses; Medida administrativa - recolhimento do documento de habilitação e retenção do veículo, observado o disposto no § 4º do art. 270.

> Parágrafo único. Aplica-se em dobro a multa prevista no **caput** em caso de reincidência no período de até 12 (doze) meses
>
> Art. 277. O condutor de veículo automotor envolvido em sinistro de trânsito ou que for alvo de fiscalização de trânsito poderá ser submetido a teste, exame clínico, perícia ou outro procedimento que, por meios técnicos ou científicos, na forma disciplinada pelo Contran, permita certificar influência de álcool ou outra substância psicoativa que determine dependência. § 1° (Revogado) § 2° A infração prevista no art. 165 também poderá ser caracterizada mediante imagem, vídeo, constatação de sinais que indiquem, na forma disciplinada pelo Contran, alteração da capacidade psicomotora ou produção de quaisquer outras provas em direito admitidas. § 3° Serão aplicadas as penalidades e medidas administrativas estabelecidas no art. 165-A deste Código ao condutor que se recusar a se submeter a qualquer dos procedimentos previstos no **caput** deste artigo. (redação dada pela Lei 14.955/2023)

Em verdade, a questão se encontra com repercussão geral reconhecida e pendente de julgamento.

> RECURSO EXTRAORDINÁRIO. CONSTITUCIONAL E ADMINISTRATIVO. ANULAÇÃO DE ATO ADMINISTRATIVO. INFRAÇÃO DE TRÂNSITO. RECUSA DO CONDUTOR DO VEÍCULO À REALIZAÇÃO DE TESTE DE ALCOOLEMIA. ETILÔMETRO. BAFÔMETRO. DECLARAÇÃO DE INCONSTITUCIONALIDADE DO ARTIGO 165-A DO CÓDIGO DE TRÂNSITO BRASILEIRO. TEMAS CONSTITUCIONAIS A SEREM APRECIADOS NA AÇÃO DIRETA DE INCONSTITUCIONALIDADE 4.103. RELEVÂNCIA DA QUESTÃO CONSTITUCIONAL. MANIFESTAÇÃO PELA EXISTÊNCIA DE REPERCUSSÃO GERAL. (STF, RE 1224374 RG, Relator Min. LUIZ FUX, Tribunal Pleno, julgado em 27/02/2020, PROCESSO ELETRÔNICO DJe-046 DIVULG 04-03-2020 PUBLIC 05-03-2020)

O Tribunal de Justiça de São Paulo recusou a inconstitucionalidade do dispositivo:

> INCIDENTE DE ARGUIÇÃO DE INCONSTITUCIONALIDADE – RECUSA À SUBMISSÃO AO TESTE DO ETILÔMETRO – PREVISÃO COMO INFRAÇÃO ADMINISTRATIVA. I. PEDIDO DE SUSPENSÃO ENQUANTO PENDENTE ADIN PERANTE O E. STF – Ações distintas, com efeitos diversos, independentes entre si – Ausência de prejudicialidade – Hipótese em

> que não há decisão liminar do E. Supremo Tribunal Federal determinando a suspensão nem há pronunciamento dos Tribunais Superiores sobre a questão (parágrafo único, artigo 949, CPC) – Pedido de suspensão indeferido. II. AUSÊNCIA DE INCONSTITUCIONALIDADE MATERIAL – Infração de natureza administrativa de mera conduta – Penalidades que não importam efeito penal – Inaplicabilidade do princípio da não autoincriminação (nemo tenetur se detegere) – Princípio decorrente das garantias constitucionais do direito ao silêncio e do princípio da presunção da não culpa, características do processo judicial criminal – Aplicabilidade relativizada – Precedentes – Garantias que não se aplicam indiscriminadamente a toda espécie de processo, sob pena de tornar inúteis determinados procedimentos. Inexistência de consenso neste E. Tribunal de Justiça sobre o tema, prevalecendo em larga escala, todavia, o entendimento de que são aplicáveis os aludidos dispositivos legais. Pendência de ação direta de inconstitucionalidade a ser julgada pelo E. STF na qual não foram suspensos os efeitos dos dispositivos legais ora impugnados. Inexistência de vício de inconstitucionalidade. Arguição de inconstitucionalidade rejeitada. (TJSP, Incidente de Inconstitucionalidade 0021435-69.2019.8.26.0000, Órgão Especial, relator Des. Moacir Peres, j. 12/02/2020).

Interessante verificar os antecedentes nacionais.

Constava do Anteprojeto Nelson Hungria o seguinte crime:

> Embriaguez ao volante.
>
> Art. 138 - Dirigir veiculo motorizado na via pública, sem estar em condições de fazê-lo, por haver abusado de bebida alcoólica ou de qualquer outro inebriante: Pena - detenção de três meses a 1 ano, ou pagamento de 10 de 40 dias-multa.

No Código Penal de 1969 estava descrita já próxima da preferida pelo CTB:

> Art. 287. Dirigir veículo motorizado na via pública, encontrando-se em estado de embriaguez por bebida alcoólica ou qualquer outro inebriante. (Embriaguez ao volante) (Renumerando do art. 289 para o art. 287. pela Lei nº 6.016, de 1973)
>
> Pena - detenção, de três meses a um ano, ou pagamento de dez a quarenta dias-multa.

O Código Penal Militar – Decreto-lei 1.001, de 21 de outubro de 1969, tem previsão semelhante:

> Embriaguez ao volante
>
> CPM, Art. 279. Dirigir veículo motorizado, sob administração militar na via pública, encontrando-se em estado de embriaguez, por bebida alcoólica, ou qualquer outro inebriante: Pena - detenção, de três meses a um ano.

Pela sua estrutura, nota-se que o crime é de perigo abstrato, desde a promulgação do Códex, e que goza de autonomia diante da lesão corporal culposa. Esse é o entendimento jurisprudencial.

> RECURSO CRIMINAL. Lesões corporais culposas. Acidente de trânsito envolvendo viatura militar e ofendido civil. Incompetência do Juízo Militar. Denúncia, também, quanto ao crime de embriaguez ao volante (Art. 279 do CPM). (...) **Quanto à acusação de infração do Art. 279 do CPM, tratando-se de crime de mera conduta, seu caráter é autônomo, independente do crime de lesões corporais culposas.** A incompetência da Justiça Militar da União se manifesta para o julgamento do crime de lesões corporais culposas, devendo a ação penal prosseguir, neste foro, quanto ao crime do Art. 279 do CPM. Provimento parcial do recurso do MPM. Unânime. (STM, RECURSO EM SENTIDO ESTRITO N.º 1999.01.006614-0, relator Min. ALDO DA SILVA FAGUNDES, julgado em 23/11/1999, g.n.).

No Direito Militar, inexistiu a celeuma sobre necessidade de teste de alcoolemia, diante da própria característica das elementares.

> (...) 2. A comprovação da embriaguez ao volante necessita do auxílio de meios eficazes de aferição. Essa avaliação pode compreender o exame clínico, além de outros instrumentos legítimos empregados em caráter oficial. Nesse contexto, na avaliação do grau de alcoolemia, o denominado "teste do bafômetro" mostra-se eficiente. A embriaguez voluntária não elide a conduta criminosa, conforme a Teoria da "actio libera in causa" (a ação livre na sua causa). O art. 49 do CPM prevê a inimputabilidade do agente apenas nas circunstâncias em que estiver comprovada a embriaguez completa proveniente de caso fortuito ou de força maior, condicionada à inteira incapacidade de compreensão do caráter ilícito do fato ou de determinação de acordo com esse entendimento. Se a conduta não refletir essa excepcionalidade, a imputabilidade penal prevalece. 3. A premeditação

> das condutas ilícitas, empreendidas de maneira isolada ou em concurso, evidencia o dolo do agente. Assim, os atos preparatórios, em regra, revelam a intenção do infrator, em especial quando se mantém focado em seus objetivos ilícitos. 4. Não provimento do Recurso defensivo. Manutenção da Sentença condenatória. Decisão unânime. (STM, APELAÇÃO N.º 7000697-11.2020.7.00.0000, rel. Min. MARCO ANTÔNIO DE FARIAS, julgado em 11/03/2021).

A criminalização da embriaguez ao volante é fenômeno que se espalhou pelo mundo.

No Código Penal espanhol há previsão semelhante. Todavia, a recusa a submeter-se ao etilômetro ou testes toxicológicos é, em si, crime.

> CP espanhol. Artículo 383. El conductor que, requerido por un agente de la autoridad, se negare a someterse a las pruebas legalmente establecidas para la comprobación de las tasas de alcoholemia y la presencia de las drogas tóxicas, estupefacientes y sustancias psicotrópicas a que se refieren los artículos anteriores, será castigado con la penas de prisión de seis meses a un año y privación del derecho a conducir vehículos a motor y ciclomotores por tiempo superior a uno y hasta cuatro años.

Não se verificou qualquer ofensa a direitos fundamentais na Espanha

> La dependencia del artículo 380 respecto del 379 del Código Penal permite establecer, en orden a fijar los límites entre la sanción penal y la administrativa, los siguientes criterios orientativos: a) la negativa a someterse al control de alcoholemia, en cualquiera de los supuestos previstos en los números 1 y 2 del art. 21 del Reglamento General de Circulación , debe incardinarse dentro del tipo penal del art. 380 del Código Penal ; y, b) dicha negativa, en los supuestos de los números 3 y 4 del mismo precepto del Reglamento de Circulación, precisa la siguiente distinción: b.1) si los agentes que pretendan llevar a cabo la prueba advierten en el requerido síntomas de estar conduciendo bajo los efectos de bebidas alcohólicas, y se lo hacen saber así al requerido, la negativa de éste debe incardinarse también en el delito de desobediencia del citado artículo 380 del Código Penal ; y b.2) cuando no se adviertan tales síntomas, la negativa del requerido no rebasa los límites de la sanción administrativa (arts. 65.5.2.b) y 67.1 de la Ley sobre Tráfico, Circulación de Vehículos a motor y Seguridad Vial). (Tribunal Supremo. Sala de lo Penal, STS 1292/2018, nº recurso 619/2017, fecha 06/04/2018)

Semelhantemente ao Direito brasileiro, o Legislador espanhol previu tanto a condução sob influência de álcool e drogas em geral como com uma determinada ingestão (esta bem superior ao limite brasileiro).

> CP espanhol. Artículo 379. 1. El que condujere un vehículo de motor o un ciclomotor a velocidad superior en sesenta kilómetros por hora en vía urbana o en ochenta kilómetros por hora en vía interurbana a la permitida reglamentariamente, será castigado con la pena de prisión de tres a seis meses o con la de multa de seis a doce meses o con la de trabajos en beneficio de la comunidad de treinta y uno a noventa días, y, en cualquier caso, con la de privación del derecho a conducir vehículos a motor y ciclomotores por tiempo superior a uno y hasta cuatro años.
>
> 2. Con las mismas penas será castigado el que condujere un vehículo de motor o ciclomotor bajo la influencia de drogas tóxicas, estupefacientes, sustancias psicotrópicas o de bebidas alcohólicas. En todo caso será condenado con dichas penas el que condujere con una tasa de alcohol en aire espirado superior a 0,60 miligramos por litro o con una tasa de alcohol en sangre superior a 1,2 gramos por litro.

Em Portugal, mencionou-se "embriaguez" ou "sob influência de álcool, estupefacientes, substâncias psicotrópicas ou produtos com efeito análogo" para formar-se figura grave.

CP português, Artigo 291º.- Condução perigosa de veículo rodoviário

> **1 - Quem conduzir veículo, com ou sem motor, em via pública ou equiparada: a) Não estando em condições de o fazer com segurança, por se encontrar em estado de embriaguez ou sob influência de álcool, estupefacientes, substâncias psicotrópicas ou produtos com efeito análogo, ou por deficiência física ou psíquica ou fadiga excessiva;** (g.n.) ou b) Violando grosseiramente as regras da circulação rodoviária relativas à prioridade, à obrigação de parar, à ultrapassagem, à mudança de direcção, à passagem de peões, à inversão do sentido de marcha em auto-estradas ou em estradas fora de povoações, à marcha atrás em auto-estradas ou em estradas fora de povoações, ao limite de velocidade ou à obrigatoriedade de circular na faixa de rodagem da direita; e criar deste modo perigo para a vida ou para a integridade física de outrem, ou para bens patrimoniais alheios de valor elevado, é punido com pena de prisão até 3 anos ou com pena de multa. (g.n.)

> 2 - Quem conduzir veículo, com ou sem motor, em via pública ou equiparada e nela realizar actividades não autorizadas, de natureza desportiva ou análoga, que violem as regras previstas na alínea b) do número anterior, é punido com pena de prisão até três anos ou com pena de multa. 3 - Se o perigo referido no n.º 1 for criado por negligência, o agente é punido com pena de prisão até dois anos ou com pena de multa até 240 dias. 4 - Se a conduta referida no n.º 1 for praticada por negligência, o agente é punido com pena de prisão até 1 ano ou com pena de multa até 120 dias.

No caso de condução com determinada quantidade da substância faria incidir crime quiçá privilegiado:

> CP português. Artigo 292.º Condução de veículo em estado de embriaguez ou sob a influência de estupefacientes ou substâncias psicotrópicas
>
> 1 - Quem, pelo menos por negligência, conduzir veículo, com ou sem motor, em via pública ou equiparada, com uma taxa de álcool no sangue igual ou superior a 1,2 g/l, é punido com pena de prisão até 1 ano ou com pena de multa até 120 dias, se pena mais grave lhe não couber por força de outra disposição legal. 2 - Na mesma pena incorre quem, pelo menos por negligência, conduzir veículo, com ou sem motor, em via pública ou equiparada, não estando em condições de o fazer com segurança, por se encontrar sob influência de estupefacientes, substâncias psicotrópicas ou produtos com efeito análogo perturbadores da aptidão física, mental ou psicológica.

Como se verifica, entre os artigos 291º e 292º há relação de consunção, porque o primeiro possui gravidade maior e assim maior exposição a perigo do bem jurídico. Reconhecem os Tribunais portugueses a absorção do segundo pelo primeiro.

> Ac. TRP de 14.12.2017 Crime de condução em estado de embriaguez. Crime de condução perigosa de veículo rodoviário. Concurso aparente de crimes. Estando em causa uma única acção naturalística? condução de veiculo em estado de embriaguez que crie perigo para a avida, integridade física de outrem ou para bens patrimoniais alheios de valor elevado ? ocorre entre o crime de condução de veiculo em estado de embriaguez (artº 292º CP) e o crime de condução perigosa de veiculo rodoviário (artº 291º CP) uma relação de concurso aparente, sendo a conduta punida pela pena prevista por este último (artº 291º CP) porque mais grave.

> Ac. TRG de 11.07.2017 Condução sob o efeito do álcool. Pena de prisão. Não suspensão da execução da pena. I - Os bens jurídicos que se visam proteger com a incriminação da condução de veículo em estado de embriaguez são a vida, a integridade física e o património de outrem a par da segurança da circulação rodoviária, estabelecendo o legislador uma presunção fundada na observação empírica de que o exercício da condução em estado de embriaguez é perigoso em si mesmo, tendo em vista os bens jurídicos penalmente tutelados. II - No caso, deve salientar-se que o recorrente, ao persistir, pela sexta vez, na violação de tais bens, frustrou, irremediavelmente, a possibilidade de se repetir agora qualquer espécie de vaticínio que, sequer, sugira a possibilidade de o mesmo vir a adoptar, no futuro, uma conduta conforme ao direito e ao que a sociedade exige, sem que ora se lhe imponha uma pena mais severa e cujos reais efeitos possam corresponder, naturalmente, ? s patenteadas necessidades de prevenção geral e especial, por revelar uma personalidade antijurídica que obriga a reconhecer que todas as anteriores apostas favoráveis ? sua normal reinserção, apenas com as medidas até agora experimentadas, assentaram em pressupostos, afinal, erradamente presumidos. III ? Por outro lado, os factos provados evidenciam que o recorrente rejeitou, sistematicamente, interiorizar as consequências da sua conduta anterior, o que levou o Tribunal a concluir, sem margem para reparo, que a antecedente imposição das variadas penas, com diferentes modalidades, não acautelou eficazmente o cometimento de novos crimes, pelo que as fundadas dúvidas sobre a sua capacidade para compreender as diversas oportunidades de reinserção que a sociedade lhe ofereceu justificam a execução da pena de 6 meses de prisão aplicada.

Ademais, a Corte Constitucional de Portugal não reconheceu qualquer inconstitucionalidade diante da construção de crime de perigo abstrato (art. 292º, do CP português).

> Ac. Tribunal Constitucional nº95/2011 , DR, II Série de 12-03-2013: Não julga inconstitucional a norma extraída do n.º 1 do artigo 292.º do Código Penal, ao prever um tipo de ilícito criminal configurado como crime de perigo abstracto.

Reconheceu-se diferença entre os crimes dos artigos 291º e 292º no tocante à falta de condições de conduzir com segurança, elementar essa que demanda prova pericial e concreta demonstração, razão de sua maior gravidade.

Ac. TRP de 9-04-2014 : I. A contra-ordenação muito grave «condução sob a influência de substâncias psicotrópicas» distingue-se do crime doloso ou negligente de «condução sob a influência de estupefacientes ou de substâncias psicotrópicas» pelo elemento objectivo constitutivo deste, que se consubstancia no facto de o agente não se encontrar «em condições de o fazer com segurança, por se encontrar sob influência de ... produtos ... perturbadores da aptidão física, mental ou psicológica».

II. A demonstração da «influência de substâncias psicotrópicas», constitutiva da contra-ordenação muito grave basta-se, nos casos previstos no art 8º nº 1, als. a), b), c) d) da Lei 18/2007, com a realização de uma «prova técnica», que é o «exame de confirmação» com resultado igual ou superior a um dos discriminados no quadro 2 do anexo V da Portaria 902-B/2007, obtido em «exame de rastreio» que foi anteriormente realizado e permitiu fundamentar a realização daquele «exame de confirmação». III. A demonstração de «não estando em condições de o fazer com segurança, por se encontrar sob influência de ... produtos ... perturbadores da aptidão física, mental ou psicológica» passa pela realização de uma «prova pericial» consistente em «exame médico» de avaliação do estado do condutor pelos aspectos discriminados no Ponto 25 da Secção III e Anexo VII da Portaria 902-B/2007.

IV. Não obstante os ensinamentos da Farmacologia, a Lei 18/2007 hierarquiza a diligência de produção processual dos meios de prova, só permitindo a realização de «exame médico» como modo «especial» de demonstração da infracção (relativamente ao modo «normal» do «exame de confirmação» seguinte a «exame de rastreio» positivo) «quando, após repetidas tentativas de colheita, não se lograr retirar ao examinando uma amostra de sangue em quantidade suficiente para a realização do teste».

V. Assim, não há possibilidade de demonstração do crime de «condução sob a influência de estupefacientes ou de substâncias psicotrópicas» no processo em que se realizou o «exame de confirmação» seguinte a «exame de rastreio», que é possível efectuar, nem de demonstração da contra-ordenação muito grave «condução sob a influência de substâncias psicotrópicas», no processo em que se realizou «exame de confirmação» seguinte a «exame de rastreio», com resultados inferiores a um dos discriminados no quadro 2 do anexo V da Portaria 902-B/2007

Por fim, não foi verificada qualquer inconstitucionalidade, por ofensa à vedação contra a autoincriminação, diante da colheita de sangue para realização de teste de alcoolemia.

> Ac. TRE de 28-01-2014, CJ, 2014, T1, pág.254: A recolha de amostra de sangue, efectuada nos termos previstos na lei, não afecta vantagem do arguido, nomeadamente o direito ao silêncio e á não autoincriminação, mas, tão só, possibilitar a obtenção de uma perícia médico-legal, destinada á descoberta da verdade material, sem violação intolerável da dignidade daquele, como ser humano ou a sua integridade física ou moral.

Por fim, diante das menções em filmes estrangeiros, veja-se o crime de D.U.I. *(drive under influence of alcohol or drugs)* na legislação federal estadunidense.

Acontece que esta não criminaliza a conduta de conduzir veículos automotores comuns sob influência de álcool ou drogas, limitando-se a adotar as leis estaduais correspondentes aos locais de jurisdição federal onde forem cometidos o crime[208].

Há, doutro lado, criminalização específica para condução embriagada de ônibus interestaduais que transportam passageiros, locamotivas, etc., mas a criminalização para condução de veículos automotores em geral nessas circunstâncias cabe às leis materiais estaduais, que poderão ser aplicadas pela Justiça Federal.[209]

Interessante que nos Estados Unidos desenvolveu-se a teoria do consentimento implícito. Quer-se dizer: todos que aceitam conduzir veículo automotor aceitam, implicitamente, submeterem-se a testes para aferir a capacidade de condução, sem haver qualquer inconstitucionalidade nisso. Bem assim, a recusa

208 18 U.S. Code § 13 - Laws of States adopted for areas within Federal jurisdiction (a) Whoever within or upon any of the places now existing or hereafter reserved or acquired as provided in section 7 of this title, or on, above, or below any portion of the territorial sea of the United States not within the jurisdiction of any State, Commonwealth, territory, possession, or district is guilty of any act or omission which, although not made punishable by any enactment of Congress, would be punishable if committed or omitted within the jurisdiction of the State, Territory, Possession, or District in which such place is situated, by the laws thereof in force at the time of such act or omission, shall be guilty of a like offense and subject to a like punishment. (...)

209 18 U.S. Code CHAPTER 17A— COMMON CARRIER OPERATION UNDER THE INFLUENCE OF ALCOHOL OR DRUGS § 341 – Definitions As used in this chapter, the term "common carrier" means a locomotive, a rail carrier, a sleeping car carrier, a bus transporting passengers in interstate commerce, a water common carrier, and an air common carrier. § 342 - Operation of a common carrier under the influence of alcohol or drugs Whoever operates or directs the operation of a common carrier while under the influence of alcohol or any controlled substance (as defined in section 102 of the Controlled Substances Act (21 U.S.C. 802)), shall be imprisoned not more than fifteen years or fined under this title, or both. § 343 - Presumptions or purposes of this chapter— (1) an individual with a blood alcohol content of .10 percent or more shall be presumed to be under the influence of alcohol; and (2) an individual shall be presumed to be under the influence of drugs if the quantity of the drug in the system of the individual would be sufficient to impair the perception, mental processes, or motor functions of the average individual.

a submeter-se ao teste implica punição e poderá ser usada em julgamento para fazer prova contra o suspeito.

> 18-Código dos EUA, §3118 - Consentimento implícito para certos testes
>
> (a) Consentimento.-
>
> Quem operar um veículo motorizado na jurisdição especial marítima e territorial dos Estados Unidos consente com teste ou testes químicos ou de sangue, de odor da respiração ou de urina, se for preso por qualquer crime decorrente de tal pessoa dirigir sob a influência de drogas ou álcool em tal jurisdição. O teste ou os testes devem ser administrados a pedido de um policial com motivos razoáveis para acreditar que a pessoa presa estivesse dirigindo um veículo motorizado na jurisdição marítima e territorial especial dos Estados Unidos sob a influência de drogas ou álcool, em violação das leis de um estado, território, posse ou distrito.
>
> (b) Efeito da recusa.-
>
> Quem quer que, tendo consentido com um teste ou testes em razão da subseção (a), se recusar a se submeter a tal teste ou testes, após ter sido informado das consequências de tal recusa, terá negado o privilégio de operar um veículo motorizado sobre a jurisdição marítima e territorial especial dos Estados Unidos durante o período de um ano do início na data de prisão em que tal teste ou testes foram recusados, e tal recusa pode ser admitida como prova em qualquer caso decorrente da condução de tal pessoa sob a influência de drogas ou álcool em tal jurisdição. Qualquer pessoa que opere um veículo motorizado na jurisdição especial marítima e territorial dos Estados Unidos, após ter-lhe sido negado tal privilégio sob esta subseção, será tratada, para efeitos de quaisquer processos civis ou criminais decorrentes de tal operação, como a operar tal veículo sem um licença para fazê-lo. (tradução livre)[210]

[210] No original: 18 U.S. Code §3118 - Implied consent for certain tests / (a) Consent.— Whoever operates a motor vehicle in the special maritime and territorial jurisdiction of the United States consents thereby to a chemical test or tests of such person's blood, breath, or urine, if arrested for any offense arising from such person's driving while under the influence of a drug or alcohol in such jurisdiction. The test or tests shall be administered upon the request of a police officer having reasonable grounds to believe the person arrested to have been driving a motor vehicle upon the special maritime and territorial jurisdiction of the United States while under the influence of drugs or alcohol in violation of the laws of a State, territory, possession, or district. (b) Effect of Refusal.— Whoever, having consented to a test or tests by reason of subsection (a), refuses to submit to such a test or tests, after having first been advised of the consequences of such a refusal, shall be denied the privilege of operating a motor vehicle upon the special maritime and territorial jurisdiction of the United States during the period of a year commencing on the date of arrest upon which such test or tests was refused, and such refusal may be admitted into evidence in any case arising from such person's driving while under the influence

12. Questões processuais relevantes

A competência será das Varas Criminais comuns, sob o rito sumário.

Parece evidente que o crime do artigo 306, do CTB, deixa vestígios que demonstram sua existência. Nos termos do artigo 158, do CPP, seria imperativa a realização do exame de corpo de delito.

A particularidade está em o corpo de delito estar, em princípio, no interior do autor; quer-se dizer, está na corrente sanguínea, nas sinapses, nos órgãos. Então, verdadeiramente, a captação direta do corpo de delito não é possível por motivos principiológicos, salvo permissão do interessado (note-se, que tal impossibilidade principiológica refere-se à compreensão atual no Brasil dos direitos fundamentais).

A prova poderá (ou melhor, deverá) ser feita, diante disso, mediante exame clínico, perícia, vídeo, prova testemunhal ou outros meios de prova em direito admitidos. Esses meios de prova não deixam de ser indiretos, porque não analisam diretamente as substâncias que determinam dependência, mas sim algumas efeitos corporais dela.

Quanto ao teste de alcoolemia ou toxicológico, esses captam efetivamente o corpo de delito diretamente. Todavia, demandam aceite do periciando.

Existe espaço para debate, porque a conduta criminalizada consiste não na embriaguez (completa ou incompleta) em si, mas sim no funcionamento do organismo, afetado por substâncias tóxicas; essa é a marca característica da ilicitude: situação (condução de veículo automotor) que deve gerar perigo (ainda que perigo abstrato: princípio da proteção de bens jurídicos) a outras pessoas (conduta em vias terrestres, em meio a animais, pessoas e coisas). E dessa pluralidade de elementares, a que deixaria vestígios que poderiam ser captados seria a *influência* (aspecto interno que se projeta para a conduta social e, nessa ótica, não deixaria vestígio) *de substância psicoativa*.

Assim, a despeito de parecer mais acurado considerar em qualquer circunstância o crime do artigo 306, do CTB, em todas figuras, crime de fato permanente, não parece impossível limitar tal compreensão apenas ao inciso I, do §1º, do artigo 306; este, invariavelmente, é crime não transeunte e sua existência apenas será comprovada se houver demonstração da ingestão de bebida alcoólica e, diante da mensuração necessária e diante das técnicas e dos procedimentos

of a drug or alcohol in such jurisdiction. Any person who operates a motor vehicle in the special maritime and territorial jurisdiction of the United States after having been denied such privilege under this subsection shall be treated for the purposes of any civil or criminal proceedings arising out of such operation as operating such vehicle without a license to do so.

periciais disponíveis, apenas será provada sua existência e o tipo objetivo pelo exame direta (teste de alcoolemia).

Importante notar, não obstante, que o exame de corpo de delito pode ser direto ou indireto. Este último é aceitável para demonstrar o *caput*, do artigo 306, do CTB, o qual, por força do inciso II, do §1°, e do §2°, do mesmo disposto, poderão ser supridos por exame clínico, perícia, vídeo, prova testemunhal ou outros meios de prova em direito admitidos, semelhantemente ao que acontece com o artigo 167, do CPP.[211] (mas, deve-se ler, no lugar de "haverem desaparecido os vestígicos", *por impossibilidade jurídica de coleta e análise*).

Por derradeiro, marque-se o seguinte quanto à permanência dos vestígios. Não se fala que o delito é de fato permanente com a mantença eterna de seus vestígios, até porque isso não existe. Basta persistir no tempo, de forma mais ou menos significativa. Nestes termos, o crime de embriaguez ao voltante guardará os vestígios dentro do organismo até sua metabolização, período em que poderia ser colhido.

Conclui-se: o crime é de fato permanente, e persistirá até a eliminação do organismo do autor, mas o exame de corpo de delito (especialmente o direito) não é condição nem para a validade do processo nem para a condenação pelo artigo 306, *caput*, porque vedada sua coleta sem consentimento e porque expressamente admitido exames indiretos e sua substituição por outros meios de prova. Será, contudo, necessário no caso do inciso I, do §1°, do CTB, conforme posição jurisprudencial firmada.

A ação penal é pública incondicionada.

Quanto à higidez da prova, os Tribunais, firmaram entendimento de que o etilômetro precisa ser verificado[212] pelo INMETRO anualmente, porém sua calibragem dar-se-á quando da aquisição.

[211] Art. 167. Não sendo possível o exame de corpo de delito, por haverem desaparecido os vestígios, a prova testemunhal poderá suprir-lhe a falta.

[212] Veja-se semelhante problema no Direito português: Ac. TRP de 10.05.2017 "Condução sob o efeito do álcool. Alcoolímetro. O alcoolímetro marca – Drager- Modelo Alcotest 7110 MKIIIP aprovado pelo IPQ por despacho de 11037/2007 e pela ANSR por despacho n° 19684/2009 de 25/2009 foi aprovado e homologado como alcoolímetro quantitativo conforme declaração de rectificação da ANSR n° 1078/2016 in DR 2ª serie n° 212 de 19/10/2016." e Ac. do TRG de 24.04.2017 "I. Tendo a primeira verificação do alcoolímetro sido efetuada em 29 de fevereiro de 2015, o seu termo de validade não ocorre 365 dias depois, contados dia a dia, mas apenas no dia 31 de dezembro do ano seguinte, ou seja, em 31 de dezembro de 2016.II. Para o preenchimento do tipo subjetivo do crime de condução de veículo em estado de embriaguez imputado a título de dolo, não se torna necessário que o agente soubesse a exata taxa de álcool no sangue que apresentava, mas apenas que ao conduzir o veículo automóvel na via pública tivesse consciência de que se encontra sob o efeito do álcool, admitindo pelo menos como possível (dolo eventual) que a quantidade de álcool que ingeriu lhe poderia determinar uma taxa de álcool no sangue superior ? legalmente permitida e que essa conduta era proibida e punida por lei.Irrelevante sendo também que o agente saiba se a sua conduta é punida como crime ou como contraordenação, bastando o conhecimento da sua ilicitude, do seu caráter proibido."

(...) 1. Para fins de prova da materialidade delitiva do crime de embriaguez ao volante, o Superior Tribunal de Justiça firmou o entendimento de que a regularidade do etilômetro (bafômetro) é aferida pela verificação periódica anual realizada pelo INMETRO. A calibragem do aparelho constitui conceito distinto e é realizada na única oportunidade em que ele é oferecido ao órgão público. 2. É admitida a revaloração jurídica de fatos incontroversos pelas instâncias ordinárias, o que afasta a incidência da Súmula 7 do STJ. 3. Agravo regimental improvido. (STJ, AgRg no AREsp 405.796/PI, Rel. Ministro NEFI CORDEIRO, SEXTA TURMA, julgado em 17/11/2016, DJe 29/11/2016)

(...) 2. O art. 6º, inciso III, da Resolução nº 206, de 20 de outubro de 2006, do CONTRAN, revogado pela Resolução nº 432/2013, dispunha que o medidor de alcoolemia - etilômetro - deveria ser aprovado na verificação periódica anual realizada pelo Instituto Nacional de Metrologia, Qualidade e Tecnologia - INMETRO ou por órgão da Rede Brasileira de Metrologia Legal e Qualidade - RBMLQ. 3. A verificação periódica anual não tem qualquer relação com a calibragem do etilômetro. Esta é feita pelo fabricante quando do fornecimento dos aparelhos aos órgãos públicos ou no caso de defeito, enquanto aquela é feita pelo INMETRO, que vistoria anualmente os equipamentos. 4. No caso, embora a última calibração do etilômetro tenha sido realizada em 17/09/2008, a próxima certificação do INMETRO se daria apenas em 15/12/2010, e o paciente fora submetido ao teste de alcoolemia em 22/08/2010, dentro, portanto, do prazo de 1 (um) ano da data da última verificação anual, conforme disciplina a referida resolução, inexistindo qualquer ilegalidade à continuidade da ação penal. 5. Ordem não conhecida. (STJ, HC 242.915/MG, Rel. Ministro MARCO AURÉLIO BELLIZZE, QUINTA TURMA, julgado em 06/06/2013, DJe 14/06/2013)

Art. 307. Violar a suspensão ou a proibição de se obter a permissão ou a habilitação para dirigir veículo automotor imposta com fundamento neste Código:

Penas - detenção, de seis meses a um ano e multa, com nova imposição adicional de idêntico prazo de suspensão ou de proibição.

Parágrafo único. Nas mesmas penas incorre o condenado que deixa de entregar, no prazo estabelecido no § 1º do art. 293, a Permissão para Dirigir ou a Carteira de Habilitação.

1. Conduta típica

Violar é não observar, desatender, infringir, transgredir. O objeto direto é a) *suspensão de se obter permissã ou habilitação para dirigir veículo automotor imposta com fundamento no CTB*, ou -alternativamente, um excluindo o outro- b) *proibição de obter permissão ou habilitação para dirigir veículo automotor imposta com fundamento no CTB.*

A literalidade do dispositivo não proíbe, portanto, que se conduza veículo automotor estando proibido por falta de habilitação ou permissão. Isso porque o complemento nominal "de se obter permissão ou habilitação (...)" é claro: *de se obter.*

A conduta, portanto, não pode ser confundida com aquela em que alguém, sem permissão ou habilitação, ou *tendo tais direitos cassados*, infringe a ordem e conduz o veículo automotor. Esta conduta está descrita no artigo 309, do CTB.

Portanto, deve-se atentar à conduta: *violar a proibição ou suspensão de obter (...).*

Contudo, a jurisprudência aplica, por imprecisão, o presente dispositivo aos casos em que o suspenso ou o proibido de obter permissão ou habilitação é flagrado a conduzir veículo automotor[213]. Em verdade, essa conduta amoldar-se-ia ao crime do artigo 309, última parte, do CTB, e não à do artigo 307.

> AGRAVO REGIMENTAL NO RECURSO ESPECIAL. ART. 307 DO CÓDIGO DE TRÂNSITO BRASILEIRO. SANÇÃO DE NATUREZA PENAL. SÚMULA 568/STJ. AGRAVO DESPROVIDO. 1. Dada a natureza penal da sanção, somente a decisão lavrada por juízo penal pode ser objeto do descumprimento previsto no tipo do art. 307, caput, do CTB, não estando ali abrangida a hipótese de descumprimento de decisão administrativa, que, por natureza, não tem o efeito de coisa julgada e, por isso, está sujeita à revisão da via judicial (ut, HC 427.472/SP, Rel. Ministra MARIA THEREZA DE ASSIS MOURA, Sexta Turma, DJe 12/12/2018) 2. **In casu, o agravado, no momento do acidente, se encontrava com a Carteira Nacional de Habilitação suspensa** administrativamente, hipótese que não configura o delito do art. 307 do CTB 3. Agravo regimental desprovido. (STJ, AgRg no REsp 1798124/RS, Rel. Ministro REYNALDO SOARES DA FONSECA, QUINTA TURMA, julgado em 02/04/2019, DJe 16/04/2019, g.n.).

[213] Damásio de Jesus chega a anotar: "Conduta típica: [c]onsiste em dirigiri veículo automotor não obstante proibido de fazê-lo por decisão judicial ou administrativa. (...) Momento consumativo: [o]corre com o ato de dirigir, instante em que se concretiza a violação" (*Crimes de trânsito*, p. 170 e 171). Renato Marcão também: "Objeto material: [n]o *caput* do art. 307 é o veículo conduzido com violacáo à situação previamente determinada em decisáo administrativa ou judicial." (*Crimes de trânsito*, p. 199).

Esse caso, assim como outros tantos, apontam ainda outra questão que surgiu quanto à tipicidade.

Os Tribunais têm limitado a incidência do crime do artigo 307 às decisões de suspensão ou proibição, sejam provisórias ou definitivas, desde que advenham de atuação jurisdicional, como medida cautelar ou como pena aplicadas por juiz (membro da Magistratura Nacional).

> AGRAVO REGIMENTAL EM RECURSO EM HABEAS CORPUS. VIOLAÇÃO DA SUSPENSÃO DO DIREITO DE CONDUZIR VEÍCULO AUTOMOTOR (ART. 307 DO CTB). ATÍPICA A CONDUTA QUANDO A SUSPENSÃO ADVÉM DE DECISÃO ADMINISTRATIVA. PRECEDENTES. 1. É atípica a conduta contida no art. 307 do CTB quando a suspensão ou a proibição de se obter a permissão ou a habilitação para dirigir veículo automotor advém de restrição administrativa (HC n. 427.472/SP, Maria Thereza de Assis Moura, Sexta Turma, DJe 12/12/2018). 2. Agravo regimental improvido. (STJ, AgRg no RHC 110.158/SP, Rel. Ministro SEBASTIÃO REIS JÚNIOR, SEXTA TURMA, julgado em 25/06/2019, DJe 02/08/2019)

> RECURSO ORDINÁRIO EM HABEAS CORPUS. VIOLAÇÃO DA SUSPENSÃO DO DIREITO DE CONDUZIR VEÍCULO AUTOMOTOR. NORMA PENAL INCRIMINADORA QUE TEM COMO OBJETO JURÍDICO A ADMINISTRAÇÃO DA JUSTIÇA. IMPOSSIBILIDADE DE CONFIGURAÇÃO DO DELITO QUANDO O ACUSADO TEM A HABILITAÇÃO SUSPENSA POR DECISÃO ADMINISTRATIVA. CONDUTA ATÍPICA. TRANCAMENTO DA AÇÃO PENAL. PROVIMENTO DO RECLAMO. 2. A mera suspensão administrativa do direito de dirigir não configura o crime em questão, notadamente porque no Direito Penal não se admite o emprego da analogia de modo a prejudicar o réu. Precedente. 3. Na espécie, tem-se que o recorrente estava impedido de conduzir veículos automotores em razão de decisão administrativa, conduta que, como visto, não viola o bem jurídico tutelado pela norma prevista no artigo 307 do Código de Trânsito Brasileiro, o que revela a sua atipicidade e impõe o trancamento do processo, no ponto. 4. Recurso provido para determinar o trancamento da ação penal instaurada contra o recorrente no tocante ao crime de trânsito. (STJ, RHC 99.585/PR, Rel. Ministro JORGE MUSSI, QUINTA TURMA, julgado em 19/03/2019, DJe 26/03/2019)

Verdadeiramente, a conduta incriminada é a *obtenção de permissão ou habilitação indevida*, não a *condução indevida*, e vários são os julgados que caem nesse erro.

É comum observar a designação usada para referir-se ao tipo descrito no artigo 307: "violação da suspensão do direito de conduzir veículo automotor" (vejam-se ementas acima, por exemplo).

O parágrafo único traz norma de extensão, que manda aplicar a mesma pena àquele que não entregar (conduta omissiva) o documento de permissão ou de habilitação em 48 horas da intimação para fazê-lo, depois do trânsito em julgado da sentença condenatória. Portanto, está-se na fase de execução penal (excluídas as medidas cautelares) e o condenado não acata a ordem de entrega do documento mencionado (cfr. art. 293, §1°, do CTB).

Por fim, veja-se que a aplicação malfadada prestou-se para manter a atualidade do dispositivo. Isso porque, quando da origem do CTB, momento em que os dados não eram processados de forma automatizada nem eram compartilhadas entre Estados e cruzadas as informações, revelou-se importante punir aquele que burlava o impedimento, dirigindo-se a outro Estado, por exemplo, e aí obtendo permissão ou habilitação. Hoje, havendo banco de dados nacional, improvável que isso aconteça. Mas, a condução de veículo indevida é um bocado mais comum. Não que se queira justificar um erro.

2. Objetividade jurídica

Conforme entendimento consolidade na jurisprudência, é a administração da Justiça. A doutrina tem vozes em sentido contrário[214].

> RECURSO ORDINÁRIO EM HABEAS CORPUS. VIOLAÇÃO DA SUSPENSÃO DO DIREITO DE CONDUZIR VEÍCULO AUTOMOTOR. NORMA PENAL INCRIMINADORA QUE TEM COMO OBJETO JURÍDICO A ADMINISTRAÇÃO DA JUSTIÇA. IMPOSSIBILIDADE DE CONFIGURAÇÃO DO DELITO QUANDO O ACUSADO TEM A HABILITAÇÃO SUSPENSA POR DECISÃO ADMINISTRATIVA. CONDUTA ATÍPICA. TRANCAMENTO DA AÇÃO PENAL. PROVIMENTO DO RECLAMO. 1. Da leitura do artigo 307 do Código de Trânsito Brasileiro, verifica-se que o objeto jurídico tutelado pela norma incriminadora é a administração da justiça, vale dizer, trata-se de infração penal que busca dar efetividade e real cumprimento a sanção cominada em outro delito de trânsito. Doutrina. 2. A mera suspensão administrativa do direito de dirigir não configura o

[214] Reconhecendo a administração pública em geral, tanto no sentido daquela envolvida no cumprimento de decisões administrativas como judiciais, JESUS, Damásio de. *Crimes de trânsito*, p. 170, MARCÃO, Renato. *Crimes de trânsito*, p. 198.
Em verdade, essa posição, rejeitada pelo STJ principalmente, parece a mais acertada.

> crime em questão, notadamente porque no Direito Penal não se admite o emprego da analogia de modo a prejudicar o réu. Precedente. 3. Na espécie, tem-se que o recorrente estava impedido de conduzir veículos automotores em razão de decisão administrativa, conduta que, como visto, não viola o bem jurídico tutelado pela norma prevista no artigo 307 do Código de Trânsito Brasileiro, o que revela a sua atipicidade e impõe o trancamento do processo, no ponto. 4. Recurso provido para determinar o trancamento da ação penal instaurada contra o recorrente no tocante ao crime de trânsito. (STJ, RHC 99.585/PR, Rel. Ministro JORGE MUSSI, QUINTA TURMA, julgado em 19/03/2019, DJe 26/03/2019)

Por outro lado, a previsão do parágrafo único do artigo 307 parece, sim, proteger principalmente a administração da Justiça. Isso porque é a eficância da sentença penal condenatória transitada em julgado que se busca proteger, havendo, com efeito, limite rígido ao órgão prolator da decisão, inclusive por força de lei. Beja-se o dispositivo referido:

> CTB, art. 293, § 1º Transitada em julgado **a sentença condenatória**, o réu será **intimado a entregar à autoridade judiciária**, em quarenta e oito horas, a Permissão para Dirigir ou a Carteira de Habilitação. (g.n.)

3. Sujeito ativo

Aquele proibido ou suspenso de se obter a permissão ou a habilitação para dirigir veículo automotor. Portanto, há uma qualidade especial, que é uma decisão judicial, diante da jurisprudência, que limita o exercício de determinados direitos ou a aquisição de determinados direitos, com fundamento no CTB.

Também será autor, nos termos do parágrafo único, aquele que tiver contra si pena criminal de suspensão ou proibição e não cumprir intimação judicial para entrega do documento.

Crime próprio, portanto.

4. Sujeito passivo

É o Estado. Trata-se de crime vago.

5. Elemento subjetivo

É o dolo. Difícil imagir que a conduta indevida de obter a permissão ou a habilitação para dirigir veículo automotor possa ser praticada sem dolo direto.

Quanto ao parágrafo único, mais fácil imagir em dolo direto ou eventual.

6. Consumação

Com a obtenção de permissão ou habilitação para dirigir veículo automotor sem poder obtê-la.

Para aqueles que admitem a subsunção da conduta de conduzir veículo, estando o condutor proibido ou suspenso de obter a permissão ou a habilitação para dirigir veículo automotor, a consumação ocorreria com a condução.

Para o crime do parágrafo único, do artigo 307, consuma-se com o decurso de 48 horas a contar da intimação feita nos termos do artigo 293, §1°, do CTB.

7. Tentativa

Possível, em especial se negado pela administração a permissão ou habilitação.

Na figura omissiva, impossível tentativa.

8. Institutos despenalizadores

Cabe transação penal (artigo 76, da Lei 9.099/95) e suspensão condicional do processo (artigo 89, da Lei 9.099/95).

9. Concurso de crimes e concurso aparente de normas

Como dito, mister atentar-se, diante da especialidade, às diferenças entre o crime do artigo 307 e o do artigo 309, última parte, especialmente porque o primeiro é crime de perigo abstrato (conforme entendimento doutrinário) e o segundo, de perigo concreto.

É também especial diante do crime correspondente previsto no Código Penal:

> Desobediência a decisão judicial sobre perda ou suspensão de direito
>
> CP, Art. 359 - Exercer função, atividade, direito, autoridade ou múnus, de que foi suspenso ou privado por decisão judicial: Pena - detenção, de três meses a dois anos, ou multa.

Note-se, contudo, que as condutas são significativamente diferentes. No crime do artigo 359, do CP, o verbo é *exercer*, já no do artigo 307, do CTB, é *violar*. Ademais, naquele há expressa previsão de "decisão judicial", enquanto neste apenas no parágrafo único ou por entendimento jurisprudencial.

Sendo crime cujo bem jurídico é a administração pública, não será absorvido pelos demais crimes de trânsito.

10. Classificação doutrinária

Crime próprio (sujeito ativo precisa da qualidade de estarsuspenso ou proibido de obter permissão ou habilitação para dirigir veículo automotor), de perigo abstrato, de forma livre, comissivo ou omissivo (a depender da figura), instantâneo, plurrisistente ou unissubsistente (a depender da figura), unissubjetivo.

Observe-se que, se admitido que a consumação dá-se com a obtenção de permissão ou habilitação, haveria efetiva constituição de direito (habilitação para conduzir veículo automotor) indevido. Portanto, a administração pública seria efetivamente burlada. Assim, o crime teria feições de crime de dano, porquanto haveria efetiva ofensa à administração pública, e de crime material, pois haveria resultado naturalístico de obtenção de habilitação, inclusive com expedição de Permissão para Dirigir ou Carteira Nacional de Habilitação.

11. Questões materiais relevantes

As penas são de detenção, de seis meses a um ano e multa, com nova imposição adicional de idêntico prazo de suspensão ou de proibição.

Portanto, no preceito secundário, há tanto pena privativa de liberdade, como pena patrimonial (multa) e pena restritiva de direito (nova imposição de suspensão ou proibição).

Quanto ao prazo da última, será o mesmo aplicado anteriormente, prazo esse não cumprido (*caput* do artigo 307) ou presumivelmente não cumprido (parágrafo único do artigo 307).

A pena privativa de liberdade não pode ser substituída por multa, porque há aplicação cumulativa dessas modalidades de pena. Veja-se a súmula 171 do STJ: "Cominadas cumulativamente, em lei especial, penas privativa de liberdade e pecuniária, é defeso a substituição da prisão por multa."

A pena criminal será independente da responsabilidade administrativa, a qual será a única a subsistir no caso de violação (ou melhor, direção de veículo automotor) de decisão administrativa.

CTB, Art. 162. Dirigir veículo:

> II - com Carteira Nacional de Habilitação, Permissão para Dirigir ou Autorização para Conduzir Ciclomotor cassada ou com suspensão do direito de dirigir: Infração - gravíssima; Penalidade - multa (três vezes); Medida administrativa - recolhimento do documento de habilitação e retenção do veículo até a apresentação de condutor habilitado;

No Direito argentino, há crime de quebramento de pena, aplicável àquele que não respeita inabilitação judicial:

> CP argentino, Articulo 281 bis. El que quebrantare una inhabilitación judicialmente impuesta será reprimido con prisión de dos meses a dos años.

Em Portugal também:

> CP português. Violação de imposições, proibições ou interdições. Artigo 353º. Quem violar imposições, proibições ou interdições determinadas por sentença criminal, a título de pena aplicada em processo sumaríssimo, de pena acessória ou de medida de segurança não privativa da liberdade, é punido com pena de prisão até dois anos ou com pena de multa até 240 dias.

A não entrega da carta de habilitação faz incidir o crime:

> Ac. TRC de 20-06-2012 : Após 15/9/2007 (entrada em vigor da Lei n.º 59/2007, de 4 de Setembro), pratica o crime do artigo 353º, do C. Penal («Violação de imposições, proibições ou interdições»), aquele que não entrega a carta de condução, após ser condenado pela prática de crime, a que corresponde pena acessória de proibição de conduzir.

Note-se que, para os portugueses, apenas existirá o crime se o autor efetivamente condizir o veículo, não o podendo fazer.

> Ac. TRC de 15-01-2014 : 1. A pena acessória de proibição de conduzir só se executa a partir do momento em que o condenado entrega o título de condução ou o mesmo lhe é apreendido; 2. O incumprimento da pena acessória aplicada na sentença só ocorrerá se durante o período de duração da mesma o condenado conduzir veículos a motor; 3. Assim não incorre na prática do crime de violação de imposições, proibições ou interdições o arguido que não procedeu á entrega da sua carta de condução, com vista ao cumprimento da pena acessória de proibição de conduzir veículos motorizados em que havia sido condenado.

No Direito espanhol, existe crime específico, referente tanto a medidas administrativas como judiciais:

> CP espanhol. Artículo 384. El que condujere un vehículo de motor o ciclomotor en los casos de pérdida de vigencia del permiso o licencia por pérdida total de los puntos asignados legalmente, será castigado con la pena de prisión de tres a seis meses o con la de multa de doce a veinticuatro meses o con la de trabajos en beneficio de la comunidad de treinta y uno a noventa días.
>
> La misma pena se impondrá al que realizare la conducción tras haber sido privado cautelar o definitivamente del permiso o licencia por decisión judicial y al que condujere un vehículo de motor o ciclomotor sin haber obtenido nunca permiso o licencia de conducción.

12. Questões processuais relevantes

O Juízo competente será o Jecrim, que processará o caso segundo o rito sumaríssimo.

A ação é pública incondicionada.

O *caput* do artigo 307, segundo o entendimento majoritário (basta condução para cometer o crime), não deixará vestígios. Tomando com rigor as elementares, havendo concessão de habilitação e expedição do respectivo documento, deixará vestígios o crime, devendo ser realizado exame de corpo de delito (art. 158, do CPP).

Art. 308. Participar, na direção de veículo automotor, em via pública, de corrida, disputa ou competição automobilística ou ainda de exibição ou demonstração de perícia em manobra de veículo automotor, não autorizada pela autoridade competente, gerando situação de risco à incolumidade pública ou privada: (Redação dada pela Lei nº 13.546, de 2017) (Vigência)

Penas - detenção, de 6 (seis) meses a 3 (três) anos, multa e suspensão ou proibição de se obter a permissão ou a habilitação para dirigir veículo automotor. (Redação dada pela Lei nº 12.971, de 2014)

§ 1° Se da prática do crime previsto no caput resultar lesão corporal de natureza grave, e as circunstâncias demonstrarem

que o agente não quis o resultado nem assumiu o risco de produzi-lo, a pena privativa de liberdade é de reclusão, de 3 (três) a 6 (seis) anos, sem prejuízo das outras penas previstas neste artigo. (Incluído pela Lei nº 12.971, de 2014)

§ 2° Se da prática do crime previsto no caput resultar morte, e as circunstâncias demonstrarem que o agente não quis o resultado nem assumiu o risco de produzi-lo, a pena privativa de liberdade é de reclusão de 5 (cinco) a 10 (dez) anos, sem prejuízo das outras penas previstas neste artigo. (Incluído pela Lei nº 12.971, de 2014)

Redação original: Art. 308. Participar, na direção de veículo automotor, em via pública, de corrida, disputa ou competição automobilística não autorizada pela autoridade competente, desde que resulte dano potencial à incolumidade pública ou privada: Penas - detenção, de seis meses a dois anos, multa e suspensão ou proibição de se obter a permissão ou a habilitação para dirigir veículo automotor.

Redação dada pela Lei 12.971/14, que apenas inseriu gerúndio na criação de perigo sem alterar a natureza da conduta; houve aumento na pena cominada: Participar, na direção de veículo automotor, em via pública, de corrida, disputa ou competição automobilística não autorizada pela autoridade competente, gerando situação de risco à incolumidade pública ou privada: Penas - detenção, de 6 (seis) meses a 3 (três) anos, multa e suspensão ou proibição de se obter a permissão ou a habilitação para dirigir veículo automotor.

1. Conduta típica

O dispositivo passou por várias mudanças. Com sua inserção no CTB, duas leis vieram a modifica-lo: a Lei 12.971/14 e a Lei 13.546/17.

Primeiramente, apenas houve mudança discreta no *caput*, com mera alteração redacional, sem lhe alterar a estrutura típica; contudo, foi majorada a pena máxima cominada, de forma de o crime deixou de ser infração de menor potencial ofensivo. Segundamente, sem mexer na pena do tipo básico, acrescentou-se uma conduta, a segunda parte do *caput*: "[p]articipar (...) ainda de exibição ou demonstração de perícia em manobra de veículo automotor (...)".

As figuras qualificadas foram introduzidas em 2014, na primeira leva de mudanças do artigo 308, não havendo previsão em sua versão original. Consistem em figuras preterdolosas, inequivocamente, que imprimem grave majoração da pena privativa de liberdade cominada diante da extensão do dano (§1º: lesão grave; §2º: morte).

O tipo legal reúne os seguintes elementos: a) participar de a1. corrida, a2. disputa ou a3. competição automobilística ou ainda de a4. exibição ou demonstração de perícia em manobra de veículo automotor, as quais não foram autorizadas pela autoridade competente, b) na direção de veículo automotor, c) em via pública, d) gerando situação de risco à incolumidade pública ou privada.

Participar é verto transitivo indireto, que significa "[t]er ou tomar parte de; (...) [a]ssociar-se pelo pensamento, pelo sentimento; compartilhar; compartir (...)"[215]

Os objetos indiretos que completam o verbo são *corrida, disputa* ou *competição automobilística*. Vejam-se seus significados em dicionário. *Corrida* é "1. Ato ou efeito de correr 2 Fato ou situação em que um ou, esp., várias pessoas correm ou se deslocam rapidamente (...)". *Disputa* é "1 Ato ou ação de disputar 2 Correspondência, competição entre duas ou mais pessoas por algo desejado por elas (...)". *Competição* é "1 Ação ou ato de competir 2 Disputa simultânea entre dois ou mais concorrentes por um resultado favorável, vitória, sucesso, vantagem etc. (...)".[216]

Esses três complementos deixavam certa ideia de pluralidade necessária de agentes, porque corrida, disputa ou competição, em princípio, guardam certo sentido de superação entre competidores, por mais que *corrida* não fosse necessariamente plurissubjetivo (por mais que sua noção principal pareça sê-lo). Daí o *nomem iuris* informal recebido: crime de racha.

Para evitar miudezas semânticas e deixar clara a conduta incriminada, foi acrescentado *participar de exibição ou demonstração perícia* (isto é, de habilidade, destreza). *Exibir* é "1 Fazer com que (algo ou alguém ou animal) seja visto por outrem (...) 2 Pôr-se em exposição, em evidência (...)". *Demonstrar*, da maneira usada, portanto a excluir a ação de demonstrar raciocínio lógico e expressar de intenções ou sentimentos, tem-se o seguinte: "3 Dar(-se) a conhecer; patentear; mostrar (...) 4 Ilustrar o que se explica; exemplificar (...)".[217]

Fica claro que as condutas finais não exigem pluralidade de agentes, pondendo o autor estar a sós ou em concurso.

Enerra-se essa primeira parte com o elemento normativo *não autorizada pela autoridade competente*. A autorização excluiria a tipicidade, sendo, pois, elemento

[215] AULETE, Caldas. *Novíssimo Aulete dicionário contemporâneo da língua portuguesa*, p. 1031, entrada *participar*.

[216] AULETE, Caldas. *Novíssimo Aulete dicionário contemporâneo da língua portuguesa*, p. 407, *corrida*; p. 506, *disputa*; p. 363, *competição*.

[217] AULETE, Caldas. *Novíssimo Aulete dicionário contemporâneo da língua portuguesa*, p. 627, *exibir*; p. 445, *demonstrar*.

da antijuridicidade que foi levado ao tipo objetivo pelo legislador. A regumentação do assunto consta do artigo 67, do CTB.

> CTB, Art. 67. As provas ou competições desportivas, inclusive seus ensaios, em via aberta à circulação, só poderão ser realizadas mediante prévia permissão da autoridade de trânsito com circunscrição sobre a via e dependerão de: I - autorização expressa da respectiva confederação desportiva ou de entidades estaduais a ela filiadas; II - caução ou fiança para cobrir possíveis danos materiais à via; III - contrato de seguro contra riscos e acidentes em favor de terceiros; IV - prévio recolhimento do valor correspondente aos custos operacionais em que o órgão ou entidade permissionária incorrerá. Parágrafo único. A autoridade com circunscrição sobre a via arbitrará os valores mínimos da caução ou fiança e do contrato de seguro.

Conforme já observado no artigo 291, do CTB, o crime deverá ser cometido na direção de veículo automotor. Bem assim, o autor deverá está na condução de veículo automotor. Ficam excluídos, ao menos como autor ou coautor (segundo o conceito restritivo de autor) aqueles que conduzirem veículos não automotores, ainda que realizem disputas ou mostras de perícia; poderão, contudo, serem partícipes, caso outros completem as exigências do artigo 308.

O crime apenas pode ser cometido em via pública. Ficam excluídas as vias privadas, como vias internas pertencentes a condomínios constituídos por unidades autônomas e vias e áreas de estacionamento de estabelecimentos privados de uso coletivo.

A última elementar envolve a situação de risco: *gerando situação de risco à incolumidade pública ou privada*. Na redação original, o perigo era assim tratado: "desde que resulte dano potencial à incolumidade pública ou privada:" Tanto a Lei 12.971/14 como a Lei 13.546/17 preferiram a designação "gerando situação de risco à incolumidade pública ou privada".

Essa mudança foi interpretada como intenção do legislador em transformar o crime de perigo concreto para crime de perigo abstrato.

Em verdade, parece outra da já apontada política criminal judicial, em que os juízes acreditam lutar contra a criminalidade e, com suas decisões, reduzir estatisticamente o número de crimes. Isso se afirma por dois motivos. Primeiro, as mortes provocadas em casos de racha causam grande repercussão. Segundo, não há qualquer diferença de sentido entre "dano potencial à incolumidade pública ou privada" e "situação de risco à incolumidade pública ou privada". *Situação de risco* e *dano potencial* têm o mesmo significado.

Todavia, a jurisprudência firmou esse entendimento, de que o crime do artigo 308, em sua última redação, é de perigo abstrato.

> 1. A jurisprudência desta Corte entendia que o delito de racha previsto no art. 308 da Lei nº 9.503/97, por ser de perigo concreto, necessitava, para a sua configuração, da demonstração da potencialidade lesiva (REsp 585.345/PB, Rel. Ministro FELIX FISCHER, QUINTA TURMA, julgado em 16/12/2003, DJ 16/02/2004, p. 342). 2. Todavia, a alteração promovida pela Lei nº 12.971, de 2014, que substituiu a expressão "dano potencial" por "situação de risco", teve como objetivo esclarecer que o crime do artigo 308 do CTB é de perigo abstrato. 2. No caso, a conduta dos recorrentes, efetivamente, gerou perigo à incolumidade pública e privada, haja vista que muitos pedestres transitavam pelo local no horário em que se deu o "racha". Nesse contexto, encontra-se suficientemente caracterizada a situação capaz de gerar risco à incolumidade pública ou privada exigida pelo artigo 308, do CNT. 3. Agravo regimental a que se nega provimento. (AgRg no REsp 1852303/ES, Rel. Ministro RIBEIRO DANTAS, QUINTA TURMA, julgado em 18/02/2020, DJe 28/02/2020)

2. Objetividade jurídica

É a segurança viária, representada ela elementar "incolumidade pública e privada". Esta (incolumidade privada) compreende vida e segurança individual. Essa (incolumidade pública), ausência de risco para a coletividade.

3. Sujeito ativo

Sujeito ativo será o condutor de veículo automotor. Crime comum, segundo a doutrina majoritária.

Sobre o concurso de pessoas, mister observar as condutar.

Participar de corrida, ainda que em geral seja crime plurissubjetivo, poderia em tese ser cometido apenas pelo condutor do veículo automotor. Já *participar de disputa ou competição automobilística* é conduta que exige coautoria, sendo, assim, de concurso necessário: não se perfaz o crime com um único autor, sendo necessário ao menos dos competidores.

Parcipar de exibição ou demonstração de perícia, à evidência, pode ser cometido pelo condutor de veículo automotor sozinho. Crime de concurso eventual nestas condutas.

A conduta dos organizadores, por exemplo, será punível a título de participação. Quem tiver dever legal de impedir o resultado e não o fizer responderá pelo resultado (comissivo por omissão), nos termos do §2°, do artigo 13, do CP.

4. Sujeito passivo

É a coletividade: crime vago. Secundariamente, as pessoas expostas a perigo de nado, sejam elas identificadas ou não.

Mesmo que optem por assistir à conduta, o bem jurídico é indisponível e não pertence a qualquer pessoa em particular, mas à coletividade como um todo. Portanto, inadmissível qualquer alegação de ter-se colocado em risco, ter aquiescido com o perigo, ou mesmo de ser o gerador da situação perigosa (como no caso de um organizador).

5. Elemento subjetivo

É o dolo de perigo abstrato, conforme entendimento jurisprudencial.

Nas figuras qualificadas, verifica-se culpa no consequente, bem expressada pela fórmula "e as circunstâncias demonstrarem que o agente não quis o resultado nem assumiu o risco de produzi-lo" prevista nos §§1° e 2°. O crime é preterdoloso.

6. Consumação

Consuma-se com a realização das elementares típicas, sendo que a lei presume a situação de perigo (análise *ex ante*). Este é presumido e, portanto, não precisa ser objeto de prova.

A conduta pode prolongar-se no tempo, por isso há autores que consideram crime eventualmente permanente.[218]

7. Tentativa

Possível. Contudo, tanto pelas condutas como pela necessidade de causar dano potencial, a doutrina aponta grande dificuldade prática em verificar-se a modalidade tentada.

[218] Neste sentido, JESUS, Damásio de. *Crimes de Trânsito*, p. 176.

8. Institutos despenalizadores

A figura simples admite suspensão condicional do processo. A figura qualificada do §1° admite apenas acordo de não persecução penal. Já a do §2° não admite quaisquer institutos despenalizadores.

9. Concurso de crimes e concurso aparente de normas

Houve, quando da vigência da qualificadora do artigo 302, §2°, introduzido pela pela Lei n° 12.971, de 2014, verdadeiro bis in idem, porque tanto a previsão da qualificadora do artigo 308, como aquele tinham, a despeito de pequenas diferenças, o mesmo suporte fático.

A jurisprudência firmou-se no sentido do favor libertatis, preservando a incidência da lei menos gravosa.

> 1. A Lei n. 12.971/2014, em vigor à época dos fatos, operou reformas no Código de Trânsito Brasileiro - CTB foi severamente criticada pela doutrina vez que trouxe em dois tipos penais condutas idênticas com previsões de penas diferentes. 2. A conduta imputada ao paciente e objeto de condenação em primeira e segunda instâncias consistiu em dolosamente participar de competição automobilística ilegal e, culposamente, provocar a morte da vítima, deixando de prestar socorro se adequando tanto aos tipos penais previstos no art. 302, §2°, quanto ao art. 308, §2° do CTB, na redação da Lei n. 12.971/2014, vigente à época dos fatos. (...) Doutrina sustenta que a pretensa diferença da descrição dos fatos não interfere na adequação típica da conduta, sendo os dois tipos penais, na verdade, idênticos. **3. Não se trata de um conflito aparente de normas que possam ser solucionadas pelos critérios clássicos de solução de antinomias, mas sim de uma norma autofágica, que dentro de si mesma cria incongruência e impede sua aplicação integral.** Dentro desse quadro, a doutrina leciona que a norma penal mais branda deve ser aplicada, prestigiando o princípio penal do favor rei. 4. Agravo Regimental provido e habeas corpus concedido de ofício para desclassificar a conduta do paciente do art. 308, §2° c/c 304 para o art. 302, §2° e §1°, inciso III, do CTB, todos com a redação dada pela Lei n. 12.971/2014, vigente à época dos fatos. 5. Afastada a agravante correspondente ao crime ter sido praticado contra pessoa idosa, vez que, tratando-se de crime culposo, tal fato não se encontrava dentro da esfera de conhecimento do autor. 6. Agravo Regimental provido e habeas corpus concedido de ofício. (STJ, AgRg no HC 602.009/SP, Rel. Ministro

JOEL ILAN PACIORNIK, QUINTA TURMA, julgado em 15/12/2020, DJe 18/12/2020, g.n.)

É possível concurso material entre crime de perigo comum do artigo 308, do CTB, e crime de perigo individual do artigo 132, do CP, a depender das circunstâncias fáticas.

> (...) 3. No caos, consta da sentença que o paciente trafegou em alta velocidade, realizando manobras e ultrapassagens perigosas, além de manobras de zigue-zague, tendo quase provocado colisão com o veículo de um das testemunhas, em via de grande movimentação, o que caracteriza a prática do delito previsto no retrocitado dispositivo de lei. 4. A conduta do réu sujeitou a risco concreto a higidez física dos dois passageiros do veículo da testemunha, que restou ultrapassado a 150 km/h, tendo sido obrigado a realizar manobra para evitar uma grave colisão, o que não se confunde com a prática de "racha", sendo descabido falar em bis in idem na condenação pelos crimes do art. 132 do CP e 308 do CTB. Se as instâncias ordinárias reconheceram que as condutas descritas na peça acusatória se subsumem aos tipos penais previstos no art. 308 do CTB e do art. 132 do CP, para infirmar tal conclusão seria necessário revolver o contexto fático-probatório dos autos, providência que não se coaduna com a via do writ. (...) (STJ, HC 581.283/SP, Rel. Ministro RIBEIRO DANTAS, QUINTA TURMA, julgado em 09/06/2020, DJe 15/06/2020)

Por fim, parece relevante estabelecer se haverá concurso de crimes no caso de racha que provoque múltiplas mortes ou se haverá crime único e o juiz deverá valorar os diversos resultados na análise da culpabilidade e das consequências do crime.

A decisão mais acertada parece ser a que reconhece o concurso de crimes (em geral, concurso formal próprio de crimes) e condena o réu por uma imputação de racha qualificado e outras tantas imputações de homicídio ou lesão corporal.

Todavia, no caso do latrocínio[219] com múltiplas vítimas fatais, a jurisprudência do STF firmou-se em reconhecer um crime patrimonial apenas. Assim, pela mesma razão –crime complexo com múltiplos resultados, que não desfiguram

[219] Roubo CP, Art. 157 - Subtrair coisa móvel alheia, para si ou para outrem, mediante grave ameaça ou violência a pessoa, ou depois de havê-la, por qualquer meio, reduzido à impossibilidade de resistência: Pena - reclusão, de quatro a dez anos, e multa. § 3° Se da violência resulta: I – lesão corporal grave, a pena é de reclusão de 7 (sete) a 18 (dezoito) anos, e multa; II – morte, a pena é de reclusão de 20 (vinte) a 30 (trinta) anos, e multa.

ou não desfigurariam a conduta antecedente- parece que a tese do crime único receberia acolhida da jurisprudência.

> "HABEAS CORPUS". LATROCINIO. DIVERSIDADE DE VITIMAS NA EXECUÇÃO DO CRIME. EXCLUSAO DO AUMENTO DA PENA EMBASADO NA CONTINUIDADE DELITIVA. 1. O CRIME DE LATROCINIO E UM DELITO COMPLEXO, CUJA UNIDADE NÃO SE ALTERA EM RAZÃO DA DIVERSIDADE DE VITIMAS FATAIS; HÁ UM ÚNICO LATROCINIO, NÃO OBSTANTE CONSTATADAS DUAS MORTES; A PLURALIDADE DE VITIMAS NÃO CONFIGURA A CONTINUIDADE DELITIVA, VEZ QUE O CRIME-FIM ARQUITETADO FOI O DE ROUBO E NÃO O DE DUPLO LATROCINIO. 2. MANTIDA A CONDENAÇÃO, EXPUNGE-SE DA PENA A MAJORAÇÃO, PORQUANTO NÃO CONFIGURADA A CONTINUIDADE DELITIVA. "HABEAS CORPUS" DEFERIDO, EM PARTE. (HC 71267, Relator MAURÍCIO CORRÊA, Segunda Turma, julgado em 14/02/1995)

10. Classificação doutrinária

Crime comum (não próprio), para a maioria da doutrina; material na figura básica e material nas formas qualificadas e crime de perigo (abstrato para a jurisprudência) na figura simples; doloso (dolo de perigo) na modalidade básica e preterdoloso nas qualificadas; de forma parcialmente vinculada, por mais que existam autores que reconheçam como de forma livre[220]: parece contrassenso fundamentar os crimes do artigo 302 e 303 como crimes de forma parcialmente vinculadas porque cometidos na *condução de veículo automotor* e recusar ao crime do artigo 308, o qual igualmente é cometido na *condução (ou direção) de veículo automotor*; comissivo; unissubjetivo ou plurissubjetivo, a depender da conduta; plurissubsistente.

11. Questões materiais relevantes

As penas cominadas são de detenção, de 6 (seis) meses a 3 (três) anos, multa e suspensão ou proibição de se obter a permissão ou a habilitação para dirigir veículo automotor. Portanto, cumula-se pena privativa de liberdade com multa (pena patrimonial) e pena restritiva de direito.

[220] NUCCI, Guilherme de Souza. *Leis Pernais e Processuais Penais comentadas*, p. 1120.

No caso do § 1º, havendo lesão corporal de natureza grave (culposa)a pena privativa de liberdade será de reclusão, ao invés de detenção, de 3 (três) a 6 (seis) anos, além da multa e da suspensão ou proibição de se obter permissão ou habilitação para dirigir veículo automotor. No caso do § 2º, no qual há morte, a pena privativa de liberdade será de reclusão de 5 (cinco) a 10 (dez) anos, sem prejuízo das demais penas (multa e pena restritiva de direito).

Para o crime do *caput* do artigo 308, mister lembrar-se da Súmula 171, do STJ, que proíbe substituição da pena privativa de liberdade por multa quando, em lei especial, estiverem cominadas cumulativamente.

> Súmula 171/STJ. Cominadas cumulativamente, em lei especial, penas privativas de liberdade e pecuniária, é defeso a substituição da prisão por multa.

A decisão acerca de tratar-se o fato crime de racha com resultado morte (artigo 308, §2º, do CTB) ou homicídio doloso, com dolo eventual (artigo 121, do CP) cabe ao Juiz Natural, no caso, o Tribunal do Júri.

> (...) 2. A existência de dúvida razoável acerca da ocorrência de disputa automobilística, denominada "racha", em alta velocidade e após aparente ingestão de bebidas alcoólicas autoriza a prolação de decisão de pronúncia, cabendo ao Tribunal do Júri a análise não só do contexto fático em que ocorreu o fato, mas também o exame acerca da existência de dolo ou culpa, uma vez que o deslinde da controvérsia sobre o elemento subjetivo do crime, se o acusado atuou com dolo eventual ou culpa consciente, é de competência do Tribunal do Júri. Precedentes. 3. A incidência do art. 308, § 2º, do CTB, na redação da Lei 12.971/2014, que se refere ao crime de disputa automobilística não autorizada, somente é possível se comprovado que as circunstâncias demonstram que o agente não quis o resultado nem assumiu o risco de produzi-lo. Havendo, em princípio, dolo eventual, a questão somente poderá ser aferida pelo órgão competente, qual seja, o Tribunal do Júri, considerando a fase em que se encontra o processo, em que vige o princípio in dubio pro societate. (...) (AgRg no REsp 1320344/DF, Rel. Ministro REYNALDO SOARES DA FONSECA, QUINTA TURMA, julgado em 27/06/2017, DJe 01/08/2017)

Quanto ao Direito Civil, o fato de participar de racha impede acionamento do seguro, porque é vedado ao segurado majorar o risco objeto do contrato intencionalmente.

> 1. O art. 768 do Código Civil de 2002 dispõe que o segurado perderá o direito à garantia se agravar intencionalmente o risco objeto do contrato. 2. No caso de disputa automobilística, os condutores dos veículos automotores, por meio de ato consciente e voluntário e em verdadeira competição urbana, geralmente empregam velocidade superior ao permitido pela via, sabendo que tal prática pode gerar danos a si, a seus próprios carros e, o que é mais grave, à vida das pessoas. 3. Nesse contexto, a participação em disputa automobilística configura hipótese de agravamento intencional do risco a ensejar a perda da cobertura securitária (art. 768 do CC/2002). 4. O ato de agravar o risco pressupõe uma conduta praticada, em regra, pelo próprio segurado, e não por terceiro. Precedentes do STJ. 5. Na hipótese dos autos, a apólice securitária consigna expressamente que o veículo segurado não pode ser dirigido por pessoa(s) menor(es) de 26 (vinte e seis) anos na época de vigência do contrato. Assim, como à época do acidente, o terceiro responsável pela prática do "racha" possuía 21 (vinte e um) anos de idade, houve a inobservância dos termos da apólice, razão pela qual não há falar em pagamento de indenização securitária. 6. Recurso especial não provido. (REsp 1368766/RS, Rel. Ministro LUIS FELIPE SALOMÃO, QUARTA TURMA, julgado em 01/03/2016, DJe 06/04/2016)

No Direito Argentino, foi introduzido crime muito semelhante ao de racha:

> CP argentino. Artículo 193 bis. - Será reprimido con prisión de seis (6) meses a tres (3) años e inhabilitación especial para conducir por el doble del tiempo de la condena, el conductor que creare una situación de peligro para la vida o la integridad física de las personas, mediante la participación en una prueba de velocidad o de destreza con un vehículo con motor, realizada sin la debida autorización de la autoridad competente.
>
> La misma pena se aplicará a quien organizare o promocionare la conducta prevista en el presente artículo, y a quien posibilitare su realización por un tercero mediante la entrega de un vehículo con motor de su propiedad o confiado a su custodia, sabiendo que será utilizado para ese fin. (Artículo sustituido por art. 5° de la Ley N° 27.347 B.O. 6/1/2017).

No Direito Penal espanhol, não há regras específicas sobre racha, valendo-se de previsão genérica de direção perigosa, a qual é dividida em duas figuras, a do artigo 380 e do 381, sendo a última com pena significativamente maior diante do "manifesto desprezo pela vida dos outros".

> CP espanhol. Artículo 380. 1. El que condujere un vehículo a motor o un ciclomotor con temeridad manifiesta y pusiere en concreto peligro la vida o la integridad de las personas será castigado con las penas de prisión de seis meses a dos años y privación del derecho a conducir vehículos a motor y ciclomotores por tiempo superior a uno y hasta seis años. 2. A los efectos del presente precepto se reputará manifiestamente temeraria la conducción en la que concurrieren las circunstancias previstas en el apartado primero [velocidade superior ao máximo em 60 km/h] y en el inciso segundo [condução de veículo sob embriaguez] del apartado segundo del artículo anterior.
>
> Artículo 381. 1. Será castigado con las penas de prisión de dos a cinco años, multa de doce a veinticuatro meses y privación del derecho a conducir vehículos a motor y ciclomotores durante un período de seis a diez años el que, con manifiesto desprecio por la vida de los demás, realizare la conducta descrita en el artículo anterior. 2. Cuando no se hubiere puesto en concreto peligro la vida o la integridad de las personas, las penas serán de prisión de uno a dos años, multa de seis a doce meses y privación del derecho a conducir vehículos a motor y ciclomotores por el tiempo previsto en el párrafo anterior.

No Direito português há conduta semelhante à do artigo 308, do CTB:

> Condução perigosa de veículo rodoviário CP português. Art. 291º. 1 - Quem conduzir veículo, com ou sem motor, em via pública ou equiparada: a) Não estando em condições de o fazer com segurança, por se encontrar em estado de embriaguez ou sob influência de álcool, estupefacientes, substâncias psicotrópicas ou produtos com efeito análogo, ou por deficiência física ou psíquica ou fadiga excessiva; ou b) Violando grosseiramente as regras da circulação rodoviária relativas à prioridade, à obrigação de parar, à ultrapassagem, à mudança de direcção, à passagem de peões, à inversão do sentido de marcha em auto-estradas ou em estradas fora de povoações, à marcha atrás em auto-estradas ou em estradas fora de povoações, ao limite de velocidade ou à obrigatoriedade de circular na faixa de rodagem da direita; e criar deste modo perigo para a vida ou para a integridade física de outrem, ou para bens patrimoniais alheios de valor elevado, é punido com pena de prisão até 3 anos ou com pena de multa. **2 - Quem conduzir veículo, com ou sem motor, em via pública ou equiparada e nela realizar actividades não autorizadas, de natureza desportiva ou análoga, que violem as regras previstas na alínea b) do número anterior, é punido**

> **com pena de prisão até três anos ou com pena de multa.** 3 - Se o perigo referido no n.º 1 for criado por negligência, o agente é punido com pena de prisão até dois anos ou com pena de multa até 240 dias. 4 - Se a conduta referida no n.º 1 for praticada por negligência, o agente é punido com pena de prisão até 1 ano ou com pena de multa até 120 dias. (g.n.)

No Projeto Alcântara Machado, existia, dentre as várias condutas constantes do artigo 253, havia previsão genérica de direção perigosa no inciso IX.

> Art. 253 — Punir-se-á com multa de 100$ a 2:000$000 aquele que:
>
> I — deixar de colocar sinal ou vedação na via pública, para prevenir os transeuntes de perigo resultante de obra que esteja executando; II — apagar sinal luminoso ou destruir ou remover sinal de outra natureza ou vedação destinados ao objetivo constante do inciso anterior; III — remover qualquer outro sinal destinado a serviço público; IV — apagar aparelho de iluminação pública; V — der aviso falso de incêndio, crime ou acidente; V I — deixar em liberdade ou não guardar com a devida cautela, ou confiar á guarda de pessoa inexperiente animal perigoso; VII — abandonar em logar aberto animal de tiro, carga ou corrida, ou confiá-lo a pessoa inexperiente; VIII — excitar ou irritar animal, de maneira a pôr em perigo a segurança publica; **IX — dirigir na via pública animal ou veículo de modo a pôr em perigo a segurança alheia;** X — dirigir veículo na via pública, ou em logar accessivel ao público, ou embarcação a motor em águas públicas, ou aeronave, sem estar devidamente licenciado; X I — entregar-se fora do campo de aviação a acrobacia aérea ou descer voluntariamente fora dos logares destinados a esse fim **XII** — deixar suspensa ou atirar ou deixar cair sobre a **via** pública ou logar de uso c o m u m ou alheio, cousa capaz de sujar ou molestar alguém; **XIII** — provocar, fora dos casos permitidos em lei, emissão de gaz, fumaça ou vapor sasceptivel de produzir u m dos resultados constantes do inciso anterior; **XIV** — não exercer a vigilância necessária com relação a alienado perigoso, cuja guarda lhe incumba; ou deixar de avisar de sua fuga a autoridade. (g.n.)

Faltando alguma das elementares típicas, restarão as infrações administrativas, que vem em diversos dispositivos:

> CTB, Art. 173. Disputar corrida: Infração - gravíssima; Penalidade - multa (dez vezes), suspensão do direito de dirigir e apreensão do veículo; Medida administrativa - recolhimento do documento de habilitação e remoção do

veículo. Parágrafo único. Aplica-se em dobro a multa prevista no caput em caso de reincidência no período de 12 (doze) meses da infração anterior.

Art. 174. Promover, na via, competição, eventos organizados, exibição e demonstração de perícia em manobra de veículo, ou deles participar, como condutor, sem permissão da autoridade de trânsito com circunscrição sobre a via: Infração - gravíssima; Penalidade - multa (dez vezes), suspensão do direito de dirigir e apreensão do veículo; Medida administrativa - recolhimento do documento de habilitação e remoção do veículo. § 1º As penalidades são aplicáveis aos promotores e aos condutores participantes. § 2º Aplica-se em dobro a multa prevista no caput em caso de reincidência no período de 12 (doze) meses da infração anterior.

Art. 175. Utilizar-se de veículo para demonstrar ou exibir manobra perigosa, mediante arrancada brusca, derrapagem ou frenagem com deslizamento ou arrastamento de pneus: Infração - gravíssima; Penalidade - multa (dez vezes), suspensão do direito de dirigir e apreensão do veículo; Medida administrativa - recolhimento do documento de habilitação e remoção do veículo. Parágrafo único. Aplica-se em dobro a multa prevista no caput em caso de reincidência no período de 12 (doze) meses da infração anterior.

12. Questões processuais relevantes

A figura simples admite processar-se-á segundo o rito comum sumário. A figura qualificada do §1º, segundo o rito comum ordinário. Já a do §2º, segundo o rito comum ordinário.

A ação é pública incondicionada em todas as modalidades.

O crime simples não deixa vestígios (crime de fato transeunte). Mas, nas hipóteses preterdolosas, será de fato permanente e deverá ser realizado exame de corpo de delito.

Art. 309. Dirigir veículo automotor, em via pública, sem a devida Permissão para Dirigir ou Habilitação ou, ainda, se cassado o direito de dirigir, gerando perigo de dano:
Penas - detenção, de seis meses a um ano, ou multa.

1. Conduta típica

Conduta de "dirigir veículo automotor, em via pública" mostra a própria atividade de circulação em atividade, limitando-se, contudo, a *veículos automotores* (com exclusão dos demais veículos ou mesmo da conduta de pessoas e coisas separadas daqueles). A Lei, quiçá por impropriedade, olvidou as vias privadas abertas à circulação, restando no tipo penal apenas o *locus* "via pública".

Para análise mais alongada, veja-se anotação ao artigo 302, do CTB.

Há elemento normativo, qual seja, "sem a devida permissão para dirigir ou habilitação" ou "cassado o direito de dirigir".

Neste ponto, diante do perigo natural ou normal do trânsito, o Direito criou exigências mínimas para permitir legalmente que as pessoas conduzam veículos. Assim, inobservar tal exigência constitui uma quebra às tentativas do Estado em se desincumbir do dever de garantir segurança no trânsito. Até aqui se teria a *ratio* da contravenção penal do artigo 32, da LCP, ou a infração administrativa do artigo 162, inciso I, do CTB (v. *infra*).

Mas, a marca peculiar do crime de trânsito, está no perigo: gerando perigo de dano. Tem-se aqui perigo concreto, que precisa mostrar não apenas o perigo presumido pelo legislador, porém as próprias circunstâncias fáticas que ameaçaram a segurança viária.

Imperativo, sob pena de atipicidade, provar a acusação de que a condução irregular colocou algum veículo, animal ou pessoa em risco; geralmente, mostrar que o condutor acidentou-se por não possuir habilidade para realizar adequadamente manobras é o suficiente. Tem-se aí problema de direito material que se projeta ao direito processual, como de rigor.

Interpretação jurisprudencial assentou leitura de que habilitação ou permissão vencidas não perfazem o crime. Certamente é leitura restritiva.

> CRIMINAL. RECURSO ESPECIAL. DIRIGIR VEÍCULO SEM HABILITAÇÃO GERANDO PERIGO DE DANO. ABSOLVIÇÃO. CONDUTOR HABILITADO. EXAME MÉDICO VENCIDO. ATIPICIDADE. RECURSO DESPROVIDO.I. Hipótese em que o réu foi absolvido, ao fundamento de que o ato de conduzir veículo automotor com carteira de habilitação vencida não constitui a conduta tipificada no art. 309 do CTB. II. Se o bem jurídico tutelado pela norma é a incolumidade pública, para que exista o crime é necessário que o condutor do veículo não possua Permissão para Dirigir ou Habilitação, o que não inclui o condutor que, embora habilitado, esteja com a Carteira de Habilitação vencida. III. Não se pode equiparar a situação do condutor que deixou de renovar o exame médico com a daquele que

> sequer prestou exames para obter a habilitação. IV. Recurso desprovido. (REsp 1188333/SC, Rel. Ministro GILSON DIPP, QUINTA TURMA, julgado em 16/12/2010, DJe 01/02/2011)

Diante da estrita legalidade, a condução de ciclomotores, veículos de propulsão humana e de tração animal demandam *autorização para dirigir*. Os dois últimos não são automotores, de modo que não levantam maiores problemas. Os ciclomotores, porém, são automotores que se submetem a autorização para dirigir, a qual não está prevista na descrição do artigo 309. Portanto, atípica condução irregular, ainda que gere perigo, podendo incidir outros crimes por ventura, como o do artigo 132, do CP.

> CTB. Art. 141. O processo de habilitação, as normas relativas à aprendizagem para conduzir veículos automotores e elétricos e à autorização para conduzir ciclomotores serão regulamentados pelo CONTRAN.
>
> § 1° A autorização para conduzir veículos de propulsão humana e de tração animal ficará a cargo dos Municípios.

2. Objetividade jurídica

O bem jurídico é a segurança viária, especialmente sob a ótica da incolumidade pública. Exige-se efetivo risco ao bem jurídico, não presumido pela conduta incriminada.

3. Sujeito ativo

Qualquer pessoa: crime comum.

Sendo o crime de "dirigir veículo automotor, em via pública, sem a devida permissão...", o autor do crime será unicamente o próprio condutor. Irrelevante se o condutor é proprietário, possuidor ou detentor; despiciente discutir da legitimidade ou da boa-fé do autor em seu vínculo jurídico com o veículo automotor.

Veja-se julgado referente à contravenção do artigo 32, da LCP:

> RESP - DIREITO PENAL - CONTRAVENÇÃO PENAL (ART. 32) - CONCURSO DE PESSOAS - O DIREITO E SISTEMA. O CODIGO PENAL, A LEI FUNDAMENTAL DA RESPECTIVA LEGISLAÇÃO. O CONCURSO DE PESSOAS DECORRE DA CONDUTA TIPICA. NA CONTRAVENÇÃO PENAL (ART. 32), O VERBO REITOR E - DIRIGIR. ACRESCENTE-SE O

> ELEMENTO - SEM A DEVIDA HABILITAÇÃO - E A CIRCUNSTANCIA DE LUGAR - NA VIA PUBLICA. CONSIDERE-SE AINDA O - RESULTADO (SENTIDO NORMATIVO). RENEGUE-SE O DELITO DE PERIGO ABSTRATO. ALGUEM PODE ESTIMULAR OU CONCORRER MATERIALMENTE (ENTREGAR A CHAVE DO VEICULO, HIPOTESE DOS AUTOS). INCIDE, POIS, O DISPOSTO NO ART. 29, CODIGO PENAL. DE OUTRO LADO, O BEM JURIDICO - INCOLUMIDADE PUBLICA (PRESERVAÇÃO DE PESSOAS E COISAS INDETERMINADAS) - FOI POSTO NA HIPOTESE, CONCRETAMENTE, EM PERIGO. (REsp 34.322/RS, Rel. Ministro LUIZ VICENTE CERNICCHIARO, SEXTA TURMA, julgado em 01/06/1993, DJ 02/08/1993, p. 14295)

4. Sujeito passivo

É a coletividade. Trata-se de crime vago.

5. Elemento subjetivo

É o dolo de perigo, entendido como vontade e consciência de criar a situação de perigo concreto para a coletividade.

6. Consumação

Consuma-se com a condução, direção (de "dirigir") perigosa. Não há necessidade de efetivo dano, porém imperativa a demonstração de perigo: o resultado de periclitação deve estar comprovado, não bastando provas da simples conduta irregular.

7. Tentativa

É admissível, posto que viável cindir os atos executórios e a consumação propriamente dita. Contudo, extremamente difícil na prática, especialmente pela atipicidade da conduta sem perigo concreto.

8. Institutos despenalizadores

Sendo crime apenado com detenção, de seis meses a um ano, ou multa, caberá transação penal e suspensão condicional do processo, previstas na Lei 9.099/95.

9. Concurso de crimes e concurso aparente de normas

Há entre o crime de condução sem habilitação e o de embriaguez ao volante: concurso material.

> (...) 4. Descabe falar em bis in idem na fixação da pena-base, pois a condenação pelo art. 309 do CTB está fundada no fato do agente ter sido surpreendido sem carteira de habilitação, tratando-se, pois, de condutas típicas distintas, o que enseja a condenação pelos dois crimes, em concurso material. (HC 531.403/RJ, Rel. Ministro RIBEIRO DANTAS, QUINTA TURMA, julgado em 15/10/2019, DJe 25/10/2019)

> A condenação do paciente, em concurso material, pelos tipos dos arts. 306 e 309 do CTB alinha-se ao entendimento assente nesta Corte Superior sobre o assunto, no sentido de que os crimes em questão são autônomos, com objetividades jurídicas distintas, motivo pelo qual não incide o postulado da consunção, pois um delito não constituiu meio para a execução do outro. Precedentes. (HC 380.695/MS, Rel. Ministro REYNALDO SOARES DA FONSECA, QUINTA TURMA, julgado em 20/04/2017, DJe 27/04/2017)

Foi editada a Súmula 664, do Superior Tribunal de Justiça, que confirmou esse entendimento: "É inaplicável a consunção entre o delito de embriaguez ao volante e o de condução de veículo automotor sem habilitação. (TERCEIRA SEÇÃO, julgado em 8/11/2023, DJe de 13/11/2023)"

Com idêntico raciocínio, o crime de dano absorve o crime de perigo. Por isso, tanto a lesão corporal (artigo 303, do CTB) como o homicídio culposo (artigo 302, do CTB) absorvem o crime de direção sem habilitação (artigo 309, do CTB).

> Habeas corpus. **2. Código de Trânsito Brasileiro. Direção sem habilitação, art. 309; e, lesão corporal, art. 303. 3. Incidência do princípio da consunção. O crime de dirigir sem habilitação é absorvido pelo delito de lesão corporal** 4. Precedentes de ambas as turmas. 5. Falta de representação da vítima 6. Ordem concedida para restabelecer a decisão de primeiro grau, que rejeitou a denúncia. (HC 128921, Relator(a): GILMAR MENDES, Segunda Turma, julgado em 25/08/2015)

Contrariamente, há julgados recentes do STJ –mais novos- manifestando-se pelo concurso material entre lesão corporal e condução sem habilitação[221].

> AGRAVO REGIMENTAL NO RECURSO EM HABEAS CORPUS. TRANCAMENTO DE INQUÉRITO POLICIAL. CONSUNÇÃO ENTRE OS DELITOS PREVISTOS NOS ART. 303 E 309 DO CÓDIGO DE TRÂNSITO BRASILEIRO - CTB. IMPOSSIBILIDADE. AGRAVO REGIMENTAL DESPROVIDO. 1. "Em função do princípio da consunção, um tipo descarta outro porque consome ou exaure o seu conteúdo proibitivo, isto é, porque há um fechamento material. É um caso de consunção o do fato posterior que resulta consumido pelo delito prévio" (Eugênio Raúl Zaffaroni, in Manual de Direito Penal Brasileiro V.1, 7ª ed. rev. e atualizada. São Paulo: Revista dos Tribunais, 2007, págs. 628-629) [...] Hipótese em que, reconhecida a autonomia dos desígnios do recorrente e a distinção dos bens jurídicos tutelados pela norma penal, evidencia-se a inaplicabilidade do princípio da consunção, dada a ocorrência isolada dos crimes, o que denota a impossibilidade da absorção de um delito pelo outro" (RHC 61.464/RJ, Rel. Ministro RIBEIRO DANTAS, QUINTA TURMA, DJe 30/5/2018). **2. A jurisprudência dominante nesta Corte Superior rechaça a aplicação do princípio da consunção entre os tipos penais previstos nos arts. 303 e 309 do Código de Trânsito Brasileiro - CTB (lesão corporal na direção de veículo e dirigir veículo sem a devida habilitação), por tutelarem bens jurídicos diversos e não guardarem relação de crime meio e crime fim entre si.** 3. Agravo Regimental desprovido. (STJ, AgRg no RHC 117.454/PR, Rel. Ministro JOEL ILAN PACIORNIK, QUINTA TURMA, julgado em 21/11/2019, DJe 02/12/2019, g.n.)

Com rigor, para falar-se em consunção, há necessidade de estabelecer vínculo entre o crime prevalente e o *ante factum* ou *post factum* impuníveis. Assim:

[221] Há julgados do STJ na linha do entendimento do STF:
PENAL E PROCESSO PENAL. HABEAS CORPUS SUBSTITUTIVO. CÓDIGO DE TRÂNSITO BRASILEIRO. ABSORÇÃO DOS DELITOS DE LESÃO CORPORAL CULPOSA E DIREÇÃO SEM HABILITAÇÃO. RENÚNCIA EXPRESSA AO DIREITO DE REPRESENTAÇÃO. EXTINÇÃO DA PUNIBILIDADE. ORDEM CONCEDIDA DE OFÍCIO. 1 - A jurisprudência deste Superior Tribunal de Justiça firmou-se no sentido de que o crime de lesão corporal culposa (art. 303 do CTB) absorve o delito de direção sem habilitação (art. 309 do CTB), funcionando este como causa de aumento de pena (art. 303, parágrafo único, do CTB). Destarte, extinta a punibilidade do agente em face da expressa renúncia da vítima ao direito de representação pelo delito de lesão corporal, também fica extinta a punibilidade com relação ao crime de direção sem habilitação, menos grave, porquanto absorvido. (HC 25.082/SP, Rel. Min. Laurita Vaz, Quinta Turma, DJ 12/04/2004). 2 - Habeas corpus não conhecido, porém, de ofício, concedida a ordem para declarar extinta a punibilidade do delito de direção sem habilitação. (HC 299.223/RJ, Rel. Ministro NEFI CORDEIRO, SEXTA TURMA, julgado em 24/05/2016, DJe 06/06/2016)

"não foi demonstrada qualquer progressão lógica entre as práticas dos crimes elencados nos arts. 306 e 309 do Código de Trânsito Brasileiro por parte do réu, sendo inviável o reconhecimento da consunção do delito previsto no art. 309 do Código de Trânsito Brasileiro pelo do seu art. 306 quando um não constitui meio para a execução do outro, mas infração penal autônoma." (REsp 1.619.243, decisão monocrática do Min. Joel Ilan Paciornik, publicado em 29/03/2017).

Concurso entre roubo de veículo, ou furto, e condução perigosa. Há vários julgados nos tribunais superiores que perpassam pela temática, não sendo reconhecida a consunção. Parece evidente diante dos bens jurídicos envolvidos (segurança viária e patrimônio); é impertinente para o caso falar-se de "fase normal".

Por fim, segundo entendimento do Supremo Tribunal Federal, registrado na Súmula 720, o crime do artigo 309, do CTB, revogou a contravenção do artigo 32, da LCP.

> O art. **309** do Código de Trânsito Brasileiro, que reclama decorra do fato perigo de dano, derrogou o art. **32** da Lei das Contravenções Penais no tocante à direção sem habilitação em vias terrestres.

Veja-se o precedente:

> EMENTA: HABEAS CORPUS. ARTIGO 32, PRIMEIRA PARTE, DA LEI DE CONTRAVENÇÕES PENAIS. DISPOSITIVO QUE RESULTOU REVOGADO PELO NOVO CÓDIGO DE TRÂNSITO BRASILEIRO - CTB. Se é certo que não houve revogação expressa do dispositivo em apreço e, também, que, em tese, não seria ele incompatível com o disposto no art. 309 do CTB, a sua derrogação, na parte indicada, decorreu de haver o CTB, como é próprio das codificações, tratado de todas as infrações penais comissíveis na condução de veículos automotores, o que, de resto, ficou expressamente declarado no art. 161. Habeas corpus deferido. (RHC 80362, Relator(a): ILMAR GALVÃO, Tribunal Pleno, julgado em 14/02/2001, DJ 04-10-2002 PP-00095 EMENT VOL-02085-02 PP-00368)

A derrogação foi implícita, mas se operou diante da incompatibilidade da nova sistemática em face da antiga.

> EMENTA: HABEAS CORPUS. ARTIGO 32, PRIMEIRA PARTE, DA LEI DE CONTRAVENÇÕES PENAIS. DISPOSITIVO QUE RESULTOU REVOGADO PELO NOVO CÓDIGO DE TRÂNSITO BRASILEIRO - CTB. Se é certo

> que não houve revogação expressa do dispositivo em apreço e, também, que, em tese, não seria ele incompatível com o disposto no art. 309 do CTB, a sua derrogação, na parte indicada, decorreu de haver o CTB, como é próprio das codificações, tratado de todas as infrações penais comissíveis na condução de veículos automotores, o que, de resto, ficou expressamente declarado no art. 161. Habeas corpus deferido. (RHC 80362, Relator(a): ILMAR GALVÃO, Tribunal Pleno, julgado em 14/02/2001, DJ 04-10-2002 PP-00095 EMENT VOL-02085-02 PP-00368)

Se inexistir perigo concreto, restará apenas a possibilidade de penalidade administrativa do artigo 162, inciso I, do CTB[222].

> EMENTA: I. Infração de trânsito: direção de veículos automotores sem habilitação, nas vias terrestres: crime (CTB, art. 309) ou infração administrativa (CTB, art. 162, I), conforme ocorra ou não perigo concreto de dano: derrogação do art. 32 da Lei das Contravenções Penais (precedente: HC 80.362, Pl., 7.2.01, Inf. STF 217). 1. Em tese, constituir o fato infração administrativa não afasta, por si só, que simultaneamente configure infração penal. 2. No Código de Trânsito Brasileiro, entretanto, conforme expressamente disposto no seu art. 161 - e, cuidando-se de um código, já decorreria do art. 2º, § 1º, in fine, LICC - o ilícito administrativo só caracterizará infração penal se nele mesmo tipificado como crime, no Capítulo XIX do diploma. 3. Cingindo-se o CTB, art. 309, a incriminar a direção sem habilitação, quando gerar "perigo de dano", ficou derrogado, portanto, no âmbito normativo da lei nova - o trânsito nas vias terrestres - o art. 32 LCP, que tipificava a conduta como contravenção penal de perigo abstrato ou presumido. 4. A solução que restringe à órbita da infração administrativa a direção de veículo automotor sem habilitação, quando inexistente o perigo concreto de dano - já evidente pelas razões puramente dogmáticas anteriormente expostas -,

[222] CTB, Art. 162. Dirigir veículo:
I - sem possuir Carteira Nacional de Habilitação, Permissão para Dirigir ou Autorização para Conduzir Ciclomotor Infração - gravíssima; Penalidade - multa (três vezes); Medida administrativa - retenção do veículo até a apresentação de condutor habilitado;
II - com Carteira Nacional de Habilitação, Permissão para Dirigir ou Autorização para Conduzir Ciclomotor cassada ou com suspensão do direito de dirigir Infração – gravíssima Penalidade - multa (três vezes Medida administrativa - recolhimento do documento de habilitação e retenção do veículo até a apresentação de condutor habilitado;
III - com Carteira Nacional de Habilitação ou Permissão para Dirigir de categoria diferente da do veículo que esteja conduzindo Infração - gravíssima; Penalidade - multa (duas vezes); Medida administrativa - retenção do veículo até a apresentação de condutor habilitado;
V - com validade da Carteira Nacional de Habilitação vencida há mais de trinta dias: Infração - gravíssima; penalidade - multa; medida administrativa - recolhimento da Carteira Nacional de Habilitação e retenção do veículo até a apresentação de condutor habilitado;

> é a que melhor corresponde ao histórico do processo legislativo do novo Código de Trânsito, assim como às inspirações da melhor doutrina penal contemporânea, decididamente avessa às infrações penais de perigo presumido ou abstrato. (HC 84377, Relator SEPÚLVEDA PERTENCE, Primeira Turma, julgado em 29/06/2004)

10. Classificação doutrinária

Crime comum[223], de perigo concreto, doloso, instantâneo, plurssibsistente, unissubjetivo, de forma livre (o núcleo típico é conduzir, o qual poderá ser feito com amplitude pelo autor).

11. Questões materiais relevantes

Crime apenado com detenção, de seis meses a um ano, ou multa. Sendo alternativa a pena de multa, o piso cominado é a multa.

Havendo concurso aparente de normas, entre o crime de lesão corporal culposa e o de condução sem habilitação (artigo 303 e 309, do CTB), a extinção da punibilidade do crime de dano não permite a permanência do crime de perigo. De outra forma: pela consunção do último pelo primeiro, aquele perde sua tipicidade; por isso, eventual obstáculo que impeça o processamento do crime mais grave não faz ressurgir o mais brando. Por exemplo, se houver renúncia à representação do crime de lesão corporal, não se fará lícito apurar o crime de condução sem habilitação.

> E M E N T A: HABEAS CORPUS - DIREÇÃO DE VEÍCULO AUTOMOTOR - MOTORISTA NÃO HABILITADO - ACIDENTE DE TRÂNSITO - LESÕES CORPORAIS CULPOSAS - VÍTIMA QUE NÃO OFERECE REPRESENTAÇÃO DENTRO DO PRAZO LEGAL - EXTINÇÃO DA PUNIBILIDADE DO AGENTE - ABSORÇÃO DO CRIME DE PERIGO (CTB, ART. 309) PELO DELITO DE DANO (CTB, ART. 303) - PEDIDO DEFERIDO. - O crime de lesão corporal culposa, cometido na direção de veículo automotor (CTB, art. 303), por motorista desprovido de permissão ou de habilitação para dirigir, absorve o delito de falta de habilitação ou permissão tipificado no art. 309 do Código de Trânsito Brasileiro. - Com a extinção da punibilidade do agente, quanto ao delito tipificado no art. 303 do Código de Trânsito Brasileiro

[223] JESUS, Damásio de. *Crimes de Trânsito*, p. 186, e Marcellus. *Crimes de trânsito: aspectos penais e processuais*, p. 157, entendem que o crime é de mão própria. NUCCI, Guilherme de Souza. *Leis Penais e Processuais Penais comentadas*, p. 1121, entende ser crime comum, mudando entendimento de que seria crime próprio.

> (crime de dano), motivada pela ausência de representação da vítima, deixa de subsistir, autonomamente, a infração penal prevista no art. 309 do CTB (crime de perigo). Precedentes de ambas as Turmas do Supremo Tribunal Federal. (HC 80303, Relator CELSO DE MELLO, Segunda Turma, julgado em 26/09/2000)

Coerentemente com a negativa de incidência do princípio da consunção, extinta a punibilidade de um, persistirá a punibilidade do outro.

> PROCESSO PENAL. RECURSO EM HABEAS CORPUS. CRIMES DE TRÂNSITO. ARTS. 303 E 309, AMBOS DO CTB. AUSÊNCIA DE REPRESENTAÇÃO. EXTINÇÃO DA PUNIBILIDADE DO PRIMEIRO. CONDENAÇÃO DA SEGUNDA CONDUTA DENUNCIADA. PRINCÍPIO DA CONSUNÇÃO. INAPLICABILIDADE. DELITOS AUTÔNOMOS. RECURSO DESPROVIDO. 1. "Em função do princípio da consunção, um tipo descarta outro porque consome ou exaure o seu conteúdo proibitivo, isto é, porque há um fechamento material. É um caso de consunção o do fato posterior que resulta consumido pelo delito prévio" (Eugênio Raúl Zaffaroni, in Manual de Direito Penal Brasileiro V.1, 7ª ed. rev. e atualizada. São Paulo: Revista dos Tribunais, 2007, págs. 628-629) 2. No caso em exame, o Tribunal de origem rechaçou o pleito de reconhecimento do princípio da consunção entre os delitos lesão corporal (art. 303 do CTB) e dirigir sem habilitação (art. 309 do CTB), não vislumbrando relação de exaurimento de conteúdo proibitivo da norma. 3. Hipótese em que, reconhecida a autonomia dos desígnios do recorrente e a distinção dos bens jurídicos tutelados pela norma penal, evidencia-se a inaplicabilidade do princípio da consunção, dada a ocorrência isolada dos crimes, o que denota a impossibilidade da absorção de um delito pelo outro e o reconhecimento da atipicidade do segundo frente a extinção da punibilidade do primeiro, como ocorrido na espécie em exame. 4. Recurso desprovido. (RHC 61.464/RJ, Rel. Ministro RIBEIRO DANTAS, QUINTA TURMA, julgado em 22/05/2018, DJe 30/05/2018)

Existe infração administrativa semelhante, que se cumulará, se for o caso, com os ilícitos penais:

> CTB, Art. 163. Entregar a direção do veículo a pessoa nas condições previstas no artigo anterior:

> Infração - as mesmas previstas no artigo anterior; Penalidade - as mesmas previstas no artigo anterior; Medida administrativa - a mesma prevista no inciso III do artigo anterior.
>
> Art. 164. Permitir que pessoa nas condições referidas nos incisos do art. 162 tome posse do veículo automotor e passe a conduzi-lo na via:
>
> Infração - as mesmas previstas nos incisos do art. 162; Penalidade - as mesmas previstas no art. 162; Medida administrativa - a mesma prevista no inciso III do art. 162.

Tal conduta é punida na lei espanhola:

> CP espanhol. Artículo 384. El que condujere un vehículo de motor o ciclomotor en los casos de pérdida de vigencia del permiso o licencia por pérdida total de los puntos asignados legalmente, será castigado con la pena de prisión de tres a seis meses o con la de multa de doce a veinticuatro meses o con la de trabajos en beneficio de la comunidad de treinta y uno a noventa días.
>
> La misma pena se impondrá al que realizare la conducción tras haber sido privado cautelar o definitivamente del permiso o licencia por decisión judicial **y al que condujere un vehículo de motor o ciclomotor sin haber obtenido nunca permiso o licencia de conducción. (g.n.)**

12. Questões processuais relevantes

Sendo a pena máxima a de um ano de detenção, o procedimento será o sumaríssimo. O juiz natural será o do Jecrim.

O crime é considerado "transeunte": não deixa vestígios. Não é exigível exame de corpo de delito (artigo 158, do CPP)

A ação penal é pública incondicionada.

Art. 310. Permitir, confiar ou entregar a direção de veículo automotor a pessoa não habilitada, com habilitação cassada ou com o direito de dirigir suspenso, ou, ainda, a quem, por seu estado de saúde, física ou mental, ou por embriaguez, não esteja em condições de conduzi-lo com segurança:
Penas - detenção, de seis meses a um ano, ou multa.

1. Conduta típica

Segundo Luiz Flávio Gomes e Rogério Sanchez Cunha, antes da entrada em vigor do CTB, a jurisprudência majoritária entendia que a conduta ora discutida consistiria em coautoria do ato contravencional praticado pelo condutor indevido.[224]

Permitir é "[d]ar faculdade, licença, conceder, autorizar, deixar fazer.[225]"O último significado deixa sem sombra de dúvidas haver modalidade omissiva, um não agir: é o deixar a conduta indevida de outrem.

Confiar é sinônimo de *permitir*, acrescendo-se apenas elemento moral: "[e] ntregar, comunicar sob garantia moral, ter fé em alguém."[226] Devem extrair-se, pois, as mesmas conclusões arroladas para o verbo *permitir*. Há posições, contudo, que entendem que esses verbos admitem tanto condutas ativas (ações) como passivas (omissões).[227]

Por fim, *entregar* é "[c]onsignar um cousa a alguém, dar-lhe a posse de."[228] Em dicionários mais modernos, registra-se "ato ou efeito de dirigir ou de se dirigir"[229].

O crime, como não poderia ser diferente diante do artigo 291, do CTB, envolve veículo automotor.

Deve, contudo, haver *direção*: "ato ou efeito de dirigir ou de se dirigir"[230], ou "[a]ção ou resultado de dirigir(-se)", sendo nesse afã registrado o sentido de "[a] ção ou resultado de conduzir, guiar um veículo" e por isso chegou-se ao nome da "parte de um veículo que orienta o seu deslocamento"[231]. (cfr. anotações ao artigo 302, do CTB, *supra*).

Há, avançando a análise, cinco qualidades de terceiros, intervenientes necessários, que não deixam de guardar certa semelhança –não identidade, obviamente- com os casos de autoria mediata: i) pessoa não habilitada, ii) pessoa com habilitação cassada, iii) pessoa com o direito de dirigir suspenso, iv) pessoa a quem, por seu estado de saúde, física ou mental, não esteja em condições de

224 GOMES. Luiz Flávio ; CUNHA, Rogério Sanchez. *Legislação Criminal Especial*, p. 1112.

225 SILVEIRA BUENO, Francisco da. *Grande Dicionário Etimológico-Prosódico da Língua* Portuguesa. 6º volume, p. 2992, entrada "permitir".

226 SILVEIRA BUENO, Francisco da. *Grande Dicionário Etimológico-Prosódico da Língua* Portuguesa. 2º volume, p. 790. entrada "confiar".

227 GOMES. Luiz Flávio; CUNHA, Rogério Sanchez. *Legislação Criminal Especial*, p. 1112.

228 SILVEIRA BUENO, Francisco da. *Grande Dicionário Etimológico-Prosódico da Língua* Portuguesa. 3º volume, p. 1144, entrada "entregar".

229 **"direção"**, in Dicionário Priberam da Língua Portuguesa [em linha], 2008-2021, https://dicionario.priberam.org/dire%C3%A7%C3%A3º [consultado em 07-12-2021].

230 **"direção"**, in Dicionário Priberam da Língua Portuguesa [em linha], 2008-2021, https://dicionario.priberam.org/dire%C3%A7%C3%A3º [consultado em 07-12-2021].

231 AULETE, Caldas. *Novíssimo Aulete dicionário contemporâneo da língua portuguesa*, p. 500, entrada "direção".

conduzir com segurança, e v) pessoa embriagada que não esteja em condições de conduzir com segurança.

As três primeiras são elementares normativas, que se reconhecem como normas penais em branco. Especificamente, são normas penais em branco em sentido amplo, porque remetem ao próprio CTB, lei em sentido estrito, cuja complementação encontra-se no artigo 140[232] e 256[233] e outros do CTB.

As duas últimas, também elementares normativas, são dotadas de maior vaguidade, facultando maior margem de apreciação do julgador porque menos balizadas pela lei.

Houve já muita discussão acerca de o tipo penal seria de perigo concreto, ou perigo abstrato.

Hoje, o Superior Tribunal de Justiça firmou entendimento de que o crime é de perigo abstrato, não se exigindo efetiva periclitação do bem jurídico *segurança viária*.

> Tema 901 de recursos repetitivos/STJ: É de perigo abstrato o crime previsto no art. 310 do Código de Trânsito Brasileiro. Assim, não é exigível, para o aperfeiçoamento do crime, a ocorrência de lesão ou de perigo de dano concreto na conduta de quem permite, confia ou entrega a direção de veículo automotor a pessoa não habilitada, com habilitação cassada ou com o direito de dirigir suspenso, ou ainda a quem, por seu estado de saúde, física ou mental, ou por embriaguez, não esteja em condições de conduzi-lo com segurança.

Veja-se o precedente que originou a tese:

> RECURSO ESPECIAL. PROCESSAMENTO DE ACORDO COM O ART. 543-C. REPRESENTATIVO DA CONTROVÉRSIA. CRIME DE TRÂNSITO. ART. 310 DO CTB. BEM JURÍDICO. SEGURANÇA DO TRÂNSITO. CRIME DE PERIGO ABSTRATO. DESNECESSIDADE DE LESÃO OU

[232] CTB, art. 140. A habilitação para conduzir veículo automotor e elétrico será apurada por meio de exames que deverão ser realizados junto ao órgão ou entidade executivos do Estado ou do Distrito Federal, do domicílio ou residência do candidato, ou na sede estadual ou distrital do próprio órgão, devendo o condutor preencher os seguintes requisitos: I - ser penalmente imputável; II - saber ler e escrever; III - possuir Carteira de Identidade ou equivalente. Parágrafo único. As informações do candidato à habilitação serão cadastradas no RENACH.

[233] CTB, art. 256. A autoridade de trânsito, na esfera das competências estabelecidas neste Código e dentro de sua circunscrição, deverá aplicar, às infrações nele previstas, as seguintes penalidades: I - advertência por escrito; II - multa; III - suspensão do direito de dirigir; V - cassação da Carteira Nacional de Habilitação; VI - cassação da Permissão para Dirigir; VII - freqüência obrigatória em curso de reciclagem. § 1º A aplicação das penalidades previstas neste Código não elide as punições originárias de ilícitos penais decorrentes de crimes de trânsito, conforme disposições de lei. § 2º (VETADO) § 3º A imposição da penalidade será comunicada aos órgãos ou entidades executivos de trânsito responsáveis pelo licenciamento do veículo e habilitação do condutor.

> EXPOSIÇÃO A PERIGO DE DANO. RECURSO ESPECIAL PROVIDO. 1. Recurso especial processado de acordo com o regime previsto no art. 543-C, § 2º, do CPC, c/c o art. 3º do CPP, e na Resolução n. 8/2008 do STJ. TESE: (...) 2. Embora seja legítimo aspirar a um Direito Penal de mínima intervenção, não pode a dogmática penal descurar de seu objetivo de proteger bens jurídicos de reconhecido relevo, assim entendidos, na dicção de Claus Roxin, como "interesses humanos necessitados de proteção penal", qual a segurança do tráfego viário. 3. Não se pode, assim, esperar a concretização de danos, ou exigir a demonstração de riscos concretos, a terceiros, para a punição de condutas que, a priori, representam potencial produção de danos a pessoas indeterminadas, que trafeguem ou caminhem no espaço público. 4. Na dicção de autorizada doutrina, o art. 310 do CTB, mais do que tipificar uma conduta idônea a lesionar, estabelece um dever de garante ao possuidor do veículo automotor. Neste caso estabelece-se um dever de não permitir, confiar ou entregar a direção de um automóvel a determinadas pessoas, indicadas no tipo penal, com ou sem habilitação, com problemas psíquicos ou físicos, ou embriagadas, ante o perigo geral que encerra a condução de um veículo nessas condições. 5. Recurso especial provido. (STJ, REsp 1.485.830/MG, Relator Min. SEBASTIÃO REIS JÚNIOR, Relator para acórdão Min. ROGERIO SCHIETTI CRUZ, 3ª Seção, j. 11/03/2015)

Ainda, a Súmula 575/STJ.

> Constitui crime a conduta de permitir, confiar ou entregar a direção de veículo automotor a pessoa que não seja habilitada, ou que se encontre em qualquer das situações previstas no art. 310 do CTB, independentemente da ocorrência de lesão ou de perigo de dano concreto na condução do veículo. (Súmula 575, TERCEIRA SEÇÃO, julgado em 22/06/2016, DJe 27/06/2016)

É a posição do Pretor Excelso.

> EMENTA Habeas corpus. Penal. Processual Penal. Permitir ou entregar direção de veículo automotor a pessoa não habilitada. Artigo 310 do Código de Trânsito Brasileiro. Trancamento da ação penal. Excepcionalidade na via do habeas corpus. Precedentes. Alegada atipicidade da conduta. Não caracterização. Crime de perigo abstrato. Prescindibilidade do resultado naturalístico. Precedente. Ordem denegada. 1. A concessão de habeas corpus com a finalidade de trancamento de ação penal em curso só é possível em situações excepcionalíssimas, desde que constatada, sem necessidade de dilação

probatória, inequívoca improcedência do pedido, seja pela patente inocência do acusado, seja pela atipicidade ou extinção da punibilidade (RHC nº 125.787/RJ-AgR, Segunda Turma, Relator o Ministro Gilmar Mendes, DJe de 3/8/15). 2. A permissão ou entrega de direção de veículo automotor a pessoa não habilitada, tipificada no art. 310 do Código de Trânsito Brasileiro, classifica-se como crime de perigo abstrato, que prescinde do resultado naturalístico. Precedente. 3. Ordem denegada.(HC 129818, Relator(a): DIAS TOFFOLI, Segunda Turma, julgado em 22/09/2015, PROCESSO ELETRÔNICO DJe-210 DIVULG 20-10-2015 PUBLIC 21-10-2015)

De se notar que, neste caso, o autor do crime do artigo 310 será punido diferentemente da pessoa que não esteja em condições de conduzir veículo, caso a conduta desta seja também típica. É caso de quebra da teoria monista.

2. Objetividade jurídica

O bem jurídico é a segurança viária, especialmente sob a ótica da incolumidade pública.

3. Sujeito ativo

Qualquer pessoa. Da mesma forma como exposto nos comentários ao artigo 302, do CTB, *supra,* e demais crimes que envolvam a conduta de dirigir ou conduzir veículo automotor, a conduta realizada de entregar veículo automotor a certas pessoas exige, tão somente, tença –substantivo do verbo *ter*- do sujeito ativo em relação ao veículo automotor, independentemente do título jurídico.

Todavia, surgem alguns casos que demandam maior atenção. É de se manter a tese que o sujeito ativo precisa tão somente da tença, mas se aumenta a complexidade do caso para além da simplicidade de um pai que entrega a condução de automotor a filho adolescente. Ocorre, por exemplo, em certos de prestação de serviços de estacionamento remunerado próximo a bares, em que os motoristas retornam embriagados.

Primeiro caso: o próprio motorista estaciona e leva as chaves; aqui não há conduta de *confiar* ou *entregar,* nem dever legal de impedir o resultado (artigo 13, §2º CP[234]); mas a conduta de *permitir* pode ocorrer. Aos funcionários seria pos-

[234] CP, Art. 13 - O resultado, de que depende a existência do crime, somente é imputável a quem lhe deu causa. Considera-se causa a ação ou omissão sem a qual o resultado não teria ocorrido. (...) *Relevância da omissão* § 2º - A omissão é penalmente relevante quando o omitente devia e podia agir para evitar o resultado. O dever de agir incumbe a quem: a) tenha por lei obrigação de cuidado, proteção ou vigilância; b) de outra forma, assumiu a responsabilidade de impedir o resultado; c) com seu comportamento anterior, criou o risco da ocorrência do resultado.

sível tanto não permitir a retirada do veículo, senão por pessoa que não esteja evidentemente em atos preparatórios de ilícito penal, já que a própria voz de prisão em flagrante pode ser dada por qualquer do povo; o ideal, outrossim, seria chamar a polícia. Note-se que estas medidas são possíveis, mas não obrigatórias. Como não possuem o dever de enfrentar o perigo –portanto, não lhes é devido opor-se ao intento criminoso- o fato seria atípico para os funcionários do estabelecimento. É improvável uma dinâmica dos fatos que se faça compatível com o crime do artigo 310, do CTB.

Segundo caso: o motorista entrega a funcionário do estacionamento veículo, e na volta, completamente embriagado, um funcionário deveria restituir o veículo. A questão aqui é mais complexa porque há representação e volição dos envolvidos, mormente se tomado o dolo tal qual apresentado por Hans Welzel: dolo natural.

> Toda ação consciente é conduzida pela decisão da ação, isto é, pela consciência do que se quer -o elemento intelectual-, e pela decisão de querer realizá-lo -o elemento volitivo-. Ambos elementos juntos, como fatores criadores de uma ação real, constituem o dolo. A ação objetiva é a execução finalista do dolo. Esta execução pode ser interrompida em sua etapa inicial: na tentativa; aqui, a intenção vai além do que foi alcançado. Quando a decisão do fato é executada de forma definitiva até sua conclusão, estamos diante do fato consumado. Aqui, toda ação não é apenas dolosamente querida, mas também dolosamente realizada. O dolo é, em toda a sua extensão, um elemento finalista da ação.[235]

É possível concluir que há conduta *objetiva e subjetivamente típica* caso sobrevenham elementos concretos (provas) indiquem que existiu vontade e consciência (e não apenas consciência), ou seja, de que se sabia da embriaguez do condutor e se desejou entregar o veículo a ele, para que ele o conduzisse e assim colocasse a segurança viária em risco.

Questionar-se-ia se há antijuridicidade. O ordenamento jurídico brasileiro obrigaria à entrega do patrimônio alheio (veículo automotor)? Os funcionários do estacionamento tornar-se-iam responsáveis pela segurança viária?

Mais uma vez, não é ilícito impedir que um crime siga seu caminho, até porque seria adiante, no início dos atos executórios, possível prender o condutor em flagrante (facultativo).

[235] WELZEL, Hans. *Derecho Penal*: parte general, p. 73, tradução livre.

Todavia, ainda que aparentemente típica a conduta da entrega do veículo, seria antijurídica? Por evidente, a questão se torna altamente complexa, e muitas facetas precisariam ser consideradas. No entanto, parece certo que a solução deve ser a mesma do crime de omissão de socorro[236]: se possível prestar assistência em situações de perigo grave e iminente sem risco pessoal, que assim seja feito; havendo tal risco, como é o caso ora versado (porque há oposição direta à pessoa impossibilitada de conduzir), deve ser acionada a autoridade pública. Portanto, não há dever de opor-se à entrega, mas há dever de acionar a autoridade pública.

Diante de situações como essa, os partidários da teoria da imputação objetiva poderiam alegar neutralidade da conduta: o papel social de funcionário de estacionamento é de estacionar veículos; outras exigências poderiam confundir o campo da Moral com o do Direito.

Terceiro caso: serviço de *valet*, por interposta pessoa ou pelo próprio estabelecimento, em festas em que não há apenas uso de bebidas alcoólicas, mas consabido e esperado abuso. Neste caso, parece que existe efetivo dever legal de impedir o resultado, porque a disponibilização do serviço (e sua exploração econômica) está dirigida aos consumidores desse local. Parece, nestes termos, que há criação do risco do resultado[237]: não se responderia, pois, pelo crime do artigo 310, mas sim pelo do artigo 306, do CTB, que absorveria o primeiro.

Casos em que exista ameaça ou violência ficariam excluídos diante da coação física (deixaria de haver entrega) ou moral (inexigibilidade de conduta diversa). De se considerar ainda o tratamento do erro, especialmente do erro de proibição nos casos ora discutidos.

Essas parecem ideias iniciais acerca do sujeito ativo do crime, *sub censura*.

4. Sujeito passivo

É a coletividade. Trata-se de crime vago.

[236] CP, *Omissão de socorro* Art. 135 - Deixar de prestar assistência, quando possível fazê-lo sem risco pessoal, à criança abandonada ou extraviada, ou à pessoa inválida ou ferida, ao desamparo ou em grave e iminente perigo; ou não pedir, nesses casos, o socorro da autoridade pública: Pena - detenção, de um a seis meses, ou multa. Parágrafo único - A pena é aumentada de metade, se da omissão resulta lesão corporal de natureza grave, e triplicada, se resulta a morte.

[237] CP, Art. 13, § 2º - A omissão é penalmente relevante quando o omitente **devia e podia agir para evitar o resultado**. O dever de agir incumbe a quem: (...) **c) com seu comportamento anterior, criou o risco da ocorrência do resultado**. (g.n.)

5. Elemento subjetivo

É o dolo de perigo, entendido como vontade e consciência de criar a situação de perigo abstrato para a coletividade.

6. Consumação

Consuma-se com a *condução* por pessoa não habilitada, com habilitação cassada ou com o direito de dirigir suspensa, ou que, por seu estado de saúde, física ou mental, ou por embriaguez, não esteja em condições de conduzir veículo automotor com segurança. Certamente, tal resultado exige o antecedente de *permitir, confiar* ou *entregar* a direção.

Note-se que o termo *direção,* como exposto, é substantivo referente ao verbo *dirigir.* Daí a doutrina entender que o crime consuma-se não apenas com a conduta do autor, mas exige conduta também da pessoa que não poderia conduzir o veículo, a qual efetivamente o conduz.

Não é necessário qualquer dano ou perigo concreto para o crime consumar-se.

7. Tentativa

É admissível, posto que viável cindir os atos executórios e a consumação propriamente dita. Há autores que não a admitem, porém[238].

8. Institutos despenalizadores

Sendo crime apenado com detenção, de seis meses a um ano, ou multa, caberá transação penal e suspensão condicional do processo, previstas na Lei 9.099/95.

9. Concurso de crimes e concurso aparente de normas

A doutrina costuma apontar que, no caso de sobrevir crime de lesão corporal culposa ou de homicídio culposo, do CTB, o autor da entrega seria responsável pelo crime de dano.[239]

Num primeiro olhar, essa solução parece inadmissível. Aparenta *versari in re illicita:* teria sido adequado ao legislador prever figuras preterdolosas, mas não o fez.

[238] LIMA, Renato Brasileiro de. *Legislação Criminal Especial comentada*, p. 1247.

[239] MOARES, Alexandre de; SMANIO, Giampaolo Poggio. *Legislação Penal Especial*, p. 254.

10. Classificação doutrinária

Crime é comum (não há qualidade especial exigida para a vítima ou autor), de perigo abstrato, instantâneo, plurssibsistente, unissubjetivo, com elementos normativos do tipo, de forma livre, comissivo.

11. Questões materiais relevantes

Crime apenado com detenção, de seis meses a um ano, ou multa. Sendo alternativa a pena de multa, o piso cominado é a multa.

12. Questões processuais relevantes

Sendo a pena máxima a de um ano de detenção, o procedimento será o sumaríssimo.

O crime é considerado "não transeunte": não deixa vestígios. Não é exigível exame de corpo de delito (artigo 158, do CPP.[240])

A ação penal é pública incondicionada.

> **Art. 310-A. (VETADO) (Incluído pela Lei nº 12.619, de 2012) (Vigência)**

O dispositivo tinha a seguinte redação:

> Art. 310-A. Ordenar ou permitir o início de viagem de duração maior que 1 (um) dia, estando ciente de que o motorista não cumpriu o período de descanso diário, conforme previsto no § 3º do art. 67-A. Pena - detenção, de 6 (seis) meses a 1 (um) ano e multa. Parágrafo único. Incorrerá na mesma pena aquele que, na condição de transportador de cargas, consignatário de cargas, operador de terminais de carga, operador de transporte multimodal de cargas ou agente de cargas, concorrer para a prática do delito."

Conforme mensagem nº 151, de30 de abril de 2012 da Presidente da República Dilma Roussef dirigida ao Presidente do Senado Federal,

> "O dispositivo que insere o art. 310-A no Código de Trânsito Brasileiro estabelece tipo penal de forma imprecisa, tanto no que diz respeito à ação propriamente dita, quanto ao agente que a pratica, afrontando o art. 5º ,

[240] CPP, Art. 158. Quando a infração deixar vestígios, será indispensável o exame de corpo de delito, direto ou indireto, não podendo supri-lo a confissão do acusado. (...)

inciso XXXIX da Constituição. Por sua vez, ao estabelecer solidariedade na responsabilidade criminal, a redação do § 8º do art. 67-A é contrária ao princípio da responsabilidade pessoal, previsto no art. 5º , inciso XLV da Constituição."

O veto não foi derrubado.

Art. 311. Trafegar em velocidade incompatível com a segurança nas proximidades de escolas, hospitais, estações de embarque e desembarque de passageiros, logradouros estreitos, ou onde haja grande movimentação ou concentração de pessoas, gerando perigo de dano:
Penas - detenção, de seis meses a um ano, ou multa.

1. Conduta típica

Trafegar, neste dispositivo, tem como complemento necessário *veículos automotores*[241] que são colocados no espaço de circulação e parada de veículos, animais e pessoas regrado pelo Código de Trânsito.

Teria sido mais claro se não fosse silente quanto à elementar implícita "veículo automotor". Fica ela, porém, clara, uma vez que o artigo 291, do CTB, expõe com nitidez um corte político-criminal do Legislador: os crimes de trânsito aplicam-se apenas às condutas mais graves perpetradas no trânsito, daí este último dispositivo apontar a delimitação "[a]os crimes cometidos na direção de veículos automotores, previstos neste Código (...)".

Exsurge a questão: uma charrete ou uma bicicleta conduzidas com grande velocidade (para uma charrete ou bicicleta), que venham a gerar perigo efetivo para as pessoas, poderão quanto muito incidir em normas que protegem a integridade pessoal, não os crimes de trânsito apontados.

Como o excesso de velocidade é um dos maiores fatores ligados à letalidade no trânsito, foi erigido à condição de elementar típica deste dispositivo.

Há regras administrativas que normatizam as velocidades devidas:

241 Conferir anexo de definições e conceitos do CTB. "VEÍCULO AUTOMOTOR - todo veículo a motor de propulsão que circule por seus próprios meios, e que serve normalmente para o transporte viário de pessoas e coisas, ou para a tração viária de veículos utilizados para o transporte de pessoas e coisas. O termo compreende os veículos conectados a uma linha elétrica e que não circulam sobre trilhos (ônibus elétrico)."
Ver ainda: CTB, Art. 96. Os veículos classificam-se em: **I - quanto à tração: a) automotor;** b) elétrico; c) de propulsão humana; d) de tração animal; e) reboque ou semi-reboque; (...) (g.n.)

> Art. 61. A velocidade máxima permitida para a via será indicada por meio de sinalização, obedecidas suas características técnicas e as condições de trânsito. § 1º Onde não existir sinalização regulamentadora, a velocidade máxima será de: I - nas vias urbanas: a) oitenta quilômetros por hora, nas vias de trânsito rápido: b) sessenta quilômetros por hora, nas vias arteriais; c) quarenta quilômetros por hora, nas vias coletoras; d) trinta quilômetros por hora, nas vias locais; II - nas vias rurais: a) nas rodovias de pista dupla: 1. 110 km/h (cento e dez quilômetros por hora) para automóveis, camionetas e motocicletas; 2. 90 km/h (noventa quilômetros por hora) para os demais veículos; b) nas rodovias de pista simples: 1. 100 km/h (cem quilômetros por hora) para automóveis, camionetas e motocicletas; 2. 90 km/h (noventa quilômetros por hora) para os demais veículos; c) nas estradas: 60 km/h (sessenta quilômetros por hora). § 2º O órgão ou entidade de trânsito ou rodoviário com circunscrição sobre a via poderá regulamentar, por meio de sinalização, velocidades superiores ou inferiores àquelas estabelecidas no parágrafo anterior.

O crime do artigo 311, do CTB, é claro em não presumir a segurança da condução pelo simples atendimento de valor absoluto de velocidade: por isso, ao invés de números frios ou remissões, designa apenas "velocidade incompatível com a segurança".

Até porque a condução segura não depende da velocidade máxima permitida para uma via, mas sim um complexo de fatores. Basta ver, por exemplo, o extenso rol de infrações do artigo 220, do CTB.[242]

Exatamente por isso, acertadamente, o legislador optou por uma elementar normativa, que deve conjugar diversos fatores e ser devidamente valorada pelo juiz, ao invés de uma descritiva. O mesmo fez ao indicar que a conduta perigosa seja "nas proximidades": não há preferência de distância objetiva, mas sim de um vínculo de maior afluxo de pessoas em razão do lugar, à vista do que se pode

[242] CTB, Art. 220. Deixar de reduzir a velocidade do veículo de forma compatível com a segurança do trânsito: I - quando se aproximar de passeatas, aglomerações, cortejos, préstitos e desfiles: Infração - gravíssima; Penalidade - multa;
II - nos locais onde o trânsito esteja sendo controlado pelo agente da autoridade de trânsito, mediante sinais sonoros ou gestos; III - ao aproximar-se da guia da calçada (meio-fio) ou acostamento; IV - ao aproximar-se de ou passar por interseção não sinalizada; V - nas vias rurais cuja faixa de domínio não esteja cercada; VI - nos trechos em curva de pequeno raio; VII - ao aproximar-se de locais sinalizados com advertência de obras ou trabalhadores na pista; VIII - sob chuva, neblina, cerração ou ventos fortes; IX - quando houver má visibilidade; X - quando o pavimento se apresentar escorregadio, defeituoso ou avariado; XI - à aproximação de animais na pista;
XII - em declive; Infração - grave; Penalidade - multa;
XIII - ao ultrapassar ciclista: Infração - gravíssima; Penalidade - multa;
XIV - nas proximidades de escolas, hospitais, estações de embarque e desembarque de passageiros ou onde haja intensa movimentação de pedestres: Infração - gravíssima; Penalidade - multa.

considerar "razoável", ou seja, com base em juízos ordinários, do que os antigos chamariam de "homem médio", ou "do bom pai de família" do Direito Romano.

No mais, não se há de olvidar que o ilícito administrativo não se impõe como culpa ou dolo de perigo penais. Este campo de máxima violência do Direito tem requisitos próprios, que não se confundem com os do Direito Administrativo.

Só há crime se a conduta for praticada nas imediações de "escolas, hospitais, estações de embarque e desembarque de passageiros, logradouros estreitos, ou onde haja grande movimentação ou concentração de pessoas" Aqui, usou-se a costumeira técnica de elencar espécies do gênero *locais com grande movimentação ou concentração de pessoas*. Há evidente grau de perda de segurança jurídica, mas sem se falar, no extremo oposto, em indeterminação conceitual ou inconstitucional vaguidade. Com efeito, estabelecendo-se relação de gênero e espécie, é possível excluir do grupo se eventualmente se tornar ineficaz: escola fechada, estações de desembarque desativadas etc. O viés de reunião entre os termos, se perdido, levará, à atipicidade.

O resultado, por fim, deve ser de *perigo concreto*. O perigo de dano há de ser demonstrado por todas as provas admissíveis em Direito, mas não se compraz com a presunção de risco advindo com infração administrativa.

O artigo 311 não fez referência a perigo de dano à pessoa ou ao patrimônio. Como perigo coletivo, e sendo trânsito "a utilização das vias por pessoas, veículos e animais, isolados ou em grupos, conduzidos ou não, para fins de circulação, parada, estacionamento e operação de carga ou descarga", não havia necessidade de especificar um ou outro. Mister a demonstração de perigo *ex post* (não apenas sob o viés da conduta, ou seja, *ex ante*, mas também do resultado concreto de perigo).

2. Objetividade jurídica

O bem jurídico é a segurança viária, especialmente sob a ótica da incolumidade pública.

A objetividade deve ser, portanto, supraindividual; caso se esteja diante de crime que gere perigo intencional à pessoa (vontade e consciência de colocar uma determinada pessoa em risco), ter-se-á crime contra a pessoa, cujo bem jurídico é individual (cfr. artigo 132, do CP, *infra*).

3. Sujeito ativo

Qualquer pessoa. Da mesma forma como exposto nos comentários ao artigo 302, do CTB, *supra*, a conduta realizada importa no uso, especificamente em *pôr em tráfego* ("trafegar") o veículo automotor, independentemente do título jurídico que liga o usuário ao bem. Por isso, nenhuma qualidade jurídica específica é exigida.

4. Sujeito passivo

É a coletividade, sendo, mais, *necessariamente* a coletividade (em oposição a pessoas determinadas). Caso exista dolo de ofender a integridade de uma pessoa em particular (perigo individual), o bem jurídico deixará de ser coletivo (segurança viária, incolumidade pública) e recairá nessa pessoa: ter-se-á crime contra a pessoa (por exemplo, o crime do artigo 132, do CP), e não crime de perigo comum. As pessoas que tenham sofrido o efetivo perigo de dano serão consideradas sujeitos passivos secundários.

Portanto, o crime do artigo 311, do CTB, é vago, porque visa à generalidade.

5. Elemento subjetivo

É o dolo de perigo, entendido como vontade e consciência de criar a situação de perigo, em particular, concreto para a coletividade.

6. Consumação

Consuma-se com a condução que gere a situação de risco, a qual irá perdurar enquanto a conduta perigosa e o resultado de perigo persistirem. Por isso, afirma-se ser crime permanente, a depender da maneira pela qual seja cometido (crime eventualmente permanente).

7. Tentativa

A doutrina, majoritariamente, entende ser inadmissível, porque ou se dirige de forma arriscada, ou não. Seria, desta maneira, impossível distinguir ato de execução que não fosse, portanto, a própria consumação. Ter-se-ia crime unissubsistente.

8. Institutos despenalizadores

Sendo crime apenado com detenção, de seis meses a um ano, ou multa, caberá transação penal e suspensão condicional do processo, previstas na Lei 9.099/95.

9. Concurso de crimes e concurso aparente de normas

A contravenção penal de direção perigosa não foi derrogada pelo crime do artigo 311, do CTB.

> LCP, Art. 34. Dirigir veículos na via pública, ou embarcações em águas públicas, pondo em perigo a segurança alheia: Pena – prisão simples, de quinze dias a três meses, ou multa.

Diferentemente do que aconteceu com o crime do artigo 309, do CTB, e a contravenção do artigo 32, da LCP, no caso estudado não há decisões que neguem validade à contravenção penal do artigo 34.

Inclusive ela é o pano de fundo em casos julgados pelo STF, todavia até o ano de 2005.

> EMENTA: HABEAS CORPUS. CRIME DO ARTIGO 306 DO CÓDIGO DE TRÂNSITO BRASILEIRO. RETIFICAÇÃO PARA A CONTRAVENÇÃO PENAL DO ARTIGO 34 DA LCP. COMPETÊNCIA DO JUIZADO ESPECIAL CRIMINAL. APLICAÇÃO DO ARTIGO 384 DO CÓDIGO DE PROCESSO PENAL. 1. A mudança de imputação, na fase das alegações finais, do crime tipificado no artigo 306 do Código de Trânsito Brasileiro para a Contravenção Penal descrita no artigo 34 da LCP implica em mutatio libelli, atraindo a competência do Juizado Especial Criminal. 2. Tendo sido a instrução criminal realizada com esteio na acusação inicial, resulta em prejuízo à defesa a não-aplicação do artigo 384 do Código de Processo Penal. Ordem concedida. 0STF, (HC 86276, Relator(a): EROS GRAU, Primeira Turma, julgado em 27/09/2005)

Contudo, parece inegável que a razão de ser da revogação do artigo 32, da LCP, deveria ser aplicado ao artigo 34, da LCP. É o mínimo de coerência que se espera.

Efetivamente, essa é o moderno entendimento do STJ:

> PENAL. HABEAS CORPUS SUBSTITUTIVO DE RECURSO PRÓPRIO. INADEQUAÇÃO. ART. 34 DA LEI DE CONTRAVENÇÕES PENAIS. DERROGAÇÃO PELO CÓDIGO DE TRÂNSITO BRASILEIRO. ART. 311 DO CTB. ATIPICIDADE NÃO EVIDENCIADA. CONDENAÇÃO PELO ART. 112 DO CP MANTIDA. 1. Esta Corte e o Supremo Tribunal Federal pacificaram orientação no sentido de que não cabe habeas corpus substitutivo do recurso legalmente previsto para a hipótese, impondo-se o não

conhecimento da impetração, salvo quando constatada a existência de flagrante ilegalidade no ato judicial impugnado. **2. Nos termos da jurisprudência desta Corte, o art. 34 da Lei de Contravenções Penais foi derrogado pelo disposto no art. 311 do Código de Trânsito Brasileiro, "tendo em vista que Código de Trânsito Brasileiro regulou inteiramente a matéria referente à condução de veículo automotor nas vias terrestres do território nacional, não mais havendo espaço para aplicação de qualquer outra sanção penal além das previtas no aludido Código" (RESP nº 1633335/SP, Relator Ministro Sebastião Reis Júnior, Sexta Turma, DJ de 28/11/2016).** 3. No caos, consta da sentença que o paciente trafegou em alta velocidade, realizando manobras e ultrapassagens perigosas, além de manobras de zigue-zague, tendo quase provocado colisão com o veículo de uma das testemunhas, em via de grande movimentação, o que caracteriza a prática do delito previsto no retrocitado dispositivo de lei. 4. A conduta do réu sujeitou a risco concreto a higidez física dos dois passageiros do veículo da testemunha, que restou ultrapassado a 150 km/h, tendo sido obrigado a realizar manobra para evitar uma grave colisão, o que não se confunde com a prática de "racha", sendo descabido falar em bis in idem na condenação pelos crimes do art. 132 do CP e 308 do CTB. Se as instâncias ordinárias reconheceram que as condutas descritas na peça acusatória se subsumem aos tipos penais previstos no art. 308 do CTB e do art. 132 do CP, para infirmar tal conclusão seria necessário revolver o contexto fático-probatório dos autos, providência que não se coaduna com a via do writ. 5. Writ não conhecido. **Ordem concedida, de ofício, tão somente para afastar a condenação pela contravenção penal do art. 34 do Decreto-lei n. 3.688/1941, ficando mantido, no mais, o teor do decreto condenatório.** (STJ, HC 581.283/SP, Rel. Ministro RIBEIRO DANTAS, QUINTA TURMA, julgado em 09/06/2020, DJe 15/06/2020, g.n.)

Sendo, contudo, caso de derrogação da contravenção pelo CTB, as figuras não abrangidas pelo último permanecerão incriminadas pelo primeiro.

O crime de perigo para a vida ou saúde de outrem (art. 132, do CP[243]) está inserido na Parte Especial do Código Penal, em seu Título I – Dos crimes contra a pessoa, Capítulo 3 – Das periclitação da vida e da saúde.

[243] CP, Perigo para a vida ou saúde de outrem Art. 132 - Expor a vida ou a saúde de outrem a perigo direto e iminente: Pena - detenção, de três meses a um ano, se o fato não constitui crime mais grave. Parágrafo único. A pena é aumentada de um sexto a um terço se a exposição da vida ou da saúde de outrem a perigo decorre do

Tem-se que o bem jurídico é a incolumidade da pessoa humana (individualizada). Da mesma forma, o dolo é de criação de perigo a um indivíduo.

10. Classificação doutrinária

Crime é comum (não há qualidade especial exigida para a vítima), de perigo comum concreto, eventualmente permanente (havendo entendimento no sentido de ser instantâneo), unissubsistente (entendido, porém, como plurissubsistente por uns)[244], unissubjetivo, com elementos normativos do tipo, de forma livre.

11. Questões materiais relevantes

Crime apenado com detenção, de seis meses a um ano, ou multa. Sendo alternativa a pena de multa, o piso cominado é o de multa.

No Projeto Alcântara Machado, havia previsão genérica de direção perigosa no inciso IX do artigo 253.

> Art. 253 — Punir-se-á com multa de 100$ a 2:000$000 aquele que:
>
> I — deixar de colocar sinal ou vedação na via pública, para prevenir os transeuntes de perigo resultante de obra que esteja executando; II — apagar sinal luminoso ou destruir ou remover sinal de outra natureza ou vedação destinados ao objetivo constante do inciso anterior; III — remover qualquer outro sinal destinado a serviço público; IV — apagar aparelho de iluminação pública; V — der aviso falso de incêndio, crime ou acidente; VI — deixar em liberdade ou não guardar com a devida cautela, ou confiar á guarda de pessoa inexperiente animal perigoso; VII — abandonar em logar aberto animal de tiro, carga ou corrida, ou confiá-lo a pessoa inexperiente; VIII — excitar ou irritar animal, de maneira a pôr em perigo a segurança publica; **IX — dirigir na via pública animal ou veículo de modo a pôr em perigo a segurança alheia;** X — dirigir veículo na via pública, ou em logar accessivel ao público, ou embarcação a motor em águas públicas, ou aeronave, sem estar devidamente licenciado; XI — entregar-se fora do campo de aviação a acrobacia aérea ou descer voluntariamente fora dos logares destinados a esse fim **XII** — deixar suspensa ou atirar ou deixar cair sobre

transporte de pessoas para a prestação de serviços em estabelecimentos de qualquer natureza, em desacordo com as normas legais.

244 Sobre as posições aparentemente minoritárias mencionadas, vide LIMA, Renato Brasileiro de. *Legislação Criminal Especial comentada*, p. 1250. Quanto à crítica da classificação de crime de perigo, veja-se JESUS, Damásio E. de. *Crimes de Trânsito*, p. 209, para quem o crime do artigo 311, do CTB, não é de perigo, mas "de lesão e de mera conduta".

> a **via** pública ou logar de uso c o m u m ou alheio, cousa capaz de sujar ou molestar alguém; **XIII** — provocar, fora dos casos permitidos em lei, emissão de gaz, fumaça ou vapor sasceptivel de produzir u m dos resultados constantes do inciso anterior; **XIV** — não exercer a vigilância necessária com relação a alienado perigoso, cuja guarda lhe incumba; ou deixar de avisar de sua fuga a autoridade.

Há crimes semelhantes mundo afora.
No Código Penal Português:

> Artigo 291.º - Condução perigosa de veículo rodoviário
>
> 1 - Quem conduzir veículo, com ou sem motor, em via pública ou equiparada:
>
> a) Não estando em condições de o fazer com segurança, por se encontrar em estado de embriaguez ou sob influência de álcool, estupefacientes, substâncias psicotrópicas ou produtos com efeito análogo, ou por deficiência física ou psíquica ou fadiga excessiva; ou
>
> b) Violando grosseiramente as regras da circulação rodoviária relativas à prioridade, à obrigação de parar, à ultrapassagem, à mudança de direcção, à passagem de peões, à inversão do sentido de marcha em auto-estradas ou em estradas fora de povoações, à marcha atrás em auto-estradas ou em estradas fora de povoações, ao limite de velocidade ou à obrigatoriedade de circular na faixa de rodagem da direita; e criar deste modo perigo para a vida ou para a integridade física de outrem, ou para bens patrimoniais alheios de valor elevado, é punido com pena de prisão até três anos ou com pena de multa.
>
> 2 - Quem conduzir veículo, com ou sem motor, em via pública ou equiparada e nela realizar actividades não autorizadas, de natureza desportiva ou análoga, que violem as regras previstas na alínea b) do número anterior, é punido com pena de prisão até três anos ou com pena de multa.
>
> 3 - Se o perigo referido no n.º 1 for criado por negligência, o agente é punido com pena de prisão até dois anos ou com pena de multa até 240 dias.
>
> 4 - Se a conduta referida no n.º 1 for praticada por negligência, o agente é punido com pena de prisão até um ano ou com pena de multa até 120 dias.

No Código Penal Espanhol:

> Artículo 379. 1. El que condujere un vehículo de motor o un ciclomotor a velocidad superior en sesenta kilómetros por hora en vía urbana o en ochenta kilómetros por hora en vía interurbana a la permitida reglamentariamente, será castigado con la pena de prisión de tres a seis meses o con la de multa de seis a doce meses o con la de trabajos en beneficio de la comunidad de treinta y uno a noventa días, y, en cualquier caso, con la de privación del derecho a conducir vehículos a motor y ciclomotores por tiempo superior a uno y hasta cuatro años.
>
> Artículo 380. 1. El que condujere un vehículo a motor o un ciclomotor con temeridad manifiesta y pusiere en concreto peligro la vida o la integridad de las personas será castigado con las penas de prisión de seis meses a dos años y privación del derecho a conducir vehículos a motor y ciclomotores por tiempo superior a uno y hasta seis años. 2. A los efectos del presente precepto se reputará manifiestamente temeraria la conducción en la que concurrieren las circunstancias previstas en el apartado primero y en el inciso segundo del apartado segundo del artículo anterior.

No Código Penal Argentino:

> ARTICULO 193 bis. - Será reprimido con prisión de seis (6) meses a tres (3) años e inhabilitación especial para conducir por el doble del tiempo de la condena, el conductor que creare una situación de peligro para la vida o la integridad física de las personas, mediante la participación en una prueba de velocidad o de destreza con un vehículo con motor, realizada sin la debida autorización de la autoridad competente.
>
> La misma pena se aplicará a quien organizare o promocionare la conducta prevista en el presente artículo, y a quien posibilitare su realización por un tercero mediante la entrega de un vehículo con motor de su propiedad o confiado a su custodia, sabiendo que será utilizado para ese fin.

12. Questões processuais relevantes

Sendo a pena máxima a de um ano de detenção, o procedimento, portanto, será o do Jecrim, em princípio.

Por excelência, o crime é considerado "não transeunte", ou seja, não deixa vestígios. Desta forma, não é exigível a realização de exame de corpo de delito do artigo 158, do CPP.[245]

A ação penal é pública incondicionada.

Art. 312. Inovar artificiosamente, em caso de sinistro automobilístico com vítima, na pendência do respectivo procedimento policial preparatório, inquérito ou processo penal, o estado de lugar, de coisa ou de pessoa, a fim de induzir a erro o agente policial, o perito, ou juiz:

Penas - detenção, de seis meses a um ano, ou multa.

Parágrafo único. Aplica-se o disposto neste artigo, ainda que não iniciados, quando da inovação, o procedimento preparatório, o inquérito ou o processo aos quais se refere.

1. Conduta típica

"Inovar" é "[s]er autor de alguma inovação. Introduzir alguma novidade no governo ou no modo de viver."[246] É "[p]romover mudanças substantivas (em) (...), "[f]azer-se novo (...)".[247]

Assim, o vocábulo não possui, isoladamente, sentido de ilegalidade, ilegitimidade, ilicitude. Aliado ao advérbio "artificiosamente" -que advém de "artificioso", que quer dizer *feito com artifício*, com *recurso inteligente; astucioso, enganador*[248], e desde antigamente já tinha o sentido de *engano, manha, fraus*[249] - ganha-se o sentido de transformar indevidamente alguma coisa com um agir de forma enganosa, fraudulenta.

O objeto direto do texto normativo é "estado de lugar, de coisa ou de pessoa". O tipo penal refere-se à expressão física do crime, abrangendo com os termos "lugar", "coisa" e "pessoa" a totalidade do que poderia a lei referir-se além da subjetividade dos indivíduos. Exatamente por isso que a lei menciona significantes que se referem a conceitos opostos: aquilo que tem matéria, concreção, em Direito, ou é "coisa" ou é "pessoa"; o estado de "lugar" acaba por ser redundante, por mais que, diante de sua recorrência, tenha sido relacionado pelo legislador.

[245] CPP, Art. 158. Quando a infração deixar vestígios, será indispensável o exame de corpo de delito, direto ou indireto, não podendo supri-lo a confissão do acusado. (...)

[246] BLUTEAU, Raphael. *Vocabulário Portuguez e Latino* (...). [letra F a I], Letra "i", p. 141, com grafia atualizada.

[247] AULETE, Caldas. *Novíssimo Aulete dicionário contemporâneo da língua portuguesa*. p. 796.

[248] 156.

[249] BLUTEAU, Raphael. *Vocabulário Portuguez e Latino* (...). [letra A], p. 577.

Não se vislumbra algo que pudesse ser, normalmente, alterado por ação humana que se encontre fora das elementares ora postas.

Nelson Hungria exemplifica com precisão:

> A fraude opera-se com a artificiosa inovação (alteração, modificação, substituição, deformação, subversão) relativamente ao 'estado de lugar, de coisa ou de pessoa' (enumeração taxativa). Inova-se artificiosamente: o estado de lugar, quando, por exemplo, se abre um caminho, para inculcar uma servidão *itineris;* o estado de coisa, quando, *v.g.*, se eliminam os vestígios de sangue numa peça indiciária da autoria de um homicídio, ou se coloca um revólver junto a uma vítima de homicídio, para fazer crer em suicídio; o estado (físico) de pessoa, quando, *iin exemplis,* se suprimem, mediante operação plástica, certos sinais característicos de um indivíduo procurado pela justiça.[250]

Por ser um crime de trânsito, logicamente se exige "sinistro automobilístico". O termo "automobilístico" há de referir-se a automotor (veículos automotores), e não apenas a automóveis. A elementar típica refere-se, pois, à tração, que pode ser automotor, elétrica, de propulsão humana, de tração animal e reboque ou semirreboque. Diante do princípio da legalidade, apenas a primeira faz incidir o crime do artigo 312, sendo atípica qualquer inovação em acidente ou sinistro não automobilístico.

A conduta deve dirigir-se contra o exercício funcional de *agente policial, perito,* ou *juiz*. Nesse sentido, segue-se outra elementar típica referente ao *locus* do exercício funcional dessas figuras: "na pendência do respectivo procedimento policial preparatório, inquérito policial ou processo penal". Evidente, pois, a vinculação funcional entre os participantes da persecução penal e seus exercícios funcionais, os quais restam prejudicados pela inovação artificiosa. Diferentemente do artigo 347, *caput*, do CP[251], que prevê "pendência de processo civil ou administrativo", apenas apurações criminais estão no âmbito de tutela do artigo 312, do CTB.

Para evitar dúvidas, o parágrafo único do artigo 312, estende mesmo que os atos funcionais não estejam formalmente instaurados: "ainda que não iniciados, quando da inovação, o procedimento preparatório, o inquérito ou o processo

250 HUNGRIA, Nelson. *Comentários ao Código Penal*, volume IX, p. 496.

251 CP, Art. 347 - Inovar artificiosamente, na pendência de processo civil ou administrativo, o estado de lugar, de coisa ou de pessoa, com o fim de induzir a erro o juiz ou o perito: Pena - detenção, de três meses a dois anos, e multa. Parágrafo único - Se a inovação se destina a produzir efeito em processo penal, ainda que não iniciado, as penas aplicam-se em dobro.

aos quais se refere". Norma de extensão semelhante à do parágrafo único, do artigo 347, do CP.

Da leitura do artigo 347, do CP, e do artigo 312, do CTB, nota-se identidade de finalidades, chamadas de especial fim de agir: *fim de induzir a erro juiz ou perito*; mas o do CTB refere-se também a "agente policial".

Neste ponto, surge questão peculiar: que os órgãos policiais mencionados no *caput* do artigo 144, da Constituição Federal, são órgãos policiais e se encontram abrangidos pelo inexorável vínculo das elementares "procedimento policial preparatório" e "inquérito policial" com a atividade funcional enquanto "agente policial", não resta dúvida. No extremo oposto, poder-se-ia excluir da incidência típica caso sujeito ativo buscasse enganar agente de trânsito sem função policial; isso porque, mesmo que se atribuam poder de polícia de trânsito[252], não se constituem como "agentes policiais"; isto é, funcionários de empresas públicas, sociedades de economia mista ou de secretarias de trânsito não são responsáveis pelo exercício da coação direta contra pessoas, como forme de emprego da violência estatal lícita.

Resta saber se seria possível incidir o crime do artigo 312 caso a conduta se voltasse a Guardas Civis. A questão se torna complexa porque, além de exercerem poder de polícia de trânsito[253], também as Guardas Civis e a segurança viária em geral fazem parte da segurança pública (artigo 144, §§8° e 10, da CF[254])

252 Veja-se a definição legal (Anexo I – dos conceitos e definições, do CTB): "GENTE DA AUTORIDADE DE TRÂNSITO - agente de trânsito e policial rodoviário federal que atuam na fiscalização, no controle e na operação de trânsito e no patrulhamento, competentes para a lavratura do auto de infração e para os procedimentos dele decorrentes, incluídos o policial militar ou os agentes referidos no art. 25-A deste Código, quando designados pela autoridade de trânsito com circunscrição sobre a via, mediante convênio, na forma prevista neste Código. (Redação dada pela Lei n° 14.229, de 2021)" e "AGENTE DE TRÂNSITO - servidor civil efetivo de carreira do órgão ou entidade executivos de trânsito ou rodoviário, com as atribuições de educação, operação e fiscalização de trânsito e de transporte no exercício regular do poder de polícia de trânsito para promover a segurança viária nos termos da Constituição Federal. (Incluído pela Lei n° 14.229, de 2021)"

253 DIREITO ADMINISTRATIVO. RECURSO EXTRAORDINÁRIO. PODER DE POLÍCIA. IMPOSIÇÃO DE MULTA DE TRÂNSITO. GUARDA MUNICIPAL. CONSTITUCIONALIDADE. 1. Poder de polícia não se confunde com segurança pública. O exercício do primeiro não é prerrogativa exclusiva das entidades policiais, a quem a Constituição outorgou, com exclusividade, no art. 144, apenas as funções de promoção da segurança pública. 2. A fiscalização do trânsito, com aplicação das sanções administrativas legalmente previstas, embora possa se dar ostensivamente, constitui mero exercício de poder de polícia, não havendo, portanto, óbice ao seu exercício por entidades não policiais. 3. O Código de Trânsito Brasileiro, observando os parâmetros constitucionais, estabeleceu a competência comum dos entes da federação para o exercício da fiscalização de trânsito. 4. Dentro de sua esfera de atuação, delimitada pelo CTB, os Municípios podem determinar que o poder de polícia que lhe compete seja exercido pela guarda municipal. 5. O art. 144, §8°, da CF, não impede que a guarda municipal exerça funções adicionais à de proteção dos bens, serviços e instalações do Município. Até mesmo instituições policiais podem cumular funções típicas de segurança pública com exercício de poder de polícia. Entendimento que não foi alterado pelo advento da EC n° 82/2014. 6. Desprovimento do recurso extraordinário e fixação, em repercussão geral, da seguinte tese: é constitucional a atribuição às guardas municipais do exercício de poder de polícia de trânsito, inclusive para imposição de sanções administrativas legalmente previstas. (STF, RE 658570, Relator MARCO AURÉLIO, Relator p/ Acórdão ROBERTO BARROSO, Tribunal Pleno, julgado em 06-08-2015)

254 Art. 144. A segurança pública, dever do Estado, direito e responsabilidade de todos, é exercida para a preservação da ordem pública e da incolumidade das pessoas e do patrimônio, através dos seguintes órgãos: (...) § 8° Os

e do Sistema Único de Segurança Pública (artigo 9º, §2º inciso VII, da Lei 13.675, de 11 de junho de 2018[255]).

Todavia, têm o Supremo Tribunal Federal e o Superior Tribunal de Justiça entendimento de que, a despeito de as Guardas Civis integrarem a sistemática de segurança pública, não seriam órgãos policiais. Exerceriam de um lado papel operacional na segurança pública, tendo inclusive poder de polícia administrativa, mas lhes faltaria o exercício típico e legal de coação direta contra pessoas, característica necessária dos órgãos policiais.

> O fato de as guardas municipais não haverem sido incluídas nos incisos do art. 144, caput, da Constituição Federal não afasta a constatação de que elas exercem atividade de segurança pública e integram o Sistema Único de Segurança Pública. Isso, todavia, não significa que possam ter a mesma amplitude de atuação das polícias.
>
> Bombeiros militares, por exemplo, integram o rol de órgãos de segurança pública previsto nos incisos do art. 144, caput, da Constituição, mas nem por isso se cogita que possam realizar atividades alheias às suas atribuições, como fazer patrulhamento ostensivo e revistar pessoas em via pública à procura de drogas.
>
> O Supremo Tribunal Federal, apesar de reconhecer em diversos julgados que as guardas municipais integram o Sistema Único de Segurança Pública e exercem atividade dessa natureza, nunca as equiparou por completo aos órgãos policiais para todos os fins.
>
> Não se pode confundir "poder de polícia" com "poder das polícias" ou "poder policial". "Poder de polícia" é conceito de direito administrativo previsto no art. 78 do Código Tributário Nacional e explicado pela doutrina como "atividade do Estado consistente em limitar o exercício dos direitos individuais em benefício do interesse público". Já o "poder das polícias" ou "poder policial", típico dos órgãos policiais, é marcado pela possibilidade

Municípios poderão constituir guardas municipais destinadas à proteção de seus bens, serviços e instalações, conforme dispuser a lei. 10. A segurança viária, exercida para a preservação da ordem pública e da incolumidade das pessoas e do seu patrimônio nas vias públicas: I - compreende a educação, engenharia e fiscalização de trânsito, além de outras atividades previstas em lei, que assegurem ao cidadão o direito à mobilidade urbana eficiente; e II - compete, no âmbito dos Estados, do Distrito Federal e dos Municípios, aos respectivos órgãos ou entidades executivos e seus agentes de trânsito, estruturados em Carreira, na forma da lei.

[255] Art. 9º É instituído o Sistema Único de Segurança Pública (Susp), que tem como órgão central o Ministério Extraordinário da Segurança Pública e é integrado pelos órgãos de que trata o art. 144 da Constituição Federal, pelos agentes penitenciários, pelas guardas municipais e pelos demais integrantes estratégicos e operacionais, que atuarão nos limites de suas competências, de forma cooperativa, sistêmica e harmônica. § 2º São integrantes operacionais do Susp: VII - guardas municipais;

de uso direto da força física para fazer valer a autoridade estatal, o que não se verifica nas demais formas de manifestação do poder de polícia, que somente são legitimadas a se valer de mecanismos indiretos de coerção, tais como multas e restrições administrativas de direitos. Um agente de vigilância sanitária, por exemplo, quando aplica multa e autua um restaurante por descumprimento a normas de higiene, o faz em exercício de seu poder de polícia, mas nem de longe se pode compará-lo com um agente policial que usa a força física para submeter alguém a uma revista pessoal. (STJ, HC 830.530-SP, Rel. Ministro Rogerio Schietti Cruz, Terceira Seção, por unanimidade, julgado em 27/9/2023, DJe 4/10/2023.)

A despeito de se questionar se esse entendimento sobre o papel das Guardas Civis seja o melhor, *de lege lata* é o que se extrai, inclusive à luz dos artigos 20 a 24, do CTB. Desta forma, não parece típica a conduta tenha por fim induzir a erro Guarda Civil, no atual estado da legislação e da jurisprudência.

Exige, por fim, o tipo que a conduta ocorra *em caso de sinistro automobilístico*. Trata-se de alteração redacional trazida pela Lei 14.599, de 19 de junho de 2023, que substituiu a expressão original do dispositivo *em caso de acidente* (conferir item 2, do artigo 301, supra).

2. Objetividade jurídica

O bem jurídico é a Administração da Justiça[256], semelhantemente ao que ocorre no crime do artigo 347, do CP. Poder-se-ia dizer, o bem jurídico do artigo 312, do CTB, é especificamente a administração da Justiça Criminal.

Por certo, uma das consequências da proteção dos bens jurídicos é a devida correspondência da lesividade às penas cominadas, ainda que estas levem em conta outras questões relevantes. Neste ponto, nota-se que a figura majorada do crime descrito do Código Penal é significativamente superior à do Código de Trânsito[257], que se classifica inclusive como infração de menor potencial ofensivo.

Deve-se atentar que inexiste, sob o argumento da ampla defesa, do direito ao silêncio ou do direito a não produzir provas contra si, qualquer autorização legal

[256] Em COSTA JUNIOR, Paulo José da; e QUEIJO, Maria Elizabeth. *Comentários aos crimes do novo Código de Trânsito*, p. 89, fala-se na "fidedignidade da prova". Semelhantemente, HUNGRIA, Nelson, *Comentários ao Código Penal*, tomo IX, p. 495: "(...) o dispositivo [art. 347, do CP) visa a coibir os artifícios tendentes ao falseamento da prova e, conseqüentemente, aos erros de julgamento, sem em favor, sem em prejuízo de qualquer dos interessados."

[257] As penas da figura simples do artigo 347, do CP, são de detenção, de três meses a dois anos, e multa; com a causa de aumento que manda dobrá-las, poderá chegar ao máximo de quatro anos de detenção e multa. Já o crime do artigo 312, do CTB, não possui causas de aumento e é cominada como detenção, de seis meses a um ano, ou multa.

para atentar-se contra a administração da Justiça. Não se impor ao investigado ou réu o dever legal de apresentar à acusação provas inculpatórias não garante, de forma alguma, que se possa, ativamente, agir para destruir provas e enganar o Estado-juiz e a sociedade. Este comportamento é ilícito, e subverter tal conclusão seria atentar contra valores éticos de base (para começar, e sem se alongar, estaria o valor ético da verdade) e contra a força impulsionadora dos direitos fundamentais (humanidade em não constranger as pessoas à autoincriminação). Seria a morte rápida do primeiro e o envenenamento lento da segunda.

3. Sujeito ativo

Qualquer pessoa, quer tenha participado ou não do sinistro automobilístico com vítima, quer seja ou possa ser parte de processo civil, administrativo ou criminal, quer seja "pessoa de interesse" de investigação criminal. Por esses motivos, inadmissível alegar-se expressão do direito de defesa: todo direito deve ser exercido de forma regular, dentro de seus limites jurídicos; o primeiro desses limites que é ofendido pela fraude processual é o do comportamento ético-jurídico, revelando-se conduta baixa, reprovável e antissocial.

O crime é comum (não próprio).

4. Sujeito passivo

É o Estado. Remotamente, será, em princípio, a vítima do sinistro automobilístico, mas pode ser também outra pessoa; até mesmo o autor do sinistro automobilístico, caso se busque prejudicá-lo para obter, por exemplo, indenização injusta.

Não há que se confundir a elementar típica "vítima" ("sinistro automobilístico com vítima") com o sujeito passivo do crime. Por se tratar de crime vago, a vítima deste crime não se lesiona e será o Estado, enquanto garante da ordem jurídica; a "vítima" referida (leia-se, vítima que sofreu danos físicos, ou seja, lesões corporais ou morte) será aquela que sofreu danos físicos no sinistro automobilístico referido.

5. Elemento subjetivo

Crime doloso. Havendo a existência de "fim de induzir a erro o agente policial, o perito, ou juiz", é de se reconhecer o dolo como específico, modernamente chamando de elemento subjetivo do injusto.

Não há modalidade culposa para este crime.

6. Consumação

O crime consuma-se com a realização da inovação artificiosa. Não há necessidade de efetivamente se enganar o agente policial, o juiz ou o perito. Caso isso ocorra, reconhecer-se-á exaurimento.

7. Tentativa

Em tese, é possível. O crime é plurissubsistente, de modo que é possível partir suas fases de execução e de consumação.

Fato é que crimes formais têm a figura tentada mais difícil de se verificar na prática do que em crimes materiais; não deixa de ser possível ainda assim.

Outra dificuldade é a amplitude da conduta *inovar.* Tão larga que é, difícil (mas não impossível) encontrar uma conduta que esteja efetivamente depois dos atos de ideação e preparatórios, mas antes da consumação. Mister atentar-se à relevância ou irrelevância (e mesmo à insignificância) jurídica da conduta.

8. Institutos despenalizadores

Cabe transação penal (artigo 76, da Lei 9.099/95) e suspensão condicional do processo (artigo 89, da Lei 9.099/95). Não caberia acordo de não persecução penal (artigo 28 A, §2°, inciso I, do CPP[258])

9. Concurso de crimes e concurso aparente de normas

O crime do artigo 312, do CTB, é norma especial diante do crime do artigo 347, do CP.

Semelhante ao que acontece no crime do artigo 347, do CP, será absorvido se em concorrência com crimes mais graves, como ocultação de cadáver ou falsidade documental.

> EMENTA: 1. AÇÃO PENAL. Crime de fraude processual. Homicídio doloso praticado dentro de clínica médica. Limpeza do local para eliminação de vestígios de sangue. Artifício que tenderia a induzir em erro o juiz de ação penal. Fato típico em tese. Inexistência de processo civil ou de procedimento administrativo. Irrelevância. Ato dirigido a produzir efeito em processo penal, ainda que não iniciado. Correspondência ao tipo autônomo previsto no § único do art. 347 do Código de Processo Penal. Hipótese normativa

[258] CPP, art. 28 A, § 2° O disposto no *caput* deste artigo não se aplica nas seguintes hipóteses: I - se for cabível transação penal de competência dos Juizados Especiais Criminais, nos termos da lei;

> que não é de causa de aumento de pena. Inteligência do texto do art. 347, que contém duas normas. O art. 347 do Código Penal contém duas normas autônomas: a do caput, que pune artifício tendente a produzir efeitos em processo civil ou procedimento administrativo já em curso; e a do parágrafo único, que pune ato voltado a produzir efeitos em processo criminal, ainda que não iniciado. 2. AÇÃO PENAL. Crime de fraude processual penal. Não caracterização. Delito de caráter subsidiário. Homicídio doloso praticado dentro de clínica médica. Limpeza do local para eliminação de vestígios de sangue. Ato de execução que, inserindo-se no iter do delito mais grave de ocultação de cadáver (art. 211 do CP), é por este absorvido. Imputação de ambos os delitos em concurso. Inadmissibilidade. Bis in idem. Exclusão da acusação de fraude na pronúncia. HC concedido, por empate na votação, para esse fim. Interpretação conjugada dos arts. 211 e 347, § único, do CP. O suposto homicida que, para ocultar o cadáver, apaga ou elimina vestígios de sangue, não pode ser denunciado pela prática, em concurso, dos crimes de fraude processual penal e ocultação de cadáver, senão apenas deste, do qual aquele constitui mero ato executório. (HC 88733, Relator(a): GILMAR MENDES, Relator(a) p/ Acórdão: CEZAR PELUSO, Segunda Turma, julgado em 17/10/2006, DJ 15-12-2006 PP-00110 EMENT VOL-02260-04 PP-00814 RTJ VOL-00201-03 PP-01107)

Trata-se de crime subsidiário.

> Ementa: PENAL. AGRAVO REGIMENTAL EM HABEAS CORPUS. CRIME DE FALSIFICAÇÃO DE IDENTIFICADOR DE ÓRGÃO PÚBLICO. FALSIFICAÇÃO GROSSEIRA. REVOLVIMENTO DE FATOS E PROVAS. CIRCUNSTÂNCIA AGRAVANTE. FUNDAMENTAÇÃO INIDÔNEA. SUPRESSÃO DE INSTÂNCIA. DESCLASSIFICAÇÃO DA CONDUTA PARA O CRIME DE FRAUDE PROCESSUAL. CRIME SUBSIDIÁRIO. INVIABILIDADE. 1. Inviável, na via estreita do habeas corpus, o exame da ausência de potencialidade lesiva do documento falsificado, por pressupor a indevida incursão nos fatos e provas da causa, sobretudo se considerado que a controvérsia não foi objeto de apreciação pelas cortes antecedentes. 2. Pronunciamento judicial acerca da idoneidade da fundamentação da circunstância agravante implicaria indevida supressão de instância e contrariedade à repartição constitucional de competências. Precedentes. 3. O caráter subsidiário do crime de fraude processual (art. 347 do Código Penal) impõe sua absorção pelo crime mais grave, nos casos em que, da prática dos atos delitivos,

> sobrevier conduta tipificada por dispositivo penal específico. Doutrina. 4. Agravo regimental a que se nega provimento. (HC 121592 AgR, Relator(a): TEORI ZAVASCKI, Segunda Turma, julgado em 24/11/2015, PROCESSO ELETRÔNICO DJe-246 DIVULG 04-12-2015 PUBLIC 07-12-2015)

Há entendimento de que, afastada a conduta específica do CTB, em caso de crime de trânsito que não seja *sinistro com vítima* por exemplo, dever-se-ia aplicar a norma geral, ou seja, o crime de fraude processual do artigo 347, do CP.[259] Entretanto, não parece o melhor entendimento, porque há um sentido decrescente do Direito Penal comum e geral para o Direito Penal de trânsito. Aquele pune inovações artificiosas na pendência de processo civil ou administrativo com pena de detenção, de três meses a dois anos, e multa; a figura será circunstanciada, se envolver processo penal ainda que não iniciado. Esse (o crime do artigo 312, do CTB) pune com pena de detenção, de seis meses a um ano, ou multa, no caso de i) ser sinistro automobilístico com vítima e ii) envolver procedimento ou processo penais. A pena cominada no CTB, particularmente porque alternada com multa, deixa inequívoco que o crime de trânsito em questão é uma modalidade deslocada e apenada de forma menos grave que a do Còdigo Penal. O artigo 312, do CTB, elenca apenas acontecimentos dos mais graves dentro do direito de trânsito, qual seja, i) efetivo sinistro, ii) envolvendo veículo automotor, iii) com vítima, isto é, com vítima que sofreu lesão ou morte, e iv) cujo ilícito penal tenha ou venha a ter deflagração da persecução penal.

Tendo como pressuposto o de legislador racional, tem-se que é a política criminal adotada para o direito do trânsito punir criminalmente apenas nessas poucas hipóteses normativas, com exclusão daquelas elencadas no artigo 347, do Código Penal.

É a maneira de evitarem-se ofensas à proporcionalidade, porquanto, como proposto pelos seguidores dessa corrente, alterações de fato na pendência de processo de apuração de estacionamento irregular submeteriam o autor às penas de três meses de detenção e multa, no mínimo (artigo 347, *caput*, do CP), mas se a inovação se referisse a sinistro em caminhão, num homicídio culposo na condução de veículo automotor, a pena mínima seria a de multa.

A fragmentariedade, a subsidiariedade e a lesividade, no Direito Penal do trânsito, impõe que, para as condutas de gravidade inferior àquelas do suporte fático abstrato do artigo 312, do CTB, sejam punidos os responsáveis apenas por

[259] SILVA, Renato Brasileiro da. *Leis Criminais Especiais Comentadas*, p. 1253.

ato atentatório à dignidade da Justiça[260], ou por infração descrita no artigo 176, inciso III, do CTB[261], ou outra aplicável à espécie.

10. Classificação doutrinária

O crime do artigo 312, do CTB, é comum (sem exigências especiais para o autor ou vítima); vago (sem vítimas identificáveis); doloso; majoritariamente considerado como crime de dano[262], semelhantemente ao crime de fraude processual comum (artigo 347, do CP); unissubjetivo (de concurso eventual); plurissubsistente (sua execução pode ser divididas em fases claras); comissivo em regra (praticado mediante ações), de forma livre (sem exigência de conduta vinculada).

11. Questões materiais relevantes

Do cotejo analítico do artigo 347, do CP, com o artigo 312, do CTB, que há identidade de finalidades, chamadas de especial fim de agir: *fim de induzir a erro juiz ou perito*; mas o do CTB refere-se também a "agente policial". Em termos de persecução penal, não parece haver maiores alterações de conteúdo com esse acréscimo, em princípio, posto que o juiz tem funções e é o destinatário da fase pré-processual e da fase processual.

Todavia, não se pode olvidar que a mudança do papel do juiz que se tentou promover com o Pacote Anticrime (Lei 13.964/19), cuja eficácia do pretendido

260 CPC, Art. 77. Além de outros previstos neste Código, **são deveres das partes, de seus procuradores e de todos aqueles que de qualquer forma participem do processo: I - expor os fatos em juízo conforme a verdade**; II - não formular pretensão ou de apresentar defesa quando cientes de que são destituídas de fundamento; III - não produzir provas e não praticar atos inúteis ou desnecessários à declaração ou à defesa do direito; IV - cumprir com exatidão as decisões jurisdicionais, de natureza provisória ou final, e não criar embaraços à sua efetivação; V - declinar, no primeiro momento que lhes couber falar nos autos, o endereço residencial ou profissional onde receberão intimações, atualizando essa informação sempre que ocorrer qualquer modificação temporária ou definitiva; **VI - não praticar inovação ilegal no estado de fato de bem ou direito litigioso.** VII - informar e manter atualizados seus dados cadastrais perante os órgãos do Poder Judiciário e, no caso do § 6º do art. 246 deste Código, da Administração Tributária, para recebimento de citações e intimações. § 1º Nas hipóteses dos incisos IV e VI, o juiz advertirá qualquer das pessoas mencionadas no caput de que sua conduta poderá ser punida como ato atentatório à dignidade da justiça. § 2º A violação ao disposto nos incisos IV e VI constitui ato atentatório à dignidade da justiça, devendo o juiz, sem prejuízo das sanções criminais, civis e processuais cabíveis, aplicar ao responsável multa de até vinte por cento do valor da causa, de acordo com a gravidade da conduta. (,...) (g.n.)

261 CTB, Art. 176. Deixar o condutor envolvido em sinistro com vítima: I - de prestar ou providenciar socorro à vítima, podendo fazê-lo; II - de adotar providências, podendo fazê-lo, no sentido de evitar perigo para o trânsito no local; **III - de preservar o local, de forma a facilitar os trabalhos da polícia e da perícia;** IV - de adotar providências para remover o veículo do local, quando determinadas por policial ou agente da autoridade de trânsito; V - de identificar-se ao policial e de lhe prestar informações necessárias à confecção do boletim de ocorrência: Infração - gravíssima; Penalidade - multa (cinco vezes) e suspensão do direito de dirigir; Medida administrativa - recolhimento do documento de habilitação. (redação dada pela Lei 14.955/2023) (g.n.)

262 Contra, PRADO, Luiz Regis. *Tratado de direito penal brasileiro*: parte especial (arts. 250 a 361), volume 3, item 13.2. Ainda, há quem entenda ser "crime de perigo e só eventualmente de dano": v. SIQUEIRA, Galdino. *Tratado de Direito Penal*. Parte especial, tomo II, p. 628.

novo artigo 28, do CPP[263], foi suspendida liminarmente[264], poder-se-ia pensar nalgum caso relevante. Como as funções judiciais restariam limitadas, e não há qualquer menção à vítima [que tem legitimidade para agir em crimes de ação privada] nem a órgão do Ministério Público [que tem legitimidade para agir nos crimes de ação pública], caso não se mantenha a suspensão da eficácia desses dispositivos, o crime do artigo 347, do CP, ficará desguarnecido para inovações que atinjam apenas o inquérito policial ou outros procedimentos criminais (ou se fará necessário estender grandemente o sentido de "processo penal, ainda que não iniciado" do parágrafo único, do artigo 347, do CP). Já o artigo 312, do CTB, não terá esse problema.

12. Questões processuais relevantes

O procedimento será, em princípio, o do Juizados Especiais Criminais. Se o feito não puder seguir conforme o procedimento comum sumaríssimo, prosseguir-se-á nos termos do procedimento comum sumário.[265]

A ação penal é pública incondicionada.

Art. 312-A. Para os crimes relacionados nos arts. 302 a 312 deste Código, nas situações em que o juiz aplicar a substituição de pena privativa de liberdade por pena restritiva de direitos, esta deverá ser de prestação de serviço à comunidade ou a entidades públicas, em uma das seguintes atividades:

I - trabalho, aos fins de semana, em equipes de resgate dos corpos de bombeiros e em outras unidades móveis especializadas no atendimento a vítimas de trânsito;

[263] CPP, Art. 28. Ordenado o arquivamento do inquérito policial ou de quaisquer elementos informativos da mesma natureza, o órgão do Ministério Público comunicará à vítima, ao investigado e à autoridade policial e encaminhará os autos para a instância de revisão ministerial para fins de homologação, na forma da lei.

[264] Liminar deferida ad referendum em 22/01/2020: "Ex positis, na condição de relator das ADIs 6.298, 6.299, 6.300 e 6305, com as vênias de praxe e pelos motivos expostos: (a) Revogo a decisão monocrática constante das ADIs 6.298, 6.299, 6.300 e suspendo sine die a eficácia, ad referendum do Plenário, (a1) da implantação do juiz das garantias e seus consectários (Artigos 3º-A, 3º-B, 3º-C, 3º-D, 3ª-E, 3º-F, do Código de Processo Penal); e (a2) da alteração do juiz sentenciante que conheceu de prova declarada inadmissível (157, §5º, do Código de Processo Penal); [...]. Nos termos do artigo 10, §2º, da Lei n. 9868/95, a concessão desta medida cautelar não interfere nem suspende os inquéritos e os processos em curso na presente data. Aguardem-se as informações já solicitadas aos requeridos, ao Advogado-Geral da União e ao Procurador-Geral da República. Após, retornem os autos para a análise dos pedidos de ingresso na lide dos amici curae e a designação oportuna de audiências públicas. Publique-se. Intimem-se. Brasília, 22 de janeiro de 2020."

[265] CPP, Art. 538. Nas infrações penais de menor potencial ofensivo, quando o juizado especial criminal encaminhar ao juízo comum as peças existentes para a adoção de outro procedimento, observar-se-á o procedimento sumário previsto neste Capítulo.

II - trabalho em unidades de pronto-socorro de hospitais da rede pública que recebem vítimas de sinistro de trânsito e politraumatizados;
III - trabalho em clínicas ou instituições especializadas na recuperação de sinistrados de trânsito;
IV - outras atividades relacionadas ao resgate, atendimento e recuperação de vítimas de sinistros de trânsito.

1. Análise geral

O artigo 312-A, do CTB, foi incluído pela Lei 13.281, de 4 de maio de 2016. Teve alterações redacionais trazidas pela Lei 14.599, de 19 de junho de 2023, que substituiu o termo "acidente" por "sinistro", bem como as respectivas variantes (cfr. comentário "2" ao artigo 301, supra).

A ideia central era, primeiramente, a de aumentar a consciência da população, especialmente daqueles que têm condutas de risco no trânsito, sobre a potencialidade lesiva das figuras descritas nos artigos 302 a 312, deste Código.

A despeito de a maioria dos crimes de trânsito ser classificada como crimes de perigo (ótica normativista), fato é que no dia a dia milhares de pessoas morrem e ferem-se gravemente, sofrendo, pois, efetivo dano corporal (ótica sociológica). Dessa maneira, os valores de solidariedade e de respeito à dignidade da pessoa humana (ótica axiológica) são mais bem compreendidos de forma racional do que de forma integral e profunda pelos participantes do trânsito; é o que as estatísticas sugerem. Almeja-se, desta forma, incutir essa realidade na mente e transformar a conduta dos motoristas, buscando dialeticamente comunicar essas óticas e transformar a realidade.

Por evidente, usou-se o modelo jusfilosófico de Miguel Reale[266] para mostrar o não discreto intento apontado, malgrado pareça atuar quando já redundante. Isto é, se fosse uma punição para infratores administrativos ou um requisito para habilitar-se a conduzir veículo automotor, certamente estariam atendidas as finalidades preventivas (prevenção especial positiva em destaque). Agora, como consequência penal – e, portanto, consectário a crime que já aconteceu, que passou por investigação, instrução, condenação etc. – terá ainda o buscado efeito preventivo especial positivo, mas talvez tarde demais, como sói acontecer com toda norma penal que age sozinha (ou praticamente sozinha).

[266] Entre outras obras, veja-se *Teoria Tridimensional do Direito*, 5ª edição, 9ª tiragem, São Paulo: Saraiva, 1994.

Exatamente por isso, parece que, na prática, a maior transformação foi na ótica de prevenção especial negativa: endureceu-se a lei (o preceito secundário), restringindo grandemente as penas restritivas de direito a apenas uma espécie: a de prestação de serviços à comunidade ou entidade ou a entidades públicas. E mesmo dentro deste grupo, impôs que o condenado deverá trabalhar com vítimas de acidentados (sinistrados) de trânsito.

Do exposto, ainda que não seja propriamente uma medida que reduza a violência no trânsito, é digna de aplausos por obrigar o condenado a ver os efeitos possíveis e previsíveis, ou mesmo os efeitos atuais de sua ação.

Não é de hoje que se questiona a mínima dureza para certas sanções penais. É o caso, por exemplo, o PL 2.684/96 (que foi transformado na Lei 9.714/96), quando buscou criar a pena restritiva de direito de recolhimento domiciliar e acabou vetada porque a medida não guardaria o rigor necessário. Veja-se a mensagem 1.447, de 25 de novembro de 1998, do Presidente da República Fernando Henrique Cardoso ao Presidente do Senado Federal:

> A figura do "recolhimento domiciliar", conforme a concebe o Projeto, não contém, na essência, o mínimo necessário de força punitiva, afigurando-se totalmente desprovida da capacidade de prevenir nova prática delituosa. Por isto, carente do indispensável substrato coercitivo, reputou-se contrária ao interesse público a norma do Projeto que a institui como pena alternativa.

Fora do Brasil acontece o mesmo. Veja-se essa avaliação de Corte portuguesa:

> Ac. TRP de 29-01-2014, CJ, T I, pág.210: I. A pena de admoestação não protege cabalmente o bem jurídico segurança rodoviária, nem acautela suficientemente as necessidades preventivas gerais. II. Não deve, por isso, substituir-se pela pena de admoestação a pena de 60 dias de multa aplicada a um condutor que interveio num acidente de viação de que resultaram ferimentos ligeiros num terceiro, quando conduzia com uma taxa de álcool no sangue de 2,02 gr/l.

2. Dúvidas interpretativas

2.1. Aplicabilidade a penas restritivas de direito

Como é consabido, as penas restritivas de direito têm grau mais leve de dureza do que as penas privativas de liberdade. Por isso, as penas restritivas de direito substituem as penas privativas de liberdade em geral.

Todavia, não apenas as penas restritivas de direito estão à disposição do juiz como forma de evitabilidade da pena privativa de liberdade. Pode, também, substituir as penas privativas de liberdade a multa[267]; semelhantemente, pode a pena privativa de liberdade ser suspensa.[268]

Note-se, pois, que o artigo 312 A, do CTB, não traz nenhum obstáculo para quaisquer ferramentas benéficas ao réu que limitem o encarceramento, sejam institutos a evitar a condenação criminal, como composição civil, transação penal, suspensão condicional do processo e acordo de não persecução penal, sejam institutos para evitar a aplicação de pena privativa de liberdade, como multa substitutiva, penas restritivas de direito e suspensão condicional da pena.

O que fica regrado pelo dispositivo é apenas a *aplicação* e a *execução* de penas restritivas de direito, evidentemente diante de sua assistemática amplitude objetiva (cabimento para penas não superiores a quatro anos em crimes dolosos, ou para crimes culposos independentemente da pena aplicada)[269].

[267] A multa substitutiva (não a multa cominada no preceito secundário) está prevista no artigo 44, §2º, artigo 58, parágrafo único, e no artigo 60, §2º (este derrogado), do Código Penal.
CP, Art. 44. § 2º Na condenação igual ou inferior a um ano, a substituição pode ser feita por multa ou por uma pena restritiva de direitos; se superior a um ano, a pena privativa de liberdade pode ser substituída por uma pena restritiva de direitos e multa ou por duas restritivas de direitos.

[268] Veja-se a suspensão condicional da pena [privativa de liberdade], conhecida como *sursis*, disciplinada no Código Penal, artigo 77 a 82.
CP, Art. 77 - A execução da pena privativa de liberdade, não superior a 2 (dois) anos, poderá ser suspensa, por 2 (dois) a 4 (quatro) anos, desde que: I - o condenado não seja reincidente em crime doloso; II - a culpabilidade, os antecedentes, a conduta social e personalidade do agente, bem como os motivos e as circunstâncias autorizem a concessão do benefício; III - Não seja indicada ou cabível a substituição prevista no art. 44 deste Código. §1º - A condenação anterior a pena de multa não impede a concessão do benefício. §2º A execução da pena privativa de liberdade, não superior a quatro anos, poderá ser suspensa, por quatro a seis anos, desde que o condenado seja maior de setenta anos de idade, ou razões de saúde justifiquem a suspensão.

[269] Diz-se assistemática porque, pela sistemática do Código Penal, reformado pela Lei 7.209, de 11 de julho de 1984, é evidente a as penas restritivas de direito colocar-se-iam entre as multas substitutivas, mais brandas, e o *sursis*, mais rigoroso que a pena restritiva de direito. Em verdade, com a reforma de 1984, já havia a ilimitação objetiva para crimes culposos (artigo 44, inciso I e parágrafo único, do Código Penal, com redação dada pela Lei 7.209/84); porém, os crimes dolosos mantinham-se dentro do teto de um ano de pena privativa de liberdade. O sursis, aplicável em geral para penas não superiores a dois anos, revelava-se de forma a conter inteiramente as penas restritivas de direito, porque, durante o período de provas, haveria, no primeiro ano, obrigatoriamente prestação de serviços à comunidade ou limitação de fim de semana. Com a Lei 9.714, de 25 de novembro de 1998, rasgou-se a organicidade dessas medidas, sendo alterado o cabimento das penas restritivas de direito; a principal mudança foi aumentar, para crimes dolosos, o máximo da pena aplicada para quatro anos.

2.2. Dificuldades para a sistematicidade da prestação de serviço à comunidade

Acontece que, dentre as penas restritivas de direito, há também uma escala de gravidade, encontrando-se a prestação de serviço à comunidade como a mais dura dessas medidas.

Exatamente por isso que o próprio legislador do Código Penal proibiu sua aplicação para penas inferiores a seis meses.[270]

É nesse ponto que surge outra dúvida interpretativa.

A regra contida no artigo 312 A, do CTB, é, em sua redação, peremptória: sempre que houver substituição de pena privativa de liberdade por pena restritiva de direito, esta deverá ser a de prestação de serviços à comunidade. Portanto, do gênero *pena restritiva de direito* apenas a espécie *prestação de serviços à comunidade* é admissível para crimes de trânsito. Opera-se um esvaziamento do gênero, que resta limitado a uma única espécie em sede de crimes de trânsito.

A questão que se põe é a seguinte: pode ser aplicada pena restritiva de direito (que, por força do artigo 312 A, do CTB, deverá ser pena de prestação de serviços à comunidade) como substitutiva para pena privativa de liberdade igual ou inferior a seis meses para crimes deste Código?

Veja-se que esse problema não é pequeno; pode ocorrer nos crimes definidos nos seguintes dispositivos: a) artigo 303, *caput*, b) artigo 304, c) artigo 305, d) artigo 306, e) artigo 307, f) artigo 308, *caput*, g) artigo 309, h) artigo 310, i) artigo 311 e j) artigo 312: todos os tipos mencionados têm pena mínima de seis meses. De outra forma, apenas o tipo penal do artigo 302 está excluído; todos os demais crimes de trânsito, ao menos em suas figuras simples, estarão incluídos.

Poder-se-ia tanto concluir ou i) pela aplicação do marco de seis meses previsto no Código Penal, e assim aplicar outras penas restritivas de direito para penas privativas de liberdade de seis meses, ou ii) pela especialidade do Código de Trânsito Brasileiro –afastando o obstáculo de a pena aplicada ser superior a seis meses para substitui-la por prestação de serviço à comunidade, ou iii) pela inaplicabilidade de penas restritivas de direitos para penas inferiores a seis meses, cabendo multa substitutiva (ou, excepcionalmente, o *sursis*).

[270] CP, **Art. 46. A prestação de serviços à comunidade ou a entidades públicas é aplicável às condenações superiores a seis meses de privação da liberdade.** §1° A prestação de serviços à comunidade ou a entidades públicas consiste na atribuição de tarefas gratuitas ao condenado. § 2° A prestação de serviço à comunidade dar-se-á em entidades assistenciais, hospitais, escolas, orfanatos e outros estabelecimentos congêneres, em programas comunitários ou estatais. § 3° As tarefas a que se refere o § 1° serão atribuídas conforme as aptidões do condenado, devendo ser cumpridas à razão de uma hora de tarefa por dia de condenação, fixadas de modo a não prejudicar a jornada normal de trabalho. §4° Se a pena substituída for superior a um ano, é facultado ao condenado cumprir a pena substitutiva em menor tempo (art. 55), nunca inferior à metade da pena privativa de liberdade fixada. (g.n.)

Parece que o segundo entendimento é o melhor: a admissão de substituição de penas privativas de liberdade, inclusive inferiores a seis meses, por pena de prestação de serviços à comunidade, nos termos do artigo 312 B, do CTB.

Considerando que apenas o crime de homicídio culposo não enfrentaria esse problema em absoluto, porque, mesmo em sua figura simples, a pena mínima é de dois anos de detenção, e que todas -repita-se, todas- as demais figuras, ao menos em suas formas fundamentais, podem enfrentar esse problema, não há dúvidas que a lei limitou o cardápio de penas restritivas de direito a uma, em se tratando de crimes de trânsito. É, pois, nesse conflito aparente de normas a leitura mais condizente com o princípio da especialidade. Em um caso concreto, caso se entenda excessiva tal restrição (penas restritivas de direito unicamente na modalidade de prestação de serviço à comunidade), permanecerá possível a aplicação da multa restritiva. É a única interpretação coerente com a *mens legislatoris* e a *mens legis*

Repise-se. A multa substitutiva poderá ser preferida para condenações até seis meses. Não porque inaplicáveis as penas restritivas de direito (ainda que apenas a pena de prestação de serviços à comunidade), mas sim porque a medida preferida é aquela *necessária* e *suficiente* seja a multa seja a prestação de serviços à comunidade[271].

Não se olvide que o *sursis*[272] tem, como regra, imposição de prestação de serviço à comunidade ou limitação de fim de semana (artigo 78, inciso I, do CP)[273]. Há neste particular duas consequências relevantes.

271 Não custa lembrar de entendimento do Superior Tribunal de Justiça no sentido da impossibilidade de substituir penas privativas de liberdade por multa (multa substitutiva) quando, na legislação extravagante, houve cúmulo com multa (integrante da pena principal), porque não seria recomendável socialmente para o caso. Súmula 171: "Cominadas cumulativamente, em lei especial, penas privativa de liberdade e pecuniária, é defeso a substituição da prisão por multa."

272 Lembre-se que o *sursis, por expressa previsão legal do artigo 77, do CP, apenas suspende a "execução da pena privativa de liberdade"*. Portanto, inadmissível para suspender penas restritivas de direito.
SUSPENSÃO CONDICIONAL DA PENA ('SURSIS'). PENA RESTRITIVA DE DIREITO: PRESTAÇÃO DE SERVIÇOS A COMUNIDADE. A SUSPENSÃO CONDICIONAL ('SURSIS') SÓ E ADMISSIVEL EM RELAÇÃO A PENA PRIVATIVA DE LIBERDADE; NÃO, ASSIM, QUANTO A PENA MERAMENTE RESTRITIVA DE DIREITOS, COMO E O CASO DE PRESTAÇÃO DE SERVIÇOS A COMUNIDADE. INTERPRETAÇÃO DOS ARTIGOS 697 DO C.P.PENAL, 156 E 157 DA LEI DE EXECUÇÕES PENAIS (N. 7.210, DE 11/7/1984), 77, 'CAPUT', E INCISO III, 44, III, 32, 33, 43, 78, PARAGRAFOS 1. E 2., E 80 DO C. PENAL. H.C. INDEFERIDO. (HC 67308, Relator(a): SYDNEY SANCHES, Primeira Turma, julgado em 04/04/1989, DJ 19-05-1989 PP-08441 EMENT VOL-01542-02 PP-00249)

273 CP, Art. 78 - Durante o prazo da suspensão, o condenado ficará sujeito à observação e ao cumprimento das condições estabelecidas pelo juiz. § 1° - No primeiro ano do prazo, deverá o condenado prestar serviços à comunidade (art. 46) ou submeter-se à limitação de fim de semana (art. 48). § 2° Se o condenado houver reparado o dano, salvo impossibilidade de fazê-lo, e se as circunstâncias do art. 59 deste Código lhe forem inteiramente favoráveis, o juiz poderá substituir a exigência do parágrafo anterior pelas seguintes condições, aplicadas cumulativamente: a) proibição de freqüentar determinados lugares; b) proibição de ausentar-se da comarca onde reside, sem autorização do juiz; c) comparecimento pessoal e obrigatório a juízo, mensalmente, para informar e justificar suas atividades.

Primeiro, a de tornar o instituto mais duro que o da substituição por pena restritiva de direito, por mais que na prática possam surgir distorções.

Segundo, a regra do artigo 312 A, do CTB, não poderia ser aplicável à "prestação de serviços à comunidade" do *sursis*. É posição firme que "prestação de serviços à comunidade" pode ter natureza jurídica de *pena restritiva de direito* ou de *condição do "sursis"* no Direito Brasileiro. E sendo o artigo 312 A, do CTB, "a substituição de pena privativa de liberdade por pena restritiva de direitos" por expressa previsão legal, impossível por analogia (*in malam partem*) estendê-la à condição do *sursis*, ainda que em crime de trânsito.

Como suporte, veja-se:

> EMENTA: - Direito Penal e Processual Penal. Suspensão condicional da pena. Prestação de serviços a comunidade (art. 78, PAR. 1., DO C. Penal). Interpretação dos artigos 32, 33 a 42, 43, 44, 46, paragrafo único, 77 a 82, 78, PAR. 1., do C. Penal. "Habeas Corpus". 1. No sistema introduzido, na Parte Geral do Código Penal, pela Lei n. 7.209, de 11.07.1984, a **prestação de serviços a comunidade pode assumir o caráter de pena restritiva de direito, substitutiva de pena privativa de liberdade (arts. 43 e 44), ou, então, o de condição para a suspensão da execução da pena (art. 78, PAR. 1.)**. 2. Estando justificada, no caso, essa condição para a concessão do "sursis", e de se afastar a alegação de constrangimento ilegal. 3. "H.C." indeferido. (STF, HC 72387, Relator Min. SYDNEY SANCHES, Primeira Turma, julgado em 15/08/1995, DJ 22-09, g.n.)

Diante da redação da parte inicial do artigo 312 B, do CTB, "[p]ara os crimes relacionados nos arts. 302 a 312 deste Código (...)", parece secundada a leitura da admissibilidade da pena de serviços a comunidade independentemente do *quantum* mínimo da pena para crimes de trânsito. Notem-se, como já dito, as penas mínimas dos artigos expressamente mencionados (artigos 302 a 312, do CTB).

3. Regras de Direito Penal e de Execuções Penais

Primeiramente, a ligação entre Direito Penal, Processo Penal e Execução Penal não se põe em dúvida. Nem se discute qualquer pretensão à chamada independência científica de cada área.

A questão discutida é outra. Para os fins buscados, faz-se necessário ter-se em mente que o Juiz sentenciante, de forma geral, fixa a pena a ser cumprida, enquanto o Juiz das Execuções Penais dá concretude a esse comando.

Dessa divisão de funções, especificamente quanto às penas privativas de liberdade, cabe ao Juiz da condenação (e por Juiz quer-se referir a todas autoridades jurisdicionais que formarão o título executivo judicial penal, ou seja, a sentença penal condenatória transitada em julgado) aplicar a pena restritiva de direitos, que no caso dos crimes de trânsito deverá ser de prestação de serviços à comunidade, enquanto ao Juiz das Execuções Penais (aqui vale a mesma precisão a incluir órgãos de jurisdição superior que conheçam da questão de execuções penais) cabe especificar a forma de cumprimento das penas já inscritas na sentença penal condenatória.

Noutras palavras, o Juiz da condenação verifica a pertinência de substituir a pena privativa de liberdade por pena restritiva de direito. Tal conclusão advém de existir, no Código Penal, apenas requisitos e prazos da substituição, como se vê de seus artigos 44, 46 e 59. Já ao Juiz das Execuções Penais[274] é que compete estabelecer qual o trabalho que exatamente se há de cumprir, a entidade responsável, endereço, horário etc.[275]

De se notar, nesse jaez, que o artigo 312 – A, do CTB, traz em seu *caput*, regra de direito material (Direito Penal) e, nos incisos I a IV, regra de cumprimento da pena criminal fixada (Execução Penal).

O artigo 312 – A, do CTB, é –conscientemente ou não, tanto faz- introdutor de normas chamadas substantivas e executivas; é, pois, regra híbrida de Direito Penal e de Execução Penal. Com essa advertência, parece equivocado o Juiz da condenação escolher entre as alíneas desse dispositivo, devendo-se limitar a aplicar, ou não, a pena de prestação de serviço à comunidade ao crime de trânsito (artigo 312 – A, *caput*, do CTB). O Juiz das Execuções Penais, por sua vez, deverá escolher como dar efetividade à sentença condenatória, dentre os suportes fáticos abstratos previstos nas alíneas I a IV, do artigo 312 – A, do CTB.

[274] Lei 7.210, de 11 de julho de 1984 (LEP). Art. 1º A execução penal tem por objetivo **efetivar as disposições de sentença ou decisão criminal** e proporcionar condições para a harmônica integração social do condenado e do internado. (g.n.)

[275] LEP. Art. 149. Caberá ao Juiz da execução: I - designar a entidade ou programa comunitário ou estatal, devidamente credenciado ou convencionado, junto ao qual o condenado deverá trabalhar gratuitamente, de acordo com as suas aptidões; II - determinar a intimação do condenado, cientificando-o da entidade, dias e horário em que deverá cumprir a pena; III - alterar a forma de execução, a fim de ajustá-la às modificações ocorridas na jornada de trabalho. § 1º o trabalho terá a duração de 8 (oito) horas semanais e será realizado aos sábados, domingos e feriados, ou em dias úteis, de modo a não prejudicar a jornada normal de trabalho, nos horários estabelecidos pelo Juiz. § 2º A execução terá início a partir da data do primeiro comparecimento. Art. 150. A entidade beneficiada com a prestação de serviços encaminhará mensalmente, ao Juiz da execução, relatório circunstanciado das atividades do condenado, bem como, a qualquer tempo, comunicação sobre ausência ou falta disciplinar.

4. Rol do artigo 312 A, do CTB

Os serviços a comunidade a serem executados pelo reeducando serão os trazidos taxativamente no artigo 312 A, do CTB, descritos nos incisos I a IV, introduzidos pela Lei 13.281/16.

São (I) trabalho, aos fins de semana, em equipes de resgate dos corpos de bombeiros e em outras unidades móveis especializadas no atendimento a vítimas de trânsito, (II) trabalho em unidades de pronto-socorro de hospitais da rede pública que recebem vítimas de sinistros de trânsito e politraumatizados, (III) trabalho em clínicas ou instituições especializadas na recuperação de sinistrados de trânsito; (IV) outras atividades relacionadas ao resgate, atendimento e recuperação de vítimas de sinistros de trânsito.

Não parece haver nível de gravidade entre as medidas. Assim, a designação das funções deverá ser regida mais pela disponibilidade e necessidade do serviço público do que, verdadeiramente, pela gravidade do crime ou interesse do condenado.

5. Pandemia do Coronavírus - Covid 19 e penas restritivas de direito

Vieram normas, em verdade, recomendações, para evitar a disseminação do Sars CoV 2 (Covid 19).

O Conselho Nacional de Justiça emitiu a recomendação nº 62, de 17 de março de 2020, que buscou limitar ainda mais a permanência em cárcere, especialmente se provisório. No afã de preservar os participantes diretos ou indiretos, constantes e eventuais, da Justiça Criminal, buscou limitar a presença física em situações que poderiam gerar aglomeração.

> Art. 1º Recomendar aos Tribunais e magistrados a adoção de medidas preventivas à propagação da infecção pelo novo coronavírus – Covid-19 no âmbito dos estabelecimentos do sistema prisional e do sistema socioeducativo. (...)
>
> Art. 5º Recomendar aos magistrados com competência sobre a execução penal que, com vistas à redução dos riscos epidemiológicos e em observância ao contexto local de disseminação do vírus, considerem as seguintes medidas:
>
> I – concessão de saída antecipada dos regimes fechado e semiaberto, nos termos das diretrizes fixadas pela Súmula Vinculante no 56 do Supremo Tribunal Federal, sobretudo em relação às: a) mulheres gestantes, lactantes,

> mães ou pessoas responsáveis por criança de até 12 anos ou por pessoa com deficiência, assim como idosos, indígenas, pessoas com deficiência e demais pessoas presas que se enquadrem no grupo de risco; b) pessoas presas em estabelecimentos penais com ocupação superior à capacidade, que não disponham de equipe de saúde lotada no estabelecimento, sob ordem de interdição, com medidas cautelares determinadas por órgão de sistema de jurisdição internacional, ou que disponham de instalações que favoreçam a propagação do novo coronavírus;
>
> II – alinhamento do cronograma de saídas temporárias ao plano de contingência previsto no artigo 9° da presente Recomendação, avaliando eventual necessidade de prorrogação do prazo de retorno ou adiamento do benefício, assegurado, no último caso, o reagendamento da saída temporária após o término do período de restrição sanitária;
>
> III – concessão de prisão domiciliar em relação a todos as pessoas presas em cumprimento de pena em regime aberto e semiaberto, mediante condições a serem definidas pelo Juiz da execução;
>
> IV – colocação em prisão domiciliar de pessoa presa com diagnóstico suspeito ou confirmado de Covid-19, mediante relatório da equipe de saúde, na ausência de espaço de isolamento adequado no estabelecimento penal;
>
> **V – suspensão temporária do dever de apresentação regular em juízo das pessoas em cumprimento de pena no regime aberto, prisão domiciliar, penas restritivas de direitos, suspensão da execução da pena (sursis) e livramento condicional, pelo prazo de noventa dias**; (g.n.)
>
> Parágrafo único. Em caso de adiamento da concessão do benefício da saída temporária, o ato deverá ser comunicado com máxima antecedência a presos e seus familiares, sendo-lhes informado, assim que possível, a data reagendada para o usufruto, considerando as orientações das autoridades sanitárias relativas aos riscos epidemiológicos e em observância ao contexto local de disseminação do novo coronavírus.

Portanto, como se vê, é apenas o comparecimento periódico ao Juízo foi objeto da recomendação.

Não obstante, buscou-se tomar eventuais demoras na designação de estabelecimentos ou imposição dos serviços em razão da pandemia como tempo efetivamente cumprido da pena restritiva de direitos. Os tribunais, contudo, não entenderam dessa forma, com acerto.

> (...) II - A Recomendação n. 62/CNJ traduz mero aconselhamento aos d. Juízes da Execução Penal de suspensão temporária de benefícios. Verbis: "Art. 5º Recomendar aos magistrados com competência sobre a execução penal que, com vistas à redução dos riscos epidemiológicos e em observância ao contexto local de disseminação do vírus, considerem as seguintes medidas: (...) V - suspensão temporária do dever de apresentação regular em juízo das pessoas em cumprimento de pena no regime aberto, prisão domiciliar, penas restritivas de direitos, suspensão da execução da pena (sursis) e livramento condicional, pelo prazo de noventa dias". **III - Diante das peculiaridades do caso concreto, de prestação de serviços à comunidade, o mero decurso do prazo fixado para o seu cumprimento não pode ser considerado como pena efetivamente adimplida, de forma ficta, já que, embora não haja culpa do recorrente em relação à pandemia de coronavírus e à prejudicialidade de diversos serviços, por outro lado, não se pode concluir que as finalidades últimas do que lhe fora imposto tenham sido atingidas por única razão temporal. IV - Nesse sentido: "no que diz respeito à pretensão de flexibilização da interpretação dos arts. 148 e 149, da LEP, fundada na gravidade da pandemia da COVID-19, é cediço que a Recomendação n. 62/CNJ, de 18 de março de 2020, indica medidas preventivas à propagação da infecção pelo novo coronavírus (COVID-19), no âmbito dos sistemas de justiça penal e socioeducativo. A referida Recomendação, em seu art. 5º, inciso V, indica aos magistrados com competência sobre a execução penal a avaliação da necessidade de suspensão temporária do cumprimento das penas restritivas de direitos, gênero do qual é espécie a prestação de serviços à comunidade. (...) pode[ndo] o seu cumprimento ser retomado a critério do Juízo da Execução, de acordo com a alteração da situação fática impeditiva, não havendo, portanto, se falar em substituição da sanção originalmente imposta ao recorrente (prestação de serviços à comunidade) por outra modalidade de restritiva de direitos, com fundamento nos riscos da pandemia da COVID-19" (AgRg no REsp n.** 1.919.593/PR, Quinta Turma, Rel. Min. Reynaldo Soares da Fonseca, DJe de 14/5/2021). Recurso ordinário em habeas corpus desprovido. (STJ, RHC 152.572/MG, Rel. Ministro JESUÍNO

> RISSATO (DESEMBARGADOR CONVOCADO DO TJDFT), QUINTA TURMA, julgado em 28/09/2021, DJe 05/10/2021, g.n.)

6. Revogação das penas restritivas de direito do CP pelo CTB

Antes mesmo do artigo 312 A, do CTB, introduzido pela Lei 13.281/16, já se argumentava acerca da derrogação das regras do Código Penal sobre penas restritivas de direito diante das regras especiais aplicáveis aos crimes de trânsito.

Isso porque o artigo 292, do CTB, traz a possibilidade de o juiz cumular a pena restritiva de direito de suspensão ou proibição de se obter a permissão ou a habilitação para dirigir veículo automotor. Daí, descabe aplicar a "suspensão de autorização ou de habilitação para dirigir veículo" como substitutiva da pena privativa de liberdade.

Diante do confronto analítico entre o artigo 292, do CTB, e do artigo 43, inciso III, e do artigo 57,[276] do CP, permaneceria possível a restritiva de direito do CP no que toca a autorização.

Veja-se:

> O Código de Trânsito Brasileiro (Lei 9.503/1997), ao cominar a pena de suspensão da habilitação cumulativamente à pena de prisão, exclui a possibilidade de substituição desta última pela sanção restritiva de direitos prevista no artigo 47, III, do CP. Ou seja, este último dispositivo foi tacitamente derrogado pela Lei 9.503/1997, que nos dois delitos culposos de trânsito – homicídio (art. 302) e lesão corporal (art. 303) – consagram a suspensão da habilitação para dirigir veículo automotor como pena principal.[277]
>
> Todavia, no que concerne à perda da "autorização" para dirigir veículo, permanece em vigor a sanção substitutiva constante do artigo 47, III, do Código Penal.

Ainda:

> 106. Derrogação do inciso III: diante do disposto no Código de Trânsito Brasileiro, que regulou, completamente, a pena de suspensão ou proibição de dirigir veículos, bem como sendo necessária a aplicação deste dispositivo somente aos crimes de trânsito, como determina o art. 57 do Código

[276] CP, Art. 57 - A pena de interdição, prevista no inciso III do art. 47 deste Código, aplica-se aos crimes culposos de trânsito.

[277] PRADO, Luiz Regis. *Tratado de Direito Penal brasileiro*: Parte Geral, volume 1, cap XX, item 4.

> Penal, está ele parcialmente revogado, restando unicamente a possibilidade de o juiz determinar a suspensão de autorização para dirigir veículo, que não foi prevista na Lei do Trânsito. A autorização destina-se a ciclomotores, conforme expomos em nosso *Crimes de trânsito*, p. 12-13.[278]
>
> 8. Derrogação do art. 47, III, do Código Penal: como já visto, a pena restritiva de direitos do art. 47, III, somente pode ser aplicada no tocante à suspensão de *autorização* para dirigir veículo, pois a parte concernente à habilitação foi integralmente regulada pelo Código de Trânsito Brasileiro.[279]

Nessa linha, veja-se decisão do Tribunal de Justiça de São Paulo, citada pelo referido autor:

> Interdição temporária de direitos – Afastamento – Código de Trânsito Brasileiro que derrogou o disposto no artigo 47, inciso III, do Código Penal, aos crimes cometidos na direção de veículo automotor, regulados pela Lei n. 9.503/97 (Ap. 0029357-52.2007.8.26.0625, 4.a C., rel. Salles Abreu, 11.08.2009).

De qualquer maneira, com o novel artigo 312 A, do CTB, restou encerrada a discussão.

> (...) V - Em complemento, ressalte-se que para o crime previsto no art. 306 da Lei n. 9.503/1997 (Código de Trânsito Brasileiro), nos casos de substituição de pena privativa de liberdade, a pena restritiva de direitos deverá ser, obrigatoriamente de prestação de serviços à comunidade, por determinação expressa do dispositivo legal contido no seu art. 312-A. Precedentes. (...) (AgRg no HC 622.369/SC, Rel. Ministro FELIX FISCHER, QUINTA TURMA, julgado em 15/12/2020, DJe 18/12/2020)
>
> (...) 1. Nos casos de condenação igual ou inferior a 1 ano, é possível a substituição da pena privativa de liberdade por multa ou por uma restritiva de direitos, nos termos do art. 44, § 2º, do Código Penal. Todavia, nos crimes previstos no Código de Trânsito Brasileiro, há expressa menção, nas hipóteses de reprimenda substitutiva, à aplicação da pena de prestação de serviço à comunidade ou a entidades públicas. 2. O Tribunal de origem, ao determinar a substituição da reprimenda por prestação de serviços à comunidade, não só aplicou a norma prevista em lei especial como também trouxe

[278] NUCCI, Guilherme de Souza. *Código penal comentado*, comentários ao artigo 47, item 106.

[279] NUCCI, Guilherme de Souza. *Código penal comentado*, item 8.

fundamentação concreta, haja vista que apenas a imposição de pena pecuniária não atende a um dos objetivos da sanção por ser inócua à reeducação da sentenciada quanto ao delito praticado. 3. Com a superveniência do trânsito em julgado da condenação, fica prejudicada a análise da almejada suspensão dos efeitos da condenação. 4. Habeas corpus parcialmente conhecido e, nessa extensão, denegada a ordem. (HC 445.915/SC, Rel. Ministro ROGERIO SCHIETTI CRUZ, SEXTA TURMA, julgado em 28/03/2019, DJe 05/04/2019)

No mesmo sentido:

> *CRIME* DE TRÂNSITO. EMBRIAGUEZ AO VOLANTE. ART. 306, CAPUT, DA LEI N. 9.503/1997. *SUBSTITUIÇÃO* DA PENA *RESTRITIVA* DE DIREITO DE PRESTAÇÃO PECUNIÁRIA POR PRESTAÇÃO DE SERVIÇOS À COMUNIDADE, NOS TERMOS DO ART. 312-A DO CÓDIGO DE TRÂNSITO BRASILEIRO – *CTB*. LEI ESPECIAL QUE PREVALECE SOBRE A GERAL. PRINCÍPIO DA ESPECIALIDADE. AGRAVO REGIMENTAL DESPROVIDO. 1. O v. aresto recorrido está em consonância com a jurisprudência desta Corte, a qual entende que a lei especial prepondera sobre a lei geral, em razão da aplicação do princípio da especialidade. 2. Subsistentes os fundamentos do decisório agravado, nega-se provimento ao agravo regimental" (fls. 116-117, edoc. 3). 6. Esse acórdão é o objeto do presente habeas corpus, no qual a impetrante alega que "o art. 43 do CP traz um rol com 5 espécies de penas *restritivas* de direitos. É de se notar, ainda, que quando a condenação é igual ou inferior a 1 ano, o Juiz pode optar entre a aplicação exclusiva de multa ou a *substituição* por uma pena *restritiva* de direitos (art. 44, § 2º, CP). Em contrapartida, sendo a pena superior a 1 ano a *substituição* pode se dar por uma pena *restritiva* de direitos e multa ou por duas *restritivas* de direito (STF, HC 192904, relator Ministra Carmen Lúcia, j. 05/02/2021, publ 10/02/2021)

Art. 312-B. Aos crimes previstos no § 3º do art. 302 e no § 2º do art. 303 deste Código não se aplica o disposto no inciso I do caput do art. 44 do Decreto-Lei nº 2.848, de 7 de dezembro de 1940 (Código Penal) . (Incluído pela Lei nº 14.071, de 2020)

O artigo 312 – B, do Código de Trânsito Brasileiro, foi alterado pela Lei 14.071, de 13 de outubro de 2020, a qual promoveu grande reforma neste Códex.

Não obstante a dimensão dessas alterações, foram, em geral, atinentes a questões de Direito Administrativo. A única previsão criminal foi a inclusão deste dispositivo ora analisado, o artigo 312 - B.

Para compreender o comando jurídico, mister primeiro tornar ao artigo 44, do Código Penal[280]. Contextualizando-o, temos a Parte Geral, dividida em títulos, entre os quais está o Título V – Das Penas. Os títulos, por suas vezes, dividem-se em capítulos, dentre os quais está o Capítulo I – Das Espécies de Pena. Seguem-se seções, e a que interessa: a Seção II – Das Penas Restritivas de Direito, que vai do artigo 43 ao artigo 48.

É no artigo 44, do Código Penal, que estão elencados os requisitos para substituição da pena privativa de liberdade por restritiva de direito. O inciso I traz limitação de *quantum* de pena (requisito objetivo) e os incisos II e III trazem limitações que tocam à pessoa do condenado, seja porque reincidente em crime doloso, seja porque as circunstâncias judiciais não a indicam (requisito subjetivo).

Com efeito, a literalidade do artigo 312 B, do CTB, traz grave dubiedade. Ao se determinar a não aplicação do inciso I do artigo 44, do Código Penal, em verdade impõe que não se aplique o critério objetivo para constituir o direito público subjetivo de substituição da pena privativa de liberdade por pena restritiva de direito (direito público subjetivo se atendidos os requisitos). Observando sob outra ótica, teríamos caso de derrogação do artigo 44, do Código Penal, o qual continuaria sendo aplicado em sua inteireza para crimes em geral, porém seria aplicado parcialmente (apenas os incisos II e III do artigo 44, do Código Penal) para os crimes de trânsito.

Não parece a melhor interpretação.

Em verdade, é evidente a vontade da lei e do legislador em endurecer a resposta penal em crimes de trânsito. Exatamente por isso que apenas figuras

280 Código Penal. Art. 44. As penas restritivas de direitos são autônomas e substituem as privativas de liberdade, quando: I - aplicada pena privativa de liberdade não superior a quatro anos e o crime não for cometido com violência ou grave ameaça à pessoa ou, qualquer que seja a pena aplicada, se o crime for culposo; II - o réu não for reincidente em crime doloso; III - a culpabilidade, os antecedentes, a conduta social e a personalidade do condenado, bem como os motivos e as circunstâncias indicarem que essa substituição seja suficiente. § 1º (VETADO) § 2º Na condenação igual ou inferior a um ano, a substituição pode ser feita por multa ou por uma pena restritiva de direitos; se superior a um ano, a pena privativa de liberdade pode ser substituída por uma pena restritiva de direitos e multa ou por duas restritivas de direitos. §3º Se o condenado for reincidente, o juiz poderá aplicar a substituição, desde que, em face de condenação anterior, a medida seja socialmente recomendável e a reincidência não se tenha operado em virtude da prática do mesmo crime. § 4º A pena restritiva de direitos converte-se em privativa de liberdade quando ocorrer o descumprimento injustificado da restrição imposta. No cálculo da pena privativa de liberdade a executar será deduzido o tempo cumprido da pena restritiva de direitos, respeitado o saldo mínimo de trinta dias de detenção ou reclusão. § 5º Sobrevindo condenação a pena privativa de liberdade, por outro crime, o juiz da execução penal decidirá sobre a conversão, podendo deixar de aplicá-la se for possível ao condenado cumprir a pena substitutiva anterior.

qualificadas do homicídio culposo e da lesão corporal culposa é que foram mencionadas.

Portanto, compreender o dispositivo em sua literalidade seria atentar contra a equidade, além de revelar intento sub-reptício de desvirtuar a lei: a interpretação é, para começar, ato de boa-fé.

A reforçar essa interpretação, ainda sobre o tipo subjetivo das figuras relacionadas no artigo 312 – B, do CTB (homicídio culposo qualificado e lesão corporal culposa qualificada), deve-se confrontar tal característica com outra que exsurge do Código Penal. No artigo 44, inciso I, do CP, menciona-se, primeiro, o limite máximo para crimes não cometidos com violência ou grave ameaça e, segundo, a ausência de limite máximo para crimes culposos. Desta forma, o artigo 44, inciso I, primeira parte, do Código Penal, traz regra *geral* de pena (e não apenas para crimes dolosos; excluídos apenas os crimes cometidos mediante violência ou grave ameaça); sua segunda parte é que normatiza especificamente crimes culposos.

Daí, imperativo concluir que o artigo 312 – B, do CTB, ao tratar de figuras culposas, derrogou o artigo 44, inciso I, do CP, apenas no que se refere a figuras culposas. Vale dizer, restou derrogada apenas a segunda figura (aquela que menciona ausência de limite máximo para crimes culposos), sendo, pois, aplicável a primeira figura (teto de pena de não superior a quatro anos) para homicídio culposo e da lesão corporal culposa qualificadas.

Vem agora nova questão. O artigo 312 – B, do CTB, teria proibido tal benesse ou apenas a limitado?

Em verdade, essa questão é parcialmente válida. Lembre-se que o crime do artigo 302, §3°, do CTB, tem pena mínima de 5 anos de reclusão. Assim, quanto à i) primeira parte do inciso, do artigo 44, do CP ["aplicada pena privativa de liberdade não superior a quatro anos e o crime não for cometido com violência ou grave ameaça à pessoa (...)"], será esta inaplicável diante do mínimo legal do homicídio culposo qualificado na condução de veículo automotor. Já quanto à ii) segunda parte inciso I, do artigo 44, do CP ["(...)qualquer que seja a pena aplicada, se o crime for culposo."], como já exposto, incabível a substituição diante da própria disposição do artigo 312 – B, do CTB.

Pelo que se conclui que ao homicídio descrito no artigo 302, §3°, do CTB, descabe substituição da pena privativa de liberdade por qualquer benesse legal que evite o encarceramento. Essa é a orientação político-criminal seguida pelo Legislador.

Falta agora analisar a lesão corporal qualificada na condução de veículo automotor (artigo 303, §2°, do CTB). Diante das mesmas premissas, resta concluir que será cabível (ao menos quanto aos requisitos objetivos), caso a pena aplicada seja a do piso legal ou até caso este seja dobrada, não excedendo, pois, quatro anos de reclusão. Se no teto legal (pena de 5 anos reclusão), ou próximo a ele, impossível a substituição.

Por fim, mister observar-se que este dispositivo foi introduzido pela Lei 14.071, de 13 de outubro de 2020, e entrou em vigor 180 dias depois de sua publicação em 14 de outubro de 2020. Sendo *novatio legis in pejus*, inaplicável a fatos ocorridos anteriormente.

> 1. Paciente condenado pela prática do crime previsto no art. 302, § 3.º, do Código de Trânsito Brasileiro, às penas de 5 (cinco) anos de reclusão e 3 (três) meses de suspensão da habilitação. 2. Como regra, a possibilidade de substituição da pena reclusiva por reprimendas restritivas de direito é legalmente cabível para penas maiores de quatro anos, no caso de crimes culposos, nos termos do art. 44, inciso I, in fine, do Código Penal. 3. Outrossim, o crime foi praticado pelo Paciente em 13/07/2018, ou seja, antes da edição da Lei n. 14.071/2020, que acrescentou ao Código de Trânsito Brasileiro o art. 312-B – dispositivo que prescreveu que "[a]os crimes previstos no § 3° do art. 302 e no § 2° do art. 303 deste Código não se aplica o disposto no inciso I do caput do art. 44 do Decreto-Lei n° 2.848, de 7 de dezembro de 1940". Portanto, é indiscutível que não há vedação legal para que, no crime de homicídio culposo na direção de veículo cometido sob a influência de álcool ou de qualquer outra substância psicoativa que determine dependência, praticado antes do início da vigência da nova redação do art. 312-B do CTB, ocorra a substituição da reprimenda reclusiva por sanções restritivas de direitos. 4. No caso, a Corte a quo limitou-se a consignar circunstâncias inerentes às elementares do tipo para afastar a medida, quais sejam, a gravidade da conduta e a influência de álcool. Por outro lado, o Tribunal local não esclareceu se o Paciente trafegava acima da velocidade permitida (o que não está evidente nos atos decisórios proferidos pelas instâncias ordinárias, notadamente porque na Rodovia Anhanguera há trechos em que o limite é de 110 km/h), nem ressaltou se a quantidade de álcool ingerido era exacerbada. 5. A Justiça Estadual deixou de consignar motivação válida para afastar o direito do Condenado – notadamente porque concorre, em seu benefício, as circunstâncias de que a prova dos autos demonstrou que a luz traseira da motocicleta em que colidiu estava desligada, e de que no cálculo da pena o Tribunal estadual assinalou a primariedade do réu, seus bons antecedentes, que a conduta não extrapolou a culpabilidade

> normal e as consequências são próprias do delito. 6. "A favorabilidade das circunstâncias mencionadas evidencia que a substituição da pena se mostra medida socialmente recomendável" (STJ, HC 601.514/SC, Rel. Ministro ROGERIO SCHIETTI CRUZ, SEXTA TURMA, julgado em 23/03/2021, DJe 29/03/2021). 7. Em suma, na hipótese, a Jurisdição ordinária, ao deduzir que a substituição da reclusão por sanções restritivas de direitos não era socialmente recomendável pelo mero fato de que o Paciente ingeriu bebida alcoólica, sem declinar conjuntura extraordinária, esvaziou o permissivo legal que garantia a referida substituição a condenados pelo delito do art. 302, § 3.º, do Código de Trânsito Brasileiro, de forma apriorística – ou seja, sob fundamento que constituiria igual óbice a todos os réus nessa situação, indistintamente. Ocorre que, conforme já decidiu a Suprema Corte, a vedação, a priori, da conversão da pena corporal por sanções restritivas de direitos "não pode ser admitida, eis que se revela manifestamente incompatível com o princípio da individualização da pena, entre outros postulados consagrados pela Constituição da República, independentemente da gravidade objetiva do delito" (HC 109.135/PI, Rel. Ministro CELSO DE MELLO, SEGUNDA TURMA, julgado em 14/05/2013, DJe 23/09/2014). 8. No mais, concluir que as instâncias ordinárias não se valeram do melhor direito para afastar a possibilidade de substituição da pena reclusiva não implica reavaliar fatos e provas, mas apenas reconhecer que não foi consignada, no caso, fundamentação válida pelo Tribunal de origem – ônus do qual a Corte estadual não se desincumbiu, por tratar-se do sistema acusatório. 9. Ordem de habeas corpus concedida para determinar ao Tribunal de origem que substitua a pena privativa de liberdade por sanções restritivas de direitos, nos termos do art. 312-A, do Código de Trânsito Brasileiro. (STJ, HC 673.337/SP, rel. Ministra Laurita Vaz, Sexta Turma, j. 22/06/2021)

Desta forma, se o homicídio for anterior a esta reforma, o fato da embriaguez ao volante, mesmo que qualificadora, não se presta, por si só, a impedir a substituição da pena privativa de liberdade por restritivas de direito porquanto, à época, vigente norma penal que não impunha limite máximo de pena para crimes culposos (isto é, amplamente eficaz a segunda parte, do inciso I, do artigo 44, do Código Penal).

REFERÊNCIAS

ALMEIDA JUNIOR, João Mendes de. *Direito Judiciário Brasileiro*. Terceira edição, correcta, augmentada, com remissões ao Código de Processo Civil, Rio de Janeiro: Livraria Editara Freita Bastos, 1940.

ALMEIDA, Napoleão Mendes de. *Gramática metódica da língua portuguesa*. 46ª edição, São Paulo: Saraiva, 2009.

ANDREUCCI, Ricardo Antonio. *Legislação penal especial*. 7ª edição atualizada e ampliada, São Paulo: Saraiva, 2010

AULETE, Caldas. *Novíssimo Aulete dicionário contemporâneo da língua portuguesa*. Organizador Paulo Geiger, Rio de Janeiro: Lexikon, 2011.

AZEVEDO, Álvaro Villaça. *Curso de direito civil* : direito das coisas. 2. ed. – São Paulo : Saraiva Educação, 2019.

BADARÓ, Gustavo Henrique Righi Ivahy. *Processo penal*. Rio de Janeiro : Campus : Elsevier, 2012.

BADARÓ, *Direito processual penal*: tomo II . 2. ed. atual. – Rio de Janeiro: Elsevier, 2009.

BINDING, Carlo. *Compendio di diritto penale (parte generale)*. Prefazione, note e traduzione sulla ottava edizione tedesca di Adelmo Borettini, Roma: Athenaeum, 1927.

BITENCOURT, Cezar Roberto. Tratado de direito penal : parte geral. 17. ed. rev., ampl. e atual. de acordo com a Lei n. 12.550, de 2011. – São Paulo: Saraiva, 2012.

BITENCOURT, Cezar Roberto. *Código penal comentado*. 10ª ed. São Paulo: Saraiva Educação, 2019.

BLUTEAU, Raphael. *Vocabulário Portuguez e Latino* (...). [letra A], Coimbra: Real Collegio das Artes da Companhia de Jesu, 1712.

BLUTEAU, Raphael. *Vocabulário Portuguez e Latino* (...). [letra F a I], Coimbra: Real Collegio das Artes da Companhia de Jesu, 1713.

CARVALHO, Paulo de Barros. *Direito Tributário: fundamentos jurídicos da incidência*. 8ª edição revista, Sâo Paulo: Saraiva, 2010.

CHAVLOVSKI, Gregori. *Medicina* legal. Luanda, Angola: Coleção Faculdade de Direito – UAN, 2002.

COÊLHO, Sacha Calmon Navarro. *Teoria geral do tribuno e da exoneração tributária*. Rio de Janeiro: Revista dos Tribunais, 1982.

CONDE, Francisco Muñoz. *Derecho Penal, parte especial.* 20ª edição, revisada e posta ao dia, Valencia: Tirant lo Blanch, 2015.

COSTA E SILVA, Antonio José. "Omissão de Socorro", pp. 7-9, in Justitia, nº 32, 1º trimestre, 1961.

COSTA MACHADO, Antônio Cláudio da (org); CUNHA FERRAZ, Anna Candida da (coord). *Constituição Federal interpretada:* artigo por artigo, parágrafo por parágrafo. 6ª edição, Barueri, SP: Manole, 2015

COSTA JUNIOR, Paulo José da; e QUEIJO, Maria Elizabeth. *Comentários aos crimes do novo Código de Trânsito.* São Paulo: Revista dos Tribunais, 1998.

Dicionário Priberam da Língua Portuguesa [em linha], 2008-2021, disponível em https://dicionario.priberam.org/dire%C3%A7%C3%A3º

FARIA, Bento. *Das contravenções penais.* Rio de Janeiro: Livraria Jacintho, 1942.

FERRAZ, Esther de Figueiredo. *Os delitos qualificados pelo resultado no regime do Código Penal de 1940.* Tese de livre-docência. São Paulo: USP, 1948.

FRAGOSO, Heleno Cláudio. "Crimes de trânsito: notas ao anteprojeto oficial", pp. 49-53, *in Revista de Direito Penal,* nº 27, Rio de Janeiro: Forense, jan-jun 1979, 1980.

FRANÇA, Genival Veloso de. Medicina legal. 9.ed. - Rio de Janeiro: Guanabara Koogan. 2011.

FREYRE, Alonso Raúl Peña Cabrera. *Manual de Derecho Penal,* parte especial, tomo I, Lima-Peru: Ediciones Legales, 2019.

GUASTINI, Riccardo. *Interpretar y argumentar.* Traducción de Silvina Álvarez Medina. Madrid: Centro de Estudios Políticos y Constitucionales, 2014.

GOMES, Luiz Flávio; CUNHA, Rogerio Sanchez (coord.). *Legislação Criminal* Especial. 2ª edição, revista, atualizada e ampliada, Col. Ciências Criminais, vol 6, São Paulo: Revista dos Tribunais, 2010.

GONÇALVES, Victor Eduardo Rios. *Legislação penal especial esquematizado.* – 3. ed. – São Paulo: Saraiva, 2017.

GONZÁVELZ, Manuel J. Checa. *Manual Práctico de Psquiatría* Forense. Barcelona: Elsevier Masson, 2010.

GRINOVER, Ada Pellegrini [et alli]. *Código Brasileiro de Defesa do Consumidor:* comentado pelos autores do anteprojeto. Volume 1. 10ª edição. Rio de Janeiro: Forense, 2011.

HALES, Robert E.; YUDOFSKY, Stuart C.; GABBARD, Glen O. *Tratado de psiquiatria clínica.* Introdução de Alan F. Schatzberg ; tradução: Cláudia

Dornelles ... [et al.] ; revisão técnica: André Campos Gross ... [et al.]. 5. ed. Porto Alegre : Artmed, 2012.

HUNGRIA, Nelson. *Comentários ao Código Penal*. Volume I, Tomo 1º, 3ª edição, Rio de Janeiro: Forense, 1955.

HUNGRIA, Nelson; FRAGOSO, Heleno Cláudio. *Comentários ao Código Penal*. Volume V. 5ª edição, 1979.

HUNGRIA, Nelson. *Comentários ao Código Penal*, volume IX, Rio de Janeiro: Forense, 1958.

JESUS, Damásio de. *Crimes de Trânsito*: anotações à parte criminal do código de trânsito. São Paulo: Saraiva, 1998.

LIMA, Marcellus Polastri. *Crimes de trânsito: aspectos penais e processuais* . 2ª edição, São Paulo: Atlas, 2015.

LIMA, Renato Brasileiro de. *Legislação Criminal Especial Comentada*. 8ª edição, revista, atualizada e ampliada. Salvador: Jus Podium, 2020.

LIMA, Renato Brasileiro de. Código de Processo Penal Comentado. 2. ed. rev. e atual. - Salvador: Juspodivm, 2017.

LISZT, Franz v. *Tratado de Direito Penal alemão*. Vol. 1. Prefácio de Edson Carvalho Vidigal. Tradução de José Hygino Duarte Pereira, ed. Fac-sim. Brasília: Senado Federal, Conselho Editorial: Superior tribunal de Justiça, 2006.

LUNA, Everardo Cunha. "O crime de omissão e a responsabilidade penal por omissão", in *Revista de Informação Legislativa*, Brasília, ano 20, nº 80, out/dez 1983

MARCÃO, Renato. *Crimes de Trânsito*. Saraiva: São Paulo, 2015.

MARQUES, José Frederico. *Elementos de Direito Processual Penal*, volume IV. Forense: Rio de Janeiro, 1965.

MEIRELLES, Hely Lopes. *Direito administrativo brasileiro*. Atualizador José Emmanuel Burle Filho. - 42. ed. / atual. até a Emenda Constitucional 90, de 15.9.2015. - São Paulo : Malheiros, 2016

MENDES, Gilmar Ferreira; STRECK, Lenio Luiz; SARLET, Ingo Wolfgang; LEONCY, Léo Ferreira; CANOTILHO, J. J. Gomes. *Comentários À Constituição do Brasil*. São Paulo: Saraiva/Almedina, 2013

MOLAN, Michael; LANSER, Denis; BLOY, Duncan. *Bloy and Parry's Principles of criminal law*. 4th ed, London: Cavendish Publishing Limited, 2000.

MORARES, Alexandre de; SMANIO, Giampaolo Poggio. *Legislação Penal Especial*. 9ª edição. São Paulo: Atlas, 2006.

NORONHA, Magalhães. *Curso de Direito Processual Penal*. São Paulo: Saraiva, 1998.

NICOLLIT, André Luiz. *Processo Penal cautelar: prisão e demais medidas cautelares*. Colaboradores Bruno Cleuder de Melo e Gustavo Rodrigues Ribeiro. 2ª edição revista, atualizada e ampliada, São Paulo: Revistados Tribunais, 2015.

NUCCI, Guilherme de Souza. *Leis penais e processuais penais comentadas*. 1ª edição, 2ª tiragem, São Paulo: Revista dos Tribunais, 2006.

NUCCI, Guilherme de Souza. *Código penal comentado*. 17. ed. rev., atual. e ampl. – Rio de Janeiro: Forense, 2017.

PEREIRA, Lafayette Rorigues. *Direito das coisas*, v. 1. Prefácio de Sálvio de Figueiredo. - Ed. fac-similar. -Brasília : Senado Federal : Superior Tribunal de Justiça, 2004.

PINHEIRO, Geraldo de Faria Lemos. "Ilícitos de trânsito", in *Justitia*, São Paulo, 45 (121): 16-33, abril/junho, 1983,

PONTES DE MIRANDA, Francisco Cavalcanti. *Tratado de Direito Privado*, tomo X. Atualizador Luiz Edson Fachin. São Paulo: Revista dos Tribunais, 2012.

PRADO, Luiz Regis. *Tratado de Direito Penal brasileiro*: Parte Geral, volume 1. 3. ed., –Rio de Janeiro: Forense, 2019.

PRADO, Luiz Regis. *Tratado de direito penal brasileiro*: parte especial (arts. 250 a 361), volume 3. 3ª ed. Rio de Janeiro: Forense, 2019.

PRADO, Luiz Regis; CARVALHO, Érica Mendes; CARVALHO, Gisele Mendes de. *Curso de Direito Penal Brasileiro*. 13ª edição, revista, atualizada e ampliada, 4ª tiragem, São Paulo: Revista dos Tribunais, 2014.

REALE, Miguel. *Teoria Tridimensional do Direito*, 5ª edição, 9ª tiragem, São Paulo: Saraiva, 1994.

RIZZARDO, Arnaldo. *Comentários ao Código de Trânsito Brasileiro*. 11ª edição revista e atualizada. São Paulo: Thomson Reuters Brasil, 2023.

SADOCK, Benjamin J; SADOCK, Virginia A; HALES, Robert E. *Compêndio de psiquiatria*: ciência do comportamento e psiquiatria clínica. Tradução: Marcelo de Abreu Almeida ... [et al.] ; revisão técnica: Gustavo Schestatsky... [et al.] – 11. ed. – Porto Alegre : Artmed, 2017.

SILVA, José Afonso. *Comentário Contextual à* Constituição, 6ª edição, atualizada até a Emenda Constitucional nº 57, de 18.12.2008, Malheiros: São Paulo, 2009

SILVA, José Afonso. *Direito Urbanístico Brasileiro.* 6ª edição, revista e atualizada, São Paulo: Malheiros, 2010.

SILVEIRA, Paulo Roberto. *Fundamentos de Medicina Legal.* 2ª edição. Rio de Janeiro: Lumen Juris, 2015.

SILVEIRA BUENO, Francisco da. *Grande Dicionário Etimológico-Prosódico da Língua* Portuguesa. 2º volume, B – D, Santos – São Paulo: Editora Brasília Limitada, 1974.

SILVEIRA BUENO, Francisco da. *Grande Dicionário Etimológico-Prosódico da Língua* Portuguesa. 6º volume, N – P, Santos – São Paulo: Editora Brasília Limitada, 1974.

SILVEIRA BUENO, Francisco da. *Grande Dicionário Etimológico-Prosódico da Língua* Portuguesa. 3º volume, E – F, Santos – São Paulo: Editora Brasília Limitada, 1974.

SIQUEIRA, Galdino. *Tratado de Direito Penal.* Parte especial, tomo II. 2ª edição, revista e atualizada. Rio de Janeiri: José Konfino, 1951.

SOLER, Sebastian. *Derecho Penal Argentino.* Vol III, Actualizador Manuel A Bayala Basombrio. Buenos Aires: Tipografica Editora Argentina, 1992.

TELLES JUNIOR, Goffredo. *Tratado da Consequência - Curso de Lógica Formal,* 5ª edição, São Paulo: José Bushatsky Editor, 1980.

TOLEDO, Francisco de Assis. *Princípios básicos de direito penal*: de acordo com a Lei 7.209, de 11-7-1984 e com a Constituição Federal de 1988. 5ª edição, São Paulo: Saraiva, 1994.

TOURINHO FILHO, Fernando da Costa. *Processo Penal,* volume 3. 34ª edição, revista e de acordo com a Lei 12.403/2011. São Paulo: Saraiva, 2012.

VITORELLI, Edilson. *O devido processo legal coletivo:* dos direitos aos litígios coletivos [livro eletrônico]. 2ª edição. São Paulo: Thomson Reuters, 2019.

WELZEL, Hans. *Derecho Penal*: parte general. Tradução de CARLOS FONTÁN BALESTRA. Buenos Aires: Roque Depalma Editor, 1956, p. 73, tradução livre.

ZAVASCKI, Teori Albino. *Processo coletivo*: tutela de direitos coletivos e tutela coletiva de direitos. 7. ed. rev., atual. e ampliada. São Paulo: Editora Revista dos Tribunais, 2017.